中华人民共和国地方志丛书

湘阴县志

XIANG YIN XIAN ZHI

1978—2015

中共湘阴县委史志办公室 编

图书在版编目（CIP）数据

湘阴县志．1978-2015/湘阴县志编纂委员会编
--北京：方志出版社，2018.1
ISBN 978-7-5144-2936-7

Ⅰ.①湘…　Ⅱ.①湘…　Ⅲ.①湘阴县—地方志—1978-2015　Ⅳ.①K296.44

中国版本图书馆CIP数据核字（2018）第014804号

湘阴县志（1978-2015）

编　　者：湘阴县志编纂委员会
责任编辑：齐　笑

出 版 人：冀祥德
出 版 者：方志出版社
地址　北京市朝阳区潘家园东里9号（国家方志馆4层）
邮编　100021
网址　http://www.fzph.org
发　　行：方志出版社图书经销中心
电话　（010）67110500
经　　销：各地新华书店
印　　刷：湖南省新创印务有限公司

开　　本：889×1194　1/16
印　　装：66
字　　数：190万字
版　　次：2018年8月第1版　2018年8月第1次印刷
印　　数：0001~3000册

ISBN 978-7-5144-2936-7　定价：468.00元

《湘阴县志》编纂委员会

（2010.2—2013.12）

名誉主任：田自力　黎作凤

主　　任：尹家辉

常务副主任：闵秀明

副 主 任：彭岳武　魏淑萍　马　娜　李爱佳　周太平　孙　红
甘文伟　肖德意

委　　员：郭　立　吴星亮　刘赤波　周应龙　蔡　炜　余建新
易赤红　吴志辉　徐介民　欧立强　范文灿　陈三军
胡迈之　刘智贤　许长虹　郭　平　聂腊山　李军良
邵凿耕　刘　杰　庞国荣　刘志军　胡锦平　易锦文
龙佑祥　易筱武　丰一德　秦少兵　周小虎

顾　　问：聂宗儒

总　　纂：闵秀明

执行总纂：欧立强

《湘阴县志》编纂委员会

（2014.1—2016.7）

《湘阴县志》编纂委员会

（2016.8—）

《湘阴县志》编辑部

主　　编：黄平凡　欧立强

执行主编：周小虎　周达顺

编　　辑：吴水波　祝干湘　陈继红　涂山河　何文俊　汪　鹏
　　　　　杨　希　文　潮　韩　裕　徐莹宇

领衔摄影：汪　鹏

摄　　影：王克清　叶旭峰　蒋　娜　陈　军　龚学文　易　辉
　　　　　江志强　冯　烨　金电波

编　　务：周志珍　吴海平

主要撰稿人

（以姓氏笔画为序）

丁　佳　丁　霞　文　雯　王　平　王　亮　王　曦　王丰高　王文志
王卓雄　王茂初　王建军　王新国　王骥民　孔　艳　石仿勋　左文臻
左胜科　司马江　甘春华　田　晴　冯　伟　冯　岳　冯文祥　冯正良
冯根良　冯绪勇　孔俊喜　甘雅琴　皮新良　朱　佳　朱双全　任　康
任宏实　任彩良　米　沙　江　桅　刘　亚　刘　佳　刘　明　刘　凯
刘东照　刘先华　刘伏云　刘俊军　刘俊良　伍乐平　伍建华　向纯安
伏煌曙　许　煜　许金安　许建国（农业局）许建国（文体局）宋　芳
宋泽湘　余　洋　余术军　汪　娟　李　艳　李　雄　李文忠　李书贤
李田托　李国清　李国靖　李笑梅　李海南　李临战　吴　志　吴　尚
吴卫明　吴兰军　吴剑华　吴辉平　吴铁坚　何江根　邵建新　杨　伟
杨　政　杨　勇　杨　姗　杨　畅　杨四蓉　杨望华　杨建辉　陈　平
陈小良　陈义明　陈中伟　陈肖静　陈运球　陈访贤　陈启寒　陈实槐
陈鄂平　张　建　张　瑜　张化学　张利军　张湘华　麦志远　易治国
易佳佳　金岳坤　周玉波　周务贤　周若明　周胜恩　周智勇　郑景嘉
赵　立　赵　为　赵曙阳　姚　晖　贺锦旗　侯光辉　胡　鹏　胡敬荣
胡锦平　钟　旺　郭　毅　郭建文　徐　牧　徐　勇　徐孟君　徐敬业
涂应辉　殷　辉　唐世才　唐　进　夏延龄　秦正源　秦俭敏　黄　忠
黄吉云　黄洪亮　黄舒啸　黄献良　程志超　曾建龙　戚旭明　童欣国
蒋　红　蒋江峰　蒋罗斌　蒋梓沧　盛　岳　董仁章　董碧靓　焦　灿
彭　浩　彭　强　彭　博　彭拥军　彭高峰　蔡　斌　蔡志军　蔡松奇
谭元媛　谭永红　熊应根　戴光辉　戴国栋

终审验收

中共岳阳市委党史市志办公室

主　审：陈念军　易　林　曹春友　周友珍（女）

验　收：陈念军　易　林　胡萍萍（女）　朱　平　戴长明

湖南省地方志编纂委员会

验　收：易介南　邓建平　杨盛让　隆清华（女）

杨　帆（女）　李章进

序 一

八度寒暑，数易其稿，全县人民企盼已久的第二轮《湘阴县志》终于审定付梓了。很多同志的殷殷心血，尽付这囊括38年历史烟云的文字之中，个中辛苦，非一言可尽。深表感谢之时，也倍感欣慰：日新月异之湘阴，再添文化盛事，工程之浩大，意义之非凡，影响之深远，已不仅仅局限于这本县志，更多的是显示78万湘阴人民能谋事、敢干事、能成事的精神风貌。

湘江北去，洞庭波涌。湘阴作为长株潭城市群通江达海的必经之地，历史悠久，地灵人杰，山川秀美，资源丰富，区位独特，素有“鱼米之乡”“长沙后花园”之美誉。中共十一届三中全会以来，在历届县委、县政府的坚强领导下，全县人民坚持改革开放，共谋发展，各行各业焕发出勃勃生机与活力。盛世修史，明时修志。一部县志，记录的是一方的历史沿革、山川地理、政治风云、经济文化，以求观兴废，知得失，通古今，察未来。欣逢盛世，县委、县政府决定续修县志，断限为1978–2015年，部分内容下延至2016年。该时段正是湘阴从封闭走向开放，自贫困迈向富强，由落后逐步崛起的重要转折时期，全县政治、经济、社会、文化各个领域都发生了翻天覆地的变化。曲折处愈见风华，磨砺中更显品质，38年改革开放的历史经验辑录成篇，不仅是一笔宝贵的精神财富，更是县委团结带领全县人民践行社会主义核心价值观、实现湘阴梦想的力量之源。

《湘阴县志(1978–2015)》坚持历史唯物主义思想方法，采用横排纵述体例和述、记、志、传、图、表、录等体裁，以改革开放为主线，突出地方特点和时代特色，科学、客观、全面、系统地再现了湘阴38年的历史变迁。它的出版，为湘阴各级党政干部熟悉县情、把握规律、科学决策提供了参考，为湘阴人民认识家乡、了解家乡、研究家乡、发展家乡提供了乡土教材，为湘阴对外友好交流提供了真实可靠的信息载体，更为湘阴的后人留存了一笔不可多得的精神财富。

历史从来都是由人民群众自己书写的。78万湘阴人民，每一个都对应着县志里的一笔一画、一个标点。正是大家的共同实践、携手探索，成就了所有的段落篇章。过去的章节已经写就，未来的蓝图正等待描绘。欣逢盛世，时不我待，接下来的篇章如何落笔，更考验我们湘阴人民的行动与才智。开卷读志，墨香扑鼻，新意纷呈；掩卷深思，更知责任重大，夙夜在公、尽从竭力、不辱使命，与全县干群一道合力合心，再创辉煌，方遂这厚厚县志修成之意义。

“郡邑之有志，犹国之有史。”县志如史，即便时间跨度再小，也承载了过去、现在和将来的历史烙印与重托。古人云：治天下者以史为鉴，治郡国者以志为鉴。上下五千年中华文明史就是一部风起云涌的兴衰史，以史为镜，可窥兴衰更替，可知民心向背，可聚巨大能量，可谋长远发展。鉴古才知今，继往为开来。修志之意，旨在激励当代，启迪后世。尽八年之功，以25篇190余万字成此鸿篇巨制，目的就在于此。

湘阴的发展已进入一个崭新的阶段，湘阴的发展已势不可挡。真诚希望，借此能更加激励湘阴干群上下同心，与时俱进，为开创科学跨越富民强县的崭新局面，共圆中华民族伟大复兴的中国梦而努力奋斗。

权且为序。

中共湘阴县委书记　黎作凤

2016年7月

序 二

纂志修史，既是一种文化传统，更是一种历史传承。履新湘阴，恰逢《湘阴县志（1978—2015）》编竣付梓，获邀作序，钦敬之余，倍感荣幸。

湘阴开化甚早，历史悠久，早在新石器时代，即有先民在此开拓。夏时为三苗部落裔居，周为古罗子国地，南朝刘宋元徽二年（474）置县，生息渐蕃，遂成“楚南首治”。其地处湖南中北部、南洞庭湖滨，湘江纵穿南北，资水横贯东西，东据幕阜余脉而丘冈逶迤，西结湘资水域而湖乡坦荡，山川形胜，物产丰富，誉冠“鱼米之乡”。史载至今，先贤前哲，文臣武将，代代相继，彪炳汗青。宋代鸿儒周式，明朝贤相夏元吉，晚清重臣左宗棠、首任驻外公使郭嵩焘，教育家范源濂、爱国实业家范旭东，共和国“第九烈士”陈毅安、著名作家康濯、“抗洪英雄”高建成……不胜枚举，留下了匡扶天下、济世救民的奋斗足迹，演绎了风云激荡、波澜壮阔的历史传奇，诠释了敢于担当、勇于争先的湘阴精神，成为各个时空的中流砥柱和历史长河中的耀眼星辰，为中华文明的弘扬传承和中华民族的伟大复兴写下了光辉灿烂的一页。

溯源导流，追昔鉴往。勤劳勇敢、淳朴善良的湘阴人民在这方热土劳作耕耘，砥砺前行，善作善成，亦有治史经世、资政育人的优良传统。湘阴编修县志，始于唐大和年间（827—835），迄于1994年，先后编纂十部，其中不乏佼佼之作，为后人留下了大量珍贵的文献资料。然自上届修志至21世纪前15年，一段恢宏治世尚无正史纂录。这期间，湘阴人民把握机遇，开拓奋进，开创了政治清明、经济发展、社会稳定、民生幸福的盛世繁荣。为光前裕后、激励当今，湘阴县委、县政府调有识之士、集各方之力，广征博采，谨考细究，历经八载，终成此志。湘阴文史结此硕果，诚实可贺。

《湘阴县志（1978—2015）》，以湘阴改革开放为主线，记录了湘阴人民为政治清明、经济发展、社会进步、文化繁荣不断创造新辉煌的发展轨迹，记录了湘阴人民在改革大潮中的开拓与追求，记录了湘阴人民充满激情的奋斗与生活，内容翔实，史料珍贵。前事昭昭，后事之师。此志对了解和研究湘阴改革发展的历史与现状，指导和引领科学发展，具有极高的历史价值、丰富的时代内涵和长远的参读意义，不失为资政之书、典藏之册、教化之篇。诚望全县人民重视读志用志，借此察古观今，知乡爱国，承先辈精神，聚集体智慧，展个性才情，为全面建成小康湘阴再续新篇。

欣然为序。

湘阴县人民政府县长　尹培国

2016年7月

凡　例

一、本志以马克思列宁主义、毛泽东思想、邓小平理论、“三个代表”重要思想、科学发展观、习近平新时代中国特色社会主义思想为指导，坚持辩证唯物主义和历史唯物主义的立场、观点、方法，以改革开放为主线，突出湘阴地方特色，力求思想性、科学性、时代性、资料性、系统性的有机统一，求真存实，秉笔直书，全面、客观记述湘阴县改革开放38年自然、政治、经济、文化、社会发展变化的历史，起资政、存史、育人作用。

二、本志时限为1978–2015年。本志上限与前志下限重叠8年（1978–1985）。对这一时期的记述坚持继承前志而不过多复载前志内容，补充完善而不否定前志成果的原则。为保持事件记述的完整性，个别事件适当上溯下延。

三、本志由序、凡例、概述、大事记、专志、人物、附录、索引和后记组成。以文字记述为主，适当配以照片和图表。专志采用篇、章、节、目结构形式，专志设25篇、109章、464节。

四、本志行文使用语体文、记述体，行文力求简洁、清楚、流畅。文中各种名称，第一次出现时用全称，名称过繁者加括注，再次出现时用简称。

五、本志《人物》设人物传记、人物名录。传记坚持生不立传、本籍为主、当代为主、正面为主原则，立传人物排名以卒年为序，上志已立传人物不重立，未立传人物补立。名录部分排名不分先后，寓外乡友分省、市、区和中国人民解放军收录。应收录入表录的人物中，由于有的无法联系，有的发电函后无回信，人物资料难以收集齐全，留待续编。

六、本志执行中国地方志指导小组颁布的《地方志书质量规定》。本志所采用的数据，多以统计部门数据为主。未列入统计部门统计的部门单位数据，采用相关部门单位提供的数据；少部分数据由编纂人员和相关部门单位调查收集，整理核实，力求准确。文中不注明资料出处。

七、计量单位采用中华人民共和国法定公制计量单位。

八、本志纪年使用公元纪年。旧制纪年一律括注公元纪年。

九、本志中中共湖南省委、中共岳阳市委简称省委、市委；湖南省人民政府、岳阳市（地区）人民政府简称省政府、市政府（专署）。

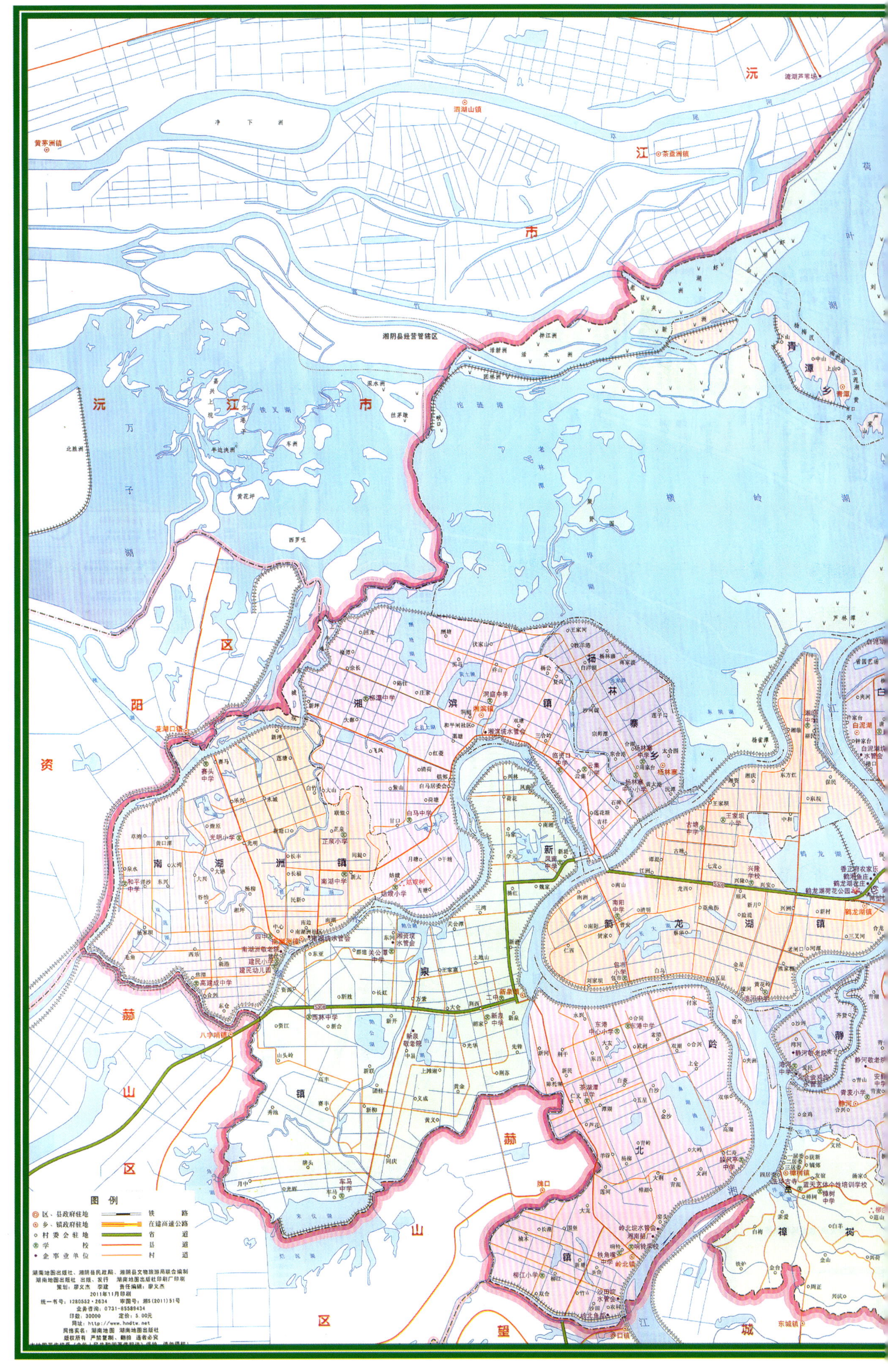

湖南地图出版社、湘阴县民政局、湘阴县文物旅游局联合编制
湖南地图出版社 出版、发行 湖南地图出版社印刷厂印刷
策划：廖义杰 李建 责任编辑：廖义杰
2011年11月印刷
统一书号：1280552·2634 审图号：湘S(2011)51号
业务咨询：0731-85589434
印数：30000 定价：5.00元
网址：http://www.hndtw.net
网络实名：湖南地图 湖南地图出版社

2014年湘阴县行政区划图

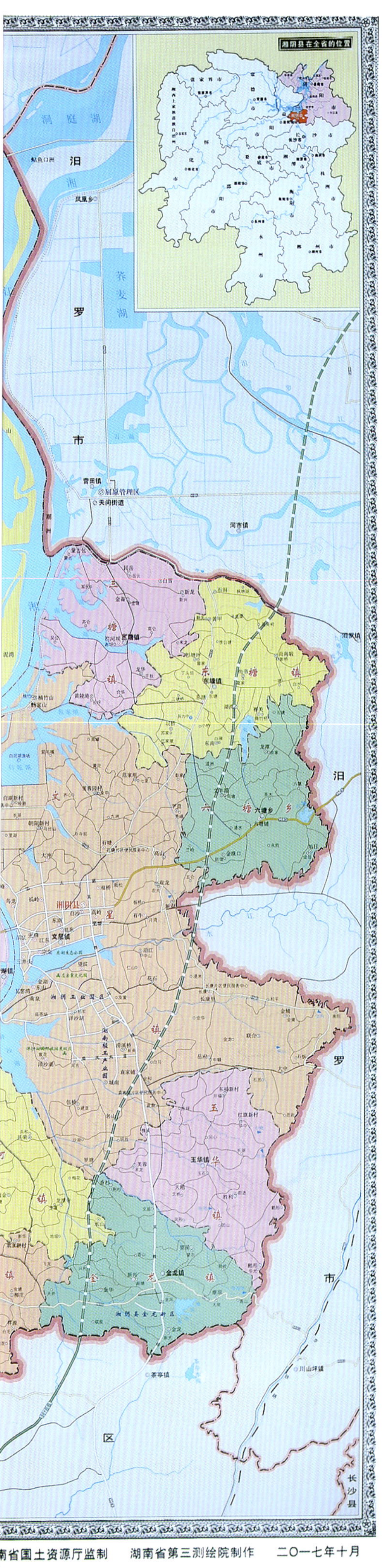

南省国土资源厅监制　湖南省第三测绘院制作　二〇一七年十月

2014 年文星镇（县城）社区区划图

魅力之城（2016 年摄）

水韵文星（2016 年摄）

县行政办公大楼（2015 年摄）

县人民法院（2017 年摄）

县公安局（2015 年摄）

县国土资源局（2016 年摄）

县水务局（2016 年摄）

县地方税务局（2015 年摄）

县档案局（2016 年摄）

县环境保护局（2015 年摄）

东湖高档小区（2016 年摄）

高岭新城（2017 年摄）

湘水芙蓉小区（2016 年摄）

东湖金岸小区（2016 年摄）

嵩焘文体广场（2017 年摄）

宗棠广场（2015 年摄）

左宗棠文化园（2015 年摄）

湘江公园（2015 年摄）

东湖生态公园（2016 年摄）

东湖夜景（2016 年摄）

宋代文庙（2016 年摄）

法华古寺（2015 年摄）

华光道观（2016 年摄）

南泉寺（2016 年摄）

左宗棠故居——柳庄（2016 年摄）

福
壽

鹅形山风景区（2016 年摄）

青山岛十里银滩（2015 年摄）

鹤龙湖荷花公园（2014 年摄）

燎原水库风景区（2016 年摄）

夏家山青龙湖（2016 年摄）

远浦归帆（2015 年摄）

左文襄公祠（2016 年摄）

文星塔（2015 年摄）

乌龙塔（2015 年摄）

岳州窑博物馆（2015 年摄）

中共湖南省委旧址（2015年摄）

湘阴革命烈士纪念塔（2015年摄）

陈毅安烈士纪念馆（2015 年摄）

陈毅安纪念碑（2015 年摄）

躲风亭千年古樟（2016 年摄）

青山岛黄鹤墓长寿树（2015 年摄）

夏家山千年银杏树（2015 年摄）

仙坛岭五百年拐枣树（2015 年摄）

姑嫂五百年古枫树（2015 年摄）

南湖洲百树山葡萄园(2016年摄)

金龙凯佳生态园(2016年摄)

兰岭生态茶园（2015 年摄）

长康山脚王油菜基地(2016 年摄）

樟树镇农业合作社辣椒基地（2016 年摄）

鹤龙湖万亩荷池（2015 年摄）

鹅形山水稻基地（2014 年摄）

鹤龙湖渔业养殖基地(2014 年摄）

县工业园管委会（2015 年摄）

湖南宏耀工业有限公司（2015 年摄）

湖南省华康食品有限责任公司（2015 年摄）

湖南省长康实业有限责任公司（2015年摄）

湖南蓝天豚绿色建筑新材料有限公司（2015年摄）

湖南省义丰祥实业有限公司（2015年摄）

岳阳长康福海油脂有限公司(2015 年摄)

湖南大金钢结构工程有限公司（2015 年摄）

远大可建科技有限公司（2016 年摄）

湖南兰岭绿态茶业有限公司（2015 年摄）

湖南信达电梯车库制造有限公司（2016 年摄）

湖南福湘木业有限责任公司（2015 年摄）

书画百米长卷（2015 年摄）

幸福湘阴文艺晚会（2016 年摄）

广场舞大赛（2015 年摄）

龙舟竞渡（2015 年摄）

武术大赛（2015 年摄）

青山岛山地车运动（2015 年摄）

太极拳表演（2015 年摄）

县城东学校（2015 年摄）

县滨湖学校（2015 年摄）

县第一中学（2015 年摄）

县知源学校（2016 年摄）

县人民医院（2017 年摄）

县中医院（2016 年摄）

县华雅医院（2016 年摄）

县康养中心（2017 年摄）

黄金水道—湘江（2017 年摄）

临资口湘江大桥（2016 年摄）

滨湖路（2017 年摄）

新世纪大道（2016 年摄）

芙蓉北路湘阴段（2016 年摄）

G240 湘阴段（2017 年摄）

疏港路（远大路）（2016 年摄）

芙蓉北路鸟瞰图（2016 年摄）

山湖鹭岛别墅群（2016 年摄）

洋沙湖渔窑小镇（2016 年摄）

长康山脚王民居（2016 年摄）

金龙镇双塘民居（2016 年摄）

佰嘉丽景酒店（2016 年摄）

帝豪大酒店（2016 年摄）

芙蓉国际大酒店（2016 年摄）

湘阴宾馆（2015 年摄）

皇家会所（2015 年摄）

喜迎门大酒店（2016 年摄）

好润佳超市（2016 年摄）

新一佳超市（2016 年摄）

樟树港辣椒（2015 年摄）

三塘藠头（2015 年摄）

鹤龙湖大闸蟹（2015 年摄）

南湖干菜（2015 年摄）

玉华竹笋（2015 年摄）

青山岛蔓荆子（2015 年摄）

长康油脂、调味品系列（2015年摄）

义丰祥油脂、调味品系列（2015年摄）

华康油脂、调味品系列（2015年摄）

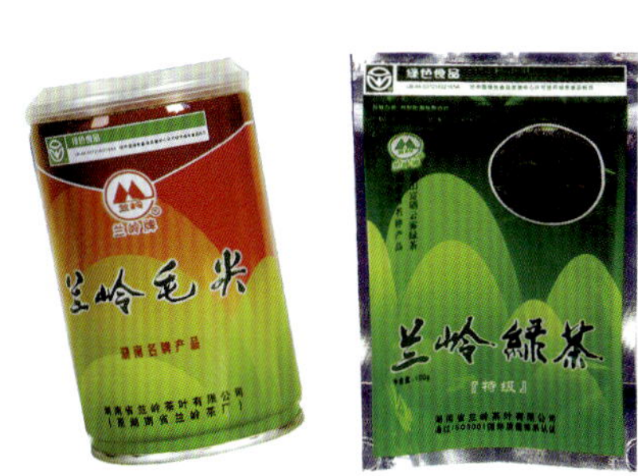

兰岭绿茶（2015年摄）

江豚（2013 年摄）

东方白鹳（2015 年摄）

中华秋沙鸭（2015 年摄）

大雁和白鹤（2015 年摄）

水雉（2015 年摄）

白鹤（2015 年摄）

天鹅（2015 年摄）

唐青瓷碗（2015 年摄）

唐青瓷碗（2015 年摄）

东晋湘阴窑青瓷仓（2015 年摄）

晋青瓷穿山甲（2015 年摄）

晋青瓷鐎斗（2015 年摄）

南朝“太官”青瓷碗底（2015 年摄）

黄陵庙出土的宋代龙泉窑碗(2015 年摄)

黄陵庙出土的宋代铜簋(2015 年摄)

御赐螺杯 (2015 年摄)

隋湘阴窑青瓷圈足纹瓷盂(2015 年摄)

南朝莲瓣盘口青瓷双系瓶(2015 年摄)

隋四系青瓷盂 (2015 年摄)

《湘阴县志》评审会人员合影（2015 年摄）

《湘阴县志》编辑部人员合影（2017 年摄）

目录

第一篇　建置·地理

第二篇　人　口

第三篇　中共地方组织

第四篇 地方人民代表大会

第五篇 地方人民政府

第六篇　政协地方组织

第七篇　群众团体·工商联

第八篇　军　事

第九篇　政　法

第十篇　民政·社会保障

第十一篇　编制·人事·劳动

第十二篇 经济综述

第十三篇 经济综合管理

第十四篇　农业与农村经济

第十五篇　水　利

第十六篇　工业·乡镇企业

第十七篇 交通·电力·邮电

第十八篇 商贸·旅游

第十九篇 财政·税务·金融

第二十篇 城乡建设·环境保护

第二十一篇 教 育

第二十二篇　科技·卫生

第二十三篇　文化·体育

第二十四篇　社会生活

第二十五篇　乡镇概况

人　物

附　录

索　引

后　记

概 述

一

湘阴县位于湖南省北部，南洞庭湖南岸。地处北纬28° 30′ 13″—29° 3′ 2″，东经112° 30′ 20″—113° 1′ 50″之间。东与汨罗市接壤，西与益阳市隔江相望；南邻长沙、望城，北抵岳阳县、沅江市。县境东西最大横距51.3千米，南北最大纵距61千米，县域总面积1581.5平方千米。其中577.69平方千米属滨湖平原，一般海拔在30米左右；有238.81平方千米为低山、丘岗区，主要分布在东南境，最高海拔552.4米。湘江南北穿境，资水东西横流，两水尾闾在境内汇入洞庭湖。全县水域面积6.53万公顷，湿地面积4万多公顷，是湖南名副其实的“第一水乡”。2015年，全县辖乡镇19个，总户数236495户，总人口778958人，其中少数民族30个，以苗族、壮族、土家族、回族为主，余为彝族、瑶族、布依族等，共718人，占总人口的0.11%。

湘阴县属中亚热带向北亚热带过渡的湿润气候区，四季分明，年平均温度17℃，无霜期272天。湘阴县土地肥沃，物阜人丰，是全国粮食、生猪、渔业百强县，素称“鱼米之乡”。境内野生植物420余种，鱼类资源121种，年水产品总量10万吨以上；湖洲2万多公顷，年产芦苇6万多吨；矿藏资源有沙砾石、麻石、陶土、重砂，其中芝麻石为建筑、装饰用的优质材料，销往国内外。

湘阴县是湖湘文化重要发源地之一，自古人文荟萃，英才辈出。诞生了以周式、夏原吉、左宗棠、郭嵩焘等为代表的一大批历史文化名人和以陈毅安、高建成等为代表的革命烈士；中共中央原主席、中央军委原主席、国务院原总理华国锋曾任中华人民共和国成立后湘阴县第一任县委书记。

湘阴县区位优越，自古为湖湘要地，楚南首治。居长（沙）、岳（阳）、益（阳）三市交界处，南距长沙38千米，处于长株潭城市群半小时经济圈中，是长沙通江达海的必经之地，也是长株潭城市群名副其实的后花园。湘阴县交通发达，江河纵横，S308线、长（沙）湘（阴）高等级公路、京港澳高速公路穿越县境，县城距京广铁路、武广客运专线直线距离不到20千米，距黄花国际机场仅有50分钟车程，规划建设中的长沙至岳阳城市轻轨通过县境，水运、陆运、空运极为方便快捷，是洞庭湖承东启西、连南接北的中心枢纽。

二

中共十一届三中全会后，中共湘阴县委认真贯彻中共中央和省委、市委重大决策，纠正“文化大革命”中及其以前的左倾错误，实现党的政治路线和思想路线的拨乱反正，正本清源。1979年，全县开展党的工作重点转移和实践是检验真理唯一标准的大讨论，实行政治路线由“以阶级斗争为纲”转到以经济建设为中心，思想路线由“两个凡是”转到解放思想、实事求是上来。认真平反历次政治运动中的冤假错案，落实关于知识分子、工商业者、港澳同胞、“四类分子”等待遇政策。1979—1984年，从建立农业生产责任制试点到逐步发展到全县实行联产承包责任制，调动广大农民的生产积极性。并先后撤销县革命委员会，恢复县人民代表大会制度，重组县人民政府，成立中国人民政治协商会议湘阴县委员会，改善党的一元化领导体制。在乡镇，撤销“一大二公”的人民公社，召开乡镇人民代表大会，恢复乡镇人民政府，终止政社合一的管理体制。自1991年始，全县逐步开展普法教育和依法治县活动，民主法治建设有了长足发展。自《中华人民共和国村民委员会自治法》实施后至2015年，全县先后组织7次村民委员会换届选举，围绕“民主选举、民主决策、民主管理、民主监督”开展村民自我管理、自我教育、自我服务活动，使村级管理机构由政府的下属机构转变成自治组织。城乡基层和各类社会团体建立自治组织以后，既依法维权又依章自律，有效缓解了改革开放中出现的党群、干群矛盾，维护了社会稳定与和谐。在党内县委按照中央部署，相继开展整党、纠正党内不正之风、反对资产阶级自由化等思想教育和组织整顿活动，较好地解决各级党组织和广大党员既坚持改革开放又坚持四项基本原则的问题。

改革开放 30 多年来，县委、县政府坚持精神文明与物质文明、政治文明一起抓，为改革开放提供强大的精神动力与智力支撑。90 年代，在全县农村开展“十星级”五好家庭户、双文明户创建活动，引导全县农户在实现创业致富的同时，坚持体现社会主义核心价值。进入 21 世纪后，县委针对农村党支部战斗堡垒作用发挥不突出、农村经济发展不快以及干部存在作风漂浮等问题，积极探索一种既能破解“三农”（农村、农业、农民）难题，又能转变干部作风的长效机制。在深入调查研究的基础上，于 2002 年下半年，县委决定建立农村党支部第一书记制度，从机关选派党员干部到农村担任党支部第一书记。10 月，县委下发《关于选派农村党支部第一书记的实施意见》，12 月，从县直机关企事业单位选派 418 名干部下到全县 418 个村党支部担任第一书记，任期三年。2005 年，选派第二批。通过建立第一书记制度的实践，推动农村三个文明建设和转变机关干部作风，成效明显。其间，《人民日报》以《发挥战斗堡垒作用培育经济亮点，湘阴第一支书制度造福农民》为题报道湘阴第一书记制度时，称这种制度是“干部经常受教育，农民长期得实惠”的长效机制。是年 5–6 月，湖南省委调研组对湘阴选派村支部第一书记工作进行了专题调研，撰写了《新形势下做好农村工作的有效举措》一文，在省委《工作情况交流》第三期刊发。

三

1978—2015 年，历届县委、县政府坚持以经济建设为中心，突出改革开放、招商引资、工业立县、工业强县、科技兴县，经济和社会得到长足发展。

现代农业雏形正在凸现。中共十一届三中全会后，县委、县政府认真贯彻中共中央有关农业与农村经济的方针政策，积极推进农村体制改革。1981 年，根据农业资源调查的结果，在不放松粮食生产的前提下调整农业生产结构。1987 年 5 月，提出“四个开发”（发展粮食生产抓分层开发，发展水产养殖抓水域立体开发，发展家庭经济抓综合开发，发展乡镇企业抓短、快项目开发）的措施。1991 年，继续调整农业结构，发展高效优质农业。全县发展 1 万公顷无农药污染优质稻，3333 公顷优质水果和绿茶，1 万公顷速生高产林木和芦苇，3333 公顷特种水产和珍珠河蚌，3333 公顷无公害蔬菜和藠头，50 万头瘦肉型良种猪，150 万羽水禽和 3 万对美国王鸽。是年，全县实现农业总产值 7.03 亿元，乡镇企业总收入 6.5 亿元，全县粮食成建制过吨粮，为洞庭湖区第一个吨粮县。渔业跨入全国百强县行列。1993 年始，农业产业结构调整的新思路是“发展一乡一业、一村一品经济”。至 1995 年年底，全县出栏肥猪首次突破 100 万头，进入湖南省 10 强，全国百强。1996 年，确定重点培育 10 家农产品加工龙头企业，实现“扶持一个企业，带动一项产业，发展一个基地，致富一方群众”的良性循环。2000 年，全县围绕蔬菜、茶叶、大米、植物油、特种水产、禽畜、木薯等九大特色农产品兴办加工业。2003—2004 年，全县农产品加工业发展到 243 家，固定资产过 1000 万元的企业 30 家，产值 5000 万元以上企业 208 家，年加工产值 42.34 亿元。加工业的发展，带动了全县 666 公顷优质茶、3333 公顷藠头、666 公顷木薯、6666 公顷湘云鲫（鲤）、70 万头瘦肉型猪的种养大发展。全县农产品加工企业生产的 50 多种蔬菜系列加工产品、30 多个品种的畜禽系列加工产品和 30 多个新品种的调味品等，不仅畅销国内市场，而且打入美国、日本、韩国、新加坡、瑞典等 20 多个国家。粮食生产、优质稻生产开发、无公害茶叶生产等 13 项工作进入全国和全省先进行列。2005 年，一批农产品加工企业不断发展壮大，食品工业集聚发展的优势逐渐凸现。

湘阴县被评为全国农业产业化先进县、农业标准化示范县。

2007年，县委、县政府着力抓粮食高产示范片创建，推进以现代农业标准化建设为重心，现代农业体系建设为保障，以粮食高产示范片为龙头，夺取粮食高产。全县播种面积9.38万公顷，其中优质稻面积占70%，实现粮食总产57.5万吨，比2005年增产3.1万吨，首次夺得全国粮食生产先进县称号。2008年和2009年，县委、县政府根据农村农业经济发展的新形势新要求，田土山水和资源特产条件，提出以现代工业理念抓现代农业，以现代技术改造提升传统农业，推进农业经济转方式、调结构、促发展。以稳定粮食生产为重心，促推其他产业并进。将全县规划为6大板块经济。即优质稻、油料、生猪、水产品、蔬菜和旅游休闲农业板块经济，粮食产量和农业经济稳步上升，连续3年夺得全国粮食生产先进县称号。

2010年年初，县委、县政府加强农业区域规划和布局，提出用现代理念引领农业，现代技术改造农业，现代模式经营农业，做大做强农业板块经济，引领农户家庭生产经营向集约化规模化转变，打造长株潭绿色农产品生产供应基地，有效促进农业增效农民增收。2014年，县委、县政府将农村农业规划为“一廊三片”，并列入全县“三十工程”强力推进。一廊即以西部湖区为主的百里湖鲜水产走廊；三片即以湖区26667公顷湘米优质稻、双季稻和东部2667公顷超级稻高产示范基地为主体，形成粮食高产示范片；以广东温氏畜牧集团创建的三十万头标准养猪场和“双佳农牧”“顺康农牧”等投资企业养殖基地为龙头，形成畜牧业健康养殖示范片；以南湖土菜、樟树港辣椒、杨林寨食用菌等乡镇为主导的无公害特色湘菜示范片。通过强力推进“一廊三片”，打造“一乡一品”“一乡一业”特色生态农业和长株潭绿色农产品生产供应基地。湘阴连续几年强力推进“一廊三片”建设，加速了土地流转，促进规模化产业化集约化程度提高。全县农村连续几年不断规范土地流转，引导土地由外出者向留守者转移、普通农户向科技示范户和专业大户转移、专业大户向专业合作社转移。流转土地总量达到3.1万公顷，流转率达43%。逐步形成种养专业大户＋示范基地＋专业合作社＋公司产业化、规模化、集约化生产经营。2015年全县注册登记的种养业专业合作社发展到536个，家庭农场361个，建设粮油菜等标准化示范基地面积6.73万公顷，其中标准化核心示范区2.9万公顷，建有钢架（温室）大棚219公顷，小水果棚架式栽培面积179公顷，水稻耕种收综合机械化率99.8%。专业合作社中有渔业经济合作社49家，入社3760户，建有标准示范基地3025公顷。其中创建农业部水产品健康养殖示范场9个、市级14个、县级23个，示范基地面积1833公顷，有56个水产品通过部级无公害认证。全县畜禽养殖专业合作社发展到60个，其中生猪养殖46个、肉牛养殖4个，禽类养殖10个，入社会员5600户，常年存栏生猪3000头以上的标准化养殖小区14个、1000头以上的25个、500头以上的390个，温氏集团在三塘镇和六塘乡建设有3个5万头标准化猪场。强力推进“一廊三片”建设，有效促推种养业增产增收。2010年，全县粮食总产54.8万吨，水产品总量10.3万吨，渔业总产值12.8亿元，生猪发展150万头，出栏肥猪96万头，肉牛发展10.26万头，出栏3.02万头，肉羊5.6万头，出栏2.7万头，家禽发展830万羽，出笼430万羽，蛋品产量1.07万吨，畜牧业总产值11.9亿元。农业总产值51.1亿元，农民人均纯收入6341元，农业经济总量和产品产量均比“十一五”初的2006年大幅度增加。2015年，湘阴由农业大县向农业强县跨越，农业经济继续提升。粮食总产66.1万吨，其中水稻61.5万吨，旱粮4.6万吨，比2010年增26%；畜牧业产值17.8亿元，比2010年增17.8%；渔业产值19.95亿元，比2010年增55%；农业总产值74.8亿元，比2010年增46.3%；农民人均纯收入14560元，比2010年增加8219元。“十一五”和“十二五”十年中，湘阴农业经济稳步提升，粮食总产连续10年增产增收，从2007年起连续9年荣获全国粮食生产先进县，总计获得国家奖补资金2.6亿元。年平出栏肥猪100万头，最高年115万头，水产品总量保持12万吨，家禽出笼400万羽，2010—2015年，草食动物有长足发展，年平肉牛发展10万头，肉羊5.5万头，连续多年列入全国生猪调出大县，水产品总量连续20年居全省第一，成为全国养殖水域样本检测先进县，创建全国渔业健康养殖示范县。蛋品、油料、茶叶、无公害蔬菜等逐年增产增收，成为长株潭绿色农产品生产供应基地县。

县委、县政府经过连续多年以现代理念抓农业，以现代科技改造提升农业，不断调结构、稳增长、攻创新，推进农业产业化、规模化、集约化，培育发展专业合作社、专业大户、家庭农场、改造提质壮大农产品加工企业等新型农业主体，2015 年，全县农产品加工企业发展到 340 家，其中规模以上农产品加工企业 88 家、年产值过亿元的企业 18 家、省级龙头企业 9 家、市级龙头企业 31 家，规模以上农产品加工企业的从业人员 11000 人，带动农户 18 万户，年人均增收 1000 余元。农产品加工企业不断创新开发产品，提升质量，“三品一标”累计认证有 104 个，其中无公害农产品 62 个，绿色食品 36 个，有机食品 4 个，地理标志产品 2 个。拥有 1 个中国名牌产品、19 个省名牌产品、8 个中国驰名商标、24 个省著名商标，成为全省农产品品牌大县。

工业强县异军突起。1978 年始，湘阴县工业在改革开放政策推动下，面向社会需求全面发展，食品、造纸、轻工、化学工业成为骨干行业。1982 年，国有工业产值首次突破 1 亿元大关，在全省县级工业综合排名中居前十位，年上缴利税 1380 万元，有“湘阴财政三分天下有其一”之称。至 1985 年，碳铵、平瓦、机制红砖、节能变压器、1 吨平板车、西湖咸蛋等产品进入同行业先进行列，部分畅销国外。彩画装饰板、低度大曲酒、烙花板式家具、高温砂锅等获部、省优新产品。1986—1990 年，县委、县政府为提高工业企业经济效益，加大企业技改资金投入，完成纸板厂增设漂白系统、人民纸厂万吨纸机挖潜改造、装饰板厂彩画装饰板生产配套工程等多项技改项目，使一大批企业的生产能力明显提高，工业总产值年均增长 21.9%。1991—1994 年，由于计划经济转向市场经济，湘阴国有企业出现严重亏损。1995—1999 年，县属工业企业实施破产终结，同时一大批民营企业异军突起。县属工业经济峰回路转，开始全面复苏，出现开工企业增加、产值增加、销售收入增加、税收增加、上岗人数增加的好势头。2001 年，县委、县政府把“兴工富县”作为经济工作的重点，工业企业在原有改革的基础上实施“两个置换”。2002 年，全县工业经济冲出低谷，走上健康发展的轨道。2003 年，县委、县政府出台《关于鼓励国内外客商投资的若干规定》，对前来投资兴业的客商在税收、征地等方面给予优惠政策。鼓励私人投资改造、嫁接、并购、参股和控股国有企业，鼓励民间资本进驻国有企业。按照“高起点规划、高标准建设”的指导思想，在邻近长沙的城南洋沙湖地段规划 12 平方千米土地建立湘阴工业园区，实施“以园兴工”战略，为工业发展构筑平台。

湘阴县域经济由弱到强，发展壮大，2015 年进入全省经济强县行列，走过了艰难爬坡、负重过坎、拼搏奋进的历程。“十一五”初期，湘阴工业体制改革基本实现民营化，但遗留问题特别是职工置换任务艰巨、难点多、压力大。尽管工业体制上实现民营，然而工业经济单一，仍以食品工业唱主角，结构矛盾突出。2005 年全县国内生产总值 62.11 亿元，其中一产业 19.6 亿元、二产业 23.85 亿元、三产业 18.66 亿元，比“十五”末都有增长，结构比为 31.6 ： 38.4 ： 30.0，从结构比可以看出农业经济稳步增长，工业经济和三产业与农业都占到 30%，明显制约了县城经济的发展。2015 年开始取消农业税，农民由纳税种田变为反哺种田，财政收入主要靠工业经济，尽管农业连年增产丰收，稳定了基础，但工业经济的落后，使财政收入十分困难。2005—2007 年，全县财政收入出现负增长和零增长，实际可用财力在 2 亿元左右，主要用于保干职工工资，称之为“饭碗财政”，收支十分紧张，更拿不出钱搞建设。2007 年年初，县委、县政府召开全县党政负责干部大会、三级干部扩大会，面对全县经济的艰难困境，提出“艰苦奋斗三年，走出财政困境，五年打个翻身仗”口号，把 2006—2009 年确定为负重爬坡、奋力过坎的艰难期，号召各级高高举起工业立县、工业强县旗帜，把推进新型工业化和项目建设作为富民强县、赶超跨越的第一动力，大力推进招商引资，培育新型产业集群，在“十一五”后三年和“十二五”开局年，同步打好新型工业化和财政收入翻身仗，实现湘阴后发赶超，向全省经济十强县冲刺。

2008年，湘阴县进入长株潭“两型社会”滨湖示范区以后，县委、县政府确立“敞开南大门，对接长株潭，建设强盛新湘阴”发展主线，进一步明确主攻方向和目标，采取优化经济发展环境，强力推进招商引资，突出主导产业抓招商，突出产业配套抓招商，突出资源优势抓招商，实施强园兴工，加强对洋沙湖工业园的投入和建设，打造承接产业转移和推进新型工业化平台，坚持“两型”发展，淘汰高排放、重污染、低效益落后产能，组织帮扶团队，实行一个项目一名县级领导一个帮扶团队，大力开展帮扶帮促，2009年，湘阴县开始摆脱传统工业束缚，成功爬坡过坎，迈开赶超跨越步伐。2010年湘阴踏上新型工业化快车道，初步形成新型工业化集群，成为拉动湘阴经济赶超跨越的坚实支柱。全县共招商引进项目220个，其中投资过亿元的47个，10亿元以上5个，50亿元以上1个，先进制造和光伏电子信息产业占60%以上，工业经济连登新台阶，规模工业增加到129家，工业总产值260亿元，增加值76.7亿元，分别比2005年增49家、3.5倍和5.4倍。全县实现GDP149亿元，税收上升至3.3亿元，其中工业税收突破1亿元。工业经济的发展壮大，直接为财政收入造血输血，2009年财政收入从零增长开始实质性上升，首次突破3亿元，2010年增加至4.3亿元，比2005年增长61%。全县税收上升至3.3亿元，税收占财政收入76%，其中工业税收突破1亿元，占财政收入23%，比2005年增长3倍。强力推进新型工业化，使GDP和财政收入同步提升，同时促进产业结构趋于优化，结束湘阴县延续多年一产业唱主角，二、三产业落后局势，二产业大幅提升。2010年三次产业结构比为20 ∶ 52 ∶ 28，一产业比重比2005年下降11个百分点，二产业比重比2005年上升14.4个百分点。

“十二五”时期的5年，是湘阴县经济砥砺奋进、跨越腾飞，进入全省经济强县的5年。县委、县政府乘势而上，继续狠抓招商引资和项目建设，扩大工业园区承载能力，进一步推进新型工业化，淘汰落后产能，打造先进制造、光伏电子新型产业集群，取得更大更新突破。2011年年底，县委、县政府纵观大局，以国际化视野、全球化眼光、“两型”化理念，扩大工业园区规划管理，构建“一园多区、两化融合、三产联动”新园区发展格局，把城南地区作为推进新型工业化主战场，工业园作为新兴产业集群主阵地，芙蓉大道湘阴段作为驱动新型工业化的黄金带，将中国（湖南）湘阴轻工产业园区、金龙新区、漕溪港临港产业新区联体，统一政策，统一协调，采取“一拖三”管理，壮大旗舰企业，发展配套企业，延长产业链条，培育产业集群，把湘阴工业园打造成发展先进制造和光伏电子信息为主、承接长株潭产业转移生产基地，轻工产业园打造成中国轻工产业示范园区，临港新区重点发展港口物流产业区，使湘阴新型工业化步入大集群、一配套、大发展轨道。2014年1月中旬，县委、县政府在全县党政负责干部大会上再加新举措，号召全县上下进一步统一思想，坚定信心，乘势而上，大干新三年，以全面建成小康湘阴为总揽，对接长株潭，借力环洞庭，冲刺省十强，争创示范县为主线，“两核两带、三港三区”建设为重点，强力推进“三十工程”，把湘阴打造成岳阳靓丽南大门，省会长沙卫星城，城乡统筹样板区，全面小康示范县。确立的“两核两带”即发挥县城经济要素集聚功能和带动功能，加快县城扩容提质，打造湘阴县经济发展核心增长极，充分发挥金龙新区作为滨湖示范区起步区政策优势和对接长株潭、承接产业转移“桥头堡”作用，打造湘阴县新的核心增长极；把对接长株潭的主干道、承接产业转移主通道、县域经济发展主动脉芙蓉大道打造成新型工业为主体的产业带；打造 大力发展休闲旅游度假和现代农业为主体的湘江生态经济带；将先进制造和电子信息为主的十大产业扩张升级工程和十大基础设施建设工程、十大民生实事工程列为“三十工程”强力推进。“三港三区”即加快建设漕溪港、樟树港、虞公庙三大港口，以洋沙湖工业区、中国湖南轻工产业园区和洋沙湖休闲旅游度假区为依托，打造洋沙湖经济片区，以金龙新区和青龙湖旅游度假村等为依托，打造金龙经济片区，以漕溪港码头物流园和远大可建配套产业园为依托，打造漕溪港经济片区。“十二五”时期的5年，县委、县政府实施“一园多区”“两核两极”和“三港三区”发展举措，强力推进“三十工程”，有效推进了全县新型工业化和二、三产业进程，在全球经济下行，国内市场普遍低迷、投资意愿放缓，经济下行压力加大的不利状况中，湘阴经济继续迈开赶超跨越步伐，向全省经济强县奋进。招商引进投资项目233个，其中投资过亿元67个，每年有20多个项目开工建设，10个项目建成投产。2011年，全县工业总产值由2010年的260亿元增加至390.3亿元，工业增加值由76.7亿元突破100亿，达到114亿元。2015年是“十二五”收官之年，湘阴规模以上工业企业发展到151家，工业总产值和增加值大幅度提升。2013年全县工业总产值突破500亿元，2015年实现工业总产值732亿元，规模工业增加值增加至192.4亿元，工业总产值和增加值比2010年均成倍增长。工业经济与国内生产总值同步增速，2012年全县国内生产总值在2010年149亿元的基础上突破200亿元，2015年突破了300亿元，达310.7亿元（以上均为现价计算）。湘阴县由农业大县向农业强县迈进，由传统工业向新型工业化发展，逐步实现县委、县政府提出的坚持“工业立县、工业强县、工业富县”“负重爬坡，艰苦奋斗，走出财政困境，五年打个翻身仗”口号，反映县域经济质量和综合实力的GDP和财政收入同步提升，2010年湘阴开始摔掉“饭碗财政”帽子，走出财政困境，“十二五”时期财政收入大幅度上升，2011年财政收入6.2亿元，比2010年增收近2亿元；2013年财政收入突破10亿元，2015年增收至12.32亿元，比2010年增1.9倍。2015年工业税收达到4.5亿元，其中远大集团年上缴税收增至1.5亿元。财政收入中工业税收比重上升至36%。全县一、二、三产业结构进一步优化，2015年结构比为13.8 ： 55.7 ： 30.5，二、三产业结构比2010年分别上升4.5和2.9个百分点。农民人均可支配收入14800元，城镇居民人均可支配收入25000元，全面小康实现程度为88.9%，城镇化率47.1%。“十二五”收官的2015年，湘阴县域经济壮大战略和全面小康建设综合绩效考核夺得岳阳全市双第一；县域经济综合实力考核进入全省经济强县行列，在全省122个县市区中排名第13位；招商引资和项目建设连续第六次获评省、市先进县；新型工业化考核连续5年排名全市第一；农业农村工作连续多年荣获全国全省先进，2015年获评全国农业标准化示范县、全国“平安农机”示范县、全国粮油生产示范基地县、全省社会主义新农村建设先进县、全省粮食生产先进标兵县、电子商务进农村示范县、水利建设“芙蓉杯”、农村能源建设先进县；综治民调创历史最好成绩，在全省128个考核单位中排名17位，社会治安综合治理不断强化，人民群众安居乐业幸福指数不断提升，建设“一极三宜”、文明富强、全面小康新湘阴稳步实现。

2016年上半年，受全球和全国经济低迷影响，湘阴县经济运行尽管下行压力仍然很大，影响经济发展的不确定因素较多，改革转型的任务仍很艰巨，实体经济运作也面临许多难点，加之遭受严重的暴雨洪涝灾害，但县委县、政府坚持继续组织干部群众咬定目标，凝心聚力，克难奋进，夺得更好更新成效。1至6月实现GDP133.45亿元，同比(下同)增长8.6%，居全市第二、六县市第一；完成固定资产投资138.6亿元，增长17.6%,总量居六县市第一。新型工业化继续保持升级增效势头，工业园区提档升级加快，成功获批省高新技术产业开发区，新增规模工业企业8家，完成规模工业总产值283.9亿元，增长16.8%，实现规模工业增加值73.8亿元，增长9.4%，增幅居全市第一；实现社会消费品零售总额47.94亿元，增长11.9%；完成公共财政收入7.8亿元，增长15.1%；占年度预算计划57.6%，增幅居六县市第一。全县主要经济指标增幅均高于全省全市平均水平。2016年4月，新华社《领导参阅》以“湘阴之变”为题对湘阴发展巨变、发展模式、发展经验进行长篇报道推介。

招商引资和重点项目建设强力推进。上半年共引进各类项目15个，其中亿元以上项目10个，到位资金26.88亿元。国网电力等10个产业项目集体开工，奇思环保等10个项目竣工投产，岳望高速湘阴段，机场公路，新乔线、郭嵩焘广场等重点工程建设加速推进，部分年内竣工。民生福祉、综治民调持续增进，上半年城乡居民人均可支配收入分别达到13068元和7923元，增长10.1%和9.2%；综治民调在全省128个单位中排名第18位，居岳阳六县市第一。而且，县委、县政府组织全县干部群众，战胜了严重的暴雨洪涝灾害，保护大小堤垸安全，抢排渍涝，夺得早稻丰收，晚稻生产来势很好。全县经济形势继续保持稳中有进的良好态势。

基础设施建设全面加强。湘阴县位于南洞庭湖滨，湘资两水交叉穿境，湖区面积1096.9平方千米。水为最大资源，又为最大忧患，防洪保安成为境内水利建设第一要务。全县共有大小堤垸21个，其中600公顷以上堤垸12个，防洪大堤总长402千米，其中一线防洪大堤271.74千米，是全省防洪大堤最长的三个县市之一。全县70%的耕地和80%的人口受堤垸保护。1978年后，举全县之力开展科学治水，力争根治水患。在大堤建设上，不仅追求高度、宽度和坡度达标，而且采取填塘固基、修压浸平台、建减压井、筑防渗墙、大堤灌浆、整建涵闸、预制板护坡等综合措施治理，大幅度消除各种抗洪隐患。在洪道整治上，实行平垸行洪，还湖还河集雨面积达到117.66平方千米，退田0.83万公顷，新增江、河、湖调蓄量3.92亿立方米。毛角口移堤改造暨资江河道疏浚工程全面完成。1998—2010年，全县投入治水总工日1886.1万个，移动土石方274.29万立方米，混凝土27.56万立方米，耗资49501.15万元，其中争取国家投资34308万元。全县未发生溃垸大灾，渍涝灾害也大幅度减轻。“十二五”时期，湘阴县委、县政府按照建设环洞庭湖现代农业示范区要求确保农业经济水旱无忧，稳定发展，重点实施“661”农田水利建设工程，至2015年，共完成疏洗、衬砌渠道6000千米、整修改造塘坝600口，维修改造更新排灌泵站100处（简称“661”工程），总计投入资金13.5亿元，其中国家资金占65%，劳动工日130万个。期内还完成20多处堤防、10座小（2）型水库除险加固，完成樟树、静河、白泥湖等22处安全饮水工程，惠及6万多人安全饮水。

交通设施不断完善。1995年，县委、县政府发出《关于加快全县交通建设步伐的决定》，力争3—5年油化主干线，实现村村通公路，路路上等级，形成省道主骨架，县乡道主干线，水陆联成网的交通整体布局。1996年县委、县政府提出“1315”工程计划，13项重点建设工程中属于交通建设的有8项，公路建设的有3项。1999—2001年长湘公路竣工通车，湘阴段投资1.4亿元。2005年启动通村公路建设。2007年，实施通畅工程，湘阴县乡村公路建设数量和质量位居全市第一。2010年完成S308线拓改工程。是年，启动芙蓉大道北拓（湘阴段）工程。2003年9月28日竣工的湘阴湘江大桥跨越湘江，沟通平益公路取代原汇涉桥汽渡，是湘阴县第一座大型桥梁，为湘阴桥梁史揭开了新的一页。2006年5月26日正式竣工通车的湘阴临资口大桥，全长4502米（含接线），桥宽13米，投入资金1.86亿元。柳林江大桥是S101和S308连接线上的一座重要桥梁，连接湘阴、望城两县。2008年3月5日举行奠基仪式，于2010年5月25日竣工通车。柳林江大桥长387米，宽15.5米，湘阴境内连接线3788.2米。至2010年，境内有县级公路160千米，乡级公路818千米，村级公路925千米，全社会货物周转量2628.8万吨千米，汽车客运量164万人，汽车旅客周转量9855万人千米。

“十二五”时期，湘阴县委、县政府投入道路交通建设资金达48亿多元，历经4年奋战的芙蓉大道湘阴段竣工通车，望城区至长沙段2015年年底竣工通车，至此芙蓉大道全线贯通，成为湘阴新型产业经济带和黄金大道。“十二五”期中，湘阴县还启动“三路一港一园”五大工程和县城主干道扩建提质改造工程、县乡公路建设改造工程。三路中京珠复线高速路湘阴段土方和基础设施完成，进入路面铺筑建设，武警长沙直升机场进场公路完成路基建设，新乔线及新泉寺大桥进入施工，漕溪港码头二期工程进入扫尾，物流园开始建设物资堆场和仓库。县城扩容提质完成开拓拉通太傅北路、旭东北路和路面铺油、亮化绿化美化，新世纪大道、江东路、滨湖路、滨江路、太傅路、冬茅路、旭东路、尚书路、进港路等交通主干道全面完成“白改黑”、管网重建和人行道美化绿化。特别是东湖生态公园，历时2年，投入2亿多元，2015年竣工，成为湘阴人民引为自豪的市民公园、休闲公园和一道亮丽的风景线。农村按照拓改一批县乡道、打通一批断头路、改造一批老危桥规划要求，完成临白路、樟祥路、湘樟路、德铁路、麦湾路、临赛路、湘营路开拓和大中修提质改造，改造老危桥22座，确保城乡一体化安全畅通。

通信电力超前发展。至2015年，全县拥有固定电话用户5.65万户，其中城市1.46万户，农村4.19万户；移动电话用户22.2万户，互联网用户1.59万户。全县有变电站12座，其中110千伏变电站5座，容量220.5兆伏安；35千伏变电站7座，容量57.1兆伏安；110千伏线路8条，总长151.189千米，35千伏线路15条，总长167.113千米，10千伏配电线路83条，总长1806.73千米；配电变压器2381台，容量324.89兆伏安。全县乡村通电率100%，最高负荷达14万千瓦，年用电达57202.9万千瓦时，是1979年用电量的9.17倍，满足了全县生产生活的需求。此外，在新农村建设中，配套实施改厨、改水、改浴、改厕工程，累计完成沼气池建设41045个，仅沼气一项就覆盖全县30%以上的农户，加上电器、液化气和气态生物灶等在农村的广泛使用，全县清洁能源使用率达到60%以上。

四

随着经济社会的协调发展，各项社会事业也有了长足的进步。

科教文事业成绩显著。1991年起实施科教兴县战略，推进引入市场机制的科技体制改革，放活科技人员，放开科技市场，扶持创办民营科技企业，支持发展群众性技术协会、研究会，加大财政投入，激发了科技事业发展的活力。1978—2010年，全县共取得科技成果268项，其中12项获国家级鉴定验收，27项获省级鉴定验收。1997年，湘阴获评全国科技示范县，2009年，湘阴县获评全国科技进步大县考核先进县。2011—2015年，湘阴成功申报的高新技术企业有10家，为申报省级高新技术产业园奠定基础；专刊申请量271件，每万人口发明专利拥有量1.5件，居全市第一。在教育事业上，深化教育体制改革，以优化资源配置为目标，不断调整教育机构和学校布局。至2015年，全县有各级各类学校282所，其中高中7所，初中38所，小学146所，中等职业学校5所，特殊学校1所，幼儿园85所。共有在岗教师6570人，在读学生103361人。适龄儿童入学率、初中升学率均达到100%。在重点抓好义务教育的同时，大力发展幼儿教育、职业教育和成人教育，为经济发展培养高素质劳动者。1978—2010年，每年为大中专院校输送大批合格人才。2010年高考，全县本二上线突破1500人，600分以上人数88人，录取清华3人。2011—2015年，全县高考二本上线7064人，600分以上233人，考入清华、北大15人。1998年12月，湘阴获评全国“两基”（基本普及九年义务教育、基本扫除青壮年文盲）教育先进县。在文化体育广播电视事业上，加大财政投入，全县公共文化服务体系逐步健全，农村文体基础设施建设全面铺开。至2015年年底，全县已建成高标准乡镇文化站19个，配送文化信息共享设备19套、电脑90台；建成农家书屋66个，61个村级标准篮球场已建成并投入使用，拥有文化信息资源共享村级服务站点343个和图书馆电子阅览室等；大力扶持文化产业发展，初步形成了以网络文化服务业、文化娱乐业、文化演出业、文化休闲业、艺术培训业、图书出版发行业等为主体的文化产业群体，发展各类文化经营户300多家，从业人员1300余人。全县数字电视网络用户8.5万户，广播电视“村村通”目标已全面实现。参与体育健身、娱乐的群众与日俱增，100多支文体团队以城乡广场、屋场、操坪等为阵地，纷纷自娱自乐或同台竞技，文体活动丰富多彩，每村每月一场公益电影、免费送戏下乡活动，深受群众欢迎。

计划生育与医疗卫生事业快速发展。1978—1990年，县委、县政府强有力地贯彻计划生育基本国策，采取避孕等措施控制出生高峰期的人口增长，节育率由85.99%提高到86.7%。1990年后，贯彻《中华人民共和国人口与计划生育法》，逐步实现计生工作由惩罚为主到奖励为主，由单纯控制人口增长到提倡优生优育的转变。1978—2010年，全县人口总数由563835人增至756900人，年均增长仅5850人；人口自然增长率由1978年的10.5‰降至2010年的6.3‰。2015年全县总人口77.95万人，比2010年增加2.25万人，自然增长率6.5%。改革开放后，鼓励民间资本参与医疗卫生服务营运，个体、私营医疗机构和药品经营机构得到发展，在一定程度上满足了人们不断增长的就医和保健需求。2003—2015年，县委、县政府不断加大财政投入，积极推行新型农村合作医疗制度，扩大城镇医疗保险覆盖面，加强卫生基础设施建设和民营医、药企业监管，落实“预防为主”方针，加大流行病、地方病防治力度，增强医疗卫生事业的公益性，“看病难”“看病贵”的问题得到了缓解。2015年，全县城镇居民参加医疗保险率100%，农村新农合参合率99%，居全市第一。30多年的计划生育与医疗卫生事业的发展，使湘阴人民的身体健康水平有明显提高，人均寿命由1978年的63.7岁提高到73岁。

社会保障水平大幅提高。中共十一届三中全会后，按照“劳有所得、老有所养、住有所居、困有所助”的要求努力改善民生。对农村剩余劳动力和城镇待业、下岗人员，采取创办劳务市场、兴建集贸市场、开展就业培训、组织劳务输出等措施，制定并实行城镇居民最低生活保障线、企业职工最低工资标准，残疾人及“零就业”人员就业补助、下岗分流人员自谋职业优惠政策。至2015年，累计投入就业扶持和解困资金6396万元，在本县安置就业12000余人。城乡居民低保做到应保尽保。对农村五保户供养由乡统筹、村提留改为中央财政转移支付，由分散供养改为集中供养，相继建成敬老院24所，五保之家16所，并逐步提高供养标准和扩大供养面；对城镇企业职工退休养老金实行社会统筹，在企业产权制度改革中优先征缴养老保险金，并逐年提高养老金发放标准；对行政事业单位的离退休人员实行养老金社会化管理。在关爱丧失体能优势的残疾人群体上，1991年成立残疾人联合会，对部分残疾人免费提供白内障复明、小儿麻痹症矫治、聋儿语言训练“三项康复”服务，帮助他们解除病痛，其中620名白内障患者全部复明。同时采取办特殊教育学校、建残疾人就业培训基地、减免福利企业税费、提供康复扶贫贷款等措施，使大多数残疾人具备自我生存发展能力，实现了单位就业或自谋职业。

湘阴县改革开放的30多年，取得了可喜成绩。在经济贡献方面，先后被评为全国粮食百强县、全国生猪百强县、全国渔业百强县、全国水利百强县、全国农机示范县、全国科技示范县、全国农业产业化先进县、全国农业产业结构调整先进县、全国农业标准化示范县、全国机收跨区作业先进县、全国科技进步大县考核先进县以及长株潭“两型社会”建设核心区滨湖示范区、湖南省承接产业转移发展加工贸易试点县、全省生猪调出大县、湖南省承接产业转移试点县、全省绿色农产品加工基地县等。在社会影响方面，相继获得全国普法宣传教育百强县、全国“两基”教育先进县、全国血防工作先进县、全国残疾人社区康复示范县、全国平湖绿化先进县以及全省人口信息化管理和综合治理人口性别比工作先进县、湖南省知识产权试点县、全省最具投资吸引力县等。

“十三五”规划期间，是湘阴全面建成小康社会，实现赶超发展的关键时期。随着对接长株潭城市“两型社会”示范区的建设，湖南省承接产业转移试点县的引领，以及环洞庭湖发展进程的加快和芙蓉大道北拓，京珠高速复线，湘阴工业园以及顺天洋沙湖国际生态旅游度假区、中国（湖南）轻工产业园区、远大低碳可建科技园区、金龙新区等一批重大工程、重大项目的推动，为湘阴县加快发展注入了新的活力，也为湘阴县在新一轮县域经济竞争中打下了基础。湘阴县党政组织和全县人民，有信心在中国共产党领导下，发扬光荣革命传统和“敢于担当、勇于争先”的湘阴精神，满怀激情干事，优势优先发展，努力推进富强、活力、文化、生态、和谐湘阴建设，为开创湘阴科学跨越富民强县的新局面而奋斗。

大 事 记

1978 年

1 月 18 日 中共湘阴县纪律检查委员会成立。

1 月 26—28 日 湘阴县第七届人民代表大会第一次会议在县城召开，出席代表 822 人。会议的中心议题是：继续坚持以揭批江青反革命集团的罪行为纲，深入开展农业学大寨活动，高速发展工农业生产，尽快把湘阴县建成“高标准大寨县”。大会选举县革命委员会（简称“县革委会”）成员，刘菊秋为县革委会主任，吴富荣为县法院院长。

2 月 26 日至 3 月 5 日 县委副书记马永康在北京参加第五届全国人民代表大会第一次会议。

2 月 28 日 16 时，长沙港务局“韶山 302”客轮在湘阴客运码头失火，烧死 9 人、烧伤 8 人，烧毁轮、驳各 1 艘。烧毁长沙及湘阴发往湖区 7 个支局（所）的全部邮件计 35 袋（捆）。

5 月 5 日 县委成立摘掉“右派分子”帽子工作办公室，由县委副书记马永康任办公室主任，卢似杞、熊伯群任副主任。根据中共中央文件精神，对全县原被错划的 370 名“右派分子”进行复查，全部改正。

6 月 东湖渔场被评为全国水产战线先进单位。全国国营渔场现场经验交流会议在县城召开，会议提出“学大寨、学大庆、赶东湖”。

7 月 4 日 国家物资总局授予湘阴县物资局湖南大庆式企业称号，并颁发奖状。是月 12 日，中共湖南省委、省革委又授予湘阴县物资局大庆式企业荣誉。

7 月 贯彻中共中央《关于减轻农民负担问题的指示》精神，县委在 52 个大队办了试点，相继组织 376 个清理小组，清理各种不合理负担（主要是平调用工），共退赔给农民 74 万元，粮食 10 万千克。

9 月 10 日 围垦横岭湖工程动工。投入劳力 10 万人，用工 1350 万个，担土方 1273 万立方米，投石 7000 余吨，耗资 1451.15 万元、用粮 1819 万千克（含社、队自筹），翌年春基本竣工。新修堤长 5.3 万米，围挽面积 246.67 平方千米。因勘测不周，抬高上游水位，汛期水流受阻，次年 6 月 27 日溃决。

10 月 25 日 国家物资总局在湘阴县城召开全国物资系统学大庆赶湘阴现场会。湘阴县物资局局长司马河宴作了经验介绍，有关技术人员作了业务技术表演。会后，国家物资总局拨给湘阴县物资局北京牌吉普车 1 辆。

11 月 9 日 和平公社洋沙大队群众乘船往益阳县沙头公社永丰大队看电影，因超载翻船，38 人落水，淹死 18 人。

11 月 17 日 恢复湘阴县人民检察院，骆春芳任检察长。

12 月 20—22 日 湘阴县首届科学大会在县城召开。与会者 400 余人。会上表彰科学技术工作先进单位 64 个、先进个人 239 人。

12 月下旬 县委组织全体县委委员、县级负责干部集中学习领会十一届三中全会文件精神，并发出通知，要求各级党组织组织党员、干部认真学习十一届三中全会公报和相关文件，并通过多种形式把会议精神迅速传达到城乡居民。

1979 年

2 月 1—11 日 县委召开全县四级干部大会，有县、区、社国家干部、农村大队党支部书记及各条战线的先进集体、先进个人代表3188人参加，会议主要学习贯彻中共十一届三中全会精神和《中共中央关于加快农业发展若干问题的决定（草案）》，研究部署党的工作重点向经济建设转移，动员全县人民加速农业发展。

3月 县委决定成立县委党校，停办县"五七"干校，其土地、房屋及其他设施归县委党校使用。

春 东风公社群建大队党支部在全县率先实行稻田包产责任制，早稻一季较上年增产25万千克。

7月29日 省委书记王治国、省农办副主任史杰、省水利局副局长王明湘、地委书记张月桂等一行30多人，到湘阴横岭湖现场勘察。

8月10日 20时，雷雨冰雹，风力8~10级，灾及7个区，有365个生产队，打伤25人，刮倒房屋3328栋，电信设备严重损坏，经济损失20余万元。县委、县政府立即组织救灾。

8月 文化馆收购流散的古瓷器、玉器、银器、端砚等文物万余件，其中有宋代的青瓷器，元、明时期的玉雕、花牌等。

9月22日 共青团中央授予县林科所技术员、护林劳动模范孙春台"新长征突击手"称号。1981年9月22日，团中央、林业部又联合授予他绿化祖国突击手称号。

9月 县委召开落实政策、平反冤假错案工作会，对在"文化大革命"中蒙受冤屈、遭受打击迫害的干部职工1944人予以平反昭雪。

10月8—19日 县委召开扩大会议，学习中共十一届三中全会、四中全会文件和国家副主席叶剑英在纪念国庆三十周年大会上的讲话，开展实践是检验真理的唯一标准的学习讨论，联系实际，纠正长期以来"左"的思想路线，端正思想，转好弯子。县委公开检讨左的错误，为实现历史性转变奠定思想基础。

10月 以教师陈伯刚为首试验的"保蛛治虫综合防治"科研成果，通过省科委邀请全国植保、生物、农作物等48名专家、教授考察、鉴定。这项科研成果先后获省科学技术进步二等奖、农业部技术改进成果一等奖、国家科技进步三等奖，并由潇湘、珠江两制片厂摄制成《蜘蛛治虫》《稻田的天敌》科教片，在国内外发行。

12月5日 北京—武汉—广州中同轴电缆载波工程（代号"5502"）在县境内全长20.4千米的挖沟放缆任务完成。

是年 东湖渔场党支部书记刘德成被评为全国劳动模范。

是年 城北学校学生朱旗画的国画"我们的友谊船"和县直机关幼儿园钟良（5岁）的"花"，在美、日等8国美术展览会上展出。

1980年

1月 香港同胞邓海鹏（香港桂记印花玻璃厂总经理）回湘阴县，帮助县玻璃制品厂生产外销产品，赠送该厂价值5万元的设备，并从香港派两名技术员到厂指导生产，产品包销。

4月15—19日 县八届人大一次会议召开，大会选举陈喜民为县人大常委会主任，谭载阳为县长、吴富荣为县法院院长、杨时杰为县检察院检察长，同时撤销县革委会。

4月 柳潭公社自筹资金组织打井队，为109个生产队打井116口，首创"户户吃井水"经验在全县推广。至1985年，全县打井2880口，湖区30%，丘陵区80%的居民户饮用了清洁水。

5月4日 城关地区共青团组织开展向雷锋同志学习活动。64个单位团组织组织8300名青年上街打扫卫生，入户帮助五保户、困难户擦洗门窗、补鞋、做家务。

6月16日 湘阴县水运公司"湘铁209号"客轮在躲风亭码头接客，轮划超载（定员22人）倾覆，轮划上 52 人全部落水，淹死 15 人。事后处理好事故善后工作，对直接责任者分别给予纪律处分和追究刑事责任。

7 月中旬 县人民纸厂动工兴建。第一期工程投资 610 万元。次年 7 月中旬竣工。1982 年投产，当年生产凸版纸 4500 吨。

9 月 7 日 青山岛木鱼包发现新石器时代遗址。1982 年，该遗址被列为岳阳市重点文物保护单位。

9 月 28 日 县土壤普查领导小组成立，开展土壤普查工作。至次年年底结束，编撰有《土壤志》和《第二次土壤普查资料汇编》。

10 月 从县级机关抽出 10 名干部进一步落实农村基层干部政策。至 12 月 31 日，对历年受处分的农民党员干部维持原议的 1037 人进行调查落实，改变处分 661 人。“反右派”“反右倾”“四清”“文化大革命”四个时期出党的 432 人，恢复党籍 211 人。

10 月 29 日至 11 月 15 日 全县四级干部会在县城召开。会议主要内容是传达贯彻《中共中央关于进一步加强和完善农业生产责任制的几个问题》的文件精神，进一步解放思想，放宽政策，发挥优势，巩固集体，争取农业丰收和农民生活逐步富裕。

11 月 15 日 县城八甲兴建 110 千伏变电站，工程投资 180 万元。1982 年 6 月竣工输电。

1981 年

2 月 20 日 县珠蚌繁殖试验场建立。

3 月 县电视大学创办，开设机械、电子、中文三个专业，有全科学员 36 人，单科学员 84 人。1982 届 36 个全科学员中有 12 人被评为省电大优秀学员。

3 月 14 日 县人大常委会和县政府分别建立党组，陈喜民任县人大常委会党组书记，谭载阳任县政府党组书记。

春 全县农村出现经济体制改革热潮，其主要形式有包产到户、专业承包、联产计酬和统一经营、联户到劳等。

4 月 6 日 成立县农业区划委员会办公室。下设 16 个专业组开展农业区划工作。次年年底结束，汇编成《农业区划报告》《技术资料和典型资料集》《地图集》《数据集》等图册，为合理利用农业资源提供比较系统的科学依据。

5 月 城北学校电化教学组绘制的自然常识《地震》一课的幻灯片，在重庆召开的全国电教研讨会上被评为全国自然常识优秀幻灯片，并在省、地获奖。

6 月 成立中共湘阴县委党史资料征集领导小组、下设办公室于县档案馆内，具体负责征集、整理、研究、编纂湘阴地方党史。

8 月 23—30 日 县委召开全县大队党支部书记会议，根据试点经验，制定《四统大包干责任制试行办法（讨论稿）》。四统即统一制定生产、种植计划；统一管理、使用大中型农具；统一进行农业基本建设和抗御自然灾害；统一安排五保户、四属户等几种户的照顾和确定大队、生产队干部等各类非农业生产人员的报酬。会后，全县共组织 2390 名干部深入到队到户，完善农业生产责任制。至 1982 年 2 月，全县 5831 个生产队实行包干到户的 5437 个生产队，包产到户的 394 个生产队。245 个社、队专业场、厂所经营的 1533 公顷山林，1733 公顷茶园，2333 公顷水面，142 公顷旱土，115 公顷果园采用上交包干。是年，粮食总产 34156 万千克，比上年增产 3052 万千克，多种收入 3330 万元，比上年增加 29.4%。

9 月 成立县人口普查领导小组，各区、社、镇成立相应机构，进行全国第三次人口普查，以姓名、性别、年龄、民族、职业、文化、婚姻等为基本内容对全县人口进行全面深入调查。1982 年 7 月 1 日零时，全县有 129762 户 579106 人（其中男性 306507），性别比为 112.44%。

10 月 9 日 岳阳地委在湘阴县召开县（市）人大常委会主任经验交流会，传达湖南省人大常委会第二次联系工作会议精神，会上形成《县（市）人大常委会主任经验交流会纪要》。

是年 县内商业、供销、粮食、外贸 4 个系统，共 185 个核算单位，组织干部职工 1220 人开展经营责任制试点。

是年 美国农业部生防室博士 2 人，苏明达尼大学教授 1 人及国内专家 51 人到湘阴县考察稻田蜘蛛治虫。

1982 年

1 月 12—15 日 召开勤劳致富经验交流会，170 名致富典型受到县政府的奖励。会上，县委颁发《鼓励劳动致富十条措施》。到 11 月底，全县共发展勤劳致富各种专业户、重点户 15000 余户，占总农户 13%。

1 月 30 日 县氮肥厂因锅炉缺水引起管爆，4 人丧生。

2 月 谭载阳出任县委书记，周金印代理县长。

2 月 地名普查结束。有 2816 处地名编入《湘阴县地名录》。

3 月 15 日 中国人民政治协商会议湘阴县委员会成立，张子先当选为县政协主席。

6 月 杨林寨、民新、洞庭围等 13 个公社暴发急性血吸虫病，患者 252 人，为 1968 年以来发病最多的一年。县委、县政府采取紧急措施抢治，7 月结束。

6 月 获省优质产品奖的长康公社毛笔厂应邀派代表出席全国毛笔质量评比会，并参加制定部颁标准工作。该厂继承、发扬传统技艺，生产羊毫、狼毫、提笔、碗笔等 11 类 73 种毛笔。产品获省优质产品称号，远销日本、印尼、新加坡等 25 个国家和地区。

7 月 开展“灭鼠月”活动，全县消灭老鼠 50 余万只。

8 月 18 日 县人民政府公布：大成殿、革命烈士塔、文星塔、状元桥、乌龙塔、甘妃墓、夏原吉墓、左太傅祠、陈毅安纪念馆、青山遗址、姑嫂树、躲风亭古樟树共 13 处，列为县级重点文物保护单位和对象，其中大成殿（文庙）、岳州窑为省级重点文物保护单位。

8 月 金龙公社生产的高级建筑装饰材料釉子条石，首批远销日本名古屋。

10 月 落实统战政策工作结束。全县共有在台同胞 347 人，在港、澳同胞 77 人，在 10 个国家和地区侨胞 48 人。他们在大陆的亲属 620 户 2252 人。对亲属在历次运动中受到各种错误处分的 134 人均按政策予以落实。对 400 名原国民党起义投诚人员和地方武装人员认定了身份。

11 月 县图书馆建成开馆。该馆于上年 8 月筹建，投资 12.5 万元，总面积 1072 平方米。

1983 年

2 月 8 日 经国务院批准，湘阴县改隶长沙市。同年 7 月 13 日国务院又批示：湘阴回归岳阳地区管辖。

4 月 27 日 16 时许，一股龙卷风夹着冰雹大雨，从西向东席卷县境。铁窑、樟树、安静、金龙、玉华 5 个公社 13 个大队遭受重灾，死 83 人，伤 931 人，房屋、森林、秧苗、春收作物严重受损，直接经济损失达 1271.1 万元。灾后，县委、县政府全力组织救灾，省、地领导前来慰问，并下拨 122 万余元救济款和一批木材、钢材，长沙市政府及时派员支援。县内 200 多个部门、团体、个人捐款 56300 元，粮票 91580 千克，布票 554 米，衣服 51100 件，布匹 9000 米，被帐 510 床，鞋袜 7550 双，其他物品 580 余件。

5 月 1 日　湘阴电视差转台建成开播。

5 月　青山乡渔民涂正佳在严家山湖内用挂钓捕得 1 条重约 200 千克的中华鲟。随后，将其放入湖中，受到县政府表扬和奖励。

7 月 20 日　县城大成殿动工维修，省政府拨款 5 万元，从各地雇请善于雕饰的名老工匠 30 余人修饰。至 1986 年 11 月竣工。

8 月 29 日　湘阴太傅祠——左宗棠义塾修缮竣工。该祠由县拨款 2 万元，祠周围群众 325 户捐款 1 万元于 7 月上旬动工，是日正式接待游人参观。

9 月　中国植物保护协会和植物病理协会联合组织的农作物病虫害综合防治考察团一行 13 人，专程到县进行植物病虫综合防治考察，确定湘阴县为全国综合防治重点县之一。

11 月 7 日　以日本滋贺县农业顾问奥村勤为团长、友好亲善协会理事细顾车尔为秘书长的日本农业开发考察团一行 5 人到县，深入到洞庭区防洪大堤进行考察，并录像。

11 月 22 日　10 时 41 分，空军某部 2 架训练飞机，在新泉区上空相撞，分别坠毁在车马公社月中大队第十队和益阳县欧江岔。2 名飞行员跳伞着陆。事后，空军某部派员到出事地点赔偿因飞机坠毁给社员造成的损失。

12 月 27 日　岳阳行署发给湘阴县“普及初等教育验收合格证书”。

1984 年

1 月　全县 41 个乡镇召开人民代表大会，成立乡镇人民政府，实行政、社分开。乡以下生产大队、生产队分别改称村、村民小组。

1 月 17—20 日　县九届人大一次会议召开，大会选举聂宗儒为县人大常委会主任，陈正银为县长、王汉云为县法院院长、杨时杰为县检察院检察长。

2 月　县一中学生张玲参加全省优秀射手赛，以小口径手枪 30 发、281 环的成绩，取得全省第 1 名获金牌。

3 月 31 日　县教师进修学校成立。至年底，采取长训和短训形式，共培训语文、数学、外语、幼师等各类教师 620 人。

4 月 21 日　县首届个体劳动者协会代表会在县城召开，通过《湘阴县个体劳动者协会章程》和《会员守则》，成立县个体劳动者协会。全县有个体工商户 2472 户，从业人员 3400 余人，拥有资金 150 余万元。

4 月　落实宗教房产政策。原有天主教、基督教（含真耶稣教）、佛教房屋共 15 栋 68 间，总面积 3208.9 平方米，其中部分已被拆除。通过清理，应予退赔的 5 处 33 间，拆款 16845 元，随后，分别全部退清。

5 月　改变人民公社政、社合一体制，成立 41 个乡（镇）人民政府，建立乡（镇）人民代表大会制度，乡以下生产大队、生产队改称村民委员会、村民小组。

6 月 15 日　县第九届人大常委会第四次会议决定：建立铁角嘴、濠河口、新泉寺、南湖洲 4 个镇。

10 月　按照中央有关规定，县委纪律检查委员会改为中共湘阴县纪律检查委员会，实行常务委员会制，成为党的独立检查机构，受中共岳阳市纪律检查委员会和中共湘阴县委双重领导。各区、乡、镇、场和县直机关设纪检组或配纪检员。

12 月 9 日　县委、县政府邀请曾在湘阴工作过的和湘阴籍在长沙工作的各界人士 66 人在湖南宾馆举行座谈会，商讨振兴湘阴县经济事宜。至年底，与会人员引荐洽谈成功 8 个项目，投资 146.6 万元，其中外资 27.6 万元。

12 月 铁窑乡农民文化宫建成，被岳阳地区文化局誉为“湖区初放第一枝”。该宫从筹备、创建到落成，历时 3 年，由国家、乡村企业、群众集资 31.6 万元建成。宫内设有电视室、游艺室、学习室、图书室、阅览室、文化商店、招待所，附属建筑有电影院、体育场。

是年 杨林寨乡农民苏亚生，把珍藏十余年的武术古书献给国家，国家体委授予苏全国武术挖掘工作者称号，并颁发荣誉证书、奖章。省体委亦给予物质奖励。

1985 年

1 月 1 日 贯彻中共中央、国务院文件精神，宣布全县取消对粮食、生猪的统、派购制度。对稻谷、小麦、玉米实行合同定购，其他品种采取议价购销。

1 月 15 日 县玻璃厂与香港邓桂记印花玻璃厂合资经营，成立湘阴县光明玻璃灯饰制造有限公司，为湘阴首家与港商合资企业。

1 月 27 日 县召开首届归侨、侨眷代表会。出席会议代表 60 人。会上选出 9 名委员组成归侨、侨眷联合委员会。1 至 7 月，由侨联接洽，该会引进外资 50 余万元，侨汇 8.25 万元。

3 月 14—17 日 县九届人大二次会议召开，依法补选邬继宝为县长。

4 月 4 日 县委、县政府、县政协在石塘乡双桥村举行为辛亥革命老人易堂龄树墓牌仪式。

6 月 25 日 “湘鲫”（鲫鲤杂交后代）研究成果通过省科委组织全国 50 名生物、水产专家、教授鉴定。翌年获省科技进步二等奖。

7 月 县城郊剑坡挖掘出一座三国时期东吴古墓，出土铜镜、银钗、青瓷器等殉葬文物。

9 月 10 日 县城集会庆祝第一个教师节，开展尊师重教活动。县委、县政府给从事教育工作 30 年以上的 517 名老教师颁发“荣誉证书”，对 237 名模范教师、1643 名优秀教职工给予奖励。

10 月 4—7 日 中共湘阴县第五次党员代表大会在县城召开，选举产生中共湘阴县第五届委员会，丁来文当选为县委书记，彭应全任县纪委书记。

11 月 25 日 纪念左文襄公逝世 100 周年。省社会科学院、湖南大学、湘潭大学、省历史研究所、省社会科学联谊会 5 个单位，在长沙市联合举办左宗棠学术研究报告会，与会 179 人及左宗棠嫡系后裔 41 人到湘阴参观左宗棠故居，并在县城举行学术报告会。

12 月 全县 300 余名运动员参加岳阳地区第二届运动会篮球、排球、乒乓球等 7 个项目的比赛，团体总分居参赛 11 个县团级单位第二名，共获金牌 20 枚。

是年 第六个五年计划完成，社会总产值 49883 万元（按 1980 年不变价），比 1980 年增长 76.4%；粮食总产 4.1 亿千克，比 1980 年增长 34.9%。

1986 年

3 月 11 日 县人民武装部由中国人民解放军序列改归地方建制。

5 月 县“七五”重点工程——县城江东路开工兴建。全长 2917 米，总投资 1130 万元，至 1992 年 10 月 1 日建成通车。

6 月 香港大学教授李琼华遵其丈夫彭琪瑞生前遗嘱，捐赠 10 万元港币给故乡——城关镇望滨村建校。次年 9 月，704 平方米的新校舍落成开学，取名“琪瑞完全小学”。

7 月 11 日 农牧渔业部确定湘阴县为农、牧、渔优质商品基地县，总投资 400 万元（其中县自筹 100 万元）。建设优质稻米生产基地面积 4.667 万公顷、瘦肉型猪种猪场及人工授精总站各 1 处、特种水产养殖场 2 处、共 25.33 公顷。

10 月 执行国务院发布的改革劳动制度四项规定，国营企业招收新工人实行劳动合同制和待业保险。到 1991 年年底，境内累计招收合同制工人 7235 人，收缴待业保险金 50 万元。

10 月 湘阴、汨罗、临湘、平江 4 县和北区被列为国家农业商品生产基地。

12 月 20 日 县委发布求贤令，要求推举 10 名副科级以上领导干部。通过论文、考试、答辩、考核入选了 5 人，文化程度均在高中毕业以上，年龄在 45 周岁以下。

冬 开始实施经水电部批准国家投资洞庭湖区近期防洪蓄洪工程规划。

是年 湘阴县被评为全国计划生育工作先进集体。

1987 年

1 月 21 日 县城大操坪综合集贸市场开业。占地 4224 平方米，132 个营业间，500 个摊位，总投资 68 万元。次年，获国家工商总局“全国文明集贸市场”称号。

2 月 24 日至 3 月 1 日 县十届人大一次会议召开，选举聂宗儒为县人大常委会主任，程海波为县长、刘绍明为县法院院长、周湘涛为县检察院检察长。

6 月 15 日 著名作家、省文联主席康濯偕夫人回乡探亲，向县图书馆赠送图书 1500 册。

6 月 16 日 莱索托王国农业大臣波波罗和农业部野外局局长莫措勒，在农牧渔业部局长张希彬等陪同下，参观考察东湖、鹤龙湖渔场特种水产及珍珠养殖。

7 月 2 日 省人民政府颁发证书，确定湘阴县织布厂为省出口棉布生产专厂，其色织格绒布出口美国、日本、苏联、加拿大、印度等国，外销量占全厂产量的 95% 以上，年创汇 128 万美元。

7 月 10 日 湘阴一中应届高中毕业生、濠河口镇新月村农民子弟刘雄（17 岁），参加第二十八届国际中学生奥林匹克数学竞赛，以满分成绩夺得第一名，获金质奖章 1 枚，省教委奖 2 万元，岳阳市教委奖 3 万元。是年免试录入南开大学深造。

8 月 颁发居民身份证，分三批进行，至 1989 年 4 月 1 日，已有 25.99 万人领证，占应领人数的 63.4%。

9 月 境内创办第一个与台湾商家合作经营的企业——玉华毛笔厂，台商订购价值 22.6 万元的毛笔杆并合作生产“中国玉华毛笔”，计划年产值 80 万元，合作期 10 年。

是年 县内立体开发养鱼水面 0.32 万公顷，占放养水面的 39.3%，水产品总量 16294 吨，比上年增产 20.3%，优质率达 43%，比上年提高 5 个百分点。其中名优特水产品 6975.5 吨，居全省首位。立体开发有：鱼蟹、鱼鳖、鱼珠、鱼蚌、常规鱼与名贵鱼 5 种混养形式。

1988 年

2 月 10 日 县委、县政府作出《关于进一步深化工商企业改革的决定》。下放厂级领导班子组阁权，实行厂长、经理负责制。

4 月 28 日 县公安局局长骆春芳出席公安部召开的全国优秀县（市）公安局长命名大会，被授予“全国优秀公安局长”称号。

5 月 19 日 县氮肥厂在全国化肥工作会议上被化工部授予全国先进小氮肥企业。

5—8 月 出现历史上少有的春旱连夏旱。8 月 10—13 日，首次高炮人工降雨，作业 5 次，降雨 103.5 毫米。

8 月 6—9 日 中共湘阴县第六次党员代表大会在县城召开，选举产生中共湘阴县第六届委员会。

丁来文当选为县委书记，刘克明当选为县纪委书记。

8月 “阴牌小香肠”“三塘牌咸藠头”“金丝猴牌绞股蓝袋泡茶”和“阴牌瘦肉条”在中国首届食品博览会上分别获金牌、银牌和2枚铜牌。

县委、县政府作出“一年消灭荒山、两年改造残林、三年绿化湘阴、四年开发湖洲”的决定。至1992年1月，建成0.26万公顷杉木林基地、0.43万公顷国外松纸材基地、0.3万公顷欧美黑杨胶合板材基地、0.17万公顷果木林基地和湖区1732千米渠、路、防护林体系。木材蓄积量近50万立方米。

8月下旬至9月下旬 县境普降大到暴雨，其中8天降水量368.3毫米，为历年同期平均值的6.3倍，21个堤垸超危险水位。南湖垸毛角口9月10日1时水位37.18米，超1954年最高洪峰1.29米。9月22日止，40个乡（镇）、407个村、4756个组、10.41万农户52.37万人受灾，3.83万公顷农作物受损。漫巴垸4个，倒塌房屋1.239万间，损坏8.5万间，冲走、损坏粮食37.5万千克，死3人、伤58人，直接经济损失1.6056亿元。

9月21日 全国人大常委会办公厅主编的《工作通讯》发表中共湘阴县委书记丁来文发言材料《湘阴县委积极支持人大常委会行使职权》。此后，有广东、广西、四川、河南、湖北、福建和湖南省内共30多个市、县人大常委会派人到湘阴县参观学习。

9月 赛头乡燎原村农民刘瑞庚被评为全国100户售粮模范之一，出席全国粮食生产交售先代会，刘曾承包荒芜湖田13.33公顷，年产粮食7万千克，交售国家6万千克。

11月8日 全县第一个开通农村自动电话的新泉寺邮电局正式通话，装机交换容量200门，共投资35万元。

11月 开始整治县境湘江航道的文径、鱼尾滩群。要求其东支进口谭家洲、星月洲及黄猫滩群，达到通航两列三排、1×6千吨级顶推船队的标准；西支濠河口临资口澧湘航道及刘家坝滩群达到五级航道、通航300吨船队标准，至1991年冬全部完成。

是年 县航运公司张运安获全国内河安全明星船长“金帆”奖。

1989年

1月27日 省民政厅批复同意湘阴县为革命老根据地。

4月10日 姑嫂树乡紫山村与柳潭乡飞凤村为争夺废堤，双方出动500多人械斗，伤27人，直接经济损失4万余元。县委、县政府及时派员作好调解、善后工作。

8月 水利部授予湘阴县为全国水利建设先进单位。

9月6日 联合国粮农组织官员比特·肯摩博士和印度尼西亚、菲律宾、马来西亚、斯里兰卡、孟加拉国、越南、泰国及国内部分省、市水稻病虫防治专家、教授共30余人，在国家值保总站副站长李厚忠、高级农艺师曾昭惠及省植保站长胡坤元等的陪同下，到县境考察水稻病虫综合防治。

9月27日零时15分 城关供销批发站供销大楼批发部因违章接线，绝缘破损，发生短路，引起火灾，直接经济损失47.34万元。

10月 县政府拨款7000元，修复原国民党中央委员陈嘉祐墓。

12月30日 公安部授予湘阴县公安局城南派出所所长王昔罗全国公安基层优秀所长。

是年 油菜丰收，播种0.97万公顷，收籽7250吨，每公顷产750千克，面积和总产量均超历史，成为全国油菜生产和食油交售先进县，受到国务院的通报表彰。

1990年

1月27日 湘阴人民广播电台电视部开播，发射功率100瓦，电视覆盖半径约3千米。

2月23日至3月1日 县第十一届人大一次会议召开，大会选举聂宗儒为县人大常委会主任，张介玉为县政府县长、吴富荣为县法院院长、周湘涛为县检察院检察长。

3月 贯彻国务院《关于切实减轻农民负担的通知》。全县组织清理小组495个、1345人，调查农民负担。核实不合理负担583.8万元，占农民负担总额的25.3%。至次年1月，已核减460万元，人均减少8.38元。

6月1日 城北学校少先队198中队被评为全国红旗中队。

6月16日 县政协举办纪念鸦片战争150周年报告会，到会干部、职工、学生1600余人。

7月1日 湘阴县第四次全国人口普查登记工作开始，年底结束。全县总户数165906户，总人口637585人，其中男333693人、女303892人。

8月 县汽车大修厂生产的MF125-2型摩托车坐垫被列为十一届亚运会指定产品。

9月8日 土地详查工作结束。总耕地面积4.784万公顷，比详查前增加2.7%，比统计上报增加21.8%。除去应退耕还湖、退耕还林、筑堤、修路拆迁等项，实有耕地4.375万公顷。

9月21日 世界银行官员彭加纳、沙科多瓦、穆瑞、康露娅等一行6人，在卫生部贷款办主任陈少华、省卫生厅副厅长田文琴等陪同下，到县考察青潭乡矮堤拦网蓄水养鱼灭螺试验区。

9月 县政府与省林业厅签署利用世界银行贷款中国国家造林项目协议。湘阴营造速生丰产用材林4000公顷，项目分4年完成。1991—1994年总投资770.98万元，其中世界银行贷款461.49万元，其余由省、市、县自筹。

全国劳动模范、中共八大代表、原洞庭围高级农业社社长罗德保逝世，终年61岁。

12月16日 县残疾人联合会第一次代表大会在县城召开。与会代表100人，其中残疾人代表50人。

12月31日 林业部授予湘阴县“全国平原绿化先进单位”称号。全县森林覆盖面积1.85万公顷，覆被率14.8%。

是年 为1952年以来第一个财政赤字年。全县预算内总收入3818.5万元，赤字371万元。

1991年

1月1日 县人民政府发布县长1号令《关于全县人民教育基金筹集和管理实施办法》，至年底，筹集资金100余万元。

1月9日 湘阴县关心下一代协会更名为“湘阴县关心下一代工作委员会”，蒋惠昌任主任。

1月12日 湘运湘阴汽车客运站“226008”号客车在湘长线离卫星桥1千米处发生翻车事故，死21人、伤16人。

6月6日 县苎麻纺织厂因亏损600万元，资不抵债，县政府批准破产。10月30日，厂房作价200万元拍卖成交。属全县首例。

8月3日 省交通厅批复同意易地扩建湘阴县汽车站，总建筑面积3520平方米，总投资180万元，1992年9月动工兴建。

8月5日 湾河乡粮食仓库副主任黄某、职工姚某，将磅秤钻孔灌铅，压秤收粮，引起农民强烈愤慨。国务院副总理田纪云、商业部部长胡平批示，予以严肃处理。县人民法院依法分别判处黄、姚有期徒刑3年、3年半。

9 月 县城大操坪集贸市场，获国家技术监督局和国家工商行政管理局授予的全国计量先进市场称号。

10 月 7 日 县政协举行纪念辛亥革命八十周年座谈会。有县委、县政协、民主党派人士、辛亥革命前辈的后裔、各界代表 30 余人参加。

11 月 15 日 湘阴县获农业部全国渔业生产先进奖，并列入全国渔业百强县行列。是年，养殖水面达 8470 公顷，占可养水面 95%；水产品总量达 23750 吨，产值 1.04 亿元，比上年增长 11.7%，居全省第二位。

12 月 19 日 农业部、中国科学院、北京农业大学等单位的 17 位专家教授，对湘阴县双季稻田成建制亩产吨粮进行鉴定。

1992 年

3 月 11 日 县公安局被公安部命名为全国优秀公安局。

3 月 县城太傅路建设工程破土动工，该路规划全长 1187 米，总投资 120 万元。

4 月 10 日 世界银行贷款结核病控制项目在湘阴宾馆举行签字仪式，贷款 35 万美元。从 10 月 12 日起，在全县免费查治结核病。至年底，共查治 2455 人。

6 月 30 日 省医科大学、省科委、省农学院、省血防办、省水产局、省水利水电厅、省卫生厅、省寄生虫研究所等单位专家、教授一行 16 人，对湘阴县弓管子矮埂蓄水拦网养鱼灭螺进行成果鉴定，获卫生部科技成果奖。

7 月 新建县城洪家坡 110 千伏送变电工程动工，总投资 900 万元，其中省投资 360 万元。

8 月 县有线电视台成立，投资 86 万元。至年底，开通用户 5000 户，有线电视用户为全市第一。

10 月 3 日 县公安局破获首例绑票案，3 名犯罪嫌疑人被擒。

10 月 22 日 县水产冷冻加工厂新增出口分割肉生产线竣工投产，形成年宰生猪 4—5 万头、生产分割肉 500 吨、屠宰乳猪 2 万头的能力。

11 月 10—12 日 中共湘阴县第七次党员代表大会在县城召开，选举产生了中共湘阴县第七届委员会，张介玉当选为县委书记，刘克明任县纪委书记。

11 月 经省、市验收又有 9 个乡（镇）扫除了青壮年文盲，湘阴县跨入无盲县行列。

12 月 14—18 日 县第十二届人大一次会议召开，大会选举彭应全为人大常委会主任，周湘涛为县长、陈明阳为县法院院长、欧桑田为县检察院检察长。

12 月 18 日 县城新建太傅中学，征地 6.67 公顷，投资 170 万元，破土动工。

12 月 湘阴电台、电视台由汇涉桥迁江东东路，投资 105 万元，电视发射机功率为米波 300 瓦，发射半径 30 千米，塔高 78 米，电视楼 670 平方米。

是月 县农业局高级农艺师陈伯刚获国务院科技特殊津贴。

是月 湘阴县荣获 1992 年度全国社会治安综合治理先进单位。

1993 年

3 月上旬 经省、市同意，县直党政群机构的设置和原机构的撤并、转体工作结束，新的机构正式运作。

3 月 26 日 县委、县政府提出“发展一乡一业、一村一品经济”的新思路，以加速湘阴经济超常发展。

5 月 14 日 县委、县政府在县政府礼堂举行人民警察授衔仪式。参与授衔的干警 214 名，其中一级警督3名、二级警督52名、三级警督32名；一级警司42名、二级警司65名、三级警司13名；一级警员2名、二级警员5名。

5月15日 公安部办公厅授予湘阴县公安局通信股全国公安通信优秀集体光荣称号。

6月18日 由水利部、长江水利委员会、省水利厅有关专家组成的洞庭湖综合治理论证专家组到湘阴县考察。

7月27—28日 省委副书记、省长陈邦柱率相关部门负责人到湘阴县考察部分受灾地区。

12月19日 零时，县城5000门程控电话割接开通。

12月 湘阴县"双季稻田成建制亩产过吨粮"建设获农业部丰收计划一等奖。

是年 美国《时代周刊》北京分社社长在省卫生厅项目办、省外事办负责人陪同下到湘阴县东塘、石塘、县卫生防疫站就结核病控制项目进行现场采访。

1994年

1月1日 以旨在建立中央税收和地方税收体系的分税制财政体制改革在湘阴县实施。

1月28—29日 县委召开七届四次全体（扩大）会议，县委书记张介玉作"加快建立社会主义市场经济体制，推动湘阴县改革开放和经济建设再上新台阶"讲话。

5月 全县开展大规模助残活动。完成残疾人三项康复（小儿麻痹矫治手术、白内障复明、聋哑儿童语训）168例，创全县三项康复最高纪录。

6月20日 县委作出向优秀共产党员焦载盈学习的决定。焦载盈为计划统计局干部，6月1日在冒雨检查以工代赈建设项目时不幸遇难因公殉职，终年55岁，县委决定追授他为中共优秀党员。

7月1日 10名十佳乡镇基层党支部书记、10名十佳公仆在全县"七一"大会上受到表彰奖励。

8月23—29日 县委书记张介玉出席全国百县（市）法制宣传经验交流会，湘阴县被评为先进单位。

12月 湘阴县荣获1994年度全国、省、市社会治安综合治理先进单位。

是年 县纪委、县监察局继续开展反腐败斗争，全年查处各类案件104件，处分违纪党员干部104人，其中副科级以上党员干部21人，5人移送司法机关处理。

1995年

2月11日 县委书记陈奇达在县委工作会议上代表县委、县政府号召全县各级党政领导、人民群众积极投身全县"三变"活动，即力争用三年时间，使湘阴县由"农业大县变成农业强县、工业小县变成工业大县、财政穷县变成财政富县"。

3月13—16日 县第十二届人大四次会议在县城召开，大会选举郭吉祥为县人民检察院检察长。

6月25日 省委副书记储波、市委书记阳宝华到湘阴考察灾情，现场指导抗灾救灾。

7月3日 12时10分，市防汛办电话通知省防汛指挥部周波艺7月3日12时7分传达省长杨正午指示：正式通知来泥湖渔场开闸蓄洪，蓄至7月8日10时，共4天半。为全省第一个蓄洪区。蓄洪区直接经济损失达584.5万元，间接经济损失为165万元。

8月12日 省委书记王茂林到兰岭茶场考察工作。

9月4—15日 第四次世界妇女大会在北京召开，樟树乡妇联主任葛辉群参加了这次大会。

10月24日 经省市人民政府批准，撤销金龙、城南、东塘、洞庭围4个乡，建立界头铺镇、袁家铺镇、东塘镇、洞庭围镇。

10月25日 根据省市撤区并乡建镇指示精神，撤销中共湘阴县城南区委员会、长仑区委员会、岭北区委员会、澴河区委员会、新泉区委员会、洞庭区委员会、南湖区委员会，设立中国共产党湘阴县城南地区水利工作委员会、长仑地区水利工作委员会、岭北地区水利工作委员会、城西垸水利工作委员会、湘资垸水利工作委员会、湘滨垸水利工作委员会、南湖垸水利工作委员会。

12 月 湘阴县荣获 1995 年度全国、省、市社会治安综合治理先进单位。

是年 按分税制财政体制改革要求，县对乡镇实施以“核定收支基数，分级总额包干，定额上缴（或定额补贴），收入全额上解，拨款收支挂钩，时间一定三年”为主要内容的乡镇财政体制改革，促进全县财政收入快速增长。

1996 年

1 月 18—20 日 县委、县政府决定县城基础设施和交通建设实施“1315”工程，即 1996—1998 年完成好十三项工程，总投资 1.5 亿元。

3 月 15—19 日 县第十二届人大五次会议在县城召开，大会选举冯自敬为县政府县长。

3 月 21 日 根据中共中央、国务院、中央军委《关于县（市、区）人民武装部收归军队建制的通知》，县人武部由地方建制收归军队建制，县人武部前冠“中国人民解放军”衔，为正团级机构。下设军事、政工、后勤三科。

7 月 16 日 资水流域普降暴雨，柘溪水库大流量泄洪，湘阴县资水流域堤垸水位猛涨，省委副书记郑培民、市委副书记程海波到南湖垸毛角口考察防汛情况。

7 月 18 日 16 时，青潭垸被迫扒口蓄洪，4 个村、43 个组、895 户 3285 人受灾，淹没耕地 720 公顷，倒塌房屋 4186 间，直接经济损失 4580 万元。

7 月 19 日 东湖垸板桥堤段溃口，县防汛指挥部召开专题会议研究堵口事项，并从玉华乡、六塘乡、界头铺镇、石塘乡 4 乡（镇）抽调 750 名劳力到城关参加防汛抢险。

10 月 24 日 省委副书记储波、郑培民到湘阴县考察水利建设情况，检查城西、湘滨、南湖垸一线大堤培修工程。

12 月 湘阴县被农业部定为全国首批水稻生产机械化示范县。

是年 县公安局督察大队干警杨治宇被公安部评为二级英模。

1997 年

3 月 4—7 日 县第十二届人大六次会议召开，选举易国光为县检察院检察长。

3 月 21 日 省委副书记郑培民、省委农村工作部部长谢康生在市委副书记程海波、副市长陈志刚陪同下，到湘阴检查防汛工作。

4 月 18 日 省委副书记胡彪到湘阴检查汛前准备工作。

5 月 11 日 省政府省长杨正午、省政府秘书长谢康生、农业厅厅长谭载阳、省水利厅巡视员罗谅述一行到湘阴检查防汛工作并作重要指示。

6 月上旬 在县政府机关西侧马王塅，基建施工人员发掘一条较为完整的隋代窑址。

6 月 县委成立公开选拔党外妇女负责干部领导小组。历时 4 个多月，选拔了 5 名妇女干部分别担任团县委副书记、县监察局副局长、县物价局副局长、县工商局副局长、县教育局副局长。

7 月 县农机化技术站站长刘铁山获首届中华农业科技基金农技推广奖。

10 月 6—8 日 湘鄂赣毗邻县（市）人大工作研讨会在湘阴县召开。

10 月 22—26 日 省、市“两基”（基本扫除青壮年文盲、基本普及九年制义务教育）验收团在省人民政府督导室主任王展经等负责人带领下，对湘阴县“两基”工作进行检查验收。

10月26—28日 中共湘阴县第八次党员代表大会在县城召开，选举产生中共湘阴县第八届委员会，陈奇达当选为县委书记，周友庚任县纪委书记。

12月13—16日 县第十三届人大一次会议召开，选举冯自敬为人大常委会主任，杨太平为县长、王成峰为县法院院长、易国光为县检察院检察长。

12月 省人民政府批准发证，湘阴县“两基”工作达标。

是年 县财政总收入首次突破亿元大关，达到1.0004亿元。

1998年

年初 县委作出《关于全面开展依法治县的决定》，各级各部门成立督查组，推动依法行政、公开执法、依法治县形成新格局。

2月10日 一辆车牌号为湘K-60514的大客车途经湘阴县，在西林乡东亚渡口码头等候过渡时空档溜向渡船坠入河中，随车坠入河中旅客50多名，经过在场群众和及时赶到的公安干警的全力营救，救出20余人，并打捞遇难者尸体31具。

4月 白泥湖乡大冲村大山组妇女吴细平舍身抢救两名落水儿童英勇献身，年仅28岁。

5月30日 湘阴县城南中学的宋芳、吴欢、钱峰、周肖书4名同学获全国数学竞赛二等奖。

6月中旬 湘阴县遭遇特大洪涝灾害，全县直接经济损失15.84亿元，县民政部门积极争取救灾款1385.8万元，救灾物资达40个品种价值934.85万元，及时下拨灾区并对救灾款物使用实行严格管理。

8月12日 中央军委主席江泽民签署命令，授予湘阴籍在湖北省嘉鱼县簰洲湾长江抗洪抢险中英勇牺牲的空军某部连政治指导员高建成“抗洪英雄”荣誉称号。8月24日，空军副政委林万海、政治部副主任黄新、广州空军部队副政委朱伯儒到湘坪村慰问高建成的母亲及亲属。9月3日，中央军委为高建成颁发一级英雄奖章。9月9日，“抗洪英雄”高建成烈士追悼会在湘阴县南湖洲镇隆重举行。县委、县政府作出《关于开展向“抗洪英雄”高建成学习的决定》，将高建成中学时代就读的湘阴县胭脂中学命名为高建成中学。

9月28日 县水利局副局长、东湖垸水管会主任苏铁锚参加在北京召开的全国抗洪抢险总结表彰大会，被评为全国抗洪英雄。

10月 岳阳市公安局、湘阴县公安局成立专案组侦破震惊全国的湘阴肠衣诈骗系列案件，摧毁诈骗团伙8个，抓获犯罪嫌疑人68人，为国家和集体挽回经济损失近200万元。

12月13日 湘阴县被评为全国科技工作先进县。

12月 县科协被科技部授予全国科技界抗洪救灾先进集体。

是年 县委、县政府提出“产权明晰、权责明确、政企分开、管理科学”的要求，加快工商企业机制转换步伐，加快与市场接轨。工业总产值37.74亿元，比上年增长21.7%。

是年 兰岭牌毛尖及兰岭花茶分别获第五届亚太地区国际贸易博览会金、银奖。

1999年

年初 县委下发《湘阴县村务公开民主管理工作实施办法》，启动村务公开工作。

4月5日 由广东丽珠集团捐建，以“抗洪英雄”高建成名字命名的湘阴高建成中学，在高建成的母校原胭脂中学举行挂牌典礼，同时举行高建成英雄纪念馆和高建成铜像揭幕典礼。

7月18日 1时20分，国防科大、长沙工程兵学院540名官兵抵达湘阴县参加抗洪抢险。

8月18日　全长44.4千米的长湘公路正式动工兴建，公路面宽14米，工程总造价2.98亿元，其中湘阴段全长20.42千米，投资1.23亿元。2002年6月18日建成通车。

9月　李劲夫任湘阴县委书记。

是年　湘阴县夺得全省水产品总量第一县的“三连冠”。

是年　省委书记杨正午考察湘阴县白泥湖乡楠竹村，把这种以龙头企业带动农业结构调整，农业结构调整促进龙头企业发展的方式誉为“湘阴模式”。

2000年

1月1日　对乡镇财政全面实行“核定收支基数，收入逐年按比例递增，超收分成，短收分担，支出总额包干，拨款收支挂钩，时间一定三年”的财政管理体制。

1月9日　省委常委、常务副省长周伯华，省人大常委会副主任王克英到湘阴县考察。

5月　中央军委原副主席张震到湘阴视察。

8月　湘阴县农业局高级农艺师陈伯刚的多功能诱虫器获国家专利，并获首届香港中华专利技术博览会金奖。

12月3日　湘阴湘江大桥举行开工典礼。2003年9月28日通车。大桥全长1175.6米、宽16米，其中主桥长840.82米，引桥长336米，总投资2.1亿元。

是年　湘阴县第一职业中专升为全国重点职业学校。

是年　深化国有工商企业民营改革，实施“一卖一买”举措【即：卖断国有（集体）工商企业产权或部分产权，解除企业对政府的依附关系；买断国有（集体）工商企业职工工龄，解除职工对企业的依附关系】。积极引进了埃文代尔公司、洁仕集团、天宇公司、鑫泉公司、银海集团等8家公司。埃文代尔公司租赁陶瓷一厂后，一直保持产销两旺，产品全部出口美国。

是年　县水利局副局长兼东湖垸水管会主任苏铁锚被评为全国劳模。

2001年

年初　县委、县政府决定，在全县广泛开展创“十星级农户”和“五星级居民户”活动，并下发《关于在全县广泛开展创“十星级农户”和“五星级居民户”活动的意见》，全县形成以德治县的氛围。

1月21日　省政协主席王克英赴湘阴县慰问抗洪英雄高建成烈士的母亲。

4月25日　“抗洪英雄”高建成的母亲杨友秀老人当选为中国十大杰出母亲。

6月1—8日　县公安局在全县开展“扫毒风暴行动”，出去警力310余人，警车60台次，抓获各类犯罪分子18名，其中吸毒人员12名，贩毒人员1名。

7月9日　湖南长康实业有限公司荣膺全国质量效益型先进企业称号。

7月29日　湘阴县湘江大桥东接线长岭新村施工地段发现两处西晋墓，墓中有比较完整和可以修复的文物50多件。

10月　省农科院研究员邓定武一行7人到湘阴县新泉寺镇超级再生稻基地进行现场测产验收，超级再生稻第二季亩产突破300千克。

10月29日　省政协主席王克英在湘阴县考察交通建设工作。

是年　根据国家对大中专毕业生不再统一分配的新政策，取消大中专毕业生的统一分配，改为提供就业指导服务。

是年　县人民医院投入1800万元，新建12层，建筑面积13680平方米的住院大楼。世界卫生组织和卫生部联合授予“爱婴医院”称号。

是年 县委、县政府进一步推进农业结构的战略性调整。全县围绕蔬菜、茶叶、大米、植物油、特种水产、禽畜、木薯等九大特色农产品兴办加工业。是年，180多家农产品加工企业加工转化农产品140多种，年加工量达50万吨，实现转化产值35亿元。

2002年

1月10日 湘阴县公安局瓦窑湾派出所所长唐超仁获第三届“全国优秀青年卫士”称号。

3月 市平建工作（平院行洪、退田还湖，建设移民集中安置点工作）现场会在湘阴召开。

5月11日 省政协主席王克英赴湘阴县检查重点工程建设。21日，率省直有关部门负责人赴湘阴县督查防汛工作。

是月 县高级农艺师陈伯刚获中国老年科协授予的金马奖。

是月 湘阴一中被授予全国奥赛优秀参赛学校称号。

8月20日 首批抗洪部队抵达湘阴县。

8月 省政协主席王克英、副省长庞道沐在市委书记于来山、副书记陈志刚、市政协副主席徐民权陪同下赴湘阴县指导防汛工作。

是月 湘阴县被确定为国家级创新教育基地县。

10月 县委下发《关于选派农村党支部第一书记的实施意见》。12月，从县直机关企事业单位选派418名干部下到全县418个村党支部担任第一书记，任期3年。

11月11—13日 中共湘阴县第九次党员代表大会在县城召开，选举产生中共湘阴县第九届委员会，毛七星当选为县委书记，单斗才当选为县纪委书记。

12月10—13日 县第十四届人大一次会议召开，选举陈国平为人大常委会主任，周友庚为县长、王京广为县法院院长、谭载星为县检察院检察长。

是年 湘阴县水产品总量连续6年排名全省第一。

是年 湘阴县拥有农村经济大户3000户，总收入6.75亿元，占全县工农业总产值的12%，占全县农村经济收入的30.3%，上缴税费1448.98万元，占农村税费总额的21.9%；获纯利1.65亿元，相当于全县农民人均收入的3.6倍。

2003年

4月 县人大常委会调整人事任免规则，明确规定凡由人大常委会决定任命的工作人员，都必须在任命前参加人大法律考试，考试合格者才能任命。

5月 新华社（记者侯严峰、黄兴华）以《湖南湘阴：村里来了第一支书》为题在新华网推介湘阴县第一支书制度。此后，湘阴县实行农村党支部第一书记工作引起社会各界的关注。中央党校和省委党校专家教授两次到湘阴实地专题调研。《人民日报》、新华社《每日电讯》、新华社《湖南内参》、中央党校理论动态、《湖南日报》、湖南卫视等新闻媒体均在重要位置和时段进行了专题报道。

5月14日 省人大常委会副主任庞道沐赴湘阴检查防汛工作。

7月 县委出台《湘阴县公开招聘行政党务负责干部实施方案》，第一批公开招聘负责干部18名。

9月12日 湘阴县残疾女青年杨慧丽获全国自强模范称号，受到胡锦涛等党和国家领导人的接见。

9月14日 《人民日报》以《发挥战斗堡垒作用培育经济亮点，湘阴第一支书制度造福农民》为题报道湘阴第一书记制度时，称这种制度是“干部经常受教育，农民长期得实惠”的长效机制。

10 月 湘阴县临资口大桥正式开工。2006 年 5 月 26 日竣工通车。大桥全长 4502 米，其中连接线长 2624.24 米，总投资 1.85 亿元。

11 月 衡阳市公安消防支队副参谋长戴和熙，湘阴县东塘镇曾家村人，在参加衡阳“11·3”特大火灾灭火抢险中壮烈牺牲，被公安部和省人民政府追认为“革命烈士”。

是年 全县国有企业全面实现民营化经营。年底，全县共有民营企业 6428 家，年产值达 56 亿元以上，初步形成多行业、宽领域、全方位发展格局。《湖南日报》以《湘阴工业全部民营》为题报道，予以肯定。

是年 县委、县政府重点开展坚决打击地下“六合彩”活动为主要内容的“铁拳行动”，查处各类案件 633 起，抓捕犯罪分子 961 人。

2004 年

3 月 湘阴县文星镇被建设部等六部委定为全国小城镇建设重点镇。

是月 湘阴县被评为全国中等职业技术教育先进县。

6 月 23 日 湘阴县在长沙蓉园宾馆与美国夏威夷县就经济技术交流达成协议，结成经济技术合作城市，并成功实现互访。

10 月 21—25 日 中国湖南投资贸易洽谈会在长沙隆重举行，湘阴县参加省、市签约项目 42 个，引进资金 33.76 亿元。

是年 湘阴县白泥湖乡楠竹村被定为全省全面小康示范村省长联系点。

是年 岳阳市委、市政府授予县民政局“岳阳文明标兵单位”荣誉称号。

是年 县委、县政府用抓企业的理念抓农业，实行产业化经营。全县农产品加工企业发展到 243 家，年加工产值 42.34 亿元。全县农产品加工企业生产 50 多种蔬菜系列加工产品、30 多个品种畜禽系列加工产品和 30 多个新品种的调味品等，不仅畅销国内市场，而且打入美国、日本、韩国、新加坡、瑞典等 20 多个国家。

2005 年

年初 湘阴县按照以垸建镇的指导思想对行政区进行调整，将湖区城西、湘滨、南湖、岭北、新泉 5 个大垸、17 个乡镇、5 个管区合并为城西、湘滨、南湖洲、岭北、新泉 5 个大镇。

3 月 26 日 由省发改委牵头的联合专家组深入湘阴县，就（湖南）欧洲工业园选址开展专题考察调研。市领导易炼红、罗碧升等陪同考察。

5 月 16 日 省委书记、省人大常委会主任杨正午视察湘阴县工业园。

5 月 18 日 湖南（湘阴）首届藠头暨绿色食品展销会在湘阴县举行。全国政协原副主席毛致用，全国政协常委、政协经济委员会副主任、农业部原部长陈耀邦、农业部副部长刘成果、农业畜牧局副局长张弘以及部分省、市领导王克英、庞道沐、罗桂求、易炼红、罗典苏、陈志刚、张治雄等出席开幕式。

7 月 湘阴县被定为全市农村税费改革试点县。

8 月 29 日 全省农业产业化汇报会在湘阴县举行。省长周伯华对湘阴县大力推进农业产业化做法给予充分肯定。

9 月 8 日 农工党中央副主席、上海市政协副主席左焕琛率上海市部分单位负责人到湘阴县实地考察。并向县计生办幸福工程和界头铺镇卫生院捐赠资金、物品达 76 万元。

10 月 湘阴一中被定为省示范性普通高中。

11 月 27 日 湘阴一中举行百年校庆，来自海内外 3000 多名校友和嘉宾欢聚一堂，共庆湘阴一中百年华诞。

12月12—24日 中央党校、省委组织部、岳阳市委、湘阴县委联合举办建设社会主义新农村和加强党的基层建设研讨会在岳阳举行。会后，湘阴县村党组织第一书记制度在全国得到宣传和推广。

12月25日 省委副书记、省长周伯华率省直有关部门负责人到湘阴县白泥湖楠竹村参加党员先进性教育活动。

是年 严厉打击地下“六合彩”，抓获赌博庄家17人，写单人员331人，其他涉赌人员426人，依法刑事拘留282人，其他治安处罚618人。

是年 湖南兰岭茶叶有限公司先后被授予全国乡镇企业创名牌重点企业、全国食品行业质量效益型先进企业称号。

是年 湘阴县被列入全国23个小城镇建设试点县。界头铺镇被列入省级重点镇。

是年 GDP达到60.99亿元，五年年均增长12%；财政总收入达到2.5009亿元，五年增长近3倍；完成县以上固定资产投资22.69亿元，五年累计完成69.13亿元，年均增长24%，城镇居民人均可支配收入和农民人均纯收入分别达到8970元、3856元，年均分别增长9.5%和10.7%，县域经济综合实力在全省排名由1999年第78位上升到第19位。

2006年

4月28日 县行政办公大楼正式竣工交付使用，县委、县人大、县政府、县政协喜迁新居，该工程总投资3000余万元。

6月27—29日 中共湘阴县第十次党员代表大会在县城召开，选举产生中共湘阴县第十届委员会，赖社光当选为县委书记，闵秀明任县纪委书记。

7月5—6日 省委常委、省政法委书记、省公安厅厅长李江深入湘阴县，对公安系统推进“三基一化”工作进行实地调研。

7月 投资3亿元的湖南长元人造板股份有限公司正式整体搬迁落户湘阴县，并举行签约和奠基仪式。

8月 由荷兰化学公司（欧洲有限公司和香港湘泰医药科技有限公司）联合投资650万美元的高科技项目——鸿跃聚合物助剂生产项目在湘阴县洋沙湖工业园正式落户。

8月27日 由巴勒斯坦客商投资1.2亿美元的柠檬酸系列产品开发项目落户湘阴县。

9月18日 湖南长康实业有限公司长康注册商标被国家工商总局商标局认定为中国驰名商标，这是岳阳市民营企业获此殊荣的唯一一家。

10月17日 湖南福湘木业有限责任公司“福湘FUXIANG”图标被国家工商总局商标局认定为中国驰名商标。

10月24日 市委常委、常务副市长盛荣华、市人大常委会副主任戴绪军率市招商局、临湘市、平江县、湘阴县、南湖风景区有关负责人前往浙江参加杭州湖南商会成立大会并在杭州举行岳阳投资环境说明会。

11月1日 县城北学校喜迎百年华诞，县委、县人大、县政府、县政协主要领导，历任教育局局长、校长和各届校友代表，离、退休教师、全体教职工，学生代表及家长代表共2000多人隆重聚会、共庆该校建校100周年。

是年 县公安局在省、市、县党政领导的具体部署和周边县警力支持下，平息湘阴“7·25”事件，共抓获涉案人员60人，其中逮捕37人，劳教4人。“7·25”事件是7月25日因文星镇居民与杨林寨居民在江东路金色大帝娱乐城蹦迪时身体碰撞发生口角引发的群体性集聚闹事事件。

2007 年

年初 白泥湖乡楠竹村被确定为省长周强的新农村建设联系点。

2 月 6 日 湖南大学与湘阴县政府就加快县域经济发展正式签订合作协议。

2 月 14 日 司法部党组副书记、副部长陈训秋到湘阴县白泥湖劳教所，看望慰问戒毒康复中心的民警。

3 月 田自力任湘阴县委书记。

春季 开展整治社会治安“亮剑行动”，共破获各类刑事案件 944 起，查处治安行政案件 14925 起，逮捕 207 人，直诉 42 人，治安拘留 918 人，劳动教养 27 人，强制戒毒 47 人。

4 月 2 日 湘阴县再次获得全国粮食生产先进县荣誉。

4 月 4 日 湘阴县一中跻身清华大学教育研究所实验基地。

5 月 8—10 日 2007“罗城杯”湖南青少年武术锦标赛在湘阴一中举行。

5 月 30 日 香港建华管桩集团有限公司与湘阴县政府正式签约。该公司投资 2.4 亿元建设 4 条管桩生产线，企业投产后，年产值达 7 亿元，年上缴税收 2000 万元。

10 月 7 日 副省长甘霖、省政协副主席李贻衡在湘阴县考察湘菜原辅材料基地建设。

11 月 8 日 黎作凤任湘阴县政府代县长。

11 月 17 日 市领导易炼红、白尊贤、赖社光到湘阴县进行调研。

11 月 22 日 湘阴县砌筑工享誉全国建筑劳务市场，被中国就业促进会推荐为“全国优秀劳务品牌”。

12 月 5—9 日 县第十五届人大一次会议召开，选举周友庚为人大常委会主任，黎作凤为县长、夏常凯为县法院院长、谭载星为县检察院检察长。

2008 年

1 月 湘阴县遭受历史上罕见的冰冻灾害，19 个乡镇受灾，倒塌房屋 1586 间，受灾人口 68.5 万人。县民政局筹集资金 380 万元，大米 20000 千克，棉衣棉被 2800 套发放给灾民。

5 月 省委常委（扩大）会议研究“长株潭”城市群全国“两型社会”建设试验区总体规划时，将湘阴县划入滨湖示范区。

5 月 16 日 中日青年湘阴生态绿化示范村一期工程启动仪式在湘阴县举行。

7 月 25 日 长沙中联重工科技发展股份有限公司董事长詹纯新一行专程到湘阴县考察，双方就加强合作进行商谈。

9 月 18 日 市长黄兰香在湘阴县行政办公大楼主持召开会议，专题研究岳阳市“两型社会”建设滨湖示范区建设的有关事宜。

9 月 28 日 省环保局污染源普查办主任张龚到湘阴县检查污染源普查工作进展情况。

10 月 湘阴县率先在全国开展农村党员科学素质行动。

10 月 2 日 省委副书记、省长周强在湘阴县考察调研文物旅游工作。

10—12 月 省考古所对洞庭湖地区湘阴县青潭乡青山遗址进行发掘，根据挖掘出土陶器特征分析，初步推断该遗址相对年代大约在距今 5500 年左右的大溪文化中、晚期。

12 月 县民政局婚姻登记中心被民政部授予全国婚姻登记规范化单位。

是月 湘阴县被评为全省社会救助工作规范化建设先进县。

是年 开展“金盾行动”“天网行动”“迎奥运保平安严打整治百日会战”等专项行动，共破获各类刑事案件664起，查处治安行政案件14647起，逮捕224人，直拆172人，治安拘留642人，劳动教养18人，强制戒毒28人。

2009年

1月 湘阴荣膺全国粮食生产先进标兵称号。

2月28日 湘阴县种粮大户周翼应国务院总理温家宝之邀，同来自全国13个基层单位的代表到中南海国务院第一会议室就国计民生问题和总理进行座谈。

3月30日 17时，新泉寺镇新洲村39岁的农妇王凤娇为救横过马路小女孩英勇牺牲。4月，被岳阳市追授为见义勇为先进个人。10月，获评全市第二届道德模范。

5月 湘阴县留守儿童托管中心挂牌设立，成为32位留守儿童温馨的港湾。

7—8月 县委、县政府对全县中小学校布局进行调整，一次性撤并83所学校，其中高中1所、初中5所、小学77所。同时清退临代人员360人，化解债务1200万元。

9月1日 经省新闻出版局批准，县委机关报《湘阴周报》复刊，县委宣传部副部长张湘华兼任主编。

9月3—5日 省委原副书记王治国、市人大常委会原主任陈秉芝等17名南下老干部聚会湘阴县。

9月14日 省轻工产业园落户湘阴协议签订。规划面积6.6平方千米，第一期开发建设2平方千米，总投资24亿元，第二期开发建设4.6平方千米，总投资76亿元。

9月 县评定15名首届道德模范。

12月 湘阴县公安工作全省民调排名比2008年上升46位。

是年 湘阴县抓住中央拉动内需政策机遇，共争取新增投资项目39个，项目总投资43.6亿元，其中中央投资1.86亿元，项目数量、规模和投资额均取得历史性突破。

2010年

1月12日 省委书记、省人大常委会主任周强深入湘阴县工业园区企业和白泥湖乡楠竹村考察调研。

1月 湘阴县获全国科技进步考核先进县（市）荣誉称号。

是月 湘阴县洋沙湖——东湖，被国家林业局列为国家级湿地公园，6个功能区规划总面积1525.9公顷。成为岳阳第一批国家级湿地公园之一。

3月 由县委史志办主编的《中国共产党湘阴历史》荣获湖南省十七大以来优秀党史研究成果特别奖。

4月2日 湘阴县中国（湖南）轻工产业园隆重奠基。中国轻工联合会副会长杨志海、王世成，省人大常委会副主任蔡力峰、副省长甘霖、省政协副主席阳宝华出席奠基仪式。奠基当天签约项目29个，到位资金38.75亿元。

5月16日 南湖洲镇老人何招秀将2万元寿礼全部捐给村里办公益事业，感动四方乡邻，县委书记田自力号召全县人民向她学习。

5月25日 连接湘阴、望城两县的柳林江大桥及接线工程正式竣工通车。

同日 漕溪港千吨级深水码头通过省专家组验收。

是月 杨林寨乡合湖村妇女康小元，获全国妇女岗位建功先进个人。

6月27日 湘阴县2010年高考再创佳绩。二本以上上线人数突破1500人，其中600分以上的88人，熊泽琛以总分700分的高分荣获理科全市第一，瞿璞荣获全市文科第二。

7月2日 省政府党组成员、省发改委主任蒋作斌，中国工程院院士、湖南大学校长钟志华陪同长丰集团董事长李建新到湘阴考察汽车建设项目。

7月4日 湘阴县广播电视大学被评为全国示范性基层电大。

7月15日 省国土资源厅厅长方先知一行到湘阴县调研建设、开发用地情况。

7月21日 省军区司令员少将张永大、省军区参谋长少将李兰田到湘阴县检查防汛工作。

7月22日 县教育布局调整“三年行动计划”暨滨湖学校建设现场捐资大会举行，当场捐资784万元。

8月 湘阴藉作家李清明散文集《寥廓江天》获冰心散文奖。

9月24—28日 湘阴县5名残疾人运动员参加全省第八届残运会，夺得6金1银2铜，金牌总数位居全市第一。

10月24日 2010年中国中部（湖南）国际农博会落下帷幕，湘阴县城西镇“鹤龙湖大湖生态开发有限责任公司”选送的“湖鹤大闸蟹”荣获金奖，成为本届农博会上唯一获得金奖的名特水产品，被誉为“湖南蟹王”。

11月1日 湘阴县在县城范围内首次开展与市同步的防空警报试鸣活动。知源中学、城关中学、城北学校等几所中小学分别组织相应防空防灾紧急疏散演练。

11月6日 南京军区参谋长中将蔡英挺一行到湘阴柳庄参观考察。

11月 湘阴县荣获全国残疾人社区康复示范县，成为岳阳市第一个获此殊荣的县（市）。

12月23日 中国湖南“义丰祥杯”省级摄影大赛颁奖典礼暨作品展览在湘阴县隆重举行。湘阴县参赛作品《绿州》荣获金奖。

12月27日 由县新泉人牵头创办的湖南洞庭黄龙原生态水产股份有限公司，在天津股权交易所成功挂牌交易，成为全国第一家在天交所挂牌上市的水产企业。

12月28日 县新泉镇小北湖村民秦希良荣获全国粮食生产大户的称号。

12月 县农机局胡席平荣获全国农业科技创新先进个人荣誉称号。其论文《对湘阴县发展低碳农机的思考》，获得全国农业优秀科研成果一等奖。

2011年

1月20日 县委、县人大、县政府、县政协联合在长沙好来登大酒店召开湘阴县乡友迎春团拜会。董志文、罗桂求、高克勤、谭载阳、李劲夫、董小新、冯湘保、周伟华、张国骥等应邀出席，县领导田自力、黎作凤、周友庚、周山连四大家负责人出席团拜会。

2月1日 省委书记、省人大常委会主任周强、省委常委、省委秘书长杨泰波到新农村建设省级示范村白泥湖乡南竹村考察慰问，市、县领导易练红、黄兰香、赖社光、田自力、黎作凤等陪同。

3月10日 湖南省旅游开发有限公司与湘阴县签订合同，投资10亿元对青山岛进行整体开发。

4月11日 芙蓉大道湘阴段全程开工，全长28.8千米，工程总投资12.56亿元，建设工程两年。

5月13日 县委、县政府在县城湘阴剧院召开创建国家文明卫生县城和城乡环卫整治动员大会，在成功创建省级卫生县城的基础上，动员全县上下继续努力，用三年左右时间创建国家级文明卫生县城。

6月15日 中国科协命名湘阴县为2011年至2015年全国科普示范县。

6月17日至18日 县第十一次党代会在县城湘阴剧院召开，选出新一届县委和县纪委领导成员，田自力当选为县委书记，黎作凤、尹家辉当选为县委副书记，闵秀明、魏淑萍、刘正仁、彭岳武、吴学兵、彭方建、贾建旺、周太平当选为县委常委。

9月1日 县委、县政府实施城区教育三年行动计划的重点项目滨湖学校，投资4000万元，举行竣工开学典礼。

11月8日 湘阴县“新农保”正式启动。首批11.5万名60岁以上老人享受国家补贴的基础养老金。

12月8日 科技部授予湘阴县2011年度全国科技进步考核先进县。田自力、黎作凤、毛华初荣获“全国县（市）科技进步先进个人”称号。

12月9日 湘阴县通过国务院“全国粮食生产先进县”验收合格，连续五次获此殊荣。

2012年

2月27日 县委、县政府在县城召开“三城同创”动员大会，动员全县上下进一步统一思想，鼓足干劲，迅速掀起创建热潮，合力共创国家卫生县城、省级文明县城和园林县城。

3月26日 “三城同创立于言践于行万人签名活动”在左宗棠广场启动，田自力宣布启动仪式，黎作凤致辞，尹家辉、魏淑萍、刘正仁等县领导出席并带头签名，来自全县各条战线干部职工、中小学生、志愿者等纷纷签名并上街散发宣传资料。

4月23日 县委学习中心组（扩大）集中学习暨湘阴新闻网（红网湘阴分站）开通仪式，在湘阴宾馆举行。红网董事长、副编辑舒斌、县长黎作凤点击开通网站。湘阴县从此有新闻独立发布资格的大型综合门户网站。

8月14日 省政府召开新闻发布会，通报2011年湖南省县域经济发展状况，公布经济强县（市）和县域经济发展先进县（市）自考核结果，湘阴县上升至16位。

11月8日 湘阴县纪念左宗棠诞辰200周年新闻发布会，在长沙同城大酒店举行，香港《大公报》、台湾《旺报》、新华社湖南分社、《湖南日报》、湖南卫视等20多家媒体记者参加，并采访县长黎作凤。

11月24日 纪念左宗棠诞辰200周年经贸洽谈会在湘阴县举行，签约项目16个，资金39亿元。

11月25日 纪念左宗棠诞辰200周年大会在左宗棠文化园天地正气广场举行。全国政协常委、中国农工民主党副主席、左宗棠第五代孙左焕琛、湖南省委宣传部部长许又声，市、县领导黄兰香、田自力分别讲话，王克英、李有新、蒋作斌、龚建明、广西军区司令员龙义和、市县领导等出席，来自全国的学者、左氏后裔、新闻媒体、干部群众5000余人参加纪念大会。来自上海、北京等地左氏后裔及宗亲代表团、湖南省党政领导、新疆维吾尔自治区、广西军区、甘肃、陕西、福建、台湾、岳阳、湘阴代表团先后为左宗棠石像敬献花篮。

12月26日 湘阴县再次获“全国粮食生产先进县”称号。全县全年粮食总产58.8万吨，比2011年增1.5万吨，实现“九连增”。

2013年

1月2日 湘阴县黎作凤、苏铁锚、王建民、谭光辉在岳阳市第七届人民代表大会第一次会上当先为湖南省第十二届人民代表。

1月7日 “最美兵哥”周哲平回到家乡，县长黎作凤为他颁发“湘阴杰出青年卫士”荣誉证书。

1月24日 湘阴县地方特色农产品“樟树港辣椒”获国家地理标志证明商标。

2月22日 县人民政府对2012年度计划生育工作三类单位责任人发出处理通报，12名村书记被撤职，10名包村干部受党内警告处分，县直单位有4名正职和分管负责人受处分。

2月27日 县委出台《关于改进工作作风密切联系群众的实施细则》，从改进调查研究，精简会议活动和文件简报，改进新闻报道，厉行勤俭节约、密切联系群众等八个方面，对全县领导干部进一步改进工作作风、严肃工作纪律、密切联系群众提出30项严格要求。

4月4日 曹克人烈士后裔回乡祭拜1941年在保卫湘阴战役中英勇抗击日军阵亡的原国民革命军陆军九十九师驻湘阴城防营全体官兵。

6月12日 省道路交通安全委员会表彰一批“2012年度全省道路安全交通工作先进县市区”，湘阴获评全省道路交通安全工作先进县。

7月19日 省委书记、省人大常委会主任徐守盛到湘阴石塘乡与基层干部群众座谈开展党的群众路线教育情况，省市县相关领导陪同。

8月8日 省人民政府发布通报，湘阴县荣获“全省发展乡镇企业暨推进农业产业化经营先进单位”称号。

8月28日 市妇联代表全国妇联向文星镇黄金留守儿童学校颁发全国农村留守（流动）儿童示范家长学校的牌匾。

11月18日 省委省政府召开全省发展非公有制经济先进单位和个人表彰大会，湘阴县荣获发展非公有制经济先进单位。是日，54基地政委张升民，二炮研究院政委孙少华、国防科大干部学院院长刘戟锋、54基地总工程师陈正烈一行到湘阴参观陈毅安烈士纪念馆、任弼时纪念碑，凭吊抗日死难烈士，表达对革命先烈的崇高敬意。

2014年

1月14日 全县党政负责干部大会召开，岳阳市委组织部负责人在大会上宣布，调整县委主要领导成员，田自力调离，黎作风主持全面工作。

1月15日 湘阴左宗棠文化园入选全市“十大金牌景区”，凯佳生态园入选全市“十大金牌休闲农庄”，鹤龙湖大闸蟹入选全市“十大金牌特产”。

1月23日 鹅形山发生森林大火，县委、县政府组织4000余人投入扑灭山火，25日凌晨1时，山火被全力扑灭。

2月25日 全县强力实施“三十工程”，加速推进新型工业化暨联手帮促工作大会召开。

4月28日 中共湖南省委任命黎作风为中共湘阴县委书记，5月5日县委召开党政负责干部大会宣布。

5月19日 县十六届人大常委会召开第九次会议，表决同意黎作风辞去湘阴县人民政府县长职务，决定任命尹培国为县人民政府副县长，代理县长主持县人民政府全面工作。

6月29日 法华寺举行八指头陀纪念馆暨天台宗祖师圣像开光庆典法会。

7月23日 省委书记、省人大常委会主任徐守盛到湘阴樟树港，视察武警长沙（湘阴）直升机场建设，省委常委、秘书长韩永文、武警湖南总队司令员赵永平、政委贾龙武及市、县主要领导陪同。黎作风、尹培国参加汇报会并作汇报。

9月22日 中共湖南省委旧址揭牌仪式举行。

10月17日 湘阴县在全国首个扶贫日举行心系扶贫万名签名活动。

11月20日 中共中央政治局委员、国务院副总理刘延东到湘阴考察血防工作，国家卫计委主任李斌、省委省政府主要领导徐守盛、杜家毫，市委书记卿渐伟、市长盛荣华和县委书记黎作风等陪同。

12月31日 全国首届“最美体验师”总决赛在江苏南京落幕，祖籍湘阴县在校女大学生易卓娅获大赛冠军。

2015年

1月10日 湖南省旅游景区质量评定委员会发出通告，批准20家景区为国家AAA级旅游景区。湘阴县南泉寺景区获评国家AAA级旅游景区。

2月26日 省委、省政府表彰公布全省2014届文明城市、文明村镇、文明行业、文明单位、文明标兵单位名单，湘阴获“文明城市”称号。

3月2日 在全市三级干部大会上，湘阴县被评为全市综合考核绩效考核第一名等多个殊荣。

3月13日 县委、县政府在县城召开三城同创总结暨巩固扩大创建成果动员大会，县四大家领导出席。经专家组暗访考查认定，湘阴县创建国家卫生县城和省级文明县城达标，将择时授牌。县委、县政府号召全县干部群众把创建国家卫生县城和省级文明县城作为新起点，建立长效机制，巩固扩大创建成果，大力推进城市净化、绿化、美化、亮化，加速创建省级园林县城，进一步提升城市品位和对外形象。

5月4日 县委、县政府召开全县上半年重点工作讲评推进会，县委书记黎作凤围绕新型工业化、农业现代化和城镇化重点项目建设，强调各级要从五个方面抓落实。即：要振奋精神抓落实、围绕目标抓落实，聚焦问题抓落实，改进作风抓落实、督查考评抓落实。

7月15日 县委、县政府在城南地区举行武警长沙直升机场进场公路开工仪式。该项工程是列入全县强力推进“三十”工程之一的重点工程，是全省战备重要军事工程，也是改善城南地区交通条件的惠民工程，项目总投资1.9亿元，全长17.6千米，路宽12米，设计时速80千米，采用一级公路标准建设，2016年竣工通车。

7月23日 全市“135”工程建设项目流动现场会与会人员，到湘阴县实地考察工业地产项目。市委书记盛荣华、市长刘和生认为，湘阴县对工业地产项目支持力度大、理念新、定位准、建设快、来势好，在全市带了个好头，起到很好的示范引领作用。

7月29日 县委第十一届四次全体（扩大）会召开，全体县委委员和候补委员、各乡镇党政正职、县级机关各单位负责人参加会议。县长、县委副书记尹培国主持会议，县委书记黎作凤作主题报告，全面总结上半年工作，研究部署新常态下进一步加快湘阴县发展战略措施，强调进一步贯彻落实省委、市委全会精神，深入开展“比九江、学九江、超九江”活动，动员全县上下统一思想，坚定信心，一心一意谋发展，满怀激情干事业，努力在建设“一极三宜”（湖南经济发展新增长极、宜居、宜业、宜游）江湖名城中干在实处，走在前列，卓见成效。

8月7日 县委、县政府在县城举行城区7条主干道提质改造开工仪式。县委常委、副县长周太平宣布城区滨江路、尚书路、太傅路、旭东路、嵩焘路、冬茅路和步行街7条道路提质改造正式开工。7条道路将实施破损路面换板，有的全部破拆重建、人行道更换、雨污管网重新安装后白改黑，工程艰巨，总投资达1.9亿元。县长尹培国指出，县委、县政府高度重视城区道路提质改造，前期已做好扎实准备工作，各相关部门单位务必协同作战，优质高效推进，年底竣工投入使用。

8月19日 县委、县政府在金龙新区举行“湘阴县10个工业项目集体开工仪式”，市委常委、宣传部部长徐新启、县四大家主职领导出席，金龙新区，各开工企业负责人等参加。集体开工的百尔泰克生物科技、君德工业地产、奇思环保等10个工业项目，总投资12.72亿元，总用地65.2公顷，涵盖先进装备制造、高新生物科技等领域。徐新启宣布10个项目集体开工，县委书记黎作凤致辞，指出今天开工的项目，就是明天的财富。要求各相关职能部门和乡镇村组特别是帮促单位要积极主动为项目单位解难题、优环境、促实效，为湘阴“学赶永修县，进军省十强，争当排头兵”作出更新更大成绩。

12月28日 湘阴县获评“省诗词之乡”称号。

附：

2016 年大事记

（1—8月）

1 月 4 日　县委书记黎作凤主持召开县委常委扩大会，主要传达学习省委、市委经济工作会议精神。2015 年 12 月 27 日，黎作凤作为全省 122 个县市区中唯一县委书记，在省委经济工作会上作典型发言，介绍湘阴县发展经验，获得省委高度评价。在传达学习会上，黎作凤强调，省委、市委对湘阴县工作的高度评价，既是光荣，也是一种责任，要把责任当使命，不负重托，大干、实干、快干 2016 年。提出五兴：兴工、兴城、兴港、兴旅、兴干。

1 月 21 日　县委常委召开“三严三实”专题民主生活会，市委常委、宣传部部长徐新启出席并讲话。县委常委围绕“严以修身、严以用权、严于律已、谋事要实，创业要实，做人要实”（简称“三严三实”），联系实际，深入查摆，开展批评与自我批评。黎作凤代表县委常委作对照检查发言，深刻剖析了县委常委不严不实方面的问题，并带头作自我批评，县委常委逐一作了个人对照检查发言，开展批评与自我批评，并议订了整改措施。

1 月 27 日　湖南交通工程学院本部及本科部搬迁项目正式签约，落户金龙新区，占地 100 公顷，总投资 10 亿元。2016 年 5 月开始撤迁动工，2017 年秋季招生开学。

1 月 31 日　湖南省委召开扶贫开发暨全面建成小康社会工作推进会。经考核评比，湘阴评为 2015 年度全省全面推进小康建设“十快进县”；在全省 122 个县市区排名中，湘阴县位列 13 位，比 2014 年上升 3 位，进入全省经济强县行列。

2 月 19 日　新年上班第一天，县委书记黎作凤主持召开县委常委扩大会，主题是高举“强园兴工”旗帜，掀起湘阴跨越发展热潮。专题研究“重大项目会战年”，提出“扩权、强基、招大、帮促、争先”五条措施。

2 月 26 日　省委巡视第八组反馈湘阴县巡视情况。第八组巡视组组长孙剑霖、副组长曾益民等向湘阴县委常委领导成员反馈巡视情况中，市委副书记李志坚全程参与，县委书记黎作凤代表县委领导班子作表态发言。巡视组在肯定湘阴县委、县政府所做出的工作成效同时，提出了在巡视中发现和群众反映的一些问题，要求切实落实好党委的主体责任和纪委的监督责任，如期按质抓好整改。黎作凤表示，县委将把反馈意见作一项重要政治任务来抓，立行立改，细化落实到抓改革、促发展、惠民生、强队伍上，推动湘阴加速赶超。

2 月 28 日　在全市三级干部大会上，湘阴县获县域经济考核和全面小康考核双第一。

3 月 1 日　全县三级干部大会召开，县委书记黎作凤作“学赶永修县，进军省十强，争当排头兵，奋力谱写‘一极三宜’江湖名城建设的精彩湘阴篇章”报告。大会宣布县委、县政府“关于表彰 2015 年度全县五个‘十佳’的决定”，对评选的十佳领导班子，十佳基层党组织、十佳人民公仆、十佳岗位服务明星、十佳村（社区）党支部书记进行表彰奖励。

3 月 18 日　全县城市综合管理提质暨创建夺牌动员大会召开，县委书记黎作凤、县长尹培国出席讲话，动员全县上下全力以赴，深入推进三城同创，确保创建成功夺牌。

3 月 22 日　省委常委、统战部部长黄兰香到湘阴调研非公经济情况，省委统战部副部长、省工商联党组书记汤新华、市领导李志坚、樊进军、县领导黎作凤、尹培国等陪同调研。

4 月 7 日　县投资促进事务局（简称“投促局”）正式成立，县委书记黎作凤为该局揭牌。县投促局履行原招商局职能。

4月8日 县政府召开全体（扩大）会议，总结过来政府工作情况，全面部署后段工作任务。

4月12日 省委书记、省人大常委会主任徐守盛到湘阴调研县域经济发展情况，省委常委、省委秘书长许又声、市领导盛荣华、刘和生、樊进军、县领导黎作凤、尹培国等陪同调研。徐守盛首先到金龙新区，深入奇思环保机械制造高新技术企业，了解产品研发、生产经营等情况，之后还到燎原水库饮水工程、远大科技园、东湖生态公园等处调研考察，听取县委、县政府领导工作汇报。徐守盛对湘阴县所取得的工作成效给予充分肯定，认为湘阴坚持绿色发展、创新驱动增强了新的发展功能，积累了宝贵经验，要进一步将区位优势转化为经济优势，牢牢抓住洞庭湖生态经济区建设等重大机遇，谋大谋远谋实，实现优势优先，率先发展。

5月5日 县委、县政府在金龙新区奥莎富士电梯项目建设开工现场，举行10个重大项目集体开工仪式。市委常委、宣传部部长徐新启出席并宣布开工，县委书记黎作凤致辞，县长尹培国主持，四大家主要领导参加。10个项目同时开工，主要有国网湖南电力检修基地、科必高环保、丰硕科技等，涉及工业、地产、环保、交通、民生多个领域，总投资15亿元。

5月13日 全县“两学一做”学习教育动员大会召开。尹培国主持会议，黎作凤作报告。“两学一做”是党中央决定在全党开展的学习教育活动，动员全体党员投入学习党章党规、学习习近平总书记系列重要讲话，做合格共产党员（简称“两学一做”）。黎作凤强调各级要高度统一思想，发动全体党员积极投入学习教育活动，坚持高标准严要求，确保学得认真，做在实处，为湘阴县经济发展提供新动力。

5月19日 县委、县人大工作暨县乡换届动员大会召开，县委书记黎作凤出席讲话，县人大常委会主任熊检华、县政协主席周义军分别就换届工作安排作了说明。按照全省统一部署和相关规定，县委在7月底以前完成换届，县人大、县政府、县政协在10月底前完成换届。黎作凤强调要提高认识，统一思想，把握政策，强化监督，加强领导，挺纪在前，确保换届工作风清气正，圆满完成。

5月31日 湘阴县行政村合并工作完成。全县行政村合并自2015年12月正式启动，坚持“撤小并大，撤弱并强”“固地致宜，规模适度”“优势互补，整村合并”原则，经过广泛深入调查研究，听取群众意见，制定合并方案，稳步实施。全县由原406个行政村合并为153个，缩减253个。合并村配备了强有力的领导班子，进入正常运转轨道。

6月7日 湘阴高考开始，市政协副主席万五龙和县委书记黎作凤等清晨便到湘阴一中考场大门前，与入场考生们击掌加油鼓劲。2016年全县高考报考3380人，实际参考3320人，设湘阴一中、左宗棠中学、知源学校3个考点、117个考室。由于县委县、政府高度重视，各方共同努力做扎实工作，湘阴高考实现保平安、保公平、保质量和零差错、零事故“三保两零”目标。

6月7日 湘阴县农村商业银行正式挂牌营业。省农村信用联合总社党委书记、理事长张志军、中国人民银行岳阳中心支行行长曹平辉、县领导黎作凤、尹培国、熊检华、周义军等出席揭牌仪式。湘阴农村商业银行的前身是20世纪50年代建立的农村信用社。经过一年多的筹备，2016年6月，经中国银监会湖南监管局批准，改建为湘阴农村商业银行，注册资金2亿元，辖营业网点39家，从业人员346人。湘阴农村商业银行的成立，标志着湘阴农村金融体制改革实现重大突破。

6月28日 湖南湘阴农村商业银行股份有限公司挂牌成立。

7月1日 G240岳阳县城至湘阴公路（湘阴段）项目举行建设开工仪式。

7月3日 13时，县委、县政府紧急召开防汛抗灾会商会，部署抗洪抗灾工作。县委书记黎作凤、县长尹培国分别讲话。

7月15日 副省长何报翔率队来湘阴检查指导防汛救灾工作。

7 月 16 日　副省长戴道晋组织召开电视电话会，调度湘阴和益阳市赫山区烂泥湖防汛抗灾工作。

7 月 18 日　上午，市委副书记、市长刘和生来湘阴县检查指导防汛抗灾。

8 月 2 日　在第八次全国法治宣传教育工作会议上，湘阴获评“六五”普法全国法治宣传教育先进县，成为全市唯一获此殊荣的县区。

8 月 6 日　线上线下一体化的商业企业——苏宁易购正式进驻湘阴。

8 月 13 日　湘阴召开领导干部大会，宣布省委、市委关于县委、县政府主要领导职务调整的决定。汪灿任湘阴县委书记；黎作凤不再担任湘阴县委书记职务，另有安排；李镇江任湘阴县委副书记，提名为县人民政府县长候选人；尹培国不再担任湘阴县委副书记职务，提名免去湘阴县人民政府县长职务，任衡山县委书记。

8 月 25 日　中国共产党湘阴县第十二次代表大会开幕，8 月 26 日下午，会议完成各项议程后闭幕。

8 月 27 日　全国 66 处通过验收的“国家湿地公园”名单出炉，湘阴洋沙湖－东湖国家湿地公园位列其中。

第一篇　建置·地理

第一章　建置区划

第一节　位置面积

湘阴县位于湖南省东北部（偏南），濒南洞庭湖，居湘资两水尾间。北纬 28°　30'13"~29°　3'2"，东经 112°　3'20"~113°　1'50"。县境东接汨罗市，西邻益阳市，南连望城区，北郊沅江市、岳阳县、屈原管理区。东起长康镇的金鸡山，西至南湖洲镇的毛角口，南到樟树镇的易家坡，北达磊石山的垱嘴洲。东西最宽处 51.3 千米，南北最长处 61 千米，面积 1581.5 平方千米。湘江分东、西两支自南向北穿流中部；资水干流及其东支自西向东折北流经西境。水路南达长沙、衡阳，西至益阳、沅江、津市，北连岳阳，进入长江。公路南至长沙，东抵汨罗、平江，西通益阳，北达岳阳市。湘江东支将县境劈为东西两部，形成两个地貌各异的自然区（俗称湘江东部山丘区为东乡，西部湖区为西乡）。

第二节　建制沿革

湘阴县历史悠久。据近年出土文物证实，早于新石器时代，即有先民在此开拓。

夏代，县境为三苗部落所居。

周代，成王分封诸侯，湘阴地属楚国。约于公元前 690 年，楚武王灭罗国（俗称罗子国），将罗遗民自宜城（今湖北宜城市西的故罗川城）迁至其都城丹阳（今湖北秭归）附近的枝江。公元前 689 年春，楚文王迁都于郢（今湖北江陵县县北），再徙罗子国遗民至湘水之南。自此，县境属罗子国遗民居住地。

秦始皇二十六年（前 221），改罗子国遗民居住地为罗县，隶长沙郡。

西汉高祖五年（前 202），刘邦徙衡山王吴芮为长沙王，改长沙郡为国；芮传五世至靖王吴著，因无嗣，于文帝后元七年（前 157）国除。景帝刘启于前元元年（前 156）复以该国封与其子刘发（史称长沙定王）。是时，罗县隶长沙国。东汉光武帝建武七年（31）复长沙为郡，罗县随隶。恒帝延熹五年（162）析罗县东部地置汉昌县，亦隶长沙郡。献帝建安十三年（208）十二月，刘备徇定武陵、长沙、桂阳、零陵四郡，罗县属刘备领地（221 年建国，号蜀）。二十年（215）刘备、孙权以湘水为界分荆州，江东长沙等郡属孙权领地（222 年建国称吴），罗县、汉昌随属，仍隶荆州。吴大帝黄龙元年（229）改汉昌为吴昌，罗与吴昌仍隶荆州长沙郡，直至三国之终。

西晋武帝太康元年（280），司马炎亡吴，罗县、吴昌仍隶荆州长沙郡。晋怀帝永嘉元年（307）分荆、广两州地置湘州；东晋成帝咸和三年（328）罢湘州。安帝义熙八年（412）又复，十二年（416）又废。罗县、吴昌随长沙郡依次改隶，时属湘州，时属荆州。

宋武帝永初三年（422），至孝武帝孝建元年（454）（一说为文帝元嘉三十年即公元 453），时湘州五次置废，长沙郡领罗县、吴昌等县，随之改隶。后废帝刘昱元徽二年（474），湘州刺史王僧虔为安置巴峡流民，上表割益阳、湘西、罗三县部分地置新县，因其地居湘水之南，故名湘阴。湘阴、吴昌与罗县同隶长沙内史。齐因宋。梁武帝天监、大通年间（502—529），分湘阴地置罗州，建岳阳郡，立岳阳、玉山、湘滨三县，湘阴、罗、吴昌及析湘阴地所置的三县，同隶岳阳郡，属罗州。陈武帝永定年间（557—559）废罗州，湘阴、罗、吴昌及析湘阴地所置的三县仍隶岳阳郡，改属巴州。

隋文帝开皇九年（589），改湘州为潭州，改巴州为岳州，废岳阳郡置玉州，省湘阴入岳阳，省吴昌、湘滨入罗县。岳阳、玉山、罗县同隶玉州，开皇十一年（591），改岳阳为湘阴县，废玉山入湘阴；十二年（592）又废玉州，湘阴、罗县改隶岳州。炀帝大业三年（607）改岳州为罗州，不久又称巴陵郡，或州或郡，湘阴、罗县均其属县；十三年（617），罗令萧铣起兵反隋，据巴陵攻陷旁郡，将湘阴与罗县划属潭州。

唐高祖武德四年（621），李渊灭萧铣，废巴陵郡置巴州；六年（623）改巴州为岳州，八年（625）省罗县入湘阴，天宝元年（742）又改岳州为巴陵郡，乾元元年（758）复为岳州，湘阴随之改隶，属江南西道。中宗神龙三年（707），析湘阴东部地置昌江县（今平江县）。

后梁太祖天平元年（907），朱晃封马殷为楚王，湘阴自岳州划属潭州。后唐天成二年（927），李嗣源封马殷为楚国，马改潭州为长沙府，湘阴还隶岳州。后周广顺三年（953）周行逢据湖南，将湘阴划隶朗州。

宋太祖乾德二年（964），湘阴自朗州归隶岳州，属荆湖北路。太宗淳化四年（993），改隶潭州，属荆湖南路。

元代初期，湘阴仍为县。元成宗元贞元年（1295），以民至万户升为州，隶潭州路总管府。元文宗天历二年（1329），改潭州路为天临路，湘阴仍改随隶。

明太祖洪武二年（1369），湘阴复为县，隶潭州府；五年（1372），改潭州府为长沙府，湘阴亦其辖县，均属湖广布政使司（后改承宣布政使司）。

清顺治四年（1647），湘阴始为清辖，隶湖广布政使司长沙府。康熙三年（1664）置湖南布政使司为湖南省，下设四道，湘阴隶长沙府，属长宝道。

民国元年（1912）沿用清制，湘阴隶长宝道长沙府。民国3年（1914），湖南清代所设四道改置，湘阴隶湘江道。民国11年（1922）湖南撤道，湘阴直隶省府。民国26年（1937），湖南设行政督察专员公署，民国29年（1940）设行政督察区，湘阴均属第一区。

1949年10月，湘阴隶长沙专区。1952年9月，长沙专区改为湘潭专区，湘阴随隶湘潭专区。1964年，设岳阳专署，湘阴划隶岳阳专署。1983年2月8日，国务院（83）国函字12号《关于湖南省地市合并调整行政区划的批复》“将原属益阳地区的宁乡县、岳阳地区的湘阴县、湘潭地区的浏阳县划归长沙市管辖”，湘阴县划属长沙市。是年7月1日，国务院收回原批复，湘阴县又划属岳阳地区。1986年1月，岳阳地区改置岳阳市，湘阴县随隶岳阳市至今。

第三节　行政区划

1978年，湘阴县辖城南、岭北、濠河、新泉、洞庭、南湖、长仑7个行政区，37个人民公社、4个镇（城关镇为县辖镇，樟树、临资、白马镇为区辖镇）。城南区辖城南、安静、樟树、金龙、玉华、长康6个人民公社和樟树镇；岭北区辖沙田、铁窑、躲风亭、东港、茶湖潭5个人民公社；濠河区辖湘临、鹤龙、古塘、湾河、濠河、南阳、青潭7个人民公社；新泉区辖西林、车马、东风、凤南、新泉5个人民公社；洞庭区辖洞庭、柳潭、红卫、民新、杨林寨5个人民公社和白马镇、临资镇；南湖区辖南湖、胭脂、赛头、和平4个人民公社；长仑区辖石塘、六塘、东塘、三塘、北湖5个人民公社。

1979年9月，樟树、临资、白马镇均由区辖镇升为县属镇。1981年11月，经县委、县政府研究决定，设城关镇农业办事处，明确为人民公社一级。

1982年2月，全国第一次地名普查中将东风、红卫、东方红人民公社恢复原名，即关公潭、胭脂、姑嫂树人民公社，北湖人民公社更名为白泥湖人民公社。8月，县政府发文通知，将南湖洲建为乡级镇。至此，全县为7个区、37个人民公社、4个县属镇、1个区属镇（南湖洲镇）、1个农业办事处。

1984年5月，改人民公社、生产大队为乡、村建制。除城关镇仍为区级镇外，樟树、白马、临资、濠河口、铁角嘴、新泉、南湖洲为乡级镇，并设7个区，分辖33个乡，416个村、5128个村民组、25个居民委员会（简称“居委会”）、101个居民小组。城南区辖城南、长康、玉华、樟树、金龙、安静6个乡和樟树镇（1984年5月建乡级镇）。长仑区辖石塘、六塘、三塘、东塘、白泥湖5个乡。濠河区辖南阳、湘临、鹤龙、古塘、湾河、青潭6个乡和濠河口镇（1984年5月建乡级镇带原濠河乡）。岭北区辖沙田、东港、躲风亭、茶湖潭4个乡和铁角嘴镇（1984年5月建乡级镇带原铁窑乡）。新泉区辖车马、关公潭、西林、凤南4个乡和新泉寺镇（1984年5月建乡级镇带原新泉乡）。洞庭区辖洞庭围、姑嫂树、民新、柳潭、杨林寨5个乡和白马寺镇（1984年5月建乡级镇）、临资口镇（1984年5月建乡级镇）。南湖区辖脂胭、寨头、和平3个乡和南湖洲镇（1984年5月建乡级镇带原南湖乡）。

1992年7月，撤销城关农业办事处，全县为7个区、1个区级镇、7个乡级镇、33个乡。至1995年10月，根据中共湖南省委、省政府关于撤区并乡建镇，简政放权的指示精神，撤销城南、长仑、濠河、岭北、新泉、洞庭、南湖等7个区公所，城关镇更名文星镇，将16个乡镇并为7个乡镇。即撤销胭脂、赛头、和平和南湖洲镇，合并设立南湖洲镇；撤销姑嫂树乡和白马寺镇，合并设立白马寺镇；撤销民新乡和临资口镇，合并设立临资口镇；撤销安静乡和湾河乡，合并设立静河乡；撤销鹤龙乡和濠河口镇，合并设立濠河口镇；撤销樟树乡和樟树镇，合并设立樟树镇；撤销沙田乡和铁角嘴镇，合并设立铁角嘴镇。接着又撤销金龙乡、城南乡、东塘乡、洞庭围乡，分别设立界头铺镇、袁家铺镇、东塘镇、洞庭围镇。至此，全县为19个乡、12个镇。1996年12月，撤销南阳乡设立南阳镇。

2001年11月，撤销三塘乡设立三塘镇；撤销长康乡设立长康镇。鹤龙湖渔场单列为鹤龙湖管区，系县属乡级单位。年底，全县为16个乡、15个镇和1个管区，分辖418个村、40个居委会、5517个村（居）民小组。

2005年，县委、县政府按照以垸建镇的指导思想，经省、市政府批准，依法依序对湖区17个乡镇5个管区的行政区域进行调整，以垸合并为5个镇。这次乡镇机构改革后，共精简乡镇、管区17个。

2010年，全县辖19个乡镇、406个行政村、5343个村民小组。37个居委会，312个居民小组。19个乡镇是文星镇、石塘乡、六塘乡、东塘镇、三塘镇、白泥湖乡、袁家铺镇、长康镇、玉华乡、界头铺镇、樟树镇、静河乡、城西镇、岭北镇、新泉镇、湘滨镇、杨林寨乡、南湖洲镇和青潭乡。

2011年，县委、县政府决定为两个乡镇更名，由县民政部门上报省民政厅，4月25日，经省人民政府批准，将湘阴县原界头铺镇更名为金龙镇，将原城西镇更名为鹤龙湖镇。

2015年冬，县委、县政府实施撤并部分乡镇改革，西部湖区5镇体制不变，将东部地区的长康镇、袁家铺镇、石塘乡、白泥湖乡4个乡镇撤并到文星镇，改为隶属文星镇4个片区。青山岛镇并入三塘镇，全县乡镇调整为14个，分别是南湖州镇、湘滨镇、新泉镇、岭北镇、鹤龙湖镇、杨林寨乡、文星镇、六塘乡、三塘镇、东塘镇、金龙镇、樟树镇、玉华乡、静河乡。辖406个行政村、30个社区。

2014年湘阴县行政区划一览表

表1-1　　单位：个

乡镇名称	政府驻地	村委会	居委会	村、居委会名称	村民小组	居民小组
文星镇	江东居委会	1	10	居委会：江东、金湖、乌龙、先锋、长岭、望滨、高岭、东湖、三井头、瓦窑湾 村委会：南泉	9	266
石塘乡	石头塘（石塘村）	18	–	村委会：新农、月湾、五仑、龙大、板桥、栽松、双桥、石塘、寺坝、齐心、九洲、宋甲、黄泥、高峰、七里、彭家、秃峰、高山	257	–
六塘乡	六塘铺（茶木村）	11	–	村委会：五塘、佘家、六塘、金岳、永胜、赵垅、兰岭、清水、道洲、周塘、茶木	151	–
东塘镇	东塘镇集镇	20	1	居委会：东塘 村委会：石涧、花吴祠、高粟、翻关、曾家、李公塘、新桥、白水、一塘、葛家、丁头坝、三塘桥、苏家、小桥、白雁、青竹桥、伍家墩、湖湾、东塘、枫林湖	263	5
三塘镇	拦河坝居委会	14	2	居委会：拦河坝、蒙古包 村委会：岳云、白雪、军民、新兴、金塘、苏仑、高仑、来龙、谢坪、千秋、合华、长坪、吴公、蒙古	190	–
白泥湖乡	许家台（许家台村）	14	–	村委会：长湖、许家台、夹河、钟家台、哑港、杨家山、横潭、港口、楠竹、里湖、马头山、唐杨套、箭毛嘴、大冲	136	–
袁家铺镇	袁家铺（袁家村）	14	1	居委会：袁家铺 村委会：城南、袁家、名山、新南、沙湖、建滨、金和、周吉、罗塘、将军、紫花、友爱、明胜、新华	189	–
长康镇	长康里居委会	17	1	居委会：长康里 村委会：长康、花石、浸米、中山、仁山、金龙、和平、金甫、南阳、石板、石思、大中、思岩、联合、中塅、白马、金华	250	3
玉华乡	玉石村	14	–	村委会：玉石、华中、东坪、槐溪、来龙、文桥、凤形、团山、鹅形、长湖、开福、前进、华光、同心	184	–
金龙镇	界头铺集镇居委会	14	1	居委会：界头铺集镇 村委会：金凤、新光、望东、新塘、狮岭、大星、香山、荆杉、文星、青山、联兴、天井、金华、兴利	176	3
樟树镇	樟树镇集镇	22	4	居委会：一、二、三、四 村委会：友谊、亲爱、白梅、铁炉、金台、周正、兴源、金山、新荷、祥源、塘花、白毛、官塘、巡山、飞龙、汤家、文泾、樟树、荻新 白羊、新华、镇郊	293	6
静河乡	牛路口（合兴村）	19	–	村委会：齐贤、麦子、爱民、沙坪、湾河、金鸡、板塘、长征、地坡、共和、共兴、合兴、龙潭、梅花、青湖、青云、青山、青麦、水山	246	–

续表 1-1 单位：个

乡镇名称	政府驻地	村委会	居委会	村、居委会名称	村民小组	居民小组
鹤龙镇	鹤龙村	43	3	居委会：濠河、红花、沿江 村委会：濠河、险堤、菱角拐、顺风、新月、老闸口、仁西、南阳、南洲、南山、蔡华、白乌、湘临、裕民、保民、东垸、河潭、鹤龙、三汉河、新村、兴洲、兴安、兴隆、王家坝、七龙、龙须、江洲、潭堤、古塘、包市、仁和、保合、东方红、贺家、黄花岭、金星、刘家坝、普安、五星、湘庆、湘资、熊家棚、中和	592	6
岭北镇	铁南居委会	48	3	居委会：铁南、茶湖潭、桥头 村委会：响铃、大龙、莲荷、窑头、樟湖、大荆、沙田、竹山、柳江、双合、楠木、长湖、围坚、新塘、兴合、农科、陈托湖、新河、荆干、仁义、新民、芦花、五星、潭湖、羊谷、武洲、合兴、伏家、合同、永兴、东昌、大友、白菱、白沙、老港、双湖、上岑、仁寿、青岭、金沙、大岭、青泥、文洲、高湖、双华、夹洲、德兴、杨柳	653	11
新泉镇	新泉寺集镇	49	4	居委会：江塘街、龟前街、新西街、商业街 村委会：新泉、先锋、荆苏、黄金潭、黄义、光华、荆西、胡家、上滩湖、大仑、车马、同庆、义成、新柳、牌头、光辉、鲜鱼塘、月中、团柱、资江、东亚、资源、新胜、新联、新合、赛丰、高丰、山头岭、秀池、关公潭、土地山、群建、万紫、中易、王家寨、东河、新开、长虹、新堤、马家、魏家、新洲、杨红、南湘、兴林、三湾、学园、荷花、凤南	669	–
湘滨镇	白马寺集镇	33	5	居委会：一、二、三、四、和平闸 村委会：洞庭、乔山、伏家山、酬塘、买马、庄家、红菱、栗塘、甘口、姑嫂树、古塘、干塘、荷塘、清河、紫山、云集、石牌、吉祥、莲花塘、三合岭、复兴、杨公、双塘、回龙、陈仕、飞凤、余长、大鄱、大山、柳潭、新坪、月塘、镇郊	427	5
杨林寨乡	兴寨居委会	14	1	居委会：兴寨 村委会：黄太港、沅潭、周家台、宗师潭、沙河碇、白洋湖、牧羊港、王家河、蒋家渡、莲子口、合湖、太合围、杨林寨、东合港	164	2
南湖洲镇	南湖洲镇集镇	38	1	居委会：南湖洲 村委会：南边、民兴、中心、杨柳、长丰、长福、联盟、芷泉、间堤、新太、南湖、杨家坝、赛马、燎原、大淋、光明、新塘口、永成、乐兴、新坪、莲塘、白竹、洋沙、泉水、草湾、黄口潭、大湾、东兴、毛角、焦潭、绥乐、谷贻、大兴、胭脂、新港、湘坪、建民、东仓	474	5
青潭乡	上山村	3	–	村委会：上山、中山、下山	20	–

第二章 自然环境

第一节 地质地貌

县域地块属新华夏构造体系的第二隆起带，地貌呈低山、岗地、平原三种形态。

地势东南高、西北低。位居幕阜山余脉走向洞庭湖凹陷处的过渡带上，地势自东南向西北递降，形成一个微向洞庭湖盆中心的倾斜面。境东边陲南段，是由青山庵、狮子岭、夏家山、雁峰山、鹅形山、文家山、王思岩、鹅公岭等花岗岩低山组成的一条南北走向，微曲线的单薄隆起带。山峰高程均在300米以上，最高点为青山庵，海拔552.4米。隆起带下，除在白水塘、东塘、三塘桥、范家坝以北有一块高程在40米左右的平坦地带属江河平原外，余为岗地夹杂其间的溪谷平原。岗地多属环湖波状台地，高程100米以下、60米以上，坡度平缓。岗地延至湘江，江西为广阔的滨湖平原，除樟湖岭有一块突出的台地，洞庭湖中有严家山、青山、虾湖山3个小岛外，地面高程均在31米以下。鹤龙湖底和濠河口底最低，高程分别为23.4和–4.3米，较县境最高点青山庵，绝对高度差分别为529米和556.7米。地势坡度不大：低山区约为20—35度；岗地区约为10—20度；溪谷平原区约为5—15度；江河、溪谷平原区约为0—5度。

以滨湖平原为主体，呈块状分布。地处湘江大断裂带，其东盘上升，基岩裸露，构成低山、岗地；西盘下降，阶台下切，形成滨湖平原。各类地貌界线分明，除岗地夹有少量溪谷平原外，其他互不相间，以滨湖平原为主体，呈块状分布。全县除去江河湖泊及其他水面，滨湖、江河、溪谷3种平原共702.11平方千米，占全县总面积的44.4%；岗地占13.59%；低山占1.51%。

江湖交汇，水域广阔。山冈地区水系发育不良，北部平原、湖洲地区河湖交汇。主要河流有湘江、资江和白水江；主要外湖有横岭湖、团林湖、淳湖和荷叶湖等；主要内湖有鹤龙湖、洋沙湖、范家坝、白洋湖和南湖垸哑河等。水域面积65707公顷，占全县总面积的41.56%，各类地貌百分比分别是：滨湖平原为59373公顷，占53.99%；江河平原为1580公顷，占21.68%；溪谷平原为2547公顷，占15.54%；岗地为1967公顷，占8.92%；低山为2547公顷，占10.08%。

湘阴县按成因地貌分为堆积地貌、侵蚀剥蚀地貌和侵蚀剥蚀构造地貌三类。按岩性分为红砂岩地貌（面积147公顷，仅分布于安静乡共和村境内）、花岗岩地貌（面积2320公顷，分布于界头铺、玉华、长康3个乡镇的16个村，多为低山）和第四纪松散堆积物地貌（主要为河湖积物和坡残积物，面积89973公顷，分布于县境东部和西部广大地区，构成岗地与平原）三类。按形态分为平原地貌（滨湖、江河和溪谷平原）、岗地地貌和低山地貌三类。

一、平原

（一）江河平原　地貌构成物质主要是发源于岗地的溪河及汨罗江、湘江的沉积物，分布于三塘镇、东塘镇北部的大部分村，总面积7287公顷，占全县总面积的4.61%。该地区受湘江断裂影响，与滨湖平原接壤之处，转折分明，多具下切陡坳，现代地貌过程，以流水片状侵蚀为主，风化作用为辅，面积高程40米左右，地表平坦，坡度0—5度，土质肥沃，水、旱耕地兼有（水田为主），利用率较高。

（二）溪谷平原　构成物质主要为山、岗受雨水冲洗所产生的沉积物。分布于湘江以东岗地地区的各个冲、垅，总面积16393公顷，占全县总面积的10.37%。此类平原除文家铺、响水坝、焦家坝的溪谷底部系花岗岩外，其余均为第四纪下更新统基座，上覆亚黏土或沙土。曲流发育，地表平坦，坡度

5~15度，土质肥沃，大部分辟为水田。

（三）滨湖平原　构成物质为河、湖沉积物。面积109970公顷，占全县总面积的69.56%。分布于白泥湖乡西部和湘江以西广大地区，分堤垸区和湖洲湖泊区两大部分。

堤垸区　构成物质以河沉积物为主，厚度100米左右。因其围垦时间和位置不同，最新河积物1—15米不等。该类地貌分布于白泥湖（垸区）、城西镇、湘滨镇、南湖洲镇、岭北镇、新泉镇、静河乡及来仪湖、鹤龙湖、鹅公湖（原原种场、农科所）等，面积67266.7公顷，占全县总面积的42.55%。其中水域23294公顷，水田28667公顷（占全县水田面积的72.6%），旱土2533.33公顷。地面高程，除樟湖岭小块台地在35米左右外，其中均在31米以下，相对高度小于6米，坡度小于3度，地势开阔；土壤比重0.3—0.8千克/平方厘米，呈微酸性，pH值在5.6—7.5之间，透水性能好，有机质含量均在3%以上，具有从事农业生产良好的地理条件。明万历年间（1573—1619年），人们相继在此筑堤围垦。该地区是湘阴县稻、棉主要产地。

湖洲湖泊区　地貌构成物质为河、湖沉积物，地处横岭湖一带，面积42693公顷，占全县总面积的27.01%。该地区受长江三角和湘、资、沅、澧四水带来的大量泥沙（含有机物质与矿物质）影响，湖滩面积逐年扩大，地势逐年抬高，有利于发展林业和芦苇生产，因沉积物厚，浮游生物多，湖盆地质松散，湖草茂盛，天然饵料丰富，鱼类易于摄食越冬，是湘阴最大的天然渔场和季节性的天然牧场。

湖洲湖泊地区地面高程，一般在24—30米之间，其中有3座突出的沙丘岛屿，称之为“山”，一是青山，位于横岭湖东北部，最高点海拔50.6米，长6千米，宽（腹部）1千米，分上、中、下山。据出土的石器推断，新石器时代，有先民在此聚居。二是虾湖山，位于青山北面，为一独立沙丘，顶峰海拔41.1米。三是严家山，位于青山东南，隔黄口河，亦独立沙丘，顶峰海拔39.4米。

江河平原、溪谷平原和滨湖平原包括江河湖泊面积133640公顷，占全县总面积的84.54%，是湘阴县人民赖以生存的栖息基地。

二、岗地

此类地貌属侵蚀剥蚀地貌，其构成物质，除玉华乡凤形村、玉华村、开福村，长康乡石思村、大中村，界头铺镇大星村、文星村有一定数量的花岗岩，静河乡共和村有一定数量的红砂岩外，余为第四纪堆积物，分布于东塘（南部）、六塘、石塘、白泥湖（东部）、静河、樟树、长康、玉华、界头铺、文星镇等乡镇除低山、溪谷平原和江河平原以外的广阔地区，面积22060公顷，占全县总面积的13.95%。

岗地地区高程在100—50米，比高在25—60米，坡度在10—20度之间，呈缓坡起伏状态。个体形如馒头，与垅冲相间排列，均由东南边缘的低山派生而成。较高的，有彭家岭、田形岭、胡公山、凤形山、槐溪岭、来龙山、金台山、燕子山、开福山、赖山岭、油榨岭、道观山、乌龟山、高顶山、秃峰、金牛山、高峰台、栽松岭、桐樟坡、王家山、窑头山、道士岭、徐家山、田家山、马头山、水庙山、蓝家岭、蛇山和青龙山等。土壤多由第四纪红土发育而成，熟土层厚，呈酸性。岗丘顶部和腰部多疏林（薪炭林、用材林），基部多旱土、菜园、果园，系湘阴县旱粮、茶叶和水果的主要产地。

三、低山

此类地貌属侵蚀剥蚀构造地貌，其构成物质为花岗岩（望乡岩体），分布于界头铺、玉华、长康东部边缘，面积2380公顷，占总面积1.51%。

低山源出幕阜山，自平江经汨罗延伸入境，由王思岩、文家山、鹅形山、夏家山、狮子岭、青山庵等组成一条10余千米，南北走向微曲线形山带，山峰高程均在300米以上，最高点达552.4米。其主峰有：

（一）青山庵　古名仙坛岭，为县域最高点，海拔552.4米，旧时建有草庵故名。上有龙潭、霞峰台，为祈雨处。山坡有回龙寺。今为金龙镇之青山林场基地。

（二）鹅形山　其状似鹅得名，在玉华乡鹅形村境内。东北有湖鼻寨，山峦重叠，群峰环绕，山峰高程523米，为湘阴竹林基地，面积213公顷。山腰悬有巨石，名曰“福寿岩”，上刻有“福寿”二字其大如盘。因壁上瀑布高10米、宽6米许，故有“水石壁”之称。因山谷平缓，民依以居。1957年建有小型水库。

（三）狮子岭　属界头铺镇。山峰海拔380.8米，上有古迹仙童石。山腰建有水库两座，山脚建有狮子岭水电站。

（四）鹅公岭　派生在东部的岗丘颇多，其中以金鸡山较为著名，其峰海拔93.6米，位于长康镇东缘。旧传有黄鹤栖此山，羽毛如金，故名。山东面有古建筑南岳庙，山脚下建有小型水库。

低山地区面积高程在200—500米之间。山势陡峭，坡度20—35度，峪间切割深（其中狮子岭至大星、文家山至华光切割深达250米）。区内花岗岩表层风化明显，土壤含沙量重，质地松散。加之雨量较大，集流时间短，容易形成水土流失，坡残积物发育（一般厚10~20米）；植被茂盛，气温垂直变化较大（每上升100米，年均气温下降0.45℃）。除少量向阳坡群有梯田、梯土外，余为林业用地，森林覆盖率达32%，为湘阴县发展林业生产主要基地之一。

第二节　气　候

一、气候

（一）日照

1986—2010年25年年均日照时数为1621.98小时，日照率为37%。日照时数2008年最多，为1935.2小时；1988年最少，为1106.1小时，月平均日照时数呈现明显的一峰一谷型，峰值在7月，为227.9小时，7月前后依次递减，2月达到低谷，平均仅67.6小时。

（二）蒸发

1986—2010年年均蒸发量为1342.7毫米，2008年蒸发量最多，为1525.3毫米，1999年最少，为1138.6毫米，月均蒸发呈现明显的一峰一谷型，峰值在7月为232.4毫米，7月后依次递减，1月达到低谷，平均仅38.7毫米。

（三）气温

1986—2010年年均气温为17.4℃，其中17.4℃以上11年，17.4℃以下14年。2007年最高，为18.3℃。1989年、1993年最低，为16.5℃。高低年际值较年均值，分别相差0.9℃和0.9℃。25年中，月均气温以7月最高，为29.2℃，1月最低，为4.8℃，高低相差24.4℃。

（四）降水

1986—2010年年均雨量为1457.7毫米，比前27年平均降雨量1392.6毫米增加65.1毫米。1998年降雨量最多，达2203.3毫米，比平均降雨量多745.6毫米，比前27年的最多降雨量年（1969年）的1921.2毫米多282.1毫米。降雨量最少的年份为2007年926.5毫米，比最多降雨量年雨量少1276.8毫米。25年的月均降雨量以6月份最多，达201.5毫米，比前27年多49.7毫米，其雨量峰值月比前17年约推迟一个月。各月降雨量中，12月降雨量最少，仅51.2毫米。25年中降雨量最多为566.7毫米，出现在1998年6月，比前27年月降雨量最多的455.7毫米还多111毫米。从这25年的总体趋势看，雨季比前27年长，降雨量比前27年多，雨量集中时段比前27年推后，涝渍年份比前27年频繁，干旱年份比前27年少。

（五）湿度

空气中水汽含量丰富，1986—2010年年平均相对湿度为81%。大于均值的有1987年、1989年、1991年、1993—1994年、1996—2000年、2002年，小于均值的有2004—2010年，另5年与平均值持平。其中1994年平均相对湿度最大，为85%；2010年平均相对湿度最小，为73%。全年中，1月的平均相对湿度最大，为84%；雨季过后，平均相对湿度最小的是7月，为78%；一年中，平均相对湿度呈波状变化，其峰值分别出现在1月、3月、6月、10月，其谷值分别出现在2月、5月、7月、12月。

（六）风

湘阴县属典型季风气候区，风向、风速具有明显的季节性变化。1986—2010年年均各个方位的风向之和定为100%，其中北风为25.7%，东北风为5．2%，东风为4%，东南风为7.4%，南风为12.5%，西南风为3.8%，西风为4.8%，西北风为19%，静风为18.6%。因受南北气流影响，夏季多南风和偏南风，冬季多偏北风，春秋两季以北风居多，南风次之。年平均风速为每秒2.3米，年最大风速达每秒30米。

（七）霜

1986—2010年，无霜期平均为263天，1980年最长，为304天，1987年最短，为221天。年均初霜日为11月20日，最早为10月24日，最迟为12月21日；平均终霜日为3月4日，最早为1月31日，最迟为4月4日。霜期内，有霜日平均为25天，最多为38天。初霜日过早不利于晚秋作物收贮；终霜过晚，春播、春收作物易受冻害。

（八）雪

1986—2010年，年均降雪日为11天，平均初雪日为12月25日，比前27年平均初雪日推迟11天；最早11月16日，比前27年极值推迟1天，平均终雪日为2月26日，比前27年平均提前7天，最迟为3月18日。年均积雪日为5.78天，最大积雪深度为23厘米。这25年的降雪日、积雪日、积雪深度均比前27年小。

二、气候特征

湘阴县位于中亚热带向亚热带过渡的季风气候区，四季分明，湿润多雨，具有春温变幅大、初夏雨水多、伏秋天热易旱，冬季严寒不多的特点。

据1986—2010年气象资料实测与1959—1985年气候资料比较，各季（根据气候上的划分，春夏秋冬四季分别是3—5月、6—8月、9—11月、12月—次年2月）气候状况如下：

春季　进入春季后，气温呈波浪起伏上升，变幅较大。1986—2010年的3月平均气温为11.2℃，比前27年平均升高0.2℃，4月平均气温为17.4℃，比前27年平均气温升高0.7℃；5月平均气温为22.4℃，比前27年平均升高0.9℃。在此期间，常有冷空气入侵，平均3月3次、4月3次、5月2次。冷空气入侵前，常是风和日丽，气温较高；入侵时则大风大雨，气温骤降，伴有冰雹雷电，继而阴雨连绵。此时气温降幅，小者7℃，大者1 5℃以上。发生于1969年4月4日1.27℃的极端最低气温和1960年5月7日8.47℃的极端最低气温仍是4月、5月的历史最低值。春季入侵的强冷空气，常造成春寒或倒春寒天气，影响春收春播作物。

夏季　前期仍为雨季，降水较多。7月上旬，雨季结束，气温急剧上升，进入盛夏。1986—2010年的6月平均气温为25．9℃，比前27年平均升高0.3℃；7月平均气温为29.2℃，与前27年平均气温持平；8月平均气温为28.3℃，比前27年平均降低0.3℃。2003年8月1日极端最高气温为40.0℃，仅次于1963年8月29日的40.1℃，是湘阴县历史上有资料记载的第二个最高值；2003年极端最高气温大于或等于39.0℃连续日数达到6天，比湘阴县1959—2002年大于或等于39.0℃的总日数还多。季内极端最高气温在35℃以上的平均达17天，比前27年平均20天少3天。其中小暑期间，常常连日大南风，阳光爆裂，蒸发量大，俗有“小暑南风十八朝”之说，旱涝灾害大多发生于此季。

秋季　气温由高转低。1986—2010年的9月平均气温为24℃，比前27年平均气温升高0.3℃；10月平均气温为18.5℃，比前27年平均气温升高0.2℃；11月平均气温为12.8℃，比前27年平均气温升高0.7℃。该季前期常呈秋高气爽；后期多阴雨天气，气温随之递降，形成“一场秋雨一场寒”的天气。自秋分到寒露，常有“寒露风”天气出现，其间，气温骤降，但对晚稻秋收作物影响不如前27年明显。

冬季　盛行偏北风，气温急剧下降。1986—2010年的12月平均气温为7.2℃，比前27年平均气温升高0.5℃；1月平均气温为4.8℃，比前27年平均气温升高0.3℃；2月平均气温为7.3℃，比前27年平均气温升高1.3℃，是全年各月平均气温上升最高的月份。从冬季气温的总体趋势看，这25年比前27年有明显的回暖。这25年极端最低气温为零下10.7℃，出现在1991年12月29日，而1992年以后冬季极端最低气温都在零下5℃以上，冬冷气候规律被打破且冬冷形势变得越来越不明显。

四季按气候计算，气候平均气温小于10℃为冬，高于22℃为夏，10℃—22℃为春、秋。1986—2010年湘阴县四季的起止时间分别是：春季：3月16日至5月20日，总天数66天；夏季：5月21日至9月25日，总日数128天；秋季：9月26日至11月25日，总日数61天；冬季：11月25日至3月15日，总日数110天。与前27年比较，夏季向后延长5天，秋季日数不变，总体顺延后推5天；冬季缩短5天。

第三节　水　文

湘阴县江湖甚多，水域面积65707公顷，占全县总面积的41.5%。其中，江河面积9700公顷，占水域面积的14.76%；湖泊面积22135公顷，占水域面积的33.69%，余为湖洲面积，约占水域面积的51.55%。

一、江河

民国以前有湘江、资江、汨水、罗水、湄江、资水（今资水东支）、锡水（今蛇口子通虾湖山之水，已淤塞）、哀江（今樟树港，已围垸）、门泾江（今文泾港，已围垸）、三溪水（今洋沙湖，已围垸）、白水江（又名大对水）、漕溪港、黄水（今三叉港）、沙河、白河等大小江河。其中除湘、资及资水东支三水可常年通航，汨水、罗水、锡水、三溪水、白水江可季节性通航外。其余均为湖汊、溪河，不具航运条件。新中国成立后，经过治理，堵支并流，围挽湖汊，今县境内有湘江、资水、白水江3条江河。

湘江　湖南省四大江河之首。劈县境为东、西两部。干流自岭北镇观音阁入境，沿铁角嘴、窑头山、躲风亭、樟树港、湾河至濠河后分东、西两条支流，东支绕城西垸东面，经老闸口、三汊河、文星镇、黄猫滩、老鼠夹至芦林潭；西支绕城西垸西面，经东港、刘家坝、新泉寺、魏家湾到临资口与资水东支汇合，再经沅潭、杨雀潭、万家台、蛇口子至芦林潭、琴棋望至增档进入岳阳县境，注入洞庭湖。该江流经湘阴全程108.8千米（濠河口以上干流16.6千米，东支24千米，西支33.7千米，芦林潭以下干流34.5千米）。常水位（下同）时河面最宽1460米在躲风亭；河面最窄处500米在濠河口西支入口地；城关水文站适中处河宽678米。河床高程，无一定坡降，随各处地理状况和水流冲刷程度而异；有的下高上低，也有中低两头高。如濠河口东支入口处，1957—1982年，加深5.89米，高程为负2.5米；而其下游3.7千米处的熊家棚河床、12千米处的城关水文站河床，却分别高达4.41米和16.79米。该江流量，据上游湘潭实测，1968年6月27日为历史上最大洪峰，流量为每秒2.03万立方米。湘阴无测流站，据演算，同一洪峰期，6月28日，干流躲风亭处为每秒2.085万立方米，东支城关镇处为每秒1.23立方米，西支包公庙处为每秒8550立方米。该江水位，以湘阴城关站水位为例，历年平均洪峰水位为

32.58 米，最高洪峰水位，1954 年 8 月 3 日为 35.41 米。最低枯水位 1928 年 12 月 8 日、1929 年 1 月 5 日、1972 年 1 月 29 日为 22.71 米。

资江 系湖南省四大江河之一。县境有干流和东支（旧谓泚水，1952 年，将其尾闾紊乱水道理成一条，方称此名），流经西部 3 个区的 14 个乡镇，全程 57.4 千米（干流 21.4 千米，东支 36 千米）。干流自毛角口入境，沿南湖、湘滨镇西面，经泉水村、黄口潭、赛头口，易婆塘至杨柳潭注入南洞庭湖中部。最宽处 2105 米，在杨柳潭；河面最窄处 382 米，在泉水村，河床最低点在入境处毛角口，高程 13.79 米。1955 年 6 月 27 日的洪峰，为历史最大洪峰，流量为每秒 8290 立方米。东支自毛角口向东，沿新泉镇西面，经焦潭湾、西林港、南湖洲、关公潭、白马镇、和平闸至临资口、注入湘江西支。河面最宽处 870 米在一柱；河面最窄处 130 米在西支入口处毛角口。河床最低点焦潭湾，高程 11.8 米。1955 年 8 月 27 日出现历史上最大洪峰，流量为每秒 1980 立方米；柘溪水库下闸蓄水后，1969 年 8 月 11 日的大洪峰，流量为每秒 1710 立方米；1983 年 7 月 10 日的洪峰，杨堤最高水位为 34.67 米。

白水江 原称百水江，以纳溪流近百条而得名，又称大对水，系湘江支流。源出汨罗市明月大山双狮洞。自石塘乡新农村井塘陈入境，原经东湖、南门港入湘江。1973 年治理湖汊后，改从东湖侧开河渠、筑堤，经望滨、文星塔、瓦窑湾注入湘江东支，全长 31.7 千米，县境流程 7.5 千米。

除湘、资、白三水外，其余皆为江河湖汊，并治理围成堤垸。较大的有铁炉湖、樟树港、文泾港、洋沙湖、漕溪港、白泥湖、乌龟冲、龙船港、三汊港等。

江河虽有少量流经东部低山、岗地，但大多以分水岭作为县界，所有河、溪源流不长，水位落差小。

二、湖泊

湘阴县旧有“泽国”之称，清道光《洞庭湖志》载：“湖隶湘阴者百二有五”。

湘阴县外湖集中分布于县境西北部，属南洞庭湖范围。洪水季节一片汪洋，仅青山、严家山、虾湖山 3 个沙丘岛屿突出水面。枯水季节洲滩外露，大片湖泊被分成荷叶湖、团林湖、横岭湖、杨氏湖、长湖、下神湖、淳湖、喜鹊湖、东坝湖等子湖，面积共 17573.33 公顷，占全县外江水面的 35.53%。高程在 22—25 米之间，洪水季节，水深 8—11 米，枯水季节 1 米左右，以横岭湖为最大，杨氏湖最小。

湘阴县内湖分布于各堤垸，包括哑河共 54 处，面积 4564.53 公顷，占江湖面积的 11.46%。东湖垸有东湖 140.66 公顷，三汊港垸有北湖（296.67 公顷），白泥湖垸有范家坝湖（266.67 公顷）、白泥湖（286.67 公顷），洋沙湖垸有洋沙湖（359 公顷），城西垸有全县最大的内湖鹤龙湖（551.33 公顷）和长大湖（142 公顷）等；义合垸有哑河（195.47 公顷），湘资垸有鹅公湖（176.67 公顷）等；湘滨垸有黄土上湖（166.67 公顷），临资湖（133.33 公顷）、白洋湖（1667.67 公顷）；岭北垸有鼻湖（222.67 公顷）等；南湖垸有哑河（200 公顷）等。

三、湖洲

湘阴县位于南洞庭区域，为洞庭湖腹部。长江三口及湘、资、沅、澧 4 水平均每年有 26150 万立方米左右泥沙淤积洞庭。县境北部位居众水之间，加之长江三口亦以年均 1.09 亿立方米泥沙、0.7 厘米厚度淤积其地，不少地方形成季节性湖洲。县境洲土除湘、资两水干支流中的甑皮洲、萝卜洲、新洲、斗米洲、洋沙洲和退堤让出的同固、宪城、东城、仁丰、关门洲等小块河（湖）洲外，其余湖洲多集中于西北部的南洞庭湖地区，由 24 个常年性湖泊和横岭湖南、北、中三大片季节性的湖土组成。该地区洪水季节汪洋一片，湖、洲一体，枯水季节洲滩显露。

县境北部湖洲，面积 397.6 平方千米，折合约 4 万公顷，占湖洲地区总面积的 94.2%。按其淤积厚薄、地势高低、土壤肥瘦大体可分为 2 种：沉积物较厚、肥力较高的有活新洲、团林湖、活水洲、张家汊、孙家岭、老屋场、南北仓、新洲、穿眼塘、虾湖洲、石湖包等。泥土老，新淤少，肥力较低的有畎口洲、狗屎湾洲、聚贤围洲、葡萄围洲、大顺围洲、老爷山洲、飞凤山洲、上下塘州、锡湖围洲、白沙洲、八百弓洲、芦林潭、牛头湖、兑家山、双龙洲、刘家山洲、易家山洲、高脚庙洲、琴棋望洲、增挡洲等地。

湖洲区地势一般是北高南低，成块状的湖洲四周高，中间低。地面高程最低 24 米，最高 30 米。其中在 25 米水位以下的 20333.33 公顷，25 米以上的 19426.67 公顷。

土壤属潮土类，平均含全氮 0.12%、全钾 2.89%、全磷 0.13%、有机质 2.3%。pH 值：东南面广福围—芦林潭—新发沟一带湘水冲积土为 6.1~7.2，呈弱酸性；西北面大顺围一带资水冲积土与活新洲—老屋场—虾湖洲—钻鱼坎一带长江冲积土 pH 值为 7~8，呈现弱碱性。

上述湖洲地处 27 米水位以上可供开发利用的有 13933.33 公顷，1949 年以前丰富的野生芦苇，湖草仅供农民用作肥料及烧柴。新中国成立后，县政府设有专门机构经营管理，1985 年人工培植芦苇 6416.27 公顷，芦杂 558.53 公顷；植树（旱柳和欧美杨）2882.55 公顷，种其他作物 341.6 公顷，有自然生长的湖草 5333.33 公顷，作物植被覆盖率占湖洲总面积的 35.05%，占 27 米高程以上湖洲的 61.88%。

第四节　土壤植被

一、土壤

全县土壤按《湖南省第二次土壤普查工作分类暂行方案》拟定的标准分为水稻土、耕型潮土、红壤 3 个大类，9 个亚类，25 个土属，116 个土种。

（一）土壤类别与分布

水稻土　此土是湘阴县最主要的土壤，面积 36000 公顷。由于地形地貌和成地母质不同，特别是受水的作用不同，使土壤发育程度不同，土体构型有明显的差异。分为淹育型水稻土、潴育型水稻土、漂白型水稻土和潜育型水稻土 4 个亚类。淹育型水稻土一般作为水稻土耕作时间较短，层次发育不全，耕作层比较浅，犁底层很薄或者没有犁底层，漏水漏肥，有 267 公顷。有浅红黄泥和浅麻沙泥两个土属。潴育型水稻土是湘阴最主要的一个土壤亚类，分布于全县各乡镇和各个成土母质，面积约 28000 公顷。耕作时间久，土壤发育完全，土壤层次分明，耕作层、犁底层、潴育层分明。灌溉条件好，保水保肥性也较好，土壤肥沃，有机质含量较高，属于高产田类型。有麻沙泥、黄沙泥、红黄泥、河沙泥、潮沙泥等五个土属。漂白型水稻土主要分布于第四纪红土的缓坡地带，地形部位相对较高，上部水丰富，水分在土体中作侧向运动，时间长了，土体中的黏粒和有色物质被漂洗殆尽，使土体颜色发白。土壤中的矿物质漂洗较多。面积 1333 公顷，仅 1 个土属。潜育型水稻土长期处于还原状态，亚铁等还原性的物质积累较多，水冷泥温低，通气不良，结构不好，有毒物质多，亚铁反应重，青泥层厚度在 30 厘米以上。土壤中的有机质分解慢，有机质含量高，土体颜色较深。保水保肥性好，土壤供肥性能差，水稻前期生长慢，后期贪青晚熟，产量不高，是主要的低产田。应以开沟排水，降低地下水位为主要措施进行改良。分布于全县各成土母质和各乡镇。面积 6400 公顷。土属有青泥田、冷浸田、烂泥田、烂湖田。

耕型潮土　主要分布于湖区。东部小河流或溪流两岸地势较高的地方也有少量分布。成土母质为湖积物和河积物。有灌溉条件，很容易进行水田和旱地之间的转换耕作。水的运动既有下渗，又有通过土壤毛细管的上升运动。土质肥沃，土层深厚，相对其他的旱地来讲，耕型潮土的有机质含量较高，有效养分含量高。主要分布于杨林寨和鹤龙湖镇等地，种植的作物主要为棉花和蔬菜。面积 2022 公顷，占总耕地面积的 4.6%。耕型潮土有耕型湖潮土和耕型河潮土两个亚类。耕型湖潮土成土母质为湖积物，面积 1814 公顷。主要分布于杨林寨乡，面积约 1000 公顷，宜种植棉花和油菜。其次是靠近县城的鹤龙湖镇和白泥湖乡的部分村，宜种植蔬菜等旱地作物，是县城居民日常消费的菜篮子基地，由于种植棉花和蔬菜时间较长，施肥较多，土地管理较精细，耕型湖潮土的土壤养分含量比水稻土和红壤都要高，是湘阴县肥力最高的一类耕地。土体构型一般为 A~C。耕型河潮土成土母质为河积物，面积 2085 公顷。分布于东部小河流或溪流两岸地势较高的地方以及湘江两岸地势较高的地方。含砂量较高，土壤质地粗，多为沙土。种植的作物主要为蔬菜。土体构型一般为 A~C。

红壤 分布于东部各乡镇。成土母质为第四纪红土红壤、花岗岩坡、残、洪积物和沙砾岩。一般没有灌溉条件，除花岗岩坡、残、洪积物外，一般土层较深厚，有机质含量低，各种有效养分含量也较低，保水保肥能力差，地势高。面积 6667 公顷，占耕地总面积的 14%。土属有耕型第四纪红土红壤、耕型花岗岩红壤、耕型砂岩红壤等三个。耕型第四纪红土红壤成土母质为第四纪红土红壤，地质黏重。一般为坡土经过开垦耕种而形成，是湘阴县的一个主要旱地土属，面积近 6000 公顷。分布于东部各乡镇。耕型花岗岩红壤虽然同为红壤，但其成土母质为花岗岩，土壤中含有较多的石英沙粒，土壤质地为沙土，土壤松散。面积 533 公顷，分布于金龙镇、长康镇和玉华乡。耕型砂岩红壤成土母质为沙砾岩，土壤中细砂含量较高，土壤松散，有机质含量低，为酸性，pH 为 5 左右。面积仅 54 公顷，分布于静河乡的共和村。

（二）土壤养分状况

经过 2007—2015 年测土配方施肥项目的实施，县农业局取样并化验 11000 个大田土壤样品，土壤化验结果情况见下表。

2007—2015 年湘阴县土壤养分状况一览表

表 1-2

项　目	样品个数	平均含量	单　位	平均含量分级
有机质	11000	38.6	克 / 千克	高
pH 值	11000	5.6		弱酸性
碱解 N	11000	170	毫克 / 千克	极高
有效 P	11000	19.2	毫克 / 千克	中高
速效 K	11000	140	毫克 / 千克	中高
全 N	164	14.7	克 / 千克	中
交换性 Ca	260	2760	毫克 / 千克	
交换性 Mg	260	292	毫克 / 千克	
有效 Fe	164	118.7	毫克 / 千克	极高
有效 Mn	164	39.8	毫克 / 千克	高
有效 Zn	164	2.18	毫克 / 千克	高
有效 S	1120	41.1	毫克 / 千克	
有效 B	260	0.296	毫克 / 千克	低
有效 Mo	160	0.193	毫克 / 千克	

续表 1-2

项　目	样品个数	平均含量	单　位	平均含量分级
有效 AL	160	123	毫克 / 千克	
有效 Cu	160	3.32	毫克 / 千克	极高
有效 Si	160	123	毫克 / 千克	

（三）耕地质量评定

依据《全国耕地地力调查与质量评价技术规程》，选择地形部位、障碍因子、质地、有机质、有效磷、缓效钾、排水能力、灌溉能力剖面构型、耕层厚度等 10 个评价因子，按照层次分析法，计算耕地地力综合指数。

2015 年湘阴县耕地质量评定一览表

表 1-3

	面　积	一级地	二级地	三级地	四级地	五级地	六级地	七级地
合　计（公顷）	44377	6942.07	14863.3	11034.3	6141.2	3644.86	1448.27	303
百分比（%）		15.6	33.5	24.9	13.8	8.2	3.3	0.7

二、植被

1985 年，全县有种植作物耕地 46120 公顷，林地 12240 公顷，园地 4593.3 公顷，街道、公路、住宅两侧、四周植树及长有植物的水域 326.67 公顷。全县植被 70886.67 公顷，覆盖率为 44.83%。

2000 年，全县有林地 15333 公顷。种植作物的耕地（单、双季）77500 公顷。湖洲芦苇面积 1466.67 公顷。城市公共绿地面积 0.96 平方千米。

2001—2010 年人工造林 14823 公顷。2010 年林地增加到 30156 公顷。种植作物耕地 127250 公顷。湖洲芦苇面积 7200 公顷。城市公共绿地面积 230 万平方米。

第五节　自然资源

一、生物资源

湘阴县域有丘岗、山地、平原、洲土，土地肥沃，且湖沼遍布，气候温和，雨量充沛。土地资源和光、热、水资源为生物的生息繁衍提供适宜的生态环境。农业生物资源极为丰富：全县有以水稻、玉米、红薯为主的 11 种粮食作物；有以茶叶、棉花、藠头为主的 15 种经济作物；有以芦苇、湘莲为主的 10 多种水生经济作物；有以松、杉、樟、柳为主的 228 个树种；有以青、草、鲢、鳙、鲤和湘云鲫（鲤）为主的 114 个鱼类品种；有以猪、牛、山羊、鸡、鸭、鹅为主的 9 个畜禽种类。全县山林 1.6 万多公顷，林业用地占陆地面积的 16%，森林覆盖率为 12.5%，主要分布在东部低山岗地。境内多珍奇生物：珍稀树种有银杏、枫香、杜仲等 30 余种；珍禽异兽有麂、獐、獾、锦鸡、鸳鸯等 132 科 480 余种；珍贵鱼类有中华鲟、白鲟、银鱼、胭脂鱼、非洲鲫等，还有特种水产甲鱼、乌龟、泥蛙、龙虾、河蟹、贝类，以及世界珍稀的白鳍豚。

二、矿产资源

境内矿产资源种类有：钛、独居石、砖瓦用黏土、建筑用砂、天然石英砂、花岗石、高岭土、白云母、草碳、矿泉水等 10 种。优势矿产有建筑用砂和花岗石，潜在优势矿为独居石、钛。已开发利用的矿产主要有砖瓦用黏土、建筑用砂、建筑用花岗岩。钛（黑色金属）主要分布在袁家铺镇、界头铺镇、玉华乡、长康镇等，属独居石伴生矿产，分别为钛铁矿小型矿床，简测资源储量为 58147 吨；独居石（稀有，稀土矿产）主要分布在袁家铺镇，界头铺镇，玉华乡、长康镇等乡镇，大型矿床，简测资源储量为 68777 吨。

砖瓦用黏土（非金属矿产）分布在全县山丘以及湖区，储量未作具体检测。建筑用砂（非金属矿产）集中于湘江、资江水道以及白水江、湘资两尾间地域，简测资源储量为 2 亿立方米。天然石英砂（非金属矿产）集中于长康镇、界头铺、玉华乡境内，简测总储量约 40 亿 ~60 亿立方米。白云母（非金属矿产）分布在界头铺镇金鸡山，简测资源储量为 958 吨。高岭土（非金属矿产）分布在六塘乡、东塘镇、石塘乡、樟树镇等乡镇，储量不明。草碳（非金属矿产）集中在青潭乡、濠河口镇等地，简测资源储量为 1 亿立方米。

矿泉水（水气矿产）资源主要集中在玉华乡鹅形山和前进村及界头铺境内。以岳阳市矿产资源规划的划分为基础，湘阴县划分鼓励开采区 3 个，限制开采区 4 个，禁止开采区 5 个。

县国土资源局批准设立 26 家通过国土资源部门配号的矿山企业，其中 23 家砖瓦企业，2 家建筑用花岗石企业、1 家建筑用砂石企业。矿业虽未成县内经济支柱产业，但在一定程度上促进本县经济的发展。

第六节　自然灾害

一、水灾

1981 年 6 月 28 日 2—13 时，降水 152.4 毫米，淹稻田 520 公顷，淹经济作物田 126 公顷，毁塘坝 69 处，死 8 人，倒房屋 50 栋，计 144 间。

1982 年 5 月 25 日至 6 月 15 日，降水 343.2 毫米，8400 公顷耕地受渍，其中 1467 公顷成灾。

1995 年 6 月，全县先后遭受 6 次大风暴雨袭击，降雨量达 374.6 毫米。7 月 2 日，所有堤垸超过 1954 年水位。有 20 个沿江沿湖巴垸漫溃。41 个乡镇、427 个村不同程度受灾。受灾人口达 32 万人，受渍农作物 28200 公顷，损坏、倒塌房屋 2.53 万间，损坏水利工程 1170 处，早稻绝收面积 3333.33 公顷，死亡牲畜 1.54 万头，鱼池串塘 5933 公顷。工商企业停产 560 家，半停产 1200 家，直接经济损失近 4 亿元。

1996 年 6—9 月，县内遭受特大洪灾袭击，全县 34 个大小堤垸漫溃，32 个乡 410 个村、51.2 万人受灾，经济损失 25.8 亿元。

1998 年夏，超 1954 年型长江全流域特大洪灾席卷而来，湘阴县首当其冲，造成直接经济损失 15.8 亿元。

1986—2010 年，共出现 9 次严重的洪涝灾害，分别是 1988 年、1995 年、1996 年、1998 年、1999 年、2002 年、2004 年、2005 年、2010 年，这些洪涝年份具有洪涝时间长、水位高、危害大的特点。1988 年秋汛是洪涝出现时间最晚的一年。1996 年洪峰水位达 36.66 米，是新中国成立后湘阴县出现的最高水位。1998 年洪涝从 6 月中旬一直延续到 9 月中旬，长达 80 多天，是新中国成立后洪涝时段最长的一年。1996 年、1998 年、1999 年最高洪峰水位分别达到 36.66 米、36.36 米和 36.24 米，是 20 世纪后期洞庭湖洪涝灾害的奇异纪录。

二、旱灾

1986—2010 年，共有不同季节的干旱年份 13 年，占总年份的 52%。其中以 1986 年、1992 年、

2003年干旱最为严重。1988年是春旱较为严重的年份，3—5月降水量仅283.9毫米，比历年同期值少近一半。1992年夏旱达61天，秋旱达50天，是1986—2003年中干旱最严重的年份。2003年秋冬干旱是历史同期最严重的一年，从9月开始降水偏少一直持续到12月份，4个月降水总量仅125.7毫米，比历年同期少54%。干旱给农作物造成损害程度不亚于暴雨。

2013年6月下旬开始至9月初，湘阴全县持续2个多月高温晴热，最高温40℃，旱情严重，水库17%、山塘60%见底，26万多人受灾、6万人饮水困难，农作物受灾面积2.6万公顷，绝收6400公顷，直接经济损失1.3亿元。旱灾持续时间之长，影响范围之大，历史罕见。

三、病虫灾

1978—2015年，域内危害农作物（稻谷、玉米、棉花、茶叶、油菜、水果、蔬菜等）的主要病害有纹枯病、稻瘟病、稻曲病、立枯病、炭疽病、枯篓病、菌核病、霜霉病、锈病、烟霉病等；主要虫害有螟虫、稻卷叶螟、稻飞虱、稻蓟马、稻苞虫、红蜘蛛、红铃虫、棉铃虫、玉米螟、菜青虫、豆荚螟、蚜虫、小绿叶蝉等。虽采取积极防治措施，仍对农业生产造成了一定损失。

1981—2015年湘阴县农作物病虫灾害情况一览表

表1-4

年 份	水 稻		棉 花		蔬 菜		水 果	
	成实面积（公顷次）	实际损失（吨）	成实面积（公顷次）	实际损失（吨）	成实面积（公顷次）	实际损失（吨）	成实面积（公顷次）	实际损失（吨）
1981—1985	1510	11150	266.67	24	2066.67	210	166.67	42.5
1986—1990	1363	2027.5	230	23	1666.67	775	66.67	42.5
1991—1995	1150	11150	33.33	17	53.33	250	66.67	53
1996—2000	112.67	3630	33.33	11	333.33	305	33.33	26.5
2001—2005	1011	3940.7	66.67	18	500	435	12.33	40.5
2006—2010	2275	7243.5	66.67	23.75	663.33	2345	12.33	38
2010—2015	793.33	1600	33.33	13.75	713.33	2875	11	44

四、风灾

境内常遭受寒潮大风和雷雨大袭击。寒潮大风常发生在春季冷空气入侵时期，以3月、4月居多，大风时间长，一般可达数小时至上十小时；雷雨大风发生在强对流天气过程中，以7月、8月为主，风速强而猛，持续时间短，这类风多为突发，破坏性大于寒潮大风。

1979年3月29日晚、4月12日下午、8月10日下午3次9—11级大风，全县倒塌房屋3328栋、9705间，毁农划42只，死2人，伤39人。1980年6月车马公社44个生产大队大风，120户受灾，死1人，伤28人。1981年5月29日，狂风袭击37个公社1场1镇，倒毁房屋15935间，死2人，伤35人。1983年4月27日16—18时，湘阴全境普降暴雨和冰雹，部分地区刮起龙卷风，37个公社、334个大队、3275个生产队受灾。受龙卷风袭击的铁窑、樟树、安静、金龙、玉华5个公社的13个大队损失严重，毁民房9702栋，校舍166所，倒塌其他公房73栋，死83人，伤931人。死猪牛743头，死家禽7751多羽，损坏秧田2611.4公顷，损坏春耕作物1548.2公顷，树木560公顷，10.36万多株。损坏机电设备194台

（件），损坏高压、低压、电话、广播线杆 3314 根。损坏农具 22447 件、家具 16958 件、衣被 85151 件，损失现粮 44.5 万千克。樟树公社白梅大队一株主干围 3.15 米的百年古樟树被连根拔起。一台 50 千伏安变压器被风卷走 10 多米远。安静公社龙潭商店一栋 1000 平方米的四合院红砖瓦屋被平地推倒。金龙公社杉松大队四队一块 60 平方米的大晒坪铺的 4 厘米厚的“三合土”被风掀起全部吹走。一名 13 岁的女学生被风卷入空中，刮到 300 多米远处摔死。1984 年 4 月 3 日，东塘镇雷雨大风，阵风 10 级，倒毁房屋 2764 间，伤 8 人。1985 年 7 月 20 日、25 日大风，全县倒毁房屋 1274 间，折电杆 753 根，毁农划 1 只，死 1 人，伤 131 人。1987 年大风最多，共发生 13 次。至 2010 年，共有大风 61 次，平均每年 2.4 次，比前 27 年大风年均 11.7 次少 9.3 次。大风发生概率大幅度减少，但强度增强。

五、雷暴

1986—2010 年平均每年有雷暴日 42 天，比前 27 年的平均每年 49 天减少 7 天，最多的年份有 63 天，出现在 1994 年；最少的年份有 33 天，出现在 2009 年。雷暴多发生在 3—8 月，占全年雷暴总数的 87%。雷击灾害每年均可发生，其中最严重的一次是 1987 年 3 月 10 日凌晨，县棉麻公司遭雷击引起火灾，造成直接经济损失 22.8 万元。2000 年 7 月 7 日，县工商银行电脑系统遭雷击造成业务中断。2003 年 3 月 16 日，鹤龙湖渔场西城分场周光辉家遭雷击，家里电器设备全部烧毁，室外大树受损。2006 年 3 月 20 日，杨林寨乡 10 多栋居民房遭雷击，房屋及用电设备损失。2007 年 5 月 31 日静河乡爱民村刘友良家遭雷击，墙体及电器设备受损严重。

六、冰冻

1986—2010 年，平均每年有冰冻 2.8 天，有 16 年出现了冰冻，冰冻年份占总年份的 64%，与前 30 年比较，冰冻次数、冰冻年份明显减少。其中一次最长连续冰冻为 19 天，出现在 2008 年 1 月 13—31 日，全县 19 个乡镇、419 个行政村不同程度受灾。工农业生产和商贸流通等各行各业受到严重影响，城市公交、水电管网、广播电视、通信等基础设施损毁严重。界头铺镇青山村、玉华乡鹅形山村、长康镇思岩村竹林毁灭性受灾，杉木、苗木大面积受损，电力设施被毁，道路严重冰冻不能通行，部分公路塌方。全县受灾人口 68.5 万人。因灾伤病人口 4640 人，被困 9500 人，饮水困难 86500 人，紧急转移安置 16800 人。倒塌房屋 2561 间。15333 公顷农作物受灾，14667 公顷绝收。湖区蔬菜生产基地大棚垮塌近 1000 个。竹林被毁 8000 公顷，林木受灾 1.466 万公顷，死亡大牲畜 1.942 万头。工业生产受到严重影响，农村基础设施损毁严重。有 43 台变压器发生故障，4200 根电杆倒断，21 万米输电线路损坏，22 个行政村停电，全县因灾直接经济损失 4.02 亿元，农业直接经济损失 3.36 亿元。

第二篇　人　口

第一章　人口状况

第一节　人口数量

1985年年末，全县总户数143262户，总人口594089人，其中男314319人，女279770人。

2010年年末，全县总户数237120户，总人口756913人，其中男394521人，女362392人。比1985年增加162824人。年均增加6513人。

2015年年末，全县总户数236495户，总人口778958人，其中男406070人，女372888，比2010年年末增加22045人，年均增加4409人。

1985—2015年湘阴县人口数量情况一览表

表2-1

年度	户数	人口	其中（人）	
			男	女
1985	143262	594089	314319	279770
1986	152350	597627	316288	281339
1987	162690	600719	317670	283049
1988	176276	610549	322532	288017
1989	186898	619908	326912	292996
1990	194881	640318	337080	303238
1991	205796	647504	340836	306668
1992	205100	654444	345923	308521
1993	206089	659253	345926	313327
1994	204768	664773	348410	316363
1995	206468	669272	350359	318913
1996	207542	673910	353278	320632
1997	208506	678825	354587	324238
1998	199948	681148	355661	325487
1999	194726	683621	357020	326601

续表 2-1

年　度	户　数	人　口	其　中(人)	
			男	女
2000	192249	687192	358990	328202
2001	195144	689450	360271	329179
2002	196906	691472	361453	330019
2003	210336	691484	361495	329989
2004	215453	692467	362750	329717
2005	226166	695790	364552	331238
2006	231275	703579	369037	334542
2007	236946	717426	376457	340969
2008	243275	737089	386702	350387
2009	241296	753486	393596	359890
2010	237120	756913	394521	362392
2011	239130	760109	418405	341704
2012	239880	767610	421110	346500
2013	241096	772312	424810	347502
2014	243920	775503	407003	368500
2015	236495	778958	406070	372888

第二节　人口分布

一、城乡分布

1978年，城镇人口33792人，占总人口的5.79%。1980年，城镇人口39469人，占总人口的6.12%。1982年，城镇人口41269人，占总人口的6.36%。1985年，城镇人口65341人，占总人口的7.31%。2000年，县属镇13个，人口303586人，占总人口的44.18%；19个乡，人口383606人，占总人口的55.82%。2005年，县属镇12个，人口457000人，占总人口的65.68%；7个乡，人口238790人，占总人口的34.32%。2010年，县属镇12个，人口619040人，占总人口的81.78%。2015年，县属镇人口694474人，占总人口的89.15%。

随着城镇化进程加快，非农业人口所占比重不断增加：1978年非农业人口34998人，占总人口594089人的5.89%；1988年非农业人口73251人，占总人口610549人的12%；1998年非农业人口90643人，占总人口681148人的13.31%；2008年非农业人口113804人，占总人口737089人的15.44%。2010年，非农业人口120407人，占总人口756913人的15.91%。2015年，非农业人口116045人，占总人口的14.9%。

二、地区分布

以湘江为界，西部滨湖平原区（以下简称“湖区”），东部低山丘岗区（以下简称“山区”）。1978年，湖区20.1万人，占全县总人口的41%；山区21.5万人，占总人口的58%。1990年，湖区35.1万人，占总人口的54.84%，山区28.9万人，占总人口的45.16%。2000年，湖区36.8万人，占总人口的53.55％。山区31.9万人，占总人口46.45%。2010年，湖区32万人，占总人口的42.28%，山区43.69万人，占总人口的57.72%。2015年湖区33万人，占总人口41.5%，东部丘岗区人口44.9万人，占总人58.5%。

三、人口密度

根据历年全国人口普查数据，按境内1581.5平方千米面积计算，每平方千米人口密度是：1982年，人口最密区杨林寨、湘临、古塘、鹤龙、南阳、东港、茶湖潭、躲风亭、沙田、湾河10个乡及鹤龙湖渔场与城关、濠河口、铁角嘴3个镇，人口20.7万人，面积269平方千米，平均每平方千米达769人。人口较密区民新、凤南、赛头、和平等11个乡和新泉寺、南湖洲、临资口、白马寺4个镇，人口17.52万人，面积331.05平方千米，每平方千米为530人。另青潭乡为渔业区，人口3395人，面积5.8平方千米，每平方千米535人。人口较稀区含长仑、城南区的东塘、石塘、城南、金龙等11个乡和樟树镇，人口20.83万人，面积477.4平方千米，每平方千米436人。1985年，人口密度：县属镇中以白马镇最大，为2914人；城关镇最小，为1782人。各乡（含乡级镇）中，以沙田乡最大，为773人；白泥湖乡最小，为300人。至2015年，人口密度最密区是文星镇，每平方千米4671人；人口密度最稀区是青潭乡，每平方千米36人。

2015年湘阴县常住人口地区分布及人口密度统计表

表2-2

地　区	人口数（人）	比　重（%）		人口密度（人/平方千米）
		2015年	2000年	
全县合计	681075	100	100	442
文星镇	144089	21.16	12.16	4671
东塘镇	26534	3.90	4.27	616
袁家铺镇	20077	2.95	2.87	525
界头铺镇	15212	2.23	2.31	342
樟树镇	22420	3.29	3.71	406
三塘镇	19093	2.80	3.13	471
长康镇	21413	3.14	3.29	418
城西镇	62138	9.12	9.92	442
岭北镇	65526	9.62	11.13	571
新泉镇	69802	10.25	11.93	465
湘滨镇	48736	7.16	8.48	266
南湖洲镇	50536	7.42	8.24	490

续表 2-2

地 区	人口数（人）	比 重（%）		人口密度（人 / 平方千米）
		2015 年	2000 年	
石塘镇	21374	3.14	2.95	443
六塘乡	13389	1.97	2.24	371
白泥湖乡	14704	2.16	2.58	394
静河乡	26484	3.89	4.26	435
玉华乡	16380	2.4	2.79	357
杨林寨乡	22210	3.26	3.45	735
青潭乡	958	0.14	0.29	36

第三节 人口变动

一、人口增减

1981年始，人口生育进入第3个高峰期（1962—1975年为第2个生育高峰期），是年人口净增率5.5‰，比 1980 年的 5.2‰上升 0.3 个千分点。1984 年大力推行计划生育政策，人口生育开始进入下降期。1991—2000 年，10 年净增人口 31421 人，年均增加 3142 人，年均自然增长率 4.69‰。2001—2009 年，9 年内出生人口 67281 人，年均出生 7475 人，年均出生率 10.56‰；净增人口 30592 人，年均增加 3399 人，年均自然增长率 4.80‰。至 2015 年年末，总人口 778958 人，比上年增加 3455 人，增长 4.43%；全年出生 9395 人，比上年增加 1149 人，人口出生率 12.1‰；全年死亡人口 4436 人，死亡率 5.69‰，自然增长率 6.37‰。

出生 1978—1980 年，年均出生率 16.3‰。1981—1985 年，年均出生率为 14.52‰。1986—1990 年，年均出生率 11.76‰。1991—1995 年，年均出生率 10.92‰。1996—2000 年，年均出生率 10.58‰。2001—2005 年，年均出生率 10.34‰。2006—2010 年，年均出生率为 10.87‰。2011—2015 年全县共出生 45013 人，年均出生率 11.68‰。

1978—2008 年，人口出生 23.82 万人，年均出生 7683 人，年均出生率 11.40‰；2009 年，出生 7265 人，人口出生率控制在 9.64‰以内，符合政策生育率 86.34%。截至 2015 年年底，人口出生率 12.1‰，符合政策生育率为 87.98%。

死亡 1978—1985 年，年均死亡率 6.55‰。1986—1990 年，年均死亡率 6.41‰。1991—1995 年，年均死亡率 6.21‰。1996—2000 年，年均死亡率 5.91‰。2001—2005 年，年均死亡率 6.03‰。2006—2010 年，年均死亡率 5.39‰。2011—2015 年共死亡 22655 人，年均死亡率 5.88‰。

1978—2015年湘阴县人口出生、死亡及自然增长统计表

表 2-3

年 度	人口出生		人口死亡		自然增长	
	合 计(人)	出生率(‰)	合 计(人)	死亡率(‰)	合 计(人)	增长率(‰)
1978	9671	17.23	3771	6.72	5900	10.51
1979	9176	16.22	3844	6.80	5332	9.43
1980	8806	15.45	3860	6.77	4946	8.68
1981	9684	16.84	4078	7.09	5606	9.75
1982	11016	18.98	3774	6.50	7242	12.48
1983	7783	13.29	3661	6.25	4122	7.04
1984	6990	11.84	3519	5.96	3471	5.88
1985	6911	11.63	3751	6.31	3160	5.32
1986	6915	11.57	3861	6.46	3054	5.11
1987	6980	11.62	3979	6.62	3001	4.99
1988	7032	11.52	3961	6.49	3071	5.03
1989	7235	11.67	4051	6.53	3186	5.13
1990	7943	12.40	3810	5.95	4133	6.45
1991	7353	11.36	4125	6.37	3228	4.99
1992	6926	10.58	4063	6.21	2863	4.37
1993	7132	10.82	3985	6.04	3147	4.77
1994	7096	10.67	4012	6.04	3084	4.64
1995	7483	11.18	4273	6.38	3210	4.80
1996	7102	10.54	4120	6.13	2982	4.42
1997	6921	10.20	3976	5.86	2945	4.34
1998	7345	10.78	4021	5.90	3324	4.88
1999	7651	11.19	4221	6.17	3430	5.02
2000	7006	10.20	3798	5.53	3208	4.67
2001	6833	9.91	3766	5.46	3067	4.45
2002	6405	9.26	4380	6.33	2025	2.93
2003	6921	10.00	4021	5.81	2900	4.19
2004	7760	11.21	4651	6.72	3109	4.49

续表 2-3

年　度	人口出生		人口死亡		自然增长	
	合　计(人)	出生率(‰)	合　计(人)	死亡率(‰)	合　计(人)	增长率(‰)
2005	7853	11.29	4036	5.80	3817	5.49
2006	7909	11.24	4107	5.84	3802	5.40
2007	8102	11.29	4096	5.71	4006	5.58
2008	8233	11.17	3936	5.34	4292	5.83
2009	7265	9.64	3696	5.91	3569	4.74
2010	8373	11.06	3937	5.20	4436	5.86
2011	8910	11.7	4510	5.93	4400	5.79
2012	9044	11.8	4464	5.81	4580	5.97
2013	9418	12.20	4864	6.30	4554	5.90
2014	8246	10.06	4381	5.65	3865	4.98
2015	9395	12.10	4436	5.69	4959	6.37

二、人口异动

迁入　1978—2010年，境内迁入人口180752人，年均迁入5477人。主要对象是：1979年落实政策安置，80年代外地至此经商务工人员，新化移民，复退军人。

迁出　1978—2010年，境内新兵入伍、考入大中专院校、婚姻、工作调动、知青返城、外出务工经商迁出人口188632人，年均迁出5716人。

1978—2010年湘阴县人口变动统计表

表 2-4　　单位：人

年　度	迁　入	迁　出	年　度	迁　入	迁　出
1978	6531	7606	1993	4297	4870
1979	10833	12455	1994	4953	4276
1980	2879	9099	1995	5326	4396
1981	9361	9982	1996	5128	4370
1982	6978	6823	1997	6157	6931
1983	6722	5637	1998	5215	4910
1984	6965	6886	1999	4769	5321
1985	6538	8538	2000	4832	5097
1986	6635	7931	2001	5430	4987
1987	6543	6210	2002	4183	4001
1988	6751	6701	2003	4078	3927
1989	4936	5307	2004	3875	4720
1990	5671	4789	2005	4326	4953
1991	4825	4069	2006	7273	3896
1992	4936	5321	2007	3786	3928

续表 2-4　单位：人

年　度	迁　入	迁　出	年　度	迁　入	迁　出
2008	3499	3501	2010	3201	3684
2009	3320	3510	合计	180752	188632

第四节　人口结构

一、年龄结构

根据第四次、第五次、第六次人口普查汇总结果，全县人口年龄分组构成情况变化较大。

第四次人口普查: 全县0—14岁人口有176758人，15—49岁人口352039人，50岁以上人口108799人，分别占总人口的27.72%、55.22%和17.06%，湘阴县人口再生产基本属于稳定型。

第五次人口普查：0岁（婴儿组）为7304人，占总人数的1.13%。1—3岁（幼儿组）为19670人，占3.05%。4—6岁（学龄前儿童组）为20999人，占3.07%。7—18岁（学生年龄组）为148057人，占22.9%。0—15岁（少年儿童组）为167264人，占25.89%。15—49岁（育龄妇女组）为172849人，占26.75%。16—60岁（劳动年龄组）为412386人，占63.82%。60岁以上（老年人口组）为66530人，占11.06%。全县0—14岁人口为157304人，65周岁及以上人口为48573人，分别占人口的24.34%和7.22%。按联合国老龄人口7%的标准，湘阴县已进入老年性社会。

第六次人口普查：全县0—14岁人口为109625人，占16.1%；15—64岁人口为500098人，占73.43%；65周岁及以上人口为71352人，占10.48%。

同第四次人口普查相比，第五次人口普查中0—14岁人口的比重下降3.38个百分点，第六次人口普查同第五次人口普查相比，0—14岁人口的比重再次下降8.24个百分点。第六次人口普查同第五次全国人口普查相比，65岁及以上人口的比重上升3.26个百分点。

2015年湘阴县百岁老人名录

表 2-5　单位：周岁

姓　名	性　别	出生时间	年　龄	住　址
黄桂和	男	1912—06—27	103	文星镇长岭教堂后面
胡三元	女	1913—06—14	102	新泉镇东亚村
许哲夫	女	1914—02—16	101	新泉镇资江村
张满珍	女	1914—02—21	101	新泉镇秀池村
杨会兰	女	1913—08—11	102	城西镇菱角拐村
刘满嫔	女	1914—08—21	101	鹤龙湖镇刘家坝村10组
黄　氏	女	1910—01—11	105	鹤龙湖镇保合村
易翠云	女	1909—10—27	106	鹤龙湖镇濠河口村10组
汤先贤	女	1913—10—15	102	岭北镇响铃村
刘阶兰	女	1910—07—10	105	杨林寨乡蒋家渡村7组

续表 2-5 单位：周岁

姓　名	性　别	出生时间	年　龄	住　　址
张春梅	女	1913—06—14	102	杨林寨乡太合围村
伍柳玉	女	1914—01—10	101	杨林寨乡黄太港村 4 组
李应香	女	1911—08—21	104	南湖洲镇杨柳村
杨细梅	女	1913—10—07	102	玉华乡凤形村两头组
冯金怡	男	1912—11—21	103	东塘镇青竹村
张田氏	女	1915—02—10	100	文星镇乌龙社区
马康国	男	1914—09—16	101	杨林寨乡黄太港 6 组
刘坤圣	男	1915—01—28	100	杨林寨乡莲子口村 8 组
夏齐交	女	1915—05—23	100	石塘乡黄泥村 3 组

二、性别结构

20 世纪末，B 超仪的出现可用于鉴别胎儿性别。起初曾有育龄夫妇利用 B 超机的检测结果堕女胎，以后政府明令禁止，避免人为造成男女性别比例失衡。随着人们生育观念的进步和女性社会地位提高，使性别结构按自然法则调整，保持了基本平衡。

2000 年，第五次人口普查，全县人口性别比例明显失衡。

性别比偏大 截至 2000 年 11 月 1 日零时，全县总人口 684131 人，其中男性 356556 人，女性 327575 人，分别占总人口的 52.12%、47.88%，男女性别比为 108.84 ： 100，比第四次人口普查的 109.77 ： 100，仅降低 0.93 个百分点。男性人口多于女性 28981 人，比例显得偏大。2015 年，男女性别比为 103.46 ： 100。

2000 年，性别比存在地区的不平衡，全县 33 个乡镇（不含管区），有 13 个乡镇的人口性别比高于全县平均水平，全县性别比值最高的是三塘乡，比值为 187.67 ： 100；性别比值最低的为新泉镇，只有 83.33 ： 100。

出生婴儿性别比偏高 第五次人口普查表明，2000 年全县出生 7304 人，其中男性 4031 人，女性 3273 人，性别比为 123 ： 100，高于正常值（取正常值为 106）。

自 2002 年始，县委、县政府将出生婴儿性别比纳入年终计划生育目标管理考核评估内容，采取过硬措施，整治非医学需要鉴定胎儿性别和非法选择性别终止妊娠行为，出生婴儿性别比偏高问题开始得到有效遏制。2009 年，婴儿性别比为 116 ： 100，但 2010 年又出现反弹。2015 年出生婴儿男女性别比为 107.29 ： 100。

2000—2015 年湘阴县出生人口性别情况表

表 2-6

年度	出生人口	其　中		出生人口中性别比（以女性为 100）
		男	女	
2000	7006	3865	3141	123
2001	6833	3783	3050	124

续表 2-6

年 度	出生人口	其中		出生人口中性别比（以女性为100）
		男	女	
2002	6405	3425	2980	115
2003	6921	3656	3265	112
2004	7760	4232	3528	120
2005	7853	4234	3619	117
2006	7909	4178	3731	112
2007	8102	4436	3666	121
2008	8233	4404	3829	115
2009	7265	3902	3363	116
2010	8373	4929	4044	122
2011	8910	4823	4087	118
2012	9044	4838	4206	115
2013	9418	5058	4360	116
2014	8246	4446	3800	117
2015	9395	5032	4363	115

三、文化结构

1982 年，第三次人口普查时，全县 12 周岁以上受教育人口 415192 人，占总人口的 71.19%。1990 年第四次人口普查时受教育人口占总人口比例上升为 88.24%。2000 年第五次人口普查时上升为 94.96%。2010 年第六次人口普查时为 92.11%。

1982 年、1990 年、2000 年、2010 年湘阴县 12 周岁以上人口文化程度统计表

表 2-7

项目＼年度		1982 年第三次人口普查	1990 年第四次人口普查	2000 年第五次人口普查	2010 年第六次人口普查
12 岁以上文盲人口（人）		104079	61315	30535	11814
占全县人口总数比例(%)		17.97	13.31	4.46	1.56
各种文化程度	小学	271403	276425	255834	172584
	初中	109416	164537	253917	291176
	高中	33689	44666	46715	125560
	大学	684	2614	7668	38000
总 计(人)		415192	488242	564134	627320

四、行业结构

1982 年第三次人口普查统计，全县在业人口 307337 人，占劳动资源总数的 95.12%。1990 年第四次人口普查，全县在业人口 315800 人，占劳动资源总数的 82.26%。其中从事第一产业的占 73.05%，从事第二产业的占 13.9%，从事第三产业的占 13.059%。2000 年第五次人口普查，抽样调查在业人口 30653 人，三大产业从业人员中，第一产业比重为 69.57%，第二产业比重 13.55%，第三产业比重 16.88%。2010 年第六次人口普查，三大产业从业人员中，第一产业比重为 49.09%，二产业比重 24.61%，三产业比重 26.30%。

1992—2010 年，县委、县政府制订“县城工业化、农业产业化、农村城镇化”的发展战略，大量农村剩余劳动力向非农产业转移，全县在业人口的行业、职业状况发生了深刻变化。全县就业人口从事三大产业的比重实现新突破，从事第二、三产业的比重高于从事第一产业的比重。

五、民族结构

湘阴县人口以汉族为主、少数民族比例较小。1964 年第二次人口普查时，除汉族外，尚有苗族、蒙古族、土家族、回族、壮族、维吾尔族、彝族、侗族、满族、瑶族 10 个少数民族，共 87 人，占总人口的 0.01%。1982 年第三次人口普查时，除汉族外，少数民族有蒙古族、回族、维吾尔族、苗族、彝族、壮族、满族、侗族、瑶族、土家族 10 个，共 114 人，占总人口的 0.02%。1990 年第四次人口普查时，除汉族外，少数民族有苗族等 17 个，共 330 人，占总人口的 0.05%。2000 年第五次人口普查时，除汉族外，少数民族有蒙古族等 23 个，共 645 人，占总人口的 0.09%。2010 年第六次人口普查时，少数民族 30 个，共 718 人，占总人口的 0.1%。其中蒙古族 19 人，回族 95 人，藏族 16 人，苗族 166 人，维吾尔族 2 人，彝族 28 人，壮族 102 人，布依族 25 人，满族 19 人，侗族 33 人，瑶族 27 人，白族 7 人，土家族 99 人，哈尼族 6 人，哈萨克族 1 人，傣族 4 人，黎族 24 人，傈僳族 1 人，佤族 10 人，畲族 2 人，高山族 2 人，景颇族 2 人，柯尔克孜族 2 人，土族 9 人，仫佬族 2 人，毛南族 2 人，仡佬族 7 人，怒族 3 人，门巴族 2 人，基诺族 1 人。

第五节 姓 氏

2015 年，全县有姓 285 个，其中单姓 282 个，复姓 3 个（欧阳、淳于、司马）。姓氏人口中，以刘姓居首，46145 人，张姓次之，37165 人，李姓第三，32581 人，分别占全县总人口的 5.92%、4.77% 和 4.18%；区、谯、茹、腾、师、郎、迪、储、邛、泰、裘、苗、覃、睦 14 姓人数最少，均只有 1 人。

2015 年湘阴县各姓氏人口数量

表 2-8

人口数量	姓 氏
30001 人及以上	刘、张、李
25001—30000 人	杨、陈、周
20001—25000 人	王
15001—20000 人	吴、蒋、易
10001—15000 人	黄、胡、徐
9001—10000 人	甘

续表 2-8

人口数量	姓 氏
8001—9000 人	钟、彭
7001—8000 人	夏、汤
6001—7000 人	姚、鱼、熊
5001—6000 人	任、戴、邓、肖、朱、何
4001—5000 人	邵、曾、谭、宋、黎、汪、罗、郑
3001—4000 人	田、廖、欧阳、谢、冯
2001—3000 人	左、蔡、赵、殷、秦、许、郭、龙、唐、危、侯、程、苏、丰、石
1001—2000 人	柳、袁、江、曹、范、蓝、陶、孙、林、涂、高、姜、邹、梁、金、焦、潘、傅、湛、马、向、卢、瞿、龚、叶
501—1000 人	葛、丁、顾、方、符、聂、伍、司马、盛、沈、颜、单、贺、尚、魏、杜、洪、毛、鲁、韩、吕、文、谈、虢、伏、万、董、雍
401—500 人	倪、成、邱、尹、严、段、闵
301—400 人	阳、温、钱、楚、雷、晏、梅、郝、费、孔、寻
201—300 人	俞、巢、饶、喻、骆、常、蒯、凌、祝、祭、佘、舒、禹、邬、胥、宗、陆
101—200 人	童、艾、孟、游、白、淳、于、卿、关、韦、仇、应、柯、鄢、狄、安、缪、章、霍、庄、卞、赖、皮、薛、截、樊、施
50—100 人	虞、岳、詹、贾、风、戚、蕺、阙、粟、平、卜、淡、姜、纪、荀、宇、阮、戈、莫、于
10—50 人	扈、崔、冷、边、宁、谷、桂、定、云、支、蔚、项、但、吴、毕、荷、柴、鲍、练、昌、窦、言、解、曲、邝、明、交、庞、杏、史、席、康、匡、阙、扶、武、齐、房、卓
10 人以下	牛、郁、薄、冉、封、禾、青、随、敖、桑、深、翁、渡、荣、强、全、屈、岑、壮、迟、羿、米、耿、乔、申、尧、添、麦、蹇、宫、满、尤、习、杭、敬、古、年、类、貌、官、华、柏、区、谯、茹、腾、师、郎、迪、储、邛、邢、泰、裘、苗、覃、睦

第二章 人口控制

第一节 机构队伍

县计划生育机构 1979 年，县计划生育领导小组，由一名县委常委任组长，计划生育办公室配专职干部 8 人。1982 年后，县计划生育小组组长均由历届县委书记或县长担任。1983 年，县计划生育办公室更名为县计划生育委员会。1985 年，又更名为县计划生育工作局。1996 年，复为县计划生育委员会，定行政编 16 名，工勤事业编 2 名，下设办公室、政保股、财务股、政策法规股、计划生育统计股、宣传股。2002 年，县计划生育委员会更名为县计划生育局。2005 年，改名为县人口和计划生育局。至 2010 年，县人口和计划生育局内设办公室、宣传教育股、流动人口管理股、政策法规股、规划统计股，下设县计生服务站、县计生药具站两个二级机构。全局共有干部职工 91 人，其中局机关干部职工 23 人。2015 年年底，县级机关实行机构改革，县卫生局和人口计生局合并为湘阴县卫生计生局，计划生育工作照常进行。

乡镇计划生育机构 20 世纪 90 年代，乡镇计划生育领导小组组长一般由乡镇长担任，计划生育分管负责人配党政双线。1990—1991 年，乡镇逐步组建计划生育服务所，属乡镇计生办领导。1992 年，乡镇计生办与服务所合并为计划生育管理服务所，全县定全额事业编 126 名。2003 年，乡镇计划生育办、所分设，全县乡镇计生办定行政编 35 名（3 万人以下定 1 名，3 万人以上定 2 名）。计生服务所定全额事业编 117 名。村组计划生育工作一般由村党支部、村委会负责，由一名党支部委员或副主任分工抓，村妇女主任发放避孕药具和为手术对象做服务性工作。

1985 年，湘阴县被评为全国计划生育先进县。湘临乡保民村计划生育专干胡荣华、新泉乡副乡长彭克明、城关镇计划生育专干蒋元珍被评为全国计划生育先进工作者。1994—2010 年，湘阴县先后 8 次被评为全省计划生育一类县。2011 年以后湘阴县计划生育工作重新跨入全国全省先进行列， 2012 年获评湖南省计划生育工作模范县，2013 年获评全国计划生育优质服务县。

第二节　宣传教育

一、宣传内容

20 世纪 70 年代，计划生育宣教工作以宣传贯彻国家晚、稀、少的生育政策和控制人口数量为重点，教育引导广大干部、群众破除封建思想，与多子多福、传宗接代、养儿防老等传统观念决裂。80—90 年代，以宣传贯彻党中央《关于控制我国人口增长问题致全体共产党员，共青团员的公开信》为重点，教育引导群众自觉遵守计划生育政策，履行公民计划生育的权利和义务；以国情、政策、法律、典型、节育、生殖保健、先进生育文化为主要内容，利用各种宣传工具，采取多种宣传形式，大造计划生育舆论。

2003—2015 年，全县计划生育宣传工作随着计划生育工作的发展与时俱进，具有一定广泛性和前瞻性。

计划生育政策法规宣传 1982 年重点宣传中共中央、国务院“提倡一胎、控制二胎、杜绝三胎”的计划生育方针。1990 年，重点宣传《湖南省计划生育条例》；1991 年，重点宣传中共中央、国务院《关于加强计划生育工作，严格控制人口增长的决定》；1991 年，重点宣传国务院发布的《流动人口计划生育管理办法》；1999 年，重点宣传湖南省九届人大常委会第十二次会议审议通过新修改的《湖南省计划生育工作条例》；2000 年，重点宣传中共中央、国务院《关于加强人口与计划生育工作稳定低生育水平的决定》。通过重点宣传以上《条例》《决定》《办法》，使计划生育工作逐步走上依法治理轨道。

计划生育法律宣传 2001 年 10 月 1 日，国务院发布实施《计划生育技术管理条例》。2002 年 9 月 1 日，湖南省发布实施《社会抚养费征收管理办法》。2002 年 9 月 1 日，《中华人民共和国人口与计划生育法》正式施行。为了与《中华人民共和国人口与计划生育法》配套，是年 11 月 29 日省政府颁发《湖南省人口与计划生育条例》。全县围绕以上法规开展系列宣传教育活动。2007 年 1 月 8 日—16 日，县委党校分三期举办计划生育法规培训班，每期培训 3 天。全县 418 个行政村（社区）中有 407 个村（社区）计划生育专干参加培训，占 97.36%；494 名专职计生干部有 490 人参加培训，占 99.19%；县直副科级以上单位计生专干全部参加培训。2011—2015 年，全县计划生育宣传教育主要以“优生优育，男女一样”“关爱女孩，整治‘两非’”（非医学需要擅自鉴定胎儿性别，非医学需要擅自终止妊娠）为内容，利用多种形式开展宣传，并对全县村级计生专干和乡镇计生办主任共 535 人进行集中业务培训。

优生优育优质服务宣传 2005 年 2 月 7 日，县政府批转《县计划生育委员会关于开展计划生育优质服务的报告的通知》，全面系统进行生殖健康教育、实施避孕节育全程优质服务、开展妇女健康综合服务宣传。

二、宣传形式

宣传日活动 2007 年 7 月 20 日，县委宣传部、团县委、县计生委、县妇联联合发出《关于广泛开展婚育新风进万家活动的通知》，主题活动的着眼点是家庭。重点宣传晚婚晚育、少生优生；男女平等，生男生女顺其自然，生男生女一样好，女儿也是传后人；男性参与计划生育，计划生育丈夫有责。把科学、文明、进步的婚育观念进入、透入、影响到千家万户中去。2010 年 7 月，全县开展“关爱女孩行动”集中宣传活动。10 月，县教育局、县计生局和县侨联艺术学校共同举办“关爱女孩，就是关注人类未来”独生子女才艺演示会。2012 年 7 月，县人民政府组织在左宗棠广场举办“面对 70 亿人口的世界”为主题、“‘7・11’世界人口日”为要点的大型宣传教育活动，宣传政策法规、优生优育、男女一样、关爱女孩，参加群众达 8000 多人，2013 年，县计生局投入 20 万元，印发致全县育龄妇女的一封公开信，分送到户到人，宣传男女平等、优生优育、优质服务。

新闻传媒宣传 2008 年，在县电视台开辟《人口与计划生育》专题栏目，县电视台每周播放计划生育专题节目不少于一次，每次播放时间在 10 分钟以上。2008—2010 年，县电视台共播放计划生育专题节目 142 期，播放计划生育新闻 253 条。2011—2015 年，县人民政府加大计划生育宣传教育力度，构建完善全方位、立体式宣传格局，除在公共场所和交通要道以标牌、标语、展板、宣传栏、宣传车、文艺演唱、广场活动、咨询服务等各种形式开展宣传外，并在县电视台、《湘阴周刊》、政府门户网、湘阴手机报等多媒体开设专题专栏开展宣传，使计划生育政策法规和具体内容实现家喻户晓。

文艺电影宣传 2003—2010 年，城乡开展“婚育新风进万家”“关爱女孩行动”文艺演出活动。各乡镇分别成立业余文艺宣传队，共演出花鼓戏、渔鼓、跳三鼓等计划生育文艺节目 1862 场，观看人数达 40 万人次。2009 年，全县开展“千场科普电影下乡，宣传服务十万育龄群众”活动，认真开展计生电影放映活动，先后在城乡放映《生男生女的奥秘》《性病防治》《近亲结婚的危害》《保健与优生》《美丽的音符》等科普影片 1300 多场次，观看人数 10 万多人次。

其他形式宣传 2005 年始，县人口和计划生育局组织专门力量在各交通要道旁，人口集中地、城乡交通道口等显眼处，书写固定宣传标语 4000 多条，制作宣传画 1000 多块，设置宣传窗栏 400 多处，举办图片展览 60 多次，展出图片 560 多幅。

第三节 计划生育管理

1981—2015 年，县委、县政府根据国家法律和地方法规，强化计划生育工作政策措施，依法行政，把计划生育工作纳入规范化、法制化管理轨道。

政策鼓励 县委、县政府对达到法定退休年龄的独生子女父母增发本人基本工资 5% 退休金；对城乡独生子女父母由政府每年发给一定数额的奖励扶助金；实行“农村集体经济活动分配征地补偿费时，对独生子女家庭增加一人份额”的规定等。农村妇女只生育二女或一个儿子且年满 60 周岁的，每人每年奖励 720 元。

以人为本 全县取消符合规定再生育子女必须达到一定生育年龄和生育间隔的规定；实行对独生子女死亡、伤残家庭和计划生育特困家庭的扶助制度，政府兴建的养老机构优先接纳独生子女父母和农村生育两个女孩的父母等。2012 年，县人民政府颁布“关于进一步落实计生家庭奖励扶助和优生优惠政策”，从 2012 年起，每年从征收的社会抚养费中提取 15%，作为“生育关怀”专项奖励基金，用于独生子女每人每月 10 元保健费，对全县 264 户失独家庭每人每年扶助 500 元，对城镇 8760 户独生子女父母进行奖励。全县共有 4 万户独生子女家庭得到奖励和扶助。

规范管理 明确已婚妇女妊娠 14 周以上要求终止妊娠的，规定出示有关证明，施术单位应当在术前查验，并按规定登记、存档，有效遏制出生人口性别比偏高。规范管理患有不孕（育）症夫妻利用辅助生殖技术进行生育的行为。强化流动人口计划生育管理，明确用人单位和房屋出租户的法定报告义务。赋予人口和计划生育管理部门必要的查案办案权限。

行政处罚 1982 年 8 月 30 日，为严格控制计划外怀孕生育，县委、县政府发出《关于对拒不实行计划生育人员处理的补充规定》，共 7 条。1995 年，县委、县政府提出计划生育工作保一类，进一位，出生率控制在 14.6‰，计划生育率达到 94‰以上的工作要求，对县直部门、各乡镇严格考核，坚持“一票否决制”兑现。严格执行这些规定，对遏制人口过快增长起了积极作用。

2007 年，经县委、县政府同意，报市委编办核准，湘阴县率先在全市成立县社会抚养费征收管理局，人员编制 13 人，设征收局局长 1 名，副局长 2 名，执法人员 10 人。县法院成立计生合议庭与社会抚养费征收管理局共同办公，加大对社会抚养费征收的力度。2007—2010 年，全县共征收社会抚养费 3600 余万元。

2010 年，县委、县政府严格执行计划生育工作责任追究兑现，年初对排名为三类单位的 23 名相关责任人进行党纪政纪处分，对落后乡镇、村进行通报批评和处罚兑现，并下发《关于严格计划生育工作责任制追究的补充规定》，明确规定三类单位责任人两年内不得提拔重用，连续两年评为二类的单位直接定位三类。为遏制名人、富人违法生育，规定社会抚养费的征收幅度，明确税务、公安、统计、劳动保障、房产等有关部门协助人口计生部门核实名人富人实际收入的义务。提高终止妊娠保证金标准并规定纳入非税收入管理。严厉处罚假冒他人或者组织他人冒名顶替参加孕情检查、病残儿鉴定、计划生育手术及手术并发症鉴定、伪造计划生育证明等行为。2011 年，县委、县政府对两名婚外非法生育的党政负责干部给予开除出党、开除公职的处分决定，并在大会上予以通报，在社会上震动很大。2012—2015 年，全县有 26 个计划生育“三类村”被“一票否决”，对出现非法生育 3 例以上的 15 个“三类村”党支部书记予以撤职，村计生专干被解聘。2011—2015 年，共有 110 名党政干部和责任人受到党纪政纪处分。

整治“两非”，扭转出生人口性别比严重失衡局势 2010 年以前几年中，由于部分人重男轻女的传统观念支配，导致全县人口性别比偏高到 122 ∶ 100。2011 年 3 月县委、县政府下达“关于集中整治‘两非’举报奖励制度的通知”，下决心解决湘阴出生人口性别比严重偏高问题，组建由县长任组长、分管副县长任副组长，纪委、公安、卫生、药监、人口计生、妇联等单位主要负责人参加的整治“两非”领导小组，成立专职办公室，做到要钱给钱，要人给人，要物给物，召开系列会议，坚持宣传教育、查案办案、加强监督，完善机制全方位整治，对“两非”案件线索决不放过，依法打击决不心慈手软，涉案单位和个人决不姑息迁就。2011 年全县出生人口性别比较 2010 年下降 8.1 个百分点，2012 年下降 6 个百分点，2015 年全县人口出生性别比为 107.29 ∶ 100。湘阴县整治“两非”，缩小出生人口性别比工作受到国家和省计生委表彰。

第四节　优生优育

一、服务项目

2008 年，县委、县政府制订《湘阴县计划生育优质服务实施方案》，在全县育龄妇女中提倡一对夫妇只生一个孩子，晚婚（女23周岁，男25周岁）晚育、少生优生、优教优管，以及婴儿新法接生、科学养育等生育观念。是年，对15—49岁的居民组织进行青春期、婚前期、孕产期、育儿期、更年期的“五期”培训，并发给“生殖健康教育证”。对节育对象进行避孕节育措施的知情选择，跟踪访视，实行“避孕节育方法优选服务证”制度。对育龄妇女发给“生育对象服务证”，取消以往的“准生证”。改过去的“两查”为“三查”，即查环、查孕、查病，开展不孕不育症的查治和常见妇女病的防治。对生育对象普遍实行遗传优生细胞检测，减少病残儿童出生。2009年，开展妇科病查治工作，全面实施出生缺陷干预工作；加强药具管理，规范计划生育药具市场。2010年，开展病残儿童免费优生遗传检测工作，全年对48对病残儿童家庭进行了抽血检测。2012年，以关爱育龄夫妇，实现优生优育为宗旨，组织开展对全县育龄夫妇进行免费健康检查，2012年免费检查5000对，2013年免费检查7000对，发现其中有200例存在不利优生优育异常情况，由县计生服务站具体负责，保持与其电话随访，进行专业指导，帮助治疗等。

二、巡回义诊

1982—2002年，县计划生育服务站每年深入乡镇村组，做好计划生育服务工作。2003—2010年，县计划生育服务站坚持科技下乡，优质服务，先后为育龄妇女免费查处妇科病5万人次，开展优生检测8000多人次，接受不孕不育咨询1350人次。有效防止105例病残婴儿出生。对93对育龄夫妇进行不孕症治疗，其中有31人成功怀孕并生育健康婴儿。

三、技术服务

1982—2004年，县计划生育局每年组织集中培训，邀请省、市、县科技、医疗单位的专家、教授讲课，提高技术人员素质。县计划生育服务站坚持认真做好生育指导、生殖保健、B超诊断、优生遗传检测和节育手术服务。各乡镇计划生育服务所，利用B超机、红外光妇科治疗仪和手术包向育龄妇女开展查环、查孕、查病、治病和手术节育服务。

2005年，县财政拨款修建县计划生育技术服务大楼。县计生局先后投入百万元购置二氧化碳激光治疗仪、心监护仪、无痛分娩仪、凸阵B超诊断仪、红外线乳腺透视诊断仪等先进医疗与服务设备。

至2007年，全县19个乡镇计划生育服务所都装备有环包、取环包、结扎包、手术床、红外线治疗仪、B超诊断仪、消毒锅、氧气瓶、无影灯、显微镜等医疗、抢救设备，并建起胎教早教室。

附：人口普查与统计

湘阴县第四次全国人口普查主要数据统计

（1990年7月1日零时）

总人口总户数　全县总人口为637596人，与1982年“三普”时的579106人比较，增加58490人，增长10.10%，年均增长速度为1.21%，与1964年“二普”比较，增加226613人，增长55.14%，与1953年“一普”比较，增加281310人，增长78.96%，37年的年平均增长速度为1.585%。

全县总户数为165891户，其中家庭户165130户，集体户761户，分别占总户数的99.54%和0.46%。平均每个家庭户有3.81人，比“三普”时每个家庭户的4.37人减少0.56人。

性别及性别比　全县总人口中，男性333639人，女性303957人，分别占总人口的52.33%和47.67%，其性别比（男：女）为109.77 : 100，比“三普”的112.44降低2.67%。

文化程度 全县小学以上文化程度人口为488135人，占6岁及以上人口的88.24%，与“三普”比较，提高了8.07个百分点；15岁及以上的文盲、半文盲人口61315人，占15岁及以上人口的13.31%，比“三普”降低了8.39%。

婚姻状况 全县15岁以上人口中，未婚的占24.50%、有配偶的占68.52%、丧偶的占6.49%、离婚的占0.49%；在有配偶的人中，15—19岁的有2290人，占同年龄组的3.56%。

生育状况 1989年7月1日至1990年6月30日出生18327人，出生率为28.74‰。

1989年15—49岁的育龄妇女占女性总数的53.81%。在生育的妇女中，一孩率为43.27‰、二孩率为39.31‰、三孩率为12.65‰、四孩率为3.55‰、五孩及以上生育率为1.22‰。

死亡人口状况 1989年1月1日至1990年6月30日的死亡人口中，男性占死亡总数的55.94%，女性占44.06%，其中1989年0岁婴儿死亡385人，占该年死亡总数的8.63%，占同龄人口的23.73%。

人口年龄构成状况 全县人口的平均年龄为28.8岁，比“三普”时的平均年龄增加1.4岁。

全县0—14岁人口有176758人、15—49岁人口352039人、50岁以上人口108799人，分别占总人口的27.72%、55.22%和17.06%，湘阴县人口再生产基本属于稳定型。

按照国内标准，全县总的负担系数为66.07%，即每100名劳动年龄人口需负担15岁及以下少年人口49人，男60岁以上、女性55岁以上的老年人口17.07人。

年龄中位数为25岁，在总人口中，年龄在24岁及以下有一半人口。

按照我国通常以65岁为老年人的年龄起点，湘阴县老年人口系数为5.33%，少年人口系数为27.22%，老少比为19.58%。

劳动年龄人口状况 按照国家对劳动人口年龄的标准规定；男16—59岁、女16—54岁，湘阴县拥有劳动年龄人口383924人，占总人口的60.21%，其中男性占总人口男性的62.91%，女性占总人口女性的57.25%。

在业人口的行业状况 全县15岁及以上在业人口共计368813人。

根据国民经济行业分类标准，湘阴县农、林、牧、渔、水利业的人口占全县从业人口的84.28%；工业占5.63%；地质普查和勘探业占0.0003%；建筑业（指专门从事建筑业的）占0.22%；交通运输、邮电通讯业占1.74%；商业、公共饮食业、物资供销和仓储业占3.33%；房地产管理、公用事业、居民服务和咨询服务业占0.50%；卫生、体育和社会福利事业占0.52%；教育、文化艺术和广播电视事业占1.86%；科学研究和综合技术服务事业占0.007%；金融、保险业占0.23%；国家机关、政党机关和社会团体占1.67%；其他行业占0.013%。

在13个门类的行业中，农业户口人口占在业人口的88.73%，非农业户口人口占11.22%，户口待定的占0.05%。

在业人口的职业状况 根据职业分类标准，湘阴县各类专业、技术人员占在业人口数的3.84%；国家机关、党群组织、企事业单位负责人占1.14%；办事人员和有关人员占0.92%；商业工作人员占3.38%；服务性工作人员占1.61%；农、林、牧、渔劳动者占72.26%；生产工人运输工人和有关人员占16.82%；不便分类的其他劳动者占0.03%。

按户口性质分、农、林、牧、渔劳动者拥有农业户口人口262742人，占在业人口总数的71. 24%；非农业户口3711人，占1.00%；户口待定43人，占0.01%，其他七大类职业中拥有农业户口人口64486人，占从业人口总数的17.48%；非农业户口37679人，占10.22%；户口待定152人占0.04%。

湘阴县第五次全国人口普查主要数据统计

（2000年11月1日零时）

总人口、总户数　全县总户数为181854户，其中，家庭户180783户，集体户为1071户，分别占总户数的99.41%和0.59%，平均每个家庭3.55人，比1990年“四普”时每个家庭户的3.81人减少0.26人。全县户籍总人口为684131人，与1990年“四普”时的637596人比较，增加46535人，增长7.29%，年平均递增0.71%，比1982年到1990年的年平均递增速度减慢0.5个百分点。

性别及性别比　全县总人口中：男性人口为356556人，女性人口为327575人，分别占总人口的52.12%和47.88%。其性别比（男：女）为108.84：100，比“四普”时的109.77降低0.93个百分点。

文化程度　全县小学文化程度以上的人口为574851人，占六周岁以上人口总数的94.96%，与“四普”时比较，提高了6.72个百分点，其中：大学本科及以上学历的人口为1239人，比“四普”时的442人，增加797人，增长1.8倍；文盲、半文盲人口为30535人，比“四普”时的65074人，减少34539人，下降53. 08%。

出生、死亡人口情况　1999年11月1日至2000年10月31日，全县共出生人口7304人，其中男4031人，女3273人，出生率为10.67%，比“四普”时的28.74%下降10.07个千分点。死亡人口为3852人，其中男2156人，女1696人，死亡率为5.63%。

人口年龄构成情况　全县0—14周岁人口为157304人，65周岁以上人口为46630人，分别占总人口的23.34%和7.22%。

居民住房状况　全县平均每户住房间数为2.53间，人均住房面积8平方米及以下的9210户，占总户数5.1%，9~29平方米的102026户，占总户数的56.43%，30平方米以上的69547户，占总户数的38.47%。

在业人口行业状况　根据“第五次全国人口普查办法”之规定，按10%的比例抽样调查显示：全县共抽样调查30653人在业人员，其中：从事农、林、牧、渔业的21324人，从事工业和建筑业的4154人，从事第三产业的5176人，分别占总在业人员数的69.57%，13.55%和16.88%。分别比“四普”时下降14.71个百分点，提高7.7和7.01个百分点。

湘阴县第六次全国人口普查主要数据统计

（2010年11月1日零时）

全县常住人口　全县常住人口为681075人，同第五次全国人口普查2000年11月1日零时的646180人相比，十年共增加34895人，增长5.37%。年平均增长率为0.53%。

全县户籍人口为758070人，同第五次全国人口普查的684131人相比，十年共增加73939人，增长9.75%。

家庭户人口　全县常住人口中共有家庭户182136户，家庭户人口为616702人，平均每个家庭户的人口为3.39人，比2000年第五次全国人口普查的3.55人减少0.16人。

性别构成　全县常住人口中，男性人口为347239人，占50.98%：女性人口为333836人，占49.02%。总人口性别比（以女性为100，男性对女性的比例）由2000年第五次全国人口普查的108.84下降为

104.02。

年龄构成 全县常住人口中，0—1 4 岁人口为 1 09625 人，占 16.10%；15—64 岁人口为 500098 人，占 73.43%；65 岁及以上人口为 71352 人，占 10.48%。同 2000 年第五次全国人口普查相比，0—14 岁人口的比重下降 6.89 个百分点，15—64 岁人口的比重上升 4.99 个百分点，65 岁及以上人口的比重上升 3.26 个百分点。

各种受教育程度人口 全县常住人口中，具有大学（指大专以上）程度的人口为 38000 人；具有高中（含中专）程度的人口为 125560 人；具有初中程度的人口为 291176 人；具有小学程度的人口为 172584 人（以上各种受教育程度的人包括各类学校的毕业生、肄业生和在校生）。

同 2000 年第五次全国人口普查相比，每 10 万人中具有大学程度的由 1202 人上升为 5538 人；具有高中程度的由 7229 人上升为 18436 人；具有初中程度的由 39295 人上升为 42765 人；具有小学程度的由 39592 人下降为 25347 人。

全县常住人口中，文盲人口（15 岁及以上不识字的人）为 11814 人，同 2000 年第五次全国人口普查相比，文盲人口减少 13633 人，文盲率由 4.2% 下降为 1.88%，下降 2.35 个百分点。

第三篇　中共地方组织

第一章　党员代表大会

第一节　中共湘阴县第六次代表大会

1988 年 8 月 6—9 日，中共湘阴县第六次代表大会在县城召开。出席大会的正式代表 354 名（其中特邀代表 15 名），列席代表 56 名。大会审议县委书记丁来文代表中共湘阴县第五届委员会所作的题为《团结一致，放胆加速，为建设富裕、民主、文明的湘阴开拓前进》的工作报告；审议中共湘阴县纪律检查委员会工作报告；选举中共湘阴县第六届委员会和县纪律检查委员会。

会议提出今后三年湘阴县经济和社会发展的战略思想和奋斗目标。基本思路是坚持党的基本路线，坚持改革开放，以经济建设为中心，以生产力为标准，突出抓好开发性农业，加快工业技术改造，开拓流通领域，大力发展外向型经济，不断提高经济效益，依靠科技兴县，全面振兴经济，迅速在湘北地区崛起。具体奋斗目标是：到 1990 年年底，工农业总产值突破 8 亿元，人均年纯收入 700 元，人口自然增长率控制在 8‰以内。

第六届县委第一次全体会议选举产生中共湘阴县第六届委员会常务委员丁来文、程海波、彭应全、冯自敬、刘克明、凌庆麇、汤环春（女）、洪自强、熊伯群，县委书记丁来文，副书记程海波、彭应全。第六届县纪委第一次全体会议选举产生县纪委书记刘克明。

第二节　中共湘阴县第七次代表大会

1992 年 11 月 1—12 日，中共湘阴县第七次代表大会在县城召开，参加会议的正式代表 368 名，列席代表 82 名。大会听取、审议、通过县委书记张介玉代表中共湘阴县第六届委员会向大会所作的题为《加快改革，扩大开放，团结进取，振兴湘阴》的工作报告；审议、通过第六届县纪委书记刘克明向大会所作的县纪委工作报告；选举中共湘阴县第七届委员会和县纪律检查委员会。

会议提出，湘阴县各级党组织必须认真贯彻党的十四大精神，坚持党的基本路线，围绕建立和完善社会主义市场经济体制，动员和凝聚全县人民，同心同德，真抓实干，加快改革开放和经济发展步伐，力争 1997 年实现小康县目标，进入全省综合实力“十强”县的先进行列。

第七届县委第一次全体会议选举产生中共湘阴县第七届委员会常务委员张介玉、周湘涛、熊伯群、刘克明、冯自敬、汤天保、佘岳鹏、罗月英（女）、苏伟元、周友庚、戴新果，县委书记张介玉，副书记周湘涛、熊伯群、刘克明、冯自敬。第七届县纪委第一次全体会议选举产生县纪委书记罗月英。

第三节　中共湘阴县第八次代表大会

1997 年 10 月 26—28 日，中共湘阴县第八次代表大会在县城召开。参加会议的正式代表 380 名，列席代表58名。大会听取、审议和通过县委书记陈奇达代表中共湘阴县第七届委员会向大会所作的题为《高举邓小平理论伟大旗帜，抓住机遇，乘势前进，满怀信心迈向二十一世纪》的工作报告；审议、通过罗月英向大会所作的中共湘阴县纪律检查委员会工作报告；选举产生中共湘阴县第八届委员会和中共湘阴县纪律检查委员会。

会议提出今后5年全县工作总的指导思想和具体奋斗目标，就是要高举邓小平理论伟大旗帜，毫不动摇地坚持党在社会主义初级阶段的基本路线和纲领，全面贯彻党的十五大精神，正确处理改革、发展、稳定的关系，组织和动员全县人民，努力实施使湘阴成为“农业强县、工业大县、财政富县”的发展战略，把一个经济发展、社会稳定进步、人民生活奔小康，充满生机和希望的湘阴县带入21世纪。具体目标是到2002年，全县国内生产总值34亿元，财政收入力争达到2亿元，农民人均年纯收入3600元以上，人口自然增长率控制在7.3‰以内，各项社会事业都得到相应发展。

第八届县委第一次全体会议选举产生第八届县委常务委员陈奇达、杨太平、汤天保、周友庚、钟小汨、范志文、周山连、谭建煌、许维、李立峰，县委书记陈奇达，副书记杨太平、汤天保、周友庚、钟小汨。第八届县纪委第一次全体会议选举产生县纪委书记周友庚。

第四节　中共湘阴县第九次代表大会

2002年11月11—13日，中共湘阴县第九次代表大会在县城召开，参加会议的正式代表380名，列席代表58名。大会听取、审议和通过县委书记毛七星代表中共湘阴县第八届委员会向大会所作的题为《实践“三个代表”重要思想，坚持与时俱进，为建设文明富裕的经济强县而努力奋斗》的报告；审议、通过县纪委书记陈国平代表中共湘阴县第八届纪律检查委员会向大会所作的工作报告；选举产生中共湘阴县第九届委员会和中共湘阴县纪律检查委员会。

会议提出县委第九届任期五年工作总的指导思想和主要奋斗目标。总的指导思想是高举马列主义、毛泽东思想、邓小平理论伟大旗帜，努力实践“三个代表”重要思想，全面贯彻党的十六大精神，坚持解放思想，与时俱进，励精图治，真抓实干，充分发挥“省会大郊区”的区位优势，以食品加工业带动农业产业化和城镇化，打造湘阴经济特色，千方百计增加财政收入，促进社会全面进步，为建设文明、富裕的经济强县而奋斗。主要奋斗目标是经济实力显著增强，国内生产总值年增长10%以上；人民生活水平明显提高，农民人均纯收入3500元，城镇居民可支配收入达到8000元；社会各项事业快速发展；建立多层次、宽覆盖，全方位的社会保障体系；人口出生率控制在12.5‰以内；社会大局持续稳定。

第九届县委第一次全体会议选举产生第九届县委常务委员毛七星、周友庚、欧江平、周山连、赵岳平、单斗才、李立峰、刘长泉、李军辉、易国光、陈云辉、邹国良、周义军（女），县委书记毛七星，副书记周友庚、欧江平、周山连、赵岳平、单斗才。县纪委第一次全体会议选举产生县纪委书记单斗才。

第五节　中共湘阴县第十次代表大会

2006年6月27—29日，中共湘阴县第十次代表大会在县城召开，参加会议的正式代表397名，列席代表68名。大会听取和审议岳阳市委常委、湘阴县委书记赖社光代表第九届湘阴县委向大会所作的工作报告；听取和审议县纪委副书记刘应明向大会所作的题为《认真履行职责，坚持惩防并举，为建设湖南经济强县提供政治保障》的工作报告；选举产生中共湘阴县第十届委员会和中共湘阴县纪律检查委员会；选举产生出席中国共产党岳阳市第五次代表大会代表。

大会的主题是坚持以科学发展观统领经济社会发展全局，全面落实民本岳阳执政和发展理念，在回顾总结第九次党代会以来全县经济社会发展和党的建设主要成就的基础上，确定未来五年的奋斗目标和战略重点，抢抓机遇，开拓创新，真抓实干，努力实现把湘阴建成为湖南经济强县目标。大会认为第九次党代会以来国民经济持续增长，综合实力明显增强；改革开放步伐加快，招商引资成效显著；基础设施不断完善，城乡面貌变化更新；社会事业繁荣发展，和谐湘阴协调共进；党的建设全面加强，执政能力稳步提高。提出今后五年湘阴县经济社会发展总的指导思想：以科学发展观统领全局，全面落实民本岳阳执政和发展理念，牢牢把握新一轮发展战略机遇，突出招商引资，突出推进新型工业化，突出社会主义新农村建设，切实提高人民群众物质文化生活水平，大力推进党的建设、政治文明建设、精神文明建设和和谐湘阴建设，团结和带领全县广大干群为建设湖南省经济强县而努力奋斗。

大会选举产生中共湘阴县第十届委员会常务委员赖社光、周友庚、周山连、尹家辉、刘长泉、邹国良、周义军、金利华、周伏军、刘中力、郑剑山、龚卫国、刘正仁，县委书记赖社光，副书记周友庚、周山连；第十届县纪律检查委员会书记刘长泉，副书记郭立、胡新华、熊志明。

第六节　中共湘阴县第十一次代表大会

2011年6月17—18日，中共湘阴县第十一次代表大会在县城召开。应到代表399人，实到395人。会议有6项议程：听取和审议中共湘阴县第十届委员会工作报告；听取和审议中共湘阴县纪律检查委员会工作报告；通过关于第十届县委、县纪委工作报告的决议；选举产生中共湘阴县第十一届委员会；选举产生中共湘阴县纪律检查委员会；选举出席市第六次党代会代表。

县委书记田自力代表县第十届委员会作工作报告。报告总结过去五年的发展历程和辉煌成绩，提出今后五年发展的指导思想、战略任务和发展目标。报告指出，县第十届党代会以来的五年是历史上经济发展最好，综合实力增幅最大，群众生活改善最快的五年。未来五年工作总的指导思想是坚持以科学发展观统领全局，牢牢把握“敞开南大门，对接长株潭，建设新湘阴”这根主线，抢抓滨湖示范区建设的重大机遇，以建设大提速、产业大升级、结构大调整、推动经济大发展、民生大改善、社会大和谐，努力把湘阴县打造成岳阳经济次中心、制造次中心、消费次中心，长沙北部卫星城，全省乃至全国统筹城乡发展样板示范区，争当岳阳县域经济发展排头兵，跻身湖南经济十强行列。

6月18日，会议选举出县第十一届委员会43名县委委员、4名候补委员，选举出席市第六次党代会36名代表。县第十一届一次会议选举县委常委、县委书记、副书记；县纪委常委、纪委书记、副书记。新当选县委常委11人，分别为田自力、黎作凤、尹家辉、闵秀明、魏淑萍、刘正仁、彭岳武、吴学兵、彭方建、贾建旺、周太平。田自力当选为县委书记，黎作凤、尹家辉当选为县委副书记，彭方建当选为县纪委书记。

第七节　中共湘阴县第十二次代表大会

2016年8月24—26日，湘阴县第十二次党代会在湘阴剧院召开。应到代表382人，实到376人。会议的主要任务是贯彻落实党的十八大精神和省、市委的决策部署，总结过去五年奋斗业绩，开创未来五年发展蓝图，选举产生新一届县委和县纪委领导班子，动员全县上下进一步统一思想，团结拼搏，在“进军省十强，争当排头兵”的辉煌征途上继续奋斗，谱写湘阴“一极三宜”江湖名城建设新篇章。会议提出今后五年工作的指导思想是：深入贯彻落实中央和省、市决策部署，以“四个全面”战略布局为指导，以“五大发展”理念为宗旨，以“对接长珠潭、借力环湖区、学赶永修县、进军省十强、争当排头兵”为主线，积极主动适应经济发展新常态，大力实施县域经济壮大战略，强力推进“五化同步”，加快建成全面小康，努力在岳阳打造“大门户、大引擎、大名片、大基地”和建设“一极三宜”江湖名城中干在实处、走在前列。奋斗目标是：实力更强劲，生产总值年均增长 10% 以上，公共财政预算收入年均增长 15% 以上，固定总部投资年均增长 20% 以上，主要经济指标均高于全省、全市平均水平，县域经济综合实力进入全省十强；产业更兴旺。到 2020 年三次产业结构比优化为 10 ∶ 52 ∶ 38，高新技术产业占 GDP 比重超过 28%；城乡更秀美。至 2020 年全县城镇化率达到 60%，森林覆盖率达到 28% 以上，县城绿化覆盖率达到 40% 以上，生态环境进一步优化；民生更殷实。城乡居民人均可支配收入年均增长 10%，社会保险体系更加健全，群众幸福指数不断提高，失业率控制在 4% 以内，人口自然增长率控制在 6% 以内；社会更和谐。依法治县更健全，社会更稳定，城乡更繁荣。

8 月 26 日下午，选举产生出中共湘阴县第十二届县委委员和候补委员、县纪委委员及出席岳阳市第七次党代会代表。县委十二届一次全会选举产生了新一届县委常委、书记、副书记。县委常委有汪灿、李镇江、彭方建、周太平、李爱佳、李青松、姜开顺、邓淼、林恒求、方卫兵、宋华（女）。县委书记汪灿，副书记李镇江、彭方健。第十二届县纪委第一次会议选举产生县纪委书记邓淼，副书记易赤红、刘建辉、欧戈。

第二章　中共湘阴县委员会

第一节　领导班子

1988 年 8 月 6—9 日，中共湘阴县第六次代表大会召开，选举产生县委第六届领导班子书记 1 名，副书记 2 名，常委 10 名。1990 年 11 月，中共岳阳市委调整县委领导成员，第六届领导班子改为书记 1 名，副书记 2 名，常委 9 名。

1992 年 11 月 1—12 日，中共湘阴县第七次代表大会召开，选举产生县委第七届领导班子书记 1 名，副书记 4 名，常委 11 名。1994 年 11 月，中共岳阳市委调整县委领导成员，第七届领导班子改为书记 1 名，副书记 4 名，常委 12 名。

1997 年 10 月 26—28 日，中共湘阴县第八次代表大会召开，选举产生县委第八届领导班子书记 1 名，副书记 4 名，常委 12 名。1999 年 9 月，中共岳阳市委调整县委领导成员，第八届领导班子改为书记 1 名，副书记 3 名，常委 16 名。

2002 年 11 月 11—13 日，中共湘阴县第九次代表大会召开，选举产生县委第九届领导班子书记 1 名，副书记 5 名，常委 13 名。2005 年 10 月，中共岳阳市委调整县委领导成员，第八届领导班子改为书记 1 名，副书记 5 名，常委 13 名。

2006 年 6 月 27—29 日，中共湘阴县第十次代表大会召开，选举产生县委第十届领导班子书记 1 名，副书记 2 名，常委 13 名。2008 年 3 月，中共岳阳市委调整县委领导成员，第八届领导班子改为书记 1 名，副书记 3 名，常委 13 名。

2011 年 6 月 17—18 日，中共湘阴县第十一次代表大会召开，选举产生十一届县委书记 1 名、副书记 2 名、常委 11 名。

2016 年 8 月 24 日—26 日，中共湘阴县第十二次代表大会召开，选举产生十二届县委书记一名、副书记 2 名、县委常委 11 名。

第六届至第十二届中共湘阴县委领导班子一览表

表 3-1

<table>
<tr><th>届次</th><th>职务</th><th>姓名</th><th>任职时间</th></tr>
<tr><td rowspan="7">第六届
（1988.8—1992.11）</td><td rowspan="2">书　记</td><td>丁来文</td><td>1988.8—1990.11</td></tr>
<tr><td>张介玉</td><td>1990.11—1992.11</td></tr>
<tr><td rowspan="4">副书记</td><td>程海波</td><td>1988.8—1990.11</td></tr>
<tr><td>彭应全</td><td>1988.8—1992.11</td></tr>
<tr><td>张介玉</td><td>1988.8—1990.11</td></tr>
<tr><td>熊伯群</td><td>1990.11—1992.11</td></tr>
<tr><td>常　委</td><td colspan="2">丁来文　程海波　彭应全　张介玉（1990.11 任）　冯自敬
刘克明　凌庆麋　汤环春（女）　洪自强
熊伯群　聂宗儒（1989.1 任）
汤天保（1990.1 任）</td></tr>
<tr><td rowspan="8">第七届
（1992.11—1997.10）</td><td rowspan="2">书　记</td><td>张介玉</td><td>1992.11—1994.11</td></tr>
<tr><td>陈奇达</td><td>1994.11—1997.10</td></tr>
<tr><td rowspan="5">副书记</td><td>周湘涛</td><td>1992.11—1997.10</td></tr>
<tr><td>熊伯群</td><td>1992.11—1997.10</td></tr>
<tr><td>刘克明</td><td>1992.11—1997.10</td></tr>
<tr><td>冯自敬</td><td>1992.11—1997.10</td></tr>
<tr><td>郭健康</td><td>1996.3—1997.10</td></tr>
<tr><td>常　委</td><td colspan="2">张介玉　陈奇达（1994.11 任）　周湘涛　熊伯群　刘克明　冯自敬
汤天保　佘岳鹏　罗月英（女）　苏伟元　周友庚
戴新果　范志文（1993.6 任）　郭健康（1994.11 任）
周友庚（1994.11 任）　钟小汨（1994.11 任）
周山连（1994.11 任）　谭建煌（1996.7 任）</td></tr>
<tr><td rowspan="9">第八届
（1997.10—2002.11）</td><td rowspan="2">书　记</td><td>陈奇达</td><td>1997.10—1999.9</td></tr>
<tr><td>李劲夫</td><td>1999.9—2002.11</td></tr>
<tr><td rowspan="7">副书记</td><td>杨太平</td><td>1997.10—1999.9</td></tr>
<tr><td>汤天保</td><td>1997.10—2002.11</td></tr>
<tr><td>周友庚</td><td>1997.10—2002.11</td></tr>
<tr><td>钟小汨</td><td>1997.10—1999.9</td></tr>
<tr><td>曲安江</td><td>1998.11—2002.11</td></tr>
<tr><td>毛七星</td><td>1999.11—2002.11</td></tr>
<tr><td>欧江平</td><td>2000.4—2002.11</td></tr>
</table>

续表 3-1

<table>
<tr><th>届次</th><th>职务</th><th>姓名</th><th>任职时间</th></tr>
<tr><td rowspan="5">第八届
（1997.10—2002.11）</td><td rowspan="4">副书记</td><td>周山连</td><td>2001.2—2002.11</td></tr>
<tr><td>柳忠光</td><td>2001.2—2002.11</td></tr>
<tr><td>陈国平</td><td>2001.12—2002.11</td></tr>
<tr><td>赵岳平</td><td>2002.10—2002.11</td></tr>
<tr><td>常　委</td><td colspan="2">陈奇达　杨太平　汤天保　周友庚
钟小泪　曲安江（1998.11 任）　范志文　周山连
谭建煌　许　维　李立峰　单斗才（1997.11 任）
刘长泉（1999.4 任）　李劲夫（1999.9 任）
毛七星（1999.11 任）　欧江平（2000.4 任）
柳忠光（2001.2 任）　陈国平（2001.12 任）
赵岳平（2002.10 任）　邹国良（2001.1 任）
易国光（2001.2 任）　陈云辉（2001.2 任）
钟爱国（2002.2 任）</td></tr>
<tr><td rowspan="10">第九届
（2002.11—2006.6）</td><td>书　记</td><td>毛七星</td><td>2002.11—2006.6</td></tr>
<tr><td rowspan="9">副书记</td><td>周友庚</td><td>2002.11—2006.6</td></tr>
<tr><td>欧江平</td><td>2002.11—2004.12</td></tr>
<tr><td>周山连</td><td>2002.11—2006.6</td></tr>
<tr><td>赵岳平</td><td>2002.11—2006.6</td></tr>
<tr><td>单斗才</td><td>2002.11—2004.12</td></tr>
<tr><td>李立峰</td><td>2005.10—2006.6</td></tr>
<tr><td>陈云辉</td><td>2005.10—2006.6</td></tr>
<tr><td>易国光</td><td>2005.10—2006.6</td></tr>
<tr><td>第九届
（2002.11—2006.6）</td><td>常　委</td><td colspan="2">毛七星　周友庚　欧江平　周山连
赵岳平　单斗才　李立峰　刘长泉
李军辉　易国光　陈云辉　邹国良
周义军（女）　彭怡明（2003.8—2004.5）
刘利华（2004.6—2005.5）　尹家辉（2005.6 任）
金利华（2004.2 任）　周伏军（2005.2 任）
刘中力（2005.6 任）</td></tr>
<tr><td rowspan="7">第十届
（2006.6—2011.6）</td><td rowspan="2">书　记</td><td>赖社光
（中共岳阳市委常委兼）</td><td>2006.6—2007.2</td></tr>
<tr><td>田自力</td><td>2007.3—2011.6</td></tr>
<tr><td rowspan="5">副书记</td><td>周友庚</td><td>2006.6—2007.12</td></tr>
<tr><td>周山连</td><td>2006.6—2007.12</td></tr>
<tr><td>黎作凤</td><td>2007.11—2014.4</td></tr>
<tr><td>尹家辉</td><td>2008.3—2011.6</td></tr>
<tr><td>谢瑞其</td><td>2008.3—2009.5</td></tr>
</table>

续表 3-1

届次	职务	姓名	任职时间
第十届（2006.6—2011.6）	常 委	赖社光 周友庚 周山连 尹家辉 刘长泉 邹国良 周义军（女） 金利华 周伏军 刘中力（2007.3 免） 郑剑山 龚卫国 刘正仁 田自力（2007.3 任） 黎作凤（2007.11 任） 谢瑞其（2008.3—2009.5 任） 闵秀明（2008.3 任） 喻月章（2007.1—2009.1 任） 彭岳武（2008.3 任） 俞茂昊（2008.7 任，挂职） 吴学兵（2009.4 任） 唐晓荣（2009.5 任） 马 娜（女，2009.5 任，挂职） 彭方建（2010.10 任）	
第十一届（2011.6—2016.8）	书 记	田自力	2011.6—2014.5
		黎作凤	2014.5—2016.8
	副书记	黎作凤	2011.6—2014.5
		尹培国	2014.5 任
		尹家辉	2011.6—2013.5
		闵秀明	2013.6 任
	常 委	田自力	2007.3 任
		黎作凤	2007.11 任
		尹培国	2014.5 任
		尹家辉	2005.6 任
		闵秀明	2008.3 任
		魏淑萍	2011.6 任
		刘正仁	2006.6 任
		彭岳武	2008.3 任
		吴学兵	2009.4 任
	常 委	彭方建	2010.10 任
		贾建旺	2011.6—2014.3
		姜开顺	2014.3 任
		周太平	2011.6 任
		刘建民	2014.3 任
		李爱佳	2012.11 任
		周 鹏	2015.10 任
十二届（2016.8— ）	书 记	汪 灿	2016.8—
	副书记	李镇江	2016.8—
		彭方建	2016.8—

续表 3-1

届次	职务	姓名	任职时间
十二届（2016.8— ）	常　委	汪　灿	2016.8 任
		李镇江	2016.8 任
		彭方建	2010.10 任
		周太平	2011.6 任
		李爱佳	2012.11 任
		李青松	2016.8 任
		姜开顺	2014.3 任
		邓　淼	2016.8 任
		林恒求	2016.8 任
		方卫兵	2016.8 任
		宋　华	2016.8 任

第二节　县委常委会议

一、第四届常务委员会会议

1978 年 1 月 2 日，县委书记刘菊秋主持县委常委会，听取马永康传达省征兵工作会议精神，学习《中共湖南省委省军区委关于 1978 年春季征兵指示》，议定县征兵工作有关事项。

1978 年 2 月 25 日，县委书记刘菊秋主持县委常委会。传达地委召开的全市县（市、区）委书记会议精神，传达湖南省委调研组《从当前洞庭湖区存在的问题看江青反革命集团的干扰破坏所造成的严重后果》的调查报告，议定要把“一批两打”运动引向深入，把批判江青反革命集团放在首位，联系实际开展大批判，分清路线是非，落实党在农村的经济政策，夺取农业大丰收。

1978 年 3 月 26—27 日，县委书记刘菊秋主持县委常委会议。传达省委召开的三级干部会会议精神，学习毛致用、万达在会上的讲话，围绕湘阴如何适应新形势发展总结成绩，揭矛盾找差距。

1978 年 4 月 25 日，县委书记刘菊秋主持县委常委会议，研究审定东湖渔场出席全国水产现场会先进材料。

1978 年 5 月 25 日，县委书记刘菊秋主持县委常委会议，传达岳阳地委农村工作会议精神，并议决成立县农学会，并设腐肥办、地震办，大办沼气等事项。

1978 年 8 月 9 日，县委书记刘菊秋主持县委常委会议，研究围垦横岭湖问题。到会常委全部同意年内动工围垦；刘绍明汇报围垦横岭湖工程计划；会议议定向省申报。

1979 年 7 月 6 日，县委书记刘菊秋主持县委常委会议。谭载阳传达省委农村工作会议精神。议定 1978—1980 年全县粮食总产分别为 29820 万千克、31310 万千克、32875 万千克，每年递增 5%。1981 年多种生产、社队企业收入占总收入 40%。议定在县农林局、商业局分别组织力量抓多种生产。农林局抓渔业、生猪、鸭子、茶叶、林业、楠竹等项目。商业局抓棉花、麻类、橘子。

1979 年 7 月 18 日，县委书记刘菊秋主持县委常委会，讨论通过《关于横岭湖围垦工程中存在的问题向省委、地委的报告》。

1979 年 8 月 16 日，县委书记刘菊秋主持县委常委会议，讨论横岭湖围垦工程修复方案。

1979 年 10 月 30 日，县委书记刘菊秋主持县委常委会议，讨论议定把湘阴县农业生产搞上去的一些问题。

1980 年 1 月 2 日，县委书记刘菊秋主持县委常委会，讨论议定 1980 年全县农业生产规划。

1980 年 1 月 10—12 日，县委书记刘菊秋主持县委常委会。刘菊秋传达岳阳地区县（市、区）委书记会议精神。楚浩连传达全省水产工作会议精神。刘德成汇报赴京参加全国劳动模范授奖大会会议精神。陈则仪传达岳阳地区计划生育工作会议精神。会议就召开全县区社书记会议、全县计划生育工作会议，建立渔业生产基地和标准化鱼池，按县制定的农业 12 项经济指标奖励区、社、镇、场国家干部，农村划分联产计酬作业组和建立健全生产责任制等问题进行了议决。

1980 年 2 月 25 日，县委书记刘菊秋主持县委常委会议。陈喜民传达岳阳地区计划工作会议精神。学习国务院副总理余秋里和中共中央副主席李先念在全国计划工作会议上的讲话，研究议定全县各项计划安排，并定于 2 月 28 日召开全县计划工作会议。

1980 年 3 月 4 日，县委书记刘菊秋主持县委常委会，听取刘金兰赴江浙地区参观学习社队企业发展的情况，议定在岭北区、西林公社、三塘公社新建 3 个纸厂。

1980 年 10 月 18 日，县委书记刘菊秋主持县委常委会，听取甘俊贤传达地区落实政策会议精神，研究湘阴县认真做好落实政策工作的有关问题。

1980 年 10 月 25 日，县委书记刘菊秋主持县委常委会，研究举办全县大队干部学习班，主题是认清形势，总结经验，坚持社会主义道路，加强党的领导，建立健全生产责任制。明确稳定“三级所有，队为基础”的体制，不搞单干，不包产到户，不搞明队暗组。

1980 年 11 月 6—8 日，县委书记刘菊秋主持县委常委（扩大）会，学习《准则》，开展小整风，进行批评和自我批评。

1981 年 1 月 1 日，县委书记刘菊秋主持县委常委会。马永康传达省五届人大三次会议精神，学习胡耀邦视察湖南郴州、零陵地区接见地委负责人的讲话。

1981 年 1 月 9—10 日，县委书记刘菊秋主持县委常委会，传达地委常委（扩大）会议精神，学习陈云在中央经济工作会议上的讲话《经济形势和经验教训》，讨论 1981 年经济工作。

1981 年 2 月 25 日，县委书记刘菊秋主持县委常委会议，传达岳阳市委召开的县（市、区）委书记会议精神，学习杜润生调查湖北、河南、山东责任制形式的讲话，研究农业生产责任制问题。

1981 年 3 月 7 日，县委书记刘菊秋主持县委常委会议，聂宗儒传达全省教育工作会议精神，提出湘阴县教育结构布局调整方案；议定全县高中由 3 所发展到 10 所，公社大办初中，96 所小学戴帽办初中班。

1981 年 3 月 21 日，县委副书记马永康主持县委常委会议，陈喜民传达省纪检工作会议精神。

1981 年 4 月 2 日，县委副书记谭载阳主持县委常委会议，传达岳阳地委召开的县（市、区）委书记会议精神，着重研究农村扩大社员自留地的问题。会议议定全县以生产队为核算单位，社员自留地面积扩大到占总面积的 15%。

1981 年 5 月 20 日，县委副书记谭载阳主持县委常委会议，传达地区关于完善农业生产责任制会议精神，讨论进一步完善农业责任制问题。

1981 年 9 月 1 日，县委书记刘菊秋主持县委常委会议，传达岳阳地委落实政策工作会议精神。

1981年10月24日，县委书记刘菊秋主持县委常委会议，传达省委、地委召开的县委书记会议精神，重点解决领导班子“懒、散、软”的问题。

1981年11月12日，县委书记刘菊秋主持县委常委会议，研究湖洲开发问题。议定湖洲发展芦苇2000公顷；1981年在杨林寨外洲种植意大利杨66.67公顷；1982年发展意大利杨3333.33公顷。

1981年12月7日，县委书记刘菊秋主持县委常委会议，传达地委召开的县（市、区）委书记会议精神，学习刘国权关于完善农业生产责任制的讲话和刘阳春关于发展多种生产的讲话，议定加强多种经营领导班子；疏通流通渠道，抓好生产、供销环节；出台政策性措施，主攻水产、茶叶、芦苇三大项目，同时重视社队企业的发展。

1982年5月11日，县委书记谭载阳主持县委常委会议审定出席省劳动模范表彰大会的先进单位和先进个人名单。

1982年10月12日，县委书记谭载阳主持县委常委会议研究农村工作。

1982年11月4日，县委书记谭载阳主持县委常委会议，研究制止乱砍滥伐森林问题。

1983年11月25日，县委书记谭载阳主持县委常委会议研究教育工作。议定：①压缩七中（城南区）、九中（岭北区）、十中（新泉区）和杨林寨公社高中班；②各公社、城关镇、鹤龙湖渔场各办一所初中，小学戴帽初中班全部摘掉；③小学逐社规划，因地制宜，保证“三率”（就近率、入学率、巩固率）。

1984年2月8—9日，县委书记刘新煌主持县委常委会议，传达中共中央总书记胡耀邦视察湖南、贵州、广西的讲话精神，贯彻中共中央《关于一九八四年农村工作的通知》精神，联系湘阴实际，研究调整农业产业结构，促进农业生产发展的问题，讨论1984年全县经济计划安排意见。

1984年4月21日，县委副书记余泽俊主持县委常委会议，传达地委农村工作会议精神和汇报参观广州、顺德、南海等6市县发展工业、搞活流通的情况和经验。

1984年6月29日，县委书记刘新煌主持县委常委会研究畜牧水产局体制改革问题。

1985年2月6日，县委书记丁来文主持召开县委常委会议，贯彻省纪检工作会议精神，研究坚决刹住党政机关经商、乱涨价、乱发奖金三股歪风。

二、第五届常务委员会会议

1986年2月1日，县委书记丁来文主持县委常委会议研究财政工作。

1986年6月1日，县委书记丁来文主持召开县委常委会议，分析全县政治、经济和治安形势，找出问题，分析原因，研究对策，制定措施，然后分工负责抓落实、巩固发展形势。

1986年8月4日，县委书记丁来文主持县委常委会议，研究农村整党中有关经济政策的规定。

1986年10月22日，县委副书记陈志刚主持召开县委常委现场办公会议，勘查南湖垸油麻潭工程出险情况并议定整治方案。

1987年1月7日，县委书记丁来文主持县委常委会议，贯彻岳阳市委工作会议精神，着重研究全县经济工作。

1987年5月5日，县委书记丁来文主持县委常委会议，研究全县精神文明建设工作。

1987年8月13日，县委书记丁来文主持县委常委流动现场会，考察杨林寨珍珠养殖场、浩河安全台、鹤龙湖鱼蟹鳖特种水产、长仑双桥小水果场、城南茶厂、县农贸市场，研究议决有关全县农业发展和对口服务等有关问题。

1988年3月25日，县委书记丁来文主持召开县委常委会。贯彻落实岳阳市委、市政府召开的政治工作、宣传工作、精神文明建设、信访工作、涉外保密工作、从严治党等7个会议精神，进行研究讨论并分别予以议决。

三、第六届常务委员会会议

1989年1月17日，县委书记丁来文主持召开县委常委（扩大）会，传达岳阳市农村工作会议精神，研究1989年湘阴县农村工作。会议议定：引入竞争机制，在全县开展“夺三杯”（丰收杯、创业杯、支农优质服务杯）社会主义劳动竞赛。

1989年1月18日，县委书记丁来文主持召开县委常委议教工作会。会议议定，1989年重点抓教育结构调整，大力发展职业教育。

1989年12月30日，县委书记丁来文主持县委常委会议，学习传达中共中央密传电报《关于东欧局势的通知》和中共湖南省委、省政府《关于稳定湖南局势的通知》，就维护稳定全县局势进行研究和议定。

1990年5月30日，县委书记丁来文主持县委常委会，研究共青团工作。议定建立各级党委议团制度；健全团的组织机构；基层乡镇团委书记参加党委、县直机关组建团委、少工委；困难企业精减人员不精简团干；县委党校、乡镇党校有计划培训好团干等。

1990年12月7日，县委书记张介玉主持县委常委会议研究妇女工作。

1991年4月5日，县委书记张介玉主持县委常委会，传达省政府召开的市（州）长会议、市政府召开的工业生产会议精神，决定开展“品种、质量、效益年”活动，实现湘阴工业全面复苏。

1991年8月21日，县委书记张介玉主持县委常委会，研究稳步发展乡镇企业工作，议定9项措施，抓调度、促进度；抓短腿、促平衡；抓典型、创形象；抓管理、上效益。

1991年12月19日，县委书记张介玉主持县委常委会议研究农业问题。副县长夏让初汇报农业生产情况：全县粮食总产4.61亿千克，亩产1007千克。会议议定按上级要求如实申报亩产过吨粮县。

1992年1月6日，县委书记张介玉主持县委常委（扩大）会议，研究发展湘阴工业问题。

1992年7月1日，县委书记张介玉主持县委常委会议，专题研究湘阴深化改革、扩大开放，加速发展的问题。

1992年7月19日，县委书记张介玉主持县委常委扩大会议，针对群众写信向县委书记反映县城脏乱差的问题，对城镇管理现状进行了反思，找出工作差距，从理顺体制、强化管理、加快基础设施建设等方面议定改进措施，还人民一个文明卫生县城。

四、第七届常务委员会会议

1993年1月6日，县委书记张介玉主持县委常委会议，学习江泽民总书记在六省农业座谈会上的讲话，研究减轻农民负担和安排好贫困、受灾地区农民生活的问题。

1993年1月9日、2月1日、2月19日和3月2日，县委书记张介玉主持县委常委会议，研究讨论县级机构改革方案及机构改革完善工作。

1994年1月5日，县委书记张介玉主持县委常委会议，传达贯彻中共湖南省委六届六次全会精神，着重就湘阴县深化改革、经济发展、社会稳定和班子建设等问题进行讨论议决。

1994年1月22日，县委书记张介玉主持县委常委会，审定1993年度双文明单位（26个）、致富杯（5个）、治安杯（5个）、创业杯（5个）、效益杯（5个）、乡企杯（5个）、计生杯（5个）获奖单位及十大新闻人物、十佳科技人员、十名优秀厂长（经理）、十佳农村支部书记、十名优秀青年、十名勤劳致富标兵的获得者。

1994年4月4日、4月26日、5月5日、6月5日，县委书记张介玉主持县委常委会议研究财政税收工作。

1994年9月28日，县委书记张介玉主持县委常委会议，研究国营工业深化改革、促进发展的问题。

议定学宜昌、宜宾，坚持触动产权，实现“两个突破”，建立现代企业制度。

1995年2月8日，县委书记陈奇达主持召开县委常委（扩大）会议，着重研究加强对湘阴农业大县变强县、工业小县变大县、财政穷县变富县工作的领导问题，议决县级领导的分工。

1995年3月28日，县委书记陈奇达主持召开县委常委（扩大）会议，认真学习中央、省、市反腐败工作会议精神和江泽民总书记在中纪委五次全会上的讲话要点，听取了县纪委负责人关于1995年全县反腐败斗争的总体设想、工作部署和有关建议的汇报，进行认真讨论，议决湘阴县1995年反腐败斗争的具体实施意见。

1995年4月28日，县委书记陈奇达主持召开县委常委（扩大）会议，专题研究教育工作。对加快发展湘阴县教育事业的有关问题进行讨论，分别就明确责任，确定目标；广开财路，增加投入；加强管理，提高素质三个方面作出相应决议。

1995年8月17日下午和19日晚上，县委书记陈奇达先后两次召开县委常委（扩大）会议，专题研究对洞庭区白马仓库职工曾某在8月8日收粮过程中压秤克扣村民定购粮，严重损害农民利益行为的处理决定。

1996年2月8日，县委书记陈奇达主持召开县委常委会议，就加强党管武装，建立民兵舟桥连和新建民兵训练基地等问题进行研究。

1996年5月4日，县委书记陈奇达主持召开县委常委（扩大）会议，就乡镇人大换届、县直单位班子调整和撤区并镇后水工委负责干部的安排等问题进行研究议决。

1996年9月10日，县委书记陈奇达主持召开县委常委会议，研究秋冬修、秋冬种和减轻农民负担等问题并进行部署。

1996年10月17日，县委书记陈奇达主持召开县委常委会议，学习江泽民总书记“七一”讲话和省委关于“三甲问题”的传真电报，讨论城关防洪和南门港裁弯取直等问题。

1996年10月31日，县委书记陈奇达主持召开县委常委（扩大）会议，听取县交通局局长周均田关于桃源县交通建设情况的汇报，进一步讨论湘江大桥建设桥位、桥型、桥宽、资金来源、债券等问题。

1996年11月16日，县委书记陈奇达主持召开县委常委（扩大）会议，学习中共十四届六中全会决议和《中国共产党地方委员会工作条例》。

1996年11月25日，县委书记陈奇达主持召开县委常委（扩大）会议，研究关于成立大桥工程指挥部、成立大桥建设有限公司和湘江大桥建设申请立项报告等问题。

1996年12月25日，县委书记陈奇达主持召开县委常委（扩大）会议，推选出席全国十五大党代表候选人（名额2人）；听取县纪委几个案例查处情况的汇报。

1997年1月25日，县委书记陈奇达主持召开县委常委（扩大）会议，学习省、市主要领导关于经济工作等重要讲话，简要回顾1996年全县各项工作，着重围绕1997年发展农业、工业、财政、乡镇企业、城市交通、内外贸、招商引资和科技、教育等进行专题研究，制定1997年经济工作的主要目标和具体措施。

1997年8月1—6日，县委书记陈奇达先后三次主持召开县委常委（扩大）会议，传达贯彻省委、省政府关于减轻农民负担电视电话会议精神，结合湘阴县实际，专题讨论如何进一步切实做好减轻农民负担工作，维护农村社会稳定问题。

五、第八届常务委员会会议

1998年1月13—14日，县委书记陈奇达主持召开县委常委（扩大）会议，认真传达学习省委经济工作会议精神，简要回顾1997年全县各项工作，着重围绕1998年发展农业、工业、财政、城市交通、科技教育等进行了研究，制定1998年经济工作的主要目标和具体措施。

1998 年 2 月 22 日，县委书记陈奇达主持召开县委常委会议，听取县人武部工作汇报，研究 1998 年民兵预备役工作。

1999 年 1 月 15—16 日和 2 月 12 日，县委书记陈奇达主持召开县委常委（扩大）会议，传达学习中央、省、市经济工作会议精神，着重围绕 1999 年农业、工业、财政、计划生育四个重点内容进行专题研究，制定 1999 年经济工作主要目标和具体措施。

1999 年 2 月 11 日下午，县委书记陈奇达主持召开县委常委会议，听取县武装部副部长周百川关于全市党管武装工作会议的精神传达、1998 年全县民兵预备役工作情况汇报和 1999 年民兵预备役工作的思路，重点就如何加强党管武装工作，推动全县民兵预备役工作跃上新台阶以及 1999 年武装工作需要解决的几个具体问题进行研究。

1999 年 9 月 28 日，县委书记李劲夫主持召开县委常委（扩大）会议，认真传达贯彻全市财政工作会议精神，简要回顾 1999 年 1 月至 8 月全县财政任务完成情况，着重围绕如何力争完成全年财政任务和加强财源建设问题进行讨论、研究。

2000 年 3 月 18 日，县委书记李劲夫在县委党校主持召开县委常委会议，认真听取县委党校工作情况汇报，着重围绕如何重视和加强党校工作进行专题研究。

2000 年 4 月 3 日，县委书记李劲夫主持召开县委常委（扩大）会议，传达贯彻全省乡镇企业和小城镇建设会议精神，着重围绕湘阴财政建设、乡镇企业持续发展、小城镇建设和城区集中整治工作进行研究、讨论。

2000 年 4 月 23 日，县委书记李劲夫主持召开县委常委会议，学习市委书记于来山关于加强常委自身建设问题的讲话和中央“三讲（讲学习、讲政治、讲正气）办”关于县、市领导深入基层、深入群众的通知精神，着重围绕加强湘阴县机关干部作风整顿及当前几项具体工作进行研究、讨论，作出决议。

2000 年 5 月 7 日，县委书记李劲夫主持召开县委常委会议，学习中共岳阳市委常委会议《关于常委会决策方式等问题的纪要》，着重围绕召开县委八届四次全体（扩大）会议和进一步做好农村合作基金会清理整顿等问题进行研究、讨论。

2000 年 5 月 16 日，县委书记李劲夫主持召开县委常委（扩大）会议，传达省委书记杨正午来湘阴县、岳阳县考察工作时的重要讲话精神，通报全县乡镇干部和县直机关干部作风整顿情况，着重围绕转变干部作风、调整农业结构问题进行讨论、研究。

2000 年 6 月 2 日，县委书记李劲夫主持召开县委常委（扩大）会议，传达学习中共湖南省委《关于认真学习贯彻“三个代表”重要思想（编者注：“三个代表”即中国共产党始终代表中国先进生产力的发展要求，始终代表中国文化的前进方向，始终代表中国最广大人民的根本利益）重要思想的通知》和全市乡镇党委书记现场讲评会精神，听取农业产业化、移民建镇、工业、招商引资、财税、计划生育等工作情况汇报，着重围绕转变干部作风、经济工作、计划生育、社会稳定等问题进行讨论、研究，作出决议。

2000 年 6 月 6 日，县委书记李劲夫主持召开县委常委会议，听取县纪委、县委组织部、县委宣传部、县检察院、县法院、县公安局和县妇联关于开展“三讲”教育的情况汇报，并就确保“三讲”教育收到实效进行充分讨论。

2001 年 2 月 21 日，县委书记李劲夫主持召开县委常委（扩大）会议，上午传达贯彻全市关于处理邪教“法轮功”问题紧急会议精神；听取关于财政、党管武装、新城区规划、党群战线有关工作情况汇报，并进行研究、讨论，分别予以议决。下午议军，紧紧围绕对台军事斗争准备问题，研究如何进一步加强党管武装、落实民兵训练费统筹、确保民兵训练任务完成等一系列问题。县人武部政委李军辉就当前对台军事斗争的形势和任务作专题发言；县委书记李劲夫、县长毛七星、县委副书记周友庚等有关领导就加强湘阴县党管武装，落实好民兵预备役工作分别作重要讲话。

2001 年 3 月 7 日，县委书记李劲夫主持召开县委常委（扩大）会议，听取关于全县 20 件实事工作进展情况及加强对办实事督促检查、社会稳定和政法队伍建设、农业产业结构调整、农村“三个代表”重要思想学教活动、三项改革等情况的汇报，并进行认真讨论、研究，提出具体要求。

2001 年 3 月 13 日，县委书记李劲夫主持召开县委常委（扩大）会议，传达贯彻市委工作会议和全市农村税费改革工作会议精神，着重围绕农村税费改革、防汛准备工作和社会稳定等问题进行讨论、研究，分别提出要求。

2001 年 4 月 5 日，县委书记李劲夫主持召开县委常委（扩大）会议，听取关于 2001 年一季度全县工业、农业和农村、财税和商贸、招商引资等工作情况汇报，并进行充分讨论和认真研究。

2001 年 4 月 15 日，县委书记李劲夫主持召开县委常委（扩大）会议。会议听取市委组织工作会议、市委宣传工作会议的传达和办公室工作、社会稳定工作、信访工作等情况汇报，并进行研究，分别提出要求。

2001 年 6 月 10 日，县委书记李劲夫主持召开县委常委（扩大）会议。会议听取关于高建成中学筹建工作的情况汇报，进一步明确高建成中学建设指挥部领导成员职责；进一步明确高建成中学建设资金来源。

2002 年 4 月 4 日，县委书记李劲夫主持召开县委常委（扩大）会议。听取公安、检察、法院工作情况汇报，着重围绕优化执法环境，确保社会稳定，促进经济发展进行充分的研究、讨论。会议要求，要坚持“从快、从严、从高、从实”的要求，加强公、检、法三家的协调配合，继续坚持“严打”，加强社会治安综合治理，实现全县社会治安形势的根本好转。

2002 年 4 月 15 日，县委书记李劲夫主持召开县委常委议军会议。会议着重围绕贯彻落实岳阳市委议军会议精神，针对国际国内形势，研究湘阴县如何进一步加强国防后备力量建设一系列问题。

2002 年 10 月 30 日，县委书记毛七星主持召开县委常委（扩大）会议，就换届选举、社会稳定、财税入库、水利建设等重点工作作重要讲话。

六、第九届常务委员会会议

2003 年 3 月 6 日，县委书记毛七星主持召开县委常委会议，听取政法、武装、宣传、统战、党校工作情况汇报，围绕进一步抓好这几项工作进行研究、讨论。

2003 年 3 月 26 日，县委书记毛七星主持召开县委常委（扩大）会议，听取关于县城管理、新城区建设、加强干部队伍建设等有关情况汇报，并进行研究、讨论。

2003 年 4 月 26 日，县委书记毛七星主持召开县委常委（扩大）会议，就拓展任弼时纪念塔广场和隆重纪念任弼时同志诞生 100 周年活动听取汇报，进行充分讨论。同意县文化体育局、县文物旅游局提出的方案。会议决定筹建《人民的骆驼——任弼时同志生平事迹图片展览》，由县委宣传部牵头，在全县组织开展向任弼时学习活动。

2003 年 9 月 24 日，县委书记毛七星主持召开县委常委（扩大）会议，传达全市党政负责干部大会精神，着重围绕加速发展、确保稳定问题进行研究讨论。

2003 年 9 月 29 日，县委书记毛七星主持召开县委常委（扩大）会议，听取关于湘霞沿江防洪大道建设、湘杨路配套工程、太傅路续建工程、湘阴大道延线建设、东茅路沿线开发与建设等情况汇报，并进行讨论研究。

2003 年 11 月 14 日，县委书记毛七星主持召开县委常委（扩大）会议，传达全市安全生产工作讲评会议精神，通报关于财政税收、招商引资预奖同罚、“9·28”（2003年9月28日湘阴湘江大桥通车）庆典活动后基础设施建设、47个信访交办件的办理等工作情况并进行讲评，着重围绕如何把握当前、干好当前进行充分讨论和认真研究。

2004年3月1日，县委书记毛七星主持召开县委常委（扩大）会议，听取“六大工程”（强农工程、绿色洁净生态工程、教育强基工程、高效养殖工程等）实施意见，并对全县建立民情热线电话网络和在县直机关开展以保持党员先进性教育为主题的民主评议党员教育活动等问题进行专题研究并作出决议。

2004年3月18日，县委书记毛七星主持召开了县委常委（扩大）会议，会议通报岳阳市委对湘阴县四大家领导班子及党政班子成员的考核情况，县委、县政府贯彻落实中央1号文件的意见，关于解决城区就学问题的意见和“两岸四地”龙舟赛组织准备简要情况。会议要求全县干群统一思想，做好全年各项工作。

2004年4月12日，县委书记毛七星主持召开县委常委会议，研究行政办公大楼建设有关问题。

2004年7月13日，县委书记毛七星主持召开县委常委会议，研究部署遏制地下“六合彩”赌博活动工作措施。

2005年5月28日，县委书记毛七星主持召开县委常委（扩大）会议，研究人大、政协、人武工作及城市出租车经营权出让等问题。

2005年6月24日，县委书记毛七星主持召开县委常委议军会议，围绕贯彻落实岳阳市委议军会议精神，就进一步加强湘阴县党管武装、民兵预备役建设、国防后备力量建设等问题进行研究。

2005年7月25日，县委书记毛七星主持召开县委常委会议，就洋沙湖防洪整治工程等3项城市重点工程建设，抓紧做好迎接省、市流动现场会准备工作，贯彻落实省、市农垦企业体制改革及户籍管理工作、“7·20”交通事故善后处理等问题进行研究。

2006年1月17日，县委书记毛七星主持召开县委常委扩大会议，统一认识，明确责任，切实做好春节前后各项工作，确保全县人民过一个安全、祥和、愉快的春节。

2006年2月27日，县委书记毛七星主持召开县委常委（扩大）会议，就普法维稳工作、城镇重点工程建设、开展三大主题活动、招商引资、社会主义新农村建设、全县重点工程、政策性资金使用审核、加强品牌建设、县委中心组理论学习安排以及重点工作进行研究议决。

2006年3月21日，县委书记毛七星主持召开县委常委（扩大）会议，议定三项工作：（一）关于樟树至苏廖垸段防洪畅通工程建设工作；（二）关于党管武装工作；（三）关于乡镇党委换届工作。

2006年4月21日，县委书记毛七星主持召开县委常委（扩大）会议，就关于湘阴宾馆及县公安局办公大楼建设规划、收回县烟草办公大楼以抵欠交文星镇政府使用问题；打黑除恶专项斗争工作；党员先进性教育活动等进行研究和议决。

2006年5月16日，县委书记毛七星主持召开县委常委会议，就做好减轻农民负担工作、人口和计划生育工作等问题进行研究作出决议。

七、第十届常务委员会会议

2006年8月4日，市委常委、县委书记赖社光主持召开县委常委（扩大）会议，专题研究减轻农民负担工作。

2006年10月20日，市委常委、县委书记赖社光主持召开县委常委会议，就乡镇财政管理体制方案、四大家行政办公大楼建设债务偿还、县机关事务管理中心工作和有关国有资产处置等问题进行研究并作出决定。

2006年11月28日，市委常委、县委书记赖社光主持召开县委常委会议，就湖南大方农化项目环境污染及保护、工业园区定位等问题进行专题研究并作出决议。

2006年12月13日，市委常委、县委书记赖社光主持召开县委常委会议，就机关事业单位工作人员工资改革有关问题进行研究并作出决议。

2007年3月20日，县委书记田自力主持召开县委常委（扩大）会议，研究减轻农民负担和计划生育工作有关问题。

2007年6月15日，县委书记田自力主持召开县委常委会议，研究全县人民武装工作和相关县直单位机构改革等问题。

2007年7月4日，县委书记田自力主持召开县委常委会议。会议传达省市社会治安综合治理会议精神，重点研究部署湘阴社会治安综合治理工作。

2007年7月20日，县委书记田自力主持召开县委常委会议，会议学习《中共中央关于巩固和壮大新世纪新阶段统一战线的意见》，传达省、市统战工作会议精神，听取了县委统战部和县工商联工作情况汇报，并就关于统一战线系统归口和县台办机构设置问题，关于加大党外干部培养使用问题、关于强化宗教事务管理问题、关于加强对非公有制经济的组织和领导问题进行了认真讨论和议决，还对县委统战部和县工商联对外联络招商经费以及南泉寺建设问题进行研究。

2008年1月4日，县委书记田自力主持召开县委常委（扩大）会议，学习人口与计划生育理论，学习贯彻《湖南省人口与计划生育条例》。

2008年3月10日，县委书记田自力主持召开县委常委（扩大）会议，学习胡锦涛在中纪委十七届二次全会上的重要讲话和贺国强在中纪委十七届二次全会上的工作报告，深入讨论，并就如何切实践行进行研究。

2008年5月30日，县委书记田自力主持召开县委常委（扩大）会议，听取县计生局局长吴卫民关于全县计划生育工作情况的汇报，研究强化计生工作措施，确保2008年湘阴县计生工作升类进位。

2008年7月1日，县委书记田自力在湘阴剧院主持召开县委常委（扩大）会议，听取市发改委党组成员夏安民所作《继续解放思想，大力推进两型社会实验区改革建设》的专题报告。

2008年10月31日，县委书记田自力主持召开县委常委会议，学习中共十七届三中全会精神，研究全县农村经济发展改革等问题。

2008年12月24日，县委书记田自力主持召开常委会议，听取县信访局关于湘阴原有城镇县属以上集体企业和厂办大集体企业已达退休年龄未参保职工上访问题的专题情况汇报，并进行研究。

2009年2月11日，县委书记田自力主持召开县委常委议军会议。会议传达市委议军会议暨市国防动员委员会第五次全体会议精神，学习湖南省《关于进一步加强新形势下党管武装工作的意见》，回顾总结2008年全县党管武装工作，研究部署2009年工作。会上27名基层武装部第一部长进行党管武装述职。

2009年8月6日，县委书记田自力主持召开县委常委会议，研究基层党建和政法等工作。

2009年9月7日，县委书记田自力主持召开县委常委会议，学习贯彻市委书记易炼红9月1日在市委组织部座谈调研时的讲话精神，研究信访、恢复驻京联络处、建设教育强县和义务教育阶段教师绩效工资等工作。

2009年10月20日，县委书记田自力主持召开县委常委会议。会议传达全市深入开展打黑除恶专项斗争工作会议精神，就全县深入开展打黑除恶专项斗争工作进行安排部署。

2010年2月24日，县委书记田自力主持召开县委常委议军会议。会议传达学习市委议军会议和军分区党委八届十三次全会精神，回顾总结了2009年全县党管武装工作，研究部署2010年工作。会上

27 名基层武装部第一部长进行了党管武装述职，首次评选表彰 6 名“党管武装好书记”。

2010 年 3 月 12 日，县委书记田自力主持召开县委常委（扩大）会议，学习贯彻全市党务工作会议精神，并就 2010 年县财政收支预算、干部和人才队伍建设、宣传思想工作等进行研究。

2010 年 3 月 25 日，县委书记田自力主持召开县委常委（扩大）会议，学习贯彻全市“联手帮扶产业发展升级”会议精神，并就制定全县产业发展升级规划、筹备纪念左宗棠诞辰 200 周年活动、县公安局聘用 40 名协警员及干部人事工作等进行研究。

2010 年 4 月 20 日，县委书记田自力主持召开县委常委会议，就旭东路开发建设有关遗留问题进行研究。

2010 年 5 月 27 日，县委书记田自力主持召开县委常委会议，研究旭东路开发建设有关遗留问题，完善工作方案，尽快妥善处理到位，不留后患。

2010 年 7 月 1 日，县委书记田自力主持召开县委常委（扩大）会议，研究议决城区学校布局调整和改善提升办学条件工作以及芙蓉大道北拓（湘阴段）工程建设融资有关问题。

2010 年 9 月 9 日，县委书记田自力主持召开县委常委（扩大）会议，就向全县行政事业单位干部职工借款支持重点项目建设等有关工作进行研究。

2010 年 9 月 30 日，县委书记田自力主持召开县委常委（扩大）会议，就关心下一代、“五五”普法检查验收、县政府机构改革方案等有关工作进行研究。

2010 年 12 月 16 日，县委书记田自力主持召开县委常委（扩大）会议，就召开县十五届四次会议和县政协八届四次会议有关事项、史志和党史联络工作、健全和理顺湘阴工业园管理体制和运作机制等问题进行了研究。

八、第十一届常务委员会会议

2011 年 1 月 25 日，县委书记田自力主持召开县委常委（扩大）会议，主题是审议 2010 年全县“三个文明”评先评优和 2011 年召开全县党政负责干部大会方案，并研究整合县新闻管理、组建红网湘阴手机报工作。

2011 年 2 月 23 日。县委书记田自力主持召开县委常委（扩大）会，主要研究加强干部队伍建设，扎实深入开展干部进民家大走访活动。会议还研究了加强重点工程项目建设，实现县城经济五年进入全省十强县等事项。

2011 年 3 月 11 日，县委书记田自力主持召开县委常委（扩大）会，学习《中共中央国务院关于加强水利改革发展的决定》研究落实推进湘阴水利基础设施建设，打造安全、民生、生态水利、并研究了城市建设、界头铺 5 平方千米起步区建设开发等事项。

2011 年 6 月 10 日，县委书记田自力主持召开县委常委（扩大会），审议县第十一次党代会的工作报告和县纪委工作报告，审定十一届县委委员、候补委员、县纪委常委候选人建议名单，以及湘阴县出席市第六次党代会代表初步人选。

2011 年 6 月 24 日，县委书记田自力主持召开县委常委（扩大）会，主要研究庆祝中国共产党成立 90 周年大会有关事项。

2011 年 9 月 30 日，县委书记田自力主持召开县委常委（扩大）会，传达学习市第六次党代会精神，对全县重点工作进行部署，主要有重点项目建设、综治维稳、计划生育、创建国家卫生县城、深入开展“万名干部进民家”大走坊等工作。

2011 年 11 月 4 日，县委书记田自力主持召开县委常委（扩大）会，传达学习中央十七届六中全会精神，结合全县实际抓好基础教育综合改革试点及教育督导评估考核迎检，审定乡镇机构改革方案，城乡环境卫生整治行动十佳县暗访迎检等工作。

2011年11月25日，县委书记田自力主持召开县委常委扩大会，学习贯彻省第十次党代会精神，要求完成和超额完成各项目标任务，把打造岳阳经济次中心，制造次中心、消费次中心和长沙北部卫星城落实到各部门每一个人。

2011年12月20日，县委书记田自力主持召开县委常委（扩大）会，审议政府工作报告，2011年主要经济指标完成情况，2012年计划目标安排。

2012年1月11日，县委书记田自力主持召开县委常委（扩大）会议，传达市人大、市政协会议精神，并审议全县党政负责干部大会方案，部署抓好安全生产，保持社会稳定及春节慰问活动等工作。

2012年3月5日，县委书记田自力主持召开县委常委会议，通报2011年财政预决算情况，审定2012年财政预算方案，强调2012年要确保实现财政总收入7.8亿元，力争破8亿元，争9亿元。

2012年4月19日，县委书记田自力主持召开县委常委会，主要研究全县信访和维稳工作，审定“信访维稳责任追究补充规定”，并研究有关人事任免。

2012年6月27日，县委副书记、县长黎作凤主持召开县委常委会议，传达贯彻省、市关于县人大、政府、政协及乡镇换届工作精神，并部署全县庆祝建党91周年暨创先争优表彰大会等工作。

2012年8月22日县委书记田自力主持召开县委常委（扩大）会，听取远大可建、中联重科、左宗棠文化园、交通重点工程、市政重点工程、城区教育三年行动计划等重点项目建设情况汇报，研究推进重点工程项目建设措施。

2012年10月25日，县委书记田自力主持召开县委常委会议，审定县人大十六届一次会议、政协湘阴县九届一次会议召开的有关事项和召开日期，并研究了纪念左宗棠诞展200周年活动的筹备工作。

2012年12月21日，县委书记田自力主持召开县委常委（扩大）会，传达贯彻市委六届四次全会暨经济工作会议精神，结合湘阴县实际，研究了建设小康目标、进一步改进干部作风、安全生产、关心群众生活等工作。

2013年3月27日，县委书记田自力主持召开县委常委（扩大）会，学习党的十八届二中全会和全国“两会”精神，并传达学习市委经济形势分析会精神，会议联系湘阴县实际，要求各级坚决守住“四条底线”，突出抓好芙蓉大道湘阴段、金龙新区、人民医院新建等重点工程，抓好春耕备耕、农田水利建设等工作。

2013年8月16日，县委书记田自力主持召开县委常委（扩大）会，研究加快县工业园建设发展。会议听取“关于加快湘阴工业园区发展调研报告”，认为在看到工业园区发展的同时，对面临的困难和问题要有清醒认识，研究了克服困难，加快发展的措施。

2013年11月7日，县委书记田自力主持召开县委常委（扩大）会，传达学习习近平总书记参加河北省委常委班子专题民主生活会的讲话和中央第十巡视组到湖南巡视动员会精神，会议提出要深刻领会，狠抓落实，拿起批评和自我批评武器，对作风之弊，行为之垢来一次大排查、大扫除。会议通过建设小康社会、县总工会换届、重点项目建设等作了研究。

2014年1月15日，主持湘阴县全面工作的县委副书记、县长黎作凤，主持召开县委常委会议，研究部署春节前后有关工作。提出“五保”：一要保发展，及早谋划好大干2014年；二要保稳定，坚持“党政同责，一岗双责”，维护社会稳定；三要保和谐，进民家，访贫苦，送温暖；四要保清廉，严禁严查不正之风；五要保安全，保证交通道路安全畅通。

2014年2月7日，主持湘阴全面工作的县委副书记黎作凤主持召开县委常委会，重点研究部署强力推进“三十工程”，并对开好全县三级干部大会、县城提质改造等工作进行了研究落实。

2014年2月17日，主持湘阴全面工作的县委副书记黎作凤主持召开县委常委扩大会，研究部署全县开展党的群众路线教育实践活动，强调联系实际，着力解决关系群众切身利益问题。

2014年6月14日，县委书记黎作凤主持召开县委常委（扩大）会，专题研究开好县委常委班子专题民主班会，提升群众满意度。

2014年12月11日，县委书记黎作凤主持召开县委常委（扩大）会，主要通报市基层党建工作检查组对湘阴的检查情况，并对抓好党的群众路线教育实践活动的重点工作进行部署，会议还对政府工作报告送审稿进行了审议。

2015年2月下旬，县委书记黎作凤主持召开常委扩大会，县委书记黎作凤主持，主要研究安排召开全县三级干部大会，通过大会工作报告。会议确定2015年工作的指导思想是要紧紧围绕“对接长珠潭，借力环洞庭，进军省十强，争当排头兵”这根主线，以全面建成小康湘阴为总揽，以全面深化改革为动力，以全面依法治县为引领，以全面从严治党为抓手，强力推进“三十工程”，主动作为，奋勇争先，争当岳阳环长株潭地区科学发展的排头兵。会议确立了2015年各项经济发展指标。

8月13日，县委召开常委扩大会，县委书记黎作凤主持会议。主要传达学习《中共中央转发〈中共全国人大常委会党组关于加强县乡人大工作和建设的若干意见〉的通知》、省纪委《关于永州市“4·26”违规超标准公务接待导致一人非正常死亡问题调查处理情况的通报》、市委书记盛荣华在市纪委（监察局）和市委组织部调查研究时的讲话精神；传达学习习近平在接见全国优秀县委书记时的讲话和刘云山的讲话。会议还研究了《湘阴县村级组织规范化建设实施办法》和《湘阴县精准扶贫三年攻坚行动方案》，作出修改后实施。

2015年9月10日，县委召开常委扩大会，县委书记黎作凤主持会议，吸收曾经任过正县级离退休老干部参加，会议主要是根据市委安排，推荐一名副处级实职干部。黎作凤指出，市委对湘阴干部十分关心，决定在湘阴县推荐一名副处级实职干部，各位要以高度的政治责任感，按市委“五个看重”的用人导向，坚持德才兼备、以德为先原则，客观公正推荐人民群众公认和信任的领导干部。与会人员以无记名投票的方式作了推荐。

2015年11月5日，县委召开常委扩大会，会议由县委书记黎作凤主持，主要内容，一是传达学习中共中央十八届五中全会精神，二是部署省委巡视组进驻湘阴前的相关工作。就如何做好迎接巡视组进驻湘阴县作了具体安排。

2015年12月3日，县委召开常委扩大会，县委书记黎作凤主持会议。会议研究了六项工作；一是环境保护工作，决定成立湘阴县环境保护委员会，研究了《湘阴县一般环境问题（事件）责任追究办法（试行）》，付诸实施；二是研究了严禁党员干部和公职人员参与民间非法金融活动问题；三是研究了全县防范和处理邪教问题的有关事项；四是研究了全县乡镇区划调整；五是审议全县党内规范性文件清理结果；六是审查相关政协常委、政协委员的资格问题。

2015年12月16日，县委召开常委扩大会，县委书记黎作凤主持会议。会议首先由黎作凤传达贯彻《中共湖南省委关于双峰县、龙山县两起群体性事件责任追究情况的通报，传达贯彻落实全市精准扶贫工作推进会议精神；之后审议《政府工作报告》和“十三五”规划，并研究了创新创业带动就业、实行职务与职级并行制度、“十佳创业新星”评选等工作。

第三节　工作部门

1978年，县委工作部门有办公室、组织部、宣传部、县委党校。1980年，增设统战部、机构编制委员会、纪检会。1981年6月2日，成立中共湘阴县委党史资料征集领导小组，下设办公室。1982年3月1日，成立中共湘阴县政法委员会。是年 3 月，建立县委老干部工作局。是年 5 月，县委党史办正式挂牌办公。1984 年 10 月，纪检机关独立，称中国共产党湘阴县纪律检查委员会，不列入县委工作部门。1985 年，县委工作部门有办公室、组织部、宣传部、统战部、政法委员会、老干部工作局、编制委员会、信访办、党史办、档案局、县直机关党委。

2015 年，县委工作部门有办公室、组织部、宣传部、统战部、县纪委、县委党校、县委政法委、机关事务管理中心、县委史志办、县档案局、县编委办、县总工会、团县委、县妇联、县工商联、县委农村工作部、县科协、县文联。

第三章　县委决策举要

第一节　开展真理标准大讨论

1978 年 5 月 11 日，《光明日报》发表中共中央党校特约评论员撰写的《实践是检验真理的唯一标准》的文章，指出“社会实践不仅是检验真理的标准，而且是唯一的标准”。各地陆续开展真理标准的大讨论。当时，省委尚未在全省部署讨论。1979 年 9 月，省委书记毛致用在全省地、州、市委宣传部长会议上的讲话中，代表省委就没有认真组织真理标准问题的讨论作了自我批评，要求全省各级党组织要继续解放思想，端正认识，认真补好真理标准问题的讨论这一课。

1979 年 10 月，县委根据省、地委的部署和安排，立即组织县委中心学习小组学习中共中央十一届三中全会、四中全会精神，学习叶剑英副主席在纪念国庆三十周年大会上的讲话，进行真理标准讨论的补课。县委一致认为，开展真理标准的讨论，有利于进一步批判和肃清林彪、“江青反革命集团”的极左理论和极左路线，恢复马克思主义、毛泽东思想科学体系的本来面目；有利于促进全党全国人民思想大解放，实现全党工作重点转移和四个现代化；有利于发扬党的优良传统作风。县委常委联系湘阴县实际进行回顾总结，认识到过去受林彪、“江青反革命集团”极左理论和极“左”路线的干扰，存在六个方面的问题：一是在阶级斗争问题上宁“左”毋右，搞了阶级斗争扩大化；二是在生产布局上，孤立地抓粮食生产，搞毁林种粮、毁茶种粮、围湖种粮等，忽视了多种经营；三是在推广先进技术措施上不顾客观条件，机械地学习外地经验，影响了农村经济的发展；四是在农田基本建设上没有长远规划，搞了一些违背客观规律，受到大自然惩罚的工程；五是在工作作风上发扬民主不够，坚持民主集中制不好；六是在执行现行农村经济政策上，习惯按常规走路，不敢积极探索，束缚了生产力的发展。常委们表示，今后要坚持实践是检验真理的唯一标准，打破“两个凡是”的禁锢，肃清“左”的思想影响，进一步解放思想，同心同德、聚精会神把湘阴县经济搞上去。

为了对全县各级党政负责干部进行真理标准问题的补课教育，县委于 1979 年 10 月 8 日至 19 日，召开全县四级干部学习会议。各区、社、镇、场党委书记、区委秘书、公社组织委员、农村大队和城镇居委会党支部书记，县直各部、办、委、局负责干部 623 人参加了会议。会议围绕实践是检验真理的唯一标准、民主与法制、发扬党的优良传统和作风等问题开展了学习讨论，联系实际，敞开思想，认识到全党工作重点完全应当转移到以经济建设为中心上来。同时，加深了对社会主义民主与法制的理解，提高了民主和法制观念；认识到恢复党的优良传统，搞好党风党纪的重要性。

实践是检验真理的唯一标准的补课教育，为全县各级党组织和广大党员坚持实事求是的思想路线，纠正长期以来“左”的路线，实现历史性转变奠定了思想理论基础。全县出现了“三个活跃”和“六个空前未有”，即思想活跃、市场活跃、经济活跃。人们心情舒畅，敢说真话，生动活泼的政治局面空前未有；社员群众干社会主义的积极性高涨的气氛空前未有；市场繁荣，物资丰富、集市贸易成交额大幅增加的兴旺景象空前未有；粮食稳步上升，多种生产比例增加，经济效益不断提高的经济形势空前未有；社员家庭副业门路广、项目多、发展快、想富比富大胆致富的劲头空前未有；社员生活大大改善，收入成倍增加，高档商品的消费水平空前未有。1979 年，全县粮食总产 3.10 亿千克，是湘阴县历史上最高的一年。油料、黄（红）麻、棉花、生猪、鲜鱼、麻鸭等多种生产比上年都有较大幅度增长。工业总产值完成 6259 万元，比上年增长 13.3%。其他各行各业高速发展。

第二节　纠正冤假错案

1979 年 2—3 月，湘阴县委先后召开全县四级干部大会和全县落实政策工作会议，学习贯彻党中央、省、地委关于平反冤假错案的有关文件，统一思想，提高认识，要求各级党组织坚持实事求是、有错必纠的方针，做好平反冤假错案，落实各项政策的工作。随后，各条战线各个部门紧密配合，开始全面系统复查历次政治运动的案件，进行平反冤假错案和落实政策工作，复查“四个时期”受错误处理干部。复查“反右派”“反右倾”“四清”“文化大革命”四个时期受处理人员的问题，改正错划右派 370 人。至此，“反右派”斗争中错划右派全部平反纠正（包括以前落实平反的人员）；“反右倾”运动中经甄别后留有“尾巴”8 人，全部予以纠正；“四清”运动中处理 416 人，经复查纠正 330 人，占 79%；“文化大革命”中处理 1282 人，复查纠正 933 人，占 73%。

纠正“文化大革命”前历史老案的错误结论。对“文化大革命”前历次政治运动中经组织立案、审查，受到党纪、政纪、法律处理，属错作政治结论的 521 人，彻底平反，对由此造成工资明显偏低的 188 人调升一级工资。

纠正历次政治运动中错误处理的党纪案件。历年来共处分党员 1617 人．经复查，按政策平反纠正 790 人（全错全纠的 305 人，部分错部分纠的 485 人），其中有被开除党籍的 584 人恢复党籍。

平反纠正历年错捕错戴帽子错劳教的案件。平反纠正了历年错捕错划错戴帽子错劳教案件 2255 人，其中改判案件 1322 人，占 58.6%。对生活非常困难的 530 多名冤杀、错杀、无罪释放人员和错捕关押死亡人员，给予适当经济补助，共补助金额 11 万余元。

第三节　完善农业生产责任制

1981 年 5 月，省委召开全省农业生产责任制工作会议，部署全省普遍推行各种生产责任制，把农业搞上去。湘阴县委在传达贯彻省委会议精神后，提出完善农业生产责任制的 8 条具体要求：1．反复宣传《中共中央关于进一步加强和完善农业生产责任制的几个问题》的文件，让干部群众自愿选择适合本地的生产责任制形式；2．已建立的各种形式的生产责任制，只要符合中央 75 号文件精神，就要肯定并给予支持，不完善的要帮助完善；3．边远山区和困难地区搞包产到户、包干到户都是允许的；4．凡按中央 75 号文件精神建立起来的责任制都要稳定下来，不搞大摇大摆，不搞一刀切；5．对于多种生产、工副业、鱼塘，要尽量做好工作，包产到组到户到人，联产计酬；6．大田生产提倡专业承包到组，联产计酬，联产到劳；7．对分田分土单干的，要做好工作，坚决纠正；8．全党动手，书记挂帅，切实加强领导。要求各级领导的精力要放在生产责任制的完善上，按照中央要求，大抓一年生产责任制。

全县农村改革形成热潮，农村出现包产到户、联产计酬、专业承包、统一经营和联产到劳等多种责任制形式。1981 年 5 月 6—12 日，湘阴县委举办全县农村大队党支部书记培训班，重点解决加强和完善农业生产责任制问题。下发《关于在加强和完善农业生产责任制中确保生产资料公有制不受侵犯的规定（试行稿）》，指出在建立责任制中，划分责任地，只能根据现有的田、土、山、水建立责任制，不许打破队与队之间现在的土地界限，强占外队和国营场（所）的土地与水面；划分责任地，要坚持社会主义方向，任何人不得改变生产资料公有制性质。承包的责任田不准转让、出租、买卖或雇工耕种，不许分田单干；不准在责任田（包括自留地）上建房、葬坟、烧砖瓦等；社员建房要统一规划，不许随意挤占耕地；不许乱砍林木，破坏水土保持；现有堤垸、水库、塘坝、渠道（包括跨队跨社跨县的水利设施）及交通要道所在土地，一律维护现有工程标准，不能因建立责任制而毁堤、毁库、毁塘、毁坝、毁渠、毁路，不许危及工程安全和影响蓄水，破坏基本建设；一切行之有效的水利管理办法都要坚持，任何人不得随意破坏、更改；生产队的固有财产，如队屋、耕地、大中型农机具不准变卖、拆毁、平分；生产队的公共积累和债权债务，都要认真清理，建好账目，不准私分与毁灭等。8 月 23 日，湘阴县委召开全县农村党支部书记会议，总结推行农业生产责任制试点经验，制订农村《四统大包干责任制试行办法》，即统一制定生产种植计划，统一管理使用大中型农具，统一进行农田基本建设和抗御自然灾害，统一安排“五保”户（保吃、保穿、保烧、保教、保葬）和“四属”户（干部、工人、教师、军人）的照顾和确定大队、生产队等各类非生产人员的报酬，实行大包干。会后，组织 2390 名干部到队到户，帮助完善农业生产责任制。1981 年 10 月下旬至 11 月上旬，县委安排县委办、政府办、农村办的 6 名干部，专程去安徽省凤阳县小岗生产队学习建立家庭联产承包责任制的先进经验，对县委进一步解放思想，推行农村体制改革起到很大的推动作用。

1982 年 1 月 1 日，中共中央批转《全国农村工作会议纪要》。湘阴县委认真贯彻纪要精神，加强对农村改革的领导。2 月，全县 5831 个生产队中，粮食生产包干到户的 5437 个，包产到户的 394 个；254 个社队专业场、厂经营的 1533.33 公顷山林、1733.33 公顷茶园、2373.33 公顷养殖水域、142 公顷旱土、115.33 公顷果园，均采取上交包干；零星分散的山林、水域、茶园和其他工、副业则以户经营，上交包干。在土地所有制不变的基础上，使所有权与经营权分离。同时，由县统一印制农村经济合同书，公社、大队作鉴证机关，由承包者与被承包者签订了生产经营合同 12 万份，改变了 20 多年来农业生产“劳动滚大砣”“分配一拉平”的“吃大锅饭”，搞平均主义的旧体制。1982 年，农村经济总收入 1.9083 亿元，人平纯收入 254.07 元，比 1978 年分别增加 1.54 倍和 2.93 倍；粮食总产 4.0075 亿千克，比 1978 年增产 40.95%，人平用粮 485 千克，比 1978 年增加 62.75%，一举解决农民的吃饭问题。

第四节　加强党的建设

一、整党整风

1985 年 5 月，根据《中共中央关于整党的决定》和省、地委的部署和安排，湘阴县委开始在全县范围内开展整党工作。全县整党分三批进行：第一批，县直机关整党。自 1985 年 5 月始，年底结束；第二批，农村区、乡、镇和县直二级机构党组织整党，1985 年冬季始，1986 年上半年结束，城镇事业单位党组织按隶属关系参加整党；第三批，村级党组织整党，1986 年 9 月始，年底结束。每批整党都分学习文件、对照检查、集中整改、党员登记与组织处理四个阶段。学习阶段认真学习《中共中央关于整党的决定》、中指委（中央整党指导委员会）文件、《中国共产党章程》《关于党内政治生活的若干准则》《中华人民共和国宪法》第一、二章及邓小平、陈云等中央领导人讲话；农村整党还学习中央整党指导委员会《关于农村整党工作部署的通知》、湖南省委《关于农村整党的安排意见》。在整党中，突出抓党性教育这一中心环节．紧密联系湘阴实际，采取多种形式对党员进行了党的基本知识教育、共产主义理想教育、党的根本宗旨教育和党风党纪教育。组织党员收听曲啸和岳阳地区“四有”报告团的报告录音。在全县党员中开展“共产党员在新时期如何发挥先锋模范作用”大讨论。各级党组织和党员负责干部对照《中国共产党章程》《关于党内政治生活的若干准则》，对照英雄模范的先进事迹，对照共产党员标准和新时期对党员干部的要求，人人找出差距，开展批评和自我批评，检查和揭发党员，尤其是党员负责干部以权谋私、滥发奖金补贴、用公款请客送礼和拖欠公款等违纪问题。在此基础上，各单位党组织根据党内外群众的意见，针对本单位存在的突出问题，认真制订整改方案，进行边整边改。其间（1985 年 8 月 3 日），县委召开县直副科级以上党员干部大会，副书记余泽俊通报县委常委的集体检查，有针对性地提出 5 条整改措施。县委常委制定《关于加强自身建设，带头端正党风的若干规定》，要求从我从严做起，率先垂范。通过整党提高全心全意为人民服务的自觉性，增强抵制不正之风和资本主义腐朽思想侵蚀的能力，积极履行共产党员的职责，贯彻执行新时期党的方针政策，学习运用现代科学文化和经营管理知识，为“四化建设”服务，在工作生产中发挥共产党员的先锋模范作用。

至 1986 年年底，全县整党基本结束。通过整党，全县经审查予以登记的党员 2.36 万人，缓予登记的 114 人，不予登记的 77 人，暂未作结论的 9 人。受党纪处分的 236 人，其中开除党籍的 41 人（其中 22 人移交司法部门处理），留党察看的 85 人，撤销党内职务的 7 人，警告处分的 103 人。

二、“三讲”教育

1998 年，中共中央决定，在全国县级以上党政班子、领导干部中，集中时间，分期分批开展“讲学习、讲政治、讲正气”（简称“三讲”）为主要内容的党性党风教育。这是党中央为贯彻十五大精神，推动全党深入学习邓小平理论，加强领导班子建设，提高领导干部素质而采取的学习举措；是在新的历史条件下，坚持从严治党、切实解决好领导班子、领导干部党性党风方面存在的突出问题的有效途径；是以整风精神加强领导班子思想建设的有益探索。

2000 年年初，省委召开了全省县（市）区委书记、巡视组组长“三讲”教育活动会议。是年，2 月 19 日，湘阴县委常委召开会议，传达学习省委“三讲”教育活动会议精神，成立全县“三讲”教育领导小组，下设办公室。会后，县“三讲”办制定“三讲”教育活动实施方案，经市委批准后组织实施。3 月 13 日召开“三讲”教育动员大会。这次“三讲”教育的对象是县委、县人大、县政府、县政协四大机关和县纪委、县检察院、县法院、县委组织部、宣传部、县公安局等 6 个县管单位的党员。总的要求是：通过教育，下决心解决领导班子、领导干部在党性党风党纪方面存在的突出问题，尤其是群众意见大、影响当前改革、发展和稳定的问题，努力使领导班子和领导干部思想上有明显提高，政治上有明显进步，作风上有明显转变，纪律上有明显增强。根据这个要求，全县“三讲”教育着重解决理想信念、执行民主集中制、群众观念、工作作风、廉政建设等 5 个问题。湘阴县委要求参加“三讲”教育的领导班子和领导干部，要以对党和人民负责的态度，确保“三讲”教育重要性、必要性的认识到位；以严格的程序和求是的方法，确保“三讲”教育收到实效；以饱满的政治热情和严肃的政治纪律，确保“三讲”教育不走过场。

在“三讲”教育中，各家领导班子和 6 个县属单位和部门始终坚持边整边改，把突出问题解决到位。对群众反映党政干部多处占房、县城脏乱差等问题进行了查处和集中整治，对“三讲”教育中成功的经验和行之有效的措施、方法，用制度形式固定下来。如县委常委中心组学习制度、县委常委廉洁自律制度、干部选拔任用和谈话制度、常委议事制度、民主理财制度、密切联系群众制度、文件信息报道批阅制度、会议制度和接待制度，融入党的建设的制度体系。全县农村结构调整，县城综合治理、水利工程扫尾、防汛准备及县内 9 项重点工程稳步推进。

通过“三讲”教育，党员负责干部受到了一次比较深刻的马克思主义教育，在坚持群众路线和民主集中制等方面有了明显提高，经受了一次党内政治生活的严格锻炼。“三讲”教育中思想、作风上的收获，逐步转化成广大党员、干部锐意进取、廉洁自律的实际行动。

三、“三个代表”重要思想教育活动

2001年2月，根据党中央的指示和省、市委的统一部署，湘阴县委在全县城乡开展“三个代表”重要思想的学习教育活动。整个学教活动分宣传发动、集中学习、对照检查和集中整改四个阶段。在宣传发动阶段，县委、县直单位和各乡镇相继成立了学习教育活动领导小组，召开了“三个代表”重要思想学教活动动员大会。县委制定了全县学教活动实施方案，各乡镇、县直单位结合本地区本单位实际制定了实施细则。全县建立以县委常委包垸、县级领导包乡镇（管区）、乡镇（管区）领导包村组农户的责任制，层层明确责任。集中学习阶段，在县委党校举办全县学教活动骨干培训班。各乡镇（管区）、各单位采取集中学习与自学相结合、读原著与听辅导报告相结合、交流体会与开展讨论相结合等办法认真组织好学习培训，达到县委提出的“五个一”（开好一个动员会、学完一本书、做好1万字以上的学习笔记、写好一篇2000字以上学习心得、搞好一次学习经验交流）的要求，学习时间都在80课时以上。在对照检查阶段，全县各级各单位党组织征求群众意见，找出存在的问题。各乡镇（管区）、部门单位学习领导小组成员进村入户，通过座谈、个别访谈、发放征求意见表等形式征求群众意见。各级党政领导班子和领导干部针对本单位、本人存在的主要问题，围绕解决精神状态、团结协作、遵纪守法、务实创新等方面进行深刻反思。农村“七站八所”突出解决群众观念不强、服务意识淡薄、执法不公、部门利益驱动、个人为政不廉和以权谋私等问题，并召开不同层次的民主生活会，开展严肃认真的批评和自我批评，增进团结，振奋精神，明确方向，改进工作。集中整改阶段，县委坚持以“三个代表”重要思想学习教育活动总揽工作全局，做到三个结合：即①实践“三个代表”重要思想与转变干部作风相结合。全县以“三个代表重要思想”学教活动为契机，把转变干部作风寓于各项工作之中。进一步完善政务公开、村务公开。结合工作实际，对乡村上下衔接的各种税费收缴、计划生育指标、建房用地审批等，实行乡村同步公开；对乡镇和各站专项经费使用、各种收费标准以及办事程序、办理时限、办理结果，实行互相联动公开；对机关财务开支及领导干部廉洁自律情况，实行机关内部公开等。全县开展了“万名干部下农村”活动，组织1.2万名干教医等公职人员“回娘家、探亲人”，宣传政策，解难释疑，融洽党群干群关系，得到了省、市委的表扬和人民群众的称赞。全县3万多名党员以党支部为单位，一月一主题，参加“党员活动日”和“党风廉政建设日”活动，农村党员增强凝聚力，受到省纪委、省委组织部的充分肯定，并向全省推介。县委、县政府建立转变干部作风督查组，建立了三个层次的督查机制（县委常委包垸区督查；县委、县政府专门督查组巡回督查；各乡镇党政主职对所在乡镇干部逐个督查）。通过督查，定期召开讲评会，对转变干部作风情况进行讲评和通报，并作为班子定类、干部评先提拔的依据。②把实践“三个代表”重要思想与为民办实事结合起来。广大党员干部真抓实干，切实帮助群众解决农村产业结构调整、农民减负等群众反映强烈的热点、难点问题，使群众得到实惠，达到“调整产业结构富民，转变干部作风亲民，确保社会稳定安民”的目的。③实践“三个代表”重要思想与加强党组织建设结合起来。建立健全常抓不懈的工作机制，搞好农村党支部的建设整顿，完善考勤考核制度、联村包户、进村入户和住户制度，激发了党组织的生机与活力，提高了农村党员素质，塑造了党员的新形象。全县涌现了一批开拓进取、奋发有为、心系群众、乐于奉献的优秀农村党支部书记。2001年，有50名农村党支部书记在全县农村党支部书记大会上受到表彰。2002年，又涌现了湘阴县地税局第六分局、湘阴县白泥湖乡楠竹村支部书记陈友庚等17个学教活动先进单位和个人。其中，樟树镇白毛村党支部被评为全省学教活动先进村党支部。

四、共产党员先进性教育活动

2005年2月3日，市委召开全市保持共产党员先进性教育活动（以下简称“先进性教育活动”）动员大会。4日，县委召开全县先进性教育活动动员大会，传达贯彻中央、省市委关于开展先进性教育活动的指示精神。2月17—25日，县委分别召开全县党政负责干部大会和全县党的基层组织建设会议，部署湘阴开展先进性教育活动。

全县党员先进性教育活动分三个批次进行。第一批是县级党政机关、县人大机关、县政协机关、县法院、县检察院、县第一职业中专和县委、县政府直属行政事业单位、岳阳市驻湘阴县部分企事业单位的党组织和党员，计88个党组织，3648名党员（其中在岗2662人，离退休986人）。2月4日开始，7月11日基本结束。第二批是城镇社区、居委会和社会团体、社会中介组织、乡镇（办事处）机关及其直属单位、县直单位二级机构、派驻乡镇（办事处）的基层单位、城镇各类学校和农村中小学、企业及其他事业单位的党组织和党员，涉及基层组织525个，党员9885名。7月11日开始，年底结束。第三批是农村村级党组织和生产企业组织，2006年开始，6月底结束。

县委集中全体县级干部、县直单位党政主职和分管先进性教育活动的副职在县委党校集中学习《江泽民论加强和改进执政党建设（专题摘编）》、胡锦涛在保持共产党员先进性教育专题报告会上的讲话、杨正午在全省先进性教育活动专题报告会上的讲话等；听取省市委党校教授的辅导讲座和本县7名党员先进典型的事迹报告；听取县委书记毛七星所作的《树立“立党为公、执政为民”理念，努力建设和谐的湖南经济强县》的辅导讲话。县直各单位组织学习培训260多期（次），聘请党校教师及有关专家授课40多堂。参加学习培训的党员学习时间都在40小时以上，写了3000字至1万字以上学习笔记和心得体会。通过学习，党性观念进一步增强，理想信念进一步坚定，对党员先进性要求进一步明确。在全县党员中开展“三个一”（读一本书、与一户困难群众结对子、写一份情况调查报告）实践活动，在干部中开展“千名干部下基层，排忧解难促发展”活动。且直机关干部深入基层扶贫济困，共联系困难户4000多户，送慰问金或物资折价600余万元，帮办涉及群众外出务工、子女上学、春耕生产、发展经济等方面的实事3600多件。全县组织开展的“千名党员干部登台，万名党员同唱正气歌”活动，在全省、全市产生了较好影响。还举办全县转业复员退伍军人先进事迹报告会，表彰98名转业复员退伍军人。全县82个单位党组织党员上缴“特殊党费”支持爱国主义教育基地——望滨森林公园（烈士公园）建设。

五、深入学习实践科学发展观

2009年3月至2010年2月，县委在全县开展深入学习实践科学发展观活动。全县652个单位，33079名党员分两批次进行。第一批次（2009年3—9月）是县级机关111个部门单位（其中试点乡1个），6998名党员参加。第二批次（2009年10月至2010年2月），是全县各乡镇（社区）、党校、新经济和新社会组织541个基层单位，26081名党员。县委制定《湘阴县开展深入学习实践科学发展观活动实施方案》，召开县直各单位和乡镇负责人共400多人参加的动员大会。组织20个指导检查组，在县委党校进行封闭式培训后对活动进行指导检查。各单位办培训班680期，召开专题研讨会730场次，推介了10个单位的典型。县委在县直机关部门单位开展“我为湘阴发展献一计”活动，收集有关经济建设、农业生产、社会治安、城镇建设、资源环境、招商引资、财政税收、党建工作、干部作风、廉洁政府等10个方面的意见、建议108条。党员干部走访基层群众12万户，召开民情恳谈会220场次，听取和收集群众意见8482条，为群众解决实际问题5800个，完成113个整改项目。在农村组织村（社区）党员开展“村官讲坛”活动，以农村发展、农业增效、农民增收及农民普遍关注的热点难点问题为主要内容，由乡镇“设擂”，村干部“打擂”，群众“评擂”。267名村干部“亮招论见”，开展民主评议村干部和党员活动，召开民主评议会470场次，有7名测评不称职的村（社区）干部作了调整，72名测评严重不合格党员作除名处理。2010 年 2 月，省委第五巡回检查组对湘阴县学习实践活动给予高度评价。

六、党的群众路线教育实践活动

2014 年 3 月，湘阴县党的群众路线教育实践活动全面铺开。3 月 7 日，县委按照中央和省、市委的安排部署，召开动员大会，省委、市委组织部和督导组负责人出席，县级“四大家”领导班子成员，县级机关各委办局和乡镇负责人参加会议，主持湘阴县全面工作的黎作凤作动员报告。他强调一要深刻认识开展党的群众路线教育实践活动的重点意义，全县各级党组织和广大党员干部一定要统一思想，站在战略和全局高度，切实增强开展教育实践活动的责任感和自觉性；二要准确把握目标要求。全县要以县级领导机关、领导班子成员为重点，切实做到把整体要求、把群众参与、把解决问题、把领导带头，把分类指导贯穿于教育实践活动的始终；三要切实强化组织领导，确保取得群众满意实效。4 月 9 日，县委将四大家领导成员、县级机关各委办局和乡镇领导班子成员共 200 余人集中到县委党校学习，黎作凤主讲“自觉践行党的群众路线、争当为民务实清廉表率”党课，强调学习好习近平总书记系列重要讲话，学习弘扬焦裕禄精神。4 月 24 日，县委再集中县级和各委办局、乡镇领导干部在党校开展“清正在心”系列教育活动，由市纪委副书记主讲改进干部作风，整治“四风”（官僚主义、形式主义、享乐主义、奢靡之风），廉洁勤政，主要针对在职县级和科局级负责干部重点开展明责守纪、反对“四风”教育，加强惩防体系建设，以案明纪，警钟长鸣。5 月，县委部署在全县开展整治“四风”问题专项督查，组织 20 个督查组，重点督查宾馆、酒店、餐馆、农家乐，看是否存在用公款大吃大喝，公款相互宴请，工作日中餐饮酒；查各茶楼、KTV、洗脚按摩店、歌舞厅等娱乐场所，看是否存在工作时间参与打牌和娱乐消费；查单位办公室和窗口部门，看是否存在使用指纹膜、串岗离岗，玩电子游戏、搜查无关网络等违纪行为；查公车管理，看是否存在未贴、不贴或人为撕毁、掩盖公车标志，公车私用行为；查单位财务管理，看是否落实财经管理制度和违规违纪行为。而且，县委把整治“四风”，严查上述五类问题，作为进行教育实践活动的重要内容之一，建立长效机制，常抓不懈，促进作用很大，党员干部违规违纪现象减少。

2014 年 10 月 29 日，县委召开党的群众路线教育实践活动总结大会，省委驻岳阳督导组副组长贺运生、市委第五督导组组长段华参加大会。代县长尹培国主持会议，县委书记黎作凤作总结报告，说明湘阴按照中央、省委、市委统一安排，从 3 月上旬开展党的群众路线教育实践活动，10 月下旬基本结束。其间，突出抓增补精神之钙，广大党员干部理想信念进一步坚实；突击抓扫除“四风”之弊，干部作风进一步改进；突出抓党内政治生活之辣，层层召开民主生活会，开展批评与自我批评传统进一步弘扬；突出抓务实执政之基，服务群众的“最后一千米”进一步畅通；突出抓扎紧制度之笼，长效机制进一步完善，取得的成效明显。各单位积极开展自查自纠，有 4 个单位停建办公楼等建设，全县会议同比减少一半，发文减少三分之一，评比表彰活动减少 80%，“三公”经费较 2013 年同期减少 20%，共查处慵懒散拖吃拿卡要等问题 140 起，处理处分 154 人，查处侵害群众利益案件 122 起，处理 123 人。全面清理 99 项行政许可、行政审批事项，减少收费和罚款项目 40 个。全县整改到位问题 270 个，清退超标公务车 96 辆，办公用房 769 间，为群众解决各类实际问题 234 个，兴办实事 1300 件，落实帮扶资金 2000 余万元。党的群众路线教育实践活动的开展，使各级党员干部的精神面貌大有改变，工作效率大有提高，推进全县经济社会事业提质增效，1—9 月全县完成 CDP198 亿元，财政收入 8.2 亿元，各项主要经济指标均高于全省平均水平。

湘阴县开展党的群众路线教育实践活动工作扎实，重点突击，成效明显，且形成常态，保持长效，新华社、新华网、《湖南日报》、湖南卫视等主流媒体先后总结推介湘阴经验。并被评为全省十个先进县（市区）之一。

第五节　推进党政机关机构改革

1983年3月，根据《中共中央、国务院关于县级党政机关机构改革若干问题的通知》和湖南省委〔1983〕56号文件精神，湘阴开始进行党政机关机构改革。3月20日，县委召开县直机关机构改革动员大会，县委组织部转发中组部《关于机构改革中各级干部必须遵守的几项规定》，要求各级党组织认真组织干部学习讨论，坚决贯彻执行。11月初，县直党政机关机构改革开始，中共岳阳地委副书记高峰率领工作组到湘阴指导机构改革。县委向地委上报《关于湘阴县县直机关机构设置和人员编制的报告》。11月30日，地委批复湘阴县县直机关机构设置和人员编制的报告。12月31日，县委、县政府发出《关于县直党政群机关机构设置的通知》，公布改革方案，县直机关机构重叠、部门林立的状况得到改善。1984年，根据中央关于县直机构"层次要力求减少"的指示精神，全县45个党政机关单位（不含单列编制的公检法司机关和双重领导单位及企事业管理机构）中，有22个单位建立健全内部机构73个（比改革前减少2个），23个单位均不设中间层次机构。根据省政府湘发〔1984〕29号、省编委〔1984〕56号文件精神，县委按照上级下达的编制总额下达到各单位。超编人员由超编单位实行多层次、多渠道予以调整安排。上级下达湘阴县区、乡、镇行政编制，也分别落实到各单位。需要作调整的则在调整中采取兼顾、定责办法予以妥善解决。9月5日，县编委根据省、地编委和县委指示精神，下发《关于下放机构编制管理和工资基金审批权限的通知》，充分发挥各部门的作用，进一步把机构工作管紧、管好、管活。按照中央统一规定，中共湘阴县委纪律检查委员会改为中共湘阴县纪律检查委员会，实行常务委员制，成为党的独立检查机关，受中共岳阳市纪律检查委员会和中共湘阴县委双重领导。各区、乡、镇、场和县直机关单位设纪检组或配纪检员。全县7个区区委和区公所的干部精简后，一部分干部充实到乡镇第一线。1986年1月，县委决定合并业务相近的机构，撤销临时性和虚设机构46个，其业务由县委和县政府有关职能部门负责。

在机构改革中，一大批德才兼备、年富力强的干部被提拔到各级领导岗位。1983年11月至1984年年底，县委按"四化"要求，共提拔干部204人，其中部、办、委、局正副职88人，区、乡（镇）正副职116人。40岁以下的中青年干部136人，占66.6%。大中专以上文化程度的81人，占39.7%；高中文化程度的92人，占45.3%。区、乡（镇）正副职平均年龄36.9岁，比上年下降6.6岁；具有大中专以上文化程度的34人，比上年增加32人。

在机构改革中，按照党组织的安排和上级有关规定，一部分年纪偏大的干部，愉快地退居到第二线，担任调研员、协理员。县委发出《关于发挥调研员、协理员作用的几点意见》，要求各部门各单位党政领导对退居二线的干部，做到政治上关心，工作上尊重，生活上照顾。县直机关退下来的52人，其中担任县政府调研员的11人，科局级协理员41人。在1986年农村整党中，有5名协理员评为先进工作者，2名调研员、协理员受县政府记功，热情支持新班子工作，发挥参谋骨干作用，为端正党风发挥督促作用。

新的县委班子建立后，对党政分开进行探索。县委坚持总揽（经济全局），恪尽职守，采取撤（撤销县委经济工作领导小组、撤销县委打击经济犯罪办公室）、转（由高度集中管理转为分层分流管理）、分（县委宣传部兼管的文、教、卫、体分给县政府管理）、交（县委、县政府共管的血防办交给县政府管理）、减（减少一名专管经济工作的副书记）、改（原县委要派一名负责人参加县长办公会议，改为县政府单独召开），实行党政分开。县委集中精力为全县经济和社会发展制定战略方案、战略措施；考察整顿领导班子，加强党员思想教育，开展政治思想工作和争先创优活动；加强党风党纪教育，使党委和政府的工作都得到加强。

第六节 减轻农民负担

1989年，全县农民负担总额为2311.3万元（不含合同定购粮油棉差价），其中国家税金930.5万元，占40.3%；乡村上缴提留和统筹1381万元，占59.7%。人均25.16元，占上年度人均纯收入的3.7%。

1990年3月，国务院下发《关于减轻农民负担的紧急通知》，要求清理废止一切增加农民负担的文件和项目。5—6月，县委、县政府组织力量清理废止增加农民负担的文件62个，废止收费项目149项。8月，县政府发出《减轻农民负担实施办法》，严格控制农民负担总额，遵照国务院规定，乡村以上提留和经费坚决控制在农民纯收入的5%以内。国家发放给农民的各种补贴、扶贫款和返还减免税金、社灾减免等出榜公布，接受农民监督。是年，县人大农工委先后派出6个调查组，分别到南湖洲、赛头、胭脂、古塘、南阳、湘临、金龙、安静、杨林寨等10个乡镇调研，清查账目、核减不合理负担。10个乡镇自查，清退农民不合理负担5.58万元，清退多收合同定购粮13.46万千克。全县核减不合理负责583.8万元，占农民负担总额的25.3%。

1997年11月，县委、县政府指示退还1996—1997年全县重点工程以建设债券形式向农民的借款1500万元。将计划提取的防汛抗灾费、电力排灌费压减30%；农村基本建设用工压减10%，两项可减轻农民负担2350万元。

2005年，认真落实农业税税率下调政策，直接发放“两项补贴”资金1468.6万元，农民负担总额比上年减少23.5%。

2006年，以深化农村水电费改革为契机，狠抓农民减负工作，全县农民除免缴农业税外，减少各种提留总额为3398.43万元，人均减负58.14元。

2010年，切实落实中央各项惠民政策，共发放补贴资金5360万元。湘阴县被评为全市减轻农民负担先进单位。

第七节 推进乡镇体制改革

1995年，根据省政府关于农村乡镇体制改革的部署，湘阴县实行撤区并乡建镇。共撤区7个，并乡16个，建镇10个，全县原有48个乡镇缩编为32个。之后，从各乡镇在职干部中抽调1/3富余人员到农村领办、创办乡镇企业、开发性农业项目，对这部分分流出来的人员，其工资关系、工资福利待遇留在乡镇机关不动。1997年，全县各乡镇的“七站八所”，以服务农村经济为目的，根据“精简、统一、效能”的原则，严格控制机构和人员膨胀，逐步建立人、事、权、责统一的管理体制。1999年，根据中央和省委部署，搞好乡镇机关事业单位的人员分流，并坚决清退临雇人员，采取转体分流、定向分流、挂职分流、离岗分流的办法，实行“五个不变”（身份不变、职务不变、工资关系不变，所在单位不变，户籍关系不变）的优惠政策，达到裁减冗员的目的。2005年，稳妥做好乡镇区划调整后内设机构的完善配套工作。各新设镇按“五个不变"（包括农村双层经营责任制和税费政策在内的各项现行政策不变；所有依法形成的经济关系不变；现有国家、集体、个人财产性质不变，按属地原则凡集体个人投资兴办的工商企业、股份制合作企业、乡镇村集体企业、公益设施原有的受益关系长期受法律保护；现有乡镇干部、职工的性质、职级、工资待遇不变；村组区划不变）、“四个确保”（确保一方平安，确保国有资产不流失，确保机构平稳过渡，确保完成和超额完成工作目标）的要求，继续做好“四办三所”干部队伍充实和调整工作，保证乡镇机构正常运转、有序运转、高效运转。是年，县委按照以垸建镇的指导思想，经省、市政府批准，对湖区17个乡镇，5个管区的行政区域进行合理调整，以垸合并为5个镇。这次乡镇机构改革后，共精简乡镇（管区）17个。至此，全县37个乡镇精简为19个（12个镇、7个乡），辖407个村，38个居委会，5541个村民小组。

第八节　开展大走访活动

2010年，湘阴县委吸取发生震惊全国的“7·25”事件教训，着力改进干部作风，在提出“千名干部回原籍，齐帮共促谋发展”的基础上，提出“开展万名干部进民家”大走访活动。全县行政事业单位在编公务员3000人，职工等公职人员12000人。县委要求在职的国家公职人员都要输流下基层大走访。县成立“县委基层工作办公室”具体抓。县委先后印发“关于进一步深入开展万名干部进民家活动的意见”和实施方案，指出干部队伍中存在精神不佳，凝聚力、执行力、战斗力减弱，特别是部分干部忽视群众路线，高高在上，贪图享乐，脱离群众，放松群众工作，干群关系紧张，形成“珠子离线，树叶脱枝”，谈话冒人听，做事冒人帮，严重影响湘阴县经济发展。强调要明确干部进民家、大走访的目的意义，组织动员干部走出机关，深入群众，走进民家，问政于民、问需于民、问计于民，虚心诚恳倾听群众意见，改进工作方法，改善干群关系，形成干群合力，促推湘阴县经济发展。同时强调干部进民家、大走访，决不能搞形式主义“一阵风”，要年年抓、月月抓、天天抓，保持常态化。

2011年1月25日，县委召开常委（扩大）会，四大家全体在职领导、各部、办、委、局和乡镇负责人参加，集中学习贯彻市委党务工作暨新时期群众工作会议精神，会议决定进一步加强干部作风建设，深入开展干部进民家，大走访，强调党员干部要带着感情，带着责任深入基层、深入群众，帮助群众解放实际困难，融洽党群干群关系，以优良的党风，促政风带民风。并细化干部进民家方案，强调扩大走访面，走访活动要覆盖全县400多个基层单位和民户，重点反复走访老党员、困难群众、致富能人，有意见有怨气民户及重点管理人群。要求政府系统，建设系统各单位、教育、民政、劳动和社会保障等单位，除经常走访联系点住户外，还要组织干部职工下到文星地区大走访，对常住居民和流动人口一个不漏走访到位，对重点人群每年要反复走访到位。并下达干部进民家走访硬指标，县直单位国家公职人员每人每年走访不少于100户，乡镇干部每人每年走访不少于150户，全县75.4万人，20多万户，都要走访到位。58名在职县级领导都分配调查走访联系点和项目建设硬任务。县委书记、县长、县委常委、“四大家”在职领导人按照干部进民家大走访制度，深入基层，走村进户，上项目工地时间大有增加。芙蓉大道北拓（湘阴段）、濠溪港区二期、远大低碳科技园、顺天洋沙湖生态旅游度假区、东湖生态园、城市生活垃圾无害化处理场、交通道路、安居房建设、城镇设施建设等民生工程和重大项目建设进度明显加快。2011年，各级干部每人平均下基层上户走访100天，都配有走访工作牌和便民联系卡，牌子上有姓名、单位、职务和照片、电话号码，走访一户便发一张联系卡。对县直单位和乡镇主职、副科级以上在职干部要求特别严格，强调进民家，大走访，不搞形式，为应付而走访，要与重点人群户结成一对一、一帮一，每年结对帮扶2户，做到“三个一”：每季度上门看望一次；每半年上门送一份关爱温暖；每年解决1个至2个实际问题。2011年以后，全县每年有2500名副科级以上干部，与3200户重点人群户结成经常走访的帮扶对子，2011年和2012年两年中为帮扶对子户解决就医困难、子女入学困难、养老保险困难、住房困难、发展生产中的难题等实际问题3340个，送慰问金390余万元。县四大家在职领导，县直各单位和乡镇干部在进民家大走访中收集到多方面的意见和工作建议8500条，得到妥善解决，已销号的有5800项。其中妥善解决道路交通设施建设、农田水利建设、留守儿童管理、孤寡老人照料、环境卫生整治、社会治安、养老保险、政务服务等方面的热点难点问题2500个，化解社会矛盾800起，群众对县委、县政府和党政干部满意度提升。其间，县委、县政府对消极应付，走访失职，懒散松懈的112名干部进行问责，其中正科级实职干部26人，规定一年内不予评先评优提拔使用。

2013年2月17日县委发出《关于改进工作作风，密切联系群众的实施细则》，要求进一步加强干部进民家大走访，坚持“四抓”：抓干部入户、抓解决问题、抓结对帮扶、抓督查讲评。2013年干部进民家做到村不漏组、组不漏户，城镇社区走访常态化，有1954名股级以上干部与3528户困难户结对帮扶，资助现金和棉被、衣物、医药品、生产资料等物资折合共350万元，其中现金150万元，解决群众出行不便、路灯不明、环境卫生等方面的问题1500个。

2014—2015年，县委以开展党的群众路线教育实践活动，强力推进全县“三十”工程为主题，进一步推进干部进民家大走访，明确干部进民家大走访，就是最好的群众路线教育实践活动，就是以实际行动作出回应，强调各级党员干部要“一进二访”、身进心进、一访再访。有3000名党员干部深入村组社区入户走访，保持常态化，两批次完成交办的民生实事406项，民意测评湘阴县排名全市第一，全省排名上升到第17位。

第九节　开展联手帮扶帮促

为推进全县重点工程和项目建设速度，2011年，县建立联手帮扶帮促产业发展升级行动领导小组。田自力任政委，黎作凤任组长，多名县级领导为成员，县级机关职能单位和乡镇都抽调干部投入，成立专职帮扶帮促办公室（简称“帮扶办”）。抽调干部10人到办公室工作，明确为常设机构，归口政府办，创办《帮扶简报》，通报领导活动，推介帮扶典型，总结帮扶经验，跟踪项目建设，督导帮扶进展，帮促办有一名县委常委专抓，县委、县政府主要领导实行一周一督查、一月一讲评、半年一小结、年终大总结，每年都召开讲评会和总结大会。县委、县人大、县政府、县政协主要领导都参加，听取情况汇报，总结成绩和经验，找出存在问题，安排后段任务，促推重点项目建设。58名在职的县级干部，都分配有帮扶项目，明确有帮扶职责，以县委、县政府联合下达的文件定位到项，一抓到底。对远大低碳科技园、轻工产业园、中联重科、洋沙湖生态旅游休闲度假区、芙蓉路北拓工程、漕溪港临港新区二期建设工程、金龙新区、东湖生态公园等重点项目工程，都确定有3名以上县级领导挂点坐镇帮扶，零距离接触解决实际问题。对各委办局和乡镇负责人提出严格要求，实行督查问责制，抽调的帮扶干部有300人，都分到每一个项目驻点工作，涉及十大产业、72个重点企业、24个重点工程。

县委、县政府在明确县级领导帮促任务和职责的同时，对有帮扶任务的各委办局和乡镇，明确主要负责人为第一责任人，从领导力量到干部选派，从工作机制到激励措施，从时间安排到经费筹措，从工作纪律到绩效考核，都进行量化细化，而且提出帮扶帮促要做到“白加黑”（日夜加班加点）、“5＋2”（一周七天不休息）。对所有帮扶干部，县帮促办统一制订有帮扶目标任务、工作计划、工作纪律，规定帮扶干部不准借帮扶之名和职务之便谋取私利，不准插手和干预项目工程搞中介服务，索取报酬，不准以各种形式向企业索拿卡要，收受馈赠，不准擅自查询企业账目，打听商业机密。各单位帮扶干部都分别签订“双向承诺”责任书，纳入年度考核评比，实行督查问责，奖惩兑现。2011年以后，把为企业项目建设排忧解难，搞好全程优质服务作为开展帮扶帮促的重点，强调各部门联手帮扶，要做到马上办、跟踪办、上门办和急事急办、繁事简办、特事特办，实行“一票式”收费、“一站式”审批、“保姆式”全程服务。按照签订的承诺责任书任务要求，有解决实际问题的具体事实汇报，而且抽调的帮扶干部基本上与单位脱钩，保持常年工作在工地和企业，对于重点工程和企业中出现的难点和问题，不推诿、不拖拉、不应付，重大问题及时向上汇报，统一协调解决。同时实行“挂销号”制，限时办结制，涉及应该及时解决的项目审批、征地拆迁、规划编制、费用征收、矛盾纠纷、周边环境、社会治安、强揽工程，设卡设阻等问题，实行台账式管理，铁腕式督查，铁面式问责。对帮扶滞后，没有改变的单位和个人，取消年度评先评优资格，同时与干部晋级晋职，提拔使用直接挂钩，这些办法和措施，促使绝大多数联手帮扶单位和帮扶干部尽职尽责，但也有少数干部责任心不强，工作消极，甚至违反帮扶纪律，县委、县政府督查问责 7 人，给予党纪政纪处分 4 人。

2012 年，县政府提出围绕“四三六”工程（即市委、市政府提出的做好建设沿江经济带、建设洞庭湖旅游度假区,加快战略性新兴产业发展,全面提升县城经济实力四篇文章;推进项目引进与项目建设、城乡环境治理、淘汰落后产能三大攻坚；强化民生、环境、要素、人才、组织、纪律六大保障）搞帮扶。

2013 年，县政府进一步明确集中帮扶的重点，提出紧紧围绕十大产业扩张升级工程，十大基础设施建设工程，十大民生实事工程（简称“三十工程”）搞好帮扶帮促。有效加快实现新型工业化、城镇化、农业现代化发展。2015 年，县委、县政府帮扶办统计，为全县重点工程、项目建设解决各类难点问题 1624 个，全程代办各项手续 162 项，调处各类矛盾纠纷 163 起，取消无政策依据收费项目 25 个，减少收费部门 8 个，为项目建设和企业方减免各类费用 9100 多万元，争取上级投入技改资金 1.6 亿元，招收员工 5500 人。31 个重点工程有 21 个竣工，完成投资 87.5 亿元，78 个企业项目有 42 个进入投产，26 个开工建设。湘阴帮扶工作连续四年名列全市第一。

第十节　实施“城区教育三年行动计划”

2010 年，湘阴县委启动创建教育强县，着力改善教育教学条件，对县城区的学校布局和教学条件进行调查，发现县城区面积逐年扩大，常住人口不断增多，城镇化建设正在加速，教育教学条件滞后，中、小学校布局不合理，学生就学困难。原有的中、小学校都集中在旧城区，各学校学生过度集中，一个班的学生多达 70 人，影响学生听课和成绩提升。新城区学生就学困难，要到老城区学校就读，更增加了学校学生超员压力。7 月 1 日，县委召开常委扩大会，邀请县人大常委会主任、县政协主席参加，20 个委、办、局和乡镇主要负责人参加会议，研究城区学校布局调整，改善提升办学条件，决定从 2011 年开始，实施改善县城城区办学条件“三年行动计划”，用三年左右的时间，多渠道筹措资金 1 亿元，按合格学校建设标准，重点调整改善初中小学办学条件，统一规划，分步实施。按县城 50 万人口、60 平方千米发展需求，首先搞好城北学校校园扩建，实行学生分流，改善文星中学办学条件，在中心城区新建滨湖学校。7 月 22 日，县委在县城召开动员大会，发动党政机关干部、社会各界人士捐资办学，推动“三年行动计划”，县委、县人大、县政府、县政协 37 名在职领导捐资 10 万元，党政机关干部和各界人士积极投入捐资，2011 年 5 月，捐资总额达到 2000 万元。

2011 年 8 月，县城城北学校完成改扩建设。用地 4 公顷，投资 4500 万元的滨湖学校，历时 10 个月胜利竣工。教学楼设施先进，标准很高，配备有很强领导班子，面向社会公开招聘，择优录取一批大专以上学历、德才兼备、各具专长的年轻教师，滨湖学校以新学校、新设施、新班子、新教师出现在县城中心，受到群众的很高评价。9 月 1 日，县委、县政府在滨湖学校操场举行庆祝滨湖学校胜利竣工和开学典礼，“四大家”主要负责人都出席，1000 多学校师生和附近群众参加庆典。新建的滨湖学校首期开 30 个班，接纳学生 1500 余名，以后逐步扩大。滨湖学校建成开学，有效分流了老城区学校的超员学生，大大减轻饱和压力，是县委、县政府实施城区教育“三年行动计划”的第一大步，是投入最大、社会成效最好、获得群众拥护的重大民生实事工程。

2012 年，城区教育“三年行动计划”稳步推进，先后完成长岭、黄金学校改扩建、城关中学教学楼和学生宿舍楼、高岭学校扩建征地拆迁，启动县职教中心实验实训大楼建设，总计投入资金2600万元，其中争取国家专项资金1000万元。2013年，是实施城区教育“三年行动计划”的最后一年，而实际上，县委、县政府没有局限于时间，根据实际情况，继续推进改善城区办学条件，投入城区改善教育教学条件资金2250万元，完成高岭学校和文星中学改扩建。

2014年以后，启动县一中、五中150套教师周转房建设，而且，县委、县政府启动“十大民生实事工程”之一的知源学校搬迁建设，将知源中学搬离老城区，在芙蓉北路东、洋沙湖工业园对面兴建高标准新校。这是湘阴县一项巨大的兴教工程，占地22.27公顷，总投资共3.3亿元，建筑面积11万多平方米，建教学楼17栋，及教师、学生宿舍楼、食堂等配套设施。2014年9月动工兴建，2015年9月完成投入使用，可接纳初、高中生5000多人。至此，县城城区教育教学条件大大改善，教育质量同步提升。

第四章　纪检监察

1985年整党以后，县委高度重视党风廉政建设和反腐败工作，努力构建反腐倡廉惩防体系，确保中央和省、市重大决策部署在湘阴县的贯彻落实。县委根据党中央提出的任务和战略方针，在全面改革开放，建立社会主义市场经济体制中，加大预防腐败的力度，积极推进党风廉政建设，取得较好效果。

第一节　党风廉政建设

一、反腐倡廉教育

自1985年始，县委加强对党员干部反腐倡廉教育。1998—2000年组织全县党员特别是党员领导干部认真学习《中国共产党党内监督条例（试行）》、邓小平《论党风廉政建设和反腐败》，以及中央颁布的《建立健全教育、制度、监督并重的惩治和预防腐败体系实施纲要》等重要文件；在党员中开展“三重温”（重温入党誓词、重温毛主席“两个务必”、重温郭沫若的《甲申三百年祭》）、“三对照”（对照还没有解决温饱问题的群众、对照自己的过去、对照先进典型和模范人物）活动；开展向党的好干部孔繁森、姑嫂乡模范党员熊细阳、县计划统计局优秀党员焦载盈等先进典型的学习活动；开展“赛业务，比贡献”活动；组织全县党员参加党章和党风党纪条规知识竞赛；开展“三讲”“三个代表”重要思想和保持共产党先进性教育活动；坚持学习日制度，组织党员学习法律法规和党的纪律、开展党的优良传统和从政道德教育等，引导广大党员特别是党员领导干部牢固树立正确的世界观，促进全社会形成以廉为荣，以贪为耻的良好风尚。

自2000年始，县委注重廉政宣传教育基地建设。在县委党校建立党纪政纪条规教育基地，在干部党员培训班中增设党风廉政和党纪政纪条规教育课；在省园艺场和县公安局看守所设立反腐倡廉警示教育基地；在互联网上设立网络宣教基地；在湘阴县政府公众信息网上链接了反腐倡廉宣教网页，网页8大版块；在县电视台开办《廉政天地》栏目基地，播出一批勤廉典型访谈实录节目；在县城新世纪大道两旁建立“廉政警句十里长廊”教育基地，制作400多条关于廉洁自律的名言警句标语。

2005年，采取选训、轮训、集中培训、下基层讲课等方式对基层纪委书记（纪检组长）和纪检干部进行廉政教育和业务培训。每年在县委党校干部培训班进行反腐倡廉教育。2008年6月，组织全县副科级以上党政负责干部进行封闭式廉政教育培训。是年，县委县纪检监察部门在全县实施“五个一”廉政宣教工程（即建强一个反腐倡廉教育的领导班子、讲好一堂廉政课、树立一批廉政标兵、铭记一条勤廉警句、办好一台廉政文艺晚会）。完善廉政宣传教育联席会议制度和例会制度；明确各单位“主要负责人”为廉政教育的第一责任人；在全县乡科级单位中每单位推介一名勤政廉政典型；组织各单位班子成员每人摘录一条勤廉警句作为座右铭，时刻警示自己。是年6月19日，由县委、县政府主办，县纪委、县委宣传部承办，推出“清风和韵”专题廉政文艺晚会，市纪委、市监察局、县领导和全县副科级以上单位班子成员观看演出。至2015年，选送320人次到市委党校培训班和上级纪检监察部门举办的培训班学习。

2011—2015年，县委抓廉政教育做到突出主题，坚持常态化，主要开展“清正在心”“三严三实”“反四风”等重点内容教育，采取县委书记讲主体责任、单位主要负责人讲党课、邀请上级纪委负责人到湘阴县为县级领导、乡镇和县直单位主要负责人讲反腐倡廉课等办法，开展廉政教育活动。

二、创新工作机制

自1985年始，坚持正面教育为主抓党风廉政建设。1993年，纪检监察合署办公后，湘阴县先后设立党风廉政建设和反腐败的领导机构，成立县党风廉政建设责任制领导小组、领导干部廉洁自律领导小组、纠正行业不正之风领导小组、优化经济发展环境领导小组，以及厉行节约监督检查联席会议，在县纪委设立相应的领导小组办公室。为县纪委、监察局配齐配强领导班子和工作人员，创造良好的工作环境。县委、县政府坚持把反腐倡廉工作纳入经济社会发展的总体规划，一同部署、一同检查落实、一同考核。县委、县政府主要负责人对党风廉政建设和反腐败工作坚持做到重要工作亲自部署、重大问题亲自过问、重点环节亲自协调、重要案件亲自督办。县委先后召开县纪委全会暨全县反腐败工作会议、加强干部作风建设大会、优化经济发展环境大会、乡科级单位主要负责人述廉评议会等。全县各乡科级单位的党政主要负责人分别向县委书记、县长递交《党风廉政建设责任状》。

2005—2015年，相继出台《县委常委、县政府常务会议专题研究党风廉政建设和反腐败工作制度》《县委、县政府班子成员和县人大主任、县政协主席党风廉政建设责任制度》《县管干部违纪案件审查制度》《优化经济发展环境协调会议制度》《纪委协助党委组织协调反腐败工作的规定（试行）》《县直单位党员主要负责人向县纪委全会报告落实党风廉政建设责任制情况试行办法》《关于做好乡科级单位“主要负责人”廉政访谈工作的通知》《建立健全教育、制度、监督并重的惩治和预防腐败体系实施纲要》等。

2011—2015年，县委建立党风廉政建设责任制，并纳入全县综合绩效考核与经济社会发展和党的建设同部署、同落实、同检查，严格实行责任制“三挂钩”，即与干部管理使用，与地方和部门工作评价、与责任追究挂钩，有效推进廉政建设。

三、制度建设

1986年1月1日，县委为巩固整党成果，批转县纪委、县委组织部等单位制定的《全县国家干部纪律》和关于招工、招生、“农非转”、个人建房、干部职工调动和殡葬管理七项暂行规定，要求各单位贯彻落实。1989年县委制定了《关于加强廉政建设的决定》和若干规定。1996年，县委要求各级领导干部努力做到“八不”：下基层吃饭不进馆子，不端杯子；入村不坐车子，不带机子；不用简单粗暴的方式对待群众；不执法犯法，贪赃枉法；不以权谋私，行贿受贿；不打牌赌博；不铺张浪费；不用公款营造、装修私房和超标准配置交通、通信工具。1999年10月，全县党政负责干部会约法三章，提出“十不准”：不准请吃送礼；不准用高档烟酒接待来客；不准到下属单位报销应由个人支付的费用；不准利用职权为子女、亲友和身边工作人员谋取不正当利益；不准违反“个人重大事项报告”制度；不准大操大办红白喜事；不准违纪营建私房和用公款装修住房；不准在干部提拔上搞不正之风；不准为违法违纪者说情护短。2002年，县委再次制定《关于加强县委自身建设的决定》。2004年，县委、县政府全体班子成员通过湘阴新闻媒体向社会公开承诺“三不”即不为工程建设项目、物资采购打招呼、批条子；不接受职务影响的红包、礼金；不违规为亲属子女谋取职位、职务。2005—2015年，县委、县政府以及县纪委监察局制定下发一系列党风廉政建设和反腐败斗争的文件，其中有《关于对乡科级单位主要负责人监督管理的暂行办法》《全县各乡镇县直单位党风廉政建设和反腐败工作目标管理考核办法》《关于进一步加强机关作风建设的若干规定》《关于国家机关工作人员、基层党员干部在安全工作中不作为的追究意见》《关于春节期间廉洁自律的有关规定》《关于严肃纪律、确保计划生育工作和农村减负顺利进行的通知》《关于在乡镇机关推行公务消费实行货币补贴的通知》《关于严肃纪律确保我县换届选举工作顺利进行的通知》《关于禁止利用婚丧喜庆操办敛财的通知》《县管干部任职前县委组织部听取县纪委意见和县纪委回复县委组织部意见试行办法》《关于奖励举报有功人员的暂行办法》《乡科级单位主要负责人向县纪委全会述廉办法》《关于在公推公选科级领导干部工作中的有关纪律要求的通知》《关于公务车实行编制管理的规定》《关于贯彻落实中央、省、市、县关于党政机关厉行节约严格财政支出有关文件精神的实施意见》《关于在党政机关和事业单位开展“小金库”治理工作的实施办法》等。2013—2015年县委突出抓“两个责任”落实（党风廉政建设党委负主体责任、纪委负监督责任），出台落实“两个责任”的《实施办法》《考核办法》《追责办法》《县委、县政府领导班子成员党风廉政建设责任分解》《窗口单位最佳最差服务型机关评议活动方案》《领导干部廉政谈话制度》《县管领导班子廉政情况分析会制度》等制度和举措，对廉政建设发挥很大作用。

四、警示教育

1985年，县纪委印发《十大案例剖析》发至各基层党组织党员学习。1991—2007年，县纪委监察局每年召开公开处理大会，处分违纪违法干部，让大家从中受到教育。至2010年，先后组织全县党员收看《权力的扭曲》《贿赂忧思录》《沉沦警示录》《被钱和色推向深渊的市长》《胡长清案件警示录》等38部电教片和电视片；组织观看花鼓戏《将军谣》等剧目；组织党员阅读县政协党组主编的《苦果启示录》并进行讨论，从中得到警醒。对有轻微违纪问题的党员干部及时进行诫勉谈话，挽救了不少党员干部。

2011年以后至2015年，县纪委收集本县和外地违反廉政建设的典型案例共76个，编印《违反廉政建设案例选编》，印制2万多册下发到全县各基层单位，用身边鲜活的违纪事教育身边的人。

五、廉政示范

1985—1990年，县纪委开展对公款过年过节奢侈浪费等问题进行清理整顿。1991—2004年，各乡镇党委书记、乡镇长和县直单位主要负责人，向县委、县政府签订责任状。2005—2015年，在全县开展廉政“六进”（进社区、进家庭、进学校、进企业、进农村、进机关）示范活动。分别以文星镇乌龙社区、县委原机关宿舍、县第一职业中专、县烟草局、白泥湖楠竹村、县行政大院和县地税局为示范点。2008年，县地税局被市纪委定为党风廉政建设宣传教育示范点。

六、经验总结和理论探讨

1985—2004年，每年召开一次纪检工作会，总结当年党风廉政建设所取得的成绩和经验部署来年的工作。2005年始，县纪委和县监察局及时对反腐倡廉工作进行经验总结和理论探讨。2008年8月，在县委常委、县纪委书记闵秀明主持下，由陈文钦主编，纪检监察室牵头、各室配合，对本委《办案实践与体会》进行修订，增加2个案例，增加《发现案件十条规律》一篇，新编《办案实践与体会》一书，发给纪检监察干部，作为纪检监察办案人员培训的教材，省、市纪委对该书给予充分肯定并予推介。至2015年，县纪委和县监察局先后被中央、省、市报刊推介的经验材料和登载的理论文章20多篇，其中属于反腐倡廉方面的有：《深化五大教育，加强反腐倡廉建设》《推进纪检监察新模式，促进反腐倡廉建设新发展》《解放思想，筑牢领导干部拒腐防变防线》《试论小金库变相形式与对策》《严把“五道关”，遏制查办案件中的说情风》《评议农村党员，加强党风廉政建设》《倡导“三个歌颂”，培养三种精神——浅谈如何加强纪检监察队伍建设》《办案实践与体会》等。

第二节　监督检查

一、纪检监督机制

1984年按中共中央规定县纪检机构不列入县委工作部门，称“中共湘阴县纪律检查委员会”，区、乡、镇、场与县直各局建立纪检组织或配纪检委员。1985年始，建立并逐步完善纪检监督机制。2005年始，对党风廉政建设全盘规划，认真制定年度工作计划。是年，聘请纠风监督员20名，向社会公布纠风举报电话。2006年县纪委换届后，在县人大代表、县政协委员、离退休老干部中挑选85人担任县纪委特邀监督员，对党员干部特别是领导干部进行全方位监督。2008年，深入探索加强对乡科级单位党政“主要负责人”监督的新举措，围绕正职做“三访”工作：开展电视访谈，加强自我监督和舆论监督，在县电视台开辟廉政访谈专题节目，对“公权力大、公益性强、公众关注度高”的单位正职和新提拔任职的负责干部进行访谈，面对电视镜头谈党风责任制的执行情况，谈群众反映强烈的焦点问题的处理措施，作出廉政和服务承诺，广泛接受人民群众的监督；开展明察暗访，加强法纪监督和行政监督。每年确定一批专项检查项目，如廉政责任制检查、干部作风检查、财务检查等。对“主要负责人”常念“紧箍咒”，使其警钟长鸣，谨言慎行。开展基层走访，加强民主监督和社会监督。建立纪委常委、监察局副局长联点包线工作制度，成立10个纪检监察工作联络组，对所联乡镇和县直单位的党风廉政建设工作进行监督检查，参加所联单位的重大事项决策、重要干部任免、重要项目安排、大额资金使用的研究决定和民主生活会，多方对“主要负责人”进行监督。是年，加强对干部选拔任用工作的监督，规范干部选拔工作提名制度，建立健全干部选拔工作监督机制、违规用人问题立案督促检查制度和干部选拔任用工作责任追究制度，落实拟提拔任用领导干部廉政情况征求纪委意见制度。严格执行中央《领导干部报告个人有关事项的规定》，把住房、投资、配偶子女工作运行情况纳入报告内容，并加强监督检查。是年3月，县优化办划归县纪委管理。县纪委、县监察局根据县委、县政府制定的《关于优化经济发展环境“十不准”规定》和县纪委、县委组织部、县人事局、县监察局联合下发的《关于对损害经济发展环境行为实行责任追究的暂行办法》，建立健全企业绿色通行卡制度、派出所所长挂牌服务制度、职能部门执法检查登记备案制度；增设14个优化经济发展环境信息评测点，对职能部门进行民主评测，设立24小时投诉电话。至2015年，受理投诉541件，全部办理；各职能部门采取行政、司法解释，调处企业、个体工商户中各类矛盾纠纷1000余起。组织42个县直单位“主要负责人”在县电视台作出“公开服务承诺”，责令2名违约责任人在电视台作出违约承诺检讨。

二、建立健全抓党风责任制

1984年11月31日，湘阴县委推出《抓党风党纪工作责任制》，要求各级党组织认真执行。此后，又陆续推出走访党员制度、党内外监督制度和党内生活制度。1987年3月25日，湘阴县委发出《关于进一步加强党风建设，努力巩固发展整党成果的意见》，强调进一步建立健全抓党风责任制。从纵向抓党风责任制，实行区委（战线党组）包乡镇（局）党委党组，乡镇（局）党委党组包支部，支部包党员的“三包责任制”，一级抓一级，一级包一级，层层负责，层层落实；从横向抓党风责任制，充分发挥组织、政法、劳动人事、工商、审计、财政、税务、物价、城建等部门对管辖工作范围包干负责，严格按《准则》要求，把好政策关，预防和纠正业务工作中的不正之风。党风责任制的建立健全，对遏制不正之风起了积极作用。2015年，县纪委监察局按照县委《党风廉政建设责任制工作领导小组主要职责、组成人员、任务分工》，狠抓党风廉政建设责任制落实，建立“一案三查”责任制，即在责任追究过程中一查当事人的违纪违法责任，二查党委（党组）的主体责任，三查纪委（纪检）机构的监督责任，进一步强化了工作职责。

三、述廉评议

2005年，根据《乡科级单位主要负责人向纪委全会述廉办法》，先后选取了20个单位和行业的156个基层单位作为民主评议政风行风工作对象，通过评议，提升基层窗口单位的服务水平，全县政风行风进一步好转，同时增强了人民群众参与意识。建立行风热线电话制度，受理及解决群众反映的问题66个，查处不正之风43案，处理处分48人。完成上级领导交办件41件，办结41件。2006年始，开展“主要负责人”述廉评议活动。县纪委组织由县纪委常委带队、县纪委委员、特邀监督员为成员的考察组，对县劳动和社会保障局、县发展和改革局、县交通局、县国家税务局、县水利局、县林业局的局长和城西镇、樟树镇、六塘乡的党委书记的“一岗双责”执行情况进行考察，召开县纪委全体（扩大）会议，将评议意见和结果报上级纪委和县委、县政府，并送县委组织部作为考察使用干部的参考依据。至2015年，“主要负责人”述廉评议活动共开展5次。2010年8月，县委下发《关于做好2010年度乡科级单位主要负责人向县纪委全会述廉工作的通知》，湘滨镇、长康镇等10个单位“主要负责人”向县纪委全会述廉，接受民主评议，对3名“主要负责人”下发整改通知，并跟踪督促，认真整改。针对党政副职违法案件较多的情况，县纪委与县委组织部联合出台党政副职监督办法，采取分线管理、分层监督、分类排队、末位问责的办法，及时消除党政负责干部管理中的空档，健全对党政负责干部的监管体系。

2014—2015年，县纪委按照市委关于“三看三查三评”活动要求，确定14个县直单位和5个乡镇作为干部廉政建设“系统抓、抓系统”重点示范单位，按照县委制订的《干部作风建设“系统抓、抓系统”活动实施方案》确定的9项重点内容，县纪委、县作风办不定期进行检查督导。其中岭北镇、六塘乡、住建局、民政局等单位发挥了很好的示范作用。2015年，县纪委根据考勤和督查情况，对全县1509名拟评先评优人员进行了考评，取消了90名不够评先评优干部的资格。

四、专项检查

1993—2000年，县纪委、监察局在全县党政干部中清理公费手机及住宅电话219台，BP机11台，全部公开拍卖，补缴手机、住宅电话费21.9万元，收缴违纪金额4.2万元。清理162名党政干部违规建私房，责成其中16名补交有关税费6.37万元。查处党政干部多处购（占）住房191套，其中处级干部5人5套，科级干部76人76套。2005—2015年，组织开展十项专项清理整治工作：①认真开展自查自纠。对《中纪委关于严格禁止利用职务上的便利谋取不正当利益的若干规定》《领导干部配偶和子女从业规定》《领导干部报告个人重大事项》等规定的落实情况进行检查。②红包礼金清理。通过自查自纠，专项检查，一批领导干部主动登记上交了红包礼金。③公务车辆清理。登记各类公务小车278台，收缴、处理违规购置的小车24台。“五一”、国庆长假期间封存公车，纪检监察和公安交警组织检查组上路对公车私驾、公车私用的问题进行检查问责。④出国（境）清理整顿。对近年出国（境）的问题进行了清理，处理因公出国（境）中的违规行为。建立公职人员基本情况数据信息库，严格审批程序，对公职人员所持有的护照由纪检监察室实行集中管理。⑤干部作风整顿。由纪委牵头，县委组织部、县公安局、县电视台、县委、县政府两办督查室参与，先后多次对城关范围内的宾馆、酒楼、茶楼、娱乐场所进行突击明察暗访，查处工作人员在工作时间到公共场所打牌娱乐休闲的行为，并现场摄像，在县电视台曝光，处分副科以上干部21名，诫勉谈话19名，对干部进行组织处理3名，并在全县作风建设大会上点名通报批评。⑥对利用婚丧喜庆借机敛财的清理。下发《关于严禁领导干部利用婚丧喜庆事宜大操大办借机敛财的规定》，实行负责干部宴请报告制，联合电视台对城区宾馆酒楼进行明察暗访，促使一批干部自觉取消拟办的升学宴、周岁宴、乔迁宴。⑦对公职人员“吃空饷”清理。每年进行一次清理处置，对责任单位下达整改通知书，并签订承诺书。⑧党政机关厉行节约专项检查，通过“一减”（减少行政预算5%）、“二清”（开展清理“吃空饷”和清理公务用车活动）、“三冻”（冻编、冻车、冻建）、“四压”（压会、压车、压接待费用、压办公室经费开支），紧缩行政开支。⑨节能减排和环保政策落实监督检查。依法关闭了东塘炼钒厂和兴隆纸厂。⑩纠风专项治理。对强农惠农资金、教育收费、食品安全、医药购销、公路水上“三乱”、评比达标表彰和庆典论坛、行业协会和市场中介组织、社保、医保、工伤保险、失业保险、住房公积金和新农合等基金、扶贫资金、计生抚养费等领域存在的突出问题开展专项治理，累计开展专项治理项目49个，查出违纪违规资金2680万元，收缴违纪资金298万元；下发责成办理通知书、监察建议书41件（次）；督促单位整章建制46项。

五、受理来信来访

1981—1985年信访数量每年平均为1101人（次），1986—2004年，县委、县人大、县政府、县政协、县检察院检察长、县法院院长、乡镇党委书记定期亲自接待来访人员。自2005年始，突出五项信访制度创新：①《信访主办人制度》。一个信访件，一名主办人、一个专门班子，全程负责承办，调查、协调、回复，“一竿子插到底”。②《信访下乡长效机制》。县纪委主导，乡镇和县直单位参与，定期进村入户走访群众，把矛盾化解在基层。③《信访听证制度》。疑难信访、重复信访组织听证，上访人与办访人、相关部门负责人等直接对话，从根本上化解矛盾。④《信访三个零制度》。拓宽渠道，实现上访“零成本”；创新机制，实现接访“零距离”；强化责任，实现办访“零积压”。⑤《信访直查快办制度》。对反映党员干部重大违纪问题的信访，由县纪委信访室直接负责，限时调查，限时办结。至2010年，全县共受理人民群众来信来访482件次，市以上纪委交办173件，属纪内信访439件次，办结451件次，自办信访318件，其中信访立案301件，转违纪立案76件。

2011—2015年，县纪委先后出台《信访交办件办理暂行规定》《信访交办件办理情况通报制度》，进一步明确了信访件交办程序和要求，明确党委（党组）在信访交办件办理工作中的主体责任。5年中共受理信访举报件502件，涉及395人，办结410件，其中立案99件，给予党纪政纪处分157人，移送司法机关12人。

2005—2015年湘阴县纪检监察信访案件一览表

表3-2　　单位：件

年　度	共受理人民群众来信来访	市以上纪委交办	属纪内信访	办　结
2005	84	27	79	78
2006	106	32	102	100
2007	95	42	82	82
2008	81	34	73	81
2009	58	19	53	52
2010	58	19	50	58
2011	68	21	68	68
2012	52	18	51	51
2013	108	35	106	106
2014	208	102	189	189
2015	256	146	246	246

第三节 查处违纪案件

1979—1985年，全县查处党员449人，其中开除党籍56人，留党察看222人，撤职29人，严重警告58人，警告84人。1986—1993年，重点查处党员领导干部违纪违法，失职渎职和影响经济发展环境的案件。1994年，全县对37个村的财务进行全面清理，查出各类经济案件26起，涉及村干部51人，追缴违纪金额38万多元，撤职7人，开除党籍3人，依法逮捕1人，其他处分15人。1999年始，纪检监察机关认真探索新形势下腐败案件的特点，提高办案水平，严格查处各种违规案件。至2005年，共立案查处各类违纪案件1484起，全部办结，处分违纪党员1716人（含副科级以上党员干部337人），其中，开除党籍204人，查处大案要案487起，为国家挽回经济损失2.12亿元。

自2005年始，湘阴县案件审理工作进行一系列创新尝试，比较成功的有“乡案县审”和“案件公开审理”。基层案件的审理，由“以查代审”，过渡到“成立领导小组”审理，再过渡到“上下协审”。2007年，县内某中学违反财经纪律案件的公开审理，为全市首创。2010年，案件审理确定为“县纪委必审”，即“乡案县审”。县纪委自办案件的审理也由“封闭审理”向“公开审理”过渡。至2010年，全县纪检监察查处的案件中无一例冤、假、错案。

2011—2015年，县委惩治腐败力度加大，查处案件增多，共立案查处442件，结案440件，县纪委自办案件298件，共处理336人，其中移送司法机关24人，党纪政纪处分239人，其中科级干部91人，收缴违纪金额340万元。

2005—2015年湘阴县纪委、监察局查处违纪案件情况一览表

表3-3

年度	立案查处违纪案（件）	结案（件）	处分违纪人员（人）	县纪委自办案（件）	大案（件）	要案（件）	移送司法机关案件（件）	受党内撤职和行政撤职处分（人）	处分科级干部（人）	其中正科级（人）	基层案（件）	收缴违纪金额（万元）	挽回经济损失（万元）
2005	136	136	136	35	8	22	9	10	22	7	101	120	460
2006	125	125	125	47	5	22	—	7	26	15	78	150	4800
2007	84	84	84	27	5	17	7	8	18	10	57	210	3800
2008	108	108	108	32	6	21	9	3	21	8	76	410	3980
2009	106	106	106	34	4	27	8	15	26	8	72	200	3850
2010	98	98	98	31	3	5	8	14	18	4	67	280	3200
2011	86	86	86	36	4	4	6	18	16	4	50	360	3400
2012	98	98	98	50	2	6	5	11	25	7	48	380	3600
2013	78	78	78	42	1	1	2	27	12	2	36	290	2400
2014	138	138	138	64	2	2	—	24	20	8	74	170	1600
2015	206	206	206	69	3	4	5	19	41	15	137	230	2100
合计	1263	1263	1263	467	43	131	59	156	245	88	796	2800	33190

第五章　组织建设

第一节　党组织机构

1980年，县委专职机构有办公室、组织部、宣传部、统战部、编制委员会、纪检会、县委党校。以后，专职机构常有变动。是年始，县委批准在县经委、县教委、县公安局、县航运公司、县氮肥厂等26个单位建立党委会。

1982年5月，恢复县直机关党委。

1984年，根据中共中央规定，县纪检机构不列入县委工作部门，称中共湘阴县纪律检查委员会。是年，全县完成撤社建乡工作，设立37个乡镇，建立37个乡镇党委会。

1985年年底，共设机关党委21个，7区1镇分别设区（镇）级党委会，37个乡1个场分别设乡级党委会。有党组26个，党总支32个，党支部1050个。

1994年，县委作出《关于加强农村党支部建设和整顿的决定》，制定规划和实施方案。调整充实农村党支部班子成员274个，调整村、支两委成员424个，调整后村、支两委平均年龄50.9岁，具有高中以上文化的增加45人。在全县开展争创“三强班子”活动。全县有党委党组80个，党总支15个，党支部932个。

1996年，县委表彰“三强班子”（党委会）3个，先进党支部10个。

2001年，县、乡镇党组织每届任期由3年改为5年。县委从84个县直单位抽派143名党员干部进驻37个乡镇（管区），38个村进行党组织建整工作。

2002年，县委决定建立农村党支部第一书记制度，从机关选派418名党员干部到农村担任党支部第一书记。

2004年，全县调整村级班子391个，调整村、支两委干部636人，其中村支书258人。全县11个村党支部被省委、市委评为五好村党支部；4个乡镇党委被省委、市委评为五好乡镇党委。湘阴县被评为全省基层党组织建设先进县。

2005年，县委推进实施农村村党支部第一书记制度，建立“村、支两委加经济组织”工作机制，大力推行村、支两委干部交叉任职模式，有64个村实行村支书与村主任一肩挑，培养763名村级班子后备力量。

2010年，县委下发《关于进一步加强和改进村（社区）基层组织建设的意见》。全县有党委42个，党组43个，党总支64个，党支部1034个。

2011—2015年，县委在继续抓好行政和社区基层党组织建设和同时，加强对非公经济单位党组织的建设，新建立党支部117个，2015年全县有党委40个，党组42个，党总支75个，党支部1189个。

1978—2015年湘阴县党组织机构一览表

表3-4　单位：个

年　度	党组织总数	其　中			
		党　委	党　组	党总支	党支部
1978	915	51	-	25	839
1979	974	51	-	31	892

续表 3-4　　单位：个

年度	党组织总数	其中			
		党委	党组	党总支	党支部
1980	974	49	26	20	879
1981	1047	50	26	28	943
1982	1076	52	26	30	968
1983	1036	50	26	30	930
1984	1120	62	21	32	1005
1985	1175	67	26	32	1050
1986	1190	64	25	32	1069
1987	1222	67	27	34	1094
1988	1257	72	30	36	1119
1989	1252	72	30	40	1110
1990	1135	72	29	37	997
1991	993	47	27	13	906
1992	1014	51	29	13	921
1993	1024	53	29	14	928
1994	1027	53	27	15	932
1995	1040	56	27	17	940
1996	1045	56	30	17	942
1997	1050	57	30	18	945
1998	1050	57	30	18	945
1999	1057	57	33	18	949
2000	1061	57	33	19	952
2001	1070	60	34	20	956
2002	1074	60	36	20	958
2003	1080	60	36	23	961
2004	1123	63	38	39	983
2005	1125	46	38	56	985
2006	1131	46	40	56	989
2007	1173	47	40	55	1031
2008	1145	49	42	56	998
2009	1183	39	43	64	1037
2010	1183	42	43	64	1034

续表 3-4　单位：个

年　度	党组织总数	其　中			
		党　委	党　组	党总支	党支部
2011	1222	42	45	64	1071
2012	1368	43	45	65	1215
2013	1372	42	46	65	1219
2014	1387	43	46	75	1223
2015	1346	40	42	75	1189

第二节　党　员

1978 年，恢复党员预备期。组织发展坚持积极慎重的原则，注重吸收优秀知识分子入党。

1979—1985 年，发展新党员 4462 名，其中中小学教师 788 名，占这一时期发展党员人数的 17.4%，具有大中专以上文化程度的知识分子 532 人，占发展人数的 12%。

1985 年，县委根据《中共中央关于整党的决定》和省委、地委部署，在全县范围内开展整党工作。1986 年年底，整党基本结束，全县有党员 23248 人。

1986 年，党员发展按照“坚持标准，保证质量，积极慎重，改善结构”的原则，注重改善知识结构和年龄结构。是年，有大专以上学历的党员 888 名，比上年增加 360 名。

1989 年，县委在农村党组织中开展以把致富能手中的先进分子培养成合格党员，把党员培养成致富能手，把党员致富能手培养成村干部；农村党员带头致富，带领群众共同致富、带头维护社会稳定为内容的“三培三带”活动，以提高农村党员素质。

1990 年，中组部颁发《中国共产党发展党员工作细则（试行）》，把发展党员作为党建一项经常性工作来抓。发展党员实行“三个倾斜”：向生产一线倾斜，要求直接从事生产的工人、农民占新发展数的 60% 以上；向生产管理骨干和年轻人倾斜，35 岁以下党员占新发展党员的 70% 以上；向党的力量薄弱的地方倾斜，力争在农村填补党员空白组。

1999 年，全县党员首次超过 3 万人，达到 30894 人。

2004 年，基层党组织把 400 多名优秀致富能手培养成中共党员，把 2000 多名中共党员培养成致富能手，把 500 名党员致富能手培养成村干部。

2008 年，县委召开学校建党工作专题研讨会，出台《关于进一步加强学校党建工作的意见》，促进了学校党建工作规范化。是年，成功将东湖渔场、渔具厂等 4 家改制企业的 71 名下岗职工党员移交给文星镇社区管理。

2010 年，县委下发《关于进一步加强和改进村（社区）基层组织建设的意见》，加强对全县社区党建工作指导。认真执行《湘阴县村（社区）干部问责与辞职制度》，是年，评选优秀共产党员 6800 人，合格共产党员户 8800 户。

2011—2015 年，县委加强对基层党组织的整顿和提高，县直单位新设党组织 22 个，特别对没有党组织的非公经济单位，加强了党建工作，新建立非公经济单位党组织 117 个，并分批次吸收生产骨干、优秀科技人员和员工入党。全县 5 年中新发展党员 2347 名，比 2010 年净增党员 97 名。

1978—2015年湘阴县中共党员基本情况统计表

表3-5 单位：人

年份	党员总数	其中		民族		文化程度				
		男	女	汉	少数民族	大专及以上	中专	高中	初中	小学
1978	19140	16904	2236	19132	8	123	178	1602	5475	11762
1979	20033	17702	2331	20027	6	152	180	1913	5708	12080
1980	20345	18038	2037	20339	6	192	342	1643	5979	12189
1981	21086	18754	2332	21081	5	195	331	1953	6485	12122
1982	21539	19197	2342	21534	5	223	417	2131	6548	12220
1983	21858	19512	2346	21850	8	230	468	2092	6370	12698
1984	22391	19992	2399	22383	8	300	595	2253	6695	12548
1985	23601	21072	2529	23593	8	528	977	3863	7190	11043
1986	23248	20625	2623	23241	7	888	1985	3979	7481	8915
1987	24860	22156	2704	24849	11	1843	3573	4315	7324	7805
1988	25300	22502	2798	25291	9	3062	4673	4586	8139	4840
1989	25687	22823	2864	25678	9	5839	5026	4590	7414	2818
1990	25991	23181	2810	25977	14	5878	5136	4810	7507	2660
1991	27716	25096	2620	27710	6	6163	6191	5911	6954	2497
1992	28073	25355	2718	28067	6	6222	6224	6013	7033	2581
1993	28438	25633	2805	28430	8	6285	6256	6107	7114	2676
1994	28843	25929	2914	28835	8	6327	6395	6173	7209	2739
1995	27805	24670	3135	27797	8	6327	6002	6075	6662	2739
1996	28206	25004	3202	28199	7	6437	6619	6127	6350	2673
1997	29173	25861	3312	29166	7	6482	6791	6449	7417	2034
1998	29556	26000	3556	29549	7	6553	6825	6547	7493	2138
1999	30894	27573	3321	30886	8	6675	6940	6592	7582	3105
2000	31214	27820	3394	31206	8	6692	6984	6681	7680	3177
2001	31612	28135	3477	31604	8	6731	7136	6792	7740	3113
2002	31857	28343	3514	31849	8	6781	7194	6846	7775	3261
2003	32391	28696	3695	32383	8	6852	7194	7097	7847	3401
2004	32704	28896	3808	32696	8	6931	7063	7102	7916	3692

续表 3-5　单位：人

年份	党员总数	其中		民族		文化程度				
		男	女	汉	少数民族	大专及以上	中专	高中	初中	小学
2005	32987	29073	3914	32975	12	6988	7117	7184	7946	3752
2006	33209	29157	4052	33199	12	7044	7222	7301	7984	3658
2007	33502	29428	4074	33490	12	7098	7266	7451	8019	3658
2008	33798	29665	4133	33785	13	7152	7326	7568	8145	3607
2009	33993	29741	4252	33979	14	7163	7598	7333	8188	3711
2010	34121	29805	4316	34106	15	7324	7564	7402	8099	3732
2011	34207	29829	4378	34192	15	7487	7579	7370	8086	3685
2012	34319	29854	4465	34304	15	7587	7548	7469	8074	3641
2013	34378	29886	4492	34363	15	7753	7475	7479	8072	3599
2014	34411	29803	4608	34396	15	8036	7343	7379	8067	3586
2015	34218	29657	4561	34203	15	8221	7315	7340	8056	3286

第三节　干部管理

一、干部选拔任用

1986年10月，县委下发了《关于公开招选10名县直单位副科级以上干部的通知》，召开了县直单位干部会议进行动员。县委扩大会推荐171名，县直单位干部会后自荐71人，在全县国家干部、国家老师和国家医务人员中公开招选10名副科级以上领导干部。是年，县委在提拔干部上实行试用期制度，对新任的区、乡、镇正副职及县直副科级以上干部，实行试用期一年。试用期内享受其职务工资政治待遇。试用期满，由组织部、劳动人事局对其“德、能、勤、绩”全面考察，能够驾驶全面，开拓进取，德才兼备，胜任现职的则正式任命。政绩平庸，打不开局面，不能胜任现职的，取消其职务和相应的工资、政治待遇，回原单位另行安排适当工作。凡区、乡、镇正副职领导干部，都实行回避制度，异地为官，为干部冲破人情网，摆脱裙带关系，增强事业心，实现革命化，在客观上创造了良好环境。

1987年，历时3个月，经历撰写论文、现场答辩、参加文化和专业考试，遴选10名考察对象。县委常委根据应试者的考试成绩和德才政绩以及提拔干部的政策原则，集体审定，启用了5名副科级领导干部。是年8月4日，县委、县政府发出《关于在全民事业单位吸收录用干部试用干部合同制的通知》，在县城全民纯事业性质单位和事业性质作企业管理的单位，以及农、林、渔、牧事业性质的试验示范场吸收录用合同制干部，试用期一年。按同级国家干部试用期内的管理办法管理。试用期满后，由单位负责考察，符合条件的正式履行合同，不符合条件的予以辞退。在合同期内，按同级国家干部的管理办法管理，其工资待遇，政治待遇等都与单位同级国家干部相同，全民事业单位吸收录用干部试行聘用合同制，为干部的分级分类管理创造了条件。

1995年，按照岳阳市委《跨世纪领导人才培养选拔工程的要求》，湘阴县委提出用3—5年真正做到乡镇领导班子由20多岁、30多岁的干部为主体。30岁左右的党政副职达到1/3。至1997年，乡镇以上国家行政机关公务员过渡工作基本完成，全县共有公务员1337名。自此，考试录用制度建立；培训体系基本形成；辞职、辞退制度启动；轮岗交流及回避制度日趋规范；竞争上岗制度开始实施；考核工作形成制度。

2003年以来，县委在人事制度上实行改革，对干部提拔任用、招录公务员实行公开化。7月，县委出台《湘阴县公开选聘行政党务负责干部实施方案》，公开招聘负责干部18人，其中洋沙湖工业园面向全省公开选聘管委会副主任2人（正科）、招商经营局局长1人、建设开发局局长1人、办公室主任1人（副科），团县委、妇联、审计、党校、科技局等单位面向全县选聘副科干部13名。9月，根据《湘阴县公开选拔乡镇党外负责干部实施方案》，在全县范围内选拔副乡（镇）长15人，其中女性6人。

2005年，实行任前公示制度：每一名拟提拔干部都要在县电视台进行七天公示，由纪委和组织部门联合组成专门班子负责接待群众来信来访和调查核实，并对每一起举报予以回复。在县电视台公示12期，接待来信来访36次。每件信访都进行认真调查核实和回复。实行试用期满考察制度；提拔的干部试用期为一年，期满后继续考察考核。有35名已提拔干部试用期满后经考察不能胜任本职工作被取消任职资格。

2006年，以推行公开选拔和竞争上岗制度为重点，进一步深化干部人事制度改革在县直单位普遍推行竞争上岗制度。继续坚持和完善“无为下岗、无为换岗、无为待岗”机制，破解干部“能上难下、能进难出”的难题，形成凭实绩用人的正确导向。县公安局、财政局等36个单位在推行股所站负责人竞争上岗中，有81名一般干部通过竞争上股所站岗位，12名在职的股所站长在竞争中落聘。

2008年，推进干部人事制度改革，坚持精简、统一、效能的原则，撤并了17个办事处，对48名表现特别突出的原班子成员予以提拔使用，108名原班子成员给予合理安置。综合运用末位淘汰，改任非领导职务到龄退线等手段，大力精简富余职数。全年调整干部4次，提拔干部83人，改任非领导职务102人，减少班子职数81个。9月份，采取“三结合”办法，科学设定推荐报名、资格审查、文化考试、演讲答辩、民主推荐、差额考察、差额票决、公示任用八项程序，变“伯乐相马”为“赛场选马”，变“关门点将”为“比武选将”，面向全县公推公选了县旅游局局长等9名科级干部。

2009年，在干部管理上加大公开选拔力度，加大治懒治庸力度，加大经济责任审计力度。先后3次面向高校毕业生选拔人才，公选了12名公务员到乡镇工作；指导部分乡镇和县直单位开展中层干部竞聘上岗；积极动员干部参加各级公开选拔、选调考试，认真配合参与市委推行“四差额”选任处级领导干部工作，动员26名干部报名竞选，有4名干部进入差额考察阶段。在全县首次从农业、畜牧、卫生等单位择优选聘了16名科技特派员驻6个乡镇和2个乡镇卫生院开展科扶帮扶，引进项目，传授技术，帮助当地群众发家致富。

2010年，面向高校毕业生、计生专干、农村支部书记招录了17名乡镇公务员和5名省委组织部选调生。从县直单位选派6名干部到袁家铺镇和县工业园挂职锻炼。

2011—2015年，县委在干部选拔上坚持德才兼备、以德为先的选人用人原则，在干部的选拔任用上，坚持凭实绩、凭能力、凭群众公认，为担当者担当、让有为者有位、无为者让位的原则，先后面向社会择优招录370人，其中技术干部26人，乡镇干部25人，政法干警12人，大学生村干部9人，农村大学生238人，教师60人。提拔任用85人，其中从县直基层单位选拔42人到乡镇挂职，提拔科级负责干部39人，推荐4名优秀乡镇党委书记进入县（市、区）领导班子，免去18名不胜任现职负责干部的职务。

二、干部教育培训

1984年上半年，县委根据机构改革中新配备班子依然存在文化偏下、年龄偏大的状况，决定挑选100名25岁以下、高中文化以上的优秀党、团员干部到区、乡担任副职，定向培养，通过脱产轮训和自学等方式，取得了大专以上学历，提高了区、乡干部的文化水平和整体素质。

1993年6月，国务院颁发《国家公务员暂行条例》，县委组织部分期分批组织干部到县委党校轮训学习。

2000年，全县举办各类党员干部培训班17期，培训2100人次，更新党员干部的知识结构，提高政治理论水平，增强党员干部队伍的整体素质。县委还对农村党支部书记进行一次集中培训，突出思想、责任意识、政策和法治教育，以增强农村党支部书记正确执行政策、依法办事和善做群众工作的能力。

2008年，根据《党政领导干部选拔任用工作暂行条例》，切实加强领导班子和干部队伍建设。全县选送66名干部到市委党校参训；抽调79名副科级以上干部、81名青年后备干部到县委党校集中学习。组织全县党政负责干部参加十七大会议精神轮训，选拔7名优秀干部赴经济发达地区驻点招商、直接服务和学习经济工作。组织全县403个村支部书记在县委党校集中培训，学习党的农村政策、工作方式方法，并组织到长沙黄花村、望城真人桥村和本县楠竹村、王家寨村等社会主义新农村示范点参观考察，开阔视野，学习经验。

继续开展践行“两个忠诚”主题教育活动，强化党性宗旨、工作态度、政治素质、法纪观念、思想信念、品德品质等“六项教育”。将“讲党性、重品行、做表率、树组工干部新形象”主题教育活动对象延伸到全县党政负责干部。

在全县组织系统深入开展了“讲党性、重品行、作表率”活动，并将活动对象拓展延伸到全县党员干部，认真落实党性教育、查找问题、认真整改、完善机制等规定动作。开展了“争当优秀组工干部，我为湘阴发展做贡献”征文活动，向市委组织部报送了一批优秀征文。组织了高规格、大规模的演讲比赛，有45名选手参赛，12名选手获奖，600多名观众观看了比赛。选派1名选手参加全市“讲党性、重品行、作表率，践行六个组工，服务科学发展”演讲汇报会并荣获二等奖。

2009年，在干部教育培训上，采取走出去、请进来的培训模式，不断提高干部培训实效。选送5名干部到省市跟班学习，选派2名干部到信访局挂职锻炼。分批组织村支部书记到长沙等地参观学习。选送了2名乡镇党委书记到省委党校培训、55名科级及以上干部到市委党校培训，组织92名青年后备干部和110名科级干部在县委党校培训。通过培训，开阔了干部的视野，提升了干部素质，增强了干部能力。

2010年已选调26名干部到省委、市委党校学习。同时，依托县委党校，举办了组工干部职业道德和政务礼仪培训，进一步提高了组工干部职业修养，促进了干部素质提高。

2011—2015年，县委坚持管党治党原则，把党建工作的重点放在基层，打好基础，加强了对基层党组织负责人的教育、学习和培训。先后在县委党校举办4期学习党的十八大精神学习培训班，对全县1200多名副科级以上干部进行了轮训；分两批次将全县454名村（社区）党支书集中进行专题学习培训；对农村235名无职党员进行集中学习培训；择优选调90名青年后备干部到县委党校进行1个月的学习培训。为使基层党组织干部进一步创新思维，开阔视野，县委先后输送140名干部进省、市委党校学习培训，选派129名干部外出到北京、上海、珠海、厦门、和苏南地区学习城乡建设、金融、旅游等知识。

三、干部考核奖惩

1984年2—5月，遵照省、地委关于认真抓好第三梯队建设的指示精神，县委认真抓了县级领导班子第三梯队的选定考察工作。通过民主推荐、全面考察、逐个分析、反复讨论，选定了14名对象。

1985年，县委在考察干部上实行“三个转变”，即由过去长期形成的面对面，由单纯的“纵向”考察转变为“纵横”结合（即既听单位党组织和领导的汇报，又认真听取大多数群众的意见），由过去的坐着听，转变为听（听取各方面反映）、谈（召开座谈会）、测（搞民意测验）、看（目标管理完成情况、政绩）、写（述职报告）相结合，对干部的德、能、勤、绩作真实的全面了解，并以德才为标准，注重政绩，对干部进行全面正确的分析，在此基础上，确定对干部升、降、调、免。

1986年，对干部进行全面考察后，全县提拔副乡、副科级以上干部61人（其中区、乡、镇25人，县直机关36人）。通过全面考察，科学分析干部，实行“升、降、调、免”，做到是非分明，功过分明，奖罚分明，鼓励进取者，教育平庸者，鞭策后进者。

2000年，从农村党支部书记奖励基金中拿出30万元奖励89名先进村党支部和优秀村党支部书记。白泥湖乡楠竹村党支部书记陈友庚被省委组织部和省科协评为实用技术先进个人。

2001年，又从县财政挤出30万元奖励农村党支部书记。组织32名乡镇党委书记到江苏泰州进行考察学习。

2004年，进一步创新干部考察考核办法，研究制定岗位目标管理制度。是年，在严格考查考核全面掌握干部情况的基础上，调整干部326人，其中提拔干部83人，重新组建乡镇班子9个。

2010—2015年，利用县委党校主阵地培训干部3100多人次，选送270多名干部到省、市委党校学习。全年调整干部361名，提拔重用80多名业绩突出的干部，解决了26名干部的职级待遇，对25名业绩不够突出的干部予以降职免职，较好地落实了“凭德才、凭实绩、凭公论”的选人用人要求。

四、干部监督管理

1982年5月20日，县委印发《全县国家干部纪律》，就干部政治业务学习、组织生活、出勤考勤、计划生育、遵守财经纪律以及保守国家机密等问题作出规定。

1984年7月，根据省委、地委关于管理干部的规定，按照管小、管好的原则，缩小了管理范围。7月31日，县委批准县委组织部《关于下放干部管理权限的实施细则》，对县委管理干部的范围进行了调整。县委管理干部的范围是：各部、办、委正副职；区乡、镇和科级单位正职；县委委员、人大常委会委员、纪委常委、政协委员、调研员、正科级专职委员；公、检、法副职；县委委托组织部管理区、乡、镇和科级单位的副职；部、办、委、局副科级专职委员、秘书及其内设科室正副职、组织员、纪检委员；科级单位的协理员、党委委员、党组成员、纪检委员、工会主席，以及其他相当副科级的干部；区、乡、镇党委委员，氮肥厂、人民纸厂、一中、人民医院、鹤龙湖渔场的正职。人大、政协分别管理所属的一般干部。县委和县政府各部、办、委的一般干部由各部、办、委管理。科级单位内设的正副职和一般干部、二级单位的正副职和一般干部由各局管理。各区（城关镇）管理所属区、乡、镇的一般国家干部。乡镇管理村、居委会的正副职。干部职务的任免，按照有关章程、法律和干部管理权限进行。

2000年，组织县级四套班子成员在县委党校集中七天时间封闭式学习，进行深刻的自我剖析，找出自1992年以来在党性党风方面存在的突出问题和主要原因，通过民主测评、召开高质量的民主生活会开展积极健康的思想斗争，解决一些影响党的事业又长期得不到解决的问题。县委根据《党政领导干部选拔任用工作的暂行条例》，制定《关于加强干部工作的七项规定》，实行干部任职交流、公示制、聘任制、试用制、诫勉制等制度，坚持任人唯贤，从德才标准上严格把关；强调社会公认和监督，从民意上严格把关；遵循法律法规，从程序上严格把关。要求各级领导干部在工作和生活中注重自重、自省、自警、自励，坚持做到“九不”：即不请客送礼；不失职渎职；不贪污挪用；不以权谋私；不打牌赌博；不铺张浪费；不利用婚丧嫁娶敛财；不用公款营建、装修住房；不超标准配置交通、通信工具。

2001年，对全县乡镇党委书记和村党支部书记实行备案管理、跟踪调查、定期考核，适当调整的管理办法，调整乡镇党委书记 8 名，村党支部书记 102 名。

2002 年始，进一步健全干部监督机制，规范管理干部，先后出台《关于干部调配的有关规定》《关于干部提拔使用及调整的基本原则》等文件和一系列管理制度。推行干部任前审查联席会议制度，在干部考察后和拟提拔使用前，将考核结果或拟提拔名单交县纪委、政法委、计生局和信访局等有关单位审定并签署意见。是年，32 名党员干部因计生和维稳工作失职等原因未予任用。2003 年对 68 名干部进行诫勉谈话。

2008 年，出台《关于进一步加强干部作风建设的若干规定》等一系列文件，特别是对少数干部上班时间坐茶楼、打牌、上网聊天玩游戏等问题进行了重点查处，对作风建设抓得不力的 2 个乡镇、3 个县直单位和 12 名党员负责干部进行了通报批评，对 8 起破坏经济发展环境的典型案例进行了公开通报处理。认真贯彻落实市委书记易炼红“不换状态就换人”的讲话精神，出台《湘阴县调整不胜任现职、不称职科级负责干部办法（试行）》，对不胜任现职和不称职科级负责干部的 29 种情况进行认定，对 6 名工作状态不佳的干部进行了调整处理。出台《湘阴县村（社区）干部问责与辞职制度》，从村（社区）干部的思想政治、工作能力、工作作风和廉洁自律等方面，对村（社区）干部必须辞职的 20 种情形进行了具体界定，明确了辞职的形式、程序和要求，并组织了不定期督促和检查，对 6 名履职情况不好的村干部进行了辞职处理。

2009 年，在干部管理上加大治懒治庸力度，加大经济责任审计力度，组织 4814 名干部职工结对帮扶困难群众 1266 户，解决困难户资金 150 多万元，为群众兴办实事 1100 余件，解决实际问题 2000 多个，撰写民情日记、调研文章 1500 余篇。县委组织部、县纪委对综治工作、信访工作排名靠后和计生手术任务完成滞后的 13 个县直单位、10 个乡镇主职进行了约谈。对工作表现不好的 21 名干部及时进行诫勉谈话，调整不胜任状态干部 13 人，通报批评 1 人。全年落实干部经济责任审计 36 个，对审计中发现的问题及时提出了处理意见，督促其限期整改，促使其勤廉从政。

2010 年，坚持从严管理干部，切实转变干部作风，以“治懒、治庸、治散”为重点对机关作风进行重点整治。在党员干部中大力开展“更高标准、更严管理、更具公信力”教育，积极倡导“创建学习型机关，争当学习型干部”活动。严格落实有错无为问责制度，对 31 名不良状态的干部进行通报批评、诫勉谈话。全年查处违纪典型案件 3 起，查处违纪人员 34 名，对 8 名干部给予党纪、政纪处分。

2011—2015 年，县委按照中央和省、市委的安排部署，先后在全县开展党的群众路线教育实践活动、“三严三实”、反对“四风”等思想教育，并下发《关于加强干部作风建设严肃治理慵懒散问题的通知》，明确 12 种问责表现和 8 种问责方式，对干部思想作风建设严查严管。县委抽调 100 名干部，组成 20 个督导组，对全县各单位开展经常性全程督导，并组织十多次专项督查，全县共问责处理干部 79 人，处理违纪违法干部 9 人，处理不合格党员 24 人，其中劝退 8 人。

第六章　宣传教育

第一节　新闻宣传

一、新闻队伍建设

1978 年始，县委宣传部要求每个乡镇和县直单位均明确一人为骨干通讯员，登记在册，建立全县骨干通讯员队伍。定期组织通讯员开会、交流写作心得，通报后段宣传重点。积极组织通讯员参加省、市组织的通讯员培训。县内每年举办一期业务培训班，邀请省、市资深记者前来授课，千方百计提高通讯员的写作水平。2003 年，县委宣传部分别在长沙、岳阳建立湘阴籍驻长沙、岳阳新闻记者联谊队伍，定期在长沙、岳阳开展交流联谊活动，并不定期邀请他们回家乡采风。至 2015 年，全县有 19 人成为专业新闻工作者。县委宣传部副部长冯根良在积极写稿的同时，潜心新闻研究，先后出版了《新闻导语艺术》《新闻背景艺术》《新闻标题艺术》《新闻撷美》等 6 本新闻专著。

二、县级媒体宣传

1978 年前，湘阴县建有人民广播站。1984 年，建立湘阴电视差转台，转播中央、省电视节目。1990 年，建立湘阴有线电视台。1993 年建立湘阴广播电视台，正式开创了湘阴拥有自办电视节目的历史。湘阴广播电视台建立后确立突出新闻、精办专题、搞活文艺、加强服务、注重特色的指导思想，办有《湘阴新闻》《三变兴县》《七嘴八舌话房改》等栏目。《湘阴新闻》栏目一周二期。2008 年起，湘阴新闻栏目扩展为一周六期，除星期日外，每天均有湘阴新闻，增强了新闻的时效性。至 2009 年，湘阴电视台已发展成为拥有综合性电视频道、影视频道、文艺频道于一体的综合媒体。

2001 年，经省新闻出版局批准，《湘阴报》再次复刊，每周 2 期。2003 年 12 月，根据中央、省、市报刊整治工作精神要求，《湘阴报》正式停刊。2009 年 9 月 1 日，按照县委常委会议要求，经省、市新闻出版局批准，县委机关刊物《湘阴周刊》正式创刊，刊号为 FB-039。该刊传承原《湘阴报》的使命，开设时政、经济、社会、文化、民生等栏目，每周一期，每期 4—8 版，全彩印刷。至 2015 年年底，《湘阴周刊》共出版 418 期。

三、中央、省、市媒体报道

1978 年始，县委宣传部把鼓励通讯员向中央、省、市新闻媒体写稿、投稿作为宣传、推介湘阴的有效手段。曾出台一系列鼓励政策，激励通讯员写稿。1999 年 6 月 23 日，县委宣传部副部长冯根良等人采写的新闻稿《湘阴万千蜘蛛“织”出生态农业网》发表在《湖南日报》头版头条位置，获当年中国新闻奖三等奖，成为岳阳市获中国新闻奖的第一人。2004 年 5 月，由省文明办牵头，组织中央驻湘媒体和省、市主流媒体记者到湘阴县，对湘阴文明创建情况进行集中报道，在省内外产生良好反响。2009 年，在新中国成立 60 周年前夕，县委宣传部牵头，对新中国成立 60 周年来湘阴县发表于中央、省、市报纸，反映发展历程的新闻作品进行整理，精选部分作品，编辑出版《洞庭波涌——新中国成立 60 周年湘阴县新闻作品选》。2010 年 3 月，出台《湘阴县新闻宣传奖励办法》，县财政每年安排 5 万元作为对通讯员的奖励。

1978—2010 年，全县共有 8200 余篇稿件在市以上媒体发表，其中，《人民日报》采用 21 篇，中央电视台采用 46 篇。

2011—2015 年湘阴新闻宣传更上一层楼，上中央省、市媒体稿件增加，5 年共上稿件 2120 篇，其中省以上媒体 640 篇，市以上 1480 篇。

第二节 社会宣传

1982—1984 年，在全县城乡广泛开展以讲文明、讲礼貌、讲卫生、讲秩序、讲道德和心灵美、语言美、行为美、环境美以及热爱祖国、热爱社会主义、热爱中国共产党为内容的“五讲、四美、三热爱”的宣传教育活动，并确定每年的三月为“五讲四美文明礼貌活动月”。1986 年，在全县企事业单位和农村区乡建立由专职副书记挂帅组成的政工班子，负责社会宣传教育工作。1987 年，开展热爱社会主义、热爱国家和助人为乐的宣传教育。全年集中举办干部学习班五期，参加学习 1000 余人次，举办广播讲座20期次；县博物馆主办“中美合作所史实”教育展览，县电影院组织中国近代史电影放映周活动，放映《林则徐》等影片8部24场；总结杨林寨乡对农民开展思想教育的经验，在《湖南日报》发表，推荐杨林寨农民“海绵吸水的求知精神”“同船过渡的互助精神”“添砖加瓦的爱国精神”。1988年，在全县组织举办十年改革成果展览，组织“十年改革”征文比赛和《巴陵风流》报告文学征集活动，并开展职业道德、职业理想、职业纪律、职业技能的四职宣传教育。1989年国庆四十周年大庆，宣传四十年的伟大成就，特别是改革开放后取得的巨大成就。国庆前后，广泛开展“热爱祖国、热爱共产党、热爱社会主义”的宣传教育。1990年，开展“学雷锋，树新风”活动。县委宣传部下发文件，召开五大家（县委、县人大、县政府、县政协、县人武部）领导和县直部办委负责人联席会议，决定农村以乡为单位，县直以局为单位成立学雷锋活动领导小组，在全县广泛开展学雷锋活动。3月，组织《雷锋》电影放映月活动，在全县城乡放映465场，观众28万余人次，发行雷锋事迹的书籍、图片1500册（幅）。播放广播电视专题稿件65篇，组织以学雷锋为主题的演讲和演唱548场。开展“为人民服务一条街”“扶贫济困送温暖”“本职岗位学雷锋”“美化市容添光彩”等形式多样的学雷锋活动。1991年，以庆祝建党七十周年为契机，在全县城乡更进一步广泛开展爱党、爱国、爱社会主义的“三爱”宣传教育活动。举办以“了解党、认识党、热爱党”为主题的党的知识抢答赛，推出了“没有共产党就没有新中国”专场展览，组织开展讲改革十年变化，讲身边致富典型，讲党的富民政策，讲共同致富的“四大讲”活动，全年讲课970多场次，其中聘请辅导员88人，农民宣讲员33人。开展“三学”活动，在全县提倡发扬“五种精神”，即在名誉和地位面前胸怀豁达，默默奉献的“傻子”精神；在权力和金钱面前廉洁清正，勤政为民的”“公仆”精神；在困难和压力面前顽强拼搏，迎难而上的“愚公”精神；在歪风邪气面前挺身而出，敢抓敢管的斗争精神；在问题和矛盾面前慎思善辩，艰苦深入的求实精神。全县推出15名学焦裕禄先进个人，2名学雷锋先进个人。1994年，在全县继续深入开展爱国主义、集体主义和社会主义教育，宣传各条战线的先进人物，开展评“十佳公仆”“十名优秀支部书记”活动。1995年，在广大干部群众中开展国情教育、形势教育；在中小学中开展爱党、爱祖国教育，组织观看100部爱国主义教育优秀影视片；在干部党员中开展“学习孔繁森，争当好公仆”活动。结合纪念抗战胜利50周年，请中华人民共和国成立前参加革命工作的3位老人组成演讲组，举办各种报告会、宣传会100多场次。利用县内电视传媒播放了10多部电视教育专题片，发放近300套抗战胜利50周年纪念图片。1996年，组织演讲团下到全县各乡镇和县直单位进行了360多场次法制教育巡回报告会，听众达10万人次；组织2万多名干部群众观看优秀影片《孔繁森》《这方水土》和大型现代歌剧《许照约》，并组织开展讨论。结合纪念红军长征胜利60周年，组织宣讲团到各单位、学校巡回演讲100场（次）。1997—1999年，开展讲文明、树新风的宣传教育活动。

2001年，在全县开展“干部爱农民，农民爱国家”活动。其中宣传部牵头的“七一”讲话宣讲团，深入到全县37个乡镇，组织宣讲120多场次。2002年，宣传贯彻十六大精神，开展“我为党旗添光彩”等群众性宣传教育活动，在静河乡地坡村、合兴村建立了思想政治工作联系点，引导农民自我教育。组织宣传干部分成7个组，对农村党员的思想状况、农民群众的思想动态采取问卷、座谈的形式进行调查、研究，开展“三德”“五爱”的宣传教育活动。2004年，实施“乡村报栏工程”，加强农村宣传思想工作。全县418个行政村（社区）共建有报栏429个。2006年，县委针对湘阴县社会治安形势严峻的状况和因金色大地娱乐城跳舞时文星镇与杨林寨乡舞者身体碰撞发生口角引发的“7·25”群体治安事件，抽调200名干部分赴文星镇和杨林寨乡大力开展宣传教育。各乡镇同时开展法治宣传教育。2007年，县委、县政府加强廉政宣传教育，在新世纪大道建立“廉政警句十里长廊”，公路两旁悬挂廉洁自律警句标牌400幅；在滨江公园防护栏张贴廉洁自律名言条幅50幅。2008年4月30日，县委、县政府布置在全县开展第 18 次全国助残日活动。县委宣传部、各新闻宣传媒体开展“牵手残疾人，走进残奥会”主题活动。2009 年 6 月，县委、县政府启动“万名干部进农家”活动。县电视台等新闻媒体把宣传对象对准基层单位和普通干部。2010 年，在全县开展创先争优活动。《湘阴周刊》、县电视台、湘阴红网开辟专栏进行宣传，印发《我身边的优秀共产党员推荐书》3 万份，评选总结了 100 名共产党员的优秀典型事迹。是年，全县新闻媒体加大社会主义新农村建设宣传力度，开辟“文明卫生创建在行动”“农村环境整治攻坚”“创建聚焦”等专栏，播发新闻 400 多条，制作专题 30 期，设立宣传标牌 4000 块。

2011—2015 年，县委宣传部坚持紧贴中心，突出重点，加强主题，围绕县委、县政府重大决策和工作重点，在县内媒体设立专利、专栏和专题精心组织对县委、县政府强力推进新型工业化和“三十工程”“万名干部进民家”“联手帮扶帮促”“聚焦芙蓉大道湘阴段”、市政府“四三六”工程等重点工作开展专题宣传，主动邀请省、市主流媒体记者进行全面宣传报道；邀请《人民日报》、新华社、湖南卫视、《湖南日报》等 11 家主流媒体来湘阴开展“中央省市媒体湘阴行”活动，宣传报道湘阴县作风建设。纪念左宗棠诞辰 200 周年活动期间，主动邀请中央和省内外 20 多家媒体到湘阴县采访报道，并邀请红网进行现场直播，有效宣传提升了湘阴县知名度。在树典型倡导文明新风方面，组织开展“寻找身边的感动”活动，在《湘阴周刊》开辟新闻专栏——“湘阴榜样”，大力宣传只身冲入火灾现场抢救集体财产的岭北村民陈进仁；11 年不离不弃坚持一边工作一边照顾瘫痪丈夫的城关中学教师危三；冲入火海救人自己深二度烧伤的乌龙社区搬运工彭栋强等一批先进人物和道德模范，在社会上产生很大的良好影响，掀起学习先进模范人物的热潮。在组织宣传创建省级卫生县城、省级文明县城，国家卫生县城、省级园林县城方面，宣传部门坚持数年狠抓宣传造势、活动开展、测评督查三个主题宣传，对县委、县政府在实施“三城同创”中的安排部署，重要活动和先进典型进行及时宣传报道。2012 年 5 月在县内现有媒体单位的基础上，与红网、移动、联通、电信公司合作创办“湘阴手机报”，2015 年发展到 10 万户，采取县电视台、《湘阴周刊》、手机报等新闻媒体联合，开辟专题、专栏、专版向全社会进行宣传，并向社会和群众印发倡议书、公开信、编印《相约文明——湘阴市民手册》，在左宗棠广场举办声势浩大的“三城同创——立于言、践于行”万人签名活动，在全社会营造家喻户晓的浓厚氛围，使市民的文明卫生素质步步提高，为湘阴县 2015 年成功创建国家卫生县城，省级文明县城和省级园林县城发挥了重大推进作用。

第三节 理论教育

1978—1985 年，开始了以真理标准、解放思想和经济建设为中心为主题的大讨论，印发了相关辅导资料。

1986 年，根据省委宣传部《关于进一步实现在职干部马列主义教育正规化的实施意见》，县委及时调整和充实了干部教育领导小组。县委中心学习小组的学习做到了经常化，参加中心小组学习的人员由原来的五大家班子成员，扩大到部、办、委的正副职共 78 人，每月坚持集体学习二三天，定期由专职教员讲辅导课。中心学习小组的成员坚持理论联系实际，挤时间撰写文章，有 4 人的论文被市里评为优秀论文。全市组织的《政治经济学》统一考试，湘阴 1199 人参加，考试合格率达 96%，优秀率 27%，总分人平 81.9 分，平均成绩在 90 分以上的单位有南湖区、湾河乡、物资局、财政局、商业局和湖洲局。

1987 年，编印《发展社会主义商品经济讲座》《坚持党的四项基本原则资料汇编》《列宁、斯大林、毛泽东、邓小平和党中央反对官僚主义的部分论述》等学习资料选编 6 期共 1500 份；县委中心学习组全年学习 8 次、16 天；办好副科级以上干部和宣传战线党员读书班，重点学习中央关于几个基本点教育的精神和十三大文件；组织哲学录像教学，从省委讲师团购回哲学录像带24盒，在全县城乡轮流播放；在城关地区组织发展社会主义商品经济理论讲座，进行辅导串讲；组织干部参加市委宣传部组织的哲学考试，参考857人，及格855人，90分以上474人。

1988年，组织全县干部进行《科学社会主义概论》的学习，购置教材820本，辅导资料和串讲提纲各1300本，聘请市委讲师团老师到湘阴讲课。县委中心学习组成员按照学习理论、联系实际的要求，写出学习心得和调查报告35篇。全县有各类社会科学社团14个，会员260余人，组织撰写理论文章被省以上刊物采用的有14篇。其中一篇获奖，被市采用的23篇，其中有3篇获奖。

1989年，编写《党的三代领导人毛泽东、邓小平、江泽民关于廉政和勤政论述》的小册子，供学习组成员讨论学习。在总结前三年干部政治经济学、哲学、科学社会主义三门课程学习的基础上，对缺考和不及格的对象摸底造册，并在3月份组织三科补考工作。全县有1551名干部参加补考，参考率为90%，及格率为100%，5月份对全县三科合格的干部造册颁证，有1329名干部获得合格证书。

1990年，县委宣传部和县委组织部、县委党校协同配合，对全县1123名副科以上干部及理论骨干分四批进行培训，先后就“东欧剧变”“两德统一”“苏联局势”“海湾冲击及影响”“当前国内经济形势”等专题，编发专题资料。围绕湘阴县两个文明建设，先后就学雷锋活动、社教工作、基层党校建设、《社会主义若干问题学习纲要》学习等内容开展调研活动，撰写理论文章。

1991年，全县125个副科以上单位都成立中心学习小组，各小组每月集中学习一次，每次时间不少于两天。学习内容是：马克思列宁和毛主席著作、《社会主义若干问题学习纲要》、七中、八中全会精神、中央工作会议精神、江泽民“七一”讲话以及党史党建理论等。

1994年，县委常委中心学习小组每月学习一次，全年集中学习20天。在县委党校分别举办全县区、乡和县直单位宣传委员学习班、副科级以上干部轮训班、全县村支部书记学习班和妇女干部、团干部学习班、县直单位理论辅导员学习班，区、乡书记，县直单位主职干部学习班等14种类型的学习班，传达中央、省、市宣传工作会议精神，学习特色理论和市场经济理论，参加学习的共计2700多人次。

1995年，全县98个副科级以上单位党委（党组）中心学习组，一般都组织了6—8次集中学习，时间在12天以上。县委常委学习中心组成员扩大到在职的28名副县级以上干部，全年集中学习6次，时间10天。学习内容突出了《邓小平文选》第三卷和市场经济理论及《现代科学技术基础知识》。

1996年，全县建立党委学习中心组102个，共有成员750人。各基层党委学习中心组，均组织10—12天时间的集中学习。全县共举办各种类型理论学习培训班、读书班112期次，参加学习的18930人次。通过学习，县处级干部撰写理论学习心得体会文章95篇，科级干部850篇，在各种报纸杂志上发表的140多篇。

1997年，以学习、宣传、贯彻落实十五大精神为契机开展理论学习，县委党校举办副科级以上的干部读书班、辅导员培训班共四期，培训800多人次。

1998年，开展邓小平理论“四进四入”（进乡村，入农户；进企业，入班组；进学校，入课堂；进街道，入家庭）活动和邓小平理论“百题简答”学习竞赛。

2000年，在县直机关领导干部中开展以“讲学习、讲政治、讲正气”为主要内容的“三讲”教育活动，加深领导干部坚持和发展马克思主义的理解，解决同党中央保持一致和联系群众的问题。

2001年，县委宣传部举办2期理论干部培训班，培训干部500多人次，并编写了《农村干部理论读本》《农村实用技术读本》以及理论辅导资料15000多本（份）。县直、乡镇党员负责干部撰写学习心得、调查报告、理论文章3200多篇，其中有194篇在多种报刊发表。

2002年，县委常委学习中心组按照年初制订的理论学习计划，集中学习了10次共16天，系统学习 WTO 有关知识；“三个代表”重要思想；工业化、农业产业化、城镇化有关内容；江泽民“5·31”重要讲话和中共十六大精神的专题学习讨论。2 月 10—15 日，组织县级干部、乡镇班子成员在县委党校进行封闭式培训。县直单位党委（党组）、乡镇党委学习中心组集中学习平均 8 次以上。县委常委学习中心组全体成员结合理论学习开展调查研究，撰写调查报告、心得体会、理论文章 160 多篇，县委主要负责人撰写的理论文章分别在《人民日报》《湖南日报》《学习导报》等报纸杂志上发表。

2005 年，县委分 3 批开展保持共产党员先进性教育活动。教育活动突出树立科学发展观和正确政绩观。

2008 年 9 月，根据省委《关于在全省开展“坚持科学发展、加快富民强省”解放思想大讨论活动的通知》精神，按照市委统一部署，结合湘阴县实际，县委决定 9—10 月在全县开展以“坚持科学发展、加快富民强县”为主题的解放思想大讨论活动。

2009 年 1 月，县委决定在全县大力开展学习实践科学发展观活动。3 月，在县委党校举办了为期三天的全县各级党政负责干部科学发展观理论学习培训班。4 月和 10 月邀请省市专家教授举办 3 期专题形势报告会。编发学习实践活动简报 54 期，县电视台播出专题电视新闻 100 多条。

2010 年 3 月，根据中央、省、市的统一部署和安排，组织开展理论宣讲、书记讲党课、书记讲形势政策、书记讲发展等一系列主题活动。石塘乡获批全省第一批建设学习型党组织示范点。在全市千名书记讲党课和千名书记讲形势政策比赛中，湘阴县获得特等奖 1 人次、一等奖 2 人次、二等奖 2 人次。

2011—2015 年，县委按照市委《关于开展学习型党组织五创五评活动的通知》，以邀请省、市理论教员讲课，县委学习中心小组集中学习、县委宣讲团到各级各单位开办理论讲座、书记讲党课等多种形式，推进学习型党组织深入开展。在理论教育内容方面，2011—2012 年，以宣传学习党的十七大精神为主；2013 年以后以学习党的十八大精神为主，结合党的群众路线教育实践活动和干部作风建设，开展理论教育。五年中县委学习中心组集体学习 22 次；县委党校开办理论学习班 15 期，参加人数 8300 人次；举办全县大型理论报告会 8 期次参加人数 7200 人次；在开展“千名书记讲党课”“五创五评”和理论教育“微宣讲”活动中，全县各基层单位开办理论学习班和讲座，189 场次，先后向市推荐县民政局、农业局、湘阴五中、樟树镇、石塘乡、岭北镇、玉华乡等单位为全市理论教育示范点。

第四节　精神文明建设

一、开展群众文化活动

1980 年 6 月 18 日，湘阴县委发出通知，要求各地把加强群众文化建设作为社会主义精神文明建设的重要内容，积极创造条件，建立以影剧院、图书馆、游艺室、电视室、业余剧团、电影放映队为骨干项目的文化中心。至 1982 年，全县建立经地区验收定级的影剧院 18 个，座位 1.55 万个。21 个公社集资 84 万元完成 2465 千米广播专用线架设。在城关安装差转机 1 台。组建了摄影、书法、美术等 5 个协会，聚焦了 700 多名摄影、书法、美术等爱好者。1983 年 3 月，县政府拨款 5 万元在城关安装调频机 1 台。1984 年在城关架设了电视发射塔。1985 年投资 8 万元新建新星电影院。全县 415 个村有 390 个村通广播。发展村办、个体办电影队 89 个，普及放映点 424 个。全县城乡图书销售门店网点 110 多家（个）。县乡镇村共办图书馆（室）84 个，藏书 13 万多册。

1981 年始，各乡镇相继建立文化辅导（工作）站。摄影工作者发展到 400 多人，有作品 1891 件，在地区级报刊发表 233 件，在省级报刊发表 68 件，全国报刊发表 21 件。杨林寨乡组织 150 多名拳师建立 4 个武术教练队，设立 8 个训练基地，常年培训，有 4000 多名武术爱好者利用业余时间参加了集训，被地区列为武术挖掘整理重点乡。各乡镇文化站辅导（工作）配备专职或兼职文体专干，利用农闲时间和节假日，因陋就简，开展文艺演出活动和篮球、棋类、武术、舞狮舞龙、龙舟竞渡等项目的比赛。1982年，湘阴剧团参加岳阳地区专业剧团会演，大型花鼓戏《女乡长》获创作三等奖，花鼓戏《翠竹情》获创作演出一等奖，《高山流水》等五首歌曲获创作优秀奖。1983年，县文化馆举办为期6天的迎春灯会，张挂彩灯310盏，制作灯谜3500条，展出美术作品319件，前往观灯猜谜的群众2万多人。元宵音乐会有110多人参加了演出。湘阴杂技团演出活动十分活跃，先后到云南、贵州、福建、湖北、江西等10多个省、市演出2100多场。还赴云南边防前线慰问演出30多场。1984年国庆期间，洞庭区举办农民篮球运动会，杨林寨乡篮球代表队夺得冠军。同年，杨林寨乡先后组织17场20个项目的群众体育竞技，全乡六分之一的村民参赛，观众1.2万多人次。该乡先后有30多名农民、学生参加省、地组织的武术大赛和全县中小学生运动会，多次获得奖牌奖金。1985年春节，县文化馆举办美术作品展览、书法表演和迎春交谊舞会，参加者5000多人次。县书协、县绘画协会分别组织了书法、绘画比赛。同年，县体委、县农委联合举办了“丰收杯”篮球赛，洞庭区代表队夺冠。是年，县老年人体协成立，老年人体育活动经常开展，项目有门球、乒乓球、棋牌、钓鱼、太极拳、太极剑、舞蹈、健身操、武术等。

二、开展“五讲四美三热爱”活动

1981年年初，全国总工会、共青团中央、全国妇联、中央爱卫会等9个单位，联合向全国人民，特别是青少年发出倡议，开展以讲文明、讲礼貌、讲卫生、讲秩序、讲道德和心灵美、语言美、行为美、环境美为主要内容的“五讲四美”文明礼貌活动。在地委发出通知后，县委组织工会、团县委、县妇联等群众团体召开会议，部署在全县开展“五讲四美”的群众运动，要求教育、文化部门积极配合，把“五讲四美”作为社会主义精神文明建设的重要组成部分，一年大抓几次，争取逐步实现社会风气的根本好转。在基层单位党、团组织和工会、妇代会的组织和发动下，“五讲四美”活动很快在城乡逐步开展起来。商业、交通运输、服务行业的职工努力改善服务态度，送货上门，服务到家，待人热情，不厌其烦的人和事多了，服务质量提高了；在青少年中，学雷锋、做好事、送温暖、助人为乐蔚然成风；农村建立乡规民约，破旧习立新风，创建文明村，城乡开展植树造林，栽花种草，美化绿化环境，社会上讲文明、讲礼貌、讲卫生、讲秩序、讲道德的人越来越多，心灵美、语言美、行为美、环境美也到处可见，人与人之间的关系得到一定程度的改善。

1982年2月，县委在全县四级干部大会上提出进一步开展“五讲四美”活动。分别在党员、团员、民兵、妇女和学生中，开展“创先进党支部，争当优秀党员”“创先进团支部，争当优秀团员”“创民兵‘三落实’先进集体，争当模范民兵”“创先进妇代会，争当‘三八’红旗手”“创先进班级，争当‘三好’学生”的活动，开展五好家庭（遵纪守法、执行政策好；努力学习，完成任务好；劳动致富，勤俭持家好；计划生育，尊老爱幼好；安全卫生、团结互助好）的评比竞赛；扶扬正气、压倒邪气。使全县“五讲四美”活动在全民中深入开展起来。3月，县委组织在全县开展第一个文明礼貌月活动，集中力量治理脏、乱、差，美化、绿化、净化环境，各级党组织把“五讲、四美、三热爱”和“文明礼貌月”活动结合起来，成立“五讲四美三热爱，文明礼貌”活动领导小组，工会、团支部、妇工委具体组织，倡导优质服务，建立优良秩序，创造优美环境。国庆前，县委召开各部办委和城关镇党委主要负责人会议，传达湖南省委《通知》，决定在国庆前后开展以治理“脏、乱、差”为中心内容的“五讲四美”突击月活动。团县委先后召开各种会议，深入进行思想发动，组织青少年开展“我为祖国增光彩”等活动。城关地区先后组织5000多名青少年走上街头做红事、清垃圾、疏通阴沟、填平洼地、突击卫生死角。9月28日至30日，城关地区党政机关干部带头，组织2万多人大搞环境卫生。环卫工人加班加点，装运垃圾，洒水冲洗街道，3天全面突击，市容整齐清洁，面貌焕然一新。

1983年元旦、春节前后，县委在组织深入开展“五讲四美三热爱”活动中，除继续治理“脏、乱、差”外，还突出进行“提倡节俭、反对大办婚事；提倡男女平等，敬养老人，反对歧视虐待妇女、老人；提倡相信科学，反对封建迷信；提倡健康的文化娱乐，反对赌博”的四提倡四反对宣传教育。县委宣传部召集公安局等19个部门召开会议，制定具体实施办法和措施。通过宣传教育，婚事新办、勤俭节约、尊老爱幼、男女平等、相信科学、健康娱乐等社会新风气树立起来，扶正祛邪，形成强大的社会舆论。同时，学雷锋树新风，树立不计报酬的共产主义精神和爱国家、爱集体、爱人民的新风尚，抨击“一切向钱看”的资产阶级腐朽思想和打击讽刺先进人物的歪风，改善了人与人之间的关系，改善了干群关系，党群关系，老年人与青少年，教师与学生的关系。2月，县委发出《关于认真开展第二个“文明礼貌月”活动的通知》，按照中央《当前农村思想政治工作宣传教育提纲》的要求，在广大干部群众中普遍开展了“五大讲”，即大讲开展文明礼貌月活动的伟大意义；大讲“五讲四美三热爱”主要内容；大讲学雷锋树新风是时代的要求；大讲文明礼貌的优良传统；大讲搞好社会主义精神文明建设是“四化”的保证，提高干部、群众的思想觉悟。团县委组织“学雷锋，做红事，送温暖”活动；县总工会引导职工、会员在文明礼貌月开展“三优一学”活动，在不同岗位上为人民立新功。县妇联对妇女进行“四自”（自尊、自爱、自重、自强）的教育，引导广大妇女做有理想、有道德、有文化、有纪律的新型女性。县、乡两级培训妇女骨干4514人，向妇女讲课560多堂，听课妇女群众21万多人次。特别是通过各级妇女组织办文化班、办缝纫业、种植业、养殖业、农产品加工业培训班，投入学文化、学技术的妇女9.43万人，改变了妇女文化状况，许多妇女走上工作岗位。

1984年3月2日，县委、县政府召开第三个全民文明礼貌月动员大会，城关镇等10个单位介绍开展活动的经验。全县普遍开展创建文明单位活动、每月1日、10日、20日卫生突击活动、城乡灭鼠活动、植树造林活动、妇女争当“三八”红旗手活动、收缴黄色下流书刊、音像制品活动，总结评比表彰活动。

三、扫黄打非，清除社会垃圾

1982年2月27日，中共中央、国务院发出《关于严禁进口、复制、销售、播放反动黄色下流录音录像制品的规定》。5月3日，县委、县政府发出《关于查禁反动黄色下流录音录像制品的决定》。县委宣传部牵头，公安、工商、文化、广播、教育等部门和城关镇党委联合组织力量对城关地区各单位录音、录像制品进行地毯式检查。发动群众检举揭发隐藏、转移甚至私下复制、播放反动黄色下流录音录像制品的行为。县公安、工商、广播、文化、教育等部门认真检查后，对违反规定者依法从严作了处理。1985年7月，县委宣传部、县纪检会、县委政法委、县公安局、县法院、县检察院、县总工会、县团委、县妇联、县文化局、县教委、县工商局和县广播局等部门组成湘阴县清查淫秽物品统一行动领导小组，在全县范围内开展清查工作。至年底，共收缴淫秽录像带7盒，非法出版物3000余册，罚款900元，行政拘留1人。

四、开展文明村镇、文明单位创建活动

全县文明村镇、文明单位创建活动是在开展“五讲四美三热爱”和文明礼貌月的基础上开展起来的。1984年年初，县委组织在城乡开展文明村镇、文明单位创建活动，要求各级领导层层办点，以点带面。县委确定石塘乡秃峰村为联系点，从宣传部、人武部、农委抽调干部下到秃峰村，发展农村商品生产，坚持两个文明一起抓，改变村容村貌，扩大经营领域，整顿社会秩序，活跃群众文化生活。同时，为了把创建活动搞出成效，县委在全县城镇、农村党支部书记会议上，提出创建“文明村”的七条标准。内容包括：党支部战斗力强；认真贯彻执行党的路线、方针、政策；民主制定群众拥护、能促进党风、民风、村风、家风根本好转的乡规民约、干部守则等；建立一支有战斗力、有说服力、有吸引力的思想政治工作队伍；建立了“青年、民兵之家”、农民夜校等，做到有领导、有场地、有内容、有经常性活动；

搞好计划生育、严格控制人口增长；抓好“两个文明”建设，生产、精神面貌发生较大变化等。县委以石塘乡秃峰村为联系点，以点带全县文明村镇、文明单位创建活动，突出抓“三个建设”：即抓阵地建设，使村镇文化事业普遍有所发展；抓环境建设，使城乡面貌普遍有所改观；抓思想建设，使共产主义道德风尚普遍有所发扬。到年底，全县建立文化中心 89 个，乡乡村村通广播，报刊期发数 13 万多份，发展业余剧团 85 个，杂技魔术队 7 个，武术表演队 2 个，业余文艺创作组 25 个，电影放映队伍 127 人，兴办各类党校 195 所。全县 10 个镇集资 12 万元整修街巷 507 条，3 万多平方米。城关镇建立“门前四包”责任制，使城区卫生面貌完成改观。全县各地按照县委部署，利用各种形式，开展了共产主义和爱国主义教育、社会主义法制教育、经济体制改革教育、彻底否定“文化大革命”教育、计划生育宣传教育、党风党纪教育、妇女“四自”教育和各行各业职业道德教育。12 月，县委组织力量，对全县 7 个区、10 个镇、31 个乡和县直各单位进行文明村镇、文明单位验收，按照全国文明村镇会议提出的六条标准，评出了一批先进单位。年底，在岳阳地区组织的检查评比中湘阴县名列第一名。

1985 年 2 月，县委、县政府在县城召开了创建文明村镇、文明单位活动座谈会，在总结交流经验的基础上，提出把建设文明村镇（乡、区）和文明单位（机关、工厂、党校、商店、医院、班组等）竞赛活动提高到新水平。9 月，县委召开全县创建文明村镇动员大会，提出以治脏乱差为突破口，开展“创三优”（创造优美环境、建立优良秩序、搞好优质服务）活动，在创建活动中，坚持“三带头”（领导机关带头，领导干部带头，共产党员带头）。做到“三结合”（领导和群众相结合，治标与治本相结合，宣传教育与法制建设相结合）。突破“三个重点”（重点单位，即脏、乱、差严重，基础设施差，历史上后进的单位；重点窗口，如招待所、饭店、旅社、影剧院、车站、码头、商店等公共活动场所；重点部位，历来不卫生的“死角死面”），并注意偏僻地段、小街小巷、居民区、宿舍区、商业区、城乡接合部的整顿。9 月中旬到 12 月上旬百日竞赛活动中，各级各单位掀起创建活动的热潮，在全省 11 个开展文明卫生竞赛活动县中，湘阴县名列第五。岳阳地区 5 个县城关镇文明卫生单位竞赛活动中，湘阴城关镇获得同行业第一名的有 8 个。

五、加强公民道德建设

1996 年 10 月，中共十四届六中全会作出了《中共中央关于加强社会主义精神文明建设若干重大问题的决议》，对新形势下的精神文明建设作了具体部署和规划，强调了要以科学的理论武装人，以正确的舆论引导人，以高尚的精神塑造人，以优秀的作品鼓舞人。培养有理想、有道德、有文化、有纪律（简称“四有”）的社会主义公民。县委根据上级部署和安排，从推进公民道德建设、淳化民风入手，进一步加强对社会主义精神文明建设的领导。是年，在全县青少年中开展革命传统教育、思想道德教育和法制教育。

1997 年 5 月—7 月，县委宣传部组织丰富多彩的迎香港回归庆祝活动，组织了迎香港回归报告会、座谈会、知识抢答赛、书画赛，摄制了《湘阴人民庆回归》电视专题片。组织城关地区 3000 多名中小学生游行游艺，庆祝香港回归。寓教于乐，进行爱国主义教育。1998—1999 年，在全县开展讲文明、树新风活动。组织向省文明公民杨慧丽、省文明家庭李求文、何玉文的学习活动。

2001 年，《中华人民共和国公民道德建设纲要》下发后，县委在组织宣传学习的同时，在全县公民中倡导“爱国守法、明礼诚信、团结友善、勤俭自强、敬业奉献”风尚，规范公民的道德行为。7 月至 10 月，在全县农村开展“干部爱农民，农民爱国家”活动。县直单位 6000 多名干部和 4000 多名乡镇干部深入到村、组、户，宣讲“七一”讲话，帮助调整农业产业结构，进行民情调查，共为群众办实事 5000 多件，撰写民情调查报告 1140 篇。县委宣传部组织宣讲团深入 37 个乡镇，举办报告会 120 多场次，对农民进行爱国主义、集体主义、社会主义教育，增强对社会主义的信念，对改革开庭和现代化的信心，对党和政府的信任，团结和引导农民积极向上，不断提高人民的思想道德水平，促进农村各项工作任务的完成。是年，为了认真落实江泽民总书记提出的以德治国的基本方略，加强社会主义思想道德建设，县委于11月30日作出《关于认真开展以德治县的工作决定》，要求全县人民努力提高社会公德、职业道德、家庭美德，创造加强德育的新经验，倡导爱国爱家、文明礼貌、助人为乐、爱护公物、遵守秩序、保护环境、勤俭节约、优生优育、崇尚科学、移风易俗的社会新风尚。2005年，在全县重点开展四项活动：一是以“文明”为主题，开展“建设文明城市，争创文明单位，争当文明市民”的人与自然协调发展活动，美化、亮化城镇形象；二是以“三美”（人美、家美、劳动美）为主题，开展评选星级农户，建设净化、绿化、美化的新农村活动，弘扬社会主义农村新风尚；三是以“三好”（形象好、信誉好、服务好）为主题，在邮政、电信、卫生、治安、金融、商贸、电力、税务、宾馆、交通、建设等行业和部门，开展爱岗敬业、诚实守信、办事公道、服务群众、争当服务标兵活动，培育适应市场经济的社会主义职业道德；四是以“三心”（忠心、诚心、热心）为主题，在全体国家机关干部中开展思想道德建设活动，培养一支牢记党的宗旨，勤廉为公，忠心为党工作，诚心为国分忧，热心为民服务的新时期公务员队伍。通过开展这些有主题、有特色的活动，推进了以德治县健康发展，以思想道德修养、科学教育水平、民主法治观念为主要内容的公民素质有明显提高，以积极健康、丰富多彩、服务人民为主要内容的文化生活质量有所提高，以社会风气、公共秩序、生活环境为主要标志的城乡文明程度进一步提高，创造了在全县范围内物质文明建设和精神文明建设协调发展的良好局面。

六、开展群众性创星活动

2001年，为了探索新形势下搞好两个文明建设的新途径，进一步提高全县城乡居民的道德素质和文明程度，县委、县政府决定，在全县广泛开展创“十星级农户”和“五星级居民”活动。并下发《关于在全县广泛开展创“十星级农户”和“五星级居民户”活动的意见》。农村创“十星级农户”的十星为五爱星、致富星、法纪星、计生星、科技星、新风星、文教星、团结星、义务星、卫生星。这一活动涵盖农村两个文明建设的各方面，适应以家庭为农村最基本生产、生活单位的实际，与村民自治原则相符合，既具有很强的激励作用，又具有很强的约束作用，是促进农村两个文明建设协调发展的有效载体和加强文明村组建设的有效形式。城镇创“五星级居民户”的五星是遵纪守法星、计划生育星、安全卫生星、家庭和睦星、社会公德星。全县以德治县领导小组统一领导，各乡镇成立相应班子，各级都办了创星活动示范点。县委宣传部在静河乡地坡村、合兴村建点联系，通过“星级农户”评选，党支部的凝聚力、战斗力得到充分发挥，干群关系得到改善，社会秩序稳定，国家、集体和各项任务全面完成，乡村工作开展顺利。通过以点带面，在全县逐步推开，把农村精神文明建设提高到新的水平。

2003年，县委、县政府决定把“创星活动”（创建星级文明户、星级文明村、星级文明乡镇）作为农村加强思想教育，弘扬正气，淳化民风的有效载体。制定《关于广泛开展星级文明户、星级文明村、星级文明乡镇活动的实施意见》，规定星级文明户、星级文明村、星级文明乡镇的具体标准、考核内容和评比、动态管理方法，星级文明创建活动迅速在全县开展起来。

2004年，县委、县政府总结关公潭乡王家寨村、白泥湖乡楠竹村建设文明小区的经验，提出在全县以村民小组、聚居屋场为单位创建文明小区，以相邻的几个村为单位创建文明片，除陋习、树新风、提高村民文明程度。全县开展“硬化、亮化、绿化、美化、淳化”为目标的农村星级文明小区创建活动，吸纳民间社会资金8000多万元，投工160余万个。年底全县创建星级文明户16.1万户（占农户总数的90%），星级文明小区554个。星级文明村50个。关公潭乡、白泥湖乡、白马寺镇、南阳乡、铁角嘴镇在创建活动中成为全县先进典型。白泥湖乡14个村，依托湖南省华鑫食品有限公司“公司＋基地＋农户”的产业化模式，大力发展藠头种植和加工，共发展各类藠头加工企业14家，藠头种植面积达 800 公顷，联合农户 3000 户，每年为农民创收 2700 万元，其产业化经营模式被时任省委书记杨正午誉为“湘阴模式”。华鑫公司所在的楠竹村，把发展藠头产业作为农民致富奔小康的重要途径，全村藠头种植面积 208.33 公顷，60% 的劳力在华鑫公司就业。该村人均纯收入达到 4800 元，被定为全省全面小康示范村省长联系点。是年，楠竹村被评为全国文明村。9 月，全省小康示范村建设启动会议在湘阴召开。省委外宣办组织“走进湖南”全国电视异地采访报道组，对湘阴县开展文明创建活动和全面小康示范村建设进行了专题采访，先后在中央电视台国际频道、甘肃卫视、湖南卫视进行报道。

2005 年，县委提出以星级文明创建为依托，加快农村各项社会事业发展，构建和谐社会，开展送科技下乡，送文艺下乡，送卫生下乡等活动，增强群众的科技意识、卫生意识，丰富群众文化生活，营造科学、文明、健康的农村新风尚，推动星级文明户、星级文明村、星级文明片、星级文明乡镇扩面提质，推进农村全面小康示范村、社会主义新农村样板村的建设。至此，全县星级文明小区增加到 1043 个，星级文明村增加到 109 个。

2004 年，县委提出“创建上提质、工作上提速、任务上扩面”，梯次推进，完善创建机制，激发创建热情，加大创建力度，推进了农村小康示范村、社会主义新农村样板村的建设。2004—2015 年，全县星级文星创建投入资金 2.64 亿元，其中群众自筹 1.62 亿元，乡友和部门捐资捐物 1.02 亿元，硬化道路 1980 千米，架设路灯 19700 盏，植树种花 510 万株，建报栏 429 个，建沼气池 2.1 万座，有线电视入村 396 个。全县评选星级文明户 25.3 万户，星级文明小区 943 个，星级文星村（社区）209 个，创建星级文明片 16 个，星级文明乡镇 12 个。白泥湖乡楠竹村被评为创国家级文明村先进单位。

第七章　统一战线

1978 年始，湘阴县委统战部恢复了统一战线工作。1980 年 1 月，县委要求县直单位和各乡镇明确一名党委（党组）负责人分管统战工作。2007 年 7 月，县委出台《关于建立健全统一战线工作机制的意见》文件，设立统战系统，将统战部、工商联、台办、侨联、黄埔军校同学会等归口为系统单位，并将民宗局、侨办纳入大统战工作格局。2015 年，县委统战部归口管理县工商联、台办、侨联、党外知识分子联谊会、新的社会阶层人士联谊会、海外联谊会、黄埔同学会等单位和社团，负责指导、检查、协调、督促全县统战工作。

第一节　党外代表人士工作

湘阴县没有民主党派基层组织。党外代表人士主要包括无党派人士、党外知识分子、非公有制经济人士、少数民族人士、宗教界人士、港澳同胞、台湾同胞、去台人员留在大陆的亲属和回大陆定居的台胞、出国和归国留学人员、海外侨胞和归侨侨眷、原工商业者、起义投诚的原国民党军政人员及眷属。2006 年，增加私营企业和外资企业的管理技术人员、中介组织从业人员、自由职业人员三类新的社会阶层人士，总共包括 15 个方面的范围对象。至 2015 年，全县共有除民主党派人士外的党外代表人士 1356 人。其中，机关、企事业单位中副科级以上党外干部 58 人，中级以上职称的党外知识分子代表人士 677 人，非公有制经济人士代表 412 人，新的社会阶层人士代表 109 人，港澳台海外人士及其眷属代表 63 人，民族宗教界人士代表 37 人。

1990 年 9 月 15 日，县委发出《关于贯彻落实〈中共中央关于坚持和完善中国共产党领导的多党合作和政治协商制度的意见〉》，进一步加大培养、选拔、安排、使用党外干部工作力度，大力推进党同党外人事合作共事。1997 年 6 月，在全县首次公开选拔党外负责干部。有 89 名党外干部报名参选，5 名党外干部选拔为工商局、教育局、监察局、物价局和团县委副职。同时提拔 5 名党外干部担任县检察院、法院、水利局、审计局和县人民医院副职。2001 年 10 月，县委发出《关于进一步加强培养、选拔、使用党外干部工作的意见》，32 个乡镇和 80 多个县直一级、二级单位推荐 150 多名党外干部作为后备力量进行培养，全县范围内第二次公开选拔 21 名党外干部，其中 1 人担任乡长，20 人担任副乡长。2003 年 11 月，在全县范围内第三次公开选拔党外干部，78 名党外干部参选，14 名选拔为副乡镇长。2004 年 3 月，在县委党校举办统战干部培训班，全县各单位分管统战工作负责人和乡镇统战委员共 156 人参加培训。7 月，召开全县乡镇党外负责干部座谈讲评会。11 月，与省社会主义学院联合在县委党校举办党外代表人士培训班，省社会主义学院朱国旗、刘孝听两位副院长和教研室两位专家亲临授课。是年，县委统战部会同县委组织部在半年度和全年考察考核的基础上，召开 2 次党外代表人士座谈讲评会，研究下发《党外干部目标管理考核细则》，提拔重用 3 名到乡镇挂职锻炼的党外干部。2005 年，结合《关于进一步加强中国共产党领导的多党合作和政治协商制度建设的意见》的学习，在全县开展多党合作知识竞赛，县级领导、正副科级党政负责干部和人大代表、政协委员等 1100 多人参加。是年 3 月，结合乡镇体制改革，异地交流党外负责干部 10 人，提拔党外主职 1 人，提拔后备干部 3 人。2006 年 4 月，举办全县党外代表人士培训班，并邀请省市专家授课。11 月，县委出台《关于认真做好聘请党外人士担任特约人员工作的通知》，在国土、劳动、安监、教育、审计、检察院、法院等 11 个政府职能部门和司法机关中聘请 26 名党外人士担任特约人员。2007 年，在全市率先启动新的社会阶层人士试点工作，在文星镇的六个社区先后成立联络联谊工作小组，协商确定 380 名代表人士并建档造册，对新的社会阶层人士统战工作进行有益尝试。2007 年 12 月，召开全县党外负责干部工作讲评会。2008 年 4 月，举办统战人物学习培训班，市委常委、统战部部长李劲夫亲自授课，全县党外干部、非公经济代表人士、新的社会阶层人士代表以及各乡镇的统战委员共 300 多人参加。2009 年 7 月，湘阴县党外知识分子联谊会成立，选举产生以熊国庭为会长的联谊会领导班子，吸纳全县各行各业中的优秀党外知识分子会员 120 余人。先后选送甘灵杰、陶娜等近 20 名党外干部参加省、市举办的培训班，并重点推荐 11 名党外干部参加全市“四差额”公开选拔活动。10 月，举办“统战之窗”大型图片展。至 2015 年，在县委党校党政干部培训班开设统战理论课程，先后授课 16 堂，受教育 2400 多人次。湘阴县委统战部两次被评为全市统战工作先进单位，四次被评为红旗单位。全县安排副科级以上党外负责干部 58 人，其中副处级 5 人、正科级 11 人、副科级 42 人；党外人士担任县级以上人大代表 56 人，其中县人大代表 50 人（县人大常委委员 6 人）、市人大代表 5 人、省人大代表 1 人；担任县级以上政协委员的 161 人，其中县政协委员 139 人（县政协常委 22 人）、市政协委员 3 人、省政协委员 2 人。县新的社会阶层人士联谊会成立后，选举产生以张朝辉为会长的联谊会班子成员。11 月，举办全县“统一战线知识竞赛”，参加活动的县级领导、副科级以上党政负责干部及党外人大代表、政协委员等 1200 多人参加了竞赛活动。

第二节　经济统战工作

1981—1985 年，有 1799 名经济界的统战对象进入各级行政领导班子 15 人，当选人民代表的 3 人，推荐为政协委员 99 人，任省参事室秘书 4 人，评选为县级以上劳动模范、先进工作者 78 人。

自 1993 年始，建立完善湘阴县各级党组织主要负责人与非公经济人士交友联系制度。2004 年 3 月，组织举办“关于县域民营经济发展战略”报告会，邀请深圳金利公司总经理胡海等亲临讲课。随后组织工业、建设、环保、质监、计划等 11 家职能部门召开专题会议，研究出台一系列关于支持和服务湘阴县民营经济发展的措施，制定《关于我县落实以“民营岳阳”为主题的非公有制经济发展工程的实施方案》。2005年9月，湘阴县工商联第十届会员代表大会召开，选举产生了以陶娜为主席（会长）的新一届工商联领导班子。是年，加大行业商（协）会的组建力度，相继组建建材装饰、卷烟经销、机电化工、餐饮经营、文化娱乐、美容美发等9个行业商（协）会。2006年，先后参加深圳坪地台协联谊会、湖南浙江温州商会周年庆典、湖南（望城）湘台经贸论坛和中博会（湘潭）湘台经贸交流会等一系列重大经贸交流活动，结识商界朋友，捕捉投资信息，主动“敲门”招商，积极宣传推介湘阴县。先后接待深圳台商协会、兰州商会、潇湘商会等县外商会团体8批36人次到湘阴县观光考察。是年，为南泉寺旅游建设项目引进资金600多万元。先后与深圳、广州、长沙、中山、温州等地的台办、台协、商会开展学习交流活动。2007年6月，成功召开“民企联村、共同发展”活动动员大会，县委书记、县长等10名县级领导以及民营企业代表、乡镇、村和相关职能部门负责人共280多人参加会议。第一批41家民营企业与72个村实现成功对接，实施种、养、加等项目25个，投入资金400多万元。是年，先后参加珠洽会、湘商大会等经贸活动，加强与湖南异地商会联系，结识一批湖南在外投资的企业家，并协助引进锦旺薄板、湘码钢构等一批招商项目。2008年5月，岳阳市“围绕三新搞服务、和谐统战促发展”现场经验交流会在湘阴县成功召开。省市委统战部、工商联先后3次到湘阴县考察调研并推介“民企联村”活动的成功经验。全年全县有78家民营企业对接67个村，实施农业产业化项目19个，累计投入资金1950余万元。是年，先后邀请并接待长沙温州商会、美国康柏投资公司、省内外商会界人士等6批120多余人次到湘阴县考察。是年，工商联6位副会长以商招商，分别成功引进洞庭生物科技二期工程、楠竹山有色金属加工、深圳正湘木业、广东星冠公司福湘油漆生产等招商项目。2009年，省工商联、民盟省委、民建省委先后到湘阴县开展“农村消费市场”“乡村公路建设”等专题调研活动。全年共有65家民营企业与63个村实现对接，实施种、养、加等农业产业化项目19个。实现9家村企党组织结对共建。至2015年，先后共有95家企业与92个村实现成功对接，累计对接项目95个，投入产业项目资金15885万元，支持公路、水利等农村基础设施建设投入资金2208万元，参与汶川地震救灾、敬老院、学校等社会公益事业捐助资金1090万元，转移安置农村富余劳动力达5.64万人。

第三节　港澳台及海外统战工作

自1986年始，每年圣诞节，县委统战部向湘阴籍国外和港澳知名人士寄贺年信。

自1988年始，建立联系制度，1998年，组织庆香港回归座谈会和迎澳门回归座谈会。

2004年，湘阴县主动参加湖南省台商贸易洽谈会，并邀请了美国中华文化促进会、台北湘阴同乡会、长沙台商投资协会、台湾青蓝集团等前来湘阴县考察投资。组织参加深圳、东莞、珠海、武汉、长沙等地台商协会组织的系列经贸活动，并成功引进湖南大成农业科技有限公司投资1亿元生产功能食品添加剂和长沙中格集团投资南泉寺开发项目。定居香港台胞范止安捐资20万元在袁家铺新南村兴建一所“景范第四十五希望小学”。

2005年，农工党中央副主委、上海市政协副主席左焕琛一行、台湾中华漫画家协会秘书长林奂东等到湘阴参观考察。全年共接待参观考察团16批240多人次。湘阴一中百年校庆之际，台北湘阴一中同学会彭圣师、李式辉、左竹然一行10余人为母校捐款20余万元。是年，成功引进普吉鞋业有限公司、玉森竹木工艺品有限公司、振昌木业有限公司、杰盈电子科技有限公司4家台资企业，累计投资达5000余万元。协助台北湘阴同乡会做好“纪念立会20周年会庆期刊”的资料收集工作。全年共寄发慰问信、春节贺卡500多份，密切与港澳台同胞和海外侨胞的联系。重点做好《反分裂国家法》的宣传工作，印发宣传资料2000份，上门分送到全县台商、台胞和重点台属手中，进一步宣讲党的对台方针政策。

2006年5月，在广州市成功举办高规格的对台招商恳谈会，吸引40多位台商参会，签订意向投资项目9个。帮助台资企业玉森竹木、振昌木业、普吉鞋业解决运输、生产、用工等方面遇到的困难和问题。2007年，先后与台北湘阴同乡会、美国中华文化促进会等海外社团开展交流互访。

2008年，结合台湾“3·22”大选，举办对台知识讲座、台海形势报告会3次，重点做好在湘阴台胞回台参选的政策宣传和舆论导向。是年7月，湘阴县第四届归侨侨眷代表大会召开，选举产生以吴育红为主席的新一届侨联领导班子。11月，组织举办台商湘阴行活动，成功邀请台湾中华经营管理顾问协会和台南市中小企业协会一行36人到湘阴县考察投资。12月，在衡阳举办县情推介交流会，吸引全国20多名台企会员和台协会长参加，并达成一批意向投资项目。至2015年，先后引进加拿大乡友熊立新回乡创办英波达服饰，新加坡外商投资兴建士达纺织，中港合资兴办湖南建华管桩等，引进港、台、侨“三资”企业10家，吸引海外投资8600万元，安排劳动力400余人。通过以乡情为纽带，广泛联系海外人士和海外社团捐资支援家乡公益事业建设：先后结合“民企联村”活动为新农村建设修路架桥捐资26万余元；争取香港惩教社教育基金会捐款15万元在静河乡黄金村新建1所农村小学；引进中国烛光基金会、香港轩辕基金会为2所农村小学捐款25万元改善办学条件；动员归侨侨眷、海外侨胞和港台侨“三资”企业向四川地震灾区捐款19万元。

第八章　综合党务

第一节　综合调研与政策研究

1978年前，县委办仅有为县委草拟文稿和为领导人撰写报告、讲话稿的秘书班子。1996年以前县委设立政研室。机构改革后，政研室为县委办内设组室，主要承担县委领导报告撰写、县委决策综合调研与政策研究、县委文件材料起草等工作职能。2011年4月政研室更名为县委政策研究中心，升格为正科级事业单位。

一、经济发展研究

2005年，为总结湘阴县发展大户经济和建设全面小康示范村的经验，县委政研室撰写了《大户经济，大有可为》《立足湘阴实际，梯次推进小康》等文章，在省委《内参》上刊发。2008—2010年，县委政研室为抢抓湘阴县列入长株潭“两型社会”综合配套改革试验区核心区和滨湖示范区的重大历史机遇，加快转变湘阴经济发展方式，切实提升区域综合竞争力，组织实地调研活动，先后撰写《加快四大对接，主动融入长株潭发展》《湘阴对接长株潭发展的调查与思考》《贯彻落实科学发展观，全面对接长株潭》《全面对接长株潭，加速产业转型升级》等一批调研文章，为县委探索产业转型升级、加速项目建设、服务经济发展提供重要参考。紧紧围绕县委的重大决策部署开展调查研究，促进了《关于加速开发建设湖南湘阴工业园的若干规定》《关于进一步优化经济发展环境的意见》《关于加速推进新型工业化的决定》《关于加强房地产开发管理建设的若干规定》等一批政策性文件的出台。

2011—2015年，县委办综调室坚持以服务全县经济发展为主题，以创新方法为主线，以当好县委参谋为宗旨，开展调查研究，先后向省、市报送调研材料500多篇，编发《每周汇报》（湘阴版）140多期，较好地起到当好参谋辅政作用。其中“湘阴县全力以赴稳增长保目标”“湘阴县实施五大工程学赶永修城市建设”等调研材料被省、市采用，也为县委、县政府领导提供了决策信息。

二、经济改革研究

2004—2015年，县委政研室紧紧抓住关系湘阴县长远发展的要事大事，深入开展调查研究，撰写《湘阴县实现农业大县向经济强县转变的思考》《抓好两个转变，建设经济强县》《湘阴县新型城镇化建设情况调查》《湘阴县统筹推进新型工业化、新型城市化和农业现代化情况调查》《湘阴县乡镇财政队伍建设情况的调查与思考》等一批调研文章，为县委科学决策提供了第一手材料。围绕推动农村改革发展这一重大课题，撰写《关于金融支持新农村建设的调查与思考》《破解农村发展难题，推进农村改革发展》《湘阴藠头产业发展的问题与对策》《湘阴发展农业规模经营的实践与思考》等一批有针对性的调研文章，为解决热点难点问题提供了建议意见。撰写的《破解农村发展难题，推进农村改革发展》获省科技论坛优秀论文一等奖，《坚持以工促农，实现富民强村》《强力推进新型工业化，加快县域经济发展》《加力项目建设，助推发展提速》等10多篇推介湘阴工作的文章在国家和省级刊物刊发。

2014和2015年调查采写的《湘阴县“五个一”掀起学习贯彻落实市委“三个办法”热潮》《湘阴县深学细照笃行，落实市委“三个办法”》《湘阴县民间借贷融资中介机构存在的问题需引起高度重视》《湘阴县综合施策着力建设好干部队伍》等材料，有的被省、市采用，有的为县委、县政府决策施政发挥重要参谋作用。

三、和谐社会研究

2009年，县委政研室针对人口和计划生育、综治维稳等难点工作，相继联合相关部门开展专题调研，促使《关于严格人口和计划生育工作责任追究的规定》《社会治安综合治理考评细则》等一批政策性文件出台。2010年，针对门店出店经营、市场乱搭乱建和车辆乱停乱靠等城市管理难点，县委政研室开展专题调研，促成《关于明确县级领导联街道社区县直部门单位包路段以及文星镇负责干部包社区责任制的通知》《关于开展城区主次干道违章晴雨棚专项整治行动的通知》等执行性文件出台。《推进全民自主创业，加速县域经济发展》《以创建小康生态文明村为载体，全面推进农村“三个文明”建设》等调研文章，为县委、县政府在促进全民自主创业、推进社会主义新农村建设等工作上提供重要参考意见。

四、党的建设研究

2004—2015年，县委政研室深入基层，就基层组织建设实地调研，形成一批调研成果。如《把握干部选任关键点，提高选人用人公信度》《加强和创新基层组织建设，进一步提高党的执政能力》《加强基层组织建设，促进农村全面发展》《加强和改进基层组织建设，落实民本岳阳发展理念》等调研材料，为县委在加强领导班子执政能力建设、推进党内民主、完善干部选拔任用机制、选人用人导向等方面提供了决策参考。《转换提升状态，推动跨越发展》在《岳阳晚报》刊发，获全市纪念改革开放30年理论征文活动优秀论文奖。为推介县委在基层组织建设上大胆创新、与时俱进中取得的成绩，县委政研室撰写《基层组织建设要善于创新》和《基层党建是提高执政能力的基础》等理论文章，分别在《党建研究》和《湖南日报》上发表。

第二节　督查督办工作

1990年，湘阴县委督查室成立，由县委办公室副主任兼任主任，归口县委办公室管理。后因机构改革调整为县委办内设科室，仍称县委督查室。

1990—1995年，县委督查室始终围绕县委、县政府工作中心，服务全县大局，先后牵头组织对计划生育工作、社会管理综合治理、城乡环境卫生整治等开展督查，每项督查都发出督查通报，推广认真落实县委决策的好经验，批评部分单位贯彻不力的形式主义作风。1996—2000年，集中力量，开展对安全生产、减轻农民负担、防汛抗旱、干部作风建设、惠农专项资金落实进行专项督查。2001—2007 年，先后对招商引资、重点工程建设、干部进民家、信访维稳等重要工作进行督查。2008 年，县委督查室组织开展各类督查、督办活动 105 次，其中：决策督查 19 次、专项督查 24 次、领导批示督查 19 次、领导电话及面交事项 35 次、协助省市专项检查 8 次。共发督查通报 25 期，上报督查专报 8 期，下发督办通知书 126 份，撰写调研报告 5 篇。2009 年，组织开展各类督查、督办活动 108 次，其中：决策督查 18 次、专项督查 31 次、领导批示督查 11 次、领导电话及面交事项 42 次、协助省市专项检查 6 次。共发督查通报 14 期，上报督查专报 5 期，下发督办通知书 152 份，撰写调研报告 3 篇。2010 年，组织开展各类督查、督办活动 27 次，其中：决策性督查 7 次、专项督查 12 次、承办领导批示件 8 次。共发督查通报 15 期，上报督查专报 4 期，下发督办通知书 59 份。是年，湘阴县委督查室被评为 2010 年度全市党委系统督查工作先进单位。

2011—2015 年，县委督查室按照县委的部署，紧跟中心，突出重点，开展各类督查督办活动 135 次，办理省市委领导批文件 28 件，县委书记批示件 638 件，发出督查通报 42 期，发出督办通知书 450 份，有效提升了各级工作效率。

第三节　党校工作

1978 年 10 月，恢复县委党校，对党员、干部、建党对象进行正规化教育培训。1997 年，设立湘阴县行政学校，同县委党校合署办公，实行“两块牌子，一套班子”。其主要任务是培训乡（镇）干部和县直单位的党员干部以及理论骨干；轮训属于县委管理的党员干部以及相当于这一级职务的党员干部。1988 年，开办党校函授教育，对函授学员进行函授教育，提升学历。2008 年，随着形势变化，根据中央的决定停止招收函授学员。至 2010 年，县委党校校园总面积 7.2 公顷，总建筑面积 9418 平方米，固定资产总值 1720 万元。有学员宿营 3 栋，床位 150 个；食堂 1 栋，能同时容纳 300 人就餐；多媒体教室 2 个，多功能报告厅 2 个，标准教室 4 个，图书室、阅览室各 1 间，文书档案室 1 间，库存图书 25000 余册。有在职教职工 19 人，其中高级讲师 1 名，高级政工师 1 名，讲师 3 名，助讲 5 人，另特聘教师 15 名。

自 2000 年始，县委党校坚持完善公务员和村（社区）主职干部的定期轮训制度，实现了公务员每两年进行一次轮训，村主职干部每 2—3 年进行一次轮训。每年定期举办科级干部培训班和青年干部培训班各 1 期，为期一个月；每年定期举办入党积极分子培训班 4 期，每期 1 个星期，年培训入党积极分子近 1000 人。至 2010 年，党校教师撰写的论文及理论性文章发表在省级以上刊物的 28 篇；地级市刊物的 42 篇，获得各种奖励 153 篇。县委党校有 20 多次被县委、县政府评为“先进单位”“三个文明单位”“先进集体”；校党委多次被评为“先进基层党组织”；扶贫、青年志愿者行动、赈灾捐赠等活动取得良好社会效益；教学、科研和函授教育多次受省市委党校表彰奖励，35 人获省市表彰，分获“优秀校长”“优秀教师”“优秀教育工作者”荣誉称号。

2011—2015 年，县委党校紧跟中央和省市县委的安排部署，突出中心和重点，结合党的群众路线教育实践活动和“三严三实”等中心工作，开展各类培训和教学，先后开办农村（社区）党支书培训、青年干部培训、科级干部培训、入党积极分子培训、群众路线教育实践活动和“三严三实”教育培训等共 30 期，培训人员 7300 余人次。此外配合有关部门联合培训人员 15000 人次。2011—2015 年，党校校长、副校长和教员写调研材料和论文 52 篇，其中 19 篇在国家和省级刊物上发表。2014 年县委党校获评全市党校系统科研先进单位。

1978—2015 年湘阴县党校党员干部培训情况一览表

表 3-6

年　份	培训期数	培训对象	培训总人数
1978	4	党群战线 1 期，89 人；县直机关整风学习 1 期，438 人；妇女干部 1 期，87 人；区社干部 1 期，86 人	700
1979	6	财贸战线 3 期，721 人；党群战线 1 期，312 人；工交战线 2 期，409 人	1442
1980	9	文卫战线 3 期，607 人；财贸战线 2 期，300 人；党群战线 1 期，175 人；工交战线 1 期，196 人；公安战线 2 期，512 人	1790
1981	5	各战线综合培训	620
1982	5	党群战线 1 期，201 人；各战线综合培训 4 期，303 人	504
1983	2	党群战线 2 期，146 人	146
1984	1	党群战线 1 期，104 人	104
1985	3	党群战线 1 期，111 人；各战线综合培训 2 期，220 人	331
1986	2	全县党性教育报告员学习班 1 期，82 人；各战线综合培训 1 期，74 人	156
1987	6	乡村妇干 1 期，207 人；各单位综合 1 期，103 人，团干 1 期，193 人；全县妇幼干部培训班 1 期，202 人；人事干部培训 1 期，126 人；学习十三大报告培训班 1 期，92 人	923
1989	3	农村会计 1 期，298 人；学习贯彻十三届四中全会精神学习班 1 期，752 人；农村党支部书记培训班 1 期，444 人	1494
1990	4	村（居民）妇女主任学习班 1 期，306 人；第四次人口普查实施细则培训班 1 期，298 人；畜牧水产系统党员学习班 1 期，303 人；科干班 1 期，185 人	1092
1991	9	秘书业务培训 1 期，77 人；纪检监察干部培训 1 期，112 人；新进国家干部入门培训 1 期，173 人；科干培训 3 期；电力局廉政建设培训 1 期；第一期中青年干部培训 1 期，78 人；农村党支部书记培训 2 期	1056
1992	6	第二批城市社教单位负责干部培训 1 期，133 人；调解主任法制培训 2 期，354 人；国家干部入门培训 1 期，156 人；科干学习十四大文件轮训班 2 期，396 人	1039
1993	5	组织工作业务培训 1 期；水产集团公司骨干培训 1 期，52 人；国家干部入门培训 1 期，168 人；农村党支部书记培训 2 期，435 人	655
1994	9	纪检监察干部培训 1 期，88 人；村委会主任培训 1 期；县直一、二级机构党支部书记培训 1 期，127 人；妇女主任培训 1 期，374 人；国家干部入门培训 1 期，145 人，乡村会计培训 1 期，300 人；团干培训 1 期，32 人；乡镇企业负责干部培训 1 期，53 人；区、乡党委书记和县直单位党的主职干部培训 1 期，103 人	1222
1995	9	农村党支部书记培训 2 期，425 人；科干培训 1 期，71 人；国家公务员制度知识骨干培训 1 期，97 人；团干培训 1 期 47 人；村级计生专干培训 2 期，355 人；宣传理论干部培训 1 期，57 人；国家干部转正定级入门培训 1 期，141 人	1173

续表 3-6

年　份	培训期数	培训对象	培训总人数
1996	7	乡村两级妇女培训2期；党政负责干部培训1期，213人；科干培训3期，314人；中青年干部、村级后备干部培训1期；乡镇团委书记、县直单位团组织负责人培训1期	1354
1997	3	科干培训2期，216人；学习中共十五大文件理论辅导员培训	1053
1998	3	计生专干、妇女主任2期；科干培训1期	689
2000	6	科干培训2期；农村党支部书记培训1期；中专培训1期；村（居民）妇代会主任培训2期	856
2001	8	农村“三个代表”学教培训1期；支书培训1期；青年培训1期，88人；科干培训2期，150人；学教活动骨干培训1期；治调主任培训1期；股所级干部培训1期	1583
2002	3	信访干部培训1期，67人；科干培训2期	287
2003	6	村民委员会主任培训2期；村级后备干部培训2期；村会计培训1期；村干1期	1235
2004	10	农村一书记培训2期，375人；企业社区老干支部书记培训1期，110人；统战干部培训2期，220人；科干、沼气技术、乡镇统计培训各1期，170人；青干培训，77人；党政秘书培训1期，135人	1087
2005	11	农村一书记1期，375人；统战干部1期，81人；秘书培训1期，135人；民兵营长培训1期，155人；科级干部1期，81人；企业社区一书记培训1期，110人；农村沼气技术人员、畜医、青干、党外人士、经济普查员培训各1期，595人。先进性教育1期，260人	1792
2006	16	党员先进性教育培训3期，1085人；农村一书记培训2期，458人；乡镇人民武装干部和武装民兵集训1期，200人；计生干部培训2期，307人；经营员培训2期，288人；企业社区老干支部书记培训1期，100人；计生世间干部培训2期，307人；信访干部培训1期，157人；青干、计生、微机员各1班，179人	2821
2007	6	科级干部培训1期，118人；政法干部培训1期，200人；妇女干部培训1期，115人；股所长培训1期，98人；信访干部培训1期，158人；血防干部培训1期，220人	909
2008	6	中心组负责人培训1期，180人；科级干部培训1期，120人；“五五”普法干部培训1期，96人；工会主席、专干培训1期130人；治安主任、青年培训各1期，242人	768
2009	15	《行政程序规程》培训班1期，205人；十七大精神轮训班5期，920人；“五五”普法骨干培训2期，455人；农村社区支书培训3期，486人；科干培训1期，103人；青干培训1期，90人；农村会计培训1期，153人；公文、秘书培训1期，142人	2516
2010	6	老干支部书记培训1期，112人；公务员及参工人员培训1期，1390人；科干班1期，105人；青干、水利普查员、新员工培训各1期，704人	2311

续表 3-6

年　份	培训期数	培训对象	培训总人数
2011	8	科级干部培训班 1 期，中青年干部培训班 1 期，入党积极分子培训班 4 期，村和社区党支书培训班 2 期	2000
2012	19	青年干部和科级干部培训班各 1 期，公务员轮训 10 期，组织干部、司法干部、团干部、公安干警培训班各 1 期，入党积极分子培训班 4 期	5222
2013	15	科级干部培训班 8 期，青年干部培训班 1 期，入党积极分子培训班 6 期	7000
2014	6	青年干部培训班 1 期，科级干部培训班 3 期，入党积极分子培训班 2 期	1800
2015	5	青年干部、科级干部、农村和社区党支部书记培训班各一期，入党积极分子培训班 2 期	1500

1981—2015 年湘阴县党校入党积极分子培训情况一览表

表 3-7

时　间	期　次	总人数	性　别	
			男（人）	女（人）
1981	1	162	137	25
1982	2—3	231	198	33
1983	4	176	142	34
1984	5—9	650	574	76
1985	10—13	553	434	119
1986	14—16	468	347	121
1987	17—18	368	281	87
1988	19—21	427	318	109
1989	22—23	278	203	75
1990	24—26	632	509	123
1991	27—31	912	752	160
1992	32—36	853	644	209
1993	37—38	484	394	90
1994	39—44	1077	905	172
1995	45—47	621	497	124
1996	48—52	908	740	168

续表 3-7

时 间	期 次	总人数	性 别	
			男（人）	女（人）
1997	53—56	825	676	149
1998	57—60	704	578	126
1999	61—64	686	522	164
2000	65—68	790	691	99
2001	69—72	825	684	141
2002	73—76	885	728	157
2003	77—80	1248	1028	220
2004	81—84	960	797	163
2005	85—88	1032	788	244
2006	89—92	932	740	192
2007	93—96	856	649	207
2008	97—100	969	767	202
2009	101—104	960	729	231
2010	105—108	816	611	205
2011—2015	109-126	1660	1120	540

第四节　史志编纂

1982 年 5 月，县委建立党史办公室。1993 年县委党史办与县政府县志办合并，更名县委史志办公室，为正科级事业单位，归口县委办管理。

一、党史编纂

2002 年 3 月，县委办、县政府办联合发文，向全县征集部门性的党史专题资料，启动《中国共产党湘阴历史（1919—2005）》一书的编纂工作。2008 年始，县委史志办充分利用党史资源，经常性地开展讲党史、上党课、续传统等党史宣传教育活动，到基层上党课 150 多堂，听众 10 余万人。先后组织县委党史联络组离退休老干部到平江、华容、临湘、浏阳等地调研考察和学习交流，召开座谈会 9 次，邀请 219 人参加座谈，写出调查材料 45 万字。配合省、市史志部门撰写组稿回忆文章 54 篇，31.5 万字；为县党史志书的编写提供了 67.8 万字的素材。2009 年 8 月，《中国共产党湘阴历史（1919—2005）》一书由中共党史出版社出版。2010 年 3 月 9 日，中共湖南省委党史研究室以湘史〔2010〕3 号文件通知，县委史志办编著的《中国共产党湘阴历史（1919—2005）》获全省党史部门党史优秀成果奖特别奖。是年，中央办公厅《关于加强和改进党史工作的意见》下发后，县委史志办迅速组织学习传达，并第一时间向县委书记和主管副书记汇报。县委下发落实中央办公厅《意见》的通知，并召开县委专题会议研究党史工作，召开县直单位主要负责人和乡镇长会议进行部署。明确各乡镇、县直各单位分管党务工作的副职为党史联络员。把史志工作纳入创建“三个文明”建设年度综合考评的内容。县直机关和乡镇建立党史联络员制度，全县党史联络员增加到134人，逐步形成基层史志工作运行网络。县委史志办加强党史资料的征集和研究工作，重点征集了“社会主义经济建设60年（1949—2009）”专题资料，计260万字，全面精编梳理湘阴县60年来经济建设和党的建设的成果，基本完成了《湘阴党史专题资料汇编》的组稿工作。校正《湘阴县人民革命史》简编本，纠正以往史料的部分错误，并增补新的史料2万余字。完成《党委工作纪事（2008）》湘阴部分稿件的撰写上报工作任务。积极与县委组织部远程教育中心、县档案局、县委党校、县政协文史委等配合，广泛征集党史文稿、图片等资料300余幅。全面推进党史宣传进机关、进学校、进社区、进企业、进农村活动。采取发放党史书籍，举办党史教育讲座等方式，提升党史宣传教育水平。在全县读志用史活动中，为基层提供《湘阴县志》21本，其他党史资料58册。

县委史志办完成党史正本编纂后，紧跟形势，创新思路，主动作为，2011年配合党的中心工作编写价值较高的党史资料《华国锋在湘阴》，华国锋是中华人民共和国成立后湘阴县第一任县委书记，2011年是华国锋诞辰90周年，县委史志办组织得力人员编写出《华国锋在湘阴》一书，全书27万字，加部分珍贵历史图片，记述华国锋在湘阴的光辉史实，受到中央和省市史志部门的高度评价。之后又编写出《华国锋传》《华国锋年谱》上报中央和省史研究部门。2012年组织编写湘阴县委2006—2011年重大决策资料，共30万字，为今后编写湘阴党史续集奠定基础。同时组织人员收集整理湘阴县进入中央苏区（1927—1937）资料，共100万字，上报省和中央有关部门审批。其间，经反复调查考证，核实确定了1929年11月中共湖南省委机关由武汉回迁湘阴县城东正街的具体地址和房屋，并进行了复原修缮，解决了几十年来一直悬而未决的重大历史问题。

2014年，配合党的群众路线教育实践活动，组织编写《政声人去后》一书，记述刘菊秋在湘阴县任县委书记期间（1973—1981）以身作则，改进作风，艰苦深入，联系群众的故事，全文20万字。2015年，县委史志办紧密配合党中央开展纪念抗日战争胜利70周年活动，组织人员编写《干城碧血》一书，共20万字和部分珍贵历史图片，记述日本帝国主义在湘阴县犯下的罪恶，湘阴县人民奋起抗战的史实。抗战期间，湘阴全县伤亡289384人，其中被日军杀害7.5万人，失踪7330人。其中有儿童近2万人，经济损失1745亿元（法币）。萝卜洲和青山岛两大惨案被日军杀害的军民2600多人。《干城碧血》发出后，激发了各界人士的爱国主义热情，在社会上反响良好。

二、志鉴编纂

2007年5月25日，湘阴县委召开常委会议专题研究史志工作。会议决定每年安排史志研究经费2万元，列入财政预算。会后，由县委办、县政府办发文转发县委史志办制定的《湘阴县2006—2010年党史地方志工作规划》，由组织部发文明确各乡镇分管党务的党委成员和县直各战线、各单位常务副职为县委史志办工作联络员，并明确规定今后动人不动岗，谁在这个岗位上，谁就是史志工作联络员，以保持长期有效的运行机制。

2008年，在国务院《地方志工作条例》发表两周年之际，县政府常务副县长郑剑山发表电视讲话。县委史志办在县城主要街道悬挂横幅31条，张贴宣传标语152张，宣传海报11张，印发宣传资料1500份，广泛宣传《地方志工作条例》。县委史志办召开专题座谈会，学习《地方志工作条例》，听取意见建议。在全县党政负责干部培训班系统安排史志知识课，收集229万字的重要史志研究资料。是年，县委史志办组织2次大型专题调研活动，抢救珍贵的县情史料，深入挖掘左宗棠、郭嵩焘、夏元吉、范源廉、范旭东等历史名人的资料，为湘阴县经济建设提供名人效应，为扩大湘阴文物旅游资源影响提供翔实资料。

是年，县委史志办从报刊、电视台、新闻中心、《岳阳年鉴》等新闻媒体收集新闻信息11.4万条，360余万字，排查出湘阴县招商引资、经济建设方面的重大活动和事件信息12000多条，60多万字，从中筛选整理成400多条，计5万多字的大事记资料，完成《湘阴县改革开放30年大事记》的编写。同时，又通过湘阴县政务网收集各类经济信息、政务信息1000余条，12万多字，浓缩成160余条，1万多字的资料，与《大事记》合并成报市资料，完成《岳阳市改革开放30年大事记（1978—2008）》湘阴县组稿任务。

自2009年始，县委史志办坚持把史志工作融入经济建设之中，为发展县域经济服务。在县城东拓、左宗棠文化广场建设、东湖商业中心开发、湘阴一中百年校庆和机关行政大楼建设等重大活动中，都积极提供史料资源，充分发挥史料的作用。

2010年，全面启动湘阴第二轮修志和年鉴编写工作。下发《关于湘阴县志和湘阴年鉴资料征集工作的通知》，要求各级各单位精心搜集整理本部门本单位重要历史资料。县委史志办组建修志编辑队伍，收集600多万字的各类文字资料，撰写工作紧张进行中。启动《湘阴年鉴》的编写工作，全书21个门类，172个分目，390个小目，是湘阴第一部年鉴。是年，完成《横岭湖纪实》《南下湘阴六十年》《岳阳市120件大事图志》等专题资料的征集、撰写和报道。为《岳阳年鉴》《湖南年鉴》提供湘阴部分的相关资料。县委史志办积极指导各部门、乡镇编修地方志。已正式出版的有《新泉地方志》《岭北地方志》《湘阴军事志》《湘阴质量和技术监督志》《玉华乡志》《湘阴县公安志》等，还有12个乡镇、部门正在抓紧编纂中。县委史志办认真开展全县红色遗址、革命遗址普查工作。县委办、政府办联合制订《湘阴县革命遗址普查工作实施方案》，召开组织动员大会，号召全县上下积极支持、广泛参与革命遗址的普查和保护工作。同时，安排专项资金3万元，抽调20多名有史志工作经验的干部分组深入各乡镇和史实发生地普查，确定革命遗址13处，收集相关资料51份，2.35万字，拍摄照片528张，精选70余幅能反映湘阴革命遗址全貌的图片资料汇编成册，上报市普查办，得到市普查办的充分肯定。是年，县委史志办被评为2010年度省、市史志工作先进单位，县委办副主任兼县委史志办主任欧立强被评为省、市史志工作先进个人；县委党史联络组组长聂宗儒被评为全省党史联络工作先进个人。

2015年湘阴县地方志（1978—2015）完成送审稿，经省、市主管部门组织召开评审会，提出修改意见，2016年完成修编，志书初定由190多万字组成。

1986—2016年湘阴县委史志办党史、地方志部分成果统计表

表3-8

书籍名称	出版时间	出版情况	字数（万）	印 数
湘阴县体育志	1986.1	内部发行	20	200
湘阴县水利志	1987.1	内部发行	20	200
湘阴县法院志	1987.10	内部发行	25	200
湘阴县供销合作志	1987.10	内部发行	25	200
湘阴县物资志	1988.2	内部发行	25	200
湘阴县卫生志	1988.5	内部发行	30	300
湘阴县外贸志	1990.1	内部发行	20	200

续表 3-8

书籍名称	出版时间	出版情况	字数（万）	印数
湘阴县公安志	1990.4	内部发行	20	500
湘阴县粮食志	1990.5	内部发行	25	300
湘阴英烈	1990.5	公开发行	15	11000
湘阴党史资料汇编	1990.6	内部发行	21	1000
湘阴县统计志	1991.9	内部发行	20	200
湘汨人民革命史	1995.4	内部发行	21	8000
湘阴县邮电志	1997.11	内部发行	20	500
中共湘阴党史大事记	1999.10	内部发行	4.5	1000
湘阴人民革命史简编本	2001.6	内部发行	1.5	1000
皓首话当年	2001.6	内部发行	15.7	500
长湘公路建设纪实	2002.12	内部发行	28	1280
水畅人欢	2004.8	内部发行	20	1000
新泉地方志	2008.10	内部发行	32	1000
岭北地方志	2009.7	内部发行	30	1000
中国共产党湘阴历史	2009.8	公开发行	52	2000
长康镇志	2010.7	内部发行	30	1000
湘阴县军事志	2010.8	内部发行	30	500
湘阴县教育志	2010.10	内部发行	20	500
湘阴年鉴 2011	2011.6	内部发行	76	600
华国锋在湘阴	2011.10	内部发行	27	2000
湘阴年鉴 2012	2012.6	内部发行	110	650
湘阴县改革开放三十年大事记	2012.6	内部发行	7.5	200
湘阴县苏区认定材料	2012.7	内部资料	10	300
湘阴县申苏补充材料	2012.7	内部资料	5	200
湘阴县申苏图片集	2012.7	内部资料	4.2	100
青山岛志	2012.12	内部发行	35	1000

续表 3-8

书籍名称	出版时间	出版情况	字数（万）	印 数
湘阴年鉴 2013	2013.6	内部发行	74.7	600
南湖洲镇志	2013.7	内部发行	50	1000
刘菊秋在湘阴的故事	2014.2	内部发行	20	1000
湘阴年鉴 2014	2014.5	内部发行	65.3	600
湘阴县质量和技术监督志	2014.8	内部发行	10	200
华国锋年谱·传	2014.10	内部资料	11.6	200
玉华乡志	2014.10	内部发行	50	1000
湘阴县畜牧志	2015.5	内部发行	51	400
湘阴年鉴 2015	2015.6	内部发行	65.3	700
干城碧血	2015.11	内部发行	35	1000
湘之骄子	2015.11	内部发行	16	2000
湘阴年鉴 2016	2016.7	公开发行	52.3	500
三塘镇志	2016.9	公开发行	45	500

第五节　档案工作

1980 年 5 月，县委办公室成立“湘阴县档案科”。1984 年 12 月 8 日，县人民政府根据岳阳地委编制委员会〔1984〕65 号文件精神，将县档案科升格为县档案局，仍归口县委办系统。

一、档案建设

1983 年，按照《档案馆建筑设计规范》和《档案馆建筑标准》，湘阴县档案馆库房建成，占地 3000 平方米，其中库房面积 1100 平方米。自 2000 年始，县委、县政府共投入资金 43.6 万余元，对县档案馆进行维修和重点档案抢救，征集重点档案 107 卷，修补档案 4358 页，复印 3864 页，并先后添置空调、去湿机、电脑、复印机、扫描仪、刻录机、灭火器、温（湿）度计等设备，有效地保证馆藏档案的安全。2008 年，县档案馆采取接收、征集、寄存等方式不断丰富馆藏、优化馆藏结构。至 2010 年，保存湘阴县自 1919—2015 年的档案资料共 162 个全宗、四个门类（文书、照片、专门、实物）的档案 7.1 万卷册。县档案馆接收县直机关档案资料 12560 卷。是年，由于档案馆馆舍年久失修，存在安全隐患，经档案局积极申报于 2010 年 7 月县综合档案馆新建项目获省发改委批复，同意湘阴县综合档案馆新建规模为 3993 平方米，其中库房面积为 2000 平方米，可确保未来 30 年发展需求。2013 年 5 月，县长办公会议明确选址在行政办公次中心，项目建筑总面积 4592.6 平方米，其中档案库房 2500 平方米，对外服务用房 993.34 平方米，档案业务和技术用房 600.26 平方米，办公用房 199 平方米，项目总投资 3000 多万元，2015 年年底全面竣工。2016 年 6 月正式投入使用。

二、开发利用

2001年年底，湘阴县档案馆被湘阴县委认定为“湘阴县爱国主义教育基地”。2002年，县档案馆成立“现行文件公众阅览利用中心”。2004年，县委正式指定县档案馆为已公开现行文件利用中心及政府信息公开查阅场所。至2015年，共保存66个单位1320份现行文件。湘阴县档案馆每年接待查阅人员平均1800多人次，提供案卷2100多卷。编写《湘阴解放前后》《湘阴县委历史考证》《湘阴县知识青年上山下乡纪实》等编研资料17种，40多万字。举办《盛世谱华章》《河山遭寇犯　回首话湘阴》《纪念抗日战争全面爆发70周年》和《纪念改革开放30周年》大型图片展，共接待参观者6万多人次。

三、依法治档

1997年，县档案局培训5名档案执法人员，先后组织档案员参加省、市档案局举办的法制培训，初步形成以档案局执法员为主体，档案员为骨干的档案执法网络。至2015年，湘阴县有档案工作规范化管理省特级单位1个，省一级单位12个，省二级单位26个。湘阴县档案馆没有发生重大档案被盗、失火、失密和窃密事件。是年，县档案局对全县重点项目档案进行检查。

四、信息化建设

2005年年底，“湘阴档案信息网站”正式开通，同时建立内部局域网。2007年，正式开通电子公文和信息交换系统。馆藏档案文件级和案卷级目录数据库建设进展顺利，计算机机检目录达46000条，同时，启动全文数据库建设。2010年成立档案局信息中心，投入200多万元添置一套档案信息化设备。

第六节　老干部工作

一、老干部机构

1981年2月，县委成立中共湘阴县委老干部工作办公室。1982年3月，县委成立离退休干部管理领导小组，由1名县委副书记任组长，组织部部长任副组长。1983年12月，中共湘阴县委老干部工作办公室更名为中共湘阴县委老干部工作局（以下简称“县委老干局”），属一级机构。1984年2月，县委老干局增设老干部休养所，负责做好老红军、抗日将士和处级以上老干部的管理服务工作，属全额拨款事业单位，定编7名。是年，县离退休干部管理领导小组更名为县老干部工作领导小组，县委书记任组长，分管老干工作的副书记、县政府常务副县长、组织部部长任副组长，县委办、政府办、财政、公安、粮食、人事、劳动、民政、卫生、老干等单位主要负责人为小组成员，每年召开2次以上会议，专题研究老干部工作。

1993年8月，在机构改革中撤销县委老干局，成立中共湘阴县委组织部老干部工作办公室。1995年3月，恢复县委老干局，属一级机构，财政全额拨款事业单位。1996年9月，设立县委老干局党组。2002年1月，县委老干局属正科级行政单位。2002—2010年，县委老干局下设办公室、组织宣教股、生活待遇股、老干部活动中心、老年大学、老干所。

1985年始，县直各单位、各乡（镇）设立老干办（室），建立老干党支部，作为老干部政治学习、开展活动、发挥作用的平台。2015年年底，全县有老干办（室）78个，配专干85人，老干支部78个，老干部党员5035名。并有县关工委、老科技、老年保健协会、老年门球协会、老年诗书协会，钓鱼协会6个涉老组织挂靠县老干部局。

二、落实待遇

县委老干局管理老干部的原则是：老干部的基本生活待遇由所在单位负责落实，县委老干局督促所在单位按老干部的相关政策落实到位。1995年3月，县委下文明确担任过县级实职的退休干部由县委老干局管理。负责老干部住院看望、身体检查、老年节和春节慰问、70岁以上逢十祝寿，并协同老干部所在单位指导、组织老干部开展活动。

（一）政治待遇

老干部离退休后基本政治待遇不变。老干党支部每季度组织一次支部活动，学习政治时事，交流思想，过好组织生活。县委、县政府每年向县处级老干部通报 2 次工作情况。科级及以下老干部所在单位每年通报 2 次以上工作情况。县处级老干部由县委保密局根据级别、保密级别组织阅文。科级及以下老干部由所在单位组织阅文。县委、县政府定期组织县处级老干部参观县内工农业重点工程。县委、县政府召开的重要会议和重大政治活动均邀请离退休老干部代表参加。每年年底，各单位都召开老干部迎春团拜会，向离退休老干部汇报工作情况，听取意见，增进思想沟通。

（二）生活待遇

老有所养 老干部离、退休后基本养老金和按政策应享受的各项生活补贴全部由社保发放。2001 年 4 月，县委、县政府下发《关于解决离退休干部有关生活待遇的会议纪要》，对特困企业和经费困难的单位的 76 位老干部按政策应享受的护理费等 5 项生活补贴全部纳入社保统一发放。老干部遗孀的生活费由县财政按政策统一拨付县委老干局发放到人。

老有所医 建立离退休老干部医药费保障机制。2002 年，县委、县政府发出《关于进一步完善离退休干部离休费和医药费保障机制财政支持机制的意见》，从 2002 年 10 月 1 日起，离休干部的医药费报销全部进入县医保中心，设立特殊人群医保专账。离休干部医药费统筹资金，2002—2004 年每人每年 5000 元，2005—2007 年每人每年 6000 元，2008—2010 年每人每年 1 万元。至 2015 年年底，老干部住院药费报销率达到 70% 以上。县委老干局每年组织老干部进行 1 次健康检查，每位老干部在县人民医院、县中医院设立了健康档案。

老有所学 县委老干局为每位老干部订了《老年人》杂志。爱好书法和保健的老干部自费订阅了《老年人书画精粹》和《自我保健》。1998 年，县委老干局开办老年大学，政协原副主席伏煌曙任校长，开办书法、诗词、美术、舞蹈、保健等专业班。2009 年，中共湖南省委老干部局、湖南省老年大学联系会为湘阴老年大学颁发"湖南省老年大学示范校"奖状。至 2015 年，共培训老年学员 1000 多人次。

老有所乐 1995 年，县政府投入 95 万元新建湘阴县老干部活动中心，内设舞厅、健身、书画、图书、棋牌室等活动场所。县直单位有老干部活动室 24 个。县委老干局发起成立了老年门球协会、老年钓鱼协会、老年书画协会、老年保健协会、南山杯自行车队、太极拳协会和健身操队等涉老活动组织。参加各种老年娱乐活动的老年人占总人数的 80% 以上。县直各单位还利用重阳节组织老干部开展健康旅游、红色旅游等活动。

老有所为 1986 年 3 月，经县政府、县总工会、县物价局研究，组织离退休老干部成立物价计量监督检查组。在监督检查中处理短斤少两、伪劣商品事件 163 起，16 人先后被评为省、市、县先进监督员。1987 年，成立湘阴县关心下一代协会。1992 年 1 月，更名为湘阴县关心下一代工作委员会（简称"关工委"），先后由政协原副主席彭子朝、副处级离休干部蒋惠昌、县人大常委会原主任聂宗儒担任主任。全县各乡、镇、村建立关工委 531 个，有会员 5055 人。有 450 名会员受聘担任 405 所学校的校外辅导员。至 2015 年，关工委先后组织"知我湘阴，爱我湘阴"报告会、"我与祖国共命运"征文与演讲活动、《纪念毛泽东诞辰 100 周年》征文大赛、纪念红军长征胜利 60 周年报告会、"少儿革命歌曲演讲赛"、迎香港回归报告会、"知党爱党跟党走"征文等活动 460 场次，听众观众 20 多万人次。1988 年成立县老年门球协会。县政协原副主席彭子朝、县科技局原局长阳名虎、县教育局原副局长韩锡钧、县政协原主席单斗才先后担任会长。成立起至 2015 年，每年组织 2 次全县性门球比赛，还组织门球队分片比赛。县代表队、四大家代表队参加全市赛事 50 多场次，县委、县人大、县政府、县政协、县老干局、县公安、电力、公路、国税、民政、电信等单位每年或多次参加全市本系统举办的门球赛。县门协组队先后3次参加在湘潭举办的“伟人故里行”老年门球赛。全县先后建立门球队40个，参加门球活动的老年朋友1000余人。2015年，县门协争取县政府投资280万元新建高标准室内门球场2个、篮球场1个。1990年3月成立县老年书画协会。县文化馆原馆长巢善宝、县教育局原局长卢似杞、县政协原副主席伏煌曙、县政协原主席周山连先后担任会长。有会员134人，其中省级以上协会会员16人，市级协会会员34人。协会配合建党、国庆、建军、抗日战争胜利、红军长征、领袖百年诞辰、港澳回归、左宗棠诞生200周年等庆典和纪念日举办书画展38次，参加“中国梦、湘阴梦”主题活动和全县“百米长卷百人书画赞湘阴”活动展出书画作品2800多幅。送书画作品进校园、进乡村、进社区、进企业、进敬老院等150多幅。为村（市）民写春联2000多幅。选送70幅作品参加中国老年大学主办的全国性“夕阳红”书画展，有13幅作品获奖，其中书法金奖1个、绘画金奖1个。部分书画作品入选《中国书画》杂志、《老年人书画精粹》等多种刊物。刊印16开全彩印《金秋》诗书画集6辑。为弘扬国粹，推动县域文化发展作出努力。1999年1月，县委、县政府成立湘阴县老科技工作者协会，县政协原主席熊伯群任第一届主席。建立6个分会，会员321人。协会副主席、高级农艺师陈伯刚，退休后在蜘蛛治虫、生物无害防治领域贡献突出，荣获全国老科协金马奖。2006—2015年，县人大常委会原副主任顾国宗担任会长。组织农业、水产、畜牧、卫生等分会的专家深入农业生产第一线，服务“三农”。开办农民学堂36所，创办科技示范点12个，创办帮扶医院1所（鹤龙湖镇城西卫生院）。组织调研，撰写调研报告63篇，报县委、县政府领导36篇，其中县委、县政府领导批复19篇，涉及12个部门工作事项，以农民学堂为载体，每年举办科技培训班100期，释疑解惑技术难题1000余个，培训农民1万余人次，培养懂技术、会经营的新型农民3700人。2015年有34个分会，1102名会员。协会3次被省科协评为老科协工作先进单位。2004年，调整县委党史联络组，县人大常委会原主任聂宗儒任组长，组织老干部配合县委史志办收集党史资料，撰写调查材料和回忆录，收集整理湘阴申请列入苏维埃县的史实资料，编纂出版《中国共产党湘阴历史（1919—2005）》《华国锋在湘阴》《政声人去后——刘菊秋在湘阴的故事》《华国锋年谱》《干城碧血》等党史资料，编写《湘阴县志（1978—2015）》。聂宗儒被省委评为优秀共产党员。2013年成立县老年保健协会。县政府原副主席王品端任会长，下设72个分会。协会每年请省级医疗机构知名专家教授到县为老年朋友举办老年保健知识讲座，推进“构建幸福湖南，普及老年保健知识”工作。开展创建长寿乡活动，在新泉镇南湘村、文星镇望滨社区建立示范村（社区）。

第七节 机要保密工作

1985年1月，湘阴县委办公室成立县委机要科，为县委办公室内设组室。主要负责密码电报和明传电报的译传办；中央、省、市文件接收和分发；机要值班等工作。办公场所设在县委机关办公楼二楼，设有办公室、通信机房、值班室和阅文室。1990年5月，成立湘阴县保密局。主要工作是保密宣传教育、保密咨询服务、保密监督检查、保密行政执法等。1991年，机构改革，保密局和机要科合署办公。1991年6月，成立县密码领导小组和县保密委员会，县委副书记任组长（主任），两办主任任副组长（副主任），相关部门单位主要负责人为成员，办公室设在县委办机要科（保密局），县委办公室主任兼任机要科科长（保密局局长），根据人事变动，及时对领导小组和委员会进行调整。2006年5月，行政办公大楼搬迁，机要科（保密局）严格按照省密码规范化建设标准进行建设，设在办公大楼6层。设有办公室、值班室、通信机房和阅文室。

1992年，机要科开通传真密码通信系统，彻底告别手工收、发报译电时代。2000年，利用传真设备建设县乡传真通信网。2004年6月，开通2M光纤通信专线，启用新型电子邮件通信系统，利用硬件加密方式进行通信传输，传真密码机作为备用设备使用。2006年，县财政投入10万元对机房和办公场所进行装修和建设，安装有防静电地板、防雷设施、标准机柜、UPS后备电源、防电磁泄漏设备视频监控报警装置等，更换通信设备和线路、文件保密柜、办公电脑、值班设施等。2007年，开始建设县乡电子公文传输系统。2008年，县委、县政府下发《关于切实加强保密工作的通知》，对全县重要涉密部位进行重要审定。开通省、市到湘阴县的电子政务内网，公文处理、会议通知、信息报送等工作全部通过政务内网进行办理。纪委系统的“金纪工程”、组织系统的“大组工网”、信访系统的“信访信息网”都已通过政务内网接入。全县正科级单位全部开通电子公文传输系统。10月，升级更新新型机要文电系统，并逐步加装和更换各类硬件加密设备，完善通信线路，机要密码通信工作得到不断发展和完善。2009年，成立县电子政务内网建设领导小组，按照机要密码工作“十二五”规划要求，政务内网将在近三年逐步建设到全县各部门单位，真正实现办公信息化和自动化的需要。投入5万元，购买计算机专项检测系统对全县各重点涉密单位进行拉网式清查，有效的堵塞计算机和移动存储介质泄密漏洞，杜绝各类泄密隐患。9月1日，县委下发《关于进一步规范县乡电子公文系统使用和管理的通知》，正式启用该系统，县委、县政府相关部门的文件和信息（除涉密外）一律通过电子公文系统下发。该系统在“抗灾抢险”“打击地下‘六合彩’”等紧急重要活动中发挥了不错的作用。至2010年，共组织大规模的保密知识培训3次，邀请省、市专家教授授课10余次，每年通过各种形式下发保密宣传资料10000份，组织巡展100多次，发送短信10万条以上，通过党校基地进行培训讲座100多课时，每年对复制、打印、废品回收等行业联合有关部门进行检查清理，对全县的重要涉密单位进行不少于两次的保密专项检查。至2015年，湘阴县机要工作8次被评为全省党政密码系统先进单位，13次被评为全市党政密码系统先进单位。保密工作12次被评为全省保密工作先进单位。年年被评为全市工作先进单位。多名干部被评为省市机要和密码工作先进个人。

第八节　机关事务管理

2006年6月，湘阴县机关事务管理中心在行政办公大楼正式办公，为正科级事业单位，归口县委办管理。下设办公室、财务科、信访安全保卫科、设备运行维护科4个科室，临聘水电维修人员3人、保安12人、保洁11人。县委办副主任兼任机关事务管理中心主任。

2007年，对原有工作制度、岗位职责、工作守则等规章制度，对照工作实际和需要予以重新修订和完善，把工作职责任务分解细化量化到各科室各岗位，保证后勤服务到位。先后举办多期政治理论和业务技术培训班，邀请专家讲座，增强干部职工的服务意识和履职能力，提高工作效能。2008年，投入100万元在办公大楼顶部安装TFC100万大卡常压燃气热水锅炉，保证工作人员冬季取暖。争取资金在行政大院后山北面补征山地1.24公顷，并对绿化美化制定整体规划。2009年，对机关院落安保、消防、电梯等开展定期和不定期排查40多次，发现整改安全隐患12项。完成公共区域日常保养900余项，补植花草树木100余棵，获省级卫生文明单位称号。2010年组织大院安全大检查，完善消防安全设备设施，更换消防灭火器82只，烟控20个，添置消防带20根，更换监控探头6个。

2011—2015年，机关事务管理中心紧紧围绕县委、县政府的中心工作，秉承“高效务实、廉洁勤政”的工作理念，建立“一岗双责”，齐抓共管文明创建体系，建立考核奖惩制度，创新工作机制，激励干部职工敬业有为，奋发进取，切实履行管理服务、保障的工作职能。加强各类设备和设施的日常保养，聘请有资质的专业消防、电梯、中央空调、监控等维保公司每周对各类设备进行检查保养。坚持办公大类 24 小时安保巡逻。投入 400 万元对机关食堂和机关商店进行全面改造。加强食品安全管理，确保食品新鲜营养。投入 1100 万元完成大院绿化提质，绿化面积 2 万多平方米，绿化率 51.5%。修建喷泉、凉亭和挡土墙等附属设施，美化院内环境。连续四年获省、市创卫先进单位或园林式单位称号。

第四篇　地方人民代表大会

第一章　人大代表

第一节　代表产生

县第九届人大代表选举，从1983年11月20日开始，至1984年1月21日结束。整个选举工作分四步进行：第一步，建立选举班子，合理划分选区，分配代表名额；第二步，层层宣传发动，培训选举骨干，搞好选民登记；第三步，提名推荐，酝酿代表候选人，投票选举代表；第四步，依法开好换届选举后的第一次人民代表大会会议。全县总人口592341人，登记选民310452人，占总人口52.41%。全县划分197个选区，参加投票选举的选民308767人，参投率99.46%。全县选出代表386人。由于工作调动辞职、违纪违法被罢免或因工作需要增补等原因，届中代表人数略有调整。第二次会议实有代表386人。第三次会议实有代表378人。第四次会议实有代表377人。

县第十届人大代表选举，从1986年11月16日开始，至1987年1月20日结束。经过宣传发动、划分选区、选民登记、酝酿推荐，协商代表候选人，大会投票选举等阶段。全县划分198个选区，登记选民388768人，占总人口63.9%。未列入选民的成年人749人，其中剥夺政治权利66人，停止行使选举权56人，无法行使选举权的精神病患者和痴呆人员528人，长期下落不明的99人。参加选举投票的选民378522人，参投率97.36%。全县选出代表300名。第二次会议有代表298人，第三次会议有代表297人。第四次会议有代表296人。

县第十一届人大代表选举，从1989年11月15日开始至12月28日结束。全县划分198个选区。登记选民415937人，参选选民405803人，参投率98.56%。全县选出代表301人。第二次会议有代表300人，第三次会议有代表299人。

县第十二届人大代表选举，从1992年10月12日开始至12月10日结束。全县划分199个选区。登记选民445258人，参加选举大会投票431273人，参投率96.86%。全县选出代表297人。第二次会议有代表296人，第三次会议有代表301人，第四次会议有代表301人，第五次会议有代表300人，第六次会议有代表298人。

县第十三届人大代表选举，从1997年10月2日开始至12月10日结束。全县划分198个选区，登记选民463424人，参加投票选举452954人，参投率97.74%。全县选出代表254人。第二次会议有代表254人，第三次会议有代表250人，第四次会议有代表252人，第五次会议有代表254人，第六次会议有代表250人。

县第十四届人大选举从2002年10月8日开始至12月10日结束。全县划分108个选区，登记选民493951人，参加投票选举481657人，参投率97.51%。全县选出代表249人，第二次会议代表251人，第三次会议代表250人，第四次会议代表251人，第五次会议代表249人，第六次会议代表253人。

县第十五届人大代表选举，从2007年8月10日开始至11月20日结束。全县划分109个选区，登记选民499434人，参加投票选举480006人，参投率96.11%，直投率78.9%。全县选出代表244人，第二次会议有代表246人，第三次会议有代表248人。

县第十六届人大代表选举，从2012年7月上旬开始筹备启动，2012年12月1日结束。全县划分代表选区154个，参加选举投票的选民有549722人，比上届参选选民多69716人，参选率98.4%，比上届提高2.3%，直投率61%。选出人大代表250名，比上届增加6名。第二次会议有代表253名，第三次会议有代表255名，第四次会议有代表254名。

第二节　代表构成

县第九届人民代表大会第一次会议代表386人，其中男305人，占79.02%，女81人，占20.98%；中共党员261人，占67.62%，非中共党员125人，占33.38%；工人36人，占9.33%，农民196人，占50.78%，干部95人，占24.61%，知识分子50人，占12.95%，军人3人，占0.78%，其他6人，占1.55%。

县第十届人民代表大会第一次会议代表300人，其中男250人，占83.33%，女50人，占16.67%；中共党员244人，占81.33%，非中共党员56人，占18.67%；工人21人，占7%，农民134人，占44.67%，干部124人，占41.34%，知识分子16人，占5.33%，军人1人，占0.33%，其他4人，占1.33%。

县第十一届人民代表大会第一次会议代表301人，其中女45人，占14.95%；非中共党员49人，占16.28%；工人5人，占1.7%，农民123人，占40.86%，干部152人，占50.5%，知识分子14人，占4.62%，解放军2人，占0.66%，其他5人，占1.66%。

县第十二届人民代表大会第一次会议代表297人，其中女38人，占12.79%；非中共党员34人，占11.45%；工人13人，占4.38%，农民117人，占39.39%，干部155人，占52.19%，知识分子12人，占4%。

县第十三届人民代表大会第一次会议代表254人，其中女49人，占19.29%；非中共党员41人，占16.14%；工人16人，占6.29%，农民80人，占31.50%，干部138人，占54.34%，知识分子12人，占4.72%，其他8人，占3.15%。

县第十四届人民代表大会第一次会议代表249人，其中女43人，占17.6%；非中共党员49人，占20.1%；工人11人，占4.42%，农民71人，占28.51%，干部135人，占54.22%，知识分子12人，占4.82%，其他20人，占8.03%。

县第十五届人民代表大会第一次会议代表244人，其中女49人，占20.08%；非中共党员43人，占17.62%；工人15人，占6.15%，农民89人，占36.48%，干部125人，占51.22%，知识分子15人，占6.15%。

县第十六届人民代表大会第一次会议代表250人。其中妇女代表54名，占21.6%；非党人士代表47名，占18.8%；少数民族代表1名；农民代表111名，占44.4%，工人代表4名，占1.6%；干部代表113名，占45.2%；知识分子代表12名，占4.8%。

湘阴县第九届至第十六届人大代表年龄、文化结构一览表

表4-1　　单位：人

届别	代表总数	年龄构成					文化构成			
		35岁及以下	36—45岁	46—50岁	51—60岁	60岁以上	大专及以上学历	中专及高中学历	初中学历	初中以下学历
第九届	386	96	144	94	47	5	20	87	165	114
第十届	300	81	115	69	34	1	22	99	128	51

续表 4-1 单位：人

届别	代表总数	年龄构成					文化构成			
		35岁及以下	36—45岁	46—50岁	51—60岁	60岁以上	大专及以上学历	中专及高中学历	初中学历	初中以下学历
第十一届	301	65	108	96	30	2	38	91	164	8
第十二届	297	58	116	85	35	3	68	98	118	13
第十三届	254	48	109	63	31	3	69	122	57	6
第十四届	249	40	98	78	32	1	100	125	23	1
第十五届	244	35	105	40	62	2	63	94	64	23
第十六届	250	26	114	80	30	—	98	87	37	28

附：湘阴县出席全国、省历届人大代表名录

湘阴县出席全国、省历届人大代表一览表

表 4-2

届　别	选举时间	姓　名	性别	工作单位	职称职务	备　注
全国五届	1978.1	马永康	男	中共湘阴县委	副书记	
湖南省第五届	1978.1	马永康	男	中共湘阴县委	副书记	
		郑平安	男	县氮肥厂二车间	党支部书记	
		刘仲春	男	鹤龙湖农场东闸大队	贫协主席	
		邓先汉	男	洞庭水管会	主任	
		范爱兰	女	东方红公社西乐大队	农民	
		刘德成	男	县农办、东湖渔场	副主任 党支部书记	
湖南省第六届	1983.10	聂宗儒	男	县人大常委会	主　任	
		刘德成	男	县政府	副县长	
		李　青	男	省人事厅	厅　长	省分到湘阴选举名额
		许妙恩	女	县人民医院妇产科	副主任医师	
		张惠民	男	中共长沙市委	书记	省分到湘阴选举名额
		陈伯刚	男	县人大常委会	副主任 高级农艺师	
		徐金莲	女	南湖公社联盟大队	妇女主任	

续表 4-2

届　别	选举时间	姓　名	性别	工作单位	职称职务	备　注
湖南省第六届	1983.10	许沛煌	男	石塘公社秃峰大队	党支部书记	
		胡德华	男	县氮肥厂	副厂长	
湖南省第七届	1988.3	聂宗儒	男	县人大常委会	主任	
		宋玉生	男	县园艺场	高级农艺师	
		张莉莉	女	赛头公社新塘口大队	妇女主任	
		张雪林	女	县变压器厂	工人	
		李　青	男	省人大常委会	委员	省分到湘阴选举名额
		张惠民	男	省人大常委会	委员	省分到湘阴选举名额
湖南省第八届	1993.3	彭应全	男	县人大常委会	主任	
		张莉莉	女	赛头公社新塘口大队	妇女主任	
		王昔罗	男	县公安局	副局长	
湖南省第九届	1998.3	冯自敬	男	县人大常委会	主任	
		胡希云	男	南湖洲镇中心村	养殖专业户	
		陈立军	男	县粮食局三九饲料厂	厂长	
		苏莉雅	女	湘阴一中	教师	
湖南省第十届	2003.3	周友庚	男	县政府	县长	
		苏铁锚	男	文星镇水管会	主任	
		苏莉雅	女	湘阴一中	教师	
湖南省第十一届	2008.3	周友庚	男	县人大常委会	主任	
		苏铁锚	男	文星镇水管会	主任	
		刘建新	男	湖南省福湘木业有限公司	经理	
湖南省第十二届	2013.1	黎作凤	男	中共湘阴县委员会	县委书记	
		苏铁锚	男	湘阴县东湖垸水管会	主任	
		王建民	男	新泉镇王家寨新农村示范片	第一书记兼指挥长	
		谭光辉	男	湖南长康集团	总经理	

第二章 人大会议

第一节 县级人民代表大会

1978—2015年，湘阴县第七至第十六届人民代表大会历经10届，共召开42次县人民代表大会会议。上志已记述至第九届第二次会议。

一、第九届人民代表大会

第三次会议：1986年1月21—25日在县城举行。会议应到代表378人，实到358人。出席县政协第二届三次会议的全体委员、驻县省第六届人大代表、县委常委、县政府组成人员、县人民法院和县人民检察院组成人员、县人大常委各办委以及县直单位和区、乡镇负责人列席了会议。会议的中心议题是：讨论决定全县经济体制改革、建设和农民减负等问题。听取和审议县政府、县人大常委会、县人民法院和县人民检察院工作报告、县计委《湘阴县“七五”计划（草案）报告》、县财政《湘阴县1985年财政决算和1986年财政预算初步打算的报告》，并分别依法批准上述报告。会议作出《关于制止乱摊派、乱收费，切实减轻农民负担的决议》。

第四次会议：1986年4月16—17日在县城举行。会议应到代表377人，实到324人。县政府副县长、各区区长和各区、城关镇人大工作联络员以及县人大常委会各办委负责人和第六届全国人大代表、市人大常委会主任陈秉芝列席会议。会议的主要议程是鉴于地、市合并，选举出席岳阳市第一届人民代表大会代表。六届全国人大代表、岳阳市人大常委会主任陈秉芝传达六届全国人大四次会议精神。

二、第十届人民代表大会

第一次会议：1987年2月24日至3月1日在县城举行，会议应到代表300人，实到295人。出席县政第三届一次会议的全体委员、县人民政府组成人员、县人大常委会各办、委和县人民法院、县人民检察院负责人，各区、乡镇长和乡镇人大主席团常务主席及部分离退休老干部列席会议。会议主要任务是：贯彻落实中共中央关于艰苦奋斗、勤俭建国等一系列指示，动员全县人民努力完成全年各项经济计划和进行选举事项。会议听取、审议县政府、县财政、县人大常委会、县人民法院和县人民检察院工作报告，并分别依法批准上述报告。会议决定批准《湘阴县普及九年义务教育规划》；选举聂宗儒为县人大常委会主任，郑石林、李仕学、钟肇勋、余克勤、李悦音（女）为副主任和14位人大常委会委员。选举程海波为县人民政府县长，冯自敬、周立标、夏让初、朱冬余为副县长；选举刘绍明为县人民法院院长、周湘涛为县人民检察院检察长。

第二次会议：1987年12月20—22日在县城举行。会议应到代表298人，实到251人。市人大常委会副主任胡德明列席会议。本次会议是根据需要临时决定举行的，主要议程是选举51位出席岳阳市第二届人民代表大会代表，听取县人民政府关于县人大常委会走访代表对政府所提意见办理情况的汇报。

第三次会议：1988年3月5—9日在县城举行。会议应到代表297人，实到283人。出席县政协第三届二次会议的全体委员、县委常委、县人民政府副县长，已退居二线的县委、县人大、县政府、县政协的县处级领导同志，县直各部、办、委、局正职和县人大常委会各办、委，以及县人民法院、县人民检察院负责人，各区、乡镇长，乡镇人大主席团常务主席，各区、城关镇人大工作联络员以及部分离退休老干部列席会议。本次会议主要围绕如何进一步坚持改革开放，把湘阴经济建设推向前进这一议题开展讨论。听取、审议县政府、县人大常委会、县人民法院和县人民检察院工作报告、县计划局《关于湘阴经济、科技和社会发展规划的报告》、县财政局《湘阴县1987年财政预算执行情况和1988年财政预算草案的报告》，并分别依法批准上述报告。

第四次会议：1989年3月20—25日在县城举行。会议应到代表296人，实到286人。列席会议的有驻县省、市人大代表，县委常委、县人民政府副县长，县直各部、办、委、局负责人，县政协常委，县人大常委会各办、委，以及县人民法院、县人民检察院负责人，各区、城关镇人大工作联络员，乡镇人大主席团常务主席，区、乡镇长以及部分离退休老同志，还特邀了20位选民旁听了大会。会议主要讨论决定坚持改革建设和治理整顿以及实行依法治县等重大事项。听取、审议县政府、县财政、县人大常委会、县人民法院和县人民检察院工作报告，并分别依法批准上述报告。会议批准刘绍明辞去县人民法院院长职务的请求，补选刘绍明、彭运生为县人大常委会副主任，陈湘诚为县人民政府副县长，吴富荣为县人民法院院长；作出《关于加强社会主义法制实行依法治县的决议》。

三、第十一届人民代表大会

第一次会议：1990年2月23日至3月1日在县城举行。会议应到代表301人，实到296人。出席县政协第四届一次全会的全体委员，驻县省、市人大代表和省、市政协委员，县委常委，县人民政府组成人员，县直各部、办、委、局正职和正科级企事业单位负责人，县人大常委会各委、办负责人，各区区委书记，乡镇长和人大主席团常务主席，部分离退休退线老干部及省人大常委会委员李青、张惠民和市委副书记欧阳松、市人大常委会副主任胡德明列席会议。会议主要讨论决定进一步推进全县治理整顿，改革发展和进行选举事项。听取、审议县政府、县计划、县财政、县人大常务委员会、县人民法院和县人民检察院工作报告，并依法批准上述报告。会议选举聂宗儒为县人大常委会主任，郑石林、周贵全、钟肇勋、王敬久、王树聪、徐知蓬为副主任和16位人大常委会委员；选举张介玉为县人民政府县长，冯自敬、朱冬余、陈湘诚、夏让初为副县长；选举吴富荣为县人民法院院长、周湘涛为县人民检察院检察长。

第二次会议：1991年3月24—28日在县城举行。会议应到代表300人，实到276人。驻县省、市人大代表，县委常委、县政府副县长，县政协常委，县人民法院、检察院副职，县直各部、办、委、局正职，县人大常委机关副科级以上干部，各区、乡镇长，各区和城关镇人大工作联络员、乡镇人大主席团常务主席以及部分老干部列席会议。会议重点讨论决定完成“十年规划”和“八五”计划，以及深入开展法制教育以及禁止“三乱”（乱收费、乱罚款、乱摊派）等问题。听取、审议县政府、县计划、县财政、县人大常委会、县人民法院和县人民检察院工作报告，并分别依法批准了上述报告。会议作出《关于认真贯彻实施〈湖南省禁止向农民乱收费、乱罚款、乱摊派的规定〉和省政府〔1991〕1号文件的决议》《关于在全县公民中继续深入开展法制宣传教育的决议》《关于修订〈湘阴县普及九年义务教育规划〉的决定》；依法补选王映南为县人大常委会委员、刘均美为县人民政府副县长。

第三次会议：1992年2月26日至3月2日在县城举行。会议应到代表299人，实到291人。驻县省、市人大代表，县委常委，县政府副县长，县政协常委，县人民法院和县人民检察院副职，县直部、办、委、局正职，县人大常委会机关副科级以上干部，各区、乡镇长，各区、城关镇人大联络组组长，乡镇人大主席团常务主席及部分老干部列席会议。会议主要讨论共商推进全县两个文明建设大计。听取、审议县政府、县财政、县人大常委会、县人民法院和县人民检察院工作报告，并分别依法批准上述报告。会议补选周湘涛为县人民政府县长，欧桑田为县人民检察院检察长。作出《关于实施“2000年人人享有卫生保健”概略规划的决议》。

四、第十二届人民代表大会

第一次会议：1992年12月14—18日在县城举行。会议应到代表297人，实到274人。出席县政协第五届一次会议的全体委员，县委常委，县政府副县长，县人民法院和县人民检察院副职，县人大常委会副科级以上干部，县直部、办、委、局正职，各区、乡镇长，各区、城关镇人大联络组组长以及乡镇人大主席团常务主席，已离退休退线的副县级以上干部，省、市驻县单位负责人，市委副书记、市长欧阳松列席了会议。会议主要讨论进一步加强民主与法制建设和依法进行选举事项。听取、审议县人大常委会、县人民政府、县人民法院和县人民检察院工作报告，并分别依法批准上述报告。会议选举彭应全为县人大常委会主任，陈湘诚、顾国宗、王映南、黄巧媛（女）、姚万航为副主任和15名县人大常委会委员；选举周湘涛为县人民政府县长，佘岳鹏、郭健康、柳忠光、张振彬为副县长；选举陈明阳为县人民法院院长、欧桑田为县人民检察院检察长；选举51人为出席岳阳市第三届人民代表大会代表。

第二次会议：1993年4月14—16日在县城举行。会议应到代表296人，实到280人。驻县省市人大代表和县委常委，县政府副县长，县政协常委，县法院、县检察院副职，县直各部、办、委、局正职，县人大机关副科级以上干部，各区、乡镇长，各区和城关镇人大工作联络组组长，乡镇人大主席团常务主席及部分老干部列席会议。会议围绕县委提出的“努力实现湘阴经济超常发展的目标”，共谋振兴湘阴大计。听取、审议县政府、县计划、县财政、县人大常委会、县法院、县检察院工作报告，并分别依法批准上述报告。

第三次会议：1994年3月14—18日在县城举行。会议应到代表301人，实到287人。县委常委，县政府副县长，县政协第五届二次会议全体委员，县法院、县检察院副职，县直各部、办、委、局正职及正科级企事业单位负责人，省、市驻县单位负责人，驻县省、市人大代表，区委书记和区、乡镇长，乡镇人大主席团常务主席，县人大常委会副科级以上干部和部分老干部列席会议。会议围绕建立和完善社会主义市场经济体制，部署改革与建设任务。听取、审议县政府、县财政、县人大常委会、县人民法院和县人民检察院工作报告，并分别依法批准了上述报告。会议决定接受佘岳鹏辞去县人民政府副县长的请求，增选陈实槐为县人大常委会委员，补选刘均美、李克威、钟小汨为县人民政府副县长。

第四次会议：1995年3月13—16日在县城举行。会议应到代表301人，实到296人。县委常委，县政府副县长，县政协常委，县法院、县检察院副职，县直部、办、委、局正职及正科级企事业单位主要负责人，省、市驻县单位负责人，驻县省、市人大代表，区委书记和区、乡镇长，乡镇人大主席团常务主席，县人大常委会机关副科级以上干部及部分老干部列席会议。会议讨论决定进一步推进全县两个文明建设的重大事项。听取、审议县政府、县财政、县人大常委会、县人民法院和县人民检察院工作报告，并分别依法批准上述报告。会议补选郭吉祥为县人民检察院检察长。

第五次会议：1996年3月15—19日在县城举行。会议应到代表300人，实到298人。县委常委，县政府副县长，县政协常委，县法院、县检察院副职，县直部、办、委、局正职和正科级企事业单位主要负责人，省、市驻县单位负责人，驻县省、市人大代表，各地区工委和文星镇党委书记，各乡镇长和乡镇人大主席团常务主席，县人大常委会机关副科级以上干部以及部分老干部列席会议。会议重点讨论决定如何抓住机遇、深化改革、加大投入、加强基础设施建设，加快湘阴经济发展等重大问题。听取、审议县政府、县计划、县财政、县人大常委会、县人民法院和县人民检察院工作报告，并分别依法批准上述报告。会议补选苏伟元为县人大常委会副主任，冯自敬为县人民政府县长。通过《关于举全县之力，奋战三年，努力完成“1315”工程建设任务的决议》。

第六次会议：1997年3月4—7日在县城举行。会议应到代表298人，实到289人。县委常委，县政府副县长，县政协常委，各工委人大工作联络组组长，乡镇人大主席团常务主席，县法院、县检察院副职，县直各部、办、委、局正职和正科级企事业单位负责人，省、市驻县单位主要负责人，驻县省、市人大代表，各地区工委书记、主任、各乡镇长，县人大常委机关副科级以上干部及部分离退休退线老干部列席会议。会议讨论决定如何持续、快速、健康发展湘阴经济等重大问题。听取、审议县政府、县财政、县人大常委会、县人民法院和县人民检察院工作报告，并分别依法批准上述报告。会议补选易国光为县人民检察院检察长。

五、第十三届人民代表大会

第一次会议：1997 年 12 月 13—16 日在县城举行。会议应到代表 254 人，实到 252 人。县委常委，副县长，县人武部副职，县政协第六届全体委员，县法院、县检察院副职，县直各部、办、委、局正职和正科级企事业单位主要负责人，各地区工委书记、主任，人大工作联络组长，各乡镇长，乡镇人大主席团常务主席，在本县任过副县级实职的离退休退线干部，省、市驻县单位负责人，县人大常委机关副科级以上干部，市委常委、副市长周昌贡列席会议。会议听取、审议县人大常委会、县政府、县人民法院和县人民检察院工作报告，并分别依法批准上述报告。会议选举冯自敬为县人大常委会主任，陈湘诚、顾国宗、黄巧媛（女）、苏伟元、刘均美、陈明阳为副主任和 16 名县人大常委会委员；选举杨太平为县人民政府县长，许维、柳忠光、李克威、陈国平为副县长；选举王成峰为县人民法院院长，易国光为县人民检察院长检察长；选举 49 人为出席岳阳市第四届人民代表大会代表。

第二次会议：1998 年 3 月 2—4 日在县城举行。会议应到代表 254 人，实到 245 人。县委常委，副县长，县人武部副职，县政协常委，县法院、县检察院副职，县直部、办、委、局正职及正科级企事业单位负责人，各地区工委书记、主任，人大工作联络组组长，各乡镇长、人大主席团常务主席，在本县任副县级实职的离退休退线干部，省、市驻县单位负责人，驻县省、市人大代表，县人大常委会机关副科级以上干部，县委、县政府助理调研员列席会议。会议讨论决定进一步解放思想，促进发展湘阴经济和推行依法治县问题。听取、审议县政府、县人大常委会、县计划、县财政、县人民法院和县人民检察院工作报告，并分别依法批准上述报告。会议作出《关于在全县继续推行依法治县的决议》。

第三次会议：1999 年 3 月 4—8 日在县城举行。会议应到代表 250 人，实到 231 人。县委常委，副县长，县人武部副职，县政协第六届全体委员，县法院、县检察院副职，县直各部、办、委、局正职和正科级企事业单位负责人，各地区工委书记、主任，人大工作联络组组长，各乡镇长，人大主席团常务主席，在本县任副县级实职的离退休退线干部，省、市驻县单位负责人，驻县省、市人大代表，县人大机关副科级以上干部和县委、县政府助理调研员列席会议。会议讨论决定发展湘阴经济特别是深化农村经济改革和发展问题。听取、审议县政府、县财政、县人大常委会、县人民法院和县人民检察院工作报告，并分别依法批准上述报告。会议补选周山连为县人民政府副县长。

第四次会议：2000 年 2 月 28 日至 3 月 3 日在县城举行。会议应到代表 252 人，实到 233 人。县委常委，副县长，县人武部副职，县政协第六届全体委员，县法院、县检察院副职，县直各部、办、委、局正职和正科级企事业单位负责人，各地区工委书记、主任，人大工作联络组组长，各乡镇长，人大主席团常务主席，在本县任副县级实职的离退休退线干部，省、市驻县单位负责人，驻县省、市人大代表，县人大机关副科级以上干部和县委、县政府助理调研员列席会议。会议讨论决定如何推进全县两个文明建设协调发展。听取、审议县政府、县财政、县人大常委会、县人民法院和县人民检察院工作报告，并分别依法批准上述报告。会议补选汪作琪为县人大常委会副主任、毛七星为县人民政府县长。

第五次会议：2001 年 2 月 9—13 日在县城举行。会议应到代表 254 人，实到 226 人。县委常委，副县长，县人武部副职，县政协第六届全体委员，县法院、县检察院副职，县直各部、办、委、局正职和正科级企事业单位负责人，各地区工委书记、主任，人大工作联络组组长，各乡镇长，人大主席团常务主席，在本县任副县级实职的离退休退线干部，省、市驻县单位负责人，驻县省、市人大代表，县人大机关副科级以上干部和县委、县政府助理调研员列席会议。会议讨论决定如何真抓实干，加快发展湘阴经济。

听取、审议县政府、县计划、县财政、县人大常委会、县人民法院和县人民检察院工作报告，并分别依法批准上述报告。会议接受周山连、柳忠光辞去湘阴县人民政府副县长和易国光辞去县人民检察院检察长的辞呈，补选湛新华、左季年、伍建华为县人大常委会委员，李立峰为县人民政府副县长、谭载星为县人民检察院检察长。

第六次会议：2002 年 1 月 12—15 日在县城举行。会议应到代表 250 人，实到 232 人。县委常委，副县长，县人武部副职，县政协第六届全体委员，县法院、县检察院副职，县直各部、办、委、局正职和正科级企事业单位负责人，各地区工委书记、主任，人大工作联络组组长，各乡镇长，人大主席团常务主席，在本县任副县级实职的离退休退线干部，省、市驻县单位负责人，驻县省、市人大代表，县人大机关副科级以上干部和县委、县政府助理调研员列席会议。会议主要动员全县人民坚持求实创新，紧扣发展主题，推进发展湘阴经济。听取、审议县政府、县财政、县人大常委会、县人民法院和县人民检察院工作报告，并分别依法批准上述报告。

六、第十四届人民代表大会

第一次会议：2002 年 12 月 10—13 日在县城举行。会议应到代表 249 人，实到 248 人。县委常委，副县长，县政协第七届全体委员，县法院、县检察院副职，县直各部、办、委、局正职和正科级企事业单位主要负责人，各乡镇党委书记、乡镇长，人大主席团常务主席，在本县任副县级实职的离退休退线干部，省市驻县单位主要负责人，县人大常委会机关副科级以上干部，县委、县政府助理调研员列席会议。会议主要讨论审议如何进一步加强民主与法制建设和依法进行选举事项。听取、审议县人大常委会、县人民法院和县人民检察院工作报告，并分别依法批准上述报告。会议选举陈国平为县人大常委会主任，苏伟元、李克威、刘均美、汪作琪、王成峰、孙红（女）为副主任和 23 名县人大常委会委员；选举周友庚为县人民政府县长，李立峰、李立平（女）、金利华、郑剑山、熊检华、许卫球为副县长；选举王京广为县人民法院院长、谭载星为人民检察院检察长；选举 52 人为出席岳阳市第五届人民代表大会代表。

第二次会议：2003 年 2 月 12—14 日在县城举行。会议应到代表 251 人，实到 226 人。县委常委、副县长、县人武部副职，县政协第七届全体委员，县法院、县检察院副职，县直各部、办、委、局正职及正科级企事业单位负责人，各地区工委书记、主任、人大工作联络组组长，各乡镇长，人大主席团常务主席，在本县任副县级实职的离退休退线干部，省、市驻县单位主要负责人，驻县省、市人大代表，县人大常委会机关副科级以上干部，县委、县政府助理调研员列席会议。会议重点讨论决定解决“三农”（农业、农村、农民）问题和优化经济发展环境等重大事项。听取、审议县政府、县人大常委会、县计划、县财政、县人民法院、县人民检察院工作报告，并分别依法批准上述报告。会议补选罗建湘（女）为岳阳市第五届人民代表大会代表，周伏军为县人大常委会委员；审议通过《关于在人大代表中开展“为人大工作添光彩，为小康建设做贡献”活动的决定》和《关于加速依法治县进程，进一步优化经济发展环境的决议》。

第三次会议：2004 年 2 月 1—4 日在县城举行。会议应到代表 250 人，实到 230 人。县委常委、副县长、县人武部副职，县政协第七届全体委员，县法院、县检察院副职，县直各部、办、委、局正职及正科级企事业单位负责人，各地区工委书记、主任、人大工作联络组组长，各乡镇长，人大主席团常务主席，在本县任副县级实职的离退休退线干部，省、市驻县单位主要负责人，驻县省、市人大代表，县人大常委会机关副科级以上干部，县委、县政府助理调研员列席会议。会议主要围绕实现湘阴跨越式发展，共谋发展大计。听取、审议县政府、县财政、县人大常委会、县人民法院和县人民检察院工作报告，并分别依法批准上述报告。会议补选刘建球、阳林艳（女）、熊冬智为县人大常委会委员。

第四次会议：2005 年 2 月 19—22 日在县城举行。会议应到代表 251 名，实到 209 名。县委常委、副县长、县人武部副职，县政协第七届全体委员，县法院、县检察院副职，县直各部、办、委、局正职及正科级企事业单位负责人，各地区工委书记、主任、人大工作联络组组长，各乡镇长，人大主席团常务主席，在本县任副县级实职的离退休退线干部，省、市驻县单位主要负责人，驻县省、市人大代表，县人大常委会机关副科级以上干部，县委、县政府助理调研员列席会议。会议主要审议决定如何促进全县经济和社会各项事业持续、快速、健康、协调发展，推进湘阴县社会主义民主法制建设等重大问题。听取、审议县政府、县计划、县财政、县人大常委会、县人民法院和县人民检察院工作报告，并分别依法批准上述报告。

第五次会议：2006年2月8—10日在县城举行。会议应到代表249名，实到214名。县委常委、副县长、县人武部副职，县政协第七届全体委员，县法院、县检察院副职，县直各部、办、委、局正职及正科级企事业单位负责人，各地区工委书记、主任、人大工作联络组组长，各乡镇长，人大主席团常务主席，在本县任副县级实职的离退休退线干部，省、市驻县单位主要负责人，驻县省、市人大代表，县人大常委会机关副科级以上干部，县委、县政府助理调研员列席会议。会议审议决定推进民主与法制建设，加快发展湘阴经济等重大问题。听取、审议县政府、县计划、县财政、县人大常委会、县人民法院和县人民检察院工作报告，并分别依法批准上述报告。会议组织市、县人大代表就交通、工业改革、城市建设和新农村建设作大会议政发言。

第六次会议：2007年1月12—15日在县城举行。会议应到代表253名，实到216名。县委常委、副县长、县人武部副职，县政协第七届全体委员，县法院、县检察院副职，县直各部、办、委、局正职及正科级企事业单位负责人，各地区工委书记、主任、人大工作联络组组长，各乡镇长，人大主席团常务主席，在本县任副县级实职的离退休退线干部，省、市驻县单位主要负责人，驻县省、市人大代表，县人大常委会机关副科级以上干部，县委、县政府助理调研员列席会议。会议围绕促进社会主义民主与法制建设、推进社会主义新农村建设，动员和组织全县人民为实现“富民强县、和谐湘阴”目标而努力奋斗。听取、审议县政府、县财政、县人大常委会、县人民法院和县人民检察院工作报告，并分别依法批准上述报告。选举李立峰为县人大常委会副主任。

七、第十五届人民代表大会

第一次会议：2007年12月5—9日在县城举行。会议应到代表244名，实到242名，列席代表378名。会议主要审议、决定推进民主与法制建设，促进全县经济又好又快发展等重大事项。听取、审议县政府、县计划、县财政、县人大常委会、县人民法院和县人民检察院工作报告，并分别依法批准上述报告。选举周友庚为县人大常委会主任，许卫球、胡春田、孙红（女）、张亚玲（女）、张跃进为副主任和20名人大常委会委员；会议选举黎作凤为县人民政府县长，甘文伟（女）、刘正仁、李爱佳、周利人、郑剑山、熊检华为副县长；选举夏常凯为县人民法院院长，谭载星为县人民检察院检察长；选举出席岳阳市第六届人民代表大会代表52名。

第二次会议：2008年12月28—31日在县城举行。会议应到代表246名，实到233名，列席代表382名。会议主要围绕融入长株潭“两型社会”滨湖示范区建设，讨论决定如何群策群力共商大计，推进湘阴加快发展等重大问题。听取、审议县政府、县财政、县人大常委会、县人民法院和县人民检察院工作报告，并分别依法批准上述报告。会议还听取了关于本次会议所提议案、建议案、批评和意见的报告。会议决定接受尹坚毅辞去副县长职务。

第三次会议：2010年1月12—15日在县城举行。会议应到代表248名，实到242名，列席代表386名。会议审议、决定如何加快湘阴经济社会协调发展等重大问题。听取、审议县政府、县财政、县人大常委会、县人民法院和县人民检察院工作报告，并分别依法批准上述报告。会议接受谭载星辞去县人民检察院检察长职务的辞呈，补选龙文光、肖伟奇、陈丽（女）、易泽民为县人大常委会委员，补选汤尧光为县人民检察院检察长。

第四次会议：2011 年 5 月 5—8 日在县城举行。会议应到代表 255 名，实到 252 名，列席代表 440 名。会议听取和审议县人民政府工作报告；听取和审议县人民政府关于“十一五”规划完成及“十二五”规划编制工作情况的报告；审查和批准《湘阴县国民经济和社会事业发展第十二个五年规划纲要（草案）》；听取和审议县人民政府关于湘阴县 2010 年财政预算执行情况和 2011 年财政预算（草案）的报告；听取和批准湘阴县 2011 年财政预算（草案）；听取和审议人大常委会工作报告、县人民法院和县人民检察院工作报告，并分别依法批准上述报告。

八、第十六届人民代表大会

第一次会议：2012 年 11 月 27 日至 12 月 1 日在县城召开，应到代表 250 人，实到 249 人，列席代表 390 人。本次会议主要听取和审议县政府、计划、财政、县人大常委会、县人民法院和县人民检察院工作报告，并分别依法批准上述报告，作出决议。会议选举熊检华为县十六届人大常委会主任，孙红、张亚玲、张跃进、周利人、郭立为副主任；选举黎作凤为新一届县人民政府县长，闵秀明、刘正仁、甘文伟、刘建民、张浩果、李自然、周鹏为副县长；选举夏常凯为县人民法院院长，赵承卓为县人民检察院检察长，选举产生 54 名出席岳阳市第七届人民代表大会代表。

第二次会议：2013 年 12 月 26 日至 29 日在县城召开，应到代表 253 人，实到 245 人，列席代表 390 人。本次会议主要认真学习贯彻党的十八届三中全会精神，以加快湘阴科学发展，全面建成小康社会，全面提升群众幸福指数为目标开展学习讨论，听取和审议县人民政府、财政、计划、县人大常委、县法院、县检察院工作报告，并分别依法批准上述工作报告，作出决议。

第三次会议：2014 年 12 月 23 日至 25 日在县城召开，应到代表 253 人，实到 249 名，列席代表 391 人。本次会议以“对接长株潭，借力环洞庭，冲刺省十强，争创示范县”为总目标，坚持“稳中求进，科学发展”总基调，以依法治县为引领，以改革创新为动力，以项目建设为抓手，以改善民生为根本，强力推进“三十工程”建设，朝全面建成小康湘阴奋勇前进。并听取和审议县人民政府、县财政、县计划、县人大常委会、县法院、县检察院工作报告，依法批准作出决议。本次会议还依法选举尹培国为湘阴县人民政府县长。

第四次会议：于 2015 年 12 月 27 日至 29 日在县城召开。应到代表 254 名，实到 246 名，列席代表 393 人。本次会议继续围绕“对接长株潭，借力环洞庭，进军省十强，争当排头兵”这根主线，动员全县在全面建成小康湘阴，推进全省十强县，建设岳阳“一极三宜”的江湖名城中干在实处走在前列。会议照例听取、审议、通过县人民政府、发改、财政、县人大、县法院、县检察院工作报告和决议，并依法选举李卫东为县人民法院院长。

第二节　乡镇人民代表大会

1978 年，全县成建制乡镇为 41 个。乡镇人民代表大会与县人民代表大会同步进行，届期为三年，实行选民直接选举人大代表。1982 年，7 个区分别设立人大工作联络员。1987，全县各乡镇均设人民代表大会主席团，设常务主席（参加同级党委）。至此，各乡镇人大会议不断完善，每年举行一次人民代表大会会议，乡镇人民代表大会的职权得以充分行使。会议除依法进行选举事项，听取、审议政府、财政、人大工作报告外，还就本乡镇的重大事项作出决议、决定，征集代表议案以及建议、批评和意见。2007 年，《中华人民共和国地方各级人民代表大会和地方各级人民委员会组织法》《中华人民共和国全国人民代表大会和地方各级人民代表大会选举法》予以修改，届期由一届三年改为一届五年。至 2015 年，乡镇人大先后进行 8 次换届选举，由选民直接选举乡镇人大代表 14038 人次。

1986—2015 年湘阴县历届乡镇人大代表选举情况一览表

表 4-3

换届选举时间	选民登记（人）	参选选民（人）	参选率（%）	当选代表（人）	代表构成												
					工人（人）	占比（%）	农民（人）	占比（%）	干部（人）	占比（%）	知识分子（人）	占比（%）	其他（人）	占比（%）	其中（人）		
															妇女	非中共党员	少数民族
1986.12	388768	378522	97.36	2238	83	3.7	1586	71	398	17.8	84	3.8	87	4	419	708	2
1989.12	415937	405803	97.56	2230	89	4	1624	72.8	336	15.1	104	4.7	77	3.5	493	740	3
1992.12	445258	431273	98.86	2224	104	4.7	1542	69.3	316	14.2	121	5.4	141	6.3	444	692	2
1995.12	416363	401362	96.39	1698	69	4.1	1215	71.6	224	13.2	126	7.4	64	3.8	72	555	3
1998.12	424369	407189	95.95	1695	48	2.8	1291	76.2	22	13.7	98	5.8	26	1.5	350	577	1
2001.12	452072	431015	95.34	1683	32	1.9	1285	76.35	227	13.5	110	6.5	29	1.7	386	642	4
2007.12	499434	480006	96.11	1127	16	0.54	8054	75.77	155	13.7	46	0.4	56	0.5	302	265	2
2012.12	558833	549722	98.4	1143	26	2	845	74	160	14	51	4.5	61	5.5	297	332	1

第三章　县人大常务委员会

第一节　常委班子

县人大常委会由县人民代表大会会议在本级人大代表中选举产生的主任、副主任和常务委员组成，统称为人大常委会组成人员，是人民代表大会的常设机构。湘阴县人大常委会组成人员的设置，第九届为 25 人，其中正、副主任 5 人，常务委员 20 人；第十届为 22 人，其中正、副主任 8 人，常务委员 14 人；第十一届为 24 人，其中正、副主任 7 人，常务委员 17 人；第十二届为 21 人，其中正、副主任 6 人，常务委员 15 人；第十三届为 26 人，其中正、副主任 8 人，常务委员 18 人；第十四届为 35 人，其中正、副主任 7 人，常务委员 28 人；第十五届为 34 人，其中正、副主任 7 人，常务委员 27 人。第十六届为 27 人，其中正、副主任 6 人，常务委员 21 人。

湘阴县第十届至第十六届人大常委会组成人员一览表

表 4-4

届别	职务	姓名	籍贯	任职时间	常务委员
第十届	主任	聂宗儒	湖南省汨罗市	1987.3	丁世军、刘克明、苏伟元、邵建云、邵雪琴(女)、吴剑平、吴富荣、林安兰(女)涂兴国、黄巧媛(女)、曹庆湘、彭运生、韩国仁、戴国栋
	副主任	郑石林	湖南省汨罗市	1987.3	
		李仕学	湖南省汨罗市	1987.3	
		钟肇勋	江西省泰和县	1987.3	
		余克勤	湖南省临乡市	1987.3	
		李悦音(女)	湖南省湘阴县	1987.3	
		刘绍明(补)	湖南省湘阴县	1989.3	
		彭运生(补)	湖南省湘阴县	1989.3	
第十一届	主任	聂宗儒	湖南省汨罗市	1990.3	丁世军、刘仕祥、孙红(女)、苏伟元、李建光、李悦音(女)、张正良、陈文钦、陈实槐、邵建云、邵雪琴(女)、林安兰(女)、周建龙、徐伟光、涂兴国、戴国栋、王映南(补)
	副主任	郑石林	湖南省汨罗市	1990.3	
		周贵全	湖南省汨罗市	1990.3	
		钟肇勋	江西省泰和县	1990.3	
		王敬久	湖南省湘阴县	1990.3	
		王树聪	湖南省湘阴县	1990.3	
		徐知蓬	上海市嘉定县	1990.3	
第十二届	主任	彭应全	湖南省湘阴县	1992.12	王跃进、冯仁才、兰明和、孙红(女)、刘应明、任吟秋、杨平、陈文钦、张沛龙、李觉先、周正明、林安兰(女)、彭正清、黎伏曾、戴国栋、陈实槐(补)
	副主任	陈湘诚	湖南省湘阴县	1992.12	
		顾国宗	湖南省湘阴县	1992.12	
		王映南	湖南省湘阴县	1992.12	
		黄巧媛(女)	湖南省湘阴县	1992.12	
		姚万航	湖南省湘阴县	1992.12	
		苏伟元(补)	广东省高要县	1996.3	
第十三届	主任	冯自敬	湖南省湘阴县	1997.12	王子文、王品端、王跃进、甘建军、兰明和、孙红(女)、刘晖、杨年华(女)、李训贤、李觉先、李福珍(女)、陈实槐、周月华、胥俊杰、黄训龙、戴国栋、伍建华(补)、湛新华(补)
	副主任	陈湘诚	湖南省湘阴县	1997.12	
		顾国宗	湖南省湘阴县	1997.12	
		黄巧媛(女)	湖南省湘阴县	1997.12	
		苏伟元	广东省高要县	1997.12	
		刘均美	湖南省湘阴县	1997.12	
		陈明阳	湖南省湘阴县	1997.12	
		汪作琪(补)	湖北省汉川县	2000.3	

续表 4-4

届别	职务	姓名	籍贯	任职时间	常务委员
第十四届	主任	陈国平	湖南省湘阴县	2002.12	王跃进、左季年、刘应明、任吟秋、伍建华、杨平、陈文钦、杨年华、陈迪牛、张沛龙、李觉先、李顺贤、张爱莲（女）、周正明、林安兰（女）、钟伟建、黄训龙、彭正清、湛新华、熊应根、蔡明权、黎伏曾、戴国栋、阳林艳（女、补）、刘建球（补）、陈实槐（补）、周伏军（补）、熊冬智（补）
	副主任	李立峰	湖南省湘阴县	2007.1	
		苏伟元	广东省高要县	2002.12	
		李克威	湖南省湘阴县	2002.12	
		刘均美	湖南省湘阴县	2002.12	
		汪作琪	湖南省汉川县	2002.12	
		王成峰	湖南省湘阴县	2002.12	
		孙红（女）	黑龙江省宾县	2002.12	
第十五届	主任	周友庚	湖南省湘阴县	2007.12	丰一德（女）、左季年、刘云、刘建球、伍建华、李军怡、李觉先、李训贤、张娜（女）、张爱莲（女）、张雪梅（女）、陈迪牛、吴志辉、钟建武、胡晓红（女）、袁国良、高星照、葛云华、熊志明、熊应根、龙文光(补)、陈丽(女、补)、肖伟奇(补)、郑杏辉(补)、易泽明(补)、周建钧(补)、戴磊（补）
	副主任	孙红（女）	黑龙江省宾县	2007.12	
		许卫球	湖南省湘阴县	2007.12	
		胡春田	湖南省湘阴县	2007.12	
		张亚玲（女）	湖南省湘阴县	2007.12	
		张跃进	湖南省湘阴县	2007.12	
		熊检华（补）	湖南省湘阴县	2011.12	
第十六届	主任	熊检华	湖南省湘阴县	2012.12	龙文光、伍建华、刘云、李顺贤、李军怡、肖伟奇、吴志辉、陈丽（女）、陈迪牛、张波、张雪梅（女）、易泽民、郑杏辉、夏胜、袁国良、徐姗艳（女）、高星照、葛云华、熊志明、黎跃武（女）、戴磊
	副主任	孙　红	黑龙江宾县	2007.12	
		张亚玲	湖南省湘阴县	2007.12	
		张跃进	湖南省湘阴县	2007.12	
		周利人	湖南省湘阴县	2012.12	
		郭　立	湖南省湘阴县	2012.12	

第二节　工作机构

1987 年 1 月，人大常委会机构设置为一办三委，即县人大常委会办公室、财政经济工作委员会、教科文卫工作委员会、法制工作委员会。1987 年 3 月和 1989 年 5 月先后分别增设代表联络工作委员会和农村工作委员会，人大常委会工作机构由一办三委增为一办五委。1998 年 7 月，县十三届人大常委会根据上级人大有关机构名称统一、上下对口的意见，将原设的代表联络工作委员会和法制工作委员会更名为选举任免联络工作委员会和内务司法工作委员会。2004 年 12 月，县十四届人大常委会为适应工作需要，增设城乡建设环境资源保护工作委员会。2004—2015 年，县人大常委会工作机构为一办六委，即县人大常委会办公室、财政经济工作委员会、农村工作委员会、内务司法工作委员会、教科文卫工作委员会、选举任免联络工作委员会、城乡建设环境资源保护工作委员会。

第三节 制度建设

人大常委会通过依法举行常委会会议行使职权，并根据需要，适时召开主任会议，负责研究、处理常委会闭会期间重要日常工作。

为提高常委会会议审议水平和质量，提高主任会议研究处理重要日常工作的效益。1984 年 2 月，县第九届常委会第 2 次会议作出《关于审议、决定重大事项的范围、程序和方法的暂行规定》。1988 年 4 月，县十届人大常委会第 9 次会议审议通过《湘阴县人大常委会会议制度》《湘阴县人大常委会主任会议制度》《湘阴县人大常委会人事任免规则》等 3 个议事规则。此后又经过 1990 年 4 月县十一届人大常委会第 2 次会议、1993 年 1 月县十二届人大常委会第 1 次会议、1998 年 2 月十三届人大常委会第 2 次会议、2003 年 4 月县十四届人大常委会第 3 次会议、2008 年 1 月县十五届人大常委会第 1 次会议，进行 5 次修改、补充，不断完善。

为有效行使监督职能，县十二届人大常委会制定《财政监督管理办法》，县十四届人大常委会制定《受理、接待人大代表和群众来信来访处理办法》。县十五届人大常委会在修改完善上述《办法》的同时，又依法制定《司法监督办法》《审议意见办理办法》《工作评议工作办法》《规范性文件备案审查暂行办法》《专题询问暂行办法》《人大代表辞职暂行办法》《述职评议工作办法》等 7 项工作制度，使常委会工作规范化、程序化、制度化。县第十六届人大常委会根据形势发展和提升人大工作水平需要，先后制订《政府重大投资项目监督办法（草案）》《关于对国家工作人员实施履职监督办法（草案）》《财政全口径预算决算审查监督办法》《重大事项审查监督办法》《湘阴县人民代表大会代表建议、批评和意见办理工作办法（草案）》《关于审计查出问题整改监督的暂行办法（草案）》《湘阴县乡镇人大工作年度目标百分考核办法》《湘阴县人民代表大会常务委员会组成人员联系县人大代表的意见》《湘阴县人民代表大会代表联系选区选民的意见》《关于加强司法监督工作的决定》《县人大常委会聘任工作委员会兼职委员暂行办法》等制度，并付诸实施，有效强化了人大工作职能，收到良好实效。

第四节 常委会议

一、第九届人大常委会会议

1984 年 1 月至 1987 年 2 月，县第九届常委会共召开 18 次会议，听取和审议“一府两院”（即县人民政府、县人民法院、县人民检察院）工作报告 36 项，作出决议决定 12 个，任命国家机关工作人员 105 人，免去职务 1 人。

会议听取和审议“一府两院”工作报告，主要有《1984 年国民经济安排意见》《1984 年 1—7 月份财政预算执行情况》《湘阴县城关镇整体规划》《关于减轻农民负担情况》《关于普级法律常识的情况》《关于贯彻执行保护耕地的决议的情况》《普及初等教育情况的汇报》《关于双扶和五保户生活安排情况的汇报》等，并对每项专题报告提出审议意见。

会议就有关重大事项作出决议、决定。主要有《关于批准“湘阴县国民经济和社会发展第七个五年计划”部分变更的决议》《关于在全县公民中开展法制宣传教育，努力普及法律常识的决议》《关于促进社会治安和社会风气根本好转的决议》《关于制止乱摊派、乱收费，切实减轻农民负担的决议》及

《关于审议、决定重大事项的范围、程序和方法的暂行规定》。

二、第十届人大常委会会议

1987 年 2 月至 1990 年 2 月，县第十届人大常委会共召开会议 23 次，听取和审议“一府两院”工作报告 41 项，作出决议、决定 12 个，任免国家机关工作人员 166 人。

听取和审议“一府两院”工作报告，主要有关于贯彻全国人大常委会《关于加强法制教育，维护安定团结的决定》的情况汇报，关于稳定发展粮食生产情况的汇报，关于 1987 年办 10 件实事进展情况的汇报，关于反腐倡廉工作情况的汇报，关于有关法纪检察案件办理情况的汇报，关于“双增双节”（增产节约、增收节支）运动开展情况的汇报，关于《中华人民共和国食品卫生法（试行）》执法情况的汇报，关于湘长、湘汨公路拓宽经费清理处理情况的汇报和关于《治安管理处罚条例》贯彻实施情况的汇报，并分别提出审议意见。

会议对有关重大问题作出决议、决定，主要有《关于湘阴县 1987 年财政预算安排的决议》《关于严肃查处我县少数地方和个人制造、贩卖假劣农药违法行为的决定》《关于批准〈湘阴县普及九年义务教育规划〉的决定》《关于加强反腐倡廉工作的决定》《关于加强社会主义法制实行依法治县的决议》和《湘阴县人大常委会会议制度》《湘阴县人大常委会主任会议制度》《湘阴县人大常委会人事任免规划》。

三、第十一届人大常委会会议

1990 年 2 月至 1992 年 12 月，县第十一届人大常委会召开会议 19 次，听取“一府两院”工作报告 40 项，提出综合审议意见 12 项，作出决议、决定 17 个，任免国家机关工作人员 185 人，组织代表视察活动 6 次，集中走访代表 600 多人，写出调查材料 105 份，督办代表建议、批评、意见 1380 件。

听取和审议“一府两院”工作报告，主要有《关于贯彻执行〈中共中央关于进一步加强农业和农村工作的决定〉，深化农村改革情况的汇报》《关于财贸工作的汇报》《关于 1992 年元至 6 月份财政预算执行情况的汇报》《关于贯彻执行〈民事诉讼法〉情况的汇报》《关于贯彻实施〈湖南省计划生育条例〉情况的汇报》《关于贯彻实施〈农民承担费用和劳务管理条例〉情况的汇报》《关于纠正行业不正之风情况的汇报》《关于集中力量办好农业措施落实情况的汇报》《关于全县市场购销情况的汇报》《关于农村乡镇征收教育费附加工作情况的汇报》《关于实施〈湖南省文化市场管理条例〉情况的汇报》《关于严厉打击刑事犯罪斗争情况的汇报》《关于切实减轻农民负担情况的汇报》《关于查处假劣农药案件办结情况》，并分别提出审议意见。

会议听取和审议本会《关于开展地方人大工作十年总结活动情况的汇报》。

会议就有关重大事项作出决议、决定。主要有《关于认真贯彻实施〈湖南省禁止向农民乱收费、乱罚款、乱摊派的规定〉和省政府〔1991〕1 号文件的决议》《关于加强财政监督管理的决定》《关于在全县公民中继续深入开展法制宣传教育的决议》《关于修订〈湘阴县普及九年义务教育规划〉的决定》《关于实施“2000 年人人享有卫生保健”概略规划的决议》，以及《关于全县县乡（镇）人大换届选举时间的决定》《关于全县县、乡（镇）人大换届选举安排意见》。

四、第十二届人大常委会会议

1992 年 12 月至 1997 年 12 月，县第十二届人大常委会召开会议 33 次，听取和审议“一府两院”工作汇报 69 次，提出审议意见 66 项，作出决议、决定 45 个，依法任免国家机关工作人员 181 人次，其中任职 128 人次，免职 52 人次，撤职 1 人。

会议听取和审议“一府两院”工作报告，主要有关于《中华人民共和国农业法》《中华人民共和国农业技术推广法》《中华人民共和国土地管理法》《中华人民共和国审计法》《中华人民共和国税收征收管理法》《中华人民共和国矿产资源保护法》《中华人民共和国环境保护法》《基本农田保护条例》《中华人民共和国文物保护法》《中华人民共和国刑法》《中华人民共和国刑事诉讼法》《中华人民共和国妇女权益保障法》《中华人民共和国科技进步法》《湖南省计划生育条例》《湖南省血吸虫病防治管理条例》等39个法律法规执行情况的汇报，关于农村工作情况的汇报，关于东湖路商业街建设预算外资金和财政周转金、上级补助经费等使用情况的汇报等。先后组织县人大代表、驻县省市人大代表1150人次开展执法检查，认真纠正行政和司法机关存在的一些有法不依、执法不严的现象。

会议就有关重大问题作出决议、决定。主要有《关于举全县之力，奋战三年，努力完成“1315”工程建设任务的决议》《关于调整县城东湖路东侧沿线湘阴宾馆至邓婆桥段用地功能的决定》和《在人大代表中开展“两为一争”（为人民当代表、为兴县作贡献、争当代表积极分子）活动的决定》。

五、第十三届人大常委会会议

1997年12月至2002年12月，县第十三届人大常委会召开会议37次，听取和审议“一府两院”工作汇报71次，提出审议意见68项，围绕全县经济运行和社会发展重大事项作出决议决定47个。受理群众来信640件，接待来访870人次，转办督办重点信访45件，常委会正、副主任审阅批办128件。

会议听取和审议“一府两院”工作报告，主要有关于农业产业结构调整情况，粮食流通体制改革情况，减轻农民负担工作情况，1999年财政预算执行情况，《关于湘阴县国民经济和社会发展“十五”计划及2001年计划草案的报告》，乡镇财物、村务公开工作情况，农村税费改革情况，平垸行洪、移民建镇工作及8部涉农法律法规实施情况的汇报，县直企业改革情况，下岗职工再就业和社会保障情况，城镇居民最低生活保障，救灾物资筹集发放，县城规划建设和管理，高岭新区开发建设，文物资源开发和城市市容环境卫生管理等，并分项提出审议意见。

会议就有关重大问题作出决议、决定。第三次会议作出《关于在全县继续推行依法治县的决议》。第十次会议作出《关于深入开展创建文明县城的决议》。第十三次会议作出《关于调整1999年部分经济计划指标的决议》《关于调整1999年财政预算收支计划的决议》和《关于湘阴县新城区开发规划编制方案的决议》。第十五次会议作出《关于湘阴县国民经济和社会发展“十五”规划及2001年计划草案的决议》。第二十三次会议作出《关于湘阴县城总体规划修编的决议》。

六、第十四届人大常委会会议

2002年12月至2007年12月，县第十四届人大常委会召开会议41次，听取和审议“一府两院”工作汇报87次，提出审议意见87项，其中书面审议意见15项，围绕全县经济运行和社会发展重大事项依法作出决议、决定45项。依法任免国家机关工作人员266人次，其中接受辞职6人，职务终止备案1人，任命人民陪审员7人，补选市五届人大代表5名。

会议听取、审议“一府两院”工作报告，主要有关于贯彻实施《中华人民共和国农业法》及涉农法律法规的情况，关于农资市场管理情况，关于撤乡建镇、劳动和社会保障工作，城市居民最低生活保障，“五保”户供养、人口与计划生育工作情况，关于2003年预算执行情况和财政收支审计情况，关于“十一五”规划编制，新农村建设，人口资源环境，农资市场管理，工业、商贸、流通、农村渔场等体制改革改制，关于社会治安和娱乐市场管理、非典防治及《国家公务员管理条例》《退耕还林条例》《中华人民共和国母婴保健法》《中华人民共和国食品卫生法》《中华人民共和国环境保护法》《中华人民共和国传染病防治法》《疫病流行和预防接种管理条例》等14个法律法规的贯彻实施情况，分别提出审理意见。

会议对一些重大事项作出决议、决定，主要有《关于批准调整2004年财政预算的决议》《关于撤销17个乡镇设立4个新镇的决定》《关于湘阴县土地利用总体规划修编的决议》《关于在全县组织实施第五个法制宣传教育五年规划的决议》《关于加速依法治县进程，进一步优化经济发展环境的决议》

《关于在人大代表中开展“为人大工作添光彩，为小康建设作贡献”活动的决定》和《湘阴县人民代表大会常务委员会述职评议工作办法》。

七、第十五届人大常委会会议

县第十五届人大常委会届期为2007年12月到2012年11月，共召开常委会议42次，听取和审议“一府两院”，工作汇报75次，提出审议竟见80项，分别就全县经济、生态、文化、民生等方面作出书面决定和决议28项，依法任免国家机关工作人员215人次，任命县人民法院陪审员38名，对县公安局、工信局、计生局等10个单位工作进行评议。受理群众来信来访300次，处结率95%，依法维护了人民群众切身利益和合法权益。

第十五届人大常委会议听取和审议的法律法规主要有：贯彻实施《环境保护法》《中华人民共和国森林法》《中华人民共和国劳动合同法》《中华人民共和国人口与计划生育法》《中华人民共和国招投标法》《中华人民共和国防洪法》《中华人民共和国食品安全法》《关于在全县公民中开展法制宣传教育第六个五年规划的汇报》等38部法律法规情况，同时开展了26次执法情况检查，收到了好的社会效果。

第十五届人大常委会议还就全县经济、社会、民生等重大问题分别对《湘阴县县城村镇体系规划》《湘阴县县城整体规划》作出决议，在滨湖示范区建设、推进城镇化建设，饮用水源保护、关闭城关地区自备水井，县级财政预算调整，开展食品安全大整治，依法取缔非法生产劣质食品小作坊等方面，作出26项决定，为促推湘阴经济社会发展和民生事业发挥了重要作用。

八、第十六届人大常委会会议

第十六届人大常委会议第一次会议至第三次会议（2012年12月至2015年12月）期间，共召开常委会23次，听取和审议“一府两院”工作汇报45次，提出审议意见48项，围绕全县经济运行和社会发展重大事项依法作出决议、决定27项，依法任免国家机关工作人员136人，对28个机关单位负责人进行履职监督评议。

会议听取和审议“一府两院”工作报告、汇报，主要有财政预算具体方案、财政预算执行情况和财政同级审计、政府重大项目投资规划、“十二五”规划中期评估报告、强力推进“三十工程”、土地储备工作、国有资产经营管理、土地流转及农民专业合作社工作、金融市场监管、地方公路建设、新型农村社会养老保险、新型农村合作医疗、植树造林、公路桥梁建设等情况的汇报，并分别提出审议意见。

会议听取和审议县人民政府贯彻实施《中华人民共和国农业法》《中华人民共和国水法》《中华人民共和国行政诉讼法》《中华人民共和国药品管理法》《中华人民共和国城乡规划法》《中华人民共和国禁毒法》等16个法律法规执行情况，进行了评议；开展13次执法情况检查。

会议就重大问题作出决议、决定。主要有县人大常委会《规范性文件备案审查办法》《关于加强司法监督工作的决定》《聘任工作委员会兼职委员暂行办法》《关于补选部分十六届人大代表的决定》《关于重新确定县人民法院人民陪审员名额的决定》和《关于将青潭乡更名为青山岛镇的决定》等。

第四章 职权行使

第一节 法律监督

自1986年始，常委会每年开展执法检查。通过开展执法检查和听取审议执法专题汇报，加强执法监督。1996年5—7月，县十二届人大常委会对《中华人民共和国土地管理法》执行情况，共检查用地单位420个，面积3.5万平方米。对39起擅自占用耕地、3起越权批地、41起非法转让土地的单位和个人，督促有关部门依法予以查处。1999年，常委会组织36名县人大代表和驻县省、市人大代表，对县公、检、法机关的刑侦、看守、法制部门及五个工委、南湖洲镇驻地派出所、城关地区4个派出所进行《中华人民共和国刑法》《中华人民共和国刑事诉讼法》执法检查，分别提出执法检查监督意见，并以《人大工作》通报情况。2004年，十四届常委会对《中华人民共和国农业法》及相关法律、法规进行执法检查，发现问题51个，督促政府进行整改。2005年，常委会先后组织对《中华人民共和国农业法》《中华人民共和国消防法》《互联网上网服务营业场所管理条例》等法律法规执法情况进行检查，听取案件查处情况汇报8次，督办重要案件11起，维护司法公正。2006年，常委会组织6个执法检查组对《中华人民共和国环境保护法》执法情况进行检查，实地察看8家工业企业污物排放情况，8家医院和16家个体诊所医疗废弃物处理情况，县城卫生情况，水环境保护情况，对加强环境污染治理力度提出具体整改意见。

为加强对司法和行政执法的个案监督，十二届常委会抓住赛头中学某某教师强奸女学生案、十三届常委会抓住洞庭围镇栗塘村村民曾某基建业务款纠纷案、十四届常委会抓住石塘乡秃峰村幼女被拐强迫卖淫案等具有一定影响且关系人民群众切身利益的个案，督促有关部门依法处理，维护了宪法、法律的尊严，保护了人民群众的合法权益。至2015年，常委会共开展执法检查138次，涉及143个法律、法规的执行，听取、审议法律、法规执行情况汇报162项（次）。

第二节 工作监督

常委会抓住人民群众普遍关心的难点热点问题，对“一府两院”进行工作监督，支持“一府两院”开展工作。1988年上半年，县十届人大常委会根据湘阴县部分地方制造、贩卖假劣农药相当严重的问题，作出《关于严厉查处我县少数地方和个人制造、贩卖假劣农药违法行为的决定》。为督促有关部门加大查处力度，常委会还依法成立特别问题调查委员会，加强督查。至1989年，常委会就此专题调查8次，召开联席会议16次，主任会议专题研究11次，常委会会议听取审议汇报3次。全县共督促查处35案，捣毁制假窝点16个，没收假商标12万张，查封假劣农药900多吨，没收和罚款41.7万元，移送司法机关9案，最多判刑10年，涉及7名国家机关工作人员严肃作出处理。此举受到国务院组织的监察、工商等四部（局）到湘调查组的高度评价。1990年，震惊全国的6大制假贩假案件之一的湘阴东塘假桐油案，在十一届常委会督促下得到严肃查处。十五届常委会为保护好文星地区地下水资源，作出《关于关闭文星地区自备水井，保护地下水资源的决定》。2012年至2015年，10次组织相关职能部门和部份人大代表进行专项检查和督办，5次到有关企业实地调研，6次召开专题主任会议听取县政府落实情况汇报，并就决议落实执行中遇到问题进行研究，提出对策，到2015年年底，共关闭文星地区自备水井 44 口。除个别食品加工企业因特殊情况保留外，文星地区其余自备水井从此消除，生产企业、城市保洁、生态绿化等用水全部改从湘江取水，使文星地区地下水快速下降的不良生态趋势得到有效控制。

第三节　视察评议

一、视察

1986—2015 年，常委会组织部分人大代表和常委会组成人员开展视察活动 58 次，通过视察，支持促进“一府两院”工作。县十届人大常委会届期内就全县清理整顿公司、生产自救、市场物价管理等工作开展视察，先后到 5 个区、11 个乡镇和 5 个县直单位进行 5 次视察。通过视察，为人大行使职权和县委决策提供了重要的客观依据。十一届人大常委会组织代表视察活动 6 次，就深化农村改革，转换企业经营机制，加强财政工作监督提出了 23 条意见、建议。十二届人大常委会组织代表视察工农业生产、小城镇建设和集市贸易，代表们提出 17 条意见建议。第十三届人大常委会组织 46 名代表对全县工业、农业、交通、商贸、教育、卫生等工作进行视察，代表们从全新角度对加快经济社会事业提出了 74 条批评、意见和建议。十五届常委会把视察与推动改进工作结合起来，通过视察推进、支持政府等部门工作。省道 308 线多年来路况极差，交通事故频发，社会反响强烈。为解决好这一问题，常委会 1 次组织人大代表视察，2 次邀请市公路主管部门领导现场察看，3 次组织常委会组成人员深入有关主管部门和现场督查，使该工程引起省、市公路主管部门重视，终于在 2008 年年底正式动工，2010 年 6 月全面竣工。县第十六届人大常委会先后组织进行三次大型视察活动，县人大常委会正副主任全部参加，还邀请部分人大代表共同参与视察。2013 年 11 月 14 日，县人大常委会全体组成人员和部分人大代表，对全县农业农村工作进行视察，在管农业的副县长陪同下，到鹤龙镇蔡华村渠道建设现场，石塘乡农大村白萝卜生产基地和彭家村水库建设现场，以看、查、听进行现场视察，并召开座谈会；2014 年 1 月县人大常委组织开展对水利建设工作进行考察，到鹤龙湖镇渠道改造、静河乡堤防加固、樟树镇农村安全饮水工程建设现场实地查看。2015 年 5 月县人大常委组织对县域背街小巷提质改造工作进行视察活动，并到文星镇滨江社区、先锋社区、三井头社区实地查看改造提质状况。

二、评议

工作评议，是改进人大监督的新举措。1992 年，湾河粮站曾发生过新粮入库秤砣作弊事件。通过工作评议，1996 年新粮入库前，粮食部门邀请技术监督部门对全县 56 个站、店用于收粮的 230 台磅秤逐台进行检校，对司秤人员进行业务培训和职业道德教育；还聘请 37 名县人大代表现场监督收粮。粮库服务态度、工作作风明显改善，农民售粮自觉性增强，这一年全县新粮入库总量创历史新高。1997 年 11 月，县十二届人大常委会组织代表开展 3 次视察活动，对县政府 10 个方面的工作进行了评议。十三届常委会还把评议活动引申到乡镇“七站八所”。1998 年 12 月至 1999 年 1 月，先在长仑地区试点，组织 26 位人大代表对所辖的 22 个站、所进行工作评议，促进工作的开展。2010 年，县人大常委会按照《县人大常委会工作评议暂行办法》的规定，成立 5 个专门工作评议调查组，对县工业局、教育局、民政局、水利局、电力局 5 个部门的工作进行评议。

2013 年 11 月，县人大组织对全县农村农业工作进行评议，认为 2013 年尽管遭遇严重旱灾，县农业部门组织农民大力发展特色秋冬作物，减轻了受灾损失，夺得了农业丰收。今后要进一步加强领导，加大投入，积极引导，提高农业生产效率和农产品质量，增强农业综合生产能力，促进农村经济协调快速发展。在视察水利建设活动中，要求水务部门紧紧抓住国家加大水利基础设施建设投入的大好机遇，紧密结合县委、县政府的中心工作，以民生为基础，以项目为抓手，以创新为动力，推动全县水利建设跨越发展。在视察文星镇背街小巷改造提质工作中，认为背街小巷改造提质涉及城区千家万户，与群众生活息息相关，要把这项工作作为为民办实事的大事来抓，创新方式方法，形成县支持、镇主导、社区齐努力的联动机制，科学规划，区别对待，分步实施，切实解决好群众居住和出行条件。

第四节 督办议案

征集、处理代表议案以及建议、批评和意见（以下简称“议案和建议”）是人民代表大会会议行使职权的法定程序。对征集的代表议案和意见，会后常委会在认真交办的同时并跟踪督办，确保代表所提议案和意见件件有回音，且解决人民群众普遍关心的一些实际问题。

1992年2月，县十一届人大三次会议提出议案和建议108件，经常委会跟踪督办，是年10月底就全部办毕，问题得到解决的有89件，占全部议案和意见的82.4%，如江东路、平益路和体育中心建设、配套、管理等问题都得到及时解决。县十五届人大常委会对办理代表建议高度重视，抓住建议、意见中的重点问题，由正、副主任牵头督办。2009年，常委会对代表在十五届人大三次会议上所提建议意见，重点列出11条群众普遍关心的突出问题，交由五位副主任牵头督办、跟踪落实，效果很好。如《关于加强防洪通道维护，确保防洪通道畅通的建议》，经督办后，引起政府等主管部门高度重视，加大清障力度，确保防洪通道畅通无阻，适应防汛抗灾的需要。2007年12月至2012年12月5年，共收到代表议案355件，办结率95%，满意率97%；十六届人大从2012年12月到2015年12月，共收到代表建议312件，办结率和满意率均达到98%。

湘阴县第九届人大三次会议至十六届人大四次会议代表议案、建议受理、交办情况一览表

表4-5　　单位：件

届别	总共收集议案	其中立案作出决议、决定	总共收集建议	其中议案转作建议	涉及工作内容							交办情况		
					工交	农业	财贸	城建计划	科教文卫	政法民政	其他	交县政府常务会议研究处理	交县政府所属部门办理	交有关部门办理
第九届			357		46	157	35	49	33	34	3	153	191	13
第十届	129	2	696	127	142	134	102	101	101	91	25	196	435	65
第十一届	160	4	574	156	115	135	95	81	77	48	23	216	313	45
第十二届	181	1	432	180	84	99	52	59	57	57	24	164	227	41
第十三届	204	1	371	203	87	85	52	52	40	46	9	152	193	26
第十四届	78	2	190	76	46	44	24	25	28	20	3	64	114	12
第十五届	212	1	355	211	105	104	63	29	24	18	12	112	217	26
第十六届	66	2	312	64	75	75	22	48	42	18	32	0	299	13

第五节　人事任免

1986—2015 年，人民代表大会会议选举县人大常委会组成人员，县人民政府正、副县长，县人民法院院长和县人民检察院检察长 212 人，其中县人大常委会组成人员 148 人，含正、副主任 38 人，正、副县长 45 人，法院院长和检察院检察长 18 人；县人大常委会任命国家机关工作人员 1334 人，其中任命副县长 23 人、决定代县长 5 人、代院长和代检察长共 6 人；任命政府机关工作人员 242 人、人大机关工作人员 98 人、“两院”工作人员 783 人；免职 779 人（含接受辞职），撤职 9 人，其中法院副院长、检察院副检察长各 1 人。为有效行使人事任免权，常委会坚持任管结合，加强监督，即任命前进行考查，任命时由被任命对象作供职汇报并进行法律常识考试，任命后进行工作评议，充分行使了人事任免权。从县十二届人大开始至十五届人大，常委会先后组织对被任命干部进行工作评议 13 次。

第六节　指导乡镇人大工作

1979 年，根据全国人大地方组织法规定，乡镇人大代表大会由乡镇政府负责召集。1986 年，全国人大地方组织法修改后规定，乡镇人大代表大会改由乡镇人大主席团召集。1987 年，乡镇人大换届时，省人大常委会在湘阴南阳乡试点，在全省率先设立乡镇人大主席团常务主席。随后，县人大常委会切实加强了对乡镇人大工作的联系与指导。

一、提供组织保障

1990 年，县人大常委会就乡镇人大工作问题向县委写出报告。县委下发文件，明确乡镇人大主席团常务主席要以主要精力做人大工作；配齐乡镇主席团兼专职秘书，解决乡镇人大办公、活动经费等具体问题。

在换届或届中调整干部时，县人大常委会党组积极向县委及组织部门建议，乡镇人大主席、副主席人选既要具备负责干部的基本素质和条件，又要具有较强的法律意识和人大工作意识。自 2008 年始，配齐配强乡镇人大干部，按照每个乡镇设主席 1 名，6 个大镇设副主席 2 名，其他乡镇设副主席 1 名。乡镇人大体制和干部配置延续到 2015 年。

二、组织学习培训

从 1984 年开始，为提高乡镇人大干部的思想政治素质和业务水平，坚持每届对乡镇人大主席进行集中培训。1993 年 6 月，举办全县乡镇人大主席培训班上，县委书记张介玉、县委副书记刘克明、县人大常委会主任彭应全分别作讲话，并讲授专题课。2008 年 4 月，全县乡镇人大主席参加全市乡镇人大主席培训班学习。学习期间，县人大常委会分管乡镇人大工作副主任组织乡镇人大主席赴浙江三门等地考察学习人大工作，并认真写出学习心得和考察情况汇报。

2013 年 5 月 20 日，县人大常委组织开办人大代表履职专题培训班，县长黎作凤和全体副县长，县人大常委正、副主任全部参加，培训班由县人大常委主任熊检华主持，邀请省人大常委会法工委、财经工委、预算工委负责人和法律专家从人民代表大会制度、县级人大及其常委会职权、地方人大依法履职应注意的几个关系等方面进行授课，使学员对我国的根本政治制度、县人大及其常委会工作职能等方面有了深入一步的了解。2013 年 11 月，县人大组织全县 19 个乡镇人大主席去岳阳市委党校进行了一个月时间的专题培训，主要学习有关法律法规，基层人大工作职权和职能，如何忠诚履职，提升基层人大工作水平和能力，进一步搞好乡镇基层人大工作。本次专题集训时间长达一个月，使乡镇人大主席政治业务素质大有提稿，增强了基层人大履职能力。

三、建立联席会议制度

1984—2015年，每年年初和年底召开2次乡镇人大工作联席会议，总结交流工作情况，布置全年或来年工作任务。

四、列席会议

1990年6月，县人大第十一届常委会第三次会议制定《湘阴县人民代表大会常务委员会会议制度》，规定每次常委会议邀请部分乡镇人大主席或副主席和区镇联络员列席，让乡镇人大工作者从中了解、学习人大履行议政、督政的职能和操作规程。此一制度一直到2015年还在继续实施。

五、制定下发文件

1984—2015年县人大常委会先后编印《乡（镇）人民代表大会会议程序》《乡（镇）人民代表大会会议选举办法》《乡（镇）人民代表大会代表建议、批评和意见办理工作办法》分发到各乡镇，要求乡镇人大按章操作。建立《乡（镇）人民代表大会会议制度》《乡（镇）人民代表大会主席团职责》《乡（镇）人民代表大会主席、副主席职责》《代表小组长职责》《乡（镇）人大代表职责》《乡(镇)人大代表联系选民制度》《乡（镇）人大代表向选民述职制度》《代表小组长会议制度》《代表小组活动制度》《乡（镇）人大文书档案工作制度》等，推动乡镇人大工作日趋规范。

六、实行主任会议成员办点联系制度

自1990年始，按照县委安排，常委会正副主任每人定点联系一个乡镇，在抓好中心工作的同时，对所联乡镇人大工作进行经常性指导。此制度至2015年仍持续实行。

七、普遍走访

1987年，县人大常委会组成5个组，到41个乡镇、县直战线走访县人大代表、乡镇人大主席团成员和驻县省、市人大代表218人，收集批评、意见、建议1182条。1998—2010—2015年期间，县人大常委会坚持一项走访制度，即由分管副主任带领选任联工委的成员，对全县19个乡镇人大主席、副主席走访1次，了解工作开展情况，征求意见，提出工作要求，及时发现和纠正乡镇人大工作中的偏差和问题。

八、加强对乡镇换届选举工作的领导和指导

1995年年底，南湖洲镇间堤村选区少数人干扰换届选举工作，县人大常委会及时发出通报，责成有关单位严肃处理相关人员，保证换届工作正常进行。

2005年，湖区17个乡镇合并为4个大镇后，县人大常委会依照有关法律规定，制定下发4个新建镇选举工作方案，分配好代表名额，并深入新建镇指导选举工作，召开镇人大第一次人民代表大会。

2012年是县乡两级换届选举年。8月9日，县人大常委会召开第33次会议，作出《关于县乡两级人民代表大会换届选举时间的决定》《关于全县各乡镇新一届人民代表大会代表名额的决定》《关于任命各乡镇人大换届选举委员会组成人员的决定》。为保证乡镇换届选举工作顺利进行，圆满成功，县人大常委加强了具体领导，9月上旬组织乡镇人大主席和副主席进行了专题培训，随后县人大常委会正、副主任、换届选举工作委员会各组工作人员在换届选举的各关键时段，深入到各乡镇作具体指导，了解换届选举中的进展情况，遇到的困难和问题，共同研究落实解决办法。如发现少数乡镇在宣传发动，选区划分，代表名额分配、候选人结构等方面出现问题，及时召开县人大换届选举委员会扩大会议，分析原因，研究措施，及时纠正整改，在加强宣传发动，合理划分选区，做好选民登记，优化代表结构，严格代表候选人资格等方面进一步作出指导安排意见，纠正少数乡镇马虎了事作法。对违法违规行为督促进行了变更纠正和整改，维护了换届选举严肃性。全县参选的选民农村参选率达98%，选举乡镇人民代表1174名，县人大代表255名中农民代表111名，占代表总数44%，达到预期结果，使乡镇换届选举工作顺利圆满收官。

第五篇　地方人民政府

第一章　政府机构

第一节　领导班子

第八届至第十五届县政府领导班子由县长（代县长）1人，副县长6—11人，县长助理1—2人，调研员1—2人，助理调研员5—10人，县政府办主任和县政府组成单位主要负责人组成。

1980年4月，县第八届人民代表大会第一次会议选举县长1人，副县长4人。本届政府异动县长1人，副县长4人。

1984年1月，县第九届人民代表大会第一次会议选举县长1人，副县长6人。本届政府异动县长1人，副县长3人。

1987年3月，县第十届人民代表大会第一次会议选举县长1人，副县长5人。本届政府异动县长1人，副县长2人。

1990年3月，县第十一届人民代表大会第一次会议选举县长1人，副县长5人。本届政府异动县长1人，副县长3人。

1992年12月，县第十二届人民代表大会第一次会议选举县长1人，副县长4人。本届政府异动县长1人，副县长7人。

1997年12月，县第十三届人大代表大会第一次会议选举县长1人，副县长4人。本届政府异动县长1人，副县长6人。

2002年12月，县第十四届人民代表大会第一次会议选举县长1人，副县长6人。本届政府异动副县长4人。

2007年12月，县第十五届人民代表大会第一次会议选举县长1人，副县长6人。本届政府异动副县长8人。

2012年12月，县第十六届人民代表大会第一次会议召开，选举县长1人、副县长7人。

2016年11月，县第十七届人民代表大会第一次会议召开，选举县长1人，副县长7人。

1980年4月至2016年11月湘阴县正副县长名录

表5-1

届　别	职　务	姓　名	籍　贯	任职时间
第八届	县　长	谭载阳	湖南省华容县	1980.4—1982.2
		周金印	湖南省湘阴县	1982.2—1984.1（1983.3以前代县长）
	副县长	周金印	湖南省湘阴县	1980.4—1982.2
		聂宗儒	湖南省汨罗市	1980.4—1984.1

续表 5-1

届　别	职　务	姓　名	籍　贯	任职时间
第八届	副县长	张子先	湖南省湘阴县	1980.4—1982.2
		司马河宴	湖南省湘阴县	1980.4—1984.1
		伍汉桃	湖南省沅江市	1982.2—1984.1
		楚浩连	湖南省湘阴阴	1982.2—1984.1
		刘德成	湖南省湘阴县	1982.2—1984.1
		骆春芳	湖南省望城县	1982.2—1984.1
第九届	县　长	陈正银	湖南省湘阴县	1984.1—1984.8
		邬继宝	湖南省临湘县	1984.8—1987.3（1985.3 以前代县长）
	副县长	邬继宝	湖南省临湘县	1984.1—1984.8
		司马河宴	湖南省湘阴县	1984.1—1985.10
		周立标	湖南省汨罗市	1984.1—1987.3
		楚浩连	湖南省湘阴县	1984.1—1986.1
		沈仁生	上海市	1984.1—1987.3
		伏煌曙	湖南省汨罗市	1984.1—1987.3
		凌庆麋	湖南省醴陵县	1985.1—1985.9
		夏让初	湖南省湘阴县	1985.10—1987.3
		熊伯群	湖南省汨罗市	1985.10—1987.3
第十届	县　长	程海波	湖南省岳阳县	1987.3—1990.1
		张介玉	湖南省华容县	1990.1—1990.3（代县长）
	副县长	冯自敬	湖南省湘阴县	1987.3—1990.3
		周立标	湖南省汨罗市	1987.3—1990.3
		夏让初	湖南省湘阴县	1987.3—1990.3
		朱冬余	湖南省湘阴县	1987.3—1990.3
		胡　亦	湖南省岳阳县	1987.3—1987.10
		陈湘诚	湖南省湘阴县	1989.3—1990.3
第十一届	县　长	张介玉	湖南省华容县	1990.3—1991.7
		周湘涛	湖南省湘阴县	1991.7—1992.12
	副县长	冯自敬	湖南省湘阴县	1990.3—1992.12
		夏让初	湖南省湘阴县	1990.3—1992.12
		朱冬余	湖南省湘阴县	1990.3—1992.12

续表 5-1

届　别	职　务	姓　名	籍　贯	任职时间
第十一届	副县长	陈湘诚	湖南省湘阴县	1990.3—1992.12
		刘均美	湖南省湘阴县	1991.3—1992.12
		郑少安	湖南省汨罗市	1991.3—1992.12
		彭泽遗	湖南省临湘县	1991.3—1992.12
		顾国宗	湖南省湘阴县	1991.7—1992.12
第十二届	县　长	周湘涛	湖南省湘阴县	1992.12—1995.8
		冯自敬	湖南省湘阴县	1995.9—1997.12 （1995.9—1996.3 代县长）
	副县长	佘岳鹏	湖南省望城县	1992.12—1994.3
		郭健康	湖南省湘阴县	1992.12—1996.3
		柳忠光	湖南省湘阴县	1992.12—1996.9
		张振彬	湖南省湘阴县	1992.12—1996.9
		刘均美	湖南省湘阴县	1994.3—1997.12
		钟小汨	湖南省湘阴县	1994.3—1997.12
		李克威	湖南省湘阴县	1994.3—1997.12
		陈志莲	湖南省岳阳县	1995.9—1997.7
		何绍仁	湖北省黄梅县	1996.5—1997.6
		单斗才	湖南省湘阴县	1996.6—1997.12
		许　维	湖南省岳阳县	1996.11—1997.12
第十三届	县　长	杨太平	湖南省汨罗市	1997.12—1999.11
		毛七星	湖南省岳阳县	1999.11—2002.12
	副县长	许　维	湖南省岳阳县	1997.12—1998.10
		柳忠光	湖南省湘阴县	1997.12—2001.2
		李克威	湖南省湘阴县	1997.12—2002.12
		陈国平	湖南省湘阴县	1997.12—1999.4
		周山连	湖南省湘阴县	1999.3—2001.2
		金利华	湖南省湘阴县	1999.4—2002.12
		李立平	湖南省湘阴县	1998.11—2002.12
		邹三友	湖南省岳阳县	2000.7—2001.12
		郑剑山	湖南省汨罗市	2001.2—2002.12
		李立峰	湖南省湘阴县	2000.2—2002.12

续表 5-1

届　别	职　务	姓　名	籍　贯	任职时间
第十四届	县　长	周友庚	湖南省湘阴县	2002.12—2007.12
	副县长	李立峰	湖南省湘阴县	2002.12—2004.2
		李立平	湖南省湘阴县	2002.12—2007.12
		金利华	湖南省湘阴县	2002.12—2007.12
		郑剑山	湖南省汨罗市	2002.12—2007.12
		熊检华	湖南省湘阴县	2002.12—2007.12
		许卫球	湖南省湘阴县	2002.12—2007.12
		龚卫国	湖南省益阳市	2003.12—2007.12
		胡春田	湖南省湘阴县	2004.3—2007.12
		尹坚毅	湖南省炎陵县	2006.5—2007.12
		周利人	湖南省汨罗市	2006.10—2007.12
		俞茂昊	浙江省三门县	2007.5—2007.12
第十五届	县　长	黎作凤	湖南省临湘市	2007.12—2012.11
	副县长	郑剑山	湖南省汨罗市	2007.12—2010.5
		刘正仁	湖南省湘阴县	2007.12—2012.11
		俞茂昊	浙江省三门县	2007.12—2010.5
		马　娜	湖南省临澧县	2009.5—2011.5
		熊检华	湖南省湘阴县	2007.12—2010.11
		周利人	湖南省汨罗市	2007.12—2012.11
		李爱佳	湖南省湘阴县	2007.12—2012.11
		甘文伟	湖南省湘阴县	2007.12—2012.11
		尹坚毅	湖南省炎陵县	2007.12—2008.5
		严　菲	湖南省华容县	2008.4—2010.8
		闵秀明	湖南省汨罗市	2010.8—2012.11
		刘建民	湖南省华容县	2010.11—2012.11
		张浩果	湖南省湘阴县	2010.11—2012.11
		毛华初	湖南省常德市	2010.11—2012.11
第十六届	县　长	黎作凤	湖南省临湘市	2012.11—2014.5
		尹培国	湖南省衡阳市	2014.5—2016.8 （2014.5—2014.11 代县长）
	副县长	闵秀明	湖南省汨罗市	2012.11—2014.4
		刘正仁	湖南省湘阴县	2012.11—2016.11

续表 5-1

届　别	职　务	姓　名	籍　贯	任职时间
第十六届	副县长	刘建民	湖南省华容县	2012.11—2014.4
		张浩果	湖南省湘阴县	2010.11—2016.11
		李自然	湖南省岳阳县	2012.12—2016.9
		甘文伟	湖南省湘阴县	2012.11—2016.11
		周　鹏	湖南省湘阴县	2012.12—2015.11
		许　波	湖南省汨罗市	2015.11—2016.11
		毛华初	湖南省常德市	2013.4—2013.12
		汤　静	湖南省益阳市	2015.11—
		高兰祥	湖南省望城区	2013.5—2015.7
		周太平	湖南省湘阴县	2014.4—
		李力之	湖南省临湘市	2014.4—
第十七届	县　长	李镇江	湖南省平江县	2016.11—
	副县长	林恒求	湖南省醴陵县	2016.11
		许　波	湖南省汨罗市	2016.11
		蒋世杰	湖南省湘阴县	2016.11
		范　征	湖南省岳阳县	2016.11—
		余建新	湖南省湘阴县	2016.11—
		刘映球	湖南省岳阳县	2016.11—
		方腊初	湖南省临湘市	2016.11—

第二节　工作机构与直属单位

1978年，湘阴县革命委员会有工作部门23个，即县公安局、县民政局、县农村办、县财贸办、县工交办、县计划委员会、县工业局、县交通局、县邮电局、县商业局、县粮食局、县供销社、县物资局、县财政税务局、县人民银行、县农业局、县水利水电局、县农机管理局、县文教局、县卫生局、县广播局、县体育委员会、县社队企业局。

1980年，召开湘阴县第八次人民代表大会，选举产生湘阴县人民代表大会常务委员会，撤销湘阴县革命委员会，成立湘阴县人民政府。在湘阴县人民政府成立之后，进行三次较大规模的机构改革，政府工作部门的设立也随之变动。

1983年机构改革，县人民政府工作部门设30个，即县政府办公室、县计划委员会、县经济委员会、县农业委员会、县科学技术委员会、县公安局、县司法局、县民政局、县统计局、县物价局、县劳动人事局、县审计局、县城乡建设环境保护局、县交通局、县农业局、县林业局、县水利电力局、县畜牧水产局、县社队企业局、县财政局、县税务局、县商业局、县粮食局、县工商行政管理局、县文化局、县教育局、县卫生局、县广播电视局、县体育运动委员会、县计划生育委员会。以后又先后设立县国土管理局、县环境保护局、县烟草局、县监察局、县经济研究室、县对外经济协作办公室、县蔬菜办公室、县国有资产管理局、县电力局、县医药管理局、县盐务管理局、保险公司等部门。

1993年机构改革，县政府工作部门设31个，即县政府办公室、县经委、县计划物价局、县建设局、县科学技术局、县教育局、县公安局、县民政局、县司法局、县财政局、县人事局、县劳动局、县交通局、县农业局、县林业局、县水利水电局、县文化体育局、县卫生局、县计划生育局、县监察局、县审计局、县农村工作办公室、县乡镇企业局、县统计局、县工商行政管理局、县国土局、县地方税务局、县粮食局、县财贸工作办公室、县环境保护局、县技术监督局。

2001年机构改革，县政府设工作部门23个，即县政府办公室、县计划物价局、县工业局、县教育局、县科学技术局、县公安局、县监察局、县民政局、县司法局、县财政局、县人事局、县劳动和社会保障局、县国土资源局、县建设局、县交通局、县水利局、县农业局、县林业局、县文化体育局、县卫生局、县计划生育局、县审计局、县环境保护局。政府部门管理机构2个，即县统计局、县粮食局。

2010年，湘阴县人民政府设置工作部门25个，即政府办公室（加挂县人民政府法制办公室、县人民政府民族宗教和外事侨务办公室牌子）、发展和改革局、工业和信息化局、教育局、科学技术局（加挂县知识产权局牌子）、公安局、监察局（县监察局与县纪律检查委员会机关合署办公，列入县人民政府部门序列，不计入县人民政府机构个数）、民政局（加挂县民间组织管理局牌子），司法局、财政局、人力资源和社会保障局、国土资源局、住房和城乡建设局、交通运输局、水务局、农业局（加挂县乡镇企业局牌子）、林业局、商务局（加挂县粮食局牌子）、文体广电新闻出版局（加挂县版权局牌子）、卫生局、人口和计划生育局、审计局、环境保护局、统计局、安全生产监督管理局和食品药品监督管理局。

2011—2015年，县委、县政府进行两次机构改革。2011年合并的住房和城乡建设局实际未合，仍然分设为两个正科级单位，将原属建设局管辖的二级机构规划局升格为正科级县城乡规划局。第二次机构改革至2016年年初完成，其间，新建立县人民政府金融办公室，主要加强金融市场监管，组织指导协调全县金融机构为发展经济服务;根据湘阴县砂石资源和采砂经营中的状况,组建县河道砂石综合执法局,加强河道采砂、运输和市场管理；将县物价局并入县发改局，由县发改局行使物价监督职能；将计生局并入县卫生局，更名为县卫生计生局；将县招商局降格为副科级，更名为县投资促进事务局，增减机构相抵，县政府工作部门为26个。

第三节　基层派出机构

1984年，全县设岭北、新泉、濠河、洞庭、南湖、长仑、城南7个区公所，改政社合一的人民公社为乡，全县设33个乡政府；城关镇为区级镇，设区级镇政府；樟树、白马、临资、濠河口、铁角咀、新泉寺、南湖洲设乡级镇政府。

1995年，根据省政府关于乡镇体制改革的部署，全县撤区并乡建镇。撤销7个区公所，并乡16个，建镇10个。全县设32个乡政府、1个区级镇政府、9个乡级镇政府。

2005年，县委、县政府按以垸建镇的指导思想，经省、市批准，湖区17个乡，5个管区以垸合并为5个镇。2005—2010年，全县设文星、东塘、三塘、袁家铺、长康、界头铺、樟树、城西、岭北、新泉、湘滨、南湖洲12个镇政府，设石塘、六塘、白泥湖、玉华、静河、杨林寨、青潭7个乡政府。

2015年年底，县委、县政府对乡镇体制进行改革，将长仑地区的石塘、白泥湖和城南地区的长康、袁家铺4个乡镇并入文星镇，改为4个片区，将青山岛镇更名为横岭湖（青山岛）省级自然保护区，全县乡镇变为14个。另在界头铺建立金龙新区，在鹅形山建立“鹅形山森林公园管理处”，均定格为县委、县政府派出的正科级单位。

第二章　施政方式

第一节　会　议

一、政府全体会议

政府全体会议原则上每年至少召开一次。县长主持，副县长（调研员、副调研员）、政府办主任、各组阁局局长、各乡镇长参加，邀请县委、县人大、县政协领导出席。会议主要内容是讨论决定政府重要工作，讨论提交县人民代表大会审议的《政府工作报告》，通报全县经济建设和各项社会事业发展情况，研究部署政府工作，讨论通过按照法律需要由政府全体会议决定的事项。1978—2015年，县政府共召开全体会议48次。

二、政府常务会议

政府常务会议原则上每月召开一次，如遇特殊情况和重要事项需要议决，可以随时召集。政府常务会议由县长主持或县长委托常务副县长召集和主持，由县长、副县长和县政府办主任参加。根据需要可邀请县委、县人大、县政协、县纪委、县人武部有关领导及其他有关单位部门及乡镇负责人列席。主要任务是传达贯彻党中央、国务院、省委、省政府、市委、市政府、县委的重要指示、决定和会议精神；贯彻落实县人大及其常委会的决定、决议；讨论决定县政府工作中的重要事项；审议或组织实施县政府政策性文件；讨论提请县委常委会、县人大常委会审议的重要事项等。1978—2015年共召开会议727次，形成纪要的会议记述如下：

湘阴县第八届政府常务会议　1981年3月，县长谭载阳主持召开政府常务会议，研究政府组成人员分工，讨论湘阴县八届人大二次会议《政府工作报告》并予以议决。

1981年6月10日，县长谭载阳主持召开政府常务会议，讨论1981年防汛工作，议定东乡的城南、长仑两个区和城关镇设水利管理委员会；各区、社确定一名防汛指挥长等。

1981年7月13日，县长谭载阳主持召开政府常务会议，讨论几个具体问题，议定：以县政府文件发出《关于保护学校财产的通知》；城南、长仑两区配水利管理员；芦苇场建公安派出所；民政局建收容所，收容流浪人员等。

1981年9月12—13日，县长谭载阳主持召开政府常务会议。听取县农办主任宋国南传达省农业区划会议精神，研究落实会议精神的具体方案。

1981年11月23日，县长谭载阳主持召开政府常务会议，议定：在全县开展植树评比竞赛活动；县农业局用农场资金建800平方米服务营业间安排待业青年；向上级有关部门申报，拨款维修大成殿。

1981年12月1日，县长谭载阳主持政府常务会议，听取聂宗儒传达地区调整教育、卫生、体育战线部分职工工资会议精神，研究具体贯彻办法。

1982年3月18日，县长谭载阳主持召开政府常务会议，研究“包”字进机关有关问题。

1982年2月8日，代县长周金印主持召开政府常务会议，研究进一步建立和完善各种形式的经营责任制的问题。

湘阴县第九届政府常务会议　1984年1月25日，县长陈正银主持召开政府常务会议，听取邬继宝传达地区计划工作会议精神，讨论议定 1984 年湘阴经济建设各项工作的计划。

1984 年 2 月 11 日，副县长司马河宴主持政府常务会议。县长陈正银作《改进政府工作，提高办事效率》的讲话，提出明确工作职责，层层建立健全岗位责任制等问题。

1984 年 3 月 4 日，县长陈正银主持召开政府常务会议，研究和议决春茶收购、猪鱼蛋等副产品派购、财政税务分家、县军训基地建设、县糖厂升格、县茶厂停办等问题。

1984 年 7 月 3 日，县长陈正银主持政府常务会议，研究农业、工业、商业经济体制改革问题。

1984 年 8 月 26 日，代县长邬继宝主持政府常务会议，传达地区在华容县召开的关于调整农业产业结构会议精神并进行了讨论。

1984 年 12 月 16 日，代县长邬继宝主持政府常务会议，回顾 1984 年各项工作，提出 1985 年进行“一调三改”，即调整农业产业结构，以搞活企业为中心的经济体制改革，以技改为主体的生产生活条件改善和以密切联系群众为重点的各级政府工作人员工作作风改变的工作设想。

1985 年 12 月 8 日，县长邬继宝主持政府常务会议，议定对县政府所属各办、委、局领导班子实行三年（1986—1988）任期目标管理。

1986 年 3 月 28 日，县长邬继宝主持政府常务会议，就湘阴粮食定购合同任务大、境内水利设施建设有死角、发展乡镇企业资金奇缺、电力供应紧张、公路路况差、部分乡镇村办学条件艰苦等问题进行认真研究并分别议定解决措施。

湘阴县第十届政府常务会议 1987 年 3 月 15 日，县长程海波主持政府常务会议研究国土、农村和民政工作。

1987 年 3 月 22 日，县长程海波主持政府常务会议，讨论通过《关于县政府常务会议若干规定》。

1987 年 4 月 1 日，县长程海波主持政府常务会议，逐个审议县人大常委会、审计局、血防办、环卫所、计量所、零贸处、劳动服务公司、税务局、五金公司和砂石管理处 10 个单位的基建计划安排。

1987 年 5 月 12 日，县长程海波主持政府常务会议，就城关镇道路建设、市场建设、市场管理、东湖北路停车场建设和拆除有碍交通秩序有损市容的临时棚亭摊店等问题现场办公逐项议决。

1987 年 6 月 1 日，县长程海波主持政府常务会议研究政府工作中亟待解决的几个问题，就改造自来水输水主管道工程、调整生活用水价格、碳铵供应和家畜检疫权属等问题进行议决。

1987 年 11 月 13 日，县长程海波主持政府常务会议，就第十届县人大六次会议审议《关于今年内十件实事的实施情况汇报》《关于办理县人大代表议案、批评、意见和建议的情况汇报》和县人大常委会走访人大代表时人大代表对县政府各方面工作所提建议、意见、批评进行讨论研究，一一制定改进方案和措施。

1988 年 3 月 24 日，县长程海波主持政府常务会议，学习邓小平对赵紫阳《沿海地区经济发展的战略问题》的重要批示和赵紫阳《沿海地区经济发展的战略问题》的主要精神及岳阳市政府关于理顺政府工作关系的几点意见并进行讨论。

1988 年 7 月 11 日，县长程海波主持政府常务会议，就农村碳铵供应和土地详查、铁路项目评估审批经费等问题进行研究议决。

1988 年 8 月 22 日，县长程海波主持政府常务会议，就晚稻中后期管理、冬季农业、秋冬修、教师节活动、食盐供应、工业技改、经委职业中学等问题进行研究并予以议决。

1988 年 10 月 15 日，县长程海波主持政府常务会议，听取县财政局、建委、监察局关于财政、城建、监察工作情况的汇报，并就财政、城建、监察工作进行研究议决。

1988 年 11 月 11 日，县长程海波主持政府常务会议，研究全县水利建设、救灾经费物资分配、城镇居民生活用煤补贴及黄甲、南湖洲建镇等问题并予议决。

1988 年 12 月 20 日，县长程海波主持政府常务会议，研究科技、体育工作有关问题并予议决。

1989 年 4 月 2 日，县长程海波主持政府常务会议，研究关于县邮电局市话通信建设、关于原县机械灭螺队职工和江东路拆迁户劳动就业安排、关于成立县转市办公室及县政府 1989 年要办的八件实事的分工负责问题并分别予以议决。

1989 年 8 月 22 日，县长程海波主持政府常务会议，讨论财政预外收入入库问题。

1989 年 9 月 29 日，县长程海波主持政府常务会议，就县城供销大楼发生特大火灾事故进行反思。议定在全县进行一次较大声势的安全防范教育活动；财政逐年增加安全消防工作所需经费；公安消防部门负责对全县基层单位安保人员进行轮训；全面开展安全隐患普查；县政府发布违犯安全规章的处罚规定。

1990 年 1 月 3 日，代县长张介玉主持政府常务会议，议决 1 月召开贤内助座谈会、区乡镇长会、下派干部欢送会和落实南湖区杂交种子补偿办法的会议。

湘阴县第十一届政府常务会议 1990 年 3 月 31 日，县长张介玉主持政府常务会议，研究议决县政府职权、县长副县长职责、政府工作规划、文件请示报告的审批制度、调查研究制度、应邀参加活动的制度、廉政制度、能级管理制度。

1990 年 6 月 6 日，县长张介玉主持政府常务会议，听取工业局长顾国宗关于工业生产销售情况的汇报，针对效益滑坡、产品积压，16 家企业发不出工资的困境，议定采取薄利多销或保本销售；建立县促销协调领导小组，组织促销队伍，实行销售奖励政策，鼓励跨行业推销等。

1990 年 9 月 30 日，县长张介玉主持政府常务会议，就调解湖洲局与洞庭区水管会湖洲权属纠纷予以议决。

1990 年 10 月 30 日，县长张介玉主持政府常务会议，研究减轻农民负担问题。

1990 年 11 月 26 日，县长张介玉主持政府常务会议，研究城镇待业“五大”毕业生招干问题，逐个审定招干名单。

1991 年 3 月 15 日，县长张介玉主持政府常务会议，研究议定《关于“二五普法”工作实施方案》《关于全县实行初级卫生保健的决议》《关于九年义务制教育实施的决议》《关于减轻农民负担的决议》等，报人大会通过后实施。

1991 年 7 月 5 日，县长张介玉主持政府常务会议，研究议决县苎麻纺织厂破产后的有关问题。

1991 年 7 月 29 日，县长张介玉主持政府常务会议，研究议决县氮肥厂技改上 6 万吨尿素生产线有关事宜。

1991 年 8 月 14 日，代县长周湘涛主持政府常务会议，听取关于 1991 年大中专毕业生分配工作、统计工作、城建工作、经济体制改革和住房制度改革等情况汇报，并就这些方面的工作进行研究议决。

1991 年 8 月 24 日，代县长周湘涛主持政府常务会议，学习湖南省政府《关于进一步搞活商品流通的通知》、岳阳市政府《批转市政府体改办等部门关于进一步搞活地方工业产品销售的意见的通知》，结合湘阴县实际，议定十条搞活经济、搞活流通的政策措施。

1991 年 11 月 21 日，代县长周湘涛主持政府常务会议，研究县城太傅路工程建设和市政工程建设等问题。

1992 年 4 月 24 日，代县长周湘涛主持政府常务会议，议定建立政府领导成员改革任务和建设项目负责制；对江东路铺油工程、程控电话建设、县机关幼儿园危房改造和预内工业企业清仓查库工作进行研究和议决。

1992 年 8 月 13 日，代县长周湘涛主持政府常务会议，学习省政府考察团《赴山东、浦东学习考察的报告》和《解放日报》文章《论换脑筋》，听取县农委考察组赴河南新郑县学习考察情况的汇报；通报全县经济建设和改革开放的运行情况，并就教育、住房制度改革和民政工作等进行研究和议决。

湘阴县第十二届政府常务会议 1993 年 3 月 12 日，县长周湘涛主持政府常务会议，分别听取副县长柳忠光、张振彬传达市政府召开的个体私营经济代表大会和文教卫工作会议精神，讨论通过县城总体规划区内的冬茅路、尚书路建设设计方案和实施办法。

1993 年 6 月 23 日，县长周湘涛主持政府常务会议，学习国务院办公厅《关于严禁行政机关为经济活动提供担保的通知》，并就粮食收购、优惠出售公有住房、开发横岭湖水产资源和加强邮电通信建设进行了研究和议决。

1994 年 4 月 31 日，县长周湘涛主持政府常务会议，学习省纪委书记杨敏之《谈谈现阶段领导干部廉洁自律问题》一文，进行认真讨论。

1994 年 8 月 3—4 日，县长周湘涛主持政府常务会议，就全县冬季农业生产，迎接省“人人享有初级卫生保健”检查验收、洞庭 11 万伏变电站建设工程、洪家坡变电站配套工程、商品房开发、加强农村合作基金会管理、血防工作、城关地下水资源管理、水资源费征收、城关镇筹集人民教育基金等问题进行研究议决。

1995 年 4 月 5 日，县长周湘涛主持政府常务会议，就征集防洪保安资金、创建省级文明卫生县城和治安模范县城、农村社会养老保险、争取城关深水码头立项以及农村合作基金会和国土管理工作等进行认真研究并分别议决。

1995 年 10 月 5 日，代县长冯自敬主持政府常务会议，就制定《基本农田保护实施细则》、城镇退伍军人安置和大中专毕业生分配、首次全国农业普查，迎接省初级卫生保健达标检查验收、城关防洪、赴京汇报争取有关项目、筹建自来水三厂以及深化国有工业企业改革等问题进行认真研究并分别议决。

1995 年 12 月 1 日，代县长冯自敬主持政府常务会议，就逐乡财政清收、增加公安办案经费、程控电话集资、拉通尚书路、硬化冬茅路、电力集资和农电站招工、教育局机关搬迁、利用银行贷款造林等问题进行研究并分别议决。

1996 年 11 月 28 日，县长冯自敬主持政府常务会议，就“一桥两路”（湘江大桥、湘营线、临赛线）建设、县城建设、环境保护、国有工业企业星级管理、县体育场建设、防洪保安资金征集等 10 项工作进行研究议决。

1997 年 3 月 16—17 日，县长冯自敬主持政府常务会议，就落实中央农村工作会议精神，建立乡镇农业技术推广机构工作进行了认真研究。

1997 年 5 月 5 日，县长冯自敬主持政府常务会议，研究农业综合开发项目、矿产管理工作、加强技术监督工作、商业网点费征管等问题并分别议决。

1997 年 7 月 22 日，县长冯自敬主持政府常务会议，就关于商品粮基地建设问题、关于拥军优属优待金社会统筹、建立乡镇劳动管理站等问题进行研究议决。

湘阴县第十三届政府常务会议 1998 年 2 月 25 日，县长杨太平主持政府常务会议，就规范农村合作基金会管理、扶持工业发展有关奖励政策、企业解困、县冶炼厂等 3 家企业破产等问题进行研究议决。

1998 年 3 月 24 日，县长杨太平主持政府常务会议，就关于乡镇企业工作目标、企业改制、集团化建设、民营经济发展和招商引资工作进行研究议决。

1998 年 9 月 16 日，县长杨太平主持政府常务会议，就做好生产自救工作、救灾工作和社会稳定工作进行研究和议决。

1999 年 5 月 6 日，县长杨太平主持政府常务会议，就水毁重建“百校工程”及平垸行洪建设项目、资金安排、专项资金封闭管理等问题予以议决。

2000 年 3 月 7 日，县长毛七星主持政府常务会议，研究和议决关于交通建设和管理问题、关于进一步做好减轻农民负担工作问题、关于医药体制改革问题和关于县城治理整顿、管理问题等。

2000 年 5 月 8 日，县长毛七星主持政府常务会议，研究和议决关于城市防洪工程和汛前准备工作，关于规范砂石场管理问题。

2000 年 6 月 1 日，县长毛七星主持政府常务会议，就关于招商引资工作、关于深化企业改革，实现“两个买断”（买断企业产权、买断职工身份）、关于落实和推进教育改革、关于农网改造和农电体改工作、关于发展优质茶问题、关于计划生育夏季集中行动和关于严格乡镇财经纪律等问题进行了研究议决。

2000 年 7 月 24 日，县长毛七星主持政府常务会议，传达中共岳阳市委三届八次全会精神，学习了市委书记于来山、市长罗碧升在会议上的讲话，结合湘阴实际，就如何贯彻会议精神进行深入讨论研究。

2000 年 8 月 25 日，县长毛七星主持政府常务会议，就鹤龙湖渔场体制改革问题进行认真研究。

2000 年 9 月 4 日，县长毛七星主持政府常务会议，传达省委书记杨正午在全省农村工作会议上的讲话，就农业产业结构调整、第一期平垸行洪移民建镇扫尾工作、落实岳阳市乡镇企业会议精神、筹建湘阴食品研究所等问题进行研究，议定相关事项。

2000 年 11 月 3 日，县长毛七星主持政府常务会议，专题研究关于“一线一片”农业产业结构调整。

2000 年 11 月 24 日，县长毛七星主持政府常务会议，讨论并基本通过《湘阴县国民经济和社会发展（2001—2010）十年计划纲要（草案）》。

2001 年 6 月 20 日，县长毛七星主持召开第 42 次政府常务会议。会议就全县财政工作、关于城市防洪项目贷款工作和全县解困工作有关问题进行研究议决。

2002 年 1 月 4 日，县长毛七星主持召开第 50 次政府常务会议。就关于特困企业下岗的革命伤残军人，二等战功荣立者生活困难问题，关于防洪保安基金、解困基金、三轮车规费三项专项资金征收管理问题进行研究议决。会议通报 2001 年度政府工作千分制量化目标管理考核情况。决定评出年度红旗单位 15 个，先进单位 11 个，特别贡献奖单位 5 个，服务地方经济先进单位 11 个。

湘阴县第十四届政府常务会议　2003 年 12 月 25 日，县长周友庚主持召开第十四届人民政府第 1 次政府常务会议。对新一届政府领导班子成员，提出五点要求。并就解决湖洲总公司有关困难问题，生猪定点屠场建设及下岗职工和失业人员再就业优惠证发放问题进行研究议决。会议还讨论通过《湘阴县人民政府工作规则》。

2004 年 1 月 22 日，县长周友庚主持召开第 11 次政府常务会。会议听取县工业局、农村办、计划局、财贸办、财政局、建设局、交通局、计生局等单位关于 2003 年工作总结和 2004 年工作思路汇报，并就做好 2004 年经济工作进行研究。

2004 年 12 月 28 日，县长周友庚主持召开第 23 次政府常务会，就进一步落实改制企业职工社保、开展经常性募捐和春节慰问活动、做好 2005 年财政收支预算准备工作有关问题进行研究。

2005 年 3 月 11 日，县长周友庚主持召开第 24 次政府常务会议，就政务公开和安全生产有关问题进行研究，会议还通报《政府正副县长、助理调研员和县长助理分工》和《政府办正副主任、协理员分工》，通过《政府千分制考核方案》等文件，并就做好当前有关工作进行部署。

2005 年 4 月 25 日，县长周友庚主持召开第 26 次政府常务会议，集中学习国务院新修订颁布的《信访条例》，并就贯彻、宣传、落实《信访条例》进行研究。会议还研究关于落实《财政违法行为处罚处分条例》有关问题；关于土地利用总体规划修编工作经费问题；同意成立长沙促进湘阴经济发展联谊会等问题。

2005年5月24日，县长周友庚主持召开第27次政府常务会议，就社会养老保险费征缴及城西镇开发建设有关问题进行研究。

2005年7月12日，县长周友庚主持召开第28次政府常务会议，就工业生产、食品卫生安全有关问题，社会稳定有关问题，乡镇电排站工作人员工资发放和社保有关问题进行研究。

2005年7月29日，县长周友庚主持召开第29次政府常务会议，就关于进一步落实建设工程《招标投标法》有关问题，关于洋沙湖综合整治工程及湘长路扩建工程（白水江以南—涝溪桥收费站路段）建设有关问题，关于落实农垦企业职工及家属城镇居民政策有关问题，关于早籼稻收购有关问题，关于减轻农民负担有关问题进行研究和议决。

2005年9月9日，县长周友庚主持召开第30次政府常务会议，就安全生产、水利建设、殡葬改革、退耕还林、审计等有关工作进行专门研究。

2005年10月13日，县长周友庚主持召开第31次政府常务会议，就做好2005年后段财税工作有关问题，社保金征收及劳动力市场建设有关问题，关于八件实事承办有关问题进行了研究。会议还就搞好秋冬计划生育集中活动，农排电费收缴等工作进行研究，并就做好相关工作进行部署。

2005年11月2日，县长周友庚主持召开第32次政府常务会议。会议就关于“十一五”规划编制、关于进一步深化殡葬改革和由税务部门依法依规代征工会经费等问题进行研究议决。

2005年12月1—2日，县长周友庚主持召开第33次政府常务会，对2006年全县农业和农村工作、工业生产和招商引资、商贸金融、城乡建设、社会保障、教育、民政、文化、计划生育、卫生、血防、广播电视等工作的工作思路，主要目标，具体部署等进行认真研究。

2006年2月17日，县长周友庚主持召开第35次政府常务会，讨论通过《关于扎实做好2006年政府工作的通知》《2006年政府工作千分制目标管理考核实施细则（修改稿）》《县政府班子成员工作分工》三个文件。

2006年3月7日，县长周友庚主持召开第36次政府常务会，会议就关于人大代表、政协委员重要意见、建议交办有关问题、关于农业农村工作有关问题、关于安全生产有关问题进行认真研究，作出具体部署。

2006年4月11日，县长周友庚主持召开县政府第37次常务会议，会议听取全县减负工作情况，对进一步做好减负工作提出具体意见。

2006年5月11日，县长周友庚主持召开第38次政府常务会，就环境保护有关问题进行研究。

2006年6月12日，县长周友庚主持召开县政府第39次常务会议，就工业生产、财税“双过半”和农民减负工作，进行认真研究和议决。

2006年7月17日，县长周友庚主持召开第40次政府常务会议。会议通报2006年上半年政府主要工作情况，并就安全生产、禁毒工作、残疾人就业保障金收缴、教育收费等有关问题进行专题研究。

2006年7月24日，县长周友庚主持召开第41次政府常务会，就城镇零就业家庭援助问题、整顿无证无照经营有关政策和早稻粮食收购工作进行研究议决。

2006年8月14日，县长周友庚主持召开第42次政府常务会议，就加强文星镇地区社会治安管理、加强社区工作、加强县城住宅小区物业管理和教育工作有关问题进行研究和具体部署。

2006年9月28日，县长周友庚主持召开第43次政府常务会议，就房地产局、县住房公积金中心有关问题进行研究并作出相应决议。

2006年10月26日，县长周友庚主持召开了第44次政府常务会，就启动农村新型合作医疗等有关问题进行研究。

2006年11月9日上午，县长周友庚主持召开了第45次政府常务会议，就自来水调价有关问题及冬季农村农业工作、财税入库和公务员工资调整工作，以及省市交办的“九件实事”、维稳工作、澧溪港深水码头建设等项工作进行研究布置。

2006年12月1日，县长周友庚主持召开第46次政府常务会，就学习宣传贯彻《全国人民代表大会常务委员会监督法》及政府有关工作进行研究。

2006年12月7—8日，县长周友庚主持召开第47次政府常务会议，会议听取各战线牵头单位、县直有关单位和乡镇2006年的工作情况汇报，对工业、财政、农村、交通、建设、商贸流通、社会事业等工作的整体思路进行研究。

2007年3月9日，县长周友庚主持召开第49次常务会议，会议对劳动和社会保障有关工作进行专题研究。

2007年4月9日，县长周友庚主持召开第50次政府常务会，会议就成立县公共突发事件应急管理委员会；认真编制《湘阴县突发公共事件总体应急预案》；进一步加大农村低保扩面力度、进一步完善社会救助体系、认真做好农村五保户供养和农村义务兵家庭优待金归口管理工作、切实规范慈善募捐工作；关于向阳村、棉种村行政区划调整问题；关于当前农村工作有关问题进行研究议决。全体政府组成人员学习《地方各级人民政府机构设置和编制管理条例》，并听取县编办主任对《条例》的解读。

2007年6月1日，县长周友庚主持召开第52次政府常务会议，会议就关于规范建设项目招投标有关问题，关于招商引资项目用地清理有关问题，关于安全生产有关问题进行研究议决。会议还就当时财税工作、农村工作、高考工作进行研究，并就做好财税、减负、防汛、高考工作进行具体部署。

2007年7月27日，县长周友庚主持召开第53次政府常务会，就做好优抚对象和军队退役人员工作的有关问题和对中小学校进行布局调整、合理利用文星镇现有初中教育资源、妥善处理教育负债等问题进行研究部署。

2007年8月22日，县长周友庚主持召开第54次政府常务会，学习省政府办公厅《关于切实做好当前安全生产工作的紧急通知》、市委办和市政府办《关于切实做好当前安全生产和维护社会稳定工作的紧急通知》两个重要文件，认真分析全县安全生产工作形势，确定全县安全生产集中整治行动方案。

2007年11月9日，县长周友庚主持召开55次政府常务会，就农村合作医疗、物价工作等有关问题进行研究。

湘阴县第十五届政府常务会议　2008年1月31日，县长黎作凤主持召开第十五届人民政府第3次政府常务会议，就湘阴县人民政府与湖南大学开发新概念汽车项目有关问题，乡镇电排站人员经费及社保待遇等有关问题，农村义务教育普九债务化解问题和春节前后工作进行研究。

2008年3月19日，县长黎作凤主持召开第4次政府常务会议，就关于加强财政增收节支，强化财政管理和加强规划管理，统筹城乡建设的有关问题进行研究议决。

2008年6月12日，县长黎作凤主持召开第5次政府常务会议。会议传达贯彻全市防御山洪地质灾害会议精神，并就加强全县山洪灾害防御和病险水库排查等工作提出要求，并议定由县防指下发紧急指令，要求各乡镇认真分析当前防汛工作形势，加强对全县病险水库和河管涵闸、重点险工险段的全面排查，切实消除隐患，确保人民生命财产安全。会议就财政收入“双过半”工作、禁毒工作、农村社会稳定工作、水利工程管理体制改革等项工作听取相关单位负责人的汇报，进行认真讨论研究，作出相应决议。会议还对国有企业改制、烈士陵园建设等工作进行研究。

2008年10月8日，县长黎作凤主持召开第6次政府会议，就关于征兵、退役士兵安置有关问题，关于规范土地市场、加强土地储备管理有关问题，关于乡镇七站八所部分人员要求解决社保有关问题和关于规范行政事业单位劳动用工管理有关问题进行研究议决。

2008年12月12日，县长黎作凤主持召开第7次政府常务会议。会议听取县政府在家副县长和各战线、部分单位负责人今年来各自分管线、部门工作情况和来年工作思路汇报。会议就2009年全县经济工作思路进行深入探讨。会议要求，2009年要突出抓好五个重点：一是突出抓好基础设施建设。二是突出抓好重大产业发展。三是突出民生改善。四是突出管理服务。五是突出改革开放。会议强调，政府和政府各部门要努力建设务实、亲民、高效、责任、清廉型政府。会议还对近期政府工作进行研究和部署。

2009年1月13日，县长黎作凤主持召开第8次政府常务会议。会议听取县房产局、民宗局、财政局、教育局关于各相关议题工作汇报，与会各职能部门进行认真讨论。就关于促进房地产市场稳定、健康发展和加强住房保障工作等有关问题，关于进一步加强城区殡葬管理工作有关问题，关于耕地占用税征收问题和教育化债工作进行了研究部署。

2009年3月25日，县长黎作凤主持召开第9次政府常务会议。会议听取县公安局、民政局、能源办、建设局、创建办关于各相关议题工作汇报，与会各职能部门进行认真讨论。会议就关于禁毒工作有关问题，关于一至六级战残军人医疗保障问题，关于推进血防疫区沼气国债项目建设有关问题，关于城市绿化管理有关问题，关于爱国卫生管理有关问题进行认真研究和议决。

2009年5月14日，县长黎作凤主持召开第10次政府常务会议。会议听取县民宗局、交通局、房产局关于各相关议题工作汇报，与会各职能部门进行认真讨论。会议就关于南泉寺项目招商和建设有关问题、关于漕溪港码头开发经营有关问题、关于廉租住房建设有关问题进行认真研究并分别予以议决。

2009年5月31日，县长黎作凤主持召开第11次政府常务会议。会议组织学习市委书记易炼红5月24日到湘阴考察、调研时的重要讲话精神，听取县工业局、农业局关于各相关议题工作汇报，与会各职能部门进行了认真讨论。会议就学习和贯彻落实市委书记易炼红5月24日到湘阴调研时的讲话精神，加强河道砂石资源开发和管理工作和实施“利用世行贷款中国新农村生态家园富民工程项目”有关问题进行了研究，作出部署。

2009年9月8日，县长黎作凤主持召开第12次政府常务会议。会议听取了县工业园关于各相关议题工作汇报，与会各职能部门进行了认真讨论。会议同意湖南（湘阴）轻工产业园在湘阴落户设立；轻工产业园按照“整体规划、分期开发”的原则，由省轻工产业园公司对产业园作好控制性详规和建设性详规，并按程序评审和报批。

2010年1月4日，县长黎作凤主持召开第13次政府常务会议。会议就县十五届人大三次会议《政府工作报告（讨论稿）》进行了认真研究讨论，提出了修改意见。并就做好县级储备粮工作有关问题作出决定。

2010年2月21日，县长黎作凤主持召开第14次政府常务会议。会议组织学习《湖南省行政程序规定》和《湘阴县人民政府工作规则》，对2010年《政府工作报告》目标任务分解进行了认真讨论。会议指出，要瞄准“三年进全市三强、五年进全省十强”目标，按照“加速、提质、增效、惠民”的要求，突出强园兴工，突出规模强农，突出旅游带动，突出基础先行，突出民生改善，突出管理服务，以大开发、大投入、大建设推动湘阴经济大发展、社会大和谐。会议同时要求，各相关职能单位和乡镇要对照2010年《政府工作报告目标任务分解表》，制订相应的工作方案，方案要细化到人，量化到时间段，落实到具体措施。

2010年2月23日，县长黎作凤主持召开第15次政府常务会议。会议组织学习市委书记易炼红2月20日在市委组织部调研座谈时的重要讲话精神，与会各部门单位主要负责人进行了认真讨论。会议要求全县各级各部门，特别是县政府组成单位要认真组织学习，深刻领会精神实质，把忠诚于党、忠诚于人民、忠诚于事业作为毕生的追求，把全部忠诚倾注到加快富民强县、促进湘阴县加速赶超的伟大事业中去。会议强调，要把执行力作为检验干部政治意识和能力水平的第一标准，要把效能建设作为更严干部队伍管理的第一抓手，要把为民务实清廉作为政府公信力的第一标尺。

2010 年 3 月 31 日，县长黎作凤主持召开第 16 次政府常务会议。会议就关于湖南（湘阴）漕溪港区规划方案有关问题和关于青山岛生态旅游开发工作有关问题进行充分讨论、认真研究和具体部署。会议还传达和学习岳阳市“两个维护”学习实践活动新高潮动员会议精神，就迅速在全县掀起“两个维护”学习实践活动新高潮进行部署。

2010 年 5 月 19 日，县长黎作凤主持召开第 17 次政府常务会议。会议就关于加强学校及周边环境综合治理工作有关问题，关于整治县城沿河砂石码头有关问题，关于新型工业化考核奖励工作有关问题，关于加强城区市容、环境卫生管理和渣土砂石运输管理工作有关问题进行认真研究和议决。

湘阴县第十六届政府常务会议　2011 年元月 12 日，县长黎作凤主持召开县政府常务会议，主要贯彻和落实《湖南省人民政府关于扩大县（市）部份经济社会管理权限的决定》。

2012 年 11 月 16 日，县长黎作凤主持召开政府常务会议，主要研究县十六届人大一次会议《政府工作报告》。

2013 年 3 月 25 日，县长黎作凤主持召开政府常务会议，主要安排部署 2013 年项目建设和帮扶帮促等重点工作。

2014 年 5 月 28 日，代县长尹培国主持召开县政府常务会议，主要明确县长和各副县长工作分工，研究加强县政府领导班子建设。

2014 年 8 月 6 日，代县长尹培国主持召开县政府常务会议，通报县政府班子专题民主生活会情况，部署政府工作部门和直属单位班子民主生活会。

2014 年 11 月 11 日，代县长尹培国主持召开县政府常务会议，研究部署学习中共十八届四中全会精神，不断推进依法行政，建设法治政府。

2014 年 11 月 27 日，代县长尹培国主持县政府常务会议，部署加快工业地产建设，促进产业园区发展等相关工作。

2014 年 12 月 11 日，代县长尹培国主持县政府常务会议，听取相关部门负责人对《政府工作报告》的意见，对主要经济指标、公务用车制度改革、改制企业人员向社区移交工作进行研究。

2015 年 4 月 10 日，县长尹培国主持召开县政府常务会议，总结讲评前段政府工作，安排部署后段工作任务。

三、县长办公会议

根据工作需要不定期召开，由县长或县长委托常务副县长召集和主持。正、副县长、政府办主任和相关单位负责人参加。主要任务是贯彻上级政府或有关部门召开的全局性工作会议精神；研究确定县政府日常工作中事关全局，需要统筹协调的事项；研究处理上级党委、政府领导或县委主要领导对涉及面较广的具体问题所作批示的贯彻落实意见；研究突发性事件的处理意见；研究处理全县性重要活动的协商实施事项。1978—2015 年共召开县长办公会议 1120 次。

第二节　发　文

1978—2015 年，县政府为贯彻执行党中央、国务院、省政府、市政府等上级党政部门的指示精神和县委、县人大的工作部署，加快湘阴县经济建设和社会事业发展，共制定下发决定、规定、规划、公告、通知、通报、意见、纪要、方案等规范化文件 9168 个。其中关于发展农业和农村经济方面的文件 2198 个，关于深化企业改革、推进工业化进程方面的文件 736 个，关于发展交通、电力、邮政、通信方面的文件1005个，关于计划、统计、审计、物价、工商行政管理、质量技术监督、国土资源管理、食品药品管理等经济综合管理方面的文件792个，关于发展科技、教育、文化、体育、卫生、旅游、广播电视方面的文件834个，关于推进城镇建设、环境保护方面的文件779个，关于商贸流通、财税金融方面的文件971个，关于县、乡、镇机构改革和政府工作方面的文件467个，关于民政、劳动、人事、社会保障方面的文件721个，关于加强社会治安综合治理，维护社会稳定方面的文件665个。

第三节　领导与协调

县政府实行县长负责制。县长主持县人民政府全面工作，正确贯彻执行党的方针政策，决策大事要事，部署安排好全县工作；协调政府领导成员之间、政府各部门之间、上下之间、左右之间的关系，使政府形成统一整体，高效率地开展工作；深入基层，加强调查研究，掌握经济工作和其他各项工作进展情况，正确指导全县工作。副县长按照政府机关、农业、工业（包括乡镇企业）、交通、计划、财贸、民政、教育、卫生、科技、体育等项分工，分别建立岗位责任制。各自按照分工抓好本职工作，决断所管事项，及时汇报通气，严格首长负责，工作密切配合，搞好调查研究，工作勇于开拓，有效协助县长工作。常务副县长协助县长主持县人民政府工作，可受县长委托召集和主持政府常务会议和县长办公会议。

县政府办公室对全县工作负有参谋、综合、协调、督查的职能，受县政府领导委托，可以代表县政府协调处理部门之间、上下之间的关系，以及代表政府处理某些具体工作。政府办公室受县长、副县长委托，代表县政府印发有关决定、规定、通知、意见、报告、纪要等规范性文件，以履行政府的部门职能，协调各方关系，实现预期工作目标。县政府办公室主任在县长领导下，处理县政府的日常工作，领导县政府办公室的工作。

县政府各委、办、局是县政府职能部门，代表政府在全县开展职责范围内的工作，实行行政首长负责制，在本部门的职权范围内履行行政职责。县审计局、县监察局在县长和上级主管部门的领导下，依照法律规定独立行使审计权、监察权，不受其他行政机关、社会团体和个人的干涉。需要几个部门合办的事，由牵头部门主动联系，协调解决。

县政府实行重大事项向县委请示、向县人民代表大会及其常务委员会报告、向县政协通报制度。县政府各工作部门严格执行请示制度，原则上不得越级请示报告，一般情况向分管县长请示报告，特别紧急的重大情况，可直接向常务副县长或县长报告。

县政府及各工作部门自觉接受县人民代表大会及其常务委员会的监督，向其报告工作、接受咨询；接受县政协的民主监督，虚心听取意见和建议。县政府各工作部门依照有关法律规定接受司法机关的监督，同时自觉接受监察、审计等部门的监督。

县政府工作中重大行政决策，须经县政府全体会议、县政府常务会议或县长办公会议讨论决定，实行依法决策、科学决策和民主决策。

县政府在全县推行目标管理责任制，完善绩效评估考核办法，加强行政效能监察，健全重大决策部署执行情况专项督查制度，坚决纠正和严肃有法不依、有令不行、有禁不止的问题，确保政令畅通。

第四节　政务公开与集中办理

1996年，县内政务公开工作开始，2000年全面启动。2001年，县委、县政府成立县政务公开领导小组及办公室，由县长任组长，县纪委书记、常务副县长任副组长，政府办负责具体工作协调。

一、推行政务公开制度

2002年，湘阴县建立特邀代表会议旁听制度和听证会议制度。县、乡、村三级特别是县级，凡重大决策事项，均邀请人大代表、政协委员、群众代表、新闻记者参加，或按规定举行听证会。2008年始，政务中心成为常设机构，积极配合县政务公开领导小组，主动公开政府信息情况，依申请公开政府信息情况，咨询处理情况，复议、诉讼和申诉的情况，工作人员和政府收支情况，问题和建议。所有县直单位、乡镇、村场除按照规定每季度对外公开财政收支情况外，还对重大项目的财务收支情况进行公开。同时，按照“两集中、两到位”的工作要求，县法制办组织对法律、行政法规、地方性法规和省政府设定的行政许可项目进行清理，取消项目9个，保留行政许可事项276项，整合县建设局、县国土局等6个单位的行政职能，成立行政审批股，确定首席代表和办事人员，大力推进行政审批制度改革。2009年，政务中心依托政府门户网站，推进电子政务建设和网上政务公开，开设政务信息、政务公开等专栏，内容涵盖法规规章、政府文件、招商引资、办事指南等政务信息资源。各部门、各乡镇落实工作机构与人员，完善和充实信息公开目录与公开指南内容，通过政府门户网站向社会公布。

政务公开的形式主要有电视媒体、公开栏、互联网等。设立政务咨询专线电话0730—2260199，负责政务方面的咨询。同时，还在县档案馆和图书馆设立政府信息查阅室，在县电视台《湘阴新闻》栏目和《湘阴周刊》上公开政府信息。

二、建立政务服务中心

2001年，湘阴县政务服务中心成立，先后三易其址。第一次租赁县人民银行尚书路旁门面，建筑面积仅200多平方米；第二次租赁财政局办公楼第一层，建筑面积近1000平方米；第三次租赁武装部办公大楼1—2层，建筑面积1543平方米，政府投入资金近200万元对办公场地装饰一新，安装电子显示屏、导向台和触摸屏，购置办公桌椅，增添液晶电脑等办公设备，重新制作中心局域网和房地产网络共享信息系统，是年5月，政府投资近40万元，扩建面积700平方米，从而使政务中心办公服务场地扩大到2243平方米，新增办公室14间。中心的运作模式是“一条龙”服务、“一站式”办结，实行“统一受理、统一审批、统一收费标准、限时办结、首问负责”等工作机制。至2015年，已进驻政务服务中心的单位39个、窗口60个，工作人员达118人，累计办理各类证件50余万件，为群众减少收费300多万元。

三、改善政务公开条件

县政务服务中心为继续加大政务公开和政府信息公开力度，按照省市政府的要求，加速电子政务建设。同时，为改变因办公场地受限，无法为行政审批事项的资料会审、档案保管提供场地，窗口无后台办公室，导致大部分事项无法在中心内办理完成，需转回原单位办理的现象，积极争取县委、县政府领导的重视，规划建设一栋18层、面积12000平方米的高标准的政务服务大楼，完善服务功能，确保行政审批项目应进必进，确保县政务服务中心真正成为“便民、高效、公正、透明”的阳光阵地。

第三章　政务纪要

第一节　开辟工业园区

2006年6月，县工业园区经国家四部委审核，湖南省人民政府批准为省级工业园区。园区位于长株潭全国“两型社会”综合配套改革实验区之滨湖示范区，规划总面积12平方千米。

2009年6月30日，省发改委发函批复将园区的主导产业调整为机械制造、电子信息与食品加工。按产业分区规划园区东部为食品加工区；西部为传统产业区；中部为电子信息产业区；南部为机械制造产业区；北部为综合服务区。中国（湖南）轻工产业园位于园区第二期规划范围内。是年始，工业园区管委会从四个方面着手推进园区建设和发展。

全力推进招商引资。园区管委会把招商引资作为实现跨越发展的关键，充分发挥湘阴县是长株潭城市群全国“两型社会”综合配套改革实验区滨湖示范区、全省承接产业转移发展加工贸易试点县、湖南省最具投资吸引力县的有利优势，以招商引资为抓手，以产业培育为支撑，坚持“抓大不放小”的原则，着力引进规模大、成长性好、科技含量高、环境污染小、税收回报高、解决劳动力就业多的项目。在竞争对手如云的情况下，仍实现了招商引资新突破，呈现出意向签约项目多、签约引进项目多、动工建设项目多的良好态势。至2010年，工业园区累计入园企业70余家，项目投资总额45亿多元。园区发展的优势凸现，已逐步成为县域经济发展的主要增长极。特别是四个大项目的引进，使园区的招商引资工作跃上了一个新的台阶：引进的湖南湘阴轻工业产业园选址在湖南湘阴工业园区第二期规划范围内，规划总面积为15.3平方千米，计划用5—8年时间，引进项目100个，实现产值1000亿元，争创国家级产业园区。产业园的产业以轻工业机械制造、电子信息、新材料和轻工食品为主导产业；远大低碳科技园项目总投资20亿元，将建筑构件进行工厂化流水线生产，产品具有9度抗震、6倍节材、5倍节能、20倍空气净化、1%建筑垃圾等优势，项目全面投产后年产值300亿元以上、税收9亿元以上；中国铁建重工项目总投资10亿元，主要生产隧道施工、特种装备及高端工程机械产品，建成后年产值100亿元以上；中联重科产业园项目主要生产汽车传动器等核心零部件，一期投资8亿元，竣工投产后年产值100亿元以上。远大低碳科技园、中联重科、中铁重工三个项目的签约落户，填补了湘阴县中央企业、上市公司和重工业制造三大空白，对湘阴县调整产业结构，培育机械制造这一主导产业有重要的促进作用。

强力推进基础设施建设。园区管委会一直把基础设施建设作为提高园区招商引资主竞争力来抓。园区的基础设施建设在县财力支持有限、专项贷款资金到位不多的情况下，坚持“高起点规划、高标准建设”和“完善功能有利招商”的指导思想，积极筹措资金5亿元投入基础设施建设，拉通园区的主干道，总长度7.2千米，基本形成“五纵四横”（五纵：芙蓉大道、工业大道、文樟大道、中联大道、新华路。四横：洋沙湖大道、键铭大道、顺天大道、长康大道）的道路交通格局，并完成主干道路面硬化、绿化、亮化及排水、排污系统工程；铺设排水排污管道3条，总长度11千米；铺设自来水主管道4.5千米；架设主电源高压线路4.5千米；架设通信线路3.5千米；兴建1座日供水4万吨的工业用水厂和1座日供水1.5万吨的生活用水厂；兴建1座11万伏输变电站和1座22万伏输变电站；安装有2400d程控电话交接箱6座，储备装机容量12000门以上。与此同时，工业园区污水排放全部实行雨污分流，切实加强与“北控水务”等专业公司的合作，积极启动日处理能力达2万吨的工业污水处理厂建设。鼓励投资商依山就水进行建设，积极推进“森林进园区”，进一步增加园区的可持续发展能力。充分发挥园区产业集聚、集约发展功能，切实推进工业节能降耗、污染减排，提高投入产出效率。“十二五”规划期间，在节能减排上，园区力争万元工业增加值能耗降低25%，工业污水处理率100%，固体废弃物无害化处理达到80%。按照县委、县政府要求，经岳阳市发改委批准，高标准建好服务中心大楼，这样既健全和完善园区功能，又提升园区品位，为招商引资项目入园奠定坚实基础，提高园区对项目的吸纳力和承载力。

快速推进项目建设。园区立足于“更高水平、更大规模、更强力度”的发展目标，强力推进项目建设。园区管委会紧盯时间节点和目标任务，强化目标责任倒逼工作进度，全力保障在建项目顺利进行，力争项目早日投产取得成效。进一步明确服务职责，全方位进行“保姆式”服务，着力解决企业用工、资金、用电等方面的困难。2010年，园区已建成投产项目32家，动工建设项目12个。轻工产业园规划面积1333.33公顷，征地约200公顷，完成建设投资（水、电、路、厂房等）近2亿元，建成安置区1个，生活小区1个。（四）创新机制添活力。机制创新是园区建设的活力之源。湘阴工业园围绕建设“两型”园区和工业新城的奋斗目标，优化园区发展机制，释放园区发展活力，与省轻工行办合作，采用“行业牵头、政府支撑、产业集群、市场运作”模式，建立中国（湖南）轻工产业园区。还将中国（湖南）轻工产业园、金龙新区、临港产业新区统一纳入工业园区，统一协调、统一规划、统一政策、统一口径、统一宣传，实行“一拖三”（即一园三区：工业园、金龙新区、洋沙湖片区、临港新区）管理。成立园区国土建设规划分局和财税分局，实行“封闭管理，独立运行”。推行园区联席会议制，项目报批备案制和项目手续集中办理制，为项目入园提供“一站式”（推行集中联审、联检、联办）审批服务，园区发展活力明显增强。

2010年，工业园区确定可持续发展的措施。

坚持规划先行：突出融合发展。高点布局：按照“优势优先、重点突破”的原则，县委、县政府集中布局湘阴工业园和中国（湖南）轻工产业园区、金龙新区、漕溪临港产业新区三大工业片区，形成“一园三区”的空间布局。科学定位：积极争取省发改委支持，对园区产业定位进行适应性调整，将园区产业以食品加工和精细化工为主，调整为以先进制造和光伏电子信息为主，积极参与长株潭产业梯次分工，实行优势互补，错位发展。同时，坚持走特色化园区发展之路，避免同质竞争。中国（湖南）轻工产业园重点发展电子信息、轻工制造产业，打造“中国轻工产业示范园区、全国“两型”生态园区、湖南千亿产业园区”；金龙新区重点发展先进制造产业，打造先进装备制造产业基地；临港产业新区重点发展港口物流产业，建设大耗水、大运量工业基地。优化配套：坚持走新型工业化与新型城镇化“两化融合”之路，大力推进工业园区蓝领公寓、商贸网点等综合配套设施建设，打造宜工宜居的现代新型园区，建设工业新城。

坚持“一园三区”：突出机制创新。创新办园模式：省轻工行办组建轻工产业园发展公司，负责园内基础设施建设，发挥行业优势进行项目招商；县财政不拿一分钱，实现了由政府独立办园向政府与行业合作办园转变。计划用5—8年时间，引进项目100个，实现产值1000亿元，争创国家级产业园区。2010年，完成征地200多公顷，入园项目29个，各项基础建设加速推进，被国家轻工行业总会定为全国轻工业产业规划调整振兴的第一个创新性示范产业园。创新融资方式：对园区基础设施建设实行“统一规划、分类打包、市场运作、企业承建”。创新管理体制：统一协调、统一规划、统一口径、统一宣传，实行“一拖三”管理。

坚持“两型”引领：突出生态优先。坚守绿色门槛。严守投资、税收、环保“三条底线”，坚决做到污染环境的不引、破坏资源的不引、低水平重复建设的不引。打造绿色屏障：把创园林式单位作为企业的第一形象。积极推行“森林进园区”，加强园区生态建设，着力打造“园在林中、林在园中”的生态景观，进一步增强园区的可持续发展能力。

2015年，洋沙湖工业园区工业企业发展到106家，完成工业总产值335.9亿元，实现税收2.9亿元，完成规模工业增加值 100 亿元，获批省级高新技术产业开发区。

第二节　调整产业结构

改革开放以后，县委、县政府认识到，湘阴传统的计划经济模式，开始向社会主义市场经济体系转化，在以国营和集体为主体的公有制经济向市场经济多元化结构的转变过程中，产业结构不合理的矛盾愈来愈突出。产业结构不合理的根本原因，是长期的计划经济指导国民经济运行产生的弊端。因此，在经济结构大转型的过程中，调整产业结构势在必行。调整产业结构，最主要的是调整工业、农业与第三产业的结构，加速工业发展步伐，实现由单一的农业型经济向工业型经济的转变。同时，逐步调整一、二、三产业内部的结构层次，努力建立符合国民经济和社会事业发展需要的现代工业、现代农业和现代商贸服务业体系。

1990 年，全县国内生产总值为 4.1 亿元（当年价、下同），其中第一产业 2.1 亿元，第二产业 1.1 亿元，第三产业 0.9 亿元，三次产业结构比为 51 ∶ 27 ∶ 22。经济结构从整体上来看，属于农业型经济结构。

1995 年，全县国内生产总值为 23.7 亿元，其中第一产业 13 亿元，第二产业 7 亿元，第三产业 3.7 亿元。三次产业结构比为 55 ∶ 30 ∶ 15。这一个阶段，经济结构总体上仍是农业型经济，但工业有发展，所占比重上升了 3 个百分点，而现代服务业却相对落后。

2000 年，全县国内生产总值为 33.6 亿元，其中第一产业 14 亿元，第二产业 13 亿元，第三产业 6.5 亿元，三次产业结构比为 42 ∶ 39 ∶ 19。在这一阶段，产业结构调整取得重大进展，工业化步伐加快，工业在国民经济中的比重迅速提高，农业型经济结构开始发生重大变化，正加速向工业化迈进。

2005 年，全县国内生产总值为 63 亿元，其中第一产业 20.5 亿元，第二产业 23.8 亿元，第三产业 18.7 亿元，三次产业结构比为 32.6 ∶ 37.8 ∶ 29.6。这一阶段，产业结构调整，取得了突破性的进展，工业经济超过了农业经济，占据国民经济发展的主导地位，现代服务业突飞猛进，显示出在经济发展中的重要地位和作用，传统的农业型经济实现向现代工业型经济的蜕变。

2010 年，全县国内生产总值 159 亿元，其中第一产业 34 亿元，第二产业 81 亿元，第三产业 44 亿元，三次产业结构比为 20 ∶ 51 ∶ 28。这一阶段，新型工业化如火如荼，现代服务业方兴未艾，传统农业稳步提升，产业结构日趋合理，国民经济在又好又快的轨道上高速运行。

2015 年全县国内生产总值 310.7 亿元。其中第一产业 39.5 亿元，第二产业 178.5 亿元，第三产业 92.7 亿元，三次产业结构比为 12.7 ∶ 57.5 ∶ 29.8. 与 2010 年比较，一产业下降 9.8 个百分点，二产业上升 6.3 个百分点，三产业上升 1.8 个百分点，二、三产业比重增加说明产业经济结构更趋合理。

在调整产业结构的进程中，县委、县政府把省市“四化两型”的战略目标贯穿始终。为发展工业，采取了一系列重大战略举措：对已停产的原国有工业企业进行破产重组，逐步实现民营化，从 20 世纪 90 年代开始，先后对县氮肥厂、人民纸厂、变压器厂、棉织厂、装饰板厂等一批原预算内工业企业，进行破产重组。引进民营资本，重新组建长江化肥、兴隆纸业、湘阴变压器有限责任公司、恒达变压器厂、仕达纺织、湖南洞庭柠檬酸钠有限公司等民营企业，盘活国有资产，变包袱为财富，为湘阴工业的发展注入新活力；大力引进企业，先后引进菲菲毛巾、长元人造板、建华管桩、富华管桩、科英机电、驿通电子、依鲁光电、远大低碳科技园、中联重科、中国铁建重工、奥莎富士电梯等几十家企业落户湘阴县，为湘阴县工业发展增添了强大动力；积极扶植、大力发展民营企业，福湘木业、湖湘木业、长康实业、义丰祥实业进一步做大做强；努力搭建工业发展的新平台，先后建立了湘阴工业园、轻工业产业园等发展平台，为发展工业提供了坚实的基础条件。在发展工业的同时，结合民生改善，大力发展建筑和房地产业。先后开发了滨江茗园、精密花园、水岸东湖、安邦华城、佳境怡苑、嘉雅豪园等几十个大型楼盘。

第三产业，在原有的产业结构中，是一个相对薄弱的环节。为发展第三产业，促进消费，县内先后建设了福鑫市场、桥东市场、兴湘市场、东湖购物广场、广兴超市、步步高超市、天恒超市等一批大型商贸设施。在农村实施“万村千乡”农家小超市建设工程，大大改善了城乡购物环境，扩大了消费。与此同时，休闲旅游业从无到有，逐步发展。先后建设了左襄公太傅祠、柳庄、岳州窑、远浦楼以及鹤龙湖食蟹观荷、洋沙湖生态文化旅游度假村等一批休闲旅游基地，第三产业得到长足的发展。

第三节　基础设施建设

1996年，县委、县政府决定加快全县基础设施建设，提出实施“1315”工程，即用三年时间（1996—1998年）完成13项工程，总投资1.5亿元。在县城基础设施方面，投资8000万元，完成湘江大桥前期各项准备工作，力争3年竣工通车；投资3300万元完成湘长线过境公路第一期3.25千米建设；投资200万元完成江东路汽车站配套建设；投资70万元完成西门客运码头建设；投资2250万元完成漕溪港深水码头前期各项准备工作并破土动工；投资200万元，硬化冬茅路法院至钢管厂路段路面；投资100万元拓宽江东东路东端；投资100万元，拉通尚书路未通部分；投资200万元，完成自来水三厂第一期工程建设；投资350万元，建设湘北农副产品批发中心。这些工程的启动和竣工，推进了湘阴基础设施建设。

2001—2005年，加大基础设施建设，在交通、能源、水利、城建等基础设施建设上投入28.8亿元，兴建了湘阴湘江大桥、临资口大桥、长湘公路、洋沙湖工业园一期工程；新建了兴湘大市场、桥东市场、广兴超市、岳州窑商业街、中国商贸批发城等；新建了湘阴一中新校区、县疾病控制中心、县人民医院博爱楼、岳州窑遗址博物馆等基础设施，达到不断改善投资环境的目的。

2006—2010年，先后投资30亿元，建成柳林江大桥、高岭汽车站、宗棠广场；通达湖治理和城市生活污水处理厂建设完工；漕溪港码头一期工程完成，二期工程和物流园建设加速推进；洋沙湖龙凤缘等休闲旅游项目动工建设；芙蓉大道北拓湘阴段开工建设；京珠高速复线湘阴段全面启动；新建了血防医院；9个乡镇建成24所敬老院；湘阴湘江二桥等重大项目前期工作积极推进。

2014—2015年，湘阴县委、县政府强力推进“三十工程”，在基础设施和民生工程建设上成效显著。除岳望高速湘阴段基本完成的国家投资外，县内共投入50多亿元，先后完成芙蓉大道湘阴段竣工通车，建成东湖生态公园北岸线风光带，左宗棠文化园、柳庄和县城20多条主干道“白改黑”及园林建设，新建知源学校、县人民医院等重大民生工程。

第四节　推进城镇化建设

农村改革的不断深化，促进了生产力的发展。湘阴农村大量剩余劳动力涌向集镇经商办厂，使集镇迅速成为商品的流通中心、工业品的集散地、乡村企业的重要基地和解决剩余劳动力的主要场所。县委、县政府因势利导，把加快城镇化建设提到议事日程。

2000年，中共十五届三中全会指出“发展小城镇是个大战略”。县委、县政府组织力量对全县小城镇现状和发展情况进行调查。全县12个建制镇、非农业人口10多万人，仅占全县人口的14.6%，明显落后于全国的29.9%，全省的25.9%和全市的22%的城市化水平。县委、县政府分析了湘阴小城镇的现状和发展进程，意识到抓小城镇建设就是抓二、三产业的发展，就是抓乡镇财源建设，就是抓下岗职工再就业和农村剩余劳动力的转移；小城镇建设同发展小企业不可分离，小城镇是小企业发展的外在形式，小企业是小城镇发展的内在支撑力，从而确立了把加快城镇建设作为经济建设的重中之重，实施“兴建小城镇，搞活小企业”的“两小”战略。

湘阴县城素称“楚南首治”，又是历史文化名城；既是全县交通枢纽，又是政治、经济、文化中心；既是人流、物流的集散地，又是展示湘阴新面貌的门面，窗口。界头铺镇是典型的江南小镇，是清朝大臣左宗棠、红军将领陈毅安的故居地，地处湘阴、汨罗、望城三县市交界处，又是县城与省会之间的“经济大走廊”。坚持科学规划，有序开发，滚动开发；政府引导，市场动作，以地生财，以地生税和“投资多元化，建设集约化，城镇管理市场化，经济格局外向化”的方针，加快了县城与城镇的建设。

2000 年，开始江东路的硬化、亮化，福鑫市场建设开发，白水江的治理，东湖渔场的环保和县城沿湘江防洪堤段建设，并启动湘阴大桥工程。

2001 年，县城定位于营造省会的“后花园”，按“以道壮城，以水秀城，以绿美城，把森林搬进城市，让城市变成后花园”的思路，加快新城开发（以五年时间开发高岭为中心的新城区），按美化、亮化、净化的要求搞好旧城开发。当年，引进湘潭通和房地产公司投资 5000 万元开发三井头老城区。引进 1200 万元建设界头铺镇。

2002 年，县委、县政府扩大开放，提高利用外资总量，解决城市发展的硬制约；扩大开发区，按照“经营城市”的理念，盘活土地、设备、品牌等资产。用 5 年时间，新增城区面积 5 平方千米，新增非农业人口 5 万，新增国民生产总值 5 亿元，新增财政收入 5000 万元；扩大经营，降低准入门槛；吸引万户农民进城经商办实业，增加财气。

2003 年，按照城乡统筹发展的思想推进城镇化。提出“东拓、西改、补绿、严管”的要求和“畅、美、绿、亮、净”的标准，美化东湖公园等 11 项工程共投资 6 亿元。对江东路、先锋路、太傅路、尚书路等 7 条主要街道硬化、亮化；新建改造了新世纪大道、滨江大道、江东东路、冬茅东路、文化步行街等 10 多条城市主干道；建成了站前花园、东湖环湖石砌长廊、滨江广场等。湘江大桥竣工通车。还投资 800 多万元完成了城区主干道路路灯建设，投资 400 多万元新建、改造下水道和进行公共设施的维护。新城区绿化面积近 10 万平方米。

2004 年，为主动融入长株潭一体化城市群，从多个层面上主动与省会长沙的工业、交通、旅游、码头、港口等对接，继续推进城镇扩容提质。县委、县政府要求用“城镇是产品，城建是项目”的理念，搞好城镇经营和城市建设，形成土地转让、基础建设、项目开发、城市扩容提质的良性循环。是年，铺开文物旅游、市场、街道建设等工程 30 多处。建成湘阴大道北延线、工业大道、湘杨路、滨江广场和远浦楼。新城区主干线全部拉通。中国商贸交易批发市场、教师新村、民政园等一大批项目在新城区落成。

2005 年，县委、县政府牢牢把握湘阴县被列入全国 23 个小城镇建设试点县的机遇，加快四大家行政办公大楼、劳动力培训中心等重点工程建设，并将其建成县城标志性建筑。完善城市规划，盘活城区土地资源，完善城区网络设施，抓紧 220 千伏变电站建设，启动城区天然气网工程，建设工业地表水厂，完成县城防洪治理工程、湘樟堤段工程，提高县城综合能力，增强县城辐射吸引力。是年，县城（文星镇）由 8.7 平方千米扩展至 26.7 平方千米，城区人口增至 12 万余人。设备配套，功能齐全；经济繁荣，市场活跃；环境优美，秩序良好。界头铺 2000 年列入岳阳市 13 个重点建制镇。城镇建设规划面积 5 平方千米，整个镇区两纵三横格局，新建了界华路、毅安路两条街道，新增街道 2000 米，镇区水、电、路等基础建设配套完善。引进福湘林业，宏跃灯饰等较大规模项目 13 个，投资额达 2.1 亿元。是年，被列入省级重点镇。新泉镇、岭北镇、城西镇、东塘镇等集镇建设步伐加快。全县城镇化率达 36%。城区和区块中心镇的扩容提质，为湘阴县跨越式发展夯实了基础。

2006年，县委、县政府坚持“建管并举”的城建思路，注重城市功能的完善，城市品位的提升和城市环境的优化，努力打造城市新亮点。全年接转和新建在建重点工程28项，投资总额5亿元，完成实际投资额约3亿元。四大家行政办公大楼、烟草局综合大楼等项目具有现代化城市建筑风范，极大地提高了城市品位。湘阴县城市基础设施建设从粗陋走向了初步完备。县城规划面积73.2平方千米，建成区面积26.7平方千米，城市化水平为37%，城内道路共26条，累计达62.5千米，已初步形成城市七纵四横的交通构架和城区交通大环线格局。城市绿化面积近50万平方米；城市下水道12万米；人行道彩化面积为72万平方米；城市路灯2795盏，是全省路灯最多的县之一。燃气管道50千米，公厕总数28座，垃圾围站77个，全县9条街道配备果皮箱垃圾桶584个。

2007年，县委、县政府坚持倾力建设新县城，提升县城新形象，启动县城100多个重点项目，以进一步打造县城经济新平台，增加县城新亮点，有力地推进湘阴县城镇化进程。随着这些重大项目建设的竣工和投入使用，湘阴县已形成一大批城市亮点。各县直单位办公楼已具现代行政集约化机构办公风格；湘江公园、滨江广场、东湖公园、沿江风光带、站前广场已成为城市休闲的景点，岳州窑博物馆、远浦楼、文庙、相国寺、望滨森林公园等一批城市旅游景点已成为湘阴古城的人文与山水文化标志，亮点已成了湘阴城市的品牌与名片。

2008年，县委、县政府提出“敞开南大门，对接长株潭”的城市发展方向，抓住建设“山水之城、人文之城、宜居之城”的城市建设目标，坚持“建管并举、以管为主”的城市建设与城市管理的思路，立足建设，强化管理，加快发展。投资200万元，完成了先锋东路全长956米公路硬化、亮化、美化配套改造工程；投资820万元实现城市生活污水处理厂建设项目；完成了洋沙湖路排污干管2千米，朱家垅排污干管3.2千米建设；投资48万元完成了东湖涵闸改扩建工程、三井头社区排水系统改建工程、冬茅路加油站东侧下水道新建工程。投资27万元对822盏高杆灯、182盏庭院灯的管线、灯具进行全面维修、维护；投资25万元，补植草皮和灌木5000平方米、行道树500株，适时对病虫害进行专业防治；投资39万元，修复破损路面3000平方米，修复人行道彩板面积4000平方米，更换添补井盖、炉桥131套，对全县城区主次干道和老城区街巷的下水道进行全面去污，对城区8座垃圾围（站）进行加固，6座公厕进行水电维修；投资90万元，安装果皮箱480多个，新建地坑式垃圾站10个，吊挂式垃圾箱12个，购置铲车1台。

2009年，县委、县政府按照“两型社会”建设和对接长株潭发展的要求，完成《县城总体规划》《村镇总体规划》、芙蓉路北拓沿线土地利用规划和滨湖示范区湘阴区域发展规划。对城区“老城区改造”“城乡接合部居民点”“工业园建设”三大块详规进行编制前期基础调查工作。将建设规划管理职能全面向广大农村延绅，成立了5个村镇建设规划管理站，加快了界头铺、樟树、岭北、东塘等镇村的规划编制工作。全年启动30个重点城建项目建设投资15亿元，推动左宗棠广场、东湖商业中心、金锐房产、佳境怡苑、宗棠商业步行街、精密房产、水岸东湖等城镇项目建设，打造城市建设精品工程，县城“滨江拥湖、一城三组团”的总体空间结构布局日趋明朗。投资700万元，完成东湖路、建新路两条主干道路面的配套改造；完成下烟园、普田巷、先锋社区路面、崇文路四条小街小巷道路改造硬化工程；完成湘江大桥西冬茅路延伸线、江东西路、先锋路、建新路等7条道路452盏高杆路灯设施的新建改造工程；更新修复城区主干道彩板砖、路缘石、排水及绿化等设施，对远浦楼等名胜工程进行建筑轮廓灯装饰。

2010年，实施大投入、大建设、大融合、大发展战略，加速融城对接，推进新型城镇化，推动“两型社会”建设。全年新报建开工项目53个，结转工程项目30个，年开工建设面积70余万平方米，再创历史新高。县城建设完成投资8000万元。先后有左宗棠广场顺利竣工、顺天大道建成通车、东湖生态公园建设启动。同时完善城区道路建设，接通了旭东路，拉通了长岭路、太傅路和长岭路连接线。完成了太傅路、旭东路北延线连接工程。投入近1000万元完善城区基础设施及卫生设施建设，新建公厕，添置果皮箱、垃圾站，城区道路补损、标线，增设路灯、安装道路监控系统等。

2011—2015年，湘阴县城镇化建设投入加大，速度加快，县城按60平方千米60万人口规划实行“南拓、中提、北扩、东延”“双江拥湖、一城三组团”框架扩建，完成“八纵六横”城区道路骨架，先后完成新世纪大道、江东路、冬茅路、滨江大道、滨湖路、太傅路、尚书路、建新路等21条主干道“白改黑”和下水道改造、雨污分流、强弱电入地等工程，建成县城污水处理厂和无害化垃圾处理场，压缩式垃圾中转站6座，新增一批吊挂车、洒水车、冲洗清扫车等大型环卫设施，用于城镇基础设施和园林绿化美化建设投入共30亿元。

第五节 控制人口增长

湘阴县计划生育控制人口增长的工作，大体可以分为五个阶段，即宣传试行阶段（1953—1961年）、人口失控阶段（1962—1970年）、积极控制阶段（1971—1979年）、严格控制阶段（1980—1993年）和稳定低生育水平阶段（1994—2015年）。

1980年9月，中共中央发出《关于控制我国人口增长致全体共产党员、共青团员的公开信》“要求所有共产党员、共青团员特别是各级干部只生一个孩子。”湘阴县委、县政府为了鼓励终身只生育一个孩子的夫妇，作出五条规定：干部职工领取独生子女证者，给予一次性奖励100元，每年发40元保健费至14周岁，独生子女的父母年老退休，按退休条例加发5%的退休金。农民的独生子女可以分两个小孩的住宅基地和自留地、自留山。全县有3919对育龄夫妇领取了独生子女证。是年10月县委召开县级机关干部职工大会，县委书记刘菊秋亲自给241对独生子女夫妇佩戴红花，会后举行游行。

1982年，进行第三次人口普查，根据普查数据，失控期内出生的16万人，将陆续进入婚育期，年平均结婚的青年有6500多对，比上阶段高出60%。这一严重情况，湘阴县委、县政府十分关注，制定了《关于对拒不实行计划生育人员处理的七条规定》。全县开展大清查，清理出超生的干部职工和教师（含民办教师）148人，对1982年9月1日以后强行超生的45人作停职处理，停职期间停发工资至小孩满14岁止。取消晋级工资68人。农村征收超生子女费18万多元。接着在农村大力推行一对夫妇终身只生育一个孩子。县委书记谭载阳和县委常委陈则仪到城南公社办点，全社208对一孩夫妇有173对夫妇领取独生子女证。县委组织区社书记和县直单位负责人到城南公社参观学习。终身只生育一个孩子的工作在全县铺开，有54名公社党委成员、180多名大队干部、812名共产党员、720名共青团员育龄夫妇领取独生子女证。年底，县直单位和五个公社渔场一孩领证率100%。有46对一孩夫妇自愿做了结扎手术。发放独生子女奖金和保健费28万多元。

1985—1987年，每年进行3—4次大型突击活动，全县上下全力以赴，打整体战。农村村民生计划外二胎，给予一次性罚款500—1000元；强行生育三胎或三胎以上的，罚款1000—3000元。落实各种节育手术55650例。

1988年，全县各乡镇组建常年工作队，队员205人。计生工作进入经常和突击相结合并以突击为主的阶段。

1989年，县委、县政府制定《关于切实加强计划生育工作的决定》指出：“严禁生育计划外二胎，坚决杜绝多胎”。

1990年，为了认真贯彻《湖南省计划生育条例》，湘阴县采取五条措施：查处计划外生育，对1988—1990年超计划生育的398名干部（包括招聘干部）、职工（包括乡镇企业职工）、民办教师分别给予开除和辞退处理，征收村民超生子女费 150 万元；查处 4 名医务人员乱开禁忌证明，按照《条例》进行处罚；实行计划生育一票否决，取消 4 个乡镇（已获丰收杯、创业杯）年度评奖资格；加强计划生育执法队伍，县计生委增设法规股，配专职干部 3 人，各乡镇选配 2—3 人建立计生执法小组；建立计生服务机构，8 月 8 日县计生服务站开业，32 个乡镇建立计生服务所。

1993 年，县委、县政府制定《关于进一步加强计划生育工作的决定》。决定强调层层明确职责，各区乡镇向县签订责任状，18 名正副县级领导包区真查实督；分季考评，奖优罚劣。年中，对各乡镇人口计划执行情况进行两次抽查，对人口计划完成不好的十个乡镇通报批评，黄牌警告；治理流动人口躲生超生。狠抓台账建设，坚决查虚治假；加强基层服务网络建设，38 个乡镇都建立了“四位一体”服务所，配齐了 B 超机，325 个村建立了计生宣教室和服务室，全年开展了 4 次“两查”，孕检、环检率达 93% 以上。

1994 年，县委、县政府先后 12 次召开区乡镇党政主要负责人和主抓计划生育工作负责人会议。对县直机关 38 个单位实行包乡镇，与乡镇同奖同罚。县领导下乡镇，真查实督。1994 年湘阴县人口出生率、计划生育率、节育措施落实率、多孩控制率指标均已全面达标，进入全省一类行列。1995 年，县委决定严格实行准生证制度。湘阴完成了人口计划，保持了一类县，并上升 5 个名次。

1996 年，省计生委确定湘阴县为全省三个合同制管理试点县之一。县委、县政府制定和下发合同制管理办法，先后有 12 万多对育龄夫妇与所在乡镇村和部门签订各类计划生育合同。全县共兑现育龄夫妇违约责任 39 起，发付违约补偿金 6500 元。

1998 年，湘阴县被列为全省“两依法”试点县。县委、县政府着重抓依法管理计划生育，计划生育工作实现“五无”，即无重大恶性案件、无越级上访、无行政诉讼案件、无粗暴过激行为、无群众围攻干部现象。县委、县政府投资 50 多万元创建甲级计生服务站，乡镇投资 350 万元创建 29 个甲级服务所，全部装备了红外光妇科治疗仪，为 4063 对待孕夫妇开展外周血染色体和四项病毒抗体检测。免费为育龄群众开展健康检测服务 27 万人次，发现各类疾病 39736 人次，治愈 3734 人次。

2000 年，湘阴县计生工作滑类退位。2001 年县委、县政府从“领导责任、工作措施、队伍建设、综合治理、依法行政、优质服务”六个方面强化全县计划生育工作的具体措施和要求。全年召开专题会议 16 次，研究部署计划生育工作。开展 6 次调查，解剖 37 个乡镇和管区 180 多个村，召开 5 次讲评会，对工作不力和漏报出生的 6 个单位给予通报批评和处罚金 32000 元。对 11 个乡镇和 7 个县直单位给予通报批评、黄牌警告，对 4 个三类乡镇党委书记提出严重警告；取消 14 个单位和个人评先评奖资格。是年，湘阴跨入全省计划生育一类县先进行列。2004 年，湘阴县出生 6532 人，人口出生率为 9.38‰，死亡率为 4.78‰，自然增长率为 4.60‰。

2005 年，县委、县政府在县财政十分困难的情况下挤出 120 万元用于新建县计划生育服务站，并从卫生系统中招聘 10 名专业技术人员充实到县计生服务站，更好地服务广大育龄群众。是年，人口出生率为 9.64‰，自然增长率为 3.04‰。

2006 年，根据市委、市政府要求，县委、县政府同意将县直单位计划生育专抓专干岗位津贴增加到每月 80—100 元，提高了计划生育干部的待遇和工作积极性。是年，人口出生率为 9.7‰，自然增长率为 3.4‰。

2007 年，县法院成立计生合议庭，与社会抚养费征收管理局共同办公，加大对社会抚养费征收力度。当年湘阴县共征收社会抚养费 600 多万元。人口出生率 9.5‰，自然增长率 4.2‰。

2010 年，县委、县政府研究出台《关于严格计划生育工作责任追究的补充规定》（5 号文件），明确三类单位责任人两年不得提拔重用，连续两年评为二类的单位直接定为三类，责任更加明确，处罚更加严厉。是年，湘阴县人口总数为72.19万人，人口出生率为9.38‰，死亡率为4.33‰，自然增长率为5.05‰。

2015年，全县总人口为77.89万人，男、女性别比为103.46 ∶ 100。共出生人口9395人，出生率为12.06‰；死亡4436人，死亡率为5.7‰，人口自然增长率为4.41‰，比2010年下降0.64个千分点。

第六节　招商引资

1978—1995年，全县招商引资工作由县财贸办公室的一个内设机构外经办负责。县财贸办副主任兼任外经办主任，工作人员2人。

1996年4月，为了加大招商引资工作力度，促进县域经济快速发展，成立"湘阴县招商局"，加挂"湘阴县人民政府对外经济工作办公室"牌子，实行"两块牌子，一套人马"，内设办公室、项目联络组、企业管理组。从县委组织部、县乡镇企业局、文星镇政府和外贸总公司抽调四名干部到招商局工作，由胥俊杰任主任、局长。县里成立招商引资工作指挥部，由县委副书记熊伯群任政委，副县长钟小汨任指挥长，各乡镇，县直各部门单位也都相应成立招商引资机构，招商引资工作列入县委、县政府重要议事日程。至2010年，县招商局内设办公室、信息统计股，共有干部职工14人。

一、政策

自1996年始，县委、县政府加大招商引资力度，出台一系列招商引资政策、制度、规定。

2003年，县委、县政府出台《关于鼓励国内外客商投资的若干规定》，其中，对到县投资兴业的客商在税收、征地等方面给予了最大程度的优惠政策。制定了联系招商引资项目的责任县级领导和责任单位党政主要负责人"预奖同罚"制度（即根据目标任务，先向招商责任人预奖一部分资金垫底，季度讲评，绩优者给予双倍奖励，年终兑现，上台领奖；完不成任务者给予双倍罚款，上台退奖和缴纳罚款）。

2005年，市委、市政府确定连续五年为全市"招商引资年"，6月17日，县委形成《关于进一步加快市级重点镇界头铺建设和发展的现场办公会议纪要》。

2006年，县委办公室，县政府办公室发出《关于对招商引资项目实行代办制的通知》，以促进进一步改善投资环境、吸引外来投资、加快经济发展。

2007年2月13日，县委、县政府作出《关于对招商引资有突出贡献的单位和个人实行奖励的规定》，接着，发出《关于进一步优化经济发展环境的意见》，全面落实招商引资优惠政策，进一步优化经济发展环境，为投资者创造良好的发展空间。

2008年4月28日，县政府下发《湘阴县工业项目招商引资优惠办法》，对涉及工业项目建设的手续报批、行政规费收取、中介服务、供水供电、部门服务等方面制定优惠办法。是年5月，县委、县政府下发《中共湘阴县委、湘阴县人民政府关于优化经济发展环境"十不准"规定》，以进一步优化环境、创优服务、促进企业发展。

二、方式

1996—2015年，湘阴县的招商引资工作十分活跃，各地探索总结8种招商引资形式：

领导招商：2005年年初，成立十大重点产业招商小组，一个产业一名县级领导挂帅，书记、县长前移工作重心，多次赴北京、上海、广东、浙江、长株潭等地上门招商，参与项目洽谈，跟踪落实解决项目从签约落地到建设投产等各个环节的问题，成功引进了远大可建、康达新材料、富士电梯等一大批大项目、好项目。

联动招商：将招商目标任务逐一分解到各相关部门和乡镇，作为县委、县政府三个文明建设和领导绩效考核重要内容，形成全县上下合心合智合力抓招商的浓厚氛围。

造势招商:2003 年 4 月，县政府在长沙召开湘阴县招商引资新闻发布会，岳阳市副市长康代四、副省长甘霖与会，邀请泰国、新加坡、日本和中国台湾、香港等地客商 200 多人参会。县长周友庚介绍湘阴招商引资优惠政策，泰国青山纸业董事长薛建荣、新加坡新科控股董事长程勤伦、日本客商左滕良博、银海集团董事长黄果成介绍了各自企业投资湘阴的情况，对湘阴优越的投资环境进行推介，30 多家新闻媒体参与报道。

2005 年 5 月 18 日举办湖南（湘阴）首届藠头暨绿色食品展销会，组织开幕式、文艺演出、招商项目发布及签约仪式。邀请 200 多位国内外客商到湘阴洽谈、签约，其中有日本、韩国、泰国、新加坡等 16 个国家的客商 32 人。活动中编印和发放《湘阴投资指南》《湘阴招商项目书》，以及《湘阴旅游》和《阔步前进中的湘阴》招商纪录片等宣传资料，对外发布 67 个招商引资项目，向国内外客商宣传湘阴招商引资优惠政策，推介湘阴“三村八景”等文物旅游景点，是时，有 26 个招商项目成功签约，协议引资 23.16 亿元，到位资金 11.9 亿元，其中外资 1551 万美元。

2006 年 5 月，县委、县政府在省台办、广州市台办支持协助下，在广州珠江宾馆召开湘阴县情推介会，邀请广州、深圳、珠海台协 80 多名台商参会。是年下半年，10 多批台商到湘阴县考察，振昌木业、玉森竹木制品落户湘阴。

2008 年 11 月，县委、县政府在深圳召开湖南湘阴（深圳）城市推介暨投资项目对接洽谈会，深圳 60 多家投资商会参加推介活动和项目咨询、洽谈。深圳投资商会会长刘女祯与县政府签订《投资促进友好合作关系框架协议》。

委托招商：聘请湘阴籍客居外乡的知名人士及能人担任招商引资顾问，委托其洽谈招商项目。1998 年，县招商局派员到岳阳市政府驻京联络处，通过在京乡友的联络，建立了国务院有关部委、北京市一批大中型企业和科研院所的联系，争取一批项目和资金，获得了一些重要政策信息和经济信息。2001 年，引进内联项目 107 个，总投资 2.88 亿元，协议引入资金 2.54 亿元，合同外资金额 897.2 万美元，外资到位 425.5 万美元，完成外贸出口创汇 2780 万美元。合同外资金额、外资到位及外贸出口创汇指标名列岳阳市各县（市、区）之首，受到市委、市政府表彰与奖励。

项目招商:2004 年，县委、县政府提出以项目为依托抓招商引资，深入开展“重点项目建设年”活动。全县招商引资项目 231 个，协议引资 41.5 亿元，实际到位 9.35 亿元，其中投资 1000 万元以上项目 50 个，亿元以上项目 14 个，被评为全省招商引资工作先进单位。

网络招商：通过网络系统介绍湘阴区位、政策、资源、交通等方面的优势，发布招商信息。2003 年，县棉织厂（裕盛染织厂）促成新加坡科龙控股有限公司与深圳市士达纺织有限公司联合投资整体收购，组织亚麻纺织生产基地。3 月签约，6 月投产，年底生产亚麻布 320 万米，产值 2800 万元，安置下岗工人 160 多人。

嫁接招商：抓重点企业扩张重组。通过引进资金技术，推进了企业重组、兼并、升级。2010 年，大地化工整体转让给长江化肥，八一振邦收购广兴化工，香港海威整体收购兴隆纸业，科英机电转租给水电八局安装分局，长元人造板厂采取先租后转让的方式实现了资产重组，波士家具收购依佩斯汽配并且年内实现投产。

创优环境招商：务实工业园区载体，大力推进园区基础设施建设，突出机械制造、光伏电子信息等主导产业，积极为项目引进构筑好载体平台。2010 年，已有工业地产、富士电梯、远大再生油、金为彩钢等 25 个项目落户园区。全年从县直部门单位抽调 100 多名干部实行驻点帮扶帮促，为企业、项目解决重大实际问题 100 多个。全面实行“一票制收费、一站式审批、代理式服务”，加快项目手续办理，提升办事效率。整治经济环境，加大经济环境民主测评力度，每季度测评一次，对连续排名末位单位的主要负责人坚决予以免职。加大打击力度，重拳整治社会治安，严厉惩处破坏招商引资项目建设和企业正常生产秩序的违法犯罪。

三、成效

1996—2005年，湘阴县共引进项目1135个，项目总投资116亿元，协议引资113亿元，到位资金68.4亿元。其中利用境外投资项目23个，正式办理登记手续的项目22个，运转的13家，项目总投资3.16亿元，注册资金1.61亿元，到位资金9870万美元。2004年、2005年连续被评为全省招商引资先进县。

2006—2015年，共引进项目668个，协议引资382.55亿元，到位资金266.27亿元，到位外资15130.7万美元。2010年获评湖南最具投资吸引力县。2011—2015年5次获评省、市招商引资先进县。招商引资推进了湘阴县交通基础设施建设，“三资企业”得到长足发展，盘活了县属工业企业，带动了农副产品加工业的发展，解决了部分城镇职工的再就业，推动了县域经济全面发展。

1996—2015年湘阴县招商引资情况统计表

表5-2

年度	引进项目（个）	协议资金（万元）	到位资金（万元）	年度	引进项目（个）	协议资金（万元）	到位资金（万元）
1966	34	4700	3100	2006	112	293000	135000
1997	36	6700	4600	2007	67	402960	128000
1998	62	17961	7000	2008	84	268250	146510
1999	42	30860	11370	2009	91	298000	208000
2000	158	42839	12259	2010	81	518000	249000
2001	128	29896	13828	2011	56	543600	270000
2002	76	36000	21000	2012	63	483000	387000
2003	214	234000	77000	2013	46	385000	383000
2004	234	415000	415000	2014	34	318800	400600
2005	151	312500	119000	2015	34	314900	355600

第七节 旅游开发

湘阴县历史悠久，风景秀丽，有十分丰富的文物旅游资源。在历史人文方面，沉积了深厚的底蕴。清末军机大臣、两江总督兼南洋通商大臣左宗棠，首任驻英法公使郭嵩焘，近代化学工业的先驱和实业家范旭东，战功卓著的红军早期将领陈毅安，第七届中央政治局委员、书记处书记任弼时，抗洪英雄高建成等名人、先烈、英雄，都在湘阴县出生、成长。湘阴县有文化遗址55处、古窑址26处、古墓葬28处、古建筑群13处。新发现的岳州窑遗址，出土了大量青瓷器物和匣体，其中完整和比较完整的700多件，可修复的数千件，可辨器形的40多件，引起了陶瓷界专家的关注。在自然风光方面，有久负盛名的“湘阴八景”（二湖映月、双塔凌云、三峰耸翠、九埠垂青、五魁捧印、长桥卧虹、杜公垂钓、渔叟收筒）。界头铺镇的青山，海拔550米，挺拔秀丽。山上一棵逾千年的银杏，被誉为“中国植物活化石”。燎原水库水面辽阔，是垂钓的好地方。洞庭湖中的青山岛，属国家湿地公园，置身岛上，可饱览洞庭湖风光。

20世纪90年代，县委、县政府先后投资300多万元，分期对县城文庙、状元桥古建筑群进行整合维修。21世纪始，先后投资3000多万元，建成岳州窑遗址博物馆、远浦楼；完成了文庙、状元桥、太和元气牌坊的修缮、连接工程；完成了左宗棠故居——柳庄的重建复原和左文襄公祠、左太傅祠、文星塔建筑群等文物古迹的修缮、重修、扩建工程；引资重建了南泉寺，恢复大雄宝殿等文物古迹及东边部分厢房，殿内重塑佛像，建成为集佛教文化、殡葬文化、旅游休闲文化于一体的园林式寺宇；完成望滨森林公园建设，内设爱国主义教育基地，建有任弼时纪念塔、抗日阵亡将士纪念塔和陈毅安烈士纪念塔等；新建湘江大桥桥东绿地、沿江风光带、岳州窑商业街和商业广场；引进广东珠海丽珠公司投资赞助建成高建成纪念馆。引进大连振邦实业公司整体开发青山湿地公园；引进香港大利银行投资2000多万元，开发界头铺青山度假村，建成游泳、钓鱼基地、情侣宫、打猎场、网球场等40多个项目接待游客。民间垂钓基地休闲山庄遍地开花。鹤龙湖荷花公园、鹤龙湖农庄、瓦窑湾鹅店等18家“农家乐”“渔家乐”评为全省首批星级乡村旅游区（点）。1997年10月，中共湘阴县第八次代表大会提出要加强旅游业的发展，充分发挥左宗棠故居、县城文庙、岳州窑、燎原水库、鹅形山等人文自然资源的作用，把湘阴县建成以服务省会为主的游览基地，以旅游促商贸、促开放。2000年，县委、县政府提出抓紧岳州窑、左公祠等旅游景点的保护、开发和利用。

2001年建立县文物旅游局，提出因地制宜、发展特色旅游、文化旅游、生态旅游，形成品牌，形成规模，带动相关服务业的发展。重点对青山度假村、左宗棠故居、大成殿等一批重点旅游项目进行包装，高标准开发，对外开放。

2002年，县委、县政府提出发挥湘阴靠近省会的区位优势，山清水秀的自然优势，千年古城的地理优势，人才辈出的人文优势，利用左（宗棠）、郭（嵩焘）的名人效应，用活休闲旅游资源，为开放的湘阴绽放奇葩。2003年，县委、县政府制定了旅游开发近、远期规划，编印了文物旅游招商项目书。

2004年，提出在旅游开发方面着重抓好三件事：成立专门班子，开通“湘阴一日游”；收集整理湘阴的民间故事和山水传说，编纂反映湘阴旅游特点的书刊；加快鹅形山自然风光度假村的项目包装和开发启动。

2005年，县委、县政府提出以“三村八景”建设为主线，完善和加快重点旅游项目建设。鼓励和支持农民发展专业观光旅游休闲，培养一批雅俗共赏的农家观光旅游大户。是年，政协湘阴县委撰写《走进湘阴》一书，分名胜风景、民俗风情、人物风流、企业风采，系统地宣传推介湘阴。

2008年5月，湘阴被省委、省政府列入长株潭城市群“两型社会”建设综合配套改革实验区的滨湖示范区。县委、县政府审时度势，科学决策，制定了按照“省会后花园”定位、将湘阴旅游景点建成长株潭城市群人民休闲度假地。

2010年，县长黎作凤在县十五届人大三次会议《政府工作报告》中提出2010年湘阴将以滨湖示范区建设为契机，推动湘阴经济大提速，并提出五个“突出”，其中有“突出旅游带动，建设大长沙生态休闲度假区”的举措。

2011—2015年，引进投资50亿元的洋沙湖国际旅游度假区建设项目，先后建成左宗棠文化园、凯佳生态园、九洲生态园、柳庄扩建、推进鹅形山、青山岛、鹤龙湖开发建设，有效推进湘阴突出自然生态，做活人文山水文章，发展乡村旅游，向大旅游、大产业发展。

第八节　教育“两基”达标

1987年3月，县人大审议通过《湘阴县普及九年义务教育规划》（以下简称《规划》），“两基”（基本普及九年义务教育、基本扫除青壮年文盲）工作启动。1989年和1991年，县人大两次修正《规划》，并确定1998年全面实现“两基”。

1990年10月29日，县委、县政府作出《关于发展农村教育的决定》，要求各级党组织和政府把“两基”列入重要议事日程。年底集资1618万元，新建扩建校舍107栋，82430平方米，维修校舍42500平方米，新添课桌8700套。

1995年年初，县委、县政府下达《关于实现“两基”达标的通知》，决定提前一年，即1997年实现“两基”达标，明确指出乡镇书记为落实“两基”第一责任人，并签订责任状。全县上下全力以赴实施“两基”工程，坚持全面改善办学条件不动摇，坚持依法控流保学、依法扫盲不动摇，坚持建设教师队伍不动摇。是年5月，县政府建立教育督导室，直接负责“两基”工作的监督、检查、评估、指导，行使县政府行政执法职能，开始对各乡镇政府的教育工作实施目标评价。1995年，检查考核目标评价一类乡镇12个、二类乡镇19个、三类乡镇11个；1996年，目标评价一类乡镇10个，二类乡镇19个、三类乡镇4个。评价结果以县委文件发到各乡镇。

1997年，县委、县政府4次召开教育工作大会。年初召开实现“两基”达标布置会。4月21日在新泉寺镇召开现场会。6月25日在县城召开“两基”工作讲评会。9月27日召开“两基”迎检动员会。把落实“两基”达标摆到极重要位置。是年，投入教育经费6970万元。10月20—26日，湖南省人民政府“两基”验收评估团到湘阴检查验收。县长冯自敬、县委副书记刘克明、县委宣传部部长周山连、县人大常委会副主任黄巧媛参加汇报并陪同检查。通过面点检查，小学生入学率99.76%。初中生入学率100%。初等教育完成率98.9%。17周岁青少年受完中等教育完成率86.84%。小学生毕业率97.94%。初中毕业率90.98%。师资水平达到小学教师、中学教师任职要求的分别为100%。小学教师、中学教师学历合格率分别为100%。校园面积小学生均22.2平方米，初中生均26.5平方米；校舍面积小学生均5.74平方米，初中生均7.08平方米。教学用房小学生均4.63平方米，初中生均5.27平方米，体育运动场地、音体美器材装备、仪电器材装备、图书等均达到“两基”达标要求。是年，32个乡镇、415个行政村、13个居委会都办起了农民（居民）文化技术学校，办学面100%。全县年满15周岁总人口314823人，非文盲率99.06%。教育质量小学毕业合格率97.8%，初中毕业合格率95.2%。是年，城北学校荣获省艺术教育先进单位，被湖南电视台誉为“未来画家的摇篮”。在岳阳市首届“三球”（篮球、排球、乒乓球）运动会上，湘阴获足球冠军和篮球亚军。是年12月，省人民政府授牌认定湘阴县为“两基”工作先进县。1998年12月，教育部、财政部授牌湘阴为“普及九年义务教育，扫除青壮年文盲”先进单位。

第九节　工商企业改革改制

一、1978—1999年国有工商企业改革

1978年，国家实行经济体制改革后，湘阴县工商企业改革开始启动。县委、县政府对企业逐步放开生产经营、产品销售、产品价格、物资采购、资金使用、设施建设、机构设置、劳动人事、工资基金等方面的政策束缚，使企业拥有了人权、财权和物权。扩大企业自主权以后，工业企业的产品不再由政府统一收购，全部由企业自产自销。商贸流通企业除粮食、食油、棉花等关乎国计民生的重要生活资料和农机、农药、化肥、钢材、石油等重要生产资料由国家按计划调拨外，其他商品全部由企业自购自销。1979年以后，国民经济贯彻“调整、改革、整顿、提高”的方针，执行以计划分配为主，市场调节为辅的原则，国家对统配商品逐年缩小了计划平衡的分配比例，进入市场的商品越来越多，即使是属于计划平衡的品种，也有相当一部分让其进入市场，按照既有计划调控，又有市场调剂的双轨制运行模式，

以此搞活市场，增加企业的竞争力。

通过扩大企业自主权，县委、县政府对工业企业全面推行经济承包责任制，实行“全民所有，集体经营，国家征税，自负盈亏”的经营办法，职工收入与企业利税挂钩；对商贸流通企业实行“放权”和“承包”，通过改革，使企业成为“自主经营，照章纳税，自负盈亏”的经济实体，个人收入与经营效益挂钩。经济体制的改革，带来了市场的繁荣和企业的发展壮大，全县出现了生产持续上升、企业迅速发展、商业购销两旺、市场日益繁荣的局面。当时湘阴县的工商企业不论从生产经营规模，还是产值、销售利润都居岳阳市各县之首。

进入 20 世纪 90 年代，由于民营经济的逐步兴起和不断壮大，国有企业的市场份额大幅度萎缩，逐步被民营企业所取代。而国有企业经营机制滞后，长期亏损，负债累累，越来越步履艰难，光靠继续推行经济承包责任制已无法使国有工商企业从根本上走出困境。从 1996 年开始，县委、县政府开始探索企业产权制度改革，各企业实行经理（厂长）责任制的管委会和职工代表大会制度，除经理（厂长）和财务人员留守在岗外，其他企业职工全部下岗。厂房、仓库和经营门店全部对外租赁，收取租金发放下岗职工生活费，使工商企业严重亏损的局面得到了缓解，从而减少了国有资产的流失，确保有足够的资金来支付后期改制的成本。

二、2000—2015 年国有工商企业改制

为尽快使企业脱离困境，加快全县工商企业的改制，2000 年，县政府相继出台了《关于深化企业改革，实施“两个买断”的指导性意见》和《关于做好“两个置换”企业养老保险工作的补充规定》两个纲领性文件，用以指导当时全县企业改制工作，解决企业遇到的问题和困难。

按照两个改制文件的要求，各企业主管部门全面理顺了下属企业的资产和债权债务关系，对严重资不抵债的企业，经请示县委、县政府和主管部门批准，依法向县人民法院申请破产，破除历史债务；对企业实有资产进行分类盘存评估，经企业主管部门审核后，报上级主管部门及有关资产评估机构确认，并以此为依据向社会公开拍卖或内部量化，作为企业改制的资产总额进行分配；对企业闲置资产大胆推行产权制度改革，着力盘活沉淀资产，提高资本运营效益。商贸流通企业将所属经营门店、仓库、职工宿舍等固定资产及土地进行评估，经职工代表大会讨论通过，整体或单个向社会公开拍卖。拍卖资产所得款项专款专存专用，只能用于企业改制和职工身份置换分配以及缴纳养老保险金。工业企业利用部门闲置的厂房、仓库、货场，通过政府向外招商引资，企业职工由政府买足 15 年养老保险。2007 年年底，全县工商企业共转让拍卖资产总额近 3 亿元，工业企业招商引资 21 家。全县完成工商企业改制 87 家，占应改制企业 152 家的 58%；置换职工身份 19592 人，占应置换身份职工 28279 人的 70%。但由于有的企业资产不平衡，人员多、资产少、债务重，一部分零、少资产企业无法改制或改制得不彻底，企业改制工作一直在困境中观望徘徊。

2008 年，新一届政府对企业改制工作引起了高度重视，形成了高度统一，把它作为维护稳定，关注民生，促进发展的一件大事来抓。在年初的三级干部大会上，黎作凤县长在大会工作报告中就企业改制工作进行了动员和部署，并列入当年政府工作的主要内容。上半年，政府先后召开了一次政府常务会和两次县长办公会，专题研究改制工作，对企业改制确定了基本目标和对策思路：用三年的时间全面完成湘阴县国有企业改制任务，2008 年要基本完成改制企业的资产处置、职工身份置换、企业破产、企业职工养老金单位部分挂账等工作，争取在 2010 年逐步分期分批启动档案和户籍关系向劳动部门和社区移交工作。同时，重新调整和确定了湘阴县国有企业改制工作领导小组，明确了县委常委、常务副县长郑剑山担任组长，政府办副主任危国华任改制办公室主任，冯伟任改制办公室副主任，并从相关部门抽调专人，政府拨付专门经费，重新制定《关于进一步规范国有企业改制工作的若干意见》《关于湘阴

县国有企业改制工作有关问题的操作实施细则》《关于企业改制有关问题的会议纪要》3 个企业改制的专门文件，对零、少资产企业下岗职工的养老保险金单位部门实行政府挂账，对企业职工个人代缴的养老金单位部分实行财政返还，对改制企业职工宿舍的水电分户改造实行政府补贴，对企业处置给职工的宿舍产权办理实行税费减免，改制企业离退休老干部全面进入社保，养老金实行打卡发放。一系列行之有效的改制举措，突破了零资产、少资产企业无法启动改制的瓶颈。

全县各级各部门在县委、县政府的统一部署下，克服困难、排除阻力、精心组织、强化措施、积极稳妥地推进了全县国有企业改制，取得了显著成效，到 2010 年年底止，已基本完成国有企业改制工作任务。全县共有国有、集体企业 152 家，主要集中在财贸、工业、农办、交通、建设五大系统，已完成改制 139 家，正在改制 4 家，合计 143 家。分战线的具体情况为：财贸系统 84 家，全部完成改制；工业系统 7 家，完成改制 5 家，正在改制 2 家；建设系统 7 家，完成改制 6 家；其他系统 6 家，完成改制 5 家。全县改制企业应置换职工身份人数 28279 人，已置换身份 26592 人，拟移交社区人数 26000 人（其中移交乡镇人数 2947 人）；所有改制企业职工都参加了社会养老保险，参保人数 2.8 万余人；所有改制企业离退休职工养老金均实现了打卡发放；改制企业进入基本养老保险金单位部分挂账 123 家，享受挂账人数 14195 人，挂账金额 2.97 亿元；返还改制企业职工代缴单位部分养老金 1950 万元，返还改制企业资产处置税费近 2000 万元，补贴改制企业职工宿舍水电分户改造经费 150 余万元，收回改制企业职工置换金 279 万元；改制企业处置给职工的宿舍产权和已处置的国有资产，按优惠政策办理到位。

2012 年，县人民政府启动国有企业改制移交社区工作，组建领导班子，从县人社局、财政局、民政局、商务局、公安局和文星镇等单位抽调专人组成专门工作班子，经过连续 3 年做过细工作，基本完成全县 142 家改制企业、22000 多人信息资料收集并向社区移交。

第十节　强力推进“三十工程”

2014 年 1 月 14 日，全县党政负责干部大会召开，岳阳市委常委、组织部部长伍国用，常务副部长赵岳平出席大会讲话，宣布省、市委对湘阴县主要负责人调整方案，决定田自力调离湘阴，由县长黎作凤主持湘阴县全面工作。3 月 3 日，县委、县政府召开全县三级干部大会，提出全县上下要进一步统一思想，坚定信心，乘势而上，大干新三年，以全面建成小康湘阴为总揽，对接长株谭，借力环洞庭，冲刺省十强，争创示范县为主线，“两核两带，三港三区”建设为重点，强力推进“三十工程”，努力把湘阴县打造成岳阳靓丽南大门，省会长沙卫星城，城乡统筹样板区，全面小康示范县。提出“两核”，即发挥县域经济要素的集聚功能和县域经济发展的带动功能，加快县城扩容提质，打造湘阴经济发展的核心增长极；发挥金龙新区作为滨湖示范区起步区政策优势和对接长株潭、承接产业转移的“桥头堡”作用，把金龙新区打造成湘阴新的核心增长极。“两带”即扩大芙蓉大道对接长株潭主干道，承接产业转移主通道，县域经济发展主动脉功能，打造新型工业为主体的芙蓉大道湘阴产业经济带；依托湘江两岸丰富生态资源，大力发展休闲旅游度假产业和现代农业，打造湘江生态经济带。“三港”即加快建设漕溪港、樟树港、虞公庙三大港口，把湘阴打造成长株潭的组合港、长沙港的姊妹港、城陵矶的分流港和周边县市的集散港。“三区”即洋沙湖工业区、中国湖南轻工产业园和洋沙湖休闲旅游度假村为依托，打造洋沙湖经济区；以金龙新区和青龙湖旅游度假村、禾田山湖鹭岛为依托，打造金龙经济片区；以漕溪码头及物流园、远大可建及配套产业园为依托，打造漕溪港经济片区。县委、县政府依据“两核两带、三港三区”的发展战略，确定出“三十工程”。黎作凤指出：“三十工程”即十大产业扩张升级工程，十大基础设施建设工程，十大民生实事工程。“三十工程”是经过充分酝酿反复筛选经县委常委扩大会审定确定的，是推动湘阴经济社会发展的重大项目，是对湘阴有大发展大促进大影响的项目，是社会公众有振奋有需求的项目，号召全县上下统一思想，形成共识，不折不扣，不遗余力，强力攻坚。

2014 年 2 月 20 日，县委、县政府向全县印发强力推进“三十工程”实施方案，就强力推进“三十工程”的指导思想，总体目标、组织领导、工作责任、宣传发动、督查问责作出安排，成立县强力推进“三十工程”领导小组，明确县委书记、县长任正副组长，牵头抓总，县四大家班子成员参与，全力投入，把强力推进“三十工程”作为当前和今后三年工作的重中之重，强化责任意识，严格责任落实，明确责任领导，将“三十工程”细化量化，分解到人，打桩定位，每月召开一次专题会，每季召开一次调度会，抽调干部力量，加大帮扶力度，严格督查考核，对工作落实不力、推进成效不好的单位和责任人，坚决启动问责程序。“三十工程”项目，有的在“十二五”时期就已经开始建设，经过强力推进，有的已经竣工，有的已经产生经济社会效益。

附：“三十工程”项目简介

一、十大产业扩张升级工程 远大可建项目三期及远大可建配套产业园项目：加速推进项目三期工程，2014 年上半年启动 7 号、8 号厂房建设，力争年内实现税收 2 亿元以上。跟踪协调省市相关主管部门，尽快完成远大可建配套产业园规划、设计、立项、用地审批等各项手续，完成首批配套企业签约，争取年内启动配套产业园建设，2015 年首批配套企业竣工投产。

中联重科传动机构机械制造项目：加强与中联重科股份有限公司的沟通衔接，力争 2014 年正式启动项目建设，2015 年竣工投产。

中铁重工重型装备制造项目：加强与中铁重工有限公司的沟通衔接，2014 年完成项目前期工作并开工建设，2015 年竣工投产。

金龙新区电子信息产业园项目：2014 年完成金凤大道、安嘉路等园区干道建设和还建安置房建设，启动标准化厂房和蓝领公寓建设，力争 8 个以上项目竣工投产； 2015 —2016 年引进项目 15 个以上，建成项目 10 个以上。

华伟家具产业园项目：加强与投资方沟通衔接，力争 2014 年启动项目建设，2015 年一期工程竣工投产，2016 年达产见效。

湘港五金商贸城项目：加强与投资方沟通衔接，力争 2014 年启动项目建设，2015 年完成主体工程，2016 年建成投入运营。

顺天洋沙湖国际生态旅游度假区项目：2014 年启动古镇、悦容半岛和湿地公园建设，完善配套基础设施及景观绿化，完成生态公园一期和休闲会所建设；2015 年启动水上活动中心和五星级酒店建设，完成生态公园二期建设，力争国庆节前投入试运营；2016 年启动其他相关配套设施建设，力争到 2017 年完成整个项目建设。

漕溪港码头二期及物流园项目：2014 年上半年启动码头二期工程建设，做好漕溪物流园建设前期工作；2015 年码头二期建成投入使用，启动物流园建设。

“山岛湖园”旅游开发项目：招商引进战略投资商和旅游公司整体开发鹤龙湖、鹅形山、青山岛，启动左宗棠文化园二期工程建设；加快推进青龙湖国际旅游度假区项目建设；完成禾田山湖鹭岛项目建设；完成柳庄升级改造，打造 AAAA 级旅游景区。

“一廊三片”现代农业提质项目：进一步巩固扩大“百里湖鲜水产走廊”、粮食高产、畜禽健康养殖和特色湘菜示范片规模，培育发展国家级和省级农业产业化龙头企业 8 家以上，争创驰名商标、著名商标、名牌产品5个以上，创建全国水产健康养殖示范县、湖南省“三品一标”示范县，巩固全国粮食生产大县地位。

二、十大基础设施建设工程 芙蓉大道北拓湘阴段：2014年5月1日前完成新白水江桥建设；5月15日前完成袁家铺互通至城区段和全线边坡绿化、亮化及相关扫尾工作（袁家铺互通至望城段绿化如因天气原因在5月15日前不能完成，则最迟在11月底前完成），5月底前完成全线改性沥青路面铺设和交通标识、标牌、标线建设，确保全线竣工通车。

岳望高速和平益高速湘阴段：2014年上半年完成岳望高速湘阴段工程征拆扫尾，全力优化工程施工环境，确保工程顺利推进，2016年竣工通车，配合省直部门做好平益高速湘阴段工程前期工作。

武警长沙（湘阴）直升机场及机场公路建设：做好还建安置工作，全力配合机场建设单位做好协调工作，确保工程顺利推进。2014年6月底前启动机场公路建设，力争年底前竣工通车。

新乔线、湘营线、临赛线、界樟线等拓改：2014年完成界樟线金龙段6千米拓改工程，启动新乔线拓改工程；加强与省市主管部门沟通衔接，力争在2015年做好湘营线、临赛线拓改申报立项和有关前期工作，争取在2016年启动湘营线、临赛线拓改工程。

工业园污水处理厂建设：2014年3月底前正式动工，年底前竣工投入使用。

城北四路（长岭路、嵩焘路、原吉路、湘杨路）：分步启动四路建设，力争用三年时间完成县城北面主干道路建设，完善城区路网。

“五小”农田水利建设：完成农田水利建设三年行动计划，2014—2016年计划投资1.2亿元，分步完成山塘清淤2400处、灌浆2400处、护坡1510处，渠道清淤2400千米、衬砌480千米，小型机埠维修和更新300处。力争通过三年努力，基本解决全县农田旱涝保收问题。

第五自来水厂建设：2014年5月底前完成项目可研、用地、立项、环评等相关手续，年内启动工程建设；2015年年底前竣工投入使用。

农村示范性集镇建设：按照乡镇总体规划，突出优势优先、示范带动，创新投融资机制，分步重点推进六塘、金龙、袁家铺、岭北、南湖洲、鹤龙湖、樟树、东塘（具体名单待定）等集镇建设，进一步完善集镇基础设施，扩大集镇规模，提升集镇品质，打造新型城镇化战略节点。

南岸新城及白水江改道：2014年完成项目论证和规划设计；2015年完成项目前期工作，开展项目招商；力争2016年正式启动项目建设。

三、十大民生实事工程 国家卫生县城、省级文明县城、省级园林县城创建：2014年通过国家卫生县城、省级文明县城、省级园林县城验收。

县城提质改造：推进新世纪大道、江东路、旭东路、冬茅路、进港路、太博路、尚书路、东湖路、滨江路、滨湖路、先锋路、北正街等城区街道提质改造，完成路面“白改黑”和雨污分流、强弱电入地、燃气管网配套、人行道改造、绿化提质、环卫设施配套、公交站点建设、路灯改造、夜景亮化、背街小巷硬化及门店广告、招牌棚亭、建筑物立面整治等工作，力争一年、最迟两年完成城区街道提质改造任务。

人民医院整体搬迁：2014年年底前完成主体工程建设，2015年正式完成搬迁、投入使用。

市民文体广场及图书馆、体育馆建设：2014年5月启动建设，2015年上半年竣工投入使用。

东湖生态公园建设：2014年完成北岸风光带、湖底清淤和还大湖建设；2015年做好南岸风光带规划设计工作；力争2016年结合南岸新城开发启动南岸线建设。

黄金山公园建设：2014年完成公园概念性规划设计，完成公园规划范围内67公顷左右的征地；2015年新建公园门楼、简易游道等设施，加强园内绿化，完善引水、排污、灯光、环卫等配套设施，加强纪念建筑物、休闲广场等维修维护，争创国家级烈士纪念建筑物重点保护单位和湖南省爱国主义教育基地。

秀美乡村建设：结合社会主义新农村建设和农村环境卫生整治，大力推进全省秀美乡村建设试点，每年选定20个村（组）进行重点指导和建设。到2016年，争创市级以上（含市级）秀美乡镇6个、秀美村庄15个、农村文明家庭30户。

保障性安居工程：严格按照省市目标任务要求，完成好廉租房、公租房建设和农村危房改造等保障性住房建设，重点启动瓦窑湾棚户区改造及和尚桥旧城改造项目。

知源学校新建工程：2014年5月完成征地拆迁任务. 2014年6月正式动工建设；2015年完成学校主体工程建设；2016年7月前完成项目建设，9月正式招生。

农村电网改造：2014—2016年完成计划投资1.2亿元以上，每年完成农村用户集中自动抄表系统建设5万户，基本完成新一轮农村电网改造任务。其中，2014年重点完成濠河35千伏变电站增容、2条10千伏电力线路改造、51个村网改造、武警长沙（湘阴）直升机场项目及周边电力线路建设；2015—2016年具体任务另行确定。

第四章　综合政务

第一节　政务督查

2000年，县政府成立督查室。其主要职能是对上级、本级政府的重大决策及重要工作部署的落实情况、政府常务会议及政府其他重要会议决定事项的落实情况进行督查，对上级和本级领导批示、交办事项进行查办落实，会同县委督查室对乡镇和县直单位进行年终考核，具体负责经济和社会事业发展指标的考核。

一、政府决策督查

2000—2015年，共实施政府决策督查940余项。重点督查县政府出台的各种政令（含湘政发、湘政办发、湘府阅、县政府常务会议纪要、县长办公会议纪要等文件）的执行落实情况。

二、大事实事督查

2003年始，县政府督查室牵头负责省、市大事实事项目的督办、协调和情况汇报工作，会同县委督查室对县拟办的实事进行督查。并联合编发《督查通报》，推动工作进度。2008—2015年连续获得“岳阳市为民办实事先进单位”称号。

三、专项工作督查

2000年始，县政府督查室每年对于减轻农民负担、水利建设、春耕生产、防洪抢险、安全生产、计划生育、教育收费、土地经营权证换补核发、新农合参保、城乡环境卫生整治、信访维稳等工作进行专项督查。至2015年，共完成专项督查2986次，印发《督查通报》230期、《督查情况汇报》185期。

四、领导批示件督查

2008—2015年共承办县长信箱信件和领导批示件4050余件，做到件件有着落，事事有回音，解决了许多企业改制的遗留问题和一大批直接关系人民群众的民生问题。

第二节　信访工作

一、信访工作机构

1978年前，境内人民群众来信来访工作由县委办秘书室承办。1979年，成立县委办信访科。1981年，县委办信访科改为县委、县政府信访办公室（简称“县信访办”），隶属县委办管理，副科级单位。乡、镇、县直单位各配备1名兼职信访员，负责接待、处理本区域内的信访事项。1991年，成立县信访工作领导小组，由1名县委副书记任组长，常务副县长任副组长，县委办、县政府、县纪委、县信访办等有关部门单位负责人为成员。乡镇、县直单位相应成立信访工作领导小组。1996年7月县直机构改革，县信访办为县委、县政府常设办事机构。办公室主任由县政府办公室副主任兼任。各乡镇、县直机关均设立信访办，配备主任和信访员。2002年4月，县信访办更名县信访局。至2015年，按县委、县政府规定，各村、街道居委会均明确1名干部负责信访的协调处理、不稳定因素排查及信息反馈工作。

二、接待来信来访

1991年，境内信访工作实行分级负责、归口办理的原则。1994年，县委、县政府制定《逐级上访实施细则》。1996年，全县开始实施每个季度进行定期排查制度，把握信访工作主动权。1997年，县委、县政府进一步完善信访工作制度，规定县、乡两级领导每半月轮流接待处理一次信访问题，每季度研究一次信访工作，建立信访工作统计、报告制度。1998年，县信访办研究制订《信访工作八项制度》，即领导接待日制度、领导定期研究信访工作制度、定期报告制度、检查督促制度、热点问题排查制度、群众合理化建议征集制度、领导包案制度、责任追究制度。此项制度建设得到市信访局的充分肯定并向全市推介。至2015年，县信访办（局）直接办理群众来信来访57100人次，其中来信13750封，来访43350人次。人民群众来访、集体上访、重要信访明显上升。表现在：来访人次占来信来访总量的76%。涉及举报干部违纪、农民负担、土地征用、涉法涉诉、企业改制、移民安置等重要信访问题19320件，占信访总量的35%。

三、立案调处

2002年4月，县政府制定并印发《关于进一步加强基层信访工作的意见》，将信访工作部门负责机制，纳入全县双文明建设先进单位考核评比，对信访工作不合格单位予以一票否决，取消评比资格。对因工作失误，导致越级集体访、大规模群体事件，或产生严重后果的，严肃追究相关领导和责任人的责任。2004年9月，县委、县政府成立湘阴县集中处理信访突发问题及群体性联席会议办公室，下设6个专门工作小组，信访疑难问题由县委书记统一调度，包案到人逐件处理。县联席会议每月召开1~2次，分析政情社情、民意民风，有效化解越级访、重复访。2006年，共对2个单位的领导和具体责任人进行责任追究。其中，对1名乡镇党委书记启动问责程序，进行诫勉谈话。至2015年，县信访办（局）直接立案调处的信访案件2611件。其中有关农民负担605件，土地征用367件，涉法涉诉652件，企业改制287件，移民安置356件，困难救济344件。为国家、集体挽回经济损失1500万元。县信访办（局）规定，凡是上级转办件、县级领导批示件，群众反映强烈和越级赴省、进京上访件都立案调查处理，共立案调处越级赴省上访459人，进京130人的信访件。2012—2015年，县信访局与政法机关密切配合，依法处理信访活动中的违法犯罪行为，对无理取闹，非法上访，大规模、集访和闹访者，坚持依法处理30人，其中刑拘8人，治安拘留13人，依法训诫9人。

第三节　外事侨务

1985 年，县政府设立侨务办公室，归口政府办，为副科级单位。1993 年，县直机关机构改革中，县侨办并入县委统战部。1995 年 5 月，因机构与上面不对口协调，县侨办划归县政府办作内设组室。县侨办是全县侨务工作行政管理单位，是县人民政府主管全县侨务工作的职能部门。

1985 年，湘阴县召开湘阴县第一次归侨、侨眷代表大会，成立湘阴县归侨、侨眷联合会（简称“侨联”），选举县侨联委员 7 人，傅学志为主席。1990 年 11 月，召开第二次侨代会，选举县侨联委员 7 人，傅学志继任主席。2000 年 12 月，召开第三次侨代会，选举县侨联委员 7 人，徐隆宇为主席。

1986 年 5 月，县委主持召开全县三胞亲属代表大会，成立湘阴县台湾同胞、港澳同胞、海外侨胞亲属联谊会，简称县三胞亲属联谊会，选举盛赋云为会长，下设 17 个三胞亲属联谊组，明确正副组长 37 人。

1987 年 10 月，在全县三胞亲属代表会议上，调整联谊组，采取以乡镇和县直战线为单位，分设 48 个联谊组。县三胞亲属联谊会成立后，团结与联系全县三胞亲属广泛开展海外联谊活动，先后参与接待回乡三胞达 3000 多人次，组织各种海外联谊活动 500 多次，多形式、多渠道、多层次地向海外三胞特别是台湾同胞宣传“一国两制、和平统一”的对台方针政策和家乡的发展变化，帮助海外三胞解疑释惑，排忧解难，增进了解，促进交流，协助党和政府做了许多工作。是年，引进香港邓海鹏投资 300 多万元在湘阴开办玻璃灯饰有限公司。

1993 年 5 月，成立湘阴县三胞事务服务中心，受理海外三胞和三胞亲属求助。全年帮助三胞和三胞亲属协调处理和解决回乡定居、寻亲访友、涉台婚姻、财产继承、建房购房、家属纠纷、治病就医、升学就业等各类实际问题 152 起。

1994 年 4 月，县六塘茶厂与台湾紫藤庐品茗中心联合在县博物馆大成殿举办茶文化学术交流会。台胞周渝发表学术演讲，并表演茶道。六塘茶厂厂长推介该厂名茶兰岭毛尖，揭开湘阴海峡两岸学术交流第一页。

1995 年 4 月，台湾湖南同乡会和台北市湘阴同乡会接到县台办和县三胞亲属联谊会关于家乡遭受洪涝灾害的情况通报后，分别召开理事会部署募捐救灾，为灾区捐资 10 万元人民币。7 月，台湾湘阴同乡会考察访问团一行 10 人，在理事长李凤亭率领下回乡访问，并参加由县政府主持召开的“振兴湘阴经济恳谈会”。尔后，台湾湘阴同乡会还分别于 1997 年、1999 年、2000 年、2001 年多次组团回乡考察、访问，促进两岸同胞交流交往。

1996 年 5 月，湘阴回乡台胞联谊会成立，回乡定居台胞罗培元任会长。该会以反“台独”促统一为宗旨，发挥统一战线群众组织的作用。

1997 年 6—7 月，在全县范围内大张旗鼓地开展以爱国和“一国两制”为主要内容的大规模迎接和庆祝香港回归活动，有 20 多个大的项目，300 多个活动，参与活动者达 10 万人之众。主要形式有报告会、座谈会、文艺晚会、歌咏比赛、体育活动、书画表演、图片展览、街头宣传、游行集会、联谊活动、理论研讨、诗词征集、有奖征文等。县博物馆举办为期两个月的庆祝香港回归图片展览，参观者达 2 万多人；县直 50 多个机关单位制作图片宣传版面 280 多块，在江东路开展图片宣传一条街活动，400 多所中小学校都举行庆祝香港回归报告会。至 2015 年，共接待归桥、侨眷、华侨及港澳同胞 96 批，810 多人次，其中包括旅美华侨湖南同乡会会长彭圣师，香港实业界人士邓海鹏，香港教育界人士彭琪瑞，加拿大数学家吴建宏等。走访归侨、侨眷 420 多户。慰问侨属 150 多户，送慰问金及物资 15 万多元。向海外寄出慰问信函1000份。通过走访调查，摸清湘阴县海外人士及国内眷属的基本情况，湘阴县华侨、华人、港澳同胞3000多人，分布在14个国家和地区，归侨、侨眷5000多人。

第四节 民族宗教

一、民族宗教机构

1990年，县政府在县侨办设一名民族宗教工作专干。1996年，设立民族宗教事务办公室，仍与县侨办合署办公。2004年3月，设立县民族宗教事务局。是年12月，湘阴县人民政府民族宗教事务办公室更名为湘阴县人民政府民族宗教事务局，升格为副科级机构。县委统战部副部长兼任县民宗局局长。

二、落实民族政策

湘阴县共有少数民族18个，人口2300人，以回族、维吾尔族、蒙古族、苗族、壮族、土家族、满族、侗族、黎族、朝鲜族等为主，其中回族、维吾尔族占60%，少数民族人口在城乡居住的各占50%。湘阴县有三个回民聚集村，即岭北镇的响铃村、仁寿村和青泥村，约有320人。2004年3月，县委、县政府落实党的民族政策，尊重少数民族习俗，重视做好对少数民族代表人士的政治安排和民族干部的培养使用工作。县政协委员中每届都安排少数民族委员，县人大代表中安排少数民族代表。每年高考时，做好少数民族考生民族成分的确认，落实对少数民族考生优惠政策。

三、宗教事务管理

县委统战部、县民宗局重视宣传党的宗教政策和法规，依法管理宗教事务，引导宗教与社会主义社会相适应，抵御敌对势力的宗教渗透，维护全县宗教界的团结稳定。湘阴县宗教有基督教和佛教。

（一）县基督教三自爱国运动委员会　1993年10月，湘阴县基督教“三自”（自治、自养、自传）爱国运动委员会成立，杨宗奇牧师任主席，有信徒3000人。1996年，第二届换届由蒋建平任主席，有信徒5000人。2002年，第三届换届由周君雄长老任主席，有信徒4000人。2003年5月，湘阴县三自爱国运动委员会开始多方筹措资金扩建新建教堂，通过省基督教协会陈郅牧师经办美国宣道会先后支援95万元，澳门蓝钦文牧师先后助资31万元，先后扩建新建教堂6所。2005年5月，湘阴教堂竣工投入使用，建筑面积1590.6平方米。2007年第四届换届由周君雄长老连任。是年8月，基督教楠木教堂、和平闸教堂建成，建筑面积分别是220平方米和900平方米。2008年8月基督教古塘堂、新泉堂和献忠堂建成，建筑面积分别是220多平方米、200多平方米和160多平方米。

（二）县佛教协会　2000年4月，湘阴县佛教协会成立，由释大慧任会长，有信徒200多人。由于宗教教职人员少，流动性大，成立不久就处于瘫痪状态。2005年，南泉寺开工建设。南泉寺是县委、县政府确定的重点建设工程之一，是作为湘阴“三村八景”旅游文化景区的开发项目，是一个集佛教文化、旅游文化、现代殡葬改革于一体的仿古园林式多功能服务处所。天王殿、大雄宝殿、普庵祖师殿、方丈楼、客堂、居士楼及南泉寺广场等全面竣工。

四、主要活动

2005年3月，国务院《宗教事务条例》颁布实施，县委统战部、县民宗局组织全县宗教干部和宗教界人士培训学习。是年5月，寄禅法师出家祖庭法华古寺开展建寺1380周年及中华佛教总会首任会长释敬安（寄禅法师）诞辰155周年、八指头陀《白梅诗集》出版100周年纪念活动，规模宏大，盛况空前。全国政协常委、全国佛教协会副会长、省佛教协会会长圣辉大和尚亲临，省宗教局，市、县民宗局有关领导参加。是年6月，县民宗局向县委、县政府提交《关于对全县民族宗教摸底调查情况汇报》的书面报告，引起县委、县政府的重视，要求县委统战部、县民宗局下大力气对全县宗教寺庙、基督教活动堂点进行规范化管理，要求公安局对邪教组织立案侦查。是年11月，成立县民族宗教工作领导小组。由县委、县政府有关领导牵头，县委办、政府办、组织部、政法委、统战部、宣传部、民宗局、防范和处理邪教问题办、公安局、财政局、民政局、教育局、国土局、建设局等相关职能部门负责人组成，加强对全县民族宗教工作的领导。

2006年6月，按照省市宗教部门统一部署，县委统战部、民宗局在全县展开“宗教与社会主义新农村建设”的调研活动，其中《社会主义新农村宗教工作初探》被省宗教局编入《全省宗教工作调研汇编》。是年10月，在湘阴县佛教协会及湘阴县广大佛教信众的礼请下，省政协委员、省佛教协会副会长、岳阳市佛教协会会长、岳阳圣安寺方丈怀梵法师担任南泉寺方丈。自怀梵法师接任南泉寺方丈以来，他投资近2000多万元相继完善天王殿、大雄宝殿、客堂、居士楼、南泉广场等配套设施的建设，使南泉寺初具规模。

2007年1月，法华古寺、南泉古寺被湖南省人民政府评为“湖南省重点寺院”。是年2月，县委、县政府组织召开全县宣传、统战、宗教工作大会。会上要求建立健全县、乡（镇）、村三级宗教工作网络，建立县、乡（镇）、村三级宗教工作责任人挂牌管理，进一步强化责任，基本上解决农村基层宗教工作不愿管、不会管、不敢管的问题。

2008年10—11月，县委统战部和县民宗局对全县19个乡镇、422个行政村进行基督教基本情况的专题调研，向县委、县政府写出湘阴县基督教情况专题调研报告，向县委常委做了专题汇报。全县正式登记的基督教活动场所46处，其中东乡仅5个，城关地区4个，其他主要集中在西乡各乡镇。信徒共有7433名，其中，受洗信徒2605名，慕道友4828名，主要集中在西乡各乡镇，有6552人，占全县的84%，同时又以城西镇和岭北镇居多，分别有2081人和2073人。未登记的聚会点19处，信徒356名。信徒人数占全县常住总人口数的1.26%。教职人员中长老、传道、教师、执事各1名，通过基督教传道人资格认证的28人。

2009年4月，根据国家民委、省民委和市民宗局的通知要求，为了贯彻落实好《党和国家民族政策宣传教育提纲》，县民宗局制定宣传教育实施方案，结合民族政策的宣传教育，深入开展《党和国家民族政策宣传教育提纲》宣传活动。是年，根据国家、省、市宗教局的工作部署，全面推进创建“和谐寺观教堂”工作，引导宗教界为构建和谐社会做贡献。县民宗局会同宗教团体成立“和谐寺观教堂”创建活动领导小组，由县民宗局局长任组长，分管副局长任副组长，成员有县宗教团体负责人和职能科室负责人。下设专门办公室。宗教团体担当创建活动的组织实施责任，在县民宗局的指导下，有计划、有步骤地将创建活动不断引向深入，同时协调并指导宗教界积极投身到创建活动中，确保创建活动取得实效。

2010年2月26日，召开了全县民族宗教工作会议，传达市民族宗教工作会议精神，结合湘阴工作实际，与全县各乡镇签订了2010年民族宗教稳定管理责任书。3—4月，组织调查摸底领导小组到全县各乡、镇、村、街道办事处，各寺庙堂点走访，了解情况，在全面掌握第一手材料的基础上，对全县宗教场所进行清理、整顿、整合。5月，开展对全县少数民族，宗教界代表人士队伍建设进行调研，撰写2篇调研报告，制定《湘阴县宗教界代表人士考评办法》和《湘阴县少数民族代表人物考评办法》。9月，根据国家、省、市、宗教部门关于2010年创建“和谐寺观教堂”先进集体和个人评选推荐工作有关要求，对全县80处依法登记开放的宗教活动场所进行考评，评选出1个宗教团体和4个条件好的宗教活动场所为先进集体，评出10个“五好宗教骨干”。10—11月，按照责任书的考核内容，对全县各乡镇的民族团结和宗教稳定工作进行考评，通过实行目标管理，有效推进全县民族宗教工作的发展。是年，湘阴被省民委评为民族工作先进单位。

2011—2013年，县民宗局根据县政府办《关于进一步建立健全民族宗教事务管理网络和责任制的通知》要求，对全县批准登记开放的宗教活动场所由县民宗局、乡（镇）、村（社区）分管负责人实行挂牌管理，建立县乡村三级民族宗教事务管理网络，开展正常宗教活动，并纳入单位年度考核。南泉寺共筹集资金800多万元完善寺院基础设施建设，2015年获批国家AAA级景区。10月13日，南泉寺举行隆重殿宇落成庆典暨佛像开光法会活动，全国各地高僧长老、护法居士等宗教人士1000多人齐集南泉寺、省、市委统战部负责人出席法会并讲话。法会还举行了扶贫捐赠仪式，向当地20名困难群众捐赠善款10万元。

2010年湘阴县重点宗教活动场所一览表

表5-3

场所名称	教　派	负责人	地　址	备　注
南泉古寺	佛教	释怀梵	文星镇	省重点寺院
法华古寺	佛教	释早国	樟树镇	省重点寺院
板桥寺	佛教	释能悟	文星镇	
高峰寺	佛教	释惟真	石塘乡	
西林庵	佛教	释金刚	静河乡	
观音阁	佛教	释大慧	岭北镇	
关圣寺	佛教	释宗强	南湖洲镇	
大觉寺	佛教	释会银	长康镇	
马头寺	佛教	释见亮	文星镇	
三峰寺	佛教	释来修	岭北镇	
华祥寺	佛教	释无相	袁家铺镇	
高沙寺	佛教	释寂红	新泉镇	
湘阴堂	基督教	周君雄	文星镇	
楠木堂	基督教	杨运辉	岭北镇	
古塘堂	基督教	刘梅香	鹤龙湖镇	
新泉堂	基督教	杨妹兰	新泉镇	
献忠堂	基督教	张秋菊	白泥湖乡	
和平闸堂	基督教	吴汉初	鹤龙湖镇	
湘临堂	基督教	吴再兵	鹤龙湖镇	
南阳堂	基督教	袁细良	鹤龙湖镇	
杨林寨堂	基督教	罗元质	杨林寨乡	

第五节　移民工作

1994年，湘阴县设立移民工作办，挂靠县农委农村工作组。1996年2月，县成立移民工作办公室。1997年，县移民工作办公室升格为县移民局，归口县政府办，明确为正科级事业单位。

1996年，对移民实行农业税减免政策和贷款贴息政策、外排机埠电费减免政策，大大减轻移民的经济负担；为解决移民吃饭问题补贴粮食资金 3000 万元，洪涝灾害救济款 450 万元。

1997 年，为加强对移民种植棉、油作物的科技指导，从县农业局抽调专业技术人员，成立杨林寨乡（移民乡）棉油生产科技服务站。从县城规划区内无偿划拨 017 公顷造林地作为移民开发局建设用地，并成立由移民、财政、电力、农业、计划、粮食、水利、交通和教育等部门负责人组成的移民工作协调领导小组。是年，在移民乡杨林寨乡修整从跃进门到王家河、宗师谭到莲子口两条 20 千米的主要干道；完成了蒋家渡 930 千瓦机埠建设。

至 2004 年，县投资 780 万元，新建丁头机埠，装机容量 2010 千瓦，解决移民 1200 公顷耕地的排渍问题；建防洪挡浪墙 6000 米，以抗击洪水对堤身的冲刷。投资 130 万元，新建内排机埠 21 处。投资 200 万元，对 9800 米防洪大堤加高加厚灌浆护坡。投资 250 万元疏洗拓宽渠道 3 万米，硬化十个村村砌渠 1.2 万米。投资 800 多万元，为 14 所小学及两所中学新建 16 栋教学楼，计 2.4 万平方米；对教学的其他配套设施也进行改造；对教师进行培训，提高教学水平。投资 100 万元建立防汛指挥站、电视台、畜牧站，实现农网改造，解决移民就医、用电、养殖业方面防病治病问题。投资 340 万元硬化跃进门至王家河 9.8 千米路段。投资 100 万元用于修建、维修乡村公路。投资 100 万元，帮扶贫困移民 1400 户，基本脱贫；扶持发展种植业、养殖业、加工业大户 800 多户，已上规模的 600 多户。其中，周家台村李科松养殖甲鱼、种植花卉苗木年产值 10 多万元；蒋家渡村刘少鲁配套养殖鱼和珍珠，年产值 10 万元。投资 200 万元，在推广科技兴农上做文章，更换新种子，推广新技术，植树造林，开发气体能源，建沼气池，推广频式诱蛾灯等。投入 100 万元对移民进行烹调技术，电脑、养殖、加工等各方面的技能培训，培养各类技术人员 810 人，使他们找到了就业门路。投资 200 万元实施白洋湖 4000 米渍堤护坡整治工程；投资 100 万元全面疏洗垸内水利渠系 3 万米；投资 80 万元开好全乡 5000 米围堤；投资 30 万元修建村级公路 2 万米；投资 40 万元建成 4 处内排机埠；投资 50 万元硬化张家湖衬砌湖 3000 米。

2005 年，县移民局以增收为目标，在杨林寨乡巩固产业基地，推广新品种，建立蔬菜基地 40 公顷、蘑菇大棚 300 个、特种水产养殖基地 26.67 公顷、小水果生产基地 33.33 公顷、花卉苗木生产基地 13.33 公顷。投入资金 40 万元推广湘杂棉 3 号 533.33 公顷、双低优质油菜 800 公顷、推广复种面积优质水稻 666.67 公顷。在移民安置区推广上流浮罩分离式沼气池 200 多个。帮扶移民开发项目 165 个，新增经济大户 130 余户。投入资金 32 万元帮扶特困户 536 户。是年，对治安渠和东西八渠实施疏洗工程；硬化村级渠道 13 处 12000 米；完善沅潭等 4 个"一书记"驻村小型水利设施配套工程建设；帮助杨林寨乡 9 个村高标准完成 16000 米文明小区道路硬化。2006 年，在杨林寨乡硬化道路 21000 米，完善 19 个文明小区建设，硬化 6 个村渠道 6000 米。

2007 年，全面落实国务院〔2006〕17 号文件精神。杨林寨乡和燎原水库移民的 3 个乡镇（界头铺镇、樟树镇、静河乡）、赛美水库移民的 5 个乡镇（东塘镇、六塘乡、石塘乡、白泥湖乡、三塘镇）进入移民后扶政策范围，后扶人口 33487 人。是年，启动后扶资金项目 64 个，完成 17 户无房户住房建设。

2008 年，罕见的冰冻灾害给移民安置区和库区带来直接经济损失 2767 万元。移民局组织 30 多名干部帮助移民抗灾救灾；每名机关干部联系 1 户移民特困户，上户指导移民救灾补损；慰问贫困移民户 20 户。2009 年，启动杨林寨乡安全饮水工程建设，修建 1 个水厂，受益人口 7578 人。

2010 年，移民局把发展移民产业作为移民安置区和库区经济发展的主要抓手，发展壮大了一批产业基地，逐步形成了"生产—加工—销售"的产业链和"合作社 + 基地 + 移民户"的经营模式。发展规模化生产基地，按照"因地制宜，突出特色"的原则，充分利用各移民乡镇的资源优势和传统生产习惯，杨林寨乡发展无公害蔬菜生产基地 133 公顷、食用菌生产基地 67 公顷、特种水产养殖基地 133 公顷。三塘镇发展绿色藠头基地 53 公顷。六塘乡开发有机茶基地 33 公顷。石塘乡建立萝卜基地 53 公顷。成立专业化合作组织。杨林寨乡先后组建合湖蔬菜专业合作社、蒋家渡麻鸭养殖合作社、特种水产健康养殖合作社、莲子口牛业养殖合作社、周家台富民蔬菜合作社、黄太港农特产品产销合作社、优质稻米产销合作社、特种水产养殖合作社、龙虾养殖合作社、杂交牛肉养殖合作社以及六塘乡绿源茶叶合作社等12家移民专业合作组织，入社移民3000多户，辐射带动移民5000余户。全面落实培训任务，全年应完成培训人数1025人，实际完成1116人，超额完成任务。移民教育事业蓬勃发展。2010年，杨林寨有大学生497人，硕士研究生14人，博士生3名，会计师、经济师67人，正副教授13人，新闻记者5人，高级教师64人，一级拳师8人，二级拳师6人，高中学历2000多人。

2011年始，县委、县政府重点抓移民区维稳。2012年，杨林寨乡部分人攀比沅江四季红镇和常德西湖管理区移民待遇，经常集体上访。对此，县委、县政府高度重视，连续几年抓宣传教育，实行县级领导干部带班值日，经常深入实地调研办实事；对重点困难群众实行结队帮扶共290人，帮扶资金10.8万元；集聚资金800余万元用于移民区公路、水利、新农村建设，改善生产生活条件，重点完成杨林寨乡大合围村、王家河村渠道和机埠建设，提高抗灾能力；帮助开展生产技术培训，培训移民520人，同时帮助新型产业开发，发展专业合作组织。2015年，杨林寨乡专业合作社发展到36个，国家级生态蔬菜标准园2个，市级龙头企业3家。对于唆使操纵集体上访聚众闹事，肆意破坏的极少数人坚决依法打击，杨林寨乡共有8人因操纵上访闹事被刑拘。教育了群众，打击了犯罪，消除了不稳定因素。

第六节　安全生产

1980年，县政府劳动科设劳动保护和锅炉压力容器专职监察员，各厂、场企业设安全生产领导小组62个，配专兼职安全员196人。

1985—2000年，县劳动人事局设安全监察办公室，有35个企业设安全保卫科，定期不定期对安全生产进行检查监督，发现隐患及时督促整改。

2001—2003年，县质监局担负原县劳动局承担的锅炉、压力容器、压力管道、电梯、起重机械、厂内机动车辆等安全监督管理职责，局内设安监股负责日常安全监察工作。

2004年1月，湘阴县组建安全生产监督管理局，为正科级的县政府工作部门。内设办公室、综合法规股、非煤矿监管股、危险化学品监管股、烟花爆竹监管股、执法大队6个股室，加挂湘阴县人民政府安全生产委员会牌子。

一、落实责任

县政府每年多次召开安全生产会议对安全生产工作进行安排部署，并层层签订安全生产责任状，落实安全生产责任制。2004—2015年，每年年初都与各乡镇、部门签订年度安全生产责任书。先后发出《关于进一步强化安全生产工作责任制和责任追究制的通知》和制定《湘阴县安全生产“一票否决”试行办法》，由县政府组织考核组，每年对安全生产责任制的落实情况进行一次综合考评。凡安全责任不到位，发生较大伤亡事故等安全事故的，实行“一票否决”，单位不评先进单位，单位负责人不评先进个人，并视其情况给予组织处理和经济处罚。

2011年以后，全县开展创建安全生产示范县活动，采取“县委总揽，政府主导，部门参与，社会联动，齐抓共管”方法，从基层做起，大力开展争创安全生产示范乡镇活动，以点带面，全面推进，受牌示范。至2015年，全县19个乡镇，有7个获评省级安全示范乡镇，13个评为市级安全示范乡镇。

二、专业培训

2004—2015年，县安监局举办非煤矿山企业负责人及安全管理人员培训350人；举办特种作业工业培训 363 人；举办烟花爆竹生产经营企业负责人及从业人员培训 720 人；举办危险化学品生产经营单位企业负责人培训 430 人。

三、宣传教育

为提高全民安全意识，增强安全责任感，县安监局结合每年开展的安全生产月活动，大力开展安全生产宣传教育活动。2004 年，县委宣传部、县安监局、县总工会、共青团县委，县广电局联合下发《湘阴县关于开展 2004 年安全生产月活动的通知》，在全县开展“遵章守法，关爱生命”为主题的安全生产月活动。2006 年 6 月 10 日，围绕“安全发展，国泰民安”主旋律，县政府安委会组织全县各职能部门在江东路举行安全生产宣传咨询日活动，宣传《中华人民共和国安全生产法》《中华人民共和国道路交通法》《中华人民共和国消防法》《湖南省安全生产条例》《安全生产领域违法违纪行为政纪处分暂行规定》《生产安全事故报告和调查处理条例》等安全生产法律法规，共印发宣传资料 10000 多份，解答各类咨询问题 1000 多个。2007 年，围绕“综合治理，保障安全”，组织全县各职能部门在江东路举办安全宣传咨询日活动，印发宣传资料 10000 多份，张贴标语 200 多条、悬挂横幅 100 多条，举办宣传栏 160 多个。2008 年，由安监、公安、建设、质监、电力等部门深入开展以“关注安全、关爱生命”为主题的“安全生产月”活动，各中小学校、电大和职校都上好一堂安全知识课。县安监局举办烟花爆竹从业人员培训班 2 期，农药店和油漆店业主安全知识培训班 2 期，培训从业人员近 200 人；县建设局、县交通局、县交警大队等单位主办培训班 6 期，培训从业人员 200 多人。2009 年，湘阴围绕“关爱生命、安全发展”，以直接面对广大市民交流宣传的方式，紧紧围绕活动主体，开展法制宣传一条街、应急管理知识宣传等活动，对党和国家的安全生产方针政策和法律法规和知识进行全面宣传和咨询。发放宣传资料 22000 份，悬挂横幅 500 多条，展出宣传展板 22 块，出动宣传车 36 辆次，接受安全知识咨询 3600 余人次，近 5000 余人受到教育。

四、监督检查

自 2004 年始，在不断完善生产责任制的基础上，县安监局采取全面检查与重点抽查、经常检查与突出检查相结合的办法开展全方位、多层次监督检查活动。至 2009 年，共组织安全生产大检查 61 次。2010—2015 年，开展各类安全专项整治行动 252 次，检查出事故隐患 3460 处，下发限期整改指令 1280 份，责令整改停止违法行为 1170 起，关闭非法违法企业 13 家，行政拘留 30 人，刑事拘留 8 人。通过强化服务，指导、监督企业加大投入，改善安全生产条件，提高安全水平，领取安全生产许可证，合法生产经营；对不具备基本安全条件，不积极整改安全隐患的企业严肃执法，有效消除事故隐患。原新泉加油站重大安全隐患彻底消除。

五、专项整治

非煤矿山专项整治：湘阴无地下矿，2006 年，全县共有砖厂、采砂船等非煤矿山企业 41 家，通过整改，有 31 家领取安全生产许可证，有 4 家递交办证材料，依法关闭 6 家存在重大安全隐患的砖厂。2007 年，共排查安全隐患 121 处，下发“整改指令书”45 份，关闭经营企业 2 家。2008 年，下发隐患整改通知书 122 份，责令停产停业整顿砖厂 2 家、挖砂工程船 2 艘，取缔不具备安全条件砖厂 2 家，查处违法行为 6 起。2009 年，县安监局、国土、电力等部门组成联合执法组，对全县非煤矿山开展联合执法检查整治，对无证、无照及证照不全的非煤矿山坚决依法取缔；对存在安全隐患的责令限期整改；对限期整改和停业整顿后仍达不到基本安全生产条件的，彻底实施关闭；对擅自非法恢复生产的，从快从重查处，非煤矿山专项整治取得一定成效。全县共检查非煤矿山 70 家，取缔长康思岩村非法采石场 1 家，关闭存在重大安全隐患未能及时整改的黄口潭砖厂、红旗砖厂、合兴砖厂，查出安全隐患 132 处，下发《整改指令书》113 份，全部整改到位。至 2015 年，28 家非煤矿山企业中有 15 家取得安全生产许可，4 家停产整顿，4 家受到行政处罚，关闭 3 家。

危险化学品专项整治：2006 年，对危险化学品生产经营企业开展 3 次大检查，下发“整改指令”35 份，取缔非法经营户 12 户，行政处罚 12 户。同时组织危险化学品生产经营单位的法人代表，分管安全负责人和安全管理人员到省、市参加培训，取得相应的上岗资质。全县危险化学品生产经营企业已办生产经营许可证 46 个，其中生产办证 7 个，持证率 100%，经营企业办证 39 个，持证率 90% 以上。2007 年，办理危险化学品“经营许可证”12 本，为江南燃料油厂等 4 家企业换发“安全生产经营许可证”，立案查处非法违规经营企业 22 家，采取强制措施取缔成品油无证经营企业 19 家。2008 年，下发隐患整改通知书 170 份，行政强制措施决定书 6 份，取缔不具备安全条件加油站 2 家，查处违法行为 8 起。有 9 家危险化学品生产企业取得了安全生产许可证，危化经营企业办证率达 80%。2009 年，制定下发《湘阴县危险化学品安全监管工作方案》《湘阴县 2009 年危险化学品安全专项整治工作方案》，建立危险化学品安全监管长效机制，有效遏制了危险化学品事故的发生。湘阴县共有危险化学品从业单位 61 家，其中生产企业 3 家，经营企业 51 家，使用企业 7 家。县安监局对辖区内危险化学品从业单位进行一次全面的调查摸底，对大方农化、大地化工等生产企业存在的安全隐患进行重点整治，同时组织开展化学品从业单位重大危险源的普查、登记及分级工作，建立重大危险源台账。由县安监局牵头，组织公安、消防、工商、质监等职能部门及各相关乡镇，在全县范围内组织开展一次加油站点检查，对 11 家经营有一定规模，且危险因素特别大，无法整改的加油站点依法报请县人民政府予以关闭，并予以立案查处，下达关闭决定。有 4 家没达到规范要求的加油站，被查封后，积极进行整改，投入资金 240 余万元拆除原站选址重建。

烟花爆竹安全监管：烟花爆竹是指烟花爆竹制品和用于烟花爆竹的民用黑火药、烟火药、引火线等物品。湘阴县有烟花爆竹生产企业 5 家，批发经营单位 2 家，零售点 1095 家。2005 年 4 月，湘阴县政府办下发文件，将由县公安局承担的烟花爆竹安全监管职能移交至县安监局。2006 年，县内两家烟花爆竹生产企业和一家批发企业加大安全生产投入，实行标准化建设，烟花爆竹专营公司将仓库从城区搬迁到静河乡，解决安全距离不够的问题，3 家企家都通过安全评估，取得相应资质。县安监局牵头组织相关职能部门，对全县所有零售网点进行检查、指导，推进行政许可，规范零售网点 400 多个，取缔零售网点 325 个，颁发烟花爆竹销售许可证 420 本。成立由副县长许卫球任组长的烟花爆竹专项整治领导小组，继续进行专项整治。建立乡村干部包户责任制，加强监管；县安监局牵头成立督查组，对东塘镇、三塘镇整治烟花爆竹非法生产进行督查，对非法作坊立案查处，“9·17”非法生产爆炸事故处分干部 4 人；公安机关对涉嫌违法犯罪的作坊主依法侦查，治安拘留 5 人，处罚 11 人。2007 年，成立由安监局、公安局、法院、检察院、工商局、质监局等单位参加的打击烟花爆竹非法生产联合执法大队，加大打击非法生产经营烟花爆竹的力度，对非法生产经营户下发“强制措施决定书”98 份、“整改指令”30 份、“行政处罚决定书”18 份，收缴非法产品机械设备和原材料价值 20 多万元，没收零售网点违规销售的礼花弹 1300 多个，取缔非法作坊 35 户，拘留 2 人，抓获烟花爆竹原材料非法贩运分子 1 人，由公安部门立案侦查后，已报县检察院批捕。2008 年，下发整改指令书 280 份，查处违法行为 277 起，行政处罚 277 人，取缔非法生产作坊 270 个，治安拘留和刑事拘留 11 人，全县 4 家烟花爆竹生产、批发企业都取得“安全生产许可证”，986 家经营门店办理“零售许可证”。2009 年，全面规范各经营点的安全条件，做到合格一家许可一家，当年核发“烟花爆竹零售许可证”1045 家；加强对生产、经营企业的安全监管。进一步完善驻厂安监员制度，每个生产企业派 1 名驻厂安监员，监督厂家完善相关制度，对原材料调入、使用、进出把关。共组织 3 次集中整治非法生产经营烟花爆竹专项行动，由打非办牵头，相关职能部门和乡镇参加，集中近百人，对全县所有非法生产作坊进行全面彻底的清查。摧毁非法生产亮珠窝点 2 处，收缴军工硝 1 车，堵截查处非法运输 43 起，收缴烟花成品、半成品 32 万余发，当场销毁生产工具近200件，上户没收各种生产烟花的原材料近3吨，刑拘3人，行政拘留25人。至2015年，全县有5家烟花爆竹生产企业，2家批发企业都取得“安全生产许可证”，关闭6家生产单位，1045家零售店办理“烟花爆竹许可证”。

第七节　信息网络管理

2005年，湘阴县电子政务起步，由外网和内网组成。是年，为加快全县电子政务建设步伐，成立县政府办政务信息科，属县政府办职能组室，专门负责全县电子政务工作。

一、县政府门户网站

2005年，县政府办政务信息科成立后，县政府公正信息网正式开通运行。2008年6月，网站第一次改版升级并改名为中国湘阴网。2012年10月，网站第二次改版升级，初步形成集政府主站、各县直部门及乡镇子站于一体的县政府门户网站群。2015年4月，全国开展政府网站普查工作，湘阴县严格落实上级网站建设与管理相关精神，加大了集约化建设工作力度，对全县58家县级部门及乡镇网站执行了统一关停，实现一级县级政府一个政府门户网站的目标。是年，湘阴县政府门户网站被评为全省优秀政府网站，在全省122个县、市区中排名第九，是岳阳市唯一进入全省前十名的县级网站。2015年，县政府门户网开通频道7个，栏目142个，主动公开政务信息24000余条，上传图片1000多幅，传递视频新闻1100余条，梳理网上办事事项276项。完善了信息公开平台，重点开设部门及乡镇信息公开专栏42个，主动公开信息5600余条。畅通依申请公开渠道，网上受理并及时办理群众依申请公开请求20余件。网站每天访问量平均8万次，成为政府与群众、企业沟通的网上桥梁。网站实现第一次改版。经第二次改版后的门户网站集群政府、市民、企业主站及部门、乡镇子站，包括9个频道，125个栏目，8个专题页。共更新信息22000余条，下载图片1000多幅，传送视频新闻600余条，内容丰富，功能齐全，互动性强，影响面广，网站访问量达20余万次，成为政府与群众、企业沟通的网上桥梁。

二、电子政务外网

2011年6月，湘阴县按照省、市对电子政务建设的总体要求，启动电子政务外网建设。2012年9月，连接全县118家单位的电子政务外网平台正式运行。2014年9月，为配合县纪委部署干部作风和廉政建设监督网的需要，县政府启动电子政务外网二期工程建设，新接入具有行政审批职能的县直单位二级机构56家。至此，湘阴电子政务外网基本实现纵向上连省、市政府，下接县级乡镇及部门单位网络的互联互通，拓展了中央省市电视电话会议系统、电子公文系统、物价价格举报系统、项目审计系统、行政审批和电子监察系统、行政执法与刑事司法衔接工作信息共享管理系统、县直部门网络指纹考勤系统、干部作风和廉政建设网站系统、文星镇网络化管理系统等应用系统在电子政务外网平台的部署，统一了政务互联网出口，加强了政务网络安全，有效节约了政府资源。

三、县长信箱

建立县政府门户网站以来，县政府门户网站正式开辟县长信箱栏目，接受广大群众在线向县政府和县政府领导反映的各类事项。自政务信息成立以来，每天定时巡查县长信箱来件，及时受理并转交相关部门办理。县长信箱共受理各类咨询、投诉、建议1900余封，回复率在99%以上。

第六篇　政协地方组织

第一章　政协委员和政协会议

第一节　政协委员

一、委员产生

第二届政协委员采取由基层单位提名，县政协第一届委员会常务委员会和县委统战部、组织部联合组成专门班子进行考察，与相关单位多次协商，反复酝酿，最后由第一届常务委员会第十三次会议协商决定，确定第二届委员会委员 158 名，其中新委员 51 人，由 19 个界别组成。

第三届政协委员根据“在爱国主义旗帜下大团结、大统一”的精神，按照相对稳定、局部调整、完善结构、提高素质的要求和民主协商的原则产生。由区、乡镇和县直机关、人民团体、工厂、学校等单位提名推荐，由政协机关、县委统战部、县委组织部联合考察，与有关单位反复协商，最后由政协第二届常委会第十一次会议协商确定，政协第三届委员会委员 162 名，其中继任 86 人，新委员 76 人，由 15 个界别组成。

第四届政协委员的产生，由政协党组、县委统战部、县委组织部联合组成协商考察班子，本着“着力于提高素质，完善结构，使新一届政协委员更好地坚持四项基本原则，坚持改革开放，更好履行政治协商、民主监督职能”的原则。首先召开有关单位负责人座谈会，由工、青、妇等群团组织和侨办、台办、科委、科协等部门推荐各方面的先进人物，然后分三个考察小组逐区逐单位协商推荐委员人选。最后经政协第三届十六次常委会讨论，确定政协第四届委员会委员 171 名，其中继任 79 名，新委员 92 名，由 16 个界别组成。

第五届政协委员推荐，按照大稳定、小调整，完善结构，提高素质，坚持以经济建设为中心的原则，通过民主协商产生。根据县委部署，县政协党组和县委统战部对第四届政协委员进行一次走访考察，并同区、乡（镇）、县直机关、工厂、学校、人民团体等单位反复协商，提出委员推荐名单，经政协第四届常委会第十四次会议协商，确定第五届政协委员 188 名，其中继任 108 人，新委员 80 人，分别占 57.4% 和 42.6%，由 18 个界别组成。

第六届政协委员推荐，坚持“统筹兼顾，全面安排”方针，坚持党管干部原则，坚持民主协商程序，按县委换届工作统一部署，采取自下而上推荐，自上而下协商委员推荐名单。各工委、乡镇党委和县直单位推荐的委员人选，由县委统战部考察，与相关单位反复协商。全部名单由县委统战部汇总，综合平衡，确定推荐名单后报县委审定，提交政协第五届第 27 次常委会协商，确定第六届政协委员 178 名，其中继任 62 人，新任 116 人，由 19 个界别组成。

第七届政协委员推荐，根据县委统一安排，党内委员人选由县委组织部提名，党外委员人选由县委统战部提名。坚持“统筹兼顾、全面安排”方针，坚持党管干部原则，坚持民主协商程序。县政协党组和县委统战部组成 4 个小组，到各乡镇、县直单位广泛听取意见，委员提名人选，报县委审定后，提交政协第六届第 20 次常委会协商通过，确定第七届政协委员为 227 名，其中继任 78 人，占 34.4%，新委员149人，占65.6%，由19个界别组成。

第八届政协委员产生，根据县委统一部署，坚持统筹兼顾与全面安排方针，坚持委员人选先进性和代表性相统一，坚持党管干部原则，坚持民主协商程序，通过调查摸底、单位提名、组织考察、民主协商、县委同意、政协主席会议和政协常委会议通过等程序，确定政协第八届委员会委员229人，继任69人，占30.4%，新任160人，占69.6%，由19个界别组成。

第九届政协委员的产生，坚持统筹兼顾，民主协商，组织审查原则，对政协委员和政协常委的提名人选，通过县委统战部部务会、县委组织部部务会、政协党组会形成一致意见，提交县委常委会议审定，确定政协湘阴县第九届委员会委员251名，比第八届增加22名。其结构是上届留任95名，占37.8%，新任156名，占63.2%，由19个界别组成。

湘阴政协第二届至第九届各界别委员人数一览表

表6-1　　单位：人

界别＼委员人数＼届别	第二届	第三届	第四届	第五届	第六届	第七届	第八届	第九届
中国共产党	11	20	16	19	14	14	20	20
无党派人士	—	8	7	3	3	5	3	9
总工会	2	7	9	9	8	9	13	11
共青团	5	7	8	3	6	17	16	9
妇女联合会	5	8	11	12	9	16	16	19
工商界	15	19	16	29	12	14	26	29
三胞亲属联谊会	18	18	—	—	—	—	—	—
文化、艺术、体育界	10	6	7	6	8	8	8	13
科学技术界	23	11	16	14	7	5	9	11
农林界	15	23	25	28	27	43	27	25
教育界	22	20	16	16	11	13	12	12
医药卫生界	13	7	9	9	10	8	10	11
少数民族	1	1	2	2	2	2	1	2
宗教界	1	1	—	1	1	4	3	3
特别邀请人士	7	6	14	18	20	17	30	25
民主党派人士	1	—	2	2	—	—	—	9
侨　联	—	—	3	4	3	1	3	3
台　联	1	—	10	10	—	—	—	
经济界	—	—	—	—	27	37	20	26
科　协	3	—	—	3	7	7	4	7
归　侨	1	—	—	—	—	2	—	—

续表 6-1 单位：人

界别 \ 委员人数 \ 届别	第二届	第三届	第四届	第五届	第六届	第七届	第八届	第九届
社会福利社会保障	4	—	—	—	3	5	8	7
合 计	158	162	171	188	178	227	229	251

说明：表中人数系每届第一次会议委员数

二、委员结构

第二届一次会议 158 名委员中，中共党员 50 人，占 31.6%，非党人士 108 人，占 68.4%；委员中年龄最小的 21 岁，最大的 78 岁，平均年龄 48 岁，比上届降低 1.4 岁；大专及以上文化 46 人，占 29.12%；高中、中专 53 人，占 33.5%；有技术职称的 44 人，占 27.8%，委员文化素质有所提高。

第三届一次会议 162 名委员中，中共党员 61 人，占 37.6%；非党人士 101 人，占 62.4%，女委员 21 人，占 12.9%。年龄最小的 21 岁，最大的 75 岁，平均年龄 46.4 岁。大专以上 45 人，占 27.8%；中专、高中 45 人，占 27.8%。有各种技术职称的 32 人（其中工程师 7 人，助理工程师 7 人，农艺师 2 人，助理农艺师 1 人，主治医师 2 人，医师 2 人，助理会计师 1 人，助理畜牧师 1 人，医师、护士、检验士各 1 人，技术员 6 人）。

第四届一次会议 171 名委员中，中共党员 67 名，占 39.2%；非中共人士 104 名，占 60.8%。女委员 28 名，占 16.3%。委员中年龄最小的 19 岁，最大的 67 岁，平均年龄 43.1 岁。大专以上 43 名，占 25.1%；中专、高中文化 60 名，占 35%。委员中有各种技术职称的 79 名（其中高级职称 11 名，中级职称 35 名，初级职称 33 名），占 46.2%。

第五届一次会议 188 名委员中，中共党员 73 人，占 38.8%；非中共人士 115 人，占 61.2%。女委员 30 人，占 16%。年龄最小的 21 岁，最大的 67 岁，平均年龄 44 岁。大专及以上 51 人，占 27.1%；中专、高中 74 人，占 39.4%；初中 48 人，占 25.5%；初中以下 15 人，占 7.9%。有各种技术职称的 82 人，占 43.63%。

第六届一次会议 178 名委员中，中共党员 71 人，占 39.9%；非中共人士 107 人，占 60.1%。女委员 32 人，占 18%。年龄最小的 19 岁，最大的 71 岁，平均年龄 41.2 岁。大专及以上 66 人，占 37.5%；中专和高中 75 人，占 42.1%。有各种技术职称的 67 人（其中高级职称 5 人，中级职称 27 人，初级职称 35 人），占 37.6%。

第七届一次会议 227 名委员中，中共党员 86 人，占 38%；非中共人士 140 人，占 62%。女委员 60 人，占 26%。非公有制经济人士 40 人，占 17.7%。年龄最小的 21 岁，最大的 62 岁，平均年龄 42 岁。大专及以上 127 人，占 56%；中专、高中 91 人，占 40%。有各种技术职称的 97 人（其中高级职称 6 人，中级职称 85 人，初级职称 6 人），占 42%。

第八届一次会议 229 名委员中，中共党员 87 人，占 38%；无党派人士 142 人，占 62%。女委员 72 人，占 31.4%。35 岁以下 56 人，占 24.5%；50 岁以上 29 人，占 12.6%，平均年龄 38 岁。大专及以上文化 169 人，占 73.5%；中专、高中 50 人，占 22.2%。具有中高级职称 93 人，占 40.6%。

第九届一次全会 251 名政协委员中，有女性委员 82 人，占 32.7%，比上届增加 10 人。中共党员 98 人，占 39%，党外人士 153 人，占 61%。35 岁以下 49 人，35—50 岁 159 人，50 岁以上 43 人。大专以上文化 167 人，占 66.5%，具有中高级职称 95 人，占 37.8%。

第二节 全体委员会议

一、第二届政协全会

二届一次全会：1984 年 6 月 5—8 日在县城举行。经过调整，本届委员为 158 人（非中共党员占 68.4%）。李西芝代表第一届委员会常委会作《高举爱国主义旗帜，进一步开创我县人民政协工作新局面》的报告；大会选举正、副主席 8 人，秘书长 1 人。为有利工作，将工商经济工作组分为经济与工交 2 个组。

二届二次全会：1985 年 3 月 14 日在县城召开。出席大会的委员 159 人。会期 7 天，其中列席九届人大二次会议 3 天。县政协主席李西芝作政协工作报告，大会决议，围绕以城市为重点的经济体制改革和农村产业结构调整这个主题，积极主动地开展各项活动，为促进湘阴 1986 年实现工农业总产值翻两番多做贡献，并决议以区镇为单位成立政协工作联络组，认真开展各项活动。

二届三次全会：1986 年 1 月 18—19 日在县城召开。应到委员 156 人，实到 154 人。县政协副主席彭子朝致开幕词。县政协主席李西芝作常务委员会工作报告。县委副书记陈志刚在会上作重要讲话。会议通过县政协第二届三次会议决议。会议接受李西芝请求辞去县政协主席、邵建云请求辞去县政协秘书长职务的请求。县政协副主席左雄致闭幕词。会议选举余泽俊担任县政协主席，巢剑平担任县政协秘书长。

二、第三届政协全会

三届一次全会：1987 年 2 月 23 日至 3 月 1 日在县城召开。出席会议的政协委员 162 人。县政协副主席左雄致开幕词。中共岳阳市委副书记刘钢夫、县委书记丁来文、县委副书记陈志刚到会讲话。县政协副主席杨元普作第三届委员会委员产生情况的报告。县政协主席余泽俊受县政协第二届常务委员会委托向大会作工作报告。县政协副主席费湘勋作政协三届一次会议提案委员会关于提案审查情况的报告。全体委员列席县十届人大第一次会议，听取政府工作报告、财政工作报告，法院和检察院工作报告并进行协商。会议以投票选举方式，选举第三届委员会主席余泽俊，副主席周贵全、左雄、伏煌曙、杨元普、徐顺成、费湘勋，秘书长巢剑平，常务委员会委员 20 人。会议通过关于常务委员会工作报告的决议，关于三届一次会议提案委员会关于提案审查情况报告的决议和会议决议。会议期间，县政协领导为政协委员颁发政协会徽。省、市政协委员应邀参加会议。副主席周贵全致闭幕词。

三届二次全会：1988 年 3 月 4—9 日在县城召开。出席会议的政协委员 168 人。县政协主席余泽俊作题为《高举社会主义和爱国主义旗帜，发挥政协基本职能，致力振兴湘阴经济》的常务委员会工作报告。县委副书记、县长程海波到会讲话。副主席伏煌曙传达省市政协全会精神。副主席费湘勋作三届二次会议提案审查情况报告。副主席周贵全作《要为我县生产力的大发展献计出力》的讲话。委员分农业、工商、科技文卫 3 大专题，和政府有关领导恳谈对话。全体委员列席县十届人大第二次会议，听取政府工作报告等报告并进行协商。委员分组制定 1988 年组（委）工作规划。会议通过关于常委工作报告的决议，关于三届一次会议以来提案办理情况的报告和本次会议提案审查情况报告的决议和会议决议。

三届三次全会：1989 年 3 月 12—16 日在县城举行。出席会议的政协委员 169 人。政协主席余泽俊作常务委员会工作报告。副主席费湘勋作关于三届二次全会以来提案办理情况的报告。湖南省政协地方政协联络委员会主任李秋枫、中共湘阴县委书记丁来文分别在会上讲话。副主席费湘勋作本次会议提案委员会关于提案审查情况的报告。副县长周立标作关于科技工作的报告。副主席彭子朝作关于开展职业技术培训的报告。殷辅、朱野樵、郭致和等 12 位委员就发展农业资源、惩治腐败、加强青少年教育等问题大会发言提出意见建议。会议通过关于工作报告的决议、关于三届二次会议以来提案办理情况的报告和本次会议提案审查情况报告的决议及会议决议。

三、第四届政协全会

四届一次全会：1990 年 2 月 20 日至 3 月 1 日在县城召开。出席会议的政协委员 171 人。邀请县委、县人大、县政府领导及各部办委主要负责人参加会议。政协副主席杨元普作关于第四届委员会委员产生情况的报告。政协主席余泽俊代表县政协第三届常务委员会向大会作工作报告。政协副主席伏煌曙作关于第三届三次全会以来提案办理情况的报告。县委副书记彭应全在会上讲话。会议期间，委员分组讨论工作报告和县委领导的讲话；组织学习《中共中央关于坚持和完善中国共产党领导的多党合作和政治协商制度的意见》、政协章程和《中国人民政治协商会议全国委员会关于政治协商、民主监督的暂行规定》；制订 1990 年政协工作组（委）工作计划。全体委员列席湘阴县第十一届人大第一次会议，听取政府工作报告、湘阴县国民经济和社会发展计划报告、财政工作报告、县人民法院和县人民检察院工作报告，并进行认真讨论，提出协商意见。协商县人大常委会组成人员、正副县长、法院院长、检察院检察长候选人。政协副主席费湘勋作本次会议提案委员会关于提案审查情况的报告。会议选举政协第四届委员会主席、副主席、秘书长。新当选主席李仕学在会上讲话。岳阳市政协、市委统战部分别向大会发来贺电。会议通过关于常务委员会工作报告的决议，关于三届三次会议以来提案办理情况的报告和本次会议提案审查情况报告的决议以及会议决议。

四届二次全会：1991 年 3 月 15—19 日在县城召开。出席会议的政协委员 181 人。政协主席李仕学向大会作工作报告。政协副主席凌庆麋作四届一次会议以来提案办理情况的报告和本次会议提案审查情况的报告。县委副书记彭应全在会上讲话。会议期间，委员分组讨论政协常委工作报告和县委领导讲话；审议县政府工作报告（初稿）；学习政协有关规定、规则；制定 1991 年政协工作组（委）活动计划。通过政协常委会工作报告的决议、关于四届一次会议以来提案办理情况的报告和本次会议关于提案审查情况报告的决议和会议决议。

四届三次全会：1992 年 2 月 23—26 日在县城召开。出席会议的政协委员 186 人。政协主席李仕学作工作报告。政协副主席凌庆麋作四届二次会议以来提案工作情况报告。县委副书记彭应全在会上讲话。会议期间，委员们分组认真讨论大会工作报告，县委负责人讲话，协商政府工作报告和县长、检察长候选人。通过四届三次会议关于政协工作报告的决议、关于四届二次全会以来提案办理情况的报告和本次会议关于提案审查情况报告的决议和会议决议。

四、第五届政协全会

五届一次全会：1992 年 12 月 12—17 日在县城召开。出席会议的政协委员 188 人。政协副主席杨元普作第五届委员会委员产生情况的报告。政协主席李仕学向大会作工作报告。副主席伏煌曙作第四届委员会提案工作情况的报告。副主席费湘勋作五届一次会议提案审查情况的报告。县委副书记刘克明在会上讲话。会议选举产生政协湘阴县第五届委员会主席凌庆麋，副主席丁世军、伏煌曙、费湘勋、徐知蓬、徐顺成、巢剑平，秘书长周勇和常务委员。新当选的主席凌庆麋在会上讲话。全体委员列席县十二届人大一次会议，协商政府工作报告和法院、检察院工作报告。会议通过工作报告的决议、关于第四届委员会提案工作情况的报告和本次会议提案审查情况报告的决议和会议决议。

五届二次全会：1994 年 3 月 12—19 日在县城召开。参加会议的政协委员 191 人。县政协副主席巢剑平受政协湘阴县第五届常委会委托，向大会作工作报告。副主席费湘勋作关于五届一次全会以来提案工作情况的报告。县委副书记刘克明在会上作重要讲话。全体委员列席县十二届人大三次会议，认真协商《政府工作报告》，计划、财政预算和执行情况报告，县人民法院和县人民检察院工作报告。副主席伏煌曙作关于五届二次会议提案审查委员会提案审查情况的报告。会议印发县三胞和社会捐资奖学基金会奖学公报。会议通过《关于接受徐知蓬同志辞去县政协第五届委员会副主席、常委职务的请求的决定》

和《关于巢剑平同志辞去县政协第五届委员会副主席、常委的请示的决定》。增选蒋文光为政协湘阴县第五届委员会副主席、郭介川为常务委员。会议通过关于常务委员会工作报告的决议、关于五届一次会议以来提案工作情况的报告和本次会议提案审查情况报告的决议以及会议决议。

五届三次全会：1995 年 3 月 11—14 日在县城召开。参加会议的政协委员 198 人。政协副主席丁世军向大会作工作报告。副主席蒋文光作关于五届二次会议以来提案工作情况的报告。县委书记陈奇达在会上讲话。副主席费湘勋作五届三次会议关于提案审查情况的报告。会议选举增补秘书长王京广、常务委员汤环春。会议通过关于常委会工作报告的决议，关于五届二次会议以来提案工作情况的报告和本次会议提案审查情况报告的决议以及会议决议。

五届四次全会：1996 年 3 月 12—14 日在县城召开。出席会议的政协委员 198 人。政协副主席丁世军向大会作工作报告。副主席蒋文光作关于五届三次会议以来提案工作情况的报告。县委书记陈奇达在会上讲话。会议通过《关于同意丁世军因任职年龄到限辞去县政协第五届委员会副主席职务的决定》；选举增补第五届委员会主席熊伯群、副主席任吟秋、常务委员张建军。会议通过关于常务委员会工作报告的决议、关于五届三次会议以来提案工作情况报告和本次会议提案审查情况报告的决议以及会议政治决议。

五届五次全会：1997 年 3 月 3—6 日在县城召开。出席会议的政协委员 197 人。政协主席熊伯群向大会作常委会工作报告。副主席任吟秋作五届四次会议以来提案工作情况的报告。副主席费湘勋作五届五次会议提案审查情况的报告。县委书记陈奇达在会上讲话。全体委员列席县人大十二届六次会议，认真协商政府工作报告和财政报告。10 名政协委员在大会上发言，为加快湘阴县两个文明建设步伐提出好的意见、建议。会议增补选举五届委员会副主席汤环春、张建军。通过常务委员会工作报告的决议，关于五届四次会议以来提案工作情况报告和本次会议提案审查情况报告的决议和会议决议。

五、第六届政协全会

六届一次全会：1997 年 12 月 12—15 日在县城召开。出席会议的政协委员 178 人。副主席张建军作第六届委员会委员产生情况的报告。第六届委员会 178 名委员，由 19 个界别组成。政协主席熊伯群作五届常委会工作报告。副主席任吟秋作第五届委员会提案工作情况报告。副主席蒋文光作六届一次会议提案审查情况的报告。县委书记陈奇达在大会上讲话。全体委员列席县十三届人大一次会议。会议期间，委员分组讨论政协常委会工作报告、政府工作报告、县委书记的讲话，并提出意见建议。会议选举产生第六届委员会主席、副主席、秘书长和常务委员。新当选的主席罗月英在会上讲话。会议通过第五届常委会工作报告的决议、五届五次全会以来提案工作情况报告和第六届一次全会提案审查情况报告的决议和会议决议。

六届二次全会：1999 年 3 月 3—6 日在县城召开。出席会议的政协委员 178 人。县政协主席罗月英作常务委员会工作报告。副主席汤环春作关于六届一次全会以来提案工作情况的报告。县委书记陈奇达在大会上讲话。全体委员列席县十三届人大三次会议。会议期间，委员分组讨论政协工作报告，县委领导的讲话以及政府工作报告等。增补选举政协六届委员会副主席张亚玲。通过常务委员会工作报告的决议、关于六届一次全会以来提案工作情况和六届二次全会提案审查情况报告的决议和会议政治决议。

六届三次全会：2000 年 2 月 27 日至 3 月 2 日在县城召开。出席会议的政协委员 178 人。政协主席罗月英作常务委员会工作报告。副主席郭介川作关于六届二次全会以来提案工作情况的报告。县委书记李劲夫在会上讲话。政协副主席蒋文光作提案审查情况的报告。全体委员列席县十三届人大四次会议。委员分组讨论政协常委会工作报告、县委书记的讲话和政府工作报告，制定政协工作组（委）年度工作计划。会议通过关于工作报告的决议、关于六届二次会议以来提案工作情况报告和本次会议提案审查情况报告的决议以及会议政治决议。

六届四次全会：2001 年 2 月 8—12 日在县城召开。出席会议的政协委员 178 人。政协主席罗月英作工作报告。政协副主席郭介川作关于六届三次会议以来提案工作情况的报告。县委书记李劲夫在会上讲话。政协副主席蒋文光作六届四次会议关于提案审查情况的报告。全体委员列席县十三届人大五次会议。委员分组讨论政协常委会工作报告、县委领导的讲话和政府工作报告等。会议同意吴果迟辞去县政协副主席（兼）职务，姜钧奎辞出县政协秘书长职务，姜凯林辞去县政协常务委员会委员职务；增补选举熊检华为县政协副主席，张胜先为县政协副主席（兼），蒋学明为县政协秘书长，蒋传祥、苏铁锚、夏洪广、甘小年为县政协常务委员会委员。通过政协工作报告的决议、六届三次会议以来提案工作情况报告和本次会议提案审查情况报告的决议及会议政治决议。

六届五次全会：2002 年 1 月 11—14 日在县城召开。出席会议的政协委员 178 人。政协主席罗月英向大会作工作报告。副主席郭介川作关于六届四次全会以来提案工作情况的报告。中共湘阴县委书记李劲夫在会上讲话。副主席张胜先作六届五次会议关于提案审查情况的报告。会议选举蒋传祥为政协秘书长，释延藏为常务委员会委员，同意蒋学明辞去政协秘书长职务。会议通过常务委员会工作报告、六届四次全会以来提案工作情况和六届五次全会提案审查情况报告的决议及会议政治决议。

六、第七届政协全会

七届一次全会：2002 年 12 月 9—11 日在县城召开。出席会议的政协委员 227 人。县政协副主席熊检华作第七届委员会委员产生情况的报告。政协主席罗月英作常务委员会工作报告。中共湘阴县委书记毛七星在会上讲话。副主席张胜先作七届一次全会关于提案审查情况的报告。委员分组讨论政协常委会工作报告和县委书记的讲话，提出意见建议。会议选举第七届委员会主席罗月英，副主席王品端、丰湘培、甘灵杰（女）、张亚玲（女）、张建军、张胜先和常务委员 21 人。会议通过常务委员会工作报告的决议、关于六届一次会议以来提案工作情况的报告和七届一次会议提案审查情况报告的决议及会议政治决议。

七届二次全会：2003 年 2 月 12—14 日在县城召开。出席会议的政协委员 232 人。中共湘阴县委副书记周山连在大会上发表重要讲话。政协副主席张亚玲作提案知识辅导讲座。政协秘书长蒋传祥作政协知识讲座辅导讲话。全体政协委员列席县十四届人大二次会议，听取《政府工作报告》《关于湘阴县 2002 年财政预算执行情况和 2003 年财政预算的报告》及《关于湘阴县 1998—2002 年国民经济和社会发展计划执行情况及 2003 年计划的报告》并提出协商意见。甘觉良作党的十六大报告辅导讲座。通过关于在政协委员中开展“五个一”活动的决议，增补了县政协常委。

七届三次全会：2004 年 1 月 31 日至 2 月 2 日在县城召开。出席会议的政协委员 232 人。政协主席罗月英向大会作工作报告。副主席张亚玲作关于七届二次会议以来提案工作情况的报告。中共湘阴县委书记毛七星在会上讲话。副主席张胜先作七届三次会议提案审查情况的报告。全体委员列席县十四届人大第三次会议，听取政府工作报告、财政预决算报告和计划工作报告。委员分组讨论政协常务委员会工作报告、政府工作报告和县委书记的讲话并提出协商意见。县财办、县农办、县工业局、县建设局、县交通局、县招商局在大会报告工作，与委员面对面协商。

七届四次全会：2005 年 2 月 18—21 日在县城召开。参加会议的政协委员 242 人。政协主席罗月英主持开幕式。政协副主席王品端作常委会工作报告。政协副主席张亚玲作关于七届三次会议以来提案工作情况的报告。中共湘阴县委书记毛七星在会上讲话。全体委员列席县十四届人大四次会议，听取政府工作报告、财政预决算报告和计划工作报告。会议分组讨论政协常务委员会工作报告和县委书记的讲话，讨论人大三个报告并提出协商意见。各政协工作组制定工作规划。政协副主席张胜先作七届四次会议提案审查情况的报告。会议协商决定增补单斗才等 29 人为县政协第七届委员会委员；因工作变动，免去阳林艳等 23 人委员职务。同意罗月英辞去县政协七届委员会主席职务。采取等额选举办法，选举主席单斗才，常务委员王忠帅、刘建新、侯岳文、吴谷仁。新当选主席单斗才在会上讲话。会议通过关于常务委员会工作报告的决议，关于七届三次会议以来提案工作情况报告和七届四次会议提案审查情况报告的决议以及会议政治决议。

七届五次全会：2006 年 2 月 7—9 日在县城举行。出席会议的政协委员 246 人。副主席张建军致开幕式主持词。政协主席单斗才作第七届常务委员会工作报告。政协副主席张亚玲作关于七届四次会议以来提案工作情况的报告。中共湘阴县委书记毛七星在会上讲话。全体政协委员列席县十四届人大五次会议，听取“十五”计划执行情况及“十一五”规划报告。会议期间，委员分组讨论常委会工作报告和县委书记的讲话；协商“十一五”规划报告、“十一五”规划纲要、财政报告和法、检两院报告。农村委员视察了县城建投、交通建设和招商引资企业。政协副主席张胜先作本次会议提案审查情况的报告。会议选举增补陶娜为常委会委员。通过关于常务委员会工作报告的决议、关于七届四次会议以来提案工作情况报告和七届五次会议提案审查情况报告的决议以及会议政治决议。

七届六次全会：2007 年 1 月 11—14 日在县城召开。出席会议的政协委员 262 人。政协副主席张建军向大会作工作报告。副主席张亚玲作关于七届五次会议以来提案工作情况的报告。中共岳阳市委常委、湘阴县委书记赖社光在会上讲话。副主席张胜先作关于提案审查情况的报告。全体委员列席县十四届人大六次会议。分组审议常委会工作报告、提案工作情况报告。协商政府、财政、检察院、法院四个工作报告。制定 2007 年各组委工作规划。通过关于常务委员会工作报告的决议，关于七届五次全会以来提案工作情况的报告和七届六次会议提案审查情况报告的决议以及会议政治决议。

七、第八届政协全会

八届一次全会：2007 年 12 月 4—8 日在县城召开。出席会议的政协委员 229 人。副主席王品端代表县政协第七届常务委员会向大会作工作报告。副主席张胜先作关于七届一次会议以来提案工作情况的报告。中共湘阴县委书记田自力在会上讲话。委员分组讨论和审议常委会工作报告、提案工作情况的报告；讨论县委书记的讲话；制订各组（委）2008 年工作计划。全体委员列席县十五届人大第一次会议。委员分组讨论协商县政府、县计划、县财政三个工作报告。协商县政府县长、副县长候选人。委员分组酝酿政协主席、副主席、常委候选人，选举政协主席、副主席、常务委员会委员。新当选的主席周山连在会上讲话。副主席甘灵杰作本次会议提案审查情况报告。会议通过常务委员会工作报告的决议，关于七届一次会议以来提案工作情况的报告和本次会议提案审查情况报告的决议，以及会议政治决议。

八届二次全会：2008 年 12 月 26—29 日在县城召开。出席会议的政协委员 238 人。县政协主席周山连作第八届委员会常务委员会工作报告。副主席王跃进作八届一次会议以来提案工作情况的报告。中共湘阴县委书记田自力在会上讲话。全体委员列席县十五届人大二次会议。委员分组讨论和审议常务委员会工作报告和提案工作报告；讨论县委书记田自力的讲话；协商讨论政府工作报告、财政工作报告、法检两院报告；制定 2009 年各联络工委工作规划。大会选举县政协第八届委员会秘书长甘要云和新增常务委员。会议通过常务委员会工作报告的决议、八届一次会议以来提案工作情况报告和本次会议提案审查情况报告的决议以及会议政治决议。

八届三次全会：2010 年 1 月 11—14 日在县城召开。出席会议的政协委员 246 人。县政协副主席肖德意主持开幕式。政协主席周山连作常务委员会工作报告。副主席王跃进作关于八届二次会议以来提案工作情况的报告。中共湘阴县委书记田自力在会上讲话。政协副主席张胜先作本次会议关于提案审查情况的报告。会议期间，有胡双武等 6 位委员就推进房地产持续健康发展等建议作大会发言。全体委员视察重点企业。全体委员列席县十五届人大三次会议，听取大会报告，分组讨论政府工作报告，提出许多建设性意见。县政协办公室将委员建议归纳为4个方面26条，及时反馈给县委、县政府。会议通过常务委员会工作报告的决议、八届二次会议以来提案工作情况报告和本次会议提案审查情况报告的决议，以及会议政治决议。

八届四次全会：2011年1月4—7日在县城召开。出席会议的政协委员248人。政协主席周山连向大会作常务委员会工作报告。副主席王跃进作关于八届三次会议以来提案工作情况的报告。中共湘阴县委书记田自力在大会上讲话。会议以联络工委为单位，分组讨论和审议常委会工作报告，讨论县委书记田自力的讲话。全体委员视察工业、交通、城建重点工程。全体委员列席县十五届人大四次会议，听取政府工作报告，"十二五"规划编制工作报告，财政工作报告，法、检两院报告。通过认真讨论，提出协商意见。会议期间，各联络工委制订2011年工作计划。6名委员大会发言，提出建设性意见建议。政协副主席张胜先作第八届四次会议提案审查委员会关于提案审查情况的报告。会议选举增补3名政协常务委员。通过关于常务委员会工作报告的决议等3个决议。

八届五次全会：2011年12月25—28日在县城召开。出席会议的政协委员260人。县政协主席周山连作政协湘阴县第八届委员会常务委员会工作报告。政协副主席王跃进作政协八届四次全会以来提案工作情况报告。县委书记田自力在会上讲话。会议期间，6个政协联络办的政协委员就全县经济社会发展中某些方面的意见建议作大会发言。讨论和审议常务委员会工作报告和提案工作情况报告，讨论县委书记的讲话。讨论制定2012年各联络办工作计划。考察工业、交通、水利、城建重点工程。全体委员列席县十五届人大第五次会议，听取政府工作报告、财政预决算报告和法检两院报告并进行协商。政协副主席张胜先作本次会议提案审查情况报告。大会选举第八届政协副主席周义军，秘书长李太平。政协副主席甘灵杰宣读政协第八届五次会议政治决议等3个决议并在大会通过。

八、第九届政协全会

九届一次全会：2012年11月26日至29日，县政协九届一次全会在县城召开，251名政协委员出席会议，邀请县委、县人大、县政府、县人武部领导、县级部门单位和乡镇主要负责人列席会议。县政协副主席肖德意主持开幕式。县政协副主席周义军作工作报告。副主席王跃进作八届一次会议以来提案工作情况的报告。县委书记田自力作重要讲话。副主席张胜先作本次会议提案审查情况的报告。会议分组讨论了县委书记的讲话。讨论和审议了政协常务委员会工作报告，提案工作情况和提案审查情况的报告。通过了会议政治决议等3个决议。全体委员列席了县十六届人大一次会议，听取和协商政府工作报告、2008—2010年国民经济和社会发展规划执行情况及2013年计划（草案）的报告、财政工作报告和法检两院工作报告。协商了有关人事事宜。选举了县政协主席周义军（女）、副主席吴星亮、刘赤波、甘灵杰（女）、陶娜（女）、熊国庭，秘书长李太平和32名常务委员。

九届二次全会：2013年12月25日至28日在县城召开。应到委员259人，实到248人。县政协主席周义军作县政协第九届常务委员会工作报告。副主席吴星亮报告提案工作情况。全会审议通过《关于政协湘阴县第九届委员会常务委员会工作报告的决议》《关于县政协九届一次会议以来提案工作情况报告的决议》和政治决议。会议中有三名委员分别就规范民间借贷中介、加快旅游产业发展、加强小区物业管理工作作了发言，并对优秀政协委员、先进政协联络办、提案承办先进单位进行了表彰奖励。县委、县人大、县政府、县人武部领导人和县直部办局负责人、乡镇党委书记、乡镇长、规模以上企业法人代表等应邀参加会议。

九届三次全会：2014年12月21日，县政协九届三次全会在县城召开，应到委员269人，实到260人。县政协主席周义军向大会作工作报告。副主席甘灵杰报告县政协九届二次会议以来的提案工作情况。副主席吴星亮作县政协九届三次会议提案审查情况报告。县委书记黎作凤作重要讲话，副主席陶娜宣布表彰决定。

九届四次全会：2015 年 12 月 26 日至 28 日，县政协九届四次全会在县城召开，应出席委员 259 名，实到 249 名。县委常委、县人大正副主任、县政府副县长、县武装部部长、县人民法院院长、县人民检察院检察长、驻县市政协委员、乡镇党委书记、县直及驻县单位主要负责人等参加会议。县政协主席周义军作工作报告。副主席甘灵杰作提案工作报告。县委书记黎作凤作重要讲话。委员们认真讨论了县委书记黎作凤的讲话、紧紧围绕推进新型城镇化、加快特色产业及教育、文化、科技等方面的发展，深入进行协商议政，建言献策。

第二章　组织机构

第一节　常务委员会

1984 年 6 月 5—8 日，县政协第二届第一次全会召开，选举产生主席 1 人、副主席 7 人、秘书长 1 人、常务委员 23 人，组成县政协第二届常务委员会。本届届中补选主席 1 人、副主席 1 人、副秘书长 1 人，常务委员异动 1 人。

1987 年 2 月 23 日至 3 月 1 日，县政协第三届第一次全会召开，选举产生由主席 1 人、副主席 6 人、秘书长 1 人、常务委员 20 人组成的县政协第三届常务委员会。

1990 年 2 月 20 日至 3 月 1 日，县政协第四届第一次全会召开，选举产生由主席 1 人、副主席 5 人、秘书长 1 人、常务委员 15 人组成的县政协第四届常务委员会。届中增补常务委员 3 人。

1992 年 12 月 12—17 日，县政协第五届第一次全会召开，选举产生由主席 1 人、副主席 6 人、秘书长 1 人、常务委员 21 人组成的县政协第五届常务委员会。届中增选主席 1 人、副主席 4 人、秘书长 1 人，常务委员 2 人。

1997 年 12 月 12—15 日，县政协第六届第一次全会召开，选举产生由主席 1 人、副主席 5 人、秘书长 1 人、常务委员 18 人组成的县政协第六届常委会。届中增选副主席 3 人、秘书长 2 人、常务委员 1 人。

2002 年 12 月 9—11 日，县政协第七届第一次全会召开，选举产生由主席 1 人、副主席 6 人、秘书长 1 人、常务委员 21 人组成的县政协第七届常委会。届中补选主席 1 人。

2007 年 12 月 4—8 日，县政协第八届第一次全会召开，选举产生由主席 1 人、副主席 5 人、秘书长 1 人、常务委员 26 人组成的县政协第八届常委会。届中补选秘书长 2 人、常务委员 2 人。

2012 年 11 月 26 日至 29 日，县政协第九届一次全会召开，选举产生主席 1 人，副主席 5 人，秘书长 1 人，常委 32 人，组成县政协第九届常委会。

湘阴政协第二届至第九届常委会组成人员一览表

表 6-2

届　次	职　务	姓　　名
第二届	主　席	李西芝（1984.6—1986.1）　余泽俊（1986.1 任）
	副主席	彭子朝　左　雄　陈则仪（女）　杨元普　李有莘 吴若琦（女）　　徐顺成　费湘勋（1987.3 任）

续表 6-2

届 次	职 务	姓 名
第二届	秘书长	邵建云
	副秘书长	周 勇
	常 委	王扩初 王韫辉（女） 仇燕飞 刘聪蓉（女） 朱野樵 孙钦武 许永芳 阳名虎 杨训伦 易 颢 周西连 陈再炎 林安兰（女） 荀梦里 曾纪晨 席启駷 盛赋云（女） 巢剑平 黄镇海 巢善宝 盛裕光 蒋新民
第三届	主 席	余泽俊
	副主席	周贵全 左 雄 伏煌曙 杨元普 徐顺成 费湘勋
	秘书长	巢剑平
	常 委	孔庆云 邓再湘 左新凯 孙钦伍 刘伯良 刘均美 刘聪蓉（女） 郭致和 朱野樵 吴若琦（女） 杨汉章 张铁鏖 周 勇 易 颢 殷 辅 黄镇海 蒋文光 吴果迟 彭济熙 盛赋云（女）
第四届	主 席	李仕学
	副主席	凌庆麋 伏煌曙 杨元普 费湘勋 徐顺成 刘均美
	秘书长	巢剑平
	常 委	蒋文光 彭济熙 盛赋云（女） 孔庆云 刘聪蓉（女） 陈佩璜 丰湘培 龙宇火 吴文龙 吴果迟 李志君 张铁鏖 林芝元（女） 钟小汨 胥光明 郭 立 殷 辅 黄治湖（女）
第五届	主 席	凌庆麋（1992.12—1995.12） 熊伯群（1996.3 任）
	副主席	伏煌曙 费湘勋 巢剑平 丁世军 徐知蓬 徐顺成 汤环春（女，1997.3 任） 蒋文光（1994.3 任） 任吟秋（1996.3 任） 张建军（1997.3 任）
	秘书长	周 勇（1992.12—1995.3） 王京广（1995.3 任）
	常 委	孔庆云 王品端 丰湘培 龙宇火 刘天应 刘洪义 吴文龙 吴果迟 李志军 何宏汕 何声镗 陈佩璜 杨坤全 罗 雨（女） 周义军（女） 林芝元（女） 胥光明 黄治湖（女） 焦子贵 程启生 张铁鏖
第六届	主 席	罗月英（女）
	副主席	汤环春（女） 张建军 郭介川（兼） 张亚玲（女，1999.3 任） 蒋文光（兼） 吴果迟（兼） 张胜先（2001.2 任） 熊检华（2001.12 任）
	秘书长	姜钧奎（1997.12—2001.2） 蒋学明（2001.2—2002.1） 蒋传祥（2002.1 任）

续表 6–2

届次	职务	姓名
第六届	常委	宋振权　阳晓艳（女）　龙宇火 丰湘培　黄治湖（女）　何宏汕 余寿国　张宗泽　黎　明　孔仁祥　杨坤全 刘洪义　许　斌　吴新民（女）　李岳军 姜凯林　苏铁锚　夏洪广　甘小年
第七届	主席	罗月英（女，至 2005.2）　单斗才（2005.2 任）
	副主席	陆云辉　张建军　王品端　张亚玲（女）　张胜先　丰湘培　甘灵杰（女）
	秘书长	蒋传祥（2002.1—2003.2）
	常委	冯卫共　甘小年　甘文伟（女）　刘洪义　刘建纲 阳晓艳（女）　杨坤全　苏铁锚　李岳军　吴良文 张建平　钟光耀　陶健康　胡莎丽（女）　黄果成　曹卫文　释延藏　湛德球 黎安平　黎　明　陶　娜（女）
第八届	主席	周山连
	副主席	周义军（女）　肖德意　张胜先　丰湘培　甘灵杰（女）　王跃进
	秘书长	甘要云（2008.12 任）　李太平（2011.12 任）
	常委	王海英（女）　石建国　冯正良　刘建新　阳晓艳（女） 孙　毅　朱国斌　李自力　李　威（女）　杨方清　杨金光 吴石虹　吴良文　吴谷云　余水平　余令安 殷　帅　胡莎丽（女）　钟光耀　侯岳文　陶健康 曹卫文　陶　娜（女）　鲁晓明　谭迪高　熊国庭 李　萍（女）　易筱武
第九届	主席	周义军（女）
	副主席	吴星亮　刘赤波（2014 年免）　甘灵杰（女） 陶　娜（女）　熊国庭　甘　政
	秘书长	李太平
	常委	王忠帅　王海英（女） 左文娣（女）　冯正良　刘建新　阳晓艳（女） 李卫（女）　李威（女）　李萍（女）　李安邦 杨四蓉（女）　杨建良　吴石虹　吴谷云　吴良文 余水平　余令安　张国红（女）　张胜先　易大光 易筱武　胡红祥　胡莎丽（女）　钟光耀　袁敏哲 徐静波　释早国　曾光辉　廖　昱　廖时杰　谭迪高　黎安平

第二节　专门委员会

1987 年 2 月，第三届政协设学习委员会、文史委员会、联络委员会。1990 年 4 月，政协四届一次常委会决定政协机关设学习委员会、提案工作委员会、文史资料研究委员会和联络委员会。1993 年 3 月，县委根据岳阳市《关于县级机构改革的意见》，将原有四个专门委员会予以撤销，设立综合办公室。1996 年 1 月，县政协根据《湖南省各级人大、政协机构改革的实施意见》，恢复原有四个专门委员会，原各专委会正、副主任的任职未变。1998 年 3 月，第六届一次常委会决定政协机关设学习文史委员会、文教卫体委员会、经济科技提案委员会、法制群团联络委员会。2003 年 2 月，政协七届二次全会设经济科技提案委、学习文史委、法制群团联络委。2009 年 3 月，政协机关设提案委、财经科技委、文史学习委、文教卫体委、法制群团联络委。2010—2015 年，政协机关设财经科技委、法制群团联络委、提案委、文史学习委、文教卫体委。

第三章　主要活动

第一节　政治协商

一、全体会议集中协商

政协每年一次全体会议，除审议政协常委会工作报告、提案办理工作情况和提案审查报告，协商政协人事任免外，全体委员列席县人民代表大会，对政府工作报告、全县国民经济和社会发展计划报告、财政预（决）算报告，县人民法院工作报告，县人民检察院工作报告及县政府领导班子人选、县法院院长、县人民检察院检察长人选分别进行协商讨论。每届全体会议组织部分委员就县域经济、社会发展的重点、热点问题，就事关国计民生的有关问题进行大会发言。

会议期间，委员们从不同角度、不同领域、不同切入点各抒己见、坦诚建言。县委、县政府主要领导，县委常委及各乡镇、各部门单位负责人全程参加政协全会，听取大会发言，参加各工作组（委）分组讨论，面对面协商。第三届至第九届全体委员会议期间，委员们分组讨论和大会发言建言献策的内容主要有湘阴县“八五”计划；湘阴县城整体规划编修方案；减轻农民负担；能源建设、科技人员管理；骨干企业深化改革；进一步加快乡镇企业发展；加快个体私营经济发展；加强以水利建设为重点的农业基础设施建设；湘阴县“九五”计划；优化农业区域布局，发展高效农业；发展我县名特优水产；农村经济结构调整；湘阴县“十五”计划；全面推行商贸流通体制改革；引导和鼓励第三产业发展；遏制部门腐败；加快科技兴县步伐；增强全民法律意识；全县“十一五”“十二五”“十三五”规划纲要；加快“三化”进程；强化部门和全民招商引资力度；促进党风廉政建设；加快工业企业改革和转换经营机制；严打和社会治安综合治理；加快建设“1315”工程；发展非公有制经济；培植壮大新的经济增长点；加快工商企业改革，盘活资产存量；培植壮大新的经济增长点；规范城区管理，争创卫生县城；加强横岭湖湿地资源保护和管理；大力发展乡村生态休闲产业；社会主义新农村建设；强力推进“三十工程”，打造新型产业集群，加快新型工业化，实现工业立县、工业强县、工业富县；推进滨湖示范区和现代农业示范区建设，提高现代城镇化率，加快建设小康示范县，冲刺全省经济十强县；推进新型农村合作医疗；文星镇学校布局调整；加强农村能源建设；挖掘优势资源，发展文化产业；推进养老服务体系建设；推进房地产持续健康发展；加快鹤龙湖综合开发利用；高起点打造鹤龙湖螃蟹美食城；建立健全土地储备制度；加强文星镇社区建设；规范城区交通秩序等方面进行建言献策。委员们在全会期间提出的意见建议，大都得到县委、县政府和相关部门的高度重视和积极采纳。1989 年 3 月三届三次全会期间，委员讨论政府工作报告提出 33 条建议，反馈到县政府后，县政府复函：这些意见很中肯，是肺腑之言，是对政府工作的大力支持和帮助。并采纳委员意见，修改了政府工作报告。2006 年 2 月，市委常委、县委书记赖社光参加县政协第七届第五次全会文星镇政协联络组讨论，听到委员们反映当前文星地区社会治安堪忧，“两抢一盗”猖獗的情况时，连夜召开整治社会治安紧急会议，部署开展严打“两抢一盗”集中整治行动。2010 年 1 月，县政协第八届第三次全会，6 名委员就旅游休闲产业开发、城区教育布局调整、社会治安综合治理、城市建设和乡村整体规划等大会发言，切入点准确，建议切实可行，操作性强，得到与会县委、县政府领导的充分肯定。2011—2014年，委员在讨论《政府工作报告》、财政工作报告和“十二五”规划时，就推进两型社会建设、重点项目引进、创建省级文明卫生县城、进一步重视“三农”问题、加强对土地的利用管理等方面提出了108条建议。2015年12月召开的九届四次全会上，委员们围绕湘阴如何进一步推进新型工业化和城镇化，加快湘阴特色产业发展，加强教科文事业建设提出许多合理化建议，县委书记黎作凤认真听取并给予高度肯定。

二、常委会专题协商

县政协一般每季度召开一次常务委员会议或常务委员扩大会议，除学习重要文件、传达重要会议精神、协商政协内部重大问题外，主要是邀请县委、县政府领导及相关部门负责人就全县经济建设、社会事业发展、经济发展环境、社会治安、城市建设、财政预算等方面的问题进行专题协商。1988年就湘阴筹建地方铁路进行专题协商。1989年就湖洲综合开发利用及血吸虫病防治，就经济工作和反腐倡廉工作进行专题协商。1990年就湘阴市政基础设施建设、湘阴县“八五”计划进行专题协商。1991年就“二五”普法和科技兴县进行专题协商。1993—1997年，分别就乡镇企业发展；综合治理和反腐倡廉；加快小城镇建设；城镇文明建设；工商企业改革；“九五”计划；财政、粮食工作；工业转换经营机制进行专题协商。1998—2000年，就“两反”（反贪污、反腐败）工作和招商引资工作；工业企业改革与发展；整顿开发市场；“十五”计划等进行专题协商。2003—2010年，先后就新农村建设中发挥农民主体作用；加快生态能源建设；“十一五”规划纲要；洋沙湖防洪整治工程、湘长公路工业园段拓宽工程等重点工程建设；加速推进湘阴县新型工业化进程；湿地保护与退田还湖；乡村旅游产业发展；文星镇学校布局调整等进行专题协商。每次常委会前，县政协均组织委员进行广泛深入调查，做到有情况、有数据、有对策，常委会专题协商的意见建议大多得到县委、县政府及相关部门的重视和采纳。2011—2015年，县政协构筑立体协商新格局，建立由县委、县政府、县政协三方共同议题，组织实施的协商工作机制。在全市率先实行“月专题协商制”。县政协常委先后就扎实开展养老服务、发展新型农村合作医疗、农村教师队伍建设、农村土地经营权流转、加强村级财务管理、提高城市绿化水平、推进湘阴县工业经济发展，加强农田水利基础设施建设与管理、殡仪馆禁炮、重视校园食品安全、创新社会事务管理、发展休闲旅游产业、加快港口物流产业发展等开展专题协商。

三、主席会议重点协商

政协主席会议一般每月一次，协商讨论涉及全县改革发展的重大问题和重要人事安排。县委为切实推进政治协商制度化的落实，凡重大决策、重要人事任免、重要项目安排等都先到县政协主席会议协商听取意见。1987—2015年，县政协主席会议重点协商的内容主要有：搞好农村工作，加快农业发展；重视乡镇财政管理；工业转换经营机制；加强宗教活动场所管理；强化管理，抑制自来水费涨幅；推行素质教育；加强纪检、监察工作；推行婚事丧事简办；重修纪念抗日战争阵亡人员白骨塔；实施工业强县战略；提高邮政、电信服务质量；招商引资；加快工业园建设；引进湖南银海集团湘阴柠檬酸有限公司；加强政法、建设、农委（农业局）、交通、招商等职能部门支工力度；防非典；加强劳动和社会保障工作；创新就业服务思路；湘阴县“八五”“九五”“十五”计划和“十一五”“十二五”“十三五”规划；全县重点工程建设；实行委派民主监督员工作制度；建国60周年暨人民政协成立60周年庆典活动；利用文物旅游资源，发展乡村旅游产业；发展广播电视事业；财政运行情况；协商《中共湘阴县委政治协商规程（试行）》；全县高中学校布局调整；加强社区建设和管理；推进湘阴城镇化建设；加速推进新型工业化；新农村建设中发挥农民主体作用；进一步优化经济发展环境等。

2009年5月21日，县政协第八届第七次主席会议专题协商《全县高中学校布局调整的调查报告》。

县委书记田自力，县委常委、县委宣传部部长刘长泉，副县长甘文伟应邀出席会议。教育局等 8 个相关职能部门负责人列席会议。调查报告认为全县高中学校布局存在规模小，办学质量不高；生源少，教育资源浪费；负债多，运转难以为继；招生乱，各校争抢生源等突出问题。调整全县高中学校布局要动大手笔，要有大动作，并提出了调整的具体原则、具体方案。与会人员进行了充分酝酿，讨论分析。田自力等与会领导认为调研报告翔实，反映的问题准确，提出的措施切实可行，给予充分肯定；决定成立专门班子，制定详细方案并立即组织实施。2015 年 11 月 18 日，县政协召开第 32 次主席会，主题是听取和协商“十三五”规划。与会人员认为重点突出但仍有不足。一是要加强与国家产业政策对接，多搭建创新创业平台；二是在推进依法治县，改善生态环境，促进新型产业开发等方面要加强。这些协商建议得到县委、县政府的肯定，并作了补充修编。

四、专委会对口协商

政协各专门委员会按照各自工作职责，不定期开展对口协商。1996 年 9 月，委员反映，不少用户对邮电部门下属单位和工作人员乱收费、高收费以及汇款不能按时兑付意见较为强烈。政协联络经科委与县邮电局进行协商，提出整改意见，并与邮电局联合发出《关于建立政协委员对邮电部门工作联系监督制度的意见》，邮电部门给每个委员寄发了对邮电服务工作监督联系卡，促进了邮电服务质量的进一步改善。

2000 年是全国法院系列“执行年”。大多数委员反映，执行难的问题引起了社会上上下下的关注。政协法制群团委组织委员走访、座谈，听取群众意见，在掌握大量信息后，约请县法院院长通报工作情况，委员们重点评议，对加强队伍建设、坚持依法判决、强制执行方面提出了建议，促进了县法院执法工作。

2013 年 3 月，县政协常委决定安排 23 名政协委员兼任专委会副主任，安排 43 名政协委员兼任专委会委员，充实专委会工作力量。同月，县政协发出《关于明确县政协专门委员会对口联系协调的县党政部门的通知》，明确 5 个专委会联系 103 个县直部门单位。专委会与对口联系单位互邀参加会议，互送文件资料，互商重大决策，形成协商互动的良好局面。2013—2015 年，县政协各专委会与对口联系单位就贯彻落实县委、县政府重大决策、各部门单位重大改革方案和政策措施等事项对口协商 108 项（次）。

五、县委常委联系委员经常协商

2008 年，县委办发出《关于县委常委联系政协委员工作的通知》，明确每个县委常委联系 2 名县政协委员，主要向县政协委员通报县委工作情况；倾听委员呼声，支持委员开展工作；征求政协委员对县委工作的建议、批评和意见；收集了解群众普通反映的热点难点问题；督办委员提案等。是年，13 名县委常委联系 26 名政协委员，建立了联系委员登记卡。2008—2015 年县委常委及时向委员通报县委工作部署，被联系的县政协委员向县委常委提出建议 108 条，反映社情民意信息 150 多条。

第二节　民主监督

民主监督的内容涉及政治、经济和社会生活各个方面。县政协抓住改革发展和三个文明建设中带有全局性的重大问题，党政机关及其工作人员在执行党的路线、方针、政策和党风廉政建设方面的突出问题和人民群众普遍关注的热点问题进行民主监督。

1990 年，县政协党组和县委组织部配合，向县纪委、县监察局、县审计局、县教育局推荐 18 名政协委员担任监察员，他们参与派往单位党风政纪督查、教育督导和审计监督，促进了部门工作。

1996 年 6 月，县政协常委会对委员反映较集中的自来水价格上涨幅度较大的问题，深入单位、用户走访，到县自来水公司实地考察，听取县建设局和县自来水公司主要领导的情况汇报。常委们了解到湘阴县自来水采取深井提取地下水，耗电多，成本高；又根据有关政策伴水收费项目多，造成水价涨幅较大，得到理解，同时，为抑制水费涨幅，政协常委同自来水公司就强化内部管理，公开办事制度等进行了协商。

1998—2002年，县政协对纪检、监察、公安、检察、法院、司法、技术（质量）监督等部门工作进行评议并督促及时整改。推荐20名政协委员担任县委、县政府10件实事督查员、依法治县督查员、警风督查员、医德医风督查员和物价督查员，促进了一些难点热点问题的解决。

2003年6月，县政协第七届第三次常委会对县直30家执法执收单位服务招商引资项目工作进行评议。常委们把调查走访企业老板所收集到的有关执法执收单位服务意识不强或服务不到位的情况，个别工作人员行政不依法、罚款不依规的现象在会上曝光，并就规范执法行为，维护执法形象提出一些中肯意见。建设局、环保局、质监局等执法执收单位负责人作改进服务工作表态发言。县委书记毛七星指出，要认真落实这次评议意见，把优化环境作为第一责任，上下合力，齐抓共管，形成大合唱局面。

2007年，县纪委、县检察院、县工商局、县税务局、县交通局等单位聘请政协委员担任特约监督员，对廉政建设、公平公正办案、阳光收费等发挥监督作用。

2008—2009年，县政协对财政、统计、食品药品监督、法院、广播电视、房产、卫生、能源、工信、交通、环保等职能部门就提高财政收入质量、据实统计全县经济社会发展数据、加强食品药品安全监督、公正执法、推动广电事业健康发展、加强房地产开发与管理、发展新型农村合作医疗、加快生态洁净能源建设、抓好重点交通项目建设和加强农村生态环境保护等工作，通过实地走访、现场考察、会议讲评、庭审旁听等形式进行民主监督。

2010年5月，县第八届政协党组出台《关于选派民主监督员工作的意见》，对全县公安、检察、劳动和社会保障、交通、建设、质监等35个重要工作部门选派90名政协民主监察员，并召开有县委主要领导、政协民主监督员和受派单位主要负责人参加的选派民主监督员工作会议。县公安、检察、法院等单位的一些重要活动都邀请政协民主监督员参加，并定期召开会议，收集和听取民主监督员对单位工作的意见建议。县劳动和社会保障局、安监局、计生局等单位主动邀请政协民主监督员列席党委会、工作例会。县商务局、质监局等单位主动邀请政协民主监督员参加执法检查活动。选派政协民主监督员为部门改进工作、提高效能、加强党风廉政建设发挥了积极作用。

2011—2015年，不断探索履行民主监督职能的新方式、新途径，把民主监督渗透到提案、视察、调研和反映社情民意信息等经常性工作中，采取明察暗访、现场测评、调查问卷、会议讲评等形式开展听众评议活动。紧盯开展“三城同创”、农村环境卫生整治、“三十工程”中的工业项目建设，民生项目中的东湖生态公园北岸风光带建设等，采取现场看、听汇报、提建议、督整改等办法，推进质量和进度，使之落到实处。并先后对财政、国土、环保、房产、民政、政务中心、市场建设管理中心等40多个单位进行评议，形成评议工作报告，在肯定成效的同时提出不足和整改建议，达到总结经验，发现问题，鞭策整改，营造氛围，促推部门工作优质高效服务目的。

第三节　参政议政

一、考察调研

1987年11月，第三届政协根据十三大精神，向全体政协委员发出《关于开展调查研究，搞好协商对话的通知》，决定从11月中旬至12月下旬开展政协委员调查月活动。有97位委员就湘阴县经济建设、精神文明建设、改革开放和人民群众关心的问题，选择议题，深入考察调研，写出协商对话材料39份。

1988年1月25日，县政协邀请县委、县政府领导及相关部门负责人参加协商会，全体政协常委、组委负责人和部分政协委员40余人到会，用自己调研的成果，就切实解决城关学龄儿童入学难、支持社会力量办学、重视发展茶叶生产、关心退休人员及五保户生活困难和建立肝病防治站等问题进行协商对话。是年3月4日，有12位委员调查考察掌握大量信息以基础上，在政协第三届二次全会上发言，就调整农业产业结构、扩大水面养殖、发展庭院经济等问题提出协商意见。

1991年，政协主席李仕学带领政协机关和乡镇企业委员会的5名政协委员，先后深入到7个区28个乡镇34个不同类型的乡镇企业，特别是村级企业进行考察调研，形成《大力发展村级企业，全面振兴湘阴农村经济》的调查报告，提出大力发展村级企业的5点措施。6月26—28日，县政协召开第四届第七次常委会，专题研究发展村级企业问题。会议期间，政协常委重点考察玉华乡华中机械厂、六塘乡金岳村茶厂和茶木村茶厂等6个办得好的村级企业。视察后认真讨论，完善调查报告并形成常委建议案。县委、县政府收到建议案后，立即成立以县委副书记熊伯群为组长、科技副县长郑少安为副组长、政协主席李仕学为顾问的领导协调小组指导村级企业的发展。根据县长张介玉在全县人大、政协会上提出的调研题目，县政协工商经济组委员深入县供销系统所属企业调研，抓住干部职工关心的热点问题写出调研报告，献计献策。政协常委焦子贵撰写的《关于搞好国有商业企业改革的几点建议》全文刊登在县委刊物《湘阴工作》上，并加了编者按："遵县委主要负责同志嘱，本期刊发《关于搞好国有商业企业改革的几点建议》，供有关领导参考。这个材料内容翔实，分析实在，既指出了当前存在的问题，又提出了解决问题的办法，发人深省，值得一读。"

1996年5月，县政协组织委员对全县30多个宗教活动堂点进行实地考察调研，广泛接触信教群众，听取当地党政领导和群众对宗教活动的反映，认真撰写调查报告，针对宗教活动中存在的问题，提出加大党的宗教政策宣传力度；建立健全宗教管理机构；清理整顿现有宗教活动场所；坚决打击邪教组织和抵制外来渗透；进一步清除封建迷信寺庙等5项建议。县委、县政府领导十分重视，确定由常务副县长钟小汨组织有关单位负责落实。县政府成立宗教事务管理办公室，举办宗教政策学习班；开展基层宗教活动堂点普查，取缔非法宗教活动堂点18处；依法处理邪教组织头目2人；清除封建寺庙22处。调查成果受到市政府、市政协肯定和表扬。

1999年11月，县政协对全县非公有制经济发展缓慢的现状进行专题考察调研。建议县委、县政府加大宣传力度，提供优惠政策，治理经济环境；加强思想开导、业务引导和信息传导，使之快速持续健康发展。县委、县政府重视这些意见，多次召开会议研究发展个体私营经济问题，制定一系列优惠政策措施。2000年1月18日，召开湘阴县有史以来规模最大的个体私营经济表彰和再动员大会，对明星企业和纳税大户给予重奖，并确定每年2月8日为湘阴县个体私营经济节。

2003年4月，县政协组织考察组，历时半个月，对汨罗市、平江伍市镇、望城县、长沙县开福区、益阳市赫山区等县、市园区招商引资工作深入调研，写出《关于周边县市招商引资工作的考察报告》。根据报告建议，县政府很快完善了招商引资的一系列措施，特别是对洋沙湖工业园区建设起到指导作用。

2004年5月，县政协组织政协委员对全县电游网吧进行全面调查，了解到有的经营业主采取出售QQ卡，以一张卡可以连续玩120个小时引诱学生；有的采取提供快餐开设小床，按支零售香烟等吸引未成年人通宵达旦上机，有害学生和未成年人身心健康，潜伏不安定因素，经主席会议研究提出《关于切实整顿规范电游网吧的主席建议案》，县委、县政府组织有关部门对全县城乡电游网吧进行突击检查，查封取缔违规网吧3家，整顿处罚网吧88家，使全县电游网吧违法经营、超时经营现象得到有效遏制。是年8月下旬，县政协全体常委和部分委员到三塘、六塘、东塘、杨林寨、玉华等乡镇，就生态洁净能源工程建设进行考察调研，在听取县生态能源局主要负责人汇报后，对生态能源工程建设进行评议。

2007 年 4 月初，县政协围绕加速推进新兴工业化课题，组织政协委员和相关单位负责人到县内 38 家规模企业和 19 个相关单位进行考察调研，并到浏阳、宁乡、汨罗等县市考察取经，借鉴外地经验，结合湘阴县实际，反复分析论证，提出一套具有操作性的推进新兴工业化的举措。

2008 年 7 月，县政协组织部分政协委员，联合县农办、县水利局和部分乡镇负责人，组成 7 个调查组，深入全县农村各垸（区）、乡镇、部分村组、农户、水管会，采取听取情况汇报、实地勘看、个案研究、座谈走访等形式，对全县大中型水库、主要电排机埠、主排（灌）渠道、部分支渠、渠系附属设施等进行全面调查，写出《全县农田水利基础设施建设与管理的调查报告》，对加强农田水利基础设施建设及维护提出建议。是年 11 月，对全县土地基本情况、土地管理、土地承包经营权流转、依法征收土地补偿费、失地农民安置及生活保障等情况进行调研，推动全县土地管理工作深入开展。

2009 年年初，县委确定把调整高中学校布局，提高高中教育质量作为一项重要工作，要求县政协组织调研。县政协将其作为重点调研课题，由主席牵头，联合县教育局，成立调研组，深入全县各普高、职高和有关乡镇开展专题调研，政协主席周山连撰写《全县高中学校布局调整的调查报告》，提出调整全县高中学校布局应遵循的原则，县委书记田自力、县委常委宣传部部长刘长泉、副县长甘文伟参加调研协调会并分别讲话，会上就支持湘阴一中打造“三湘名校”品牌、支持县一职专改善办学条件进行研究。

2010 年 6 月，县政协组织文星镇学校布局和学校资源配置情况的考察调研，发现文星镇学校布局存在中小学校布局不合理，教育资源配置不合理，高中学校建校投入不足，职业中专生源严重不足，招生秩序混乱等问题并撰调查报告提出周密的调整方案送县委，县委书记田自力批示，调研报告很有价值，请县政府、县教育局拿出具体实施方案。通过调整布局，各中小学班额基本平衡，学生就近入学。

2011—2015 年，坚持领导带头，办委负责，委员参与，部门配合的调研工作机制，重点围绕加快推进城乡一体化建设、加快湘阴文化旅游产业发展、加快港口物流产业发展、规范和创新投融资方式等开展调研。为协商湘阴发展港口物流产业的思路和对策，县政协常委深入漕溪港码头及物流园、港口物流相关企业实地调研，并组织港口物流人员和相关部门负责人先后到长沙、岳阳、浙江宁波、江苏江阴、山东日照、广西贵港等地考察港口物流产业发展情况，综合分析。借鉴先进经验，形成考察调研报告送县委、县政府。县委书记黎作风批示：“县政协发展港口物流产业调研报告选题准确、调研深入、分析透彻，所提建议可行，请政府研究采纳”。县政府根据县委书记批示，把县政协常委会的意见建议融入港区发展建设决策。为解决湘阴投融资中的难点，规范和创新投融资方式，县政协组织县财政局、金融办、城建投、工业园等单位开展专题调研，向县政府提交《关于规范和创新投融资方式的调研报告》，得到县政府高度重视，并批转实施，切实做大融资平台，创新投融资方式。2015 年，促使洞庭资源公司 10 亿元债券成功发行，银企对接落实贷款 11 亿元，有效破解企业投融资难点，为发展县域经济取得明显成效。这次调研成果收录入 2015 年湖南省政协优秀调研报告汇编。县政协还配合省、市政协进行了环洞庭湖生态旅游圈建设、工业园转型升级、保护湘江、河道采砂整治、农产品加工、农村教师队伍建设等课题的调研。

二、提案办理

提案工作是政协履行职责最直接、最经常、最有效的形式之一。

1990 年，县委、县政府认真贯彻全国政协提案工作座谈会精神，县委成立督查办，县政府设立法制办，负责政协委员、人民代表的提案、建议的办理工作。是年 2 月，县政府收到钟贤安委员《关于要求整顿流通领域批发市场的意见》的提案后，成立以副县长冯自敬为组长，县财委、工商、物价、国合商业等单位 11 人组成的清理整顿商业批发市场领导小组，召开会议专题研究，下发《关于整顿商业批发市场的若干规定》，县政府组织力量对全县 208 户商业批发企业逐个调查摸底，重新审查经营资格，重新划定经营范围，重新核发营业执照，至年底全部完成流通领域批发市场的整顿。3 月，政府常务会议制定领导办提案的制度，要求正、副县长每人每年亲自办理两件以上人大、政协交办的建议和提案；办委局主要负责人每人每年办理 2—3 件建议和提案。4 月，县政府收到任顺清委员《关于切实解决卖粮难问题》的提案后，及时召开相关单位会议研究解决办法，要求银信部门尽量挤出一笔资金作为收购粮食的专项费用安排到各收购点，要求粮食部门做好粮食入库工作。通过多方努力，筹措收购资金 192 万元，新建 1670 万千克的仓库和临时仓棚，有效缓解了卖粮难问题。8 月，县政府在收到邹红委员《关于计划生育奖罚政策必须兑现》的提案后，在全县开展“五清两落实”活动，发〔1990〕15 号文件，组织专门班子全面调查摸底，分两批处理县直机关部门 51 名超生对象，并督促区、乡清查处理 80 多名民办教师超生对象，促进全县计划生育工作的顺利开展。

1992 年，政协洞庭区工作组关于《调整农业产业结构，开发高效农业》的提案，列入县农村产业结构调整计划。县政府决定 1992 年、1993 两年调减粮食种植面积 6666.67 公顷，扩大经济作物种植规模。计划发展特种水产 500 万千克，瘦肉型猪 10 万头，精养鱼池 6666.67 公顷，并重点开发六塘、城南茶叶基地，城南生猪基地，鹤龙湖、东湖特种水产基地，城郊蔬菜基地，长仑藠头基地，形成一乡一品、一村一品的生产格局。

1993 年始，县政协就加快发展“一优两高”农业、促进工商企业扭亏增盈、大力搞好县乡财政、培育壮大新的经济增长点、加强路政建设、落实党的宗教房产政策、重视地缘经济开发等提出提案。

1994 年 2 月，杨宗奇委员提出《要求落实党的宗教房产政策》的提案。县委统战部与政协群团工作组通过深入调查，走访信教群众，查阅历史资料，核实宗教房产情况，争取县政府偿还原教产拨款 3 万元，新建一所基督教堂，解决信教群众集会活动的场所。

1995 年 11 月，伏煌曙委员提出《重视地缘经济开发，建好边境地域小型集镇墟场试点》的提案。副县长何绍仁牵头，邀请县人大常委会副主任陈湘诚参加，组织政府办、建设局、国土局、电力局等单位部门负责人，深入长康三门杨湘阴长沙边境实地考察，现场办公，与乡村负责人一道研究具体实施方案，会议决定以金甫村义丰祥麻油厂为中心建设墟场。

1998 年始，县政协就制止“三乱”（乱收费、乱罚款、乱摊派），为发展个体私营经济保驾护航；优化建设投资环境；加强城市市容市貌综合治理；推进产业化进程，实现农民增收；铲除黑帮组织，维护社会治安；简办婚丧喜事；强化建筑市场管理等提出提案。是年 6 月，县政协第十二次常委会提出《关于简办婚丧喜事的建议案》。县委、县政府根据建议案的建议，成立简办婚丧喜事领导小组，把简办婚丧喜事纳入双文明单位评选考核的内容。县电视台开辟“曝光台”“新风赞”专题节目报道正反典型。“两创办”和城关镇政府加强了城关地区机关、企事业单位、居民、村民的婚丧喜事管理，遏制大操大办铺张浪费之风。

2000 年，刘汉阳等委员提出《制止三乱，为发展个体私营经济保驾护航》的提案。县政府采纳提案建议，制定《关于大力发展个体私营经济的决定》，组织公安等单位开展治理“三乱”和企业周边环境的集中整治，查处“三乱”案件 10 起，查处违纪金额 14.15 万元，退还违纪金额 9.38 万元，没收违纪金额 2.6 万元，移送纪检监察立案 4 人。

2003 年始，县政协注重提案工作各项规章制度的建立和完善，按《提案工作条例》的要求，先后建立健全全会初审、提案委复审、主席会议定审的提案审查制度和交办、会办、督办、催办、委员访问、总结表彰等制度。县政府把办理政协提案纳入千分制目标管理考核，强化承办单位的办案意识和工作力度。县政协提出《关于将湘阴文庙、岳州窑申报国家级重点文物保护单位的主席建议案》，县委书记毛七星批阅，提出指导性意见。县长周友庚召开县长办公会议，明确由副县长李立平牵头，成立申报领导小组，组织相关职能部门做好申报工作。县政府将岳州窑遗址博物馆建设列为全县八大重点建设工程之一，于是年9月28日竣工。

2005年2月28日，县政协根据政协委员多次提案和离退休老干部联名信访的要求，向县委、县政府提出《关于重修抗日阵亡将士纪念塔——白骨塔》的主席建议案。县委召开常委会认真讨论，决定在望滨村征地20公顷，以重修白骨塔为依托点，兴建湘阴县爱国主义教育基地——望滨森林公园。烈士陵园建成后，曾一度出现农民晒谷、小孩嬉戏等疏于管理的现象。县政协又提出《关于加强烈士陵园管理的建议》的提案。县民政局承办提案，按县委、县政府要求，设置二级法人单位——湘阴烈士陵园管理所，完善办公设施，安装电动大门，制定管理细则，实现规范化管理。2006年，湖南《湘声报》以《湘阴实行提案办理听证，提高提案办理实效》为题，推介了湘阴县提案办理工作经验。

2008年始，第八届县政协为实现提案工作“围绕中心，服务大局，提高质量，讲求实效”的目标，创新运作模式。实行部署、程序，实施“三统一”；坚持分管领导、承办单位、提案委员“三参与”；做到认识、督办、宣传“三到位”；实现领导、委员、群众“三满意”。建立和完善多方参与，联合办理，整体推进，运转高效的提案办理工作机制。提升提案办理质量，实现提案成果转化。

2010年，县政府制定《提案办理工作目标管理考核评分细则》，承办单位负责人在政府提案交办会上签订责任状，落实首长负责制和办理问责制。杨方特委员《关于建设长湘经济走廊的提案》对长湘公路沿线和工业园区的建设提出独到见解。县委、县政府高度重视，通过各级各部门积极争取，湘阴县被纳入长株潭的“两型社会”建设综合配套改革滨湖试验区，为全县经济社会发展创造一个极好的发展平台。县文体局办理《引导健康向上的娱乐活动，提高农村群众文化生活水平》的提案，争取国家文化项目资金和地方各级配套资金，对农村文化设施建设投入1000多万元，相继建立9个乡镇文化站，60个村级标准篮球场，24个家庭书屋，343个文化信息资源共享工程村级站点。吴德和委员《切实抓好公务员作风建设》的提案提出后，县委召开全县干部作风建设大会，出台了《关于进一步加强干部作风建设的若干规定》，聘请80多名作风监督员。在全县广大党员中开展“讲党性、重品行、作表率”活动。开展政风行风评议活动，对公务员上班打牌赌博、唱歌跳舞进行电视曝光和通报批评，查处一批违纪干部，促进了干部作风建设。在发展湘阴县旅游产业方面，县政协机关调查组和不少委员提出了《利用我县旅游资源，发展乡村旅游产业》《开发青山岛，打造旅游新亮点》《开发洞庭湖南岸湿地旅游资源》《开发鹅形山旅游资源》等提案。县政府组织文物旅游、林业、农业、水利部门及相关乡镇负责人分析湘阴县良好的区位优势和丰富的自然资源，作出开发湘阴县旅游产业总体规划，引进中国青年旅行社和北京全知行公司着手青山岛旅游开发项目，引进湖南福道公司打造左太傅祠文化园、柳庄养生园、启动东湖生态公园、洋沙湖旅游休闲度假村项目，建设部分景区的道路、水电等基础配套设施。政协主席周山连撰写《发展乡村生态休闲产业，让“农家乐”成为城里人的乐园》的提案，在岳阳市政协第六届三次会上作推介发言。

2012年九届一次全会至2015年九届四次全会期间，县政协共收到提案533件，立案503件，全部办结。提案中不少涉及全县经济发展和民生问题的重大提案，提出了许多合理化建议，得到县委、县政府重视和采纳。2012年有20多位政协委员就湘阴县优化经济发展环境，提出了进一步改进意见，得到县委、县政府采纳，随即出台《湘阴县优化经济发展环境暂行规定》，从项目审批程序、收费管理、规范执法、服务效能、工作机制、责任追究6个方面作出详细具体规定付诸实施，使湘阴经济发展环境不断改善，项目投资方和群众满意度进一步提升。关于《整合涉农资金、加大农业基础设施建设力度的建议》，县人民政府进行了认真研究，督促水务部门和乡镇合作，编制出台乡镇《2012—2014年农田水利建设规划》，分年度组织实施。共捆绑投入资金5亿元，完成山塘水库扩容整修300处，疏浚主干渠3000千米，更新改造小型排灌机埠300处。县委、县政府积极争取国家将湘阴列入环洞庭湖基本农田建设工程重点县之一，获得国家投入5.3亿元，在鹤龙湖、南湖等6个乡镇，建成16667公顷高产示范农田。

2013年，政协委员们提出《建设绿色生态蔬菜基地》《推进农业现代化》《发展观光休闲农业》等提案，县政府责成县农业局组织实施。县农业局连续3年组织技术力量，整合国土、水利、农业开发、移民等单位资金近200万元，建设鹅形山、樟树港、杨林寨等蔬菜基地。2015年，全县蔬菜示范基地扩到2.5万公顷，蔬菜生产总量由2010年的22.5万吨提升到56万吨，樟树港辣椒、杨林寨食用菌、三塘藠头、石塘白萝卜等形成规模品牌，有无公害产品56个，绿色食品36个，有机食品3个。发展观光休闲农业更显成效，左公故里柳庄、凯佳生态园、九洲生态园、鹅形山风景区、青山岛等乡村景区标准和吸引力不断提升，凯佳生态园、樟树港兴源山庄评为湖南省五星级乡村旅游景区，农民自筹资金建设的乡村农家乐达到200多家，鹤龙湖镇建成的螃蟹美食城声誉和影响力进一步扩大，湘阴县观光休闲农业初具规模。2015年，政协委员向县委、县政府提出《我县殡仪馆禁炮势在必行的建议》，县人民政府召开政府常务会作专题研究。是年10月27日，县政府向全县发布《关于在县殡仪馆区域范围内严禁燃放烟花炮竹的通告》，从2015年12月1日起执行，并组织相关职能部门联合开展专项整治行动，最终使多年来鞭炮不断的殡仪馆实现禁炮，有效减少了城区烟尘废气和噪声污染，得到群众支持。

政协委员提案及办理情况一览表

表6-3 单位：件

届	次	收到提案数	立案提案数	办理情况
第二届	一次	94	93	全部办结
	二次	63	61	全部办结
	三次	58	56	全部办结
第三届	一次	147	116	全部办结
	二次	98	80	全部办结
	三次	83	79	全部办结
第四届	一次	114	95	全部办结
	二次	82	72	全部办结
	三次	80	70	全部办结
第五届	一次	102	74	全部办结
	二次	79	65	全部办结
	三次	91	76	全部办结
	四次	83	72	全部办结
	五次	108	80	全部办结
第六届	一次	150	124	全部办结
	二次	85	79	全部办结
	三次	132	123	全部办结

续表 6-3　　　单位：件

届　次		收到提案数	立案提案数	办理情况
第六届	四次	136	129	全部办结
	五次	137	135	全部办结
第七届	一、二次	196	184	全部办结
	三次	156	156	全部办结
	四次	106	106	全部办结
	五次	116	113	全部办结
	六次	107	104	全部办结
第八届	一次	149	143	全部办结
	二次	160	155	全部办结
	三次	170	164	全部办结
	四次	182	168	全部办结
	五次	145	140	全部办结
第九届	一次	200	194	全部办结
	二次	129	115	全部办结
	三次	116	108	全部办结
	四次	88	86	全部办结

三、反映社情民意

县政协建立后，坚持每年走访政协委员和社会各界人士，沟通交流，了解社情民意。1990—1992 年，走访委员 540 人次、回乡“三胞”608 人次、“三胞”亲属 806 人次，收集和反映社情民意 108 条。

1997 年，县政协加强反映社情民意工作，通过政协组织网络和界别联系，就工业企业待岗、待业职工的要求，企业和农民负担过重、灾区群众生产生活中存在的实际困难等向县委、县政府反映社情民意 186 条。

2010 年，围绕城市建设、土地流转、文化教育、安全生产、交通运输等工作，约谈走访委员和各界人士 108 人，收集反映社情民意 58 条。

2013—2015 年，县政协强化社情民意工作目标考核责任制，完善舆情反馈分析平台，每年走访各阶层群众 1200 多户，宣传政策，理顺情绪，化解矛盾，收集社情民意信息 164 条，上报省、市政协 35 条。

第四节　文史编辑

1987 年，政协文史资料研究委员会征集史料 90 篇，25 万字，编辑《湘阴抗日时期大事记》和国民党湘阴县长（1904—1948 年）谢宝树遗著《守土日记》（湘阴文史资料第二辑）。

1989 年，政协文史资料研究委员会收集一些知情老人关于土地革命战争时期、抗日战争时期和解放战争时期的回忆录和史实材料 36 篇、计 12 万余字，出版湘阴文史资料第三辑。

1990 年，政协文史资料研究委员会重点走访一些掌握“三亲”（亲历、亲见、亲闻）资料的老人，挖掘、收集相关文史资料 60 篇，精选 24 篇，计 9 万字，包括健在老人对湘阴县中华人民共和国成立初期第一任民选副县长解清泉、南下干部（县长）武印楼的回忆等文章，编辑湘阴文史资料第四辑。

1992 年，政协文史资料研究委会员征集文史资料稿件 38 件，11 万字，选用 24 篇，计 9 万多字。整理出版湘阴文史资料第五辑。

1993 年，政协为纪念湘阴籍爱国名将李鸿诞生 90 周年，编辑专辑《东方蒙哥马利——李鸿将军》（湘阴文史资料第六辑），追述李鸿将军在抗日战争中东北战场，特别是在印缅战场抗日的卓著战功。1995 年，又收集 9 篇回忆录，增加近 4 万字，编辑出版《抗日名将李鸿将军》，受到李鸿将军遗属部属的肯定和赞扬，对海外统战工作也起到了积极作用。

1995 年，值抗日战争胜利 50 周年之际，整理出版抗日战争时期两任湘阴县县长谢宝树撰写的《守土日记》（湘阴文史资料第七辑）。宣传湘阴人民英勇抗击日寇、保卫家乡可歌可泣事迹，是进行爱国主义教育的乡土教材。

1996 年，收集委员 23 篇纪实文章，计 10 万字，编纂出版《湘阴撷英》（湘阴文史资料第八辑），讴歌湘阴改革开放的成果，弘扬艰苦创业的精神。

1997 年，政协文史资料研究委员会收录 1979 年以来发生在湘阴县的 28 个奇特曲折、扑朔迷离，发人深省且颇具影响的案例，整理出版《苦果启示录》（湘阴文史资料第九辑）。

1999 年，收录在外工作的 33 位湘阴籍人士的传记体文章，编辑出版《天南海北湘阴人》（湘阴文史资料第十辑）。2000 年，出版政协原主席余泽俊（离休干部，曾任县委副书记、县政府顾问）《我这五十年》一书。

2005 年，在县委、县政府的高度重视和大力支持下，县政协组织编写《走进湘阴》一书。该书系统挖掘湘阴许多鲜为人知、濒临失传的历史文化遗产，系统介绍了湘阴主要的名胜古迹、历史事件、省内外海内外知名古今人物、民俗风情、民间文学、自然风光、知名企业。该书广采博纳，全书近 40 万字，集珍贵照片 400 余幅。湖南教育出版社和湖南电子音像出版社将其列为“十五”国家重点电子音像出版规划项目“潇湘胜景”旅游风光系列书。

2009 年，第八届政协承办湘阴县庆祝中华人民共和国暨人民政协成立六十周年三大主题活动（座谈会、文艺晚会、诗书画展览）。县政协收集本县知名的诗书画家、摄影家创作的作品，和市级、省级乃至国家级书画名家的近期新作 2000 余件（含照片），从中精选 623 件予以展览。全县道德模范、劳动模范、机关干部、中小学生等 8000 多人相继分批参观展览。县政协特意从展出作品中精选 270 多件编印成书法美术摄影优秀作品集《山静松声》（湘阴文史资料第十一辑）。

2010 年，湘阴县政协编辑出版《湘阴百年往事集萃》（湘阴文史资料第十二辑）。

2011—2015 年，县政协创新发展文史工作。组织政协委员和社会各界在青山岛、烈士陵园等地开展纪念抗日战争胜利 70 周年系列活动，联合县委史志办征编出版湘阴抗战史料汇编《干城碧血》（湘阴文史资料第十三辑）。参与省市重要文史出版物《芙蓉国里——湖南历史文化巡礼》《湖南名人名居》《湖南百年图库》《湖南抗战回忆录》《美丽岳阳》的组稿编辑和烈士陵园文史勘误工作。

第五节 联络联谊

1984 年 5 月，县政协首次召开“三胞”亲属代表大会。1985 年，湘阴县共有第一代港澳台同胞和海外侨胞 600 多人。县成立三胞亲属联谊会。随着海峡两岸交往的日益密切，回乡探亲、观光、旅游、进行文化交流和经商活动的“三胞”人员，特别是台胞越来越多。是年始，县政协本着有理、有利、有节的原则，和县委统战部、对台办、侨办等单位及各区乡密切配合，对回乡“三胞”及时举行茶话会，组织联欢会、团拜会、诗书画会，陪同参观，实事求是地介绍家乡经济建设成就，正确宣传党的方针政策，激发他们的爱国爱乡之情。

1989年，县政协配合统战部接待回乡探亲“三胞”163人，走访“三胞”亲属910人。当年，“三胞”亲属引进资金18万元，发展个体工商业、养殖业、种植业专业户20余家。

1990年，县政协发挥政协委员和各界人士联系广泛的优势，与全国300多个市、县工商联建立联系，推销地方产品50多万元。

1991年6月21日，80高龄的台湾政治大学教授、台湾湘阴籍同乡会名誉会长伏嘉谟，偕夫人戴珍伍应省诗词协会邀请，到岳阳参加“9·1”中国湖南汨罗江国际龙舟节并回家乡湘阴县探亲，受到湘阴县四大家领导热情欢迎。是年9月，原台湾“荣院”院长李国钧回乡为兄祝寿，受到县政协副主席伏煌曙热情接待。

1992年1月，县政协和全体政协委员发出《关于进一步加强对外联谊，促进湘阴对外经贸工作的几点意见》，提出要充分利用政协委员有广泛的海外联系的优势，穿针引线，牵线搭桥，引进资金。县政协大力协助台湾湘阴籍同乡会在县城设立联络处，进一步密切海峡两岸经贸交往。走访“三胞”亲属800多人次，接待回乡“三胞”600多人次，为“三胞”亲属解决各种问题80多个。2月，由县政协联络委牵头，组建“三胞”亲属互助储金会，聚集资金，为“三胞”亲属兴办企业解决资金困难。储金会建立后两年间，为“三胞”亲属办企业提供资金92万元。5月，县政协建立“三胞”和社会捐资奖学基金会，并向全国各地及海外湘阴籍仁人志士发函，寄去捐资奖学章程，募集捐款。各地乡友纷纷捐助，其中美籍华人吴克琴（女）捐资1万元，台胞邹伯勋捐助1000元。奖学基金会成立以后，每年都奖励全县高考文、理科第一、二名考生。

1998年，县政协重点走访“三胞”亲属50多户；慰问定居台胞16户；向海外“三胞”人士寄发慰问信、贺年片200多件，介绍湘阴县宽松良好的投资环境、优惠政策，推介经济合作项目，鼓励“三胞”来家乡投资兴业。

2000年，县政协召开“三胞”代表（22名台胞代表参加）座谈会，宣传党和政府“一国两制”的方针和对台政策。县政协组织海内外同胞联谊活动，打电话，写明信片和慰问信200多件，并寄发招商指南，介绍湘阴县投资环境，推介经济合作项目。

2001年，政协副主席张亚玲在县委、县政府和有关部门大力支持配合下，千方百计内引外联，引进项目107个，签订合同107份，到位资金1.03亿元。政协副主席蒋文光引资500万元，组建“长沙先锋集团鹤龙湖纸厂”。

2003年，政协机关和委员引进大小招商项目30个，资金近两亿元，到位资金8620万元。其中县政协主席、副主席引进大小项目16个，引资7535万元，当年到位资金3665万元，主动参与项目洽谈，签约7个，引资1.5亿元。

2004年4月21—23日，政协机关组织部分政协委员对湖南郴州市及广东连南瑶族自治县的旅游经济发展情况进行考察，对湘阴县旅游业发展的科学定位、突出特色、打造品牌提出建议。

2009年9月3日，县政协承办了南下湘阴工作团赴湘阴六十周年庆祝晚宴活动，县委书记田自力讲话，县长黎作凤致辞。

2010年4月15日，政协主席周山连组织副处级以上离退休干部和全体机关干部到长沙高新技术开发区考察学习，根据开发区项目建设和管理经验，对湘阴县发展高新技术提出了建议。

2012年，县政协承担左宗棠文化园建设和左宗棠诞辰200周年纪念活动筹办，积极主动配合县委、县政府突出“文化搭台，经贸唱戏”这一主题，派员前往上海、北京、新疆、甘肃、陕西、宁夏、福建等省市、自治区，联络左宗棠后裔和各界人士到湘阴参加纪念活动，有左宗棠后裔、各界名流和30多家主流媒体记者共350多人到湘阴县，共有5000余人参加了左宗棠诞辰200周年纪念活动，在发动和组织的捐资活动中，左氏后裔和各界人士捐资1600万元支持左宗棠文化园建设和纪念活动；在组织的经贸招商活动中签约项目16个，总投资36亿元。

2013—2015年，县政协积极开展同上级政协、周边县、市、区政协的联系，积极参与研讨交流，联络交友活动。先后与浙江安吉、江苏泰州、云南腾冲等地政协和长沙、平江、云溪、楼区等周边省市政协开展学习交流活动，拓宽政协工作视野。邀请泰州市原政府秘书长、旅游局局长、国家休闲标准委员会观察员刘宁等知名旅游专家学者一行到湘阴考察旅游资源，听取对湘阴旅游资源开发和发展规划编制的意见，参观考察了青山岛、鹅形山风景、柳庄、左宗棠文化园、洋沙湖国际旅游度假区、鹤龙湖等景区景点。还接待了华容、慈利、临武、长沙开福区等县区政协到湘阴联谊考察交流。县政协制定了主席联常委、常委联委员、委员联群众的工作制度，加强委员之间、委员与群众之间、机关与委员之间的密切联系。深入全面走访委员，广泛征求委员意见，联络感情，沟通思想，推进工作。

第七篇　群众团体·工商联

第一章　总工会

第一节　机　构

1973年6月，中断7年之久的湘阴县工会组织得以恢复。1980年基层工会122个，会员7800人。1985年，湘阴县总工会基层工会发展到137个，会员18864人。1986年始，县直各条战线、各系统的县直单位相继成立工会组织。至1990年，成立系统工会15个，基层工会发展到215个，会员近3万人。随着改革开放的不断深入，工会组织也发生了很大变化，乡镇、区工委也开始建立工会组织。2000年，全县42个乡镇、区工委都建立工会组织，并开始向外商企业、改制企业、乡镇企业、私营企业延伸，共建工会组织472个，吸收会员33137人。2001年，工会组建以乡镇企业为主，新增会员19534人。2002年，文星镇6个社区，包括社区内有关单位都建立工会组织，发展会员5275人。2004年，成立湘阴县建筑行业进城务工人员工会联合会，涵盖24个建筑施工企业，发展农民工会员2275人。2009年，随着非公有制企业不断扩大，非公企业建工会的意识不断增强，县总工会和县委组织部联合下发《关于在"两新组织"中开展"党建带工建、共建促发展"工作的实施方案》，成立领导小组，按照"哪里有职工、哪里就要建立工会组织"的要求，投产企业都建立了工会组织。至2010年，全县基层工会组织发展到460个，会员94591人。

2010年，县总工会内设经费审查委员会和女职工委员会，共有7个部室，即办公室、财务部、组宣部、维权部、困难职工帮扶中心、经审办、女工部，下辖工人俱乐部。县"双联"（即参联单位联系困难企业，参联干部联系特困职工）工作领导小组和县劳模管理领导小组办公室均设在县总工会，共有干职员工35人。

2015年，县总工会内设经费审查委员会、女职工委员会和办公室、组织部，民主管理部、经济工作部、女职工部、困难职工帮扶中心等部室，共有干部职工35人。下辖工人俱乐部和"双联"（单位联系困难企业、干部联系特困职工）办公室，共有基层工会528个，会员92128人。

1986—2015年湘阴县工会组织情况一览表

表7-1

年度	基层工会组织（个）				工会会员数（人）				职代会（个）	工会专职干部（人）		
	合计	其中			合计	其中				合计	其中	
		企业	事业	机关		企业	事业	机关			男	女
1986	188	19	148	21	19836	6744	11902	1190	158	188	123	65
1987	190	19	148	23	22723	7726	13634	1363	158	190	125	65
1988	194	21	148	25	22764	7740	13658	1366	160	192	126	66

续表 7-1

年度	基层工会组织（个）				工会会员数（人）				职代会（个）	工会专职干部（人）		
	合计	其中			合计	其中				合计	其中	
		企业	事业	机关		企业	事业	机关			男	女
1989	194	21	148	25	25525	8679	15315	1531	160	192	126	66
1990	215	21	167	27	28702	9759	17221	1722	160	213	136	77
1991	218	24	167	27	28951	9843	17371	1737	161	216	138	78
1992	216	31	161	24	25607	8769	15411	1527	161	226	146	80
1993	232	39	167	26	24030	8170	14418	1442	163	242	162	80
1994	223	37	161	25	19358	6582	11614	1162	164	244	161	83
1995	225	37	163	25	19434	6606	11659	1169	165	244	161	83
1996	218	36	159	23	22439	7629	13463	1347	121	254	169	85
1997	218	36	159	23	22439	7629	13463	1347	121	254	169	85
1998	178	30	130	18	18934	6438	11360	1136	120	188	80	108
1999	178	30	130	18	18934	6438	11360	1136	120	188	80	108
2000	472	276	110	86	33137	11266	19882	1989	121	262	187	75
2001	423	251	95	77	52671	30800	19882	1989	121	262	187	75
2002	276	100	98	78	55946	34075	19882	1989	134	134	78	56
2003	277	100	98	79	55946	34075	19882	1989	140	275	228	47
2004	277	100	98	79	58221	36350	19882	1989	140	275	228	47
2005	318	135	101	82	56412	38067	13893	4452	140	275	228	47
2006	342	150	105	87	63140	43397	15253	4490	141	270	180	90
2007	378	114	171	93	73526	22189	46555	4782	147	247	167	80
2008	389	151	161	77	82511	27500	50978	4033	299	244	174	70
2009	458	184	179	95	88513	36796	46909	4808	161	254	167	87
2010	460	184	180	96	94591	42692	46973	4926	162	256	168	88
2011	460	184	180	96	94591	42692	46973	4926	162	256	168	88
2012	500	222	182	96	100211	47307	47864	5040	167	268	175	93
2013	524	245	183	96	102199	48913	48220	5066	171	272	176	96
2014	534	254	183	97	103534	50117	48336	5081	183	284	182	102
2015	549	267	184	98	106764	52810	48771	5183	194	295	182	113

第二节　代表大会

1979 年 1 月，召开县工会第八次工人代表大会，与会代表 300 人。会议议题是学习贯彻全党工作重点转移的战略决策，推行民主管理，组织职工为四个现代化立功。选举产生第八届县工会委员会，委员 30 人，主席王子英。

1982 年 3 月，召开县工会第九次工人代表大会，与会代表 185 人。会议议题是组织职工投身两个文明建设，振兴湘阴经济。选举产生第九届县工会委员会，委员 27 人，主席王子英。选举出席省第八次工会代表大会代表。

1989 年 9 月，召开县工会第十次工人代表大会，与会代表 230 人。会议议题是团结全县职工，发扬工人阶级主人翁精神，为湘阴改革和建设做出贡献。选举产生第十届县工会委员会，委员 33 人， 主席陈实槐。

1992 年 12 月至 1997 年 12 月，兰明和任主席。

1998 年 9 月，召开县工会第十一次工人代表大会，与会代表 253 人。会议议题是解放思想，统一认识，负重自强，艰苦奋斗，努力开创世纪之交全县工会工作新局面。选举产生第十一届县工会委员会，委员 24 人，主席李伏珍。

2002 年 1 月至 2003 年 4 月，刘云任主席。

2003 年 11 月，召开县工会第十二次工人代表大会，与会代表 301 人。会议议题是以“三个代表”重要思想为指导，团结动员全县职工为建设“文明、富裕”的湖南经济强县而努力奋斗。选举产生第十二届县工会委员会，委员 25 人，主席罗阳春。

2007 年 12 月，彭新良任主席。

2013 年 12 月 24 日，县总工会等十三次代表大会召开。县领导田自力、尹家辉、岳阳市总工会副主席彭幕依等出席大会开幕式。县总工会主席彭新良作工作报告。大会审议并通过县工会第十二届委员会工作报告，财务工作报告、经审工作报告，彭新良当选为县总工会第十三届委员会主席，霍正魁、卢跃飞，张桂文当选为副主席。

第三节　主要活动

一、加强职工教育

1985—1989 年，县总工会把加强全县职工思想政治教育作为重点，把举办各种类型学习班作为职工教育的主要形式，每年举办工会干部学习班、职工代表学习班、女职工学习班，系统学习《中华人民共和国工会法》《中华人民共和国劳动法》《中华人民共和国合同法》《中华人民共和国企业法》等法律知识和工会业务知识。在全县职工中组织 “理想、改革与实践” 为内容的演讲比赛，评选出 10 名优胜者。1990—1993 年，面对大多数企业经济效益不好、职工情绪低落、思想波动大、不安定因素增多的状况，全县各级工会组织做好职工的思想政治工作，深入走访，掌握动态。组织职工学习市场经济知识，开展知识竞赛，提升职工的心理承受能力。1994 年，有 84 个单位、6400 多名职工参加《工会法》知识竞赛。1995 年，总工会、县农行联合举办首届农行储蓄杯书画大奖赛，468 名会员参赛，展出作品 544 件，获一等奖的 6 人，获二等奖的 8 人，获三等奖的 24 人， 1 件选送岳阳市获一等奖。2000 年始，县总工会在全县开展“创建学习型组织、争做知识型职工”活动，为职工岗位成才搭建平台。组织工会干部、职工学习各行业的业务知识和技术、技能、掌握本领，争当技术能手。2006年，开展“全民阅读进企业”活动，结合创建“职工书屋”，指导各级工会组织开设和完善图书室、阅览室等基础设施，全县有80%的基层工会建立职工学习阵地。2007年，县总工会组织122家企业工会主席、98家企业法人代表近1000名会员参加《企业工会工作条例》知识竞赛，参赛率达86%。2009年，全县各级工会开展劳模先进事迹大型图片展活动，县总工会组织城关地区会员参观宣传劳模先进事迹的10幅大型图片板块展览，参观人数56000人。2010年6月，县总工会积极参加省总工会组织的“乡情关爱行动”，赶赴深圳给6800多名湘阴籍员工释疑解惑，做好员工思想工作。2011年，县总工会组织开展创建学习型企业，争当知识型职工活动，指导基层工会新建“职工书屋”20个，大力开展职工学习技能比赛，有110家企业的2300名职工参与了学习技能比赛活动。发动职工学习专业知识和业务技术，争当技术操作能手，参与学习活动人数逐年增加，2015年参与单位达到130多家，有4万多职工积极投入，使广大职工文化和业务技术知识水平得到提升。同时也提升了企业生产效益。

二、开展劳动竞赛

1988年6月，县总工会和经委系统在人民纸厂召开企业工会劳动竞赛现场会，8个单位交流工作经验。工、交、财系统竞赛面达98%以上，开展竞赛573次，发放奖金13.16万元，奖励职工3462人，通过竞赛，全县工业总产值达3.3亿元。1993年，县氮肥厂组织职工开展节能节耗竞赛，节约生产成本102万元。1994年，开展“转机制、抓管理、争效益”竞赛，2万多名职工参加《劳动法》知识竞赛，女职工“芙蓉杯”赛等。2003年，县总工会组织全县68家企事业单位开展“我为湘阴添光彩”为主题的经济技术创新工程，节约和创造经济效益902万元。2004年，组织26家企业和教育、卫生等事业单位开展“效益杯、质量杯、安康杯、芙蓉杯”劳动竞赛，节约和创经济效益900余万元。2005年5月，华鑫食品公司陈友庚荣获全国劳动模范称号，福湘木业刘建新荣获省级劳模称号。2009年，县工会组织在全县广泛开展“同舟共济保增长，建功立业促发展”的劳动竞赛，全县共有165家企事业单位16000多名职工参加各种类型的劳动竞赛，开展各种技术革新215项，提合理化建议280多条，促进了经济发展。2010年，县总工会组织指导基层工会在10多个行会30多个重点工种中开展“千名职工技能技术大比武”活动，参加人数7073人，荣获全市最佳赛事奖。有101家企事业单位，组织开展各种形式的竞赛，参赛职工23213人，围绕节能减排、技术革新提合理化建议1230条，直接节约和创经济效益1280余万元，涌现7家重点竞赛示范单位，评选推荐1个市级“工人先锋号”。5月，县内农民工企业家王忠帅和凯佳生态农业公司王凯炎被评为省级劳动模范，湘阴县评选10名县级劳模在庆“五一”联欢晚会上进行表彰。

2011—2015年，县总工会围绕县委、县政府强力推进新型工业化和“三十工程”，坚持服务经济发展，推动劳动竞赛，为职工搭建建功立业平台。以工业园区和远大低碳科技园为重点，组织开展节能减排、保质增效、岗位比武、提合理化建议等各类劳动竞赛活动，全县有160多家企业，6万多职工投入，覆盖面80%以上。湘阴开展职工劳动竞赛活动成效，在全市经验交流会上作为经验介绍。期内，县总工会每年“五一”劳动节前后，组织企业职工开展“工人阶级宣传月”活动，在《湘阴周刊》、县电视台开设“中国梦、劳动梦”专栏，在左宗棠广场、工业园区等重点区域举办劳模大型图片展，大力宣传劳模精神，弘扬劳动光荣，劳动伟大；组织企业职工开展技术大比武、技能大提升活动，涉及20个项目（工种），吸引21000名职工参赛。至2015年，企业建有创新工作室10家，总结推广先进操作法52项，技术革新发明创造50项。

三、推行民主管理

1986—1990年，企业民主管理一般是以召开职工代表大会的形式参与，各基层工会都成立职工代表大会（简称“职代会”）。推广县变压器厂工会与职代会两会结合的经验，100多个基层工会实行“两会”

结合。通过“职代会”民主选举厂长、经理，民主评议企业领导干部，职代会职权得到落实。提合理化建议2万多条，采纳9514条，创产值1000多万元。开展技术革新，创经济效益350多万元。1991—2000年，企业民主管理的形式以开展“依靠职工办企业”的优秀厂长（经理）表彰活动，连续十年共表彰191人次，通过表彰活动，充分显示职工的民主权利，提高了经济效益，促进了企业的发展。2001年始，民主管理仍然以职代会民主选举厂长、经理，民主评议企业领导干部，继续开展评选“依靠职工办企业”的优秀厂长（经理）和法人代表表彰活动。2003年，48家工商企业在“两个置换”中召开职代会，审议方案，确保职工合法权益不受侵犯。2006年，县委成立厂务公开、民主管理领导小组，县纪委书记任组长，县工会和有关职能部门为成员。全县有254家企业成立相应的领导小组。是年，县总工会还指导帮助98家企业工会与行政签订集体合同，200余家企业与7000名职工签订劳动合同。2007年，以发展和谐劳动关系为主线，开展创建劳动关系和谐企业活动。是年，评选出大方农化、义丰祥实业等10家县级劳动关系和谐企业。2010年，组织共同约定行动，引导企业承担社会责任，稳定工作岗位，稳定劳动关系，引导广大职工与企业同舟共济。全县签订共同约定行动协议的企业47家。是年，成立全县工资集体协商和集体合同工作领导小组，印发有关文件。县总工会会同劳动部门开展 “工资集体协商要约”行动，对50多家企业工资集体协商、集体合同、劳动合同签订履行情况进行大检查，并指导他们按照各自经济发展状况完善要约内容，全县工资协议推广面达100家企业，占已建工会企业的60%。至2015年，全县151家规模以上工业企业全面实行工资集体协商制。

四、维护职工权益

1986年，各级工会组织职工和30多家企业签订集体合同，维护职工的合法权益。开展“建家”活动，各基层工会都成立 “职工之家”，大部分验收为县级“模范职工之家”和“先进职工之家”，有的经验收为省、市级“模范职工之家”。1995年，县总工会成立困难职工互助基金会，2000多人参加，筹集1万元，各级工会筹集40多万元，帮扶1600多户困难职工。1998年，湘阴县遭受特大洪涝灾害，组织职工捐救灾款60多万元，县总工会捐1万元现金，1万元物资，慰问400多名受灾职工和群众。1999年，县总工会建立特困职工档案，对特困职工进行动态管理。对劳动模范、先进人物、工会干部和女职工组织定期健康检查。2001年2月，县委下发《党政机关联系困难企业，机关干部联系特困职工工作实施方案》的通知，并成立“双联”（机关单位联困难企业，机关干部联困难职工）工作领导小组。县总工会以“双联”为主要形式开展帮贫帮困，送温暖行动。是年，有59家县直单位，26家被联企业，1740名机关干部参加 “双联”活动，捐款5万余元，慰问588户，结成“一帮一”对子187对，帮助480名下岗职工再就业，县委表彰10个单位，10位个人为“双联”工作先进单位和个人。2002年，县总工会联合县自来水公司和县电力局帮助县氮肥厂改水、改电工程，解决该厂4000多名职工和家属用水用电。2003年，建立“湘阴县职工劳模基金会”，集资5.48万元，资助10位困难劳模。湘阴县被评为省“双联”工作先进县。2007年10月，县总工会正式挂牌成立“湘阴县总工会困难职工帮扶中心”。2008年，组建维权工作部。是年，各级工会发动职工捐款11.7万元支援汶川地震灾区。2009年，开展金秋助学活动，发动广大干部职工集资，帮助困难职工和农民工子女上大学，集资21000元帮助10名贫困大学生。至2010年，共有84家参联单位，64家被联企业，帮办实事200多件，集资900多万元，对2000多名困难职工和特困职工进行帮扶。是年，县总工会组织各级工会筹集资金、大米慰问困难职工，并为5000名困难职工建立档案；集资10万元帮助58名大学生；组织60多个单位，为2000多名女职工参加 “双癌”保险。

2011年以后，全县非公经济组织不断增多，企业职工和农民工队伍扩大，县总工会进一步加强了企业职工维护权益工作。在非公企业大力倡导厂务公开，提升企业职工的知情权和参与权。至2015年，全县有251家企业推行厂务公开制度，签订女职工专项合同128份，工业园区非公企业91%签订了女职工专项合同，实行对女职工特殊权益保护；帮助工业园区和规模以上企业建立帮扶站点23个，吸收12名司法、劳动监察等部门专业人士加入法律援助志愿者队伍，为410多个企业职工和农民工在困难、医疗等方面给予维权救助，为4000多名女职工进行健康检查，为4717名女职工办理女性特殊疾病医疗保险。

第二章 共青团

第一节 机 构

1978年至2005年5月，中国共产主义青年团湘阴县委员会（简称“团县委”）设在县委原机关（今县规划局）大院二楼。2005年6月搬迁至新世纪大道行政机关大院四楼。

2010年，团县委内设办公室、青工部、少工部、小渊基金项目部四个部室，共有干部5人，设书记1人，副书记2人，下辖团工委11个、基层团委130个、团总支142个、团支部1220个，共有专职团干168人。至2015年，团县委内设机构、干部配备未作调整，没有召开换届代表大会，下辖基层团委116个、团支部2432个，配专职团干部183人，全县团员61448人。

1994—2015年湘阴基层团组织情况一览表

表7-2

年份	基层组织（个）		团员数（人）			当年发展新团员（人）	团干部（人）			当年团员入党（人）
	团委	支部	合计	其中			合计	其中		
				男	女			男	女	
1994	82	934	26907	15068	11839	3826	38	17	21	182
1995	83	1087	26625	14910	11715	3568	39	17	22	237
1996	85	1975	26720	14963	24757	4051	44	20	24	82
1997	85	1097	26659	17206	9453	5300	49	24	25	105
1998	85	938	26689	16736	9953	5600	210	34	176	208
1999	88	942	26700	14991	11709	5120	208	34	174	180
2000	88	942	28920	16195	12725	3240	208	34	174	190
2001	88	942	26789	15002	11787	10112	180	26	154	1860
2002	89	942	26789	14361	12428	4800	36	27	9	360
2003	91	960	28689	13038	15651	4769	45	31	14	340
2004	128	1224	35168	16524	18644	5080	162	84	78	126
2005	122	1220	35148	16504	18644	5100	160	82	78	146
2006	128	1226	35428	16108	19320	4800	162	92	70	240
2007	128	1340	36243	16365	19878	16870	185	96	89	178

续表 7-2

年份	基层组织（个）		团员数（人）			当年发展新团员（人）	团干部（人）			当年团员入党（人）
	团委	支部	合计	其中 男	其中 女		合计	其中 男	其中 女	
2008	146	1736	72576	33936	38640	7320	185	87	98	189
2009	122	1220	72856	41296	31560	3415	160	86	74	420
2010	130	1220	71692	40712	30980	3188	168	66	102	409
2011	130	1256	70090	39630	30460	1400	168	66	102	246
2012	135	1823	69880	39650	30230	1512	183	76	107	238
2013	141	2012	61720	31709	30011	1486	185	78	107	219
2014	114	2465	61450	31467	29983	1472	179	75	104	211
2015	116	2432	61448	31218	30230	1256	183	81	102	241

第二节　代表大会

1979 年 1 月 17—19 日，共青团湘阴县第九次代表大会在县城召开，代表 639 人。主要议题是：动员全县青年团结起来，为加速四个现代化建设建功立业。大会选举产生了第九届委员会，书记夏国佳。

1981 年 11 月 20—24 日，共青团湘阴县第十次代表大会在县城召开，与会代表 350 人。罗月英代表上届委员会作工作报告。大会选举第十届委员会，书记罗月英（1983 年 12 月由胡立根继任）。

1985 年 5 月 18—20 日，共青团湘阴县第十一次代表大会在县城召开，与会代表 260 人。通过选举产生第十一届委员会，书记胡立根（1985 年 9 月由钟小汨继任）。

1988 年 7 月 16—19 日，共青团湘阴县第十二次代表大会在县城召开，与会代表 237 名。会上徐伟光作工作报告，选举产生第十二届委员会，书记徐伟光。

1991 年 10 月 9—11 日，共青团湘阴县第十三次代表大会在县城召开，与会代表 213 人。会上选举产生第十三届委员会，书记郭立。

1994 年 5 月 19—20 日，共青团湘阴县第十四次代表大会在县城召开，与会代表 180 名。会上郭立作工作报告，选举产生第十四届委员会，书记周义军。

1997 年 4 月 29—30 日，共青团湘阴县第十五次代表大会在县城召开，会上选举第十届委员会，书记宋振权。

2000 年 11 月—2004 年 1 月，由吴献忠继任。

2004 年 5 月 30—31 日，共青团湘阴县第十六次代表大会在县城召开。选举周献军为团县委书记（2004 年 12 月，王锐任团县委书记；2009 年 1 月，张放任团县委书记），选举产生共青团湘阴县第十六届委员会 11 名常务委员。2010—2015 年期间，团县委未召开代表大会。

第三节　主要活动

中共十一届三中全会后，境内共青团组织主要组织青年开展“争当新长征突击手”“四省百县植树造林竞赛”活动。1979—1981年，在护林方面成绩显著的孙春台连续由团中央、林业部、团省委授予“新长征突击手”“绿化祖国突击手”称号。1984—2003年，团县委着重发展新团员，建立和巩固基层团组织。

2004年，制定实施团干部百分制目标管理考核办法，调动团干部工作积极性。实行团员发展审查制，年内对申请入团的1428人进行审查，11人因审查不合格未予发展，新发展团员1417人。在公开招聘的16名乡镇秘书中选12名兼任乡镇团委书记，在县直11条战线和县人大、县政协机关均建立战线团工委，在新社会组织和经济组织中建立团组织或青年组织17个。是年，组织200名青年志愿者在六塘乡茶木村植树1200株，县直单位和城关地区青年团员近1000人上街搞好社区服务、义务扫街、免费维修。组织举办首届“五四青春风采形象展示大赛”，共有114名优秀青年才俊报名，参加由县属中学组织开展的“湘阴颂”征文活动，有8000多名中学生踊跃参赛，90篇获奖作文由光明日报出版社公开出版成《放歌湘阴》。

2005年3月，组织县内各中学近千名团员青年为社会做好事。县一中师生在石塘齐心文明示范村种植共青林，其中种植柑橘树3000株。

2006年3月，组织县烟草局、水利局、民政局、财政局、公路局等单位50名团干慰问抗美援朝老战士，为他们送去米、面、食用油、水果和2000元慰问金。4月3—5日，开展“缅怀革命先烈、弘扬民族精神”主题活动，先后组织县一中、五中、第一中等职业技术学校、城东、城南、城关、城北七所学校近3000名师生在革命先烈墓园开展宣誓活动，并邀请老干部为学生介绍革命先烈英雄事迹。向市推荐6名青年岗位能手，1名市级“双十杰”青年代表。开展爱心助学活动——免费为广大青少年检测视力，在城区各中学教室内装贴视力表，向贫困学生赠送眼镜100副，价值1.5万元。向“芙蓉学子——与希望同行”助学基金会争取1.5万元，向市“助学兴国基金会”争取6000元，向“湖南移动惠民工程”争取资金1万元及时帮助一批寒门学子圆了大学梦，年内累计募捐和向上争取助学资金总额近5万元，扶助学生100多人。

2008年3月，在全县开展“十大杰出青年”颁奖活动，成功举办大型五四青年颁奖晚会。团县委发动青联成功接待广东省百名青年企业家一行对湘阴县的参观和考察。向农村16所小学20000名贫困留守儿童免费赠送《小学生拼音报》。团县委“保护母亲河行动”成功获取日本小渊基金60万元的项目资助款。全县规模以上非公企业106家，其中完成建团工作的企业有10家，新建团组织2个，实现全县符合条件的规模以上非公企业全部建立起团组织的目标。全年累计募捐和向上争取助学资金总额近13万元，共扶助学生2100多人。

2009年3月，免费培训农村青年526人次，向3个见习基地择优推荐110名学员就业，帮助300多名青年自己找到合适的工作。在全县开展“青年文明号”“优秀少先队员”等各项评比表彰活动，其中县烟草局被推荐为国家级“青年文明号”，县房产局团委被评为全省“五四红旗团支部”，烟草局青年职工钟鸣被评为全省“优秀共青团员”。团县委联合银信部门出台《关于在全县深化青年创业小额贷款工程的通知》，落实农村青年创业小额贷款57户，累积放贷近120万元。

2010年3月，招募120名文明劝导青年志愿者，成立20多支创卫志愿者小分队，定期开展清洁家园、爱卫创卫大扫除、城区白色垃圾捡拾等活动，先后集中行动8次，参与人数达4000多人。开展服务和促进青少年就业行动，与苏州品翔电子企业联系，在县一职专、二职专组织专场招聘会，现场促成100多名毕业生就业。县水利局团委被评为全省五四红旗团委，民政局王浩被评为全省优秀共青团员。安普瑞商务会所、金秋电脑有限公司被团市委授予“青年文明号”荣誉称号，移动公司程娟和电信局戴琪被评为全市青年岗位能手。开展“一瓶水、一份情”支援西南灾区及“情系玉树”募捐活动，共募集善款8万余元。在县黄金小学举行关爱留守儿童“一对一”结对帮扶志愿服务活动启动仪式，35名青年志愿者与该学校20名留守儿童和15名孤儿结成帮扶对子，赠送书籍、书包等价值20000余元的学习用品。组织长沙理工大学能源与动力工程学院2 0名团员青年在县内界头铺镇开展为期45天的“义务支教社会实践三下乡”活动。建立湘阴县贫困学子信息档案数据库，录入名单近500名。促成贫困小学生结对帮扶5对、大学生结对帮扶1对。自筹经费2.1万元，争取社会资金2.5万元，资助10名寒门学子圆梦大学。经过积极争取，全国仅有10所指标的“星星点灯留守儿童关爱小屋”项目成功落户湘阴县，黄金留守儿童学校成为湖南省唯一受捐实施单位，建成高标准留守儿童活动室1间，受援助物品折合金额近18万元。组织开展“保护母亲河——同植友谊林”植树造林、小渊基金10周年征文、青少年绿色绘画作品征集、湘江白色垃圾捡拾等系列主题活动，共接待日本专家2次、国家林业局和全国青联领导2次、团省委领导3次专项检查，被国家林业局和日本小渊基金事务局授予“绿色丰碑奖”殊荣。经过团县委积极努力，小渊基金湘阴生态绿化示范林项目从三期到期终止的情况下，成功争取新批准2010—2012年度三期项目400万元。其中2010年度项目已批复92万元。

2011—2015年，团县委坚持“党有号召，团有行动”的纲领，围绕党的中心，积极开展活动。为发动青年积极投入创建文明卫生县城，团县委牵头组建湘阴县青年创卫志愿者协会和30支青年创卫志愿者小分队，招募120名青年创卫志愿者，发动3000多名青少年积极参与创建文明卫生县城，而且向全县广大青少年发出“创建文明卫生城市，你我共同参与”倡议，投入“清洁家园”行动，主动投入县城卫生大扫除，捡拾湘江白色垃圾，清除牛皮癣和卫生死角垃圾等活动。2014—2015年，两次组织11所中小学校师生志愿者代表6000人，在新世纪大道江东路等城区主干道进行清洁行动，以实际行动投入创建国家卫生县城。开展结队帮扶，关爱留守儿童和贫困学子活动。2012年开始，团县委结对帮扶贫困学生42名，召集志愿者在左宗棠广场举办“爱心义卖”“微爱中国行”“芙蓉助学”“国酒茅台国之栋梁”等助学活动。筹集善款48万元，为97名贫困学子解决入学和生活等方面的困难。

第三章　妇女联合会

第一节　机　构

1978年，恢复湘阴县妇女联合会（简称“县妇联”）。至2015年，定编4人，共有干职员工7人。下属县直机关妇委会76个，乡镇妇联19个，村、社区妇代会445个（其中村妇代会426个，社区妇代会19个）。

1994—2015年湘阴县妇联组织情况一览表

表7-3

年　度	县妇联（人）		县直机关妇委会（个）	乡镇村社区妇女组织（个）		
	执　委	常　委		合　计	其　中	
					乡　镇	村、社区妇代会
1998	21	5	75	462	6	456
1999	21	5	75	462	6	456
2000	21	5	75	463	6	457
2001	21	5	75	450	6	444
2002	21	5	75	437	6	431
2003	21	5	75	437	6	431
2004	21	5	75	437	6	431
2005	21	5	75	437	6	431
2006	21	5	75	437	10	427
2007	21	5	75	437	10	427
2008	21	5	75	437	10	427
2009	21	5	75	437	10	427
2010	21	5	75	437	10	427
2011		5	75	437	19	418
2012		5	76	437	19	418
2013		5	76	437	19	418
2014		4	76	445	19	426
2015		4	76	445	19	426

第二节　妇女代表大会

1979年1月12—14日，湘阴县第六次妇女代表大会在县城召开，与会代表529人。主要议题是：贯彻中共十一届三中全会精神，发动妇女积极投入“四化”建设。会上选举产生县妇联第六届执委会，主任陈则仪。

1982年6月3—5日，湘阴县第七次妇女代表大会在县城召开，与会代表297人。主要议题是：贯彻中共第十一届六中全会精神，以少年儿童工作为重点，搞好两个文明建设。会上选举产生县妇联第七届执委会，主任陈则仪（1983年12月由黄巧媛接任）。

1986年10月7—9日，湘阴县第八次妇女代表大会在县城召开，与会代表300人。会上选举产生县妇联第八届执委会，主任黄巧媛。

1993 年 3 月 3—5 日，湘阴县第九次妇女代表大会在县城召开，与会代表 200 名。会上选举产生县妇联第九届执委会，主席孙红。

2003 年 2 月，县委任命阳林艳为县妇联主席。

2003 年 9 月，全县组织公开选拔年轻女干部，陈丽被选拔为县妇联副主席。

2004 年 9 月，县委常委、县委统战部部长周义军兼任湘阴县妇联主席。

2005 年 1 月，县委任命丰一德为县妇联主席。

2009 年 1 月，县委任命陈丽为县妇联主席。

2010 年以后至 2015 年，县妇联没有召开代表大会换届选举。

第三节　主要活动

一、双学双比

1979 年，县妇联组织全县妇女开展“学文化、学技术”的双学活动，引导妇女参与经济建设。全县有 9 万名妇女参与双学活动。东湖渔场徐纯英用科学方法养猪 852 头，向国家交纳生猪 449 头，净重为 18500 千克，超额承包任务 3000 千克，被评为省级“养殖女状元”。1984 年，全县成立 42 个双学小组，有 15700 人参加 520 个学习班，分别学习缝纫、维修、饮食、养殖、种植等专业知识。至 1985 年，参与学习技术的人数达 88170 人。有 1500 人被授予“三八”红旗手称号。其中县级 1201 人，市级 289 人，省级 7 人，全国“三八”红旗手 3 人。24 人被评为先进妇女工作者，其中出席省 7 人；1987 年，1100 人次被授予“三八”红旗手称号，其中出席省 1 人；出席市 50 人。1989 年，开展“学文化、学技术、比成绩、比贡献”（简称“双学双比”）活动。2005 年始，组织妇女学养殖技术、藠头种植、食用菌栽培、大棚蔬菜种植等女性再就业技能培训，共 8 期 3000 人次。2009 年 4 月，举办妇女就业免费培训暨现场招聘活动，有 589 名女性参与培训，430 人找到理想岗位。2010—2015 年，共举办学习班 921 期，10018 名妇女参与学习，3250 名妇女脱盲。至 2010 年，“双学双比”活动共举办各类技术培训班 4285 期，培训人数 10 万余人次，有 20.3 万名妇女掌握 1—2 门技术，有 3000 名妇女成为种养大户。

二、巾帼建功

自 1991 年始，县妇联组织全县 1.5 万人参与巾帼建功竞赛活动，其中有靠科技致富、有管理民营企业、有勇闯市场、有再就业之星等巾帼英雄；有在民政、医院、烟草、办税大厅等岗位上团结合作，争创巾帼岗的妇女团队。2009 年 12 月，县妇联被评为全省妇联系统先进集体。至 2010 年，全县共创“巾帼文明岗”45 个，获巾帼建功先进个人荣誉称号 12 人。其中文星镇办税服务厅、民政局婚姻登记中心等 32 个岗位被评为全省巾帼文明岗；县人民医院护理部被评为全国巾帼文明岗；石塘乡黄泥村被评为全省巾帼示范村；杨慧丽、朱少华先后被评为市“巾帼再就业之星”“创业之星”；刘爱青、康小元被评为全国城乡妇女巾帼建功先进个人；樟树镇妇联主任葛辉群作为基层优秀妇女干部代表参加在北京召开的第四次世界妇女大会；高建成的母亲杨友秀被评为中国“十大杰出母亲”。2011 年以后，县妇联继续抓巾帼文明岗创建，发动各级妇女组织动员妇女发挥“半边天”作用，在创新创业、爱岗敬业、维权维稳、扶贫帮困、倡导新风等方面做新贡献。至 2015 年，创建国家级“巾帼文明岗”3 个、省级岗 7 个、市级岗 11 个。2015 年 9 月 30 日全市妇联系统创建巾帼文明岗会议在湘阴县召开，湘阴县妇联作经验介绍发言。

三、五好文明家庭创建

1995 年，县妇联在全县妇女中开展“创五好家庭”活动，组织 9000 多名妇女参加文明家庭知识学习，对 2000 户“五好文明家庭”授牌。其中县烟草局被市授予创建“五好文明家庭”先进单位。2004

年3月6日，县妇联开展首届优秀丈夫创评表彰大会，全县99人获“优秀丈夫”称号。2006年10月，县妇联举办“东湖房产杯”和谐家庭创评表彰会，全县100个家庭受表彰，彭国定等10人被评为和谐家庭标兵。至2015年，共有4万户家庭被评为“五好文明家庭”“贤内助”1200人，优秀丈夫99个，优秀母亲2000个。吴育红等15户被评为省级“五好文明家庭”。

四、依法维权

1983年，县妇联成立维权部。维权部部长杨益明（律师）为上访妇女提供法律援助。

2001年，各基层法庭、派出所及乡镇妇联挂牌成立县预防和制止家庭暴力报警站、投诉站。2003年，县妇联与县司法局、县人口与计划生育局等单位在全县联合开展关爱女孩行动。

2011—2015年，县妇联积极开展为特困妇女和留守儿童送温暖活动。坚持对全县160名贫困妇女实行对口帮扶和爱心救助，通过联系爱心企业，发动志愿者开展捐善款，为贫困妇女发送慰问金12万余元。樟树镇金山村妇女陈春辉十年如一日照顾瘫痪女儿胡丹和癌症丈夫，一人顶起一个贫困的家，县妇联多次上门慰问并给予重点帮扶。2012年县妇联经过多方努力，争取将湘阴列为全省2012—2015年农村妇女“两癌”普查项目县，对全县35~64岁农村妇女免费进行宫颈癌和乳腺癌普查。与《湘阴周刊》合作，争取由中国日报网组织的“微爱中国行”公益助学项目；争取岳阳“绿岛御庭”爱心项目，发动湖南衡缘兴盛集团等企业献爱心，对32名特困学生进行重点资助帮扶。

2006—2009年，县妇联配合公安、司法等单位开展打黑除恶行动，开展妇女、儿童普法维权活动。每年6月26日组织巾帼禁毒志愿者与禁毒委一道在县城开展禁毒宣传，争创“无毒社区”。2011年以后，县妇联开展关爱生命，呵护家庭—妈妈禁毒联盟行动”，在全县招募禁毒妈妈志愿者356名，于每年“6·26”全民禁毒日在左宗棠广场举行大型禁毒宣传教育活动，发送宣传资料一万余份。县妇联多次被评为县禁毒工作先进单位。至2015年，打击侵害妇女权益的犯罪分子72人，解救212名受害妇女，在县直、乡镇成立22个家庭暴力投诉站，免费为15名妇女、儿童提供法律援助。县妇联报送的两件信访案件获全省优秀选送案件三等奖。

五、儿少工作

1984年，县妇联成立儿童部，组织在全县开展幼教工作和家庭教育工作。

1994年，县政府成立湘阴县人民政府妇女儿童工作委员会，由政府常务副县长任主任，政府办分管负责人及县妇联主席任副主任，委员由县直23个部门分管副职组成，办公室设在妇联。2008年，新增加成员单位5个。

2002年，县妇联实施联合国儿童基金会“母亲安全”项目，降低孕产妇和新生儿的死亡率。“六一”期间，通过开展幼儿智力竞赛、读书比赛、书画展、少儿才艺展示赛等各类有益活动，促使少年儿童健康成长。2003年，县委、县政府发文成立县维护妇女儿童权益工作协调小组，明确县法院等10个部门负责维护妇女儿童合法权益的协调工作。县妇联积极争取各方支持，开展“希望工程”“春蕾计划”和“一对一、手拉手”活动，联系社会各界投资扩建改善文星镇高岭小学、长岭小学、东塘镇一塘小学的校舍和办学条件。2010年12月，县妇联联合其他部门对范锐聪等10名首届“美德少年”进行表彰。

1978—2010年，全县涌现出一大批扎实为妇女儿童办实事的先进单位与个人，其中省级优秀儿少工作者5人，省优秀家长和科学育儿积极分子8人，市级先进集体3个、优秀儿少工作者8人。

2014年，县妇联为加强少年儿童文化教育，培育少年儿童文学艺术素质，引导湘阴曹阿娣、李娃、湛鹤霞等颇有成就的女作家组建女作家联谊会，建立少年儿童文学网站“文雏网”，定期开展文学艺术辅导，为全县少年儿童提供文学艺术学习平台。

六、创办经济实体

1984年，创办县妇联幼儿园。1989年，接收幼儿130余人，有效缓解县城幼儿入园难的问题，成为全县幼教示范基地。

1986年，建立家政服务公司，并组织200多名职业妇女到上海、浙江、广州等地务工。

1989年，征地2公顷准备筹建儿童乐园。1993年，租用县总工会球场建成县内第一个儿童乐园。1997年，将2公顷土地交换县法院审判庭庭院，改造成妇女儿童活动中心，经营至2007年，由县委、县政府拍卖，所得资金上缴县财政。

第四章　科　协

第一节　机　构

1978年，湘阴县重建科学技术协会（简称“县科协”），与县科委合署办公。1981年3月，县科协配备专职秘书，设专门办公室，定编3人。1993年3月，县科协与县科委分家，升格为正科级单位。至2015年，县科协干部增至8人，机关内设办公室、学会、普及等工作部门。随着政治、经济体制改革的发展，县直各学会、协会、研究会也随之巩固扩大。县直学会、协会、研究会发展到23个，个人会员14248人。农村专业技术协会19个，会员1455人。

2015年湘阴县学会、协会、研究会及企业科协统计表

表7-4

名　称	挂靠单位	团体会员（个）	个人会员（人）	秘书长
县财政会计学会	县财政局	36	1230	苏宇
县青少年科技教育协会	县教育技术中心	10	55	陈合林
县教育学会	县教研室	32	1032	马旺华
县血吸虫病研究会	县血防办	6	98	张植常
县老科协	县老干局	28	921	罗正光
县质量协会	县质量局	79	24	刘汉平
县畜牧学会	县畜牧局		80	刘孟良
县粮食科技与经济学会	县粮食局	19	53	张娅
县农机学会	县农机局	240	116	郭太川
县环保学会	县环保局	1	87	吴颖
县林学会	县林业局		82	王月兰
县水利学会	县水利局	21	272	彭超群
县水产学会	县水产局		246	胡朝阳
县计生协会	县计生局		7196	李罗根

续表 7-4

名　称	挂靠单位	团体会员（个）	个人会员（人）	秘书长
县农学会	县农业局	8	160	汪大明
县医药卫生学会	县卫生局	14	268	程艳辉
县建筑协会	县建工站	29	165	凌文
县机电协会	县工业局	20	358	刘丈冰
县安全生产协会	县安监局	63	25	汤应斌
湖南福湘木材协会	湖南福湘木业有限公司		839	刘建新
湖南华康辣椒协会	湖南华康食品有限公司		225	杨特鸿
湖南义丰祥企业科协	湖南义丰祥实业有限公司		360	杨涌波
湖南长康企业科协	湖南长康实业有限公司		356	谭迪高

湘阴县农村专业技术协会统计表

表 7-5

协会名称	主营产业	会员人数（人）	年销售收入（万元）	理事长（会长）
湘阴县华鑫藠头专业技术协会	藠头	75	8000	陈友庚
湘阴县六塘乡藠头专业技术协会	藠头	52	180	许立华
湘阴县六塘乡茶叶专业技术协会	茶叶	60	120	付运根
湘阴县六塘乡养猪专业技术协会	养猪	66	135	王向东
湘阴县界头铺镇花卉苗木协会	花卉苗木	62	130	唐志涛
湘阴县城西镇丁鲑鱼养殖专业技术协会	丁鲑鱼养殖	53	185	张立云
湘阴县鼻湖渔场水产协会	水产	58	120	彭志贵
湘阴县岭北镇甲鱼协会	甲鱼	56	190	熊建红
湘阴县高仑村生猪养殖协会	生猪养殖	52	120	钟聪
湘阴县南湖洲镇麻鸭养殖协会	麻鸭养殖	80	170	闵德辉
湘阴县柳潭珍珠养殖协会	珍珠养殖	54	128	左一丰
湘阴县城西镇兴隆村无公害优质水稻专业技术协会	无公害优质水稻	69	400	沈柏林
湘阴县南阳网箱养鳝专业技术协会	网箱养鳝	80	130	周迎春
湘阴县大泊湖渔场养殖协会	渔业	60	320	刘永禄

续表 7-5

协会名称	主营产业	会员人数（人）	年销售收入（万元）	理事长（会长）
湘阴县凯佳葡萄种植协会	葡萄种植	68	190	汪凯炎
湘阴县杨林寨富民蔬菜专业技术协会	蔬菜种植	130	120	成次宏
湘阴县樟树港辣椒种植加工专业技术协会	辣椒种植加工	240	170	杨福庚
湘阴县石塘乡九洲葡萄种植加工专业技术协会	葡萄种植	75	150	刘光华
湘阴城西镇新月村麻鸭养殖协会	麻鸭养殖、销售	65	540	姚建龙

第二节　代表大会

1979 年 2 月 28 日至 3 月 2 日，县科协第五次代表大会在县委会议室召开，参加会议代表 58 人。县科委副主任杨魁苏做总结报告。会议修改《湘阴县科学技术协会章程》，杨魁苏当选县科协主席（兼）。

1981 年 3 月 6 日，县科协第六次代表大会在县文化馆会议室召开，出席会议代表 86 人。县科委主任彭子朝作《关于充分发挥科技人员的聪明才智，为湘阴的四个现代化服务》的工作报告，会议修改《湘阴县科学技术协会章程》，选举县科协第六届委员会，彭子朝当选县科协主席（兼）。

1988 年 3 月 28 日，县科协第七次代表大会在县委小礼堂召开，出席会议代表 92 人，杨魁苏作《团结奋斗、深化改革，为振兴湘阴经济贡献聪明才智》工作报告，选举产生第七届委员会，杨魁苏当选县科协主席。

1998 年 5 月 19 日，县科协第八次代表大会在粮源宾馆会议室召开，参加会议人员 188 人。钟文岳代表第七届委员会作《高举邓小平理论伟大旗帜，努力实施科教兴县战略，为开创我县科协工作新局面而奋斗》的工作报告。会议修改《湘阴县科学技术协会章程》部分条款，选举产生第八届委员会委员 29 人，钟文岳当选为主席。

2001—2004 年，李旷林继任主席。

2004 年 5 月 28 日，县科协第九次代表大会在县政府大礼堂举行，出席会议代表 268 人，丁新云作题为《实践“三个代表”重要思想，再创科技兴县新业绩、为全面建设我县小康社会而努力奋斗》的工作报告，选举产生县科协第九届委员会，丁新云当选为县科协主席。2006 年 3 月县委任命张娜为县科协主席，2013 年 3 月县委任命李卫为县科协主席，2010—2015 年县科协没有召开换届选举代表大会。

第三节　主要活动

一、创建活动

创办农村致富技术函授大学（简称“农函大”）湘阴分校　1985—2010 年，由中国农函大、湖南省农函大提供教材、校徽、试卷，县科协在各乡镇开办种养加专业班 28 个。学员以自学为主，县科协组织专家定期到班授课、考试、考核，根据各乡实际，现场教学解难，共培训农函大学员 9600 人。学员通过考试，晋升农艺、工程类专业技术职称 1520 人次。其间，湘阴农函大分校被中国农函大授予“开展返乡农民工培训工作先进分校”称号。

创办科普示范基地　1995年，水产学会工程技术人员在东湖渔场创建中华鳖温室养殖基地5000平方米，年产值480万元。并在全县普及中华鳖养殖技术，形成规模养殖。1996年，县科协协助鹤龙湖两名省级科技示范户，建立特种龟鳖养殖基地面积6000平方米。从浙江海宁引进巴西龟、鳄鱼龟、黄喉水龟，以及本地草龟养殖，受到省、市领导、专家高度肯定。

1999年，县科协创建长江绒螯蟹养殖科普示范基地。从连云港市引进18名专业养殖户，先后在鹤龙湖镇、洞庭围等1200公顷水域养殖，与当地养殖户合股开发长江绒蟹螯群新技术养殖。

2001年，县科协在长康乡中塅村建立豫薯868基地13.33公顷，经专家现场验收测产，每公顷产量平均73.5吨，单株产量11千克。县政府成立豫薯办公室，在城南等地区旱地推广。

至2010年，先后创建白泥湖华鑫藠头高产示范基地、濠河河蟹科普养殖示范基地、湘阴县无公害优质水稻生产示范基地、县一中青少年科技活动示范基地、湖南鼎好农牧业发展有限公司穗香鸡养殖基地、湘阴县博海渔业科技有限公司水产良种繁育基地等科普示范基地。2010年，湘阴华康食品加工基地、湘阴福湘木材协会被中国科协、财政部联合授予全国科普惠农兴村先进单位荣誉称号。

创建科普示范县和科普示范乡镇、示范单位　2003年始，启动创建科普示范县和科普示范乡镇、示范单位活动。2008年，根据中国科协全国科普示范县创建标准，依照《中华人民共和国科普法》，制定《湘阴县创建全国科普示范县工作方案》，在各乡镇和县直单位开展创建活动。至2009年，岭北、南湖洲、三塘、长康、东塘、南阳、界头铺、六塘、城西9个乡镇先后获市级科普示范乡镇；林业、水利、农业三个局先后获科普示范达标单位。

2011年，县科协做了大量工作，积极主动开展创建“2011—2015年度全国科普示范县”活动获得成功，5月20日，中国科协下达〔2011〕21号文，正式命名湘阴县为“2011—2015年度全国科普示范县”，是岳阳市唯一获此殊荣的县。

二、科技示范

1986—2004年，科协与各专业学会协同乡镇，共培养农村科学技术普及示范户（简称“示范户”）2180户。其中省级示范户100户，市级示范户200户，县乡级示范户1880户。

农村科学技术普及示范基地（简称“示范基地”）先后建立，有樟树港早夏菜示范基地，东湖渔场中华鳖养殖示范基地，鹤龙湖特种龟鳖养殖示范基地，鹤龙湖河蟹养殖示范基地，长康镇豫薯种植示范基地等。长康镇豫薯种植示范基地面积166.67公顷，2001年10月验收每公顷产量76500千克，最大蔸重9.28千克，比常规品种产量高5倍。鹤龙湖特种龟鳖养殖示范基地养殖的鳄鱼龟最大重13千克。以上两个示范基地被省科协授予湖南省科普示范基地。

2009年，湘阴首次参与国家科技支撑计划——沿洞庭湖粮食主产区农业面源污染消纳减排技术研究，在白泥湖、农科所等地建立核心试验示范区75公顷，技术示范区420公顷，辐射推广，使湘阴县成为全省“两型社会”建设农业面源污染控制示范区。

三、培养科技示范户和科技项目申报

1988—2015年，县科协培养帮助扶持各类科技示范户2238户，其中省级42户，市级168户，县级320户，乡镇级508户，村级1200户。其间，韩定兴被评为全国科普带头人称号。湘阴县获批全国科普示范县以后，县科协加强培育和申报科技项目。在2011—2015年，先后向国家和省、市成功申报一批科技项目，其中湘阴县小北湖农业产业化开发科普示范基地，凯佳葡萄种植协会获评全国先进农村科普示范单位，并入选湖南省科普惠农项目库；湘阴县无公害优质水稻科普示范基地列为国家级科普示范基地、中国科协和财政部补奖单位；湘阴县鹤龙湖大闸蟹协会被中国科协和财政部授予全国基层科普行动计划先进单位；文星镇望滨村杨辉获中国科协和财政部基层科普行动计划先进个人；湘阴县益众生态农业科普示范基地、湖南鼎好穗香鸡养殖基地、湘阴县牛业协会评为省级基层科普行动先进单位，湘阴县先锋路社区评为省级科普示范社区；刘春华、甘英、杨辉、胡迪牛、蒋建华、夏春霞、秦国亮、廖小车等评为全省科技示范户和先进个人；湘阴县樟树辣椒种植协会、湘阴县博海渔业水产良种繁育基地、鹤龙湖优质水稻生产科普示范基地、湘阴有机兰花香茶叶示范基地、湘阴大棚蔬菜栽培技术协会、湘阴生态农业协会等获市级科普先进单位。

四、开展学术交流

1989 年 9 月 6—10 日，联合国粮农组织与农业部在湘阴县召开“国际水稻病虫综合防治学术交流会议”，与会的有联合国粮农组织和孟加拉、印度尼西亚、马来西亚、菲律宾、斯里兰卡、泰国、越南 7 个国家的 10 位代表，以及我国水稻生产区的湖南、湖北、江西、四川、安徽、上海、江苏、浙江、广东省的 21 位代表。湘阴综合防治十年，水稻总产由 3 亿千克增至 4 亿千克以上，农药用量比综防前下降 50%，稻谷、茶叶农药残留量控制在国际规定标准下，综防区稻田天敌种类和数量增加，水域中鱼虾增多，与会人员反映：湘阴利用蜘蛛控制害虫，是写在稻田的学术论文。联合国粮农组织官员埃尔逊认为，中国这方面的工作在国际上遥遥领先，肯摩博士赞誉湘阴为“蜘蛛之乡”，要求派员到国际水稻研究所培训班上讲蜘蛛饲养课。

2000 年 10 月 12 日，县东湖渔场与湖南师范大学生命科学院就“异源四倍体鱼和三倍体湘云鲫（鲤）”可育性进行技术交流。该四倍体鱼能代代相传，形成一个稳定的新的四倍体鱼繁育群体，为探讨自然界鱼类多倍体形成机制提供了非常重要的理论依据。

2007 年，湖南省市州科协学会工作会在湘阴天成大酒店召开，省科协党组副书记、副主席田明星到会讲话并对湘阴科协学会工作予以充分肯定。县科协、县直各学（协）会、研究会创办各种刊物进行技术交流、技术推广。主要刊物有《湘阴科技报》《科普园地》《湘阴农业》《水产养殖技术》《妇幼保健》《优生优育》《湘阴教育》等。至 2010 年，各学会、协会、讲究会开展学术交流、专题项目论证等活动 626 次，参加人数 18000 人次，撰写论文 1920 篇，编印成书 5200 册；获奖论文 624 篇，其中国家级 26 篇，省级 120 篇，市级 180 篇，县级 298 篇。高级农艺师陈伯刚撰写的《水稻病虫害综合防治》获世界粮农组织奖；水产工程师陈佳礼、熊吉祥合作的《鲫鲤鱼杂交的深层次探讨》为以后的“湘之鲫”的研究开发和“基因库”的形成奠定基础。

五、青少年科技辅导

1982 年，县科协联合青少年科技辅导协会（简称“青辅协会”）开展科技创新技术竞赛，有 13 件作品由岳阳地区科协选送省科协参赛，其中 5 件获三等奖，伏亮创作的《鲫鲤开亲》选送中国科协参赛获二等奖。至 2006 年，湘阴一中青少年科技小组代表参加各级科普竞赛活动，先后获国际奥赛数学金牌、省中小学机器人大赛高中组足球赛第一名、省中小学机器人大赛冠军、全国机器人大赛一等奖。湘阴一中连续 4 年获全国青少年信息学奥赛湖南赛区优秀参赛学校，特级教师郭白光连续 10 年获“湖南省信息学奥赛园丁奖”。湘阴县一中青少年科技活动基地被评为省级科普示范教育基地。2008 年，城北学校参加各级航海模型竞赛，44 人次分别获国家、省、市奖励，其中贺敏光获全国青少年科技一等奖。2009 年，参加四驱车模型竞赛，56 人次获国家、省、市奖，其中杨玉起、刘邓林分获国家级第三名、第五名奖。2014 年，县科协做了大量工作，争取联合国儿基会农村青少年与非正式教育项目，免费为湘阴县培训 14~17 岁辍学青少年 300 名。

第五章 残 联

第一节 机 构

1990 年 12 月，成立县残疾人联合会（简称“残联”），为股级事业单位，设理事长、副理事长、办公室主任各一名。1992 年定为副科级事业机构。1997 年残联列为正科级单位，1998 年 3 月从县民政局分家单列。

1990 年，召开县第一届残疾人代表大会。县残疾人工作协调委员会主任由同级政府领导人担任，副主任包括政府办公室主任和县残联理事长，有关部门和团体负责人任委员，办事机构设在残联，由残联理事长兼任办公室主任，日常工作由县残联承担。残联工作由一名县委副书记具体联系和指导。

1998 年成立中共湘阴县残联党组。2010—2015 年，县残联下设办公室、康复股、宣教股、就业服务中心、福企办等股室，有干部职工 53 人。全县 19 个乡镇成立残联，公开选聘 19 名残疾人专职委员；419 个行政村（社区）成立残疾人协会，选配 417 名残协专职委员；基层残疾人组织实现 “有专职干部、有办公场所、有服务载体、有联系网络”目标。2015 年全县残疾人总数为 45890 人，其中农村 33590 人，城镇 12300 人。

第二节 代表大会

1990 年 12 月 16 日，在县城召开县第一次残疾人代表大会。参加会议代表 115 人，其中正式代表 100 人，特邀代表 15 人。县民政局副局长谭载星作题为《同心同德，艰苦奋斗，努力开创残疾人工作的新局面》的报告。大会选举产生县残联第一届主席团，夏让初当选为县残联第一届主席团主席，余濯平、程启生、李文彬、任德云、杨建华当选为副主席。1998 年 3 月，县残联单列后，第一任理事长刘克恭、兼任党组书记。第二任理事长、党组书记邵建兵。第三任理事长、党组书记邓平。

第三节 主要活动

一、残疾人康复

1991 年始，县残联坚持开展以白内障复明、小儿麻痹矫治、聋儿语言训练为主要内容的“三项康复”工作，为残疾人解除病痛。1998—2004 年，共帮助 620 名白内障患者重见光明，帮助 108 名小儿麻痹后遗症患者做矫治手术，配装用假肢 140 例，低视力康复 125 例，肢体康复训练 45 例，聋儿语训 308 名，智残儿童康复训练 25 名，脑瘫儿童康复训练 6 名，赠送肢残患者轮椅 250 台、拐杖 80 根。2005—2010 年，县政府累计投入资金 280 多万元用于残疾人康复，全县 12000 多名残疾人得到不同程度的康复。连续 6 年为全县贫困重度肢体残疾人免费发放代步轮椅 2600 辆，实施假肢装配 169 例，矫形器 120 例，配发盲杖 500 根；对 350 名低视力患者配发助视器，200 名低视力儿童家长进行康复训练培训，完成近 3000 例白内障复明手术；共有 115 名聋儿接受听力语言训练，培训聋儿家长 95 人，配发助听器 510 副；全面开展精神病摸底调查和建档立卡工作，对 5 名特困精神病患者实施免费住院治疗，救助贫困精神病患者免费服药 1304 人。

至2010年，全县14个乡镇卫生院设立残疾人康复室、14个行政村建立残疾人康复站，先后完成全县14个乡镇1.1万多名残疾人康复需求统计，建立8800多名残疾人康复服务档案，组织乡镇残联理事长、社区（村）康复协调员、康复指导员和村医培训2批次百余人，先后建成残疾人辅助器具服务站和“怡智家园”康复托养中心。是年，申报湘阴县残疾人康复托养中心建设项目已进入国家“十二五”规划笼子，在省、市残联和发改委的重视支持下，项目前期工作进展顺利。是年湘阴县被评为残疾人“全国社区康复示范县”。

2011年始，县残联在每年的全国助残日前后，开展为残疾人康复服务活动，至2015年，为重度肢体残疾人免费发放代步轮椅2360辆，盲人盲杖400根。为腿残者装配假肢57例，为56名听力、视力问题的儿童装配助视器和助听器，为100名精神病人免费治疗，为124户残疾人资助150万元修理危房，为278名贫困残疾人家庭子女免除学杂费。2011年和2012年为2450名残疾人发放困难救助金115万元。

2013年始，县残联反复核准重度特困残疾人对象2871人，发放“湘阴县贫困重度残疾人特殊生活补贴领取证”和存折“一卡通”。连续五年积极开展残疾人劳动技能培训，组织参培的残疾人640人，推荐228人就业。

二、残疾人就业

1980年，县民政局在八甲恢复县福利厂，同时支持长康毛笔厂、玉华毛笔厂、金龙毛笔厂与临资口蚊香厂安置有劳动能力的残疾人就业。1998年，石塘乡双桥村创建残疾人扶贫开发基地。至2004年，县福利厂、劳保用品具总厂、长康毛笔厂、慧丽学校、南湖干菜厂、三井头塑料厂、共安排残疾人就业810人，在残疾人扶贫开发基地安排47名残疾人就业。帮助80名残疾人解决营运三轮车牌照。为残疾人举办电脑、缝纫、按摩、家电维修等培训，有220人解决就业问题。推荐80名残疾人到岳阳正龙公司打工。支持鼓励残疾人从事个体行业有33户。2005年，全县实现按比例安排残疾人就业280多人。2006年始，率先在全市范围内创新残疾人就业保障金征缴方式，残疾人保障金征收额连年提高。2008年始，每年组织残疾人参加全县“春风送岗位”现场招聘会，为残疾人搭建就业平台；积极引导残疾人转变就业观念，倡导和鼓励残疾人自谋职业和自主创业。至2015年，全县福利企业集中安排残疾人就业1122人，劳务输出残疾人300多人。通过康复扶贫贷款，先后扶持100多名残疾人发展生猪、无公害蔬菜等种养殖业，支持个体盲人保健按摩机构5家，从业人员25人，具备中级技术等级有6人，初级技术等级19人。举办残疾人实用技术和职业技能培训17期、3650人次，合格率达98%。

三、扶残助残

1991年始，县残联以一年一度的全国助残日为契机，一年一个主题，把助残活动引向深入，《中华人民共和国残疾人保障法》深入人心。2002年，城镇贫困和重度残疾人纳入低保。2006年，农村贫困和重度残疾人逐步由“五保”（保吃、保穿、保住、保医、保葬）转入低保（最低生活保障）。残疾人基本生活保障水平逐步提高。优先将贫困残疾人家庭纳入五保和低保范围，并提高保障标准，至2015年，五保标准从2008年的500元/年提高到2000元/年，城乡残疾人低保平均保障标准分别达80元/月、120元/月。推进残疾人医疗保障，城乡居民大病医疗救助向残疾人及其家庭倾斜，一级、二级重度残疾人享受城镇居民医疗保险减免40%的优惠政策，新型农村合作医疗个人缴费部分由政府买单。残疾人参保人数已达35000人，参保率达82%。累计发放临时特困救助资金400多万元，利用元旦、春节等重大节日，走访慰问8200多户特困残疾人家庭，发放米、油、衣物等慰问物资折币200余万元。连续5年实施农村贫困残疾人安居工程，投入150万元完成310户残疾人家庭危房改造。严格执行“两免一补”（免教科书费、免杂费、补助寄宿生生活费）政策，全县学龄残疾儿童486名，在校就读427名，入学率为88%。争取“中国福利彩票公益金助学”和“长江新里程计划”等扶残助学项目，共资助

103名残疾人大学生完成就业，扶助义务教育阶段残疾人学生和残疾人子女526人。2012年，县残联为加强基层残疾人工作，搞好基层扶残助残，积极争取县委、县政府领导重视，经过考察选拔，为19个乡镇配备19名残疾人专职委员，确定每人每月发给工作补贴金360元，并进入养老保险。

四、创建全国残疾人工作先进单位

湘阴县获“全国社区康复示范县”荣誉后，县残联进一步开展残疾人康复服务，推进残疾人扶贫解困等方面做工作，经省、市残联推荐和综合考评，湘阴县荣获“全国残疾人工作先进单位”。2011年5月25日，评选结果在中国残联、省残联网站进行公示；6月9日，在全国第四次残疾人工作会议上，湘阴县被国务院残工委授予“全国残疾人工作先进单位”。

第六章　文学艺术界联合会

第一节　机　构

1996年6月，湘阴县文学艺术界联合会（简称“文联”）成立，由县文化体育局局长吴辉煌兼任县文联主席。2004年5月，县委行文正式批准县文联单列，为正科级事业单位，任命熊国庭为主席。2015年，县文联定编4人，内设办公室、下辖8个协会（作协、美协、书协、音协、舞协、摄协、戏曲协、民管协），7个社团（诗联学会、楹联学会、老年诗书画会、京剧票友队、星城艺术团、湘阴县书画院、湘阴县中华传统文化艺术促进会），共有文联会员782人，其中省级以上协会会员169人。

第二节　代表大会

1996年6月28日，在湘阴宾馆召开县文学艺术界第一次代表大会，到会正式代表49人，特邀嘉宾20人。会议听取文联筹委会关于成立县文联的筹备工作报告，审议并通过县文联《章程》，产生文学、戏曲、音乐、舞蹈、美术、摄影、书法、诗词、民间文艺等10个协会组织，共吸收文联会员249人。大会选举产生县文学艺术界联合会首届委员会，选举产生文联委员23人，选举吴辉煌为县文联主席（兼职）。张立人、成明进、吴果池为副主席。2004年3月，县委任命熊国庭任文联主席。第一次代表大会后至2015年再没有召开代表大会。

第三节　主要活动

一、文学创作

县文联贯彻执行党的文艺方针政策，团结广大文学艺术工作者，努力繁荣文学艺术事业，鼓励文艺创作，培养文艺创作新生力量。1996—2010年，湘阴县涌现一批作者群，领军人物有李清明、曹阿娣、成明进、冯根良、何文俊、吴果池、熊国庭、熊威等。县文联先后举办国家一级作家、军旅作家李清明文学讲座、著名意味诗作者成明进意味诗研讨会等6次，培训学员165人次；组织去平江、青山岛、鹅形山、柳庄等地采风9次，参加人数198人次；组织举办征文比赛3次，参赛人数1200余人，获奖人数224人；先后创办《湘阴文报》《观潮》《湘阴文化》《湘阴文艺》《远浦》等文学刊物，共发表各类文学艺术作品1020件，其中有130件被市以上报刊转载。

2011年以后，文学艺术团队扩大。2011年5月“湘阴县罗城艺术团”成立，由县政府副县长甘文伟任名誉团长；2012年4月，组建“湘阴书画院”,4月9日正式挂牌，由胡超美任院长，地点设县委原大院小礼堂。书画院成为从事书画艺术创作研究和联谊活动平台，为广大书画爱好者提供互相学习交流场所。挂牌仪式后大批书画爱好者泼墨挥毫奉献书画作品；2014年6月4日，“湘阴中华传统文化艺术促进会”成立，县政协副主席熊国庭为促进会授牌。主要宗旨是弘扬传统文化，传承传统美德，推进精神文明建设，促进中华民族优秀传统文化艺术的传承和发展。文学艺术团队扩大，创作硕果累累。女作家李娃创作的爱情小说《爱不起》《0.5克拉的爱》《9路车的爱情没交点》等作品，2011年和2012年先后在全国报纸杂志发表；散文作家李清明的《清明复清明》《李清明散文集》作品在花城出版社出版发行；作家熊威2013年创作的影视剧本《国魂》《乡村来的妹子》,由国家广电总局颁发了摄制许可证，其书法作品于2015年在《艺术中国》杂志第10期刊印4版，并参加“守正”全国楷书百家书法作品展览,唯湘阴县此类参展第一人。2011—2015年,县文联组织创作的各种文艺作品180篇(件),参加各种文艺，竞赛活动50次，有60人获奖。

二、音乐、器乐、舞蹈

音乐：2010年，成立县音协，主席王星升。成功举办“湘阴县首届左宗棠杯”电视歌手大赛。涌现出张卓（现任职中国歌剧舞剧院、青年歌唱家），罗汉（天津音乐学院博士导师），刘广（重庆西南师大声乐教授）等一批英才。

器乐：2004年，成立县民族管弦乐协会，会长杨超鹏（中国音协会员、省音协常务理事），现有会员38人。至2015年，组织民乐考级，通过总人数712人，合格率达91%以上。是年，组织举办大学生情系家乡新年音乐会。许舟、司马洁等荣获“中国未来之星”“中国特长生”音乐比赛金奖，为中国音乐学院、上海音乐学院、西安音乐学院等输送一批专业人才。

舞蹈：2010年，组织举办“湘阴县首届形象大使”决赛及颁奖晚会，产生轰动效应。

三、诗、书、画、影

诗：1987年，县诗联学会成立，先后出刊21集，发展会员300余人，其中卢如山、邓乔年、伏煌曙、聂绶钧、狄人毅、林玉华、廖铁等均有作品多次在国家级诗联赛中获奖。

书：2009年9月，举办“湘阴县庆祝国庆60周年书法、艺术、摄影作品展”，展出作品200余件。至2015年，有100余人次作品入选全国、省、市各项展示活动。会员李南波的作品入展第二届中日议员书法作品展。

画：2002年，中国美协举办纪念毛泽东《在延安文艺座谈会上的讲话》发表60周年，会员陈稳工笔山水画参展获银奖。2004年，全国教师书画大赛，陈建良国画作品《童年》获金奖。2006年，全国书画领军人物大奖赛，杨瑛的花鸟画《长青图》获银奖，并在其作品集中刊登。全国水彩画大奖赛，周祥云的《湘江暮霭》入展获优秀奖，并在《红色中国》刊物上发表。2009年，全国第二届《今日翰墨》书画大展赛，邹宪邦的国画山水画获金奖。

影：1997年，成立摄影协会。2010年，“走进湘阴”省级摄影大赛，汪鹏的《家园》获金奖，蒋娜的《时空》、叶旭峰的《龙舟竞渡》获银奖。2014年，县摄影家协会王克清的《和谐家园》、易辉的《鹤龙湖挖藕》在大众摄影分获一、二等奖，叶旭峰、刘默、高治波、冯烨、汪争、张波、蒋娜、刘广、龚学文的摄影作品在大众摄影获三等奖；汪鹏的《洞庭候鸟》在中国摄影报获三等奖，《水中凤凰》在《湖南日报》发表；龚学文的《井中景》《小桥流水》，冯烨的《喜气盈庭》《喜上眉梢》在省摄影家协会获优秀奖。

第七章　工商联

第一节　机　构

1984 年 12 月 1 日，县政协与县委统战部召集原工商联工作人员开会讨论，决定成立湘阴县工商联筹备处，按国营工商业者占 70%，集体工商业者占 20%，个体工商业者占 10%的比例产生代表。12 月 28 日，正式恢复湘阴县工商业者联合会，用原工商联房产折价款在衙正街新辟办公场所。2004 年 9 月，县政府批准县工商联作为非公有制经济领域内成立的商会、行业协会的业务主管单位。2005 年，湘阴县成立行业商会工作领导小组，办公室设在县工商联，加强对行业商会的组建、指导、协调和监管，行业商会在有关部门和工商联双重领导下工作。2008 年 4 月，挂牌成立湘阴县工商联直属会员单位党委，随后，成立湘阴县非公有制经济组织党工委。至 2015 年，全县有 256 个工商联（商会）会员，1 个乡镇建立工商联分会，成立 11 个县属行业商会（协会）。商会主要以建材装饰、食品加工、机电化工、建筑、餐饮娱乐、家具、广告等产业和行业为主，主要分布在县城和城郊。

2006—2015 年，县工商联先后被授予全省工商联系统宣教工作先进单位、全市工商联系统组织建设先进单位、全市非公企业党建工作先进单位、全市工商联系统目标考核新农村建设先进单位、全县统一战线工作先进单位、两次获评全县“三个文明”建设先进单位等多项荣誉称号。工商联主席陶娜被评为全省工商联系统先进个人，被省政府记一等功。

第二节　会员代表大会

1984 年 12 月 28 日，召开县工商联第六届会员代表大会，恢复湘阴县工商联，属正科级单位，是全省恢复工商联最早的 11 个县之一。出席会议代表 62 人，选出执委 9 个，常委 5 人，彭济熙为主任委员，郑碧云、杨训伦为副主任委员。制定新规章制度，全面恢复工商联工作。

1990 年 5 月 22—24 日，县工商联召开第七届会员代表大会，会员代表 90 人，县委副书记彭应全、政协主席李仕学、县委统战部部长杨元普、副县长陈湘诚等领导出席会议并作重要讲话，会议选举产生工商联新的领导班子，选举执委 21 人，常委 7 人，刘助模为主任委员，刘永烈为副主任委员。

1992 年 10 月 29—30 日，县工商联召开第八届会员代表大会，出席会议代表 100 人，会议选举陈岱云为主任委员，刘永烈为副主任委员，常委 9 人，执委 25 人。

2001 年 9 月 20—21 日，县工商联召开第九届会员代表大会，县政协主席罗月英，县委副书记周友庚，县委常委、常务副县长李立峰，政协副主席、统战部部长熊检华等领导出席会议。会议代表 91 人，选举黄果成为工商联会长，李树迁为常务副会长兼秘书长，兼职副会长 8 人，常委 15 人，执委 41 人。

2005 年 9 月 29 日，县工商联第十届会员代表大会在县委礼堂召开，会议正式代表 129 人，列席代表（县直分管党群副职、各乡镇长）106 人，特邀代表 7 名，共 242 人参加会议。省工商联会长何报翔，市政协副主席、市委统战部部长程谦逊，县委书记毛七星，县人大常委会主任陈国平，县长周友庚，县政协主席单斗才出席会议。大会选举产生工商联新一届班子，陶娜任会长，兼职副会长 13 人，常委 25 人，执委 55 人。

第三节　主要活动

1978年12月，党的十一届三中全会召开后，县委统战部等有关部门开展工作，为工商界人士落实政策，平反冤假错案。共收回下放农村工商业者155人，补发165人定息3572元，退还“文化大革命”中查抄工商界人士财物折价款10450元，退还给工商界人士住房14栋。利用原工商联生活互助储金，补助工商界重点户11户。改正在“四清”运动中错划的资本家，从原工商业者中区别出“三小”（小商贩、小手工业、小业主）702人。对1956年工商业社会主义改造中，在公私合营单位担任正副经理、正副厂长、门市部主任等职的资方人员134人，承认其干部身份77人，恢复全民职工15人。

1985年，县工商联恢复后，继续协助县委统战部落实工商统战政策，对原工商业者在文革前担任公司会计、业务、储运等职务的37人，承认为国家干部，退还其在“文化大革命”期间被查抄的财产。县工商联成立湘阴县工商联经济咨询服务公司，办起经济实体，安排工商界待业青年6人，聘用一些原工商业者，组织商品资产20余万元。办起 “工商之家”，沟通原工商业者和新发展的个体私营经济经营者。

1986年1—6月，县工商联组团赴上海参加展销会，与上海工商联、杭州工商联建立联络关系。与汨罗百货公司建立联营合作关系。为县内工商企业提供铺底资金100万元。8—12月，省电视台采访湘阴县工商联，并播发湘阴县工商联搞活经济、开展咨询服务的专题报道。是年，与县劳动服务公司合作，创办工商培训学校。办财务学习班两期，学员40人，办实用电器培训班两期，培训46人。组建工商联妇女联合会。

1987年1月，工商联主任委员彭济熙参加全国工商联在北京举办的经贸洽谈会。办起工商联会刊。12月，省委统战部、市委统战部，省、市工商联等领导考察湘阴县工商联工作，给予肯定评价。1988年7—12月，完成县工商联史志编写。1989年，为生活困难的50名工商业者发放困难补助5万元。

1990年7月，县工商联成立咨询信息服务部，与全国2100个县、市、区建立横向联系。8月，县工商联联系澧县相关单位为鹤龙湖渔场供应500吨优质菜饼，节约成本1万余元。

1991年，县工商联成立互助储金会、制止“三乱”小组、打击假冒伪劣商品监督小组，为工商业者合法经营提供服务。工商联联合有关部门先后举办5期个体、私营企业骨干培训班，培训300余人。5月，县工商联和县经委负责人去武汉市工商联参加长江流域八市商品展销会，推介20多家企业产品，成交额200余万元。

1994年，县工商联所属的华侨旅游侨汇公司改为职工自营。自此至2001年，工商联部分企业亏损歇业，原企业部分外账难以收回，在此期间，县工商联出面清退汨罗百货公司100万元铺底资金。这一时期推荐21名非公有制经济代表人士担任市、县人大代表和政协委员，36人担任市、县工商联执委、常委和正副会长等职务。县工商联针对政治、经济社会难点、热点、疑点参政议政，写出调查报告10篇、提案5个。《全县三资企业情况调查》《民营企业的调查与思考》《全县种养专业户情况调查》等得到县委、县政府重视，多次召集有关职能部门开展专题讨论，落实解决问题。

2002年，推荐私营企业兰岭茶厂、长康实业、义丰祥实业等成为市重点企业，推荐非公有制经济代表人士担任县人大常委1人，市、县人大代表12人，县政协常委8人，市、县政协委员7人，推荐担任省、市工商联执委、常委8人。

2003年，推荐长康实业和振湘实业为省级重点骨干民营企业，振湘实业董事长夏洪广、洞庭柠檬酸化学有限公司董事长黄果成为省光促会理事；推荐三塘镇、长康乡、长康实业、金威饲料厂、振湘实业、尖东服饰有限公司、华康食品有限公司等企业和产品荣获省著名商标、湖南名牌产品等称号；推荐浏阳河油业有限公司为省质量信得过单位。

2004年，县工商联积极推介典型，其中义丰祥实业董事长杨湧波、振湘实业董事长夏洪广、长康实业总经理谭光辉推荐为市级社会主义事业优秀建设者，夏洪广、陈友庚为市级劳模；福湘木业等7家企业为市级纳税先进单位。

2005年5月，推荐华鑫实业陈友庚为全国和省级劳动模范，福湘木业刘建新为省级劳动模范，洞庭柠檬酸化学公司黄果成为省关爱员工优秀民营企业家。10月开展原工商业者调查摸底，上报90名原工商业者及遗孀为生活困难需要补助对象。

2007年始，联合县委组织部、统战部、农村工作部启动“民企联村乡共建双赢”活动。全市统战系统“民企联村”工作现场会在湘阴县召开，华龙建筑公司、楠竹山实业、兴隆兴科米业分别获得省、市先进企业奖。

2009年5月15日，成立湘阴县房地产协会。8月，与县财办、统战部等单位合作，组织企业负责人与工商银行开展银企洽谈会，签订总额达10亿元的授信贷款协议，现场签约意向贷款1.1亿元。10月16日，与县科技局联合举办企业知识产权管理知识讲座。

2010年，参与组织“全县教育三年行动计划”，各兼职副主席参与调研，会员企业踊跃捐款。长康集团、福湘木业、石塘建筑分别捐款158万元、140万元、100万元；组织福湘木业与金龙镇香山村开展“村企携手、互惠双赢”活动；带领县内21家企业参加全市民营企业招聘会，帮助招工400多人。组织县房地产协会、沙田建筑公司，参加市工商联开展的“爱党爱国、同心同行”非公经济组织红歌赛、“非公党旗红”典型事迹报告会、非公企业创先争优活动成果展三大主题活动。福湘木业公司党支部和建华管桩有限公司党支部分别被评为全省和全市非公经济组织先进基层党组织，4名民营企业负责人得到省市表彰。组织东方汽贸公司分别到六塘乡道洲村、佘家村和袁家铺镇金和村开展扶贫帮困活动。开展非公经济组织党组织集中组建工作，新建非公经济党组织56家。12月31日，文星镇商会成立。组织文星镇商会87名会员与县工商银行召开银企对接会，协议贷款530万元。至2010年，经县工商联推荐，得到省市工商联及有关部门表彰的诚信纳税企业、就业先进个人、优秀民营企业等荣誉30多人(个)次，其中王忠帅被授予湖南青年企业家鲲鹏奖、湖南十大杰出青年，钟光耀被评为优秀省政协委员，王忠帅、汪凯炎被评为省劳动模范，秦希良荣获全国种粮大户称号，黄果成获全省非公有制经济创业标兵、全市优秀中国特色社会主义事业建设者，陈德文评为全省最受尊敬企业家。建华管桩评为全市十佳民营企业、全市纳税50强。刘启海荣获全市十大慈善之星等荣誉称号。有70名非公经济人士担任省、市、县党代表、人大代表和政协委员。

至2010年，湘阴非公经济发展中的先进典型报道有50多篇分别在《人民政协报》《湘声报》《湖南工商联》《岳阳晚报》《商会信息》上发表，其中《甘洒汗水泽大地，一片丹心凝“福湘”》在《人民政协报》刊登。

2011年，县工商联围绕党的中心，突出党的领导，加强对非公经济单位党的建设工作。县工商联争取县委重视，成立了工商联党组和直属单位党委。10月，再建立县非公有制经济组织党工委，针对非公有制经济组织面广量大，党建工作滞后的状况，进行全面调查摸底，建立基础台账，查清非公经济组织数量、经营情况、员工人数、党员数，组织设置，业主身份，管理关系等，制定党建工作方案，分批次在非公经济组织建立党组织。2012年，新组建党总支(支部)40个，选送11名具备基本条件的非公经济组织负责人作为入党积极分子，到县委党校参加培训班学习。有2人先期批准入党。2013年，县工商联向各非公经济组织发出“关于进一步做好全县非公经济组织党组织集中组建工作的通知”，向各企业主发出“致非公经济企业业主的一封信”，明确7月、8月为非公经济组织党组织集中组建攻坚月，逐个确定组建时间，逐人明确组建责任，同时为新建党组织制作牌子，购置党旗、党徽，赠送党报、党刊等学习资料和工作制度，帮助新建党组织落实“五个一”（一间党员活动室，一块党组织标志，一面党旗，一个党员公示栏，一套党建工作制度），并围绕企业生产经营情况，设立“党员责任区”“党员示范岗”，发挥党员在生产经营中的先锋模范作用。2013年和2014年，非公经济组织建立的党组织增加到159个；2015个增加到218个，实现全县非公经济组织建立党组织全覆盖，并组织190个非公企业的党支部书记到县委党校进行学习培训。同时有计划分批次发展新党员，把发展重点放在企业中层以上管理人员、生产技术骨干和一线优秀员工群体，着力把符合条件的生产技术和经营管理骨干培养成党员，使越来越多的中青年追求上进，要求加入党的组织，先后共有130人向党组织呈交入党申请书，32人加入中国共产党。

县工商联积极承担社会责任，发动非公经济组织献爱心，县工商联将六塘乡道洲、佘家两村作为对口帮扶点，从2012年开始，每年进行重点扶助。县工商联兼职副主席、湘阴兰天名优家电超市总经理朱国兵，一次捐给佘家小学10万元修理破旧校室。为支持左宗棠文化艺术节活动，动员50多家非公企业捐资700多万元。2013年组织非公经济企业负责人到长康镇联合村开展“万名干部进民家”办实事活动，资助37万元硬化村级道路、帮扶8户特困户解决困难，资助大学生入学。2014年和2015年，县工商联组织非公企业重点对贫困计生家庭进行对口帮扶，对117户失去独生子女的家庭和70户计生特困户进行捐款帮扶，资助现金186万元和19万元物资。围绕湘阴县冲刺全省经济十强县做工作，积极组织和协调开展银企对接活动，为非公企业排忧解难。2013年和2015年，组织三次银企对接活动，协调银行贷款9.7亿元，担保贷款1.3亿元。

第八篇　军　事

第一章　军事机构

第一节　机　构

一、县人民武装部

1978年，湘阴县人民武装部内设军事科、政工科和后勤科。1986年3月，县人民武装部由军队系列改归地方建制，番号湖南省湘阴县人民武装部（简称“县人武部”），定为副县级单位，受中国人民解放军岳阳军分区和县委、县政府双重领导。县人武部党委书记由县委书记担任，设部长、政委各1人，内设军事科、政工科、后勤科。1988年增设办公室。1996年3月，根据《中共中央、国务院、中央军委关于县（市、区）人民武装部收归军队建制的通知》精神，县人武部收归军队建制，番号称中国人民解放军湖南省湘阴县人民武装部，正团级，接受上级军事机关和湘阴县委、县政府双重领导，县委书记兼任人武部第一党委书记，设部长、政委、副部长各1人，下设军事科、政工科、后勤科，均为正营级。县人武部1名主官参加县委常委、1名主官参加县政府常务办公会议。县人武部建制和机构设置一直延续到2015年。

二、基层武装部

1978年，全县4个镇、37个人民公社均设人民武装部，各配武装部部长1人，武装干事1人，管理本公社（镇）范围内的兵役和民兵工作，受县人武部和当地公社（镇）的双重领导。1984年5月，改人民公社、大队为乡、村建制，全县8个镇、33个乡设有武装部，均配有武装部部长和武装干事各1名。1995年10月，湘阴县19个乡、12个镇共配专职正、副部长43人，武装干事8人，属县人武部和乡镇双重领导。2003年8月，湘阴县在岳阳市率先成立县直机关单位（县交通局、县建设局、县财办、县农办、县教育局、县卫生局、县工业局、县电力局）基层武装部。2005年1月6日，经湖南省人民政府批准，湘阴县湖区17个乡镇以垸为单位，合并为具有一定规模的4个新镇。至此，全县共有12个镇、7个乡共19个乡镇基层武装部，8个县直单位武装部。全县27个基层武装部共配专职武装干部39名。其中19个乡镇武装部配有正、副部长共27人，武装干事4人。2010年，全县共设置基层武装部28个，其中乡镇19个，事业单位9个，共配备武装干部56人。基层武装机构设置延续到2015年。

1978—2015年县人武部党委第一书记、部长、政委一览表

表8-1

职　务	姓　名	籍　贯	任职时间	备　注
第一政委	刘菊秋	湖南省南县	1973.06—1982.04	县委书记兼
政　委	齐福全	黑龙江省宾县	1977.10—1979.05	

续表 8-1

职 务	姓 名	籍 贯	任职时间	备 注
政 委	吴天龙	天津市宝砥县	1979.07—1981.05	
第一政委	谭载阳	湖南省华容县	1982.04—1984.01	县委书记兼
政 委	严又生	湖南省涟源县	1981.04—1985.10	
第一政委	刘新煌	湖南省汨罗市	1984.01—1984.10	县委书记兼
第一政委党委书记	丁来文	湖南省临湘县	1984.10—1990.08	县委书记兼
政 委	苏伟元	广东省高要县	1986.02—1996.05	
党委书记	张介玉	湖南省华容县	1990.11—1994.11	县委书记兼
党委书记	陈奇达	湖南省华容县	1994.11—1999.09	县委书记兼
第一书记	李劲夫	湖南省汨罗市	1999.09—2002.11	县委书记兼
第一书记	毛七星	湖南省岳阳县	2002.11—2006.06	县委书记兼
第一书记	赖社光	湖南省平江县	2006.06—2007.03	县委书记兼
第一书记	田自力	湖南省隆回县	2007.03—2014.4	县委书记兼
第一书记	黎作凤	湖南省临湘市	2014—2016.8	县委书记兼
部 长	谭景祥	黑龙江省宾县	1977.02—1981.05	
部 长	杨国富	湖北省汉川县	1981.05—1983.06	
部 长	陈海伟	广东省龙川县	1983.07—1986.03	
部 长	洪自强	湖南省湘阴县	1986.03—1992.10	
部 长	谭建煌	湖南省湘阴县	1992.11—2000.03	
部 长	黄泽根	湖南省岳阳县	2000.03—2001.03	
部 长	彭怡明	湖南省汨罗市	2001.03—2004.03	
部 长	刘中力	湖南省汨罗市	2004.03—2007.01	
部 长	吴立玖	湖南省华容县	2007.02—2008.01	
部 长	唐晓荣	湖南省永州市	2008.02—2010.02	
部 长	李玉林	湖南省岳阳市	2010.03—2013.4	
部 长	姜开顺	湖南省常德市	2013—	
政 委	汪作琪	湖北省石首县	1996.05—1999.03	
政 委	李军辉	湖南省平江县	1999.03—2003.03	
政 委	刘利华	湖南省衡南县	2003.03—2005.02	
政 委	喻月章	湖南省宁乡县	2005.03—2009.01	
政 委	贾建旺	山西省新绛县	2009.01—2014.2	
政 委	张琳	湖南省平江县	2014.2—	

第二节　驻　军

一、中国人民武装警察部队湘阴县中队

1978年，中国人民武装警察部队湘阴县中队受岳阳市武警支队和县公安局双重领导，有干部 ×× 人，战士 ×× 人。

1983年改为中国人民武装警察部队岳阳市支队湘阴中队。1990年始，直属武警岳阳市支队建制领导。中队建有党支部、团支部和武警委员会。湘阴县中队先后被上级党委、政府，军分区、岳阳市支队授予行政管理工作先进单位、先进党支部、先进团支部、训练先进中队、五好值勤中队、先进中队等荣誉。在反恐和打击刑事犯罪活动中被县委、县政府评为“打击刑事犯罪分子模范中队”和拥政爱民先进单位。

至2015年，先后有64人加入中国共产党，1人荣立二等功，28人荣立三等功，12人考入军校、提干。

2010年7月，湘江洪水告急，中队出动官兵12人参与处险，圆满完成任务。8月，中队官兵在湘阴县某食品店成功抓获一名持刀杀人嫌疑犯。是年，中队官兵协助县看守所完成大小押解任务30余次，均出色完成任务。再次被岳阳市武警大队授予先进中队称号，被县委、县政府评为先进单位。

二、中国人民武装警察部队湘阴县消防大队

在第九篇政法第二章公安第六节消防管理中记述。

第二章　兵　役

第一节　机　构

1984年，国家公布新的《中华人民共和国兵役法》规定：“在各级人民政府领导下，由各级人民政府的兵役机关（省军区、军分区、人武部）组成征兵办公室，办理兵役工作”。湘阴县办理兵役工作的机构一直是县人民武装部。区、乡人民公社、镇兵役管理机构为区、乡（人民公社）、镇武装部门。

第二节　登　记

一、兵役登记

1984年，根据新的兵役法规定，恢复兵役登记。是年，应征公民登记采取按单位系统组织登记的方法进行，其中，设立武装部的单位由武装部登记；有民兵组织的单位由民兵干部登记；没有武装部和民兵组织的单位由保卫、政工部门登记；机关、学校和户口在城镇的零散人员待业青年中适龄公民，由居委会办事处登记。根据适龄公民的政治、身体、家庭劳动力和在校学习等情况，分为应服兵役、缓服兵役、免服兵股、不服兵役4种类型，分别予以造册。

二、预备役登记

1980年，根据国务院、中央军委关于转发《退伍军人预备役登记暂行规定》通知精神，全面恢复退伍军人预备役登记。县人武部在每年退伍工作期间，派出干部参加复退军人安置办公室工作，利用复退军人报到时间，及时进行预备役登记。各单位针对退伍军人军兵种不同，返乡时间不一，每批人数不等，城乡退伍兵中普通兵和技术兵各有不同的情况，实行区别对待采取不同的登记方法：对农村退伍兵

一次进行登记，不留“尾巴”；对城镇退伍兵一般分两步走，先登记有关项目，待安排工作后，再填写工作单位，然后将卡片交到县人武部。1986年始，县人武部把预备役登记、民兵整组，确定民兵对象三项结合起来，并采用微机统计、储存退伍军人预备役资料。

第三节 征 兵

一、宣传发动

1978—2012年，每年征兵一般定在10月底或11月初正式开始。2013—2015年，改为夏秋季征兵，时间为7—9月。县、乡（镇）层层召开会议，协调人员，落实经费，成立征兵工作领导小组，分别由一名党委副书记具体抓。采用广播、电视、宣传车、宣传标语、个别走访座谈等多种形式宣传发动。对适龄青年进行爱国主义、革命英雄主义和依法服兵役教育，激发青年和人民群众的爱国热情，形成“保卫祖国，人人有责；一人参军，全家光荣”的社会风气。平时，认真落实优抚政策，解决应征青年及其家属的后顾之忧。20世纪80年代始，对城镇籍的义务兵原是职工的，每月按其标准工资的70%发给优待金，转正、定级、调高工资均按同类人员对待；原是待业青年的，入伍后每年发给家属200~300元优待金。农村籍的义务兵，其家属由乡（镇）人民政府采取均衡负担的办法给予优待，标准因地而异，总的原则是保证军属生活水平不低于当地中等村民。实行义务兵役制60多年来，“参军热”历久不衰。全县适龄青年积极报名应征。

二、新兵体检

先由基层乡（公社）、镇卫生院医务人员对应征青年进行病史调查和目测评议，把好送检关。由县卫生局抽调县人民医院等相关部门医务人员组成体检组，经过3~5天的技术培训，实行佩证上岗。应征青年凭证受检，采取封闭式体检，由武警战士执勤。对应征对象的外科、内科、五官科及身高体重进行检查，作出正确结论。在此基础上，县中心体检组全面复查、抽查、重点检查等方式审查初检合格对象，确保兵员身体质量。

三、新兵政审

初审由基层党支部负责，主要是适龄青年摸底，了解应征青年的年龄、现实表现，填写“应征公民登记表”，对重要情况写出证明材料；复审以乡镇武装、公安部门及其适龄青年父母所在单位政审人员为主，按照政审内容和要求，逐项查证落实，作出能否应征的结论。20世纪80年代始，政审材料由基层负责人和治安主任、管段民警、派出所所长、县征兵办公室政审组长四人签字，并出好三榜（送检对象、体检合格、已定兵对象），接受群众监督，以保证兵员质量。1996年，公安部、总参谋部、总政治部颁发《关于征兵政治审查组织实施工作的规定》，此后，新兵政审组织实施方法按其实施。

四、定兵交接

定兵由县征兵办公室组织，招收体检、政审的接兵部队负责人参加，对体检、政审双合格青年，全面衡量，好中选优，确定定兵对象，发放新兵服装，进行新兵入伍前教育和安全教育，县人武部和接兵部队进行新兵交接。征兵资料归档，上报征兵工作总结。1978—1983年，由部队派干部到湘阴县接受新兵。1984年进行新兵交接改革试点，由湘阴县征兵办派干部送兵到部队交接和新兵自行到部队报到相结合。1988年，复改为部队到湘阴县接兵。

第四节 预备役

1978—1979年，强调大办民兵师，预备役工作终止。1980年，根据国务院、中央军委批转总参谋部《退伍军人预备役登记暂行规定》，全面恢复退伍军人预备役登记、核对、统计工作。对在部队服役期满和服役一年以上、年龄在35岁以下的复员退伍军人，普遍进行一次预备役登记。填写退伍军人预备役登记卡，服预备役。并以每年的6月30日为准，对登记服预备役的退伍军人变动情况进行核对，逐级填报全军统一制定的“退伍军人预备役统计表”，报岳阳军分区司令部。1981年后，根据总参谋部规定，民兵主要科目经考试及格且持有“基干民兵军事训练合格证”的民兵可转为第一类预备役，其余普通民兵服第二类预备役。

1996年10月，为进一步完善中国人民解放军军官军衔制度和军官预备役制度，加强预备役军官的管理，增强预备役军官的责任感、荣誉感，激励他们更好地履行预备役军官的权利和义务，在国防后备力量建设中做贡献，按照中央军委《关于评定授予预备役军官军衔工作的指示》和岳阳市军分区《关于做好全市评定授予预备役军官军衔工作的通知》的文件指示精神，对1989年以来全县退出现役的18名军转干部预备役登记，通过调查摸底，军衔鉴定按德、才、绩三方面考察，授予2人中校军衔，授予4人少校军衔，授予6人上尉军衔，授予6人中尉军衔。

1997年，“八一”建军节前夕举行授衔仪式。此后，转业军官的预备役军官职务和军衔等级由其服现役的所在部队确定，并按照《中华人民共和国预备役军官法》规定的批准权限，由有任免权限的机关首长签署命令，任命预备役军官职务和授予预备役军官军衔。县人武部于每年3月底前，对退出现役转入预备役的军官进行预备役登记、统计。预备役军官按照规定服预备役。已满最高年龄的退出预备役。

2006—2015年，湘阴县预备役连按照训练大纲的规定进行军事训练。根据部队担负任务的需要，每年在完成军官、士兵基本训练的基础上，安排一些应用课目训练。通过训练，使预备役军官和士兵掌握必备的技术、战术技能，提高部队快速动员和整体遂行任务的能力，做到一声令下，能收得拢、拉得出、会打仗。

第三章 民 兵

第一节 组织建设

1984年，有基干民兵连44个，其中步兵连37个，专业连7个，共有基干民兵×××××人，占全县民兵总数的14.7%。1990年，根据上级要求，为应付突发事件和协助公安部门维护社会治安，全县组建应急分队。1997—1998年，先后组建民兵抗洪抢险突击营、舟桥排。1999年，按照“有利于领导，有利于提高质量，有利于平衡负担”的原则，对基干民兵编组进行调整改革：农村以乡镇为单位建连，以村联片或在县区范围内按照行业系统、企业管理部门编连，班、排、连的起编线分别为5人、15人、51人。民兵应急分队、专业技术分队、对口专业分队和步兵分队单独编组，互不交叉，一兵一职。民兵应急分队县编组若干个连和若干个独立排，应急连编组在人员相对集中，并能成建制执行任务的国有大中型企业和县区所在城镇，应急排编组在公路沿线和大中型水库，防火、防暴、防化重要目标所在乡镇；专业技术分队按照连的编制和一套装备编组两套人员的原则，编组在国有大中型企业和县城及附近乡镇；对口专业分队以连为建制单位，在地方与军事专业对口单位组建；步兵分队在应急分队、专业技术分队、对口专业分队的单位编组。

第二节　政治工作

1981 年，贯彻中共中央 8 号文件精神，基层民兵组织普遍建立三项教育制度，即基干民兵每月一堂政治课；军事训练中用 20% 的时间进行政治教育；普通民兵每年结合征兵、整组进行 4—5 次教育。是年，全县“一堂课”教育落实达 83.5%。1982 年，全县基层民兵组织普遍建立“民兵之家”“政治夜校”和“图书室”等阵地，运用报纸、刊物、广播等宣传工具和电影、戏剧、小说等文艺形式进行教育，把学政治、学军事、学科学文化结合起来。1987 年始，民兵训练期间的政治教育实行电化教学，采取幻灯、投影、录像，配合挂画、图片等手段实施，使教育质量有较大提高。1997 年始，采取组织民兵参观企业、乡镇、街道，请英模代表、地方领导、专家教授作报告等“走出去，请进来”的方法，集中在民兵整组、军训和重大活动期间进行政治教育。2002 年始，全县民兵思想政治教育以加强国防观念、强化职能意识为重点，注意发挥“青年民兵之家”、民兵政治教育教研室等教育阵地的作用，每年采取结合训练和整组的办法进行，做到基干民兵集中政治教育不少于 2 次，预编士兵政治教育不少于 4 课，集中训练期间的教育实践不少于军事训练时间的 10%。

第三节　军事训练

一、日常训练

1981 年始，根据中共中央提出的“减少训练人数，精减训练内容，改进训练方法，提高训练质量”的民兵训练原则，是年，实施周期训练，每期 15 天，2 年为一个周期。1984 年，县人民纸厂对新招 46 名青工，进行为期 1 月的 12.7 毫米高射机枪训练，考核共同科目、武器常识、战斗操作、实弹射击，均取得优良成绩。岳阳军分区在该厂召开全地区现场会并推广其训练经验。是年，县人武部被湖南省军区评为“民兵第二周期训练先进单位”；同时县民兵军事技术代表队，参加岳阳军分区组织的八二迫击炮、六〇迫击炮、重机枪、班用机枪、半自动步枪、15 瓦电台收发报等 7 个项目的比赛，获六〇迫击炮等 4 个单项第一名和团体总分第一名。1985 年后，改民兵周期训练为年度训练。贯彻“严格训练、严格要求”的方针，突出训练重点，提高训练质量，开始实行基地化、正规化训练。1981—1985 年，11665 人获得“基干民兵军事训练合格证”。

1986 年始，全县实现民兵军事训练基地化、基地训练正规化。实行“四统一”，即统一制订训练计划，按训练大纲严格进行训练；统一调配班长、训教员，确保教学质量；统一训练标准，按条例逐步考核验收；统一行政管理，加强培养教育。同时根据战时兵员动员方案，按比例安排民兵组织训练任务，将原来县训练六个专业改为集中训练二个，实现技术兵训练相对专业化。1987 年始，为适应正规化训练要求，试行电化教学，采用幻灯、投影、录像等手段施教，使教学形象逼真，内容丰富多彩，有效地提高训练质量。

1990 年，根据总参文件，民兵训练集中在县民兵训练基地进行，从机关和各区乡镇选调优秀专武干部为教员组训，保证民兵军事训练四落实（时间、人数、内容、效果），参训民兵 450 人，合格率 100%，优秀率 70%。1992 年按照《民兵军事训练大纲》要求，落实民兵军事训练基地化、正规化和规范化训练，贯彻“两严”（严格训练、严格要求）方针，参训民兵 500 人，合格率 100%，优秀率 70%。

2003 年，贯彻军委总部关于加强城市民兵军事训练的要求，民兵训练主要是基干民兵，重点是民兵应急分队、专业技术分队、对口专业技术分队等高技术分队。共训练 902 人，合格率 100%，优秀率

78%。从第三期民兵训练开始还进行手榴弹实弹投掷，共投弹300枚，实现实弹实投要求。

2005年，在岳阳军分区组织的专武干部比武中，湘阴县获得战术、射击第一名和手榴弹投掷第二名的好成绩。是年9月，全县民兵应急分队120人顺利通过岳阳军分区带战术背景考核。

2010年，创新组训方法，强化训练针对性。围绕易发山火季节，组织森林防火分队训练，并进行实兵演练。围绕提高民兵专业队伍履职能力，分别组织伪装防护分队、油料保障分队和步兵分队的训练。

2011年以后，县人武部围绕地方中心工作，组织开展“万千百训练活动”，发动万名民兵投入绿色清洁家园，千名民兵守堤护垸，百名民兵投入建路护路活动。2014年以后，县人武部根据省军区《关于做好动员业务与指挥训练考核和县（市、区）军地联合行动演练拉动准备的通知》精神，组织县军地联合指挥所，集中60名精干民兵、车辆4台，冲锋舟8艘，参加岳阳市民兵舟桥营综合演练；出动应急分队民兵120人参加省军区组织的湘江水上演习；出动100名民兵投入省人民政府组织的湘江水上交通安全救援演练。

二、训练保障

训练基地：县人民武装部一直重视民兵训练和民兵训练基地建设。20世纪70年代，主要以人民公社为单位抓训练基地建设。1984年，县建成一个能容纳200个民兵食宿和训练的基地，达到“生活设施、训练场地、教学队伍、教学设备”四配套的要求。至1985年，共建民兵训练场28个，射击场1个，投弹场15个，战术场28个，为全面实现民兵训练基地化、正规化创造了条件。2005年，县人武部在县城新世纪大道以北、旭东路以西，投资386万元建起一栋3671平方米的民兵集训大楼，可容纳200余人的授课教学室、会议厅、餐厅和民兵宿舍，硬化6200平方米的训练场地，还在牛角湾建有射击、投弹靶场。至2010年，共投资28万多元整修战术训练场，装修训练基地大楼，添置了整套办公自动化设备，使生活区环境优美，训练区设施更完备、管理更配套，实现民兵训练基地化、正规化、系统化。2014年和2015年，县人武部根据省军区《民兵基层建设三年规划细则》要求，投入120万元用于基层阵地建设，全县28个基层武装部、212个村级民兵营阵地做到有办公用房，办公设施，职责制度，民兵资料，器材工具，达到基层建设标准。

教材器材：1978年，以总参谋部《民兵军事训练大纲》为依据，编印各种民兵分队训练教材和教案，发至民兵连。1986年，县人民武装部发动基层武装部组织民兵积极开展技术革新，因陋就简，就地取材，自制各种训练器材和教具，弥补训练器材不足，节约训练经费，保障民兵训练的需要。1999年，投入20万元为基层统一制作了各种图表，购置国防教育挂图和书籍等，促进基层武装部的规范化建设。2010年，为搞好民兵训练创造条件，投入5万元添置训练器材。2014年以后，县人武部共投入60万元，加强民兵应急分队的硬件建设，对其服装、训练器材和应急装备等进行了更换。

参训报酬：1978年始，由于农村推行生产责任制，参训经费，农村由群众分摊、公社统筹。1984年始，全县统一规定：机关，团体，企事业单位民兵在参训期间，由所在单位照发工资和奖金，原有福利待遇不变；农村民兵参训，由乡镇人民政府采取平衡负担的办法，按同等劳动力的收入给予误工补贴。1989年始，全县民兵训练经费由县统筹，按人口平均摊派。1992年，湘阴县民兵训练经费由县财政统筹一部分，另一部分经费到各乡镇收取。1996年始，全县民兵训练经费实行按人口平均摊派，全部由县财政统筹划拨，使训练经费得到了进一步落实。民兵参训报酬由民兵训练经费和部分以劳养武收入解决。2003年始，城市民兵参训报酬由单位财政解决，农村民兵从中央财政转移支付中解决。

第四节　参建参治

一、维护治安

1983年，在严厉打击刑事犯罪活动斗争中，民兵协助政法机关开展5次大的打击活动，先后出动民兵1800人次，协同公安机关破获各类刑事案件60起。民兵还与村民签订治安防范合同，保护村民致富的合法权益。

1985年，县人武部和县公安局发动全县民兵与商品生产者及乡镇派出所签订安全防范合同，由民兵负责保护被保护人的财产，发生案件时协同公安派出所共同侦破案件，以维护他们的财产不受损失，保护“两户一体”（专业户、重点户、新的经济联合体）的合法权益。民兵还积极配合公安、部队，承担仓库、厂矿、铁矿、桥梁等重要目标的守护任务。

1991年，全县组织21个民兵小分队、840余人，配合公安机关积极开展“扫黄”“除六害”和抓捕行动，共抓获犯罪分子67名，维护公审大会会场8场次。

1992年、1994年，湘阴县先后两次荣获全国社会治安综合治理先进单位荣誉称号。

2000年在严厉打击“法轮功”邪教斗争中，发动民兵预备役人员1000人，开展声势浩大的围剿邪教“法轮功”行动，协助公安抓捕邪教 “法轮功”首要分子，有效地维护了地方治安。

2001年，全县各民兵组织组成民兵打码小分队、打码巡逻队，配合公安机关开展围缴地下“六合彩”行动，共收缴码书、码报1200多份（册），抓捕庄家不法分子100多人，为肃清湘阴县境内的码害起到了重要作用。

2003年1月，在抗击“非典”斗争中，每个乡镇建立一支抗“非典”民兵小分队，并发动民兵医疗专业分队开展活动900多次，组成30个医疗救护分队到县内的各个交通要道，重点区域进行巡逻、路检和消毒防护，确保全县无一例“非典”患者。

2010—2015年，在维稳反恐、扫黄打非、森林防火等活动中，共组织发动民兵预备役人员8000人次。

二、抢险救灾

1986—1992年，每年都有2万—3万民兵参加抗洪抢险、救灾。1996年，在抗洪抢险中，全县组织民兵预备役人员若干万人，动用冲锋舟若干余次、车辆若干余台次，搬运砂卵石34.5万立方米，抢运物资26.9万吨，扛沙袋900万袋，抢修子堤110千米，堵管涌500多处，排除险情90多处。

1998年6月，湘江洪水达到超警戒水位，洪水肆虐湘阴境内，全县告急。境内全体现役干部、民兵预备役人员共2800人迅速奔赴大堤一线，扛沙袋，堵管涌，固堤坝，救灾民，在湘江大堤上连续奋战80多天；搬运砂卵石48.5万立方米，抢运物资39.5万吨，扛沙袋700万袋，抢修子堤180千米，堵管涌2000多处，排除险情160多处，抢救转移灾民5.4万人，挽回经济损失17.79亿元。

2002年8月，在抗击特大秋汛中，县人武部迅速组织民兵预备役人员1800余名，组成18支民兵抢险突击队，搬运物资18.4万吨，抢修子堤60余千米，排除各类大的险情50多处。2003年，抗旱救灾中动用民兵预备役人员2100人次。

2013年7月，湘阴县旱情严重，县人武装部主动向县委、县政府请缨，行动迅速，以军事化要求，组织2000名基干民兵，组成抗旱应急战斗队，深入到旱情严重的一线投入抗旱，受到当地政府的群众赞誉。

三、带头致富

随着社会主义市场经济的初步建立，民兵成为致富的带头人。1992年始，全县在民兵中开展“三富一维护”（带头富、帮民富、共同富，维持社会治安）活动，人武部门在活动中举办培训班 75 期，印发致富信息、技术简报 6000 余份。至 1994 年，全县从事种、养殖和农副产品加工的民兵专业大户 8069 户，带头致富 1.2 万户，帮民富 5013 户，共同富 2.78 万户。1995 年，以民兵为主体的企业成为地方基础雄厚、辐射面广、带动能力强的龙头企业，并逐步形成公司加农户的生产格局和产供销一体化生产经营体系。若干名民兵依托市场，走南闯北，为全民致富奔小康起到带头骨干作用。

至 2003 年，民兵预备役人员涌现出一大批带头富、帮民富、共同富的先进典型，年产值超过 10 万元的有 50 人，超过 50 万元的 10 余人。南湖洲镇基干民兵闵德辉，创办南湖博亿鸭类加工厂，年生产板鸭 6 万只，加工白条鸭 50 万只，年纯利润 20 多万元，上缴利税 10 万元，带动了当地经济发展。至 2005 年，湘阴县基干民兵中，有 80% 是经济能手或管理骨干。

2010 年，湘阴县回乡的青年复退军人和民兵已兴办各类企业 30 家，发展大户 75 户，年上缴税收 400 多万元，解决农村劳力就业 1.5 万余人，有效地促进地方经济发展。

四、双文明建设

1986—2003 年，在县委、县政府的组织领导下，开展建设文明富裕湘阴县的双文明（十六大确定为“三个文明”）建设活动。发动全县民兵义务植树 1200 公顷，修路 2000 千米，为五保户、烈军属做好事 450 人次。

第四章　拥政爱民

改革开放以来，部队以新的姿态参加地方两个文明建设。1984 年始，驻境人民解放军和武装警察与驻地附近村庄、街道、学校、企业联系，以各种形式开展军（警）民共建社会主义精神文明活动。如与共建单位讲文明、树新风，开展敬老助残活动；派人担任校外辅导员，关心下一代成长；定期派人帮助街道改变环境面貌等。涌现了一批“最佳文明街”“文明示范学校”等“窗口”单位。驻境部队利用各种时机，采取多种形式，坚持经常的拥政爱民活动。每逢重大节日，部队在进行拥政爱民教育的同时，总要派人向地方征求意见，组织干部战士开展公益活动，为人民做好事。每当“五四”青年节，武警、消防战士自动上街理发、修鞋、打扫卫生、扶老助残、诊病治病，蔚然成风。县人武部领导利用重大节日带头上街打扫卫生、植树造林，代代相传。县军干所军队离退休干部为学生作报告，讲传统，受到普遍欢迎。

1987 年，湘阴县人武部把扶贫帮困工作作为新形势下军民共建、拥政爱民的主要内容，主动为政府分忧，为群众造福。先后在南湖、樟树、西林等地办点，帮助当地群众脱贫致富。

1995 年，县人武装部先后派 6 名干部，深入到 12 个乡镇调查摸底，选点建点，确定静河乡青湖村为扶贫联系点。由一名部领导带领军事科、政工科、后勤科干部办点，帮助调整领导班子，宣传党的政策，拟制生产规划，解决一批农药、化肥、资金等。办点人员帮助民兵制订致富措施，指导民兵大力发展乡镇工业、村组工业、家庭工业，鼓励民兵率先致富。县人武部总结推广此做法，对乡镇武装部办点作部署，全县各乡镇武装部相继办起自己的联系点，有效地发展生产力。

1998 年 6—9 月，长江出现全流域性特大洪水，湘阴县义合垸奉命蓄洪。岳阳军分区政治部主任瞿政祥同湘阴县人武部部长谭建煌、政委汪作琪迅速调集 500 民兵，安全转移群众 1.5 万人。由于持续高危水位的威胁，湘阴县成为湖南抗洪抢险的主要战场之一。汛情告急时，相继有广州军区 53030 部队、53031 部队、广州军区某集团军炮团 3 支部队 1200 名官兵参加湘阴县抗洪抢险。中国人民解放军官兵日夜奋战在湘阴县各个江湖堤垸整整 42 天，用热血和汗水保住了湘江大堤及各个堤垸，确保了全县人民的生命财产安全，受到省、市、县领导的表扬和全县人民的高度赞扬。

2002 年，入汛以后，县人武部先后 2 次召开党委会，4 次召开人武、专武干部会议，全面部署防洪抢险工作，作好“抗高洪、打大仗、打恶仗”的思想准备。4—5 月，对各类防汛抢险方案进行修改和完善，筹措资金 2 万元，对 4 台操舟机和 5 艘冲锋舟舟体进行维修和保养；在抓紧民兵舟桥分队训练的同时，对各种防汛用品进行调整、补充。8 月，湘阴县遭遇特大秋汛的袭击。中国人民解放军某部舟桥 84 团、武警衡阳市支队、湘潭市支队若干名官兵到达湘阴县，投入抗洪抢险战斗。湘阴县人武部立即组织指挥民兵预备役人员协同参战。按照成建制使用、机动使用、重点使用的原则，共组织 18 支民兵抢险突击队，2800 名民兵预备役人员投入战斗，历时 20 多天。省军区政委少将乔新柱坐镇湘阴县指挥官兵抗洪抢险，部党委成员身先士卒。共搬运物资 18.4 万吨，抢运砂卵石 24.8 万立方米，抢修子堤 60 余千米，排除各类大的险情 50 多处。是年，县人武部被湖南省委、省人民政府、省军区评为抗洪抢险先进单位。

2002 年始，县人武部与县新华书店、卫生局等单位结成军民共建单位，开展军民共建活动。在全县开展的“送温暖、解难题、促发展”活动中，县人武部干部职工踊跃捐款，每年捐款 2000 元以上，及时送到灾区、贫困地区群众手中。县人武部还积极组织民兵预备役人员配合地方政府开展打击“法轮功”邪教组织活动。

2003 年，抗击“非典”中，县人武部实现“确保全县民兵预备役人员无一例‘非典’病人”的工作目标。是年 4 月，县人武部组织民兵预备役人员配合地方政府开展打击地下“六合彩”活动。

2005 年，结合农村第一支书联系点的实际，县人武部确定南湖洲镇毛角村为扶贫帮困点，投入扶贫资金 2000 元，并与该镇干部一道，提供信息和技术支持，帮助他们发展生产，促进该村社会主义新农村建设。是年，军民共建活动以“三个文明”建设为主题，县人武部与县新华书店双方发挥各自优势和特点，为提高人武干部职工和新华书店员工的整体综合素质，共同开展争先创优、文艺体育、知识讲座、走访慰问等一系列活动，促进军地交流，科技强军。

2009 年，县人武部制订下发《动员组织民兵预备役人员积极投身社会主义新农村建设实施方案》，带动全县民兵预备役人员走政策致富、科技兴农、新风塑人、富民强兵之路，加快建设富裕之村、秀美之村、文明之村、和谐之村进程。

2010 年，县人武部组织 1000 名民兵，协调 600 名部队官兵投入抗洪，共出动冲锋舟 6 艘，动用各种车辆 72 台，搬运砂石 8000 余立方米，装填沙袋 6000 多个，固堤近 10 千米，封堵管涌 8 处，确保洪峰顺利通过湘阴县，得到了在湘阴县指挥抗洪抢险的省委、省军区领导的高度赞扬。

2013 年和 2014 年，县人武部为配合县委、县政府开展新农村建设和绿化家园活动，组织 60 名基干民兵，组成志愿队赴青山岛植树造林；组织 100 名民兵组成自愿队，到六塘乡投入植树造林活动。

第五章　国防教育与人民防空

第一节　国防教育

1978—1990 年，湘阴县国防教育工作在县国防教育委员会的组织和领导下，每年开展一次国防知识竞赛，举办各种学习培训班，举办国防教育报告会，组织国防教育“一条街”图片展览；每年组织县委、县人大、县政府、县政协领导和县直单位、乡镇场负责人参加军事训练，过“军事日”；组织全县干部群众参加国防知识竞赛答卷。干群国防观念浓厚，国防意识显著增强。

1991年11月，湘阴县国防教育委员会组织参加湖南省国防教育条例知识有奖竞赛活动，获得省国防教育委员会颁发的优秀组织奖。1993年9月，湘阴县国防教育委员会被湖南省国防教育委员会评为国防教育刊授先进单位。2003年，县人武部被评为全国民兵刊授教育先进单位；2005年10月，县国教办主任、人武部政工科长刘伏云被评为全省国防教育先进个人。2005年1月14日，“湘阴县深入开展全民国防教育活动”专题片在中央电视台军事农业频道播出。

2006年，县国防教育委员会认真贯彻落实科学发展观，坚持以《中华人民共和国国防动员法》和《中华人民共和国国防教育法》为教材，以党政领导干部、青少年学生和民兵预备役人员为重点，按照“长远、规范、系统、深化、有效”的工作要求，多层次、多渠道地开展形式多样的国防动员教育活动，在全县上下营造了关心国防、支持国防、建筑国防的浓厚氛围。

2007年，县财政安排5万元经费用于国防动员教育，配备电话、电脑、办公桌椅及照相器材。

2008年始，结合每年学生军训，加强对中小学生国防教育，长期聘请15名经验丰富、资历深的基层武装专干担任当地学校国防教育教员，分别在湘阴一中、湘阴五中、知源中学、城北学校等13所学校举办国防知识专题讲座。全县所有中学都开设军事课，高中学校组织入校新生进行为期不少于7天的军事训练。高中阶段学生军训包括集中军事训练和军事知识讲座，集中军事训练包括防空防灾演练，避险自救训练、内务整理、爱国主义教育基地参观学习等。军事知识讲座包括人民军队的性质、宗旨和光荣传统、国防法规、军事思想、军事科技、现代国防、国际战略环境、高技术战争等。教学时间不少于21课时，成绩记入学籍档案。

2009年，结合民兵整组，为全县各基层武装部国防教育室和“民兵之家”制作《国防教育挂图》208幅。结合征兵工作，在城乡张贴国防教育宣传标语400余条，发表国防教育电视讲话3次，出动宣传车进行国防教育广播宣传20余车次。基干民兵开展国防教育16课时。普通民兵开展国防教育2课时。

2010年，组织中学生参加国防知识竞赛活动，发放试卷6000份，收回率100%。组织县人武部全体干部瞻仰烈士陵园，缅怀先烈，接受爱国主义教育。协调县移动、联通两家公司，向全县2万多手机用户发送国防教育宣传短信。同时在芙蓉北路、湘汨路和S308线湘阴段沿线设立永久性全民国防教育宣传牌，大力营造全民国防教育氛围。

2013年和2014年，县人武部在全县各中学学校开设国防讲座，共进行讲座15次，发宣传资料1.1万份，组织学生观看《“情系国防”文艺晚会》2场次，有效激发青年学生爱国主义热情。

2014年，县人武部政工科科长何江根被评为全省国防教育先进个人，其家庭评为“情系国防”好家庭。

第二节　人民防空

湘阴县作为省会近郊县，处于湖南“二点一线”军事机动要地特殊地理位置，人民防空尤显重要。县委、县政府认真执行《中华人民共和国人民防空法》，坚持以科学发展观为指导，贯彻“长期准备、重点建设、平战结合”方针，坚持人民防空建设与经济建设相协调，与城市建设相结合的原则，立足以人为本，大力加强人防机关“准军事化”建设，努力提高高技术局部战争条件下城市人民防空综合防护能力。

机构：1980年始，县人防工作归口县政府办公室管理，配人防专职干部1—2人。1988年1月，县人防机构更名为县人民防空委员会。1996年6月，成立湘阴县国防动员委员会，下设办公室，组织领导全县人民防空工作。2003年，成立湘阴县人民防空办公室（以下简称“县人防办”），易冰任人民防空办公室主任。县人防办内设综合室、工程股、法规股、指通股、财务室、审批股，有干部职工 15 人。

宣传教育：1984 年，在全县中、小学生开展“三防”（防原子、防化学、防细菌）知识教育活动，至 1986 年下学期，有 2400 个班，10 万余人次接受了“三防”知识教育。1987—1996 年，人防宣传形式多样化，电视有图像、广播有声音、报刊有文章、网络有板块和学校、街道有阵地；在宣传方式上，力求通过“进机关、进媒体、进企业、进社区、进学校”五进活动、使“人民防空”这个概念潜移默化到广大群众心中。县人防办每两月办一期《湘阴人防》刊物，发放给各县级领导、各机关单位、企业、社区。2005 年起，每年在行政大院电子显示屏开展为期一个月的人防标语宣传。

1997 年，《中华人民共和国人民防空法》《湖南省人民防空法》实施办法公布实施，县人防办组建法规室，专项从事人防政策法规的宣传，研究和督导工作，使人防工作走上法制轨道。

2010 年，开展人防法治宣传月活动，分批次在各街道、各社区、各开发楼盘设立人防宣传展板。出动宣传车，悬挂横幅 50 条、分发宣传资料 5000 份。在《岳阳晚报》、湘阴新闻、《湘阴周刊》、湘阴人防网站进行文字、图片宣传报道。在党校青干班、科干班、入党积极分子培训班授课及发放宣传资料。在新生军训期间授课、发放资料、展出宣传展板。全年对 207 所中小学校、79039 名师生开展防空防灾疏散演练。组织人防 60 周年宣传周活动 1 次、防空防灾疏散演练征文活动 1 次、优秀班主任活动 1 次、人防志愿招募活动 1 次，志愿者培训 2 次。

2014—2015 年，县人防办将人民防空知识教育纳入国防教育，社会公共安全教育和应急教育等体系，人民防空知识教育开始进党校、进社区、进企业、进网络，各中小学开设有人民防空知识教育课程。

人防工程：1978 年，城关地区有 72 个单位建有钢筋混凝土或三合土结构的永久性人防工事，总面积为 7000 平方米（全部被覆盖），其中坑道 6500 平方米、地下室 500 平方米、地道若干平方米。

2004 年，湖南省人民政府定点湘阴县为重点人防城市。县人民政府将人防设施配套建设纳入新城区等重点工程建设。

2006—2007 年，全县兴建人防工程 3156.2 平方米。

2008 年，按照人防建设与城市建设相结合的原则，全县修建防空地下室 809 平方米。投资 5000 元，在城区中心和周围的高层建筑上安装 6 台防空警报器。

2009 年，投资 36 万元重点加固、维修县人防指挥工程。同时，对 9 个重点单位人防工程的加固与维修进行严格督导、检查、验收，质量均达标。

2010 年，县人防办审批民用建筑 16 个项目，配套设计和建设地下工程若干万平方米。是年，成功进行防空警报试鸣。

至 2013 年，投资 2200 万元，建成县人民防空指挥中心；投资 250 万元，建成城市防空防灾预警系统和机动指挥所。县人防办审批的民用建筑项目，配套设计和建设的地下工程 40 万平方米，其中地下人防结建工程 5000 平方米。至 2015 年，已完成地下工程 30 万平方米，正在建设的地下工程 9.5 万平方米。

第九篇　政　法

第一章　政法机构队伍及社会治安综合治理

第一节　机构队伍

一、县委政法委员会

1982年3月，中共湘阴县委政法委员会（简称“县政法委”）成立，由政法委主任、副主任、办公室主任及公安局局长、检察院检察长、法院院长、司法局局长组成，县委副书记陈喜民兼任主任。1984年，改设书记、副书记职。1988—2010年，县政法委由一名县委常委任书记。2010年，县政法委内设办公室、稳定办、防范和处理邪教问题办公室、执法监督室，有干部职工26人。2015年，县政法委与县社会治安综合治理委员会办公室实行两块牌子一套人马合署办公，内设机构增加政治部，干部职工增至33人。

县政法委承担统一政法各部门思想和行动，支持和监督政法各部门依法行使职权，加强政法队伍建设，履行组织协调乡镇和县直单位实施社会治安综合治理，维护社会稳定等职责。

二、县公安局

1985年，县公安局内设纪检组、刑侦队与秘书、治安、预审、政保、政工、保卫、行政、消防8个股，以及看守所、行政拘留所，下辖3个城关派出所，4个水上派出所，7个农村派出所（每区1个），2个企业派出所（公路局、汽车站）。1987年，建立消防中队和交通警察队，至年底，局内设股室11个（纪检、政工、秘书、治安、预审、政保、刑侦、保卫、消防、通信、行政），武警、消防、交警队3个和看守所、拘留所，公安派出所16个，即城镇所3个（城关、乌龙、瓦窑湾），水上所4个（虞公庙、樟树港、临资口、洞庭庙），农村所7个（城南、长仑、濠河、岭北、新泉、洞庭、南湖），企业所2个。2001年，局机关内设办、委、科、室、队21个（纪委、政工室、办公室、指挥中心、老干办、工会、治安科、内保科、通信科、行政科、户籍科、信访科、法制预审、督察、国安、禁毒、经侦、刑侦、税侦、治安、巡警大队），加上消防、武警2个中队，交警大队和看守所、拘留所、17个公安派出所（城关、江东、瓦窑湾、乌龙、长仑、东塘、城南、樟树、濠河、岭北、新泉、洞庭、杨林寨、南湖、洞庭庙、湖洲、林业）。2008年，县公安局实行机构改革，设置12个综合管理和执法勤务机构，撤并出入境、网监、警务督察、信访、工会、老干办等内设综合管理机构6个，撤并禁毒大队、涉税案件侦查大队、治安科、经文保科等执法勤务机构4个。将法制预审大队更名为法制大队，并将信访工作职能并入其内；将工会、老干职能并入政工室；纪委仍按章程设置，警务督察大队并入其内，纪委加挂警务督察大队牌子；将通信科的通信职能并入办公室，办公室加挂指挥中心牌子；将禁毒大队并入刑事侦查大队；治安科、经文保卫科、治安警察大队合并为治安管理大队，通信科的信息网络安全监督职能并入治安管理大队；将涉税案件侦查大队并入经济犯罪侦查大队；将户籍科更名为人口与出境管理大队，将属国内安全保卫大队的出入境管理职能并入其内。2009年，恢复禁毒大队、网监大队建制，特警中队从巡警大队单列，后升格为大队。全局共有办、委、室、科、所、队43个，比20世纪50年代增加34个，比1987年增加 11 个。2010—2015 年，县公安局内设办公室（加挂指挥中心牌子）、政治部、警务保障室、纪委监察室（加挂警务督察大队牌子）、法制大队、国内安全保卫大队、经济犯罪侦查大队、治安管理大队（加挂爆炸危险物品监管大队的牌子）、刑事侦查大队、人口与出入境管理大队、巡警大队、特警大队、交通警察大队、禁毒大队、网监大队、消防大队、武警中队、17 个派出所（城关、江东、乌龙、瓦窑湾、水上、白泥湖、洋沙湖、长仑、东塘、城南、樟树、濠河、新泉、洞庭、杨林寨、南湖、岭北），2 个监管场所（县看守所、县拘留所）。全局共有干警 490 人。

1986—1991 年，县公安局受到省公安厅表彰的先进单位（含股、所、队）14 个。1988 年，通信股被评为全国公安通信网优秀集体。1992 年，县公安局被公安部命名为全国优秀公安局。

三、县人民检察院

1978 年 11 月，县检察院设刑一股、刑二股、经检股、法纪股、监所股、信访股、办公室、政工股。1986年，信访股更名为控申股。2010—2015 年，县检察院内设反贪污贿赂局、反渎职侵权局、侦查监督科、公诉科、监所科、民行科、控申科、技术科、政治部、纪检监察室、法警大队、办公室、预防科、检务督察室等 14 个科、局、队室。2015 年，在编干警 88 人，其中男干警 74 人，女干警 14 人。

四、县人民法院

1973 年 8 月，恢复县人民法院与下属 7 个人民法庭，1978 年增设经济审判庭。1980 年增设城关人民法庭。1984 年，县法院内设民事审判庭、经济审判庭、刑事审判一庭、刑事审判二庭，并分别在 8 个区镇设立法庭，共有干警 58 人，其中审判员 33 人。1987 年，增设行政审判庭、执行庭。将刑事审判二庭改为审判监督庭。1994 年，成立法警大队。1998 年，县法院由先锋路搬迁至太傅路。2000 年，撤销文星法庭和经济二庭。2003 年，经济审判庭更名为民事审判二庭，执行庭更名为执行工作局。是年，县法院内设立案庭、民事审判一庭、民事审判二庭、刑事审判庭、行政审判庭、审判监督庭、执行工作局、法警大队共 8 个庭、局、队及 7 个区法庭，使基层法院的立、审、执各司其职。县法院有干警 112 人，其中审判员 58 人。高级法官 5 人，一级法官 14 人，二级法官 22 人，三级法官 18 人，四级法官 3 人；正科级干部 15 人，副科级干部 18 人。

2010—2015 年，县法院内设办公室、立案庭、刑事审判庭、民事审判第一庭、民事审判第二庭、行政审判庭、审判监督庭、执行局、司法警察大队、政治部、监察室、审判管理办公室、工会，以及 6 个人民法庭共 19 个部门，在职干警 109 人。

五、县司法局

1981 年 1 月，湘阴县司法局成立，为同级政府工作部门，负责法制宣传、法律服务与民事调解等工作。下设法律顾问处、公证处，原由法院管理的乡镇司法助理员及各级调解组织划归司法局领导。县司法局成立初，县检察院、县法院的行政、装备、人员编制及法院助理审判员的任命系司法局职能之一。1983 年改制后，新职能划出。是年，司法局内设办公室、宣教调解股。1987 年，增设财会股和政工保卫股，宣教调解股分设为宣传教育股、人民调解股。各区乡（镇）设立司法所 30 个，司法助理员 30 人。1995 年，撤区并乡后，乡镇司法所调整为 19 个，司法助理员编制未变。2002 年，司法局内设纪检组（监察室）、办公室、计划财务股、法制宣传股、基层（企业）司法股、政工股、政策法规股、县公证处、县法律援助中心、县依法治县领导小组办公室。核定行政编制 29 名。

2010—2015 年，县司法局内设办公室、纪检监察室、宣教股、基层股、公证处、九野律师事务所、新潮法律服务所、法律援助中心、政策法规股、政工人事股、财务室。下设 19 个乡镇司法所。全局共有干部职工 59 人（不含乡镇司法员），其中机关干部职工 29 人。

第二节　社会治安综合治理

1978年乡镇治保组织陆续恢复。至1985年，城乡有治保委员会542个，治保小组4827个，专兼职治保员11530人。1985年，基层治保组织协助公安部门破案127起，调处各类纠纷1865起。

1991年9月，成立湘阴县社会治安综合治理委员会，同县政法委合署办公。是月，县委、县政府下发《关于批转湘阴县社会治安综合治理工作目标管理实施细则（试行稿）的通知》。1993年1月，县委、县政府印发《关于实行社会治安综合治理一票否决权制的规定》（简称《规定》），把治安责任制同经济责任制、领导任期责任制、干部职工岗位责任制结合起来考核。

2000年，县委提出要牢固树立“稳定压倒一切”的思想，坚持把集中整治、专项行动和“严打”斗争有机结合起来，维护社会安定团结。

2005年，县委要求继续落实社会治安综合治理各项措施，深入开展打击地下“六合彩”专项整治活动，严厉打击各类刑事犯罪和黑恶势力。

2010年，县委提出按照“谁主管、谁负责”和属地管理原则，进一步落实维稳工作责任制，在全县开展以平安村镇、社区、学校、企业等为载体的“平安湘阴”创建活动。

2011—2015年，县委、县政府强调加强加快平安湘阴建设，强调各级负责干部特别是乡镇党政主要负责人，要坚持守土有责、守土负责、守土尽责，把社会综治维稳作为头等大事来抓，做实做深做细，积极主动化解矛盾纠纷，确保小事不出村，大事不出乡（镇），矛盾纠纷不上交，着力维护全县社会大局和谐稳定。

一、建立治安保卫责任制

1982年，建立治安保卫责任制，坚持治安管理“以防为主”的方针。1986年，全县有联防队188个，队员1003人。1988年，全面推行治安承包责任制，实行奖罚总现。在城镇，机关单位层层签订治安责任协议书，落实治安承包责任制。县公安局保卫股或派出所签订责任协议书593份，实行分优胜、合格、不合格3种形式的挂牌管理，在农村区、乡、村、户层层签订治安承包合同，把安全防范落实到户。1991年，开展“治保达标”工程，开展学长仑、学濠河、学全国优秀治保会——一塘村治保会的创优争先活动，达标治保会突破295个，占总数的70%以上，全县新增治保小组112个。1995年，在全县治调主任中调整38人，调整后的治调主任工作活跃的有455人，占总数的99%，治调主任担任村党支部成员或村副主任的比上年上升10%。以乡（镇）及管区民警为主坚持一月一次专题业务会，每季一次训练，统一印制治保主任跟踪考核簿，省公安简报专题予以报道，岳阳市在全市公安系统进行推介。1996—2015年，坚持把落实治安责任制作为综合治理的一项大事抓，各级各部门层层签订治安责任状，制订单位治安目标，明确单位主要负责人就是治安第一责任人，按照全县综合治理“一票否决”权制的实施细则，执行社会治安“一票否决”。

二、实施警民共建

1990年，在县内部单位实施“看门工程”、创建“达标财会室”的配套工程。1991年，在全县政法干警中，开展“警民共建一百村工程”活动，建立“共建”村166个（公安100个、检察8个、法院16个、司法42个）。1992年，创建“治保会和治保小组达标”，评遵纪守法光荣户、五好家庭户、双文明户和落实帮教违法人员活动。1995年，开展创建治安小区、治安模范乡镇活动。是年，县成立创建治安模范县城、省级文明卫生县城指挥部，由一名副县长任指挥，一名常委任政委，抽调专门力量，组建办事机构，制定《湘阴县城镇管理暂行规定》和9个管理《通告》，印发资料1.8万份；出动宣传车 70 多台次，县电视台开辟《两创》专题节目，在岳阳市文明卫生检查中名列第一。1996 年，推广新泉、濠河创建治安小区和治安模范乡镇的经验，至年底，全县有 80% 以上的村、街道建立治安小区，有 30% 以上的乡镇进入治安模范乡镇的先进行列。1997 年，创建安全文明小区、治安模范单位和文明安全小区活动持续开展，县直各部门单位已建立安全文明小区 286 个，占应建总数的 66%，居民宿舍区、单位财会室达到“三铁”（即铁门、铁窗、铁杠）要求的占 98%。公安机关在小区中设立报警点 26 个，印发便民报警卡 3000 多份，对近 8000 户居民进行联岗管理。建好治安小区 91 个，小区人口 40780 人，占总人口的 87.25%，有 78 个小区为治安先进区，小区建护街队、护栋队、护院队、护厂队 120 个，人员 220 人。2001 年后，加强安全文明创建的力度，在全县范围内开展“个、十、百、千”创建活动，即：力争全县治安综合治理创省优；十个乡镇（单位）创建社会治安综合治理先进单位；创建百个安全文明小区（无毒社区）；创建千个十星级安全文明户。在创建活动中，涌现县教育局、县信用联社、振湘酱厂、柠檬酸厂、文星镇、东港乡、南阳乡以及地坡村、黄金潭村、长岭村、江东居委会等一批治安模范单位和安全文明小区（无毒社区）。

2011—2015 年，县委、县政府加大警民共建平安湘阴力度，在全县城乡广泛深入开展警民携手共创平安活动，下发《关于深入开展平安湘阴系列创建活动的通知》，就城乡基层平安创建明确目标任务，强化各级责任，确保落实见效。先后印发 24 万份致全县人民公开信，10 万份平安家庭创建倡议书，5 万块平安家庭创建金属牌，发送到城乡居民手中，在全县大张旗鼓开展平安乡镇、平安单位、平安村（社区）、平安小区、平安楼栋、平安家庭评选活动，共评选出 11 个平安乡镇、28 个平安单位、94 个平安村（社区）、15 万户平安家族。

三、处置突发事件

1991 年 8 月 6 日，湾河乡粮站职工姚 ××、副主任黄 ×× 将本单位的磅秤钻眼灌铅，增大秤砣重量，每秤多收农民 1.213 千克稻谷，坑害农民，引发大规模群体事件。公安机关及时介入，将姚 ××、黄 ×× 依法刑事拘留。

2006 年 7 月 23 日 21 时，文星镇居民冯 ×× 夫妻在县城江东路金色大帝娱乐城蹦迪时，与杨林寨乡村民刘 × 等人因身体碰撞引发口角，刘等几个杨林寨乡村民将冯殴伤后逃走。当晚，文星镇部分社会闲散人员集结近 200 人，赶到金色大帝娱乐城，欲报复杨林寨乡村民未果。在未找到当事人的情况下，将娱乐城电视机和部分桌椅损坏，引来围观群众数百人。县公安局立即调集警力，赶到现场处置，制止打砸行为，疏散围观群众，并于当晚进行立案调查处理。24 日 20 时 30 分左右，30 余名文星镇社会闲散人员手持铁棍到金色大帝娱乐城，寻找杨林寨乡殴打冯的滋事者。21 时许，他们将到娱乐城休闲娱乐的杨林寨村民苏 ×× 拖到店外殴伤后离开现场。随后又聚集在一起打砸毁坏杨林寨乡村民开设的美容美发店 2 家、当铺 1 家、饭店 3 家。县公安局接警后立即指派相关警力赶赴现场处置。县委、县政府领导赶到县公安局坐镇指挥，调集 150 余名警力到现场制止打砸行为，组织医护人员救助并转送伤者，组织县直单位 100 多名干部立即赴杨林寨做好稳定群众的疏导工作。7 月 25 日 11 时许，杨林寨乡 200 多名村民手持铁棍、砍刀、鸟铳等进入文星镇，在县汽车站前聚集，对旺商街一带的门店进行打砸，砸坏门面 3 个，引起城区部分群众恐慌，部分门店关门停业。13 时许，100 多名杨林寨乡村民聚集在县公安局院内，要求严惩 24 日打砸杨林寨乡村民经营店面的人员。经县委、县人大、县政府、县政协主要领导，公安干警和广大干部反复做工作，17 时，杨林寨乡村民全部返乡。与此同时，15 时许，1500 余名文星镇居民在县公安局周围集聚，部分人员涌入县公安局院内吵闹，要求严惩杨林寨滋事人员，并掀翻院内的三台警车，砸坏办公楼一窗户玻璃。经县委、县人大、县政府、县政协主要领导和公安干警、文星镇党政干部共同做耐心细致的工作，16 时 30 分左右聚集人员陆续疏散。此次因治安纠纷引发的群体性事件，共砸毁店铺10个，打伤19人，参与打架斗殴、打砸店铺、冲击政法机关的少数不法人员煽动不明真相的群众近300人，围观群众1000多人，造成了较坏影响。省、市、县采取得力措施，做了大量艰苦工作。7月25日8时，县委常委召开紧急会议专题研究对策。10时，县委、县政府组织召开全县党政负责干部大会，增派大量领导干部和县直机关干部采取分片包干的办法到杨林寨乡和文星镇做疏导教育工作，县委、县人大、县政府、县政协、县人武部领导自始至终保持与群众的直接对话，避免双方闲散人员发生直接冲突，有效地控制事态升级。市领导易炼红等先后赶到湘阴县指导处置工作。省委、省政府、省委政法委领导对此事件高度重视，十分关注。省委常委、政法委书记、公安厅厅长李江坐镇指挥。省维稳办、公安厅、武警总队干警组成省联合指导组赶赴湘阴县城，组织部署处置工作。湘阴县迅速采取措施切实加强城区稳控，积极理顺群众情绪，进行正确舆论引导，认真做好依法处置工作，局面很快得到控制，事态迅速趋于平稳。25日下午，根据公安部常务副部长白景富的指示和省公安厅厅长李江的指令，省、市共组织警力1000余名赶赴湘阴维护秩序，县政法、公安部门抽派300名警力协同维持秩序，加强稳控。县委、县政府发布《维护社会治安现场指挥部一号通告》，出动宣传车在城区巡回播放通告，印发通告4000多份，在文星镇及杨林寨乡广泛张贴，同时，组织所有县级领导带队，从县直机关和文星镇、杨林寨乡抽调500多名干部组成工作组，深入群众做思想工作，积极化解矛盾。对受伤人员，由主管县级领导负责，组织力量全力以赴精心治疗。对受损门店，县委、县政府组织物价部门进行财产评估。政法、公安部门组成专案侦破小组，迅速开展侦破抓捕工作，共抓获犯罪嫌疑人58人，其中批捕26人，劳教6人。同时，积极扶持杨林寨乡移民经济发展：重点建好66.67公顷生态高效种植基地和66.67公顷特种水产养殖基地；组织外省、市及本县21家企业在杨林寨乡举办现场招聘会，当场招聘428人，达成就业意向1200多人；对杨林寨乡困难对象进行全面核查，新确定低保户602户；启动总投资150万元的杨林寨乡至白马寺公路建设；启动杨林寨乡沼气池建设等，后续稳定工作得到进一步拓展延伸。是年，县公安局局长方年文在全国处置群体性事件经验交流会上作经验介绍。

四、情报信息搜集

1986年，湘阴县公安局政治保卫部门在34个乡镇、24个县属企业布建情报信息工作站。

1993年6月，县公安局掌握一条重要信息，境内赛头乡赛马村由台胞杨××等人出资20万元人民币，在当地筹建“全球董杨宗亲会湖南分会”。经查，该会是一个打着引进资金与支援家乡建设解决杨姓群众福利为幌子，实际搞个人崇拜，宗族派性，企图进行政治宗教渗透的非法组织，未得到相关部门的批准，先后在湘阴、益阳、沅江、南县、岳阳等地串联3000多名董、杨二姓群众参加，严重扰乱当地基层组织的正常工作。县公安局在征得县委同意后，向省、市主管部门汇报，省民政厅当即下发通知，明令取缔该会。2011—2015年，县委、县政府推行建设天网工程，投入3000多万元，增设300多个高清探头，在城乡主干道全部建立电子卡口、建成社会治安、交通管制、城市管理三位一体天网工程。文星镇19个社区全面推行网格化管理，建立网格102个，配齐网格管理和网格情报信息员。情报信息工作站的特勤人员共提供各类信息2300多条，均得到落实和查处。

第三节　维护社会稳定

1979年始，县政法委以维护社会、政治稳定为己任，通过严厉打击严重刑事犯罪，实行社会治安综合治理，适时组织各项专项打击和整治，促进社会政治稳定。

1989年，县委、县人大、县政府、县政协领导带队下到区社抓调解，及时制止闹事，妥善处置湾河乡粮食仓库诈骗农民粮食等濒临发生的冲突事件。成立湘阴县确保社会政治持续稳定工作领导小组（后更名为湘阴县稳定工作领导小组），县委书记、县长负总责，县委、县政府分管领导为组长，下设办公室，与县政法委合署办公。

1994年，全县有由县、区、乡（镇）书记负总责，有关领导参加的政法、综治领导小组46个，成员432人；县委、县人大、县政府、县政协印发治安综合治理的文件、决议等12件，专题议综治工作16次；县级主要领导深入现场办公，预防制止闹事苗头12起。

1997年，全县层层签订社会治安治理责任状，就稳定工作统一实行达标考核。

1998年，杨林寨乡太合围村一组村民到临资口镇莲花塘村五组地段捉青蛙，被五组村民疑为盗贼，遂招来多人将其一顿暴打，伤者不治身亡。杨林寨乡部分被公安机关打击处理过而不思悔改的不法之徒，乘机煽动闹事，图谋报复。杨林寨乡组织群众200余人到临资口镇政府扛尸闹事，部分不法之徒到莲花塘村实施打、砸、抢、烧。事件发生后，县委、县政府高度重视，6名常委率公安、工委、乡镇领导赶赴现场，深入村组，通过召开各种会议，进行法制教育，竭力做好群众疏导化解工作。省公安厅、市局、市武警支队及县公安局、汨罗市公安局干警和武警官兵共320人，分乘30余台警车，组织集中收捕行动。共抓获2名参与打、砸、抢、烧、炸违法犯罪活动的嫌疑人和1名伤害致死人命的犯罪分子，2个乡镇群众持械对峙的局面基本被驱散平息。

1999年，针对群众关注的教育收费问题，从人大代表、政协委员中聘请收费监督员，在春、秋开学之际，对各中、小学校“约法三章”：即不准收学费以外的杂费；不准办任何收费性质的补习班；不准以任何形式向家长收取赞助费、集资费等费用，并严格收费标准。全县进一步强化“为官一任，保一方平安”的责任意识，完善“谁主管、谁负责”的责任机制，加大责任追究执行力度。

2003年，制定下发《关于进一步加强维护社会稳定工作的通知》，稳定工作纳入“千分制”目标考核，层层签订社会治安综合治理责任状，建立县、乡、村（居委会）、组（街道）四级情报信息网络，完善矛盾纠纷排查责任制和群体性事件责任追究制，在全县上下建立保稳定网络和严格责任制体系，对群众普遍关注容易诱发不稳定因素的问题，做到超前防范、狠抓落实，成功处置杨林寨乡与益阳茈湖口镇捕鱼纠纷等一系列事件。

2006年，湘阴县经济落入低谷，干部作风、干群关系均存在问题，各种矛盾交错，社会治安不好，社会稳定性差，最终导致发生惊动中央的“7·25”事件，2007年，湘阴县综治民调排名全省末位。2008—2009年，县委、县政府领导班子调整后，在综治维稳方面做了大量实事，社会治安状况好转。2010年，县、乡（镇）领导、部门负责人，上下联动，部门配合解决邪教“法轮功”、地下“六合彩”“三农”、平垸行洪移民建镇、下岗再就业、拖欠工资、房屋搬迁、退伍军人安置等方面问题，维护了全县社会稳定。

2011—2015年，县委、县政府在维护社会稳定方面继续采取了多项有效措施：强力推进新型工业化，提振经济实力，增加财政收入，由2010年的4.3亿元增加到12.32亿元；狠抓干部作风建设和责任追究，提振干部干事创业的精气神；大干民生实事，扩大城镇就业和农村劳动力转移，五大保险和城乡低保在全覆盖的基础上提标，建设保障性住房1700套，改造农村危房1.7万户，实施城区道路交通和背街小巷提质改造，建成左宗棠广场、滨江公园、东湖生态公园、左宗棠文化园等一大批民生工程，实施“三城同创”不断改善了人民群众安居乐业条件；加强法治宣传教育，强力推进依法治县，有效打击犯罪，实施综合治理，创建平安湘阴，使全县社会犯罪率下降，人民群众的幸福指数和安全感提高，综治民调由2007年的全省倒数第一跃升到17位，全县出现社会和谐稳定，城乡经济繁荣新景象。2015年9月，杨林寨几百名原库区移民，因攀比常德市西湖农场社保上访，历时7天。由于县委、县政府坚强领导，全县人民共同努力，特别是杨林寨乡、村两级党组织与县委保持高度一致，成功处置了上访事件，并成为依法处理历史遗留问题的典型，在全省大会上做经验推介。

第四节 维护司法公正

1979年2月，县委根据中共中央“坚决地平反假案，纠正错案，昭雪冤案”的指示，召开全县四级干部大会，部署平反冤假错案工作。至1987年，平反纠正历年错捕错划错戴帽子错劳教案件2255人，其中改判案件1322人，占58.6%。并对生活非常困难的530名冤杀、错杀、无罪释放人员和错捕关押死亡人员给予经济补助11万余元。

1998年，县委发出《关于全面开展依法治县的决定》，并建立依法治县领导小组。2002年，县委、县政府下发《关于做好当前依法治县几项工作的通知》，全面推进公正执法。《通知》对建立司法、行政执法责任制、执法考核评议制、执法公示制和执法过错责任追究制作了明文规定。县政府与39个承担行政执法的职能部门，县政法委与4个司法执法部门分别签订行政、司法执法责任书，用管理制度规范执法行为，确保司法公正。

2000年，县司法执法部门全面落实公开审判制度，严格执行最高院《违法审判责任追究办法》和《审判纪律处分办法》，促进审判质量的提高。继续完善案件流程管理，使审判流程分工明确，责任清晰，运转高效，保证执法公正廉洁。县检察院对提请批捕和移送审查的案件严格审查把关，依法作出不批准逮捕决定11件19人，作出不起诉决定1件3人，追捕37人，纠正超期羁押4人次。全年受理各类申诉案件29件，立案审查9件，向市检察院提请和建议提请抗诉7件，全部被市检察院采纳，抗诉率100%。县法院开庭再审7件，改判6件，改判率达85.7%。

2001年，县法院实行当庭举证、质证、辩论、认证，以公开促公正。对依法应公开审理的案件，公开开庭率100%。全面实行立案与审判、审判与监督、审判与执行三个分立制度。积极推行审判工作流程管理机制，受理民事再审案件14件，审结7件，改判4件，维持1件，裁定撤诉2件。县检察院依法追捕4名被告，分别被判处3—12年有期徒刑。

2004年，县检察院通过行使侦查监督职能，依法追捕犯罪嫌疑人23人，追诉漏犯3人，漏罪7条，有效防止和纠正有罪不究、以罚代刑等现象。通过行使审判监督职能，对认为判决确有错误的刑事案件依法提出抗诉2件2人，对认为判决确有错误的民事行政案件依法提出抗诉或建议再审4件。通过行使刑罚执行监督职能，对超期羁押、违法减刑、假释、保外就医等问题，发出检察建议16份，提出书面纠正意见2件次。

2006年，县检察院加强立案监督，纠正有案不立，促使侦查机关立案4件4人；加强侦查监督，对依法不应追究刑事责任和证据不足决定不批捕139人，不起诉40人，监督侦查机关撤销案件3件。

2010年，县检察院强化对侦查活动监督，向公安机关提出纠正违法意见5次，检察建议4份，依法决定追加逮捕3人，追加起诉2人，抗诉2件8人。对监管场所不按规定将罪犯交付执行等违法情况提出纠正意见178起，审查、收押、出所法律文件480份，维护司法公正。

2011—2015年，湘阴县法检两院全力贯彻落实依法治国和依法治县，把司法为民，维护司法公正、公开、公平执法放在首位，在保持社会稳定，促推经济发展，保护群众利益，维护法律尊严方面发挥重要作用。

县人民法院为满足人民群众司法需求，让人民群众在每一个司法案件中都感受到公平公正，制订并向全社会公开承诺《湘阴法院便民措施十六条》，并开办湘阴法院网，及时报道法院工作动态，公示生效裁判文书和案件信息。尽量把庭审开到乡村和社区，让群众了解案情；全力搭建司法公开平台，扩大公开范围，健全公开机制，推进审判流程公开，公开率达87.5%，列全市法院第一；在司法平台和氛围上，让经济困难的当事人打得起官司，让有理有据的当事人打得赢官司，先后向当事人发送诉讼指南和诉讼风险提示书1万余份，公开审理案件3135件次，下基层巡回办案979次，依法为300余名案件当事人缓、减、免交诉讼费154万元，为符合救助条件的当事人指定辩护律师和代理人314人次，为有困难的刑事案被害人提供救济金173万元。共判决3667案，服判息诉率94%，上诉维持率90%，发改率为1.25%，错案率为0，有效维护了司法公平公正。县检察院加大对刑事诉讼活动的监督清查力度，着力纠正执法不公、执法不严，维护社会公平正议。对公安机关自2008年以来应立案而未立案、不应立案而立案、应报捕而未报捕，批捕后违法变更强制措施、刑案转民案，以及以罚代法、应诉未诉等情况开展专项监督，清理出存疑案件83件97人，进行逐案核查公平公正处理。对侦查活动中的违法情形提出纠正意见130件次，对应当立案而不立案纠正22件，不应立案而立案纠正9件，依法纠正漏捕128人，依法纠正漏诉56人，发现和纠正减刑、假释执行不当2人，向法院提出纠正刑事审判活动违法5件，抗诉5人次。根据国家依法对破坏生态环境严查严办的形势要求，县公安、检察、法院、环保密切协同，依法严惩了南湖洲镇张某人为严重污染环境案。2013年12月，南湖洲镇村民张某图财谋利，分三批次收受湖北黄冈市华阳制药厂100吨桶装工业废水，全部倾倒在本组鱼塘内（回收后每个废水桶可获利68元），造成周围水质严重污染死鱼，人民群众意见很大，强烈要求依法严惩。经检验，该污水含甲醛、苯、酚和六价铬等一类有毒污染物，浓度超标64倍，情节和后果严重。依法以破坏环境刑事案立案。该案是省两高院《关于办理环境污染刑事案件适用法律若干问题解释》出台后湖南第一案、中央最高法、公安部、环保部均挂牌督办。该案公安立案6人，捕3人；县检察院对因华阳制药厂造成环境污染的直接经济损失，依法提起刑事附带民事诉讼；县法院公开开庭审理，依法对3人分别判处1年以上不等有期徒刑，并处4万~10万元不等罚金，被告单位被处以154万元因环境污染造成经济损失赔偿金。此案的依法打击处理，维护了人民群众的利益，得到人民群众的大力支持和赞誉。

第二章　公　安

第一节　案件侦查

1978年，县公安局设刑侦股，负责境内刑事案件侦查工作。1992年改为刑侦大队，业务范围扩展到“严打”和打击经济犯罪。其中刑侦技术在发现、揭露、证实、打击刑事犯罪方面发挥了重要作用。1997年，县公安局刑侦技术室更名为技术中队，刑侦技术设备不断更新，技术装备配置达到公安部要求，拥有多波段光源、指纹自动识别系统、电脑绘图软件等先进技术设备，并喂养警犬3条，在侦查破案中发挥主要作用。1999年8月，县公安局设立涉税犯罪案件侦查队（简称“税侦队”），定编7人，设队长、政治指导员各1人。其主要职责是打击扰乱金融管理秩序、金融诈骗、走私、危害税收征管等破坏社会主义市场经济秩序的经济犯罪。2000年5月，成立县公安局经济犯罪侦查大队（税侦工作纳入经侦），定编干警7人，设大队长、指导员各1人。2003年，技术中队更名为刑事科学技术室。2006年，公安部进行统一登记，并颁发鉴定机构资格证和鉴定人资格证。技术室主要开展痕迹、法医、影像、警犬等专门的物证检验、鉴定工作。至2015年，共破获各类经济犯罪案件504起，抓获犯罪嫌疑人442人，刑事拘留383人，行政处罚238人，为国家挽回经济损失1400万元。

表 9-1

1999—2015 年湘阴县公安局经济案件查处情况一览表

年 度	案件情况（起）		打击处理情况（人）				挽回经济损失（万元）
	受 理	办 结	刑 拘	逮 捕	直 诉	行政处罚	
1999	50	—	1	—	—	2	70
2000	—	—	—	—	—	—	—
2001	21	20	22	1	3	—	6.65
2002	17	15	21	—	—	—	—
2003	3	3	—	—	—	—	—
2004	10	10	10	—	—	30	—
2005	37	33	21	5	3	18	47.4
2006	47	40	32	10	9	43	260
2007	59	48	32	8	6	23	95
2008	123	117	17	10	5	14	210
2009	29	28	30	29	15	1	300
2010	18	14	16	12	14	5	106
2011	12	9	6	5	4	2	320
2012	5	3	3	2	2	1	3000
2013	15	13	12	6	5	8	500
2014	40	36	26	10	10	28	1200
2015	20	18	22	9	8	12	2000

第二节 治安管理

一、枪支弹药爆炸物品管理

1978 年始，湘阴县的枪支弹药管理基本规范化，流散在社会上的枪支弹药已全部收缴。法定许可使用枪支的单位为武装、公安、检察、法院，及省司法厅驻湘阴县白泥湖园艺场和银行。

1986 年始，对经营易燃、易爆、剧毒放射等危险物品单位，建立严格的生产、购销、运输、储存、保管和使用等一系列安全管理制度，落实其防范措施。公安机关主管危爆物品部门亦加强对使用危爆物品单位的检查监督。

二、扫黄打非行动

1980 年始，黄色录像、录音制品和非法出版物流入境内，县公安机关开展收缴、取缔淫秽录像、清除淫秽物品活动。1982 年 5 月 3 日，县委、县政府发出《关于查禁反动黄色下流录音录像制品的决定》。5 月，由县委宣传部牵头，公安、工商、文化、广播、教育等部门及城关镇党委联合组织力量，对城关地区各单位、商店摊位、影院歌厅等进行一次清查，查出反动黄流下流音像制品 300 件予以销毁。1985

年7月，县委宣传部、县纪检会、政法委、公检法、工青妇、县文化局、县教育局、县工商局等组成湘阴县清查淫秽物品统一行动领导小组，在全县开展清查工作，收缴淫秽录音带7盒，非法出版物3000余册予以销毁，行政拘留违法者1人。1986年，收缴淫秽录像片16部，禁片82部，待审片36部，收缴无出版权录音带1649盒，无版权录像带53盒，无承印权印刷品49130份。1987—2009年，破获涉黄涉赌案件158起，刑事拘留162人，逮捕153人；查处案件714起，行政处罚2030人。2010年，强力推进“扫黄禁赌”专项整治行动，刑事拘留涉黄涉赌嫌疑人21人，逮捕13人，行政拘留101人，清查宾馆旅店、休闲茶楼、KTV、美容美发店、洗浴中心、出租房屋等场所160余处，网吧、游戏厅49家。7月7日晚，出动治安大队、特警中队、城关派出所、江东派出所等单位近百名警力，冒雨对城区各电玩城、游戏厅等场所进行突击检查，收缴群众反响强烈的“老虎机”“角子机”等赌博游戏机53台。9月1日晚，治安大队出动民警端掉皇冠假日酒店洗浴中心卖淫窝点，抓获失足妇女5人。9月2日晚，端掉中天洗浴中心卖淫窝点，当场抓获涉案人员8人。11月11日集中警力150名对群众反映强烈的“涉黄”路段旺商街进行地毯式清查，先后抓获夏××、罗××等8名违法犯罪嫌疑人。2013年，县公安局在旺商街设立固定性治安岗亭，实行整治常态化，逐步根治旺商街卖淫嫖娼痼疾。2011—2015年，公安部门共查处卖淫嫖娼案件129起，抓获处理涉案人员215人。

三、基层治安保卫组织建设

1986年，全县治保会建设已具规模，至1987年，全县445个村、43个街道全部建有治保会，比较好的村治保会有380个，占总数的85.4%，一般的65个，仅占14.6%。2015年，全县有治保会488个，其中村治保会445个，街道治保会43个。治保会成员2073人，其中村治保会1783人，街道治保会290人。治保小组4140个，其中农村4028个，城镇街道112个。治保小组成员9322人，其中农村9046人，城镇街道276人。

四、治安联防

1986年5月30日，成立湘阴县城关镇治安联防领导小组，由城关镇政府和城关地区各派出所负责干部共11人组成，建立专业治安巡逻队4个，队员20人，主要任务是负责城关地区晚间治安巡逻，其后组建20个义务联防队，共有联防队员153人。1987年，城乡组建治安巡逻队181个，有治安巡逻队员845人。2002年，随着治安形势的变化，这种临时性的治安联防机构时增时减，至2015年，减至65个，很多单位的安全保卫工作交由县保安公司派员保安。

五、水上治安管理

湘阴县水域面积达600平方千米，河港纵横，水上交通四通八达，商品贸易历来靠水上运输，船只、船户较多。

1980年，县公安局在全县水域展开大规模严打行动，打击非法炸鱼和电鱼。1982年6月，县公安局由1个水上派出所增设至4个水上派出所。1986年，破获炸鱼案件7起，缴获炸药892千克，雷管4000个，导火索200米，对抓获的21名作案成员分别依据《中华人民共和国刑法》《国务院治安管理处罚条例》给予处理。此后，电鱼、炸鱼活动明显收敛，但亦未得到根绝。1990—1993年，县境内的洞庭湖水上连续发生数十起歹徒抢劫渔民钱财的案件，公安机关经过三个多月时间的侦查将这伙歹徒缉捕。1994—2015年，共受理水上治安案件195起，查处治安案件180起，电鱼290起，炸鱼236起。其中打架斗殴66起，盗窃10起，敲诈勒索4起，损坏公私财物13起，未取得驾驶证无证驾驶船舶5起，吸毒3起，冒领他人身份证3起，收购有赃物嫌疑的物品1起。

六、特种行业管理

1985年，境内共有旅店112家、旧货业104家、刻字与印刷业12家。随着商品经济的发展，特种行业的管理范围增大，管理难度相对加大。至2015年，全县共有宾馆旅店330家，休闲茶楼150处，KTV23家，美容美发店332处，洗浴中心145家，刻字业14家，寄卖、典当业28家。公安部门不定期开展专项整治活动，全县旅馆业均安装信息系统，其他特种行业全部录入治安管理系统进行管理。

七、缉毒禁赌

（一）缉毒　1994年11月，在县人民医院附近一家个体旅社里发生一起因注射毒品而导致2人死亡的事件，引起公安部门高度关注，在全县范围内开展大规模打击吸食毒品犯罪行动，查获吸食毒品犯罪人员76人。2001年2月，县公安局禁毒大队成立，编制干警8人，设大队长、政法教导员各1人。2007年7月4日，在湘阴宾馆抓获毒贩周某、彭某，现场缴获海洛因110克，总量300克，两犯均被判处有期徒刑9年。2008年3月21日，在望城县乔口处抓获毒贩杨××缴获海洛因700克，杨犯被判处有期徒刑13年。2008年5月1日，抓获广东毒贩方××，收缴海洛因80余克、底粉400克，江铃吉普车一台。方犯被判处有期徒刑15年。2009年11月3日，抓获广东毒贩杜×，收缴冰毒片剂185粒，因杜曾在广东实施抢劫杀人，抓获后移交广东警方。2010年9月29日，在湘阴县抓获毒贩刘××，当场缴获冰毒103克，经过审讯刘××交代了其犯罪事实。刘犯被判处有期徒刑15年。2010年11月5日，在四川抓获毒贩魏×，缴获冰毒300克。魏×被判处有期徒刑15年。至2010年，破获贩卖毒品案件141起，抓获贩毒人员161人，其中判处有期徒刑28人，劳动教养84人，其他处罚49人。查获吸食毒品人员588人，其中30人被劳动教养，163人被强制戒毒，395人受到其他处罚。

2011—2015年，县公安局根据吸贩毒出现的新情况，大力推进禁毒工作社会化，重点打击贩毒制毒，实行强制戒毒。2013年10月，县禁毒大队与相关警种通力协作，经过连续9个月的艰苦侦查工作，成功破获公安部督办的“654”号毒品目标案，捣毁一个集制、贩、吸毒为一体的特大犯罪集团，抓获以李伟为首的27名制、贩毒犯罪嫌疑人，摧毁毒品加工点一个，缴获冰毒3.5千克、K粉1千克、麻古2000多粒，麻古半成品10千克和一批制毒设备及原材料。这是湘阴县自中华人民共和国成立以来破获的一起最大制贩毒案。2014年7月23日夜，县公安局根据线索，各警种联合行动，突击县城金爵国际KTV，成功捣毁一个聚众集体吸毒窝点，现场抓获吸毒人员44人，其中刑事拘留6人，行政拘留38人。2015年2月，县禁毒大队成功侦破省督“602”目标案，打掉一个网络层级3级以上的贩毒团伙，抓获犯罪嫌疑人8人，缴获钢珠枪2支。在打击毒品犯罪活动中共刑事拘留159人，行政拘留1031人，强制戒毒489人。为加强禁毒宣传教育，公安部门组织民警到学校开办法治讲座，宣讲毒品危害和禁毒知识，组织大型禁毒宣传教育活动35场次。为解决重症吸毒群体犯罪突出和收治难问题，2014年，县公安局协调国土，财政、司法、人社、卫生等职能部门，共同出资300多万元，建成湘阴县特殊人群涉毒重症人员收治中心，把全县所有涉毒危重病人全部投入中心进行救治，共收治涉毒危重病人116人。

（二）禁赌　1986年，县政府在全县组织开展禁赌行动，县公安局印刷张贴禁赌布告6500份，举办参赌人员学习班59期，查处赌博案件123起，查获参赌人员2490人，没收赌具386件。对邀赌聚赌为首人员进行相应处理，狠煞赌博歪风。1994年11月14日，南湖派出所根据群众举报，查获一赌博团伙，抓获团伙成员24人。其中教师2人、医生2人、职工5人、无业人员15人，这个赌博团伙以赛头乡光明村吴××为首，采取电话联系，预约暗号，加设岗哨，摩托车接送，利用扑克牌抠底，共聚赌20场次，输赢达3万元。1996年，县公安局组织查禁赌博专项斗争，收缴苹果机电脑赌博机。2005年，严厉打击地下“六合彩”。抓获赌博庄家17人、写单人员331人，其他涉赌人员420人，共刑事拘留125人，逮捕32人，治安拘留282人，其他治安处罚618人。2006年，开展“禁赌风暴”专项行动。以打击地下“六合彩”专案组和派出所为主，公开挂横幅100余条，张贴标语2000余份。破获赌博刑事案件156起，查处涉赌治安案件314起，抓获地下“六合彩”庄家16个，写单人员295人，刑事拘留184人，逮捕1人，劳教 4 人，行政处罚 291 人。2007 年，共查破赌博案件 534 起，抓获码庄 79 人，捣毁赌博窝点 20 个，逮捕 3 人，治安拘留 605 人，罚款 365 人。2008 年，在全县范围内开展打击地下“六合彩”专项行动，破获赌博案件 356 起，抓获赌博庄家 56 人、写单人员 288 人，共刑事拘留 167 人、逮捕 3 人、行政拘留 582 人。2009 年，县公安局多次对经营游戏机的娱乐场所进行突击大检查。共收缴老虎机、苹果机等赌博游戏机 180 台，查处涉嫌非法开设电游赌博娱乐场所 14 家。2010 年 2 月 4 日凌晨，县公安局紧急出动近百名警力，捣毁江东路“梅山”休闲会所楼上一特大赌博窝点，现场抓获涉赌人员 68 人，收缴赌资 23.5 万元。7 月 7 日晚，县公安局出动百名警力，冒雨对城区各电玩城、游戏厅等场所进行突击检查，收缴群众反响强烈的老虎机、角子机等赌博游戏机 53 台。

2011—2015 年，全县打击黄毒赌取得明显成效。黄毒赌一度在湘阴县泛滥成灾，人民群众深恶痛绝，意见很大。2010 年以后，县委、县政府加大社会治安综合治理力度，责令公安部门重拳出击，开展“打击整治质量年”“蓝剑”“利剑”、禁毒“飓风”等专项整治行动。2011 年年底和 2012 年年初，突如其来的地下“六合彩”风暴席卷湘阴城乡，地下“六合彩”赌博成风，成千上万的人不断卷入，大批民间资金被地下“六合彩”卷走，不少人倾家荡产，妻离子散，严重破坏了湘阴县经济发展和社会稳定。对此，县委、县政府发出严厉打击地下“六合彩”动员令，公检法、各乡镇和相关部门密切协同，向地下“六合彩”发起猛烈攻击，成功破获地下“六合彩”案件 115 起，刑事拘留 86 人，行政拘留 276 人，将地下“六合彩”赌风打下去，高发态势得到有效遏制。2014 年 12 月 25 日，公安局巡警大队根据线报，在皇冠假日酒店有人聚众赌博，当即组织警力实施现场抓捕，当场抓获参赌人员 40 余名，收缴赌资 21.6 万元，是继 2010 年抓捕梅山龙宫茶楼聚众赌博案后又一起特大赌博案件。2015 年，县公安局根据网络赌博的新变化，加强了对网络赌博犯罪的打击力度，11 月，县治安大队牵头组成专案组，成功破获公安部督办的“1・9”特大网络赌博案，抓获犯罪嫌疑人 6 人，涉案资金高达 3.1 亿元。之后又成功侦破张某开设赌场案，抓获犯罪嫌疑人 13 人，涉案资金 100 万余元。公安部门在打击赌博和扫黄专项活动中，先后共刑拘 416 人，直诉 311 人。行拘 724 人，使湘阴黄赌歪风得到有效遏制，社会治安好转，群众满意度提升，湘阴县社会治安综治民调由 2010 年的全省 71 位上升到 17 位。

第三节 户政管理

一、户口管理

1978 年，湘阴县户政管理逐步走向正规化。1986 年始，随着居民身份证的发放，户政管理更趋完善。户政管理分常住人口年报、常住人口管理、暂住人口管理、流动人口管理、重点人口管理、居民身份证发放和人口普查统计。

1986—2015 年湘阴县公安局统计全县人口六项变动数据一览表

表 9-2 单位：人

年 度	总户数	人口状况			出 生	死 亡	迁 入	迁 出
		总人口	其 中					
			男	女				
1986	152350	597627	316288	281339	6915	3861	6635	7931
1987	162690	600719	317670	283049	6980	3981	6543	6210
1988	176276	610549	322532	288017	7032	3961	6751	6701

续表 9-2 单位：人

年 度	总户数	人口状况			出 生	死 亡	迁 入	迁 出
		总人口	其 中					
			男	女				
1989	186898	619908	326912	292996	7235	4051	4936	5307
1990	194881	640318	3307080	303238	7943	3810	5671	4789
1991	205796	647504	340836	306668	7353	4125	4825	4069
1992	205100	654444	345923	308521	6926	4063	4936	5321
1993	206089	659253	345926	313327	7132	3985	4297	4870
1994	204768	664773	348410	316363	7096	4012	4953	4276
1995	206468	669272	350359	318913	7483	4273	5326	4396
1996	207542	673910	353278	320632	7102	4120	5128	4370
1997	208506	678825	354587	324238	6921	3976	6157	6931
1998	199948	681148	355661	325487	7345	4021	5215	4910
1999	194726	683621	357020	326601	7651	4221	4769	5321
2000	192249	687192	358990	328202	7006	3798	4832	5097
2001	195144	689450	360271	329179	6833	3766	5430	4987
2002	196906	691472	361453	330019	6405	4380	4183	4001
2003	210336	691484	361495	329989	6921	4021	4078	3927
2004	215453	692467	362750	329717	7760	4651	3875	4720
2005	226166	695790	364552	331238	7853	4036	4326	4953
2006	231275	703579	369037	334542	7909	4107	7273	3896
2007	236946	717426	376457	340969	8102	4096	3786	3928
2008	243275	737089	386702	350387	8233	3936	3499	3501
2009	241296	753486	393596	359890	7265	3696	3320	3510
2010	237120	756913	394521	362392	8373	3937	3201	3684
2011	239130	760109	418405	341704	8910	4510	5460	3109
2012	239880	767610	421110	346500	9044	4464	3421	2980
2013	241096	772312	424810	347502	9418	4864	4010	3189
2014	243920	775503	407003	368500	8246	4381	4267	3318
2015	236495	778958	406070	372888	9395	4436	3110	4189

二、流动人口和暂住人口管理

1985 年 7 月，根据公安部出台的《城镇暂住人口管理暂行规定》，县公安局制定对暂住人口管理的相应措施，对留宿单位内部暂住人口由所在单位的人事、保卫部门负责登记管理，派出所负责督促检查。凡从事经商、办厂，建筑安装、联营运输、服务行业、暂住时间超过 3 个月的 16 周岁以上的人，须申领“暂住证”。各派出所均配有流动和暂住人口管理专职民警建立登记、发证和查检制度。1994 年，根据公安部制定颁发的《暂住证申领办法》和《流动人口通报协查工作规定》，县公安局对全县出租房屋实行“房屋出租治安许可证”制度。对全县 1683 户房屋出租户进行 2 次清理整顿。2000 年，县政府下发文件，成立湘阴县外来人口管理领导小组，下设办公室于县公安局户籍股，各乡镇亦成立相应的领导机构和办公室，负责辖区内外来人口的管理。对离开户口所在地的流动人员，各派出所每年进行 1—2 次全面登记摸清底数，落实跟踪措施，进行遵纪守法教育，严格把握流动、流出、流入三个环节。至此，湘阴县流动和暂住人口管理开始走向有序和规范化。

三、重点人口和工作对象管理

1986 年，全县列重点人口达 3024 人。1990 年，将吸食毒品人员列为重点人口管理，全县共列管理重点人口 1278 人。1997 年，对曾有过聚众斗殴、寻衅滋事、侮辱妇女行为、扰乱社会治安可疑的；有业不就、有学不上、有家不归、到处游荡的人员中有危害社会治安可疑的；有卖淫、嫖娼可疑活动的；被依法判处管制、剥夺政治权利、缓刑、假释、监外执行和被监视居住、取保候审的；刑满释放、解除劳教、解除少管已满五年但仍有违法犯罪可疑的；流出人员有违法和轻微犯罪，被遣送回家仍有违法犯罪信息传递的；近三年违反《治安管理处罚条例》第 19—20 条、22—24 条规定受过治安处罚的，以及其他不够列为重点人口条件的违法犯罪人员作为工作对象由派出所列管、考察，县公安局户籍股建档。是年，全县共列管工作对象 7913 人，收集各类材料 2400 余份，建立工作对象档案 7913 卷。此后，对重点人口和工作对象每年核实一次，取消不需列管的人员，增补新列管对象，建立较完整的管理方法和制度。2011—2015 年，全县被列管的重点人口登记在册的有 2600 人。

四、“居民身份证”制度

1986 年 11 月，经国务院批准，公安部公布《中华人民共和国居民身份证条例实施细则》，规定在全国实行居民身份证制度。县政府成立居民身份证颁证领导小组，从有关单位抽调 23 名干部组成专门班子负责颁证工作。11 月 25 日，颁证工作正式铺开。先以城关地区和鹤龙湖渔场为试点。首批试点涉及 260 个单位，9 个居委会，9 个农业村，5 个国营农（渔）场，常住户 18952 户、54938 人，其中 16 岁以上的 41565 人，占总人数的 75.66%，除老弱病残和各种原因不能发证或缓发证外，应发证的 39115 人。至年底，已定发证 37803 人，占应发证人数的 96.65%。1989 年，国家公布实施居民身份证查验制度，是年 4 月，县政府发布《关于实施查验居民身份证制度的通告》，下发两个有关查验身份证的文件，实行发证与查验紧密结合。县公安局相继制定居民身份证查验制度，每—少组织 1 次居民身份证查验的统一行动。是年 9 月，公安部发布《临时身份证管理暂行规定》，10 月后，正式启用临时身份证。每年发临时身份证 2000—5000 人证。1999 年 8 月，国务院发布《关于实行公民身份号码制度的决定》，是年 10 月 1 日起，居民身份证号码编号采用行政区划码，出生日期码，分配顺序码、检验码等，由 18 位阿拉伯数字组成，在原 15 位数字的基础上，将出生日期码由原 7—12 位的 6 位数字改为 7—14 位的 8 位数字，其中年份用 4 位数字表示，最末位数字为检验码。

1998 年前，居民身份证制作采用收集办证人像片填写底卡经核实无误后统一送省公安厅户政处制证中心制作，制发期为 3 个月。1999 年，采用无底卡制作新工艺，用有线发送传输到省公安厅制证中心，质量明显提高，制证周期缩短，快证不超过一星期，慢证比原来提前一个月，得以方便办证公民。2005

年，开启二代居民身份证换发办理，至 2015 年，已办理二代身份证 673949 张。

五、边境通行证管理

20 世纪 80 年代，随着改革开放的深入，沿海区域经济得到迅速发展，深圳、珠海等边境特区应运而生，内地赴沿海经济发达地区打工、经商的人与日俱增。1990 年 7 月，根据省公安厅下发通告规定，是年 8 月 1 日起由县公安局签发边境管理区通行证。1991 年 1 月，县公安局户籍股开始签发边境通行证，主要是深圳特区，其次是珠海务工经商旅游的公民。其中，农民到特区务工的占 80% 以上。2002 年，随着广东省对边境通行管理的改革，湘阴县边境通行证的签发开始减少。

第四节　交通安全管理

一、交通安全管理机构

1987 年 5 月，境内道路交通安全管理工作由县交通局移交县公安局，成立湘阴县公安局交通警察队。1990 年，交通警察队升为副科级单位，更名为湘阴县公安局交通警察大队，下设办公室、安宣股等二级股室 10 个，2002 年，交警大队升为正科级。

1993 年前，县交通警察大队设县城建新中路，由于场地狭小，车辆人员拥挤不堪，1993 年迁址于县城关镇江东中路，新址占地面积 2100 平方米，建有办公楼、宿舍、车库各 1 栋，实行全天候 24 小时值班制度，设立接警处警服务台，随时接警处警。

二、管理

（一）车辆管理　随着改革开放和市场经济的发展，各种大小车辆数量猛增。到 2010 年，湘阴县车辆总数已达 6 万多台。

注册登记：国家对机动车实行登记制度，机动车经公安机关交通管理部门登记后，方可上道路行驶。注册由机动车所有人申请登记，提交证明，县公安局交通警察大队受理申请，登记审查，岳阳市公安局交通警察支队车辆管理所发放机动车号牌、行驶证。“机动车号牌”和“机动车行驶证”是准予机动车在中国境内道路上行驶的法定标志和法定证件。

1994 年 7 月 1 日起，换发九二式机动车号牌及行驶证。机动车号牌分大、小型汽车，二、三轮摩托车、轻便摩托车、农用运输车、拖拉机、挂车、教练汽车等 22 种号牌。湘阴县车辆注册编号为“湘（省）F（岳阳市）07（湘阴县）0001—9999，（注册编号满额，在其编号第一位用英文字母增值）”，出租小型客车号牌用 X 字母在注册编号第一位区别。1988 年 5 月 15 日起，核发启用公安专用号牌及行驶证。岳阳市公安专用汽车号码为 GA437001—GA437999。1994 年 7 月 15 日换发湘 F0001—F9999（警）警用号牌。

机动车辆检测：1987 年 4 月，县机动车辆检测由县交通局组织车辆监理人员检测。5 月，县公安局交通警察大队成立后，由县公安局交通警察大队初检，送岳阳市公安局交通警察支队车辆管理所复检。

客运车辆管理：1986 年前，湘阴县的客运车辆属全民性质的集体所有，归属为湖南省运输公司管理。1988 年后，随着政策放宽、允许个体从事交通运输，客运车辆发展很快，至 2015 年，全县纳入户籍化管理的各种客运车辆 620 台，其中大客车 83 台，中巴车 226 台，公交车 51 台，的士车 260 台。

客运车管理、客运车辆检测、客运驾驶员审验形成制度。客运单位实行日检，交警大队除经常不断路检路查外，还对客运车辆实行月、季、年检，发现车况不良的督促及时整改。客运车驾驶员必须具有三年以上驾驶货车经历，才准许上路驾驶客车。1998 年春运起，客运车驾驶员须持有“客运驾驶员准驾证”“客运车辆检验合格证”，才能驾驶客运车上路。2002 年 11 月起，全县客运车辆和驾驶员实行户籍化管理，即将客运车辆的安全管理工作量化到交警大队领导、责任民警、车队、线路、客运驾驶员。实行奖惩兑现，预防和控制客运车辆重特大事故发生。

农用运输车辆管理：2002年9月始，动力在60千瓦、核载在1.5吨以下国家目录产品的车辆，委托农机部门管理，挂拖拉机牌照；动力在60千瓦以上，核载在1.5吨以上的由公安交警部门直接管理，挂农用运输车牌照或汽车牌照。2003年2月，从事客运的农用运输车（即厢式农用中巴车）由公安交警部门统一管理，换发小型客车牌照。至2015年，全县注册登记的三轮农用运输车650台，四轮农用运输车833台。

出租车管理：2003年，湘阴县与通达集团联合购置出租的士100台，后逐年增加，县城内一律实行的士营运，至2015年全县有出租的士268台。

摩托车管理：摩托车上路行驶，必须办理机动车注册登记，核发摩托车牌照、行驶证。湘阴号牌为：湘F70001~湘F79999，湘FIE0001~湘FIE9999，湘FIM0001~湘FIM9999。

摩托车增长速度较快，1987年为160辆，至2015年，增至48000多辆，成为现代人代步工具，但管理工作滞后，导致无牌无证上路，交通严重违章，事故频发。1995年后，县政府组织有关职能部门，每年开展一、二次治理摩托车违章专项行动，形成严管态势，压缩事故保平安。2002年5月27日，岳阳市公安局交警支队，将国产摩托车委托县交警大队管理。2003年9月车管湘阴分所成立后，摩托车注册登记、核发号牌、行驶证、摩托车驾驶员培训班、驾驶证发放等业务，全部交由湘阴县公安局交警大队办理。

正三轮车（叭叭车）管理：1989年，县城出现正三轮摩托车（又名叭叭车）从事运客，因其车体小，运客出进、上下方便，下岗人员将其作为再就业门路经营，此车发展很快。1995年7月168台，1999年达1500余台。

1996年，为控制发展，整顿市容，减少事故，县政府出台“控制总量，规范管理，合法经营，逐步淘汰”的举措，由城管、交通、运管、环卫等部门组建正三轮摩托车管理办公室，核发号牌265台。1997年，归口县运输市场管理所管理。2002年4月，县政府将正三轮摩托车在城关实行单双日轮流营运。2003年，县城有下岗职工、无业人员、特困居民经营核发有湘阴号牌的正三轮摩托车647台。2005年6月，正三轮摩托车全部取缔。

（二）驾驶员管理　持证驾车：1988年12月19日，公安部发布《中华人民共和国机动车驾驶证证件》（GN43-88）标准规定，从1989年7月1日启用全国统一的新机动车驾驶证。1993年，第二次换发机动车驾驶证。“驾驶证”分正式、实习、学习、临时四种。持有正式驾驶证者，可以凭证在全国道路上驾驶准驾车型的民用机动车。驾驶证的副证作为记录审验、违章、肇事、奖励及增学车型使用。学习驾驶民用机动车、临时驾驶证是核发给国外、境外人驾驶证件，凭证可在规定时间、路线上驾驶准予驾驶的机动车。至2015年年底，全县共有持证机动车驾驶员5.5万余人。

审验制度：每年10—12月，对机动车驾驶员进行一次年度审验，组织一次身体健康检查，举办一期为期3—4天的年审学习教育班，填写一份年审表进入驾驶员档案，审验合格的，在驾驶员副证上盖年度审验合格印章。

发行管理卡：为适应执行《机动车驾驶员交通违章记分办法》的需要，减少违章行为，预防道路交通事故。2000年6月始，发行湖南省机动车驾驶员管理卡（又称IC卡）。

安全教育：1988年始，县交警大队先后印发《中华人民共和国道路交通管理条例》《道路交通事故处理办法》《中华人民共和国道路交通安全法》《湖南省道路管理办法》等法律、法规手册12本，共20万份。举办驾驶员法制、职业道德、交通安全教育等学习班280场次，编写资料485篇25万余字，给驾驶员授课8000人次。录制《车辆启示录》《安全教育》《安全行车》等录像带、光碟142合，采购《它山之石》《坦荡的大道》《中国有个五十条》《安全驾驶》《为了腾飞》《拥抱太阳的人》《思想教育短剧》等录像带46合，在驾驶员中巡回播放。交警撰文编写《驾驶员基本素质与交通安全》《驾驶员职业道德修养十法》等46篇，编发《驾驶员之友》3万份，编印《交通参与者》《办事指南》17万余字，发行4万册。1989年始，县交警大队采取集中培训和下乡培训方式，常年不定期开办摩托车驾驶员培训，1998年3月，岳阳市交警支队驾驶员培训班学校在湘阴县城关开办B证驾驶员培训点，由大队及中队负责人代办报名、招生手续，支队派人培训。2003年9月，车管湘阴分所成立后，摩托车驾驶员培训、考试核发驾驶证全部业务在县办理。至2015年，全县培训摩托车驾驶员3.2万多人，由岳阳市公安局交警支队核发D证17470本，F证23227本。

（三）交通秩序管理　1989年5月，县政府常务会议决定，成立湘阴县公安局交警队城关分队（后更名为一中队）。1993年5月10日，在城关金三角建立交通指挥岗台，首次开通指挥信号灯。1997年，在东湖路、江东路口安装高护栏500米、道路隔离桩700米、人行道护栏400米，新建交通指挥岗亭2个，交通指挥信号灯4组。

整治交通秩序行动：1989年，公安接管道路交通工作后，每年集中警力、统一时间开展4—10次交通秩序整治专项行动，整治交通违章死角秩序，整治客运车、农用运输车、出租车、摩托车、叭叭车（正三轮摩托车）秩序，开展以反"两无两假（牌、证）、反超速超载"专项行动等。1994年6—10月，在全县开展8次交通秩序整治行动。1997年9月1日至1998年2月，在全县开展文明行车交通秩序整治行动，收效良好。2001年，在贯彻执行《湖南省道路交通安全管理办法》前后，开展整治行动11次，重点整治无牌无证、假牌假证驾驶机动车和严重超载的道路交通违章行为。纠正交通违章1.1万余人次，教育处理违章车765台，假军、警牌车27台，督促办理驾驶证3000多本，督促摩托车上户4600台，查扣解体叭叭车186台。2002年，联合交通、城建、农机等部门组织80多人的队伍，先后在城关、城南、长仑、浩河、南湖、洞庭、新泉、岭北地区整治"两无两假（牌、证）"、超速超载等专项秩序行动25次，纠正违章1.2万人次。2005年，对全县正三轮摩托车全部取缔行动，叭叭车全部销毁。

路查监控，纠处违章：1990年，县公安局交警大队内设路面股（后更名为秩序股），制定《交通民警道路执勤执法规则》《巡逻制度》《交通秩序工作规范职责》《交通违章处罚操作细则》《执勤用语口诀》等规章制度。1991年始，依照公安部发布的《交通违章秩序处理规定》遵循公正、公开和处罚与教育相结合的原则，责令当事人改正或限期改正，对应当给予处罚的，依据事实和法律、法规规定，作出处罚决定：适用简易和一般两种程序处罚，对交通违章予以处罚。1998年3月，县农业银行正式挂牌代收交通违章罚款，实行收支两条线。2002年，设县公安局交警大队交通违章处罚中心，专职负责违章处理。2003年，共上路纠正交通违章8600车台次，疏导交通180余起次，解除扣车、堵车事件12起，为民排忧解难200余起。

2011—2015年，交通秩序整顿重点开展"三超一疲劳"（超载、超员、越速）、酒驾、涉牌涉证等专项整治行动。县委、县政府把道路交通安全工作纳入年度目标考核重要内容之一，对乡镇按10分比重进行考核，并建立"一乡一站"社会化管理，19个乡镇除文星镇外都建立道路交通安全办，开展交通安全示范乡镇创建，以乡镇交安办为主、从农机站、司法所、派出所、交警中队，交通管理站抽调人员集中办公，开展道路交通安全整治，基本实现道路交通安全管理常态化。2015年期间，全县先后组织开展交通秩序集中整治"百日大会战""压事故、保畅通"等专项整治活动，查处交通违法行为108100起，其中现场查处23875起，行政拘留126人，打击处理数居全市第一，全县交通秩序大为改观。

（四）警卫保卫　1993—2015年，警卫、保卫810次，其中一级警卫19次，二级警卫26次，中央、省部级首长视察19次，外国客人2次，大型文体庆典活动17次，县党代会、人大会、政协会等重要会议 110 余次。

（五）交通事故处理 接警处警：1978 年始，道路交通事故处理由县交通监理所负责。1987 年，县交警队成立后，设立道路交通事故报警台，固定专人昼夜值班，值班员接到报案后，迅速通知事故值勤交警受理。10 分钟内出警赶赴肇事现场，抢救伤者、保护财物、现场勘查、调查取证；然后划分责任，调解事故。1996 年 3 月，处理道路交通事故按行政区域实行分层、分级责任承包制度，大队以安宣股为主，负责全县重大、特大交通事故勘查、调处，下设各中队负责管辖地域的一般以下交通事故的勘查调处，协助重特大事故的现场保护，伤者抢救、财物保护和现场勘查。

勘查定责：交通事故接警后，负责查处的交警立即赶到现场，组织抢救伤者、保护财产、车辆，进行现场定位、现场勘查、制作勘查笔录和现场图，进行现场拍照、现场摄影、寻找证人、询问当事人和目击证人，收集物证。道路交通事故责任划分为：全部、主要、同等、次要四种责任。按照事故现场勘查情况和调查事实，以《道路交通事故处理办法》为依据进行划分。制作《道路交通事故责任认定书》，送交当事人，当事人不服责任认定，可在 15 日内向上一级公安机关申请重新鉴定。1998 年 5 月，制定责任认定追究制度，办案交警未按时限作出责任认定、送达当事人的或明显失误、责任变更的，为不合格办案民警，取消处理事故资格一年。

赔偿调解：在查明事故原因、认定事故责任、确定事故损失后，由办案人员进行损害赔偿调解，损害赔偿的项目包括：医疗费、误工费、住院伙食补助费、护理费、残疾生活补助费、残疾用具费、丧葬费、死亡补偿费、被抚养人生活费、交通费、住宿费、损坏车辆、物品设施等财产的直接损失费。损害赔偿调解，坚持以责论处，按责分担和双方自愿的原则，达成协议的，制作调解书，当事人、调解人签名生效，未达成协议的，公安交警再调解一次，如不能达成协议的，制作调解终结书，当事人可以向人民法院提起民事诉讼。为克服交通事故处理的受理至结案一人包办的弊端，实行勘查与调解分开的制度。1995 年 8 月，交警大队内设交通事故调解室专职事故损害赔偿，构成交通肇事罪的案件，损害赔偿案件抄送、依法提起附带民事诉讼。2011—2015 年，全县共发生交通事故 46445 起，其中较大交通事故 410 起，死亡 127 人，伤 7100 人，均依法依规得到妥善处理，未因交通事故引发次生事故。针对不少地方发生重大校车安全事故的情况，县委、县政府高度重视校车安全整顿，组织交通警察大队和教育局等职能部门，先后开展了 3 次对校车安全整治执法活动，共查处非法接送学生的车辆 16 台，超员驾驶 56 起，行政拘留 2 人，强制报废校车 2 台，保证湘阴县未出现校车安全事故。

法规：1987 年 8 月 21 日，最高人民法院、最高人民检察院发出《关于严格依法处理道路交通肇事案件的通知》。1991 年 9 月 22 日，国务院第 89 号令公布《道路交通事故处理办法》《受伤人员伤残评定》《收费暂行管理办法》等法规。1992 年，最高人民法院、公安部下发《关于处理道路交通事故案件的有关问题的通知》。2000 年，省高级人民法院、公安厅作出《关于处理道路交通事故案件若干问题的规定》。

依法处罚：至 2010 年，全县查处交通事故 7.1 万起，刑事拘留 75 人，起诉、捕判 34 人，取保候审 20 人，收容审查 15 人，治安拘留 316 人，吊销驾驶证 21 本，建立交通事故档案 17500 卷。2011—2015 年，共查处交通违法行为 33.28 万起，其中现场执法查处 7.7 万起，查处酒驾 856 起，行政拘留 521 人。

查缉逃逸案：交通发达、事故增加，肇事逃逸案件常有发生。为了及时查缉打击处理肇事逃逸责任人，在接到交通肇事逃逸案件后，县交警大队确定由值班领导和管线领导统一指挥、统一调度、集中警力、警车立即出警。根据肇事车辆逃离方向，设关堵卡，寻找现场线索，急追细查，发动群众，通力协作，及时查缉，并制定奖惩制度，对查缉逃案成绩突出的交警予以嘉奖、记功，对违令贻误战机，影响查缉的交警予以不称职论处，扣发 1—5 个月奖金或予以纪律处分。

阳光作业：1999 年，开展交通事故处理“阳光作业”活动，用制度管人，管事故，成立交通事故责任认定委员会、伤残评定委员会、错案追究委员会，聘请交通事故处理执法监督员，配置交通事故勘查车1台，摄影机1台，照相机4台及计算机等设备。制定和完善交通事故处理阳光作业的工作原则，办事纪律，事故处理承诺，文明用语，“122”值班案件交接、现场勘查、调查取证、损失评估、伤残评定、责任认定、公开听证、损害赔偿、结案追究等制度16项。具体采取“一分、三卡、四公开”的工作措施，即实行交通事故勘查与调解工作分开，建立交通事故处理联系卡、明白卡、回访卡、坚持公开法律办案程序，听证调解，接受监督。克服过去一人办案、暗箱操作的弊病。

第五节 出入境管理

出境管理 境内常住公民因私事需要出国或者出境去中国香港、澳门、台湾地区的，凭本人有效身份证件和常住户口簿提出申请，对有特殊事由，需快速办照（证）的，急事急办。1986—2015年，全县共受理公民因私出国（境）申请5330人次，其中临时出国（境）5099人次（出国2134人次，去港澳2129人次，去台湾836人次），出国（境）定居231人（出国20人，港澳1941人，台湾836人）。

入境管理 1986—2015年，办理入境户口登记1928人次，其中外国人210人，外籍人136人次，华侨64人，港澳同胞528人次，台湾同胞987人次；办理居留和居留证件延期手续186人次，其中外国8人，外籍19人次，台湾同胞159人次。查处涉外案（事）件23起。

第六节 消防管理

1984年，县公安局设消防股。1992年，县消防中队与县公安局消防股合并成立湘阴县消防大队（加挂湘阴县公安消防大队，湘阴县应急救援大队牌子），营职单位，驻县城西北湘杨路，紧邻原县人民纸厂（现为湘阴县兴隆纸业公司），占地面积0.53公顷，共有消防车辆5台，官兵42人，房屋4栋（包括大队办公楼，中队执勤楼，火警、门卫值班室和训练塔各1栋）。

县消防大队既是现役部队，也是公安行政执法单位，肩负着全县防火监督、火灾扑救重任；参与处置危险化学品泄漏事故、道路交通事故、建（构）筑物倒塌事故、地震及其次生灾害事故、重大安全生产事故、爆炸及恐怖事件，以及群众遇险时的求助等十八类灾害事故。至2015年，共接警出动23100次，其中扑救火灾20500起，抢险救援和救助3515起，抢救人员425人次，抢救财产价值近20亿元。成功处置三塘镇来龙村、东塘镇高栗村鞭炮爆炸火灾事故，圆满完成金海鸿饲料厂、人民纸厂火灾扑救，湘江湘阴大桥段挖砂船火灾、东塘镇白雁村居民楼爆炸起火等各项灭火救援任务。县消防大（中）队多次受到各级表彰奖励，先后获“基层建设优秀警队”“先进基层党组织”“全面建设先进中队”“全面建设先进大队”“省级青年文明号”“安全工作先进单位”“后勤保障先进单位”“打造消防铁军先进单位”等称号，并荣立集体二等功一次，21人次荣立二等功，32人次荣立三等功。

第七节 监所管理

一、看守所

1978年后，湘阴县设看守所，位于县城牛轭湾。1984年，搬迁至城关镇高岭村和东湖村交界处，占地面积2.33公顷，建筑面积1831平方米，监房15间，面积403平方米。1985年12月，配置“四○监控”电子设备。

1986年，看守所成立3人法制教育小组，增设教育室，制定文明守法竞赛标准，加强对在押人员的思想政治教育，先后有68名人员自费购买法律书籍132本，66名人犯交代余罪78起，检举他人犯罪线索35起，从中查破犯罪团伙4个，抓获违法犯罪人员16人，有12名人员有主动立功表现。1987—1996年，管教工作主要是关好门，看好人，即重管轻教阶段。1997—2000年，管教工作由重管轻教向管教并重转变，走向规范化、制度化、科学化。2001—2015年，管教工作进入人性化管理阶段，工作中处处体现以人为本，不歧视、虐待在押人员，充分保障在押人员的合法权益，监所主动为在押人员解决具体困难，感化教育在押人员。

二、拘留所

1978年后设立拘留所，1984年，搬迁至看守所西侧，占地面积近1.4公顷，建办公、宿舍、拘留室共80间。2007年迁址于县石塘乡境内。

拘留所坚持抓好被拘留人员的人性化教育，除接受法制道德教育外，参加适当生产劳动，收入用于伙食补助，学习生活用品补贴，对劳动收入实行单独立账，专人管理，自觉接受财务监督。被拘留人员在拘留期间因生病、招工、升学、妻子生育、父母病危等特殊情况需请假离所时，由本人或亲属提出申请，担保人出具保证书，经裁决机关批准后离所，对主动检举揭发重大违法犯罪行为，经查证属实后由所长向有关单位提出提前解除拘留的建议。至2015年，共拘留教育各类治安违法人员14520人，其中男性12500人，女性2020人；转刑事拘留2846人，转劳教3421人。

1986—2015年湘阴县公安局拘留所行政拘留人数统计表

表9-3　　单位：人

年　度	行政拘留	其　中	
		男	女
1986	240	193	47
1987	234	175	59
1988	402	353	49
1989	419	369	50
1990	423	363	60
1991	400	345	55
1992	410	351	59
1993	420	365	55
1994	456	377	79
1995	500	431	69
1996	461	385	76
1997	492	393	99
1998	467	369	98
1999	523	424	99
2000	679	569	110
2001	700	598	102

续表 9-3

年 度	行政拘留	其 中	
		男	女
2002	710	621	89
2003	699	600	99
2004	698	609	89
2005	712	611	101
2006	701	602	99
2007	707	607	100
2008	578	476	102
2009	565	467	98
2010	420	362	58
2011	910	800	110
2012	899	778	121
2013	792	694	98
2014	1153	943	210
2015	1195	976	219

第三章 检 察

第一节 刑事检察

2002 年，刑事检察一科更名为侦查监督科，刑事检察二科更名为公诉科。

1986—2003 年，检察院共受理公安机关移送报捕 2448 人。经审查，批准逮捕犯罪嫌疑人 2050 人，决定不捕 398 人，追捕公安机关遗漏犯罪嫌疑人 275 人。共受理公安机关移送起诉 1252 案 1945 人。经审查，决定向法院起诉 1070 案 1576 人，免诉 174 人，不诉或建议公安机关作撤案处理 195 人，追诉犯罪嫌疑人 66 人，抗诉 9 案 9 人。

2004—2009 年，县检察院侦查监督科共受理公安机关提请批捕 1843 人，经审查，批准逮捕犯罪嫌疑人 1485 人，决定不捕 358 人，追捕公安机关遗漏犯罪嫌疑人 63 人。受理该院自侦部门报捕 35 人，经审查，决定逮捕犯罪嫌疑人 34 人，不捕 1 人。

2010 年，县检察院共批准逮捕各类犯罪嫌疑人 333 人，向法院提起公诉 308 人，法院均作有罪判决。批捕、起诉人数较上年分别上升 21% 和 27%。2011—2015 年，县检察院共批准逮捕各类犯罪嫌疑人 1837 人（案件 1444 件），向法院提起公诉案件 1818 件，犯罪嫌疑人 1847 人，法院均作有罪判决，批捕、公诉正确率 100%。在办案中，检察机关认真贯彻宽严相济刑事政策，依法从宽处理轻微刑事案件，努力减少社会对抗，对未成年犯、初犯、偶犯、过失犯、因亲友邻里纠纷引发的轻微刑事案件，慎重批准逮捕，积极促成当事双方化解怨恨、自愿达成刑事和解。

第二节 民事行政检察

1993 年 3 月，县检察院成立民事行政科。专门负责对不服从人民法院已经发生法律效力的判决，裁定的民事（经济）行政案件进行检察监督。民事行政检察部门根据《中华人民共和国民事诉讼法》《中华人民共和国行政诉讼法》，坚持以严格执法、狠抓办案、加强监督的工作方针，把办理抗诉案件和审判人员贪污受贿、徇私舞弊、枉法裁判案件作为工作重点。

1993—2003 年，共受理当事人不服人民法院判决和裁定的民事、经济、行政申诉案件 336 起。其中做好息诉服判工作 271 起，立案审查 102 起，提请或建议提请上级检察机关抗诉 65 起，全部被上级检察机关采纳。就案件审判中存在的某些问题向审判机关提出检察建议 283 件，也均被采纳。

2004—2009 年，县检察院民事行政检察科共办理民行案件 6 件，其中民事侵权案件 3 件、借款纠纷案件 2 件、房屋合同纠纷案件 1 件；依法受理当事人不服人民法院生效判决、裁定的民事行政申诉 26 件，经审查对其中判决、裁定正确的 22 件，耐心开展释法说理，做好申诉人的服判息诉工作，对其中 4 件认为适用法律不当的案件，依法立案提请市院抗诉，法院改判 3 件，维持原判 1 件。共向法院提出检察建议 2 起，均被法院采纳。

2010—2015 年，依法受理当事人不服人民法院生效判决、裁定的民事行政申诉 17 件，经审查对其中判决、裁定正确的 18 件，耐心开展释法说理，做好申诉人的服判息诉工作，对其中 1 件认为适用法律不当的案件，依法提请抗诉，法院裁定再审。2014 年办理的刘 ×× 审判环节违法行为监督案获评列入该年度全国民事检察监督十大精品案和全省检察系统十大优案。

第三节 监所检察

1978 年，县检察院派 1 名检察员，驻看守所从事监所检察。1979 年，检察院增设监所检察股，专司其事。1985 年，增设驻白泥湖劳教所检察组。1991 年，监所检察股更名为监所检察科。

1986—2003 年，共立案查处 10 名管教人员犯罪案件。2004—2010 年，县检察院监所检察科指派专人常驻看守所进行日常检察。协同看守所干警对在押人员开展形势、政策、法律和前途教育，促使在押人员认罪伏法、坦白交代、改过自新。积极查办看守所内的职务犯罪。每年定期对缓刑、假释、暂予监外执行、管制、剥夺政治权利的人犯进行专题检察，发现问题及时督促有关部门迅速纠正，做到监外执行罪犯“档案清、思想动态清、去向清”。对监外罪犯违反监管规定和保外对象不符合保外就医条件的，建议收监 8 人。其中 2009 年成功查办龚 ××、杨 ×× 玩忽职守案，杨 ×× 受贿案，其中龚 ××、杨 ×× 玩忽职守案被省检察院评为全省优秀案件。在办理审查起诉案件上也有所突破，办理刘 ×、骆 ×× 脱逃案。此两案提起公诉后，均被人民法院予以重判。

2011—2015 年，县检察院积极开展社区矫正检察工作，配合公安、法院、司法，全程参与 19 个乡镇 133 名矫正对象的接管工作。

第四节 控告申诉检察

1991 年，控告申诉检察股更名为控告申诉检察科。专门负责接待公民来信来访，处理涉及刑事问题的控告检举、申诉和自首，承办分管的申诉案件。1996 年，设立“检察长接待日”制度，每逢检察长接待日，院领导和接待室的干警一道，接待来访群众，听取他们的控告、申诉对检察工作的意见，解答群众的法律咨询。

1978—1985年，受理人民群众来信来访3039件次，检察院自办1256件次，转交有关单位办1783件次，从来信来访中获得案件线索 86 起，平反冤假错案 3 起。

1986—2003 年，共受理群众来信来访 2570 件次，检察院自办 543 件次，直接答复 1119 件次，转交有关单位办理 908 件次。从来信来访中获取各种案情线索 674 起，纠正错案 10 起。

2004—2009 年，县检察院控告、申诉检察科共受理群众来信来访 660 件次，检察院自办 123 件次，直接答复 316 件次，转交有关单位办理 221 件次。从来信来访中获取各种案情线索 206 起，纠正错案 3 起。

2010—2015 年，共接待并依法及时处理群众来信来访 805 人次，解答法律咨询 730 次，化解矛盾纠纷 300 余件，组织下访巡访 19 次，妥善处理集体信访、告急信访 2 件，确保无涉检信访积案、无赴市赴省进京和越级上访。

第五节 职务犯罪检察

一、反贪污贿赂

1978 年，县检察院设立经济检察机构，负责全县的贪污、挪用、行贿、受贿、偷税抗税、假冒商标、盗伐森林等案件的侦查、批捕、起诉工作。1990 年，将经济犯罪嫌疑人的审查批捕、起诉工作划归刑事检察部门承担。从 1993 年始，逐步将盗伐森林、假冒商标、偷税抗税等案件侦查权划归公安机关管辖。1994 年 3 月，撤销经济检察机构，成立反贪污贿赂局，专司对国家机关工作人员索贿受贿（包括行贿）、贪污挪用公共财物等犯罪案件的查处。

1986—2003 年，共立案查处各类经济犯罪案件 446 起 515 人。向法院起诉 205 起 240 人，其中大要案件 149 起 159 人，涉及副科级以上干部 22 人，共为国家和集体挽回经济损失 3250 余万元。县检察院连续查处县水利局原局长胡 ×，副局长罗 ×，县公路局原局长甘 ×，县公安局刑警大队原大队长姚 ×，县一中原校长邓 ×，县湖洲开发总公司总经理刘 ×，原副总经理冯 ×，县老干局原局长夏 ×，县建设局原副局长彭 × 等一批副科级以上领导干部的经济犯罪案件。

2004—2009 年，共立案侦查贪污贿赂等职务犯罪案件 44 件 54 人，其中特大案件 4 件 4 人，大案 25 件 31 人，涉及正、副科级干部 10 人，向法院提起公诉 24 件 27 人，其中 23 件 26 人法院作出有罪判决，该院撤案 4 件 4 人，不起诉 1 件 2 人，移送其他检察院 6 件 9 人，共为国家挽回经济损失 1800 余万元。

2010 年，立案侦查受贿案件 11 件 14 人，其中贪污受贿 5 万元以上、挪用公款 10 万元以上、滥用职权、玩忽职守造成损失 40 万元以上的案件 12 人，终结起诉至法院 11 件 14 人，14 人作有罪判决。

2011—2015 年，县检察院立案侦查贪污受贿腐败案件 74 件 83 人，其中贪污受贿 5 万元以上、挪用公款 10 万元以上，滥用职权、玩忽职守造成国家经济损失 50 万元以上的腐败案件 50 件 55 人。终结向法院起诉 36 件 42 人均作有罪判决。侦查办结有震动影响的腐败案有县安监局副局长谭某、陈某、刘某等人贪污受贿窝串案；县科技局原局长谭某、副局长徐某等人贪污受贿案；县砂石管理系统腐败窝案等。同时，顺应职务犯罪侦查一体化和指定异地管理新态势，参与办理省纪委、省检察院交办的衡阳市财政局原党委书记、局长刘某、石峰区区委副书记、区长周某等人滥用职权破坏选举案；省地矿局原局长王某等贪污受贿案；交通部下属某学院院长、副院长等受贿系列案，以及市交办的一系列腐败案，均出色完成办结任务。其中厅级干部 2 人、处级干部 8 人，科级干部 16 人，挽回经济损失 3600 余万元。

二、反渎职

1979年，县检察院成立法纪检察股，专门负责法纪检察业务，办理“侵权”、渎职犯罪案件。1997年，县检察院设立渎职犯罪侦查局。

1978—1985年，县检察院受理106起，其中渎职案2起，侵权案6起。立案13起，批捕3人，起诉7起，移送有关单位作党纪、政纪处理88起。

1986—2003年，县检察院共查处各类渎职侵权犯罪案件148起184人。向法院起诉36起37人，移送有关单位作党纪政纪处理112起147人。其中有影响的案件有：1993年查处县公安局濠河派出所原驻湾河乡民警蒋×私放罪犯案；1998年查处县公安局原行政科科长陈×在担任西林派出所所长期间犯下的徇私枉法案。

2004—2009年，县检察院反渎职侵权局共查处各类渎职侵权犯罪案件25件33人，向法院起诉14件20人，移送作党纪政纪处理11起13人。其中有影响的案件有：2007年办理浏阳市公安局刑侦大队廖×、欧××等人故意伤害案，永州市公安局副局长何××（副处级）滥用职权、受贿案；2008年湘阴县公安局副局长盛某徇私枉法案；2009年县公安局看守所副所长杨××受贿案。

2010—2015年，共立案侦查职务犯罪案件54件64人，其中大要案12人，正科级干部11人，副科级干部18人。其中有影响的案件有：原县建设局副局长兼自来水公司经理刘×、原洋沙湖地表水厂建设指挥部技术部部长张×等涉嫌玩忽职守重大受贿系列案；原文星镇党委书记朱×滥用职权案；县建设局建工站出纳杨×重大贪污、挪用公款案；县交通局运管所稽查大队大队长傅×受贿案；县人口计生局“两非办”主任王×贪污案。县交通局党委委员李某、县汽车客运总公司副总经理兰某、县法院民一庭副庭长刘某、县公安局交警杨某、徐某、县地方海事局原局长易某、县农村办原副主任胡某等滥用职权，渎职侵权犯罪案，同时，还与市检察院协同，侦查环洞庭湖基本农田建设工程中汨罗市国土局原局长叶某、副局长许某、土地复垦中心主任彭某等10人滥用职权，渎职犯罪串案。另外共查处发生在土地转让、征地补偿、民生工程建设、支农惠农、新农村建设和严重阻碍政府重点工程建设的职务犯罪5件6人，查处背后渎职犯罪人员2人。

第六节 检察技术

1994年，县检察院的检察技术工作起步。2000年，检察技术科正式单独挂牌办公。针对职务犯罪日益呈现隐蔽化、智能化、团伙化的特点，积极探索侦查办案的新思路、新措施：一是抓战机，在缜密初查掌握可靠证据的基础上，采取立案、传讯、取证同步进行的方法，综合运用各种手段进一步获取证据，迫使犯罪嫌疑人交代问题。二是察微析疑，注意从小案中挖大案，从个案中挖窝案，扩大战果。三是从侦查方案的制定到立案时机的把握，从内部力量的调整到外部力量的借用，加强集中统一指挥，每个侦查环节都具体研究。四是坚持立、查、侦、诉环环相扣，刑检部门强化全局意识，提前介入侦查工作，帮助补充完善证据，确保不贻误战机。2002年，检察技术部门按照“科技强检，为办案服务”的指导思想，投入200万元，按标准新建办案工作区，安装讯问犯罪嫌疑人的同步录音录像设备，建设三级专线网、局域网，并实现内外网的分隔和联通。全院干警配手提电脑32台，台式电脑40台，信息化网络平台建设日臻完善。利用技术装备为办案服务，共办理各类鉴定案件153起，提供案件证据172份。2003年，共受理包括录音录像、法医鉴定、保险鉴定等各类检察技术案件292件，为办案单位提供各种证据资料209件。2004年，县检察院重新购置性能更好的数码相机和摄像设备，装备局域网络，基本上实现办公信息化。是年始，严格执行最高人民检察院发布的《人民检察院讯问职务犯罪嫌疑人实行全程同步录音录像技术工作流程》，以及省检察院发布的文件精神，共进行同步录音录像500余次，询问证人200余次。认真填写各种同步录音录像工作文书并及时装卷归档，保证同步录音录像的程序正规性。2007年，在院办公楼一楼建成办案工作区（约300平方米），添置100余万元的录音录像设备；在院办公楼五楼大会议室添置视频会议设备和相关的音像设备；做到人手有台电脑，开通检察院院内部局域网络，确保网上办公办案。

2015年，县检察院新建了办案与技术专用房，淘汰了原有模拟视频审讯系统，采用全数字与高清双系统，提高同步录音录像质量。同时，重建了涉密信息机房，并一次性通过省保密系统综合验收。

第四章 法 院

第一节 刑事审判

1980—1985年，国家先后颁布《刑法》《中华人民共和国刑事诉讼法》以及修订后的《中华人民共和国婚姻法》，全国人大常委会发布《关于严惩严重破坏经济的罪犯的决定》《关于严惩严重危害社会治安的犯罪分子的决定》，县法院审结刑事案件590件，年平均量较1966—1979年上升1.4倍，其中反革命案占0.3%。处主刑的罪犯866人，其中无期徒刑及以上24人，有期徒刑705人。

1986年，审结刑事案件107件，比1980—1985年平均量上升9.4%，处主刑107人，其中10年以上、不满15年徒刑的5人；5年以上、不满10年徒刑的31人；不满5年徒刑的67人；缓刑2人；拘役2人。

1987—1989年，共审结刑事案件252件。年均84件，比1986年下降2.3%。负主刑人数338人，其中15年以上、不满20年徒刑的3人；10年以上、不满15年徒刑的22人；5年以上、不满10年徒刑的119人；不满5年徒刑的180人；缓刑7人，拘役7人。

1990—1992年，共审结刑事案件311件，年均103.6件，比1987—1989年平均量上升23%，负主刑446人，其中10年以上、不满15年徒刑的28人；5年以上、不满10年徒刑的144人；不满5年徒刑的216人；缓刑46人；拘役12人。

1993—1997年，共审结刑事案件313件，年均62.6件，比1990—1992年平均量下降39.6%。负主刑334人，其中15年以上、不满20年徒刑的3人；10年以上、不满15年徒刑的30人；5年以上、不满10年的131人；不满5年徒刑的142人；缓刑24人；拘役4人。

1998—2002年，共审结刑事案件315件，年均63件，比1993—1997年平均量上升0.63%。负主刑341人，其中15年以上、不满20年徒刑的2人；10年以上、不满15年徒刑的29人；5年以上、不满10年徒刑的95人；不满5年徒刑的212人；拘役3人。其中有影响的大案有：2001年对在县城活动猖獗的"天兴帮"犯罪集团的15名罪犯进行严厉打击，首犯易××、徐××被分别判处有期徒刑17年、18年，3人被判处有期徒刑10年以上，5人被判处5年以上10年以下有期徒刑，5人被判处5年以下有期徒刑；2002年对寻衅滋事、抢劫、冲击国家机关的李氏三兄弟，分别判处有期徒刑12年、5年、1年。

2003年，共审结刑事案件68件，较1998—2002年平均量上升8%。负主刑84人，其中5年以上、不满10年的11人；不满5年的50人；缓刑17人，拘役6人。2004—2007年，共审结刑事案件434件、680人。2008年，共审结刑事案件115件、173人，其中判处10年以上有期徒刑5人，判处3年以上、10年以下有期徒刑25人，召开2次审判大会，对28名犯罪分子进行集中公开审判。2009年，共审结刑事案件167件、242人。其中依法对被告人陈××以合同诈骗罪、非法吸收公众存款罪判处期徒刑

15 年，剥夺政治权利 1 年。2010 年，共审结刑事案件 190 件、308 人。

2011—2015 年，县人民法院坚持依法严惩危害社会稳定的各类刑事犯罪，共审结各类刑事案件 1432 件，判处刑事罪犯 2015 人。近 5 年中判处刑事案件和人数均呈上升趋势，2011 年为 229 案判 362 人，随之逐年上升，2014 年上升至 310 案判 499 人，2015 年上升至 440 案判 560 人。

第二节　民事审判

县法院民事审判一庭、民事审判二庭，分别负责民事、商事案件的审理。

1980 年，审理民事案件 165 件。1985 年，升至 438 件，为 1980 年的 2.6 倍。1980—1985 年，审理财产权益案 1102 件，为 1976—1980 年的 6 倍，其中房屋纠纷案占 63%，婚姻案占 37%。1986 年，收案 377 件，结案 327 件，结案率 86.76%，婚姻纠纷案占结案的 54%。1987—1989 年，收案 4901 件，年均收案 1633.67 件，比 1986 年收案的 327 件年平均增加收案 1256.7 件，年平均量为 1986 年的 4 倍。结案 4464 件，年均结案 1488 件，比 1986 年年均增加 1161 件，结案率 86.27%。婚姻案占结案的 23.23%，比 1986 年下降 30.77%。1990—1992 年，收案 2876 件，年均收案 958.6 件，比 1987—1989 年平均收案 1633.67 件减少 674.97 件，结案 2540 件，年均结案 846.66 件，比 1987—1989 年均结案减少 641.34 件；结案率 89.2%，比 1987—1989 年上升 2.93%。婚姻纠纷案占年均结案的 28.1%，婚姻案平均结案率比 1987—1989 年上升 4.87%。1993—1997 年，收案 4543 件，年均收案 908.6 件，比 1990—1992 年年均收案减少 50 件；结案 4364 件，年平均结案 872.8 件，比 1990—1992 年均结案增加 26.14 件，年均结案率 95.76%，结案率比 1990—1992 年上升 6.56%。婚姻纠纷案占年均结案的 36.88%，婚姻案平均结案率比 1990—1992 年上升 8.78%。1994—1995 年，先后有洞庭乡、西林乡、杨林寨乡 1671 户农民状告湖南农业大学、邵东种子公司供应劣质种子，造成晚稻大面积减产。案发后，法庭及时调查取证，快审快判，为 1671 户农民挽回经济损失 114 万元。1998—2002 年，收案 5436 件，年均收案 1087.2 件，比 1993—1997 年年均收案增加 178.6 件；结案 5148 件，年均结案 1029.6 件，比 1993—1997 年年均结案增加 156.8 件，年均结案率 93.38%，结案率比 1993—1997 年下降 2.38%。婚姻纠纷案占年均结案的 35.4%。婚姻纠纷案年均结案率比 1993—1997 年下降 1.48%。2003 年，共受理民事案件 635 件，比 1998—2002 年年均收案减少 452.2 件；结案 568 件，比 1998—2002 年年均结案减少 304.8 件；结案率 89.5%，比 1998—2002 年下降 3.88%。婚姻纠纷案占结案的 53.8%，比 1998—2002 年的年均结案率上升 18.4%。2004—2007 年，共受理民事案件 3900 件，审结 3835 件，结案率为 98.33%。2008 年，共受理民事案件 996 件，审结 973 件，结案率 97.69%，调解率 65%。2009 年，共受理民事案件 1140 件，审结 1052 件，结案率 92.28%，调解率 54.38%，全年民事审判工作居岳阳市法院第二位。2010 年，共受理民事案件 2125 件，审结 2056 件，结案率 96.75%，调解率 69.36%。2011—2015 年共受理民事案件 14765 件，审结 14500 件，审结率 97%；调解 6820 件，调解率为 46.6%。

第三节　经济审判

1980 年 4 月，县法院增设经济审判庭。

1980—1985 年，审理经济案 135 件，其中购销合同案 72 件，借款偿还案 28 件，总诉讼标的金额 174 万余元。通过审理经济案件，搞活资金 38 万元。县法院贯彻“处理一家纠纷，协调两家关系”的精神，调解案件占发案总数的 82%。同时，县法院根据案情及经济信息向有关部门提供司法建议 100 余项，使 80 个单位避免和挽回了经济损失。岳阳地区中级人民法院、省高级人民法院先后在湘阴县召开全地区与全省经济审判经验交流会，最高人民法院派员参加会议。

1986年，审结87件经济纠纷案件，其中购销合同案件18件，借款案件2件，总诉讼标的额为986.63万元。

1987—1989年，共审结经济纠纷案件807件，年均结案269件，比1986年年均结案增加182件，结案中，购销合同案167件，借款案件71件，总诉讼标的额为1075.19万元。

1990—1992年，审结经济纠纷案件334件，年均结案111.33件，比1987—1989年年均结案减少157.67件，结案中，购销合同161件，借款案件37件，总诉讼标的额1601.47万元，比1987—1989年增加526.28万元。

1993—1997年，审结经济纠纷案件2694件，年均结案538.8件，比1990—1992年年均结案增加427.47件，结案中，购销合同案603件，借款案463件，总诉讼标的额为28293.33万元，比1990—1992年总诉讼标的额增加26691.86万元。

1998—2002年，审结经济纠纷案件1337件，年均结案267.4件，比1993—1997年年均结案减少271.4件，结案中，购销合同案件251件，借款案件446件，总诉讼标的额为40587.8万元，比1993—1997年总诉讼标的额增加12294.47万元。其中2000年7月县金威饲料厂与张家港东海粮油公司豆粕买卖合同一案，因东海公司未按合同履行供应豆粕2000吨的义务，造成金威饲料厂停产，县法院依法受理此案后，克服种种困难，在岳阳港扣押东海公司货物，并及时作出裁判，为金威饲料厂挽回经济损失400多万元。

2003年，审结经济纠纷案件204件，比1998—2002年年均结案减少63.4件，结案中，购销合同案件46件，借款案件134件，诉讼标的额494.39万元。

至2003年，县法院对全县亏损企业县纺织厂、县柠檬酸厂、县物资总公司、县丰年饲料厂、县人民纸厂、县金属材料公司、县城南茶厂、县针织内衣厂、县酒厂、县工程机械厂、县综合贸易公司、县麻类土产有限公司、县氮肥厂、县生资公司、县城关大米厂、县渔业联合公司、县日杂公司、县食品公司、县工业品公司、县外贸工矿土畜公司、县水泥厂、县玻璃厂、县南湖供销社、县装饰板厂、县洞庭供销社、县岭北供销社、县濠浩供销社、县再生资源开发公司、县副食品公司、县百货公司、县五金公司、县友谊华侨公司、县农村物资公司、县岭北船厂、县木工厂、县汽车大修厂、县机电设备厂、县镀锌厂、县双星饲料厂、县蛋品厂、县五金厂、县商业局蛋品厂、县长丰食品有限公司、县湘北镀锌厂、县有色金属冶炼厂、县金威饲料厂、县商业总公司糖果糕点厂、县肉类联合加工厂、县陶瓷一厂、县农业机械公司、县燃料公司等51家单位进行破产，通过清产核资，清收债权，依法处理债务，为企业扫清了障碍，大多数企业通过破产后，相继进行资产重组，职工得到妥善安置。县冶炼厂、县纺织厂、县柠檬酸厂、县人民纸厂、县工程机械厂依法处理债务18577.3万元。同时在商业系统进行两个置换达4000万元，理顺了职工的集资款、生活费安置和其他债权债务的关系。

2004—2015年，共审结经济案件2562件，总诉讼标的额为35722万元。

第四节　行政审判

1987年，县法院设立行政审判庭。依法审理行政管理相对人不服行政机关的具体行政行为的一审行政案件，审理并执行行政机关申请人民法院强制执行生效行政处理（处罚）决定。

1987—2003年共受理行政案件412件，其中维持119件，撤销60件，变更33件，撤诉193件，驳回7件。

2004—2007年，共受理行政诉讼案件65件，审结65件，结案率100%；受理行政非诉执行案件456件，执结432件，执结率92.8%。

2008年，共受理行政案件13件，审结10件，结案率76%；受理行政非诉执行案件79件，执结74件，执结率93.67%。其中执结征收社会抚养费案件40件，收回社会抚养费80余万元。

2009年，共审结行政诉讼案件28件，依法协调处理20件，全年共受理行政非诉执行案件258件，执结258件。

2010年，共受理行政诉讼案件93件，审结93件，结案率100%；共执结行政非诉执行案件221件，自觉履行的达178件，执结的210件社会抚养费征收案件中，仅41件采取强制执行措施，其余169件均为自觉履行。

2011—2015年，共受理行政诉讼案件846件，审结840件，审结率99%；审查非诉行政执法案件1688件，自动履行762件，强制执行926件。

第五节　审判监督

1986年，审判监督庭的前身为刑二庭。1991年，撤销刑二庭设立告诉、申诉庭，基层法院审判监督工作正式独立行使职能。1997年，将告诉申诉庭更名为审判监督庭。

1986年，对1986年以前的历史老案进行复查，共审理历史老案和现行刑事申诉案件996件1042人，审结965件1011人，结案率96.9%，月均结案80件，居全市法院之首。所结案件中，复查民事、经济案件853件884人，其他历史申诉案84件95人，统战案件3件4人，“文化大革命”中的案件6件9人，“两法”《刑法》《刑事诉讼法》实施后的申诉案件8件8人，“严打”后的现行申诉案件11件11人，所结案件中维持原判393件395人，改判572件616人。改判中宣告无罪的590人，免刑的1人，减刑的5人，其他处理的20人。

1987—1989年，共审结129件刑事案件，其中维持原判的80件，改判的45件63人，改判中减刑的27人，免刑的1人，无罪的15人，其他的20人。其中1989年立案再审的刑事申诉案件18件、28人（其中有“严打”申诉案件1件、1人）依法维持原判的20人，改判的8人（改判中：减刑7人，宣告无罪的1人）。

1990—1992年，共审结11件刑事案件，其中维持5件，改判6件8人，改判中减刑的7人，无罪的1人。

1993—1997年，共审结民事案件、经济案件15件，其中维持原判的4件，改判的4件，驳回的7件。

1998—2002年，共审结民事案件、经济案件26件，其中维持原判的15件，改判的9件，撤诉的2件。

2003年，共审结经济案件4件，其中维持原判的3件，改判的1件。

2004—2007年，再审案件7件，其中维持原判的5件，改判的2件。

2008—2015年，根据《民事诉讼法》规定，无再审案件。

第六节　案件执行

1987年，县法院设立执行庭，2003年升格为执行局。执行工作由原协助审判庭执行到审判、执行分离。

1987—1989年，共执行各类案件350件，年均执行116.7件，执行金额101.7万元，年均33.9万元。

1990—1992年，共执行各类案件2127件，年均执行709件，比1987—1989年年均增加592.3件，执行金额 593.91 万元，比 1987—1989 年年均执行金额增加 164.07 万元。

1993—1997 年，共执行各类案件 3424 件，年均执行 684.8 件，比 1990—1992 年年均执行减少 24.2 件。执行金额 8207.3754 万元。年均执行金额为 1641.475 万元，比 1990—1992 年年均执行金额增加 1443.505 万元，司法拘留 173 人，年均拘留 34.6 人。

1998—2002 年，共执行各类案件 1934 件，年均执行 386.8 件，比 1993—1997 年年均执行减少 298 件，执行金额 6524.75 万元，年均执行金额 1304.95 万元，比 1993—1997 年年均执行金额减少 336.525 万元；司法拘留 218 人，年均 43.6 人，比 1993—1997 年年均增加 9 人。

2003 年，共执行各类案件 193 件，比 1998—2002 年年均执行减少 193.8 件，执行金额 238.31 万元，比 1998—2002 年年均执行金额减少 1066.64 万元。

2004—2007 年，共受理执行案件 2618 件，执结 2314 件，司法拘留近 300 人次。其中法院执行的原告胡 ××，仅提供被执行人李 ×× 有湘长 0379 号船舶一艘的财产线索，执行局承办法官在长沙、望城、湘阴水域多次查找，并根据举报人提供的线索，认定该船舶有可能在望城水域，执行局全体干警通宵达旦在望城水域沿江仔细搜寻，终于在某日黎明时刻找到该船舶，并成功将该船舶拖至法院指定的水域，被执行人慑于法律的威严，将执行义务全部履行完毕。

2008 年，县法院坚持抓执行积案的清理，580 件积案得到执行或部分执行。

2009 年，县法院全年清理执行积案 731 件；共受理执行案件 558 件，执结 507 件，执结率 90.86%；共向困难当事人支付执行救助款 36 万余元。

2010 年，共受理各类执行案件 471 件，执结 456 件，执结率 96.81%，执结标的额 5224 万元。

2011—2015 年，共受理各类案件 21940 件，办结 20092 件，执结率 90% 以上。执结标的额 4.3 亿元。

第五章　司法行政

第一节　普　法

1982 年，县司法局贯彻全国人大常委会《关于严惩严重破坏经济的罪犯的决定》、中共中央、国务院《关于打击经济领域中严重犯罪活动的决定》，动用各种宣传工具在县内进行为期 6 天的法制宣传，组织有 1.5 万人参加的公审经济犯罪分子大会，并将公审录音反复向全县人民广播。

1983 年，贯彻全国人大常委会《关于严惩严重危害社会治安的犯罪分子的决定》，绘制法制宣传图片在县内流动展览，群众检举揭发犯罪线索 3111 起，迫使各类犯罪分子 175 人投案自首，主动退出赃款 110 余万元。在各中学普遍增开法律知识课，80% 以上的公民和青少年受到法制教育。县司法局印发各种法制宣传资料 22.3 万份，组织法制报告 2898 场，上法制课 3465 堂，出动宣传车 178 台次。

至 1985 年，组织党政干部参加普法学习，共有 3560 人参加考试，成绩合格者占 99%，其中成绩优异者 380 人。

1986—1990 年，“一五”普法期间，县司法局共印发普法读本 2 万册。1990 年，组织全县 4800 名国家公职人员、教师参加学法考试，成绩合格率达 100%，优秀率达 86%。

1999 年，湘阴县依法治县领导小组成立，县委书记任组长，其办公室常设司法局，局长兼任县依法治县办主任。县依法治县办切实发挥普法依法治理工作职责，实现提高公民法律意识向提高公民法律素质转变，由主要依靠行政管理手段向依法行政依法管理的转变。

2004年，县司法局开展送法下乡活动，共发放宣传资料5000份，设法律咨询点10个，接受群众咨询2000人次，张贴宣传标语800张，深入企事业单位、乡村宣讲法治宣传课180多堂，受教育干群2万余人。

2005年，开展农村法治宣传教育月活动，出动宣传车12台次，到各乡镇开展法治宣传，开展“法制宣传一条街”活动，共发放各类宣传资料6000多份，接受咨询1800人次。

2006年，全面启动“五五”普法工作。共发放资料6000多份，咨询3000人次，讲法治课15堂，张贴标语500多张。白泥湖楠竹村被评为省级民主法治示范村。

2007年，全面启动部署“五五”普法工作。广泛开展“农村法制宣传月”“青少年法制宣传教育周”“法制宣传一条街”和普法读本征订及全县公职人员年度学法考试工作。共发放各类资料1.2万份，接受咨询8000人次，讲授法治课22堂，张贴宣传标语1300张。

2008年，在全县开展“法律进机关，法律进单位，法律进企业，法律进学校，法律进乡村，法律进社区”的法律“六进”活动，投资1.5万元对文星镇新城区制作的11块永久性巨型法治宣传标牌进行框架更换和内容更新。在县电视台开辟《民与法》专题栏目，采取“以案释法”“法治报道”等形式，将各部门开展依法治理工作典型情况及案例和新法律法规的解释，通过电视快速反馈给全县人民。组织县直80多个部门单位在文星镇江东路开展“法制宣传一条街”活动，各乡镇结合地域实际，开展“送法下乡”普法宣传，在第七届全省农村法治宣传月活动中，全县共出动法治宣传车50台次，电视新闻报道2次，设立法律咨询台168个，悬挂宣传横幅70多条、制作宣传标牌500余块，发放宣传资料6万余份，接受群众法律咨询近5000人次。在县委党校举办“五五”普法骨干培训班、村支“两委”干部培训班、法治副校长培训班，在各乡镇巡回举办农民工法治培训班。向19个乡镇的农户免费发2万册《农民普法简明读本》，向城镇居民免费发放万余册《城镇居民普法读本》。

2009年，县司法局举办一期外出务工人员培训班，为外出务工人员合法生财和维护合法权益提供法律支持，公布律师、法律援助、公证等服务窗口的联系方式，方便了有需要的农民朋友。全县96个中小学聘任法治副校长。组织15台法治宣传车在全县城乡巡回法治宣传2次。各类媒体新闻报道6次，设立法律咨询台218个，悬挂宣传横幅90多条、制作宣传标牌500余块，发放宣传资料6万余份，接受群众法律咨询近5000人次。5—6月，在县委党校举办“五五”普法骨干培训班、村支“两委”干部培训班，培训人员400多人。

2010年，县司法局组织全县1万多名国家公职人员、教师进行年度学法考试，考试成绩记入个人普法学法档案，作为年终评功评奖、提拔重用的重要依据。

2011年，在县委党校举办普法骨干培训班1期。在县电视台黄金时段播出《青少年忏悔录》，以案说法，进行预防青少年违法犯罪教育。是年始，每年在全县开展农村法治宣传教育月、青少年法治宣传教育周、法治宣传一条街活动，发放法律书籍和宣传资料，接受法律咨询，讲授法治课。组织国家公职人员年度学法考试。邀请县南山松老年人车队开展“送法下乡”活动。

2012年，在县电视台开辟《司法行政聚焦》栏目，将司法行政职能制作成专题片，进行法治宣传。

2013，组织县法院、县检察院、县公安局执法人员学法用法集中考试。

2014年，从省厅引进120台法治宣传传媒机，在县行政大院、政法各单位、部分党政机关、重要服务窗口及车站商场等公共场所安装15台。

2015年，开展送法进社区活动，发放各类法律宣传资料1万份，《做法律明白人》3000册。

第二节 人民调解

1981年，调解工作由法院移交司法局管理，1982—1985年，各级调解组织进一步完善，公社、镇政府成立调解领导小组，大队、居委会、厂、场、企业单位成立调解委员会，生产队、居民小组成立调解小组，全县形成三级调解网络。1986年，各乡镇成立司法办公室。1990年，撤销乡镇司法办公室，成立乡镇司法所，司法所设所长1名，接受县司法局的业务指导，具体负责村（居）调解委员会的管理。乡镇司法所所长由县司法局与乡镇党委考察确定，报县委政法委下文任命。是年，全县共建司法所36个，调解委员会456个，调解小组8140个。

1981—1990年，年均调解各类矛盾纠纷达3000多起。2004年10月，省司法厅出台《关于进一步加强全省人民调解工作规范建设的意见》，对人民调解工作规范化建设作出规定。县司法局对全县418个村人民调解委员会的牌子、公章、办公用房、调解文书统一进行规范。是年指导调解纠纷406起，防止群体性械斗18起。长仑法庭被省高院、省司法厅授予全省指导人民调解工作先进法庭光荣称号。2005年，县委、县政府出台《关于加强新时期人民调解工作的意见》，全县启动司法所建设，界头铺镇、岭北镇、南湖洲镇率先建起规范化司法所，界头铺镇被评为省、市先进司法所。2006年，东塘、石塘、六塘、青潭分别建起司法所办公楼。界头铺镇被评为全国先进司法所，村组调解组织建设纳入司法行政机关和乡镇党委政府重要议事日程，各级调解组织调处矛盾纠纷2600多件。2007年，因受2006年“7·25”事件影响，杨林寨乡作为全县社会治安重点防控单位，省、市、县各级高度重视杨林寨乡司法所建设，杨林寨乡投资20多万元建起一栋司法所大楼，村级调委会建设得到加强，人民调解工作步入规范化轨道，杨林寨乡社会治安状况明显好转。全县各级调解组织调解民事纠纷2780多起。2008年，城西、三塘、静河分别建起规范化司法所，健全各级人民调解组织，全县调解各类民事纠纷2896起。2009年，全县村级调解组织规范化建设纳入当地党委政府重要议事日程，80%的村级调解组织达到规范要求，调解各类民事纠纷3400多起，2010年，全县共排查各类矛盾纠纷2950起，调处2910起，调处率达98%，调处成功率达95%。

2011年，全县建立乡镇人民调解委员会19个，村、居民人民调解委员会419个。全县化解矛盾纠纷3100余起。

2012年，县司法局在医疗、交通、国土、环保、学校等部门和岭北区的边界地区指导建立各类专业性、行业性人民调解组织7个，化解专业性、行业性领域矛盾500余起。是年起，以人民调解为主，行政调解、司法调解衔接配合的联动机制（简称“三级联动”）逐步形成并发挥联动优势，一大批矛盾纠纷通过“三级联动”机制得到有效化解，促进了湘阴县社会和谐稳定。

2012—2015年，县司法局连续14年被司法部中华全国人民调解员协会评为“全国人民调解宣传工作先进集体”。

第三节 基层法律服务

20世纪80年代初期，律师极为稀少，基层法律服务主要通过建立法律服务所，利用贴近基层、便利群众、服务便捷、收费低廉等优势，面向基层社会提供法律服务。

1981年恢复法律顾问处。1981—1985年，法律顾问处为基层群众解答法律询问2160次，受托担任民事诉讼代理人82次，接受刑事案件被告人的委托，经人民法院指定担任过138名被告人的辩护律师。

辩护结果，42 人获无罪释放，4 人免予刑事处分，27 人改变了案件性质。

1997 年，湖南省建立法律援助制度。1999 年，湘阴县法律援助工作开始启动，其工作由律师事务所代行。2002 年 3 月，正式成立县法律援助中心，定编 4 名，经费由县财政拨款。法律援助中心依法依规为需要法律援助的对象提供无偿法律服务，以维护当事人的合法权益。

2002—2003 年，共处理各类法律援助案件 43 件，部分无钱请律师的弱势群体得到法律援助。2004—2009 年，县法律援助中心将有关法律条文编印成册，发放给弱势群体，使法律援助工作走进千家万户。指派律师无偿办理刑事诉讼案 18 件，民事诉讼案 37 件，行政诉讼案 12 件，非诉讼案 72 件，代写法律文书 80 件，解答法律咨询 105 人次。2010 年，在各类援助案件中，农民工法律援助案件达 128 件。

2015 年，全县有文星、新潮、湘滨、南湖四家基层法律服务所。至 2015 年，文星法律服务所代理诉讼和非讼民商纠纷案件 1500 余件，新潮法律服务所代理诉讼和非诉讼案件 2000 余件，湘滨法律服务所代理案件 1000 余件，南湖法律服务所代理案件 2100 余件。

第四节 律师事务

1981 年，成立县法律顾问处，属县司法局领导，经费纳入县财政预算管理。1986 年，县法律顾问处更名为县律师事务所，有专职律师 3 人，兼职律师 12 人。财务实行“自收自支、自负盈亏”，隶属关系未变。1995 年，县律师事务所分设为湖南九野律师事务所、湖南金猴律师事务所，隶属关系与经费管理原则不变。2000 年，根据国务院文件和省、市《国资律师事务所脱钩改制实施方案》的有关规定，经县委、县人大、县政府批准，2 所律师事务所合并为湖南九野律师事务所，脱钩改制，共有律师 16 人，其中专职律师 9 人，兼职律师 7 人。结束“官办律师”的历史，县内律师业受岳阳市律师协会行业管理，受县司法局监理、指导。

1981—1985 年，法律顾问处解答法律询问 2160 次，受托担任民事诉讼代理人 82 次，接受刑事案件被告人的委托、经法院指定担任过 138 名被告人的辩护律师。辩护结果 138 人中 42 人获无罪释放，4 人免予刑事处分，27 人改变案件性质。法律顾问处受聘担任 8 家企业的常年法律顾问，1986—1995 年，县律师事务所解答法律咨询 10829 件，代理民事诉讼 872 件、担任过 207 名被告人的辩护人，担任 172 家企事业单位的法律顾问。2005 年，胡铁章律师被评为岳阳市首届十佳律师。2006 年，全所律师受法律援助中心指派，为“7・25”案件中未成年被告人进行辩护，保障被告人的合法权益。2007 年，该所律师为县振湘酱厂的破产资产管理提供专项法律服务，取得较好的社会效益；钟建武律师当选为县人大代表。2008 年年初，受县委政法委、县司法局安排，湖南九野律师事务所组织律师清理陈济川一案的债权金额，并代理债权人提起集团诉讼。2009 年，胡铁章律师因在企业法律顾问工作中成绩突出，为企业避免和挽回经济损失 2000 多万元，被省司法厅评为应对金融风险，促进富民强县先进个人。2010 年，代理顾问单位诉讼与非诉讼事务 38 起，协助企业融资 600 多万元，为企业调解各类矛盾纠纷 30 起，帮助企业避免和挽回经济损失 3000 多万元。

2011—2015 年，全县律师事务所解答法律咨询 14986 件，代理民事诉讼案件 1489 件，共担任过 415 名被告人的辩护人，为全县 200 多家企事业单位担任法律顾问。

第五节 公证事务

1981 年 6 月，湘阴县公证处挂牌成立。经县编制委员会和组织部门核定，县公证处具有国内及涉外公证资格，定行政编制 5 名，隶属县司法局领导和市公证员协会指导。

1981—1985 年，县公证处办理购销、承包、借款、联营等经济合同公证 1243 件，收养、遗嘱、产权、土地征用等公证 586 件。1986 年，县公证处取得办理涉港、澳、台公证业务资格。1997 年，取得办理涉外公证业务资格。至 2003 年，县公证处共办理各类合同（协议）、证据保全、现场监督、招标投标以及出生、学历、遗产继承、遗嘱等民事公证事项 8000 多件。2004—2009 年，共办理各类公证事项 1962 件，其中：国内民事类公证事项 771 件；国内经济类公证事项 583 件；涉外民事类公证事项 415 件；涉港、澳、台公证事项 193 件。2010 年，共办理国内公证事项 650 件，涉外民事公证 80 件，涉台公证 76 件，无一例假证错证。

2011—2015 年，共办理国内公证事项 1785 件，涉外民事公证 524 件，涉台公证 138 件，无一假证错证。

第六节　安置帮教

1996 年，司法部等六部委明确规定对劳动改造刑满释放和解除劳动教养人员（简称“两劳”回归人员）的帮教、安置工作是司法行政的职能之一。

1998 年，县司法局成立安帮办，各乡镇成立安帮站，各村（组）建立安帮小组。至 2003 年，各级安帮组织落实“三帮一”工作措施。2005—2010 年，全县刑释解教人员共有 587 人，均予以登记造册，落实具体的帮教措施。2010 年，安置帮教刑释解教人员 40 人，防止刑释解散人员重新犯罪 12 起，协助公安机关抓获犯罪嫌疑人 16 人。

2011 年安置帮教刑释解教人员 145 人，健全规范安帮工作档案台账，县、乡（镇）分别建立刑满释放人员、解除社区矫正人员、高危重控人员信息库。

2012 年安置帮教刑释解教人员 215 人。

2013 年安置帮教刑释人员 187 人，解教人员 25 人，高危人员 24 人。

2014 年安置帮教刑释解教人员 245 人，启动实施情暖高墙，关爱孩子联合帮扶工作。

2015 年安置帮扶刑释解教人员 432 人。

第十篇　民政·社会保障

1980年12月，湘阴县撤销县革命委员会民政局，设立县民政局。1986年5月，县民政局设县殡葬管理站，进行殡葬改革，被评为湖南省殡葬改革先进县。1987年，县民政局建立县光荣院。1990年成立湘阴县老区开发办和县残疾人联合会。1993年建立县康复医院。1996年，全县各乡镇设立民政所。1998年，县民政局创办县社会儿童福利院。2001年，县民政局加挂县民间组织管理局牌子。2002年3月，成立县城市居民最低生活保障工作站。2003年，投资1000万元建立民政园，成立县城市救助管理站。2010年，县民政局内设办公室、财计股、信访办、优抚股、双退办、社团股、社会事务股、救灾救济股、基层政权建设股、稽核办、慈善总会办公室；下设老龄工作委员会办公室、民间组织管理局、社会救助局、革命老区办公室、军干所、社会福利院、救助管理站、光荣院、康复医院、殡葬管理站、婚姻登记中心、募捐办、烈士陵园。共有干部职工235人。其中局机关干部职工138人。2015年，县民政局内设办公室、计财股、老干办、机关事务中心、政工人事股、工会、纪检监察室、宣教股、法律法规股、信访接待室、救灾救济股、双退办、优抚股、老区办、社会事务股、社团股、基政股、区划地名办、老龄办、项目办等20个职能股室，下设社会救助局、慈善办、慈善超市、募捐办、中福在线销售厅、婚姻登记处、军干所、殡葬管理站、救助管理站、社会福利院、光荣院、烈士陵园管理所、康复医院13个二级机构。

第一章　基层自治组织建设

第一节　村民自治

一、村委会换届选举

1978年后，湘阴县随着区划的调整，城镇建设步伐加快，行政村的设置有所变化。1986年，有416个行政村，2004年为407个行政村。各村设村委会，系村民自治组织。村委会由主任、委员3~5人组成，一般不脱产。村以下设村民小组，每个村民小组由村民选举组长1人。

1987年11月，第六届全国人大常委会制定的《村民委员会组织法（试行）》规定：由年满18周岁以上的村民，依法直接选举产生村委会，建立村规民约，实现民主自治。湘阴县成立实施该法律领导机构和工作班子，利用多种形式宣传、讲解，使民主自治法规家喻户晓，人人皆知。为了积极稳妥地推进村委会成员直接选举，全县举办4期民政助理和区、乡镇、村干部培训班。1990年4月，全县7个区、32个乡镇、416个村、5329个村民小组、343984名村民依法进行第一届村委会选举。共选出村委会新班子416个，村委会委员1775人，其中女性412人。

1993年、1996年，县民政局组织指导全县依法完成村委会第二次、第三次换届选举，开展村民自治示范活动。对3起违法选举的事件进行查处。一批品行好、有文化、懂技术、会经营的中青年进入村委会班子，村村配齐妇女干部，村委会干部平均年龄38岁，村委会班子素质不断提高。

1998年11月14日，第九届全国人大常委会第五次会议通过《中华人民共和国村民委员会组织法》。1999年、2002年，县民政局根据省、市的部署安排，在县委、县政府、县人大的指导下，依靠各乡镇党委、政府，完成全县 407 个村第四、第五次村委会换届选举。

2005 年 6 月，完成第六次村委会换届选举，全县共有 407 个行政村进行换届选举，其中有 8 个村党支部书记和村委会主任“一肩挑”（兼职）。全县选举出村委会成员 1558 人，其中两委交叉任职 626 人，占 54%。与上届选举相比，全县减少村委会成员 495 人，精减 12.5%。

2008 年，完成第七届村委会换届选举工作。各乡镇建立健全工作机构，实行主要负责人负责制，落实换届选举工作经费，编印宣传资料 1000 余份，对重点、难点村进行排查整治，确保换届选举工作按期完成。吸收文化素质高、责任心强的青年进入村干部队伍，提倡村支两委“一肩挑”，村干部队伍不断优化，有大专以上文化程度的 130 人，高中以上文化程度的占 40%，平均年龄 41 岁。

二、开展村民自治活动

1991 年 4 月，县民政局在城南乡将军村，西林乡资江村、东亚村办村民自治示范试点。通过试点，总结经验，推动全县创建村民自治模范村的活动深入开展。至 1997 年，48 个村达到模范村验收标准。1998 年始，县民政局努力健全村民代表大会、村民议事会等机构，完善《村规民约》《村民议事会制度》，重点抓好以村务公开为载体的村民自治活动。是年 4 月，在临资镇双塘村以及全县 14 个建整点开展试点，并由点到面、逐步推广、不断深入，各项管理制度不断完善。1999 年，县政府把村务公开工作纳入乡镇（管区）年度目标管理，由民政部门负责对全县的村务公开进行检查督促。全县 410 个村开展以村级财务、义务和劳动积累工、提留、计生等为重点的村务公开活动。2000 年，县政府出台《湘阴县村务公开实施细则》，全县 96% 以上的行政村都积极推行村务公开，坚持把村务公开与村民自治、村级班子建设有机结合起来，建立村务公开栏和《村民代表大会制度》《村民议事会制度》《村民自治章程》。2003 年，县民政局坚持整体推进，抓好典型，规范村务公开内容，即确定公开原则、确定公开项目、确定公开形式、确定公开时间，提升村务公开水平，真正做到“给群众一个明白，还干部一个清白”，推进农村基层政权建设。2005 年，湘阴县根据民政部等七部委联合下发的《关于乡镇行政区划调整工作的指导意见》精神，按照以垸建镇的指导思想，依法依规对湖区 17 个乡镇、5 个管区的行政区域进行合理调整，以垸合并为 5 个大镇，精简乡镇（管区）17 个。县民政局按照上级关于农村税费综合配套改革的精神，结合湘阴实际，在尊重民意、实事求是、依法依规前提下，积极稳妥地开展农村建制村调整工作。至年底，410 个村委会调整为 405 个，村民小组由 5203 个合并为 5088 个。2005—2010 年，认真制定村务公开和政务公开制度，下发《湘阴县基层民主政治建设工作的实施方案》，村务公开率达 100%。

2012 年全县完成第八次社区居委会换届工作，依法推选产生 37 个社区居委会成员 149 人；2014 年完成全县 407 个村民委员会换届选举，依法推选产生村委会成员 1346 人，换届选举完成率 100%。2015 年，县委、县政府对部分乡镇行政区划进行调整，将城南地区的袁家铺镇、长康镇撤并到文星镇，将长仑地区的石塘乡、白泥湖乡撤并到文星镇，将三塘镇与青山岛合并，成立新的三塘镇，将撤并的袁家铺、长康、石塘、白泥湖 4 个乡镇改为文星镇下属片区。

第二节　社区建设

一、居委会换届选举

1986 年，湘阴县只有城关镇、樟树镇、濠河口镇、铁角嘴镇、新泉寺镇、白马寺镇、临资口镇、南湖洲镇、茶湖潭乡、关公潭乡建有 25 个居委会。1989 年 12 月，第七届全国人大常委会制定《居民委员会组织法》，规定居委会是居民自我管理、自我教育、自我服务的基层群众性自治组织。1991 年，县民政局组织指导第一届城镇居民依法选举居委会班子，指导居委会开展达标升级、社区服务、创建文明居委会活动，帮助、扶持居委会发展街道经济，改善工作条件，并定期检查居委会的组织建设、制度建设，使城镇居民民主法制意识普遍增强。居委会的服务功能得到加强。

1994年、1997年，县民政局依法对全县当时所有居委会进行第二、第三次换届选举，全面完成城镇基层政权建设工作。

2000年，县政府颁发《湘阴县第四次居委会换届选举实施方案》，成立湘阴县基层政权建设领导小组。7月15日至9月30日，县民政局在全县43个居委会中依法组织开展第四次居委会换届选举。选出新一届居委会成员152人，其中女性110人，平均年龄43岁，有高中文化的占34%。

2002年3—4月，全县首次社区居委会选举提前举行。2003年7月1日至12月31日，结合"城市文明社区"创建活动，依法开展第五次居委会换届选举。选民参选率74%，共选举产生居委会46个，其中社区居委会6个，产生居委会（含社区居委会）委员141人，其中女性72人；有大专以上学历的38人。

2006年12月，湘阴县严格依法依规采取海选方式，完成全县43个社区第六届社区居委会换届选举工作，首次有90%的社区居委会实行支部书记和主任"一肩挑"，精减居委会成员40人。

2009年，社区居委会换届选举，全县37个社区居委会，有11个社区居委会由居民直接选举产生；26个社区居委会实现支部书记、主任"一肩挑"。县民政局建立健全工作机制，制定选举方案，成立领导小组，召开专门会议，编印各类宣传资料600余份，对重点、难点乡镇社区居委会进行调研和指导。

至2010年，县所辖13个镇，建居委会37个。2015年，全县社区居委会增加至47个。

二、社区建设

2000年，中共中央办公厅、国务院办公厅下发《关于进一步推行社区建设工作的意见》，县民政局制定《社区建设工作实施方案》，并在文星镇进行社区建设试点。2002年，按照地域性、历史性、稳定性原则，进行区划调整，将文星镇16个居委会合并调整为先锋、三井头、乌龙、高岭、东湖、江东6个社区居委会。对社区居委会的办公场地和社区服务中心进行选址和规划。同时，认真做好社区居民户籍清理和归口管理工作。全面完成原居委会的清产核资工作，制定切实可行的社区建设方案。省二纸板厂等改制企业干部职工及家属顺利移交社区管理，全县社区建设初具规模。2003年，全县开展"城市文明社区"和星级文明户创建活动。县委、县政府主要领导挂帅，民政、劳动、卫生、公安、建设等县直单位主要负责人为成员，成立城市社区建设工作领导小组。县委组织部向各社区委派一名第一书记，任期三年，帮助、指导社区建设与管理。民政、劳动、公安等职能部门充分利用社区平台，深入延伸工作职能，设立社区党员活动室、警务室、低保服务室等，社区之间组织开展创建文明社区、星级文明户竞赛活动，营造"全民参与，共建社区"的良好氛围。《社区自治章程》《居规民约》等社区规章制度进一步完善，社区居民参与意识与自治意识得到增强，参与社区事务管理的积极性不断提高。社区活动丰富多彩，读书协会、"夕阳红"文艺宣传队、老年体育健身队相继成立，极大地丰富了社区居民的精神文化生活。是年，市委授予文星镇东湖社区党支部基层党建示范支部称号。2004年3月，省民政厅授予文星镇东湖社区全省社区建设示范社区称号并授牌；授予文星镇高岭社区党支部书记罗孟祥社区建设先进工作者称号。

2006年，县民政局多次到文星镇10个社区进行全面走访，指导新一届社区居委会建立健全各项规章制度，明确工作职责，本着"权随责走、费随事转"原则，协调相关部门关系。积极向上级部门反映落实社区干部的待遇问题。县委组织部、县人事局录用高岭社区党支部书记罗孟祥、先锋社区主任周武宏为国家公务员。2007年，深入开展建设和谐社区活动，小城镇社区建设有明显发展；将南湖洲镇3个居委会合并成立南湖社区居委会。2010年，推荐王家寨村和楠竹村为全国农村社区建设试点村。2015年，湘阴县开展的"美好社区、温馨家园"创建工作顺利通过市人大验收，作为全市示范点接受省民政厅检查获得很高评价。

第二章 社会救济

第一节 灾荒救济

湘阴濒南洞庭湖，居湘、资两水尾闾，湘江东支将县境劈为东西两部，形成两个地貌各异的自然区，属自然灾害频发县。1978—2010年，每年大小灾害时有发生，1983年、1996年、1998年、2008年受灾程度最严重，累计经济损失68.38亿元。

1983年4月27日16时，安静、金龙、樟树、铁窑、玉华5个公社13个大队同时遭受罕见的龙卷风袭击。县委、县政府动员干部、医务人员、民兵、中学师生5000余人，出动汽车25辆、机船2艘，赶至重灾区，救出重伤人员480多名，分送本县县级医院及长沙、汨罗医院抢救。随即拨款125.95万元及大批建筑器材、生产资料帮助灾民恢复家园重建，同时收到境内外各方面支援现金5.63万元、粮票9.135万千克、衣服5万余件，使受灾群众不到2个月时间，重建家园，恢复生产。

1998年6月21日至7月底，全县平均降雨955毫米。是年防汛期间湘江、长江九次洪峰压境，高危水位持续80多天，全县32个乡镇不同程度遭灾，范家坝被迫扒口泄洪，青潭垸和沿湖一些小巴垸漫溃，两季绝收的稻田损失17.79亿元。是年，县财政设立自然灾害“217”科目，在县财政预算中安排救济款50万元，各乡镇安排救济款不少于2万~3万元。1998年，湘阴县举办“抗洪英雄故乡情”赈灾文艺晚会，筹集募捐款物643.4万元。是年，全县共争取救灾款1385.3万元，救灾物资折款934.85万元。2002年，县民政局向香港世界宣明会慈善组织争取价值120万元的大米和旺旺集团捐赠的45万元的食品等物资，及时送到灾区人民手中。1996—2004年，上级民政部门共安排特大自然灾害救灾款物2778万元，解决了灾民的生产生活困难。全县共建灾民新村9个，510户灾民在受灾当年全部搬进新居。

2008年1月，湘阴县遭受历史上罕见的冰冻灾害，19个乡镇不同程度受灾，受灾人口68.5万人，倒塌房屋1586间。县民政局筹集资金380万元，大米2000千克，棉衣棉被2800套发放给灾民。并建灾民安居房592栋，592户灾民全部搬进新居。

2013年7—8月，全县近50天晴热高温，滴雨未下，有10个乡镇旱灾严重。县民政局积极向上汇报，争取抗旱救灾资金80万元，及时拨付灾区支援抗旱。2011—2015年，县民政局建立和完善县、乡镇、村三级自然灾害应急预案，根据湘阴县特点，建立汛期24小时值班制度，积极主动支援全县抗击洪涝干旱灾害，共下拨救灾资金425万元，发放救灾棉被730张，有效保障受灾群众生活。

第二节 扶贫救济

一、农村特困救济

1981—1984年，春夏荒救济、冬令救济年均救济1527户。至1985年冬，冬令需救济者仅375户。1986年始，农村救济包括省、市追加下拨的春夏荒拨粮、拨款救济，年终实行社会减免救济，每年春节县委、县政府走访慰问农村困难户，送救济金、赠送衣、被物资等。1998年后，县民政局通过县直各单位与干部职工捐款等方式筹集资金，每年筹集30余万元，参与县委、县政府冬令或春节开展的“察民情、送温暖”等活动，对农村特困群体进行慰问救济。2003年，县民政局在全县开展农村特困家庭调研，在袁家铺等乡镇进行农村特困救济制度试点。2004年，县农村特困救助工作全面铺开，县政府下发《关于对农村特困户进行生活救助的实施方案》，共列入救助范围的1012户3086人，全部录入电脑、建档发证，共发放特困救助金18.6万元。县民政局投入资金15万元帮助60户农村特困对象新建住房。2008年6月，成立湘阴县慈善总会，建立“慈善天天捐”制度，规定国家工作人员每天捐赠0.4元用于慈善事业，当年共募集125万元，帮助173名贫困学子实现大学梦。2009年8月，举行湘阴县慈善大会暨“特困家庭大病医疗救助基金”“爱心助学”捐赠仪式，现场募集善款170余万元，帮助230名贫困学子圆了大学梦。2011—2015年，县委、县政府大力倡导发展慈善事业，开展社会救助，提倡正当捐助和志愿者服务，县民政部门坚持发展慈善、弘扬义举，开展“慈善天天捐”社会捐款活动，共募集善款580万元，帮助300名贫困学子上大学，并救助贫困人员3600人次，人均救助金额600元。

二、特殊人员救济

1986年，县民政局对135名地下党员、起义投诚人员、特赦宽释人员（国民党高级将领）、遗属实行救济，补助标准人月均20元，共支付3.24万元。对230名1961—1965年6月前由全民所有制单位精简下放到境内的老职工、老干部，按月发给原工资40%的生活费；对不符合享受此项生活费而又丧失劳动能力的470人给予定期定量补助，家住城镇的月补10—20元，家住农村的月补8—10元。至1999年，全县对享受月工资40%的精简下放老职工、老干部122人，共支付生活费36万元；对不符合条件而又丧失劳动能力的423人，共支付“双定”补助153万元。2000年始，城镇“双定”对象全部按政策转为城镇低保对象。2004年，对127名地下党员、起义投诚人员，特赦宽释人员（国民党高级将领）、遗属按月人均46元实行救济，共支付7.01万元。2005年始，救济标准每年都有提高。至2015年，救助各类人员为116人，年救济标准为4518—8510元，共支付65.54万元。

三、临时性救济

1987年，县民政局设立信访接待室，配备一名专职信访员。2001年，建立党组成员信访接待日制度，设立民情热线电话。2004年，接待各类要求临时性救助的上访对象2190多人次，来信126件，其中3人以上集体上访41次，上级领导批转上访信函52件，解决和处理各类问题1210多件次，投入临时性救济资金32万元。2005年，解决各类问题690多件次，解决临时性救济经费26.5万元，为处理突发事件解决各类经费14万元。2006年，共接待特困户、残疾人、伤残军人等上访对象3600余人次，解决临时性救济金40余万元。2007年，继续实行局长负责、党组成员值班接待上访人员制度，接待7300余人次，解决临时性救济金50余万元。2008年，救助各类困难上访对象近5000人，救助资金达251.5万元。2009年，救助各类困难上访对象2790人次，救助资金近100万元。是年，湘阴县被评为全省社会救助工作规范化建设先进县。2010年，临时救助3790人次，发放救助金156万元。2011—2015年，县民政部门对社会困难救助的人数增加，金额增多，接待上访人员4230人次，救助14314人次，其中医疗救助5205人次，流浪乞讨人员、孤残儿童及其他困难人员9109人次，共付出救助资金2156.8万元。

第三节　革命老区建设

20世纪80年代始，国家开始有计划有步骤扶持老区发展生产，脱贫致富。1989年，湘阴恢复老区县称号。1990年，成立老区开发办，设县民政局。至1992年，共争取老区资金60万元，贴息贷款50万元，扶持项目22个，其中投放准、见效好的有14个项目。累计产值885万元，获利润64万元，税收34万元。其中玉华福利文具厂是湘阴创外汇的骨干企业，1991年年初，县民政局帮助解决周扶金2万元、贴息贷款10万元，使该厂一年创汇45万元。1994年，扶持县民政局直属福利企业华中医药原料厂，投放

17万元，完成产值300万元，利税4.2万元，扭转亏损局面，保证该厂143名残疾职工和干部的正常生活。1998年始，结合开展贫困村调查，县民政局建立健全老区开发项目立项审查评估制度，严格老区开发资金的使用、管理。至2004年，向上级争取老区资金59万元，在19个乡镇开发老区项目44个，实现利税240万元。是年12月，副局长夏炳良被省革命老根据地经济开发促进会、省民政厅评为全省老区工作先进工作者。2005—2010年，下拨城西镇东垸村、界头铺镇青山村等老区扶贫项目资金共91万元。2011—2015年，县民政局积极向上申报老区县项目共22个，争取项目资金74万元，2015年湘阴县获评省老区工作先进县。先后下拨给柳潭敬老院、六塘、三塘、袁家铺镇等6个单位扶贫项目资金210万元。

2005—2015年湘阴县老区扶贫项目下拨资金一览表

表10-1 单位：万元

年　度	扶贫项目单位	下拨扶贫资金
2005	城西镇东垸村等4个村	8
2006	城西镇南阳村等4个村	9
2007	六塘乡周塘村等6个村	13
2008	界头铺镇青山村等7个村	11
2009	南湖洲镇赛马村等6个村	12
2010	青潭敬老院等8个单位	38
2011	湘滨、新泉、南湖洲、鹤龙湖4个镇和东塘、玉华、静河3个乡的6个村、2个敬老院	22
2012	新泉、湘滨、界头铺、袁家铺、鹤龙湖、南湖洲、三塘7个镇和玉华、静河2个乡的15个村、1个社区	43
2013	鹤龙湖、湘滨、袁家铺、南湖洲4个镇的9个村道路建设	28
2014	南湖洲、袁家铺、鹤龙湖3个镇和玉华、静河、杨林寨、白泥湖4个乡的15个村道路、水利建设	51
2015	金龙、鹤龙湖、新泉、南湖洲、东塘、湘滨、樟树、长康、袁家铺、岭北10个镇和玉华、白泥湖、静河、石塘4个乡的22个村道路、水利建设	74

第三章　社会福利

第一节　鳏寡老人供养

一、五保供养

1978—1985年，五保供养主要采取村、组联养方式，供养方法主要为供应谷物。1986年，湘阴县有五保户4728户、五保老人5293人，其中城镇五保户176户、五保老人200人。1988年，县政府下发《关于印发〈湖南省农村五保户供养办法〉的通知》，规定农村五保老人钱、粮、柴、医药费用以乡统筹，乡、村、组三级负担；城镇五保老人每月22元生活费，由民政部门解决。1991年始，各乡镇建立农村五保老人护理承包责任制。1994年1月，国务院颁布《农村五保供养工作条例》。1995年，湘阴县开展第二次五保普查，全县落实五保对象6350人；取消47名不符合五保条件对象的五保待遇，为1024名应保未保人员落实五保。1996年，县财政加大投入，全县260名城镇五保老人每月生活费由人均35元提高到

50元，并解决新增69名城镇五保老人的生活问题。1997年始，全县农村五保供养工作，实行以乡镇统筹。2000年，核定全县农村五保6961户、8429人，其中“三无”（即无子女、无劳动能力、无生活来源）对象4425人。2002年，全县城镇五保老人580人，全部纳入城镇低保范围。2003年11月，《湖南省农村五保供养暂行办法》出台，全县农村五保户8437人，供养待遇实行县、乡、村、组四级负责。2004年，湘阴县共有农村五保对象8694人，占全县农业总人口的1.52%。经县长办公会议研究同意，将上级转移支付资金236万元拨入县民政局五保供养资金专户，并按照五保对象每年人均825元的标准落实县乡配套资金和物资，通过乡镇民政所直接发放到五保对象手中，确保农村五保对象老有所养、老有所依。2005年，全县共有五保对象8921人，发放资金352.6万元，分散供养对象8350人，供养标准每年540元，集中供养对象571人，供养标准每年1680元，原粮300千克。2006年，全县共有五保对象8990人，发放资金374.9万元，分散供养对象8155人，供养标准每年540元；集中供养对象835人，供养标准每年1680元，原粮300千克。2007年，全县共有五保对象9481人，发放资金388.6万元，分散供养对象8118人，供养标准每年540元，集中供养对象1363人，供养标准每年1680元，原粮300千克。2008年，全县共有五保对象9226人，发放资金616.3万元，分散供养对象7813人，供养标准800元/年，集中供养对象1413人，供养标准2000元，原粮300千克。2009年全县共有五保对象8695人，全年发放资金548.6万元，分散供养对象7528人，供养标准每年800元；集中供养对象1167人，供养标准2000元，原粮300千克。2010年，全县共有五保对象8051人，发放资金766万元，分散供养对象6905人，供养标准每年1125元；集中供养对象1146人，供养标准每年3400元。2015年全县五保供养对象增加至8955人，其中集中供养1250人，分散供养7705人。其供养标准逐年提高，分散供养每人每年3000元，集中供养每人每年6000元，分别比2010年增加1875元和2600元。

二、敬老院建设

1986年，县民政局投资6万元，帮助建成县城关镇敬老院，填补湘阴城镇敬老院空白。至1989年，全县先后建起敬老院32所，集中供养的五保人员增至436人。其中城关镇敬老院收住五保老人27人、社会孤儿4人，工作人员3人，抓经营创收盈利1.5万元，生活条件改善，给每位五保老人补助生活费210元。1996年，县民政局争取中华慈善总会援建受灾敬老院项目，得到捐款20万元，县民政局安排28万元，在临资口镇新建一所敬老院。1997年，铁角嘴镇敬老院达标升级，符合市一级敬老院标准。临资口镇敬老院配套工程建设完成。1998年，全县敬老院建设步入规范管理，原则上村级不再建敬老院，乡级不新扩点。1999年，县民政局投入120万元，搬迁、新建文星镇敬老院；广州市民政局捐资100万元，建成新泉穗新敬老院；县民政局投资15万元，维修铁角嘴镇敬老院，这三所敬老院，达市一级敬老院标准，集中供养五保老人142人。2004年，县民政局把农村敬老院改扩建、五保供养工作作为民心工程、德政工程来办，筹资130万元，对界头铺镇、袁家铺镇、白马寺镇3所镇政府旧址加以改扩建成敬老院，占地面积近4公顷，建筑面积达6800平方米，各种老人生活设施、用品一应俱全，成为五保老人幸福安度晚年的生活乐园。3所敬老院共集中供养老人150人，年供养标准达到每人1800元。是年11月29日，民政部计划财务司司长宋志祥、省民政厅厅长余长明到湘阴县检查指导工作时对敬老院建设给予充分肯定。2005年，多渠道筹措资金120万元，按照市一级敬老院的标准新建白泥湖乡楠竹敬老院、南湖洲镇间堤敬老院、城西镇古塘敬老院。全县五保供养资金与低保资金全部实行银行打卡发放。2006年，投入资金400万元，新建和改建湾河、关公潭、白乌敬老院。新增入住五保老人120人。2007年，投入资金300万元，新建周塘、杨林寨敬老院。改建扩建文星镇敬老院，新增入住五保老人175人。2008年，投资600万元，并向北京市捐赠中心、北京市房山区民政局争取定向捐赠资金68万元，新建京新敬老院。新建、改建石塘、三塘、东塘、青潭、长康、玉华、樟树等9所乡镇敬老院和7个村级“五保之家”，提前实现省政府确定的乡乡都有敬老院的目标。2009 年，投资 391 万元。新建 2 所、改建 1 所乡镇敬老院和 5 个村级“五保之家”。集中供养的五保户每年供养标准达到 2000 元，分散供养的五保户供养标准达到 1000 元，且乡镇必须每年负担 300 千克原粮。2010 年，全县共有乡镇敬老院 24 所，集中供养五保对象 1183 人。各敬老院大力发展院务经济，做到土里有菜、塘里有鱼、栏里有猪、圈里有禽。管理规范、环境优雅、设施齐全，老人们安度晚年。全年集中供养的五保户每年供养标准达到 2800 元，分散供养的五保户每年供养标准达到 1200 元，并由乡镇每年负担 300 千克原粮，原粮供应到位率达 100%。

2011—2015 年，县内新建农村幸福院 6 个，新增养老服务床位 200 张，总计达到 30 个幸福院（敬老院），集体供养五保老人 1250 人，供养标准也大幅度增加。

第二节　弃婴济养

1986—1997 年，县民政局共收养弃婴 323 人（其中男婴 1 人，残疾儿童 6 人），由无子女户抚养 137 人，民政局委托带养 186 人，共支出抚育费 25 万元。1998 年，创办湘阴县社会儿童福利院，负责收养社会遗弃婴儿，改分散收养为集中收养，有在院婴儿 13 人。1999 年，县社会儿童福利院依法开展涉外送养工作。经湖南省民政厅收养中心、民政部中国收养中心审查批准。2000 年，县民政局投入资金 160 万元，建立文星镇福利院、县社会儿童福利院，两院占地 0.57 公顷，建筑面积 3000 平方米，是年 4 月，县社会儿童福利院搬入新院，并开展争创“省二级福利院”达标活动。2003 年 7 月 15 日，县社会儿童福利院顺利搬迁民政园，成为功能更全、设施更齐、环境更优的湘北地区一流的儿童乐园。是年，县民政局争取国外收养组织及家庭无偿捐赠湘阴县社会儿童福利院近 100 万元的康复训练设备，并严格规范涉外收养捐赠款物的管理和使用。2008 年，办理国内收养登记 10 对，登记合格率 100%。儿童福利院人性化服务收养社会弃婴 21 人，送养 15 人，给社会弃婴找到一个温暖的家。2010 年，强化人员岗位培训，全年送养弃婴 7 人，托养老人 30 人，共收到社会各界捐赠 30 余万元。至 2015 年，共收养社会遗弃婴儿 576 人。对每一位入院婴儿，依照《中华人民共和国收养法》，严格办理收养手续。已送美国、英国、法国、加拿大、比利时、丹麦、西班牙等国收养家庭收养的婴儿 288 人。

第三节　兴办福利企业

一、康复医院

1993 年 3 月，由职工集资、单位扶持、筹集 40 万元，兴办的湘阴县康复医院开业，是年各项业务收入 41 万余元，实现利润 13 万多元，为孤、寡、残等 138 人减免医疗费 8545 元。是年 6 月，康复医院开设小儿麻痹症矫治科目，2 次邀请北京市儿麻矫治中心教授冯友良到县进行手术 83 例。全年为 99 名小儿麻痹症、510 名白内障患者手术，给 18 名聋哑患者语训，其中智力好、接受快的送到残疾人特殊教育学校读书。三项康复人数创湘阴历史最高纪录。1998 年，湘阴县遭受百年不遇的特大洪涝灾害，县康复医院向灾区派出 4 人组成的义诊小分队义诊半个月，义诊灾民 1800 多人次，免收医药费 3210 元。同时为石塘乡月湾、新农村，茶湖潭乡，县直属福利厂生病灾民送去 1.5 万元药品。2001 年 3 月，医院自筹、县民政局扶持投入 180 万元，新建一栋建筑面积 2400 平方米的高标准康复医院住院部大楼。2003 年，添置近 50 万元医疗设备。实现业务收入 156 万元，是 1993 年收入的 3.8 倍。2004 年，县康复医院加强管理，引进人才，完成业务收入 180 万元，比上年增长 14%。2008 年 6 月，康复医院取得医保定点医疗机构资质，被确定为全县慈善医院、五保户定点医疗单位，添置急救车1台。至2015年，引进一批专业技术人员和专业设备，年业务收入600多万元。

二、福利企业

1989年，湘阴县有福利企业30家，共安置残疾人676人，当年总产值1500万元，实现利税90万元。1991年，全县福利企业增至38家，县民政局重点扶持8家。玉华福利文具厂是湘阴县唯一创外汇的骨干企业，年初帮助解决周转资金2万元，争取贴息贷款10万元，解决钢材指标10吨，使该厂年创外汇达45万元。南阳福利氧化锌厂上技改项目，帮助争取低息贷款30万元，解决煤30吨，实现年产值185万元，创利润21.3万元。1992年，县民政局对福利企业实行全面清理，取消不合标准22家，核减至16家。是年创产值达2300万元，实现利税240万元。其中直属福利企业华中医药原料厂，县民政局扶持70万元，当年实现产值350万元，创利税30万元。1994年，全县福利企业面临新税制改革带来的冲击，处境艰难。是年11月，县民政局对全县9家福利企业年检，注销1家；委派一名副局长、一名股室干部专职帮助县华中医药原料厂走出困境，保持了该厂143名残疾职工和干部的生活稳定。1996年，因遭受严重自然灾害停产3个月、直接经济损失140万元，县福利厂（华中医药原料厂）仍完成产值100万元，实现利税1.5万元。全厂156名残疾职工和干部42万元工资正常发放。1997年，福利厂33名退休残疾职工的退休工资直接由县民政局发放。1998年，在税制改革、信贷紧缩、生产资金严重不足的情况下，原有福利企业被迫停产，全县福利企业剩下3家，即县福利厂、湘阴县劳保福利用品厂、长康工艺制品有限公司。2000年，县民政局向省民政厅争取到1.8万床寒被加工任务给县福利厂。2003年，为县福利厂18户特困残疾职工新建住房18套1293平方米，残疾职工的衣食住行得到保障。2008年8月，县福利厂实行改制，县民政局为76名残疾职工办理社保手续，为57名残疾职工办理退休手续，并将县福利厂闲置厂房向外承租，每年租金8万元，用于福利厂残疾职工生活困难补助。

第四节　社会募捐

1989年，湘阴县发行福利彩票筹集福利资金。发行原则是“公开、公平、公正”，当年发行即开型福利彩票1万元，后逐年增加。至1993年，累计发行即开型福利彩票178.3万元，筹集福利资金26.74万元。1994—1996年，共发行即开型福利彩票976.24万元，筹集社会福利资金221.18万元。1994年1月，举办福彩抽奖活动18天，销售福利彩票200万元，日销售奖券最多的一天18万元，刷新全省县级日销售福彩10万元的最高纪录。1997—2000年，在福利彩票市场疲软和亚洲金融危机影响等一系列不良情况下，由于组织严密、措施得力，福利彩票发行仍取得较好成绩。共发行914万元，筹集福利资金319.9万元。其中1999年12月6—29日，湘阴县历史上规模最大、宣传力度最强、投入最大的1000万元大奖组福利彩票，完成728万元任务，筹集福利资金近250万元。

2000年，湘阴县开始发行电脑福利彩票。2001年9月，开通“湖南风采”电脑福利彩票，以“扶老、助残、救孤、济困”作为宗旨向社会广泛筹集资金。2002年，县编委下文，明确“募捐办”为县民政局二级事业单位，定编5人。是年，全县设投注点13个，其中城区10个，乡镇3个。2001—2004年，共发行738万元，筹集福利资金258.3万元。其中2001年发行68万元，2002年发行220万元，2003年发行220万元，2004年发行230万元，居岳阳市六县三区第二。

2006年，县民政局投资200万元，建筑面积2400平方米的富颐大楼全面竣工，开办成婚姻登记系列服务和福利业务大厅，全年发行福彩210余万元。2007年，大力发展乡镇市场，降低办点门槛，在政策上给予倾斜支持。2008年，发行福利彩票488万元，增幅达87%，较上年翻了一倍。2009年，福利彩票销售 668 万元，增长率居岳阳市之首。

2010 年，投入 14 万元慈善福彩宣传经费，坚持长年在电视台飞字公布中奖号码、中奖喜讯，印制宣传单，张贴福彩楼层广告牌，制作公交福彩宣传车，在城区各休闲广场设立大型宣传牌，形成浓厚的购彩气氛。局党组号召全局干部职工及家属利用各自社会关系在宾馆、酒店、茶楼、超市等公共场所设立小卖场，对刮刮乐彩票全面实行市场化运作。彩票销量在全市率先突破 1000 万元，超额完成市民政局年初下达的 835 万元销售任务，得到省市领导充分肯定和高度评价。2015 年，湘阴县福彩总销量突破 5000 万元，达到 5632 万元，居全市第一。

第四章　拥军优抚安置

第一节　拥　军

湘阴县既是革命老区县，又是兵源大县，境内有驻军单位 3 个，有各类优抚对象 9000 余人。

1978—1985 年，县政府先后 3 次组织力量普查优抚对象，落实优抚措施。每逢新年、春节、八一建军节，各级党政领导分赴城乡慰问烈军属、复员退伍军人与离退休军队干部。县党政机关还召开拥军优属代表座谈会，组织军民联欢活动，倾听驻军与优抚对象意见，改进拥军优属工作。1985 年，县人大常委会、县政府向在对越自卫还击战前线的指战员寄送慰问品与慰问信，放映自卫还击战前线英模事迹录像 11 场、电影 19 场，召开烈军属座谈会 44 次，走访优抚对象 867 户，协助解决生产生活问题近 400 例。

1986 年后，县政府先后出台《湘阴县贯彻〈军人抚恤条例〉的若干规定》《湘阴县创建“双拥”模范县的标准》《关于拥军优属群众优待金实行社会统筹的通知》等规范性文件，建立拥军优属保障基金。

1989 年 8 月 1 日，县委、县政府召开模范军人妻子表彰会，30 位模范军人妻子受到表彰。

1991 年 11 月下旬，县委、县政府召开“双拥”工作表彰大会，表彰“双拥”工作先进单位 32 个、先进个人 92 人。

1996 年抗洪抢险期间，县民政局为舟桥部队官兵送去慰问钱物 3 万元，为在抗洪抢险中荣立二等功的县消防大队、荣立三等功的县武警中队颁发奖金，争取县财政解决武警住院战士医疗费以及营房维修费 3 万元。

1998 年后，县财政每年划拨国防教育经费 2 万元，在全县 19 个乡镇建立国防教育基地，县属各中学普遍开设国防教育课。湘阴一中、一职专等学校新生入学，均开展为期一周军训活动。

1999 年始，县人武部、消防大队、武警中队分别与县新华书店、县光荣院、文星镇敬老院建立“双拥”结对、军民共建点。开展军民义务劳动 70 次，义务值勤 80 人次，举行联谊会、演讲会、军事表演 30 场次；利用烈士陵园、光荣院举办革命传统、拥军优属、爱国主义教育课 78 堂，受教育人次达 10 万人以上。

2000 年始，在全县开展农村优抚对象帮扶竞赛活动。按照“民主推荐、公开选评、张榜公布”原则，确定每年被帮扶对象。县民政局发动干部职工 198 人，乡镇发动干部 111 人参与帮扶，共投入资金 17 万元。全县共有 309 名被帮扶对象发展种植、养殖项目 12 个。2004 年，继续开展扶持优抚对象奔小康活动，共帮扶农村优抚对象 126 户，投入帮扶资金 5.4 万元。

2002 年特大秋汛期间，县政府、县民政局为抗洪部队提供强有力的后勤保障，拨付 33 万元生活费，并发动和组织 70 多个部门单位、2000 多名群众慰问捐赠近 40 万元物资。是年，中南预备役一号演习部队途经并宿营湘阴县时，县政府、玉华乡等地组织迎送慰问活动。

2005 年“八一”建军节期间，县委、县政府召开全县第一次军转干部，复退军人回乡艰苦创业典型事迹报告会。

2010 年，县民政局投入 30 多万元开展“两节”慰问，投入 10 万元资助 25 户优抚对象住房改造，维修房屋 71 间。

2011—2015 年，湘阴县委、县政府加强拥军优抚工作，每年的“八一”和春节期间，县委、县政府和人武部领导成员保持拥军优抚慰问常态化，结合拥军优抚开展爱国主义教育。2011 年投入 1200 多万元在烈士陵园新建陈毅安烈士陈列馆，2013 年竣工，被列为县市开展爱国主义教育基地。全县共有优抚对象 35000 人，做到心中有数，维护其切身利益，对困难优抚对象保持送医、送药、送温暖上门常态化，共发放优抚金 4661 万元。

第二节　优待抚恤

一、伤残军人优抚

1985 年，全县伤残军人 266 名，其中特等 1 名，一等 5 名，二等甲级 42 名，乙级 33 名，三等甲级 76 名，乙级 109 名。县政府根据国家的规定，对因战、因公致残的革命军人、民兵、民工、人民警察和在编的国家工作人员、革命伤残人员，根据其致残原因和程度，分伤残等级，按在职和在乡，分别给予抚恤。1986 年后，其标准多次调整，不断提高。

1998 年，县民政局为伤残人员配制三轮车、假肢等各类辅助器械，并补助维修、托运、生活住宿费用。

2002 年，县政府下发《关于解决下岗革命伤残军人、二等战功荣立者生活困难问题暂行办法》，全年共解决下岗革命伤残军人基本生活费和医疗费 44 万元。

2003 年，解决 113 名城镇下岗伤残军人基本生活费、医疗费 47.28 万元，稳定了上访的 33 名三等功以上下岗战残优抚对象。

2004 年，全县伤残抚恤对象 374 人，年发放伤残抚恤费 69.82 万元，人均 1867 元。

2005 年，县委、县政府重新调整 48 名下岗战残军人工作岗位，由县劳动人事局按正式编制安排到县直各单位。

2006—2010 年，伤残军人抚恤金按残疾等级和残疾性质分类，抚恤金标准不同。其中 2006 年有伤残军人 363 人；2007 年 403 人；2008 年 410 人；2009 年 431 人；2010 年 474 人。

二、“三属”优抚

1985 年，县民政局给特等残废军人发给护理费 480 元。1986 年始，县民政局根据民政部、财政部有关文件规定，“三属”抚恤金标准多次调整提高。1991 年，县政府出台《湘阴县贯彻〈军人抚恤条例〉的若干规定》，对“三属”（即烈属、因公牺牲军人家属、病故军人家属）中孤老孤儿的义务工份额负担，予以全免。因治病无能力支付医药费的由当地卫生部门酌情减免。2004 年，“三属”抚恤对象 400 人，年发放“三属”费 91.96 万元。2005 年 391 人；2006 年 391 人；2007 年 397 人；2008 年 385 人；2009 年 387 人；2010 年 379 人，至 2015 年为 399 人。

三、复员退伍军人优抚

湘阴县对 1954 年 10 月 31 日前入伍的老复员军人、带病回乡或确有困难的退伍军人，坚持实行定期定量补助。1986 年，全县享受“双定”补助人员 960 人，年发放定量补助金 17.28 万元。1994 年，县政府下发《关于认真做好复员退伍军人及其他优抚对象生活安置工作的通知》，支付优抚定补金 76 万元。1996 年，建立优抚经费自然增长制，提高老复员军人定补和群众优待金标准。县财政增拨 25 万元专款，提高2200名在乡复员军人的定补标准，由月人均15元增至25元。1998年，国务院发布《关于加强优抚工作的通知》，县民政局对享受定期定量补助的十二类5700多名优抚对象和社救双定对象，通过摸底造册、审查核实和积极争取资金，全面进行提标，全县提标金额57.1万元。帮助47户特困老复员军人新建和改造住房，解决建房经费20多万元。2000年，对全县优抚双定对象再次清查，核定全县复员军人定补1769人，退伍军人定补1391人，享受社救“双定”，又属1954年10月31日前入伍的对象354人。2002年，加强对优抚“双定”对象的动态管理和督查，新增200人，取消自然减员的已定对象47人。2003年，县民政局解决在乡老复员军人生活、医疗、住房经费17.2万元。2004年，建立老复员军人抚恤补助经费自然增长机制。对全县1860名在乡老复员军人在国家补助标准的基础上每人每月再增加补助5元。全年共安排自然增长机制补助金12.6万元，其中县财政7.8万元。2005年有老复员军人1532人；2006年1533人；2007年1551人；2008年1646人；2009年1646人；2010年1230人。县民政局共发放优抚抚恤金：2005年793万元；2006年869万元；2007年986万元；2008年1142万元；2009年1671万元；2010年1725万元；2011—2015年共发放优抚金4661万元。

四、现役军人家庭优待

1986年始，县农村义务兵优待金筹集实行以乡镇为单位的统筹办法，各乡镇各自管理，自定标准。1996年，义务兵优待费每年人均由1986年的440元提高至500元。士兵在部队立了功的，按立功等级给家属加发一定数量的奖金。1997年，县政府发出《关于拥军优属群众优待金实行社会统筹的通知》，决定将义务兵群众优待金以农民负担为主的乡镇统筹改为全县社会统筹，标准由500~600元提高到600~800元；优待范围由单一的义务兵家属扩展到其他特困的优抚对象。2000年，在实行农村税费改革中，农村义务兵优待金被列为税收正税固定下来，由县统筹，实行统一管理。2003年，经第五十三次县长办公会议研究，将城镇义务兵群众优待金重点优抚对象抚恤补助标准自然增长机制所需经费由县财政纳入预算。至2004年，全县农村义务兵优待金每年人均达到800~1000元。2005年，根据第十四次县长办公室会议纪要决定，本年12月后入伍的义务兵按每户每年1200元的标准发放义务兵家庭。2006年有义务兵500人；2007年为428人；2008年为326人；2009年为389人；2010年为344人；2015年共有356人。

五、优抚事业单位建设

军干所：湘阴县军队离休、退休干部休养所（简称“军干所”）1985年建立，配有管理人员、服务人员及交通工具，离、退休干部的退休金由国家按月支付。军干所认真落实军休干部的“两个待遇”，军休经费及时足额发放，经常开展门球和钓鱼比赛，丰富军休干部的业余文化生活。2009年动工兴建军休人员活动中心和住宿楼，2010年全面竣工。

光荣院：湘阴县光荣院1987年建立，当年入住优抚老人12人。1992年，县民政局拨款3万元，对光荣院维修，按5:1配备工作人员，入住老人增至25人。种、养创收1万多元，人均纯收入400元，改善老人生活条件。1994年维修加固，投资12.4万元。是年老人节，组织参观杨开慧故居。1997年，县光荣院搬迁至原县民政局办公楼，县民政局拨款30万元进行全面维修翻新，购买大彩电、洗衣机，为每位老人添置防寒衣被和象棋、扑克、麻将等娱乐工具，全县22位老人入住。1999年，县光荣院确立为军民共建点，2000年，光荣院老人每月增加15元零花钱，添置了防暑设备、防寒衣被。2002年，县民政局投资170万元，新建县光荣院，建筑面积1371.4平方米，拥有住房20套，安装了空调，添置了老人生活一应俱全的设施、设备，院内全部硬化、亮化、绿化，居住环境幽静、舒适，2003年7月竣工，入住优抚老人24名。

第三节　军转退役安置

1978—1986年，全县有退伍士兵3127人。湘阴县退伍安置工作遵循“从哪里来，回哪里去”的原则，城镇义务兵、志愿兵、伤残军人由县政府安排工作；农村义务兵回农村务农，军地两用人才由乡镇负责安排。至2004年，全县共安置退伍军人5942人，其中安置到国家企业单位2016人，乡镇企业1328人，从事个体经营者2598人。1998年始，国有企业破产改制，下岗职工增加，城镇退伍义务兵安置工作面临许多困难，县民政局积极探索安置工作新途径，拓宽城镇退伍兵安置渠道，在国家保证第一次就业的前提下，探索政府安置与劳动力市场相结合的路子，制定相应的优惠政策，鼓励退伍军人自谋职业。1999年，配合征兵工作，强化退伍安置卡的管理。2000年始，按政策需安置的城镇退伍军人基本安置到位，农村军地两用人才开发90%以上。县民政局对退伍回乡军人，无房或缺房的解决部分建房费；对孤儿、单身退伍军人、带病回乡的退伍军人帮助解决建房、治疗、生活费；为1607名确有经济困难的回乡退伍军人办理“双定”手续。至2004年，全县有在乡退伍军人10062人，享受定期定量补助的有2567人，全年补助费51.34万元。2010年，接受复退军人324人，其中194名安置对象均严格按政策妥善安置，安置率达100%；有36名退役军人签订自谋职业协议。

2011—2015年，全县共安置城镇退伍军人230人。

第四节　烈士褒扬

一、追烈

1988年，县民政局向省民政厅申报追烈对象40名，均获批准，合格率100%。1998年，南湖洲镇农民周述槐在抗洪排渍中牺牲，被追认为烈士。是年8月1日，武汉空军基地高射炮兵某团二二五营一连政治指导员高建成（湘阴县南湖洲镇人），在湖北省嘉鱼县执行抗洪抢险任务中，为抢救人民群众和战友而英勇献身，年仅33岁。高建成牺牲后，被批准为革命烈士。8月12日，中央军委主席江泽民签署命令，授予高建成“抗洪英雄”荣誉称号。9月9日，在湘阴县南湖洲镇举行悼念大会，参加悼念的有空军政治部、广州空军部队、武空高炮某团等部队的首长，以及省、市、县党政军领导。县委、县政府作出《关于开展向“抗洪英雄”高建成学习的决定》，将高建成中学时代就读的湘阴县胭脂中学命名为高建成中学。珠海市丽珠集团捐资100万元，支持学校改扩建工程。1994年4月5日，新建高建成中学正式落成，并举行庆祝大会。副省长唐之享，广州军区政治部主任董彦山参加“高建成中学”命名会并表示祝贺。该校成为湘阴县青少年爱国主义教育基地。2003年11月3日，衡阳市公安消防支队副参谋长戴和熙（湘阴县东塘镇曾家村人），在衡阳市扑灭“11·3”特大火灾中壮烈牺牲，被公安部政治部追认为革命烈士。11月9日，公安部、湖南省委、省政府在衡阳市举行追悼会。县民政局有关负责人参加追悼并前往烈士家中，看望烈士妻子肖玉华，赠送慰问金。

二、烈士建筑物纪念

湘阴县革命烈士纪念塔始建于1951年，位于县城弼时街，2008年整体搬迁至湘阴烈士陵园。为纪念中国人民的伟大战士、革命家任弼时及为人民解放事业英勇牺牲的湘阴籍革命烈士陈毅安、游凯、聂次荫等。1987年，界头铺镇（原为金龙乡）人民为纪念红军将领陈毅安，建造陈毅安烈士纪念馆。县民政局对革命烈士纪念塔多次修缮。每年清明节时，中、小学生纷纷前往祭扫，缅怀英烈。

湘阴烈士陵园位于湘长公路东侧文星镇望滨社区，2006年7月动工建设，2008年年底竣工，分纪念、游览两大功能区。纪念区以园内3座小山为中心，搬迁有共和国开国元勋任弼时同志纪念塔，新建的有早期红军著名将领陈毅安纪念塔，国民革命军在湘抗日阵亡烈士纪念塔（俗称白骨塔）等为主的纪念建筑物。2011—2015年，湘阴县先后投资共1700万元，高标准建成陈毅安革命烈士纪念馆和青山岛死难军民纪念墓碑等一批革命烈士纪念设施，将县烈士陵园申报为全国重点革命烈士纪念建筑物，并向上申报湘阴苏区县系列材料。

三、烈士传编纂

1989年，县民政局与县党史办配合完成《湘阴英烈传》，为21位烈士立传，收录烈士225人。2004年始，县民政局与省民政厅烈士传编纂办公室合编《三湘英烈传》，收录1840—2010年共170年间湘阴历史上著名英烈人物，分5集出版。

第五章　社会事务管理

第一节　婚姻登记

1978年，婚姻登记制度由恢复走向正轨，结婚登记率为75%，离婚登记率为91%。湘阴县的婚姻登记由乡镇政府办理，县民政局民政股负责业务指导和管理督促。登记分申请、审查、登记三个步骤，由省政府统一印制结婚证书，加盖县政府婚姻登记专用章的钢印，结婚证书还须加贴结婚男、女双方合影照片。

1987年4月1日，全国实行新的婚姻登记办法。县民政局定期对各乡镇婚姻登记员进行专业培训，并全面开展婚前教育工作。民政、计生、妇联、共青团、妇幼保健站等单位联合组成执法督查组，定期对各乡镇的婚姻执法情况进行检查，重点检查登记手续、登记程序、收费标准。共查处违法婚姻94对，早婚16对，近亲结婚2对，处理和补办手续31对，查处利用婚姻登记搭车收费53例。

2003年8月，国务院颁布《婚姻登记条例》，对婚姻登记进行重大改革，婚姻登记当事人在符合条件的基础上，只需凭双方身份证和户口簿，到其中任何一方户口所在地婚姻登记机关即可办理婚姻登记手续。为贯彻《条例》有关精神，县民政局将婚姻登记权限上收，成立湘阴县婚姻登记中心，配4名工作人员，添置了电脑、打印机、传真机、数码照相机等办公自动化全套设备，建立婚姻登记档案室，设立婚姻登记办证大厅，集中办理全县除涉港、澳、台，涉外婚姻登记以外的内地居民的婚姻登记手续。是年11月至2004年年底，共办理婚姻登记手续4173对，其中结婚登记3818对，离婚登记355对，合格率和档案完备率100%。

2005—2010年，县婚姻登记中心作为全国婚姻登记示范窗口单位、全省巾帼文明岗，不断优化服务，热情为当事人服务，共办理结婚登记30698对，离婚登记3743对，婚姻登记合格率达100%。

2012年，县民政局开启创建国家“AAA级”婚姻登记中心，按照国家“AAA级”婚姻登记处的建设标准，加大资金投入，不断完善婚姻登记处的软硬件设施建设，加强工作人员的素质培训，提升婚姻登记工作的服务水平，2013年9月创建成功，获评全国“AAA级”婚姻登记处。2011—2015年，全县办理结婚登记33802对，离婚登记7264对，婚姻登记工作合格率100%。

第二节　殡葬管理

1986年4月20日，县政府发布《关于实行殡葬改革积极推行火葬的公告》。5月，县民政局设殡葬管理站，购殡葬机动车1台，负责接运尸体至长沙、岳阳火葬场火化，年底共火化尸体39具，湘阴县被评为全省殡葬改革先进县之一。

1987年，由于受入土为安、光宗耀祖封建传统思想的影响，人们在丧葬观念上偏向土葬方式，加之湘阴县没有建立殡仪馆，没有火化设备，殡葬设施明显滞后，火化率下降，土葬回升。

1997年，国务院颁发新的《殡葬管理条例》，民政部和省、市民政部门、县民政局也出台相应的实施办法，各级加大对殡葬管理的力度。其方针是积极地、有步骤地实行火葬，改革土葬，节约殡葬用地，革除陋习，提倡文明节俭办丧事；禁止在耕地、林地以及水利设施及交通要道两侧建造坟墓。

2002年3月8日，县民政局与台商黄璧莲在石塘乡双桥村徐家组征（租）荒山2公顷，投入资金800万元，合股开发湘阴县殡仪馆、火葬场项目，正式动工兴建。2003年4月竣工，建筑面积5170平方米。是年5月，县政府发布《关于推行殡葬改革　强化殡葬管理的通告》，成立县殡葬改革领导小组和县殡葬改革执法大队。县殡葬改革执法大队与殡葬管理站合署办公，负责全县殡葬改革日常工作，加强殡葬执法，遏制土葬行为。5月16日，全县殡葬改革动员和县殡仪馆落成启动大会召开。县政府规定国家行政企事业单位的干部职工、文星镇地区各社区居委会的居民，死后一律实行火化，其他集镇居民死亡后提倡火化，农村村民死亡逐步推行火化。县殡葬执法大队加大对殡葬管理的力度，在殡葬改革中排除矛盾50多件次，对违规的4例土葬强制起棺火化。同时，强化县城丧事集中办理，丧葬用品归口登记和定点销售的管理。2003年6月至2004年12月，全县火化尸体1624具，火化率达98%以上。2005年、2006年，建成经营性骨灰安葬地南泉福地和湘安陵园，墓穴管理规范有序。至2015年，全县火化尸体28630具，火化率达98%以上。殡葬管理部门与城管、环保、公安等部门联合执法15起，电视曝光违规治丧对象6户，对4名违规土葬的公职人员予以处罚。

第三节　区域勘界与地名管理

一、区域勘界

1997年，湘阴县启动区域勘界工作。县政府成立以主管副县长为组长，民政、国土、林业、水利、湖洲、公安、矿产、财政等相关单位主要负责人组成勘界工作领导小组，设立勘界办公室，落实勘界经费，按每千米100元预算，由财政设立勘界专户，专账管理。湘阴勘界任务总长380千米，毗邻地区涉及四市、两县、两区一场。是年下半年，民政、国土、林业、水利、湖洲等单位组织专业人员，深入边界，实地踏界核界。对与周边县、市、区有争议的30多处地段，本着“尊重历史、注重现状、顾全大局、互谅互让”的原则，协商解决。共与周边市、县、区、场签订各类协议、法律文件15份，埋设界桩17个。2000年5月，在全市率先完成勘界任务。与沅江近1334公顷一直未定界且争议较大的湖洲面积最终确定了湘阴县的经营管辖权。勘界后的湘阴县与周边界线清楚，权属分明。是年10月，县民政局被市政府评为勘界工作先进单位、民政股股长王信佳被评为勘界工作先进个人。2001年3月，王信佳被省民政厅、省人事厅授予全省勘界工作先进个人并记三等功一次。2004年10月，出版发行《湘阴县行政区划图》1000多份，进一步巩固了勘界成果。2008年，完成湘阴县与汨罗市、益阳市、望城县的县界联检，维护了边界地区的稳定。2010年，联合益阳、沅江、望城等县市开展创建平安边界活动，完成行政区域界线联检，界桩、界碑完好率达 100%。

2012 年，县民政局再次联合益阳等县市开展边界联检工作，保证湘益、湘望、湘汨界桩和界碑完好率 100%，并进一步落实了全界线突发事件应急预案，妥善处理好边界、河道纠纷，未出现大的事故。

二、地名管理

1982 年，县政府成立地名委员会，下设办公室，组织专业队伍，发动基层干部群众，进行地名普查。本着尊重历史与事实的原则，对全县地名进行重新认定，确保地名管理的规范化、合理化。是年 11 月，县政府编印《湖南省湘阴县地名录》，为湘阴县首部地名资料集。1984 年，地名办公室列为常设机构，归属县政府办管辖，由一名政府办副主任兼任地名办主任。1993 年，根据国务院《地名管理条例》，由县民政局民政股负责全县地名管理，对地名进行拾遗、改错、补漏。1994 年，县民政局根据以前的地名普查和补查资料，编写《湘阴县地名大辞典》。2001 年，县民政局自筹资金 6 万元，在县城文星地区开展街巷地名标牌设置工作，安装地名标志牌 118 块。2002 年，规范安装城区各单位门、栋号，居民门牌号；以樟树镇为试点，开展乡镇门牌路牌标准化设置工作。2010 年以后，对全县 19 个乡镇的地名设标工作进行了摸底。

第四节　社团管理

1991 年，全县有各类社团 52 个。1992—1998 年，县民政局社团股 4 次组织对全县社团全面清理整顿，及时办理变更登记手续，依法进行年检，共清理整顿社团 58 个，取消赛头乡赛马村有 3000 余人参加的董杨姓氏宗亲会湖南分会、新泉寺镇兄弟协会等非法社团 5 个，注销 20 个，合并重复性社团 2 个，进一步完善管理机制。

1998 年 10 月 25 日，新《社会团体登记管理条例》出台后，社团股认真组织各社团进行学习，全面贯彻《社会团体登记管理条例》基本思路，规范社团活动。是年 10 月，国务院颁发《民办非企业单位登记管理暂行条例》，将民办非企业单位登记管理工作，统一归口民政部门，实行业务主管单位和登记管理机关双重负责的管理体制。岳阳市被列为湖南省 3 个试点城市之一。湘阴县被列为岳阳市试点县之一。1999 年，县委、县政府成立县民间组织管理工作领导小组，设湘阴县民间组织管理局（隶属县民政局管理），负责全县民间组织其中包括民办非企业单位的登记管理工作。县民政局着重把好登记发证关，建立活动汇报制度，强化年检手续，对符合条件的社团依法予以登记；对不符合条件的社团，限期整改：加大对非法社团的打击力度，取缔解散邪教"法轮功"组织、城关地区砖瓦行业分会等 3 个非法组织，维护了社会稳定。全县原有的 40 个社团注销了 10 个，对 27 个合格社团予以重新登记发证。加强对社团的管理监督工作。建立健全法人团体的财务机构和财务管理制度，督促办理税务登记和领用专用发票，引导发挥社团服务社会的功能。是年，县民政局被省民政厅评为全省社团管理先进单位。

2000 年，在社团登记管理中，对合格的 27 个社团中的 18 个非法人单位经审核变更为法人团体单位，在《岳阳晚报》、岳阳电视台进行公告。根据中组部、民政部《关于在社会团体中建立党组织有关问题的通知》精神，有 3 个社团建立基层党支部。是年 12 月，县民政局被市委评为社团工作先进单位。

2001 年 4 月，县民间组织管理局干部参加省民办非企业单位登记管理业务培训班，随后，全县民办非企业单位登记管理工作正式启动。全县共有 14 个民办非企业单位完成登记复查工作。

2002 年，民间组织管理日趋规范，社团和民办非企业工作全面发展，共年检民间组织 50 个，变更组织法人 3 人，新登记成立民间组织 7 个，取缔不合格民间组织 2 个。同时，对所有社团、民办非企业单位档案资料全面清理，做到资料翔实，归档规范，管理严格。

2003 年，民间组织管理坚持培育发展和监督引导的方针，强化管理，改进服务，重点发展行业协会和公益性组织，积极扶持、引导和规范农村专业经济协会的发展。三塘镇高仑村生猪养殖协会、东塘镇番关村苎麻纺织协会等 15 个农村专业经济协会登记注册。是年，市政府授予湘阴县民间组织管理先进单位奖牌。

至 2004 年，全县登记注册的民间组织 63 个，其中社会团体 54 个，民办非企业单位 9 个。

2005 年，按照农村发展协会、城市发展商会的指导思想，县民政局积极引导和培育、依法登记城西镇白乌特种水产养殖等 13 个农村专业经济协会，在城市培育发展县食品行业商会、建材经销行业商会等 11 个行业商会。至 10 月底，全县共注册登记各类社会团体 58 个，民办非企业单位 15 个，社团分支机构、代表机构 33 个。

2007 年，发展农村专业经济协会 16 个，行业社团 3 个，民办非企业单位 3 个，已登记备案 11 个。注册登记各类民间组织 103 个，其中社会团体 49 个，农村专业经济协会 36 个，民办非企业单位 18 个。加大监管力度，按照《社会团体登记管理条例》《民办非企业单位管理条例》，成熟一个、登记一个、规范一个。

2008 年，创新管理模式，降低准入门槛、简化登记手续、免收登记费，实现社团登记管理和备案管理的有机结合，强化了社团组织的登记管理和年检工作，新增社会团体 3 个。县卷烟协会、县水利水电学会等组织作用明显，群众参与积极性高，社会反响良好。

2009 年，新增社团 9 个，其中小哈佛民办非企业社会影响大。2010 年，社团登记 110 个，登记合格率达 100%。

2011–2015 年，民间社团组织不断增加，遍及各行各业，活动繁多，情况较为复杂。民政部门根据社团组织分布发展情况，认真抓好行业协会与行政机关脱钩、加强对民间组织的审查评估、对社会团体财务状况严格管控等专项工作。2011 年，全县各类民间组织发展到 119 家，2015 年发展到 191 家。其中社会团体组织 84 个，城市商会（协会）24 个，农村专业协会 22 个，民办非企业单位 61 个，均依法进行审查登记。

第五节　老龄工作

2002 年，老龄工作归口县民政局管理。县委、县政府调整县老龄工作委员会成员，成立老龄办，定编 2 人，督促相关单位建立健全老龄工作机构。杨林寨乡将保障老年人权益列入政府工作议程，建立敬老院，各村小区开设老年人休闲娱乐场所，集文艺娱乐、健身体育、外出观光旅游服务于一体，成为老龄办向市、省推荐典型。是年，老龄办通过普查，将全县老年人造册，分类汇总、报存、归档。按时为 60 岁以上老年人办理“老年人优待证”。及时接待处理侵害老年人合法权益来信来访，并负责联合有关部门共同查处涉老案件，共查处涉老侵权案件 38 起。

2003 年 4 月，县政府出台《湘阴县老龄事业发展“十五”计划纲要》《湘阴县老龄工作委员会成员单位工作职责》。

2004 年 9 月，会同县老干部工作局组织湘阴离退休老干部 40 余人参加《夕阳红》京都直通旅游特惠专列，圆了老干部游览首都北京的宿愿。

至 2005 年，按照每人每月 200 元的标准，为 18 个乡镇的 21 名百岁老人发放长寿保健金，发放金额达 15.12 万元。

2006 年 5 月，确定县康复医院为老年人免挂号费和优先就诊定点医院。年初将新增的 4 位百岁老人长寿金和老年证根本费 1 万元，列人县级财政预算。全年共办理“老年优待证”840 本。

2009 年，老龄办为老年人办理“老年优待证”900 余本，为 14 名百岁老人发放生活补助金 3.4 万元，发放棉被 14 床。

2010 年，老龄办免费办理老龄证 1680 本，经常走访慰问百岁老人，及时发放百岁老人的长寿保健金。

2011—2015 年，县委、县政府加大了对全县老龄工作的领导力度和投入， 在全社会营造敬老、爱老氛围，民政部门在社会老龄工作方面做了大量实事。2012 年，启动社会福利老年养护楼建设，积极向上申报，获得国家发改委批准，争取投资 950 万元。社会福利老年养护楼主要安排承担社会养老、孤残儿童养护、医疗卫生康复等任务，规划面积 1.56 公顷，建筑面积 1.2 万平方米，初步安排床位 400 个，总投资为 6000 万元。县委、县政府对此建设项目十分重视，多次召开专题会议进行研究，列为全县重大民生工程之一。2013 年完成项目立项、可研、环评、规划设计和征地拆迁，2014 年动工搞“三通一平”建设，计划 2016 年竣工投入使用，将湘阴县社会福利老年养护楼办成全省乃至全国养老精品工程和示范单位。从 2011—2015 年，民政部门先后为 5900 名社会老人免费办理老年证，为 19 名百岁老人发放长寿保健金 6 万元。

第六章　社会保障

第一节　最低生活保障

1999 年 7 月，县政府出台《湘阴县实施城市居民最低生活保障线制度暂行办法》，全面启动低保，县财政挤出 10 万元，作为当年低保所需经费。

1999 年 9 月，国务院颁布《城市居民最低生活保障条例》。湘阴县低保救助首先在文星镇、省二纸板厂、省建材厂实施（省二纸板厂、省建材厂为驻县市属企业），确定最低保障标准为 120 元。按照低标窄面的原则，共保障 240 户 570 人。

2000 年，低保扩面，7 月，对所有城镇贫困对象进行全面调查，按照个人申请、单位申报、“三榜”公布、民政局审查的程序操作，做到公开、公正、公平。及时将处于最低生活保障线以下的特困居民 367 户 1040 人纳入低保；对已保对象年审，变更 85 户 317 人，保障人数增至 522 户 1357 人。

2001 年，低保面增至 4440 户 12542 人，累计发放低保金 435.28 万元。

2002 年，县低保工作贯彻“应保尽保”方针，成立湘阴县城市居民最低生活保障工作站（简称“低保站”，正股级），核定编制 7 人，隶属县民政局，乡镇、城区居委会分别设立低保工作站点，并分别成立 5~7 人的评议小组，负责低保对象的申报初审工作。对全县 32 个乡镇（管区）和驻县市属企业等 10.4 万城镇人口中的贫困对象进行排查，其中确定处于最低生活保障线（每月 120 元）以下的城镇居民 1.5 万多人。全年共保障 7100 户 1.8 万人，基本上实现应保尽保目标。是年 3 月，在文星地区设立江东、先锋、三井头、乌龙社区 4 个低保金发放窗口，实行社区窗口公开发放，设立咨询处和举报电话，严格实行“属地管理”。

2003 年，低保工作在应保尽保基础上，重点抓好动态管理。进一步完善工作制度。出台《湘阴县城镇居民最低生活保障制度实施细则》等 4 个规范性文件，使低保动态管理有章可循。出台贫困家庭备案制度、家庭财产登记制度、低保责任承诺制度、低保对象公示制度等。认真组织低保排查，共取消

156户420人的低保资格，提高312户849人补助标准，降低18户48人补助标准，新增低保对象159户428人，实现低保对象有进有出、补助标准有升有降、动态管理的局面。建立“五监督”（即制度监督、部门监督、舆论监督、社会监督、基层监督）为主体的低保工作社会联动监督体系，规范资金管理，实行专户专账。低保资金封闭运行。低保站设立专职会计、出纳，建立严格的财务管理制度，文星镇各社区均配备低保专干，其他乡镇明确专人专账管理。在信用社和邮政储蓄银行设立专户，并由信用社、邮政储蓄银行代发。

2004年，通过2次大规模的对全县所有低保对象上户清查核实，共取消不符合条件的对象3789人，至年底，全县共有城镇低保对象6104户14114人，覆盖19个乡镇。在严格加强低保对象动态管理、属地管理的同时，积极向省、市民政部门争取上级低保资金710万元，争取县级配套资金50万元，使全县低保对象每人每月平均补差标准由38元提高到44.7元。建立低保分类管理制度，根据低保对象的身体、年龄等实际情况，将低保对象划分为“长期保障、中期保障、短期保障”三种类型，并分别进行救助。县低保站建立视频会议室，实现省、市、县三级联网。县政府出台《湘阴县城镇低保对象优惠政策实施办法》，对低保对象在就业、用水、用电、子女教育、住房、医疗等方面制定优惠政策。

2005年7月，城镇居民最低生活保障标准由每人每月120元提高到140元，低保金全部实行银行打卡发放。6月17日，县长办公会议专题研究，同意城镇低保对象按每月4吨水、6度电的标准进行减免。

2006年3—7月，对全县城镇低保对象重新“洗牌”，即重新申报审批。实现“该保才保，应保尽保”，杜绝了“关系保”。全县城镇低保对象由7078户1.4万余人降至5503户10426人。是年，在界头铺镇实施农村低保试点，县政府出台《湘阴县农村最低生活保障实行办法》，在农村全面实施低保制度。

2010年，全县城市低保深入开展以维护社会公平正义，保障困难群众基本生活为主要内容的城乡低保“阳光行动”，到2010年年底，共有城市低保对象7253户1.06万人，月发放低保金166.4万元，人月均补差达156元；农村低保对象12383户2.13万人，月发放低保金119.6万元，人月均补差达56元，城乡低保补差标准超过全省确定目标任务，基本实现了“应保尽保”。

2015年，县民政部门大力推行城乡低保“阳光行动”，对享受低保对象进行反复查核，核消享受低保1066户1822人。全县城乡实有享受低保对象31416人，其中城镇8686人，农村22730人，发放低保金5417.2万元，月人平补差分别为255.6元和112元，达到省、市标准。

第二节　基本养老保险

1987年1月15日，县社会保险事业管理站成立，负责全县合同制工人养老保险，固定职工退休费用社会统筹和退休职工管理服务工作。按1986年11月岳阳市劳动局做好劳动合同制工人养老保险金缴付规定，暂定每人每月13元（其中单位12元，个人1元）。根据省政府和省劳动厅等6家单位联合文件规定，劳动合同制工人养老保险金额缴纳标准，用工单位按劳动合同制工人工资总额的18%，个人按本人标准工资的3%缴纳。逐月提取，进入成本，银行代扣。1988年年底，全县共有劳动合同制工人1269人，收缴劳动合同制工人养老保险基金220124.6元。是年3月，县政府成立湘阴县职工退休费用统筹管理委员会。4月23日，出台《职工退休费用社会统筹暂行办法的实施细则》，参加统筹职工8479人，月人均工资115.22元，月工资总额976957元，提取金额117358元。退休人员991人，月平均退休工资90.7元，退休费用总额89933元。

1996年12月10日，根据省、市规定，机关事业单位社会养老保险工作改归人事部门管理，劳动局社保机构一次性划拨2525085元到银行机关事业单位社会养老保险基金专户。

至1997年，全县共欠合同制工人养老金、退休职工社会统筹金高达1428万元，结存基金仅753万元。

1998年4月，县委办、县政府办明确全县企业离休干部基本离休金由县劳动局社保站统一发放。企业离休干部77人（其中5人属人事局管理），基本工资人年均6600元，年发工资50.82万元。

1999年1月22日，国务院《社会保险费征缴暂行条例》颁布，养老保险从此有章可循。

2000年9月5日，县政府督查室通报2000年1—8月全县养老金、失业保险金完成情况。

2001年始，县政府就进一步做好失业保险金、养老保险金征缴工作作出规定。是年，共收缴养老金1958万元，收缴率达102%。养老保险扩面有进展，乡镇企业、城镇个体工商户也有参保要求。

2002年1月1日，对参保企业离退休人员基本养老金实行及时足额发放。社会化发放5251人，月人均405.61元，年人均4867.34元，全年共发2555.6万元。

2003年3月，县政府决定县人事局社保办与县劳动和社会保障局社保站合并。人事局社保办向社保站移交22名工作人员，离退休人员3447人，养老保险基金余额597万元。从此，养老保险事业归口县劳动和社会保障局管理。

2004年，机关事业、企业离退休人员9077人，年发放养老保险基金6728万元。其中机关事业3457人，年发工资3695万元；企业5620人，年发工资3033万元。至2005年8月，省、市拨付保险调剂金4991.9万元。

2006年9月，根据省劳动和社会保障厅、省财政厅《关于2006年调整企业退休人员基本养老金的通知》文件精神，提高企业退休人员养老金待遇，人均调待125元。

2007年1月，全面提高企业退休人员养老金待遇，人均调待90元。全县共征缴企业养老保险费3717万元；征缴机关事业单位养老保险费5443万元；发放企业离退休人员养老金8913万元（含补发社保机构历史拖欠的78家企业、4249名退休人员养老金2340.5万元）；发放机关事业离退休人员养老金5477万元，发放率达100%；新增参保人员3025人。

2008年，全县共征缴企业养老保险费6478万元，征缴机关事业养老保险费6948万元，发放企业离退休人员养老金7491万元，发放机关事业单位离退休人员养老金6833万元，发放率达100%；新增参保人员4085人。

2009年4月，县劳动和社会保障局组织专人对全县被征地农民进行摸底调查，登记造册，为启动失地农民养老保险提供依据。是年5月，省政府办公厅下发湘政发文件，明确城镇居民参保办法，湘阴县于5月初开展宣传，组织全县未参保城镇居民参保企业养老保险，至年底，共有320人参加城镇居民养老保险。8月，根据县政府常务会议精神，解决4家集体企业485名职工的参保问题，至此，全县大集体企业职工的参保问题全部解决。10月，根据县长办公会议精神，520名临聘幼师参保欠缴资金初步到位，彻底解决县内幼师参保问题。共征缴企业养老保险费9581万元，征缴机关事业养老保险费7549万元，发放企业离退休人员养老金12526万元，发放机关事业离退休人员养老金7090万元，发放率达100%；新增参保人员3786人。是年，全部完成企业改制挂账工作，全县有111家少资产、零资产企业履行置换挂账程序，办理挂账手续。至年底，全县111家置换企业14245名在职职工和6789名退休职工累计总挂帐金额为41056万元，占全市25%。

2010年，共征缴企业养老保险费1.17亿元，征缴机关事业单位养老保险费7755万元，发放企业离退休人员养老金1.25亿元，发放机关事业单位离退休人员养老金7090万元，发放率达100%；新增参保人员5402人。

2011—2015年间，县委、县政府加大社保扩面征缴工作力度，不断扩大社会养老保险覆盖面，并连续三年为离退休职工增加退休金收入，进一步推进了养老保险基金征缴。至2015年，全县城镇基本养老保险人数为84729人，其中在职机关企事业单位参保51380人，征缴基金26690万元。离退休职工养老金每人月平均提升到1580元，养老金发放率达到100%。

第三节　基本医疗保险

2001年9月，县政府发布《湘阴县城镇职工基本医疗保险实施办法》，11—12月，县劳动局印发《湘阴县基本医疗保险病种费用限额管理标准》《医保患者就医和医保费用结算的若干规定》《湘阴县城镇职工基本医疗保险就医管理办法》，对定点医疗机构、定点零售药店、参保人员门诊看病、急诊、住院、转院、特殊检查、家庭病床、出院、费用支付等予以详细规定。12月，县政府成立医改领导小组，县劳动局组建县医疗保险基金管理服务中心，正式对外挂牌。从市医保中心运回电脑设备4套安装联网，将湖南省《省直单位基本医疗保险医疗服务及费用控制操作管理办法》复印到县直单位参照执行。对全县154个行政事业单位8034人及中央、省、市驻湘25个单位、1586人进行登录、填表、照相、制卡。对县人民医院、县中医院、县血防医院、县医药总公司中心大药房4家定点单位，进行实地考察、论证，严格审查，签订协议和报上级劳动部门备案，正式授牌。12月25日，召开全县城镇职工基本医疗保险动员大会，正式启动。

2002年5月20日县医保中心向县委、县政府汇报《湘阴县城镇职工基本医疗保险工作情况》，启动单位中由县政府负担的行政单位24个1242人，事业单位4个70人，中央、省、市驻湘单位6个488人，共34个单位1800人，至年底，征收医保金55万元（个人账户18万元，统筹金37万元）。住院赔付费20万元，暂存35万元。基本医疗保险参保单位43家，参保人数2143人。

2004年4月，县政府办下发《关于加强医疗保险管理的通知》，进一步强调定点医药机构管理，转诊转院管理，外地就医管理及费用审核，急诊和急救患者管理等。2005年，基本医疗参保单位达134个，参保人数23320人。

2006年3月21日，县政府召开常务会议，决定全县财政全额拨款单位全部参加医疗保险，医保扩面迅速提升。

2008年5月1日，湘阴县正式启动城镇居民医疗保险。参保城镇居民60380人，完成省政府下达任务的107%。

至2009年，参保行政企事业单位398家，参保人数38734人，覆盖所有的中央、省、市单位及县全额拨款行政事业单位和部分非全额拨款事业单位及县属企业。是年，参保城镇居民达90535人，完成上级下达任务的120%。

2010年，县医疗保险完善包括城镇职工基本医疗保险、城镇职工生育保险、城镇居民医疗保险三个险种及离休和二乙以上伤残军人等特殊人群医疗统筹的多层次医疗保障体系，医疗保险参保覆盖率96%，参保城镇居民90860人。

2011—2015年，全县城镇职工医疗保险面不断扩大，且报销标准提高。至2015年，参加城镇职工医疗保险人数达到129186人，征缴基金达到5935万元。其中城镇职工参保人数36300人，城镇居民参保人数92886人，比2010年增加2026人。职工基本医疗保险待遇封顶线由5.5万元提高到6万元，大病医疗互助待遇封顶线由15万元提高到20万元。

第四节 失业保险

1987年1月，县劳动服务公司内设职工待业保险管理股。1992年，全县职工待业保险企业226家，投保人数18985人，按企业职工工资总额的1%提取待业保险金，全年征集基金30万元。受理企业辞退职工157人，按每人可享受12个月的失业救济金，共发放救济费22.6万元，医疗费0.5万元，合计23.1万元。1997年5月6日，县劳动局、人民银行湘阴支行联合下发《关于进一步做好“两金”征缴工作的通知》（即企业职工养老保险基金、职工待业保险基金），设立基金专户，委托银行代扣。

1999—2001年，中央财政下拨下岗职工基本生活保障经费1408万元，以征缴解困金和失业保险金两种主要形式从县内各单位筹集565万元，企业通过资产出租等方式自筹200万元，为1万多名下岗职工发放基本生活保障金2173万元。

2001年3月，职工待业保险管理股更名为失业保险管理股。失业保险基金按照职工工资总额的3%缴纳，其中单位负责2%，个人负担1%。把单位按时足额缴纳失业保险基金作为负责人、法人代表政绩考核的一项重要内容。至年底，共有失业职工4397人，下岗职工10905人。

至2002年，收缴失业保险金780万元。受理破产企业39家，发放失业救济金560万元。

2003年3月，县政府办印发《湘阴县2003年社会保险及劳动就业考核办法》，失业保险金收缴任务180万元。完成失业保险基金收缴任务264万元。

2004年，征缴失业保险金315万元，占全年任务的175%。2006年，失业保险新增参保2762人，征缴失业保险金284万元。2007年，失业保险新增参保2335人，征缴失业保险金276万元。2008年，失业保险新增参保2202人，征缴失业保险金260万元。2009年，失业保险新增参保1514人，征缴失业保险金261万元。2010年，失业保险新增参保1953人，征缴失业保险金256万元。至2015年，全县进入失业保险人数达到31662人，征缴基金400万元，比2010年增加28709人，基金增加144万元。

第五节 工伤保险

2004年9月16日，县劳动和社会保障局印发《实施湘阴县工伤保险有关制度和办法的通知》《湘阴县工伤保险经办业务管理实施细则（试行）的通知》《关于征缴工伤保险费通知》，从该年9月开始征缴工伤保险费，按新的工伤保险政策办理工伤认定和劳动能力鉴定工作，10月1日，开始支付工伤保险相关待遇。至2005年，已收缴工伤保险费48.8万元，受理工伤投诉案件6起，理赔12.9万元。

2005年12月，成立县工伤保险基金管理服务中心，为财政拨款的行政支持类事业单位，隶属于县劳动和社会保障局。负责县内所有用人单位，包括企业（国有企业、集体企业、外商投资企业、私营企业和建筑行业等）、机关事业单位、社会团体、民办非企业单位等工伤保险的参保登录，基金征缴、待遇支付及中心日常行政管理。

2006—2009年，共完成参保单位438家，参保人员30062人（其中农民工16778人）。完成扩面单位393家，完成扩面人数22882人，征缴工伤保险基金998.9万元，争取市调剂金460万元，接受事故快报1475起，享受工伤待遇1354起（其中工亡13人，一级伤残2人，四级伤残3人，五至十级伤残86人），共支出工伤保险待遇1383.8万元。

2010年，根据《工伤保险条例》《血吸虫病防治条例》《湖南省血吸虫病防治条例》《湖南省实施（工伤保险条例）办法》和《岳阳市人民政府办公室关于印发〈岳阳市职工因工患血吸虫病享受工伤待遇实施办法〉的通知》等法律法规和文件精神，印发《湘阴县人民政府办公室关于印发湘阴县职工因工患血吸虫病享受工伤待遇实施办法的通知》，保障了因工作原因感染血吸虫病的职工可以获得医疗救治和工伤待遇费用支付，分担了用人单位风险，促进了血吸虫病防治工作。是年，接受工伤事故快报401起，核实认定工伤368起，工亡3起，结算工伤费用364起，支付待遇568.9万元。

2011—2015年，参加工伤保险人数扩大，2015年达到54035人，并相应提高保险待遇。其中企业工伤人员伤残津贴每月增加187元，因公死亡职工供养亲属抚恤金每月增加75元。

第六节　职工生育保险

1992年3月19日，县政府公布《湘阴县全民企事业单位女职工计划生育基金统筹暂行办法》，实行女职工生育保险，是湖南省首开先河的实行生育保险的县。计划生育基金统筹工作由县职工退休费用统筹管理委员会、劳动局负责，县社会劳动保险事业管理站具体实施。133家企业、事业单位职工22734人参保，按照参保总数每年每人16元的标准收缴生育保险基金36.3万元，拨付生育补偿金24.5万元。至1996年，共收缴生育保险基金167.1万元，收缴率53.8%，享受生育保险1811人，拨付106.3万元。1997年停止。

2004年3月1日，县劳动和社会保障局根据2003年11月7日《湖南省城镇职工生育保险办法》，向县政府提出重新启动职工生育保险工作设想的请示，10月12日，经县政府第十九次常务会议研究决定，从2004年9月1日起实施行政、事业、企业单位员工计划生育保险具体操作按照《岳阳市城镇职工生育保险管理办法》，用人单位按照本单位职工工资总额的0.7%缴纳生育保险费，至2005年6月底，征缴生育保险基金52.7万元。

2005年6月，县政府办出台《湘阴县城镇职工生育保险管理办法》，规定本县行政区域内的行政机关、城镇各类企事业单位、社会团体、民办非企业单位、有雇工的个体工商户（统称用人单位），应当依法参加生育保险，缴纳生育保险费。城镇灵活就业人员应参加当地的生育保险。用人单位按照本单位职工工资总额的0.7%缴纳生育保险费，职工个人不缴纳生育保险费。城镇灵活就业人员按相同费率，以统筹地区上年底职工平均工资为缴费基数，由个人缴纳生育保险费。并对生育保险待遇进行明确。

2006年，湘阴县出台《关于生育保险参保人员就医和医疗费用结算的通知》，对生育保险参保人员就医和生育保险参保人员费用结算作进一步规范。

2008年，根据《岳阳市城镇居民基本医疗保险就医暂行规定》，对于城镇居民医保参保人员符合计划生育政策的生育住院费用可以纳入报销范围。其中，非剖腹产最高报销400元，剖腹产最高报销800元。

2009年，全县生育保险参保单位150个，参保人数18379人。2010年，生育保险新增参保5141人，完成年任务1500人的343%，完成市政府确定实事任务4800人的107%；征缴资金52万元，完成年任务，支付待遇20.4万元。

2015年，全县参加生育保险人数增至24255人，比2010年增加735人。征缴基金161万元，比2010年增加109万元。

第十一篇　编制·人事·劳动

第一章　编　制

第一节　机构编制

1980年，全县党政群一级机构58个，内设二级机构146个。

1981年，全县党政群局以上机构（包括部、办、委）共70个，其中相当一级机构的单位19个，地管的县直局以上机构6个。

1982年，清理机构23个，撤销局内设机构4个，增设一级机构1个（县政协），县直党政群一级机构50个。

1983年，县委着手党政机关机构改革。1984年，全县设党政群机构45个（不含单列编制的公检法司机关和双重领导单位以及企事业管理机构），内设二级机构73个。

1985年，全县党政群机关局以上机构46个，内设处、科、股、室85个。公检法司一级机构4个，内设机构24个。事业单位机构700个（包括改为经济组织的机构14个，改为事业单位的机构9个）。

1990年，全县党政群局以上机构63个，其中县委工作部门7个，按章设置4个，政府工作部门33个，直属机构8个，归口管理的机构7个，人民团体3个，武装部1个。新设政研室、经研室，劳动人事局分设劳动局、人事局，新设保密局。二级机构增设6个。事业单位机构756个。

1993年，县委、县政府下发转体、撤并方案，着手做好事业单位撤并和转体工作。县直党政群局以上机构减少到41个，其中县委、县政府工作部门由52个减少到27个，内设机构由136个减少到90个。整体转为企业和撤并的事业单位33个。

1994年，县委、县政府进行党政机构调整。调整后，党委工作部门6个，政府工作部门31个，改为事业单位的机构8个，转为经济实体的机构6个，撤并机构27个。

1995年，县党政群机构37个。11月份完成撤区并乡建镇工作，撤销7个区，并乡16个，建立12个镇和20个乡。

2000年，全县党政群局以上机构49个。事业单位机构973个，其中财政预算机构790个，经费自理机构181个，企业化管理机构2个。

2005年，县委、县政府按照以垸建镇的指导思想，经省、市批准，对湖区17个乡镇、5个管区行政区划进行调整，以垸合并为5个镇，精简乡镇（管区）17个。全县37个乡镇精简为19个。减少乡镇七站八所190个。

2010年，全县党政群局以上机构编制47个，其中党委工作部门8个，部门管理机构2个，政府工作部门25个，群团组织8个，按章设置4个。乡镇机关19个。事业单位机构590个。

2015年，全县政府机构改革进行，卫生、计生，物价、发改等局合并，局级机构减少至43个，其中县委工作部门8个未动，乡镇在年底实行合并，由原19个减少至14个，事业单位共431个。

第二节　人员编制

1981年，县定控编人数，党政群国家机关1840人（县直机关1013人，区、社、镇827人），其中行政编1265人（县直机关569人，区、社、镇696人）；事业编制415人（县直机关284人，区、社、镇131人）；企业编制160人（县直机关160人）。实有1830人（县直机关1006人，区、社、镇824人），其中行政编制1194人，事业编制466人，企业编制170人。

1982年，行政编制1088人，行政经费开支人数137人，实有人数1272人（县级机关579人，区、社、镇676人，党校17人），超编47人。

1985年，全县党政群局以上机构人员编制1288人，实有1535人；基层行政单位人员编制702人，实有795人；公检法司一级机构人员编制310人，实有345人。事业单位人员编制4851人，实有4851人。

1990年，全县党政群局以上机关人员编制730人，实有729人（不含税务、统计），余编1人；县公检法司编制403人，实有427人，超编24人；区乡镇编制826人，实有796人，余编30人。企事业管理局编制171人，实有181人，超编10人。事业单位定编和控制编数9177人，实有9031人（均含民办教师2303人），比1989年净增212人，净增3.25%。

1993年机构改革后，重新核定县直党政群机关编制664名，工勤事业编制66名。

1995年，省定湘阴县党政群机关人员编制664人，工勤人员事业编66名，合计730名，实有670名，余编60名。撤区并乡建镇后，乡镇干部进行较大调整，乡镇编制846人，实有748人，余编98名。事业单位人员编制8580人，实有9091人，其中全额拨款5475人，差额拨款2675人，自筹经费941人。

1999年，全县清退乡镇临雇人员1104人，乡镇机关和事业单位分流180人。乡镇“七站八所”（即设在乡镇的农技、经管、水利、水产、畜牧、广播、计划生育、农电、国土、财政、林业、技监、环保、农机、文化等15个部门的事业单位）硬性下达分流任务，超编的加上定编压缩的20%，共计分流750人，按公正、公平、公开和工作需要，群众参与，综合考评、组织决定的原则择优上岗。分流人员可通过围绕站所业务特点办实体，或一次性退职，或提前退休，或到村、组任职，或领办创办经济实体，或自谋职业等渠道消化。

2002年，全县党政群局以上单位行政编制473名，县直政法部门专项编制483名，乡镇行政编制677名，较2000年精简18%。

2005年，县级党政群机关人员编制1421人，乡镇683人。事业单位人员编制9663人。

2010年，县级党政群机关人员编制591人，乡镇机关728人（含乡镇财政所121人），政法机关人员编制664人。县级党政群机关实有人数1026人（含事业人员），乡镇机关实有847人，政法机关724人。事业单位核定编制13521人，实有人数12179人。

2015年全县党群政法机关定编1431人，事业单位14100人，核销人员编制1211名（含办理离退休手续人员），2011—2015年未超过市下达的编制计划，2011—2012年连续两年编制负增长。

第三节　编制管理

1980年，县委为了加强对机构编制工作的领导，正式恢复“湘阴县编制委员会”及其办事机构，并分工一名县委副书记主管全县编制委员会工作，配备一名办公室副主任。

1983年，经地委、地区行政公署批准，县委、县政府下发《关于县直党政群机关机构设置的通知》，对县级党政群机关机构改革方案予以明确，并要求县级党政群机关按当年实有人数（不含公检法司）精简25%左右作为编制控制数，落实到单位，实行定编不定人。

1984年5月，县政府根据岳阳地区行署转发省政府办公厅《关于岳阳地区五县设镇建制的批复》，建立铁角嘴、濠河口、新泉寺、南湖洲4个镇。

1985年4月，县委下发《关于制止党政群机关擅自增设机构和扩大编制的通知》，要求各级党政机关和群众团体都不得随意增设机构（含内设机构），提高机构级别，增加机构层次，扩大人员编制。8月20日，县委、县政府下发《关于停止增设机构，紧缩人员编制的通知》，停止增设机构和提高机构级别，紧缩人员编制，严格控制人员增长。首次提出机构编制管理"一支笔"审批（机构设置和人员编制由主管编制的领导1人审批）原则，凡党政群机关、直属机构、局级企业单位、事业单位的机构调整变动，必须报县委分管编制工作的负责人审批，其他任何个人和组织无权表态。坚持按季度审批工资基金计划制度，未经编委同意，财政部门有权拒绝拨款，银行有权拒付工资。

1990年11月，县委、县政府发出《关于进一步稳定机构，控制编制的通知》，规定凡是涉及机构、编制的问题，应归口县编委办理，其他部、委、办不得下文设立机构、确定机构级别和调入人员。明确机构设置审批权限，属副科级以上的机构设立由县委常委讨论决定，按规定程序报市编委批准，由县委、县政府发文或授权县编委发文，严格控制新设机构和机构升格，不得超编调入人员。是年进行编制清理，清理出党政群机关部办委1988年以来新增内设机构9个，配备的干部均打括号注明为副科级，清理后再次明确为股级。全县非常设机构54个，根据需要保留32个，工作任务完成自行消失7个，按工作任务归口职能部门11个，撤销4个。

1991年8月27日，县委、县政府下发《关于冻结机关、事业单位机构编制的通知》，规定从即日起，冻结县内行政、事业机构，包括部、办、委、局的内设机构和二级事业单位的新增机构和机构升格。党政群机关、公检法司、区乡镇、企事业管理局凡满编和超编的单位，除县委常委研究调整领导班子安排的领导干部外，一律冻结，不再调入人员。余编单位进人必须从党政群机关内部调剂。11月，在行政机构减编22名干部到税务部门工作。

1997年2月，开始推进事业单位社会工作，对全县1037个事业单位进行申报、登记、发证、公告、建档工作，完成首批249个法人事业单位的登记发证工作，事业单位登记管理工作步入法制轨道。

2000年，为健全乡镇政府职能、促进农村经济发展，撤销城南、长仑、岭北、新泉、洞庭、濠河6个地区工作委员会，对撤销工委之后的防汛抗灾、人员分流、七站八所处理等工作进行周密部署，确保实施到位。

2001年9月，县编委下发《关于事业单位法人证书使用问题的通知》，对事业单位办理19种事项必须出示、验证"事业单位法人证书"的情况予以详细说明，并要求有关部门密切配合，共同把关，强制执行。湘阴县事业单位登记管理和行政执法工作进入常态化、规范化管理。

2002年，对原设立的"委"一律规范为局，对县直机构的归口和归口管理重新明确为11条线进行管理，全面完成党政群机构和乡镇"三定"（定主要职责、定内设机构、定人员编制及领导职数）工作，较好地理顺关系。同时积极推进乡镇事业机构改革，将全县32个乡镇的事业机构由改革前的448个减少到188个：根据湘阴地域特点，以垸或地区设置水管会、林业站、环保站、畜牧防检站；通过广泛深入调研，县编委办与人事部门一道制定全县人员分流的实施意见，全年分流808人（不含教育），其中行政干部305人，事业站所503人，副科级以上干部44人。

2003年，县委、县政府下发《关于进一步加强机构编制管理的若干规定》，使机构编制管理有章可循。为切实管住、管好、管活机构编制工作，县编委办与组织、人事、财政、劳动、民政、银行等部门加强协作关系，逐步形成了“五不”约束机制，即组织部门无编不予调配、人事部门无编不予核定人员和工资、劳动和社会保障部门无编不予办理社保、财政部门无编不予核拨工资、工资统发中心无编不予发放工资卡。

2004年，督促全县423家事业单位及时上报改革方案报批，并初步划分所有事业单位类别；加强监督检查，杜绝行政事业单位混编混岗，随意借调等违规现象，全年累计清退临雇人员120人。同时加强人员编制信息管理，实现编制单、编制证、编制软件配套管理，做到“单、证、软件”相符，人员、编制、机构情况清楚。

2005年，根据省市有关文件精神，在全县行政事业单位全面推行“编制实名制”，对人员编制实行数字化管理，建立人员编制台账每半年度一核的审查制度，认真清理清退借调人员和临时雇请人员。重新核定乡镇机关和事业单位的人员编制，规范乡镇内设机构、事业单位设置及其主要职能。

2006年，湘阴县启动事业单位分类改革，按照事业单位的工作性质和所承担的工作职能，将其划分为行政支持类、纯公益类、准公益类、经营服务类4个类别，重新对事业单位进行科学合理定编。全县应参加改革的事业单位428个，需印发改革“十定”文件256个，实际印发事业单位改革“十定”（定机构名称、机构性质、等级规格、隶属关系、经费渠道、职能职责、内设机构人员编制、人员结构、领导职数）文件252个，另4个因社会职能消失转体为企业。

2007年2月，县委、县政府下发《关于加强和规范机关事业单位工作人员人事编制关系管理的有关规定》，以此加强在编人员管理；县委办、县政府办出台《关于严格控制机构编制增长的补充规定》，严格控制机构编制增长。

2008年，根据市委市政府批复意见，县编委办制定了《湘阴县关于进一步完善乡镇机构改革实施方案》，撤销了18个视同乡镇管理的办事处，乡镇数量由改革前的37个（含5个实行乡镇管理的管区）减少到19个，乡镇站所精简55%，行政编制精简67名，事业编制精简52%。10月，县编委办会同民政部门研究制订《湘阴县完善退役士兵安置工作的实施办法（试行）》，规划城镇青年入伍前必须与基层武装部签订自谋职业安置承诺书，退役后除立功人员、转业士官、伤残军人和烈士子女可优先安置外，其他退役士兵一律进行货币化安置。将政策性可以安置的全额编制比例降低到了20%以内。

2009年，县委办、县政府办下发《关于进一步加强机构编制管理的通知》，规定继续冻结除政策性规定外的人员编制事项，严格控制人员编制逆向流动。全年全县行政事业单位在编总人数净减263名，其中消化行政超编人员31名。

2010年，县委办、县政府下发《关于进一步规范人员编制调整程序严肃人员编制调整纪律的通知》。全年除政策性安置对象、公开招聘的教师和正常调整的干部外，没有办理一个新进人员编制。

2011年—2015年，县委机构编制委员会办公室紧密配合县委、县政府机构改革和职能转变，主要抓好行政审批制度改革、事业单位分类改革、法人年检审和科学配制资源等工作。至2015年，对全县上报的47家单位上报行政审批项目进行清理，向社会公布212项，比原精减75项。合理界定三大类事业单位，明确全县承担行政职能13家，从事生产经营5家，从事公益服务职能413家，为分类改革奠定基础。年审年检中在网上公示事业单位422家，撤销没有开展职能业务的事业单位5家。对编制严控严管，合理配置。先后制订印发《关于进一步加强编制管理的通知》《湘阴县控编减编工作方案》《关于全县机关事业单位实行人员编制与经费预算联合管控的通知》等文件，提升管编控编的刚性约束力。先后面向社会公开招聘专业技术人员120名，其中教师60名，公务员33名，政策性安置退伍军人75名，核销编制95名（含离退休人员），消化超编人员21名，确保“消超”逐步到位。

第二章 人 事

第一节 干部队伍

1978年，全县干部总人数2565人，其中党政群机关763人，区、社、镇687人，企事业单位1115人。

1985年，全县干部4201人，其中党政群机关740人，区、乡、镇754人，企事业单位2707人。

1990年，全县干部4446人，其中党政群机关1032人，区、乡、镇1128人，事业单位966人，企业1320人。

1995年，全县干部总人数5599人，其中行政机关2214人，事业单位2062人，企业1323人。

2000年，全县干部总数6406人，其中行政机关2029人，事业单位2726人，企业1611人。

2005年，全县干部总数7685人，其中行政机关3401人，事业单位4014人，企业270人。

2010年，全县干部总数9043人，其中行政机关3327人，事业单位5505人，企业211人。

2015年，全县共有干部9427人，其中行政机关3480人，事业单位5686人，企业261人。

1980—2015年部分年份湘阴县干部结构一览表

表11-1 单位：人

年度	干部总数	其中			文化结构				年龄结构								
		女	少数民族	中共党员	大专及以上	中专高中	初中	初中以下	25岁以下	26~30岁	31~35岁	36~40岁	41~45岁	46~50岁	51~55岁	56~60岁	60岁以上
1980	2596	416	4	1608	234	1254	862	246	348	260	384	358	315	354	347	174	56
1985	4201	821	8	2760	378	2090	1392	341	494	449	669	610	540	604	459	359	17
1990	4446	816	4	3368	928	2382	1136	-	529	479	698	641	577	634	489	389	10
1995	5599	1181	1	3601	1481	3226	892	-	456	530	1055	927	994	730	520	383	4
2000	6406	1392	4	2871	2262	3233	911	-	792	533	1213	960	1136	807	593	370	2
2005	7685	1129	3	5679	4214	3215	256	-	10	93	918	2371	2517	968	401	407	–
2010	9043	1256	5	6319	6767	2276	-	-	20	139	1127	2890	3011	1023	532	301	–
2015	9427	1306	5	7310	6629	2798	-	-	23	209	1230	2980	3110	1213	540	122	–

说明：表内干部不含中小学教师、卫生专技人员和垂直管理部门干部

第二节 人事制度改革

为了适应经济体制和政府体制改革的需要，县委、县政府以建立国家公务员制度为突破口，不断推进行政企事业单位人事制度改革，逐步建立与市场经济体制相配套的人事管理体制。

一、全面实行公务员制度

1993年6月，国务院正式颁布《国家公务员暂行条例》。1995年，县直行政机关37个单位纳入公务员管理范围，898名干部办理了过渡公务员手续。到1997年年底，乡镇以上国家行政机关公务员过渡工作基本完成，湘阴县共有公务员1337名。自此，考试录用制度建立；培训体系基本形成；辞职、辞退制度开始启动；轮岗交流及回避制度日趋规范；竞争上岗制度开始实施；考核工作形成制度。1997年年底至2002年，全县行政机关面向社会公开考试录用公务员780名，有效把住了公务员队伍的进口关。县培训中心相继建立公务员初任培训、任职培训、专业和实用技术培训、更新知识培训、WTO知识培训、计算机培训等，国家公务员参加培训671人次。2002年，湘阴县委党校培训公务员1600多名，被评为全市干训工作先进单位。公务员岗位轮岗轮换321次，局机关股室负责人轮岗比例接近8%，实行任职回避62人。全县竞争上岗的副科级干部76人，股室干部183人。1997—2002年，全县机关事业单位年度考核定为优秀的10420人次，定为不称职的190人次，获得行政奖励的755人次。过渡公务员119人。2002年，申报批准乡镇机关33个，参照国家公务员制度管理机关19个，完全行驶行政职能的事业单位23个，全面实行国家公务员制度管理。至2003年年底，全县国家公务员人数2567人。2007年，申报批准参照国家公务员管理的事业单位87个，有2663人参照公务员管理。

二、全面实行聘用（任）制度

根据《中共湖南省委组织部，湖南省人事厅关于印发〈湖南省事业单位试行聘用（任）制度有关问题的意见〉的通知》精神，2000年湘阴县机关事业单位职工全面实行聘用制度，新进人员全面办理聘用手续。2001年，人事局新建人事档案库。全县机关事业单位工作人员档案（教育系统除外）全部集中到人事档案库统一管理。2002年全面推行公开招聘，即由单位申报，县编办和人事核定编制计划，再由人事面向社会公开招聘。2002年公开招聘60人，2003年公开招聘46人，其中在农村支部书记中招聘公务人员6人。2004—2015教育部门全面实行面向社会公开招聘。

三、事业单位人事制度改革

1999年开始，事业单位人事制度改革的基本思路是“脱钩、分类、放权、搞活”，逐步建立起符合事业单位自身规律的政事分开、单位自主用人、个人自主择业、政府依法监督、科学分类管理、配套措施完善的人事管理体制和运行机制。改革的主要内容是改革用人制度，搞好分配制度，建立健全社会保险制度。全县623个事业单位，7%推行全员聘任制。1993—1997年，事业单位分流788人，清退临雇人员1058人。

四、实施新的人才战略

1995年开始，按照岳阳市委《跨世纪领导人才培养选拔工程》的要求，湘阴县委提出力争用3—5年真正做到乡镇领导班子由20多岁、30多岁的干部为主体。30岁左右的党政副职达到1/3左右。2000年，湘阴县委提出要大胆培养、启用和引进人才，建立让各类人才脱颖而出的新机制。实行干部任职交流制、公示制、聘任制和试用制，杜绝跑官、要官和用人上的不正之风。

2003年后，县委打破身份、地域、资历、年龄界限，不拘一格选拔人才，从优秀村支部书记中招聘国家公职人员。鼓励干部自主择业、打工就业、下海创业、开发兴业。对干部实行跟踪考察定期评议，实行干部考察预告制、作用公示制、试用期制度。推行竞争上岗，在干事创业中识别干部、培训锻炼干部、激励约束干部、鼓励干部干实事、创业绩。对干部实行千分制工作目标量化考核，实行分线分类管理，严格奖罚兑现，建立优胜劣汰、能上能下的干部工作机制，加大人才资源开发、培养、引进力度，吸引更多的优秀人才来湘阴县创业，努力营造干部创业的浓厚氛围。

第三节 公务员管理

一、公务员录用

1995年，对县直行政机关开始实施国家公务员制度管理，县直行政机关37个单位纳入公务员管理范围，办理898名干部过渡为公务员的手续。1998年，对全县部分事业单位，按照职能要求，批准依照公务员制度进行管理，过渡公务员119人。2002年，全面实施国家公务员制度，新批准乡镇机关33个、参照公务员制度管理机关19个、完全行使行政职能事业单位23个实行公务员制度管理。至2003年年底，全县公务员人数为2567人。2004年，公开考试录用乡镇文秘人员17人，公开招聘其他人员29人。2005年，公开选拔5名优秀青年到县直机关任文秘人员，招考录用乡镇司法员3人、法院公职人员4人。2007年，申报参照《中华人民共和国公务员法》管理的事业单位87个、2663人；选送一名优秀村级主职到市人事局参考后，充实乡镇机关公务员队伍；办理全县首例公务员辞职手续。2008年，选调8名应届高校毕业生到乡镇工作。2009年，公开选拔录用公务员12人，从应届高校毕业生中选调4人。2010年，公开录用公务员17人，全部充实乡镇公务员队伍。

2011—2015年，组织人事部门根据需要，面向社会、以高校毕业生为主体，公开招考录用公务员145名，主要充实乡镇等基层单位。

二、公务员考核奖惩

1998年，县政府成立公务员行为规范纠查组，出台公务员辞职、辞退等配套法规，对公务员管理进行全面规范。至2003年，全县公务员考核中19人年度考核为不称职，1人因连续两年考核为不称职给予辞退处理。2人被辞退离开公务员队伍。2004年，县委、县政府出台一系列公务员工作态度、效能和行政责任追究实施办法等文件和规定，进一步规范行政行为，加大对公务员的考核力度。对1998年后年度考核评定为不称职人员进行全面复查。

1997—2015年湘阴县公务员及事业单位工作人员年度考核情况统计表

表11-2 单位：人

年 度	参加考核人数	优 秀	称 职	基本称职	不称职
1997	9068	968	8070	28	2
1998	9086	1062	7996	27	1
1999	9089	1069	7995	22	3
2000	9124	1073	8028	22	1
2001	9256	1094	8144	14	4
2002	9262	1103	8142	12	5
2003	9252	1101	8126	19	6
2004	9260	1142	8052	52	14
2005	9100	1083	7987	20	10
2006	14100	1286	12752	50	12
2007	14678	1510	13155	–	13

续表 11-2 单位：人

年 度	参加考核人数	优 秀	称 职	基本称职	不称职
2008	14978	1277	13686	–	15
2009	14936	1282	13643	–	11
2010	15479	1691	13771	–	17
2011	9929	1676	8230	–	23
2012	8965	1713	7237	–	15
2013	9762	1594	8138	–	30
2014	9760	1637	8088	–	35
2015	14765	1761	12912	–	92

说明：表中 2006—2010 年及 2015 年参加考核人数含全县教师数。

第四节 专业技术人员管理

一、职称评定

1980 年，成立湘阴县各类技术职称评定工作领导小组，下设工程、农业、卫生、会计、统计等初级职称评审委员会。至 1985 年，由岳阳地区批准中级职称 43 人，由县政府批准初级职称 701 人。

1986 年 4 月，部署启动全民所有制事业单位的职称改革工作。1986—1990 年，全县有 10354 人次评聘专业技术职务，其中高级 97 人、中级 1711 人，助工级 4309 人、技术员级 4237 人。1990 年后，专业技术职务进入经常化评聘阶段。至 2003 年，有 9995 人次评聘相应的专业技术职务，其中正高级 3 人，副高级 162 人，中级 3519 人次，初级 6311 人次。根据市职改领导小组文件精神，积极推进农民技术员职称评定和非国有制企业人员职称评定工作。全县在农民中评定中级职称资格 8 人、初级职称资格 35 人。2007—2010 年，继续推行专业技术任职资格考试制度。办理职称外语考试证书 562 人，其中 2008 年 152 人，2009 年 182 人，2010 年 228 人。晋升专业技术职务 2575 人，其中 2007 年晋升专业技术人员 657 人，2008 年 669 人，2009 年 69 人，2010 年 559 人。

2011—2015 年，继续推进技术职称资格考试，办理各类技术职称 658 人。其中初级 246 人、中级 287 人，高级 125 人。

2015 年湘阴县基层专业技术人才统计表

表 11-3 单位：人

序号	行业分布	合 计	职称分布			学历分布				年龄分布		
			高级	中级	初级及以下	研究生	本科	大专	中专及以下	46 岁及以上	36~45 岁	35 岁及以下
1	教 育	4821	526	2801	1494	27	2751	1476	567	2234	1594	993
2	医疗卫生	1778	64	388	1326	8	370	799	601	378	719	681
3	农 业	133	29	59	45	0	25	54	54	74	38	21

续表 11-3 单位：人

序号	行业分布	合　计	职称分布			学历分布				年龄分布		
			高级	中级	初级及以下	研究生	本科	大专	中专及以下	46 岁及以上	36~45 岁	35 岁及以下
4	水　产	24	3	11	10	–	1	13	10	15	8	1
5	合　计	6756	622	3259	2875	35	3147	2342	1232	2701	2359	1696

二、专业技术人员考核奖惩

1991 年始，县职改办推行专业技术人员年度考核制度。应考核专业技术人中 5234 人，考核 5211 人，占 99.5%；其中优秀 560 人，称职 4432 人，基本称职 240 人，不称职 2 人。1992 年，参加考核 5394 人，其中优秀 569 人，称职 4489 人，基本称职 335 人，不称职 1 人。1993 年，对全县 5544 名专业技术人员进行考核，其中优秀 596 人，占 11%；不称职 2 人，占 0.0003%。随着专业技术人员培养力度的加大，专业技术人员考核人数逐年增加，至 2004 年，共有 7635 名事业单位人员参加年度考核，其中优秀 1021 人，合格 6399 人，基本合格 215 人。2015 年，共有 14100 名事业单位人员参加年度考核，其中优秀 1230 人，合格 8808 人，基本合格 4010 人。

第五节　工资福利

1985 年，根据中央《关于国家机关事业单位工作人员工资制度改革问题的通知》，在机关事业单位建立以职务工资为主体的结构工资制，即按照工资的不同职能，分为基础工资、职务工资、工龄津贴、奖励工资四个部分。终止执行等级工资制，企业工资与机关事业单位脱钩，解决了职级不符的问题，初步理顺工资关系，调动了干部职工积极性，全县列入改革的人数达 6326 人，人均增资 21 元。

1988—1989 年，根据省委组织部、省劳动人事厅、省工资改革领导小组《关于国家机关党派团体和事业单位中部分人员确定一般行政职务的通知》，对 50 岁以上，工龄 30 年以上的国家干部，明确为副主任科员，按副科级套改工资，共明确副主任科员 322 人，按副科级套改工资。

1993 年，根据国务院《关于机关和事业单位工作人员工资制度改革问题的通知》，再次对国家机关、事业单位工作人员工资制度进行改革，确立机关、事业单位工作人员现行工资制度，即机关干部实行职务级别工资制，机关技术工人实行岗位技术等级工资制，事业单位干部实行职员职务工资制，事业单位专业技术人员实行专业技术人员工资制，事业单位工人实行工人技术等级工资制。这次工资制度改革，实现了机关与事业单位工资制度相互脱钩，分别建立符合机关、事业单位各自特点的工资制度，建立起正常增资机制。全县改革的机关、事业单位 208 个、10922 人（含教师）。改革后月工资总额 3704964 元，人均月工资额 339.2 元，人月均增资 82.7 元。

1995 年始，机关事业单位工作人员在年度考核确定为称职以上的，每两年可以在职务工资标准内晋升一个工资档次；离退休人员按政策增加离退休费。每次人月均增资 20 元。

按照人事部、国务院办公厅有关文件精神，湘阴县分别于 1997 年 7 月、1999 年 7 月、2001 年 1 月、2001 年 10 月、2003 年 7 月先后五次调整机关事业单位工作人员工资标准，并相应增加机关事业单位离退休人员的离退休费。1997 年 7 月调整工资标准，人月均增资 20 元；1999 年 7 月，人月均增资 120 元；2001 年 1 月和 10 月两次调整标准，人月均增资共计 100 元；2003 年 7 月，调整工资标准，人月均增资 50 元。

2003年年底，全县机关、事业单位有在职工作人员15465人（含教师），月工资总额1288万元，人月均工资额832.8元，与1993年10月相比，人月均增资493.6元。

2006年11月至2007年1月，组织实施机关公务员工资制度改革和事业单位工作人员收入分配制度改革工作。全县参加这次工资制度改革的机关事业单位共149个，2006年6月底在册总人数为15806人，套改后月工资总额为16361744元，人月均工资额1035元，人月均增资290元。按公务员工资制度套改工资的有107个单位、4380人，套改后人月均工资额1008元，人月均增工资额275元。其中：机关干部3250人，人月均工资额1065元，人月均增资292元；机关工人1130人，人月均工资额846元，人月均增资额223元。按事业单位工资制度套改工资的单位有42个、11426人，套改后人月均工资额1045元，人月均增资296元。其中：全额拨款单位23个、8323人，人月均工资额1101元，人月均增资322元；差额拨款单位4个、1484人，人月均工资额945元，人月均增资256元；自收自支单位15个、1619人，人月均工资额844元，人月均增资201元。全县机关事业单位离退休人员共3874人，提高离退休费待遇后，月离退休费总额4656896元，人月均离退休费1202元，人月均增离退休费257元。其中：机关离退休人员1074人，人月均增离退休费274元；事业单位离退休人员2800人，人月均增离退休费251元。

2010年年底，全县机关事业单位有在职人数（含教师）15905人，月工资总额17734075元，人月均工资额1115元。全县机关事业单位离退休人员4895人，月离退休费总额610万元。

2011—2015年，机关企事业单位进行了工资调整，其中企业退休职工连续三次提高工资标准。全县机关事业单位在职人员15377人，月增资总额1537.7万元。全部单位年人平均工资额为45140元。其中机关单位在职人员月增工资额433万元，事业单位在职人员月增工资额1104万元。企业退休人员养老金月平均达到1650元。

第六节 人才市场

1997年，成立县人才市场和培训中心，为岳阳市第一家、湖南省第二家县级人才市场。县人才市场成立之初，购置了40多台教学电脑及一批办公设备，安装大型电子显示屏，进入全国人才信息网络。相继建立公务员初任培训、任职培训、专业培训、更新知识培训，计算机普及培训等。依托人才市场，大力开发整体性人才资源，形成培训、交流、服务开发等功能为一体的新格局。

1997—2003年，计算机培训4788人，大中专学生转正定级培训2000人，机关事业单位工勤人员素质教育培训1000人，县直单位人事干部业务培训80人，公务员依法行政及WTO骨干培训1900人，公务员过渡培训1700人。接受信息咨询300人次，为200人办理网上求职服务，引进各类专业人才80人，向县外输出各类专业技术人才120人。接受在职人员档案委托代理单位123个，代理人员档案4000份。代理流动人员及破产单位人员档案138份，新聘人员人事代理740人，为留学、报考研究生代理相关档案30份。

2004年，对新进的320名过渡公务员进行入门培训。组织全县2818名公务员及执法人员进行行政许可知识培训。全县所有事业单位的新进人员一律实行人事代理。是年，新进人员人事代理126人。人事代理的范围拓展到民营、私营、个体企业和银行、石油、邮政、电信等部门。代理项目延伸至职称评审、户粮关系、养老保险等所有人事关系。是年，共代理150人次。

2005年，开发并运作学历教育、人事业务培训、专业技术人员再教育3个项目，培训人员1400人次。将全县企业和大中专毕业生列入人事代理目标。与长沙、岳阳等地人才中心建立双向联系，输出人才 51 人。面向全省为县建设局、县人民医院招聘专业技术人员 13 人。

2006 年，与县委组织部一书记办联手开发农村人才资源，为 340 名农民技术员评定职称。

2007 年，举办《行政机关公务员处分条例》骨干培训班，培训乡镇组织委员，县直单位政工人事干部 97 人。

2008 年，对全县 1543 名公务员完成公共管理核心内容培训。组织全县特殊人才参考评审，其中中级 13 人，初级 108 人。为县卫生局、县建设局办理人事代理业务 40 人，代理流动人员档案 94 份。为县卫生局引进医学院毕业生及中级以上职称专业技术人员 150 人，全部充实到农村医疗一线。开设教育系列技术教育培训班，培训 900 人，组织 2006 年下半年后新进新聘用到机关事业单位的 600 人进行入门培训。

2009 年，办理人事代理业务 47 人，代理流动人员档案 104 份，继续教育培训 310 人，机关事业单位专业技术人员计算机培训 200 人，对 2008 年后新进新聘到机关事业单位的 216 人进行入门培训。

2010 年，对全县七大类机关公务员进行职业道德和政务礼仪培训，参加培训人员 1533 人。对全县所有纯事业单位在岗在编人员的岗位情况进行全面摸底、建立信息库。完成第二批特殊人才申报、特殊人才职称评审 559 人。组织对全县 2009 年聘用到机关事业单位 200 人进行培训，清查委托代理人员档案，其中需转正、定级 35 人，续签合同 80 人。

2011 年以后，县劳动人事、工、青、妇、职业技术教育和县委党校等部门密切配合，坚持以人才市场建设和创新创业紧密相结合，开展创建创业型城市建设，突出抓好各类职业技术培训，举办“春风行动”招聘会。至 2015 年，共采集劳动力资源信息 43 万人，开发创业项目 150 多个，开办各类职业技术培训班 59 期，培训 19530 人次，其中创业就业培训 9750 人，其中培训的家政服务员、美发师、茶艺师、太阳能利用技术工、油气输送工等专业技术人员有 1910 人；农民工就业培训 8060 人，在职人员技术培训 540 人，共为企业输送各类技术用工人员 11460 人。湘阴县人才市场建设和创新创业培训业绩得到省市很高评价。2014 年 9 月 10 日全省召开创新创业电视电话会，湘阴县作典型发言，10 月 3 日《湖南日报》头版头条以“龙骧虎步挥壮图”为题报道湘阴县开发人才市场搞好创新创业培训的经验。

第三章　劳　动

第一节　机　构

1983年2月，县劳动局与县人事局合并，更名为县劳动人事局。1990年3月恢复原体制。1993年4月，撤销县劳动局，与劳动服务公司合并，更名为劳动服务总公司，由行政性质变成事业单位。1994 年 8 月，劳动服务总公司分家，恢复县劳动局和劳动服务公司。2002 年 1 月，县劳动局更名县劳动和社会保障局。2010 年，县劳动和社会保障局内设办公室、纪检监察室、人事教育股、工资福利股、就业管理股、基金监督股、工伤保险股、劳动争议仲裁股等 8 个职能股室，下辖劳动就业服务局、社会保险管理服务局、医疗保险基金管理服务中心、工伤保险基金管理服务中心 4 个副科级事业单位，劳动保障监察大队和信息中心 2 个股级事业单位。2011 年 4 月，县劳动和社会保障局与县人事局合并，更名为县人力资源和社会保障局。2015 年，县人力资源和社会保障局内设办公室、政策法规股、财务股、人事股、就业促进和失业保险股、公务员管理股、人才开发与人力资源市场管理股、军官转业安置股、专业技术人员管理股、事业单位管理股、工资福利股、人事计划调配股、养老保险股、医疗生育保险股、工伤保险股、基金监督股、劳动人事争议仲裁股、纪检监察室等职能股室。下辖劳动就业服务局、社会保险管理服务局、医疗保险基金管理服务中心、工伤保险基金管理服务中心、城乡居民社会养老保险管理服务中心、劳动保障监察大队、劳动人事争议仲裁院等 7 个副科级事业单位和人力资源服务中心、就业创业培训指导中心 2 个股级事业单位。

第二节　劳动就业与培训

1987 年 1 月，劳动服务公司设培训就业指导股和就业培训中心，配备股长和主任。1988 年，在牛角湾征地 1.02 公顷，兴建培训办公综合大楼 1 栋，建筑面积 1604 平方米，教室 4 间，学生食堂、宿舍、澡堂、球场、娱乐室等设施均已配套，工作人员 6 人，开设电脑文秘、行政管理、计算机应用，电算会计、电工、焊工、机电基本知识、动力维修、缝纫、烹饪、美容美发、食品加工等 48 个专业，购进专业教材，添置多媒体微机 110 台。学制为两年、半年、3 个月、1 个月，一次可培训学员 240 人，是年发动社会办学，县供销社、县商业局、县外贸局、县工业局、县变压器厂、县机械厂等 24 家单位开办各种专业技术培训班，训练待业青年 1428 人，比上年多培训 468 人，结业 1108 人。培训对象主要是城镇初高中毕业学生，下岗职工和农村劳动力转移培训，称“阳光工程”。

1996 年 5 月，县政府成立湘阴县工人技术等级考核委员会，办公室设劳动服务公司。2000 年，办短训班 11 个，培训下岗职工 486 人，再就业率达 84%。

2001 年 11 月，学生参加全县职业学校计算机操作比赛，囊括前一、二、三名。是年 9—11 月，培训中心接纳 11 名即将退伍武警湘阴支队战士学电脑，获省劳动和社会保障厅颁发的培训结业证，12 月 3 日被《中国劳动和社会保障报》肯定。11 月 2 日，《岳阳晚报》第四版专版报道《用“三个代表”重要思想作指导，努力抓好就业培训》《上岗就业的传送带——来自湘阴县就业培训中心的报告》，配发一组照片，全面系统介绍湘阴县的培训服务工作。

2004 年 1—9 月，培训中心自办长、短训电工、焊工、机电维修、计算机应用、农产品加工班，培训农民学员 238 人，全部被台湾崴强集团东莞富阳电子厂、台湾柏拉图集团惠州智恩电子厂、美国安费诺集团深圳分公司、日本富士康集团深圳分公司吸收，就业率达 100%。

2006 年，组织开展万人免费培训，实现培训就业机制创新。以“订单式”培训为主要形式，利用农村远程教育基地，采取新的培训教学模式，就近、就地培训农村富余劳动力，使他们在家就能学到自己想学的就业技能，深受农民朋友的欢迎。部分县直单位、企业采取自培、委培或定点联培的方式培训下岗失业人员、在职职工等。4 月 12 日，在万人免费培训班的千人开学典礼上，省、市劳动保障部门和县委、县人大、县政府、县政协领导出席典礼并给予高度评价。省劳动和社会保障厅将其列为全省就业培训工作先进典型并在全省就业培训中心主任研讨会上介绍其成功经验，市劳动和社会保障局将其确定为全市“创新”项目并予发布。《湖南日报》，市、县电视台多次报道。是年，全县新增城镇就业 5280 人，下岗失业人员再就业 3121 人，“4050”人员再就业 1037 人，“零就业”家庭人员再就业 245 人。组织技能鉴定 859 人次。培训各类人员 10136 人，其中下岗失业人员 3265 人，城镇其他失业人员 2496 人，农村劳动力 4375 人，与县建设局合作，将首批“零就业”家庭就业援助对象通过岗前免费培训，全部安置到城区“门前三包”（包卫生、包秩序、包公共设施）、园林绿化、养护等公益性岗位上，采取政府补贴、用人单位补差的方式支付其工资；对“4050”（即 40 岁、50 岁上下）人员、越战军人边防 3 师服役并已下岗或失业的退伍军人提供就业援助。在结业的培训学员中，8738 人实现就业或再就业。

2007年，落实就业政策，推进再就业工程。按政策为5036名下岗失业人员办理"再就业优惠证"，及时做好年检工作。争取就业专项资金，解决全县的社会保险补贴、职业培训补贴、职介补贴、特定政策补贴、岗位工资补贴等1000万余元。在全市率先兑现灵活就业人员社会保险补贴559万元，受益对象3494人。全县新增城镇就业5318人，下岗失业人员再就业3016人，"4050"人员再就业1020人，新增"零就业"家庭人员就业365人，培训7711人，其中再就业培训2774人，农村劳动力技能就业培训3814人，其他培训1123人；组织技能鉴定1923人。

2008年，县政府办下发《关于加强乡镇和社区劳动保障服务工作的通知》，在各乡镇和社区成立劳动保障服务机构。通过"六补两贷一扶持"促进失业人员再就业。进一步加大灵活就业人员的社会保险补贴的工作力度，应补尽补，减轻了灵活就业人员的经济负担。5月8日，湘阴县人力资源市场投入使用，用于就业服务的建筑面积约2450平方米，其中劳务交流面积450平方米。建立了"零就业"家庭就业援助长效机制，以政府补贴、用人单位补差为工资来源渠道，开发城区保洁、保绿等公益性岗位，对"零就业"家庭出现一户，安置一户，累计安置285人，其中新安置89人。积极开展农村贫困家庭转移就业援助工程。各定点培训单位和乡镇劳动保障服务站共组织717名农村贫困家庭劳动力参加免费职业培训，培训合格率达100%，帮助705人实现就业转移，就业率98.3%。并对全县唯一独立工矿区县水泥厂的70名失业人员、243名从企业下岗失业后未就业的军队退役人员实施就业援助。文星镇劳动保障服务站经过调查摸底，认定生活贫困、长期失业的被征地农民工199人，对其中145人实施免费职业培训，并推荐就业。是年，《中国劳动保障报》《岳阳晚报》分别以《湘阴县年创劳务收入20亿元》《湘阴万余困难群众实现转移就业》为题报道湘阴县劳动保障工作。《长江信息报》以《再辟富民新途径》为题，全面报道县劳动和社会保障局为民办实事的工作措施及成效。

2009年2月20日，县劳动和社会保障局举办"春风送岗位"大型招聘会，县内外42家企业赴现场招聘员工，提供就业岗位2600多个，吸引各类求职人员5000多人参加，有2000余人与用人单位达成就业意向，1263人当场被用人单位录用。省、市劳动保障部门，县委、县政府领导到招聘会指导工作并给予高度评价，《岳阳晚报》、岳阳电视台等新闻媒体进行宣传报道。年内，湘阴县成立首家劳务派遣公司——永盛劳务派遣公司。通过劳务派遣满足用人单位对临时性、辅助性、替代性岗位的用工需求，形成劳动者、用人单位和劳务派遣公司"三赢"的局面，维护了劳动者的合法权益。全年全县城镇新增就业5536人，失业人员再就业3674人，其中就业困难对象再就业1453人，扶持创业100人，"零就业"家庭动态就业援助率100%，农村贫困家庭转移就业712户。共培训10518人，组织职业技能鉴定1493人，其中1123人取得"职业资格证书"。

2010年，全县城镇新增就业5781人，完成市政府下达的年目标任务4625人的125%；失业人员再就业3968人，完成年任务3000人的132%；就业困难对象再就业1438人，完成年任务1100人的131%；新增农村劳动力转移15095人，完成年任务1.2万人的126%；"零就业"家庭动态就业援助率100%。组织职业技能培训11691人，完成年任务10500人的111%。其中农村劳动力转移技能培训4316人，创业培训482人；职业技能鉴定办理"职业资格证书"1174人，完成年任务1150人的102%。争取上级就业专项资金1465万元。

2011—2015年，全县开展创建创业型城市活动，在创新创业，就业培训，扩大就业渠道，加大农村劳动力转移方面进一步加强，五年创业、就业培训19530人，其中农民工就业培训7660人，新增就业19368人，失业人员再就业14159人，就业困难对象再就业6500人，新增农村劳动力转移23530人，培训和就业各项指标均超额完成上级下达任务，连续五年将城镇失业率控制在4%以下，成为全省创新创业型城市建设典型之一。

第三节　劳务输出

1986年始，先后有青潭乡、白泥湖乡宪中村等地900多户、4000多名渔民由农村户口转为城镇户口，叫“渔转非”。1990年4月，县政府批转县劳动局《关于“渔转非”人员就业问题的报告》，规定除按政策由县统筹安置当年的复员退伍军人就业外，其余以渔业为职业。1991年11月，县苎麻纺织厂首家破产。1994年1月，县政府宣布人民纸厂、百货公司、肉食公司、纺织厂等21家企业为特困企业。2000年12月，累计失业职工4300人，下岗职工10905人，加上每年新增劳动力5600人，就业压力大。

1990年3月，在广州、惠州、珠海、深圳等地建立劳务联络站，指派专人负责，提供劳务输出信息，协助用人单位管理劳工。1992年7月，县政府颁发《湘阴县劳务输出管理暂行办法》，成立县劳动力统一管理领导小组，办公室设县劳动服务公司。1993年1月8日，《岳阳晚报》第二版以《湘阴县涌动劳务输出潮》为题作专题报道。是年，县劳动服务公司组织输出3521人，年收入1056万元，输出者年人均纯收入3000元。全县36个乡镇、72个县直单位建立108个劳动就业工作站，统一分配任务，督查办按季度督查，纳入千分制目标考核，及时通报，奖优罚劣。1999年1—4月，劳务输出57324人。2002年，劳务输出84662人。1978—2005年，累计输出40万人次。

2006年9月26日，在杨林寨乡举办首期现场招聘会，邀请县内外21家用人单位，将1800多个就业岗位免费送到农民家门口。现场招聘会吸引3000多名农民参加，1200多人与用工单位达成就业意向，有428人被当场介绍就业。县劳动和社会保障局工作人员将应聘成功的农民工送至用工单位，上岗，并开展后续跟踪服务。《湖南日报》《岳阳晚报》、岳阳电视台对此进行报道。是年，全县农村劳动力转移新增17535人。

2007年，全县新增农村劳动力转移12125人。8月29日，县劳动和社会保障局与湘滨镇政府共同举办农村劳动力转移现场招聘会，邀请35家县内外知名企业赴现场招工，广东省肇庆市端州区政府领导率用工单位代表团参加，4000多名求职者前往应聘，有1800余人与用工单位达成就业意向，468名求职者被企业当场录用。是年，继文星镇、江东社区之后，在杨林寨乡高标准、高起点完成劳动保障工作平台建设，并作为样板工程在全县各乡、镇推广。2008年，新增农村劳动力转移就业16178人。2009年，受金融危机影响，湘阴县农村劳动力转移就业人数略有下降，总人数稳定在14198人。2010年，新增农村劳动力转移15095人，完成年任务1.2万人的126%。2011—2015年全县新增农村劳动力转移23530人，连续五年超年任务100%以上。

第四节　劳动工资

1985年，进行第三次工资改革。湘阴县全民所有制职工工资总额为1423.8万元，比1951年上升14.85倍，年人均工资收入为1150.68元，月人均工资95.89元，比1951年上升3.9倍，比1978年的44.76元上升1.14倍，绝对数增加51.13元，是新中国成立后增幅较大的一个时期。随着改革开放的深入发展，国家对企业工资实行宏观控制，实行工资总额与企业经济效益挂钩的办法，企业工资内部分配，通过等级工资加奖金、津补贴以及个人包干，计件工资等形式。调动企业、企业职工的积极性，提高全员劳动生产率。

1991年，全员劳动生产率10120元，比1985年提高24.73%。比1970年提高142.27%。全县职工月人均工资（含奖金等）提高到182.8元。

1997年，取消利税挂钩的办法，采取工资指导线。即企业工资增长的调控目标：全县工资增长基准线为8%，上线为15%，下线为0，1997年、1998年、1999年职工月工资分别为386.5元、387.3元、413．2元。分别比1985年增长303%、307%、330.9%。

2006年始，为全县企业退休人员办理养老金手续。2008年，在全县启动工资集体协商机制。企业代表与职工代表依据国家和省、市有关法律、法规和政策，就企业内部工资分配制度、工资分配形式、工资收入水平及调整问题进行平等协商，并依法签订工资集体协议。下发《关于做好2008年企业工资集体协商工作的通知》《湘阴县2008年推进工资集体协商工作方案》，要求国有、集体及控股企业普遍建立工资集体协商制度；已建立工会的规模工业企业或职工在100人以上的非公有制企业，实现1/3的企业建立工资集体协商制度。

至2009年，湖南长元人造板股份有限公司湘阴分公司、湖南洞庭柠檬酸化学有限责任公司、湖南福湘木业有限责任公司等17家非公有制企业签订工资集体协议，签订协议企业涵盖职工总人数3639人；县航运总公司、县医药总公司、县农村信用合作联社、县汽车客运总公司等8家国有、集体及其控股企业签订工资集体协议，涵盖职工总人数2723人。5次为全县企业7856位退休人员办理养老金的调标手续。为企业138名未达到退休年龄的退伍军转干部办理工资升级手续。为全县26家私营、民营企业。130多个岗位制定岗位工资浮动基准线。年均为企业办理500多人次的退休手续。

2010年，全面推进工资集体协商，认真做好薪金税前扣除工作，督促全县40家规模企业建立工资集体协商制度，合理调整企业职工工资收入分配。接受投诉、举报45起，其中立案27起，结案率达100%。

2011—2015年，县劳动部门根据不少中小企业资金缺口大，工人工资得不到有效保障，劳资纠纷增加的情况，立足建立和谐稳定的劳动关系，加强劳动保障政策法规宣传教育，努力维护劳动者与用人单位双方合法权益，增强依法用工意识，进一步抓好工资集体协商制度的落实。指导企业建立合理的工资增长机制，先后指导并审核远大可建、建华管桩等46家大型企业，工业园区、文星镇东湖、先锋、江东社区等10个区域以及建筑、劳务派遣2大行业共150多个单位重新签订“工资集体协商协议”，惠及工人工资待遇38720人。

第五节　劳动监察与仲裁

一、劳动合同

1986年7月，国务院颁布《国营企业实行劳动合同制暂行规定》《国营企业招用工人暂行规定》《国营企业辞退违纪职工暂行规定》，县劳动部门遵照执行，明确国营企业招收工人要实行劳动合同制。通过签订劳动合同，明确用人单位和劳动者之间的劳动关系，做到能进能出。劳动合同的主要内容包括生产（工作）任务、合同期限、劳动报酬、保险福利、劳动保护、解除或变更劳动合同的条件、违反合同应负的责任以及双方应遵守的其他义务。同时有关配套政策允许全民所有制单位合同制工人跨地区转移工作单位。1986—1994年，全县共招收劳动合同制工人3000人。

1995年，贯彻实施《中华人民共和国劳动法》，要求企业建立集体协商机制，由劳动关系双方自由协调劳动关系，内容包括劳动报酬、休息、劳动保护等。至2000年，订立劳动合同的工人有7000人。2004年实施修订后的《集体合同规定》，明确用人单位无正当理由不得拒绝进行平等协商，增加集体协商范围。对女职工和未成年人的特殊保护、职业技能培训、劳动合同管理、奖惩裁员时应付的补偿、集体协商等内容逐条进行细化，并允许企业内专业人员担任协商代表，强化协商代表的职责。至2005年，全县订立劳动合同的工人有13000人，国有企业改制解除劳动合同的15000人。2006—2009年，共依法指导和责令用人单位签订劳动合同40000份。2010年，督促补签劳动合同3500份。2011—2015年，县劳动部门指导和协助企业签订用工劳动合同38700份，在专项检查中责令20家用人单位补签劳动合同5000份。

二、劳动监察

1993年4月，成立县劳动监察大队，编制5人，为县劳动局下属的事业单位。1995年，5名监察干部参加省劳动厅组织的劳动执法、劳动监察学习培训，并获取监察员证书。是年6—9月，先后两次对县氮肥厂、县纺织厂、县人民纸厂、县百货纺织品公司等100多家单位进行《劳动法》执行情况的检查，发现各种违法违纪行为66处，其中使用童工1家，限时辞退。2000年，对城关砖厂拖欠、克扣劳工工资行为予以查处，为劳工挽回经济损失20225元。2001—2005年，查处影响较大的案件41起，其中工伤赔偿案12起，拖欠工资案28起，工伤死亡案1起，全部结案，为农民工讨回工资50多万元。

2006—2009年，监察用人单位1509家，查处并清退童工13人，未成年工5人，清退风险抵押金450多万元，共接待群众来信来访及举报投诉598起，其中拖欠农民工工资案件78起，涉及劳动者1500余人，帮助农民工讨回工资498.589万元。

2010年，监察用人单位395家，书面审查用人单位162家，追讨农民工工资10.84万元，清退餐饮、娱乐场所童工4人，对存在违法行为的27家用人单位进行查处。

2011—2015年，县劳动部门根据企业用工增多，劳资纠纷增加的状况，加大劳动监察力度，共监察用人单位500余家，涉及劳动者36500余人，受理群众举报投诉650件，立案186起，全部办结，下达“责令限期改正通知书”282份，办理劳动用工备案手续9500人，为6900多名农民工追回和补发工资款1550万元，督促用人单位为1530名农民工缴纳社会保险。

三、劳动仲裁

1987年，成立县劳动争议仲裁委员会，由分管劳动工作的副县长任主任，办公室设县劳动局。1988年3月，县劳动局、县总工会通知企业单位建立劳动争议调解委员会。

1988—1999年，全县共处理劳动争议案件150起。2000—2009年，随着企业深化改革力度的加大，规范破产、下岗分流、减员增效形式及各类企业优胜劣汰的竞争机制，劳动争议案件呈逐年上升趋势。2009年达40起。2010年，受理劳动争议仲裁案件22起，其中调解处理15起，结案率100%。2011—2015年劳动部门共立案处理劳动争议案件136件，办结128件，其中调解处理116件，法定期限内办结率100%。

第十二篇　经济综述

中共十一届三中全会后，国家逐步实行经济体制改革，提出以计划经济为主，市场经济为辅的指导方针。20 世纪 90 年代，中共十四大明确提出建立社会主义市场经济体制的目标。20 世纪末 21 世纪初，社会主义市场经济体制进一步确立，计划手段淡出，市场要素被充分激发，湘阴县国民经济得到快速、健康、持续发展。国内生产总值由 1978 年 22097 万元，发展到 2010 年 1587369 万元，年均递增 14.3%。财政收入 1978 年为 1251.1 万元，2003 年过 10000 万元，2010 年达到 43010 万元，年均递增 11.7%。各项存款余额 1978 年为 1213 万元，2010 年末达到 504976 万元，比 1978 年增长 416.3 倍。2015 年，全县国内生产总值 310.7 亿元，比 2010 年增长 2.2 倍；财政收入 12.32 亿元，比 2010 年增长 2.8 倍；各项存款余额 109 亿元，比 2010 年增长 2 倍。

第一章　经济发展概况

1978—2010 年，反映经济实力的两大指标：社会总产出和国内生产总值，全县平均递增速度均达到两位数以上。在执行“五五”“六五”“七五”“八五”“九五”“十五”计划和“十一五”规划期间，湘阴县整个经济形势均朝着持续稳定健康方向发展。2011 —2015 年，“十二五”时期，湘阴县经济实现赶超跨越，进入全省经济强县行列。

第一节　发展速度

一、第一产业

农业（也称农林牧渔业）在国内生产总值中称为第一产业。第一产业总值 1978 年为 12623 万元，2010 年达到 33.7 亿元，比 1978 年增长 26.69 倍，年均增长 13.12%；农村产业结构得到有效调整，粮猪结构的单一农业格局得以打破，特种水产、猪、禽畜、蔬菜、茶叶、藠头、水果等多种经营产值在农业总产值中占主导地位。农业抗拒自然灾害能力大大增强，1998 年在遭受严重洪涝灾害的情况下，仍然取得较好收成，农业增加值达到 87046 万元，比上年增长 8.3%。农业机械化程度有较大提高，农田耕作由畜力耕作为主过渡到以机械耕作为主，农业机械总动力由 1978 年的 9.7204 万千瓦增至 2010 年的 71.87 万千瓦，增长 7.39 倍。农村劳动强度降低，剩余劳力大量增加。2010 年，全县有 14.18 万农民外出打工，农业产业化经营新上企业就地转移的农村剩余劳动力 3.89 万人，劳务收入达 93360 万元。2010 年，农民人均纯收入达到 6341 元，比 1978 年增长 6.21 倍。2011—2015 年，县委、县政府实施现代农业示范区建设，强力推进“一廊三片”工程，大力发展农业合作组织，农林渔牧业全面发展，农业总产值达到 74.08 亿元，比 2010 年增长 1.2 倍，农民人均可支配收入达到 24437 元，比 2010 年增长 2.9 倍。

二、第二产业

第二产业包括工业和建筑业。1978 年全县工业总产值 7079 万元。进入 20 世纪 80 年代，乡镇企业、股份制企业、个体私营企业迅速崛起，工业经济高速增长。1990 年全县工业总产值为 1.5155 亿元，比 1978 年增长 2.14 倍。20 世纪 90 年代后，县委、县政府以中共十四届三中全会精神为指导，按照社会主义市场经济的要求，积极稳妥地推进以股份制改革为重点，多种形式并举的企业产权制度改革，加快转换机制的步伐，进一步调整工业布局，加大企业改革的力度，使工业经济出现生机。2001年起，县委、县政府按照“兴工富县”的思路推进工业化，突出产权制度创新，切实提高工业的整体水平，使工业经济获得跨越式发展。2010年，实现工业总产值81亿元，比1978年增长114.423倍，年均递增16%。规模企业发展到152家，比上年增加23家。规模以上工业增加值76.7亿元，比上年增长28.8%。全县规模以上工业企业累计实现利润4.5亿元，比上年增长35%。1978年，建筑业完成产值240万元。20世纪90年代，由于城镇化进程加快，房地产业迅速发展，推动了建筑业的高速发展。2010，建筑业实现总产值6.5亿元，比1978年增长270.83倍，年均增长820.7%。

2011—2015期间内，县委、县政府加速推进新型工业化，打造先进制造和光伏电子信息产业集群，工业经济强势发展，至2015年，工业总产值达到732亿元，比2010年增长8倍；规模以上工业增加值192.4亿元，比2010年增长1.5倍。建筑业实现总值35.5亿元，比2010年增长4.5倍。

三、第三产业

根据国家统计制度，除第一、二产业以外的其他行业，都属第三产业。即交通运输、仓储及邮电通讯业、批发零售贸易、餐饮业、金融保险业、房地产业和其他服务业（包括社会服务、卫生体育、社会福利、教育、文化艺术、广播电视、科学研究和综合技术服务业）。

1978—2010年，湘阴县交通运输和邮电通信业是发展速度最快的一个行业。1978年，交通运输和邮电通信业总产值为828万元，2010年，总产值达3.6亿元，比1978年增长43.48倍，年均增长13.08%。县乡村公路不断改进和拓宽，已经实现村村通公路。1978年，全县公路货物周转量267万吨千米，增至2010年的2628.8万吨千米，增长9.84倍；旅客周转量由1978年的1467万人千米增至2010年的9855万人千米，增长6.72倍。批零贸易餐饮业是第三产业中比重最大的行业。1978年，全县实现社会消费品零售总额8359万元，其中餐饮业零售额为130万元。到2010年，全县实现社会消费品零售总额30.8亿元，比1978年增长36.84倍，年均增长111.65%。2010年餐饮业零售总额4亿元，比1978年增长444.4倍，年均递增19.6%。2011—2015年，县委、县政府发力提升第三产业，交通邮电通信业得到长足发展，特别是大力招商引进，开发旅游资源，打造左宗棠文化纪念园、柳庄、青山岛、鹅形山、山湖鹭岛、东湖生态公园、洋沙湖国际旅游度假区等著名景区，大力发展农家乐、鹤龙湖螃蟹美食城，有效推进了旅游业、饮食服务业大力发展。2015年，第三产业实现总产值92.67亿元，比2010年增长2.5倍。

1985—2015年湘阴县三次产业发展情况一览表

表12-1　　　　单位：万元

年度	国内生产总值	其中			年度	国内生产总值	其中		
		第一产业	第二产业	第三产业			第一产业	第二产业	第三产业
1985	39176	22544	7392	9240	2001	413802	167408	144912	101482
1986	43193	25269	7833	10091	2002	448906	171445	163316	114145
1987	48100	27472	11519	9109	2003	504725	173406	200597	130722
1988	62607	35931	14954	11722	2004	567584	188213	233808	145563
1989	66657	37545	16275	12837	2005	621128	195967	238517	186644
1990	76742	47205	15155	14382	2006	714721	216836	280860	217025

续表 12-1 单位：万元

年度	国内生产总值	其中			年度	国内生产总值	其中		
		第一产业	第二产业	第三产业			第一产业	第二产业	第三产业
1991	81220	49161	16898	15161	2007	894775	278431	356781	259563
1992	97031	55062	21593	20376	2008	1073384	284487	493395	295502
1993	115521	62091	31862	21568	2009	1293730	294308	613407	386015
1994	186009	96065	58764	31180	2010	1587369	337383	810489	439497
1995	237436	130232	70038	37166	2011	1957000	358000	1061000	538000
1996	277318	151875	82242	43201	2012	2326000	399000	1291000	636000
1997	320664	157446	105498	57720	2013	2595200	417900	1450000	727300
1998	332637	142369	117088	73180	2014	2920000	457800	1638900	823300
1999	334689	134587	117481	82621	2015	3107000	394900	1785400	926700
2000	266878	143942	127465	95291					

第二节 经济结构

随着国民经济的持续、稳定发展，国民经济结构不断得到调整和优化。1978—2010 年，湘阴县的三次产业结构、工农业产品结构和所有制经济结构都有不同的程度的变化。

一、产业结构

三大产业结构：1978—2010 年，在国内生产总值的第一、二、三产业中，第一产业增加值所占比重逐年下降，第二、三产业增加值所占比重逐年上升，三次产业结构比例由 1978 年的 57.1 ： 32.1 ： 10.8 转变为 21.2 ： 51.2 ： 27.6。

第一产业。1978 年，第一产业增加值占国内生产总值 57.1%。2010 年，第一产业增加值占国内生产总值的比重为 21.2，比 1978 年下降 35.9 个百分点。

第二产业。1978 年，第二产业增加值占国内生产总值的比重为 32.1%。2010 年，第二产业增加值占国内生产总值的比重为 51.2，比 1978 年增长 19.1 个百分点。

第三产业。1978 年，第三产业增加值占国内生产总值的比重为 10.8%。2010 年，第三产业增加值占国内生产总值比为 27.6%，比 1978 年上升 16.8 个百分点。

2010 年三次产业结构比为 21.2 ： 51.2 ： 27.6，从中可以看出湘阴县经济由过去的农业经济占主导地位，转换为工业经济充当主力军，但三次产业仍大有提升空间。因此，“十二五”时期，县委、县政府在稳定发展农业经济的同时，加大了二、三产业开发力度，以二、三产业为主导，强力推进“三十工程”，至 2015 年，全县三次产业结构比为 13.9 ： 55.7 ： 30.4，从中可以看出湘阴经济结构不断优化，二、三产业占主导地位，为财政收入增加了“造血”功能。

农、轻、重结构：湘阴县是农业大县，但随着改革开放的深入，工农业总产值中的农业总产值所占比重逐步下降，工业总产值所占比重逐步上升。中华人民共和国成立后，农业总产值占工农业总产值的比重总体上呈现四个波段：1953—1962 年、1963—1975 年、1976—1990 年、1991—2010 年，分别占 90% 以上，80% 以上、50% 以上、50% 以下。2010 年工农业总产值 114.7 亿元，其中农业总产值为 33.7 亿元，占 29.38%；工业总产值 81 亿元，占 70.62%。工业总产值中，重工业产值 28.9 亿元，占 35.68%；轻工业产值 44.6 亿元，占 55.06%。2015 年工农业总产值为 806.8 亿元，其中农业总产值 74.8 亿元，占 12%，比 2010 年下降 17.3%。工业总产值由 70.6% 上升至 88%。

二、所有制结构

农村经济所有制结构：1978—1981 年，农村仍然实行“三级所有、队为基础”的核算制度，属单一集体经济结构。1981 年年底，开始推行家庭联产承包责任制，土地为集体所有、个人承包经营。此后，农民在耕种好承包土地的同时，开始出现一批种植、养殖大户；部分农民离土不离乡，有的离土离乡，从事专业或半专业性运输业、加工业和工商企业，实行自主经营、自负盈亏，非公有经济得到发展。1984 年后，湘阴县乡镇企业和个体私营经济、股份制合作制经济均快速发展，农村经济所有制结构呈多元化趋势，由此加快了农村经济改革步伐，推动了农村经济的发展。

工业经济所有制结构：1978—2010 年，工业经济所有制结构发生较大变化，由国有为主体的公有制经济逐步转向多种经济成分并存、非公有制工业占主体的格局。在全部工业总产值中，国有经济、集体经济比重逐步下降，非公有制经济比重逐步上升。2005 年以后至 2015 年的 10 年间，工业体制改革经历阵痛艰难期，完成“两个置换”，实现工业经济民营化。

商业经济所有制结构：1978—2010 年，商品流通体制的改革不断深入发展，商业经济所有制结构发生很大变化，国营合作商业通过资产重组，资产转让，实行“两个置换”等形式的变革，公有制商业（含饮食业）在市场竞争领域中的竞争能力逐渐减退，个体和私营等非公有商业经济在竞争中不断发展壮大。

1978 年，仅有商业机构 197 家，没有非公有制商业机构。1985 年，城关有商业经营户 3838 户，其中国有商业机构 120 家、集体商业 456 家，个体 3262 家。农村有商业供销网点 2595 个，其中供销社 122 个、合作商店 44 个、乡镇企业 171 个，个体 2258 户。全县 475 家饮食店、国营 10 家、集体 22 家，个体 443 家。1996—1999 年，个体私营商业发展到 9504 家。2000 年后，商业体制改革全面推进，与工业体制改革一样，实行“两个置换”，原有商业、供销、粮食等国营、集体等单位全部放开，转向民营，工商部门通过登记、整顿，个体私营商业网点得到稳定发展。至 2015 年，有证个体和股份合作商业企业共 13285 家，公有制商业所占比重越来越小，非公有制商业所占比重越来越大。

三、劳动力结构

农村劳动力结构：随着经济结构的变化，劳动力资源配置发生相应的变化。1978 年，有农村劳动力 195152 人，其中从事农林牧渔业的劳动力 136606 人，占农村劳动力的 70%；从事社队工业 15612 万人，占 8%；从事批发零售贸易餐饮业 29273 万人，占 15%；从事其他行业 13661 人，占 7%。此后，由于农村土地承包责任制的稳定和完善，农村剩余劳动力逐渐增加，转向外地打工或从事其他行业的人数逐年增多。至 2010 年，有农村劳动力 335400 人，其中从事农牧渔业的人员 105316 人，占农村劳动力的 31.4%，比 1978 年下降 58.7 个百分点，绝对数减少 31290 人；从事乡镇企业的劳力 48968 人，占农村劳动力 14.6%，比 1978 年上升 9.8 个百分点，绝对数增加 4798 万人；从事批零贸易餐饮业人员 65403 人，占农村劳动力 19.5%，比 1978 年上升 15.3 个百分点，绝对数增加 10006 人；外出打工或进城务工经商，或在建筑业、交通运输、服务等行业从事临时性劳动，劳力达 115713 多人，占 34.5%。

城镇劳动力结构：1978 年，城镇劳动力总数 29905 人，其中国有在职职工 20302 人，占城镇从业人员总数的 67.88%；城镇集体职工 9187 人，占 30.72%，城镇个体私营劳动者 416 人，占 1.39%。至 2010 年，城镇劳动力总数 38659 万人，其中国有单位职工 14659 万人，占总数的 37.9%，比 1978 年下降 23 个百分点；城镇个体私营企业从业人员 24000 人，占城镇劳动力总数的 62.1%，比 1978 年上升

26.5 个百分点。

四、固定资产投资结构

1979—2010 年，湘阴县固定资产投资发展较快。1978 年，全社会固定资产投资总额为 1084 万元，其中国有投资 980 万元，占总投资的 90.41%；集体投资 104 万元，占投资的 9.59%；国有投资比重最低的年份是 1983 年，为 0 元。2010 年，全社会总投资达 93.4 亿元，比 1978 年增长 86.16 倍，年均增长 26.11%。分城乡看，城镇投资 81.52 亿元，同比增长 30.6%；农村投资 14.2 亿元（含农村农户），同比增长 43.49%。在全社会投资中，第一产业投资 1.4 亿元，第二产业投资 72.9 亿元，第三产业投资 19.1 亿元。

2011—2015 年，由于重点工程、民生工程等项目大幅度增多，全社会固定资产投资力度和数额成倍增加，至 2015 年累计完成固定资产投资 271 亿元，比 2010 年增加 2.9 倍。其中一产业 10.7 亿元，二产业 198 亿元，三产业 62.3 亿元。

第三节　经济效益

一、农业经济效益

20 世纪 80 年代初，湘阴县农村基本上还是计划经济时期的农耕经济，结构单一，效益很低、80 年代以后，农村产业结构得到调整和改善，种养业自身经济效益得到提高，加上农村非农业迅速发展，大批农村劳动力进入各行各业，带动农业经济效益大幅度提高。1978 年，农村劳动生产率为 647 元。到 2015 年，农村劳动生产率达到 24889 元，比 1978 年增加 24242 元，增长 38.47 倍，年均增长 11.66%。

二、工业经济效益

1978—1990 年，工业经济以国有和集体为主。1978 年，独立核算工业企业 28 家，创利税 1009 万元。1998 年，全县独立核算工业企业 62 家，创利税 87815 万元。1998 年始，考核国有及销售收入 500 万以上非国有企业的工业经济效益综合指数。是年，工业经济效益综合指数为 15.9%。以后各年工业经济效益逐渐好转。2010 年，工业经济效益综合指数为 31.6%，比 1998 年上升 15.7 个百分点；规模以上工业企业实现产值 76.7 亿元，产销率达 80%。

1978 年，国有工业企业劳动生产率为 6453 元，2010 年达到 55256 元，比 1978 年提高 8.56 倍。1978 年，集体工业企业劳动生产率为 5029 元，2010 年达到 47236 元，比 1978 年提高 9.39 倍。2015 年，股份制工业企业劳动生产率为 60235 元；私营工业企业劳动生产率为 58364 元。股份制工业和私营工业的劳动生产率高于国营工业和集体工业。

三、社会生产效益

中共十一届三中全会后，随着国民经济持续、稳定发展，经济效益逐年提高。人均地方生产总值 1978 年只有 391.91 元，2010 年达到 2096.71 元，比 1978 年增加 1704.8 元，增长 5.35 倍。人均财政收入 1978 年仅为 22.18 元，2010 年达到 568.24 元，比 1978 年增加 546.06 元，增长 25.62 倍。2015 年，全县人均国内生产总值为 39600 元，比 2010 年增加 37503 元，人均财政收入为 1580 元，比 2010 年增加 1012 元。

第二章　经济体制改革

第一节　计划体制改革

计划经济时期，整个国民经济和社会事业，都由国家统一计划安排。1978—1989 年，湘阴县沿用统一的指令性计划管理模式。1990 年实行指令性计划、指导性计划、市场调节相结合，逐步缩小指令性计划，扩大指导性计划、市场调节。下达的计划内容和指标，逐渐减少。保留的计划，分指令性和指导性计划，指令性计划是必须完成指标，有的还不许超过；指导性计划，不具强制性，可以修改。

1990 年始，固定资产投资计划管理，由年度规模控制指标和逐个审批制，到逐步解除规模控制，实行审核制、核准制、备案制。国家投资项目，逐个审核，自有资金，包括集体个人则分别实行核准制、备案制。计划管理的重点，也由微观管理向宏观管理转变，着重研究长远发展战略，编制中长期计划，制定产业政策。

一、编制年度和中长期计划

1987 年，编制完成《湘阴县 1986—2000 年经济科技发展规划》。分《全县总体规划报告集》《行业规划报告集》《专题规划报告集》《历史数据集》《规划指标集》和《项目库》，共计 150 多万个文字和数据。1988 年 3 月，经县第十届人民代表大会第三次会议审议通过，交由县政府实施。

1992 年 11 月，中共湘阴县第七次党员代表大会提出 1993—1997 年湘阴县经济和社会发展的总的指导思想和具体奋斗目标。提出提前三年，即 1997 年实现小康县，进入全省综合实力“十强”县先进行列的目标。湘阴农业生产实现历史性飞跃，成为洞庭湖区几个成建制亩产过吨粮的县（市）之一。

1996 年 3 月，湘阴县第十二届人民代表大会第五次会议审议通过《湘阴县国民经济和社会发展“九五”计划草案的报告》。“九五”计划期间，县委、县政府领导全县人民，面对有效需求不足，资金严重短缺，洪涝灾害频繁等多重困难，顽强拼搏，开拓进取，基本实现 “九五”计划预期目标。2000 年全县国民生产总值由 1995 年的 15.83 亿元增加到 21.5 亿元（1990 年不变价），年均增长 6.3%。社会消费品零售总额由 6 亿元增加到 8.3 亿元。出口商品总额由 410 万美元增加到 560 万美元。财政总收入由 8250 万元增加到 8936 万元 . 全县农民人均纯收入达到 2318 元 , 城镇居民人均可支配收入达到 5220 元 . 城镇居民储蓄存款余额达到 10.7 亿元。

2000 年，完成“十五”计划的编制。2001 年 2 月，县第十三届人大第五次会议审议通过《湘阴县国民经济和社会发展“十五”计划及 2001 年计划草案的报告》。2002 年 11 月，中共湘阴县第九次党员代表大会根据形势的要求，提出 2003—2007 年五年国民经济和社会发展计划。2005 年 2 月，中共湘阴县第九届六次全体（扩大）会议遵循党中央十六届三中、四中全会提出的以人为本，用全面、协调、可持续发展的科学发展观统领全县经济社会发展全局，提出具体工作思路，即瞄准一个目标（2005 年年底进入湖南经济强县行列），构建两大区域布局（东乡招商引资强工业，西乡集约经营壮基地），打造三个平台（把湘阴建设成为省会长沙的工业生产基地、优质食品供应基地、户外休闲基地），建设四大重点示范区（以城西垸高效养殖和长仑区高效种植为主的农业产业化示范区、以洋沙湖工业园和湘长公路工业长廊为主的工业化示范区、以高岭新城区为主的城镇化示范区、以“三村八景”为主的户外休闲示范区），壮大五大支柱产业（食品加工业、造纸业、轻纺服装业、建材装饰业、精细化工业），实施七大工程（项目带动工程、高效种养强农工程、绿色经济及生态洁净能源工程、教育强县工程、星级文明创建工程、财源建设工程、小康示范带动工程）。“十五”计划、2003—2007年经济和社会发展计划和中共湘阴县委第九届六次全体（扩大）会议通过的加速县域经济发展的工作思路，充分发挥了宏观调控功能，推进“三化”进程，提升经济总量。“十五”期间是湘阴县经济社会发展最快最好的时期之一。2005年GDP达到60.99亿元，五年年均增长12%；财政总收入达到2.5009亿元，五年增长近3倍；完成县以上固定资产投资22.69亿元，五年累计完成69.13亿元，年均增长24%；城镇居民人均可支配收入和农民人均纯收入分别达到8970元、3856元，年均分别增长9.5%和10.7%。各项主要经济指标保持两位数增长，经济运行质量和效益不断提升，社会各项事业取得全面进步。县域经济综合实力在全省排名由1999年第78位上升到第19位。全县呈现干部团结务实，经济发展加速，社会和谐稳定，人民安居乐业的局面。

“十一五”规划期间，规划编制部门，突出改革和发展，加强计划执行监测和项目监管，构建产业发展蓝图，不断提升参谋、决策水准，促进社会经济科学发展。至2010年年底，湘阴实施大招商、大投入、大开发、大建设、大发展取得显著成果，圆满实现“十一五”规划制定的目标。

“十二五”时期，县发改局紧跟县委、县政府深化改革的决策部署，立足工业强县和项目建设，实现赶超跨越，进入全省经济强县目标，编制“十二五”规划，至2015年基本实现规划目标，湘阴县综合经济实力排名全省十三位。

二、改革固定资产投资管理体制

1988年1月，县计委、中国人民建设银行湘阴分行、县财政局联合发出《转发省计委、省财政厅、省人民银行、省建设银行〈关于加强自筹基建资金管理和开放“财政待转户”的通知〉的通知》，规定凡用自筹资金进行基建的单位，其资金由银行监督使用。3月，县政府召开计划工作会议，改革投资体制，明确计委审批范围，并适当放宽基建管理权限。11月，根据国务院《关于清理固定资产在建项目，压缩投资规模，调整投资结构的通知》的精神，按省、市统一部署，对全县固定资产投资项目进行清理。经省、市、县计委和业务主管部门批准的129个项目及1987年结转的13个项目，计划投资7619万元，建筑面积11.36万平方米，完成投资5042.2万元。发现投资规模超出湘阴经济承受能力，23个项目超规模，28个项目拉长建设周期。确定停建，缓建项目20个，压缩投资670万元。

“八五”计划期间，为严格基本建设投资管理，共审批固定资产投资项目263个，总投资1.13亿元，拒批有关单位申请购置小汽车共8台、兴建楼堂馆所共8栋的报告，节约建设资金1020万元。“九五”计划期间，审批基本建设项目233个，总投资2.67亿元。每年组织审计、财政等部门对审批基建项目进行两次检查，其中核查发现有问题的建设项目18个，给予补交税款和罚款处理。共收缴固定资产投资方向调节税565万元，建安税1321万元。

为解决重点项目的资金投入，积极争取将湘阴重点建设项目纳入国家和省、市建设的计划；做好地方协调工作，拓宽筹集建设资金路子。“九五”期间，争取国家先后在湘阴投资10.5亿元用于农业综合开发、优质农产品基地建设、洞庭湖二期治理、洞庭湖区排涝工程（以工代赈），农电网改造、电信网络化及通信能力扩张、移动368工程、湘长公路和湘阴湘江大桥建设等一批重点项目建设，并抓住这些契机，采取财政投资、银行贷款、社会引资、群众集资等多种方式筹措资金，完成固定资产投资23.25亿元。“十五”计划期间，累计完成县以上固定资产投资69.13亿元，为县域经济建设发挥了重要作用。

“十一五”规划期间，累计完成县以上固定资产投资274.48亿元，分别是2006年完成固定资产投资28.7亿元，比上年增长7.1%；2007年完成固定资产投资34.08亿元，比上年增长18.9%；2008年完成固定资产投资47亿元，比上年增长38%；2009年完成固定资产投资71.3亿元，比上年增长68.7%；

2010年完成固定资产投资93.4亿元，比上年增长31%，年均递增32.74%。

“十二五”时期，全县累计完成全社会投资271.3亿元，从投资类别分，其中争取国有投资42.3亿元，非国有投资180.3亿元，民间投资48.7亿元；从投资方向看，工业化产业投资含高新技术产业、技术改造等171亿元，民生工程和基础设施建设投资86亿元，生态环境保护5.4亿元，房地产开发8.9亿元。“十二五”期内，工业经济、民生工程、基础设施建设投资上升。

三、实现由计划调节向市场调节的转变

1987年，国务院国发〔1987〕19号文件，进一步缩小指令性计划和国家统配物资范围，努力扩大和发展生产资料市场。以后，计划物资部门面向全国，扩大基地，保证重点，广辟货源，积极组织短缺物资。1988年，计划缩小，指导性计划扩大。计划工作从主要控制分配指令性物资转向靠指导性计划和市场调节组织物资。同时，计划工作外拓物资市场，内扩服务领域，通过加强横向联系，开拓流通渠道，向全国东南西北，向沿海地区进军，向大城市、大厂家渗透，发展联合协作关系。先后与几个省、市57个单位建立物资协作关系，其中有11个重点煤矿、11家大型水泥厂、10家钢厂、6家烧碱厂建立了长期协作关系。组织60多名干部职工下乡下厂，登门上户调查，听取意见要求，找准服务重点。建立服务网络，在全县各区建立农机配件、农用物资和煤炭供应三种固定网点20个，农村业务人员100多人。城乡物资丰富。

1993年，国家取消计内物资供应。城乡居民生产生活物资由商业、供销、物资部门调节组织。1997年，物资部门完成购进物资5200万元，销售5762万元，摘取全省物资系统销售收入登台阶竞赛活动甲级甲组桂冠。

1992—2000年，大中专毕业生分配实行统一计划管理，由县计委经过调查研究、协调供需衔接工作，编制切实可行的分配计划，统一进行安排。1996—2000年，全县严格按政策安置大中专毕业生1430人。2001年始，根据国家对大中专毕业生不再统一分配的新政策，取消大中专毕业生的统一分配，改为提供就业指导服务。加强人才市场建设，建立和完善人才信息库，及时为用人单位和各类人才发布信息，推荐大中专毕业生就业。“九五”计划期间，全县严格按政策计划发放基础设施建设征地转户、向农村招工、计内自费生和民办教师转正等“农转非”指标4580个。1995年始，随着城乡一体化进程的加快，逐渐取消“农转非”的计划限制。随着改革开放的不断深入，市场经济体制的不断完善，县发改局的思想观念和职能亦不断改变，由过去的分指标，管物资分配转换为服务全县经济发展。“十一五”和“十二五”时期，县发改局立足促推县域经济发展，编制五年发展计划。同时，把重心放在全县工业交通、农田水利建设、基础设施、社会民生、教科文卫、环境保护、三产业服务等方面，由争资立项到争资争项，为全县重点工程和项目建设做贡献。

第二节 农村经济体制改革

1978年冬，东风公社（今属新泉镇）群建大队有几个生产队将冬种油菜分到组，实行包产到组生产责任制。

1979年春，在中共十一届三中全会精神指导下，群建大队19个生产队全部分成组。时任东风公社党委书记宋泗和，大胆支持群建大队党支部和群众率先试行稻田包干到户责任制。群建大队试行责任制后，早稻较上年增产25.5万千克，一次性完成全乡征购任务57万千克，超送4万千克。1981年10月29日至11月4日，县委召开县、区、乡、村四级干部大会，贯彻落实中共中央印发《关于进一步加强和完善农业生产责任制的几个问题》的通知精神，肯定东风公社经验，在全县普遍开始推行联产承包责任制。是年，全县有 291 个生产队实行稻田分组作业承包，1892 个生产队的渔、副业生产责任制实行联产计酬。

1983 年 2 月，县委召开全县国家干部大会，提出“从实际出发，全面系统地改，坚决而有秩序地改”的方针，把改革的任务落到实处。农村改革把“包”字扩展到各项生产中去，让“包”字上山、下水、下湖洲、进社队企业，凡是适宜承包到户的都承包到户。集体的经济林在规定上交任务后，普遍包干到户、到组；成片用材林包到专业队、专业户经营管理，收益按比例分成；荒山全部包到户，承包年限至少 30 年不变；所有能养鱼的水面，专人专户承包，国营和公社渔场的水面承包到组到队，或由一人接标承包，联合经营；社队企业中的种养及小型加工业、运输机械开标给专业户经营。3 月 10 日，县八届四次人大会议提出继续放宽政策，围绕“包”字这个核心，抓好生产责任制、经济合同制、干部岗位责任制，调整好国家、集体、个人三家之间关系；县政府拿出 200 立方米木材、1.4 万根楠竹、2000 吨煤炭、500 吨柴油、1500 吨配合饲料支持专业户、重点户的发展，大力发展专业化生产，促进商品经济全面发展。10 月 20 日，县委召开全县农村、城镇党支部书记会议，要求在稳定和完善家庭联产承包责任制中，从兼顾“三家”利益出发，健全承包合同，兑现当年，定好来年。

1984 年 1 月 17 日，县九届人大一次会议提出，已经签订的耕地承包合同应坚持基本稳定，允许转包土地；对少数不宜种植作物的高坡地允许退耕还林；鼓励农户在承包土地上投工投资；对荒芜土地者进行经济制裁；鼓励“两户一体”从事专业性生产和开发性生产；鼓励有专长的农民进行技术承包等。5 月，全县将政社合一的人民公社改为乡或镇，建立乡镇人民政府和乡镇人民代表大会制度。对全县 13 万农户颁发土地承包使用证书，制定十条鼓励勤劳致富政策，促进农业生产责任制在调整农业产业结构和发展“两户一体”中不断完善和稳定，商品生产大户发展到 4 万户，出现各种专业户 2555 户，经济联合体 1119 个。9 月，县政府召开全县信用社体制改革工作会议，部署全县信用社的改革工作。遵照国务院文件精神，全县 39 个农村信用社召开社员代表大会，选举产生理、监事会，建立县信用联社。11 月 5 日，县委、县政府发出《关于支持和保护家庭经营大户的通知》，要求各级各部门端正服务指导思想，搞好服务，保护家庭经济大户的正当生产和合法权益。

1985 年，县科技部门与各专业协会协同乡镇共培养科技示范户户主 2129 人，共引进科技人员 21 人。县建立农业科技情报所和专业协会，37 个乡镇建立农科教中心和科协，村组有科普宣传员，利用各种形式向农民传授科技知识。是年，农村经济总收入 3.7 亿元，其中出售产品收入 1.56 亿元，商品率达 48.4%。农民人均收入 403 元，比 1978 年增长 2.95 倍。农村形势出现新特点，实现“三个转变”，即由单一经营向多种经营综合发展转变，由自给性经济向商品性经济转变，由传统农业技术向传统专业技术和现代农业技术相结合转变。随着家庭联产承包责任制的普遍推行，农村经济日趋活跃，相关涉农部门进行配套改革。

1994 年，抓紧以产业结构调整为主的第二步改革。是年，全县发展 1 万公顷无农药污染优质稻，3333.33 公顷优质水果，1 万公顷速生高产林木和芦苇，3333.33 公顷特种水产和珍珠河蚌，3333.33 公顷无公害蔬菜和藠头，50 万头瘦肉型良种猪，150 万羽水禽和 3 万对美国王鸽。

1995 年，县委、县政府从县直部门单位抽调 100 名副科级以上干部到农村兴办 100 个年出栏 500 头以上肥猪的专业猪场（即“115 工程”）。年底，全县出栏肥猪首次突破 100 万头，进入岳阳市 3 强，湖南省 10 强。

1997 年 1 月，县委、县政府突出农业产业化重点，坚持“稳定粮棉，主攻养殖，开发丘岗，构成特色”的方针，不断推进农业增长方式的转变，加速农业产业化，区域经济化，品种优良化，加工系列化，实现农业增产和农民增收。深化农村改革，在稳定和完善家庭联产承包责任制的基础上，鼓励农民通过合股、租赁、拍卖等形式，加快荒山荒滩等农业资源的开发利用。加快建立社会化服务体系，按照“公司加农户，中心带农户，工厂助农户，协会串农户”的模式，兴办联结市场和农民的新型实体，实现产供销一条龙，贸工农一条龙。全县以饲料、藠头、芝麻油、茶叶等加工企业为支柱产业，收入达18亿元，占农村工农业总产值的54%，实现利税3.8亿元，农民人均从农业产业化中获利850元，占农民人均收入的40%。农业种养结构初步优化，经济作物面积扩展到14333公顷，产值3.26亿元，占全县种植业产值的41%。水产品总量6000万千克，产值4亿元，居全省第一位。水产养殖中精养面积7000公顷，占养殖面积的61.8%，名特优水产产值1.6亿元，占全县水产品总产值40%。国务院研究室在对中南五省考察后，向全国推介湘阴县产业化发展模式。

1998年，县委下发《湘阴县财务公开民主管理工作实施办法》，在全县农村普遍实行村务公开和民主管理制度。是年，县委、县政府提出大开发、大加工、大流通战略。决定重点抓好六大基地建设，即以关公潭乡、东塘乡为重点的优质稻生产基地；以杨林寨乡、洞庭围镇为主的优质棉生产基地；以文星镇、六塘乡为主的无公害蔬菜基地；以六塘乡、县茶场为主的高档优质名茶生产基地；以县种畜场、城南区为主的瘦肉型猪生产基地和以南湖洲镇、东湖渔场为主的名特优水产养殖基地。重点扶持三塘酱厂、六塘茶场、长康芝麻油厂、南湖洲镇特种水产开发集团等龙头企业。重点推进“销加产”“贸工产”等以流通为龙头的一体化产业组织建设。

2000年，县委、县政府在全县大力发展农村大户经济（种养大户年收入2万元以上为基准、加工销售大户县内年纳税5000元以上为基准）。要求大的乡镇发展50户以上，小的乡镇发展30户以上。明确乡镇领导班子成员、每个村支部书记和国家干部帮扶大户的任务。年底，全县有农村经济大户3000户，总收入67500万元，这些大户在引导农民致富奔小康中发挥示范作用。是年，在推进农业产业化经营中实施“四个调整”。一是生产规模以小调大。重点调大主导产业规模，实行集约化经营，形成一乡一品或一村一品的特色农业，大力发展高效种养项目。二是产品质量由劣调优。大力发展无公害优质稻、无公害茶叶、无公害蔬菜、藠头、玉米、芝麻；大力发展二、三元杂交瘦肉型猪、龙岩鸭、河蟹、甲鱼、湘云鲫（鲤）等20多个品种的畜禽水产品。三是科技含量由低调高。注重应用生物工程，注入高科技，发展名特优新农业，抢占农业科技制高点。四是销售市场由内（销）调外（销），拓宽外销渠道。在县内外建设一批“湘阴字号”的农产品批发市场；设主窗口，进攻大中城市、大专院校、大型企业；抓订单，引导企业与农户建立稳定的购销关系。大力开展无公害、无污染创汇农业，深加工、精包装、上档次，让湘阴县“土产品”进军“洋市场”。

2001年，进一步推进农业结构战略性调整。调大规模，形成特色；调优品质，形成品牌；调长产业链，形成产销一条龙。是年，180多家农产品加工企业加工转化农产品140多种，年加工量50万吨，实现转化产值35亿元。

2003年，按照兴办企业思路推进农业产业化，集中力量扶持30家龙头企业，新增40家农产品加工企业。实施高效农业工程，突出“绿色、环保、无公害”，围绕建设藠头、有机茶、优质水产、生猪、木（豫）薯、水禽、造纸林、花卉苗木八大基地，调优结构，调大规模，调新品种。把发展种养加销大户作为农业结构调整主攻方向，每年发展各类大户1000户以上，每年吸引1万农户弃农经商兴工。

2004年，县委用抓企业的理念抓农业，实行产业化经营。是年，全县农产品加工企业发展到243家，固定资产过1000万元的企业30家，产值5000万以上企业208家，年加工产值42.34亿元。加工业的发展，带动全县666.67公顷优质茶、3333.33公顷藠头、666.67公顷木薯、6666.67公顷湘云鲫（鲤）、70万头瘦肉型猪的种养大发展。全县农产品加工企业生产的50多种蔬菜系列加工产业、30多个品种的畜禽系列加工产品和30多个新品种的调味品等，不仅畅销国内市场，而且打入美国、日本、韩国、新加坡、瑞典等20多个国家。粮食生产、优质稻产业开发、无公害茶叶生产、兴林工作等13项工作进入全国和全省先进行列。

2005年3月，县委下发《关于促进城镇商会和农村专业协会发展的通知》，要求每个乡镇（办事处）扶植组建1—2个产业优势明显、带动能力强、内部运作规范的农村专业合作组织。6月，开展农村专业合作组织知识宣传月活动。每个小康示范村和星级文明村率先建立专业协会，促进全面小康。年底，农村专业协会发展到56个，入会农民2.95万人，带动经济大户12.1万户。《湖南日报》、湖南卫视、湖南经视等新闻媒体专题报道，介绍湘阴县农村组建专业合作组织的经验。是年，坚持以食品工业促进工业，促进农业产业化，一批农产品加工企业不断发展壮大，食品工业集聚发展的优势逐渐凸现。是年8月，全省召开农业产业化汇报会，湘阴县是全省“两县一市”参观现场之一。湘阴县被评为全国农业产业化先进县、农业标准化示范县、全省农民合作组织发展先进县。至2010年，全县土地换补核发证率达95%，新增土地流转面积6333公顷。完成林政勘界面积1.3万公顷，发放林权证1.24万本。新注册农民专业合作社35家，全县全面实行村账乡代管。一事一议财政奖补148个村，共奖补资金800万元。创新农业服务体系，被评为全国无公害农产品标志推广与监管示范县，农技推广示范县。

“十二五”规划期间，县委、县政府进一步深化农村经济体制改革，稳步推进土地流转，发展农村合作组织。至2015年，全县流转农用地2.9万公顷，土地流转由外出务工者向留守者转移，普通农户向科技示范户转移，专业大户向专业合作社转移，土地流转合同签订，权证发放等信息资料归档达100%。做到一组一卷，一村一柜，一乡一室，资料齐全。发展合作组织做到加强引导服务，规范发展程序，数量质量并重，全县登记注册各类农民专业合作社490个，其中省级示范社1个，市级示范社1个，县级示范社34个，入社农户5.7万户，带动周边农户7.4万户，合作社总资产达到86.5亿元，2015年经营收入100亿元，创利润16亿元，入社成员人平纯收入高于未入社成员2400元。新型农业经营主体形成“种养科技大户＋示范基地＋专业合作组织＋农产品加工生产企业”生产经营模式，向规模化，集约化发展。全县农产品加工企业发展到340家，其中规模以上88家，年产值过亿元18家，省级龙头企业9家，市级龙头企业31家，规模以上农产品加企业从业者1.1万人，带动当地18万农户增收11.2亿元。全县“三品一标”累计认证104个，其中无公害农产品62个、绿色食品36个，有机农产品4个，地理标志产品2个。其中获国家地理标志的樟树港辣椒，在当地拥有4家辣椒种植专业合作社，大棚种植提早一个月上市，初上市价每千克400元。

第三节　工业体制改革

1978年，恢复党委领导下的厂长负责制和职工代表大会制，作为经济体制改革中心环节的企业体制改革起步。1979年，工业企业由单纯生产型逐步转变为经营型，加强计划经济与市场调节相结合的管理体制，松绑放权，企业开始拥有物价自主权、产品销售权、留成资金使用权、固定资产和流动资金占用权、机构设置和人员配备权。1980年7月，县属17家工业企业启用科技人员当厂长，1981年家家盈利。1980年10月，改工业企业由国家统负盈亏为利润、盈亏大包干，打破原来财政统收统支、利润上缴、亏损补贴的局面。是年，10家国营工业上缴利润263万元，为前3年上交之和。1982年，推行“首钢经验”，实行“包、保、修、核”的经济承包责任制，把“包”字引进车间、班组和个人，采取纯上交部分大包干、部分经济指标小包干以及单项产品包干和专业承包等。10家国营企业内部建立37个车间核算机构。1983年，13家国营工厂签订经济承包责任合同，实行“六定一奖一罚”（定产值、定利润、定上交、定资金周转天数、定安全生产指标、定计划生育指标，完成受奖、未完成受罚）。二轻工业局与21家企业签订包产值、利润、销售、上交管理费和合作资金等指标的合同书。全县205个乡办企业中有21个实行“投标承包”，51个厂长为首“组阁承包”，企业内部、车间、联组、机台、岗位，层层定领导岗位和生产岗位责任制。1985年，考核县属企业26种主要产品时，有23种质量稳定提高，其中碳铵、平瓦、机制红砖、节能变压器、1吨平板车、西湖咸蛋等产品进入同行业先进行列，部分行销国外。彩画装饰板、低度大曲酒、烙花板式家具、高温砂锅等获部、省优新产品。

1986年，县委、县政府为提高工商企业经济效益，通过开展产品升级创优和优质服务活动，向管理要效益，在技改上争后劲。是年1—6月，全县完成工业总产值8898.35万元，评选14个优胜企业，总结“抓三改、创三优”经验，即改革体制，优化企业管理；改进技术，优化产品结构，改善经营，优化服务质量。是年6月8日，县委、县政府为给经济工作创造一个良好的社会环境和宽松的外部条件，在全县区乡党委书记和县直机关、工商企业负责干部大会上，就划清企业正常经营活动与不正之风的界限作出了具体规定，促进国营集体企业改革不断深化。

1988年2月10日，县委、县政府作出《关于进一步深化工商企业改革的决定》。在领导体制上下放“两权”：一是县委、县政府对县属骨干工商企业的领导班子只管一名厂长（经理），副厂长（副经理）和中层骨干均由厂长（经理）颁发聘任书和免职书。二是下放企业内部机构设置权，除工会和共青团组织不能撤销外，其他机构的设置，全部由企业根据本身实际情况决定。在用工制度上大胆改革，合同工也可以当厂长（经理），是国家干部，如果不适宜搞管理工作，也只能安排到生产第一线顶岗劳动。进行分配制度改革。在坚持按劳分配的前提下，允许多种分配形式存在。县政府对企业分配制度主要抓经营承包责任制，上缴利税与工资总额挂钩。企业根据自身实际情况，采取按股分红、按资分配和按劳分配等多种分配办法。通过这些改革，增强企业活力。

1992年11月，县委、县政府针对县国有企业在计划经济向市场经济过渡中出现包袱沉重、机制不活、效益低下、亏损严重状况，提出国有工业企业改革打好转换企业经营体制总体战的总原则：通过理顺产权关系，实行政企分开，落实企业自主权，把企业推向市场，使企业真正成为自主经营、自负盈亏、自我发展、自我约束的法人实体和市场竞争主体，并承担国有资产保值增值的责任，积极推进股份制试点。进一步完善经营承包制，选择一部分企业实行投入产出总承包试点，大胆引进“三资”企业和乡镇企业的经营机制。对县属企业亏损严重的，实行承包、租赁、拍卖、股份制等多种经营形式，搞活企业、扭亏为盈。企业内部实行人事、工资、劳动三项制度改革，健全和完善企业内部管理体制和运行机制。

1993年9月，县委、县政府提出工业扭亏增盈增效益，把国有企业亏损控制在500万元以内。县级领导和工业主管部门对亏损企业建立重点联系，进行重点帮助；引导各企业加强现场管理和成本管理，提质降耗，压库促销，尽量消化原材料、能源涨价，管理成本上升等增支减收因素，工业生产发展，工业总产值比上年增长24.6%。金威饲料获全国首届饲料工业高新技术交易会金奖。投资千万元，完成技改项目4个，氮肥厂造气压缩工段改造、柠檬酸厂500吨柠檬酸钠生产线建设均已投入使用。县氮肥厂生产的罗城牌碳酸氢铵被国家化肥检测中心评为国优产品。

1994年，10名县级领导、28名副科级以上干部组成企业改革“支帮促”工作组，下厂帮助企业进行产权制度改革。

1995年，采取租赁承包、股份制合作、股人参股国有企业、国有民营和拍卖等更加灵活的经营形式减少亏损，争取盈利。

1997年，县委、县政府围绕“抓大放小、破产重组、扶优扶强、提高效益”做文章，加大国有企业改革力度。对重新启动生产、利税可达到100万元以上的工业企业，重点给予资金扶持，帮助解困；规范各种收费项目，努力减轻企业负担；培育壮大脱胎换骨后的冶金、造纸、机械、化工等支柱产业，使之成为全县工业企业的主力军；部门工业以饲料、食品等优势产业为重点，组建企业集团，发展新的支柱产业；支持“三资”企业、个体私人企业加快发展。对柠檬酸厂、人民纸厂、酒厂等11家企业依法实施破产。重组湘阴制浆造纸有限公司、罗城春酒厂、裕盛染织厂、机械制造厂、工程机械制造厂等新企业。投资400万元，重点扶持氮肥厂“双甲”（甲烷、甲醇）工程、冶炼厂治污工程、变压器厂干湿变压器及湘阴制浆造纸有限公司的技术改造。县金威饲料厂“金威”猪用浓缩饲料获得省科技进步四等奖，县氮肥厂小化肥“两煤”节能技术获省科技进步三等奖。14家商业企业实施破产，终结债务标的1.1亿元。引进10多家外地厂商收购、租赁一批破产企业和特困企业，使这些企业出现生机。

1998年，县委、县政府提出“产权明晰，权责明确，政企分开，管理科学”的要求，加快工商企业机制转换步伐，加快与市场接轨。县属工业企业通过租赁、股份制、承包经营、出卖、破产、“退二进三”（退出第二产业，进入第三产业）等多种改制形式，着力推进企业市场化。部门工业与行政主管部门脱钩，建立规范的法人治理结构。是年，22家国有工业企业有3家租赁、3家整体出让、5家承包经营、2家转移下放、1家实行股份制改造、1家组建责任公司启动生产，还有7家采取“退二进三”，资产变现等办法安置下岗工人。县属工业出现开工企业增加、产值增加、销售收入增加、税收增加、上岗人数增加的好势头。工业总产值37.74亿元，比上年增长21.7%。

1999年，县委、县政府对县属工业采取“保一稳八进四”措施，即全力保证氮肥厂稳定发展，巩固发展8个已经开工的县办工业，千方百计启动4家停产企业。以藠头、茶叶为主的食品工业得到较快发展，年净盈利1600万元。变压器厂、柠檬酸厂分别被福州天宇电气集团公司、湖南银河石油化工公司收购并启动生产；工业改制、改造、改组面积70%以上，盘活资产存量1.5亿元。

2000年，深化国有工商企业民营化改革。实施“一卖一买”举措。“一卖”即卖断国有（集体）工商企业产权或部分产权，解除企业对政府的依附关系；“一买”即买断国有（集体）工商企业职工工龄，解除职工对企业的依附关系，把职工引向市场，使企业成为自主经营、自负盈亏的法人实体和市场主体。是年，积极引进埃文代尔公司、洁任集团、天宇公司、鑫泉公司、银海集团等8家外商，初步解决一些困扰企业发展的根本性矛盾，保住一方平安。埃文代尔公司租赁陶瓷一厂后，一直保持产销两旺，产品全部出口美国。北京鑫泉技贸公司上半年生产粗铅5688吨，实现产值2047万元，上缴税金50多万元。停产4年的县柠檬酸厂被湖南银海石油集团收购后，生产不到两个月，实现税收10多万元。

2001年，县委、县政府把“兴工富县”作为经济工作的当务之急，切实提高工业整体水平。工商企业在原有改革基础上继续实施“两个置换”。已破产重组运行正常的工业企业坚决按内部股份合同制的要求，将资产量化到人。引进湖南绿园食品有限责任公司收购原县人民纸厂。采取资产配股、职工配股、社会参股、债转股等形式，使湘阴化工实业有限公司、湘龙装饰材料有限公司进一步充实扩张，形成新的经济增长点。对县五金厂、玻璃厂、变压器厂、工程机械厂的闲置资产，采取拍卖形式，加快产权置换，扩充民营资本，使这些名存实亡企业退出国有经济系列。对服装厂等企业采取分块分体租赁、兼并等形式启动生产。对陶瓷一厂、星嘉陶瓷公司、日用陶瓷厂、柠檬酸钠公司等生产经营步入良性发展的企业，在政策资金上给予支持，帮助其实施名牌战略，创造名牌产品，增加无形资本。

2002年，全县工业按照“大胆放、有序退、彻底换”的思路，继续抓好改革改制工作。

2003年，县委、县政府按照“兴工富县”思路推进工业化，突出产权制度创新，把产权制度改革作为搞活国有、集体企业的“催化剂”。县属企业加快改制步伐，对16家改制企业资产进行重组，盘活存量资产21亿元，并投入资金5070万元，完成12个工业项目技改。通过依法破产和置换身份，创全县国有企业全面实现民营化经营。年底，全县共有民营企业6428家，年产值56亿元以上，初步形成多行业、宽领域、全方位发展格局。至2010年，全县规模工业企业发展到152家，规模工业完成总产值260亿元，实现工业增加值76.7亿元，完成销售产值257亿元，实现利润4.5亿元，规模工业创税1亿元。

“十二五”时期是湘阴县以新型工业化推动赶超跨越的兴盛期，县委、县政府顶住全球经济下行压力，继续推进工业体制改革，完成改制企业职工移交社区，加快项目引进和建设力度。使工业经济稳定发展，持续增长。从2011年开始，县委、县政府调整发展思路，改革发展环境，首先提高工业园区的综合服务功能，在加大对工业园区硬件设施建设的同时，在工业园建立国土资源、财政税收、规划建设管理所，园区工作干部由原50人增加至78人。2011年年底，县委、县政府将中国（湖南）湘阴轻工产业园区、金龙新区、漕溪港临港产业新区联体，统一纳入湘阴工业园区，实行统一规划，统一政策、统一协调，实行“一拖三”管理。2015年，园区工业总产值达到732亿元，其中规模工业总产值达到710亿元，有30个项目开工建设，其中远大低碳科技园年缴税费达到1.5亿元。

第四节　商业流通体制改革

1979年，开始调整财贸内部结构，扩大企业自主权。疏通商品流通渠道，允许公司和区、社出县进货，扩大购销业务。是年，恢复发展3个镇、6个墟场的集市贸易，增设4个交易棚、40把大布伞、60条屠凳，全县集贸市场成交额1180万元，比上年增加40%。1980年，国营商业与供销社分设，恢复供销社属集体合作商业性质。1981年冬，商业、供销、粮食、外贸组织1220人对185个核算单位搞经营责任制的试点，推行企业向国家上缴包干、企业内部下属单位向企业经济承包、职工向企业承包的办法。1983年6月，对国营商业企业进行税制改革，恢复新开税种24个。

1984年5月，县委、县政府召开全县流通体制改革大会。改商业封闭批发为开放性批发；改流通少渠道、多环节为多渠道、少环节；改地域封锁为打破地区界限；改呆板经营为灵活经营；改“大锅饭”为责任制；改小型国营企业为集体经营。兴办工业品贸易中心；大力开展多形式、多层次的工商、农商、商商联营；采取优惠政策，引导消费，鼓励消费；加强商品推介，采取预约定购送货上门、延期或分期付款，加强售后服务等灵活多样的经营形式扩大销售；改革供销社体制，搞好综合服务，搞活农村商品流通；改革工商管理制度，积极办好农副产品批发和农贸等各类市场；每个区、乡、镇都搞一个农贸市场。商业、供销、粮食等专业公司自办专业性贸易中心、贸易货栈或贸易服务部；凡完成国家统派购任务后的一、二类农副产品（除木材、烤烟）和三类农副产品以及工业品中的三类小商品都允许上市；工矿企事业单位、机关、团体、部队、学校、个人都可以开店办厂，其经营方式，批发、零售、专营、兼营、摆摊设点、走街串巷、代销自销、坐地购销、长途贩运都可以搞。是年，商业部门在城关设立工业品贸易中心，由针棉纺织、百货文具、交电器材、五金化工、副食品5个专业批发站组成经济联合体，与县内外32个单位签订联营购销合同773万元。组织地方产品进场交易，推销滞销积压商品19.5万元，其中有县办工厂陈列的244个产品。县棉织厂库存包绵绸7200米，成品和坯布4200米销售一空。先后有新疆、湖北、福建、浙江、江苏和本省9个市、10个县共53个工厂洽谈联营。全年共发展联营单位222家，其中商业联营176家，联销46家。联营单位中有省外22家，县外省内81家。行业上，工商联营34家，农商联营4家，商商联营184家。县供销社在城关办农副产品贸易中心，打破行业分工限制，扩大经营范围和服务领域，成为农村综合服务中心。

1985年，城关有商业经营户3838户。其中个体3262户，集体456户，国营商业系统120户。农村有商业供销网点2595个，其中供销社122个、合作商店44个、乡镇企业171个，个体2258户。全县475家饮食店，国营10家，集体22家、个体443家。流通系统7个行政性公司转为经济服务型实体，

13个小型企业实行租赁经营，203个独立核算单位实行“百元销售工资含量包干”“联销计酬”“联利计酬”“四定一挂”（定人员、定销售额、定费用、定利润，利润与奖金挂钩）等多种形式的经营承包责任制。3个亏损门店拍卖。建立31个不同类型的联合专业生产合作社。全县社会商品零售总额14417万元，农副产品收购额11016万元，入库工商各税1508.4万元，分别是1978年的2.2倍、3.34倍和1.98倍。

1986年2月，县委、县政府要求商业企业进一步完善联销、联利计酬计奖为主的经济承包责任制，层层签订承包合同。国营商业发挥主渠道作用，参与市场调节，扩大购销，平衡供需，平抑物价，切实保护消费者利益。之后，经营承包在流通企业覆盖面实施先由县局统一向县财政承包，再由县局向各公司发包，坚持“包死基数，确保上交，超收多留，欠收自补”的原则。内部承包推行“五级承包”责任制，即个人向柜组承包，柜组向商店承包，商店向公司承包，公司向县局承包。实行经济指标与服务指标双重考核，奖励措施与惩罚手段并行的制度。

20世纪90年代，随着商品多元化格局的形成和市场形势的变化，县委、县政府要求商贸流通企业全面推行经营承包责任制，普遍实行厂长（经理、主任）负责制和目标管理制。对饮食、服务、照相、食品加工和城乡边远小型企业实行租赁经营或国（社）有民营改革。物资、外贸部门实行“三改三变”，即改革管理体制，由行政管理变为经营型管理；改革用人制度，由任命制和招收制变为聘任制和组合制；改革分配办法，由固定工资变为效益工资或技能工资。粮食部门改革逐步推进。1992年学习天津经验，实行“干平分开”管理改革。1993年实行“转变经营体制，创办经济实体”。1994年实行政策性和商业性“两条线”运行机制改革。1996—1997年，全县商贸企业深化改革，对资不抵债、扭亏无望、没有出路的企业实行破产。之后，对已破产的商办工业企业，按股份合作制重组，进行股份合作制改造；对未破产的国有（社有）民营门店继续实行民有民营，并逐步按个体私营经济运作；对农村的边、小、微、亏门店实行租赁、拍卖、使其完全私有化。1997年年底，有14家企业破产。1999年，又有31家商贸流通企业依法破产。

2000年3月，县委、县政府下达《关于深化商贸企业改革的决定》，召开商贸企业改革动员大会，明确提出商贸改革的两项主要内容和任务：一是明晰产权，转变企业性质；二是买断工龄，改变职工身份。县政府批准县财办、县经委、县劳动局《关于深化企业改革实施“两个买断”的指导性意见》，对处理企业资产和债务，改变职工身份，办好养老保险以及给予优惠政策等6个方面39个问题作出一系列明确规定。至此，触动产权的改革全面铺开。到2002年2月，34个商贸企业完成“两个置换”，处理资产1.5亿元，置换职工4020人。

2003年2月，县委要求商贸流通企业克难攻坚，继续实行“两个置换”，构建以民营经济为主体的充满活力的县域经济格局。次年1月，又提出要大力发展商贸物流业，抓好兴湘绿色食品市场、物资机电批零兼营市场、岳州窑商业街等6大市场建设，加强福鑫建材市场管理，进一步完善服务功能，提高市场利用率，构建湘阴县大商贸、大交易、大流通格局。

2005年年底，粮食、供销、商业、物资、外贸等81家二级企业有74个实施整体置换改革，共筹措改制资金2亿多元，除局、总公司在编人员外，1.23万名职工有9980名置换了身份。改制重组股份制企业16家，发展招商引资企业11家。五大商贸系统在改革过程中通过出售、折股等形式共处置资产2亿元，尤其是通过公开拍卖，促进了国有、集体资产得到增值；对48家资不抵债企业的破产，依法处理债务3.5亿元。偿还各类集资款5000多万元，妥善解决了企业债务制约问题；2000多名改制企业退休人员养老金由社保机构发放，5400多名在职置换人员办理续保手续；进一步培育振湘食品公司、湘大“三九”饲料厂、棉麻公司以及通过盘活资产新发展的天恒超市、万金山超市、广兴超市、太平洋服饰等纳税大户企业，商贸系统企业年缴县本级税收2000万元，促进财税收入有效增长；商贸业由综合经营向专业经营转变，由分散经营向超市连锁经营转变，商品市场由综合性逐步转向专业化、规模化发展，优化资源配置，促进流通业态势多样化，整个商贸物流产业出现良好发展态势。至2015年，商贸系统改制工作全面完成，城乡消费繁荣活跃，全县实现社会消费品零售总额73.6亿元，比上年增长13.4%。

第五节　财税金融体制改革

一、财政体制改革

1978—1984年，实行“定收定支、收支挂钩、总额分成、一年一定”的管理办法。1985年始，省对县财政直接包干，实行“定额上交、递增包干、超收全留、一定五年”的办法。县财政1990年出现赤字371万元，1991年赤字380万元，1994年赤字358万元。产生财政赤字的主要原因是工商企业短收，政策性刚性支出增大。1994年，中央对地方财政实行分税制财政管理体制改革。县委、县政府为克服财政赤字带来的困难，根据财政体制改革要求，对乡镇实行“收支包干”，对县直单位实行“经费包干”。突出抓好地方财源建设，稳固基础财源，优化主体财源，壮大支柱财源。同时实施税收任务目标管理，强化税收征管，增强财源后劲。

1998—2010年，逐步取消农业税，实施退耕还林、粮食直补、农机具购置补贴、库区移民后期扶持等惠农财政政策；加大预算外资金管理和集中统筹力度，推进综合财政预算管理工作；改革工资发放办法，实行财政统发工资制度，规范公务员津贴发放办法；推行政府采购制度，提高财政资金使用效益；全面推行农村税费改革；推行机关事业单位会计集中核算制度，杜绝多头开户、规范收支行为；堵塞管理漏洞。不断促进财政体制由保运转的“吃饭型”财政向经济社会发展的“公共型”财政转变。

2011—2015年，中央和省不断加大财政体制改革力度，实施县级财政由省直管，全面开展财政机制体制转型升级。湘阴县财政局不断适应和完善对接省管县的体制，同时调整县级收入征管和分配机制，进一步激发乡镇财政活力，实现财政体制改革利益最大化。

二、税务征管体制改革

1979—1983年，取消对合作商店加成征收所得税的规定；恢复征收肉类集市贸易税；征收国家交通重点建设基金；试行增值税；开征建筑税；完成国营企业第一步利改税工作，国营企业上缴利润改为所得税。1984年，财政、税务机构分设。实行第二步利改税，全面征收国营企业所得税，对盈利多的大中型企业再加征国营企业调节税，税后利润由企业自行支配；将原工商税按性质分为产品税、增值税、营业税、补税等；将原工商所得税改为集体企业所得税。1985—1989年，相继开征奖金税、国营企业工资调节税、城市维护建设税；恢复车船使用牌照税、城市房地产税；按产品税、增值税、营业税额开征1%的教育附加费；开征耕地占用税；实行以工商税为主，包括所得税、特定税目等多环节、多层次的复合税制。开征税目增至35个。

1994年10月，分设国税局、地税局。1995年后，实行以流转税和所得税为主要类目，以增值税为主体税种的税制改革。工商税由32个减至18个，消费税由2个增至11个，营业税设9个税目。国营企业取消承包制，改按规定税率征收企业所得税，取消对国有企业税后利润征收国家能源交通重点建设基金和国家预算调节基金；取消集贸市场税收税务分成；固定资产投资方向调节税减半征收；取消除烟叶外的农业特产税，农业税率总体降低3个百分点。至2005年，全面免征农业税。

三、金融体制改革

1978年，县人民银行实行高度集中的金融管理体制。1979年成立中国建设银行湘阴支行，为管理固定资产投资的专业银行。1980年由县人民银行分设农业银行，37家农村信用社由农业银行和地方党政实行双重领导。人民银行业务范围内以城镇为主。城关镇的国营工商业、机关团体的存、贷、汇业务和现金流通管理，及城镇居民储蓄由人民银行经营，同时负责管理货币发行基金，代理财政金库及金银管理业务。

1983—1996年，几经调整和演变，各类金融机构增至127家。经营业务扩展到房地产、信托、证券、咨询、拆、借、贴现等领域。银行业内部经营管理机制全面转向商业化运作。农村信用社正式脱离与农行的行政隶属关系，自成体系，自主经营，成为具有独立法人资格的合作金融企业。中国农业银行湘阴支行自营分设，负责粮棉油收购等信贷业务，成为县内首家政策性银行。1998年省、市、县成立农金体改办，负责行业管理、农村信用社改革和日常管理工作。由此，对农信社形成由人民银行监管，农金体改办、信用联社和社员代表大会民主管理的“四位一体”的管理体制。是年11月18日，中国保险监督管理委员会成立，履行行政管理职能，依照法律法规统一管理全国保险市场，维护保险业的合法权益。

2003年，中国银行业监督委员会成立。同年12月，岳阳市银监分局成立，2004年3月成立湘阴办事处，至2007年撤销，上收至岳阳市银监分局，农村信用社改由银监分局管理。2004年后，金融体改进一步深化。至2010年，县内有银行业9家、保险业18家、证券业1家。形成以银行金融机构为主体，银行、非银行金融机构齐全，金融、证券、保险机构分业经营、分业监管的金融体制。

2012年10月，县人民政府根据上级指示精神，按照规范金融市场，加强监管力度，更好地发挥金融保险业服务地方经济的要求，对全县金融保险行业管理体制进行改革，建立县人民政府金融工作办公室（简称“县金融办”），将银行、保险单位从县财贸办分离出来，归属县金融办管理。2013年，县金融办引进上海农村商业银行在湘阴设立“湘阴村镇银行”，为全县农村增加了信贷业务。同时，对县农村信用合作联社实行机构改革，经过一年多的组织筹办，改建为“湘阴县农村商业银行”，2014年10月正式挂牌营运。2014年6月，湘阴县首家民间融资服务机构成立，定名为“湘阴民间金融有限公司”，注册资金7800万元，主要经营民间中介、投资、不良资产管理等，归口县金融办管理。

第十三篇　经济综合管理

第一章　计划管理

第一节　机　构

1978 年，湘阴县革命委员会计划委员会负责编制全县国民经济和社会发展计划，按有关程序上报和审批基本建设计划，分配国家计划物资。内设机构有办公室和计划组。1980 年 4 月，撤销湘阴县革命委员会计划委员会，恢复湘阴县计划委员会，成为县人民政府机构，内设办公室、计划组、物资基建组。1992 年 2 月，湘阴县统计局并入湘阴县计划委员会，更名为湘阴县计划统计局，内设机构增设统计所。1995 年 5 月，析出湘阴县统计局单列，湘阴县物价局并入，湘阴县计划统计局改称湘阴县计划物价局，内设机构撤销统计所，增设物价检查所。1997 年，湘阴县物价局单列，湘阴县计划物价局更名为湘阴县计划局，内设机构撤销物价检查所。1998 年，湘阴县计划局更名为湘阴县发展计划局。2005 年，湘阴县发展计划局更名为湘阴县发展和改革局，内设机构重组，设立办公室、综合计划股、固定资产投资股、基础工业股、农业经济股、社会发展股、三产业服务股。2010 年，年内设机构调整为办公室、固定资产投资股、农经股、工交股、社会事业股、人事股、财计股、招投标办公室、以工代赈办公室。2015 年年底，县人民政府实行政府机构改革，县物价局不再单列，人财物全面并入县发展改革局，原物价局职能由县发展改革局履行。

第二节　计划编制与执行

随着计划经济向市场经济的转变，计划的编制发生了很大的变化，由过去的大部分指令性计划，转变为指导性计划。政府由过去直接管理企业的生产经营，转变为对国民经济和社会事业的协调可持续发展的宏观调控。在计划编制的指导思想上，更加注重中长期规划，特别是国民经济和社会事业发展的五年规划。在计划编制和执行的方式上，主要采取五年规划和年度计划紧密衔接，以五年规划为整体目标，根据国内外经济发展趋势和变化，适时调整年度计划。

一、研究编制中长期发展战略和规划

1986 年，省人民政府贯彻党的十三大精神，提出至 20 世纪末 (2000 年) 达到小康水平的战略目标，分批次组织一些县市开展长期发展战略研究试点，岳阳市有华容县、湘阴县列入省政府试点县。湘阴县人民政府于 1986 年组织领导机构和专门班子，明确由县计委牵头，开始调查收集整理全县建国 30 多年来经济、科技和社会各方面的历史现状，分析研究主要成就、经验教训，优势潜力、发展路子、主攻方向、制约因子等。为形成准确的历史诊断、发展战略和规划作准备。在组织机构上，明确县长为课题负责人，任领导小组组长，常务副县长，一名人大常委会副主任和县计委主任任副组长。县委办、县政府办主任、县纪委、农委、科委、建委、财委、国土等单位为成员，建立县综合发展规划办公室，抽调 16 名各行业高素质干部具体操作，各大战线分别建立农业、工业、财贸、城建、科技、社会、文教卫体七大组，由各大战线一名副职任组长专抓。共抽调专业技术干部134人加入，所有参加人员经过一个月专业培训，请省相关专家教授讲授系统工程原理课；在研究方法上，以传统方法和现代技术手段相结合进行，对发展战略方向和目标的定位，重大项目和经济指标的确立，除了用传统方法预测分析之外，还采用数学模型予以验证其可行性和可靠程度，在技术指导力量上阵营庞大。省人民政府派出省区划研究所、中国计算数学学会、省计算数学及应用软件学会、省计算研究所、省区划委员会、省区划研究所、省科委、省国土管理局等单位的负责人和专家教授、研究员作技术指导，具体参与，部分人员坐镇湘阴县指导；岳阳市人民政府指派一名副主任带队，组织市级12个主要部门负责人和工程师、经济师、农艺师等到湘阴县具体指导。1987年12月，湘阴县经济、科技、社会综合发展战略和规划按期完成，形成全县系统诊断、发展战略和发展规划、重点项目和数学模型及数据库等四大文本，分为全县母系统和各行业子系统，其中专题报告材料115份、150万字、110多个图件、203个数学模型。1988年2月，省人民政府组织专家团队对湘阴的规划研制成果进行了验收和鉴定，分别发给了验收合格证书和鉴定证书，在其结构性、科学性、指导性、实用性操作性等方面给予很高评定，并获得省科技应用软件技术三等奖。1988年3月9日，县第十届人民代表大会第三次会议进行审议并发出决议，由县人民政府组织实施；同年3月21日，县人民政府向全县发出“关于认真组织实施全县综合发展规划的通知”，明确规划的发展战略思想、发展路子和目标，要求全县各级加强宣传发动，团结努力，共同拼搏，进军小康，将宏伟蓝图和规划目标变成美好的现实。

1987年，研制成功的发展战略规划，包含“七五”“八五”“九五”3个5年计划，规划期长达15年，对执行中的人为失误、重大自然灾害、国际国内大环境的影响等不利因素作了充分分析和考量。主要指标都提出了3个执行方案，为编制3个五年规划提供了理论和目标依据。发展规划确立依靠科技，兴工壮农，开拓“五通”（交通、流通、通讯、资金融通、信息灵通），走向国际，富民强县，先登小康的战略思想；确立了依托长沙，联合引进；四路出击，越界竞争；工农连接，城乡一体；壮农固基，兴工富县的发展路子，这些都为后来县委、县政府争取进入长株潭“两型社会”滨湖示范区，确立“敞开南大门，对接长株潭，建设新湘阴”主线，大力招商引强选优，打造新型工业化，建设现代农业示范区，加大以交通、城镇为主的基础设施建设，实现富民强县提供了理论依据。重大项目建设中提出的改造湘长、湘益、湘汨公路兴建湘江大桥，开发江东路等县城提质改造项目建设，2000年后，逐步实现。主体经济指标因价格因素，均超过规划要求，反映县域经济综合实力的财政收入规划和方案目标为9200万元，实际完成9000万元；总人口规划一方案为69.4万人，其中非农业人口达到15万人，2000年实际人口控制在68.72万人，非农业人口为10万人；一、二、三产业结构规划要求调整为32 ：42.6 ：25.4，2000年实际结果为32.1 ：41.5 ：26.4；规划要求至2000年工业总产值占工农业总产值70%，实际占72.4%，基本达到预期目标。

二、五年规划

（一）“六五”期内（1981—1985年）

奋斗目标：工农业总产值达到3.5亿元，年平均递增8.7%，其中工业总产值1.6亿元，农业总产值1.9亿元，各占工农业总产值的46%、54%。粮食总产量3.5亿千克。社会总产值4.6亿元，国民收入2.35亿元。社会商品零售总额达到1.8亿元；社会教育方面，普通中学达70所，小学达450所；出生率11.8%，人口控制数为59.58万人。

执行情况：工农业总产值4.06亿元，年平均增长12%；农业总产值2.27亿元，年平均增长11%；工业总产值1.78亿元，年平均增长13.3%；粮食总产量4.1亿千克：社会总产值5.98亿元，年均增长14.25%；国民收入2.92亿元，年均增长15.7%；社会商品零售总额1.84亿元，年均增长9.1%；教育方面，普通中学58所，小学443所；人口出生率11.96‰，年末人口59.4万人。

（二）“七五”期内（1986—1990年）

奋斗目标：工农业总产值达到7.7亿元，年递增13.7%；工业总产值4.8亿元，农业总产值2.9亿元。国民生产总值6.49亿元，年均递增15.5%；社会总产值9.3 3亿元，年递增13.3%：国民收入4.4亿元，年递增11.7%。农民人均纯收入达到650元。社会商品零售总额3.1亿元，年递增11%，预内财政收入0.45亿元，年递增14.4%。全县人口控制数为63.28万人。

执行情况：工农业总产值达到11.4亿元；工业总产值5.1亿元，农业总产值6.3亿元。国民生产总值7.7亿元；社会总产值13.7亿元；国民收入7亿元。农民人均纯收入达到710元。社会商品零售总额2.9亿元，预内财政收入3800万元。全县人口控制数为64万人。

（三）“八五”期内（1991—1995年）

奋斗目标：工农业总产值9.2亿元，年平均增长6.4%，其中农业总产值3.4亿元，年平均增长4.0%，工业总产值5.8亿元，年平均增长8.0%；国民总收入5.8亿元，年平均增长6.25%；国民收入5.25亿元，年平均增长7.0%；财政总收入6000万元，年均增长7.95%。社会商品零售总额4.5亿元，年平均增长7.1%；固定资产投资规模4.3亿元，基本建设投资控制在2.3亿元以内，技术改造投资控制在2亿元以内。农民人均纯收入达到1000元，年均净增50元。

执行情况：工农业总产值28.2亿元，年平均增长17.1%，其中农业总产值10.2亿元，年平均增长10.1%，工业总产值18亿元，年平均增长28.7%；国民总收入23.8亿元（统计口径改变）；财政总收入0.825亿元，年均增长16.8%。社会商品零售总额6亿元，年平均增长15.7%；固定资产投资规模10.5亿元。农民人均纯收入达到1680元，年平均增长18.8%。

（四）“九五”期内（1996—2000年）

奋斗目标：国内生产总值25亿元；全社会固定资产投资20亿元；社会消费品零售总额10亿元；财政总收入1亿元；城镇居民人均可支配收入4500元，农民人均纯收入2000元。

执行情况：国内生产总值21.5亿元（不变价），年均增长6.3%；社会消费品零售总额8.3亿元，财政总收入9000万元。固定资产投资完成23.25亿元，年均增长19%；全县农民人均纯收入达到2318元，城镇居民人均可支配收入达到5220元。国内生产总值、财政总收入、社会商品零售总额等主要指标没有达到预期目标。

（五）“十五”期内（2001—2005年）

主要调控目标：国内生产总值年均增长10.4%，2005年达到55亿元；财政总收入年均增长10.9%，2005年达到1.5亿元；出口商品总额年均增长8.7%，2005年达到850万美元；社会固定资产投资年均增长15.7%，累计投资48.23亿元；农民人均纯收入年均增长8%，2005年达到3405元；城镇居民人均可支配收入年平均增长8%，2005年达到7670元；其他社会事业与国民经济同步协调发展。

执行情况：各项经济指标均超预期目标。2005年全县国内生产总值达到60.99亿元，比2000年增加24.3亿元，超过“十五”计划预期目标的16.3%，年均增长12%，全县财政收入达到2.50亿元，比2000年增加1.61亿元，年平均增长22.9%，提前三年超额完成“十五”计划的预期目标。社会消费品零售总额达到13.86亿元，年平均增长10.8%。出口商品总额达到4200万美元，比2000年增加3640万美元，超过“十五”计划预期指标的394%，年平均增长49.6%，农民人均纯收入3856元。

（六）“十一五”期内（2006—2010年）

主要调控目标：国内生产总值：年均增长13%，2010年达到120亿元，人均16670元。努力完成三次产业结构调整，确保三产业的发展速度高于一、二产业，三次产业结构调整为26 ∶ 45 ∶ 29。财政总收入：年均增长19.5%，2010年达到6.1亿元。社会消费品零售总额：年均增长12.3%，2010年达到25亿元。出口商品总额：年均增长14%，2010年达到8000万美元。全社会固定资产投资：年均增长20%，累计投资157.3亿元。计划生育率稳定在95%以上，人口出生率控制在12.8‰以内，自然增长率控制在6.5‰以内。农民人平纯收入：年均增长8.8%，2010年达到5880元。城镇居民人均可支配收入：年均增长9%，2010年达到14120元。

执行情况：2010年实现国内生产总值158.74亿元，年平均增长19.1%，超过“十一五”预期目标32%。三次产业结构比由2005年的31.6：38.4：30调整为20：52：28。全社会固定资产投资累计完成277亿元，年均增长32%，超过预期目标61%。社会消费品零售总额达31亿元，年均增长18%，超过预期目标23%。财政总收入达4.3亿元，年均增长11.5%；税收占财政总收入的比重达77%，比2005年提高26个百分点。2009年被评为全省县域经济发展先进县。年末人口75.69万人，人口出生率10.3‰，自然增长率4.6‰。2010年城镇居民人均可支配收入和农民人均纯收入分别达到13650元、6341元，年均分别增长8.8%、10.4%。

（七）“十二五”期内（2011—2015年）

“十一五”期末，湘阴县走出了负重爬坡过坎的困境，由经济低谷向全省经济强县赶超跨越。科学、准确、脚踏实地、立足更好、更快发展湘阴经济，冲刺全省十强县编制好“十二五”发展规划，是发改局的一项十分重大的工作。2010年年初，县发改局即组建“十二五”规划编制专门班子，安排专门办公场地，抽调精干人员开始编制工作。3月即派工作人员参加省、市组织的业务培训，提请县政府召开政府常务会、县长办公会作专题研究部署，并召开全县“十二五”规划编制工作动员会；派员到长沙、浏阳、宁乡等先进县市学习取经，组织开展重大课题的调研。投入到“十二五”规划编制工作人员有124人。初步形成重大工程建设项目库和“十二五”规划纲要草案文本后，印送给全体县级领导、县直各单位、部分党代表和人大代表、离退休老干部，全方位多层次征求意见，并与省、市发展规划反复衔接，多方论证，科学对接，再提交县委常委扩大会、县人大主任会、人大常委会进行评审、之后进一步进行修改，调整、完善，形成适应经济、科技、社会发展形势，准确科学务实先进的“十二五”发展规划，成为县委、县政府“十二五”时期的工作目标和行动指南。

“十二五”发展规划明确整体发展思路：高举中国特色社会主义伟大旗帜，紧紧抓住滨湖示范区建设的机遇，坚持以“敞开南大门，对接长株潭，建设强盛新湘阴”为主线，突出“两带、三港、四区、五大基础”建设，加快融城对接步伐，以建设大提速、产业大升级、结构大调整、推动经济大发展，民生大改善、社会大和谐，向全省经济十强县迈进。全县“十二五”时期经济社会发展的主要目标是：到2015年，全县生产总值380亿元，年均增长20%；累计完成全社会固定资产投资850亿元，年均增长25%；社会消费品零售总额86亿元，年均增长22%；财政收入突破12亿元，年均增长28%；城镇居民人均可支配收入年均增长14%；农民人均纯收入年均增长15%；完成省、市下达的节能减排约束性指标，人口自然增长率控制在5.5‰；各项社会事业协调发展，社会大局和谐稳定，县域经济综合实力进入全省十强。

“十二五”时期5年中，全球经济下行压力持续扩大，宏观经济形势复杂多变，许多改革进入深层次，稳定发展任务很艰巨。县委、县政府面对诸多困难和挑战，坚持乘势而上，攻坚克难，团结和发动干部群众，围绕“对接长株潭、借力环湖区、学赶永修县、进军省十强、争当排头兵”，进一步扩大招商引强选优，加速新型工业化，打造以先进制造和光伏电子信息为主的新型工业集群；推进强农富民，连年夺取农业丰收；强力推进“三十”工程，实施“三城”同创，加大基础设施建设力度和投入；开发旅游产业，不断改善民生，社会和谐稳定，实现“十二五”圆满收官。2015年完成

GDP310.71 亿元，同比增长（下同）10.7%；完成财政收入 12.32 亿元，增长 10%；完成固定资产投资 271.29 亿元，增长 24.1%；完成社会消费品零售总额 71.14 亿元，增长 13.1%；城乡居民人均可支配收入分别达到 24437 元和 14560 元，分别增长 9.3% 和 11.3%；全县人口出生率为 12.06‰，城镇化率达到 47.1%；全面小康实现程度 88.9%；三次产业结构比不断优化，2010 年为 21.2 ：51.2 ：27.6，2015 年为 12.7 ：57.5 ：29.8。全县大局和谐稳定，综合经济指标排全市第一，进入全省经济强县行列。2015 年湘阴县夺得全市全面小康综合绩效考核和县域经济壮大战略考核两个第一，全面小康实现程度居全省同类考核单位第 3 位，获评全省全面小康建设"十快进县"，经济综合实力排名全省 122 个县市区第 13 位，招商引资和项目建设连续六次获评省、市先进，新型工业化考核连续 5 年排各全市第一，农业农村工作连续多年夺得全国全省先进。

三、年度计划

1978—1986 年，年度计划指标包括工农业总产值、社会商品零售总额、粮食、棉花、茶叶、油菜籽、生猪、家禽、水产品等主要农产品产量，水泥、平瓦、机砖、碳铵、棉布、日用陶瓷、干电池、变压器等主要工业产品产量，每年 22~29 个计划项目。

1987—2015 年，年度计划指标包括社会总产值、工农业总产值、预内财政收入、社会商品零售总额、固定资产投资、职工平均工资、农民人均纯收入、人口自然增长率等主要项目。

1978—2015 年湘阴县主要经济指标年度计划表

表 13-1

年　度	工农业总产值（万元）			粮食总产量（吨）	预内财政收入（万元）	社会商品零售总额（万元）	固定资产投资（万元）	农民人均纯收入（元）	城镇人口人均可支配收入（元）	人口自然增长率（‰）
	合　计	其中 工业总产值	其中 农业总产值							
1978	18300	6300	12000	290000	1200	7500	–	100	–	–
1979	19500	6500	13000	290000	–	8500	–	120	–	–
1980	20000	6500	13500	300000	1400	11500	–	130	–	–
1981	19100	7500	11600	315000	1695	10000	1200	140	–	–
1982	25000	9000	16000	385000	1815	12000	1200	250	–	–
1983	33000	11000	22000	415000	2077	13000	86	290	–	–
1984	34000	12000	22000	415000	1951	15500	1217	340	–	–
1985	40000	14000	26000	415000	1867	15900	523	400	–	–
1986	44500	20000	24500	400000	2500	20000	1797	477	–	–
1987	58950	25150	33800	400000	2660	19900	4400	470	1085	9.7
1988	59000	30000	29000	400000	3000	26000	3000	610	–	10
1989	64500	39000	25500	420000	3950	36000	1245	600	–	10
1990	67500	40000	27500	440000	4316	36000	1200	710	–	10.37
1991	85000	40000	45000	480000	4000	35000	3000	760	–	11

续表 13-1

年度	工农业总产值（万元）			粮食总产量（吨）	预内财政收入（万元）	社会商品零售总额（万元）	固定资产投资（万元）	农民人均纯收入（元）	城镇人口人均可支配收入（元）	人口自然增长率（‰）
	合计	其中								
		工业总产值	农业总产值							
1992	125000	90000	35000	550000	4200	25000	5000	830	–	11
1993	175000	90000	85000	440000	4314	44000	6000	950	–	10
1994	200000	110000	90000	460000	4450	58000	25500	1030	2410	10
1995	380000	200000	180000	460000	5500	58000	5000	1600	2700	8
1996	450000	250000	200000	460000	6500	65000	6500	1750	3400	7
1997	620000	400000	220000	480000	7500	70000	4000	2000	3800	6
1998	700000	500000	200000	420000	8200	75000	5500	2150	4300	6
1999	700000	500000	200000	420000	6500	75000	15000	2150	4500	6
2000	630000	450000	180000	440000	7000	80000	20000	2200	6000	6
2001	670000	450000	220000	–	8000	85000	50000	2400	6500	6
2002	700000	500000	200000	420000	12000	95000	90000	2700	7500	6
2003	770000	520000	250000	420000	13000	100000	100000	3000	8500	6
2004	830000	550000	280000	500000	18000	110000	145000	3200	9650	6
2005	1020000	700000	320000	500000	23000	135000	200000	3650	7500	5
2006	1090000	750000	340000	520000	25000	150000	250000	4000	7500	5
2007	1300000	900000	400000	540000	23000	165000	300000	4300	8300	5
2008	1650000	1200000	450000	540000	25000	185000	450000	4850	9500	5
2009	2100000	1650000	450000	540000	32000	250000	550000	5300	10550	5
2010	2765000	2300000	465000	540000	40000	280000	750000	6000	12000	6
2011	4487200	3903000	584200	573000	63000	368000	1058000	7400	16000	6
2012	4950000	4350000	600000	587900	82000	427000	1470000	9260	20000	6
2013	5818000	5180000	638000	582000	101000	486000	1760000	11500	21000	6
2014	7338000	6650000	688000	580000	112000	550000	2186000	13000	22000	6.4
2015	7840800	7100000	740800	611700	122300	711400	2713000	14800	25000	6.5

第三节　固定资产投资

一、项目审批

1978—1982 年，固定资产投资项目（包括基本建设项目和技术改造项目）由县级计划部门向上级计划部门申报，由省市计划部门下达固定资产投资计划。20 万元以下自筹资金建设项目下放到县计划部门审批。

1984 年，县级计划部门审批自筹资金建设项目权限提高到 50 万元以下。

1987 年，国务院明确规定，限额以下的技术改造项目，在计划规模内，由企业自主确定；把基础设施和基础产业的地方项目审批权限扩大到 5000 万元。县级计划部门的审批权限相应提高到 100 万元以下。

2004 年 7 月，《国务院关于投资体制改革的决定》提出“改革项目审批制度，落实企业投资自主权。彻底改革现行不分投资主体、不分资金来源、不分项目性质，一律按投资规模大小分别由各级政府及有关部门审批的企业投资管理办法。对于企业不使用政府投资建设的项目，一律不再实行审批制，区别不同情况实行核准制和备案制”。县级计划部门只审批县级政府投资项目，其他项目分别按照省市政府制定的《政府核准的投资项目目录》规定实行核准；在政府投资项目、《核准项目目录》之外的投资项目实行备案制。

二、招投标指导协调

1981 年国家开始对大中型投资项目实行招投标制。2000 年全国人大常委会又颁布《中华人民共和国招标投标法》。1981—2006 年，湘阴县固定资产投资项目招投标存在部门多头管理情况。有县建设工程招投标领导小组、县水利工程招投标领导小组、县移民工程招投标领导小组和县农业综合开发工程招投标领导小组等。

2007 年，县人民政府召开第 52 次政府常务会议专题研究招投标工作，成立了县政府招投标领导小组及其办公室，相应撤销了县政府原批准成立的湘阴县建设工程招投标领导小组及其办公室、湘阴县水利工程招投标领导小组及其办公室、湘阴县移民工程招投标领导小组及其办公室、湘阴县农业综合开发工程招投标领导小组及其办公室等部门招投标管理机构。明确县政府招投标领导小组及其办公室为全县招投标工作常设机构，负责确定全县招投标工作的综合性政策，批准重大建设项目招标方式及涉及全县招投标活动的重要事宜。根据县委常委会议意见，领导小组由县政府常务副县长任组长，县政府办副主任、发展和改革局局长、县纪委常委、执法室主任任副组长，县发展和改革局、监察局、工业局、财政局、国土资源局、建设局、交通局、商务局、卫生局、水利局、审计局、法制办等单位分管副职为成员。领导小组下设办公室，办公室设县发展和改革局，由县发展和改革局分管副职兼任办公室主任。县政府招投标领导小组办公室设立后，全面负责全县范围内固定资产投资项目的招投标工作。

2007 年，制定《湘阴县〈招投标法〉实施程序》，严格依法对工程建设项目招标方式、招标组织形式和招标范围核准。招标核准严格按照国家有关规定在认真审查项目建设规模、投资概算和招标代理机构资质的前提下，项目法人（招标人）必须办理好项目立项、规划、用地批文及清缴政务中心各项税费等前期手续后才能进行招标核准。

2008 年，县招投标办公室对财政、建设、交通、水利、电力等部门现有专家库进行更新和资源整合，组建了全县统一的、社会化的、开放式和综合性的评标专家库。国家、省市县重大建设项目、政府出资项目、政策性贷款和政府融资项目，以及使用政府各种专项资金的项目招标，必须从县政府综合性评标专家库中采取随机抽取的方式选择评标专家。严格招标信息发布制度，县域内依法必须公开招标项目的招标公告、中标公告必须在湘阴电视台、《长江信息报》湘阴专版、湘阴县政府网站三家媒体发布。规范和健全招标代理市场，凡在县域内从事招标代理业务的代理机构必须是依法设立、独立承担民事责任与任何行政单位无任何挂靠、隶属关系的社会中介组织。放开招标代理市场，鼓励域外代理机构参与县内代理市场竞争，任何单位和个人不得干涉和限制。建立招标投标备案和报告制度。县域内所有工程建设项目的所有招标投标活动必须到县招投标办备案，县招投办定期发布情况简报，向县招标投标领导小组成员单位和四大家领导通报。严格执行省市文件的规定，公开招标项目一律采用"经评审的最低投标价法"和"合理低价抽取法"评标定标。依法实施管理，完善招投标行政监督机制，制订《湘阴县有关部门实施招标投标活动行政监督的职责分工意见》，有关行政监督部门严格按照《招标投标法》和国务院规定的职责分工，各司其职，密切配合，强化管理。建设单位按照法律法规要求，申报工程项目招标方式。发改部门负责整个招标工作的指导和协调，审查资金性质，核准招投标方式。建设、交通、水利、国土等部门按照发改部门核准的招标方式进行全过程监管。财政、审计依据有关法律法规和文件，对工程结算全过程监督。纪检监察机关对行政监督部门监管工作实行再监督。县域内所有依法必须招标的项目只有在县招投标办备案和县发改局核准后，才能进入招投标程序。没有依法举行招投标活动确定中标人的项目，县建设局不得颁发施工许可证，县财政、审计部门不得进行工程核算和审计，项目业主单位不办理工程结算。

2006—2015 年，共核准项目招标 184 个，概算投资 201.77 亿元，其中公开招标项目 136 个，邀请招标项目 48 个，依法查处招投标违法、违规案件 19 个。

1978—2015 年湘阴县主要建设项目一览表

表 13-2

年 度	100 万元以上建设项目		100 万元以下建设项目	
	项目名称	总投资（万元）	个 数	总投资（万元）
1979—1980	东湖渔场精养鱼池建设	210	12	453.4
	横岭湖围垦一期工程	4500		
	东河坝、官港、城西电排建设	234		
1981—1985	县氮肥厂改造、挖潜、节能	322	23	506.67
	鹤龙湖渔场、来仪湖渔场淡水养殖联营项目	321.2		
	县委机关、县农业银行、县副食品公司等 17 家行政企事业单位办公、营业及宿舍建设	177.7		
	国家预算内电排、干渠、码头、冷藏库等基建	839.46		
	燃料公司宿舍、挖泥船队宿舍、县委机关会议室等 13 项建设	129.2		
	第二批卫生重点建设县三年计划	191		
	县人民纸厂土建及设备安装	448		
	县氮肥厂、陶瓷公司技改项目	288		

续表 13-2

年度	100 万元以上建设项目		100 万元以下建设项目	
	项目名称	总投资（万元）	个　数	总投资（万元）
1986—1990	官港电排等水利建设项目	115.5	36	797.4
	县人民纸厂碱回收建设项目	660		
	二纸板厂纸板预建 40 吨项目	1109		
	县氮肥厂等 8 个厂仓库、宿舍及办公楼建设	142		
	青潭水产品加工厂厂房、仓库建设	100		
	樟树高岭土采选厂厂房建设	100		
	长湘路、湘益路等交通路桥建设	423		
	县文教系统宿舍、业务用房建设	134.7		
	商业公司仓库、营业用房建设	131		
	二纸板厂续建	160		
	县人民纸厂续建	175		
	县变压器厂技术改造项目	661		
	县装饰板厂技术改造项目	262		
	县纺织厂技术改造项目	593		
	县冶炼厂技术改造项目	400		
	县机瓦厂自动翻模压瓦机等	495		
	乌龙米厂米机、库房改造	150		
	县氮肥厂合成系统改造	200		
	王家河电排站建设	360		
	来仪湖渔场改造项目	214		
	城西、保民大堤护岸	148		
	商品鹅基地建设	100		
	瘦肉猪基地建设	120		
1991—1995	改造低产田工程	400	12	790.5
	吨粮田开发工程	1000		
	110 千伏变电工程	480		
	县汽车站站房搬迁	220		
	机械增氧技术推广项目	105		
	县兽药厂扩建	120		

续表 13-2

年　度	100 万元以上建设项目		100 万元以下建设项目	
	项目名称	总投资（万元）	个　数	总投资（万元）
1991—1995	平益线扩宽改造	445	12	790.5
	交通基础建设项目	389		
	装备 36 个乡镇农技站	180		
	良种繁育基地等农业建设项目	135		
	岭北、南湖、湘滨、城西等小型水利建设	431.1		
	湘阴九中教学楼建设	200		
	湘阳路拓宽成砂石路面	110		
	农田水利建设	2586		
	鹤龙湖河蟹苗种基地建设	100		
	和平闸 110 千伏变电站	600		
	湘益路濠河段油路拓宽	700		
	湘阴汽车站搬迁	200		
	新泉寺大桥备料及预制件工程	250		
	洞庭庙 2 个 500 吨码头	600		
	陶瓷一厂、二厂窑炉改造	250		
	县电视台新建 1000 分小序差转台	100		
	江东路学校建设	200		
	县人民医院门诊楼建设	140		
	自来水二厂建设	235		
	杨林寨乡移民投资	173		
	湖区水利建设项目	1393		
	防洪蓄洪工程	913		
	洞庭湖治涝工程	853		
	农林水项目建设	1020		
	电力、邮电项目	2530		
	县人民医院门诊楼等项目	420		
	自来水三厂建设	540		
	县汽车站续建等交通运输项目	9186		

续表 13-2

年度	100 万元以上建设项目		100 万元以下建设项目	
	项目名称	总投资（万元）	个　数	总投资（万元）
1996—2000	南湖湘滨垸堤防建设	478	6	213
	烂泥湖垸堤防建设	459		
	凤山渠、兴利支渠、新光支渠等渠系衬砌	109		
	中低产田改造	210		
	良种繁育体系建设	100		
	农技推广体系建设	130		
	拓溪水库建设	6400		
	1825 线、1809 线大、中修、工班房建设	121		
	平垸行洪、移民建镇第三批专项投资	2230		
	洞庭湖二期治理白泥湖护脚	100		
	洞庭湖二期治理（第三批、第四批）	4344.75		
	湘滨、南湖垸堤防加固	3130		
	烂泥湖堤防加固	2051		
	新泉寺闸建设	435		
	湘滨垸堤防工程（二期）	721.1		
	南湖垸堤防工程（二期）	758.7		
	岭北垸堤防工程（二期）	391.9		
	湘资垸堤防工程（二期）	455		
	沙田垸堤防工程（二期）	209		
	县人民医院住院楼基础设施建设	100		
	湖区 12 处水利建设	881.3		
	赛美灌区建设	1410		
	洞庭湖蓄滞洪区建设	500		
	洞庭湖二期治理项目	1025		
	长湘公路 20.2 千米建设项目	13580		
2001—2005	湘阴湘江大桥	15700	2	110
	湘阴临资口大桥	15000		
	湘阴封口子大桥	420		
	省道 1825 线	12300		

续表 13-2

年度	100万元以上建设项目		100万元以下建设项目	
	项目名称	总投资（万元）	个数	总投资（万元）
2001—2005	湘汨公路	730	2	110
	麦湾线	350		
	南和线	330		
	青山线	240		
	八沙线	852		
	新乔线	540		
	界燎线	220		
	夏石线	660		
	沙牌线	300		
	临赛线	156		
	湘营线	200		
	湘杨线	250		
	吉王线	455		
	城牛线	720		
	界樟线	750		
	思岩线	300		
	五六线	480		
	水利处险工程	138		
	机埠及涵闸工程	478		
	吹填压浸护坡工程	1667		
	湘江广场、滨江广场建设	1500		
	县城道路新建工程	14500		
	县城道路硬化、亮化等配套工程	2000		
	“十五”第一批商品粮基地建设	300		
	县农业示范科技示范园建设	120		
	退耕还林工程	3333		
	第四期世行贷款造林	480		
	农村沼气建设	144		
	东湖湘云鲫鲤繁育基地建设	260		

续表 13-2

<table>
<tr><th rowspan="2">年　度</th><th colspan="2">100 万元以上建设项目</th><th colspan="2">100 万元以下建设项目</th></tr>
<tr><th>项目名称</th><th>总投资（万元）</th><th>个　数</th><th>总投资（万元）</th></tr>
<tr><td rowspan="14">2001—2005</td><td>全国水稻生产机械化示范县工程</td><td>700</td><td rowspan="14">2</td><td rowspan="14">110</td></tr>
<tr><td>新一中建设</td><td>5760</td></tr>
<tr><td>新城区教师公寓</td><td>2000</td></tr>
<tr><td>中小学危房改造</td><td>3806.3</td></tr>
<tr><td>县人民医院住院楼</td><td>1800</td></tr>
<tr><td>县疾控中心实验楼</td><td>570</td></tr>
<tr><td>县血防科研大楼</td><td>130</td></tr>
<tr><td>民政园</td><td>1000</td></tr>
<tr><td>殡仪馆</td><td>1000</td></tr>
<tr><td>乡镇敬老院建设</td><td>500</td></tr>
<tr><td>大饭店农贸市场建设工程</td><td>1800</td></tr>
<tr><td>岳州窑商业一条街建设工程</td><td>3000</td></tr>
<tr><td>高岭新城区兴湘市场</td><td>12000</td></tr>
<tr><td>岳州窑遗址博物馆</td><td>370</td></tr>
<tr><td rowspan="15">2006—2010</td><td>S308 线</td><td>13500</td><td rowspan="15">1</td><td rowspan="15">99</td></tr>
<tr><td>通乡通村公路改造</td><td>56000</td></tr>
<tr><td>县乡公路改造工程</td><td>6300</td></tr>
<tr><td>柳林江大桥</td><td>1800</td></tr>
<tr><td>漕溪港千吨级货运码头</td><td>5000</td></tr>
<tr><td>高岭新汽车站</td><td>2000</td></tr>
<tr><td>湘霞沿江防洪综合开发工程</td><td>18000</td></tr>
<tr><td>水库除险加固工程</td><td>5037</td></tr>
<tr><td>灌区续建配套工程</td><td>500</td></tr>
<tr><td>小型农田水利工程</td><td>288.82</td></tr>
<tr><td>山平塘清淤扩容</td><td>2688.52</td></tr>
<tr><td>排灌工程</td><td>16700</td></tr>
<tr><td>农村饮水安全工程</td><td>7773.6</td></tr>
<tr><td>110 千伏乔口变改造工程</td><td>2200</td></tr>
<tr><td>35 千伏线路改造工程</td><td>468</td></tr>
</table>

续表 13-2

年度	100万元以上建设项目		100万元以下建设项目	
	项目名称	总投资（万元）	个数	总投资（万元）
2006—2010	10千伏以下配电网改造工程	20600	1	99
	110千伏泉洞线工程	360		
	220千伏袁家铺变电工程	6000		
	220千伏变出线配套工程	1140		
	110千伏界头铺变工程	1200		
	110千伏乔新线工程	390		
	110千伏濠河变工程（含出线配套工程）	1498		
	35千伏杨林寨变工程	556		
	行政办公大楼	2675		
	县城道路续建工程	14500		
	高岭新城区路网工程	7650		
	县城市供水管网改造工程	3742		
	县城区污水处理厂工程	12000		
	通达湖综合治理开发工程	1000		
	县标准良田建设项目	1103		
	生猪标准化规模养殖场建设	1030		
	退耕还林工程	3333		
	洋沙湖工业区建设	35000		
	土地开发整理复垦	9918		
	血吸虫农业综合治理工程	7550		
	湘阴一中学生公寓、校园广场等	13000		
	中小学危房改造	10000		
	乡镇寄宿制学校建设	5000		
	城东实验学校建设	8000		
	第一职业中专新增实训设备	700		
	地区、乡镇医院基建及设备添置	5000		
	县妇幼保健院住院大楼	350		
	农村有线电视扩网工程	2200		
	县广电局搬迁工程	1000		

续表 13-2

年　度	100 万元以上建设项目		100 万元以下建设项目	
	项目名称	总投资（万元）	个　数	总投资（万元）
2006—2010	广播电视村村通工程	12000	1	99
	湘阴数字电视综合网	2400		
	工业园综合服务中心大楼	400		
	城东实验学校一期工程	1287		
	泰富时代商贸广场	980		
	湘源财富广场	243		
	饮水安全工程	243		
	长银大厦建设	739		
	现代城一期工程	3000		
	县国土资源局住宅小区	490		
	英波达时装有限公司	688		
	高岭汽车站	1247		
	南泉寺一期（续建）	2350		
	县汽车站、高岭综合大市场	3400		
	湘阴宾馆综合大楼	1150		
	和谐小区	416		
	高岭商住楼及综合服务区	950		
	县中医院门诊大楼	859		
	湖南长元人造板湘阴基地	45407		
	普吉鞋业有限公司	580		
	银联公寓	431		
	县民兵训练中心置换城北学校	1386		
	佳缘二期工程	407		
	大方农药高新技术产业化示范	2037		
	滨江茗园住宅小区	2187		
	华泰大厦	685		
	年产 1150 吨聚合物助剂一期工程	710		
	精密新世纪花园二期工程	3600		
	城东实验中学续建工程	1008		

续表 13-2

年　度	100 万元以上建设项目		100 万元以下建设项目	
	项目名称	总投资（万元）	个　数	总投资（万元）
2006—2010	城建投综合服务楼	574	1	99
	东湖商业中心一期东湖茗苑	4870		
	资源小区商住楼	328		
	城关中学教学楼	121		
	文星大厦	378		
	铁角嘴水厂管网建设	108		
	锦绣苑二期	828		
	太傅综合楼	339		
	又一家商厦	111		
	县工业园加油站	160		
	大亨湖湘木业新建厂房	1000		
	农业综合开发土地治理项目	251		
	湖南湘马钢结构工程	1517		
	县公安局指挥中心	1080		
	县民政局三院合一工程综合楼	300		
	瓦窑湾社区经济适用住房	275		
	东正街廉租房工程	153		
	县酒厂宿舍拆迁建经济适用住房	220		
	滨湖路东延线	705		
	伊佩斯工业有限公司生产基地	2500		
	城建投综合服务楼	574		
	岳阳岩下天之果食品公司车间	1264		
	和谐小区二期工程	682		
	精密现代城 9 栋、10 栋、11 栋	680		
	中天加油站	200		
	湘阴中都大厦	212		
	锦绣星城	338		
	和谐花园二期	697		
	尚旺小区	946		

续表 13-2

年　度	100 万元以上建设项目		100 万元以下建设项目	
	项目名称	总投资（万元）	个　数	总投资（万元）
2006—2010	正湘木业人造刨花板	1200	1	99
	湖南建华管桩有限公司主厂房	4880		
	精密现代城二期	5264		
	戒毒康复中心	1260		
	华泰大厦二期工程	838		
	县农产品质量安全检测中心	165		
	远景大厦	429		
	县乡镇敬老院建设工程	313		
	县蓝盾汽车服务	290		
	东湖商住楼	175		
	六塘供水工程	139		
	嘉雅豪园	3824		
	2008 年度农业综合开发治理	424		
	大亨湖湘木业二期工程	1300		
	茵草小区	283		
	县妇幼保健院门诊大楼	1000		
	左宗棠广场	1057		
	鼎盛府邸	750		
	标准粮田建设工程	601		
	县东湖环境综合治理工程	13040		
	县污水处理管网工程	6713		
	中储粮 120 吨 / 日加工技术设备改造	220		
	城西渠疏浚护砌工程	1000		
	标准粮田建设项目田间工程	400		
	湘江一号住宅小区	1680		
	电机厂集资合作建房工程	370		
	玉光小区	264		
	水岸东湖一期	5150		
	金联商住楼	136		

续表 13-2

年度	100万元以上建设项目		100万元以下建设项目	
	项目名称	总投资（万元）	个数	总投资（万元）
2006—2010	巩固退耕还林基本口粮田建设	140	1	99
	东湖商业中心G区	538		
	县航道站附属工程	142		
	县工商局办公楼	424		
	中兴健康城一期	5600		
	凤南粮库扩建工程	187		
	印刷电路板项目	6445		
	鸿兴佳园住宅小区	656		
	燎原水库扩建工程（一期）	462		
	中医院改扩建三期	1991		
	中储粮2万吨油罐设备采购	200		
	佳境怡园住宅小区	2630		
2011-2015	芙蓉大道北拓（湘阴段）	138000	-	-
	漕溪港深水码头和港区	31500		
	东湖生态公园北岸风光带	25000		
	左宗棠文化园	54000		
	柳庄综合开发	13000		
	百里湖鲜水产走廊	28000		
	粮食高产示范片	111000		
	畜牧健康养殖示范片	32000		
	特色湘菜示范片	12000		
	禾田山湖鹭岛、青龙湖国际旅游度假区建设	80000		
	顺天洋沙湖国际生态旅游度假区	300000		
	岳望高速和平益高速湘阴段	370000		
	武警长沙（湘阴）直升机场及机场公路	33000		
	工业园污水处理厂建设	15000		
	第五自来水厂建设	19738		
	新世纪大道提质改造	20000		

续表 13-2

年　度	100 万元以上建设项目		100 万元以下建设项目	
	项目名称	总投资（万元）	个　数	总投资（万元）
2011–2015	江东路提质改造	10000	–	–
	主城区背街小巷改造	2000		
	滨湖路提质改造	3600		
	滨江大道提质改造	5000		
	旭东路提质改造	1400		
	尚书路提质改造	1000		
	太傅路提质改造	1800		
	冬茅路提质改造	8000		
	弼时街提质改造	650		
	嵩焘路提质改造	1200		
	人民医院整体搬迁	31000		
	知源学校新建	32000		
	瓦窑湾棚户区改造	12000		
	秀美乡村建设	16000		
	新乔线和新泉寺大桥	13900		
	湘营线提质改造	2045		
	界樟线提质改造	12000		
	郭嵩焘广场建设	15000		
	市民文体广场建设	23000		
	滨湖学校新建	13000		
	金龙新区建设	21000		
	农村电网改造	3600		
	农村饮水安全工程	10000		
	保障性住房建设	5156		

第二章 统 计

第一节 机 构

1979年，县计委内设统计组。1980年设统计科，归口县计委管理。

1981年6月，湘阴县统计局从县计委单列出来。1986年4月，湘阴县编委下发文件，成立湘阴县电子计算站，为统计局二级事业单位。1992年，湘阴县机构改革时，统计局与县计委合并称为计划统计局。1995年2月，湘阴县委发出《关于中共湘阴县委、湘阴县人民政府关于县直党政机构设置调整的通知》再一次将统计局单列。是年5月8日，县编委下发文件，对统计局的职能、人员编制进行进一步的明确，确定行政编制8人。1996年6月25日，湘阴县编委下发文件，同意统计局内设办公室、业务股、法规股，进一步明确各股室的职责和人员编制。2001年8月9日，县编委下发文件，成立湘阴县统计局普查中心，属二级事业单位。2002年普查中心成立。2010年，内设办公室、业务综合股、计算中心、执法大队4个股。2015年，内设办公室、综合调查股、法制股、业务股、信息中心5个股室。

第二节 统计调查

统计调查随着社会经济的发展视野不断拓宽，内容越来越丰富，主要包括国家调查任务（常年性的月报、季报、年报；全国性普查任务；定期和不定期抽样调查）、省市统计部门的调查任务和县委、县政府交办的产业、财政状况、周边县市经济发展状况等调查任务。

1986年始，国家为加强宏观调控，基本上形成了年度尾数为零的十年一次的人口普查，年度尾数为三的十年一次的第三产业普查，年度尾数为五的十年一次的工业普查，年度尾数为六的十年一次的农业普查和年度尾数为六、一的五年一次的基本单位普查制度。湘阴县委、县政府认真组织统计部门搞好这些普查。

1981—2010年，县统计部门完成的国家调查任务有四次全国人口普查、两次全国工业普查、两次全国农业普查、两次全国基本单位调查、一次全国第三产业调查和两次全国经济调查等。

第三次全国人口普查：通过普查，1982年7月1日零时，全县总户数129099户，总人口579106人，其中男性306507人，女性272599人；城镇人口53338人，农村人口525768人。

第二次全国工业普查：1985年年末，全县工业企业240个（全民工业企业31个，集体工业企业208个，集体与私人合营1个），完成工业总产值1.58亿元，实现利润1538万元，税金761万元。

第四次全国人口普查：1989年5月9日，国务院发出《关于进行第四次全国人口普查的通知》，11月9日，县政府发出《关于认真做好第四次人口普查的通知》。这次普查共出动人口普查人员4200人，普查结果表明：截至1990年7月1日零时，湘阴县共有165891户，637596人。

全国第三产业普查：1993年6月27日，湘阴县根据国务院的文件精神，及时普查了境内所有第三产业企业、事业、行政单位、社会团体反映第三产业发展规模、生产经营活动成果、实物资产情况的指标。普查结果表明：截至1993年12月31日，全县共有从事第三产业户8399户，其中个体户6585户，创产值39141万元，创净值20967万元，对国民生产总值的贡献率为21.5%。湘阴县被评为全国第三产业普查工作先进单位。

第三次全国工业普查：普查表明：1995 年，全县工业企业 8106 个，总产值 74257 万元。其中全民工业企业 44 个，集体工业企业 217 个，城镇合作经营工业企业 110 个，城镇个体工业企业 379 个，农村村办工业企业 359 个，农村合作经营工业企业 268 个，农村个体工业户 6729 家。

第一次全国农业普查：1997 年，湘阴县根据国家的统一部署，开展了全国第一次农业普查。普查境内各种类型的农业生产单位、农村住房、乡镇企业、行政村和乡镇，涉及 38 个项目，687 个指标。这次普查共出动了 1500 多名普查人员。普查结果显示：截至 1996 年 12 月 31 日零时，湘阴县共有农村住户 13.39 万户，54.16 万人，共有耕地 41193.33 公顷，渔业养殖面积 14853.33 公顷，茶园 2486.67 公顷，果园 526.67 公顷，林地 6373.33 公顷。1996 年农作物播种面积达 65280 公顷，其中粮食播种面积 59268.67 公顷，油料 1493.33 公顷，发展生猪 107.11 万头，出栏肥猪 53.1 万头。发展家禽 139.3 万羽，出笼家禽 38.4 万羽。

第一次全国基本单位普查：1997 年，湘阴县根据国务院和湖南省政府文件精神，认真开展了第一次全国基本单位普查。普查境内所有从事社会经济活动的法人单位和产业活动单位，主要属性和经济指标共 20 个项目。普查结果表明：截至 1996 年 12 月 31 日，湘阴县共有法人单位 1108 个，产业活动单位 1130 个。在总结验收工作中，湘阴县被评为全国基本单位普查先进单位，有宋建秋等四人荣获全国普查先进个人，有刘国芳等五人荣获全省普查先进个人。

第五次全国人口普查：2001 年，湘阴县根据国务院和湖南省统计局文件精神，集中精力，认真做好了第五次人口普查工作。这次普查共出动 3000 多名普查人员。普查结果表明：截至 2000 年 7 月 1 日零时，湘阴县共有 181854 户，684131 人。其中男性人口 356556 人，女性人口 327575 人。在总结验收中，湘阴县被评为全省人口普查先进单位。

第二次全国基本单位普查：2001 年，湘阴县根据国务院的统一部署和湖南省政府办公厅文件精神，认真开展了全国第二次基本单位普查。普查结果表明：至 2001 年 12 月 31 日，湘阴县共有法人单位 1694 个。其中企业法人单位 861 个，事业法人单位 254 个，机关法人单位 136 个，社会法人单位 7 个，其他法人单位 436 个。共有产业活动单位 2521 个，其中生产性产业活动单位 1019 个，非生产性产业活动单位 1502 个。

第一次全国经济普查：普查标准时间为 2004 年 12 月 31 日，普查对象为境内从事第二、三产业全部法人单位、活动和个体经营户。普查内容包括单位基本属性、就业财务状况、生产经营情况、生产能力、原材料和能源消耗、科技活动等情况。

第二次全国农业普查：2007 年进行。普查境内所有农村住户，包括农业生产经营户和其他住户、城镇农业生产经营户、农业生产经营单位、村委会、乡镇政府、普查内容包括农业生产条件、经营活动、土地利用、农村劳动力及就业、农业基础设施、农村社会服务、农民生活及乡镇、村委会和社区环境等。通过普查，进一步查清湘阴县农业、农村和农民十年来发展变化情况，掌握湘阴县农业生产、农田水利和农村基础设施建设、农村劳动力转移、农民生活状况等方面的信息，为研究确定国民经济发展战略和规划，制定各项经济和社会发展政策提供依据。

第二次全国经济普查：经济普查对象是除农业以外的所有国民经济行业，包括工业、建筑业、房产业、交通运输业、商业、服务饮食、科技文化卫生、行政机关、社会团体和个体生产经营户等。普查内容包括单位属性、人员、生产能力、财务状况、生产经营规模、水资源、能源消耗等指标。此次普查摸清了五年来湘阴县社会经济发展的现状和发展变化情况，为全县制定发展中长期计划提供决策依据。

第六次全国人口普查：2010 年进行。人口普查主要调查人口和住户的基本情况，调查内容包括：性别、年龄、民族、受教育程度、行业、职业、迁移流动、社会保障、婚姻生育、死亡、住房情况等。

普查结果：截至 2010 年 11 月 1 日零时，湘阴县共有家庭户 182136 户，户籍人口 758070 人。

第三次全国经济普查：根据《全国经济普查条例》规定，国务院决定在 2013 年开展全国经济普查，主要对象是摸清第二、三产业中的全部法人单位，产业活动单位和个体经营户；主要内容包括单位基本属性，从业人员、主营业务、生产经营、生产能力、资源消耗、技术改造、科技活动、财务状况等，内容广泛复杂，任务艰巨。按照省、市主管部门的安排，县统计局召开专门会议，制定普查方案，向县政府领导作专题汇报。2013 年 9 月 30 日，县人民政府召开第三次全国经济普查工作动员大会，县委常委、常务副县长闵秀明出席讲话，宣布全国第三次经济普查正式启动，力争 2015 年年底基本完成，要求做到“应统尽统，不重不漏”。动员会议明确了县政府专抓负责人，建立专门班子。会后县统计局按照省统计局的统一部署和业务要求，开展宣传发动，培训经济普查员和普查指导员 826 名，至 2015 年，携带 PDA 设备，共普查有证或无证生产经营个体 32746 个、4183 个法人的普查规定情况，并采用 PDA 设备进行现场定位和各种证照的拍摄，对全部规定数据进行了录入，在上级规定的时间内，全面系统，应统尽统，不重不漏、基本准确地完成了湘阴县第三次经济普查任务。

其他各项专项调查工作：主要有企业景气调查、限额以下贸易调查、中小型工业企业调查、城镇住户调查等经常性调查和人口变动、劳动力、群众安全感等非经常调查共 12 项调查任务，每项调查下基层深入实地，确保调查数据真实可靠，调查表上报程序到位，符合国家、省、市调查工作要求。

第三节　统计服务与执法

一、统计服务

编辑《湘阴统计年鉴》：1980—2015 年，每年编辑《湘阴统计年鉴》，全面统计反映湘阴经济和社会发展的主要数据和情况。

定期或不定期开展民调，及时向县委、县政府及相关部门反映社情民意和经济社会发展的动态：1984 年创办《农村调查》刊物，至 2003 年共编辑农村调查资料 158 篇，其中《湘阴概况》《从数字看湘阴》《湘阴县农业结构分析》等 36 篇统计调查分析资料被国家和省级报刊采用。

编印统计资料：定期编印《统计分析》《全县国民经济和社会发展月度快讯》和《统计快讯》等统计资料，及时为县委、县政府提供决策参考。

建立咨询服务网点：1997—2015 年，在全县建立咨询服务网点 560 个（次），开展上门服务，提高统计数据质量。

提供社会公众服务：每年接待有关单位部门和个人有关统计数据的咨询，满足社会到访需求。每年发布统计公报，提供统计服务。

开展统计分析研究：县统计部门 1983 年撰写《略论湘阴人口》，1984 年撰写《湘阴县农业发展战略设想》，1992 年撰写《对我县当前经济形势的几点看法》，1993 年撰写《统一认识，积极推行社会主义经济体制的建议》，2000 年撰写《发展经济、振兴湘阴财政》等统计分析论文被县委、县政府采用。《统计法制改革势在必行》《试论统计的整体功能》《普查数据质量保证体系的建议及评价》等论文被中国信息报采用。1980—2015 年，县统计局共编印《统计分析》1285 期，其中 123 篇被省、市统计局收录和转发。2001 年，县统计局承担省局统计科研课题研究《普查数据质量保证体系的建立及评价》和《农村统计体制改革和完善》两项科研课题被省科研组织管理办公室收录入湖南统计信息网。

二、统计执法

1984 年 3 月和 1985 年 8 月，县统计局两次组织 46 名统计人员到 99 个县一级、二级机构进行报表数据质量督查，核实校正 3 个单位报表数据。

1986 年县统计局成立法规股（2006 年改为统计执法大队）。1986—2010 年，法规股（统计执法大队）先后对 350 余家行政、企事业单位开展经常性的统计执法检查。其中发放“统计报表催报函”680 份次，发放“统计执法检查通知书”518 份次，查处统计违法案件 72 件。1990 年县物资局贸易中心为了“登台阶”虚报销售额 460.88 万元，立案罚款 5500 元，并在岳阳市电视台、湘阴县电视台曝光。

2011—2015 年，县统计局加强统计法规宣传教育活动，向各级领导成员、机关行政企事业单位和统计人员发送统计法规宣传资料 600 本，邀请上级法制科负责人来湘阴县开办统计法制专题讲座，加强了统计执法检查。统计执法人员全部持证上岗，共检查重点单位 30 个，对 2 个出现统计违规违法的单位进行了查处。统计执法做到组织检查、法律文书使用、调查取证、案件处理、材料归档五规范。

第三章　审　计

第一节　机　构

1984 年 1 月 18 日，经湘阴县委、县政府批准，湘阴县审计局挂牌成立。1985 年内设行政事业审计股。1986 年内设工业交通审计股。1987 年局机关内设办公室、行政事业审计股、工业交通审计股、农林水审计股、工商企业审计股等机构。1988 年，设立审计咨询站，后改为审计事务所。1990 年，增设基本建设投资审计股。2000 年 8 月成立经济责任审计股。2001 年，审计事务所脱钩改制。2010—2015 年，县审计局内设办公室、法制股、经济贸易审计股、财政金融审计股、行政事业审计股、经济责任审计股、农业资源环保审计股、工会、纪检监察室。

1986 年度审计署授予湘阴县审计局“全国审计系统先进单位”称号。

第二节　国家审计

1984 年 1 月，湘阴县审计局成立，审计工作贯彻国务院“边组建，边工作”“积极发展，逐步提高”的工作方针，重点是维护财经纪律，查处钻改革空子，搞“三乱”等方面的违纪问题。1985 年，执行审计署提出的“抓重点、打基础”工作方针，开展对各行业经济活动全面监督和对乡（镇）财政的审计监督。1988 年，按照省政府《湖南省全民所有制企业厂长（经理）经济责任审计暂行办法》文件精神，对企业承包经营与经济责任开展审计，澄清家底，核实盈亏，促进企业管理。是年 11 月，国务院发布《中华人民共和国审计条例》（以下简称《审计条例》）。审计工作开始由事后审计向事中、事前审计转变，财务收支审计向经济效益和内控制度审计转变，微观审计向宏观审计转变。审计监督面进一步拓宽，审计执法力度逐步加强，查处的违纪金额和收缴财政金额逐年增加，审计影响不断扩大。1994 年 8 月 31 日，第八届全国人民代表大会常务委员第九次会议通过《中华人民共和国审计法》（以下简称《审计法》）。1995 年，全面贯彻《审计法》以及《中国审计规范》《〈审计法〉实施条例》，财政审计工作开始由单纯的“上审下”发展为“同级审”与“上审下”相结合，即全面开展对同级财政预算执行情况审计，按规定向同级政府和同级人大常委会分别提交审计结果报告和审计工作报告，同时集中力量、加大力度，突出对重要部门、重点项目、重点资金的审计监督。1997 年 10 月 21 日，国务院颁布《中华人民共和国审计法实施条例》。1999 年，中央、省、县关于经济责任审计的有关规定相继颁布实施，审计法律、法规和各项制度得到逐步完善。2010 年，全国人大常委会又对《审计法》进行修订，使审计工作逐步走向法制化、规范化的道路。

1984—2010 年，该局共完成审计项目和单位 1890 个，查出违规行为金额 71532 万元，审计处理上缴财政 2198 万元，应追还侵占挪用资金 12489 万元，其中，2010 年完成审计项目 44 个，审计决定处理处罚应上缴财政金额 156 万元；查出违纪违规金额 4490 万元，管理不规范金额 27883 万元，应用账处理金额 1211 万元；审计提出建议 106 条，发表各类审计信息 36 篇。审计工作为建立市场经济体制，维护财经纪律，服务宏观调控，促进廉政建设，保障全县经济健康发展和建设和谐社会发挥积极作用。

2011—2015 年，共完成审计项目 184 个，查出违规违纪金额 22387 万元，上缴财政资金 580 万元，向被审计单位和有关部门提出审计建议 412 条。

一、财政金融审计

财政审计 审计机关建立伊始，就不断加强对乡镇财政的监督。通过审计，规范乡镇财政行为，提高乡镇理财水平。1985 年审计 58 个单位，查出各类问题金额 329.3 万元，其中违纪金额 291.8 万元，上缴财政 36.71 万元。1988 年、1989 年，审计部门开始对同级政府的财政部门、税务部门同时进行审计，下达审计通知书、审计结论和决定，使财政决算审计上了一个层次。1995 年 1 月 1 日《审计法》正式实施，审计机关可以对同级财政预算执行情况进行审计监督。是年，审计机关在同级政府领导下，以《中华人民共和国审计法》《中华人民共和国预算法》和《湖南省预算执行情况审计监督实施办法》为依据，全面实施本级预算执行情况审计。以“预算执行”为重点，抓住“预算收入”“预算支出”和“预算外资金”三个环节审深审透。1997 年，在总结经验的基础上，按照“账户入手，下审一级”的要求，本级预算执行审计共查出违纪金额 4835 万元，增加财政收入 605 万元，核减财政支出 392 万元，增加财政节余 243 万元。审计查出预算收入应缴未缴、违规减免税收、违规退库、虚增收入、预算内转预算外、虚列支出、挤占挪用专项资金、财政周转金使用不当等问题。2010—2015 年，围绕建立透明规范的公共财政框架总体要求，坚持以规范预算管理，提高财政资金使用效益为目标，坚持以规范预算管理，提高财政资金使用效益为目标，以预算执行为主线，以财政支出为重点，组织 6 个审计组，分别对县财政局、县地税局、县水利局、县卫生局等 4 个县级预算执行单位上年预算执行及其他财政收支情况进行审计，同时延伸审计和审计调查 46 个与财政预算有关的单位。促使有关被审计单位上缴财政各项资金 32 万元，规范财政收支金额 33541.31 万元，纳入财政预算管理 5714.56 万元。一年一度的本级预算执行情况审计，为本级政府全面了解和掌握财政预算管理情况、问题和家底，提高财政资金使用效益，增强政府宏观调控能力；为本级人大常委会加强对政府财政预算管理的审查和监督发挥了重要作用。

金融审计 1985 年始，湘阴县金融审计工作进入了“抓重点、打基础”的发展阶段，在审计队伍的建设、审计业务的开展、审计工作的规范化管理以及审计工作质量等方面都有了较大的提高。是年，组织开展了对中国农业银行湘阴支行的财务收支审计。1986 年，组织对中国建设银行湘阴支行财务收支审计。1987 年，组织开展对中国工商银行湘阴支行的财务收支审计。1988 年，组织对中国银行湘阴支行和中国人民保险公司湘阴县支公司的财务收支的审计。1989 年，组织对中国人民银行湘阴支行的财务收支审计。1993 年下半年，根据审计署关于大力整顿金融秩序、加强金融审计监督和跟踪检查的要求，审计机关组织对中国人民银行湘阴支行和各专业银行湘阴支行 1992 年及 1993 年上半年信贷资金的审计和跟踪检查。审计了中国人民银行湘阴支行及 6 个专业银行机构，延伸审计了县各级信托投资公司、县城市信用社和 8 个各类经营公司。1993—2015 年，共审计项目 97 个，查出违纪违规金额 7480 万元，为国家增加财政收入、减少支出 956 万元。

二、固定资产投资审计

固定资产投资审计始于1984年。1984年对县工商局、家畜防疫站、县燃料公司、县石油公司、新泉区肉食站进行固定资产投资审计，查出超计划和无计划基建31.03万元，进行了处理。1985—1986年对县内48项基建项目进行了审计，查出违纪问题128万元，进行了处理。2010年4月，某村群众对该村农村土地平整项目实施过程中村委主要负责人存在严重经济问题向检察机关实名举报。检察机关专函请求县审计局选派工程审计人员现场调查、核清事实。审计局4名审计人员对1座机埠、18处桥涵、14000米沟渠、5000米田间小路进行工程造价审计。对项目实施过程中合理的工程变更与确实存在的计量、质量问题逐一梳理、定性，出具审计意见。最终检察机关以审计结果为依据，对举报人进行了回复，收到了很好的社会效果。是年，在固定资产投资审计中，审计小组打破常规审计方法，对所有的隐蔽工程都抽点测量。审核金额495.5万元，核减工程造价88.4万元。

竣工项目审计　1988年12月，《湖南省基本建设项目竣工决算审计方案》发布。1989—2015年，共审计竣工项目366个，查出违规资金8857万元，核减工程造价2.2亿元。通过审计，规范了建筑市场，提高了财政资金的使用效益。

建设行业财务收支审计　根据《审计法》的要求，重点对建设、规划、园林、设计、质监、建管、施工等单位财务收支加大审计力度，1989—2015年共审计建设行业财务收支项目106个，查出了违规收费、虚列成本、套取资金用于年终福利等违纪违规金额720多万元，进行了严肃处理，得到省审计厅的高度赞扬。

授权投资审计　湘阴县审计机关固定资产投资审计在多年的工作实践中，积累丰富的经验，获得上级审计机关重大投资审计项目的授权。2003年，岳阳市审计局抽调湘阴县审计局人员参加京珠高速公路、S308公路、岳阳步行街和南湖广场等重点工程审计，仅步行街一项再次核减工程造价200多万元，受到市局领导的高度赞扬。2010年，省审计厅授权委托湘阴县审计局审计益阳至芦林潭航道疏浚工程项目基建投资，该工程涉及标段12个，送审金额2.9亿元。是建局以来审计项目涉及领域最宽，送审金额最高的一个大型项目。该局集中精兵强将8人，连续工作40多个日夜，查阅大量资料，调查走访所有施工单位近百人次，出色完成现场审计。

1984—2015年授权审计投资建设项目、建筑安装企业、房地产开发企业、县城公用企事业单位626个，审计总金额45亿多元；完成开工前审计签证建设项目1352个，总投资17亿多元。通过审计，查出各类违规金额1.7亿元，应上缴财政860万元，核减工程投资3.5亿元。

三、工业交通审计

1986年，县审计局成立工业交通审计股。按照国家审计署和省审计厅的安排，组织力量对全县交通、公路、石油、邮电、烟草等系统进行审计。通过审计，发现各个行业在经营管理和财务收支等方面存在的带普遍性和倾向性的问题，提出整改意见。是年，开展财务收支和资产、负债、损益审计项目85个，查出违纪违规金额3545万元。

1987年，县审计机关对1984年和1985年公路养路费专项资金进行审计。查出有关部门、单位擅自扩大非生产性开支范围和提高标准，滥用养路费搞计划外基建，以及挪用截留，任意减免养路费等违纪违规金额385万元，进行了处理。

1994年，对县氮肥厂1986年以来连续8年的资产、负债、损益和技改项目进行审计，查出技改土建工程承包人违纪违规金额122.65万元。1995—2015年，共完成工交审计项目136个，专项审计调查34个，行业审计项目10个，“三大检查”项目34个，查出违纪违规金额92615万元。

四、商贸审计

1991年成立商贸审计股。1991—1998年重点抓商品流通领域经营企业的审计。

1998年6月，县审计局根据审计署的指示和省局安排，派出审计组赴益阳市对沅江市粮食系统1992年4月1日至1998年5月31日的老挂账和新增财务挂账及其他不合理占用贷款情况进行全面审计。在该市自查核减3625.6万元的基础上，核减该市粮食财务挂账837万元，被市局评为1998年度粮食财务挂账审计工作先进单位。

1993年，县审计局对粮食、供销、商业等20多家商贸改制企业进行了财务清查，查出违纪违规金额1365万元，协助企业收回个人和单位欠款562万元，协同有关部门制定了详细的《两个置换方案》，为深化企业改革、促进安定团结发挥了很好的作用。

1995—2015年，县审计局完成商贸审计132个单位，查出各类违纪金额5328万元。

五、专项资金审计

农业专项资金审计 1989年始，县审计局切实加强对农业专项资金的审计。1989—2006年，县审计局组织53次农业专项资金审计，对825个农林水、国土、乡镇企业事业单位进行审计，累计审计转移支付资金、水利防洪保安资金、扶贫专项资金、退耕还林资金、平垸行洪资金、移民建镇资金、农网改造资金、农业综合开发资金、教育英才助学基金、粮食直补资金、农村合作医疗资金等总金额2.6亿元，查出挤占挪用、截留抵扣、平衡财政预算、擅自改变资金投向等违纪违规金额4236万元。每次审计都向县政府出具专题审计报告，县政府及时进行督查整改和处理。

社保专项资金审计 1989—2006年，县审计局以民为本，切实加强对社保资金的审计。2002—2010年，共完成审计项目和单位164个，查出违规资金2367万元。2010年，按照审计署的统一部署，县审计局组成5个审计组，分别对企业职工养老保险、事业单位养老保险、医疗保险基金、失业保险基金、生育保险基金和再就业基金进行了全面审计，查出社保资金未专户储存、少数单位欠缴社保基金等问题，依规予以处理。在加强监督的同时，还十分注重服务。在医疗保险基金审计中，审计人员发现医疗保险基金的开户银行未按国务院有关规定对医疗保险基金执行优惠利率，银行少计利息13万多元，经过延伸调查和多次交涉，银行方面终于同意将利息13万多元补给医疗保险基金，并且调整了以后年度的计息办法。通过专项资金审计，切实有效地维护了人民群众的利益。

国土专项资金审计 随着湘阴城镇化、工业化步伐加快，国土资金投入逐年增多。县审计局把对国土资金的使用作为重中之重来监督。1989—2010年，共审计项目和单位146个，查出违纪违规资金2637万元。针对国土补偿资金发放等问题，审计人员深入到全县乡、镇、场、村、组、农户进行调查走访，查出虚列国土补偿支出，侵占农民利益的问题进行严肃处理，责令将侵占款项如数退还给相关农户。

六、行政事业审计

1985年，县审计局建立行政事业审计股，担负全县行政事业单位、党政群机关和公检法司、文教卫科及农林水等部门的财政财务收支及其经济活动的审计监督重任。行政事业审计陆续开展起来，选定部分单位试行报送审计以获取经验。1986年始，在全县推行定期报送审计制度。随着报送定期审计不断深入，行政事业单位经济违纪行为由账内转到账外，由一级单位转到二级单位，由公开转为隐蔽。针对违纪手段的变化，行政事业审计适时调整审计面，改定期审计为经常性审计，由抓审计覆盖面转为抓审计深度，提高审计质量。定期审计和经常性审计均取得很大的成绩。

1990年，根据审计署和省审计部门的部署，加强对民政经费、科技经费、卫生行业、公检法司系统、医院等行业的审计。共完成审计项目413个，查出违规金额5420万元。协助纪委、监察、民政等部门，对全县救灾款的发放进行检查监督，在30个乡镇（场）、78个村、186户进行延伸调查，查出部分村组挤占挪用救灾款，发放程序不合规，发放款物不公示等问题进行处理和纠正。

2000年始，教育乱收费的现象比较严重，引起群众强烈不满和上级领导重视。县审计局把教育经费审计作为头等大事来抓。共审计单位和项目46个，查出违规资金3325万元。

2002年，县审计局把学校收费作为审计重点，派出审计组，通过对学生和家长的调查，发现和查处乱收费问题。查出某校违规自立项目，向学生收取水电费、补课费、课本费、考试费等共计35万元，并且未纳入学校财务账，直接用于发放教师福利奖金和招待、送礼等开支。审计部门责令如数退还上述款项。通过个案的处理，使教育乱收费在一定程度上有所收敛。

2003—2015年，共审计行政事业单位625个，查出违纪金额1.6亿元，增收节支1854万元，追还资金1185万元。

七、任期经济责任审计

1988年，县审计局按照省政府《湖南省全民所有制企业厂长（经理）经济责任审计暂行办法》，对企业承包经营与经济责任开展审计，澄清家底，核实盈亏，促进企业管理。1994年始，探索乡镇、部门领导离任审计。由于当时没有设立经济责任审计机构，离任审计还处在摸索审计中，审计方法基本停留在财务收支审计基础上，使经济责任审计流于形式。1999年，中共中央办公厅、国务院办公厅颁布《县级以下党政领导干部任期经济责任审计暂行规定》和《国有企业及国有控股企业领导人员任期经济责任审计暂行规定》，以及湖南省委、省政府颁布的《湖南省党政领导干部任期经济责任审计办法》和《湖南省国有企业领导干部任期经济责任审计暂行办法》的规定。任期经济责任审计走向法制化、规范化道路。

2000年8月，县审计局增设经济责任审计股。2001年11月，成立湘阴县领导干部经济责任审计领导小组，同时，建立健全经济责任审计工作联席会议制度，各成员单位根据各自职责，加强协调，分工合作，形成经济责任审计的整体合力。是年，县政府制定下发《湘阴县领导干部经济责任审计暂行办法》，经济责任审计做到离任一个审计一个，审计对象由科局级领导扩大到二级事业单位法人代表。当年，根据群众反映和现场审计，发现某局局长及财务人员财务上有重大疑点，在纪检、监察等部门的配合下，查出虚列支出、涂改工资表、多列支出套取现金13.69万元，收取水电费及教育基金不入账10.48万元，合计24.17万元的重大违法行为。

2000—2010年，共完成领导干部任期经济责任审计项目147个，审计领导干部148人，查出各项违规行为金额4687万元，其中领导干部应负直接责任金额3021万元，应负主管责任金额1666万元。

第三节　社会审计

1988年成立湘阴县审计服务咨询站，1989年改成湘阴县审计事务所。主要开展审计企业会计报表，验证注册资本，办理业务合并、分立，清算事宜中的审计业务，鉴证经济案件，进行资产评估，担任会计顾问，提供咨询、代理记账、编制工程标的等业务。县审计事务所恪守“服务第一、质量第一、信誉第一”的宗旨依法开展社会审计工作。1999年，审计事务所脱钩改制，人员分流，债务、经费全部并入县审计局局机关。

1989—1999年，共完成审计项目521个，其中：验资年检341个，核减虚假注册资金932万元；基建预决算审计72个，核减高估冒算等预决算资金432万元；财务收支审计108个，为委托单位挽回损失183万元，促进提高经济效益68万多元。

第四节　内部审计

1984年5月，按照省人民政府转发省审计局《关于贯彻国务院今年130号文件几个问题的报告》的精神，县政府在下属单位较多的行业主管局和一些中型企业进行建立内审机构或配备专职内审人员的试点。通过宣传发动、交流经验，湘阴县的内部审计工作在1986年有了较大的进展，内部审计工作普遍开展起来。至2010年，有工业、教育、商业、粮食、供销、卫生等15家部门单位和企业建立了内审机构，从业人员达30多人。各内部审计机构坚持以经济工作为中心，突出效益审计，加强基建预决算审计和经济责任审计，积极开展审计调查，审计领域不断拓展。

效益审计　在全县内部审计工作初期，效益审计并未得到普及，随着经济体制改革的不断深化，企业被推向市场，“效益”成为企业的生命，立足于为本企业服务的内部审计随之也向效益审计转变，至1990年，大部分内部审计机构开始经济效益审计。此后，各内部审计机构越来越明确地认识到提高经济效益的重要性，效益审计成为内部审计工作的重点。至2010年，全县内部审计机构共开展效益审计项目967个，查出损失浪费金额1045万元，促进提高经济效益962万元。湘阴县工业系统建立内部审计机构以来，积极开展效益审计，为国家挽回经济损失和促进增收节支876万元，减少和纠正损失浪费462万元。

基建预决算审计　1992年始，全县的内部审计机构进行基建预决算审计。至2015年，共完成审计项目190个，核减率普遍在10%以上。粮食系统内审股将基建预决算审计作为反腐倡廉的突破口，专门行文规定：“凡10万元以上的基建、技改、装饰工程，必须‘先审计，后动工，先审计，后付款’”，开展基建预决算审计15年来核减基建技改投资1674万元。

任期经济责任审计　全县内部审计机构对厂长经理任职期间的经济责任实行“三步审计”，即：“一年一小审，届中一中审，离任一大审”。至2010年，共完成任期经济责任审计项目168个，为界定企事业单位厂长（经理）任期经济责任发挥了积极作用。

审计调查　1985—2010年，县审计机关根据《审计法》的要求，先后开展了城镇居民平价粮供应情况、地区投资规模、农业银行粮食收购资金贷款、农业银行系统信贷计划执行情况、“两基”评估落实情况、中小学收费、农村教育事业附加费征收、拖欠教师工资、开发区建设、工商银行技术改造专项贷款等政府和群众关心的热点问题进行了专项审计调查。通过反馈信息，引起了各级政府和相关部门的高度重视，对促进宏观调控、制定相应政策措施起到重要作用。

第四章　物　价

第一节　机　构

1983年，湘阴县物价局成立，负责全县物价管理工作。1984年为适应改革的需要，下设湘阴县物价检查所，负责监督、检查全县的物价政策执行情况。1993年1月，县级机构改革试点，县物价局与县工商行政管理局合并为县工商物价局，物价工作由县工商物价局负责。1995年，撤销工商物价局，设立湘阴县计划物价局，物价工作由县计划物价局负责。1997年年初，撤销湘阴县计划物价局，分别设立湘阴县计划局、湘阴县物价局，物价工作由县物价局具体负责。2002年4月，根据上级关于机构改革的精神，县物价局与县计划局合并为湘阴县计划物价局。2005年1月，撤销湘阴县计划物价局，分别设立湘阴县发展和改革局、湘阴县物价局，物价工作由县物价局负责。2007年，县发展和改革局与县物价局合并组建县发展和改革局，机构合并，人财物关系不变，保留县物价局牌子。

2015年年底，县人民政府实施机构改革，再次将县物价局与县发展和改革局合并，这次机构改革实行了实质性合并，原物价局不保留牌子，人财物都合并到发展改革局，物价工作由县发改局统一组织实施。

第二节　价格管理

一、管理机制

1996年，县物价局制订《湘阴县价格调节基金征收细则》。在价格约束机制上，严格推行《商品和收费实施明码标价制度》《重要商品和生活必需品服务价格监审制度》《湘阴县市场物价管理办法》，经常对城乡所有门店、摊贩推行明码标价制度进行监督检查。对农业生产资料、日用工业品、燃料、粮食、食品、行政事业和服务性收费管理等分别作出调价申报、差率控制以及最高限价规定。1987—1997年，全县明码标价率由不足10%升至95%。1998年5月1日，《中华人民共和国价格法》正式颁布执行。1999年8月1日，国家计委颁布《价格违法行为行政处罚规定》。是年，县物价局在全县19个乡镇设立农村物价管理站，农村物价管理开始步入法制化、正规化轨道。2001年4月，开通“12358”价格举报热线，每年受理群众举报咨询近100起，回复率办结率均为100%。2003年，建立农村价格监督站18个，聘请乡、村两级义务价格监督员58人。2005年，成立“物价检查所”。2006年，与县财政局联合下发《关于进一步加强国有资产拍卖市场管理的通知》，进一步加强全县公有资产的管理，预防公有资产的流失。2008年，在全县开展企业挂牌服务活动，对全县26家规模企业实行挂牌服务，进一步规范收费行为和优化经济发展环境。是年9月，物价检查所更名为价格检查局（副科级行政单位）。2009年，成立价格监测中心，全县设立价格监测点29个，聘请价格监测员29名，重点对粮油、肉禽鱼蛋奶、蔬菜、生产生活资料4大类居民生活必需品及服务价格进行监测，全年在电视、网络上发布市场价格信息24期，改进和完善了价格调控手段，建立价格预警机制。2010年开始，率先在全省开展涉税财务价格认定工作，维护了赋税环境的公平，增加了财政收入。

二、价格检查

湘阴县物价部门切实贯彻执行国家、省、市关于物价工作的政策法规，以整顿、清费、治乱、减负为重点，认真开展各类专项检查、市场检查、举报检查等，严厉打击各种价格违法行为。1989年始，查处各类价格违法案件。2003年，针对非典期间出现的防治药品、消毒药品和粮油价格异常波动；2008年，针对冰冻灾害期间出现的蔬菜、燃料、客运票价不正常上涨，县物价局及时组织人员进行宣传教育和监督检查，严厉打击哄抬物价等违法行为，有效地制止乱涨价、乱收费行为，使市场价格迅速趋于平稳。2004年始，为贯彻落实中央一号文件精神，每年会同农业、工商、技术监督等部门，进行农资市场大检查，有效规范市场秩序，维护广大农民的切身利益，收到良好的社会效果。至2010年，共查处各类价格违法案件2683起，查处违法所得3728.435万元。价格处罚和经济制裁金额351.28万元，清退2280余万元。

三、价格调控

1980年，适应经济体制改革的需要，逐步缩小国家定价，扩大市场调节，实行国家定价和市场调节价“双轨制”价格。

1981年，实行合理计费、合理盈利的作价原则。

1987—2015年，湘阴县物价管理和价格调控经历了三个阶段：

治理整顿时期(1987年12月至1992年10月)：这一时期，社会主义市场经济处于初级阶段，发展过快，经济过热，市场物价波动较大，这一阶段，价格管理的指导思想是“既要稳定物价，又要振兴经济，以控为主，总量压缩”。主要任务是“控制物价上涨，正确处理改革、发展、稳定三者之间的关系”。

深化改革时期（1992年10月至2001年）：这一时期价格改革的主要任务“积极理顺价格，加快改革步伐，建立以市场形成价格为主的价格机制；在坚持价格总水平相对稳定的前提下，进一步扩大市场调节范围，建立和完善价格宏观调控体系”。

完善时期（2002—2015年）：这一时期价格改革任务主要是“以加入WTO为契机，围绕完善社会主义市场经济的价格体制与机制，推动国家对外经贸的发展，研究国际经济新秩序并适应其要求，加快与国际经贸规则和国际价格的接轨”。一是进一步理顺价格，由狭义价格转向广义价格；价格管理由下游产品转向上游产品的资源、能源等生产要素的价格管理；价格调整重点由一般民生价格调整转向垄断性、公益性、保护性、强制性价格调整。二是确保价格总水平的基本稳定。三是政府管理职能转变为“定规则，当裁判，搞服务”。在价格改革过程中，各级政府始终将“米袋子、菜篮子”作为稳定市场的主要内容。

第三节　收费管理

一、收费许可证管理

1978—1989年，各行各业提出收费项目要求申请，报请县计委物价科批复执行。

1990年3月，县政府召开县长办公会，提出全面铺开全县收费清理整顿工作。全年共清理各种收费文件500余份，收费项目1084项，清理出不合理收费项目109个，取消42个收费项目，降低6个项目的收费标准，注销收费许可证30本，编印《行政事业收费目录》千余册。从1992年3月起，根据有关规定和文件精神，湘阴县价格主管部门和财政部门开展定期整顿行政事业性收费工作，检审“收费许可证”，坚持行政事业性收费年度审查工作，实现对所有行政事业性收费项目和标准进行网络化规范管理，年审率100%，合格率平均在98%以上，通过规范行政事业单位收费行为，有效遏制乱收费行为，减轻企业和农民负担。

二、收费监督

1997年4月，根据国务院批准取消48项建设项目收费的文件精神，取消涉及湘阴县的7项建设项目收费。1998年为保护非公有制经济的合法权益，制止“乱收费、乱罚款、乱摊派”现象，对涉及收费的10多个部门单位的收费依据、收费项目、收费标准、进行审核。2005年秋季，在全县范围内实行义务教育阶段公办中小学校“一费制”（入学时一次性收费）。2007年，在义务教育阶段公办中小学校实行“两免一补”政策，免除学费和杂费，有效减轻广大学生家长的负担。2009—2010年，根据中央、省有关文件精神，湘阴县取消36项118个收费项目。

三、收费公示

2000年，为规范涉农收费行为，提高涉农收费透明度，进一步加强对涉农收费的管理和监督，县物价部门、纪检监察部门、减负办在全县推行涉农收费公示制度，要求全县收费单位对其收费项目、标准、依据、监督电话进行公示，并在乡镇、村组设立公示牌。是年，开始向全县农户免费发放《涉农收费公示手册》，每户一册。

2001年，县物价局投入大量人力物力，共设立乡镇总公示牌19块，中心公示牌4块，部门公示牌

300 块，村级公示栏 390 个，重点对教育、计生、民政、国土、公安、交管等部门单位的 156 个收费项目和标准、收费依据及投诉举报方式进行广泛公示，每年对公示牌进行修缮维护并对收费标准重新核定。至 2010 年，涉农收费公示手册更新 4 次。

第四节　价格服务与监督

一、价格举报

为有效保护消费者的合法权益，2001 年，县物价局根据规定设立了“12358”价格举报电话，举报电话 24 小时专人值班，同时制定《价格举报制度》和局长接访等制度，对群众价格举报投诉，接报即查，有报即查，做到件件有答复，事事有回音。至 2015 年，共接受各类价格举报案件 1795 件，其中价格咨询 1182 件，立案查处 613 件，办结率和回复率均 100%。

二、创建规范化检查机构

1980 年，在城镇街道成立由街道干部、退休人员和居民代表组成的义务物价检查监督小组。

1984 年，成立县物价检查所，专门负责物价监督检查工作。

2009 年 2 月，县价格监督检查机构率先在全省县级价格监督检查机构中升格为副科级行政单位，并由“湘阴县物价检查所”更名为“湘阴县价格监督检查局”。为提高价格监督检查水平，树立价格主管部门的良好形象，县物价部门开展物价系统形象工程建设，规范执法行为，聘请物价行风监督员，随时接受社会和群众监督，依法依规办事，严肃查处各类价格违法案件，严肃执法纪律，提高执法人员素质和执法水平，廉洁奉公，使查处违法案件真正做到事实清楚，证据确凿，定性准确，处理恰当，手续完备，程序合法。县价格监督检查局通过一系列的创建活动，经省物价部门规范化价格监督检查机构考核验收，多次被授予“全省规范化物价检查所”和“全省规范化价格监督检查局”称号。

三、价格认证

湘阴县价格管理部门为把物价职能从单一的管理型转变为管理服务型，始终坚持“客观、公正、科学”的原则开展价格认证工作。2006 年始，湘阴县价格认证中心进一步提高价格认证服务水平，明确了国有资产底价评估的工作程序，加强与相关单位的配合；不折不扣做好刑事涉案物价格鉴证工作，服务企事业单位和行政执法机关。至 2015 年，共受理各类价格鉴证案件 696 起，鉴证标的值 9744 万元。

2011—2015 年，办理涉税 605 件，金额 29890 万元；涉案 971 件，金额 2861300 元；公有资产处置 48 件，金额 388 万元。

四、价格监测

1994 年始，为准确掌握市场变化情况，湘阴县价格部门开始进行市场价格监测。2002 年始，在全县范围内确定了 18 个价格监测点，对粮、油、肉、蛋、菜、奶制品等与群众生活密切相关商品进行价格监测和分析上报工作。报表分为周报和月报，要求监测人员进行定期价格监测，对市场价格变动进行分析和市场价格趋势预测，为政府宏观调控决策提供翔实、可靠、准确的依据。同时，为了使广大群众及时掌握价格信息，通过平面媒体、电视媒体和网络媒体，定期发布重要商品价格信息，并进一步健全了价格监测预警机制，明确监测报告范围，成立了应急机构，制定了应急预案。

五、成本监审

严格履行价格听证程序，充分采纳社会各界对调整、定价和标准的合理化意见和建议，并参照毗邻县市区价格和标准，充分考虑群众承受能力和县域经济发展状况，合理调整商品价格和收费标准。2001 年，监审自来水用户分类及价格。2003 年，核定殡葬价格、核定并开征污水处理收费项目和标准。

2004 年，落实城乡用电同网同价政策。2007 年，落实农村电价调控政策。2010—2015 年，重新核定县际客运班线营运票价、核定天然气价格调价政策。

六、价格调控

1996 年，为了保障价格调节基金的征收到位和规范管理，湘阴县人民政府根据《中华人民共和国价格法》和《湖南省价格调节基金征收管理办法》及《细则》，本着“取之于民、用之于民、造福于民”的原则，建立并运行政府价格调节基金制度。至 2010 年，共计投放 1100 余万元，用于扶持主导产业、政策性补贴、农贸市场建设等项目，为促进县域经济发展发挥了积极作用。

第五章 工商行政管理

第一节 机 构

1978 年，湘阴县革命委员会设工商行政管理办公室，简称“县工商办”。1979 年 6 月 1 日，撤销县工商办，成立湘阴县工商行政管理局。1993 年 3 月，湘阴县工商行政管理局与湘阴县物价局合并为湘阴县工商物价局。1995 年 11 月 16 日，县工商局从县工商物价局分离出来，内设办公室、人事股、财计股、企业登记管理股、商标广告监督管理股、法制股、公平交易股、个体私营经济监督管理股、市场监督管理股。2000 年 6 月 13 日，湖南省工商行政管理体制改革办公室下发《关于湘阴县工商行政管理体制改革上收人员审批的通知》，实行省以下垂直管理。2004 年，湘阴县工商局内设机构 12 个，社团组织 2 个，下设 10 个工商所。2005 年 6 月，樟树工商所更名为界头铺工商所。2006 年 1 月成立新城工商所。2009 年 2 月，县工商局成立信息中心，确立以信息化促规范化建设的工作思路。2010 年 2 月，县工商局成立帮促办，制定《湘阴县工商局服务地方经济十大帮扶措施》，将工商职能与企业发展有效对接，积极营造宽松、良好的经济发展环境。2014 年年底，县工商局内设办公室、工会、机关党委、监察室、人事教育股（老干办）、财务基建股、政策法规股、信息中心、后勤中心、“12315”申诉举报中心、帮促办、企业和个体私营经济监管股、商标广告监管股、消费者权益保护股、市场规范管理分局、注册登记分局、公平交易分局（打击传销办公室）和湘阴县消费者委员会、湘阴县个体劳动者私营企业协会。下设城关工商所、罗城工商所、城南工商所、界头铺工商所、长仑工商所、浩河工商所、南湖工商所、新泉工商所、洞庭工商所、岭北工商所。2015 年年底，工商由省以下垂直管理改为地方政府分级管理。2015 年底，县人民政府实行政府机构改革，将县工商局，质量技术监督局，食品药品监督局三位一体合并，建立湘阴县市场和质量监督管理局，人财物合并，实行集中办公。

第二节 个体私营经济管理

1979年，党的十一届三中全会以后，国家鼓励和支持发展多种经济成分和多种经营方式。1983年6月，县委书记谭载阳在县工商局机关主持召开如何发展个体经济的座谈会。强调“工商业必须大开绿灯”。

1984 年 2 月，县工商局设立个体经济管理股。3 月，湘阴县第一届个体劳动者协会成立。

1986 年，组织开展了文明经营作风大检查，同年 9 月，下发《关于清理整顿无证经营的通知》，清理出无照户 2409 户，取缔 881 户，补办营业执照 1528 户。

1987 年秋，县委、县政府组织有关单位主要负责人赴温州参观学习，借鉴“温州模式”发展湘阴县个体私营经济。

2000 年，县委、县政府成立“湘阴县个体私营经济领导小组”，召开全县个体私营经济表彰大会，对 15 户先进个体私营企业奖励 20 万元。

2005 年 2 月，引导城市个体私营连锁店和超市等流通企业向农村延伸发展“农家店”，构建以城区店为龙头、乡镇店为骨干、村级店为基础的农村现代流通网络，满足农民消费需求，改善农村消费环境，促进农业产业化发展。城区私营店湘阴县新龙超市牵头设立 456 户乡镇村级店，使标准化农家店覆盖全县 90% 的乡镇和 72% 的行政村。

2008 年 9 月 1 日起，县工商局根据国家财政部、发展改革委、工商总局决定，停止征收个体工商户管理费和集贸市场管理费。12 月 1 日，启动家电下乡补贴政策。至 2010 年年底，全县依法注册登记获得家电下乡资格的私营家电经营户 198 户。同时引导经销商健全农村家电流通网络、改善农村消费环境。

2012 年始，县工商局联合县商务局开展“百城万店无假货”活动，创建了江东路示范街，评选出 12 户文明经营户。建立了非公经济党建团建工作联络员制度，从各基层工商所选派了一批素质好、业务强、作风实的工商干部担任非公经济党（团）支部党建团建指导员。 2013 年，企业年检 1152 户，个体工商户验照 16726 户。2014 年，企业年检和个体工商户验照改为年报，是年办理年报 20763 户。2015 年，开展“百城万店讲诚信”活动，评选了 12 户诚信示范店。在非公企业中建立了 39 个党支部、28 个团支部。

第三节　工商登记

1979 年 6 月，县工商局企业登记管理股负责全县工商企业登记管理工作。

1979—1989 年，平均每年净增个体工商户 450 户。1989 年，全县注册登记的个体工商户、私营企业增加到 4649 户（其中合伙企业 32 户），从业人员 7151 人。

1988 年，按照国务院《私营企业暂行条例》及《施行办法》开始进行私营企业工商登记，当年核发私营企业营业执照 9 户，从业人员 90 人，注册资金 68 万元。

1997 年，县工商局根据县委、县政府的部署，对发展个体私营经济进一步加强引导，依法监督管理，协调服务。至 2001 年年底，全县共有个体工商户 8291 户，从业人员 20270 人，注册资金 9368 万元，其中私营企业 87 户，从业人员 1522 人，注册资金 2940 万元。

2004 年，全县共有市场主体 10752 户。其中：内资企业 687 户，私营企业 231 户，个体工商户 9834 户。农资经营（农药、种子）正式放开，经营户可凭农药经营许可证、危险化学物品经营许可证、种子经营许可证办理工商登记注册。

2006 年 4 月 1 日，县工商局将无须前置行政许可的一般经营户登记权（个体）下放到基层工商所。通过放宽准入门槛，简化登记手续，大力支持全民创业，鼓励自主创业和自谋职业，畅通再就业“绿色通道”，促进个体私营经济的快速发展。全县各类市场主体由 2003 年的 10752 户增加到 2010 年的 16217 户。

2007 年 7 月 1 日，《中华人民共和国农民专业合作社法》颁布，县工商局正式开始农民专业合作社的登记注册。至 2015 年 9 月底，共登记注册农民专业合作社 653 户。

2009 年 2 月 28 日，《中华人民共和国食品安全法》颁布。食品经营户办理营业执照需取得“食品流通许可证”（以前为“卫生许可证”）的前置许可，经营范围由以前的“其他副食品”改为“预包装食品、散包装食品（含或者不含乳制品）”。8 月 24 日，化肥经营放开，具备条件的各种所有制及组织类型企业、农民专业合作社、个体工商户等市场主体均可办理工商登记注册。

2010 年，全县共有市场主体 16217 户，其中内资企业 592 户，外资企业 22 户，私营企业 1023 户，农民专业合作社 85 户，个体工商户 14495 户。

2013 年 1 月 1 日起，免收企业及个体工商户注册登记费。是年，县工商局将需前置行政许可的个体工商户以及独资企业、合伙企业、农民专业合作社的工商登记权下放到基层工商所。

2014 年 1 月 1 日起，实行公司注册资本认缴制，同时简化住所登记手续。至年底，各类农资经营户 266 户。2015 年 1 月 22 日，由县政府牵头组织 52 个职能部门和 19 个乡镇负责人以及 50 户企业和个体户代表召开全县工商登记前置审批制度改革工作会议，仅仅保留了工商登记前置审批 15 项，187 项行政审批事项由前置改为后置审批。2015 年 9 月 20 日，全面推行工商营业执照、组织机构代码证、税务登记证“三证合一”登记制度改革，对企业和农民专业合作社实施“一照一码”登记模式。

至 2015 年 9 月底，全县共有市场主体 22720 户。其中：企业 1864 户，农民专业合作社 668 户，个体工商户 20188 户。

第四节　经济监督管理

1980 年，县工商局按照国家工商行政管理局企业档案制度的有关规定，对全县 726 户工商企业和 1186 个单位分七大行业进行清理整顿归档。1985 年，全县清理整顿各类公司、“中心”107 个，其中取缔 24 家，注销 26 家，变更 10 家，对 11 户有违法行为的予以立案查处，没收非法所得 81314 元。

1989 年 8 月，复查清理整顿公司，全县撤、并和降格公司 26 家，对前段清理后保留的湘阴县华侨旅游公司等 3 家党政机关办的企业、公司重新注销，全部移交、停办，刹住以权经商、与民争利的歪风。是年，共引进物资 15200 吨，推销物资 7200 吨，在管理上基本做到 “管而不死，活而不乱” 。县工商局经济检查股介入电信、移动、医疗、卫生、房地产、自来水、金融保障、生资、农资等领域进行经济监督管理。

1996 年，县工商局成立公平交易股，2000 年改设公平交易分局。

2001 年，立案查处制假售假案件 74 起，立案查处非法收购、加工、销售棉花案件 4 起，取缔“两小土”轧花机 103 台。

2003 年，查处各类经济案件 984 起，罚没款 100 万元。

2004 年始，县工商局努力提高行政执法水平，加强市场经济秩序监管，营造湘阴县公平竞争的市场环境，维护和谐稳定的社会局面。是年 2 月，县工商局建立无照经营定期巡查制度、督查制度、办案制度、控告制度、奖励责任追究制度，有计划、有步骤、有重点开展无照经营整治行动。

2006 年，县政府成立打击传销工作领导小组，下设县工商局公平交易分局。每年通过多种形式开展打击传销宣传，创建“无传销社区”。

2008 年 9 月 1 日，停止征收个体工商户管理费和集贸市场管理费。

2009 年 2 月，全省工商行政管理工作会议将新时期工商行政管理工作定位在“四大”（大服务、大监管、大维权、大发展）上。3 月，省局积极推行创建“五无监管区”（无无照经营、无假冒伪劣、无传销活动、无消费投诉积案、无对工商干部的投诉举报）工作。11 月，县工商局建立查处取缔无照经营联席会议制度，集中力量，逐户开展检查，采取边检查、边治理、边处罚、边规范的方法，做到查一户清一户，不留死角，对“钉子户”加大执法力度，坚决予以取缔。

至 2010 年，“五无”监管区创建通过省市县工商行政管理三级验收 20 个；全县工商系统立案查处无照经营 872 起，取缔无照个体工商户 137 户。

2012 年，县工商局采取“统一抽检，集中查处”的方式，对食品、农资、建材、黄金珠宝、烟花爆竹、成品油、手机、鞋服等重点商品抽样送检 360 个样品，对检验不合格的立案查处 119 起。

2014—2015 年，对全县 190 所中小学校内及周边 200 米范围内食品经营户进行地毯式清查，取缔无照经营户 2 户，补办工商营业执照 11 户，抽样送检 42 个，收缴过期变质、假冒伪劣食品 1560 千克，立案查处 60 起。

第五节　市场监管

1979 年，县工商局恢复发展 3 个镇、6 个墟场的集市贸易，增设 4 个交易棚。

1984 年，改革工商管理制度，积极办好农副产品批发市场和农贸各类市场。每个区、乡、镇都搞一个市场。凡完成国家统、派购任务后的一类、二类农副产品（除木材、烤烟）和三类农副产品，以及工业品中的三类小商品都允许上市。商业部门在城关成立工业品贸易中心，由针棉纺织、百货文具、交电器材、五金化工、副食品 5 个专业批发站，与县内外 32 个单位签订联营购销合同 773 万元，组织地方产品进场交易，推销滞销积压商品 19.5 万元。

1987 年，县工商行政管理部门针对城关蔬菜供不应求的情况，组织 20 多户个体户南下广东，北上湖北、河南等地购进 10 多个品种的蔬菜 77 万千克，调剂市场。1989 年，组织市场经营户引进物资 15200 吨，推销物资 7200 吨，在管理上基本做到 “管而不死，活而不乱” 。

1990 年，县委、县政府提出“建一处市场，活一片经济，兴一批产业，富一方群众”，按照“政府牵头，统一规划，多家兴建，部门监管”的原则，把市场建设和管理推上一个新的台阶。

2000 年，县政府组建市场建设管理中心，主管全县 52 个专业市场和商城超市，负责全县市场开发建设及市场内的经营、物业、治安、消防、环卫、税费收缴、计划生育、协调服务等。

2002 年，县市场建设管理中心增设联合执法办公室，由市场建设管理中心主任兼任主任，公安、工商、税务、质监、动检等职能部门派员到执法办公室共同工作，联合执法，搞好市场管理，维护市场稳定，保证市场繁荣。

2004 年 1 月，县政府大力发展商贸物流业，重点抓兴湘绿色食品市场、物资机电兼备市场、岳州窑商业街等 6 大市场建设，加强市场监管，完善服务功能，提高市场利用率，构建湘阴大商贸、大交易、大流通格局。

2008 年，“三聚氰胺”事件后，县工商局高度重视集贸市场监管工作，在加强证照管理，打击假冒伪劣、短斤少两、松香拔毛、销售注水肉等方面发挥了积极作用。

2014—2015 年，检查集贸市场的各类经营户 292 户，督促补办营业执照 28 户，取缔 6 户，收缴注水牛肉 150 千克，向司法机关移送松香拔毛案件 4 起。

第六节　经济合同管理

1981 年 3 月，县工商局设立经济合同仲裁委员会。至 1993 年，共鉴证合同 2415 份，合同金额 72833 万元；检查合同 21630 份，合同金额 1321 万元；确认无效合同 383 份，合同金额 210 万元；调解合同纠纷 478 起，争议金额 1717 万元；仲裁合同纠纷案件 14 起，解决争议金额 1986 万元；查处合同违法违章案件 46 起，合同金额 515 万元；帮助企业清理“三角债”，偿还兑现金额 150 万元，为本县追回债款 63 万元。为 157 家企业发出查询合同资质电函 160 份，使企业避免经济损失 460 余万元。

2004 年始，县工商局市场分局负责经济合同管理工作，从拍卖、建筑、动产抵押、重要商品买卖合同入手，认真做好经济合同鉴证工作，保护当事人的合法权益。

2009 年始，县工商局开展“霸王条款”专项整治活动。重点整治房地产交易、装饰装修、物业管理、汽车销售及维修、旅游、餐饮、供水供电供气、美容美发、健身，以及大型商场和超市等合同格式条款（包括通知、声明、店堂告示等）。

至 2010 年，共参加拍卖现场鉴证 73 场次，拍卖成交额约 1.7 亿元，为防止串通拍卖起到积极作用。共为企业办理动产抵押 16 起，为企业融资 3800 万元。湘阴县连续 7 年获省级“守合同重信用”的企业有湖南利天旭日生态农业发展有限公司、湘阴县天勤轮胎有限公司、湖南洞庭柠檬酸化学有限公司、湖南石塘建筑工程有限公司、湖南鸿达建筑有限公司、湖南省湘阴立业水利建筑安装有限公司、岳阳市东塘建筑工程有限公司、湖南省义丰祥实业有限公司、湖南省保安服务有限公司、湖南味美多食品有限公司、湖南界华建筑工程有限公司、湖南宏耀工业有限公司、湖南省友仁农业科技有限公司。

2013 年，湘阴县获省级“守合同重信用”的企业有 31 家，获国家级“守合同重信用”的企业有湖南省沙田建筑工程有限责任公司、湖南省特构工程有限责任公司、湖南省鸿达建筑有限公司等 3 家。2014 年，湘阴县获省级“守合同重信用”的企业有 26 家。

第七节　商标广告管理

一、商标管理

1979 年 3 月，县工商局对全县企业生产的 108 种产品进行清理审查，其中 13 个确认合格，报请国家商标局核准注册商标 9 个，报省工商局核发临时注册证 3 个，对 84 个未形成商标，仅刊有厂名、地名的标签和装潢，责令停止使用。1986—1989 年共申报核准注册商标 45 个。2000 年，义丰祥实业有限公司被长沙某企业以“义丰祥”商标侵权告上法庭。县委、县政府高度重视，及时召开会议，组织有关部门为企业提供法律服务，并成立专门班子，两上北京，帮助企业打赢官司。

2001 年，全县共注册商标 256 个，其中“兰岭”等 5 个商标获湖南省著名商标，发展商标印刷单位 2 家。

2004 年，实施商标战略，全县商标注册、运用、保护和管理水平明显提高，商标事业发展呈现出“速度加快、效益提升、走势强劲”的良好局面。

2006 年，对具备申报驰名、著名商标条件的重点企业成立专门工作班子，全程服务，倾力帮扶。10 月，湖南省福湘木业有限责任公司“福湘”商标获国家工商总局商标局中国驰名商标认定，认定类别为 19 类，核定产品：胶合板、贴面板；2008 年 3 月，湖南省义丰祥实业有限公司“义丰祥”商标获国家工商总局商标局中国驰名商标认定，认定类别为 29 类，核定产品芝麻油。

2009 年，“福湘”（油漆、涂料）、“洞庭明珠”（工业用柠檬酸）、“福湘”（金属配件）、宏耀灯饰（灯、路灯）、洞庭黄龙（活鱼、活动物）被认定为著名商标。是年，湘阴县工商局被国家工商总局和湖南省人民政府评为“商标工作先进集体”。2011 年，被评为岳阳市唯一一个“湖南省商标战略示范县”。

2012 年，成功注册“樟树港辣椒”地理标志证明商标 1 件。至 2014 年，全县核准注册商标达 2100 多件，注册商标总量居岳阳市第二，跻身全省商标大县行列。全县拥有“福湘”“长康”“华康”“兰岭”“湖湘”等中国驰名商标 8 件，拥有湖南省著名商标 42 件，国际注册商标 18 件，总量和增幅连续三年均居岳阳市第一。2015 年，对湖南湘北虎形山烟花爆竹有限公司等县内四家烟花爆竹生产企业进行了集中整治，收缴了涉嫌冒用商标和厂名厂址的包装装潢，并进行了立案查处。2010—2015 年，全县共查处各类商标侵权案件 74 起，涉案金额近 60.3 万元，罚没入库 44.12 万元。

二、广告管理

1987 年 10 月 26 日，国务院颁布《广告管理条例》。1988 年 7 月 6 日，湘阴县第一家广告经营单位湘阴县工艺标牌厂（私营合伙）经省工商局批准成立。是年，县工商局向全县发布《关于加强湘阴县户外广告管理的通知》，规定“凡在本县境内张贴广告（包括招生、产品推销、技术培训、武术传授、民间医术及劳务服务、信息咨询等），必须持“营业执照”和单位介绍信到工商行政管理部门办理登记审核手续”。

1994 年 10 月 27 日，全国人大通过《中华人民共和国广告法》。商标广告工作得到湘阴县各级党和政府的重视。

2001 年，县工商局积极开展广告市场的全面监管工作，共查处虚假广告案件 35 起，取缔违章广告牌 120 块，取缔非法广告 258 条，逐步规范广告市场秩序。

2006 年 2 月，国家工商总局下发了《关于认真开展整治虚假违法广告专项行动的通知》，县工商局结合县内企业商标意识的提升，加快企业广告策略运用的指导与广告规范，有效地促进全县广告业发展。全县企业广告投放量大幅提升，广告公司规模快速扩张。

2010 年，全县共发展广告公司 11 家，从事广告业务的个体工商户 26 户。全县共查处虚假违法广告案件 97 件，取缔违法广告 403 条，逐步规范广告市场秩序。

2015 年 9 月 1 日，新《广告法》正式实施。是年，县工商局牵头组织召开了全县医疗药品广告主、广告经营者和广告发布者约谈会，要求切实加强行业自律，学法守法，诚信经营。是年，县工商局对药品、医疗、保健食品、房地产、民间金融等重点行业、重点领域的广告开展了专项检查。

第八节　消费者权益保护

1993 年 8 月 24 日，湘阴县消费者委员会成立，办公室设在县工商局。

1993—2001 年，共接待消费者投诉 5864 人次，受理投诉 1325 起，基本实现“件件有回音，事事有答复”的承诺，为消费者挽回经济损失 82.5 万元。其中 2001 年，县工商行政管理部门共接待来信来访投诉人员 250 人次。

2005 年 2 月，消费者李某投诉称其在湘阴县文星镇“红太阳”电器城购买的长虹电视机无法开机，经与长虹电视机售后联系，更换新电视机 1 台。

2006 年 2 月，新华书店曹某投诉称，2005 年 5 月 13 日在湘阴县长兴液化气站购气票 636 张，从 2005 年 11 月起，长兴液化气站不给消费者充汽。经消委调解双方达成调解协议。

2007 年 10 月，先后有 26 位农户投诉在石家庄市益农植保器械有限公司购买的“及时雨”牌 3WD—16 型电动喷雾器的充电器不充电、水泵不出水等现象。为维护农民利益，经县消费者委员会调解，达成退货及赔偿协议：各零售商在 10 月 20 日前将要退的及时雨电动喷雾器退到新科农资经营部；新科农资经营部在 10 月 28 日前按每台零售价 298 元将退货款返给零售商，并按每台 200 元的标准补给农民作误工补偿费，由零售商领取一并退给农民。

2008 年 3 月 11 日，县工商局依法对湘阴县和田超市有限责任公司销售的散装杨梅、新太阳小米辣等食品送长沙市食品质量安全监督检测中心进行检测，检验结论为不合格。对和田超市有限责任公司作出了对不符合国家标准的食品予以没收及罚款 5 万元的处罚决定。8 月 30 日，县工商局成立“12315”行政执法体系建设工作领导小组，局长刘遂任组长。9 月，全国各地紧急应对“三鹿”问题奶粉事件，要求全部立刻下架。9 月 13 日，县工商局召开紧急会议，全体局党组成员、消保股和消委负责人以及各工商所所长参加了会议，要求对全县辖区内的各类市场、超市、商场、食杂店开展问题奶粉的清查活动，发现问题奶粉立即责令暂停销售，下柜下架、就地封存。全县共下架问题奶粉3958千克，受理消费者有关奶粉的咨询申诉和举报126件，消费者退换奶粉860千克。11月16日，工商局、环保局、商务局、公安局、质检局等单位在县政府的组织领导下将查封的1680千克“三鹿”牌问题奶粉在文星镇洋沙湖垃圾场集中销毁，围观群众拍手称快。12月，县工商局成立“食品市场专项整治工作领导小组”。

2009年1月，制定《湘阴县工商局食品安全监管应急预案》，成立应急工作领导小组，明确了各单位工作职责和责任，预设了响应等级，将食品安全事故的响应处置时间严格控制在1小时内。是年2月，县工商局成立“12315”举报中心，各工商所成立“12315”联络站，设立站长及“12315”消费维权工作专干。6月，深入开展消费保障服务“进乡镇、进社区、进商场、进集贸市场、进企业”活动，消费者维权网络平台逐步完善。年内，湘阴县消委被岳阳市消费者委员会评为先进单位。

2010年，县工商局陈刚被评为全国消费维权先进个人。2011—2014年，湘阴县消委连续多年被湖南省消费者委员会评为先进单位。

至2015年，全县工商系统共开展流通环节产品质量和食品安全专项整治行动50多次，收缴假冒伪劣烟、酒、食品、小家电、日化用品、民用建材，以及违法食品添加剂、过期食品等12000多千克，价值660多万元。“12315”消费维权网络平台共受理各类消费者投诉1600多起，为群众挽回经济损失2000多万元。

第六章　质量技术监督

第一节　机　构

1994年11月，县委、县政府批准成立湘阴县技术监督局（简称“县技监局”）和县技监局稽查队，作为县政府统一管理和组织协调全县质量和标准计量工作的职能部门，负责《中华人民共和国产品质量法》《中华人民共和国标准化法》《中华人民共和国计量法》在全县贯彻实施和行政监督执法工作。2001年年初，组建湘阴县产品质量监督检验与计量测试所。机构改革中科学调整内部机构设置，设立稽查大队，下辖农资、建材、食品三个执法分队。标质股与产品质量监督检验与计量测试所捆绑合作，设立标质股、代码室、食品室、建材室、综合室和化验室6个工作室。特种设备安全监察股与特种设备稽查大队、仪表检定室三位一体，合并办公。是年3月，根据湖南省机构编制委员会办公室、湖南省质量技术监督局《关于全省市州县（市、区）质量技术监督机构与人员编制有关事宜的通知》精神，技术监督系统实行省以下垂直管理，县技监局更名湘阴县质量技术监督局（简称“县质监局”）。局机关内设办公室，财务室、政工股、监督股、标准质量股、法规股、计量股、特种设备安全监察股等8个股室，直属机构有稽查大队、产品质量监测检验所、计量测试所及新泉、岭北、南湖、洞庭4个质量技术监督所。产品质量监测检验及计量测试所下设综合化验室、建材检测室、计量衡器室、电表室4个实验室。实行垂直管理后，县质监局主要负责监督管理全县产品质量标准化、计量、锅容管特工作并行使执法监督职能。2002年，投资190万元新建2100平方米的质监检测大楼。2005年，成立代码工作办公室，归口标准质量股管理。2010年，县质监局内设办公室、政工股、监督股、法规股、计量股、特种设备安全监察股、食品安全股、标准质量股，下设产检所，计量所、稽查大队。2015年年底，县人民政府实行政府机构改革，质量技术监督局与工商、食品药品两局合并，建立湘阴县市场和质量监督管理局，人财物合并，集中办公。

第二节　计量管理

一、计量宣传

1999年始，每年3月15日国际消费者权益保护日和5月20日世界计量日，县质量技术监督局都要组织计量知识和计量法规宣传活动。2005—2007年，世界计量日中，县质监局每年组织20多名计量工作人员，在县城主要街道繁华地段和农村主要集镇，设立计量知识宣传点，悬挂宣传横幅，张贴计量法规，印发资料（3年共12000多份），接受群众咨询408人次，受理计量投诉58起，现场调解计量纠纷26起，事后派人调查取证，协商解决纠纷18起，为消费者和企业挽回经济损失分别为4700多元和23900元。同时，深入市场，张贴《集贸市场计量监督管理办法》和《零售商品计量监督管理办法》128份。现场向消费者传授计量防弊技巧226人次。深入市场免费检定加油机、各类天平、电子台秤、电子汽车衡器、出租车计价器等计量器具5557台件。现场缴获不合格计量器具7台，"黑心砣"137个。

2010年3月15日，县质监局出动72人，宣传车10台，设拱门2个，气球20个，悬挂横幅24条，制作大型宣传牌10块，印发宣传资料6种8000多份，接受群众咨询180人次，现场处理投诉3起。

2011—至2015年，每年县质监局举行"3·15"大型宣传活动，宣传计量法规、鉴别假冒伪劣产（商）品知识，出动人员、宣传车，悬挂横幅，制作大型宣传牌，印发宣传资料等形式开展宣传，并在主要街道和市场设立宣讲台桌发送资料，接收咨询，现场处理投诉。

二、商品计量监督

1995年，县质监局组织计量人员重点对粮食收购企业及个体户、加油站、液化气站、集贸市场等使用的计量器具进行定期和不定期监督检查，严厉打击作弊和短斤少两的欺诈行为，维护市场公平交易。对重点企业开展定量包装商品监督检查。1996—2004年开展计量信得过单位评比活动，聘请16位县人大代表、政协委员，以及各界有影响的知名人士为计量监督员，对各商场、超市、集贸市场，以及加油站、液化石油气充装站等进行计量监督。每两年举办一次计量管理人员和专业计量人员职业道德和计量法规知识培训班，并考核发证建档。23家单位获得计量信得过单位称号，并悬挂计量信得过牌匾。2005年，安排计量人员对定量包装商品生产经销企业进行4次监督抽查，抽查食用植物油生产企业5家，大米生产企业14家，茶叶生产企业2家，农资生产销售企业23家，抽查白酒、纯净水、饲料、石油液化气等9类283个批次产品，净含量合格率97.1%。对7家米厂净含量不合格，标识不规范进行处罚。对3家石油液化气站短斤少两行为，除督促加倍补偿消费者损失外，并依法进行处罚。2006年，县质监局组织计量人员抽查生产企业22家、流通企业18家（其中食用油生产企业5家，大米生产企业12家，茶叶生产企业2家，农资生产销售企业21家），抽查白酒、纯净水、饲料、瓶装石油液化气等10类297批次产品，净含量标准和净含量合格率分别为98.82%和97.2%。对6家米厂净含量不合格和1家酒厂标准不规范行为实施处罚，对2家石油液化气站存在短斤少两行为，除督促加倍补偿消费者损失外，并依法进行处罚。2007年，开展对定量包装商品生产、经销企业监督抽查，完善工作机制，强化后续处理工作。抽查生产企业28家，流通企业12家（食用植物油生产企业6家，大米生产企业8家，茶叶生产企业2家，农资生产企业12家），抽检白酒、纯净水、饲料、瓶装石油液化气等9类280批次，净含量标准和净含量合格率分别为98.9%和97.1%，对8家米厂净含量不合格和标准不规范行为实施处罚，对3家石油液化气站存在短斤少两行为，督促加倍补偿消费者损失并依法处罚。2010—2015年，县质监局为净化购物环境，规范计量行为，以计量监督"六进"（进社区、进市场、进门店、进企业、进学校、进医院）为抓手，积极行动，翔实计划，对区域内的加油站、超市及集贸市场、定量包装生产企业进行计量监督。

三、计量器具强检

县质量技术监督局具备二等克组砝码、M1级大砝码、F2级大砝码、加油机、压力表、血压计、单相电能表、三相电能表8项计算器具的检定授权。

1995年，县质监局增建加油机标准计量检定装置。1995—1997年对城关及农村地区的加油站、超市、集贸市场等使用的计量器具进行了强制检定，共检定加油机852台，电能表78265台，汽车电子衡21台，台秤560件。1997年撤销"量块"、百分表检定器。

1998—2001年，县技监局强检大衡器2008件，天平155件，砝码1995件，加油机498件，电表45936件，其他器具569件。2001年，县质监局与县电力局对整顿和规范县区电能表检定管理作出规定，电网户改中使用的电能表依法实行首轮强检。未进行首轮强检的由供电部门造册，报质监局强检。已检不合格的重检。2002年，省局总139期简报以《湘阴县电能计量监督管理成效显著》为题做了推介，局长孔令志批示，希望全省各级质监部门借鉴湘阴县局的经验。2002—2005年，县质监局强检大衡器2200件，天平162件，砝码2405件，加油机515件，电表49959件，其他计量器具758件。

2006年，县质监局坚持服务企业、方便用户的原则，深入企业和农村，检定和修理计量器具2563台件。2007年，县质监局计量人员深入企业、农村强检和修理计量器具22591台件。2008年，县质监局大力实施"民生计量"工程，为企业和用户定期检定检修电子秤、加油机、计价器等计量器具876台件，检定检修电能表1.6万块，开展定量包装商品抽查135批次。2009年，县质监局为企业和用户检定检测电能表、加油机、电子秤、出租车计价器、医用三源等计量器具18300台件，抽查定量包装商品135批次。在"关注民生，计量惠民"专项行动中，免费为集贸市场、社区检定计量器具3000多台件，强检率100%。2010—2015年，县质监局开展定量包装商品计量检测36家，企业326批次，商用衡器强检380批次。为企业和用户定期检定检修电能表1.65万块，免费为集贸市场检定杆秤630杆，为各级医疗单位检定医用计量器具78台套。对全县24326台（件）计量器具做到按周期进行强检，大小型企业的计量器具强检的受检率100%。

第三节 标准化建设

一、消灭无标生产

1995年，开始对食品、饲料包装物及标签注明的内容、格式等进行审查，审查合格后备案，发给"标签审查备案号"和湖南省食品、饲料标签印制证明，同时要求企业将标签备案号标注在产品标签上。1997年3月，召开全县乡镇企业消灭无标生产活动会，发放调查表300份，局领导分片组织开展消灭无标生产活动。1998年，召开全县企业消灭无标生产活动会，企业领导座谈会，研究落实按标准生产的措施和办法，县质监局标准质量股重点帮助企业制定、修订标准29个，并督促企业按标准组织生产。1998—2000年，县技监局按照省技术监督局文件精神，在全县开展消灭无标生产工作，使生产企业的标准覆盖率达到98%以上，通过了省、市技术监督局组织的验收。2000年，湘阴县被评为全省消灭无标生产先进县。2002年，为企业制定、备案、登记标准标签377个。

二、农业标准化

1995年，县质监局深入企业和各乡镇，组织宣传《中华人民共和国标准化法》，印发宣传资料8000余份，向企业赠送《中华人民共和国标准化法》单行本600多本。1999年，开始开展质量体系认证咨询服务工作。2000年，兰岭茶厂、长康麻油厂、三塘酱厂通过质量管理体系认证。2003年8月，县政府成立湘阴县农业标准化领导小组，由主管农业的副县长任组长，县质监局、农业局、科技局、农村工作办公室等单位参与，办公室设县质监局，负责农业标准化的日常工作，各相关乡镇明确 1 名副职专抓。制订翔实的工作规范和工作目标。实行每月一次督查，对先进典型通报表扬，对后进单位限期整改。县政府投入资金 150 万元，各生产加工企业投入资金 200 万元用于农业标准化建设，开发藠头标准化示范基地 4000 公顷，培训藠农 18000 户，建立良种有机茶标准化示范基地 2000 公顷，培训茶农 12000 人，形成县、乡、村、组、户农业产业化立体开发的模式。在县电视台开辟节目专栏，派专技人员讲座，加大技术推广，在全县建立 10 个标准核心示范区，竖立巨型标牌、公示牌 125 块，根据农事季节派高级农业师等专技人员进行现场指导和培训，向基地农户发放农业标准化相关资料和种植规范，以及田间操作等资料。建设和完善农业标准化体系，先后制订《有机茶基地技术条件》等 9 项农业标准化规范以及《绿茶》《花茶》《有机茶》《盐渍藠头》《甜酸藠头》等 18 项产品标准。建立“公司十基地十农户”的农业产业化加工模式，以振湘食品、兰岭茶叶两家公司为龙头，以六塘乡、三塘乡等示范区为基地，按产业化模式进行管理，建立地块到人、责任到人的奖惩考评机制，使其形成了紧密型的种植联合体。农业标准化促进了农民增收、农业增效。藠头每公顷产量由原来的 27 吨增加到 30 吨，每公顷增收 7200 元。茶叶每公顷产量在原有 7725 千克的基础上增加到 9000 千克，每公顷增产 1275 千克，每公顷增收 6375 元。促进农产品加工企业的发展和标准示范区建设，藠头产品在国际市场占有率大大提高，出口量占全省出口总量的 70%，占全国出口总量的 49%。兰岭茶叶优质品达 66%，实现产值 8500 万元。振湘藠头获湖南省名牌。兰岭绿茶王在 2003 年国家质检总局组织的国家监督抽查中荣登红榜。2004 年，为推进农业标准化建设，在市局指导下，申报振湘、兰岭为省农业标准化示范项目并申报国家立项。2005 年，省政府将湘阴县列为全省农业标准化示范县。

三、食品质量安全市场准入

1995—2000 年，县技监局对食品采取定期检验和监督抽查的方式进行监管，实行食品出厂检验合格制度。2001 年 10 月，国家开始实行食品质量安全市场准入制度。2002 年，在开展食品企业普查的基础上，大力推进食品市场准入。6 家企业产品申报获得食品生产许可证。2003 年，全县有 40 家食品生产企业加印（贴）QS 标志。县质监局铺开对肉制品、奶制品、调味品、茶叶、饮料等新 10 类食品质量必备标准调查，逐步实施质量安全市场准入制度。全县申报 ISO9000 认证的企业达 10 家。2005 年，县质监局依据《工业产品生产许可证管理条例》和省、市质量技术监督局的安排部署，结合实际情况，由主管局长挂帅，组织食安办公室、产检所、农村所全体工作人员，分 5 个组深入企业作坊进行“三查”（查 QS 标志非法生产企业，查滥用 QS 标志的产品，查整改不到位继续生产食品的企业与作坊）、“一帮”（帮助申报 QS 标志的企业完善设施，改善条件达标）、“一督促”（督促基本符合条件的企业及时办理 QS 标志，制止无证生产行为），查处非法滥用 QS 标志企业一家，帮助 2 家企业完善设施，改善生产条件，帮助食品生产加工企业建立和完善内部管理制度，办理生产许可证（QS 认证）9 家。2007 年，县质监局按照“公司 + 基地 + 标准化”的模式，完善“湘阴藠头”标准化建设规划。从种植要求、生产环节、产品标准、质量管理等方面完善管理文件 110 多项，实现产地环境无害化、生产经营产业化、产品出口品牌化。全县有良种藠头基地 2000 公顷，优质率 100%，出口率占全国的 1/3，全省的 70%，湘阴县被认定为国家级农业标准化示范基地。是年，国家质检总局副局长魏传忠、省政府党组成员刘力伟及省质监局、市委、市政府领导一行先后对湘阴海日食品厂、湘阴农业化示范区进行考察并给予高度评价，对湘阴藠头产品出口量占全国 1/3，远销日本、韩国、东南亚及中国香港、澳门、台湾地区给予高度赞扬。

四、组织机构代码

1995 年，县质监局安排专人办理组织机构代码，为机关、企事业单位和社会团体办理代码证书 500

余本。2002—2003 年办理年检组织机构代码证 1179 本。2005 年，县质监局加大对机构代码工作的监管力度，对全县组织机构代码进行摸底调查，对数据进行全面清理，掌握一手资料，加强与银行、税务、工商、民政等部门的联系，争取部门的通力协作，印制代码工作相关资料和通知2000份，送到每一个单位，当年清理问题数据 2280 条，办理机构代码证 306 个，年检 260 个，对 26 个单位代码证多年未检实施了处罚。2006 年，新办组织机构代码证 152 家，换发 27 家，年检 627 家，查处违法案件 18 起。2007 年，通过邮发通知、电话催办和上门催办，新办组织机构代码证 139 家，换发 17 家，年检 387 家，查处违法案件 37 起。2010—2015 年，年检 628 家，帮助食品企业新办、复查 QS 证 34 个，申办续展条码 25 个，为机关事业单位新办、更换组织机构代码证 561 个。

第四节　产品质量监督

一、生产许可证管理

1984 年 4 月，国务院发布《工业生产许可证试行条例》。2002 年 3 月，国家质检总局发布《工业产品生产许可证管理办法》。县质监局负责办证企业咨询和引导服务，对获证企业进行监督检查。至 2010 年，全县获得工业产品生产许可证的产品有湖南福湘涂料化工科技有限公司的聚氨酯清漆、聚氨酯色漆，湘阴湖电电线厂的电线电缆、湖南福湘木业有限责任公司的人造板、湖南兴湘木业有限责任公司的人造板、湖南湖湘木业有限公司的人造板、湖南宏耀工业有限公司的广播通信铁塔及桅杆、湖南大方农化有限公司的农药及岳阳市中料化工有限公司的复混肥料。

2006 年 3 月，县质监局设立食品质量安全监督股，统一管理全县食品生产加工企业生产许可证的申报、审查、监管及执法查处。2010 年，湘阴县食品生产许可证获证企业 38 家。

二、质量认证

1986 年 3 月，成立湘阴县砖瓦产品质量监督检测站，成为岳阳市首家砖瓦产品质量监督检测机构。1991 年 4 月，设立湘阴县标准计量局产品质量检验所。1995 年 3 月，明确为湘阴县产品质量检验所。2000 年 4 月，更名为湘阴县产品质量监督检验及计量检验所，根据检测检验需要，湘阴县分设为计量检定测试所和产品质量监督检验所（简称“产检所”）。

三、质量检验

1984 年，县标准计量所组织企业创省优、部优产品。1988 年，先后有县氮肥厂生产的碳酸氢铵，县机瓦厂生产的黏土砖、平瓦、县变压器厂生产的 SL7100 千伏安 /10~4 千伏低耗能电力变压器、县机瓦厂生产的 XQY-500 小型切中草药机、县工程机械厂生产的 FCIOP 型湘建牌一吨平板车及三塘酱厂生产的出口咸藠头等获省优、部优产品。

1988 年，全县 32 个生产企业 42 种产品抽检送检 75 批次，合格率为 78.4%。市场商品抽检 12 个经销企业 5 类 18 个品种，合格率 42%。重点对食品类不合格产品进行整治。

2002—2005 年，县产检所抽检生产企业产品 1868 批次，委托检验 1364 批次，产品合格率年均 98%。

2006 年，县产检所监督抽查 35 类产品 685 批次，委托检验 312 批次，其中建材类 132 批次，合格 125 批次，合格率 94.7%；农业生产资料 47 批次，合格 42 批次，合格率 89.3%；食品类 506 批次，合格 482 批次，合格率 95.2%。受理消费者投诉 33 起，调处 23 起，立案处理 10 起，为消费者挽回损失 18 万元。

2007 年，县产检所抽检 35 类产品 739 批次，委托检验 336 批次，其中建材类合格率 95.5%；农业生产资料合格率 89.3%；食品类合格率 95.2%。

2008 年，抽检农业企业 8 家，经营门店 93 家，查处农资违法案件 12 起，受理举报投诉 24 起，挽回损失 320 多万元。

2010 年，检查食品生产企业 56 家，食品小作坊 25 家，抽查样品 120 批次，检查建材企业 46 家，抽检样品 78 批次。对质量不合格产品进行专项整治。其间，县质监局产品质量检测机构通过省局计量认证实验室认定，取得 42 类食品和饲料、肥料、烟花爆竹、墙体材料、混凝土制品、钢材、镀锌管等 7 大类产品共 525 个小项的授权检测，成为县城检测能力最强的法定检测机构。

第五节　特种设备安全监察

2001 年，县政府根据省人民政府办公厅《关于印发湖南省质量技术监督局职能配置、内设机构和人员编制规定的通知》精神，将原由县劳动局承担的锅炉、压力容器、压力管道、电梯、起重机械、厂内机动车辆、客运索道等特种设备的安全监督管理职能划入县质量技术监督局，局内设特种设备安全监察股，负责日常安全监察工作。是年，全县共登记锅炉 62 台，压力容器 285 台，液化气钢瓶 68000 只。

2002 年 3—4 月，县质监局组织技术力量深入城镇、乡村、企业、学校、工地，进行锅炉容器管特设备普查登记。共登记锅炉 157 台，司炉人员 214 人，持证率 91%；压力容器 407 台，操作人员 187 人；特种设备 35 台（电梯 5 台，起重机械 24 台，厂内机车 6 台），操作人员 35 人；液化气站 14 家，气瓶 8 万多个，充装人员 28 人，持证率 100%。先后对液化气钢瓶、常压锅炉、“土锅炉”，建筑用起重设备进行专项整顿，发现并整改事故隐患 11 处，年检锅炉 46 台。6 月中旬开始，组织开展土锅炉和无证提升机专项整治行动，端掉小型土锅炉 12 台，没收配套设施 12 台件，查处无证提升机 24 台，关停 3 台，整改 21 台。

2004 年 3 月 26 日，政府常务会专题研究气瓶普查整治工作，成立专抓班子，印发 5 万份宣传资料，发放到全县各乡镇、街道居民手中。是年，气瓶普查整治工作顺利通过了省、市局验收。对全县申请取、换“充装许可证”的 9 家液化石油气站的资质进行了评审，并根据评审的情况督促、指导各气站开展整治工作。全面推进气瓶警示标签、产权标识牌征订工作。征订“气瓶警示标签”10 万个，气瓶产权标识牌 2 万个。对 2 起特种设备违法行为进行查处。督促丰隆纸业对超期未检的 4 台蒸球进行检验，对全县 7 台电梯、4 台起重机进行了定检。

2005 年，与市锅特所和汨罗钢瓶检测站联手，抓住重点工程和招商引资项目的设备安全，把监管关口前移，进行地毯式逐单位逐设备监管到位，做到先检后用。检验检测电梯 13 台，起重机械 19 台，锅炉 129 台，压力容器 23 台，检验压力表 826 块，设备定检率和安全运行率 100%。举办了特种设备作业人员和司炉人员安全知识培训班 2 期，受培训人员 78 人，重点讲解锅炉、特种设备基础知识、操作要领和事故处理知识。组织专业人员编写《湘阴县特种设备安全事故应急预案》，提交县政府审议，完善安全事故预防、抢救机制。春节和“五一”“十一”期间，组织力量开展特种设备安全大检查，发现安全隐患 36 处，发出《监察意见通知书》36 份，查处特种设备违法行为 12 处。组织力量开展全县气瓶安全集中整治行动，报废超期钢瓶 136 只。

2006 年，根据群众举报，查处一处伪造他人厂名厂址生产加工炊炉系列炉具窝点。

2007 年，县质监局与全县 126 家特种设备使用企业签订安全使用管理责任状，与 12 家气瓶充装单位签订安全责任状和安全承诺书。联合县安监局、县教育局对全县中小学校锅炉使用情况进行重点检查，下达《特种设备安全监察指令书》3 份，排除隐患 11 起。同时召开全县中小学校锅炉使用人、主管负责人专题会，建立健全安全生产制度，签订安全生产责任状。在“五一”“十一”、春节前后，执法人员对压力容器、锅炉、吊塔、行车、电梯等设备进行安全大检查，发现安全隐患42起，现场排除12起，下达《特种设备安全监察指令书》82份，立案查处特种设备违法案件5起，罚款5.8万元。检验特种设备280台套，压力仪表680块，压力管道24800米，督促送检液化气钢瓶12000个。

2008年，县质监局为企业检验各类特种设备280台（套），检验压力管道4800米，培训安全操作人员136人，在春节、“五一”“十一”组织安全大检查，对教育系统、饮食服务业和电杆加工企业用锅炉和液化气钢瓶进行专项安全监察，督促整改安全隐患42起。县质监局特种设备监察人员会同中阳燃气公司技术人员，对全县燃气用户管道接入和燃气具改造安全隐患进行排查，排除安全隐患16起。

2009年，县质监局组织特种设备安全集中治理行动9次，检查特种设备使用单位259家，检查设备376台次，发现各类隐患86起，现场整改64起，限期整改20起，移交执法机构查处违法案件2起。

2010—2015年，对全县346台电梯、83台锅炉、压力容器、334台起重机械的763名操作人员进行按行业分期分批次进行操作技术知识、安全责任等方面的培训。县质监局安全监察人员对湖南波士门有限公司现场检查发现，该公司非法自行安装并使用未经质监检验合格的DZG1-0.7-M.WII型蒸汽锅炉，安装场所和安装稳固度及司炉人员的操作都存在很大隐患，当场作了现场检查笔录，下达特种设备安全监察指令书，封存锅炉，责令有资质的单位技术人员重新安装，并处罚款4万元。

2011—2015年，县质量技术监督部门出动安全监察行政执法人员350多人次，亮证执法，每年组织开展“两会”“安全月”“黄金周”安全生产大检查，先后检查特种设备1138台次，立案查处5起，排除重大安全隐患49起，确保全县无一起特种设备安全事故发生。其中特别对全县90多处电梯进行反复检查，有效防止了全县电梯事故发生。

第六节　产品质量行政执法

1986年6月16日，县技监局在市场监督检查中查出安静乡金鸡村杨水芳饮料厂生产销售未经检验的汽水和小香槟酒，随即送市产检所检验，四项基本指标都不合格，依《工业产品质量管理条例》没收1.5万瓶质量不合格产品，收缴1000元利润上交财政。

1999—2000年，县技监局查处质量不合格等违法案件2928起，货值1089万元，端掉制假售窝点67个，没收销毁假冒伪劣产品（商品）货值357.8万元，处罚款260万元。

2002年，以确保人民群众安全健康生活为出发点，始终坚持“用铁腕抓质量”，落实“四个结合”（即查市场与端窝点相结合、查生产与查流通相结合、专项整治与全面检查相结合、查专业市场与查乡村商摊相结合）措施，重点开展“查食品、保健康”“查农资、保春耕”“查工程、保建设”三大战役，共检查农资生产销售企业门店169家，抽检化肥样品26个，农药样品8个，种子样品26个，饲料样品2个，农机样品12个；检查建筑材料生产销企业和建筑工地28家（处），办理行政案件362起，立案87起，查处大要案6起，捣毁制假售假窝点9个，销毁假冒伪劣产（商）品货值55.2万元。

2003年，办理行政案件105起，立案39起，现场处理66起，涉及货值金额43万余元。突出打假主题，抓好四大战役（一季度查农资、保春耕战役；二、三季度查建材、保建筑工程质量战役；端午节、中秋节、国庆节、元旦、春节打好节日食品安全战役；市场专项整顿战役）、五个重点（即农药化肥质量；建筑工程材料建筑起重设备质量；软床垫沙发、纤维制品质量；食品质量；加油机计量监督）。检查经营门店2475家，查处案件73起。

2004年，出动产品质量监督执法人员645人次，出动车辆240台次，检查生产加工企业5家，专业市场9个，其中农资产品经销户218户，水暖器材、装饰材料、五金、油漆、钢材、水泥、门店37家，建筑工地15个，端掉制假窝点6个，查处各类违法案件65起，涉案货值金额达156万元，其中立案处理38起，现场处罚27起，销毁假冒伪劣产品货值32万元，接受消费者投诉58次，为企业和消费者挽回损失45万元。

2005年，从食品、农资、建材三个方面入手，从计量、标签标识、标准、认证、条码等方面寻找突破口，进行集中专项整治，检查食品生产企业和销售门店100家，预制板加工企业83家，拉丝厂3家，红砖厂5家，农资生产企业5家，农资销售经营户128户，抽检样品1550批次。立案查处案件75起，其中农资类案件23起，食品类案件22起，建材类案件14起，计量违法案件6起，特种设备安全违法案件10起，处理涉案货值260多万元。

2006年，重点开展农资建材专项打假。抽查化肥样品84个，农药样品38个，种子定量包装样品45个，其中不合格农药样品4个，不合格肥料样品16个，不合格种子定量包装样品5个，立案查处10起。检查预制板加工企业、个体户76家，拉丝厂3家，建材加工企业3家，检验预制板132块，抽检钢材样品19个，水泥样品22个，立案处理8起，捣毁劣质预制板加工企业2家。

2007年，检查预制板加工企业及个体户72家，拉丝厂3家，建材加工销售点12家，立案3起，捣毁1家劣质预制板加工企业。检查农药生产企业7家，肥料生产企业5家，农资综合门店73家，抽取样品98批次，立案8起，为农民挽回经济损失16万元。

2008年，出动执法人员340人次，车辆110多台次，检查生产加工企业58家，经营门店193家，抽取样品345批次，种子计量监督抽查24批次，查处违法案件42起，受理、处理消费者举报投诉案件24起，为用户挽回经济损失18万元，帮助企业减少经济损失320万元。

2009年，检查生产加工企业126家，销售企业89家，特种设备使用单位36家，集贸市场11处，抽查产品72批次，查处违法案件38起，发现并督促整改安全隐患42处。

2010年，对县城4家大型超市经销的认证产品进行检查，重点检查QS认证产品、3C认证产品、生产许可证产品、商品条码和产品标识标签，查处16批不符合要求的产品。

2011—2015年，进一步强化执法理念，围绕农资、食品、建材、强制性认证产品和关系人民群众健康安全的产品，加大监督抽查力度，严把产品质量关，全面整顿和规范产销市场。先后出动2552人次抽查重点单位和重点商品，总计抽查的商品1492批次，合格率96%。对不合格的户、商品采取公告、曝光、整改、处罚，并通过新闻媒体公布抽查质量结果，以多种措施让消费者知情，督促引导企业和经营者及时整改。坚持以每年的重要节日打假为重点，开展市场专项整治行动，立案查处79件，查获假冒伪劣产、商品货值500余万元，端掉制假造假窝点3个，移送公安部门案件7个，申请法院强制执行3个，有效维护了消费者的权益。

第七章 食品药品监督

第一节 机 构

1980年8月，成立湘阴县药品检验管理所。1985年设湘阴县药政检验所。2000年4月12日，湘阴县药品监督管理局挂牌成立。2001年10月，成立岳阳市药品监督管理局湘阴县分局，为岳阳市药品监督管理局的派出机构，实行省垂直管理。2004年5月，根据上级机构改革的要求，在岳阳市药品监督管理局湘阴分局的基础上组建湘阴县食品药品监督管理局。是年8月，湘阴县食品药品监督管理局主动承担湘阴县食品安全委员会办公室的日常工作。是年，湘阴县食品药品监督管理局被人事部、食品药品监督管理总局授予全国食品药品监督管理系统先进集体荣誉称号。

20世纪末和21世纪初，县内食品生产、流通、消费由湘阴县爱国卫生运动委员会、湘阴县质量技术监督局和湘阴县工商管理局等单位监督管理。2004年，县政府成立县食品安全委员会。2007年，县19个乡镇相应设立食品安全委员会，95%的行政村（社区）聘请了食品安全协管员。2008年，县成立食品质量安全卫生监管领导小组，下设办公室。11月，县政府成立食品加工业整顿工作领导小组，制定了全县食品生产加工整顿方案。各乡镇设立食品安全监管站，严格把好食品安全关，让群众吃上放心食品。2015年年底，县人民政府实行政府机构改革，县食品药品监督管理局合并到县市场和质量监督管理局，人财物和职能全部合并办公。

第二节 食品监督

一、安全监管

1979年3月，湘阴县爱国卫生运动委员会颁发《湘阴县饮食、副食、肉食服务卫生管理试行条例》（简称《条例》）。

1980年，根据《条例》对城关镇950名“三食”（饮食、副食、肉食）从业人员进行体格检查，对24名身体条件不合格者调换了工种；对417家“三食”单位进行卫生检查，责令12个不符合卫生要求的单位停业整顿。

1982年，县爱国卫生运动委员会组织对34家冰厂进行卫生学调查，处理1000多千克变质果品、酱菜，烧毁70多条霉变香烟。

1984年，县人大常委会组织卫生、工商、公安等单位对城关、白马、临资、樟树等镇和城南区部分饮食、副食、肉食行业27家单位贯彻《中华人民共和国食品卫生法》贯彻情况进行检查，表彰了5个单位，处罚了8个单位。

2002年，县质监局在春节、端午节、中秋节前后开展“查食品保健康”食品专项打假行动，重点对米粉、面条、豆制品、蛋糕、白酒、调味品、食用油、大米等进行监督检查，共检查生产企业（作坊）292家，销售门店1208家，抽查样品243个，没收过期劣质食品1.5吨。抽查发现含氟严重超标的俚手、青果王等4个品牌4000余袋槟榔产品予以封存扣押，并依法对生产企业和销售门店严肃处理。

2003年，查处无生产许可证、假冒QS标志及霉变食品案件21起，罚没金额3万余元。

2004年，在全县范围内对糕点、植物油、豆制品、酱油、味精、茶叶、饮料、大米、冷饮、干菜、槟榔、调味品、白酒、糖果等食品进行监督检查，共检查生产企业186家，销售门店2375家，抽检样品153批次，立案查处2例不合格产品，没收过期劣质产品2.5吨。受理群众举报，对新泉镇某香烟经销点现场检查，发现110条郴州牌香烟和60条云湖牌香烟无县烟草局监销标志，送省烟草检测中心检验为不合格，检测人员对这170条假冒伪劣香烟予以没收，并依法严厉处罚。是年，县质量技术监督局根据省、市局的部署，组织150名执法人员和技术力量对县内98家大、中、小型超市和食品经销点的乳制品、婴儿奶粉进行“地毯式”排查，对乳制品、婴儿奶粉的标识标注、生产日期、有效日期、厂名厂址等进行全面检查，对其中6个名牌乳制品和婴儿奶粉进行抽样检验，重点抽检涉嫌的江西美庐乳业有限公司生产的“美庐”牌婴儿奶粉袋装879袋、听装439听，货值29681元，确认合格才予以放行。

2005年，县质监局对县域食品生产消费的重点产品、重点环节和重点场所组织专项打假，检查各类食品1700多批次。其中儿童食品专项检查、无生产许可证食品专项打假和超市、集贸市场专项整治中，查处各类不合格食品300多批次。4月下旬，根据群众举报，在县城先锋路端掉一个用工业猪油冒称食用猪油的销售窝点，查封劣质猪油25桶，1100多千克。从6月1日开始，局领导带领4组工作人员深入农村社区，开展全县食品生产加工企业（作坊）摸底调查，共调查食品企业175家，采集信息175份，建立食品生产企业档案。

2007年10月，县政府召开产品质量和食品安全专项整治动员大会，8个牵头部门和19个乡镇向县政府递交了《专项整治目标责任状》。全县分8个责任区开展专项突击行动，共检查食品加工企业、作坊113家，检查各类产品600多批次，抽样检验376批次，查处不合格食品34批次，端掉食品加工黑窝点7个，违法小作坊2个，帮助企业建立完善食品添加剂使用台账107本，严格食品添加剂购销、使用报批制度306项，45家食品加工企业获得生产许可证，66家小作坊签订质量安全承诺书。

2009年，开展食品添加剂专项整治，巡查食品加工企业53家，食品小作坊56家，检查食品27类，整治重点单位6家。

2010年，检查食品企业56家，检查食品小作坊25家，抽查样品120批次，打击各种违法行为，净化生产经营环境。

2011—2015年，县食品药品监督局配合县委、县政府创建省级和全国文明卫生县城，以保证食品药品安全为第一要务，突出学校食堂、鹤龙湖镇景区、小餐饮单位三个重点范围，以凉菜、肉食品、食用油、食品添加剂等为重点品种，以食品原材料采购、餐饮单位环境卫生，标准化规范化的餐具消毒，加工制作过程为重点环节，广泛深入持久开展食品市场卫生质量大检查，特别是每年的几大节假日，加大了专项整治力度。先后出动执法人员14420人次，检查餐饮单位1820户次，下达责令整改通知书982份，立案查处餐饮单位85家，其中查处学校食堂24家，收缴非法集中消毒餐具900多套，对使用过期食品，滥用添加剂，霉度腐烂食品的单位，在县电视台、《湘阴周刊》予以曝光，有效整治规范了食品市场，确保城区未发生严重食品中毒事故。2015年，全县城区餐饮单位持证经营率上升至98%。按照“三级管理”，落实量化分级抓管理，对餐饮单位实行A、B、C三级分级监管。全县城区760多家餐饮单位，评定A级312家，B级288家，C级163家。

二、网络建设

1983年，城关地区106个国营集体单位（55个副食店、5个食品生产加工单位、29个饮食店、2个肉店、7个蔬菜店、8个服务行业单位）逐个建立了卫生档案，并报县爱国卫生运动委员会备案。

2001年，县药品食品监督管理局在全县设立8个咨询点，宣传国家新修订的《药品管理法》。是年印发宣传资料21000份，悬挂张贴横幅标语80幅，展出假劣药品126种。

2004年，县委、县政府加快推进放心工程建设，全县建立了4个食品药品质量安全监测点和10个农产品农残速测点。全县建立健全了县、乡、村三级药品供应监督网络，聘请协管员19人，联络员450人，形成横向到边、纵向到底、上下联动、内外结合的全方位药品监督网络。此种监测体系一直延续到2015年。

第三节　药品监督

一、质量监督

1980年，县药品检验所在城关地区查出假阿胶、假虎骨、假川贝、假天麻、假龟膏共62.5千克。

1985年，县药政检验所组织人员深入171家药品经营单位（包括个体药店）、医疗卫生单位检查药品质量，查出伪劣西药60.704万瓶（盒），伪劣中药材1242.6千克，价值45428.75元。

1996年，全县取缔无证药品批发市场和个体医药店48家，没收价值13万元的药品，查处价值8432元假劣中药232.36千克，价值19342元假劣成药4672盒。

1998年，查处非法行医带药28起，没收假劣药品16种，取缔无证药店6家，没收药品器械价值26000元。

2000年，县食品药品监督管理局联合县卫生局、工商局、物价局、公安局全方位整治医药购销不正之风，取缔无证照药店20家，没收药品、医疗器械货值10万元，立案查处假劣药品案件160起，没收并销毁假劣药品380余次，案值30万元。查处各类非法医药广告40余起，违法金额8万余元。当众销毁黄氏响声丸、感康等一批假劣药品100余种次，案值3万余元。

2001年3月15日，集中销毁假劣药品、医疗器械100余批次，标值4万元。全年对全县600多家药品经营企业、医疗机构进行了2次拉网式检查，捣毁制假窝点3处，查处违法案件400多起，没收假劣药品、医疗器械标值13.8万元，查处非法经营药品、医疗器械160起，没收非法经营的药品医疗器械标值10余万元。

2002年，开展基层药品质量、一次性无菌医疗器械、医疗机构药剂、中药材质量、农村用药、大输液等9项专项检查，查处一批违法案件，没收假劣药品、医疗器械20152盒（瓶、支），标值6.4万元。在“3·15”消费者权益保护日和“12·1”《中华人民共和国药品管理法》实施纪念日期间，组织2次集中销毁假、劣药品活动，公开销毁假、劣药品货值6万元。

2003年防非典时期，查处假劣药械案件80余起，收缴劣质医用口罩1260个，假劣药品870瓶（盒），假劣中药饮片16种次，涉案货值1.1万元。全年出动稽查人员2000余人次，检查药品、医疗器械经营使用单位600余家，查处违法案件400多起，没收假“三九皮炎平”“美宝湿润烧伤膏”“安神丸”“男宝胶囊”和劣质医用口罩等假劣药品、医疗器械货值14万余元。

2004年，由县食品安全委员会牵头，组织开展以粮、肉、蔬菜、水果、奶制品、豆制品、米粉、水产品、调味品为重点品种的节日、时令食品市场整治、防禽流感流行的食品市场整治、学生饮食环境整治等专项整治活动。

2005年，开展中药材和中药饮片、疫苗和生物制品、终止妊娠药品、一次性无菌医疗器械等专项整治。

2006年，督查、检查药品、医疗器械生产、经营、使用单位600余家，受理举报投诉16起，查办违法案件403件。

2007年，组织各区（乡）政府食品安全委员会向县政府递交责任状，强化各级政府的责任。制定完善了《湘阴县食品安全应急预案》。督查检查药品、医疗器械生产、经营、使用单位608家，受理举报投诉14起，共查办违法案件420件。

2008年，在“两节”（春节、中秋节）、“两会”（县人大全会、县政协全会）、“3•15”、高考期间开展专项检查4次，查处假冒伪劣饮料1024瓶、奶制品和儿童食品560千克、过期或霉变食品420千克。查处违法违规案件602起。

2009年，进一步强化药品不良反应报告420例，医疗器械不良事件60余例，提高全县药品、医疗器械使用的科学性和安全有效性。

2010年，开展非药品冒充药品、无证挂靠经营、医疗器械、中药材及中药饮片、互联网销售及邮购药品等专项检查，监督检查涉药涉械单位500余家，乡镇以上涉药涉械单位监督检查率100%。

2011—2015年，把重点放在药品流通环节上，实施新版GSP管理，加大监管力度，召开药品经营企业新版GSP培训会，培训药品批发零售连锁企业法人和质量管理负责人116人，对全县120家药品批发零售店开展GSP跟踪检查，查办违法经营“两非”类药品案件2起，有效保障计划生育顺利实施。

严格开展药品广告监测，实行每周 2 次动态监管，发现违法广告 6 条，移送县工商局进行了查处。针对群众反映强烈的保健类药品，保持高压态势，突出重点打击"四非"（非法生产、非法销售、非法广告、非法添加），立案查处 3 起。开展药品打假治劣专项行动，出动执法检查人员 1180 人次，共检查全县城乡 135 家药品批发零售单位，下达整改通知书 980 份次，查处药品医疗器械违法案件 124 起，其中查处注射用头孢呋辛纳、维生素 C 注射液、克林霉素磷酸脂注射液等假劣药品 11 批次。

二、市场监督

1986 年，任命 20 名兼职药品监督员，加强对各医院和全县药品市场的药品监督。

1996 年，县政府成立由县卫生局、工商局、公安局、法院等单位负责人组成的医药监督执法领导小组及专业执法队，加大药品市场的监督和执法力度。

1998 年，成立由各中心卫生院院长为队长的医药市场稽查队，治理整顿医药市场。

2005 年，加强药品市场监督，将 450 家村级卫生室整合改造为村级药品专柜，支持乡镇新办零售药品经营企业 32 家，引导通过 GSP 认证的药品经营企业向农村扩展，繁荣农村药品市场。

2010 年，进一步强化药品市场监管，深入开展药品从业人员培训，全年培训各类药品经营和质量从业人员 208 人。

2011—2015 年，共培训药品经营质量从业人员 290 人次，其中 GSP 培训 116 人次。

第八章　国土资源管理

第一节　机　构

1985 年 9 月，成立湘阴县土地管理办公室，办公地点设在县农业局内。是年，全县大部分乡镇先后建立国土所，确定 1 名兼职国土管理员。1986 年 3 月，湘阴县土地管理办公室迁入县政府大院，与县农业区划办公室合署办公，从农口五个局各抽调一名干部充实办公室力量，隶属县农委。各乡镇设立土地管理站，并选配 1 名专职国土管理员（大部分是基层党支部书记或村主任）。

1987 年 3 月 25 日，成立湘阴县国土管理局，由县农业区划办、征地拆迁办、土地管理办组建，租用县政府招待所 5 间客房办公，内设办公室、城乡建设用地股、地籍法规股、农业区划股（对外保留县农业区划委员会办公室的牌子）。1988 年，地籍法规股分设地籍地政股和法规监察股。是年，县国土管理局聘请全县各村村主任担任土地管理助理员和土地监察员，招聘 39 名基层国土管理员，形成县、乡、村三级土地管理网络，实现全县城乡土地全面统一管理。1991 年，设置区国土管理所。1993 年，精简机构，县房产管理局并入县国土管理局，成立湘阴国土房地产管理局，内设办公室、财计股、城乡建设用地股、法规监察股、地籍地政股、农业区划股及测绘队。下属机构有房产公司、地产公司、房地产综合开发公司、房改办、土地隐形市场清理办公室。1995 年，县国土房地产管理局分为县房产局和县国土管理局。县国土管理局归口县政府办。内设机构随之调整，设办公室、计财股、宣教股、用地股、地籍股、区划股、测绘管理股（测绘队），撤销地产公司，设地产管理股、城关国土所（原文星镇设置的城关国土所撤销并入），下设机构为法规监察大队。是年，迁入国土大厦办公。1996 年，撤销宣教股，增设土地评估所。测绘队加挂湘阴县测绘管理办公室牌子。随着撤区并乡，区国土所一律撤销。1998 年，撤销下设法规监察大队，设法规监察股。2000 年，撤销城关国土所，并入建设用地股。

2002 年，根据上级通知精神，将原归口县计划局的县矿产开发办公室并入县国土管理局。县国土管理局更名为湘阴县国土资源局。农业区划股更名为耕地保护股，增设矿产股、地环股。土地评估所、土地开发公司归并地产管理股。测绘队归并城乡建设用地股。2004年，根据国务院《关于做好省级以下国土资源管理体制改革有关问题的通知》、省政府《关于国土资源管理体制改革的实施意见》的精神，加强市、州和县、市区国土资源管理部门领导班子建设，市州国土资源主管部门是同级人民政府的工作部门，其机构编制仍由同级人民政府管理。从2004年起，岳阳市国土资源局对各县（市、区）国土资源局领导班子成员直接管理和任免，其他人、财、物等仍由县人民政府管理。2005年，内设机构增设土地规划股。2006年，全局整体搬迁至新世纪大道与芙蓉北路交汇处的办公大楼，实行信息化办公，内设机构增设人教股、法规政策股、纠纷调处办、纪检监察4个股室和土地储备中心、征地拆迁办公室、文星镇国土资源所3个二级机构。2007年，内设机构增设地理信息中心。2009年，县政府成立湘阴县土地储备中心，与国土资源局储备交易中心、征地拆迁办公室合并办公。同时，设立土地矿产卫生执法检查工作办公室。2010年，内设机构有办公室、人事教育股、档案室、财务审计股、信访股、纪检监察室、法规股、规划管理股、建设用地管理股、耕地保护股、地产管理股、地籍地政股、矿产资源管理股、地质环境管理股。直属单位有湘阴县国土资源执法监察大队、湘阴县国土测绘队、湘阴县土地储备中心、湘阴土地开发整理中心、湘阴县地理信息中心、湘阴县国土资源交易中心、湘阴县征地拆迁办公室、县国土办证大厅。文星镇、东塘镇、六塘乡、石塘乡、三塘镇、白泥湖乡、袁家铺镇、长康镇、玉华乡、界头铺镇、樟树镇、静河乡、城西镇、湘滨镇、杨林寨乡、岭北镇、新泉镇、南湖洲镇均设立了国土管理所。县国土资源管理局机构和职能延续至2015年没有变更。

第二节　地籍管理

一、调查处理土地权属纠纷

1978—1986年，湘阴县土地多头管理。行政区域多次变化、撤并，有的土地权属界限不清，以至全民所有制单位之间，集体所有制单位之间，国家单位与集体单位之间，个人与单位之间，以及个人之间，因土地权属发生很多争执和冲突事件。

1987年，县国土局成立后，十分重视地籍地政及土地纠纷案件的调处工作。在调处实践中，坚持严肃执行法律政策，实事求是，准确定性处理。在案件处理时，坚持以调解为主，裁决为辅；联合调处，分级负责。做到村内纠纷不出乡，乡内纠纷不出县，县内纠纷不出市，把很多权属方面的矛盾及时调解在萌芽状态，解决在基层。1989年，袁家铺中学与该镇城南村七、八组的土地纠纷已持续了十余年，经常有村民到学校闹事，干扰正常教学秩序。1991年起，县局多次派员调查，取证18次，召开座谈会6次，多次派人到上级教育部门查找。1998年，终于在省教育厅和省档案馆查到当时关于建校与集体征地补偿有关规定的文件，当即召开学校和村组代表调处会议，经协商，按当时土地价格做出适当补偿，对土地使用权做出裁决，双方都表示接受，平息了矛盾。1991年，姑嫂乡紫山村和柳潭乡飞凤村为不足100米长的废堤权属纠纷，发展到用土炮、梭镖械斗。县局火速会同公安等有关部门赶赴现场，制止事态进一步恶化，并反复调解座谈，查阅历史资料，最后由县政府作出裁决处理，拘捕了一名带头聚众闹事者，解决了这起闹了多年的土地纠纷。2009年8月27日，中国国土资源报报道《湘阴县成功化解48起土地权属纠纷》。至2010年，共调处各类土地纠纷1.6万余起，其中由县政府处理78起。

二、土地调查

根据国务院《关于土地利用现状调查工作有关问题的通知》，县国土局为查清全县土地类型、质量、数量、分布、利用现状和权属关系，全面摸清土地资源家底，多次对县域土地进行系统调查和评估。

1987 年 10 月，县政府成立土地详查领导小组。由政府办牵头，县国土局具体负责，从各有关单位抽调科技人员，组成土地详查办公室。乡镇相应组成领导小组和工作班子。全县组织乡镇场党支部书记、村主任、会计、老农代表 1650 人实地踏界确权，共踏界 2355 处，3748.3 千米。全县农村有 992 个权属单位签订权属协议书。1989 年，土地详查办权属组邀请汨罗、望城等毗邻市区土地详查办的人员共同实地踏界 126 千米，调查认定权属。与湘阴县邻界的 9 个乡、48 个村全部签订边界权属协议书。广大科技人员通过步行调绘、地类调绘、线状地物调绘、地物补测协调，查清全县土地位置、数量、类型、分布和利用现状，总结和评价土地利用中的经验和存在的问题，以及今后利用的方向和途径，查清全县土地权属历史和现状，确定边界，解决权属纠纷。通过详查，全县农用地总面积 74800 公顷，建设用地总面积 19600 公顷，未利用土地 55200 公顷，分别占全县土地总面积的 48.8%、12.8% 和 36%。是年组织全县乡镇国土干部 50 余人，在土地详查的基础上，开展待开发土地资源调查。全县共有待开发土地资源 4666.67 公顷。其中可开发农耕地 313.33 公顷。1992 年，按省市农业区划委员会安排，湘阴县在全省第一批开展“四低”（低产田、低产园地、低产林地、低产水面）资源调查。县政府成立以分管副县长为组长的领导小组，从农、林、水、畜等单位抽调 23 名技术骨干，分成 4 个专业组开展外业调绘，依照技术规程、实地走访、查勘核对，查到村、查到图斑、查到片块、查到池塘。外业调绘后紧接着内业编绘汇总，全县“四低”资源 34000 公顷。通过“四低”调查，找到“四低”形成的主要原因和影响高产的障碍因素，探索改造的最佳途径和措施，为编制全县农业区域综合开发规划奠定了基础。

三、土地登记

1991 年 10 月，县国土局在南湖镇进行登记发证试点工作，对 3700 户宅基地，逐户丈量、登记造册、核发证书。1992 年 4 月，铺开全县发证工作。年底，全县 423 个行政村 14 万余户宅基地颁发了土地使用证书，建立 2800 多卷地籍档案。1994 年历时 4 个月，完成变更土地登记发证。变更调查数据表明：变更地类资源图斑 1088 个，变更线状地物 122 条，变更面积 2472.67 公顷，占全县土地总面积的 1.5%。1987—1994 年共减少耕地 2030.5 公顷。此后，每年对当年土地变更及时进行土地变更登记。1998 年始，开展农村集体土地登记发证工作。2005 年，进一步严格规范土地登记发证手续，要求调查审批表、登记卡、归户卡、土地证书记载的内容一致，相互印证，严格按照填表、填卡、填证的先后顺序办理。城镇土地和其他国有土地建设用地的登记发证，必须以数字地籍调查测量结果为依据，保证宗地界址位置和面积的准确性。当年完成土地登记发证 588 本，其中属行政划拨 47 本，国有出让 345 本，转让 28 本，抵押 72 本，住房 96 本；集体土地登记发证 19 本。完成土地利用现状调查面积 1108 公顷。2006 年，完成国有土地使用权登记发证 426 本（宗），办理抵押手续 45 本（宗），住房土地证 378 本。集体土地使用权登记发证 14 本，完成 4 个小区商品房的土地分割发证工作，并积极参与湘阴宾馆搬迁工程等 21 宗征地建设用地选址、会审预报。2007—2009 年，对全县 431 个行政村进行调查，调查面积 1551.46 平方千米，明确土地权属 1564 宗，界址线 10267 条，界址点 8982 个。2010 年，办理土地初始登记 207 宗，个人和单位登记 1268 宗，商品房登记 700 宗，抵押登记 106 宗，为企业融资 2.5 亿元。办理土地变更登记 1061 宗。截至 2015 年，已颁发国有土地使用证 22600 本，发证率为 85%，发集体土地使用证共 1200 本，占发证率的 19%。他项权利的登记主要是土地使用权抵押登记，共发证 1350 本，发证率为 37%。

四、地籍档案

1996 年 5 月，县国土局组织本局 15 名技术骨干，聘请长沙中扬地质工程勘察院工程人员，在文星镇开展地籍调查。运用 GPS 卫星定位系统进行测区首级控制测量，采用全解析法，数字化成图，对东至高岭，西至湘江，南至邓婆桥，北至漕溪港 8.5 平方千米范围内的 4757 宗地的权属开展调查，共设置界标 28000 个，丈量界边及相关距离 32000 条。调处大小土地纠纷 218 起。对城镇范围内的个人宗地进行申报、登记、发证，每宗地都建立地籍档案。1996—1997年，又分别完成铁角嘴和南湖洲镇的地籍调查。从2007年10月开始，组织30名技术骨干，成立专门班子，通过实地查勘，历时3年，对全县所辖行政乡镇进行地籍调查，于2010年10月完成地籍调查，其中涉及19个乡、镇431个行政村第二次土地调查。调查面积1551.46平方千米。调查土地权属1564宗，界址线10267条，界址点8982个。检查全县土地调查外业成果65082个图斑、地类界限254626个、线状地物170812个，零星地物1800个。2010年10月顺利通过省厅检查审核。

县国土局建立后，十分重视地籍档案的收集整理，专柜、专人保管。1990年全县共建地籍档案912卷。1992—1994年，组织了各专职人员，对历年来形成的地籍档案，分类清理，组卷登记。共整理地籍档案4359盒，14200份。

1998年起，县国土局建立以地籍档案为主，结合其他业务股室的档案，建立大型综合档案室，安排专人综合整理归档。通过三年精心清理，归类综合，整理成11892卷（盒）档案，各类图件及音像共1285幅（件）。居民的地籍（用地）档案按姓氏编排，每10份归1盒，共达1181盒。2001年被评为“省一级档案室”。自1998年以来，连年评为“档案工作先进单位”。从2010年到2012年完成18000宗地籍档案电子管理。至2015年，按照“五个一”的硬件建设目标要求，为各乡镇国土资源管理所配备有电脑、手持GPS等现代化设备，开通内网光纤专线和互联网，各乡镇国土资源管理所全部实现内外网联通，公文传输及农村村民建房可以直接在内网电子政务系统办理。全县共完成地籍档案扫描及发证7672宗，真正实现了“以证管地”。

第三节　土地测绘与规划

一、土地测绘

1992年成立湘阴县国土测绘队。主要开展建设用地征地测量和地籍发证测量。1995年，县国土局成立测绘管理股，组建测绘队，并成立湘阴县测绘管理办公室，由分管测绘工作的副局长兼任办公室主任，与测绘股合并办公。各乡镇国土所长兼任测绘员，并确定一名工作人员为测绘信息员。全县有测绘标志37个，分布在20个乡镇。

1989年，全县通过在214张航片上补测、外业测绘，测绘出1 ∶ 10000土地利用现状分幅图86幅；1 ∶ 10000分幅权属图86幅；1 ∶ 50000湘阴县土地利用现状图24幅。总共编绘图片303幅，编写出全县39个乡镇土地利用现状报告及说明书。

1992—2004年，编绘了湘阴县土地利用总体规划编修图3幅，检查各部门规划图14幅，编绘乡级土地利用总体规划图和基本农田保护图14幅。对12个乡镇、26个村组的680公顷耕地开发规划进行测量，绘制116幅规划图件。完成全县土地利用总体规划的修编，经省市验收合格。参与长湘路改造，新建湘阴湘江大桥等全县重点工程建设的工程测绘和征用土地的地形测量。

2005—2010年，还承担土地开发整理项目的测绘任务。完成杨林寨乡土地整理项目、白泥湖乡楠竹村等土地开发项目，工业园及振湘酱厂征地项目等野外测绘40余起，700多公顷。完成全县18个乡镇规划的转换、上图工作。

二、土地规划

1993年6月，在全面进行土地资源调查的基础上，根据国务院办公厅转发国家土地管理局《关于土地利用总体规划工作报告的通知》和湖南省政府文件精神，成立湘阴县编制土地利用总体规划领导小组。随即县国土局牵头，组织乡镇国土所和县直有关部门，抽调技术人员，建立编制规划专门班子，结合湘阴实际和发展的需要，编制《湘阴县土地利用总体规划（1991—2000 年）》和《村镇建设规划》。1998 年始，根据中共中央、国务院《关于进一步加强土地管理，切实保护耕地的通知》和国家土地管理局《关于认真做好土地利用总体规划修订和实施工作的通知》，对照湘阴县国民经济和社会发展目标，在认真调查土地利用现状，综合分析工业用地要求的基础上，编制修订《湘阴县 1996—2010 年土地利用总体规划》。2000 年，完成全县土地利用总体规划的修编。全县各级各部门土地规划、开发、利用、整治、保护和用地审批、土地结构调整、土地使用权出让等各项工作，都遵循和服从土地利用总体规划。

2005 年，县政府成立土地利用总体规划修编工作领导小组，并拨付修编专款 150 万元，开始县、乡两级土地利用总体规划修编工作。县国土资源局请长沙兰普公司负责修编的技术指导和汇编。在全县抽调 60 多名技术骨干，由兰普公司组织培训 8 批次，培训业务人员 200 多人。县局派专业技术人员到乡镇，进行现场专业技术指导。土地总体利用规划修编完成"四查清、四对照"工作，即查清规划期内新增建设用地总量，与国民经济和社会发展规划确定的发展目标对照检查；查清闲置土地和低效用地数量，与规划确定的节约用地挖潜目标对应检查；查清耕地和基本农田保有量，与规划保护目标对照检查；查清违法用地数量和处理情况，与违法用地的处理要求对应检查。土地利用现状数据库更新、规划基础数据核查工作结束后，即开展《湘阴县耕地与基本农田保护研究》《湘阴县土地利用与生态建设研究》等六个课题研究，均取得良好成果。2009 年，在修编土地规划大纲时，以县委、县政府提出的主动融入长株潭"两型"社会综合配套改革试验区为契机，围绕"敞开南大门、对接长株潭，加快湘阴发展"这条主线，加速推进新型工业化，新型城镇化，全面合理地规划好湘阴各类建设用地规模、耕地及基本农田保护面积，为县委、县政府在宏观调控决策中提供了科学依据。是年，全县土地利用总体规划修编大纲编制完成，同时，全面开展县内乡镇土地利用总体规划修编。

2010 年，全县共完成 18 个乡镇规划的转换、上图工作，拿回岳阳市政府对界头铺镇（今金龙镇）、袁家铺镇、静河乡等 9 个乡镇总体规划的批复。樟树镇、杨林寨乡等 9 个乡镇的规划评审资料通过县级评审。

第四节　土地利用与保护

一、土地开发利用

1994 年，县财政在极度困难的情况下，拿出 32 万元投入土地开发。1996 年，县政府印发《湘阴县耕地开发管理办法》，规定"谁开发，谁受益"，新开耕地的使用权属开发者，免征农业税 5 年，免收乡村统筹提留。1997 年，为了进一步激发群众开发的积极性，专门下发文件，对土地开发者予以适当补助，其标准是：开发水田每公顷补助 1500 元，开发旱地每公顷补助 750 元，新开园地每公顷补助 450 元，对开发其他各类土地补助标准也作了明确规定。开发的土地承包经营期为 15 年，在经营期内，允许继承或转包，不纳入原承包土地的基数和调整范围；承包经营期满后，原承包者（即开发者）在同等条件下可优先承包。乡村两级均设立了土地开发专项奖励基金。东塘镇政府设立土地开发奖，自筹资金投工开发的荒山免税费优惠政策 30 年不变。该镇 1993 年开发荒地 40 公顷，1997 年又开发 26.67 公顷。该镇茶场与白雁村联合开发耕地 20 公顷，种上玉米、藠头。六塘乡金岳村组织大批劳力，推倒 3 个山包，开发 24.77 公顷旱土，建立蔬菜大棚。省有线电视台、《国土资源报》《湖南日报》《岳阳晚报》等多家媒体，相继报道了湘阴县开发耕地的情况。省国土局在全省国土工作会议上推介湘阴县组织开发耕地的经验。

2002 年，县政府常务会议决定，将茶叶品种退化的县茶场土地进行开垦拓荒，由县国土资源局组织编制茶场土地开发整理项目材料，申报省国土资源厅批准，组织开发耕地41公顷。2003年，湖南省土地开发有限公司投资170万元，建设开发袁家铺镇的名山、名胜、袁家三村交界处，质量高的耕种地57.33公顷，成为湖南省名贵药材基地之一。省国土资源厅土地整理中心投资130万元，建设开发长康乡中段、金龙两村荒草地41公顷。市国土局投资38万元，建设开发白湖乡楠竹村，新增耕地18.67公顷。凤南乡开发耕地6.93公顷。除补充本县因项目建设占用耕地外，还为岳阳楼区建设占用耕地的补充提供需要，为全市耕地总量动态平衡做出一定贡献。

2004年，继续加大土地开发整理力度，确保耕地占补平衡。全年完成9个县级占补平衡开发项目，经省厅和市局全部验收，新增耕地77.33公顷。

2005年，继续积极推进开发整理。由国家投资的杨林寨乡土地整理项目，建设规模386.67公顷，规划新增耕地48公顷。再次与湖南省土地开发有限公司签订张家湖土地开发项目委托实施合同。项目建设规模138公顷，新增耕地116公顷，总投资515万元，其建设规模与投资额度创全省异地补充耕地项目的历史新高。省投资城西垸兴安、兴洲土地整理项目，以及静河、樟树等县级占补平衡9个项目，国家投资的湘资垸和洞庭围土地整理项目，总建设规模1266.67公顷，新增耕种地97.33公顷。

2007年，进一步深化土地开发整理，继续完成国家投资土地开发整理项目2个，湖南省土地开发有限公司异地补充开发项目1个，总规模1420公顷，新增耕种地151公顷。

2008年，占补平衡项目4个，面积740公顷，投资360万元；土地整理项目2个，面积700公顷，投资1600万元。分别在石塘乡九洲村、六塘乡兰岭村、玉华乡团山村和界头铺镇（今金龙镇）望东村积极组织开发整理。

2009年，以耕地保护为重点，加大土地开发整理的实施与申报工作。争取土地开发项目6个，共计17片，面积120公顷，投资630万元；土地整理项目1个，面积247公顷，投资1012万元。经过开发整理，新增耕地253公顷，确保耕地总量动态平衡且有节余。同时，努力争取上级重视，将湘阴县纳入环洞庭湖湖区基本农田建设重大工程项目区，该项目涉及城西、湘滨、南湖、杨林寨、白泥湖、东塘、三塘等8个乡镇，计划3—5年时间内整理基本农田17066.67公顷，投资8.06亿元，是全市争取项目最大的县。

2010年，根据湘阴洞庭湖城西片基本农田建设重大工程（第一期）2010年度实施计划，湘阴城西镇14个村农村土地综合整治项目纳入第一期工程实施，项目包括该镇S308线以北全部区域，含潭堤、裕民、江洲、湘临、保合、保民、兴隆、龙溪、兴安、古塘、七龙、四合、王家坝、东垸14个行政村，建设规模2988.91公顷，项目建设内容主要包括土地平整工程、灌溉与排水工程、田间路桥工程和农田防护及生态保持工程等，新增耕地759.43公顷，新增耕地率达到25.41%。

2011—2015年，根据全县重点项目逐年增多，建设用地需求量加大，耕地占补指标严重不足，触碰耕地红线的势头，加强对全县土地资源调查研究，精心选址，最终确定29个土地开发项目，总投资2497万元，可新增耕地286公顷。上报县委、县政府后得到高度重视和支持，由县财政设立土地开发专项资金，分批投入，全面动工。2013年，完成3个开发项目新增耕地28公顷，全部评为优质耕地；2015年，发动社会投资完成开发项目13个，新增耕地173公顷，群众种植经济作物后实现年每公顷增收27000元。

二、土地保护

1986年，县委、县政府在全县开展非农业用地大清查。5月，集中全县乡镇国土员，并从各相关单位抽调干部112人，组成清查班子，在全县城乡，对所有农户、乡镇企业、单位的宅基地进行丈量、描图、登记。全县共清查12.5万农业户，总宅基地面积2784万平方米，户平宅基地223平方米，人平54.3平方米。城关地区宅基地总面积 14.8 万平方米。共清查国家、集体单位 981 个，占地总面积 307 万平方米，其中建筑面积占地 133.8 万平方米。通过非农业建设用地大清查，初步澄清全县非农业建设用地的底子，依法查处部分违法违章案件，基本刹住乱用滥用土地的歪风，最主要的是通过宣传和清查丈量，最广泛地进行一次基本国策和土地法规的宣传教育，使广大干群增强土地国策意识。

1995—1996 年，湘阴县全面完成基本农田保护区划定工作，并颁布《湘阴县基本农田保护条例》。要求一级农田保护面积应占农田总面积的 90% 以上。保护区划分为三个等级。一级保护区为长期保护区，是满足本地人口粮食消费和完成国家农产品上缴任务所必需的基本农田。二级保护区为控制区，指的是既不属长期保护，也不属规划期内占用的农田。三级保护区为过渡保护区，是指在规划期内将要成为城乡各项建设，非农业结构调整的耕地。根据划分三个等级的原则，将保护区分解到乡镇，自上而下提出控制指标，自下而上逐级落实。坚持做到确定基本农田的面积与实际划定区、片、块相结合；图斑勾绘定界与登记造册相结合；设立保护标志与制订乡规民约相结合。全县有 41333.33 公顷耕地，实行全面保护。通过划定的基本农田保护区面积为 35800 公顷作为重点保护（一级保护区），二级保护区 3200 公顷，三级保护区 2333.33 公顷，合理将保护指标分解到乡镇，各乡镇再根据分解的保护指标，落实到村组、丘块。全县共落实 6263 个保护区，共登记保护农田 185305 块，落实到保护责任者 204768 农户。1996 年 1 月，县政府召开常务会议，在制定《湘阴县保护基本农田实施细则》和发出《加强保护基本农田的通知》的基础上，又提出八条保护基本农田的过硬措施，印制 1 万份宣传资料在全县张贴。层层签订责任状和制订保护公约，强化保护责任。首先是政府与各乡镇签订农田保护责任状（乡镇长为第一责任人）。其次是各乡镇与村委会签订责任状（村委会主任是第一责任人）。再次是 426 个村委会与 3250 个村民小组签订责任状，村民小组与 204768 户农户签订责任状。全县共建立基本农田保护档案 468 卷，台账 64 本，做到一村一档，一户一卡。全县各地都制订了保护公约并发至农户，制作大、中、小三种型号的保护标牌 6263 块竖立在保护区的醒目处。

在认真落实基本农田保护责任制的基础上，健全和完善并严格执行基本农田保护区用途管理制度和占用基本农田质量保护制度，使基本农田的划定保护工作真正达到数质并举、全面、科学管理的新模式要求。凡建设项目需占用农田的，县国土资源局耕保股提前介入，实地察看，积极参与选址、论证、查档核实等级。严格按照市局确定的“十项”规定审批。实行“非农业建设项目占用基本农田许可证”制度和占用耕地占一开一的原则。占用一级基本农田，每亩收造地费 3 万元，占用二级基本农田，每亩收造地费 1.5 万元，占用三级基本农田，每亩收造地费 1 万元。1998 年 8 月，第九届全国人大常委会对《中华人民共和国土地管理法》部分进行了修改，对非法农业建设占用耕地的批准权限作了重大调整。据此，湘阴县对非农业建设项目占用耕种地，提出要切实做到“五个坚持”，即坚持对申请用地项目进行实地察看，对不合法的坚决取消申请；坚持做扎实工作，提倡节约用地；坚持不超过年度用地计划指标，而且年年都有节余；坚持用地项目申报联审制度；坚持用地项目用途管制，严肃查处违法用地行为，对所批准的各类用地，全面实行跟踪管理。

2004 年，根据湘国土资办《关于进一步加强基本农田保护基本工作的通知》精神，县委、县政府把耕地保护纳入各级政府工作重要议事日程，做到责任、任务、人员、经费“四落实”，把落实耕地保护责任制作为乡镇工作业绩纳入全年千分制目标考核范围，并设立耕地和基本农田保护举报电话，接受群众监督。37 个乡镇（管区）分别与县政府签订《基本农田保护责任状》。重新建立基本农田保护档案 615 卷，为有效保护耕地提供科学管理依据。

2005 年，根据湘国土资办关于印发《基本农田保护数据库建设工作方案》《基本农田保护数据库建设技术方案》《县级基本农田数据库建设技术规程（试行）》的通知精神，进一步完善了基本农田保护基础设施及内业图表、册、卡等资料。并按省厅部署，与省测绘院配合，完成了基本农田数据库的工作。

2008年，根据湘国土资办发《关于改进和完善耕地占补平衡工作的通知》《转发国土资源部关于严格耕地占补平衡管理的紧急通知》精神，为切实加强农田保护，采取三条措施：一是从源头上控制占用耕地；二是遏制非法占用耕地现象；三是坚持占补结合，力保耕地总量动态平衡。为积极响应社会主义新农村建设和满足县域经济发展的用地要求，县国土资源局在樟树、静河、六塘等乡镇组织实施了250公顷土地开发项目，以此作为耕地补充的储备指标。县委、县政府投资360万元在石塘、六塘、玉华部分村组开发耕地73.33公顷；投资1600万元在躲风亭、白湖、东塘3个镇组织整理耕地700公顷。2008年2月6日《中国国土资源报》二版要闻头条报道《湘阴耕地保护落实到户》。同年7月13日、10月31日、12月25日，省国土资源厅主编的《工作动态》分别报道《湘阴县七措并举落实最严格的耕地保护政策》《湘阴局建立乡镇所所长问责制》《湘阴局念好耕地保护"四字经"》。12月26日，《岳阳晚报》第一版报道《湘阴列入全国城乡建设用地增减挂钩试点》。岳阳市政府授予湘阴县"2008年度土地管理和耕地保护先进单位"。

2009年，湘阴县委、县政府多形式、大规模、深层次、全方位开展耕地保护法律法规宣传，出动宣传车20台次，悬挂横幅38条，张贴标语120张，使基本国策家喻户晓。全县耕地保有量38133.33公顷，其中基本农田保护面积35866.67公顷。

2010年，县委、县政府将土地管理和耕地保护工作纳入县委、县政府"三个文明"建设目标管理和综合考评范围。县国土局执行《乡镇国土资源所工作考评细则》和《乡镇国土管理所工作人员问责实施细则》，对在年度考核中耕地保护工作排名后3位的所长实行末位淘汰制，进一步强化基层所耕地保护责任意识。开展打击非法倒卖土地专项行动、拆违控建专项行动、闲置土地专项清理行动。

2011年，不断探索，积极创新，严守保护耕地红线，加大打击土地违法力度，严格执行拆违控建，开发新增土地，落实责任保地，实行县乡村组耕地保护目标管理责任制，耕地保护落实到村、组、农户、地块、在重大工程和项目用地上严格预审、实行联审、减少占用耕地130余公顷，使全县耕地保有量稳定在39067公顷，基本农田35600公顷的红线没有碰，至2015年连续12年实现全县耕地总量动态平衡。武汉局例行督查和卫片执法检查都认可过关，被省国土资源厅列为典型进行重点推介。其间，还重点抓好了2011年开始动工的湘阴环洞庭湖基本农田建设重大工程，涉及13个乡镇，总投资1.08亿元，完成3600公顷高标准农田建设，为夺取粮食丰收奠定强实基础。

第五节　建设用地管理

建设用地管理，包括建设用地的总量优化配置和存量市场流转两大方面。是对供地方式、用地规模、开发强度、使用效益、市场流转等环节，实施依法审批、计划调控、节约使用、规范流转的全过程，全方位管理。

1987年，县国土局根据《中华人民共和国土地管理法》和《湖南省土地管理实施办法》的精神，联系本县实际，制定全县城乡统一实施用地规章制度，使城乡建设用地走上统一管理的轨道。

1988年4月28日，县国土局发出《关于基本建设征、占用地审批程序和手续的通知》，就建设用地申报条件、用地限额标准、各类地区各类土地的使用原则、审批程序等方面都做出了具体规定。凡建设用地单位，必须持上级主管部门或县以上人民政府按基本建设程序批准的设计任务书，或其他批准文件，才能向国土管理部门提出用地申请。建房项目用地选址，要由国土局根据土地利用规划和城镇建设规划，会同建设部门、环保部门、建设用地单位及有关部门，在可行性分析的基础上，共同确定选址。

不准建设单位自行划地为营，或参与土地权属单位私议选址。拟订土地征用计划方案，根据该项目类型，核定总用地面积，建设部门审定建设项目及设计方案，协同处理征用土地具体事项，在调查的基础上，根据政策商定土地补偿、安置方案，签订征用土地协议书，明确双方的权利和义务，发放申请用地呈报表，由组、村、乡（镇）逐级签出征地意见。绘制建设用地项目平面图，圈定用地红线，经被征地单位加盖公章，连同所有文件资料和征用土地协议书，到国土部门上报审批供地。建设项目用地经批准后，由国土局按建设进度分期划拨土地，发给建设用地许可证。在做好拆迁安置工作的同时，督促被征地单位按时移交土地。建设单位在开始动工建设时，国土部门必须派员到现场，按审定的图纸共同放样定线，施工中到现场检查，建设项目完工后到现场验收。对于村、居民建房也作出了明确规定。建房个人必须持书面申请，交到所在乡镇国土所，由国土所派员到实地调查，符合村镇建设规划，不占用耕地，确需划定宅基地者，方可发给村（居）民建房申请表，村、组逐级签出意见，再到国土所审批，核发建房许可证。若占用耕地建房，还必须将相关资料报送县级以上国土部门，根据权限报批。

随着改革开放不断深入，城乡建设用地迅速形成高潮，在建设用地中出现了混乱现象。针对少批多占、越权批地，随意改变用地类型等违规违法行为，1990 年 4 月 6 日，县政府发出《关于开展建设用地审批情况清理工作的通知》，成立清理工作检查组，分组下到区、乡，对用地审批情况全面进行一次检查。严肃查处一批土地违法案件，及时纠正在建设用地审批工作中的错误，刹住乱占滥用土地歪风。

1991 年 3 月 15 日，县国土局发出《关于国家建设、乡村集体建设、个人建房预交保证金的通知》。凡办理用地（含临时用地）审批手续时，先按每平方米收取 1 元用地保证金，再核发“建设用地许可证”。国土部门收取保证金专项存入银行，待用户申请换发“国有土地使用证”或“集体土地建设用地使用证”，经检查验收，符合规定用地的，如数退还保证金。若违反规定用地，保证金不退，并根据《中华人民共和国土地管理法》有关规定及时给予处理。农业建设用地也纳入建设用地计划管理。为严格审批用地，特别是审批耕地，坚持主管副局长代表局长一支笔批地。用户申请每宗用地，都需准备申请立项、计划、规划、资金到位、征地协议、补偿标准、征地红线图、建设平面布局图八大件资料，呈报政府审批。农村“村民建房许可证”采取三联式，统一编号，印制“个人用地申请表”和标准图纸等，做到审批资料规范。对占用耕地建房更加严格控制。一是占用耕地必须与开发复垦耕地挂钩。二是严格限制面积，每户不得超过 132 平方米，同时每平方米收取 1 元钱的耕地复垦开发费。为推进建设用地全程管理，在审批用地土地时，批前坚持规划选址测图；批中坚持严格审查；批后坚持按放样标准验收。国土部门做到规划、选址、测绘、放样、验收五到场。

1992 年 4 月 24 日，县政府颁布《湘阴县行政划拨土地使用权管理暂行办法》，明确规定湘阴县境内任何单位和个人将划拨使用的国有土地转让、出租、抵押，以及改变用途等，均应按规定申报。1993 年，县政府发出《关于城关地区国有土地使用权出让和管理的几项规定》，规定城关地区规划范围内的国有土地一级市场一律由县政府垄断，按照统一规划、统一征用、统一开发、统一出让、统一管理的原则，由国土部门代表县人民政府实行出让；属于集体所有的土地，由国土部门预征为国有土地后再出让。土地使用者只能通过出让才能取得土地使用权。任何单位和个人不得直接与村组签订协议征用土地。根据土地所处的地理位置确定出让方式，先锋路、江东路、太傅路、旭东路、冬茅路、尚书路、东湖路等主要道路交叉处，适于经营商业服务业的黄金地段，其临街地块实行拍卖出让；主要交通干道两旁地块，实行招标或拍卖出让；其他地块实行招标或协议出让。

1997—2000 年，县国土局多次做工作，将县法院旧审判庭兑换给县妇女儿童活动中心，将县妇女儿童活动中心因无资金建园而闲置 3 年的 1.7 公顷土地建起县法院新办公楼。利用废港河滩开发建设用地 0.73 公顷。樟树镇开发废堤 0.52 公顷，提供居民建房 40 栋用地；文星镇利用南门港防洪大堤裁弯改直，开发建设用地 4.7 公顷，于 2000 年建起福鑫建材市场。

2002 年 4 月 28 日和 2003 年 7 月 21 日，县政府先后发出《关于我县重点工程建设征地拆迁安置补偿有关问题的通告》和《关于进一步加强土地市场管理，规范土地市场的若干规定》，进一步规划土地市场，优化土地资源配置。

2005—2007 年，县国土局与移民建镇的 10 个乡镇统一作好 80 公顷土地建房规划，安置 6300 户移民。

2008 年，县成立“重点工程项目用地手续及工作协调领导小组”。2008—2010 年，为节省重点工程项目用地报批费用，集中优势兵力，对项目用地资料严格审查，对用地有关数据进行严格测算，核减部分报批面积，有效地减少报批费用。县污水处理厂，毛角口切嘴移堤工程，S308 线及柳林江大桥连接线等重点工程项目，通过核减面积，为县财政节省报批费用 1000 多万元。随着发展步伐加快，重点工程建设项目增多，需要用地也随之增加。县国土局积极向省厅争取用地指标，合理统筹安排各类用地，优先重点项目发展。批回历年呈报省厅审批项目用地 11 宗，面积 108.58 公顷。2015 年上报省厅项目 6 宗，批回面积 12.92 公顷。

第六节　土地储备

2009 年 6 月，县政府批准成立湘阴县土地储备中心（简称“储备中心”），与县国土资源局 2006 年设立的储备中心及征地拆迁办公室合署办公，隶属县国土资源局，为独立核算副科级二级机构。主要职能是负责全县闲置土地回收、收购、储备、流转、开发、集体土地征收工作。是年，顺天集团洋沙湖旅游度假村建设项目是全县重点招商引资项目，征地范围涉及 3 个乡镇 7 个村，拆迁范围近 300 栋房屋。储备中心集中全部力量，与该项目指挥部一道，完成征地 87 公顷，青苗及附属设施补偿 118.4 公顷，迁坟 400 座，支付补偿总额 1360 万元。2011 年，中联重科建设项目落户湘阴，储备中心征地拆迁办公室全体干部深入 2 个村、18 小组，把所有的地类、青苗、林木、附着物、坟墓逐地块勘界登记认定，顺利完成 117.3 公顷的征地任务。2013 年在武警长沙直升机场项目建设中，创造了 3 个月征地 103.73 公顷、拆迁房屋 216 栋的高效率。2009—2015 年，坚持以“经营土地，服务经济建设”为目标，共出让商业用地 56 宗（不包括轻工产业园、工业园、金龙新区）面积 72.2 公顷，土地成交价款 13.4 亿元，实现土地纯收益 9.9 亿元，累计解缴县财政土地纯收益 5.85 亿元。土地储备中心积极支持县内重点项目建设，从储备库中按 420 万元 / 公顷划拨 32.67 公顷土地给人民医院、检察院、法院、民政康复中心、廉租房等项目建设。土地储备中心在华融湘江银行融资 1.36 亿元，在农业银行融资 2 亿元，缓解县城建设的资金难题。2015 年，仍储备土地 18 宗，面积 135.73 公顷。

第七节　矿产资源管理

1979 年 9 月，县砂石处划归乡镇企业局。是年 11 月 20 日，成立湘阴县矿产公司。1989 年，县政府组建矿产开发管理办公室，依法行使矿产资源勘查、开发管理和监督职能，为副科级单位，归口县计委。砂石处由矿产开发管理办公室代管。2002 年，与国土局合并，矿产办履行矿政各项管理职能。

湘阴属贫矿县。仅有花岗石、天然石英砂、黄砂卵石、黏土矿、高岭土等非金属矿。花岗石主要分布在长康、玉华、金龙等乡镇。花岗石种类有麻石、釉芝麻石、黑芝麻石、日芝麻石等。1982 年黑龙江石材评选会上，湘阴石材的石质评为全国第二名。黄砂卵石分布较广，储量丰富，主要在境内的湘资两水河段支流及个别乡镇。天然石英砂集中在青山岛镇、鹤龙湖镇和岭北镇的极个别村，砂质纯净，以中、细粒砂为主。高岭土主要分布在三塘、六塘等6个乡镇。砖瓦用黏土矿，全县分布较广，资源较丰富，主要用于烧砖瓦。全县有31家采矿企业，集体经营27家，个体14家，年产值2000万元。

1986年3月19日，《中华人民共和国矿产资源法》颁布，县政府利用各种宣传工具在全县城乡深入宣传，提高干群遵守矿产资源法的自觉性。同时结合宣传，开展采矿检查，对违反矿产法的单位和个体户依法予以处罚。1987年始，县政府开展矿产资源总体规划编制。2003年11月完成规划编制，经省市主管部门验收合格。随着矿业的逐步发展，矿业开发中的一些问题日显突出，乱开乱挖现象严重，对水土保持和大堤堤身安全造成影响，制约经济发展。突出表现为矿业权属纠纷和非法开采矿产资源的违法案件明显增加。按照省、市主管部门的统一部署，县国土资源局组织专门班子，对全县49家矿产企业开展三查、三核对工作，对查出采矿许可证已到期的企业下达了“限期换证通知书”；对资料不全、欠缴规费或其他不具备换证条件的坚决不予换证；对没有办证的企业，除依法补办采矿许可证的各项手续外，还依法给予处罚；不符合作业程序和存在严重安全隐患的企业坚决查处取缔。通过5个月的努力，使全县矿产企业持证率100%，年检率98%。通过加强管理，全县矿业开采秩序明显好转。

2004年，全面开展矿山年检和矿业市场整顿。全年进行年检年审的矿山企业40家，按挂牌程序办理延续登记手续的22家，逐一发放新的采矿许可证。是年，县政府全面实施河道整顿管理，对乔口至铁角咀段砂石采矿权以100万元协议出让给3条采挖船，其他河段由各职能部门派员上船统一管理，制止“三乱”，打击非法采挖行为。实行砂石市场最低保护价，维护国家对矿产资源的所有权益和砂石生产经营性企业的合法权益，促进经济协调发展。

2005年，县委、县政府进一步对矿产资源开采进行专项整治。共清理砖瓦窑开采点21个，补办手续6个，补收规费5万余元，对10个不适宜开采的企业予以取缔。严格实施矿产资源采矿权的招拍挂工作。对湘江芦林潭至营田闸口段、濠河口至临资口至芦林潭段等河道砂石采矿权挂牌出让，收取采矿权价款198万元。河道采矿的进一步规范，有效遏制乱采滥挖、破坏资源的行为，确保河道防洪和航道安全，保护生态环境。

2006年，按照统一部署，对违法违规开采矿产资源行为进行全面排查。重点是查采矿许可证，查安全生产作业许可证、查工商营业执照。经过排查，持有效证件的砖瓦窑企业19家，另3家采矿许可证到期的企业责令其停产关闭。县政府成立了湘江砂石采挖整顿稽查大队，定期下河巡查，整顿规范，综合治理。县整顿办会同安监部门对全县花岗岩开采企业逐一清理整顿，关闭2家不符合安全要求的采矿企业，取缔5个非法炼矾作坊，对玉华、长康2家采矿企业限期整改到位。对湘江河道采砂采矿权重新评估后，再次进行整体拍卖。同时，制定湘阴县矿产资源整合实施方案，依据矿产资源自然状况，地质条件及总体规划，合理编制矿产权设置方案，重新划分矿区范围，确定开采规模。一个矿区只设一个开采权，杜绝大矿小开，一矿多开现象。2009年8月13日《湖南省国土资源管理工作动态》217期刊发《湘阴开展河道砂石清理整顿专项行动》。

2010年，县国土资源管理局根据湘阴的砂石资源优势，需求量逐年加大，涉及垸区堤防保护等情况，认真落实县委、县政府决策措施，与相关职能部门密切配合，对湘江河道砂石开采进行大规模的专项清理整顿，对非法在湘阴湘江水域采砂的“江西号”和“兴旺号”采挖船进行扣押；2014年，县委、县政府鉴于湘阴县河道砂石资源丰富，是县财政收入一大源泉，为进一步加强砂石资源管理，打击非法采砂和营运，整治规范砂石码头，保护堤垸安全，新组建“湘阴县河道砂石综合执法局”。列为政府系列正科级行政执法单位，联合公安、海事、安监、国土等部门联合执法，主管砂石开采和运营。国土资源局主管矿山开采，开展打击非法开采矿产资源专项整治活动，共排查矿山企业42家，查处长康镇、六塘镇、东塘镇等乡镇非法开采高岭土、砂石企业6家，均责令停产，取得打击私挖滥采的阶段性成效。

第八节　土地执法监察

1987年，在全县城乡开展非农业用地清查，大力整顿土地管理秩序。

1989年，积极参与清理党政干部营建私房，严肃查处干部违法占地问题，共清查营建的私房987户，查出204户超面积4867平方米，罚款53800元。

1990年，县政府在全县范围内组织越权批地大清查。清查国家单位、集体企业124个，查出属乡级越权批地19起，属部门越权批地4起，属违法乱占滥用17起，清查12409起居民建房，查出属乡政府越权批地246起，属部门越权批地87起，属违法乱占1960起。对各种违法越权批地和违法占地的单位和个人全部依法进行严肃查处，共拆除房屋110间，4866平方米，退还耕地10.67公顷，处以各类罚款6.73万元，给予越权批地、违法用地责任人行政或党纪处分9人。

1991年，又组织清理整顿临时用地。共清理棚亭摊点临时用地1345起，拆除58起，1050平方米，退基还耕3.2公顷，其余补办临时用地手续。对全县1188个砖厂进行执法检查，停办742个，平窑还耕38.8公顷，罚款19560元，其余砖厂办理临时用地许可证，缴纳复垦押金7万余元。

1992年，组织力量对以城关地区为主的土地隐形市场全面清理整顿。经清理调查，有25个行政机关，102个企事业单位，823户居民，参与土地隐形市场交易。经整顿，取缔土地隐形市场，堵截国有资产的流失。随后，县政府成立土地一级市场管理领导小组，责成国土局牵头，成立由公安、纪检、林业、规划等部门参加的土地一级市场管理执法大队，并签发《湘阴县国有土地资产管理实施办法》，在全县城乡开展土地市场清理整顿，两年共清理土地非法转让案件136起。对S308线、长湘公路等主要沿线乱占乱建现象进行重点清理整顿。

2001—2002年，县政府相继出台《关于加强城乡建设用地管理的通知》和《关于加强农村建房用地管理的通告》，对沿公路两侧的建设用地作出详细规划和具体规定，对违反通告精神的违规违章建筑进行了专项整治，并予以重点打击。

2003年，在城关地区开展土地市场管理，突出两个清理重点：一是清理和规范企业“两个置换”行为，重点查处了县食杂果品公司、县航运总公司等破产单位土地非法转让，实施停工、查封等强制措施，规范土地转让行为；二是清理银信部门以地抵债行为，重点排查了农行、工行、信用社等银信部门，通过执法，规范了他们以地抵债行为，保证了国家税费上缴。其中县农行补交有关税费和罚款18万元，补办了土地出让手续。对县城房地产开发行为也进行了清查，查处利用办自住用房或填报假名等手段骗取批准的开发用地12起，收回罚款15万元，追缴税费20多万元。

2004年，县乡两级国土部门抓紧建章建制，预防土地案件发生。在土地执法上坚持以预防为主，防查结合的方针，从案源上制订动态责任制，分组分区分片，建立查巡台账、信访台账，设立专门举报电话，建立全县土地执法监察信息网，全县聘请土地信息员307名，土地监察员65名，做到地动我知。是年，执法监察大队深入开展“一个严格保护”（严格保护耕地）、“三个暂停”（暂停农用地转非农业建设用地审批，暂停建设用地审批，暂停使用权转让、出租、抵押等交易行为的审批）和“六个专项清理（新上项目用地清理、土地市场继续清理、矿产资源开采清理、闲置土地清理，改变土地用途、出租划拨土地使用权清理，土地使用权招标、拍卖、挂牌出让情况的清理工作）”。共发现土地违法案件48起，立案查处15起，制止违法案件33起。共收罚没款35万元，追缴有关规费46万元。依法申请法院强制执行案件3起，司法拘留1人。

2005年，依法查处乱占滥用非法占地行为，发现各类违法案件26起，立案查处17起，制止违法案件9起。重点清理城区主干道两旁闲置土地。共清理单位22个，确认8个单位闲置面积6106平方米，对闲置土地征收土地闲置费。认真规划城区经营性土地使用权门面出租行为，32个单位按政策缴纳土地收益金10多万元。对矿产开采进行专项整治。共清理砖瓦及矿石开采点21个，不适应资源开采“以租代征”违法违规用地行为10宗，查处原省退伍军人技能培训基地和靓地山庄32.13公顷“以租代征”违法违规用地，在依法保护被征地农民利益前提下，责令其完善手续。

2006年，共发现各类违法违规案件40起，现场制止违法行为24起，立案查处16起。

2007年，县政府办印发《湘阴县土地执法百日行动方案》，严肃查处违法违规用地行为19宗，结案16宗。组织专门队伍，在全县范围内清理闲置土地7宗，面积465.53公顷，针对每宗闲置土地的不同情况，发出限期整改通知书。如逾期仍不整改，则收取土地闲置费或收回土地使用权。

2009年，共发现土地违法案件29宗，涉及土地面积8公顷，其中耕地1.53公顷。现场制止16宗，立案查处13宗。对2008年以来新增建设用地进行了全面清理。为迎接全国第十次卫法检查工作，印发《湘阴县国土资源局迎接全国第十次卫星遥感土地执法检查及年度目标管理检查验收工作实施方案》，县政府批准下拨50万元作为前期专项工作经费。对合法的新增建设用地收集权源依据、用地批准文件等资料，对违法用地进行调查核实，狠抓落实。垦复非法占用土地2.27公顷。所有涉及卫法检查图斑的违法项目都基本整改到位。岳阳市耕地保护和项目建设现场会在湘阴县召开。国土资源部、农业部、国家统计局到湘阴县进行耕地占补平衡及卫法检查，顺利过关并得到充分肯定。是年8月13日，《中国国土资源报》刊登《湘阴涉土违法用地同比下降两成》的通讯。

2010年，共发现国土资源违法案件83宗，现场制止67宗，立案查处16宗，其中移送法院2宗，移送公安2宗，拆除违法建筑6幢。东塘镇石涧村一组4户村民非法占用耕地抢建烟花鞭炮生产厂房，多次上门做工作无效，甚至公开抗法，在当地造成恶劣影响。县国土资源局依法立案后，和东塘镇政府、东塘派出所组成80多人的联合执法队伍，对这4户非法用地建筑依法强行拆除，并拘留3名暴力抗法者。鹤龙湖镇保合村集体非法倒卖0.27公顷农田建房一案，县国土资源局及时移交纪委，对该村支书违法行为进行严肃处理。是年，湘阴县第一次被纳入全国土地卫法执法检查，县局广泛宣传动员，召开专题会议，县长现场办公，部门联合执法，将22宗用地的卷宗资料组织到位，将3宗违法用地整改处理到位，顺利通过卫法执法检查验收。

2011—2015年，湘阴县新型工业化步伐加快，重点工程和项目建设用地增加，农村建房用地增多，农村土地流转加快，经营承包出现新特点，土地使用成为热点和焦点，土地违法案件随之增多，共发生土地违法案件124起，及时制止53起，立案查处71件，其中移送司法机关处理29件，有效保护土地使用合法权益。

第十四篇　农业与农村经济

湘阴县濒南洞庭湖，素有鱼米之乡美誉，是一个传统农业大县。

中共十一届三中全会后，县委、县政府认真贯彻中共中央有关农业与农村经济的方针政策，积极推进农村体制改革。

1981—1982 年，组织专业人员开展农业区划调查，总结“失误在山、失误在水、失误在丘岗地、失误在湖洲”的经验教训，因地制宜制定一整套科学发展规划，先后实施荒山绿化、退耕还林、退田还湖等一系列重大农业工程。

20 世纪 80 年代中、后期，不断完善农业生产责任制，逐步发展商品经济，大力兴办乡镇企业，促进农村劳动力有序转移，涌现出大批“种粮状元”、养殖大户、企业明星。到 21 世纪初，已完成一轮、二轮土地承包延期发证工作，建立土地流转机制，促进农村经济发展。至 2015 年，湘阴县的水产养殖、生态养殖、商品粮开发、丘岗旱地玉米种植、吨粮田开发、无公害茶叶种植、高效林业、水稻种植机械化、乡镇企业、农业和农村现代化建设等项目先后进入全省和全国先进行列。

第一章　经营体制改革

第一节　管理机构变革

县农业局　1976 年年末，湘阴县恢复农业局。1985 年，县农业局与县农业技术推广中心实行两块牌子、一套人马合署办公。2006 年，县乡镇企业局并入，内设乡企股。至 2015 年，县农业局内设办公室、人事股、财计股、农业行政执法大队（政策法规股、种子管理站）、粮油站、经作办、蔬菜办、土肥站、植保站、市场信息股（质监站、质检站）、科教推广站、绿色食品办、外经办、农环站、乡镇企业股。二级机构有：县农业广播学校、县农业产业化办、县农业科学研究所（县原种场）、县南泉管理办（县茶场）、县植保公司，全局共有干部职工 206 人，其中局机关干部职工 30 人。

县林业局　1978 年，湘阴县设林业局。1979 年，建立区（镇）林业站，森林病虫害防治站。1989 年，成立县森林防火指挥部办公室，林区各乡镇也相应成立森林防火指挥部。1996 年 3 月，成立林业派出所，编制 5 人。至 2015 年，县林业局内设办公室、财计股、营林股、资源股、林政股、林地股、森林股、林权股、绿化办、人事股、林调队、森林派出所、横岭湖自然保护区管理局、森林公园管理办公室及界头铺、城南、文星、长仑、城西、湘滨、新泉、湖洲 8 个林业站。县森林防火指挥部办公室设在林业局内，全局共有干部职工 195 人，其中局机关 18 人。

县水产局　1980 年，恢复县畜牧水产局。1984 年，县政府撤销畜牧水产局，将其所属的水产公司改为局级企业，加挂水产局牌子，归口县财贸办。1985 年恢复畜牧水产局。1993 年 3 月，县政府将畜牧水产局改为企业性质的水产集团公司和畜牧总公司。1995 年 2 月，设立水产局，为正科级事业单位，水产集团公司取消。2001 年，水产局下属 2 个事业站（水产工作站、渔政管理站），4 个加工、流通企业（水产冷库、饲料厂、渔具厂、供销站），5 个国营渔场（东湖渔场、来仪湖渔场、鼻湖渔场、鹅公湖渔场、珍珠场），共有干部职工2000多人，其中专业技术人员218人。至2015年，县水产局内设办公室、财计股、人事股、法制股、社保股，二级机构有水产工作站、渔政管理站、水产科学研究所。所属国有渔场有鼻湖渔场、来仪湖渔场、鹅公湖渔场、珠蚌繁育试验场。共有干部职工1770人，其中局机关28人。

县畜牧局　1984年单列，后几经分合，1995年2月，设立县畜牧局，为正科级事业单位，是主管全县畜牧兽医工作的职能部门。至2015年，县畜牧局内设办公室、畜牧股、兽药药政股、生猪保险办、乡镇管理站、财计股，下属机构有县动物防疫监督站、县农产品质量安全检测检验站及19个乡镇动物防疫站。县重大动物疫病防治工作指挥部办公室、县发展草食动物领导小组办公室、县饲料工业办公室设在畜牧局内。全局共有干部职工236人。

县农机局　1981年3月，县农业机械局更名为县农机管理局。至2015年，局内设办公室、财务股、人事股、监管股、农机推广站。下设农机监理所、农业机械化学校、乡镇农机总站、能源公司、农机公司、城南修配厂。全局共有干部职工76人，其中机关30人，有农机工程技术人员12人，其中高级技术人员2人。

县湖洲局　1983年，湘阴县成立湖洲管理局，为正科级事业单位，负责全县的湖洲管理工作。1986年，下设九条沟、闸港、石湖包、响水坝、虾湖洲、芦科所、张家岔、治水洲、团林港、老屋场、南北岭、穿眼、聚贤围和林业站14个苇场、站、所。2003年，机构改革，设湖洲管理委员会，撤销所有站所。局机关共有干部职工38人。至2015年，内设办公室、行政股、财务股、人事股、生产股、保卫股、企业股、社保医保股（2006年增设）。

县农村经营管理局　1986年10月，县农委经营管理科更名为县经营管理站，由内设机构改为独立的事业单位，归口县农委管理。定编的专职农村经营管理干部共43人，其中机关6人，乡（镇）37人，1996年，升格为县农村经营管理局，属独立正科级事业单位。2000年，乡（镇）增至52人。至2015年，局机关内设办公室、农民专业合作社建设指导股、农村财务管理股、农村土地承包管理服务中心4个股室，辖19个乡（镇）经营管理站。局机关干部职工14人。

县生态能源局　2004年8月15日挂牌成立，主要职能是：实施推广生态能源开发、承办实施农村沼气建设项目。至2015年，内设办公室、业务股、财计股、县农村能源服务中心。共有干部职工14人。全县农村户用沼气池36101户，农村能源网点30个。

县气象局　1980年12月，湘阴县革命委员会气象站更名为湘阴县气象站。1984年8月，湘阴县气象站更名为湘阴县气象局。1993年1月气象局改为国家辅助站。2003年1月，改为国家一般气象站。2007年1月，改为国家二级站。1980年10月，属省、地气象局垂直领导。至2015年，县气象局内设办公室、测报部、防雷办。有干部职工16人。全县已建成25个区域自动气象站，5个多要素气象站。

县农业综合开发办　1993年成立，隶属于县农办。湘阴县于1997年列入国家农业综合开发项目县。2008年，农业综合开发办归口县财政局管理。内设机构为综合股、财务计划股、项目管理股，核定全额拨款事业编制10名。

县惠农减负办公室　1986年，湘阴县成立减轻农民负担领导小组（1999年改为农民负担监督管理领导小组），办公室设经管局（科），两块牌子，一套人马。2006年，更名为惠农减负办公室，有干部6人。

第二节　土地承包管理

稳定和完善农村联产承包责任制　1984年11月，全县农村联产承包责任制承包期满后，全面进行土地承包延长的工作。全县5407个组，其中基本未动823个组，大稳小调的4584个组，土地承包期延长至15年，并由县政府颁发“土地承包证”，山林、水面的承包期一般延长到30年。1989年8月1日，省政府发布《湖南省农村合作经济承包合同管理办法（试行）》，次年1月，湘阴县成立县、乡（镇）合同管理委员会。春节前，各乡、镇都作好试点，春节后举办合同管理训练班，培训各乡镇合同管理委员会主任、经管员、仲裁员。训练班结束后，集中乡镇干部围绕承包合同的落实，主抓六项工作：集体留机动田，解决新增人口土地；动账不动田，合理调整上交任务实行“两田制”，即口粮按人口分，责任田按劳承包；以退补进，依次排队；集体组织开荒，解决新增人口的土地。1994年6月14日，县体改委发布《湘阴县农村土地租赁承包制（试行）的意见》，实行土地所有权与使用权分离，生活用地与生产用地分开，生活用地按人员数量分配，生产用地按质标价承租，税费分人口、生活用地、生产用地三块负担，以租金形式上交的土地使用权流转机制；土地实行租赁承包制必须维护土地的集体所有权；维护农民的合法权益，费用负担不得超过上年人均纯收入的5%，用合同形式的权利，使那些有手艺的农民只要人口田，不要责任田可以进城打工，使那些劳力富裕的户能多种租赁田挖掘劳动力潜力。但是也有一定的弊端，将使一些农户失去土地，而土地转包租赁增加种植成本，同时还影响土地所有权制度的落实。1996年这个办法停止执行。

第二轮土地承包　1995年，县内在第一轮土地承包期到期后，按要求在全县开展土地第二轮延包，落实中央土地承包30年不变的政策。农民承包的土地在大稳小调的基础上，承包期顺延至2025年。1996年，根据政策精神，规定原承包期不论时间长短，下轮承包期一律从1996年1月1日起至2025年12月31日止。2000年4月17日，县政府办下达《关于切实做好土地延包工作的通知》，县政府成立农村第二轮土地延包工作领导小组，进一步明确和健全承包合同管理委员会的工作职责和规章制度。至2004年1月，全县完成土地延长承包期的工作，共签订土地承包合同13.06万份，合同签订率96.1%；2010年，换、补核发证12.89万份，换、补核发率93%；各乡镇、村均建立合同档案。2011—2015年，县政府继续推进农村土地承包经营权确权登记颁证工作，全面进行调查核实，至2015年年底，完成全县419个行政村、15万农户、4600公顷耕地的核发证登记工作，并以村民小组建立档案，其进度和质量位居全省第三位。

土地流转　1991—1999年，因出现卖粮卖难，农产品价格低，农民积极性受挫，土地搁荒严重。2001年始，随着农村劳务经济的发展，农民外出务工人员增加和农业生产规模的扩大，农民承包的土地开始在民间自发流转，在土地流转过程中，绝大多数是农户之间口头协商，自发流转，没有签订任何书面协议，更没有通过乡村两级签订土地流转合同，外出时仅向接受方交代一声，没有转让期限，有的甚至没有商定双方的权利和义务，随意性很大。据统计，双方签订正式合同并经过乡村两级公证的不到2%。导致全县农村争地矛盾比较突出，并且有不断加剧的势头，主要体现在返乡农民工“争地”的矛盾。由于前几年农产品价格走低，种田没有效益，部分农民弃田抛荒，有的举家外出，没有参与第二轮土地承包；一些地方对于抛荒的土地流转没有严格遵循“依法、自愿、有偿”的原则，其中相当一部分由村集体承包给种田大户或外来企业经营，并签订一定年限的合同。这部分农民在实施惠农政策、农产品价格回升的背景下大量返乡，要求要回原来抛荒的耕地，形成大量的“争地”矛盾；有个别地方存在侵害农民自愿进行土地流转的权利，有条件地剥夺外出农民工依法享有的土地承包权和土地流转收益权；

有些地方第二轮承包后，还是沿袭过去的做法，“三年一小调，五年一大调”，在调整时容易侵害常年在外的农民工的耕地承包权；工业园区征地，农户安置方式单一。对此，县经管局大力宣传贯彻《中华人民共和国农村土地承包法》《中华人民共和国农村土地承包经营纠纷调解仲裁法》《中华人民共和国合同法》及国务院《农村土地流转管理办法》，加强土地流转规范管理，着力合同签订程序、合同内容完整性规范指导。至2010年，全县农村土地流转总面积14753.33公顷，占全县农用地总面积的23%。2011—2015年，农村土地流转以引导和规范为主，至2015年年底，全县共流转土地面积25700公顷，占全县农用地42%，实现土地交易额16500万元。

第三节　农业结构调整

1981年，县委、县政府根据农业资源调查结果，在不放松粮食生产的前提下调整农业生产结构。至1984年，调出西部垸区低洼易渍田6000公顷养鱼植莲；调出东部坡度在25度以上旱土2000公顷种植小水果；北部湖洲以发展芦苇为主兼植意大利杨树。

1985年，对农村产业结构作了较大调整，商品大户发展到4万户。1986年，县委、县政府从湘阴县实际出发，充分发挥“五大优势”，即发挥以产粮为主的耕地优势，以养鱼为主的水域优势，以养猪为主的庭院经济优势，以造林种茶植果为主的丘岗优势和生产芦苇为主的湖洲优势，大力调整农村产业结构。

1987年5月，县委、县政府提出“四个开发”的措施：发展粮食生产抓分层开发（建设吨粮田、改造中低产田、发展冬季农业和丘岗旱粮作物）；发展水产养殖抓水域立体开发；发展家庭经济抓综合开发；发展乡镇企业抓短、快项目开发。

1988年8月，县委、县政府作出“一年消灭荒山、两年改造残林、三年绿化湘阴、四年开发湖洲”的决定。通过四年努力，全县建好了6666.67公顷松杉林，6666.67公顷意大利杨林、3333.33公顷水果林和6666.67公顷芦苇的四大基地。

1991年，继续调整农业结构，发展高效优质农业。全县发展1万公顷无农药污染优质稻，3333.33公顷优质水果和绿茶，1万公顷速生高产林木和芦苇，3333.33公顷特种水产和珍珠河蚌，3333.33公顷无公害蔬菜和藠头，50万头瘦肉型良种猪，150万羽水禽和3万对美国王鸽。是年，全县实现农业总产值7.03亿元，乡镇企业总收入6.5亿元。全县粮食成建制亩产过吨粮，为洞庭湖区第一个亩产过吨粮县。渔业跨入全国百强县行列。

1993—1995年，农业产业结构调整的思路是“发展一乡一业、一村一品经济”，重点抓“五大调整开发工程”：水产开发工程，利用低洼田新开鱼池3333.33公顷，使全县精养水面达到1万公顷，扩大特种水产养殖规模，使1994年特种水产品纯养面积2000公顷以上，横岭湖水域综合开发2.33万公顷，力争湘阴县水产品总量全省第一；优质茶果开发工程，在城南、长仑两区建立10个优质绿茶基地，总面积666.67公顷，把湘阴县建成全省优质茶基地县之一，改造低产果园，开发荒山荒坡，利用房前屋后空坪隙地发展666.67公顷果树，使全县水果种植面积达到3333.33公顷；水改旱（水田作物改旱土作物）扩棉扩菜工程，全县水改旱扩种棉花5333.33公顷，扩种蔬菜3333.33公顷；以三塘酱厂为龙头的藠头开发工程，把湘阴县建成全国最大的藠头生产基地；湖洲开发工程，“八五”期末芦苇种植面积达到1万公顷，意大利杨种植面积3333.33公顷，把湘阴县建成湖南造纸原料基地。

1996年，确定重点培育10家农产品加工龙头企业，实现“扶持一个企业，带动一项产业，发展一片基地，致富一方群众”的良性循环，让农民从生产、加工、流通等产业链的各个环节中获利，在主攻养殖、开发丘岗上实现新突破。

至1999年，通过水面开发，夺得全省水产品总量第一县的“三连冠”；通过科技开发，涌现一批全省名牌产品，湘云鲫（鲤）项目通过国家“863”高科技计划项目评审；通过继续培植龙头企业，三塘酱厂负责人出席了全国农业产业化会议；通过消费者认可，袁家铺镇昌恒食品厂的香肠、腊乳猪获省首届名特优新农副产品博览会优质产品奖。

2000年，在推进农业产业化经营中实施“四个调整”：一是生产规模以小调大，二是产品质量由劣调优，三是科技含量由低调高，四是销售市场由内（销）调外（销）。大力开展无公害、无污染创汇农业，深加工、精包装、上档次，让湘阴的“土产品”进军“洋市场”。

2003—2004年，县委、县政府用抓企业的理念抓农业，把发展种养加销大户作为农业结构调整的主攻方向，实行产业化经营。全县农产品加工企业发展到243家，固定资产过1000万元的企业30家，年产值5000万元以上企业208家，年加工产值42.34亿元。加工业的发展，带动了全县666.67公顷优质茶、3333.33公顷藠头、666.67公顷木薯、6666.67公顷湘云鲫（鲤）、70万头瘦肉型猪的种养大发展。全县农产品加工企业生产的50多种蔬菜系列加工产品、30多个畜禽系列加工产品和30多个新品种调味品等，不仅畅销国内市场，而且打入美国、日本、韩国、新加坡、瑞典等20多个国家。粮食生产、优质稻产业开发、无公害茶叶生产工作等13项工作进入全国和全省先进行列。

2006—2010年，湘阴县主动融入长株潭“两型社会”建设综合配套改革试验区滨湖示范区建设，稳妥推进土地有序流转，适度集中，培育发展农民专业合作组织，带动种养业集约集群发展，建设长株潭绿色农产品生产供应基地。重点推进七大特色板块建设：以湖区五垸为主的优质稻基地、名特优水产基地、优质水禽基地和蔬菜基地，以长仑地区为主的优质藠头基地，以六塘为主的有机茶基地，以长仑、城南地区为主的优质生猪基地。2014年2月，县委、县政府发动全县强力推进“三十工程”，其中十大产业工程之一的“一廊三片”现代农业提质升级工程提出建设“百里湖鲜水产走廊”、粮食高产、畜禽健康养殖、特色湘菜种植示范片（简称“一廊三片”），取得了很大成效。湘阴县先后被确定为“全国商品粮基地县”“全国无公害农产品示范县”“农业标准化示范县”，连续8次蝉联全国粮食生产先进县，2008年被评为全国粮食生产先进县标兵。以科技作支撑的湘阴县现代农业稳步发展。

第四节　农村税费改革

2002年，全县实行农村税费改革。取消屠宰税（上年509万元），取消乡镇统筹款，取消农村教育费附加。逐步减少并取消全县统一规定的劳动积累工和义务工；调整农业税政策，调整农业特产税征收办法，规定新农业税税率上限为7%；改革村提留征收和使用方法，以农业税税额的20%为上限征收农业税及附加，替代原来的村提留；取消向乡镇上交教育附加、计划生育、民兵训练、优抚及乡村道路建设费（即“五统”），取消向村委会上交公积金、公益金和管理费（即“三提”）。九年义务教育、计划生育、优抚和民兵训练支出由县乡镇财政预算安排；修建乡镇道路资金由乡镇政府负责安排；村级道路建设等资金采取“一事一议”方式由村民代表大会民主协商解决；农村医疗事业逐步实行有偿服务，乡镇政府适当补助；中小学危房改造由各级财政预算安排。

2004年，省政府决定将税改后的农业税及附加费整体降低3%。取消农业特产税及附加。

2005年，省政府决定全部取消农业税。农民负担总额减少23.5%。

第五节　农村财务管理

会计队伍管理　1986年始，重视加强会计队伍建设。1990—2000年，全县会计队伍相对稳定，会计人员的专业水平逐渐提高。2001年始，由于农业生产受灾等一系列因素的制约，村集体经济受到影响，也间接影响到会计队伍的稳定，每年有20%~30%的人员更新。县经管局每年组织全县村会计人员进行系统业务培训，对培训成绩合格的人员颁发“会计证”，实行持证上岗。

财务规范化管理　1986—1990年加强对农村财务的清理。1991年始，先后在界头铺镇、玉华乡试点，全面推行财务管理规范化。包括五大内容：会计组织机构要健全，以村为单位配齐主管会计、专业会计，要有办公室、办公桌、档案柜；会计核算要健全，总账、明细账、凭证、报表、记账方法统一，按时记账，按时报表，按时出榜公布；财务管理要规范，财务收支按时结算，坚持审批，杜绝不合理的开支；合同管理要严格，每年与农户签订的合同手续要健全，要归档，不得损坏、丢失；会计档案要整齐，账簿、凭证、文件、规章制度必须归档妥善保管。2002年，为配套农村税费改革，原有管理办法被“村账乡（镇）代管”替代。2003年4月，《湘阴县人民政府关于印发湘阴县村账乡（镇）代管实施方案的通知》出台，县经管局制定《湘阴县村账乡（镇）代管实施办法》，村账乡（镇）代管工作在全县铺开。2010—2015年，全县村账乡（镇）代管率100%。

第六节　农民负担监管

一、定项限额审批制度

1999年上半年，由县委、县纪委主要负责人带队，对全县农民负担情况进行抽查，共抽查19个乡镇142个村3000余农户，抽查结果证明农民负担逐年增加。其中1992—1994年农民负担年均增长7.32%，农民负担的加重，大多数是县和县级以下的摊派。在调查的基础上，重新审批方案，按照5%的标准，由县领导和有关部门负责人组成审批小组，把年初上报的提留方案与乡镇结合，几上几下重新定案，全县共减少上交633万元，人均减少12.79元。是年7月，成立以县长为组长的减轻农民负担监督管理领导小组，并下设办公室。各地农民负担都按要求由乡镇提出具体方案，报县农民负担监督管理部门同意审批，再分解到村到组到户。这项制度一直执行到2002年农村税费改革时为止。

二、监督机制

1993年3月，国务院下发《关于减轻农民负担的紧急通知》，要求清理废止一切增加农民负担的文件和项目，省、市、县都相应下发此项文件。是年5月，经过全面发动、系统清理、组织审查、对县级机关、县直部门和各乡镇有关农民负担的文件进行甄别，至6月底，共清理废止增加农民负担的文件62个，收费项目149个。对1993年的农民上交方案统一计算到户，做到县、乡、村、组、户一致，并建立有效的监督机制：全县统一印发“农民负担监督卡”16万份，将农民全年应负担各项款项的标准和数额填入卡上下发到户，对卡外负担，农民可以拒绝，并可持卡上访。对农民上交除在账上设立专户核算外，还统一印制农民上交款项专门收款收据，堵塞单位部门乱收费渠道。随着减负职能的转变，自2006年起，县减负办根据市惠农减负政策公示公开的要求，统一印制“致农民朋友的一封公开信”16万份，通过乡镇发放到全县各农户，将惠农减负政策原原本本交给群众，自觉接受广大群众的监督，并严格要求村级组织在农户惠农补贴基础数据报送乡镇前以组为单位进行公示，并经农户签字后方可上报，乡镇检查后以村为单位在村务公开栏进行公示，各项惠农资金项目的主管部门核查后在网上进行公示，乡财政在政务公开栏上进行公示。同时建立“惠农资金备案制度”和“落实惠农政策联席会议制度”，各涉农县直部门将涉农收费情况和惠农资金发放情况上报至县纠风办、县减负办备案，并在由分管副县长主持的惠农减负联席会议上进行通报。

三、执法检查

1996年始，县农民负担监督管理办公室每年分别会同县农民负担监督管理领导小组成员单位（纠风、农办、财政、审计、国土、计生等）对全县各乡镇村提留乡统筹、农业税收、婚姻登记、计划生育服务、九年制义务教育、农民建房等收费问题进行执法检查。至2008年，共清退违纪违规金额320余万元，查处涉农违纪违规人员38人。至2015年，全县共检查86次，通过检查，对1993年后上级明令取消的148个涉农收费项目全部停止执行。全县先后取消本级出台的10个涉农收费项目，停止所有达标升级活动，取消教育集资项目。

第二章　农业综合开发

1978年始，县委、县政府在建立和完善联产承包责任制的同时，着重抓好农业产业结构的调整，提高农业产品的商品率，使传统的耕作农业、“粮食农业”向种、养、加工、贸易综合性现代农业转变，大宗产品粮食成倍增加，棉、麻、油等经济作物大幅度增产，农、林、牧、渔、副全面发展，结束了“全县农民为饭忙、为饭愁”的历史。至1990年，全县农业总产值、粮食总产量、油菜籽总产量、水产品总产量大幅提高，粮食生产进入全国高产先进县行列。农业产业结构的调整、优化，带动了农村就业结构的改变，充足的农业劳动力离田或半离田，从事加工、运输、商业和服务业。至1999年，主要是农业生产品种的调整，特别是粮、棉、油、畜、禽、水产品、蔬菜、麻等主宗农产品的生产品种和生产面积（数量）的变化上。2000年8月，县委、县政府提出“主攻粮食、发展养殖、稳住蔬菜、调优粮油、壮大加工、搞活流通”的农业产业结构调整战略。至2007年，全县初步形成水稻、养殖（水产品、生猪）、油菜、蔬菜等五大农业支柱产业。水稻、油菜、蔬菜的种植面积分别达到93333.33公顷、35333.33公顷和2万公顷，养殖业总产值占农业总产值的比重达到55.26%。2011—2015年，县委、县政府提出突出农业资源优势，加强区域规划布局，用现代理念引领农业，现代技术改造农业，现代模式经营农业，强力推进“一廊三片”建设，种、养两业产值产量同步提升。2015年，粮食播种面积10.3万公顷，比2007年增加1万公顷，油料播种面积10600公顷，比2007年增加6500公顷，蔬菜面积1.6万公顷，比2007年增加4000公顷。完成农林牧渔产值74.1亿元，比2007增长1.1倍。

第一节　产业资源开发

一、粮食产业

1980年，全县有耕地面积40627公顷。2004年，全县有水稻种植面积88780公顷，主要种植的优质高产品种有株两优819、丰源优299、陆两优996等，产粮食525657吨。以湖区5大垸区落实5大粮食生产板块，创建666.67公顷高档优质稻示范区和666.67公顷双季稻高产示范区。2010年，湘阴县落实粮食播种面积97613.33公顷，单产6903千克／公顷，总产量67.36万吨，2015年，播种粮食面积10.3万公顷，双季稻覆盖面积99%，粮食总产66万吨，连续12年夺得粮食大丰收，连续8年获评全国粮食生产先进县称号，获得国家粮食生产奖补资金1.6亿元。农业综合开发的科技措施是突出技术指导服务，大力推进科技兴粮，结合农技推广体系改革与示范建设，初步建立了以县农技推广中心为龙头、以乡镇农技站为依托、以科技示范户为基点的农业科技推广体系。同时大力推广农业科技项目，筛选了10个主导品种和10项主推技术在全县不同地区进行推广。测土配方施肥、病虫害专业化防治、生态农业技术、机械化作业等实用生产技术得到大面积推广，至2015年，全县粮食作物实施测土配方施肥面积56666.67公顷，开展病虫害专业化防治面积8633.33公顷，占全县水稻面积20%以上，安装频振式杀虫灯1800盏。相继在白泥湖垸区创建千公顷双季超级杂交稻高产示范片，在新泉镇魏家村等村建立千公顷双季优质稻高产示范片，在1万公顷全国绿色食品原料基地开展标准化栽培示范。两个水稻千公顷示范片双季测产平均每公顷15390千克，比非示范片增产2040千克／公顷，示范片农民双季平均每公顷增收3810元以上。

二、水产养殖产业

湘阴县是全国渔业百强县、省高效渔业百强县，长沙主要水产品供应基地，全县的水产健康养殖关系到长株潭食品安全。全县有水域66666.67公顷，其中江河10866.67公顷，外湖35800公顷，垸内水域2万公顷。1986年，已养水面15466.67公顷，其中精养鱼池8133.33公顷，湖泊、水库、河沟2666.67公顷，家庭庭院鱼池3666.67公顷，山塘及其他水面1000公顷。1997年始，湘阴县加强常规水产养殖业生产，大力发展名特优水产养殖，培养一批优质水产养殖基地，上规模有影响的有黄龙公司的水产健康养殖基地渔场，湖南农大牧草转渔草实验示范基地、水产品合作社养殖基地等。2010年，全年投入企业发展资金3.6亿元，放养水面发展到12200公顷，其中精养水面6866.67公顷；投放鱼种8500万尾，其中优质鱼比例48.2%。投放精饲料4.8万吨。全县立足发展名特优水产，先后发展专混养湘云鲫、湘云鲤、甲鱼、河蟹、加州鲈、鲶鱼、黄鳝等名特优水产品水面6666.67公顷。甲鱼专混养水面266.67公顷，专业户2700个，在池种甲30吨，全年共生产雏甲55万只，商品甲17.5万千克；共投放湘云鲫、湘云鲤鱼苗3000多万尾，夏花1000万尾，推广养殖水面6666.67公顷，其中30%的水面底层鱼实现了更新换代，共产商品鲫、鲤1万吨。是年，全县共建立25个乡镇技术推广站，配备技术专干30名；分别以县、乡镇集中培训18期，轮训骨干2000人次；同时推广了颗粒料驯化养鱼和EM技术2项新技术。渔政部门改变过去单纯的外湖管理为外湖、养殖、市场管理三线并举；确立28个乡镇渔政检查员；严厉打击电鱼、炸鱼、偷盗鱼等不法行为，严格新鱼塘开发和鱼苗、鱼药生产销售等管理，有效地保护渔业资源，维护渔业生产的正常秩序。

2011年始，县委、县政府提出建设“百里湖鲜水产走廊”，发力提升湘阴县水产业优势，2011年开始打造湘阴县特色水产业，大力推广名特优水产品，至2015年，全县“百里湖鲜水产走廊”中建有青鱼养殖1000公顷，螃蟹养殖300公顷，甲鱼养殖240公顷，鳝鱼养殖网箱930个，全雄黄颡鱼养殖350公顷，生态鱼类养殖600公顷，2015年引进全雄黄颡鱼孵化养殖场，在湘滨镇投资600万元，推广全雄黄颡鱼养殖2000公顷，全县名特优水产养殖面积共有1.08万公顷，比2010年增加3000公顷。总产量8.6万吨，比2010年增加1万吨。河蟹、甲鱼、才鱼、泥鳅、翘嘴鲌、感鱼等品种逐年扩大，鹤龙湖、青山湖、长袋湖的螃蟹，鼻湖青鱼、鹅公湖泥鳅，张家湖、白泥湖才鱼，湾河感鱼等特色水产品已形成产业优势。2012年以后，湘阴县创建全国养殖水域样本检测先进县获得成功。2013年以后，湖南省创建全国渔业健康养殖示范县确定9个县，湘阴县即为全省9县之一。县委、县政府采取三大举措，即创新渔业组织新机构，引导龙头企业与合作组织和养殖大户建立合作关系；更新养殖观念，引导和组织渔业养殖由传统产量型向生态、高效、安全型转变；转变养殖、经营和流通方式，实现规模化标准化养殖，推进水产品销售由鲜活产品向加工销售转变，进入现代物流体系。鼻湖渔场、月湖特种水产养殖场成为农业部水产健康养殖示范基地，洞庭黄龙湖生态水产养殖公司，静河乡义合渔场成为科技试验示范基地，以点带面大力推广，促推全县大面积健康养殖。水产技术人员深入到龙头企业、养殖协会和养殖大户开展面对面帮扶，至2015年，全县建立特色、生态、健康、高效养殖示范基地16个，养殖大户108户，连接生态、健康养殖水面1533公顷，在示范基地的推动下，全县健康养殖水面扩大到13100公顷，占全县养殖水面80%以上。2015年，全县水产品总量14.13万吨，比2010年增3.83万吨，渔业总产值19.95亿元，比2010年增加3.75亿元。连续20年居全省首位，成为全国水产品生产百强县。2011年以后，县委、县政府在实施产业结构调整，建设环洞庭湖现代农业示范区，开发旅游产业的同时，加强新农村建设，把打造现代，生态、观光旅游农业与推进休闲渔业紧密结合，充分开发利用湘阴水资源优势，大力发展垂钓餐饮、旅游、观光为主的休闲渔业，2015年，全县休闲渔业产值实现1.6亿元，比2010年增长1倍。鹤龙湖镇螃蟹一条街经营业主发展到95家，螃蟹销售摊点210个，日平均接待游客1500多人，年餐饮销售螃蟹600吨，摊点销售活螃蟹450吨，年营业收入1亿元，并带动周边2000多村民就业。

三、蔬菜产业

1993年始，湘阴县立足资源、区位优势，建设无公害蔬菜基地，做大做强蔬菜产业。农业综合开发建立“菜篮子”工程专项资金，专款支持专业蔬菜基地建设。同时启动价格调节基地蔬菜配送中心、社区直销菜店建设给予适当补贴，相关项目和资金向蔬菜产业倾斜，支持蔬菜基地建设。以加强产销衔接为重点，鼓励农业生产基地、专业合作社在社区菜市场直销直供，鼓励有序设立周末直销菜市场、早晚市等临时摊点，进一步加强鲜活农产品流通体系建设。2000年始，杨林寨乡村民在县城建立放心菜直销超市和富民蔬菜超市，发展蔬菜大棚402个，总面积133.33公顷，带动从业农户387户。在“菜篮子”产业体系建设上，充分利用现有品牌优势，建好杨林寨大棚蔬菜基地和樟树港当地农民有近200年选育、栽培历史的地方品种辣椒、黄瓜、土豆种植基地等特色蔬菜基地，重点加强集约化育苗、标准化生产、商品化处理及病虫害防治、质量检测等方面的基础设施及沟、渠、路、棚配套设施建设，进一步扩大种植规模，至2010年，全县蔬菜播种面积21333.33公顷，其中发展藠头、樟树港辣椒、南湖洲辣椒、石塘萝卜、南湖土菜、城镇时鲜蔬菜等基地13333.33公顷。

2011年年初，县委在全县党政负责干部大会上提出进一步做大做强农业板块经济，打造长株潭绿色农产品生产供应基地，同时提出实施“一廊三片”建设，打造特色湘菜示范片，即是三片之一。要求在进一步扩大樟树港辣椒、南湖土菜、杨林寨食用菌生产的同时，建设以石塘、三塘、东塘、白泥湖、鹤龙湖为主的无公害蔬菜生产示范片。经过5年建设，至2015年，湘阴特色湘菜形成规模，凸显生态、优质、高效特点，示范基地面积扩大到2.5万公顷，蔬菜生产总量2010年为23.5万吨，2015年增加到56万吨，樟树港辣椒、三塘藠头、石塘白萝卜、杨林寨食用菌和无公害蔬菜形成品牌，樟树港辣椒获国家地理标志注册商标。

专记：樟树港辣椒

樟树港辣椒有着近200年的栽培历史。早在道光二十三年（1843），晚清名臣左宗棠落户樟树港，建有柳庄，置地4.67公顷，种植水稻、茶叶、辣椒等。辣椒清脆香甜，是左宗棠喜爱的菜蔬。20世纪80年代，省农科院教授张继仁多次来到樟树港考究、实验辣椒栽培。21世纪以来，镇农技站进行测土配方施肥，生态调控病虫害，进一步提高辣椒品质。

樟树港辣椒产地位于南洞庭湖平原与鹅形山山脉交接地带，东连鹅形山脉，西邻湘江。文泾港、阳雀湖、铁炉湖与湘江相夹形成一个小盆地，东纳青山之秀美，西引湘水之灵气。土壤耕层深厚，成土母质主要为河湖沉积物和第四纪红黄壤相嵌土壤，富含辣椒生长所需的磷、钾、锌、硒等微量元素。辣椒种植基地地处亚热带季风性温湿气候区，年均日照1697.1小时，年均气温17.1℃，年均无霜期272天，年均降水量1383毫米。独特的地理环境，优越的土壤气候条件，精心的科学选育栽培技术，造就了樟树港辣椒的独特风味。樟树港辣椒含有比其他品种辣椒更丰富的辣椒碱、高辣椒碱、王醯香荚兰胺、辛酰香荚兰胺，每百克辣椒维生素C含量高达198毫克，维生素B、柠檬酸、酒石酸、苹果醋以及钙等含量丰富。辣椒前期青翠欲滴，味美香甜，椒香浓郁；后期辣椒深绿，味醇不涩，清脆柔软。

2012年，樟树镇众源生态农业种养农民专业合作社流转土地75公顷，建立樟树港辣椒标准化生产核心示范园区。园区设立科学开发、产品质量管理、生产销售3个机构，强化测土配方施肥，全面应用生物农药防治病虫。2012年，樟树港辣椒通过农业部无公害农产品认证，成功注册国家地理标志证明商标。2013年入选农业部名特优新农产品目录。2015年，樟树港辣椒被评为湖南省著名商标。

第二节　现代农业建设

一、规模农业

1986年始，湘阴县充分利用丰富的农产品资源和交通区位优势，把发展现代农业作为新农村建设的重点，加速推进农业规模化经营。1993年，扩大特种水产养殖规模。特种水产纯养面积2000公顷。搞好横岭湖2300公顷水域综合开发。1994年，全县发展1万公顷无农药污染优质稻，1万公顷速生高产林木芦苇，3300公顷优质水果绿茶，3300公顷珍珠河蚌，3300公顷无公害蔬菜和藠头，50万头瘦肉型良种猪，150万羽水禽，3万对美国王鸽。2000年，推进农业产业化规模经营，实施“亿千百十万”工程，建成以东湖渔场为基地的1亿尾湘云鲫（鲤）繁育项目；以鹤龙湖、弓管子、长大湖渔场等2667公顷大湖为主1000万只螃蟹养殖；发展100万只水禽，100万只吊养珍珠蚌，100万头优质生猪；发展1000公顷花生、1000公顷优质茶叶和2000公顷藠头。2009年，经济改革推行企业所有权和经营权分离，以入股、出租、拍卖等形式盘活资产，66家企业完成股份制或股份合作制改造，吸纳股金1.6亿元。29个农产品通过无公害农产品、绿色食品、有机食品认证，湘阴县藠头获得国家地理标识保护，有中国名牌产品1个，驰名商标7个，省名牌产品9个，著名商标14个。建立现代企业管理制度，决策、管理、经营分立，9家企业通过ISO9000国际质量体系认证，3家通过ISO14000国际环保体系认证，5家通过HACCP认证。坚持科、企合作，4家企业建立科研机构研发新产品。2010—2015年，各类农产品加工企业发展到288家，其中省、市级龙头企业21家，农村工业总产值46亿元。在茶叶、食用油、红薯、大米、藠头加工上推行“公司＋基地＋农户”的模式，农民专业合作组织发展到注册登记660家，农村专业户扩大到7.1万人。全国种粮大户周翼承包667公顷闲置水田种双季稻，年产稻谷900吨，收入50万元以上。全县建立和巩固优势特色农产品基地4万公顷，其中藠头3333.33公顷，优质稻26666.67公顷，特种水产6666.67公顷，茶叶2000公顷，蔬菜2666.67公顷，油料2000公顷。提升茶叶、优质稻等传统产业，培育带动油料、豫薯等新型产业。农业综合开发创新服务机制。建立领导责任机制，对重点企业、基地、项目实行定点扶持，对新上企业简化报批手续，对骨干企业实行重点保护。建立订单扶持机制，95家企业与6万农户签订了产销合同。建立技术服务机制，及时为企业、农户提供信息、科技、资金、种苗等全方位服务。建立协会带动机制，78个协会带动1.3万农户，提高农民的组织化程度。

二、加工农业

1986年始，湘阴县立足地处省会长沙近郊的区位及交通优势，积极探索，瞄准建设湖南经济强县目标，坚持食品工业立县战略，全面推进三化进程，把湘阴打造成省会长沙工业生产基地、绿色食品供应基地、户外休闲基地，大力发展农产品加工业，推进农业产业化走出一条城乡协调、以工促农、工农互动、兴工富县的良性发展道路。乡镇企业特别是农产品加工企业在推动全县社会经济发展、加快区域优势产业的形成、推进农业三化进程、拓宽城乡劳动力就业渠道、增加财政收入和农民收入、加速农村脱贫致富奔小康步伐、促进市场繁荣、方便群众生活、全面推进社会主义新农村建设等方面发挥了不可替代的作用。2002 年，全县发展年产值 50 万元以上的农产品加工企业 300 家，其中农业产业化省级龙头企业 5 家，准省级龙头企业 3 家，市级龙头企业 9 家，县级龙头企业 10 家，形成了藠头、茶叶、植物油脂及调味品、大米、蔬菜、水产品、肉制品、柠檬酸等八大类强势产品。湖南省兰岭茶叶公司、湖南省楠竹山华鑫农业副产品开发公司被评为全国农产品加工示范企业，洋沙湖工业园为全国农产品加工示范基地。“湘阴藠头”经国家质量监督检验检疫总局公示实施地理标志保护。2005 年，全县农产品加工企业增加值达 47.5 亿元，上缴国家税金 1.4 亿元。全县形成了两大农业经济区域板块，按照“全面部署，以点带面，整体推进”的工作思路，因企业、因乡镇（区域）制宜，有龙头企业、有特色产品的地区，建设相应的产业化专业乡镇；没有龙头企业的地方，采取政府倡导因地制宜充分利用地方资源特色，成立各种农民专业合作组织（协会），着力推进全县农产品加工企业的快速发展。2010 年，全县农产品加工企业发展到 330 家，实现总产值 51.6 亿元。

2015 年，全县农产品加工企业共 358 家，其中有长康实业、义丰祥实业、海日食品、洞庭生物、兴隆米业等 9 家农产品加工企业进入省级龙头企业，市级龙头企业发展到 22 家，全县有规模以上农产品加工企业 65 家，其中年产值过亿元企业 8 家，实现加工产值 85 亿元，利润 3 亿元，上缴税金 7300 万元，带动农户 15 万人，实现收入 35 亿元，户均 1400 元。

三、品牌农业

1991 年始，县委、县政府把争创农业品牌作为提升湘阴县农业形象、增强农产品市场竞争力的重要措施，贯穿到农业生产的全过程和农业发展的各个领域，加强农业品牌的注册、申报和培育工作，培育出一批有一定市场竞争力的品牌产品。全县坚持特色就是优势的发展思路，充分利用农业科研成果，积极采用新工艺、新技术、新设备、培育新品种、开发新产品、创建知名品牌，大力推进无公害、绿色、有机食品建设。至 2010 年，全县有藠头种植、麻鸭养殖等 48 个农产品种养基地被认定为绿色无公害基地。“楠竹山”牌甜酸藠头等 12 个产品通过国家绿色食品发展中心绿色食品认证，“兰岭”牌绿茶通过国家有机食品的德国 BCS 公司有机食品认证，“长康”商标获中国驰名商标，“金顶”酱油等 7 个产品获国家免检产品，“福湘”板材等 3 个产品获国家环保标志产品，“义丰祥”牌麻油等 13 个产品获省名牌产品。全县农产品科技含量达到 60%，基地产品优质率 90% 以上，培育出长康调和油、长康葵花籽油、长康麻油、长康陈醋、长康酱油、长康味精等 13 个系列 100 多个知名品牌。“湘阴藠头”“义丰祥”“兰岭”等品牌成为全县具有自主知识产权和享有较高声誉的传统地方特色品牌。湖南省兰岭茶叶有限公司先后聘请湖南农大、湖南省茶叶研究所、福建省茶叶研究所、杭州市茶叶学会，以及安徽省等 18 名有关茶叶研究专家、教授从事茶叶研究或定期指导茶农种植及茶叶加工程序，还先后派出 30 多人次参加全国部分大院校有关茶叶生产制作的专业培训，利用“帮带”形式，全面提高农户及公司员工的生产制作技术。并且拨出专款 120 万元，建立绿色高效茶叶研究所，着手进行良种茶园绿色无公害化管理及高产、高效等课题的专门研究和开发。“兰岭”茶叶获国家绿色食品发展中心“AA 级绿色食品”称号，并通过国家环保总局有机食品发展中心的有机食品和德国 BCS、美国 NOP、日本 JAS 有机茶认证以及 IISO9001 国际标准质量体系认证。兰岭茶叶有限责任公司研制开发的“以生物防治为主的综合措施实现茶叶无公害有机技术—生态调茶园病、虫、草的研究”项目，通过了湖南省科技厅科学成果鉴定，居国内领先水平，填补了该项目技术空白。

2015 年，全县共有 95 个农产品获“三品”认证，其中无公害产品 56 个，绿色食品 36 个，有机食品 3 个，拥有一个中国名牌产品、5个中国驰名商标、24个省著名商标、19个省名牌产品、一个地理标志注册商标，成为全省农产品品牌大县。

四、外向农业

2003年年初，县委、县政府利用自身农业资源、产品特色和产业优势，作出“依靠农业招商，做大做强5大产业”的决策，大力招商引资，发展外向型农业。经过3年努力，全县共引进农业项目281个，实际到位资金37亿元。随着外来资金的大量引进，一批农产品加工企业得到提质扩容，催壮了藠头、茶叶、植物油、豫薯种植加工和名特优水产养殖加工等5大农业产业支柱。“义丰祥”与武汉人福高科控股有限公司合作，在提高芝麻油、味精加工能力的同时，还研制开发出高档保健药品脂奥克胶囊，市场供不应求。天之果实业与日本岩下株式会社合作成立岩下天之果食品有限公司，加工的藠头等产品全部出口日本，2009年产值突破1亿元，上缴税金500万元。2010—2015年，全县农产品加工企业中年产值过500万元的有170家，共加工转化150多种农产品，年加工量达60万吨。120多种农产品打入国际市场。有近3万农民成了企业的工人，每年总工资收入3亿多元。

五、生态农业

2000年始，实行退耕还林还草绿化荒山。2004年，湘阴县成为湖南省第一个农产品质量综合管理示范县，新建农村户用沼气池3520口，并配套实施改厨、改水、改浴、改栏、改厕。完成无公害农产品产地认定22866.67公顷，完成无公害绿色食品农产品认证18个，建立无公害、绿色和有机食品基地10800公顷。至2015年完成全县的主要农产品无公害产地认定，包括50000公顷无公害水稻、蔬菜、藠头、茶叶、油类作物产地认定，100万头无公害生猪产地认定和15333.33公顷精养鱼池、塘坝、水库的无公害产地认定。完成60个无公害、绿色和有机食品认证，其中绿色和有机食品数量达到30个以上。共退耕还林还草、绿化荒山近10556.54公顷，地面高程在27米以下的低湖田、低洼地全部实行退耕还水。湘阴县具备支撑大城市持续繁荣发展的能力，形成了优质稻、优质藠头、有机茶叶、名特优水产、无公害蔬菜、优质生猪、优质水禽七大特色农产品基地，年产粮食55万吨，起水鲜鱼10万吨，出栏生猪96万头，水禽300万羽，水产总量连续14年居全省第一，是全国重要的商品粮、商品鱼、商品猪生产基地，全省唯一的全国粮食生产先进标兵县和长株潭绿色产品生产加工供应配送基地。

六、机械农业

1980年农业机械总动力11.21万千瓦。1991年，全县农业机械总动力25.14万千瓦。

为了加快农业生产机械化水平，2003年，全县广泛开展农机技术下乡活动，加大农技人员培训力度，同时大力落实国家农机购置补贴政策，调动农民生产的积极性。到2010年，发展到71.87万千瓦。拥有联合收割机、耕整机等农业大型机械25000多台（套），农业生产综合机械化水平在75%以上。机耕、灌溉、植保、收割、脱粒、轧花、运输、加工等重要农时、重点作物和关键生产环节的机械化作业水平在85%以上。

2015年，全县机耕面积104874公顷，机播面积15550公顷，机灌面积53550公顷，机械植保面积53550公顷，机械收割面积65100公顷。其中水稻机耕23450公顷，机播13440公顷，机收57750公顷。机械加工农产品（粮食、棉花、油料、茶叶、果蔬）473550吨。农机运输作业8436万吨千米。农田基本建设机械作业量2200万平方米。农机专业合作社作业服务面积41580公顷。

第三节 中低产田改造

1997年，湘阴县开始实施农业综合开发中低产田改造项目。先后实施土地治理中低产田改造项目有和丰垸项目区、东港乡项目区、濠河项目区、南湖洲项目区、长樟项目区、杨家山项目区、西林围项目区、湘滨镇项目区、东塘、三塘镇项目区、石塘乡石丰项目区和白泥湖乡项目区等，涉及17个乡镇89个行政村。共投入建设资金7821.15万元，完成改造中低产田面积16500公顷，衬砌渠道656.32千米，改扩建农田排灌机埠32座，改造塘坝65处，改造输变电线路30.9千米，配套附建物1287座，维修机耕路154.6千米，配套农机具848台套，新建防护林和水土保护林925公顷。增加机耕面积933.33公顷，新增旱涝保收面积3200公顷。是年，湘阴县被列入国家农业综合开发项目县。至2015年，比1996年增加粮食生产2079万千克，油料287万千克，优质农产品4500万千克，新增农业总产值3100万元，农民人平纯收入比开发前增加210元。2011—2015年，县委、县政府积极争取国家将湘阴列入环洞庭湖基本农田建设工程重点县之一，获得国家投资5.3亿元，用于改造中低产田。在鹤龙湖、南湖、新泉等6个乡镇改造中低产田16666.67公顷。

第四节 产业化经营

1997年始，湘阴县农业综合开发产业化经营项目，包括经济林及设施、农业种植、畜牧水产养殖等种植养殖基地项目，农产品加工项目，储藏保鲜、产地批发市场等流通设施项目，扶持方式采取贷款贴息和财政补助两种方式，以贷款贴息为主。至2010年，县内产业化经营项目共完成12个，包括湖南省华康食品有限责任公司辣椒、芝麻种植基地项目、湖南长康实业有限责任公司年产5000吨芝麻油收购原材料项目、湖南省义丰祥实业有限公司年产8000吨食用油加工扩建项目、湖南洞庭柠檬酸化学有限公司年产15000吨柠檬酸钠生产线扩产技术改造、黄龙水产合作社4000吨活鲜鱼初加工生产线改扩建项目和湖南省华康食品有限责任公司433.33公顷辣椒种植基地改扩建项目等。产业化经营项目总投资6243万元，其中中央财政资金897万元，地方配套资金623万元，自筹资金2447万元，银行贷款资金2276万元。

2015年，完善鹤龙湖2000公顷核心示范区，推广养殖标准化生产，为全县开展农业部渔业健康养殖示范县创建活动提供样板。打造特种水产产业链，建好“百里湖鲜”走廊。建立岭北青鱼养殖基地、洞庭黄龙公司、鹤龙湖大湖螃蟹养殖和鲜鱼生态养殖基地、湘临青鱼养殖基地、鹤龙湖螃蟹美食休闲城5大水产健康养殖示范基地。“百里湖鲜”走廊青鱼养殖1000公顷，螃蟹养殖300公顷、甲鱼养殖240公顷、鳝鱼养殖网箱930个，全雄黄颡鱼养殖350公顷，生态养殖600公顷。

农业综合开发产业化经营项目的实施，扶持和壮大了全县一批充满活力的农产品生产加工企业和农民专业合作社，加快农业农村经济发展，改善了农业生产条件和农民生活环境，使农业结构调整趋向合理。

第五节 生态能源开发

县委、县政府十分重视再生能源的开发和利用，投入逐年增长，力度逐年加大。2003年，县委、县政府将农村沼气建设列入了重要议事日程，成立了以县长为组长，主管副县长专抓，相关单位主要负责人为成员的沼气建设领导小组，各乡镇也相应成立了专门班子，配备了一名副职专抓，县政府每年与各乡镇签订年度沼气建设任务责任书。到2015年，全县共完成沼气建设任务36551户，农村能源服务网点30个，创建百池示范村35个，建设养殖小区及联户沼气工程90处，新建农村能源服务网点50处，推广太阳能热水器39827台。

县生态能源管理局在农村沼气建设中，统筹规划、突出重点、以点带面、集中连片，不断创新发展模式，加快了全县农村能源建设速度，促进了农业循环经济发展，推动了城乡环境综合治理，推进了全县农村能源建设的全面发展。三塘镇高仑村建池 179 个，东塘镇一塘村建池 210 个，入户率都在 90% 以上。因质量过硬、技术过关、服务到位利用率 100%，并充分发挥沼气功能，切实抓好沼气的综合利用，积极围绕“传统农业向现代化农业跨越”的总体要求，紧紧围绕新农村建设创全国文明卫生县城活动，在沼肥利用上做文章。绝大部分沼气用户都实现了“猪沼粮”“猪沼鱼”“猪沼菜”等生态农业模式，每年每户可增收 1500 元以上。实现了养殖废气物“零排放”，促进了养殖业持续健康发展，较好地改善了农村人居环境。户用沼气每年每户可节约燃料费 2000 元左右，给农民带来了实惠，沼气综合利用取得了明显的成效，成为实现农业增产、农民增收、农村节能减排、发展农业循环经济、建好生态家园的重要推手。县生态能源管理局 2004 年、2007 年、2008 年获全省农村能源建设先进单位。

第六节　农村扶贫开发

1982 年，县委、县政府组织 2400 名干部开展农村扶贫开发工作，对 2648 户困难户包干扶植，解决资金 43.2 万元，化肥 1816.6 吨，劳动工日 58400 个。

2002 年 5 月，湘阴县成立扶贫开发领导小组，下设办公室。至 2010 年，列入省定扶贫村 10 个，涉及 10 个乡镇 5 万多贫困人口。其中：2002 年 5 月，樟树等 6 个乡镇的 6 个村被列入第一轮省定扶贫工作重点村。

2005 年 4 月，长康等 6 个乡镇的 6 个村被列入第二轮省定扶贫开发工作重点村。

2010 年，突出抓好 20 个省、市定扶贫村的基础设施建设和发展，其中重点抓好樟树镇祥源村、金龙镇青山村、玉华乡华中村、长康镇思岩村、六塘乡清水村的整村推进工作。

2015 年，扎实攻坚精准扶贫、脱贫。实行驻村帮扶、结对帮扶责任制，认真落实产业、金融、教育、就业和兜底扶贫等政策要求。全县完成脱贫人口 9699 人。湘阴县作为县、市、区唯一代表在全市会议上介绍了经验。

一、扶贫政策

2001 年 1 月 8 日至 2002 年 2 月 9 日，国务院、省政府及有关部门先后出台《农村扶贫开发纲要（2001—2010 年）》《湖南省农村扶贫开发规划》《扶贫贷款财政贴息办法（暂行）》《财政扶贫资金管理办法（试行）》《财政扶贫项目管理费管理办法（试行）》《财政农业专项资金调整和改革方案》《扶贫贴息贷款管理实施办法》《关于农村残疾人扶贫开发计划（2001—2010）》《国家扶贫开发工作重点县管理办法》。2002 年，县政府下发《关于印发〈湘阴县 2002—2010 年农村扶贫开发规划〉的通知》，确定把扶贫开发列入三农工作重要议事日程，并认真组织实施。2015 年，中央强调精准扶贫，县委、县政府加大了精准扶贫力度，提出精准扶贫是各级党政干部的最大责任，要切实肩付脱贫责任，始终把脱贫工作放在心上，抓在手上，扛在肩上，精准发力，精准扶贫，如期全面完成脱贫任务。全县各级采取驻村帮联、结对帮扶责任制，在产业、金融、教育、就业、医疗、安居等多方面帮扶，全县完成脱贫人口 11500 人。

二、扶贫项目

基础设施工程　采取国家投入、以工代赈、以奖代投、部门单位帮扶和社会各界资助等方式，多方筹集资金、器材，加强特困村水、电、路、校等基础设施建设，改善群众生产、生活条件。2001—2015 年，累计投入基础设施建设资金 2.1 亿元，有关农网改造工程、道路维修、农户住房维修、人畜饮水工程、中小型水库除险加固工程、低产田改造、高标准衬砌渠道、垃圾地建设等一批项目相继建成或启动建设。

基础素质工程（科教建设项目） 重点抓好贫困地区农业科技创新、中介服务、科技培训和示范推广四大体系建设。2007—2015年，按照培训一人、转移一人、脱贫一家、带动一片的要求，转移培训农村劳动力约1.2万人，为500户贫困户子女提供学习专业技术的场所，并负责毕业后安置。同时，参与县职校中心建设，提供职业技术教育，成立专业技术学会，办好农民学堂。

扶贫开发产业 重点开发水稻、玉米、红薯、藠头、高粱、药材、瓜菜、油菜、楠竹、生猪、家禽、名优特水产养殖等种植养殖项目。至2010年，种植玉米、红薯等1333.33公顷，开发油茶166.67公顷。

三、资金管理

从2000年起，湘阴县对财政扶贫资金实行报账管理。实行专人管理、专户储存，设立专账。县政府将扶贫开发资金列入财政年度预算，向贫困地区、贫困村倾斜，要求做到专款专用。扶贫资金用于修建乡村道路，农田基本建设，兴修农田水利，兴建人畜饮水工程，改造环境设施，发展种养业，开展科技推广、技术培训等扶贫项目。县财政部门根据工程建设等项目进度，将资金分次直接拨到项目。2002—2015年，用于贫困地区贫困村扶贫开发建设资金达5000万元，其中省级财政投入资金800多万元，县级财政配套资金2200万元，其他途径投入2000万元。

四、扶贫成果

贫困人口大幅减少，贫困农民收入明显提高。贫困人口由2000年的5万人减至2015年的22832人，下降46%；贫困村农民纯收入由2000年的1300元增至2015年的2200元，增加69%。

社会保障逐步覆盖，贫困群众生产生活环境得到改善。“十一五”规划期间，全县硬化通乡镇村公路230千米，硬化率85%以上；建沼气池4.1万个，覆盖全县30%以上农户；完成20所农村学校的校安工程，农村九年义务教育率100%；新建农村敬老院、五保之家11个。至2010年，解决贫困乡村35万人行路难问题，解决5万户群众生产生活用电问题和近20万人的饮水问题；资助1200户无房户建起住房，使80%贫困农户住房条件得到明显改善。贫困群众基本做到“老有所养、病有所医、学有所教、住有所居”。

2015年，投入扶贫开发资金5867万元，完成745户贫困户危房改造，扶贫小额贷款1227户，5178万元。对全县贫困学生实行分类教育补助，扎实开展“雨露计划”“春风行动”、贫困劳动力技术培训等。省定湘阴县脱贫3493户9699人。岭北镇仁义村被评为湖南省脱贫攻坚示范村。

第三章 种植业

第一节 粮食作物

1980年，全县有耕地4.06万公顷，其中水田3.58万公顷，旱土0.48万公顷。粮食作物占总耕地的86%。1985年，粮食作物占用耕地3.44万公顷，占总耕地的84.73%，棉、油菜籽、茶、麻分别占总耕地的2.5%、3.01%、8.6%、0.3%，其他占0.86%。1980—1990年，县内依靠国家调整农业政策（逐步取消农副产品统购、派购，实行优价和奖励收购、定购，并每年拨给湘阴从事经济作物生产的农户贴价口粮指标等）和扩大农民生产自主权这两个新的条件，大幅度调整农业产业结构。1991—2004年，县委、县政府调整优化农业内部结构，合理配置农业资源，农业产业结构逐步优化，全县农业和农村经济呈现出旺盛的发展势头，形成粮食、油菜、茶叶、藠头、蔬菜等主导产业。2005年，全县有耕地面积3.80

万公顷，全年农作物播种面积 12.13 万公顷，其中粮食作物面积 9.01 万公顷，蔬菜面积 1.52 万公顷。全县农业产值 15.5 亿元，农民人平纯收入 5018 元。是年，湘阴县被定为全国农业标准化示范县、全国测土配方施肥试点县、无公害茶叶基地达标县。至 2010 年，全县有耕地面积 4.84 万公顷，其中水田面积 4.37 万公顷，主要农作物有水稻、玉米、薯类、油菜、花生、豆类、蔬菜、棉花、茶叶等。全年农作物总播种面积 12.67 万公顷，其中粮食作物面积 9.68 万公顷，是年，农业总产值 23.1 亿元，农民人均纯收入 6341 元。2015 年，全县农作物面积 13.7 万公顷，其中粮食作物面积 10.3 万公顷，总产量 59 万吨，农业总产值 74.1 亿元，比 2010 年增长 2.3 倍。

一、水稻

1980 年，全县稻谷产量占粮食比重在 97% 以上，1985 年维持在 95.7%，1986 年列为全国商品粮生产基地。1991—1995 年水稻播种面积稳定在 6 万公顷以上。1996—2000 年引进新品种，种植优质稻，总产量维持在 40 万～48 万吨。2001—2003 年受价格影响种粮户积极性受挫，总产量有所下降。2004 年始，国家对粮食生产给予重点扶持，县委、县政府也把粮食生产作为增加农民收入的重要举措来抓，认真落实粮食直补、良种补贴等各项强农惠农政策，充分调动农民种粮的积极性。2004 年水稻播种面积 8.87 万公顷，比上年增加 2.25 万公顷；总产量 52.5 万吨，比上年增加 10.7 万吨。2008 年，农民各项上缴费用由“十五”期间的每公顷 4500 元左右，减少到每公顷 300 元左右，其中 40% 的村农民实现了上缴费用零负担，各项惠农资金财政采用“一卡通”的形式及时足额发放到农户。采取积极措施扩双季稻、减一季稻，扩大播种面积，2015 年发展到 8.8 万公顷，比 2003 年增加 2.18 万公顷。

2006 年，全县积极推行规模化种植和产业化经营方式，培植产业化龙头企业，努力提高粮食生产的市场竞争能力，提高种粮农民的收入，粮食产业发展步入正轨。到 2015 年，全县发展全国绿色食品原料（水稻）标准化生产基地 1 万公顷，无公害产地整体认定面积 5 万公顷，专业化合作组织 55 家，市级龙头企业 10 家，打入国际市场的稻米品牌 2 个，并形成了水稻订单生产“公司＋基地＋农户”的湘阴模式。“兴隆米业”“玉田米业”“康田米业”“湘江米业”等市级龙头企业的订单农业从 2005 年的 0.67 万公顷增加至 4.2 万公顷。“兴隆米业”的“兴科”品牌系列大米、“康田米业”的“康田”牌系列大米，被农业部分别认定为绿色食品，无公害农产品，成功地走上国际市场。

1983—2015 年湘阴县水稻生产情况一览表

表 14-1 单位：公顷、吨

年度	播种面积	总产量	其中					
			早稻		中稻		晚稻	
			面积	产量	面积	产量	面积	产量
1983	64087	78320	29527	35070	1460	1891	33100	41359
1984	63940	80260	29700	36814	1233	1787	33007	41659
1985	61893	78484	28832	34000	943	1369	32118	43115
1986	61483	426757	28697	182379	813	609	31973	243769
1987	57750	406230	26559	153157	851	5953	30340	247120
1988	61479	424840	28519	173386	785	4299	32175	247155
1989	62515	440000	29255	184583	800	5220	32460	250197

续表 14-1 单位：公顷、吨

年度	播种面积	总产量	其中					
			早稻		中稻		晚稻	
			面积	产量	面积	产量	面积	产量
1990	62218	463754	29018	191169	632	5099	32568	267486
1991	62273	468135	28967	182286	650	6922	32656	278927
1992	66136	488429	28438	210024	662	4885	37036	273520
1993	65063	441741	27977	189949	651	4418	36435	247374
1994	60755	462676	28000	178234	1065	7550	31690	276892
1995	60035	463888	27780	140755	918	6340	31337	316793
1996	65165	430000	28020	184900	653	4300	36492	240800
1997	61483	486000	28500	166859	950	6117	32033	313024
1998	60530	421000	28400	127894	930	6268	31200	286838
1999	60300	400646	28200	148896	1000	6750	31100	245000
2000	56600	403300	26670	154800	1330	12000	28600	236500
2001	49337	365800	20000	120600	2667	24000	26670	221200
2002	61367	407500	26388	175225	614	4075	34365	228200
2003	66200	418280	28466	179860	662	4190	37072	234230
2004	88780	525657	38175	175000	888	64228	49717	286429
2005	90140	494140	39147	206982	515	2775	50478	284383
2006	93260	504635	40101	212375	934	4350	52225	287910
2007	93800	521595	40334	222995	938	4380	52528	294220
2008	93820	499105	40342	224570	939	1997	52539	272538
2009	95420	545657	41030	217623	955	3045	53435	324989
2010	96810	547665	41000	212913	280	2100	55530	332654
2011	84950	523313	41100	220134	200	1490	43650	301689
2012	85840	536060	41290	224199	200	1494	44350	310367
2013	86090	535440	41330	229540	200	1419	44560	304481
2014	93900	546221	42150	231536	180	1323	51570	313362
2015	87970	553302	42550	235195	170	1252	45250	316855

二、杂粮

全县传统的杂粮作物有红薯、豆类、马铃薯、玉米等，其中红薯、玉米种植的比例较大，主要分布在东乡丘岗地区。2000 年始，随着品种改良和农民积极性的提高，杂粮作物的面积、产量得到稳定提高。2005 年，红薯种植面积 2066.67 公顷，平均单产 11250 千克 / 公顷，玉米种植面积 1866.67 公顷，平均单产 5250 千克 / 公顷，豆类、马铃薯种植面积在 2000 公顷左右，杂粮作物种植面积不足 6666.67 公顷，仅占粮食作物面积的 5.5%。2010 年，全县杂粮作物种植面积达 13000 公顷，占粮食作物面积的 13%。其中玉米种植面积 4666.67 公顷，单产达 7500 多千克；红薯 2800 公顷，新开旱地单产 10500 千克左右。

2015 年，杂粮作物面积 15070 公顷，占粮食作物面积的 14.6%。其中小麦 210 公顷，产量 573.3 吨；玉米 6470 公顷，产量 33860 吨；高粱 40 公顷，产量 131.4 吨；豆类 4880 公顷，产量 84920 吨；红薯 3100 公顷，产量 13788 吨。

第二节　经济作物

1980 年，全县主要经济作物有茶叶、棉花、水果、西瓜、蔬菜、藠头、药材、苎麻、黄麻、甘蔗及花卉等品种。

1985 年，全县主要经济作物播种面积 8546.67 公顷，占全县种植业总播种面积的 7.85%。2005 年减至 7880 公顷。2015 年，全县经作种植面积（包括间、套、复种）9000 公顷，与 2005 年相比，面积增加 986.67 公顷，总产值 4.213 亿元，比 2005 年增 3100 万元，增幅 3%，平均每公顷 45555 元，比 2005 年增 1500 元。

一、茶叶

1980 年，湘阴县有茶园 3473 公顷，产茶 1645 吨，是湖南省绿茶主产县和出口绿茶基地。1985 年全县茶叶总产量 1646 吨。1989 年，开始进行无公害茶叶生产技术试验和应用研究，1994 年配套技术研究成功，1996 年示范区茶产品获得国家环保总局绿色食品认证。是年，进行有机（生态）茶栽培技术试验研究与应用取得成功。六塘乡地处洞庭湖南岸，为中亚热带过渡性季风气候区，气候温和，雨量充沛，光照充足，特别适宜种茶。茶农选用优良品种，实行科学培育和集约化管理，茶叶质量不断提升，其中兰岭绿茶、六塘山油茶享誉省内外。2000 年始，兰岭茶厂生产的茶产品，先后获得德国 BCS、美国 NOP、日本 JAS 等多国有机茶认证。2002 年始，兰岭牌系列产品先后多次获得省内外、国内外博览会金奖、银奖。兰岭王绿茶在国家质量技术监督总局的检查中，荣登绿茶红榜（获此殊荣的绿茶产品全国仅有 4 个）。2003 年，实施创建全国第二批无公害茶叶生产示范县项目，在全县全面推广无公害茶叶生产技术，全县茶园面积 2980 公顷，茶叶产量 1890 吨，产值 4394.4 万元。2005 年 4 月，通过农业部专家现场鉴定和验收，成为全国无公害茶业生产基地示范县。全县茶制品共有 22 个产品获得认证，其中绿色食品茶 15 个，有机茶 2 个。2009 年，湘阴县被农业部列为全国茶叶标准园创建试点项目县，为示范带动全县茶叶产品质量提升和效益提高，充分利用资源和技术优势，根据农业部、省农业厅统一部署，在六塘乡永胜村建立了 86.67 公顷全国茶叶标准园创建示范点。至 2010 年，按照茶叶标准园创建实施方案，认真组织实施，推动了全县 3800 公顷茶叶标准化再上一个新台阶，茶叶标准园总产值实现 450 万元，每公顷平均 52500 元，比实施前增加 120 万元，每公顷平均增 12000 元，年产干毛茶 280 吨，实现加工产值 850 万元，产品合格率 100%。全县茶园面积 3800 公顷，投产面积 3733.33 公顷，产茶 2396 吨，产值 19800 万元。全县有 14 个乡镇栽培茶树，优势区域集中分布在东部 12 个乡镇。“金丝猴”“名山”“岳峰”等品牌在省内外较著名，“兰岭”牌迅速成为全国知名品牌，兰岭绿之剑获湖南省十大名牌。湖南铁香茶业有限公司与湖南农大合作，研制出兰花香铁香茗绿茶和兰花香铁香红茶。2013 年，经国家绿色食品发展中心鉴定许可、产于鹅形山云雾茶、经黄厚仁精心制作的“黄厚牌”谷雨前云雾绿茶，成为湘阴县又一绿色名牌产品，享誉省内外市场。

二、油菜

油菜是湘阴县最主要的油料作物。1980 年，全县油菜播种面积 3451.53 公顷，每公顷产 354 千克，总产 1223.8 吨。1985 年，引进推广中油 821 品种，全县油菜播种面积 4281.33 公顷，每公顷产 702 千克，总产 3003 吨。杨林寨乡成为全县油菜生产基地乡。2005 年，全县油料作物收获面积 11266.67 公顷，总产 7000 万吨。2006 年，全县严格落实油菜良种补贴，凡种植“双低”油菜，按照油菜实际种植面积对农民进行直接补贴，每公顷补贴 150 元。积极推广硼肥和油菜轻简化直播栽培技术，农民种油菜的积极性大增，总产 7400 吨。2007 年，油菜收获面积发展到 12600 公顷。2008 年，由于油菜良种补贴政策的落实，加上菜籽价格比上年大幅度提高，达到 5.2 元 / 千克，比上年增加 1.8 元 / 千克，农民种油菜积极性高涨，油菜收获面积比上年增加 600 公顷，发展到 13200 公顷。由于春节前后冰冻灾害导致油菜减产，单产 960 千克，比上年每公顷减少 94.5 千克，总产仍有 10934 吨。2009 年，农业局兴办 10 个优质良种油菜 6.67 公顷高产示范点，免费提供硼肥、种子。油菜收获面积 13666.67 公顷。由于 2008 年冬季天气良好，有利于油菜生长，2009 年，油菜产量得到提高，单产 1125 千克，总产 13002 吨，比 2008 年增加 2068 吨。2010 年，油菜播种面积 13906 公顷，总产 14315 吨。2015 年，全县油菜播种面积为 10630 公顷，总产 18610 吨，面积减少，但单产和总产比 2010 年提高。

三、棉花

棉花种植一直是湘阴县主要的经济作物之一。1979 年，全县植棉 1475.8 公顷，总产 488.55 吨，每公顷产皮棉 330 千克。1985—1990 年，引进推广湘棉 10 号。全县植棉面积有所减少，但单产大幅度提高，总产 5552 吨。在农业结构调整中，掀起藠头、茶叶、蔬菜热，植棉面积逐步减少。1991—2000 年，引进推广湘杂棉 1 号，湘杂棉 2 号新品种，总产 11158 吨。2001—2005 年，引进推广湘杂棉 3 号、湘杂棉 4 号、农杂 62、农杂 66、湘杂棉 7 号新品种，产棉 6869 吨。2006 年引进推广岱杂 1 号、湘杂棉 6 号、湘杂棉 9 号新品种。2006—2010 年，总产皮棉 10483 吨。2011—2015 年，湘阴棉花种植收缩，2015 年全县仅种植 370 公顷，收棉 514 吨。

四、蔬菜

湘阴县东部 12 个乡镇，土质肥沃，气候温和，宜种优势蔬菜面积 14000 多公顷，主要优质蔬菜品种有：湘阴藠头，樟树港辣椒，石塘萝卜，横岭湖藜蒿，鹤龙湖、白泥湖莲藕，其中湘阴藠头成为国际市场独具特色农产品，樟树港辣椒独具风味，野生藜蒿纯天然食品，红莲藕加工鲜食风味好，在国内市场有很好的声誉，湘阴藠头、樟树港辣椒列入全国特色农产品优势区域。2005 年，全县建立 3300 多公顷绿色食品藠头基地，出口总量占全国藠头出口总量的 50% 以上，出口创汇 3500 万美元。华鑫牌甜酸藠头获中国湖南省第五届（国际）农产品博览会金奖，振湘牌藠头连续获得第五、六届中国湖南（国际）农产品博览会金奖。2006 年 1 月，国家质检总局将湘阴藠头列入国家地理标志保护产品。樟树港辣椒种植面积 320 公顷，品质特性和独特风味深受消费者欢迎，成为省内外大、中型城市佐餐佳品。石塘萝卜种植面积每年 670 多公顷，栽培品种以南畔洲、韩国萝卜为主，品质好、甜度高、无渣、食味佳，畅销省内外。2010 年，全县蔬菜种植面积 16333.33 公顷，总产蔬菜 56 万吨，产值 6.2 亿元，食用菌生产和专业化、标准化、示范园蔬菜生产有长足的进步，形成较大规模。2011—2015 年，县委、县政府把发展蔬菜生产纳入“一廊三片”建设，重点发展三塘藠头、樟树港辣椒、杨林寨食用菌、大棚蔬菜、石塘萝卜、鹤龙湖菜藕、文星镇和城西蔬菜、南湖土菜、横岭湖芦笋、藜蒿、玉华鹅形山有机绿色蔬菜生态产品，2015 年，全县蔬菜总产量突破 60 万吨，满足县内市场有余，部分销往外地。

1980—2015 年湘阴县主要经济作物产量一览表

表 14-2　　单位：吨

年　度	棉　花	油菜籽	黄麻、红麻、苎麻	茶　叶	水　果
1980	850	1224	1855	1465	986
1981	830	2560	2010	1645	998
1982	865	3400	2160	1895	1008
1983	1040	2340	2080	1740	1060
1984	1200	3160	2180	1720	1058
1985	1115	3003	2250	1645	1130
1986	1004	3313	2338	2233	1180
1987	863	4268	4850	1846	1210
1988	811	6195	1100	1879	1250
1989	688	7250	394	1900	1298
1990	1071	9337	179	1585	1340
1991	1347	7100	80	1639	2959
1992	1437	5771	72	1713	2416
1993	1485	4879	32	2648	830
1994	965	4992	1374	1876	3372
1995	989	5840	97	1901	3262
1996	800	7650	–	2100	4028
1997	1540	7799	–	2150	4938
1998	755	7318	–	2350	5218
1999	1020	8400	–	1400	7000
2000	820	7277	–	1240	8200
2001	1120	7952	–	1335	9480
2002	724	6030	–	1450	39600
2003	800	7200	–	1890	39600
2004	2125	7280	–	1580	47500
2005	2100	7000	–	1720	47600
2006	3600	7400	–	1850	42000

续表 14-2 单位：吨

年 度	棉 花	油菜籽	黄麻、红麻、苎麻	茶 叶	水 果
2007	3700	7300	–	1880	48000
2008	1122	10934	–	1890	27656
2009	1106	13002	–	1895	40500
2010	955	14315	–	1900	55777
2011	1200	17750	375	2000	58715
2012	1195	16860	375	2200	59160
2013	1076	17784	614	2256	61000
2014	1290	17766	375	2260	63380
2015	514	18610	615	2396	66700

附：湖南百树山生态农业发展有限公司简介

湖南百树山生态农业发展有限公司建立于2012年，位于湘阴县南湖洲镇境内，离县城30余千米，与益阳隔水相望，属资江风光带。离益阳市区22千米，距省会长沙60千米，属典型的省会一小时经济圈，交通便利，区位优势明显，特别适合发展以种植、养殖为主的中大型现代农业企业。公司法人代表、董事长刘建国，中共党员，县第十六届人大代表。2014年度县“十大新闻人物”、县第四届道德模范提名奖获得者，县第五届科普带头人。

公司以生态种植、养殖、农业产业示范为主，兼顾发展休闲农业。至2015年，累计投资3400万元，流转及租赁土地71公顷，其中集中连片高标准钢架大棚设施蔬菜14公顷，露天蔬菜37公顷，改良水果5.1公顷，原生态鱼塘11.6公顷，餐饮住宿、办公及生态配套用地3.8公顷。另在益阳市、汉寿县托管蔬菜基地134公顷。公司采取“公司＋农民专业合作社＋基地联农户＋农产品粗加工＋社区农产品超市＋配送中心＋食堂托管＋休闲观光旅游”的运作模式，提供附近80多名劳动力就业机会，有效促进当地农业增效、农民增收。2015年，公司被评为湖南省“蔬菜特色产业园”，“南湖洲镇辣椒”获得了全国“名特优”产品，一次性通过18个农产品无公害基地认证和产品认证。组建了南湖洲镇蔬菜栽培技术协会，统一调度产品的生产、包装、宣传、销售流程。产品主要销往全县及省会长沙各机关、企事业单位、学校食堂和社区农产品超市。2015年实现销售收入3600万元。顺利通过湖南股权交易所挂牌。

第三节 植物保护及检疫

一、农作物主要病虫鼠草害

水稻主要病虫 20世纪70至80年代为白叶枯病、稻瘟病、纹枯病、病毒病、褐色叶枯病、紫秆病和螟虫（三化螟、二化螟、大螟）、稻纵卷叶螟、稻苞虫、稻蓟马、稻飞虱、稻叶蝉等；20世纪90年代为纹枯病、稻瘟病、细菌性条斑病、稻曲病和螟虫（二化螟、大螟）、稻纵卷叶螟、稻苞虫、稻蓟马、稻飞虱等；21世纪以来为纹枯病、稻瘟病、稻曲病、南方水稻黑条矮缩病和二化螟、稻纵卷叶螟、稻飞虱、稻蓟马、稻螟蛉、黏虫、稻水象甲等。历史上曾出现过1976—1979年连续4年大面积稻飞虱和稻纵卷叶螟暴发成灾；1983 年穗颈稻瘟暴发，全县 400 公顷晚稻失收；2009 年，发生南方水稻黑条矮缩病，全县发病 3666.67 公顷，约 207 公顷绝收。

玉米主要病虫　纹枯病、霜霉病、玉米螟、蚜虫等。

棉花主要病虫　立枯病、炭疽病、枯萎病、红蜘蛛、红铃虫、棉铃虫、斜纹夜蛾、棉盲蝽、棉蚜等。2003 年斜纹夜蛾大面积暴发。

油菜和蔬菜主要病虫　立枯病、炭疽病、菌核病、霜霉病、灰霉病、疫病、软腐病、锈病、菜青虫、甜菜夜蛾、斜纹夜蛾、豆荚螟、烟青虫、白粉虱、蚜虫、小菜蛾等。

果树主要病虫　炭疽病、锈病、霜霉病、灰霉病、疫病、叶螨、蚜虫、吸果夜蛾、透翅蛾、蚧壳虫等。

茶叶主要病虫　炭疽病、锈病、烟霉病、叶螨、蚜虫、角胸叶甲、小绿叶蝉、蚧壳虫等。

农田鼠害　褐家鼠、小家鼠、东方田鼠、黄胸鼠。20 世纪 80 年代，每逢春、夏季横岭湖涨水，东方田鼠从湖洲草地被迫泅水越堤群迁农田危害。1986 年 6 月东方田鼠泅河越堤迁入湘滨垸柳潭片区农田，除危害早稻外，还传播鼠媒疾病出血热，导致 50 多人住院治疗。

农田草害　水田主要杂草为看麦粮、无芒稗、凤尾稗、双穗雀稗、千金子、旱熟禾、鸭舌草、矮慈姑、野慈姑、凤眼莲、四叶萍、扁杆鹿草、异型莎草、牛筋草、竹节菜、丁香蓼、浮萍等。旱地主要杂草为马唐、白茅、牛筋草、酸模叶蓼、空心莲子草、牛繁缕、狗尾草、狼尾草、狗牙根、菟丝子、牛鞭草、香附子、黄花蒿、田旋花。

二、主要防治措施

农业防治措施　选择优质抗性品种，健身栽培。在螟虫的治理上推广春季深水灭蛹技术，冬季翻耕烤坯。在纹枯病的治理上推广打捞浪渣等技术。合理施肥，加强田间管理，提高稻株自身抵抗力。

物理机械防治措施　2005—2015 年，大力推广点灯诱蛾治虫。全县共安装诱蛾灯 12560 盏，防治面积 27720 公顷，其中棉花覆盖率 100%。大力推广性诱剂、黏虫黄板每年诱杀害虫 133.33 公顷左右。

生物防治措施　20 世纪 80 年代始推广井冈蜡芽菌防治水稻纹枯病，全县年防治面积在 86666.67 公顷以上。1999 年开始推广苏云金杆菌、阿维菌素防治水稻螟虫、纵卷叶螟、棉花红蜘蛛，年均防治面积 35333.33 公顷以上。保护利用稻田蜘蛛和推广人工释放赤眼蜂防治虫害。

化学防治措施　2005—2007 年，主要推广杀虫双、杀虫单防治水稻二化螟、水稻纵卷叶螟，年均防治面积 26666.67 公顷以上；推广井冈霉素防治纹枯病，推广噻嗪酮、吡虫啉防治稻飞虱、棉花和蔬菜蚜虫，年均防治面积 53333.33 公顷以上。2008—2010 年，主要推广氯虫苯甲酰胺、四氯虫酰胺防治水稻二化螟、防治稻纵卷叶螟，推广噻嗪酮、噻虫嗪、吡蚜酮和烯啶虫胺防治稻飞虱。推广苯甲丙环唑、已唑醇、噻呋酰胺、嘧菌脂防治纹枯病。

病虫绿色防控　2010 年以后，湘阴县列为全国绿色防控示范区，县内大力推广病虫绿色防控技术。在白泥湖乡千公顷高产示范片推广运用保蜘控虫 666.67 公顷、释放赤眼蜂 13.33 公顷、利用二化螟性诱剂诱杀技术 13.33 公顷，建立生物、生态控制综防示范区。在兴科米业生产基地兴隆、兴安等村推广频振式杀虫灯 100 盏、稻鸭共养技术 66.67 公顷，建立绿色防控示范区。在全县全面推广应用 BT、井冈霉素等生物药剂，实现农药减量、节本增收和农产品质量安全的目标。

1980—2015年农作物病虫鼠草害发生面积与防治效果一览表

表14-3 单位：公顷次，吨

年份	发生面积	防治面积	挽回损失	实际损失	成灾面积
1981—1985	145300	149420	63316	2230	302
1986—1990	130667	108360	53216	406	273
1991—1995	138666	169334	63316	2230	230
1996—2000	170773	225128	61694	726	23
2001—2005	213773	345013	113653	788	202
2006—2010	303447	428947	130330	1449	455
2011—2015	312137	324567	171365	320	16

三、植物检疫

1980年国务院颁布了《植物检疫条例》。1981年后，湘阴县植物检疫工作正式步入法制轨道。1983—1984年，对县内发生的水稻白叶枯病和棉花枯萎病、黄萎疫三个检疫对象实施产地检疫，对县外发生的柑橘黄龙病、马铃薯晚疫病等实施调运检疫。1985年水稻白叶枯病取消检疫对象，1990年新增水稻细菌性条斑病检疫，疫区面积2000公顷。1992年后，疫区面积逐年减少，2000年后找不到标本。2006年又新增了稻水象甲检疫，是年4月，稻水象甲首次在六塘乡和石塘乡通过种子和稻草传入。2007年疫区面积扩大到3333.33公顷，2009年后发生面积减少，发生程度逐年减轻。2006—2015年，每年发生面积3000多公顷，涉及11个乡镇。通过封锁疫区及药剂防治等措施，每年挽回稻谷损失约5000吨。

第四节　种子种苗

一、基地

1985—2001年，县种子公司在袁家铺乡金和村、玉华乡华光村、界头铺乡新立村、石塘乡板桥村、突丰村、白湖乡大冲村、濠河乡兴隆村等乡村建立水稻杂交制种和良种繁育基地30个。基地平均每年向全县提供水稻杂交种子30万千克，早晚稻常规良种25万千克。

二、品种改良

水稻　1985—1990年，引进推广常规水稻品种湘早籼6号、湘早籼7号、余赤231-8、杂交水稻品种威优64、汕优64、威优46号。1991—1995年，引进推广常规水稻品种湘早籼13号、湘早籼17号、湘早籼18号、浙辐802、杂交水稻品种威优77、汕优77、汕优晚3、金优桂99、汕优桂99。1996—2000年引进推广常规水稻品种中优早81、湘早籼24号、中鉴100、湘早籼31号、杂交水稻品种金优402、金优974、八两优100、八两优96、香两优68、培两优288、新香优80、金优207、威优644。2001—2005年，推广常规水稻品种陆两优996、株两优819、株两优100、两优培九、株两优02、T优207、岳优9113、丰源优299。2006—2010年，推广常规水稻品种湘早籼43号、湘早籼45号、杂交水稻品种陆两优611、黄花占。

棉花　1985—1990年，引进推广湘棉10号。1991—2000年，引进推广湘杂棉1号、湘杂棉2号新品种。2001—2005年，引进推广湘杂棉3号、湘杂棉4号、农杂62、农杂66、湘杂棉7号新品种。2006—2010年，引进推广岱杂1号、湘杂棉6号、湘杂棉9号新品种。

油菜 1985—1990年,引进推广中油821。1991—2000年,引进推广秦油2号、湘油13号、湘油15号、湘杂优2号新品种。2001—2010年，引进推广湘杂油5号、湘杂油6号、湘杂油631、湘杂油753、湘杂油188、亚科28、华湘优9号新品种。

玉米 1985—1990年，引进推广掖单4号品种。1991—2000年，引进推广湘玉13号、掖单13号、蠡玉15号、东单60、三北2号、晋单42、长城218新品种。2006—2010年,引进推广奥玉3102、三北6号、三北9号、东单10号、科玉三号、三北糯三号新品种。

第五节 土壤、肥料

一、土壤

湘阴县土壤分水稻土、耕型潮土、红壤3个大类。2010年，全县水稻土面积36000公顷，其中淹育型水稻土267公顷，潴育型水稻土28000公顷，漂白型水稻土1333公顷，潜育型水稻土6400公顷。耕型潮土（主要分布在湖区）2022公顷。红壤（主要分布在东部各乡镇）6667公顷。

二、肥料

肥料的推广应用 20世纪80年代中期，开始推广钾肥，增产效果很显著。20世纪90年代中期，县农业局开始生产复混肥，逐年增加产量和施用量。2000年，全县化肥用量达到80000吨。2005年始，全县一般年施用复混肥20000吨左右，施用面积达26666.67公顷，碳铵施用量逐渐减少，由20世纪90年代前的60000吨下降到2010年的27000吨。

测土配方施肥 2005—2015年，湘阴县采用GPS定位、MAPGIS、ARCKGIS制图等一系列的新技术。实施测土配方施肥项目，调查、采集土壤样品和化验土壤样品7000多个，每年推广测土配方施肥面积40000—80000公顷。通过测土配方施肥，碳酸氢铵、过磷酸钙、钙镁磷肥、尿素和钾肥等单质化肥施用量逐渐减少，复混肥和配方肥施用量逐渐增加，氮、磷、钾趋于平衡。提高化肥的利用率，减少化肥的施用量，取得较好的经济效益、社会效益和生态效益。

稻草还田 1990年以后，全县冬季绿肥种植大幅度减少，稻田有机肥施用也逐渐减少，耕地土壤有机质含量下降，耕地质量下降。1998年始，全县水稻机械化收割面积逐年扩大，到2005年达到100%。稻草留高桩翻压还田，还田量每公顷达到7500千克左右，增加了土壤的有机肥，改良了土壤。

冬绿肥种植 冬绿肥有固氮作用，种植简单容易。湘阴利用冬闲田种植绿肥，潜力很大。2005—2015年，县农业局积极争取耕地地力提升项目，争取绿肥种子20多吨，无偿发放给白泥湖、城西、新泉等乡镇的农户。通过项目的实施，带动冬绿肥恢复性种植。

第四章 养殖业

第一节 水产养殖

湘阴县水域广阔,渔业资源丰富,鱼、虾、鳝、龟、鳖、贝类分布全县水域,被列为全国商品鱼基地县。1985年，水产品总产量11.5万吨。1991年，湘阴县渔业生产居全省第3位。获农业部首次评选的全国渔业先进单位，列入全国渔业百强县。1996年获全省第一名。1997年，加强常规水产养殖业生产，大力发展名特优水产养殖。全年投入企业发展资金 1.8 亿元，放养水面发展到 12200 公顷，其中精养水面 6800 公顷，分别比上年增加 400 公顷和 266.67 公顷。投放鱼种 8500 万尾，其中优质鱼比例占 48.2%，投放精饲料 4.8 万吨，比上年增加 7200 吨。全县发展专混养湘云鲫、湘云鲤、甲鱼、河蟹、加州鲈、鲶鱼、黄鳝等名特优水产品水面 6666.67 公顷。2000 年，县委、县政府以大市场、大产业、大效益理念谋划水产业，把水产业放在增加农民收入、壮大县域经济和加快社会主义新农村建设的战略高度加以扶持，推动水产业加快发展。全县 19 个乡镇中，水产品产量超过 2000 吨的有 11 个，并建有三井头、兴湘、桥东 3 个水产品市场。是年，湘阴县获全省渔业工作先进县、全省水产品质量安全管理工作先进县称号，被农业部确定为全国基层水产技术推广体系机制创新试点县（全国定 4 个县，湖南只有湘阴县）、南洞庭湖中华鳖种质资源保护区。2010 年，全县建有 4 个国有渔场，162 个乡、村基地渔场，13 个水产养殖协会。形成以国有渔场、基地渔场为龙头，以养殖协会为纽带，以养殖大户为主体，以青鱼、河蟹、甲鱼、珍珠、湘云(鲫)鲤、斑点叉尾鮰等优质品种为主导产品，从苗种繁育到技术推广，从规模养殖到加工销售，从渔网加工到鱼饲料生产一条龙的发展格局。水产业成为全县农村经济中最具活力的朝阳产业和农民增收的最大亮点。全县水产品产量 10.29 万吨，连续 15 年获得全省第一。渔业总产值 16.2 亿元，分别比上年增长 3.1% 和 3.6%。2015 年，全县建设有规模化、标准化基地渔场 78 个，渔业经济合作组织 50 家，入社渔户 3800 户，养殖水面扩大到 10533 公顷，水产品总量提升到 14.13 万吨，有 56 个水产品通过部级无公害产品认证，渔业总产值提升到 20 亿元，占农业总产值 27%。

第二节　畜禽养殖

畜牧业是湘阴县农村传统产业之一，历史悠久。改革开放以来，县内畜牧业从“养牛为耕田，养猪为过年，养鸡换油盐”向“赶着牛羊奔小康”发展，特别是 1990—2015 年，全县在畜牧业发展上，坚持运用上级优惠政策，重点依靠科技进步，注重经济效益，坚持试验、示范、推广相结合，因地制宜多层次开展示范和推广，逐渐从以数量增长为主逐步转向以提高质量、优化结构和增加效益为主的全面科学发展阶段，畜牧业各方面发生质的飞跃。

一、生产规模

改革开放前，在传统生产方式的影响和计划经济的约束下，县内畜牧业生产发展速度十分缓慢。1979 年，全县发展生猪仅 41.4 万头，出栏肥猪 14.1 万头，发展麻鸭仅 12 万羽，饲养耕牛 2 万头，畜牧业仅仅是作为农民群众赚点油盐钱的副业。改革开放后，中央高度重视畜牧业发展，放宽发展畜牧业的政策，取消生猪派购制。省、市各级也相继出台一系列扶持畜牧业发展的优惠政策。随着这些方针政策的贯彻落实，农民对发展畜牧业有了更高的积极性。

1981 年，全县发展生猪 45.5 万头，同 1979 年比增长 11%，出栏 22.6 万头，增长 15%，其中交售国家 13.7 万头，同比增长 16%，耕牛净增 6100 头，牲畜死亡率下降 0.7%。到 1991 年，全县发展生猪 88.6 万头，出栏肥猪 42.7 万头，发展家禽 337.6 万羽，其中麻鸭发展 102.5 万羽，全县养殖大户 7857 户。到 2000 年，全县生猪出栏数量已跻身全省十强。

2010 年，全县养殖规模出现更大的跨越，全年发展生猪 96 万头，出栏生猪达 96 万头，发展牛 3.68 万头，出栏牛 2.8 万头，发展羊 5.31 万只，出栏羊 2.56 万只，出笼家禽 327 万羽，畜牧业总产值 13.1 亿元，牧业总产值占全县农业总产值的 25%，农民畜牧业人均收入在 2200 元以上。2015 年，发展生猪 162.5 万头，出栏肉猪 97.08 万头；出售和自宰肉用牛 3.22 万头，存栏 6.99 万头，出栏和自宰肉用羊 2.94 万只，存栏 3.17 万只；出售和自宰家禽 352 万羽，存笼 350 万羽；禽蛋 10608 吨。牧业总产值 17.8 亿元，占农业总产值24%，产品产量产值均大幅度超过2010年，且全县无重大动物疫情流行扩散，无重大畜禽产品质量安全事故，获评省“养殖业目标管理先进县”。

二、生产方式

1978年，畜牧养殖以千家万户分散零星饲养和公社集体饲养为主。1978年年底始，县委、县政府扶植养殖重点户。1984年，养殖重点户1万余户，户平发展生猪9.28头，出栏肥猪5.23头。1985年，畜禽生产国家、集体、个体一齐上，注重加工增值，加强防疫检疫，建立良种繁育体系。1987年出现麻鸭圈养热（圈养2.5万羽），猪鱼结合热（40个专业渔场养猪1.1万头）、饲养瘦肉型猪热（17个乡、37个村、140户、12个机关单位养殖瘦肉型猪）。1988年，县委、县政府扶植养殖大户。1989年，各类畜禽养殖大户4652户。1991年，各类畜禽养殖大户7857户。1993年，县委、县政府作出《关于加快发展一乡一业、一村一品经济的决定》，实行“公司+农户”“工厂+农户”“协会+农户”等形式，向市场化、专业化、规模化发展，培植一批养殖大村、养殖龙头企业。2004年，以东塘、三塘、白泥湖等10个乡镇为重点，建立100万头瘦肉型猪生产基地；以东港、西林、车马等乡为样板，建立10个发展30万羽优质水禽基地乡；以南湖迪牛养殖场、杨林寨、玉华等乡镇为龙头的10万头牛羊养殖基地。2006，全县形成30多个各具特色的养殖基地和养殖小区。至2010年，全县规模养殖场户逐步形成生产规模化、品种优质化、技术规范化、质量标准化、经营产业化的产业发展格局，形成以楠竹、夹洲、胭脂、高仑等常年存栏生猪3000头左右的生猪养殖小区14个，有常年存栏生猪1000头以上的标准化规模养殖猪场25个，常年存栏生猪500头左右的标准化生猪养殖场390个，常年存栏生猪300头左右的标准化生猪养殖场625个。常年存栏牛100头以上的肉牛养殖场42个，常年存笼家禽10000羽以上的标准化家禽养殖场8个。

2011—2015年，湘阴县进一步提升畜禽养殖规模化、标准化、生态化水平，推进“企业+合作社+规模养殖户”联标准化养殖场模式，先后引进广东温氏集团生猪养殖项目，总投资2亿元，以高科技生态养殖，先后在三塘镇苏仑村、六塘乡茶木和永胜村建立3个5万头标准化养殖基地，在新泉镇小白湖建立15万头标准化养殖基地，并在三塘镇建立2万平方良种猪培育场，养母猪5000头，与400多户农户签订养殖合作合同，由温氏集团提供优质良种猪，帮助农户发展优质猪生产；引进湖南广安有限公司投资2000万元，在白泥湖园艺场建立万头良种猪生产基地，2011年以后，年出栏良种猪5000头；引进湘佳农牧有限公司在石塘乡建立年产120万羽肉鸡养殖基地，2012年起，年出笼100万羽；引进湖南艺苑农科有限公司，在新泉镇建立良种鸭和蛋制品生产基地。2015年，畜禽养殖专业合作社发展到60个，其中生猪养殖36个、肉牛养殖4个，禽类养殖20个，入社社员6000户，2012年列入全国生猪调出大县，连续9年获得奖励和扶持资金4000余万元。

三、品种改良

生猪品种改良　湘阴县本地土猪属典型的脂肪型猪，生长速度慢，胴体瘦肉率低。1980年，城南公社畜牧站从外地引进长白纯种母猪（原产丹麦）60头，大约克种公猪（原产英国）4头，配备1名专职兽医搞生猪品种改良。1984年，全县发展良种母猪468头。1986年，县畜牧局和县外贸局引进长白、大约克、长大杂母猪200头，为6个区、镇8个乡提供良种母猪，培植瘦肉型猪养殖示范户55户，全县发展瘦肉型猪93000头。是年，湘阴县被列入全国商品瘦肉型猪基地县。1988年，引进良种猪300头。全县瘦肉型猪推广到27个乡镇2185户和15个国营基地渔场，全县发展瘦肉型猪24.1万头。1989年，引进外国良种猪154头，省内沙子岭良种种猪41头饲养。1992年，引进良种种猪2500头。1994年，引进杜洛克（原产美国）、长白、大约克种猪75头，更换劣种种猪98头。全县出栏瘦肉型猪40万头，湘阴县被省确定为优质商品猪基地县。1997年，推广良种公母猪2100头，淘汰更换劣种公猪140头。

1998年引进推广纯良瘦肉型母猪210头，推广二元良种杂交母猪9400头，淘汰劣种公猪110头。县种畜场投资10万元，从长沙、深圳引进大约克、长白、杜洛克种猪160头，建立繁殖核心群。全县发展瘦肉型猪115.2万头。2004年，制订淘汰劣种公种补贴措施（每头补贴500元），全县淘汰劣种种公猪354头。2005年，投入10万元实行引种补贴，引进良种母猪5000头，良种公猪150头。2006年，引进良种公猪120头，良种母猪500头。2009年，投入20万元先后向养殖户提供良种母猪200多头，对良种母猪养殖户鼓励扶助。至2015年，全县优良品种率达90%。

牛品种改良 湘阴县本地牛品种为滨湖水牛。滨湖水牛为地方优良品种，躯体高大，骨骼粗壮，肌肉丰满，性情温顺、耐劳，适应性强，但牛群结构不合理，能繁育母牛数量少，繁殖率和犊牛成活率低。1980年，引进印度摩拉水牛精液冷冻配种技术，在4个区10个公社开展人工授精，与本地滨湖母牛直配300多头次，产杂交一代173头，杂交二代5头。1985年，城关镇长岭村养殖大户陈升平从外地引进成年黑白花奶牛4头。2003—2010年，县畜牧局大力推广牛冷配技术。2010年，全县冷配2万胎次，产西门答尔等杂交牛仔1.5万多头。杂交牛仔不仅生长快，而且抗病力强。

水鸭品种改良 湘阴县本地洞庭麻鸭抗病性强，合群性好，但性情急躁，日耗料偏多，年产蛋偏少，不适宜圈养。为改良品种，1984年，引进良种康贝尔鸭、绍兴鸭、樱桃鸭500羽。1988年，引进康贝尔公鸭1100羽，推广樱桃谷鸭4万羽、康洞杂交鸭15万羽。1994年，组织畜禽技术人员对全县17家孵房1.8万羽种鸭进行鉴定，淘汰劣杂种鸭，引进良种种鸭1318羽，同时从四川、珠海、湘潭引进“佳丽200”优良肉鸭7800羽。2001年，县畜牧局从江西、福建等地引进龙岩鸭、江南1号鸭等优良蛋鸭种鸭4000羽，孵化推广良种100万羽。全县良种鸭覆盖率90%以上。2005—2015年，又引进良种蛋鸭种鸭10000羽以上。

1980—2015年湘阴县畜禽水产品产量一览表

表14-4

年　度	猪（头）	牛（头）	家禽（羽）	蛋品（吨）	水产品（吨）
1980	450000	25000	1175000	19500	46200
1981	454900	26100	1198000	13550	45100
1982	491800	22600	1206000	16750	53700
1983	505000	19600	1068000	17800	66250
1984	585300	19300	1365000	22550	84200
1985	670000	18700	1930000	28450	11500
1986	716296	19075	2277458	3302	12796
1987	738746	18270	2021820	2625	15934
1988	791169	18237	2355815	3110	18398
1989	790532	18612	2575543	4531	20050
1990	861904	18220	2711294	4210	21261
1991	886058	17922	3376539	5149	23750
1992	580100	18780	3431480	7123	29200
1993	665100	19570	3775695	7479	34200

续表 14-4

年　度	猪（头）	牛（头）	家禽（羽）	蛋品（吨）	水产品（吨）
1994	710100	16580	4500200	11484	37600
1995	1004000	17780	4200500	10220	40800
1996	1100000	17850	4550000	14520	52500
1997	1200000	17800	5050000	15000	60900
1998	1298000	17500	4930000	15500	62500
1999	800000	19400	6339000	13446	65500
2000	968000	22000	7920000	14000	68900
2001	969000	23600	7500000	14100	68980
2002	1004000	23500	7320000	15050	75480
2003	1020000	23500	4400000	16200	80000
2004	1060000	23500	4500000	16300	86000
2005	1100000	24000	4600000	17200	102000
2006	1090000	24800	4850000	18100	108998
2007	1050000	29800	5340000	19800	120000
2008	805000	8000	2700000	8000	107317
2009	900000	9994	324000	10258	98210
2010	960000	36800	3270000	10721	102986
2011	962000	26800	3349000	10888	103486
2012	968000	28500	3489000	11398	115920
2013	969300	68600	3419900	10976	121074
2014	993000	41700	3368600	10160	132699
2015	970800	32200	3520000	10608	141314

第三节　配合饲料推广

一、畜禽饲料

1978—1984 年，是县内饲料工业的创业起步阶段。湘阴县畜禽养殖业有着悠久的历史，但是改革开放之前，县内畜禽养殖方式仍然以传统的养殖方法为主。养殖户将残汤剩饭与野菜、青菜等一起用锅煮熟喂食生猪，用稻谷喂食或放养鸡鸭，这样虽能充分利用剩余食物与农副产品（如米糠等），以及青菜边叶、红薯藤等，降低了饲料成本，但缺点是劳动强度大，生猪和鸡鸭生长速度较慢，不适合大规模养殖，影响了养殖效益。由于养殖规模小、商品率很低。这种自然经济下的生产方式，没有对饲料工业的要求。1985 年始，国家饲料工业快速发展，县内的饲料工业也乘着改革的春风快速发展起来。20 世纪 90 年代初，优质饲料供应奠定了全县畜牧业的基础。县内拥有“三九”“金威”等品牌的大小饲料加工企业 10 多个，全年饲料加工能力在 28 万吨以上，饲料加工生产能力位居岳阳市乃至全省榜首，主要生产猪禽浓缩料、仔猪颗粒和猪禽全价饲料；拥有大小饲料销售点（店）200 多家，年销售饲料 12 万吨以上。随着配合饲料技术的推广与普及，农户经历了由认识至接受、使用、普及配合饲料的过程。随着饲料工业的发展与技术的进步，县内配合饲料也经历了一个由混合饲料、浓缩饲料、全价饲料、全价颗粒料的发展过程。2000 年，全县畜禽养殖数量扩大，全国“新希望”“正大”“大北农”“双胞胎”等一大批品牌饲料在湘阴县扎下了根，充分满足了广大养殖农户的养殖需求。2002 年，县畜牧局为满足养牛业发展，在县种畜场投资 30 余万元，开发荒山 8.7 公顷，引进皇竹草、牛鞭草等 6 种优良牧草，工人栽培 5.3 公顷。2004 年，在南湖、杨林寨等乡镇推广牛鞭草、矮象草、桂牧一号等优良牧草 60 公顷。2005—2015 年，全县每年推广秸秆氨化 2000 吨，种植优良牧草 330 多公顷。

二、水产饲料

20 世纪 80 年代，割野草，施人畜粪做饲料，推广人工配合颗粒饵料。20 世纪 90 年代始，投喂酒糟、棉粕、菜籽饼粕和配合饲料。2008 年，牧草转鱼草开始在县内应用，渔业生态养殖发生深刻变化。养殖理念也随之发生变化，在有限的养殖面积下符合节能、环保、低碳、高效、健康；吃牧草的鱼比吃颗粒饲料的鱼市场价高出 4~8 元 / 千克。2009 年始，水产品质量问题频发，主要原因是长期使用人工配合饲料养殖，导致水体富营养化而又未及时修复养殖环境，鱼体发病率增高，鱼药使用量加大。为探索水产健康养殖新途径、新方法，省畜牧兽医研究所从国内外 1200 多个牧草品种品系中筛选出美国矮象草、桂牧 1 号等牧草，其粗蛋白含量达 14%，完全能取代颗粒饲料养殖食草鱼类。全县大量引进优质牧草种植。通过牧草转鱼草实现健康养殖，提升产品质量的同时降低了养殖成本，增加养殖效益。实践证明，牧草蛋白含量高、产量高、易种植，完全能满足鱼类生长需要，牧草养的鱼品质高、口感好，且养殖成本降低，鱼在养殖生长过程中抗病性强、存活率高，运输途中和集养不易死亡，深受市场青睐。

第四节　病疫防治

一、畜禽病疫防治

防治机构　1978 年始，县委、县政府重视畜禽病疫防治工作。1981 年 4 月，成立湘阴县家畜疫病防疫检查疫站。1993 年，县级设有动物防疫检疫监督站、县种畜场，各乡镇也都下辖畜牧兽医站，每个乡镇畜牧兽医站配备相应的兽医人员。2003 年，县委、县政府和县畜牧部门强化动物防疫监督、动物检疫监管、动物疫病防控、畜禽技术推广等工作职能，在各垸区设置动物检疫监督机构，技术服务推广体系得到完善，动物防疫、检疫、监督执法水平得到提高。2004 年始，经历了高致病性禽流感等重大动物疫情后，湘阴县对乡镇畜牧兽医机构进行改革，成立乡镇动物防疫站，并聘用 96 名乡镇专职动物防疫员，专职防疫员工资及工作经费纳入省级财政与县级财政，专职动物防疫员医保和社保均由财政负担，原乡镇畜牧兽医站退休人员由县社保部门负责发放养老保险，分流人员的医保、社保也通过各种渠道得以解决。2006 年始，由省、县两级拨付工作经费，在全县 451 个行政村聘用了 451 名村级动物防疫员，至此，县、乡两级动物防疫机构基本完善，县、乡、村三级动物防疫体系基本建成。

防治措施　1978 年始，随着动物疫病防控形势的日趋严峻，县内动物疫病的防控机制、措施逐步规范，防控技术手段也逐步提升。动物疫病强制免疫的种类逐步扩展，1984—1998 年，强制免疫的种类只有猪瘟和鸡新城疫。1999 年秋季，开始猪牛羊“口蹄疫”的强制免疫。2000 年，在牲畜口蹄疫病、高致病性禽流感、猪蓝耳病等重大动物疫病严重威胁下，全县采取强有力防控措施，强化扑疫，确保全县多年无重大动物疫情扩散蔓延。资金投入逐步加大，畜禽防疫由过去的有偿防疫改变为无偿免疫。2003年，增加禽流感的强制免疫。2004年，争取项目资金近500万元，加强县级动物防疫检疫基础设施和乡镇动物防疫站建设，配备了检疫监督监测设施设备，增强了检疫监督、疫病监测的时效性。2007年，增加猪蓝耳病的强制免疫，重大动物疫病全部纳入强制免疫范围，动物疫病防控水平进一步提高。2008年，在中央财政扶持下，建设湘阴县农产品质量安全检验检测站，购置检测设备119台（套），配备质量安全检验检测专业人员。检测站专门负责全县范围内农产品质量安全的检查检测工作。2009年始，由省、市、县三级财政负责口蹄疫、禽流感、猪蓝耳病等重大动物疫病强制免疫的专项资金，用于免疫疫苗的调配、免疫注射器械及消毒药品的购置、防疫人员的劳务费等专项开支，从而减轻了农民负担，提高了防疫质量，历年防疫密度保持在98%以上。是年，建起县级标准化动物疫病诊断化验室，增添先进技术装备，制定重大动物疫病防控工作应急预案，健全防控检测机制。县级建有重大动物疫病防控工作指挥部、乡镇有动物防疫站、村有防疫员。县政府与乡镇、县畜牧局与乡镇站、乡镇站与防疫员每年都要签订防疫责任状，实行责任目标管理，实行“领导包片、统一检查、职责结合、奖惩挂钩”制度，强化各级动物防疫工作的责任意识。

二、水生动物病疫防治

防治机构　2005年7月，县政府批准成立湘阴县水生动物防疫监督站，2007年，在农业部的支持下，配套水质分析、样品检测、鱼病化验等先进仪器设备102台套，建立检测实验室9个，配备专业技术人员32人，其中高级工程师2人，工程师7人，助工及技术员23人，具备对全县水域、水产品、水产食品和水产投入品的检查监督能力。

防治措施　20世纪80年代，积极贯彻“以防为主，防重于治”的方针，搞好鱼塘清塘消毒，优化水环境。定期向鱼池泼洒生石灰或漂白粉，结合泼洒敌百虫或硫酸铜等杀虫药物。2005年始，县政府先后下发《关于加强湘阴县水生动物疫病防治工作的通告》《关于开展农产品市场准入制工作的实施意见》《湘阴县农产品质量和食品安全专项整治行动方案》等文件，指导全县水生动物疫病防治工作。水生动物防疫监督站在全县重点养殖水域建立水产病害测报点10个，测报面积2066.67公顷。四大家鱼疫病精准测报点6个，测报面积413.33公顷。每年向养殖户发布水产病害测报6期；不定期对境内养殖水域、水产品、水产食品和水产投入品进行监测。2008—2015年，共检测各类鱼样品900多个，水质监测面积13333.33公顷。

监督管理　2005年始，对苗种、鱼饲料、鱼药等投入品和水产品生产、流通等环节加强严控与监督。对执证生产业主组织集中培训，提高他们的质量意识和业务素质。县水产动物防疫监督站不定期对境内养殖水域、产品开展现场抽检，重点监测氯霉素、孔雀石绿、甲醛等违禁药物残留，共检测鱼样品162个，水质133个，覆盖面积10666.67公顷，占全县精养水面的51%。每年组织召开全县鱼饲料厂家和经营业主质量安全座谈会2次，开展鱼药店、超市、水产品市场安全检查6次，发现问题，及时整改到位。与此同时，全县7个鱼病测报点每月定期收集病情动态，提供准确的鱼病情报。

第五节　养殖管理

一、畜禽养殖管理

养殖条件：改革开放之前，县内农户养猪栏舍一般是杂屋与厕所混在一起，面积几个平方米到十几个平方米不等，地下挖个蓄粪池，上面盖上板养猪，冬天贼风多，夏天蚊子多，通风、采光、保暖条件极差。一年到头就喂一槽猪。改革开放后大力发展家庭养殖，兴办养猪场，养殖条件得到改善。2000年，县畜牧局制定标准化规模养猪场的条件是：猪舍建筑面积在400平方米以上，坐北朝南、冬暖夏凉，通风、采光良好，自动饮水设施、防蚊防鼠设施、防疫设施、污水处理设施等齐全，场外全面绿化。此后，全县按标准化规模养猪场的要求改善养殖条件，有的还装上鼓风机、电风扇等，有专业户建起污染物零排放栏舍，一个猪场栏舍投入少的上百万元，多的几百万元甚至上千万元。

科学技术应用：1980 年，推广“7505”治疗耕牛血吸虫病，实施摩滨牛杂交试验项目，取得良好效果。1984 年，县畜牧局在六塘乡清水村办 10 户配合饲料示范户，养猪 29 头，171 天毛重 2232.3 千克，头平 77 千克，日增重 450 克。1985—2000 年，推广猪瘟免疫程序改革、瘦肉型猪“三群一网”建设、叙浦鹅饲养及孵化技术、无公害标准化养殖、氨化饲料快速育肥肉牛、瘦肉型猪综合饲养技术、乳猪浓缩饲料饲养技术、生猪人工授精技术、肉牛冷配技术、圈养鸭综合技术、乳鸽提前补料、鹅业综合开发等新科技。2001 年，湘阴县列为 2001—2002 年全省丰收计划“外三元”良种猪综合饲料技术推广项目县，县成立丰收计划实施领导小组，成立技术攻关服务小组对养殖大户巡回进行技术指导，做好产品联销等全程服务工作，取得良好经济效益和社会效益，被省农业厅授予省农业丰收计划二等奖。2009 年，全县推广生猪人工授精 5.1 万胎次，推广牛冷冻精液 1.6 万颗。2010 年，全县推广使用牛冷冻精液人工授精技术冷配达 2 万胎次以上，年内累计产杂交牛仔 15000 多头。牛人工授精覆盖 380 个村，覆盖率达 90% 以上。

管理方式：畜禽养殖管理经历了从人放天养到家畜圈养的转变，从散户养殖到规模场养殖的转变，从分散养殖到区域化养殖的转变，从粗放饲养管理到规范化饲料管理的转变。2010 年，县内各类畜禽养殖，都相对建立各种养殖技术规程和安全管理制度、质量安全控制制度、动物免疫记录档案、动物购销记录档案、兽药、饲料购进台账记录档案、兽药使用记录档案、消毒记录档案、动物疫病监测记录档案、动物诊疗记录档案等，畜禽养殖管理日趋完善。

二、水产养殖管理

宣传法律法规：2004 年，《中华人民共和国渔业法》颁布实施以后，湘阴县采用无声宣传和有声宣传相结合、陆地宣传和水上宣传相结合、固定宣传和流动宣传相结合、现场说教和咨询相结合的办法，利用广播电视等宣传媒体和宣传车、渔政船、墙报、法制宣传日、科普日等形式和手段，出动宣传车船，发放宣传资料，深入到乡镇、村、河湖、养殖基地和渔民户，广泛宣传《渔业法》《渔业法实施细则》《湖南省渔业条例》等法律法规，为全县贯彻执行这一系列法律法规创造了良好氛围，打下了坚实基础。

编制养殖规划：县政府高度重视水域滩涂养殖规划编制工作，2006 年，印发《湘阴县 2006—2014 年水域滩涂养殖规划》。2010 年 11 月，全省启动养殖水域滩涂普查暨规划编制工作，12 月中旬，县政府召开乡镇长会议进行专题研究部署，下发了《关于认真做好养殖水域滩涂普查暨规划编制的通知》，并将这一工作纳入政府工作目标考核，安排前期专项资金 5 万元。县、乡两级都成立了专门班子，主管副县长每月定期听取进度汇报，3 次组织现场办公，研究解决实际问题。县水产局组织 26 个专业技术人员深入乡镇、村组和基地渔场，广泛开展形式多样的宣传活动，并在县电视台、《湘阴周刊》等媒体大力宣传，营造良好的养殖水域滩涂普查氛围。为确保普查质量，县水产局先后选送 18 个水产技术骨干参加省、市主管部门组织的业务培训，分别在 19 个乡镇举办养殖水域滩涂普查信息采集人员培训班，培训人员 2100 人次，发放宣传资料 4000 多份，开通热线电话及时为基层普查信息采集人员解惑释疑，全县养殖水域滩涂普查信息入库工作全部完成。

湘阴县养殖水域滩涂总面积 15333.33 公顷，2008—2010 年，因城镇化建设或其他原因缩减 2 处、80 公顷。商品鱼基地中，除东湖渔场因县城拓展导致精养鱼池部分遭毁或改作大湖外仍在精养。为加强水域养殖环境保护，县政府投资上亿元建设城市污水处理厂，防止污染物流入滩涂。为确保规划实施，全县核发养殖证 168 本，认证面积 12133.33 公顷，占应发证面积的 79%。

加强水产品质量安全监管：2005年始，县委、县政府加大对水产品质量督管力度，多次专题研究水产品质量安全监管工作，成立以主管副县长任组长的水产品质量和食品安全领导小组，并将这一工作纳入县委、县政府“三个文明”综合考评。县水产局明确县水生动物防疫监督站全权管理，确定乡镇水产技术推广站站长为安全协管员，还在重点水产养殖小区明确1名安全信息员，并与各个国有渔场、乡镇基地渔场和苗种场、乡镇水产技术推广站、鱼药和饲料经营业主签订《水产品质量安全责任状》。建立水产品质量安全监管网络，做到层层有人抓，级级有人管。为加强舆论监督，宣传正面典型。在《岳阳晚报》、湘阴电视台等新闻媒体上，大力宣传以湘阴县黄龙公司为代表的优秀生产企业和以无公害河蟹、无公害青鱼为代表的知名产品，推介全县提高水产品质量和加强食品安全取得的成效，发布水产苗种专项整治行动、鱼病检测、水产品质量、食品安全专项检查、水域养殖环境检测等相关信息。每年3月份组织相关部门开展宣传周活动，积极宣传普及水产品质量安全基本知识。自《中华人民共和国农产品质量安全法》实施以来，发放县政府通告、禁用渔药清单、标准化生产操作规程等宣传资料6000份，直接接受宣传教育人数近万人次。县水产部门强化人员培训，先后举办水产品质量安全专题培训班20多期，培训渔业从业人员1500多人次，印发资料2000多份。先后有300多人次分别接受了农业部、省、市渔业行业技能培训。2010年6月，县内承办农业部基层水产技术推广人员知识更新培训班，受到农业部领导好评。2011年以后，湘阴水产坚持推行健康生态养殖，注重科学推广。通过全面推进水产健康养殖，全县养殖水面整体通过农业部产地认定，17个品种通过农业部无公害产品认证，鼻湖渔场、黄龙公司等4家养殖企业通过农业部健康养殖示范场认定。特别是黄龙公司“洞庭黄龙”牌活鲜鱼商标被认定为湖南省著名商标，青鱼和草鱼获农业部绿色食品认证。

开展春季禁渔工作：1994年，洞庭湖加入国际湿地公约后，县政府把春季禁渔工作摆上重要议事日程，每年都成立专门班子，召开动员大会，制订实施方案，发布政府通告，并安排专项经费，组织联合行动，严厉打击偷捕行为。2004年，湘阴县被农业部评为“全国禁渔工作先进县”。

2008年，全县大力开展渔民解困工作，并通过积极争取上级支持，省、市、县各级政府共投入资金300多万元，帮助99户无房户渔民上岸定居，帮助282户渔民危房改造，促成600多渔民转产转业，952人纳入城乡低保。同时，县政府每年安排5万元用于慰问特困渔民。渔政部门全面停征渔业资源增殖保护费、渔业船舶检验费等六项涉渔收费，每年为渔民减负60万元，为春季禁渔营造条件。2008年县渔政站获“省禁渔工作先进单位”。2008—2010年，为有效养护渔业资源，县政府每年还安排一定资金开展增值放流，共投入20多万元，放流大规格的“四大家鱼”苗种40余万尾。

水生生物资源保护：2009年，湘阴县被农业部确定为南洞庭湖南方大口鲶、中华鳖种质资源保护区。全县投入30万元用于保护区建设，投入近50万元用于中华鳖苗种繁育和推广。2010年，境内中华鳖养殖面积2400公顷，平均年产320吨，产值4500万元。在加大投入的同时，严格执行捕捞限额制度。针对全县外江外湖私占湖场21处，面积3333.33公顷，严重破坏渔业资源，扰乱捕捞秩序的现象和安全隐患，县政府由副县长带队，2次组织力量开展专项整治，责成有关乡镇上门上户做好工作，遏止私占湖场。县政府召开县长办公会议和专题会议，责成有关部门现场调研，出台拆除违建矮围实施方案，发布相关通告；责令相关部门和乡镇各负其责拆除违建矮围，对违法人员重点打击，有效解决违建矮围问题。

完善渔民组织：根据渔业发展的新形势和新的要求，引导渔民成立养殖合作社。2010年，境内成立水产养殖合作社49个，会员3760户，覆盖养殖水面13333.33公顷。合作社成为渔民与政府沟通、渔民与市场连接的重要桥梁和纽带，特别是在苗种调运、饲料选购、产品销售等方面，形成了相互协作、运作有序、共同配合、利益共享的机制，有力地促进了渔业经济健康协调发展。

第五章　林　业

第一节　植树造林

1978年，山丘区造林推广本县获省林业劳动模范称号的植保员邓春田的造林经验，实行“群众运动整地、专业队伍造林、专人护林育林”的方法，改以往“一锄栽一株法”为撩壕整地或全垦造林，幼林撩壕埋青的方法，然后追施磷肥培育，至1980年造林6820公顷，1981—1985年造林6053.33公顷，年均1210.67公顷，其中1984年、1985年推广湿地松、火炬松1546.67公顷，成活率85%以上。湖区在渍堤旁、渠旁、路旁、空地营造，逐步形成规模。至1985年，渠路有防护林带2772千米，存树959万株，滨湖26个乡，有柳潭、胭脂等18个乡形成防护林网，保护耕地21333.33公顷。

1986—1988年，山丘区各乡（镇）与湘阴县人民纸厂签订国外松造纸材基地合同。合同规定农户每造林0.07公顷，由湘阴县人民纸厂无偿补助28元给造林户。同期，湖区各垸水利管理委员会与湖南省人造板厂签订欧美杨预购合同，每栽植欧美杨0.07公顷，省人造板厂给付造林单位造林、抚育费25元。全县共引进造林资金164.6万元，营造国外松2133.33公顷，欧美杨2000公顷。是年冬，县委、县人民政府作出“一年消灭荒山，二年改造残林，三年绿化湘阴，四年开发湖洲”的决定，全县各乡镇积极组织辖区内群众植树造林。

至1990年，通过省林业厅专家组验收，山岗区宜林荒山绿化率99.5%；村庄总面积4800公顷，林木覆盖面积2600公顷，占村庄总面积的54%；滨湖区81.2%的农田建起防护林网，林带随路、沟、渠自然设置。湖区的宜林堤、渠、路总长1731.8千米，植树1706千米，绿化率98.6%；河流两侧滩地适宜营造防浪林总长度174.7千米，造防浪林170千米，绿化率97.3%。是年，湘阴县成为平湖绿化达标县。

1991—1995年，利用世界银行贷款国家造林项目，对低产林、疏残林进行改造。该项目投资总额770.98万元，其中世界银行贷款折合人民币461.49万元。经省、市、县世行办验收，实际完成造林2184.67公顷，其中湿地松424.93公顷；欧美杨1246.87公顷；经果林512.87公顷。

1996—2000年，国家林业科技项目“兴林抑螺”工程在湘阴县实施，通过在人、畜活动频繁的外河洲、滩植树造林，改变洲、滩植被状况达到抑制钉螺的生长。5年时间，国家林业局、湖南省林业厅下拨湘阴项目资金45万元，累计完成“兴林抑螺”工程欧美杨造林1867公顷。

2002—2004年，国家“防沙治沙”工程、“长江中上游防护林”工程同时在湘阴县实施，防沙治沙工程国家投资40万元，植苗造林106.67公顷；长江中上游防护林工程国家拨款99万元，造林369.8公顷。2002年、2003年经过省级复查，防沙治沙和长江防护林工程造林合格率均100%。

2005年始，县委、县政府确立“打造秀美湘阴”为宗旨，以林业项目建设为依托，不断强化措施，创新机制。全县干部群众共同参与，大力植树造林，每年造林面积1000公顷以上，四旁植树80万株以上。至2010年共完成造林面积6666.67公顷，四旁植树800万株。

2011—2015年，全县结合新农村建设和“三城同创”，大搞绿化美化和植树造林，投入造林绿化资金2亿元，人工造林5000公顷，中幼林抚育1500公顷，封山育林330公顷，“五边”绿化植树500多万株，渠路绿化250千米，2015年，全县森林面积19140公顷，森林覆盖率24.8%。

第二节　苗木育苗

1980年前，县内年均育苗26.4公顷。1981年林业经济体制改革后，苗木生产由指令性计划转向指导性计划，品种除大宗用材林、防护林苗木外，着手发展园林观赏苗木、花卉、盆景等。1981—1985年，国营和民营年平均育苗31.27公顷。国营白泥湖苗圃（1966年9月建立），经营面积34.67公顷，其中圃地10公顷，其他4.67公顷。在城关镇三峰窑有试验山林20公顷，累计育苗166公顷，出苗1850万株。苗种主要有水杉、池杉、欧美黑杨、湿地松、火炬松等。

1986年始，苗木生产由育苗户根据市场需求自行安排。育苗主要是国营白泥湖苗圃职工在自己承包的土地上进行。1996年始，少数农村农民在自家的责任田上培育欧美杨、湿地松、火炬松及少量花卉。1999年始，相继建立松桂园、金龙花木公司、湘天花园等民营苗圃。1986—2003年，18年间平均每年培育各类苗木23.33公顷。其中1992年，白泥湖苗圃培育的100株旱柳苗木，被湖南省林业厅作为中日友好交流的礼品赠送给日本滋贺县。

至2010年，全县共有苗圃9个，包括国营苗圃1个，其他个体苗圃8个，经营总面积61.07公顷，育苗面积54.67公顷，年生产能力160万株左右，培育的树种用于工程造林的苗木为国外松、杨树、杉木等，用于城镇绿化的苗木有：红继木、杜鹃、金叶女贞、樟树、桂花、杜英、玉兰、罗汉松等。在育苗和活立木移栽的过程中，育苗单位广泛使用植物生长剂，促进苗木成活和生长，取得较好的效果。

第三节　竹木产品加工

一、林产工业规模

20世纪80年代初，湘阴县林工产业还极为落后，许多地方还是以出售原竹原木为主，“卖竹数根，卖木数方”的现象还普遍存在。2000年后，按“优势优先，做大做强”的发展思路，县内林业产业特别是林产工业异军突起，福湘木业、兴湘木业、大亨湖湘木业、长元人造板厂、正湘木业等企业依托自主创新和品牌经营，发展迅速，逐步形成以板材和高密度板生产为特色的森工企业群，板材和高密度板生产颇具规模，全县细木工板年生产能力达12万立方米，密度板生产能力达5万立方米。福湘木业相继被评为省级林产工业龙头企业，“中国驰名商标”和国家“高新技术企业”等。大亨湖湘木业、兴湘木业等企业，其产品也先后通过ISO14001国际环境管理体系认证，获中国环境标志产品认证，并积极申报国家和省级名牌企业。2010年，全县共计有森工企业61家，从业人员5000人以上。其中福湘年产值近1亿元，员工1000余人，湖湘年产值过5000万元，从业人员400余人，兴湘木业年产值5000万元。加上活立木移植（活立木贩卖）、竹片加工（夹板、筷子）、家具及家具半成品制作等森工企业，全县林产品加工产值近5亿元，以细木工板为主要拳头产品的林产工业集群基本形成。林产工业成为湘阴县支柱产业之一，“湘”字品牌唱响省内外。

二、林产品质量

各森工企业在生产中狠抓质量，强化自主创新，使产品质量保持了业内领先优势。福湘木业有限公司以生产3~12毫米胶合板、14~18毫米细木工板为主，是省内第一家通过ISO14001国际环境管理体系认证，获中国环境标志产品认证的企业，先后与中科院、南京林业大学、中国建筑建材研究院等科研院校建立全面的科研合作关系，产品质量进一步提升，2003年被评为省级林产工业龙头企业，2004年获国家免检产品称号，“福湘”牌商标于2006年被国家工商总局认定为“中国驰名商标”。大亨湖湘木业有限公司、兴湘木业有限公司等企业，其产品也先后通过 ISO14001 国际环境管理体系认证，获中国环境标志产品认证。

三、林产品销售

福湘木业有限公司、大亨湖湘木业有限公司、兴湘木业有限责任公司、湘浙胶合板厂等大型龙头企业除大亨湖湘木业现为独资企业外，其余均为股份制企业，摆脱了产品单一，守株待兔的销售模式，不仅有了各自的拳头产品和配套产品，还建立了相适应的总代理、形象店以及直销网络。福湘木业有限公司每年在广告宣传上的费用就达 100 多万元，“福湘”牌系列产品正逐步成为消费者的首选，还远销北京、南京、西安、武汉、上海、广州等省外市场，并正积极开拓欧美、东南亚等海外市场。兴湘木业有限责任公司成立较早，所生产“兴湘”牌 E1、E0 级胶合板和细木工板享有较高的知名度，销售网点遍布省内外，其中省级总代理有 3 家，地区级代理 21 家，直销形象店 8 家，市场占有率稳中有升，配套产品“兴湘”牌石膏板、饰面板、木线也全面上市。

四、产业带动作用

林产工业的发展，富裕了农村，致富了林农。以福湘木业有限公司为例，南、北两厂每年直接吸纳近 2000 人进厂就业，这些人中下岗职工约占 40%，农民约占 60%，工作中收入稳定，是农民的农忙时还可耕田，做到农活、上班两不误。并有与之签订常年运输合同的运输个体户 40 余户，每户每月可在公司承接 2~3 次运输业务，年纯收入在 4 万元以上。同时，随着林产工业的发展，原竹原木的价值也明显提升，富裕了广大林农。以竹材为例，在 20 世纪 80 年代初，每 50 千克楠竹卖价为 8 元，现在卖价为 32 元，增加了 4 倍；由于细木工板的大发展，对一些小径材、间伐材和杂木等均派上了用途，有效、合理地利用了林木资源，为林农增了收，使广大林农尝到了林业发展的甜头。

第四节　退耕还林

2002 年，湘阴县实施退耕还林工程。至 2010 年，共完成工程造林 6333.33 公顷：其中坡耕地造林 1600 公顷，（经济林 369.4 公顷，生态林 1230.6 公顷），荒山造林 4733.33 公顷。分年度实施情况为：2002 年度坡耕地造林 466.67 公顷，荒山造林 600 公顷；2003 年度坡耕地 666.67 公顷，荒山造林 1000 公顷；2004 年度荒山造林 1133.33 公顷；2005 年度坡耕地 466.67 公顷，荒山造林 933.33 公顷；2006 年度荒山造林 666.67 公顷；2007 年荒山造林 266.67 公顷，2008 年造林 133.33 公顷。项目实施单位有石塘乡、白泥湖乡、六塘乡、三塘乡、樟树镇、界头铺镇、静河乡、玉华乡、袁家铺镇、长康镇、岭北水管会、杨林寨乡等 21 个单位，共 134 个行政村、林场，涉及农户 9370 多户。工程建设取得很好的成效，在国家检查及省级复查中，湘阴县退耕还林工程顺利通过检查验收，工程建设质量标准高，获得上级领导高度肯定。

第五节　林政管理

一、林业采伐管理

1985 年，省委、省政府规定“木材凭证采伐和销售”。县林业局组织科技人员，查阅历史资料，结合现场调查，按照消耗量低于生长量的原则，制定用材林的年采伐限额，报省林业厅批准。在这个限额内由县林业局资源管理股制定年度采伐计划，限额采伐，杜绝过伐。采伐程序：伐木单位或个人向资源股递交采伐申请→资源股现场核实伐区四界、权属、树种→批复→采伐→林政股伐后验收。

1991 年，县林业局确定由资源股专职管理林业资源、采伐限额下达各乡镇，按照申请—审核—鉴定的程序核发林木采伐证，采伐后进行核查验收。1996年编制“九五”计划、2001年编制“十五”计划、2006年编制“十一五”森林资源采伐限额及采伐规划，下发到各乡镇政府执行。同时，与各乡镇签订《森林资源管理目标责任书》，其中2006年，省市下达县内木材生产计划2.9万多立方米，实际消耗木材仅0.8万多立方米，节余限额采伐计划2.1万多立方米。2010年，办理林木采伐审批手续24份，采伐单位10个，采伐面积124.2公顷，采伐量5799立方米，出材量3706立方米。累计下达木材计划采伐量52952立方米，其中主伐43899立方米，抚育采伐2506立方米，更新采伐849立方米，其他采伐5697立方米。审核发放经营许可证7本，并对历年所发木材经营加工许可证66本进行年检。2011—2015年，县林业部门坚持加强林业资源保护，严禁乱砍滥伐，严格采伐审批，共审批采伐手续31份，采伐面积114公顷，采伐量5905立方米，同时加大对林业市场清理整治，共查处各类林业案件20起，其中办理严重违法刑事案件2件，有效保护了林地和森林资源。

二、森林病虫害防治

境内有森林病虫害216种，常发性虫害有，马尾松毛虫、杨线舟娥、云斑天牛、桑天牛、松梢小卷娥、绿刺娥、卷刺娥。为扼制森林病虫害爆发流行，全县实行“预防为主、综合治理”的方针，实行生物防治、药物毒杀、营造混交林等。建立病虫害防治中心监测点206个。

1979年，县林业局设立森保股，1992年，森保股更名森林病虫害防治站，具体负责全县森林资源病虫害的监测、预报和防治工作。1986—2003年，县内仅1994年在玉华乡鹅形山村发生竹青虫危害，发生面积400公顷。县森林站及时派出技术员，组织该村10余名群众，利用10台煤雾式烟雾机喷洒药雾，历经10天，耗柴油5吨，敌杀死600千克，有效抑制了竹青虫的危害。

三、野生动植物保护

县内野生动植物资源异常丰富，据调查，陆生和两栖野生动物共有258种，其中国家一级保护野生动物有东方白鹳、黑鹳、中华秋沙鸭、白尾海雕、大鸨、白鹤、白头鸭等七种，国家二级保护动物有白琵鹭、小天鹅、鹰类、长脚秧鸡、虎纹蛙等34种；野生植物共82种225属337种，其中国家一级保护植物有银杏、水杉两种，国家二级保护植物3种。2005—2010年，先后开展“雷霆一号”“绿盾行动”“秋季攻势”等专项整治行动，林业公安局、林政股等股室配合森防站查处非法捕猎和经营蛙、蛇、斑鸠、白鹭等保护对象共计177起，没收并放生蛙、蛇400千克，处罚46人。

四、林权发证

2009年，开展林权改革工作，县内有林改任务的乡镇为11个，涉及151个行政村73200户，林改总面积为25400公顷。至2015年，乡村林改方案制定率100%，方案报批率100%，全县直接参与林改的工作技术人员55人，完成全部行政村的外业勘界任务，确权率100%，公示率100%，输入电脑存档率100%。发放林权证11000本，发证宗地数4300宗，发证农户数5500户，发证面积23400公顷，发证率47%。调处山林纠纷20余起，调处率100%，实现了将纠纷化解在基层的目标。

五、森林防火

1989年，成立县森林防火指挥部办公室，林区各乡镇也相应成立森林防火办公室。各地根据乡情，制定了《防林员防火职责》《林区安全用火须知》《护林防火奖惩办法》。县森林防火指挥部颁布了《林区野外火源管理办法》。在森林防火上，添置灭火器材，开辟防火隔离带，组建并加强护林防火队伍建设。建立联防制度，乡与乡、村与村、组与组、林场与林场之间建立联防预警机制，定期开联防会议。1999年，建森林防火瞭望台1座，设瞭望哨179个，开辟防火沟30千米，建防火隔离带45千米，购置基地台1台，架设有线电话6千米，全县有护林员1226人。

1996—2003年，县境共发生森林火灾62起，受灾面积18.27公顷。起火原因主要是小孩玩火，其次为农民烧田埂和清明扫墓。2004年始，从维护林区稳定，维护生态平衡，保障辖区经济社会可持续发展的高度出发，坚持“预防为主，积极消灭”的方针，每一年森林防火工作做到早发动，早部署，早安排。县、乡、村各级在防火期到来之际，都相继召开森林防火工作会议，认真贯彻落实省森林防火电视电话会议和市森林防火会议精神，及时调整充实由县长任指挥长的县森林防火指挥部。修订完善《森林火灾扑救应急预案》。进一步强化森林防火工作由党政主要负责人负总责的责任制，防火期内县政府及森林防火指挥部下发《关于切实抓好森林防火工作的紧急通知》等文件。进入防火期，县森林防火指挥部成员单位深入到各自分片包干乡镇及重点林区和重点部位督促检查防火工作，发现问题及时予以整改。

至2010年，全县组建季节性扑火队伍一支，计35人；县、乡两级义务扑火队伍10支，计300人；这些队伍的组建，能有效做到就地就近处置森林火灾。在防火期间，督促各级加强值班管理，加大宣传力度，加强巡山力度，对重点林区、重点造林地块由专人进行巡查，严防死守，及时排查火险隐患。

第六章　农业机械

农业生产责任制建立后，传统农业机械生产逐渐被机械化生产所代替。1980年，全县农村拥有排灌机械2962台，3.2万千瓦；机滚船1841条；打稻机3091台；机动船40艘；拖拉机850台，1220.5万千瓦；碾米机849台；机动捕鱼船732艘。

2000年，全县农机总动力46.25万千瓦，平均每公顷农田拥有农机动力14.1千瓦，居全市之首；配套农机具20.08万台套，其中耕种机拥有量48886台，居全省之首。农机固定资产总值3.25亿元，每公顷耕地农机投入4440元。全县水田耕整、农田排灌、水稻脱粒、鱼塘增氧、农村运输、农产品加工等实现机械化。先后被定为全市、全省农机化示范点，全国水稻生产机械化示范县。

2001年，全县拥有排灌机械30530台，12.58万千瓦，农田灌溉基本实现机械化。2004年起连续4年获全国跨区作业先进县。2005年获全国水稻全程机械化生产示范县。2006年获湖南省“兴机富民”办实事先进单位。2008年获湖南省农机化工作先进单位。

2010年，全县农机总动力达71.87万千瓦，较上年增加4万千瓦，增长率为5.9%，是1985年15.72万千瓦的4.57倍。水田耕整机拥有量达74760台，联合收割机2988台，均居全省各县之首。全县完成机耕面积8万公顷，机收面积7.87万公顷，3个水稻育秧机械化示范点完成机插面积387公顷，起到了示范带头作用。 2015年，全县农机总动力增加到897212千瓦，比2010年增加118512千瓦，机耕面积10.5万公顷，机收面积65100公顷，比2010年增加6400公顷。

第一节　农机种类及推广

一、农机种类

2015年，湘阴县有如下农机种类。

农业动力机械：包括农用拖拉机、农用内燃机、发电机、电动机。

农业机具，按其用途不同分为：田间作业机械、场上作业机械、农副产品加工机械、林业机械、渔业机械、牧草机械、畜禽饲养机械、饲料加工机械、农田基本建设机械等10大类。

田间作业机具，包括耕整机械、播种施肥机械、田间管理机械、植保机械、排灌机械、收获机械等。

耕、整地机械：传统耕、整地机械有犁、耙、蒲滚等。新制造机械有旋耕机、镇压器械、推土机、铲运机、开沟机。

种植、施肥机械：播种机、施肥机、栽植机、插秧机、催芽机。

田间管理、植物保护机械：中耕机、喷雾器、喷粉器、消毒机（器）等。

收获机械：谷场收获机械、玉米收获机械、甜菜收获机械、割晒机、采茶机。

谷物脱粒：脱粒机、清洗机、烘干机等。

农副产品加工：碾米机、磨粉机、榨油机、棉花机、茶叶机、剥壳机、草绳机。

装载运输：农业运输车、船用挂机、挂车、装载机。

排灌机械：水泵、喷灌机、滴灌机、打井机。

畜牧机械：割草机、压捆机、铡草机、粉碎机、打浆机、喂料机。

其他：风力机、畜力原动机（具）等。

除此之外，诸如颗粒饲料压制机、投饵机、增氧机等养殖机械，一般划归畜牧机械类。

二、农机推广

1980年，全县农村推广机滚船1841条，蒲耙面积46033公顷。1985年全县推广耕种机8078台，作业面积34313公顷；推广动力打稻机8396部，收割面积33213公顷。进入1990年代，鱼塘增氧、投饵、清淤基本实现机械化。1996年、1998年、1999年三年特大洪水，全县组织10.6万名农机手，出动拖拉机4035台、柴油机36210台、水泵34560台，电动机15280台投入抗洪，抢运抗灾物资2.6万吨，抢排渍水342万立方米。

2000年，全县农村有打稻机3091台，收割面积61773公顷，水稻脱粒实现机械化。实现机具拥有量、机收面积和作业服务三个全市第一，被评为全省农机推广先进县。

21世纪初期，全县农村经济迅速发展，农业机械在农业作业中日显重要，农业机械的发展壮大进入以农民自己投资为主，国家、集体补贴的快速发展时期。2003年，推广水田耕整机48600台，基本做到家家户户都有。2005年1月，《中华人民共和国农业机械化促进法》颁布实施，中央财政对农机具的补贴政策刺激了全县广大农民的购机热情。至2015年，涌现出了1100个大户，580个农机专业组织、农机专业户。其中白泥湖园艺场周翼，集中连片种植水稻120公顷，拥有拖拉机3台，收割机3台，插秧机4台，其他农机具10台套，成为全国农机大户示范点和全国种粮大户。

2003—2015年收割机、插秧机、水田耕种机推广情况一览表

表14-5　　单位：台（套）

年份＼机械类	收割机	插秧机	水田耕种机
2003	15	0	1000
2004	20	0	1100
2005	120	4	2100
2006	180	16	3100
2007	350	18	5000
2008	580	28	6000
2009	880	60	7000
2010	1054	74	8000

续表 14-5　　单位：台（套）

年份＼机械类	收割机	插秧机	水田耕种机
2011	3200	188	31800
2012	3621	310	79760
2013	3832	326	80320
2014	4215	345	88352
2015	4425	358	92769
合计	22492	1727	406301

2005—2015 年中央财政对湘阴县农机具购置补贴情况一览表

表 14-6　　单位：万元，套

年份	补贴金额	补贴机具台
2005	50	2224
2006	120	3296
2007	900	5368
2008	1000	6608
2009	1200	7940
2010	1700	9128
2011	1660	9460
2012	2100	3800
2013	2450	3900
2014	2238	5207
2015	2837	2837
合计	16255	59768

第二节　农机供应

农机、农机具及其零配件的供应，经历了由计划分配到市场选择的转变过程，尤其中国加入世界贸易组织以后，全县农机市场和全国一样出现相互竞争的局面。

20 世纪 80 年代，农业机械及其零配件的供应：供销部门独揽农具，药械及打稻机、轧花机、弹花机等机械化农具的业务经营；物资部门分占电机产品、汽车及橡胶制品的供应市场；农机部门则专司农用动力机械，主要配套农机具及零配件的供应。

县农机公司占主渠道地位。其经营的机械品种分三大类。第一类：拖拉机、手扶拖拉机、拖车、农用汽车、推土机及装置。机引农具包括犁、耙、播种机、中耕机、平地机、镇压器、联结器等；第二类：

农用排灌机械包括电动机、内燃机、水泵及其附件、水管、电气设备等，船用齿轮箱，成套拖拉机拆装工具、柴（汽）发电机组，打井机具及油罐等。第三类：各种拖拉机配件、各种动力机械配件，各种机引农具配件，半机械化农具及其配件、传动带、三角带、大车、力车底盘及其配件（包括内、外胎），拖拉机（包括拖车）轮胎，标准件及其他有关机具的配件、油桶等。

1981—2002 年，全县供应农机动力 381355 千瓦，2002 年农机累计总动力 519468 千瓦。

2003 年，县农机公司实行两个置换（即公司转换体制，职工置换身份）。在置换过程中，将公司财产全部作价，公开拍卖，将公司所有拍卖资金为公司 160 多名职工按工龄交好社会劳动保险，所剩资金按人头、工龄、贡献大小分配到人。2004 年年初，县农机局两个置换工作全部结束，农机、农机具及其零配件供应推向市场。

2004 年，全县 38 个乡镇有 58 家农机销售个体户，40 家农机维修点。其经营品种一应俱全。至 2005 年，中央财政对农机具的补贴政策出台，便出现农机补贴生产厂家推荐，县农机管理局批准，在工商部门注册，由省农机管理局在网上公布的补贴机具定点经销商。2010 年，全县有 1100 户农机大户，580 个农机专业组织、农机专业户。2010 年农机累计总动力 718788 千瓦。2015 年，全县有 21 家农机合作社、1100 户农机大户。

第三节　农机管理

一、科研管理

农机技术人员由国家分配，部门送训，自学成才，外地调入四个途径逐渐形成农机科研技术管理队伍。2002 年 1 月，成立湘阴县农机学会，会员 38 人。下设农机科普、农机修造、农机化研究、农机推广四个小组。农机学会成立后，农机技术人员热情高涨，队伍不断扩大，科研论文也不断上全国、省、市的科普杂志上。至 2015 年，全县有农机化管理机构 40 个、101 人、其中科技人员 18 名，内有工程师 2 名，农机管理技术人员 5 名，农机安全监理技术人员 5 名，高级工 2 名，中级工 4 名。农机管理技术人员在国家级刊物发表论文 4 篇，省级 12 篇，市级 26 篇。郭太川写的《机插秧增产技术》一文在《中国农作物》刊物上发表，该项技术经农业部门权威调查测算，能在洞庭湖区推广使用，每公顷增加 1200—1500 千克；胡席平写的《对发展湘阴低碳农机的思考》一文在《中国农业科技》杂志上发表。

二、制造管理

农机制造管理，主要是对全县民营农机生产企业的经营管理及技术指导。如著名民营农机生产企业家龙启发生产的“兴农”牌收割机，对该机的技术不断改进，性能不断完善，2005—2006 年，投入资金 200 万元，新建厂房 4 栋，面积 2500 平方米，添置现代机床，冲压设备 10 多台套，多次请来省农机局技术专家对产品进行调试、改装，使技术参数更合理，性能更优，适用性更广，生产出既适应在丘陵区稻田，又适应在湖区稻田、山区稻田作业的 4 个型号小型收割机。生产能力每年 1000 台，产值 1500 万元。产品畅销岳阳、益阳、湘潭，远销湖北、贵州。2006 年“兴农”牌收割机被评为岳阳市名牌产品。2008 年被评为湖南省农机名牌产品。2010 年“兴农”牌收割机进入湖南省农机购置补贴产品目录。

三、安全监理

2008 年《中华人民共和国道路交通法》颁布实施之后，拖拉机在道路上发生交通事故，由交通警察部门为主处理。内燃机、拖拉机、其他农机作业机械在室内或田间作业发生事故，由农机监理部门负责处理。农业机械的户籍管理，注册登记、发放牌证、异地登记，对农业机械驾驶操作人员安全管理，对驾驶员报考条件、报考程序、准驾与增驾、拖拉机、联合收割机考核发证及驾驶员补换牌证、年度检审、异地登记以及纠正机车违纪违章，事故处理，督促拖拉机安全运行和其他农机作业的安全监理由农机监理部门负责。

农业机械发生事故时，驾驶员必须立即停车，保护现场，设法抢救伤者（如需移动现场物件时，须设有标志），并及时报告县农机监理所。

农机监理所接到事故报案后，立即勘查现场，收集证据，分析事故原因，分清事故责任大小（事故责任分为全部责任、主要责任、同等责任、次要责任）。农业机械事故是当事人一方造成的，应承担全部赔偿责任，需要追究刑事责任的，移交公安机关处理。

2003—2010 年，县内农业机械事故 8 起，损坏机具 9 台套，因车祸死 3 人，伤 5 人。

四、补贴管理

2005 年，县农机局开始实施农机购置补贴工作。其农机补贴管理主要是坚持严格资格审查、严格购置补贴程序、严格核验补贴机具、严格纪律约束、严格经销商资质审核。不允许他人代办补贴手续，也不委托经销商办理购机补贴和核验补贴机具。县农机局对购机农民实行购机补贴申请、农机具上牌上户和培训考证、发证等“一条龙”服务。2010 年，根据“农机购置补贴监督年”活动要求，将农机购置补贴“窗口”进驻县农机局政务服务中心，实行县农机局、县财政局同时办理手续，县减负办监督职能延伸到“窗口”。至 2015 年，共争取中央财政对全县农机具补贴资金 16285 万元，补贴机具 59768 台套。

核验补贴机：在项目实施过程中，采用购机现场实物验机、上门跟踪验机等方法，对补贴机具逐台核验。凡在湘阴县范围内购买的补贴机具，直接送推广站核验机具；在乡镇经销点购买的补贴机具及外地所购的补贴机具，在购机后 7 天内，由推广站组织人员进村入户逐台验机。2010 年，分 15 批次对小型机具进行上门验机，逐台核验机具 3000 多台。是年，农机购置补贴信息管理软件启用。县农机局组织 9 名工作人员分成 3 个小组，历时 30 天走访购机农户，对经销商上报的购机信息进行逐一核查，共核验补贴机具 6000 多台套。

至 2015 年，对经销商上报的购机信息进行逐一核查，共核验补贴机具 7800 多台套。

对生产、经销企业和购机农户的监管：设立咨询投诉电话，及时处理各种咨询、投诉和来信来访。自觉接受省市县各级的监督检查，主动接受社会各界和新闻媒体的监督。严格执行国务院农机购置补贴工作“三个严禁”（严禁向农民收费、严禁向补贴产品经销商收费、严禁向企业收费）和农业部“八个不得”，即不得指定经销商，不得违反程序确定补贴对象，不得将国家和省级推广目录外的产品纳入补贴目录，不得强行向农民推荐补贴产品，不得向农民企业以任何形式收受作保额外费用，不得以任何理由拖延办理农民购机补贴手续和补贴资金结算手续，不得委托经销商代办代签补贴协议或机具核实手续，不得以购机补贴名义召开机具展示会、展销会、订货会。严厉查处倒卖补贴指标、套取补贴资金、无资质经营补贴产品等违规行为。从 2010 年起，县农机部门除收取实行牌证管理机具的办证规费外，不向补贴产品生产企业、经销企业及购机农民收取任何其他费用。

检查经销商的资质：2005 年，根据农业部、财政部确定的原则要求及省农机局规定，对农机补贴产品经销商的资质严格把关，不符合资质要求的一律不予申报；符合资质要求的，湘阴县不设置其他附加条件，完全做到由补贴产品生产企业自主推荐，真正为补贴产品经销商创造平等竞争环境。2010—2015 年全县有资质的经销商 21 家。每年组织补贴产品经销商集中培训 1—2 次，培训的主要内容包括农机购置补贴政策规定、实施程序规范、信息管理软件系统操作使用方法、监督检查办法和规定等。

第七章　湖洲管理与开发

第一节　资　源

一、洲土

以横岭湖为主体的北部湖洲，由24个常年性湖泊和南、北、中三大片季节性洲土组成，总面积4.3万公顷，其中常年性湖泊（水面）面积20533.3公顷，季节性洲上22466.7公顷。土壤属潮土类，平均含全氮0.12%、全钾2.89%、全磷2.13%、有机质2.31%，边界清楚，权属明确。

二、芦苇

1978年，芦苇面积4666.67公顷。1985年，芦苇面积扩大到6400公顷。1995年，芦苇面积增至6600公顷。1997年、1998年遇上百年难遇的大洪水，芦苇在水中浸泡时间长，根烂秆死，影响芦苇产量。1998年，成品芦苇被洪水冲走，损失惨重。2000年后，芦苇生产逐步恢复。2004年，引进外资150万元，开发芦苇面积333.33公顷，产量回升到34000吨。2010年，芦苇面积6666.67公顷。芦苇的品种主要有线芦、大头芦、观音芦；荻的品种主要有湘荻一号、湘荻二号、湘荻三号、湘荻四号、湘荻五号、红岗铁杆荻、荻茅。

1978—2015湘阴县芦苇产量、产值、用途一览表

表14-7　单位：吨，万元

年　度	产　量	产　值	上缴利税	芦苇用途		
				造　纸	烧　窑	防　汛
1978	35587	266.63	120	32028	1779	1780
1979	42328	304.68	120	38113	2117	2118
1980	38000	291.99	120	34200	1900	1900
1981	38233	354.03	150	34410	1911	1912
1982	33778	302.59	150	30400	1689	1689
1983	47276	427.08	150	42548	2364	2364
1984	37997	347.27	170	34197	1900	1900
1985	44835	407.47	180	40351	2242	2242
1986	34000	400	180	30000	1000	3000
1987	35000	420	200	31000	1500	2500
1988	40000	450	200	35000	1500	3500
1989	40500	500	230	38000	1500	2000
1990	40500	500	230	38000	1500	2000

续表 14-7 单位：吨，万元

年 度	产 量	产 值	上缴利税	芦苇用途		
				造 纸	烧 窑	防 汛
1991	41000	530	240	39000	1500	500
1992	41000	530	240	39000	1500	500
1993	42000	600	250	39000	1500	1500
1994	42000	600	250	39000	1500	1500
1995	43000	630	260	39500	1500	2000
1996	10000	200	210	8000	1000	1000
1997	45000	700	280	41000	1000	2500
1998	6800	400	150	5800	500	500
1999	5000	300	150	4000	500	500
2000	20000	800	280	20000	–	–
2001	25000	1000	300	25000	–	–
2002	28000	1300	300	28000	–	–
2003	30000	1500	320	30000	–	–
2004	34000	1800	400	34000	–	–
2005	36000	2000	460	36000	–	–
2006	38000	2200	480	38000	–	–
2007	40000	2280	550	40000	–	–
2008	40500	2300	840	40500	–	–
2009	41000	2400	890	41000	–	–
2010	40000	2500	900	40000	–	–
2011	45000	800	–	45000	–	–
2012	45000	600	–	45000	–	–
2013	45000	600	–	45000	–	–
2014	40000	570	–	40000	–	–
2015	40000	580	–	40000	–	–

三、意大利杨

1986 年 3 月，县湖洲管理局与县林业局协商在横岭湖大堤上合作造林，开发意大利杨速生林 106.93 公顷，植树 35255 株。2003 年年底，所辖芦苇场栽植意大利杨 183 公顷。2015 年，所辖芦苇场栽植意大利杨 800 公顷。

四、野生动物

横岭湖野生动物资源丰富，是国家一级重点保护物种中华秋沙鸭的主要越冬区，也是国家二级重点保护物江豚的主要分布区，同时还是我国野外灭绝物种麋鹿的自然野化种群栖息地之一。2000年，建立县级自然保护区，2003年，晋升为省级自然保护区。

第二节　主要灾害

一、水灾

1996年6—7月，洞庭湖与长江水位相互顶托，全县防洪大堤普遍超过危险水位。全县有近5333.33公顷洲土被水淹没，2666.67公顷芦苇遭受灭顶之灾，芦苇减产30%以上，计6000吨，减收250万元。2000公顷高产芦苇田绝收，大部分芦苇枯死，无纤维；苇田因地势较低，全部绝收。以上两项经济损失约300万元。1998年，遭受特大洪涝灾害，芦苇受淹时间长达90天，沟渠、道路全部淤没，2666.67公顷芦苇大量减产，其中3000公顷芦苇绝收。全县减产25000吨，经济损失1000万元，企业亏损800万元。2010年以后，加大投入治理水患，基本恢复以前的产量产值。

二、虫灾

1987年7月，芦苇遭受毒蛾严重危害，芦苇减产20%左右。1997年，遭受荻蛀夜蛾与棘禾草螟危害，30%的芦苇断杆，影响芦苇质量，芦苇减产30%左右。2006年，因过早施药，没有达到防治效果，荻蛀夜蛾与棘禾草螟危害严重，芦苇大面积枯黄，减产20%左右。2007—2015年，采用飞机治虫与人工治虫相结合的办法，有效地控制了虫害。

三、藤灾

1979年，163.8公顷芦苇被藤缠倒62.8公顷，芦苇无法收割，只好放火烧掉，减产20%左右。1979—1980年，组织职工挖藤蔓，控制藤的发展。1981—1991年，采取冬挖蔸，春扯苗、秋摘籽等人工防除方法。1992—1995年，采取药物灭藤，基本控制藤杂的危害。1996年与1998年两次特大洪灾，藤杂死而复生。2001年，藤杂危害面积近666.67公顷，30%的芦苇被藤缠倒，芦苇年减产30%左右。2002—2007年，芦苇场进行大面积的药物除藤，藤杂基本上得到控制。但因面积过大仍有163.8公顷藤杂未根除。2008—2015年，继续采用高科技环保药物对藤杂进行根除，效果明显。

第三节　管　理

一、育苇

1991，县芦苇管理站组织全县14个芦苇场采用药物治虫、落叶、除藤等办法科学育苇，效果较好。1992年，改春夏除藤为“春扯苗、夏收割、秋摘籽、冬挖蔸”的四季除藤方法。挖蔸扯藤9万千克，化学除藤1338.3公顷，节约经费7000多元。4月23日至5月9日，进行大面积飞机治虫工作，共施药138架次，防治面积5538.8公顷。1994年，组织职工继续采取“春扯苗、夏收割、秋摘籽、冬挖蔸”的方法，使333.33公顷藤杂危害比较严重的苇田，产量增加15%，产值增加130万元，节约经费11.5万元。4月22—28日，首次租用湖北省沙市“银燕”牌超轻型飞机进行大面积施药治虫，共施药140架次，防治面积3338公顷，芦苇田均单产比上年平均增加100千克。1999年5月，组织资金13万元，利用7天时间，飞喷施药治虫5308公顷。投入14.3万元组织职工采取人工施药除藤，收到较好效果。2004年，投入资金155万元，开沟沥水19万立方米，除藤杂800公顷，飞机治虫210架次，芦苇单位面积平均产量提高8%。2007年，投入资金68万元，利用科学配方进行除藤杂和飞机治虫，芦苇单位面积产量连续3年平均达到0.8吨以上。基本消除藤杂危害导致成片或大片芦苇倒伏现象。2008—2015年，每年投入资金80万元，确保芦苇的增产增收。

二、基本建设

1992年，犬口内新洲植芦333.33公顷，响水坎植芦53.33公顷。是年，开通各种沥水沟106条，修筑4条苇田中心运输路，完成土方10.5万立方米。4月23日至5月9日，建设规范化苇田1000公顷。使芦苇每公顷单产14.25吨，比上年增加1.05吨。1995年，开引洪沟1500多米，完成土方30多万立方米。经过3年除淤，133.33公顷平均落淤1.5米左右，成为高产苇田。1996年，投入资金27万元，实施高标准苇田建设，完成土方2.5万立方米。2000年，投入资金22万元，投工2000多个，干部、职工自行开沟8万米，计土石方5万立方米，其中开主渠道1.2万米，开桩号沟100条。2001年，是苇田3年恢复任务的最后一年，全年共投入资金20万元，系统开沟10万米，土石方2万立方米，确保苇田沟渠相通，雨住同干。2003年，投入资金11.8万元，组织民工和挖掘机抢抓春季芦苇未出芽的时机，开沟39万米，完成土方13万立方米。2005年，投入资金100万元，开沟30万米，完成土方40万立方米。2007年，投入资金80万元，开沟29.9万米，完成土方36万立方米。2008—2015年，每年投入资金100万元，共开沟120万米，完成土石方140万立方米。

三、湖洲开发

1991年，县芦苇管理站组织全县14个芦苇场干部、职工深入江湖外开发湖洲，发展芦苇300公顷，植柳拦淤抬高，可供扩苇洲土面积160公顷，翻耕复壮166.67公顷。1992年，组织9台拖拉机翻腾蜕化老山153.33公顷、荒洲133.33公顷；组织800多名民工新扩芦苇436.67公顷，成活344.07公顷，成活率78.79%。1993年，全力以赴抓扩苇，大力开发湖洲，翻腾荒地300多公顷。新扩芦苇373.33公顷。1999年，低产苇田改林地，共植树133.33公顷。将聚贤围站扩苇133.33公顷，成活率75%。2000年，扩苇133.33公顷，植意大利杨100公顷。2006年，对新淤洲土扩苇和低产苇田补栽33.33公顷，对适宜植树的荒洲，植树造林533.33公顷。2007—2015年，植意大利杨270公顷。

四、安全保卫

1986年7月，经县公安局批准，成立湖洲派出所。派出所在辖区内大力开展安全生产宣传，维护社会治安。1987年始，辖区内各站建立30人以上的消防队，承包业主任第一责任人，具体负责日常消防安全监督和隐患漏洞的整改工作。住棚、伙棚必须选择近水地点搭设。伙棚按东西方向排列，伙棚与住棚相距50米以上，生活区与芦苇场相距100米以上。芦苇堆场按每100吨芦苇配备1个干枪灭火器、1把防火靶、2把柳条扫帚以应扑火急需。工棚附近挖设消防水坑1—2个，经常蓄水保安。至2015年，没有发生重大案件和安全事故。

第十五篇 水 利

1978 年，县水利局内设机构有办公室、水利股、排灌股、人事股、财计股。1980 年 6 月，县水利电力局更名为水利局。1984 年 1 月，改名水利水电局。2010 年，县水利局设办公室、人事股、工程建设管理股、计划投资股、水政股、加挂湘阴县防汛抗旱指挥部牌子。下辖河道湖泊管理站、水利勘测设计院 2 个事业单位，水利挖沙船队、水利物资服务站和湘水机械厂 3 个局直管单位，城西、官港、东河坝、王家河 4 个中型电排管理站，燎原、赛美 2 个中型水库管理所，南湖垸、湘滨垸、湘资垸、岭北垸、城西垸、沙田垸、义合金鸡垸、白泥湖垸、青潭垸、东湖垸、三汊港垸、长仑地区和城南地区 13 个水管会以及新泉水闸管理所。2011 年 6 月，县委、县政府对县级机构实施改革，将县水利局更名为县水务局，工作职能进一步加强。内设机构在原有办公室、人事、财务、工会、纪检监察等股室基础上，增设法制、规划计划、工程建设管理股，管辖水土资源管理局、电力排灌管理总站，县防汛抗旱指挥部办公室、11 个水管会、6 个水利站、2 个中型水库管理所，4 个中心电排站、一个水闸管理所，在职干部职工 1106 人，其中局机关 112 人。

第一章 基础设施建设

第一节 堤垸建设

湘阴县共有大小堤垸 21 个，其中重点垸 5 个（岭北、湘资、湘滨、南湖、沙田），蓄洪垸 4 个（城西、义合金鸡、白泥湖、三汊港），一般垸 2 个（东湖垸、洋沙湖垸），平垸行洪单退堤垸 1 个（青潭垸），沿江巴垸 9 个（樟树港、文径港、下坝湖、毛家湖、小北湖、仁山、乌龟冲、龙船港，石牛垸）。全县一线防洪大堤总长 271.174 千米，二线堤总长 67.7 千米，撇洪堤总长 73.5 千米。同时湘资两水交叉穿境，长江三口及沅水、澧水经湘阴横岭湖下泄。全县 70% 的耕地和 80% 的人口受堤垸保护。

20 世纪 80 年代堤垸建设重点是清隐整险。由于湘阴堤垸历史悠久，加上施工质量差、管理不善，以致堤身隐患多。为治理堤身渗漏，利用 2 台压力黄泥灌浆机，先后在 240 千米大堤上钻孔 13050 个，总孔深 67682 米，合计灌入土方 3.6 万立方米，水泥 1418 吨。经多轮灌浆的大堤堤身渗水量比原来大幅减少。1980 年，省水电局先后拨给湘阴县 80 立方米绞吸式液压传动挖泥船 3 条，加大吹填力度。至 80 年代末，全县用挖泥船填筑土凼、水塘面积 129 万平方米，挖填土方 240 万立方米，吹填长度 18000 米。

20 世纪 90 年代，湘阴县堤垸建设特点是巩固提高。堤垸建设投入大幅度增加。抗御洪水标准由过去的按 1954 年抗洪水设防提高到按 1996 年、1998 年洪水设防。大堤面宽 8~15 米，高程 37~39.5 米。防洪大堤抗险力度加大，堤内脚吹填固基和机械填塘进度加快，平台建设标准化程度提高，堤外护岸面积增加。机械化施工加快，工程质量提高。河道疏浚力度加大，退田还湖，平垸行洪全面实施。水利建设管理进一步规范化、制度化，大堤培修、护岸、穿堤建筑物建设、吹填处险等工程质量大幅提高。1990—1999 年，共完成土方 13086.5 万立方米，比 1970 年代增加 1181.9 万立方米，比 1980 年代增加

6768.9万立方米。培修加固防洪大堤380千米，挖泥船吹填固基和机械填塘压浸56千米，护坡护脚59千米，改建、更新管闸131处。共投入劳动工日10994.6万个。

2001年，实施“3个1”工程，即投资1亿元，投工1000万个，移动土方1000万立方米，加固培修防洪大堤。当年完成大堤培修及游修10处，土方80万立方米；完成护坡7处，土方15万立方米；完成吹填工程8处，土方100多万立方米。至2005年，全县共完成土方45043.7万立方米，年均完成866.2万立方米。新建与整修永久性护坡197.74万平方米，抛石护脚29.8万立方米。挖泥船吹填固基和机械填塘压浸67千米，新建管闸231处，整修、接长废除管闸2924处，植防浪林1680万株。

2006—2010年，堤垸建设以整治险工险段，配套外排机埠建设，重点垸堤防加固，提高抗灾能力为主，加大了投入。全县累计投入水利建设资金10934万元，完成土石方1730万立方米，劳动工日1730万个，投入机械15800台套。其中城西垸安全台建设，王家坝护坡工程，易婆塘护坡工程，岭北垸青泥望护坡工程，义合垸上堵坝护坡、护脚工程，赛头堤段护坡工程，南湖垸毛角口切嘴移堤工程等。所有这些工程项目的完成，使湘阴县的防汛抗灾能力得到大幅度提升。

2011—2015年，全县水利基础设施建设总投入13.5亿元，主要组织实施“双十百千万”工程，即十处小（2）型水库除险加固，十处排灌泵站改造；百处小型机埠更新改造，百条中型以上渠道疏洗；千处山塘灌浆增容，骨干工程投资1000万元；解决万户饮水安全。组织实施“661”工程。即疏洗衬砌渠道6000千米，整修塘坝600口，维修改造泵站100处，同时完成城西垸和三汊港64处蓄洪建设工程，洋沙河干流段工期整治工程，白雀潭大堤加固工程。

湘阴县于1991年跨入全国“水利百强县”行列，1996年、1998年被授予全省“水利建设强县”称号。2003年、2004年、2005年、2006年连续4年获得湖南省人民政府授予的年度“芙蓉杯”水利建设先进县称号。2012年获评全国农田水利建设先进县。

第二节　塘坝水库建设

1985年，县内有中型水库2座，小型水库49座，其中小（1）型水库8座，小（2）型水库41座，总库容量3561万立方米。山、平塘7417口。溪坝334座。总蓄引提水量1.51亿立方米。20世纪80年代末，山区病险塘坝逐年增多，蓄水能力受到较大制约。1990—1998年，全县山塘整治主要集中在整险加固，完善配套工程，保证效益发挥。在每年的水利冬修方案中，山塘的升级改造是重点之一。

2015年，全县山丘区共有水库71座。其中中型水库2座，小（1）型水库10座，小（2）型水库59座，有山塘溪坝7700处。

1996—1998年湘阴县水利建设分类工程完成情况一览表

表15-1　　单位：个，立方米

年份	水库除险加固		渠道防渗		山塘		
	中	小	混凝土	整形	新增	混凝土防渗	挖深
1996	2	21	106.3	516.5	24	500	1200
1997	2	35	120	450	18	500	1200
1998	2	40	120	402	-	400	1200

县内水库由于建设时间早，运行时间长，都存在不同程度的病险情况。坝身渗漏、输水涵管破损较为普遍。1996 年，对病险水库实施除险加固。2005 年始，对病险水库进行大规模整治。2009 年，山塘清淤扩容工程全部完工，共计清淤山塘 271 口，清淤土方 59.5 万立方米。2010 年，燎原水库、红旗水库等 11 处水库除险加固工程全面扫尾。截至 2015 年，共完成 10 个小（2）型水库除险加固、1600 处山塘增容。

2006—2009 年主要水库除险加固情况一览表

表 15-2　　单位：万元、万立方米、米

序号	年份	项目名称	国投计划	计划工程量				合同金额	完成金额	完成主要工程量				备注
				土方	石方	混凝土	其他			土方	石方	混凝土	其他	
		合计	5346.67	12.89	3.86	2.36	0	2463.28	2766.51	10.55	1.63	2.06	0	
一	2006		1266	2.35	0	0.49	–	471.3	471.3	2.35	0	0.49	–	
1·1		赛美水库除险加固	1266	2.35		4909	冲抓 14969 帷幕 1707	471.3	471.3	2.35		0.49	冲抓 14969 帷幕 1707	
二	2008		1577	6.9	0.95	0.72	0	1020.77	1324	5.14	0.41	0.81		
2·1		燎原水库除险加固	1577	6.9	0.95	0.72	–	1020.77	1324	5.14	0.41	0.81	高喷灌浆 2946 冲抓 9662 静压注浆 113	
三	2009		2503.67	3.64	2.91	1.15	–	971.21	971.21	3.06	1.22	0.76	–	未含建管费
3·1		六塘水库除险加固	653	1.12	0.16	0.22	高喷灌浆 182 冲抓 4509 帷幕 1358	241.57	241.57	1.06	0.16	0.25	高喷灌浆 182 冲抓 4509 帷幕 1358	
3·2		寺坝水库除险加固	494	1.26	0.55	0.21	冲抓 6772	262.94	262.94	1.67	0.55	0.13	冲抓 6772	
3·3		常家洞水库除险加固	511	0.28	0.36	0.27	高喷灌浆 3829	234.09	234.09	0.28	0.35	0.27	高喷灌浆 3832	
3·4		红旗水库除险加固	845.67	0.98	1.84	0.45	旋喷灌浆 3777	232.61	232.61	0.05	0.16	0.11	旋喷灌浆 4439	

第三节　防护林建设

1978—1985年，湘阴县植渠路防护林2772千米，存树959万株。南湖垸有防护林50.1万株，湖滨垸有63.4万株，湘资垸有44.9万株，岭北垸113.3万株，沙田垸6.1万株，城西垸56万株，义合金鸡垸2.9万株，白泥湖垸2.8万株，三汊港垸0.7万株，合计种植防护林340.2万株。1986—1988年，新增防护林1731.8千米，其中河道两侧174.4千米，防浪林170千米。1989—1990年，新植防浪林1200公顷，植渠路防护林298万株。1991—1995年，利用世行贷款植树1672公顷。1996—2002年，植防护林183公顷。2003—2010年，投资7370万元，植防护林641.05万株。2011—2015年，投资4000万元，植防护林407.38万株。

2003—2015年湘阴县水利系统防护林建设情况一览表

表15-3

年　份	堤长（千米）	面积（公顷）	植树（万棵）	投入资金（万元）
2003	388.25	2310	48.15	400
2004	388.25	2310	71.15	580
2005	388.25	2310	80.15	890
2006	388.25	2310	86.15	1500
2007	388.25	2310	88.15	1000
2008	388.25	2310	90.15	1200
2009	388.25	2310	87.15	800
2010	388.25	2310	90.00	1000
2011	388.25	945	65	500
2012	388.25	945	65	500
2013	388.25	1944	92.46	1000
2014	388.25	1944	92.46	1000
2015	388.25	1944	92.46	1000

第四节　机械排灌

20世纪80年代初，外排机埠建设趋于稳定，重点转向发展垸内小电排。至1986年，全县共计建内排机埠519处、567台、13034千瓦，湖垸平均每个村2.1台、69.8千瓦，形成相对独立的小排区，对解决局部低洼田排渍发挥了较好作用。20世纪80年代中期，由于外河水位逐年抬高，垸内电排扬程不够，部分机电设备老化。1986年6月，水利部门调查摸底，全县需要更新改造的机埠有49处、86台，12930千瓦。因湖泊率降低还需增容1.6万千瓦。由于电排装机容量的增加，变电站和电网也随之进行改造，1980年、1986年，供电部门对丁家山、西林、和平、南湖、长仑35千伏变电站，扩建和增容，对各供电区电网进行改造。20世纪80年代后期，电排建设主要是更新改造，增加容量，提高标准。至20世纪90年代初期，全县共更新改造电排28处、62台、10070千瓦，新建4处10台1390千瓦。

20世纪90年代，电排建设以更新改造，扩建增容、提高标准为主。全县95处36904千瓦的55千瓦以上外排机埠有37处14800千瓦兴建于20世纪90年代，其中兴建1000千瓦以上的大泵站4处。更新改造电排128处159台16827千瓦，增容11800千瓦。国家投入资金13800万元，自筹资金7600万元。与之配套的电网也相应进行改造、增容，同时，兴建洪家坡、洞庭两处110千伏变电站，容量63000千伏安。

一、大型排涝及排灌泵站改造

2006年湘阴县启动泵站改造工程。2008—2009年，湘阴县纳入全省第二、三、四批大型排涝泵站更新改造项目共有四个项目区，开工建设的有13座泵站（城西项目区为：城西泵站；官港项目区为：官港、东河坝、永兴、黄泥嘞；王家河项目区为：王家河、黄口潭、易婆塘、蒋家渡、洋沙洲、民乐闸；许家台项目区：许家台、鸡啼湖）。改造前城西排区总装机14台2395千瓦；官港排区总装机12台5690千瓦；王家河排总装机32台5595千瓦，许家台排区总装机9台1495千瓦，合计67台15165千瓦。改造后城西排区总装机14台2520千瓦；官港排区总装机12台6480千瓦；王家河排区总装机30台5860千瓦，许家台排区总装机9台1680千瓦，全县共计67台16540千瓦，新增1375千瓦。

城西项目区计划建设总投资3554万元（国投1775万元，自筹1779万元）、官港项目区计划建设总投资4458万元（国投2225万元、自筹2233万元）；王家河项目区计划建设总投资5199万元（国投2595万元、自筹2604万元）。许家台排区计划总投资833万元，（国投600万元、自筹233万元）。

2011—2015年，县委、县政府在组织实施“双十百千万”和“661”水利工程建设中，共改造大小排灌埠站210处，其中大型排灌埠站6处。

二、以工代赈工程建设

洞庭湖区排涝建设以工代赈，是党中央高度重视、化解“三农”问题，坚持对农业、农民“多予、少取、放活”的惠农工程。1991年，湘阴县被列入洞庭湖区水利工程建设以工代赈项目县。

1991—1993年，湘阴以工代赈项目重点是湖区堤防整治、渠道扫障、蓄洪垸安全设施建设、电排机埠更新改造、低产田改造、交通设施恢复等。

1994—2004年以工代赈项目重点转向湖区排涝设施建设。新建永兴、许家台、蔡家港、黄泥嘞4座中型电排，装机19台，4860千瓦。处险改造官港、东河闸、城西、黄口潭、王家河5个大、中型泵站，装机33台，8540千瓦。新建、重建和改造63个小型骨干机埠，装机21300千瓦。

2005年始，以工代赈项目重点转向渠道整治。

2006年，改造主要排灌渠道19条15.2千米；改造涵闸及泵站、渠系附件物25处；更新电机水泵5台套，更新变压器15台。2007年，改造主要排灌渠道22条14.8千米；改造涵闸及泵站、渠系附件物22处；更新电机水泵18台套，更新变压器20台。2008年，改造主要排灌渠道24条16.5千米；改造涵闸及泵站、渠系附件物26处。2009年，改造主要排灌渠道31条17.8千米；改造涵闸及泵站、渠系附件物24处。至2015年，全县以工代赈改造项目600处，改造泵站装机3万多千瓦。

1993—2015年湘阴县以工代赈国投资金一览表

表15-4　　单位：万元

年　度	国投资金	年　度	国投资金
1993	270	1995	553

续表 15-4 单位：万元

年　度	国投资金	年　度	国投资金
1994	270	1996	524
1997	555	2007	590
1998	670	2008	650
1999	705	2009	650
2000	670	2010	680
2001	650	2011	20000
2002	660	2012	17000
2003	670	2013	25000
2004	635	2014	25000
2005	565	2015	25000
2006	525		

第二章　防汛排涝抗旱

第一节　防　汛

一、指挥机构

县指挥部：1985 年，成立湘阴县防汛抗旱指挥部。县长任指挥长，县委书记任政委，县委副书记任副政委，常务副县长任常务副指挥长，下设办公室、工程组、保卫组、后勤组。指挥部负责全县防汛抗灾工作的决策，汇总水情、雨情、旱情、汛情及预测预报，审定并监督实施防汛抢险等抗灾方案；现场指挥较大险情的抢护，调度防汛抗灾专用物资、电力、燃润料等器材和交通工具，贯彻执行上级指挥部指令，抓好防灾保卫工作。

区、乡（镇）指挥所：1985 年，46 个区、乡（镇）成立区、乡（镇）防汛抗旱指挥所。区、乡（镇）指挥所直接负责辖区内防汛抗灾工作。按照县防汛抗旱方案的要求制订和落实本乡（镇）的防汛抗旱方案，组织和落实防守责任、防汛抗灾队伍及防汛抗灾器材，执行县防汛指挥部的命令，服从县防汛指挥部的调度。

二、岗位责任制

1985 年 3 月，县水利水电局从局长到办事员，从工程师到技术员，分别建立岗位责任制。46 个区乡指挥机构、1227 名防汛队员、703 名巡查员、278 名看管员按照岗位责任，人人签订合同，规定各自职责。

1991 年，实行县级领导包区，科级干部包乡镇，区乡镇干部包堤段，普遍建立“包思想发动、包劳力组织、包物资调运、包巡查防守、包查险处险”五包责任制，做到“堤段防守、管闸防护、清基扫障、物资调运”四到位。全县 247.2 千米一线防洪大堤、219 处管闸专人负责，日夜防守。全县聘请 186 名水利老专家组成智囊团，协助运筹决策，避免指挥失误。

1992年，细化责任制，包堤垸、包堤段、包水库、包工程，责任落实到人。重点堤垸和中、小型水库分别制定领导责任制和专人维护责任制。

2000年，县委、县政府制定《防汛抗灾县级领导包垸区、县直单位包乡镇、包水库责任制》。各垸区落实“工委委员包乡镇，乡镇干部包村、包堤段，水利干部包工作”责任制。32名县级领导包垸区，76名县直单位负责人、1200名工委委员、乡镇干部包堤段、包水库。根据《中华人民共和国防洪法》《中华人民共和国水法》制定《防汛巡查防守责任制》，实行100分制考核和巡查防守奖惩办法。湘阴县是全省第一个对巡查防守实行100分制考核的湖区县。

2001年，县委、县政府制定《县级领导与县直单位防汛工作包垸、包乡镇、包水库责任制》。各垸制作防汛责任牌、机涵管闸看守责任牌、险工责任牌1180块。县政府与各乡镇签订水利建设责任状。

2007—2015年，县委、县政府进一步落实县级领导分片包干责任制；县防汛指挥部各成员单位防汛岗位责任制；县直单位包乡镇防汛岗位责任制和乡镇干部河管涵闸守护责任制。

三、制订预案

汛前，县、乡（镇）两级指挥部（所）制订出防汛抗旱方案，对指导思想、指挥机构、工作职责、防汛抗旱目标、设防水位、防汛队伍、部门职责、防汛器材等作详细规定。与此同时，根据国务院1985年《关于长江防御特大洪水方案》和国家防总1999年《关于印发长江洪水调度方案的通知》，分别拟订《湘阴县蓄洪垸转移预案》《湘阴县防汛抗旱指挥部抢大险预案》和《湘阴县防御特大洪水预案》等，以因应突发事件的发生。

四、查险处险

在查险工作中，重点观察、专职巡查、群众普查有机结合。对各类险情，明确部位、确定重点，树标立记，专人看守。以乡（镇、垸）为单位组成专职巡查组于所在防汛堤段实行巡查。与此同时进行群防，对沿堤纵深500米内居住的垸民，负责房屋内外的防守报险，以村（组、场）为单位组织劳力在距大堤内脚300米左右顺堤排查。发生险情，即通过防汛无线电通信专网，报告县防汛抗旱指挥部工程组。在常规处险的基础上，实施潜水探查处险，应用新型材料处险，开展梯级减压处险，强化堤身导滤处险。在处险时，为避免盲目性，减少浪费性。

1991年，处理河浸6处，压砂卵石615立方米，加固机涵7处，管闸39处，处理其他险工46处。1992年，县防汛指挥部组织县水利局24名工程技术人员，选拔441名处险技术人员，出动100多名区、乡水利干部、6000多名劳力，对全县117处重点险工险段、264处一般险工险段进行逐一排查，及时进行有效除险。2000年2月，县水利局8名党组成员带队，组织18名工程技术骨干分6个组，对全县所有堤垸、水库、机埠、涵闸逐个检查，发现工程隐患158处，管闸隐患30处，逐处登记，成立垸乡技术队40个，技术队员1400人，处险落实到人。县水利局组织3次工程检查，督促处险到位。2002年，先后6次洪峰压境，险象环生。县防汛指挥部组织工程技术人员一一排除41处老险，69处新险，其中重大险情30处。2007年，城西垸老闸口机埠压浸处险完成土方1200立方米。沙田垸黄泥嘞机埠处险，完成土方3000立方米，石方500立方米。义合金鸡垸湾河堤段处险工程投入53万元。

五、器材运用

随着水利基本建设标准的不断提高，防御洪水的能力也发生了根本变化。因此，对于处险器材的运用不断更新，以适应各类险情的抢防。实战中，一改过去单纯依靠木材、楠竹草袋，发展到普遍使用砂卵石、编织布和土工织物等新型材料。省、市防汛抗旱指挥部对堤防和水库分别规定防汛器材储存标准：一线大堤每千米储卵石400立方米，砂卵石160立方米，编织袋300条、编织布320平方米。1998

年后，全县加紧防汛砂卵石专储点的建设，至2010年，建成固定沙卵石围48个。其中，达省级标准2个，长70米，宽40米，高2米，容量5000立方米。达市级标准6个，长50米，宽20米，高2米，容量2000立方米。达县级标准40个，长20米，宽10米，高2米，容量400立方米。是年，全县汛前储存编织袋60.14万条、彩条布11.89万平方米，砂卵石6.607万立方米、块石0.54万立方米。

六、城市防洪

1996年始，县政府相继发布《关于认真搞好城市防洪工程建设的通知》《关于成立湘阴县城市防洪工程建设指挥部的通知》《关于收回城市防洪工程建设范围内国有土地使用权的通告》《湘阴县城市防洪工程建设房屋拆迁补偿安置方案》等规范性文件。第一期县城市防洪工程由县水利局具体组织施工，总投资1亿元，于1996年冬正式动工，2002年竣工。加高增厚防洪大堤16.97千米，新修防洪大堤3.75千米，填塘固基4.65千米，大堤护坡11.456千米，护脚3.23千米，新增、改造接长河管、涵闸17处；共开挖土方18.341立方米，填筑土方205.289万立方米，砂卵石11.126立方米，浆砌石1.927万立方米，混凝土1.4万立方米。工程完工后，增强了湘阴城区的整体防洪能力和内渍的排泄能力，城镇居民的生活质量和城市品位也有所提升。

2003年，县委、县政府决定兴建北起漕溪港，接湘杨公路，南至洋沙湖，分别接洋沙湖工业大道和湘樟防洪通道，全长5.5千米的城市防洪工程。工程总投资1亿元。第一期工程漕溪港至南门港2.7千米，2003年完工。第二期工程南门港至洋沙湖2.8千米，始建于2004年10月，2005年建成。路顶面高程37.5—39.5米，路幅宽18—24米，其中车行道12米。主要附属建筑物有白水江桥一座和洋沙湖出水涵闸一处，主要配套工程建设有湘江公园、远浦楼和滨江广场，绿化面积12万平方米。

表15-5

1978—2015年湘阴县主汛期降雨统计表

单位：毫米

年度	总降雨量	4—9月降雨量						
		4月	5月	6月	7月	8月	9月	小计
1978	1058.6	116.1	133.2	184	76.4	111.6	42.2	663.5
1979	1137.9	145.3	117	233.5	189.6	99.8	54.8	840.0
1980	1502.7	166.6	211.7	222.3	131.7	192.1	17.2	941.6
1981	1300.6	182.2	215.5	190.5	63.4	9	25.2	685.8
1982	1706.8	152.2	149.5	301.9	94.2	295.1	113.8	1106.7
1983	1500	238.3	193.3	226.1	281.4	32	128.1	1099.2
1984	1312.4	287.4	208.4	162.3	40	141.1	32	871.2
1985	1349.6	84.7	138.6	156.2	124.3	211	64.8	779.6
1986	1234.3	271.1	102.4	219.5	115.6	50.9	51.6	811.1
1987	1409.7	189.5	281	148.4	239.8	53.5	50	962.2
1988	1163.2	77.6	120.5	189.4	55	236.9	167.7	847.1
1989	1509.6	389.1	147.5	116.6	90.1	77	108.2	928.5

续表 15-5 单位：毫米

年 度	总降雨量	4—9 月降雨量						
		4 月	5 月	6 月	7 月	8 月	9 月	小 计
1990	1422.8	103.6	179.3	296.4	119.3	65.4	19.8	783.8
1991	1426.1	147.4	245.5	104.1	136.9	76.2	63.9	774.0
1992	1352.3	139.8	168.6	278	89.6	26.2	81.8	784.0
1993	1552.9	110.1	143.1	236.3	438.9	48.1	40.6	1017.1
1994	1533.1	1 67	142.8	160.1	329	173.3	129.6	1101.8
1995	1839.2	326.8	230	370.5	161．9	221.4	323	1342.9
1996	1462.6	110.1	123	212.7	263.7	325.2	3.3	1038.0
1997	1537.6	228.7	176.9	180.8	101.8	133	76.2	897.4
1998	2203.4	138.3	246.1	566.7	344.7	70.9	134	1500.7
1999	1699.3	279.6	388.3	140.4	315.5	197.4	82.1	1403.3
2000	1383	144.8	123.2	199.2	77	122.3	165.3	831.8
2001	1262.4	203	89.9	148.3	47	168.6	3.8	660.6
2002	2128.5	343	370.8	188.5	362．7	138.6	64.6	1468.2
2003	1374.6	265.5	285.3	129.1	103.3	107.7	3 9.7	930.6
2004	1361	204.7	230.7	158.2	162.5	142.7	27.2	926.0
2005	1634.3	83.3	217.1	1 88.8	156.2	197.7	69	912.1
2006	1237.4	188.3	144.5	188.5	72.6	103.6	6.1	703.6
2007	926.5	77.3	20.5	123.9	75.1	198.5	94.4	589.7
2008	1096.3	1 23.4	70.7	96.7	85	131.8	61.6	569.2
2009	1050	192.5	128.8	136.3	1373	31.7	6.3	632.9
2010	1634.4	231.9	265.9	26 1.3	67.9	129	179	1135.0
2011	1202.6	130	128.1	109.4	110.8	160	140.5	778.8
2012	1385.9	160.1	168.3	190	135	156.3	120.1	929.8
2013	1010	188.1	201.2	8.1	–	12.1	156.2	565.7
2014	1405.6	154.1	160.3	180.2	101	120	110.3	825.9
2015	1480	155.3	168	250.1	180.4	101	120.2	975

1978—2015年湘阴县汛期（城关站）水位值一览表

表15-6　　单位：米

年　度	城关站		年　度	城关站	
	最高水位	发生月日		最高水位	发生月日
1978	31.43	5.21	1997	33.23	7.26
1979	32.68	6.30	1998	36.36	7.31
1980	33.98	9.2	1999	36.24	7.23
1981	32.23	7.28	2000	32.27	7.9
1982	33.78	6.19	2001	31.76	6.23
1983	34.81	7.10	2002	35.96	8.23
1984	33.08	6.4	2003	34.21	7.14
1985	30.91	7.12	2004	33.62	7.24
1986	32.56	6.10	2005	32.62	6.4
1987	32.52	7.29	2006	32.55	7.19
1988	34.70	9.9	2007	32.93	8.6
1989	33.06	7.5	2008	31.89	9.6
1990	33.45	5.7	2009	31.28	8.11
1991	34.4	7.15	2010	33.93	6.25
1992	34.22	7.9	2011	29.99	6.30
1993	33.57	7.8	2012	33.74	7.27
1994	33.76	6.20	2013	30.41	5.19
1995	35.34	7.3	2014	33.54	7.20
1996	36.66	7.21	2015	32.58	6.23

专记：1996年、1998年抗洪纪实

1996年7月中旬后，一场突如其来的特大洪水席卷洞庭湖区。身居湖区的67万湘阴县人民在各级党委、政府的带领下，众志成城，顽强拼搏，通过30多个日日夜夜的艰苦奋战，取得抗洪斗争的全面胜利。

从4月1日入汛至7月上旬，尽管已有澧水洪峰过境，全县各站水位一直处于少见的汛期低水位值，而从7月13日起，洪水突如其来，8时，铁角咀水位33.55米，城关水位33.05米，毛角口水位33.80米，各站相继进入防汛水位，且水位值以惊人的速度一路攀升，7月15日8时，资水毛角口水位34.83米，，湘水铁角嘴水位34.2米，分别进入警戒水位。7月16日8时，铁角嘴、城关、毛角口水位分别达到34.95米、34.42米、37.00米，两水达到危险水位。7月21日，毛角口洪峰水位38.38米，城关洪峰水位36.66米，分别超历史最高水位0.98米和1.25米，湘资两水相继达到最高洪峰水位。从进入防汛水位到出现最高

洪峰水位，资水日平上涨0.55米，湘水日平上涨0.41米。其间，资水毛角口7月15—16日，24小时上涨2.17米，涨速之快，为历史罕见。资水毛角口最高洪峰水位38.38米，超警戒水位3.38米，超1954年水位2.97米；湘水铁角嘴最高洪峰水位37.14米，超警戒水位2.64米，超1954年水位1.73米；城关最高洪峰水位36.66米，超警戒水位2.66米，超1954年水位1.25米。从7月13日，湘资两水各水位站全面进入防汛水位，到8月20日，退出防汛水位，共历时37天。其间，超警戒水位30天，超危险水位17天，超1954年水位12天。

高洪水位期间，27名县级领导全身心投入抗洪。全县投入干部3416名，劳力18万人，医生、教师1500人，出动武警481人，预备役民兵舟桥连97人，广州军区某部160名解放军战士也赶来助战。抗洪期间，全县共出动汽车530台，手拖950台，船只115条5175吨位，推土机、铲运机、柴油机、电动机等各类机械487台24358马力。全县共耗费抢险砂卵石7.9万立方米，彩条布12.7万平方米，木材1282立方米，铅钉丝10.4吨，麻袋、编织袋809万条，土箕8.32万担，晒垫2444床，楠竹2.01万根，子篾13000千克，抢险大米240吨，移动土方52.07万立方米，消耗器材折款1600.7万元，全县投入防汛资金达3612万元。

1954年的洪水，当时全县71个大小堤垸，除岭北垸幸存外，共漫、溃堤垸70个，淹没垸田32667公顷，淹毙53人。1996年，洪峰水位比1954年还要高出1~2米，虽然全县漫溃堤垸2个，小巴垸21个，溃垸面积5300多公顷，因灾死亡5人，但全县实现了“四保”，即保住了五个确保大垸和四个蓄洪堤垸未溃未漫，保住了县城，保住了中小型水库，保住了人民生命财产安全，把灾害损失降到了最低限度，取得抗灾斗争的胜利。

1998年6月下旬后，长江和“四水”（湘、资、沅、澧）洪峰叠起，恶劣组合，使湘阴县遭受了历史罕见的洪涝灾害，全县经济社会发展和人民生命财产安全受到洪水严重威胁。其特征：①高危水位持续时间长。6月、7月两月降雨量达955毫米，创历史最高纪录，6月24日以后，全县各大小堤垸都达到或超过危险水位，岭北和沙田垸超过1996年水位。城关最高水位36.36米，超危险水位1.36米，超54年水位0.95米。湘江、长江九次洪峰压境，高危水位持续80多天。②大堤承受能力超极限。由于长时间高危水位的浸泡。全县270千米一线防洪大堤险象环生，共发生大小险情4280处，其中重大险情155处。省市高度重视，到湘阴县指导抗洪工作的省人大常委会主任王克英说：“湘阴无险不有。”省水利厅副总工程师聂芳蓉说：“湘阴的管涌可以称得上湖南之最。”③洪灾耗费大量人力、物力。全县32个乡镇不同程度遭灾，范家坝被迫扒口泄洪，青潭垸和沿湖一些小巴垸漫溃，两季绝收的稻田损失17.79亿元。在抗洪抢险中，全县出动干群12万人，调动车辆2000多台次，船只3000多艘次，抢筑子堤86千米，耗用砂卵石41万吨，块石16万吨，开支防汛经费4000多万元。

面对严峻形势，在上级党委、政府和有关部门的正确领导和大力支持下，县委、县政府、县防汛指挥部紧急组织和动员全县各级党组织、广大党员干部和人民群众，同心同德，团结奋战，与洪水展开了艰苦卓绝的搏斗，取得巨大胜利。

各级指挥机构临危不惧，指挥调度有方。县防汛指挥部从6月24日进入紧急状态起，面对反复无常的水情、雨情、险情，运筹帷幄，统筹安排，在时跨4个月的日日夜夜里，共召开会商会110次，下发230道指令、通知、命令，召开紧急电话会11次，保证全县抗洪抢险紧张有序地进行。南湖垸指挥分部针对8月1日毛角口水位可能达38米的危险情况，果敢决策，8500余名抗洪大军连续奋战12个小时，抢筑了一条高1米、面宽0.8米、底宽1.9米、长1.28万米的子堤。7月27日，城西垸湘临乡斗米嘴堤段翻沙鼓水，300平方米地面出现沉降，城西垸指挥分部立即指挥抢险，组织50多名乡村干部，500多名青壮劳力一天一夜抢筑一座3500平方米的压浸平台，险情及时排除。6月28日，岭北镇江东角老险复发加剧，岭北指挥分部迅速组织劳力4000余人紧急处险，奋战两昼夜，筑起了大小不等的压浸平台6处。湘资垸指挥分部面对北湖巴垸出现150米堤膝大滑坡险情，迅速调集1000多名劳力，果断采取外打抱围，内开浸沟、筑土牛等办法，连续3个昼夜奋战，巴垸转危为安。8月27日凌晨4时15分，湘滨垸北大堤遭受5—6级西北风袭击，垸指挥分部迅速按每50米堤段1个干部、32名劳力、2台手拖的力量部署抢险，连续奋战20多个小时，成功地抗御了风浪的袭击。8月20日，高危水位下的白泥湖垸北大堤发生重大管涌，长仑指挥分部连夜组织劳力1000余人，拖拉机80余台投入紧急抢险，采取打桩作抱围、开沟导浸、担土填砂压浸的办法，使险情得到有效控制。在这场斗争中，很多基层党支部充分发挥了战斗堡垒和群众主心骨的作用，向人民交上了一份出色的答卷。凤南乡北湖村支部书记毛国兵，是位有30年党龄、年近花甲的老党员，为了力保死守北湖5260米大堤的安全，带头参与抢险处险，连续80多天不下一线，并发动全家筹集8000元作为防汛经费，且祖孙三代义务参加抗洪抢险，以他和家人的行动鼓舞和凝聚着全村群众的心。

广大党员干部率先示范，是抗洪的主力军。一个党员就是一面旗帜，一个党组织就是一道坚强的防线。南湖洲镇党委书记熊检华，身兼政委和指挥长两职，80多天防汛抢险中，他日夜坚守一线，中途两次劳累过度住进医院，病情稍有缓解，不顾医生劝阻，重返战斗岗位。政协原副主席、湘阴的老水利巢剑平，主动请缨参战，凭借多年的抗洪抢险经验，大胆参谋，科学分析预测雨情、水情，帮助制定全县各重大险情处险方案，为全县抗洪抢险正确决策尽了自己的努力。文星镇水管会主任苏铁锚，把根治县城水患作为自己神圣的使命和追求，在1996年县委、县政府作出南门港裁弯截直的决策后，他主动请缨，担任具体组织指挥工作，在县财政仅投资50万元的情况下，通过招商引资，完成总投资1200万元的工程量，在1998年的抗洪中，发挥出了巨大的效益，一举解除城关地区近十万居民的心腹之患。他被评为全省“抗洪功臣”，全国总工会授予他“五一劳动奖章”，并出席了全国抗洪抢险表彰大会。杨林寨乡纪委书记苏传仁，在白洋湖渍堤被撕开宽3米、深1.2米缺口的紧急关头，奋不顾身，第一个跳入水中和10多名干群组成人墙挡水，连续奋战两个多小时，抢住了缺口。南阳镇南州村河管出现渗水险情后，镇长宗希平带着手电，钻进长达57米的管闸中，闻着令人作呕的腥味，匍匐爬行，一米一米地仔细检查，终于在距管口21米处发现了一条20厘米长的裂缝，使险情得到及时处置。铁角嘴镇楠木村支部书记杨明善，6月中旬防汛开始后，腹部剧烈疼痛，但他顾不上去医院检查，咬紧牙关，带领全村防汛抢险人员，顶风冒雨，挑土担水，巡堤查险，一直坚守在沙田垸的一线防洪大堤上。7月2日终因劳累过度，支持不住，被送往长沙就诊，发现已是癌症晚期。尽管如此，躺在病床上的杨支书，还在想着防汛工作。未等抗洪抢险取得全面胜利，这个老党员就匆匆走完了58个春秋的人生历程，但他的精神在洪水中永生，激励着人们夺取抗洪抢险的最后胜利。青潭乡中山村党支部书记禹正根，在7月31日青潭垸漫溃的危急时刻，带领支部一班人，全力以赴，组织群众转移，而他自己上万元的家产却被洪水卷走。在失去家园的时刻，他没有悲观消沉，灾后又组建“水上流动党支部”，帮助灾民解决吃、住、医等实际困难，用实际行动在群众心中树立起一座洪水冲不垮的战斗堡垒。静河乡共和村党支部书记蒋应甫，6月27日是他病逝的母亲出殡的日子，而此时此刻他负责防守的团结垸大堤险象环生，在公与私的抉择中，他想到的是全垸群众的安全，怀着失去母亲的悲痛，含着热泪，把母亲的丧事托给亲友操办，自己奋战在抗洪一线，带领群众抬沙袋、堵决口，在洪水中整整浸泡了40个小时，终于控制住了险情。作为儿子，他没有尽到最后一份孝心，但作为一名基层负责干部，他尽到了对人民负责的忠心。

各级各部门团结协作，共克时艰。6月27日，省防指向湘阴县义合金鸡垸下达了安全转移命令，垸内1.6万多名群众顾大局识大体，舍小家保大家，在不到4个小时之内，全部转移到预定地点。范家坝实施泄洪后，垸内3个村的群众眼睁睁地看着自己的房屋、稻田、鱼池被淹，但为了保证大垸的安全，义无反顾地服从了命令。濠河口镇新村114公顷稻田和鱼池处于全镇的最低洼处，渍水淹没禾尖，党支部书记江胜军服从垸指挥分部的命令，带领两个村干部日夜守护三个内排机埠，没让一滴水排入处于高危水位的鹤龙湖。县直各单位，除按照指挥部的要求，完成城关防汛抢险任务之外，充分发挥各自的职能作用，为全县防汛抢险做贡献。县政法公安部门组织全体干警日夜轮岗，确保汛期社会治安秩序。县交通航运部门尽一切所能保证防汛抢险的急需，共调集运输船只2000多艘次。县公路局为保证南阳、城关两处汽渡全天候渡运，59名汽渡工作人员坚持轮流值班，副局长杨昔合身先士卒，昼夜战斗在渡口第一线，疏导车辆，使渡口保持了良好的渡运秩序，确保防汛车辆的畅通。县粮食部门积极筹措麻袋10万条，用于防汛抢险；电力部门抽调精干人员组成数十个电力抢险队伍，切实保障了防汛期间的用电；县电信部门服务于防汛抗灾，确保通信畅通；县卫生防疫部门急灾区之所急，组织医务人员深入灾区巡回服务，确保了大灾之年无大疫。长江水利委员会湘阴水位站站长杨建华在长达80天的抗洪期间，每天坚持24小时测报水情，高水位时多次游泳到工作现场，为防汛的科学决策提供依据。洪水无情，人间有爱。为了解决灾区人民生产生活的实际困难，东塘、六塘、玉华、界头铺等乡镇组织轻灾帮重灾，无灾帮有灾的救助活动，县直各单位干部职工共向灾区人民捐献钱物200多万元。

经过全县上下的共同努力，保住了县城，保住了大垸，保住了大坝，保住了人民生命财产安全，创造湘阴抗洪史上的奇迹。省、市领导称赞“湘阴真正发动了群众，三年抗洪靠自己的力量保住了自己的家园，不愧为全省水利建设和抗洪抢险的模范。”

第二节 排 涝

一、渍涝成因

1986—2015年，由于农业产业结构不断调整，旱土作物面积急剧增加导致排水量加大；河床逐年淤高，自排时间减少容易造成渍涝；垸内沟渠淤塞加剧，排水不畅而效益锐减；部分机电设备超期服役，加上洪水水位逐年抬高，高洪水位时缺乏高扬型排水设施而关机停排。这些均给排涝加大难度。加上春夏之际，长江、洞庭湖极易与规律性暴雨同期相遇，形成外洪内涝，腹背受敌的局面。

二、排涝目标

遇连续3日最大降雨（城关、城西、长仑、城南地区195毫米，其他地区190毫米），能3日排干，不因涝成灾。

排涝区划分：以各垸区为单独排涝区，由各垸防汛指挥机构统一指挥、统一调度。

调度方案：当外河水位较低，各低排闸能自流外排的情况下，明确各排水涵闸开启的各级责任人，按报批程序启闭涵闸；当外河水位在警戒水位以下，且低排闸不能自流外排的情况下，明确各机埠运行的相关责任人，遵循高低水分家，高水入湖、低水抢排的原则；当外河水位超警戒水位时，有部分机埠超设计扬程或因工程原因无法正常开机的情况下，明确各机埠运行的相关责任人，按排涝服从防洪的需要，该停机必须停机，并明确到机埠。同时按预案启动协排机埠；当外河水位超保证水位时，防汛形势严峻，各机埠运行严格执行县防指指令，加派力量，重点防守，并明确相关责任人，按排涝服从防洪的原则，启动预案。

遇降雨超设计暴雨时，各垸区由指挥长统一调度，分排区安排专人负责，明确相关责任人，全垸协同作战。

三、调度管制

1986年始，一乡（镇）一垸的排涝由乡（镇）防汛抗旱指挥所调度。县防汛抗旱指挥部汛期实施五个方面的调度：烂泥湖大圈的新泉寺水闸、洋沙湖垸的洋沙湖闸、青潭垸的泄洪闸等3处控制闸的调度；机埠抢排县城内渍水的调度；进入警戒水位时，所有外排机埠运行调度；排涝时期的供电整体调度；鹤龙湖、长大湖、王家河、南湖哑河、鹅公湖、鼻湖、范家坝、东湖等骨干内湖的蓄水调度进入防汛水位，乡（镇）排涝控制闸的启闭，必须接受县指挥部的统一节制。2010—2015年，调度管制进入程序化规范运作。

2015年湘阴县调蓄湖泊控制水位情况一览表

表15-7

湖泊名称	水面面积（公顷）	正常水位（米）	危险水位（米）	蓄水量（万立方米）	调蓄水量（万立方米）
濠　河	200	29.0	30.5	800	200
黄上湖	166.67	28.5	29.5	420	160
酬塘湖	133.33	28.0	29.5	330	134
王家河	66.67	28.5	29.5	300	113
鹅公湖	133.33	27.3	29.0	250	80
鼻　湖	166.67	27.8	28.5	426	166
鹤龙湖	540	26.5	27.0	700	162
长大湖	93.33	27.5	28.2	200	70
白泥湖	286.67	26.8	27.5	480	90
三汊港	306.67	28.5	29.5	480	90
洋沙湖	433.33	29.0	33.0	1334	500
范家坝	320	31.5	33.14	1200	730
哑　河	213.33	28.5	29.5	795	294

第三节　抗　旱

一、整治库塘

山塘　20世纪80年代末，山区病险塘坝逐年增多，蓄水能力受到很大制约。1985年，新开塘坝10处，整修塘坝149处。1990年前，全县共修建山塘7480口，蓄水460万立方米，灌溉面积8633公顷。

1992年修标准塘1330口，整修山塘320口。1999年，新建标准塘400口。至2010年，共升级改造山塘1200余座。新修山塘26座，完成土石方340万立方米。县境拥有山塘溪坝共7700处，其中大型山塘29处，山塘4300处，溪坝3371处，蓄水520万立方米，灌溉面积1.284万公顷。

水库　1985年，整修中型水库1座，小（1）型水库4座。1990年，整修小（2）型水库20座。1992年，兴建标准小（1）型水库6座，整修小（2）型水库13座。1999年中小型水库除险加固10座。1998年始，对病险水库进行大规模整治，对赛美水库和燎原水库重点除险，清除白蚁窝，扩修溢洪道，加高块石护坡、冲抓加填防渗。2001年，加固小（1）型水库8处。2003年，处险加固水库35座。2009年，投资1577万元实施燎原水库除险加固工程；投资795万元完成常家洞、六塘及寺坝3座小（1）型水库除险加固工程。至2010年，全县共建成中小型水库144座，其中中型水库3座，小（1）型水库10座，小（2）型水库131座，库容5790.3万立方米，旱涝保收面积2.673万公顷，灌溉农田2.863万公顷。2015年，山丘区有水库71座，其中中型2座，小（1）型10座，小（2）型59座。

二、开拓水源

多渠道供水：2000年对全县水工程供水量调查，全县水工程供水量58678万立方米，其中蓄水工程6483万立方米，引水工程17815万立方米，拦水工程34380万立方米。通过穿堤管闸从外河引水供水，水量可按需供应。通过水库、塘坝、沟渠储集自然降水，地表水年均总量15亿立方米。2006年，旱情严重，本着先活水，后死水，先远水，后近水，先高水，后低水的原则，积极利用一切能抗旱的水源，全县共投入劳力47900人，抗旱设备4077台（套），耗费油料195.3吨，耗电600860千瓦时，总耗资金183万元。其中对受旱特别严重的湘滨垸，由县水电挖泥船队派出一艘挖泥船，于9月1日6时开赴湘滨垸王家河，从外河抽水抗旱。共灌溉农田19617.3公顷。

人工降雨：1988年8月，湘阴县第一次实施人工降雨。8—20日，在县气象部门指挥下，作业4次，发炮220发。耗资2万元，降雨6次，共63.5毫米。石塘乡、城南区8个乡5334公顷稻田受益。2007年、2010年，湘阴县出现历史上少有干旱，春旱接夏旱连秋旱，山塘水库近于干涸，禾苗枯死，部分群众饮水都十分困难。县气象局主动请缨，先后13次组织人工降雨作业，共发射炮弹160发，缓解了1.33万公顷农作物的旱情。2013年，湘阴县出现严重旱灾，6月、7月、8月三个月内只降雨20毫米，近50天晴热高温，全县26万人受旱灾，6万人饮水困难，农作物受灾面积26200公顷，旱情持续之长，范围之广，历史罕见，湘阴县委、县政府组织全县干群奋力抗旱，同时开展人工降雨，共组织10次人工降雨作业，减轻了旱灾压力。

第三章　平建工作

平垸行洪，退田还湖，建设移民集中安置点工作简称“平建工作”。湘阴县是全国“平建”重点县之一，国家投资部分居全省第二、岳阳市第一。1998年10月28日，县政府召开全县“平建”工作会议，“平建”工程全面启动。为切实做好平建工作，县委、县政府实施“五个坚持”：①坚持深入宣传、周密制定方案。全县广泛宣传发动，宣讲政策，统一广大干群的思想认识。在此基础上，九易其稿，制定了湘阴县平建实施方案，对实施原则、补助标准、补助对象、工作程序等都作了明确规定，为平建工作顺利进行提供了保证；②坚持规范管理，做到专款专用。平建资金制定“堤垸申报、县办会审、张榜公布、进村核户、进度拨付、跟踪监督”六道审批程序，严格把关；③坚持严格监管，确保工程质量。建立健全工程质量终身负责制，做到县、乡（镇）、村三级联动，严把质量关。对移民集中安置点的水、电、路、闸等配套工程实行全程监管，对移民新区建设的选址、规划、设计、施工等各个环节严加监督，对20户以上集中移民点和重大基础设施建设工程实行“项目规划、质量监控、施工监质、逐户验收”的质监程序，加强对现场质量技术监督和建筑材料质量监管，从源头上消除工程质量隐患；④坚持整体联动，倾力搞好服务。县平建办建立职能部门定期会商制度，使涉及国土、城建、农业、水利、教育、卫生、电力、交通、公安、电信、广播等部门的一切矛盾和问题，都能及时得到协调和处理，为平建工作顺利进行创造良好的社会环境；⑤坚持执政为民，搞好生计安置。全县共调整田土1000公顷，调整林地200公顷，重新核发土地权属证书10000多份，开发土地933.33公顷，开发利用退田还湖水域3333.33公顷，组织劳力外出打工1.5万人次，组织移民从事三产业2800多户，开发种、养、加项目38项，初步形成了一业为主多元经济发展的生产新格局。

县委、县政府对平建工作十分重视，成立县平垸行洪、移民建镇工作领导小组及其办公室，从有关部门抽调人员组成工作班子，具体搞好协调和服务；同时，各有关乡镇亦相应成立领导班子和组建工作机构，负责此项工作。整个平建工程分四期实施：第一期1998年11月开始进行，搬迁移民4889户、18843人；第二期2000年4月实施，搬迁移民5039户、22048人；第三、四期2000年12月同步启动，搬迁移民10715户、36782人。至2004年，国家投资3.48亿元，其中基础设施配套资金3800万元，平退堤垸34个，搬迁移民20643户、77673人，建设移民集中安置点91个。其中新建镇3个，扩建镇9个，建成村落式小聚落85个。新建移民住房17868栋，建筑面积196.5万平方米，集中安置移民9714户、32642人，分散安置10929户、45031人。铺筑混凝土硬化道路22.5千米，架设输电线路112千米，完成各类配套设施320处，平垸行洪、退田还湖面积8333公顷。

全县平退堤垸34个，其中双退13个，单退21个。双退的堤垸有复兴巴垸、三合巴垸、铜固垸、新泉小围子、桑场巴垸、新洲湖垸、临资口、南湖洲巴垸、白马寺、黄泥塅巴垸、澧溪垸、城西外洲、萝卜洲。单退的堤垸有青潭垸、麻布垸、冯家垸、杨幺垸、七星垸、中山垸、仁山垸、小北湖垸、毛家湖垸、下坝湖垸、镜明河垸、石牛垸、洋沙湖垸、龙船港垸、大屋围垸、石涧垸、向荣垸、文泾港、樟树港、弓管子、乌龟冲垸。

湘阴县平建工作受到全国和省、市的充分肯定，先后出席全省、全市平建工作经验交流（座谈）会介绍经验。2002年7月，县委副书记、政协主席、县平建领导小组顾问熊伯群出席在江西南昌举行的四省移民建镇工作现场会，在会上作题为“严格工程监管，确保工程质量”的典型发言。

第四章 水利管理

第一节 工程管理

全县水利工程归口水利局工程股管理。2座中型水库，10座小（1）型水库，都建立管理机构。各水库管理所负责管理本水库大坝枢纽工程和灌溉渠系工程。小(2)型水库由乡镇水管站和村级共同管理。塘坝堰等小型水利工程由村组管理。

1978—1999年，水利工程建设项目采取的主要措施是：县成立水利建设指挥部，各乡镇成立水利建设指挥所，实行行政领导负责制。在工程质量管理方面，由县水利局主管业务的副局长负责，水利局工程管理股、水利工程质量监督站人员分项目进行指导、督促、检查，各有关水委会主任、分管副主任、工程股长为项目负责人，具体负责工程施工、材料送检、质量自检、工程竣工验收，并为该项目工程质量终身负责人。在具体方法上，实行分级负责，计划管理，对工程建设投资严格按程序办事，先审批后投资，包工不包料，按定额结算工资，按施工进度分期付款。在资金使用上，实行审计和监察，施工过程中合理安排施工人员，制定施工和验收制度。

2000—2010年，推行水利建设工程项目法人制度。全县水利工程建设实行项目法人制、招投标制和建设监理制为主体的“三制”管理，加强水利工程建设的行业管理，保证水利工程建设的工期、质量、安全和投资效益。2011—2015 年，县水务局对水利建设工程质量进一步加强管理，严防出现“豆腐渣”工程。在严格执行项目法人制、招投标制、监管制“大三制”的同时，全面推行“小三制”，即项目清单管理制、个案管理制、合同刚性管理制，并紧紧把住四关，即工程设计关、材料选用关、施工队伍关、工程监理关。水务局监管人员和法人代表必须经常到项目建设现场督查，严把四关，严格执行质量责任终身追究制，达不到质量要求给予经济处罚，保证工程建设质量和生产安全，不出事故。

第二节　灌溉、水费管理

一、灌溉管理

1978 年始，灌溉管理采取以下三种模式：以灌溉为主的统一管理模式，采取统一管理，送水到村，如中、小（1）型灌溉区属此类；以村组管水模式，以村、片成立水管会，专门管理蓄水放水，如小（2）型水库塘坝属此类；以户管理模式，主要是将小型水利工程承包到户经营，如小机井、小塘、小坝等。

二、水费征收

1985 年，水费征收坚持合理负担政策，狠抓政策兑现。乡与乡、村与村工日平衡兑现，上年超工的乡减当年建设用工，上年亏工的乡当年相应增加建设用工。1985—1997 年，水费由乡（镇）财政统收。

1998 年采用两种新的收费形式，一是乡镇电排站直接到受益村组收取，并利用所有职工人缘关系，包片包户收取；二是将水费分为管理费与电费两部分，电费由乡镇财政统收，管理费由乡镇电排站直接收取或乡镇财政所签订收付合同由乡镇财政分期到位。

2001 年，突出政策宣传，加大征收力度。当年征收到位防汛保安资金 130 万元，超年度计划任务 13%。水费收取到位。

2002—2006 年，山丘区中、小（1）型水库水费征收是实施两步水费制。一是基本水费。每亩收原粮 5 千克左右（或 10 元钱）；二是计量水费。每小时收 20 ~ 25 元不等，大约每立方米 1.2 分钱。小（2）型水库由村、组视水库当年的运行情况收取维护费。中央为减轻农民负担取消“两工一费”（防汛、冬修义务工、堤防保护费）后，仅有中型水库和部分小（1）型水库收取一定的计量水费。除外排以外的村级泵站按“谁受益谁负担”的原则由各村组自收解决泵站的电费、维修及人员工资等开支。外排泵站的运行维护费用在国家粮改政策之前由各乡镇根据各地实际情况按每年每公顷 450~1050 元的标准收取；2007—2015 年，国家每年安排湘阴县 1814 万元转移支付资金，用来解决全县外排泵站的电费、人员工资、维修、管理等费用。

第三节　水政执法

1989 年，县水利局设立水政股，1999 年，成立县水政监察大队，集水行政执法、河道管理、水行政管理、水土保持、水资源管理等职能为一体。2004 年，设立水政监察中队，是全省首个设立监察中队的县。是年，将水资源办从水政股分离。

1989 年始，每年世界水日，县水利局通过宣传车、电视、印发资料、张贴横幅标语等宣传《中华人民共和国水法》。

1990 年，全县开展依法治水试点工作。在 17 个工程管理单位建立水利监察队伍，任命 40 个水利监察员，集体参加市局组织的执法培训，制定了水资源管理、河道管理的法规、条例。调处各类水利纠纷 152 起，处理各类破坏水利工程设施事件 23 起，扫除河障 10 处，砍伐阻水芦苇 54 公顷，阻水树木

4万株，拆迁房屋302栋，店面128间，搬走堆砌物3204平方米，毁菜园120处，废井831口，拓宽了河道，保证河水正常宣泄。

1992年，县水利局水政股处理各类纠纷10起，制止、拆除违法建筑8处，拆毁违章房屋22栋、店棚40个，填平鱼池7公顷，砍伐阻水树木2万株，搬移堆料2200立方米。

1999年，整章建制，规范管理。向各水利工程管理单位颁发《湘阴县关于实行水利建设项目法人责任制的规定》《湘阴县水利工程建设质量监督和质量管理终身责任制的规定》等六项规定。按章整改不符合行洪要求的河道工程4起，制止河道内违法行为12起。

2001年5—6月，两次组织74名水政监察人员沿河、沿堤进行执法大检查，现场查处各类水事违法案件4起，扫除有障行洪的店棚25间，各类杂物200多起，1300立方米。与当地乡镇、公安和水利部门干部共同做好群众工作，依法拆除湘滨垸一线防洪大堤上在建的塞梓庙。

2003年5月，依法处理岳控5号吸砂船未办生产作业许可证，擅自在湘水西支包公庙至刘家坝禁采区河段挖砂案；依法处理了县公路局某公司违章弃土，淤塞挤垮渠道案和向阳村民肖某擅自修建码头侵占河道，损毁一线防洪大堤案。

至2005年，共查处水事违法案件236件。2010年，以3月22日“世界水日”和“中国水周”为契机，组织30多名水政人员和15台宣传车，深入全县各乡镇，开展为期3天的大型宣传活动，共印发10000多份宣传资料，湘阴电视台开辟专栏，在活动期间每天19：40播放水法宣传片。加大水行政执法力度，立案查处兴旺号和赣C1281号采砂工程船无证盗采砂石等5起违法违规案件；加强河道管理，投入清障费用46.8万元，组织工程船、挖机等设备，对河道砂石尾堆进行全面清理，共清尾堆2.52万立方米。2011—2015年，县水务局以建设环境友好型和资源节约型为宗旨，在“世界水日”期间开展大规模水法宣传，强化水资源行政执法监管措施，全面实行开征水资源费，对各用水企业实行月报表制，每年开展水土保持日常监管执法不少于50次；配合相关职能部门加强对砂石码头整治；开展河障清理整治，严禁向江河倾倒垃圾，定期组织船只打捞江面漂浮垃圾，对违法行为严厉查处。共调处水事违法案件170余起，立案处罚49起。

第十六篇　工业·乡镇企业

20 世纪 70 年代初，湘阴根据中央提出各地大力发展地方工业的号召，相继兴建氮肥厂、电池厂、水泥厂、纸板厂、机电厂、棉织厂，初步形成化学、机电、造纸、纺织、冶炼等为主的工业体系。全县工业由手工业生产逐步转变为半机械化或机械化生产。至 1978 年，工业企业增至 117 家，工业产值达 6222 万元，占工农业总产值的 38.9%。中共十一届三中全会后，工业面向社会需求全面发展，食品、造纸、轻工、化学工业成为骨干行业。1982 年国营工业产值首次突破 1 亿元大关，在全省县级工业综合排名中位居前十位，年上缴利税 1380 万元，有“湘阴财政三分天下有其一”之称。1984 年 4 月，中共中央转发农牧渔业部《关于开创社队企业新局面的报告》。县委、县政府召开全县区、乡、镇、场负责人会议，对发展乡镇企业（社队企业）进行总动员。当年，新办企业 60 个，新上产品项目 50 个，乡镇企业产值 5000 多万元。

1985 年，全县工业企业有 242 家（不含村及村以下企业），职工 18226 人，工业固定资产原值 10388 万元，年产值 17854 万元，占全县工农业总产值的 44%，实现利税 2311 万元。基本形成包括食品、化工、机械、机电、建材、纺织、服装、印刷、冶炼、造船、陶瓷、农具家具加工等较为完整的工业体系。同时碳氨、平瓦、机制红砖、节能变压器、1 吨平板车、西湖咸蛋等产品进入同行业先进行列，部分畅销国外。彩画装饰板、低度大曲酒、烙花板式家具、高温砂锅等获部、省优新产品。是年，乡镇企业发展到 6447 个，从业人员 4.32 万人，产值 1.24 亿元。

1986—1990 年，县委、县政府加大企业技改资金的投入，完成纸板厂增设漂白系统、人民纸厂万吨纸机挖潜改造、装饰板厂彩画装饰板生产配套工程等多项技改项目，一大批企业的生产能力明显提高，工业总产值年均增长 21.9%。

1992 年 7 月，县委、县政府召开乡镇企业工作会议，确立走“开发资源，服务市场”路子，突出发展“三沿（沿江、沿湖、沿路）企业”，实行“鼓励快牛”政策，形成一村一品、一乡一业、一区一型的“众星捧月”式立体产业。是年全县乡镇企业总产值 10.3 亿元，利税 1 亿元。

1992—1994 年，由计划经济转向市场经济，湘阴县国有企业出现包袱沉重、机制不活、效益低下、亏损严重的状况，多数企业面临破产倒闭，工业经济一度陷入停滞、萎缩状态。对此，县委、县政府和工业主管部门对亏损企业重点帮助，采取“一厂一目标一措施”的办法，引导各企业加强现场管理和成本管理，促进工业生产发展，虽然取得一些成效，但没有从根本上解决问题。

1995 年始，对亏损严重的县属企业实行破产重组、转移下放、内部承包、整体出租、股份合作等多种经营形式启动一批企业的生产。是年乡镇企业总产值 39 亿元。文星镇乡镇企业产值 3.1 亿元，跻身全省百强镇行列。1998 年，县委、县政府提出“产权明晰，权责明确，政企分开，管理科学”的要求，加快工商企业机制转换步伐，加快与市场接轨。县属工业企业通过租赁、股份制、承包经营、出卖、破产、“退二进三”（退出第二产业，进入第三产业）等多种改制形式，着力推进企业市场化。是年，22 家国有工业企业有 3 家租赁、3 家整体出让、5 家承包经营、2 家转移下放、1 家实行股份制改造、1 家组建责任公司启动生产，还有 7 家采取“退二进三”，资产变现等办法安置下岗工人。县属工业经济峰回路转，全面复苏，出现开工企业增加、产值增加、销售收入增加、税收增加、上岗人数增加的好势头。

2000年始，深化国有工业企业民营化改革，实施“一卖一买”举措。2001年，湘阴县委、县政府把“兴工富县”作为经济工作的重点，工业企业在原有改革基础上继续实施“两个置换”。2001年，三塘酱厂、兰岭茶厂列入全省60家农业产业化龙头企业。湘阴县获全省乡镇企业工作先进县。2002年，全县工业经济冲出低谷，走上健康发展轨道。是年规模工业企业发展到67家，其中产值过1000万元的企业18家，过5000万元的企业8家，全县规模工业企业实现产值16.9亿元，实现工业增加值4.6亿元，产品销售率99%，位居岳阳市前列。2003年，县委、县政府出台《关于鼓励国内外客商投资的若干规定》，对前来投资兴业的客商在税收、征地等方面给予最大程度的优惠政策。鼓励私人投资改造、嫁接、并购、参股和控股国有企业，鼓励民间资本进驻国有企业。是年，县委、县政府按照“高起点规划、高标准建设”的指导思想，在邻近长沙的城南洋沙湖地段规划12平方千米土地建立湘阴工业园区，实施“以园兴工”战略，为工业发展构筑平台。至2005年，湘阴工业园共引进工业企业25家，总投资15亿元，提供就业岗位8000多个，全县工业步入快速发展轨道。乡镇企业加快破产企业资产重组，强力引进盘活，实现投资主体多元化，立足农产品资源优势，做大做强。

2007—2009年，全县工业总产值年均增长39.5%，并且逐年加速。工业总量不断扩张，规模企业不断增多，新型材料产业逐步进入市场。

至2010年，全县规模工业企业（年销售收入在2000万元以上的工业企业）发展到129家，完成规模工业总产值268.9亿元，实现工业增加值76.9亿元，其中产值过亿元的86家。规模工业企业从业人员26300人，上缴税金1.03亿元，首次突破亿元大关。乡镇工业企业56个，产值8.88亿元。全县形成食品加工、纺织、建材、机械制造、电子信息、轻工等较为完整的工业产业。工业成为推动全县经济增长、财政增收，就业增加的主导力量。

2015年，全县规模工业企业发展到151家，高新技术企业37家，工业总产值710亿元，规模以上工业实现增加值166.2亿元，各项指标比2010年又有大幅度增长。

第一章　工业企业改革

第一节　经营体制改革

中共十一届三中全会后，工业企业开始推行各种形式的经济责任制。1979年，工业企业由单纯生产型逐步转变为生产经营型，实行计划经济与市场调节相结合的管理体制，松绑放权。

1980年10月，预算内国营工业企业执行工业利润、盈亏大包干，打破过去财政统收统支，企业利润全额上交、亏损审核补贴的“吃大锅饭”局面。是年，10家国营企业上缴利润263万元。

1982年，推行“首钢经验”，实行“包、保、修、核”经济承包责任制，把“包”字引进车间、班组和个人，采取纯上交部分大包干、部分经济指标小包干以及单项产品包干和专业承包等。10家国营企业内部建立37个车间核算机构。

1983年，13家国营工厂签订经济承包责任合同，实行“六定一奖一罚”（定产值、定利润、定上交、定资金周转天数、定安全生产指标、定计划生育指标，完成受奖，未完成受罚）。全县205个乡办企业中有21个实行“投标承包”。51个厂长为首“组阁承包”，企业内部、车间、联组、机台、岗位，层层定领导岗位和生产岗位责任制。1986年1—6月，全县完成工业总产值8898.35万元，评选了14个优胜企业，创造了“抓三改、创三优”（改革体制，优化企业管理；改进技术，优化产品结构；改善经营，优化服务质量）的经验。

1986年6月，县委、县政府为了给经济工作创造一个良好的社会环境和宽松的外部条件，就划清企业正常经营活动与不正之风的界限作出7条具体规定，其中明确“企业根据有关政策规定提取的奖金和按各级政府或县以上主管部门认定或鉴证的经济承包责任书取得的奖金是正当的。”

1988年2月，县委、县政府发出《关于进一步深化工商企业改革的决定》，下放企业内部机构设置权；进行分配制度改革，企业可以根据本身情况，同时采取按股分红、按资分配和按劳分配等多种分配办法。

1992年11月，中共湘阴县第七次代表大会提出国有工业企业改革打好转换企业经营体制总体战的总体原则：通过理顺产权关系，实行政企分开，落实企业自主权，把企业推向市场，使企业真正成为自主经营、自负盈亏、自我发展、自我约束的法人实体和市场竞争主体，并承担国有资产保值增值的责任，积极推进股份制试点。进一步完善经营承包制，选择一部分企业实行投入产出总承包试点，大胆引进三资企业和乡镇企业的经营机制。对县属亏损严重的企业，实行承包、租赁、拍卖、股份制等多种经营形式，搞活企业，扭亏为盈。企业内部实行人事、工资、劳动三项制度改革，健全和完善企业内部的管理体制和运行机制。是年，工业总产值84546万元，比上年增长34.6%，食品工业发展到428个，湘阴县被省政府授予食品工业先进县称号。县酒厂生产的左宗棠大曲酒获省新技术开发新产品交易会金奖。湘阴县工业实现民营化以后，业主为法人代表，实行自主经营，自闯市场，自负盈亏，自我发展，延续至2015年。

第二节　产权体制改革

1992年，邓小平南方谈话后，县委、县政府先后16次召开县委常委扩大会议、县政府常务会议，对国有企业改革进行专题研究。借鉴四川省宜宾县、湖北省宜昌市等地的经验，确立对全县国有企业深层次改革的总的指导思想，即以南方谈话和中共十四届三中全会精神为指导，按照社会主义市场经济的要求，积极稳妥地推进以股份制改革为重点，多种形式并举的企业产权制度改革，逐步建立现代企业制度。

1994年，10名县级领导、28名科级干部组成企业改革“支帮促”工作组，下厂帮助企业进行产权制度改革。

1995年，全县国有工业企业采取租赁承包、股份制合作、股人参股国有企业、国有民营和拍卖等更加灵活的经营形式减少亏损，争取盈利。1996年实现工业总产值11.2亿元，主要工业部门有化肥、冶炼、纺织、机电、造纸、陶瓷、建材和饲料加工等。有3家饲料加工企业进入全国饲料加工企业百强，湖南省饲料加工企业十强。

1997年，县委、县政府围绕“抓大放小、破产重组、扶优扶强、提高效益”做文章，加大国有企业改革力度。

1998年，县委、县政府提出“产权明晰、权责明确、政企分开、管理科学”的要求，加快工商企业机制转换步伐，加快与市场接轨。县属工业企业通过租赁、股份制、承包经营、出卖、破产、“退二进三”（退出第二产业，进入第三产业）等多种改制形式，着力推进企业市场化。是年，22家国有工业企业有3家租赁、3家整体出让、5家承包经营、2家转移下放、1家实行股份制改造、1家组建责任公司启动生产，还有7家采取“退二进三”或资产变现安置下岗工人。

1999年，工业改制、改造、改组面70%，盘活资产存量1.5亿元。是年，工业完成总产值50.99亿元。

2000年，深化国有（集体）工商企业民营化改革。实施“一卖一买”（卖断国有、集体工商企业产权或部分产权，解除企业对政府的依附关系；买断国有、集体工商企业职工工龄，解除职工对企业的依附关系）举措，把职工引向市场，使企业成为自主经营、自负盈亏的法人实体和市场。

2002年，全县工业按照“大胆放、有序进、彻底换”的思路，继续抓好改革改制工作。全县规模工业发展到67家，其中产值过1000万元的18家，过5000万元的企业8家。

2003年，县委、县政府按照“兴工富县”的思路推进工业化，突出产权制度改革创新，把产权制度改革作为搞活国有、集体企业的催化剂。县属工业企业加快改制步伐，16家改制企业资产重组，盘活存量资产21亿元，并投入资金5070万元完成12个工业项目技术改造。通过依法破产和置换身份，全县国有企业全面实现民营化经营。年底，全县共有民营企业6428家，年产值56亿元，初步形成多行业、宽领域、全方位发展格局。《湖南日报》以《湘阴工业全部民营》为题报道予以肯定。

2010—2015年工业体制改革完成扫尾工作，县办国有工业经济消失，非公经济体制形成工业经济主力军，成为湘阴县赶超跨越的强劲动力。

第三节　国有企业改制和移交社区

湘阴国有企业改制和移交社区工作于2000年开始起步，为尽快使企业脱离困境，2000年，县政府相继出台湘政发[2000]28号《关于深化企业改革，实施“两个买断”的指导性意见》和湘政发[2001]34号《关于做好“两个置换”企业养老保险工作的补充规定》等两个纲领性的文件，用以指导当时全县企业改制工作，解决企业遇到的问题和困难。至2007年年底，全县工商企业转让拍卖资产总额近3亿元，工业企业招商引资21家。全县完成工商企业改制87家，占应改制企业152家的58%;置换职工身份19592人，占应置换身份职工28279人的70%。但由于有的企业资产不平衡，人员多、资产少、债务重，一部分零少资产企业无法改制或改制得不彻底，企业改制工作一直在困境中观望徘徊。2008年，新一届政府对企业改制工作高度重视，县政府先后召开一次政府常务会和两次县长办公会，专题研究改制工作，并成立湘阴县国有企业改制工作领导小组，政府拨付专门办公经费在县工业局集中办公。同时，重新制定《关于进一步规范国有企业改制工作的若干意见》《关于湘阴县国有企业改制工作有关问题的操作实施细则》《关于企业改制有关问题的会议纪要》等3个企业改制的专门文件，出台一系列行之有效的改制举措，突破零资产、少资产企业无法启动改制的瓶颈。到2010年底止，基本完成国有企业改制工作任务。全县有国有、集体企业152家，完成改制142家，在改制1家，改制企业应置换职工身份人数27785人，置换身份26735人，全县改制企业应处置资产总额4.429亿元，处置资产3.533亿元;所有改制企业职工都参加社会养老保险。

2012年4月，县政府成立湘阴县国有改制企业移交社区工作领导小组。5月，县移交办制定出台《湘阴县国有改制企业移交社区工作实施方案》。2013年8月，常务副县长、国有改制企业移交社区工作领导小组组长闵秀明再次主持召开湘阴县国有改制企业移交社区工作推进会。随后，县长黎作风主持召开2013年第20次县长办公会议，就认真做好国有改制企业向社区移交工作等有关问题进行研究，并形成《关于认真做好国有改制企业向社区移交等有关问题的县长办公会议纪要》。2014年12月11日，代县长尹培国主持召开第10次政府常务会议，会议决定由县委常委、常务副县长刘正仁牵头负责，处理移交工作中的有关具体问题，并对移交工作的各个方案、安置标准、资金筹措、组织移交、资产移交等方面进行周密细致的安排部署，为移交工作的全面完成提供坚强的组织保证和经费保障。全县142家改制企业有职工2.6万余人，其中2.2万余人移交到文星镇社区，0.4万余人移交到18个乡镇。

第二章　工业结构

第一节　所有制结构

1986年，有工业企业242家，完成工业总产值24004万元（按当年现行价，下同）。其中：国有工业企业35家，完成产值14330万元，占总产值59.70%；集体工业企业206家，完成产值6725万元，占总产值28.02%；个体企业2577家，产值1446万元，占总产值6%。1991年，有工业企业6261家，总产值59951万元。其中：国有工业企业44家，完成产值27548万元，占总产值45.95%；集体工业企业192家，完成产值17796万元，占总产值29.68%；合作经营工业190家，完成产值1154万元，占总产值1.93%；村办工业企业305家，完成产值3986万元，占总产值6.65%；个体工业企业5530家，完成产值9467万元，占总产值15.79%。1991年同1986年比，国有工业企业在总个工业企业经济比重中下降13.75%，个体工业企业比重上升9.79%。

1992年始，全县大力发展私营经济。10月，县委召开会议，认定突出发展个体私营经济，发挥其机制灵活，以追求市场为目的特点，是实现县域经济快速发展的最佳选择。1993年4月，县委、县政府发出《关于大力发展个体私营经济的决定》。1993年年底，全县工业企业7708家，总产值119248万元。全民所有制工业企业45家，产值50914万元，占总产值42.7%；集体所有制工业企业217家，产值32745万元，占总产值27.46%；城镇合作经营企业50家，产值316万元，占总产值0.3%；城镇个体企业223家，产值1470万元，占总产值1.2%；农村村办工业企业346家，产值9000万元，占总产值7.5%；农村合作经营工业企业226家，产值2225万元，占总产值1.9%；农村个体工业企业6601家，产值22575万元，占总产值18.93%。同1991年比，国有工业企业在全部工业经济比重下降3.25%，城镇农村个体工业企业经济比重上升4.34%。

1994年始，实行工业企业多种所有制并存，乡镇及乡镇以上企业采取多种措施，千方百计启动破产倒闭企业，形成国有、集体、个体私营、联营、外资、股份制等多种所有制企业并存的局面。是年，全县工业企业21150家，总产值198049万元。其中：全民工业企业43个，产值63136万元，占总产值31.87%；集体工业企业212个，产值47675万元，占总产值24.07%；城镇合作经营工业企业69家，产值564万元，占总产值0.28%；城镇个体工业企业309家，产值3212万元，占总产值1.63%；农村村办工业企业799家，产值18692万元，占总产值9.44%；农村股份合作经营工业企业545家，产值5810万元，占总产值2.94%；农村个体工业企业19147家，产值58950万元，占总产值29.77%。形成多种所有制工业企业并存局面，全民和集体所有制工业企业所占经济比重下降，其他形式的所有制工业企业所占经济比重有所上升。

至1999年年底，全县工业企业12488家，总产值509867.5万元，其中国有工业企业23家，产值22931.1万元，占总产值4.5%；集体工业企业584家，产值207439.3万元，占总产值40.68%。国有工业企业在总个工业企业的经济比重分别下降41.45%，私营工业企业增加3612家，产值117343.5万元，占总产值23%；个体工业企业增加8257家，产值1600251万元，占总产值31.39%。私营工业企业和个体工业企业得到迅速发展。

2000年，县委、县政府提出主动收缩国有经济，推进经济民营化进程。鼓励民营企业参与国有（集体）企业的改制，采取收购、参股租赁、兼并等形式，实现资产重组与低成本扩张。

2004年，为加快非公有制经济发展，县委、县政府相继出台了《关于进一步优化经济发展环境的决定》《招商引资优惠办法》《关于推进全民创业的实施意见》《湘阴县投资项目审批代办制实施方案》等政策文件，进一步放宽各种所有制民营企业的市场准入和投资领域。

2010年，全县非公有制经济实现增加值84亿元，税收2.6亿元，工业企业发展到827家，其中非公有制工业企业为786家，占95%，县城工业企业基本实现民营化。149家规模企业中有144家是个体私营、联营、外资、股份制等各种非公有制企业，占规模企业总数的96.66%。

2011—2015年，工业企业发展到827家，其中非公有制工业企业为786家，占95%，县域工业企业基本实现民营化。

在全县工业企业各种所有制经济的变迁中，个体私营企业一直独领风骚。1986年，全县有个体工业企业2577家，完成工业产值1446万元。至2015年，全县个体工业企业4721家，增加2144家，完成工业产值6.86亿元，比1986年增加46.4倍。

第二节 行业结构

1986—1993年，全县工业有食品、纺织、轻工、家具、化工、机械、建材七大工业行业，形成小而全的工业体系。其间：1993年，生产棉布19404万米，饮料酒2786吨，配混合饮料1007吨，食用植物油1230吨，机制纸及纸板23730吨，日用陶瓷器13117万件，干电池11325万只，铜1677吨，合成铵21186吨，油漆85吨，水泥16757吨，变压器43.23万千伏安，柠檬酸379吨，白银104千克。

1995年，大量工业企业停产、破产，企业减少到8106家，各行业生产出现不同程度的萎缩。

1996年始，按照“以资源为依托，以市场为导向”的思路，不断加强行业结构调整力度，积极改造传统产业，大力发展高新技术产业，逐步建立符合资源条件，具有一定比较优势，适应市场需求变化的产业体系。

1997年，县委、县政府围绕“抓大放小，破产重组，扶优扶强，提高效益”做文章，加大国有企业改革力度。培育壮大脱胎换骨后的造纸、机械、化工等产业。

2005年3月，为推进行业快速发展，县委召开会议，明确提出依法组建行业协会。是年年底，工业企业已组建食品加工、机电化工、建材装饰、造纸包装、纺织服装等5个行业协会，让协会成为入会企业的“娘家”和支柱。化工行业中的县氮肥厂先后改制为大地化工有限公司、长江化肥有限公司。通过新增投入，生产能力由年产合成铵4万吨提高到6万吨。造纸行业中的县人民纸厂2001年引进泰国青山纸业集团成立岳阳（湘阴）丰隆纸业有限公司，年生产能力达2.8万吨，产品销往全国各地，并远销东南亚等国际市场。食品、建材两大支柱产业发展壮大。依托本地农产品资源和木材、砂石等自然资源，大力扶持食品加工业和建材业的发展，将资源优势转化为现实生产力，形成了湘阴县工业的支柱产业。

至2010年，食品加工业有长康实业有限公司、义丰祥实业有限公司、华康食品有限公司、楠竹山华鑫农副产品有限公司、至友米业、金顶酱油、浏阳河油业、南湖洲牛业等44家规模以上企业，年完成工业总产值117亿元，上缴税收949.5万元；建材业有湖南建华管桩有限公司、福湘木业、湖湘木业等规模以上企业19家，年完成工业总产值43.3亿元，上缴税收2607万元。二大支柱产业的规模以上企业个数占全县规模以上企业个数的48.8%，完成工业产值占全部工业产值的59.6%，完成税收占全部工业税收的34.5%。新兴产业加快发展。先后引进依鲁光电、驿通电子、深圳酷看电子、湖南西格玛电气、长沙志宇电子等一大批电子信息产业项目落户湘阴县。2010年以后，湘阴县新型工业化强力推进逐步形成新型产业集群，2011年引进投资20亿元的远大低碳科技园，主要生产新型节能环保低碳9度抗震建筑材料，当年投产见效，成为湘阴县最大最新的建筑产业，税收逐年增加。2011年4月，县委、县政府在金龙镇建设金龙新区，招商引进新型先进制造和电子信息项目，2015年，金龙新区有百尔泰克，生物科技、天恒置业工业地产、奇思环保等10个项目集体开工，总投资12.5亿元，成为湘阴县新型工业经济又一增长极。

第三节　技术结构

1986年始，县内工业生产技术不断进步，从手工操作逐步发展到现代化一条龙配套生产。县委、县政府为提高工业企业经济效益，通过开展产品升级创优和优质服务活动，向管理要效益，在技改上争后劲。县纸板厂增设漂白系统、县人民纸厂万吨纸机挖潜改造、装饰板厂彩画装饰板生产配套工程等19个技改项目。1987年，县纺织厂投资600万元，新上一个5000锭环锭纺项目，年产量达1500吨，可新增产值900万元，新增利税200万元。1990年，投入技改资金950万元，完成变压器厂的110工程、冶炼厂的铜冶炼、纺织厂布机改造、氮肥厂的压缩工段配套改造、玻璃厂圆筒机织袋生产线等11个技改项目。1992年，投资770万元，完成技改项目13个，新开发的棉麻色织布、砂煲等产品走俏市场。是年，县酒厂生产的左宗棠大曲获省新技术开发新产品交易会金奖。1993年，投资1000余万元，完成氮肥厂造气压缩工段改造、柠檬酸厂500吨柠檬酸钠生产线建设等4个技改项目。是年，县氮肥厂生产的罗城牌碳酸氢铵被国家化肥检测中心评为国优产品，金威饲料获全国首届饲料工业高新技术交易会金奖。1994年，全县投资400万元，重点扶持氮肥厂“双甲”工程、冶炼厂治污工程、变压器厂干式变压器及湘阴制浆造纸有限公司的技术改造。是年，县金威饲料厂“金威”猪用浓缩饲料获省科技进步四等奖，同时有3家饲料加工企业进入全国饲料加工企业百强，湖南饲料加工企业十强。县氮肥厂小化肥“两煤”节能技术获省科技进步一等奖。1996年，三湘牌藠头、兰岭毛尖、茉莉花茶、艺字毛笔、高岭夏布、陶瓷等13个乡镇企业产品获国际国内金银奖，远销日本、韩国、新加坡、美国等国家和中国香港地区，年创汇1000多万美元。1997年，县氮肥厂通过改造铜洗工段，采用双甲新工艺，以甲基化、甲烷化工序代替铜洗工段副产甲醇，既发挥现有装置的能力，又副产甲醇及甲基原料，铜洗每年可节支160万元，副产甲醇每年可新增利税460万元。

1986—1999年的工业技术结构，虽然取得一定成绩，但随着计划经济向市场经济的转变，国有企业已不能适应市场的需要，加之企业的设备都是20世纪70年代的装备水平，产品科技含量不高，技术人员思想落后，导致部分国有企业出现破产、停产现象，“金威”牌饲料、“湘阴”牌变压器、“新湘牌”松花皮蛋、“三塘牌”甜酸藠头等名优产品因企业破产倒闭而销声匿迹。2000年始，各企业加大产、学、研投入力度，积极与大专院校、科研院所合作开发新产品，促进产品更新换代，提高产品的科技含量和附加值，逐步减轻企业对能源、资源消耗的依赖，技术水平显著提高。2001年，三塘酱厂、兰岭茶厂列入全省60家农业产业化龙头企业。2002年，尖东服饰被评为全省著名商标，兰岭牌茶叶获省十大名优产品。2005年，义丰祥、长康、振湘实业、尖东服饰、华康食品等民营企业获省著名商标和湖南名牌产品称号。2006年，福湘木业有限责任公司与海外留学归来的学者研制开发出“无醛无苯”系列板材，该产品达到欧洲E0级标准和日本最高标准FCO；湖南宏耀灯饰有限公司引进德国的高技术含量斜剪机、1400吨双台联动数控折弯机、数控合焊机等先进设备。9月“长康”牌注册商标被认定为中国驰名商标；湖南福湘木业有限责任公司的细木工板获中国名牌产品，10月“福湘”牌注册商标被评为中国驰名商标。湖南省义丰祥实业有限责任公司的芝麻油、食用调和油获省名牌产品。2008年3月“义丰祥”牌注册商标被评为中国驰名商标，产品通过沃尔玛、家乐福、好又多等国际连锁销售公司出口到东南亚、日本、韩国等国家和地区。湖湘木业有限公司的“湖湘”牌环保型系列木业产品被中轻产品质量保障中心评为中国环保型装饰、装修材料产品质量十佳品牌。湖南省华鑫食品有限公司的“华鑫”牌甜酸藠头获湖南省第五届国际农博会金奖。至2010年，民营企业有专业技术人员747人，高级职称5人，中级职称122人，初级职称620人。湖南长康实业有限责任公司的芝麻油、食用调和油获省名牌产品。全县拥有高新技术产品企业18家，2015年高新技术产业实现增加值85亿元，占GDP比重达到27.36%，排名全市第一；申报专利282件，授权228件，每万人发明专利拥有量达到1.56件，名列全市第一；新申报国际商标、驰名商标、著名商标、地理标志证名商标18件。全县拥有驰名著名商标39件、名牌产品23个、“三品一标”认证112个，成为全省品牌大县。

2005—2015年湘阴县工业企业驰名商标、名牌、免检产品一览表

表16-1

品牌名称	品牌所属企业	所获品牌情况
人造板	湖南福湘木业有限责任公司	2005年获国家免检、湖南名牌产品
酿造食醋	湖南金顶实业有限责任公司	2005年获国家免检产品
酿造食醋	湖南省长康实业有限责任公司	2005年获国家免检产品
芝麻油、食用调和油	湖南省长康实业有限责任公司	2005年获湖南名牌产品
芝麻油、食用调和油	湖南省义丰祥实业有限责任公司	2005年获湖南名牌产品
毛尖、绿茶、花茶	湖南省兰岭茶叶有限公司	2005年获湖南名牌产品
食用调和油	湘阴县浏阳河油业有限公司	2005年获湖南名牌产品
甜酸藠头	楠竹山华鑫农副产品开发有限公司	2005年获岳阳名牌产品
福湘	湖南福湘木业有限责任公司	2006年获国家驰名商标
酱油	湖南省长康实业有限责任公司	2006年获湖南名牌产品
酱油、醋	湖南金顶实业有限责任公司	2006年获湖南名牌产品
酱油、醋	湖南省义丰祥实业有限责任公司	2006年获湖南名牌产品
大米	湘阴县康田米业有限公司	2006年获湖南名牌产品
收割机	湘阴县兴农机械有限公司	2006年获岳阳名牌产品
葵花籽油、花生调和油、芝麻油	湖南省长康实业有限责任公司	2006年获湖南名牌产品
花生调和油、芝麻油	湖南省义丰祥实业有限责任公司	2006年获湖南名牌产品
细木工板	湖南福湘木业有限责任公司	2007年获中国名牌产品，2009年获湖南名牌产品
道路灯杆	湖南宏耀灯饰有限公司	2007年获湖南名牌产品
大米	湘阴县兴隆米业有限公司	2007年获岳阳名牌产品
变压器	湘阴县变压器有限责任公司	2007年获岳阳名牌产品
节能灶	湘阴县利民炉具厂	2007年获岳阳名牌产品

续表 16-1

品牌名称	品牌所属企业	所获品牌情况
义丰祥商标	湖南省义丰祥实业有限责任公司	2008 年获国家驰名商标
复混肥料	岳阳亚威化工有限公司	2008 年获岳阳名牌产品
复混肥料	岳阳中科化工有限公司	2008 年获岳阳名牌产品
人造板	湖南大亨湖湘木业有限公司	2008 年获岳阳名牌产品
人造板	湘阴县兴湘木业有限责任公司	2008 年获岳阳名牌产品
男女上衣	岳阳市英波达时装有限公司	2008 年获岳阳名牌产品
变压器	湘阴县恒达变压器有限责任公司	2009 年获岳阳名牌产品
食用调和油、芝麻油 100 毫升 ~5 升	湖南省义丰祥实业有限责任公司	2008 年获湖南名牌产品
芝麻油 100~390 毫升	湖南省华康食品有限责任公司	2008 年获湖南名牌产品
芝麻油、食用调和油 100 毫升 ~25 升	湖南省长康实业有限责任公司	2008 年获湖南名牌产品
茶叶 50~500 克	湖南省兰岭绿态茶业有限公司	2008 年获湖南名牌产品
胶合板	湖南福湘木业有限责任公司	2009 年获湖南名牌产品
指接板	湖南大亨湖湘木业有限公司	2009 年获湖南名牌产品
酿造酱油	湖南省义丰祥实业有限责任公司	2009 年获湖南名牌产品
酿造酱油	湖南省长康实业有限责任公司	2009 年获湖南名牌产品
酱油、食醋	湖南金顶实业有限责任公司	2009 年获湖南名牌产品
先张法预应力混凝土管桩 AAB（Φ300~600）	湖南建华管桩有限公司	2010 年获湖南名牌产品
锌钢型材 22×22×6000 毫米，16×0.7×6000 毫米	湖南省金为型材有限公司	2010 年获湖南名牌产品
强化木地板（8~15）毫米	湖南福湘木业有限责任公司	2010 年获湖南名牌产品
道路灯杆	湖南宏耀灯饰有限公司	2010 年获湖南名牌产品
涂　料	湖南福湘涂料化工科技有限公司	2010 年获岳阳名牌产品
水性涂料、溶剂型木器涂料	湖南福湘涂料化工科技有限公司	2010 年获湖南名牌产品
耐水快干白乳胶、纸面石膏板	湖南福湘木业有限责任公司	2008 年获岳阳名牌产品
农　药	湖南大方农化有限公司	2008 年获岳阳名牌产品
长康麻油	湖南省长康实业有限责任公司	2011 年 6 月获中国驰名商标
洞庭柠檬酸	湖南湘阴柠檬酸有限责任公司	2012 年获中国名牌产品、马德里国际商标注册
樟树港辣椒	湖南湘阴樟树港辣椒种植专业合作社	2013 年获国家地理标志证明商标
优质稻	湖南友仁农业科技有限公司	2014 年获中国驰名商标

第三章　工业生产

第一节　食品工业

1986年，境内有湘阴县酒厂、湘阴县肉联厂、兰岭茶厂、三塘酱厂、湘阴县蛋厂、乌龙米厂、湖南义丰祥实业等25家食品加工企业。是年，生产食用植物油166吨，饮料酒3605吨。乌龙米厂生产的早稻特质米、湘阴县蛋厂生产的松花皮蛋、湘阴县肉联厂生产的阴牌小香肠等产品被湖南省评为优质产品，三塘酱厂生产的三塘牌甜酸藠头获农牧渔业部和湖南省优质产品证书，产品远销日本和欧美等国际市场。其后几年，食品工业平稳发展，产品产量逐年增加，至1990年，全县有食品加工企业40家，生产加工大米24900吨，食用植物油400吨，再制蛋458吨，酱油1200吨，饮料酒3800吨，精制茶1268吨。1992年，湘阴县被湖南省政府授予食品工业先进县称号。1996年，县酒厂、县肉联厂、县蛋厂等多家食品加工企业破产，食品生产出现萎缩。1999年，县委、县政府对县属工业采取“保一稳八进四”（保证县氮肥厂巩固发展，稳定8个已开工县办工业企业，启动4家停产企业）措施，以藠头、茶叶为主的食品工业得到较快发展，年净盈利1600万元。

2000年始，全县充分依托农业结构调整带来的资源优势，大力发展食品加工业，形成长康实业有限公司、南湖洲牛业有限公司、华康食品有限责任公司、楠竹山华鑫农副产品开发有限公司、康田米业有限公司、金甸甸食品有限公司、浏阳河油业有限公司、铁香茶叶有限公司、岩下天之果食品有限公司、玉和福食品有限责任公司、南湖新绿洲土特产有限公司等325家食品加工企业，其中规模以上企业44家。通过发展，初步形成油脂及调味品、茶叶、粮食加工、畜禽及水产品加工、蔬菜加工等十大类产业和系列加工产品。根据湘阴县农业布局规划和企业需求，建立以城西镇、新泉镇、岭北镇、南湖洲镇、湘滨镇为主的优质商品粮基地；以三塘镇、东塘镇为主的13333.33公顷藠头基地；以六塘乡、玉华乡为主的3333.33公顷优质茶叶基地；以鹤龙湖、鼻湖为主的1333.33公顷特种水产养殖基地；以长康乡为主的13333.33公顷油料作物基地；以新泉镇、南湖洲镇为主的500万羽鹅鸭养殖基地；以杨林寨乡、南湖洲镇为主的10万头肉牛养殖基地；以城南和长仑地区为主的20万头生猪养殖基地。长康实业有限公司、义丰祥食品有限责任公司、楠竹山华鑫农副产品开发有限公司、兰岭铁香茶叶有限公司等企业利用这些基地形成“公司+基地+农户”发展模式。该产业化经营模式被誉为“湘阴模式”得到省领导和中央、国务院的认可，《人民日报》曾以《企业和农民谁也离不开谁》作专题报道。2015年，全县食品加工业完成产值117亿元，拥有义丰祥、长康、茶叶、大米等驰名商标39件，名牌产品23个，“三品一标”认证112个。

附：企业选介

湖南长康实业有限公司　创办于1985年，公司为中华人民共和国进出口企业，全国食品行业质量效益型先进企业、全国农产品加工示范企业、中国质量万里行荣誉企业、湖南省农业产业化龙头企业，下辖芝麻油产业、食醋产业、酱油产业、调味料产业、食用植物油产业、茶叶产业等集团产业板块，企业集生产、加工、销售、科研、开发于一体，已成为大型的食品生产实业集团。

2004年7月，公司利用业已形成的品牌、资金、技术、人才、市场、信誉等全方位优势，注入港资，加速纵深拓展，组建中南地区最大规模的食用植物油脂精炼生产园地——中外合资长康福海油脂有限公司，具备日原油300吨吞吐能力，产能销量均居中南同类企业首位。2006年，“长康”商标认定为“中国驰名商标”，成为岳阳市食品行业第一家。2007年3月，公司整体收购原湖南省兰岭茶叶有限公司，集团总体资产更为庞大，优势更为突出。2009年，公司与中国调味品协会合作投资1.9亿元，在湘阴工业园征地13.33公顷，扩建调味品生产项目，项目投产后，成为中南地区最大的调味品生产基地。“长康”牌系列产品获BCS有机认证、中绿华夏有机认证、绿色食品认证、无公害农产品认证，畅销全国各省市自治区并出口近20多个国家和地区，先后获评“国家免检产品”“湖南名牌产品”“湖南省消费者喜爱产品”等90多项品牌荣誉。2010年，公司产品在上海世博会展示。

湖南省义丰祥实业有限公司　创建于1983年，是湖南省最早、最大的芝麻油和调味品生产企业之一。公司位于美丽富饶的洞庭湖畔——湘阴县洋沙湖工业园。2010年 有固定资产1.2亿元，占地面积13.33公顷，建筑面积4万平方米，员工360人，其中高级技术人员18人。公司主要产品有芝麻油（香油）、花生调和油、食用调和油、酿造酱油、鸡精、味精、辣椒制品等食用植物油系列及调味品，产品年生产能力达15万吨。

义丰祥产品本着“健康是金、口味是福”的消费理念，以良好的品牌形象，过硬的产品质量，健全的营销网络，优质的服务体系，赢得了广大消费者的喜爱和认可，产品畅销全国，并出口日本、印尼等国家。

公司历经20多年的诚信经营、健康发展，企业与产品先后获农业部创名牌重点企业，湖南省级农业产业化龙头企业，湖南省质量管理奖，湖南省重合同守信用企业，IS09001国际质量体系认证、国家免检产品、农业部无公害农产品、湖南省名牌产品、计量保证C标志认证，义丰祥商标被评定为中国驰名商标。

第二节　机械工业

1986年，湘阴县机械工业有县机械厂、县工程机械厂、县五金厂、县变压器厂、临资农机修制厂、锻压铸造厂、汽车配件厂、县五金厂等机械制造企业17家，年产值为2440万元。是年，县工程机械厂完成工业总产值582万元，生产一吨平板车506台、一吨吊车6台、一吨翻斗车52台、一吨半平板车10台、一吨液压自卸车13台、200公升灰浆搅拌机62台、各种机动车配件28583件、修理机动车19台，共销售各种机动车593台，总利润为65万元，上缴税金22.6万元。该厂“湘建”牌农用运输车，1吨液压吊车及“南方125”摩托车配件，产品在全国行检中多次名列前茅，获湖南省优质产品称号。县机械厂全年完成工业总产值954万元。县变压器厂有职工491人，全年完成工业总产值951万元，实现利润150万元。1990年，县机械厂生产的5立方米以下铲运机C4—3A、C4—3B系列，以及JZC350型搅拌机，7GJ72型船用挂浆机均获省优、部优产品。县变压器厂生产的S7200 / 10及S7400 / 10型电力变压器获省优。湘阴变压器厂专业生产电压110千伏、容量31500千伏安及以下变压器，主要生产电力、配电、干式、整流、矿用、电炉等变压器，产品多次出口孟加拉、尼泊尔、斯里兰卡等国家。1992年，县制管责任有限公司在湘阴县浩河口镇三叉河村成立，主要生产钢管及钢管热处理。2002年9月，县工程机械厂以460万元价格卖给深圳鹏辰达公司，兴建桥东大市场。2003年9月，县变压器厂老厂区以260万元出让给湖南宏讯光电线缆有限公司。2008年5月，湖南科英机电设备制造有限公司整体收购原湘阴县变压器厂110分厂，主要与国内外大型水利水电单位对接合作，从事机电设备、金属构件的制造、安装、检测、调试及改造维修。2010年7月，中国水利水电第八工程局有限公司三峡机电制造安装项目部租赁科英机电厂房，主要生产向家坝电站的水机埋件和伸缩节及国外马来西亚沐若压力钢管等项目。2011—2015年，湘阴县引进中联重科和中国铁建重工高端机械设备制造项目，填补了湘阴县无中央企业、上市公司和重工制造三大空白。同时引进航天康达新材料、富士电梯、隆盛达钢管制造等项目，使湘阴县步入先进机械制造行列。

第三节 化学工业

1986年，全县化工行业有县氮肥厂、县日用化工厂、县农药厂等10家化工企业，年产值为1834万元，全年生产合成氨23412吨。县氮肥厂是县内最大的化工企业，有职工716人，固定资产为1326万元，完成工业总产值1603万元，实现利润341万元。1987年，被化工部授予全国小氮肥先进单位称号。1990年，被评为省级先进单位，生产的“罗城牌”碳酸氢铵被评为省优。

1998年1月，湖南省湘沙化工有限公司在湘阴县玉华乡成立，该公司是一家以生产农药为主的专业化工公司，拥有总资产2200万元，生产设备89台（套），年生产能力10000吨。2001年6月，天泽化工有限公司在县鹤龙湖管区成立，该公司有生产设备15台套，是一家生产化工原料的专业厂家，年生产能力10000万元。2002年5月，湖南省长龙复合肥有限公司在县长康乡金龙村成立，该公司有生产设备25台套，是一家生产农资化肥专业厂家。

2004年，县氮肥厂以1600万元的价格转让给湖南省农资公司，2005年2月组建大地化工有限公司，该公司投资3680万元，以无烟粉煤为原料，主要生产“罗城”牌碳酸氢铵，副产甲醇。是年10月，县冶炼厂以680万元整体出让给湖南蜂巢颜料化工有限公司，组建湖南广兴化工有限公司，该公司一期工程于2005年年初动工，投资1000万元，建一条年产7500吨的一水硫酸锌生产线。2006年，完成产量3000吨，完成产值1800万元，实现利税100万元，但由于环保和市场原因，不久即关停。

2009年12月，长江化肥控股有限公司整体收购湖南湘阴大地化工有限公司，成立长江化肥（湖南）有限公司，主要生产农用碳铵、甲醇、液氨、炉碴砖、编织袋等产品。至2015年，全县化工行业中有18家规模企业，完成工业总产值23.3亿元。

第四节 建材工业

1986年，湘阴县建材行业有县装饰板厂、县水泥厂、石塘砖厂、县建材厂、樟树原纸油毡厂、县木工厂等60多家企业，基本形成县属建材企业为主体，乡镇、村办企业为辅的格局。年产水泥17450吨，砖33991万块。是年县装饰板厂完成工业总产值1061万元，主要生产民用装饰板、彩画装饰板、缝纫机台板、富丽板、竹胶板、黑板基材六大系列百余产品，产品畅销湖南、广东、贵州、四川、江西等十多个省、市，是年获省优产品奖。1988年县装饰板厂生产的争鸣牌彩画装饰板获省科研四等奖。1990年被评为省级先进企业。1993年，湖南省福湘木业有限责任公司在湘阴县界头铺成立，主要生产多层胶合板、细木工板及其他产品。1998年，县装饰板厂破产。2001年，县水泥厂破产倒闭。

2003—2015年，建材企业迅速发展，成为县内工业两大支柱产业之一。引进湖南建华管桩有限公司、远大可建、湖南长圣人造板厂等年产值过5000万元的建材企业，形成“福湘”牌木门、“湖湘”牌木门等市场畅销品牌。远大低碳科技园主要生产斜支撑钢结构民用建筑材料，产品通过国家住建部住宅产业化促进中心专家组评审和实际应用，证明所产建筑材料可达9度抗震、6倍节材、5倍节能、20倍净化及1%的建筑垃圾、具有节能、环保、低碳等独特长处，产品畅销国内外，经济效益显著，2015年上缴税收 1.5 亿元。

附：企业选介

湖南建华管桩有限公司 系广东中山建华管桩集团于 2007 年 5 月 22 日整体收购原湘阴县酒厂后注册成立的全资子公司。主要从事生产、加工、销售预售应力高强混凝土管桩和薄壁混凝土管桩，是建筑基础工程材料——预应力混凝土管桩的专业生产厂家，通过了 IS09001 认证，先后获得“混凝土预构件专业承包二级资质”的专业认证、湘阴县名优企业等诸多荣誉称号。产品获中国名牌产品。2008 年，建成 2 条生产线，全年完成管桩产量 163 万米，实现销售收入 1.9 亿元，上缴税收 976.8 万元，进入全市民营企业纳税 50 强行列。2010 年完成销售收入 2.8 亿元，实现利税 4700 多万元，上缴税金 2102.68 万元，成为湘阴县第一纳税大户。

湖南省福湘木业有限责任公司 创建于 1993 年，占地 18 万平方米，总资产 6000 万元，年产各类板材 12 万立方米。2004 年，实现年产值 3600 万元，利税 160 万元，2010 年产值 6000 万元，利税 210 万元，安排 620 人就业。截至 2015 年年底，公司正在筹建 6666.67 公顷杉木材基地。公司是中南地区最大的木质板材生产企业、国家火炬计划重点高新技术企业，湖南省生产细木工板、胶合板的大型龙头企业。公司生产多层胶合板、细木工板及其他产品，经全国人造板质量监督检验中心及湖南省质量技术监督局产（商）品技术监督检验所检测，产品达到或超过 GB / T5849-1999 及 GB / T8580-2001 标准，获得中国环境标志产品认证。2002 年 2 月顺利通过工 S014001 国际环境管理体系认证和中国环保标志产品认证。产品于 2003 年 11 月被湖南省消费者委员会评为消费者信得过品牌，同年被湖南省工商行政管理局认定为湖南省著名商标。2005—2007 年产品连续获国家免检产品、中国名牌产品。2010 年，公司与海外留学归来的学者研制开发出无醛无苯系列板材，该产品达到欧洲 E0 标准和日本最高标准 FCO。2010—2015 年，公司细木工板产品的产销量在全国同行中名列前茅，年均产值约 3 亿元，年销售 2 亿多元。

第五节 纺织工业

1986 年，湘阴县有县织布厂、县纺织厂等 4 家企业。是年，生产服装 15.8 万件，布 263.2 万米。1987 年 3 月，县纺织厂被省政府定为棉布出口生产专业厂家，单面色织格绒布被评为省优产品。1988 年，县纺织厂有职工 736 人，织布机 184 台，主要生产 901 格绒布、单面斜格绒布、麻棉泥纺交织布、轧光平格布、涤棉布等 30 多个品种，130 多个花色。畅销日本、美国、英国、新加坡、加拿大、印度、埃及等十几个国家。累计创汇 526 万美元。1990 年，“彩晶牌”纯棉色织格绒布被评为省优。2003 年 1 月，县香港士达纺织整体收购县纺织厂，组建湖南士达纺织厂有限公司，带动全县纺织业的发展。至 2015 年年底，全县有湖南士达纺织厂有限公司、湘阴县苎麻纺织有限公司、湖南菲菲毛巾有限公司、湖南省国运服饰有限责任公司、岳阳市英波达时装有限公司等 7 家纺织企业，从业人员近 1500 人，年产棉混纺纱 937 吨，苎麻布 554 万米，毛巾 30760 条，服装 373 万件，完成工业总产值 16.8 亿元。

纺织服装行业在快速发展的同时，还存在不少隐忧。主要是机械设备老化落后，市场竞争力减弱，企业营运成本偏高。节能减排任务艰巨，纺织服装产业能耗、水耗、废水排放量分别占全县工业总能耗、总水耗、总废水排放量的一定比例，有些机械设备严重制约企业发展。企业规模小、档次低、基础布局薄弱、产业链不完善，技术创新能力还不强，品牌企业少，活力不足。

第六节　其他工业

造纸印刷　1986年，湘阴县有县造纸厂、县人民纸厂、鹤龙湖纸厂、湘临纸厂、县印刷厂等17家造纸、印刷企业。生产机制纸及纸板36821吨，完成产值4397万元。1987—1993年，湘阴县造纸、印刷行业非常红火，为县域经济发展做出贡献。因体制、市场等多种原因，国有、集体造纸、印刷行业逐步陷入低谷。1988年，县人民纸厂兼并县造纸厂，1992年，分为县人民纸厂和县造纸厂。1996年，县人民纸厂破产。1997年，县人民纸厂重组为湘阴县制浆造纸有限公司。1998年，该厂整体出租给福建三福公司、香港洁仟集团和福建德业集团。2001年，该厂被泰国青山纸业集团以1200万元整体收购，更名为岳阳（湘阴）丰隆纸业有限公司，该公司拥有3条纸机生产线，年设计生产能力3.5万吨，主要生产双胶纸、复印纸、白卡纸、铸涂原纸、晒图原纸、高档餐具用纸等产品。2003年，县造纸厂为配合县城重点工程建设，厂房被拆除。是年，通过招商引资，长沙兴隆纸制品厂收购县陶瓷一厂，更名为湘阴县兴隆纸业有限公司，该公司年设计产量10万吨，拥有3400型四叠网纸机一台，配套有QCS、DCS自动化操作系统，主要生产箱板纸和花炮纸。2004年，县印刷厂破产，生产车间出租给新科变压器有限公司和职校。

电子信息　2004—2015年，湘阴县高度重视电子信息行业发展，在工业园区规划建设电子信息产业园，引进宏耀工业光电一体化、驿通电子、英思特石英晶体元器件等一批电子信息企业，产品主要有各类电子元器件、LED液晶显示屏、太阳能路灯、移动通信基站、集成电路板等。

船舶制造　湘阴县船舶修造业起步于20世纪50年代，以县城和岭北区为主，辐射到凤南、南阳、濠河、静河、白泥湖乡等乡镇。2009年，造船工业产值37400万元，上缴纳税315万元，安置就业1610人。至2015年，有湘南船舶、岳阳船厂、三湘船厂等13家船舶制造企业，年生产能力在18万吨左右，单船修造能力达到5000吨。规模相对较大且获得国防科工委颁发的湖南省船舶修造企业生产技术条件许可证的企业有湘南船舶、岭北船厂、湘阴县造船厂、万顺船舶4家船舶企业。企业主要依靠订单式来料加工生产，主要生产万吨级以内的挖沙工程船、自卸驳、货船、拖轮、油轮、驳船及近海船舶。

陶瓷工业　1986年，湘阴县陶瓷业只有县陶瓷公司，主要生产日用陶、建筑陶、工业陶、美术陶和出口包装陶等产品，畅销新加坡、马来西亚、日本等市场，年产日用陶瓷334万件，产值达309万元。1988年，陶瓷公司开发化工行业急需的耐酸、耐碱、耐腐的陶瓷水管，是年生产的精陶产品出口美国等市场。随着计划经济向市场经济转变，陶瓷产品市场萎缩，产量逐年下降。1993年，县陶瓷公司分解为陶瓷一厂、陶瓷二厂和陶瓷三厂，每个厂都可进行独立核算。1996年，陶瓷二厂更名为日用陶瓷厂。2003年11月，陶瓷一厂以280万元的价格整体出让给长沙兴隆纸制品厂，组建湘阴县兴隆纸业有限公司。2009年4月，日用陶瓷厂以租赁承包的形式对外出租。

附：企业选介

湖南宏耀灯饰有限公司　2004年，投资5000万元在金龙镇建立，2005年，竣工投产，是一家集照明设计、灯艺装饰、灯饰生产于一体的大型专业灯饰生产厂家。主要产品有水晶灯、云石灯、客户灯、格栅灯、路灯、庭院灯等。产品采用国际先进优质材料，具有造型美观、高效节能、经久耐用等优点。2010年生产路灯40万杆，完成产值1.2亿元。

1986—1998年湘阴县主要工业产品产量统计表

表16-2

产品名称	计量单位	1986年	1987年	1988年	1989年	1990年	1991年	1992年	1993年	1994年	1995年	1996年	1997年	1998年
水泥	吨	17450	15364	17697	11900	9700	9000	15900	16757	16826	11887	5400	11200	15000
砖	万块	33991	23816	27500	37300	26200	34700	38000	–	–	–	–	55154	138634
钢	吨	1040	–	–	–	–	–	–	–	–	2288	–	–	–
铜	吨	1170	1373	1644	1609	182	1826	2014	1677	1065	1302	527	–	–
成品钢材	吨	2200	–	–	–	704	4000	5900	9500	4691	–	130	–	–
干电池	万支	1102	1436	1400	1400	25	510	462.38	113.25	–	–	–	–	–
变压器	万千伏安	472	413	39	30.3	563	19.4	34.71	13.23	22	18.91	19	13.29	8.1
人造板	立方米	1187	1494	1679	887	–	732	732	–	–	–	–	–	454
装饰板	平方米	–	40448	–	–	39500	–	–	–	–		–	–	–
机制纸及纸板	吨	36821	26137	44540	47800	23500	42000	35000	23730	11696	20109	15688	18070	15206
合成氨	吨	23412	17905	21154	21200	–	24000	25200	21186	–	27300	24100	15743	15832
化肥（折纯量）	吨	–	13390	15434	–	12400	–	–	–	–	–	–	–	–
配混合饲料	吨	11136	3730	22932	14600	3800	22000	50000	100700	169309	230300	96000	101190	88859
饮料酒	吨	3605	19.8	5466	3700	11.3	3000	2400	2786	1514	1825	881	830	2158
服装	万件	15.8	242	14.86	10	225	11.2	7.59	–	–	–	–	–	–
布	万米	263.2	–	236	235	286	218	216	194.04	165	77.38	85	424.5	667.4
日用陶瓷器	万件	334	–	288	237	1268	259	186.48	131.17	104	196.73	200	226.2	242.1
茶叶	吨	–	–	–	2027	–	2200	186.48	–	–	–	1590	2942	3515
柠檬酸	吨	–	–	–	–	–	667	3065	379	948	–	–	–	–
粗铅	吨	–	–	–	–	–	–	1366	846	4218	4450	5628	3270	4762
食用植物油	吨	166	336	360	–	400	757	700	1230	1137	1385	2003	9000	16351
大米	吨	–	–	–	39200	24900	28000	102100	–	–	–	–	250000	182050

1999—2015年湘阴县主要工业产品产量统计表

表16-3

产品名称	计量单位	1999年	2000年	2001年	2002年	2003年	2004年	2005年	2006年	2007年	2008年	2009年	2010年	2015年
水泥	吨	1500	500	600	–	–	–	–	–	–	–	–	–	–
砖	万块	124716	180386	215271	4697	700	–	–	–	–	–	–	–	–
变压器	万千伏安	8.2	4.33	1.85	8	4.37	4.26	2.32	11	34	48	67.7	72.4	79
人造板	立方米	17601	4728	10574	13305	16913	45112	108128	130021	213242	323257	368633	221751	541000
机制纸及纸板	吨	17127	18078	19019	37941	92866	73143	47084	51592	26434	89793	103106	113052	–
合成氨	吨	14741	6623	6388	18712	20252	14147	14384	24626	21247	23423	49263	23815	–
配混合饲料	吨	52824	49141	70716	53258	64074	64953	86084	96350	138624	194021	227869	138893	250000
饮料酒	吨	5207	6647	8153	229	423	–	–	–	–	–	–	–	–
日用陶瓷器	万件	283	348	345	368	498	192	299	409	541	–	–	481	–
茶叶	吨	3842	4333	4467	4830	4535	14361	40023	40925	56852	79318	89595	78219	150000
柠檬酸	吨	–	–	–	3900	4200	5210	8000	6575	9194	–	–	–	–
粗铅	吨	5688	–	–	5926	8317	3219	–	–	–	–	–	–	–
氮肥（折纯）	吨	10808	4808	6218	–	–	–	–	–	–	–	–	16609	–
食用植物油	吨	156.44	18669	21723	19025	23651	17809	73060	94676	144988	214527	279203	165335	330000
大米	吨	146.722	154518	139645	32749	48885	52645	85902	123824	168466	242695	281735	324233	391000
罐头（藠头）	吨	–	–	–	49328	44053	36242	112362	142082	167989	232400	237255	324430	59000
水泥混凝土压力管	千米	–	–	–	–	–	–	–	–	–	806	1063	2129	800

第四章　乡镇企业

第一节　所有制形式

1979年，中共中央发出《关于加快农业发展若干问题的决议（草案）》。县委、县政府遵照中央精神，认真拟定乡镇企业发展规划。1981年，乡镇企业发展到825个，全部属集体所有制形式，总收入3051万元。

1984年4月，县委、县政府专题研究发展乡镇企业问题，明确党政主要负责人亲自抓乡镇企业，区、乡（镇）要有三分之一的干部转过手来抓乡镇企业；实行集体、私营、部门合资、联户兴办乡镇企业。1985年，乡镇企业863个，总产值9270万元。

1986年，县委、县政府进一步加强对乡镇企业的领导，制订发展乡镇企业的优惠政策，鼓励乡、村、联户、个体户四个轮子一齐转，乡镇企业得到稳步发展、快速发展。全县乡镇企业8782个，从业人员47761人，总产值18523万元。其中乡办152个，产值3783万元；村办174个，产值977万元；农村合作经营208个，产值516万元；农村个体2478个，产值1384万元；城镇个体99个，产值62万元；联户5672个，产值11751万元。1990年，乡（镇）办企业323个，从业人数22395人；村办企业660个，从业人数10043人；联户办企业890个，从业人数4971人；个体企业17017个，从业人数30827人。

1994年，全县发展乡镇股份制企业145家，有农业企业、工业企业、建筑企业、交通运输企业等各类经济小区50多个。

1996年，乡镇企业广泛推行股份合作制，试行股份制。对部分小型、微型、亏损企业试行兼并和拍卖；对资不抵债，扭亏无望的企业坚决实行破产重组；加快发展企业集团，推动产品结构和组织结构调整，提高规模效益。

2003年，乡镇企业所有制形式是集体企业677个，股份制合作企业251个，私营企业5707个，个人独资19116个。2006年，集体企业677个，股份制合作企业264个，私营企业384个，个体企业5961个。2007年，集体企业677个，股份制合作企业265个，私营企业392个，个体独资企业6007个。2008年，集体企业677个，股份制合作企业267个，私营企业401个，个体独资企业6056个。2009年，集体企业677个，股份制合作企业269个，私营企业405个，个体独资企业6102个。2015年，全县集体企业677个，股份制合作企业271个，私营企业407个，个体独资企业6150个。

第二节　企业结构

1985年，全县乡镇企业863家，从业人数30046人，其中农业企业295家，从业人数5019人；工业企业325家，从业人数9367人；交通运输企业43家，从业人数565人；建筑企业45家，从业人数13639人；商业、饮食、服务企业155家，从业人数1337人。

1990年，全县乡镇企业18890家，从业人数68236人，其中农业企业380家，从业人数7260人；工业企业5187家，从业人数22077人；交通运输企业1755家，从业人数19372人；建筑企业4689家，从业人数8098人；商业、饮食、服务企业6879家，人数11427人。

1995年，全县乡镇企业30908家，从业人数112311人，其中农业企业467家，从业人数9448人；工业企业8643家，从业人数35345人；建筑企业4030家，从业人数38956人；交通运输企业7111家，从业人数10103人；其他企业10657家，从业人数18458人。

2000年，全县乡镇企业39402家，从业人数155453人，其中工业企业12463家，从业人数49418人；农业企业362家，从业人数8752人；施工企业4935家，从业人数48899人；交通运输企业7780家，从业人数14833人；商品流通企业9453家，从业人数19598人；旅游、饮食、服务企业3363家，从业人数7299人；其他企业1046家，从业人数6654人。

2006年，全县有乡镇企业27379家。按龙头企业级别划分，有省级龙头企业8家，准省级龙头企业1家；市级龙头企业16家。

2010年年底，全县发展白泥湖乡、三塘镇、长康镇、六塘乡、杨林寨乡、南湖洲镇6个专业乡镇，其中藠头种植乡镇2个，茶叶种植乡镇1个，植物油料种植乡镇3个。省定专业乡镇3个。兰岭茶叶有限公司，楠竹山华鑫农副产品开发有限公司被农业部认定为全国农产品加工示范企业。

第三节　企业管理

一、管理机构

1973年2月，湘阴县革命委员会成立县社队企业局，与县农业机械局合署办公，负责指导、管理农村人民公社和大队集体企业。1981年11月，县社队企业局并入县经委，设立社会工业科。是年12月，改为社队企业公司。1983年12月，恢复湘阴县社队企业局。1986年8月25日，成立湘阴县乡镇企业委员会，负责制定乡镇企业发展规划，研究和解决乡镇企业发展中的具体问题。2008年3月，湘阴县乡镇企业局与湘阴县农业局合并，成立湘阴县农业产业化办公室，负责龙头企业的认定、运行监测，指导龙头企业发展订单生产基地，搞好龙头企业原料的衔接工作等。

二、管理机制

领导联办机制　建立县级领导联办责任制和县直部门帮扶责任制，切实抓好重点基地、重点项目、重点企业建设。每个重点基地、重点项目、重点企业明确一名县级领导联办，3—5个部门单位帮扶。对全县规模农产品加工企业实施重点扶持和保护。重点扶持大户经济、劳务经济、集体经济和合作经济等农村特色经济发展，加快农民增收步伐。2015年，全县规模以上农产品加工企业发展到88家，年产值超亿元企业18家，有省级龙头企业9家，市级龙头企业31家。全县注册登记的农民专业合作社536家，家庭农场361个，扶持发展各类种养经济大户5500户，带动农户18万多户，为农民增加收入11.2亿元，年人均增收1000元。

企业服务机制　2003年，湘阴县在全省率先成立县企业服务中心。企业服务中心针对乡镇企业的薄弱环节，重点对企业的改制、技术引进、融资、市场开拓及相关认证资料组织、内部管理等提供全方位服务。

订单扶持机制　2000年始，采取“政府协调，以龙头企业为依托，与基地和农户签订产品购销合同”的订单模式，引导企业与农民建立稳定的合同关系和利益连接机制。2003年，杨林寨乡党委、政府促成湘阴县植物油脂厂（原杨林寨乡油厂）与杨林寨乡5000多农户签订种植1534公顷无公害油菜种植合同。白泥湖乡党委引导楠竹村党支部书记陈友庚领办的楠竹村食品厂与农户建立667公顷出口创汇蔬菜基地合同。同时，县政府制定县级领导、部门领导、乡镇领导联企业、联基地、联农户的“三级联体负责制”，建立农产品信息体系、质量标准及检测体系、收购价格保护体系，有力地促进农业产业化发展。三级联体帮扶负责制一直延续到2015年。

科技合作机制　2001年，县委提出引科技进村入户，进乡镇企业，优化农产品品质结构。引导振湘食品有限公司、兰岭茶叶有限公司、义丰祥实业有限公司、长康实业有限公司等8家民营企业与长沙理工大学、湖南农大、湖南大学、省食品研究所等十多家大专院校及科研院所合作，走“产、学、研”一体化的路子，极大促进乡镇企业科技进步。2004年，全县用于技术改造的投入达3.9亿元，新增生产线26条，引进先进生产线8条，设备更新改造率78%，开发新产品58个，有4家企业建立自己的科研机构。至2006年，全县已拥有自营出口权的企业10家；通过IS09000系列国际质量体系认证的企业9家；通过ISO系列环保体系认证的企业3家；通过HACCP认证企业5家。有机食品认证企业1家、产品1个；通过国家绿色食品发展中心绿色食品认证产品6个，兰岭牌茶叶通过国家环保总局有机食品认证和德国BCS、美国NOP、日本JAS有机茶认证。国家环保标志产品认证企业3家、产品3个。“湘阴藠头”受国家地理标志保护。国家免检产品 3 家企业、7 个产品。省名牌产品 9 个。省著名商标 14 个，11 个基地被认定为绿色无公害农产品基地。110 种产品进入国家市场，30 多种产品打入国际超市；年出口交货额 4500 万美元。2015 年，全县农产品“三品一标”认证累计有 104 个，其中无公害农产品 62 个，绿色食品 36 个，有机农产品 4 个，地理标志产品 2 个。

第十七篇 交通·电力·邮电

第一章 交 通

第一节 机 构

1978年，湘阴县交通机构为湘阴县革命委员会交通局。1980年，更名为湘阴县交通局。1982年，县交通局增设县社公路管理站。内设股室有办公室、人事教育股、生产运输股（企管股）、安全股、财计股、工会、纪检等部门。下属直管和代管单位13个。1984年2月，成立城关、洞庭、长仑、濠河、岭北、南湖、城南、新泉8个区交管站。12月，成立养路费征收站，主管汽车养路费征收工作。

1987年11月，成立县运输市场管理办公室和湘阴港口航务管理所。1988年2月，成立湘阴港航监管所。10月成立县交通规费征稽所，征收汽车养路费、车辆购置附加费、客运附加费。1989年9月，县运输管理办公室更名为县交通运输管理所，升格为副科级全民事业单位。1990年7月，县交通运输管理所加挂县道路出租车管理所牌子。10月，县交通规费征稽所拆出养路费征收站，主管汽车养路费征收。1993年12月，县交通规费征稽所与养路费征收站又合并为县交通规费征稽所。县交通局内设机构调整为办公室、人事教育股、企业财务股、安全保卫股。1994年增设基建计划股。1997年7月29日，湘阴交通规费征稽所收归市征稽处管理，由县交通局直管单位变为代管单位。2000年4月，县港航监管所被明确为正科级单位。2005年，县港航监管所更名为湘阴县海事处，负责辖区水上交通安全监管和防止货运船舶对水域污染，管理水上通航秩序和交通环境，调处内河交通事故，负责征收辖区水路交通规费等。2009年5月，县交通规费征稽所更名为县农村公路路政执法大队，职责调整为农村公路治理工作、公路路政管理工作、路政管理审批、超限超载运输治理工作，取消公路养路费征收职能。

2010年，县交通局内设办公室，计划基建股、财务股、审计股、安全股、法制股、人事股、武装部、企管股、计生股。直管县道路运输管理所、县港口航务管理所、县地方公路所、县农村公路路政执法大队4个事业单位和县客运总公司、县航运总公司、县装卸运输公司、县汽运公司、县大修厂、县路桥公司6个企业。归口管理县地方海事处和县航道站。

2011年以后，县委、县政府启动漕溪港码头二期工程建设，搬迁县航运公司职工119户，县航运公司实行改制。至2015年，县政府机构改革完成，县交通局机构维持原有建制不变。

第二节 基础设施建设

一、公路建设

1978年，湘阴县贯彻省关于社社通公路的指示精神，积极进行公路修建和改建工作。1980年，实现除青潭乡外，社社通公路。全县新建公路6条，331.4千米，其中支线公路2条48.6千米（湘阴至西林港公路34.2千米，农制厂至杨家山公路14.4千米）。公社公路67条，长281.6千米。修建公路桥梁36座，579米。完成路湘线农场至湘阴段9.7千米、湘长线湘阴饭店至八甲段1.9千米、湘益线湘阴饭店至渡口段0.4千米的改建工程。

1981年始，全县加速公路网建设，均为公社公路，建桥4座，计102.6米。同时对湘汨线、湘长线进行拓宽改造。1984年11月，县政府组织力量由省交通厅分别投资142.2万元和80.7万元对湘长线境内21.8千米和牌楼峰至老汽车站16.5千米进行改建测量。12月，组织长仑区六塘乡、东塘乡和城南区樟树乡、金龙乡、安静乡、长康乡、城南乡共10万余名民工动工改建。1985年，共兴建公路17条，长68.8千米，完成湘汨线、湘长线拓宽改造工程。年底，全县公路已初步形成网络，平益线、湘长线纵横县境，境内有公路143条（省道2条、县道10条、乡道131条），共800.4千米。按路面分类：沥青路面15.1千米，占总里程1.9%；砂石路面454.6千米，占总里程56.8%；土路246.3千米，占总里程30.8%；低面路84.4千米，占总里程10.5%。全县41个乡镇，除青潭乡因四面环水无法通车外，其余乡镇全部通了公路，32个乡镇通了客班车，平均每1万人有公路13.4千米。至此，公路建设的重要目标是提高公路等级，改善公路路况，增强通行能力。

1988年平益线湘汨段砂改油，湘杨线工程机械厂至大坝堤段砂改油；1989—1990年湘长线湘阴段砂改油，总计投资432万元。

1991年，完成平益线城关至西林港34.6千米拓宽和铺油。

1995年，县委、县政府发出《关于加快全县交通建设步伐的决定》，力争用3—5年油化主干线，实现村村通公路，路路上等级，形成省道主骨架，县乡道主干线，水陆联成网的交通整体布局。是年，新修湘杨线北湖中心路；新修乡道公路4条27.2千米（新泉至官港4千米，鹅形山公路12千米，石塘至范家坝8.2千米，安静至龙潭5千米）；改建县道2条（城关至牛轭弯，八甲至沙婆岭）7千米，乡道1条（安静至龙潭）6千米。

1996年，县委、县政府提出“1315”工程。13项重点建设工程中，属于公路建设的有6项：投资3300万元完成长湘线文星镇3.25千米过境公路建设；投资170万元完成平益线新泉段5.76千米铺油；投资100万元修好八沙线（八甲至洋沙湖）2千米水泥路面；投资200万元硬化冬茅路1.7千米路面；投资100万元拓长拓宽江东东路；投资100万元拉通尚书路未通部分。以上工程至2000年全部竣工。

2001—2005年，湘阴县公路建设投资的主要项目：投资1.68亿元新建湘阴湘江大桥；投资1.86亿元新建湘阴临资口大桥；投资1.23亿元，新建省道1825超二级公路20.42千米；投资730万元湘汨公路改建二级公路12.2千米；投资680万元麦湾线改建四级公路5千米、南和线路基改造11千米、青山线新建四级砂路4千米、八沙线砂改混凝土25.2千米、新乔线砂改混凝土9千米，界燎线新建四级砂2千米、夏石线砂改混凝土11千米、沙牌线砂改混凝土5千米、临赛线砂改混凝土26千米、湘营线砂改油5千米、湘杨线砂改混凝土5千米、吉王线砂改混凝土9.1千米、城牛线砂改混凝土12千米、界樟线砂改混凝土15千米、思岩线新建四级砂石路5千米、五六线新建四级砂石路8千米。2006年，重点抓“两路”（通乡、通村公路）建设，严把七关（路基关、队伍关、资质关、材料关、监理关、监督关、质检关），确保农村公路建设质量。2007年，实施通畅工程。遵循“统筹安排，合理引导，严格把关，科学管理”的原则，确保湘阴县乡村公路建设的数量和质量位居全市第一。2012年以后，湘阴县争取岳望高速公路建设项目，岳望高速公路属京珠高速公路复线，过境湘阴长仑、城南地区至长沙望城，全长32.5千米，总投资35亿元，至2015年，基本完成路基工程。长沙武警直升机场建设落户湘阴樟树镇，2013年开始征地，其中修造进场公路17.6千米、涉及4个村21个村民小组252户，2014年10月动工，全线按二级公路标准建设，宽12米，总投资2亿元，2015年完成路基建设。

（一）省道　湘阴县境内省道有长湘线、平益线和芙蓉大道各一部分。

长湘线（S102线，又称1825线）　湘阴至长沙，全长44.4千米，湘阴县境内长20.42千米，是湘阴县通往省会长沙市的一条极为重要的干线公路，沿途经过的主要站有湘阴县的袁家铺、金龙镇，望城的梅花岭、桥驿和长沙市的彭家巷。长湘线湘阴段首建城关至夏垸段，全长3千米。利用归驿道二甲、三甲、四甲原居民住房倒塌废墟，加高路基，同时修建石台木面东湖桥，1958年10月竣工。1962年7月修建至界头铺，该路段修建半永久性桥梁4座。1977年6月，县投资7万元，将大饭店至八甲段铺成油路。1984年由省交通厅投资352.3万元对湘阴境内全线拓宽改造，1985年完成全线改造，为二级公路。1989—1990年投资215万元完成全线砂改油。1996年，县人民政府将改造长湘公路作为“1315工程”的一项重点工程。1998年，县政府分别向交通部和省交通厅请示拓宽改造长湘公路立项，并解决所需资金。9月3日，受省委副书记储波委托，省委常委、省人大常委会副主任王克英在湘阴主持召开长湘公路改造联席会议。会议一致同意加快改建。11月27日，省国际工程咨询公司完成可行性研究报告的评估。12月4日，王克英主持召开长湘公路建设协调会，确定建设标准、筹资渠道等6个方面的问题。12月18日，长湘公路举行奠基典礼。2002年6月18日竣工通车。

平益线（S308线，又称1809线） 湘阴县境内六塘至西林港段。1959年动工，是年竣工通车。长12.5千米，为四级砂石路，路基宽6米，路面宽3.5米。六塘牌楼峰至长仑铺段按老六级（新四级）标准修建。1984年，省交通厅投资80.7万元拓宽改造，1985年竣工。拓宽后路面宽6米，为四级公路。1987年，改造为油路，路基宽9米，路面宽7米。2001年，改建为二级公路。长仑铺至县汽车站，1956年1月动工，是年5月竣工，路基宽7米，路面宽5米。1977年省交通厅投资35.22万元，修建成沥青路。1985年，省交通厅投资拓宽改建湘汨线时，同时改造为二级公路。2002年，县改造先锋路（该线一部分）时改造为水泥路面，长3.87千米。汽车站至渡口码头，长0.4千米，1956年修建成二级公路。1977年10月建成沥青路面。1996年，作为县城建设一部分，由交通部门投资20万元，对城关汽渡码头东接线180米进行硬化。城关汽渡码头至南阳渡汽渡码头，长15千米，1970年5月沿12千米大道建成土路。1972年10月至1973年8月修建成砂石路面。1978年，修建成四级公路，路基宽7.5米，路面宽4.5米。1979年国家接养。1992年省投资147.3万元，由原四级砂石路提高为三级油路。凤南至西林港19.6千米，1974年动工修建，1977年12月竣工，路基宽7~8米，路面宽4.5~5米。1979年国家接养。1992—1996年，投资580万元铺油，改造后油路面宽6米。1998—2003年投资600万元完成S308线凤南至西林港16千米油改混凝土工程。拓宽改造后，平益线全长51.83千米。2010年，投资1.2亿元，完成S308线湘阴段拓改工程，6月底全线通车，8月通过专家验收评审。

芙蓉北路（湘阴段） 芙蓉北路起于长沙市开福区沙河收费站，止于湘阴漕溪港深水码头，全长46.69千米，其中湘阴段起于与望城交界的茶亭收费站，止于漕溪港深水码头，沿线经过金龙镇、玉华、袁家铺、长康、文星、石塘、北湖7个乡镇，22个行政村（基本是沿原长湘线走向改扩建），长25.53千米，总投资估算13.8亿元。望城段17千米，总投资估算12亿元。建成后与长沙至湘潭板塘铺城市大道对接，成为全球最长的城市大道。2009年8月31日，省发改委正式批准芙蓉大道北拓（湘阴段）工程立项并纳入省政府重点工程进行督办。是年年底，由省交通设计院确定设计方案付诸实施。芙蓉大道北拓（湘阴段）工程共需征地101.47公顷，拆迁房屋850户7.48万平方米，改扩建大桥8座，搬迁电线杆2457根，新增分离式立体交叉桥4座。工程设计采用设计时速80千米，城市快速路标准，控幅60米，双向车道25米，两边辅道各7.5米，并设置中央隔带、边分带、人行道和绿化带。2010年1月，湘阴县芙蓉大道北拓（湘阴段）工程建设开发投资有限公司分别与湖南华侨集团公司和监理单位签订合作建设芙蓉大道北拓（湘阴段）工程协议，启动芙蓉大道北拓（湘阴段）工程。2011年以后，县委、县政府把芙蓉大道湘阴段建设列入“三十工程”中重大基础设施建设一号工程，千方百计筹集资金，连续三年开展百日大会战，动员干部群众以“晴加雨”“白加黑”（日夜加班）、“五加二”（周六、周日不休息）

苦干精神强力推进，于2014年年底竣工通车，2015年年底，长沙望城段竣工通车。至此，芙蓉大道全线贯通。

（二）县道 1985年，县道10条，187千米。2001年，全国第二次公路普查，将县道重新划定线路，重新命名，确定县道为14条229.50千米，其中公路局养护6条（69.47千米），地方公路所养护7条（160.03千米），文南路由公路局和地方公路所各养一段。全国第二次公路普查后，文星镇至杨家山和杨家山至南托坪两条县道合并称文南路，临赛路（临资口至赛头口）与白赛路（白马寺至赛头码头）两条县道合并称临白路。至2015年，全县有县道12条。

X058 全长8.82千米，该线系长湘公路改线后，保留的原长湘线部分的合称，共分三段：即湘阴一中（旧址）至涝溪桥6.36千米；界岭至界头铺1.94千米，界头铺至界牌岭0.52千米。

X059（即原路湘线一部分） 全长4.56千米，路湘线湘阴至培基桥，又称培长（长仑铺）线，修建时全长37.3千米，是湘阴修建的第一条公路。1977年，由省交通厅投资，由湘汨两县组织施工，经过裁弯降坡加宽改建成三线沥青路。境内线路改建投工26.1万个，投资35.22万元，1984年，将长仑铺（高岭）至老汽车站（先锋路）4千米段划归平益线，长仑铺至农场一段5.7千米，定为县道。2001年，第二次公路普查后实际里程4.56千米。

X062 袁芭线（袁家铺至芭基桥） 原称袁川线。1958年由长康公社边测量边组织群众修建，1964年10月建成，全长8.21千米。分县后该线属湘阴的8.41千米为四级砂石路。

X064 界樟线（界头铺至樟树港） 全长14.83千米，1961年3月樟树公社与金龙公社共同测设并动工修建。1962年12月竣工。整个工程耗资16万元，该线为四级砂石路。

X050 牛大线（牛轭湾至大湾杨） 全长15.11千米，原为城牛线一部分。1967年12月竣工，为四级砂石路。2001年完成牛轭湾至石塘段砂改油，全线有混凝土路面0.8千米，油路6千米。

X057 文南线 全长33.31千米。原为城牛线一部分，其中县公路局养14.1千米，县乡公路所管养19.21千米。公路局管养一段从审判庭至大坝堤，经白泥湖中心路，止于杨家山。该线有4.51千米为混凝土路面，其余系砂石路，1966年建成通车。大坝堤至杨家山一段，1978年5月为四级砂石路。1993年改道从白湖垸中心通过，称中心路，长11千米，为三级泥结砂石路面。县乡公路所管养一段起于杨家山，经营田闸、三塘至南托坪，均为砂石路面（营田闸至岔路口1965年竣工通车，岔路口至南托坪1980年12月建成通车）。

X063 石沙路（石板吴至沙婆岭） 原县道八沙线与原乡道望江岭至石板吴一段合称，全长32.73千米，2001年命名。其中：望江岭至三门杨，1968年9月动工兴建，1970年8月竣工，系等外砂石路；三门杨至石板吴，1980年12月动工修建，1981年6月竣工，系四级砂石路，公路改造后升级为县道。八甲至洋沙湖3.3千米，1958—1959年由原湘阴糖厂等工厂企业修建成土路。1968年10月，重修建成4级砂石路。1981年由各单位集资将八甲至省二纸板厂1.7千米修建成沥青路面。1998年将该段改造成水泥混凝土路面，总投资72万元。2001年将氮肥厂至洋沙湖段1.6千米改造为水泥混凝土路面，总投资82.5万元。洋沙湖至沙婆岭段1968年10月动工修建，1972年8月竣工，为四级砂石路。

X065 南斗路（南阳至斗米嘴） 原南（阳）湘（临）路延伸，全长26千米，为四级砂石路。2001年，公路普查时，将斗米嘴至湘临一段升级为县道，并入南斗路。南阳至包市，1969年动工，1972年12月竣工。包市至濠河系大堤公路，濠河至湘临1969年8月动工，1975年12月竣工。湘临至斗米嘴1969年动工，1975年12月竣工。

X067 东车路（东河坝至车马） 全长10.9千米，为四级砂石路，1974年动工，1976年12月竣工，为四级砂石路。

X068 临白路（临资口至白马寺） 即临赛路与白赛路合并。2001 年重新命名，全长 43.50 千米。其中水泥路 6.14 千米，其余为四级砂石路，修建时间：临资口至白马寺段 1975 年 11 月动工，1979 年 7 月竣工。1997 年筹资 140 万元开始临资口段（原民新乡）5 千米砂改水泥混凝土路面工程，1998 年元月竣工。白马寺至朱干堤段，1981 年 12 月竣工。朱干堤至潭树村段，1981 年 6 月竣工。柳潭至白马寺段，1975 年竣工。

X069 南和路（南湖洲至和平） 全长 10.97 千米，为四级砂石路。2001 年公路普查后由乡道升级为县道，列入常年养护。

湘樟线（湘阴至樟树港）（由长湘路湘阴至界头铺和 X064 界樟线组成） 全长 14.5 千米，路面宽 6 米，界樟线 2005 年 7 月动工，10 月竣工，投资 810 万元。

2013 年，县委、县政府启动界樟公路升级改造，全长 14.9 千米，2015 年竣工；2014 年，启动湘营线改造升级（湘阴县城至东塘镇），全长 10.4 千米，2015 年竣工通车；2015 年，启动新乔线（湘阴新泉镇至长沙乔口镇）和新泉寺大桥改扩建，全长 11.3 千米，路桥总投入 1.4 亿元。

（三）乡镇村道 1995 年，全县乡镇村道 131 条，540.8 千米。第二次公路普查统计，全县乡镇村道 325 条，1508.41 千米，其中乡镇道 44 条，351.68 千米，村道 281 条，1156.73 千米。2003 年，对文星镇江东路、先锋路、太傅路、尚书路等 7 条城镇道路硬化、亮化。新建、改造新世纪大道、滨江大道、江东东路、冬茅东路、文化步行街等 10 多条城市主干道。2004 年，新修袁文路、青湾路、吉王路、沙牌路。为主动融入长株潭一体化城市群，县城文星镇建成湘阴大道北延线、工业大道、湘杨路。2005 年，完成袁华路 6 千米，南和路 11 千米，铁躲路 6 千米，湘濠路 10 千米。2006 年，杨林寨 6.7 千米通乡公路竣工通车。全县完成通村公路路基改造任务 6000 多千米，硬化 480 千米，涉及 161 个行政村和 162 个项目，总投资 1 亿元。2007 年，完成东车线、柳潭线、静河至沙婆岭共 30 千米通乡公路建设。2008 年，争取省市增补通乡公路计划 64.5 千米，新修城望路、八罗路、古蔡路等 8 条线路，总投资 3200 万元。2009—2015 年，新建东白路、樟望路、樟祥路，省定一村一路 1400 千米通畅工程建设，以及自筹自建 11100 千米乡、村、组道路硬化，全县"十二五"村村通水泥路的目标全面实现。

二、桥梁涵洞

（一）桥梁 1978 年，县内有永久性公路桥 88 座，1623.4 米。88 座桥梁中，片石台 59 座，料石台 15 座，砖台 9 座，混凝土台 5 座。20 世纪 80—90 年代，省道新修桥梁有位于长湘线上的文家桥、李湖坝桥、杨木桥、岭字桥、涝溪桥、一机埠、白水江桥、澎港塘桥和平益线上的西林桥、鹤龙湖桥、凤南桥、兴隆桥、红旗桥。县道新修或改造的桥梁有牛大线上的大湾杨桥、彭家坝桥、东塘桥、石塘桥。界樟线上的郭驿桥，南斗路上的立新桥、东风桥和临白路上的姑嫂桥。乡村公路加宽改造的桥梁有周吉桥、拦河坝桥、樟树桥、新月桥、大淋港桥、三叉港桥、白水江桥、金塘桥、团结桥。2001 年，全国第二次公路普查对全县部分公路和桥梁重新命名。全县省道桥梁 14 座，398.84 米；县道桥梁 22 座，544.2 米，对村道和非标准线上的桥梁未予普查统计。2010 年，县交通局提出 2011 年交通建设"五大工程"，其中包括湘阴湘江二桥建设工程。2015 年，启动新泉寺大桥建设。

湘阴湘江大桥 1994 年 6 月，县交通局把修建湘阴湘江大桥作为招商引资项目提出，制定《湘阴湘江大桥项目建议书》。1996 年县人民政府向省人民政府提出请求立项投资修建湘阴湘江大桥。是年 10 月 24 日，省委副书记储波、郑培民签署"请省计委、省交通厅给予论证，争取立项"意见。1997 年 1 月 3 日，省计委下发《关于湘阴湘江大桥工程可行性研究报告的批复》。4 月 1 日，省环保局作出关于大桥环境影响工作大纲的批复。12 月，湘阴县的省人大代表向省人大提出请求修建湘阴、南阳两座湘江大桥的议案。1999 年 8 月 21 日，省委副书记胡彪在省水利厅主持召开了湘阴县水利和 1809 线过境桥建设的专题会议，省人大常委会副主任王克英出席会议，会议要求湘阴湘江大桥要列入全省2000年重点交通和水利建设项目，以国家投资为主，争取2000年汛期后动工。大桥建设资金由省计委为主进行协调，省交通厅重点安排，省水利部门给予适当支持。2000年12月18日，在大桥东接线桥头举行奠基典礼，2001年3月工程全线开工。2003年9月28日全面竣工通车。大桥桥梁部分总长1175.16米，桥面净宽16米（行车道9米，非机动车道2×2米，人行道2×1.5米）。桥梁设计荷载等级为汽车-20级、挂车-100、通航等级为Ⅲ-（2）级，设计洪水频率为1/100，地震烈度为7度。总投资1.68亿元。

湘阴临资口大桥　位于S308线湘阴县段，桥位在湘水南阳渡口下游520米处跨湘江西支后左拐，在湘水与资水交汇处上游400余米处横越资水，到风南乡接S308线。2001年12月16日，省计委批复同意对临资口大桥项目进行可行性研究。2002年10月28日正式批复立项建设。2003年4月21日，省交通厅对临资口大桥初步设计予以批复。5月6日，省计委对临资口大桥招标方式予以批复，同意由湘阴县临资口大桥建设开发有限责任公司自办招标事宜。5月20日，省交通厅对大桥工程施工和监理招标资格预审文件予以批复。2003年9月，筹备工作全部就绪，省交通厅下达开工令。9月16曰，大桥举行开工庆典，正式破土动工。2006年5月26日正式竣工通车。大桥全长4502米，桥宽13米，投入资金1.86亿元。

柳林江大桥　是S101和S308连接线上的一座重要桥梁，连接湘阴、望城两县。2008年3月5日举行奠基仪式。工程由望城县负责大桥建设，湘阴县负责接线工程建设。10月2日，望城县全面启动桥梁建设，湘阴县全面启动接线工程。2010年5月25日竣工通车。柳林江大桥长387米，宽15.5米，湘阴境内连接线3788.2米，穿越岭北镇的竹山、新塘、新合、大龙、莲荷5个村。连接线按二级公路标准设计修建，路基宽12米，路面宽9米，时速80千米，共计投资4691万元。

（二）涵洞　1985年，全县统计共有涵洞1161孔，其中拱涵256孔，箱涵589孔，管涵316孔。1986—2000年，在公路扩建、改造过程中，涵洞亦有兴废。2010年，全县涵洞1689处（孔），其中省道264处，县道857处，乡道568处，村道未列入统计。

三、港口码头

湘阴县主要集镇临河而设，小港遍布全县。1978年以前，主要港口有城关、汨罗、樟树、临资、濠河、新泉、南湖、磊石、杨林寨等，以城关港和汨罗港最大。其中因湘汨分县，汨罗、磊石两港在汨罗县境。

1988年，县政府发布《湘阴县港口管理暂行规定》中，将全县划为10大港区，即城关港区、洋沙湖港区、临资口港区、濠河港区、白马寺港区、南湖港区、新泉港区、铁角嘴港区、樟树港区、青山港区。城关港区有漕溪港和南门港。1996年，县政府根据城关地区防洪需要，按平垸防洪统一规划，决定放弃南门港，由城关水管会将港填平，建成大型集贸市场。

全县各港区共有码头66个，年吞吐量约77万吨。城关港区居湘水与洞庭湖水运的咽喉，是滨湖各县水运转运和湘阴粮食、农副产品、原材料及工业品的主要集散地。该港区有码头15个，年均吞吐量约36万吨。主要码头有西门轮渡码头、轮运码头、西门装卸码头、汇涉桥装卸码头。2003年修建沿江风光带时，西门装卸码头拆除。湘阴湘江大桥建成后，西门轮渡码头、轮运码头和汇涉桥装卸码头闲置。

2006年，县委、县政府争取将漕溪港千吨级深水码头建设列入省“十一五”交通建设重点工程。第一期工程2006年10月动工，2008年5月建设完工。第一期工程占地2.6公顷，建有千吨级深水泊位1个，移动龙门吊2座，货物堆场及综合楼130万平方米。年吞吐量1万个标箱23万吨。第一期工程完工后，采取招商引资模式，引进海南金泉实业股份有限公司投资2亿元对码头实行整体投资开发，完成码头基础设施，并启动物流园建设，建设进港公路，提升港口服务能力，打造一个以航运物流业为主的漕溪港经济发展新区，实现“以水兴港、以港兴城，城港双赢”的发展战略。2010年年初，县漕溪港码头建设领导小组、县交通局、县规划局等部门初步制订出县漕溪港区建设规划。6月，向省交通厅提交报告。物流园完成各类专家评审和工可评审，省交通厅立项。同时完成32公顷物流园第一期征地，第二期17.3公顷征地全面铺开。12月28日举行开工庆典。完成码头及物流园投资近4000万元。从而逐步将漕溪港区年吞吐量提升到6万个标箱以上。同时，积极加强与大型物流企业集团对接，把湘阴港建设成长株潭的组合港、霞凝港的姊妹港、城陵矶港的前沿港和周边县市的集散港。

四、民间渡口

湘阴县处滨湖地区，“一沟之水必有桥，一港之流必有渡”。1987年年底，县内渡口62处。1998年，结合全县开展水上安全整顿，对县内民间渡口进行清理登记，并于5月18日由县人民政府发文，将已批准的88处渡口规范为63处。后又相继批准设置刘公渡、甘家棚渡等渡口。2002年，全县民间渡口67处。是年8月14日，在赛头口设立赛安汽渡。

2006年4月，全县渡口54个，有洋沙湖、三叉河、许家轭、濠河、夹洲、樟树港、湾河、窑头山、铁角咀、石灰窑、甘家棚、五星、白乌潭、包市、东港、刘家坝、新泉寺、临资口、南阳、南岸嘴、杨林寨、王家坝、青山、许家台、裕民、保民、保合、大湾、和平闸、白马寺、二柱、马家湾、东河坝、姑嫂树、老矶头、东南、南湖东亚、西林港、周家山、铜钱寺、焦潭湾、毛角口、张家坝、曾家码头、草湾上、草湾下、黄口潭上、黄口潭下、燎原湾、新家湖、赛头口、刘公、湾河（汽渡）、西林合资（汽渡）等渡口。其中，省道1个（南阳渡口），县道9个，乡道44个。按技术等级分，3级1个（南阳渡口），4级53个。按所跨河流分，跨湘江27个，跨资江27个。年平均渡运能力160多万人次。有渡船72艘，其中钢质44艘，木质28艘。吨位90吨。

五、车站

1978年，汽车站在先锋路，站内建筑面积5970平方米。随着车辆发展，停车场地不能满足要求，加之先锋路道路狭窄，车流量大，客车进出极不方便，也不安全，1991年，经县交通局请示省交通厅同意新建汽车客运站。是年8月3日，省交通厅批复“同意移地扩建湘阴汽车站”；“按容纳150辆客车设计，建筑面积3520平方米，总投资180万元”。1992年，省厅正式立项，开始征地、填土、钻探、修建围墙和设计等前期工作。1994年，省交通厅核准湘阴汽车站投资460万元。县政府出台优惠政策支持新站建设：汽车新站征地每亩不超过5000元；同意客运站收取站场建设费；免征新站投资方向税等。新站位于江东路，占地1.67公顷，总建筑面积19800平方米，主站房面积3900平方米，由站房、停车场、停车坪、站前广场、生活区等组成，办公楼6层，使用微机售票。

2005年，县委、县政府启动高岭汽车站的建设。是年，完成征地、拆迁工作。2006年，10月破土动工。投资3200万元。2009年5月竣工。7月20日投入运营。湘阴县汽车客运总公司为振兴新站运营，实现客运公司向现代化企业转变，公司在加强管理，提升服务水平的同时，积极更新客运车辆，提升车站客运资质，开辟长途黄金线路。是年，公司由三级客运企业升格为二级客运企业。2006年，全县计划建设12个农村客运站。2015年，农村12个客运站全部建成营运，形成农村客运服务网络。

第三节 运　输

一、公路运输

（一）公路客运　**湘运**　1980年1月，白水车站与湘阴车站合并，客车增至17台，670座位。随着旅客流量增大，客车营运线和班次逐年增加，又先后在新泉、白马、樟树三镇建立汽车站和分布全县的13个代办站。1985年，成立湘运湘阴分公司，客车由1980年的17台670座发展到34台，1445座。

除青潭乡外，实现乡乡通客车。1987年，统计客车营运线路26条，每天开行91趟次。此后随着客运需要，车辆不断发展、更新，便有了中巴车、快巴车，营运线路也逐渐增加和延伸，先后开通至新化、平江、株洲、武汉、湘潭、广东、醴陵、常德、益阳、邵东等跨市、跨省线路。至2002年，县汽车客运总公司客车增加到127台，3291座，营运线路64条，年客运量190万人次，旅客周转量9500万人千米，营业收入总额由1986年的155万元增加到686万元。

个体客运　20世纪80年代，客运市场除专业运输部门加快发展速度外，还出现了一些个体客车运输。1984年12月，杨林寨乡廖新辉购买第一台客车——解放661型45座位客车，新开辟湘阴县至新化县客运线路，营运第一个月，客运量1620人次，8.86万人千米。1985年1月，白泥湖乡购买一台40座位的客车，增加湘阴至长沙客车班次。1985年年底止，全县共有个体车5台，210座位，开行班次6个，年完成客运量4.96万人次，242.3万人千米，个体车辆占总台数的14.7%，座位占14.5%，完成人次占2.2%，完成人千米占4.1%。在长途客班车不断增加，线路不断延伸的同时，带动了市内公共汽车发展，1991年，开通机瓦厂至党校和环城车两条线路。1992年始，城内出现人力脚踏车（三轮车）在城内载客，此后发展较快，并由人力脚踏变为三轮摩托（俗称“叭叭车”）。1993年，个体出租车进入客运市场。2001年，“叭叭车”增加到637台，已影响城内交通，后经交通及交警部门联合整顿，对600多台“叭叭车”采取单、双日轮流营运。2002年，湘阴县出租车达152台，760座。2003年，运管部门统计，全县共有社会客运车辆71台，1395座，其中市内运行交通车24台，456座。客班车47台，903座，班车运行线路共21条，每日运行47班，开行116趟次。

（二）公路货运　1981年前，湘阴县有县汽车队和湘运95车队。1983年，县装卸运输公司成立汽车队，货车先后发展到9台。至此，全县专业运输单位有汽车运输公司、湘运95车队、装卸运输公司汽车队。1989年，县装卸运输公司汽车队因经营不善解散。

1995年后，汽车运输公司步入低谷。1998年，公司处于瘫痪状态，湘阴县已无专业货运企业。与专业企业相反，1985年后，社会汽车货运和企业货运车辆异军突起，是年，全县有5个单位成立汽车队，有各种货车36台，173.5吨位。省第二纸板厂有货车10台，48吨位。县氮肥厂有货车6台，32吨位。县肉联厂有货车9台，34.5吨位。县钢管厂有货车6台，36吨位。县人民纸厂有货车5台，23吨位。除了成建制的汽车队外，还有不少企事业单位有1—2台货车，以保证本单位原材料和生活物资的运进及产品的输出。是年，全县企事业单位和乡镇共有货车224台，853吨位。

20世纪80年代，个体和联户的车辆发展迅速。1985年，全县个体、联户的货车47辆，143吨位，全县社会车辆（不含拖拉机）完成货运量和周转量分别占全县公路货运量的87.1%和80.1%，农用拖拉机也上路参运，1985年，全县共有拖拉机1284台，683吨位。

20世纪90年代中期，工业企业生产滑坡，陆续瘫痪，企业车队逐渐解散，个体货运车辆仍保持持续发展。2010年，全县共有货运车辆537台，拖拉机2535台，农用车及其他机动车408台。至2015年，个体货运车辆成为全县货运的主力。

二、水路运输

2015年，境内有常年通航航道195千米，季节性航道153千米。

（一）湘水航道　湘江南自乔口以北入湘阴县境，往北18千米至濠河分为东西两支，东支经湘阴县城、乌龙嘴至芦林潭，西支经包公庙、新泉寺在临资口与资水南支汇合，经王家坝、湘临至芦林潭。东西两支在芦林潭汇合，经新发沟至增垱洲入岳阳县境。

湘水主干道：乔口—濠河口—湘阴城—城陵矶航道。

乔口至濠河口段：长16千米，河宽1200~1800米，平均坡降0.028‰。水流较平缓，河床系砂卵石。

枯水期深为 1.5~1.8 米，航宽为 30~60 米，最小平曲半径为 200 米，是长沙至滨湖各地的水道咽喉。

濠河口经湘阴县城至城陵矶段长 113 千米。是湖南省最主要的水路运输干线，也是洞庭湖水系常年沟通长江的便捷水道。濠河口至芦林潭段水路较为平缓，受湖水顶托现象较为严重。芦林潭至城陵矶水道，航线穿越洞庭湖，洪水期一片汪洋，中低水期航槽在湖洲中穿行。洪水期河宽最窄处为 450 米，枯水期河宽为 180~600 米，水面平均比降为 0.55‰，河床系泥沙，河槽窄深、泄洪量大。该航道在湘阴县境内（濠河至增档洲）全长 56.78 千米，有乌龙嘴、黄猫滩等 5 处险滩。经省航道部门多年整治，特别是 1989—1994 年对湘江千吨级航道开发，航道达到水深 2.0 米，航宽 90 米，弯曲半径大于 720 米。湘江湘阴县境段由原来的四级航道整治成为三级航道，可通航 1000 吨级船舶。

湘水西支：濠河口—临资口—芦林潭航道。

濠河口经临资口至芦林潭段　航道全长 33 千米，有资水从临资口汇入，是湘水沟通其他水系的重要航道，濠河至临资口段是长益、长常、长津各航线的必经之地，货运通过量大。因受资水和长江洪水顶托侵扰影响，泥沙淤积严重，枯水期水深不足，最小水深只有 0.4~0.5 米，全靠疏浚维持通航水深，有铁门坎、刘家坝、关门滩、扫把滩等浅滩。由于浅滩河段航道弯曲、狭窄、流速较大，每年枯水期在包公庙和新泉寺两处设立指挥站，控制船舶单线航行。1986—1991 年澧湘航线整治工程后，整治为五级航道，枯水期可通 300 吨级船队，中洪期可通 500 吨级船队。

（二）资水航道　资水至毛角口分为东西两支。其东支自毛角口左岸（面下水方向）入湘阴境内（右岸属益阳，至西林港后两岸全属湘阴）经西林港、南湖洲、白马寺出临资口与湘水西支汇合，北支循茈湖口新辟洪道经易婆塘至港子入湖。

资水东支：毛角口至临资口航道。

这段航道是长常、长益、长沅等航线咽喉，为二级航道，全程长 35 千米，两岸大堤夹峙，洪水期间河宽 45~300 米，枯水期间河宽 35~100 米，河床底质多为沙和砂卵石，个别为黏土，航道流态紊乱、航窄、水急、弯曲，有浅滩六处。沿线设有毛角口、焦潭湾、白马寺、临资口四处指挥站控制航行。阎王滩、油麻潭船舶航行非常困难，海事经常发生。1986—1991 年列入澧湘航线开发航道整治工程计划，切嘴移堤，改善航道条件，该航道能常年通行 300 吨级船舶。

资水西支：毛角口至茈湖口至明山寺。

全长 25 千米，系资水主流，为湘阴、益阳、沅江三县共管河道，设计流量 5200 立方米 / 秒，航宽 20 米，枯水深 0.6 米，常年通行 20~50 吨船只。该航道中洪水季节自易婆塘以下河湖一片，枯水季节泓道至明山寺。

（三）烂泥湖区航道　原系南洞庭湖区航道一部分。整治洞庭湖时，堵塞乔口、西林港以及益阳小河口、三里桥等多处，烂泥湖遂成为内湖，但过新泉寺水闸循原烂泥湖区航线可达西林港、乔口及烂泥湖区各地，后因围垦、养殖、兴修水利将内湖航道节节切断。县境内（或共管河道）能通行船舶的季节性航道有：

新泉寺至车马江：全长 13 千米，通航船舶吨级为 3~15 吨，因水位受新泉寺水闸控制，只能在每年 4—10 月通航。新泉寺至拖船埠是从原荆湖开出的一条排渍干渠，长 4 千米，底宽 60 米，最枯水深 0.3 米，拖船埠至车马江长 9 千米，河宽 100~150 米，最枯水深 0.6~0.8 米。

乔口至云雷山：全长 6 千米。原为连通河道，因水矶口筑坝将航道切断，每年 4—10 月可通行 3~15 吨船舶。枯水期航宽 25 米，水深 0.4 米。

（四）白水江航道　东湖围垦前，每年 4—6 月洪水期可通 2~3 吨小船至陈家塅（离河口 16 千米）。东湖围垦后，河道逐年淤塞。已无运输船舶通行。

（五）*外湖航道*　湘阴县北部大片水域在枯水季节无明显泓道，只在中洪水季节有装运芦柴、块石的民船行走，主要航道有：新发沟—畎口、新发沟—青潭乡、蛇口子—穿眼凼、茶盘洲—新发沟、石湖包—九条沟，其中茶盘洲—新发沟全长 19 千米，中洪水季可通行 300 吨船舶，长沙至津市、安乡客轮不须绕道鲇鱼口，可以从该航线通过。

第四节　管　理

一、安全管理

1980 年 7 月，撤销县委安全领导小组，成立县交通安全委员会，办公室设县交通局内，与交通局安全股合并办公（两块牌子，一套人马）。（对外）处理重大交通事故，调解交通安全纠纷，清扫路障，起草县内安全文件；（对内）组织车船年检、年审和驾驶员培训，协助公安部门维护水陆运输秩序；（对上）向主管机关汇报安全情况，参加主管机关组织的安全检查。20 世纪 80 年代后期，县政府成立安全办。1987 年，交通监理所划归公安局后，交通安全工作主要负责水上安全工作和交通企业的生产安全。局安全股负责对交通安全的宣传指导、检查和督促。

规章制度：1980 年 9 月 1 日，县人民政府制发《关于加强交通管理，维护交通安全的布告》。是年 9 月 10 日，县交通安全办制订《关于整顿全县渡口、轮划的若干规定》。10 月，县交通委员会制订《渡口安全制度》。1982 年 3 月 15 日，县安全办、县交通局制发《关于维护汽车渡口秩序，确保安全畅通的联合通告》。1983 年 11 月，县公安局、县交通局制订《关于颁发轻便摩托车和轻便摩托车驾驶管理的规定》。1984 年 8 月 4 日，县人民政府制订下发《关于加强对农民个人和联户船舶管理的若干规定》。1985 年 5 月 3 日，县人民政府下发《关于加强交通安全管理的通告》。11 月 14 日，县公安局、县交通局下发《关于加强南门渡运输安全管理的联合通知》。12 月 31 日，县人民政府办公室转发交通部《禁止船舶超载规定》和省交通厅《湖南省船舶安全管理办法》《湖南省民间渡口管理规定》。1986 年 1 月 21 日，县交通局、公安局制发《关于加强城关地区交通安全管理的联合通告》。这些交通安全规定都以文件通告的形式发布，家喻户晓。

安全整顿：1979 年始，开展“安全月”活动，把每年的 5 月定为“安全月”。1980 年，县交通局将国务院制订的渡口守则印制在水泥板上，竖立在全县客运和渡口码头，同时还编印《水上安全管理文件汇编》，下发到各水运单位和乡人民政府。港监所和安全股由县安全办牵头，每年开展 1—2 次水上安全大检查，每年召开一次水上安全工作会议。至 1985 年，已开展 6 次“安全月”活动。1986 年和 1988 年，开展 2 次船舶整顿。1995 年 5—9 月，进行为期 85 天的“三无”（无船名船号、无船舶证书、无船籍港）船舶清理整顿。1998 年 2—4 月，进行为期 52 天的水上交通安全整顿。2000 年 8 月，进行为期半个月的水上执法统一行动。2000—2002 年，连续 3 年开展水上运输安全管理年活动，取缔无证经营，规范有证经营客货运输户的经营行为，落实乡镇与县政府签订的《乡镇船舶目标管理责任书》，明确乡镇主要负责人是乡镇船舶安全第一责任人，并配备乡镇船管员，规范全县民间渡口，不合格或重复设立的予以取缔，增强群众安全意识，促进规费征收。

培训考核和船舶检验：港航监督站每年举办船员培训，定期考核发证，不定期进行船舶检验。每年春运前都强调对参运车船检验，严禁带病运行。1988 年，港监所共举办 12 马力以下机驾合一培训 15 期 149 人，举办 20 马力机驾人员学习班两期 18 人。1995 年，共检验船舶 251 艘。

安全管理机制：“十一五”规划期间，认真贯彻实施《安全生产法》，强化宣传教育，落实安全责任管理，建立安全管理长效机制。公路运输上，加强对客运站场源头安全管理；开展安全专题整顿；

严格把好营运车辆技术状况关、车辆技术等级评定关和司驾人员从业资质关；重点打击违法违规、报废车辆和非法营运车辆　载客行为。“十一五”规划期间没有出现一起大的责任交通事故，全系统所属施工企业无重大安全责任事故。“十二五”规划期间，坚持实行安全工作领导负责制、工作责任制和责任追究制，时刻保持安全生产高压态势。每年按月召开安全例会，及时研究部署安全管理工作。2006年，在春运和5月“全国安全生产月”活动期间，县交通行政管理部门组织安全工作人员上车、下河、入户进行安全教育；上路查车2895台，查扣客车5台，处罚违章驾驶员18人；上船检查船舶392艘，签发违章通知书96份，处罚违章船舶3艘。对市督办的南阳汽渡码头和南湖东亚渡口非法渡车问题进行专项整治。2009年，交通安全管理突出“三把关、一监督”（严把运输市场经营准入关，严把营运车辆技术关，严把从业人员资格关；加强对运输市场安全生产监督），加强“四客一危”（客渡船、客滚船、高速客船、旅游船和危险品运输船）管理，建立月安全例会、季安全评讲、定期与不定期检查、督查和通报机制；建立安全档案台账，保证交通安全良好局面。2010年，安全工作始终坚持“安全第一、预防为主、综合治理”的工作方针，明确“管生产必须管安全”的责任要求，健全领导机构，逐级签订安全生产目标责任书，实现“纵向到底，横向到边”（即全方位安全，不能留下安全死角）的管理模式，开展“春运”（春节运输）、“安全生产月”“安全生产年”活动，形成群防群治的“大安全”（由政府统一领导，社会多部门参与，合理整合可用社会资源，对造成人、家庭、社会公共秩序、生产秩序和国家各种危害或威胁给予全面、系统的预防和控制）氛围。2011年年初，全县党政负责干部大会召开，县委、县政府主要领导人反复强调“安全第一，预防为主”，并将安全生产与计划生育、社会治安、环境保护一并列为4条底线，明确实行“一岗双责”“一票否决”制，强调各级要牢固树立“安全第一，预防为主”的思想，对人民群众生命财产安全高度负责，时刻绷紧安全生产这根弦，从坚守安全底线思维，狠抓道路水上交通等领域的安全监管，严格实行安全生产责任追究。此后全县加强了对水陆交通等领域的安全综合治理，严厉实施打非治违治超。2011—2015年，共投入资金2250万元，对水上渡口码头实行标准化建设，改造渡口码头8个，改造提质渡船45艘，水上运输连续5年无重大安全事故，乡镇渡口码头连续10年无安全责任事故，道路交通无重大安全事故。

二、路政管理

1979年7月26日，县公安局、县交通局发布《加强公路管理、维护交通安全》联合公告，对强化路政管理作出8条规定。但在公路上挖沟、放牲畜、种植作物、占道建房搭棚，甚至破坏公路设施、蚕食公路等情况仍时有发生。1981年，全县公路上开沟46处，中断交通100多次。南阳通客车后，由于有人在公路上开沟建屋，通后又停，反复多次。20世纪80年代后，国家法制日趋健全。省人民政府颁布《湖南省公路路政管理办法（试行）》后，路政管理开始有法可依。

1993年9月，县人民政府转发岳阳市人民政府《关于清理整顿公路两侧违章建筑的通知》，在全县开展宣传发动，并组成由政府牵头，有交通、公安、国土、工商、城建等部门参加的清理整顿小组，重点对省道干线湘长、平汨公路两侧的违章建筑开展清理整顿，并强制拆除一批严重违章建筑。

1997年10月，国务院《公路管理条例》发布，相继出台实施细则，对路政管理作出了12条明确规定。是年，县交通主管部门在全县开展《公路管理条例》宣传活动，提高群众爱路护路意识。此后，全县每年组织一次上街法律咨询服务活动。

2010—2015年，县公路局组织路政人员对《中华人民共和国公路法》《行政裁量权》《中华人民共和国行政处罚法》《中华人民共和国国土法》等法律法规知识和绿色通道相关政策进行学习，并通过与法院行政庭等加强联系，与兄弟单位座谈交流等方式，提高执法人员工作能力和水平，同时给全局待安置人员下发公路法规知识资料，提高职工素质。注重定责任抓落实，加大路政巡查力度，坚持每月巡查不少于24天，及时处理非法占用和损害公路行为，配合乡镇建公路垃圾站200多个，清理路障60处，有效维护了路产路权。

三、运政管理

1980年8月，县成立交通运输指挥部。1981年始，运输市场管理重点逐步转向组织个体联户运力参加社会运输，服从开放搞活，变一家经营为多家经营的方针，国营、集体、个体一齐上。1983年，省交通厅、省工商局《关于对个体运输户登记发照和从事营运有关规定的联合通知》积极扶持个体运输者，运输市场出现空前繁荣。但随之出现运输市场竞争激烈，无证、无照、无技术人员的车船增多，事故上升，个体运输多数漫天要价，运输票证混乱等现象。1986年9月，岳阳市制订运输市场管理暂行办法，对营运管理、价格、票证和运输分工等作出具体规定。1989年12月，省部署开展道路、水路运输市场治理整顿活动。1990年，根据省市的部署和规定，湘阴县成立治理整顿运输市场领导小组，对全县水陆客货运输市场、汽车维修市场、装卸搬运市场和运输服务市场开展全面清理整顿。通过全面调查摸底，完成对经营户清理发证工作。此后逐年完善各项基础工作，基本做到营运车船一车一档、一船一档，维修业主一户一档。客运市场对社会客车营运线路重新调整，对跨市、跨县车辆进行限制，补充湖区、边缘区的客运线路。同时，通过清理、纠正私挂公、公挂私的车辆20台，吊销营运证14本，清除报废车2台，取缔维修个体户2家。1992年，清理城关地区踩士和副业板车。1993年，开展水上检查3次，并对南门港社会船舶进行整顿。1994年，对全县运输车辆和船舶开展全面稽查，查获违章船884艘次，处罚违章车辆70多台次。1995年，配合城关地区“两创”活动，取缔踩士，整顿机动三轮车。1996年，以宣传《湖南省道路运输条例》为重点，继续清理“三无”船舶。1998年，在全县开展水陆运输市场专项整顿。运管所抽派专门人员成立专门班子，开展专项活动；航务所、港航监督所联手整顿，召开驾驶员会、船员会，制订整顿方案，专项整治。根据县政府《关于加强汽车维修行业管理的通知》，运管所对全县44家汽车维修企业和个体户进行清理、整顿和登记。

2001年，根据交通部通知精神，在全县范围内开展道路运输管理年活动。县政府下发《关于在全县开展道路运输秩序清理整顿活动的通知》。通过“管理年活动”和“运输秩序清理整顿活动”，淘汰了一批技术状况差的客运车辆，整理和规范3个客运停车场，强化“车进站，人归点”和“定车、定班、定线、定站”管理，取缔违章载客农用运输车、三轮车、微型车289台，强制报废濠河地区12台违章载客中巴车，新开辟或恢复客运线路8条，新增线路牌33块，规范濠河地区30台面的区间营运，新办理牌证车辆235台。水运市场淘汰废旧营运船6艘，组建湘阴客运联营公司和水上客运雄风有限责任公司。是年，公安交警部门联合对城区的三轮摩托车（叭叭车）开展整顿，控制“叭叭车”数量637台（其中37台为残疾人车），实行单双日轮流营运。

2005年，根据客运市场运力大于运量的特点，年底前冻结运力审批，严把运输市场准入关，合理布局运力。印发审验通知和相关资料5000份，对营运车辆认真年审，确保年审率90%以上。8月，县交通局成立专门机构，对全县车辆档案进行清理、核实，做好“叭叭车”退出营运市场、的士进入营运市场的工作，维护城市交通秩序。

2006年，随着湘阴湘江大桥和临资口大桥竣工，平益线全线通车，出现两轮摩托、面的、农用车非法载客现象，扰乱客运市场。6月份全局运政执法人员在城区重要路段全天候布控、稽查，查处两轮摩托车629台，面的50台，其他违章车辆31台，确保群众出行安全。

2008年，县政府发布《关于整治全县客运市场秩序的通告》，严格整顿道路运输市场，依法依规严肃查处各类非法道路运输和违法经营行为，检查可疑车辆323台，查办非法营运个案78件。

2010—2015年，严格运输市场从业者资质审验，严格营运车辆技术等级评定，严格驾驶员培训考核，强化对班线客车、危险化学品运输车辆的动态管理。继续开展渡口渡船专项整治。督促落实乡镇船舶安全管理责任及渡船更新，建立水上安全管理长效机制，提高水上安全应急救援能力。

四、港口码头管理

1978年，全县码头处于修建无统一规划，修建后无统一管理的混乱状况。1988年，湘阴县港务管理站成立。是年，县人民政府发布《湘阴县港口管理暂行办法》《关于加强港口管理的通告》，明确县港务站是县人民政府行使港口管理权的职能机构，对全县港口岸线、水域、陆域实行统一管理，港口码头管理逐渐进入正轨。港务站成立后，在港口管理方面有效遏制乱停乱靠乱建乱堆的“四乱”现象，并与县环保办联合行动，打击倾倒垃圾等淤塞港口行为。1989年，港务站与县人民法院联系，于10月建立湘阴县人民法院港口法律执行室，为港务站执行港口法规保驾护航。凡在港口水域、陆域、岸线进行基本建设，必须到港务站办理申报手续。

五、规费征稽

县级交通部门负责征收的交通规费有汽车养路费、车购附加费、客运附加费、货运附加费、运输管理费、港务费（包括船舶港务费、货物港务费、停泊费等）、航道养护费等。2008年后，停止征收交通规费。

1980—2002年湘阴县交通规费征收完成情况一览表

表17-1 单位：万元

年份	汽车养路费	手拖养路费	过渡费	航养费	车购费	客附费	水上运管所	陆上运管所	货港费	岸线费	停泊费	地方规费
1980	–	–	–	13.3	–	–	–	–	–	–	–	–
1981	–	2.26	–	14.97	–	–	–	–	–	–	–	–
1982	–	3.73	–	15.70	–	–	–	–	–	–	–	–
1983	–	3.62	–	16.8	–	–	–	–	–	–	–	–
1984	64	8.1	–	19.08	–	–	–	–	–	–	–	–
1985	126	10.16	–	19.08	–	–	–	–	–	–	–	–
1986	128	9.2	–	21.3	–	–	–	–	–	–	–	–
1987	156	12.3	–	30.15	6.43	2.16	–	–	–	–	–	–
1988	112.7	–	–	29.4	13.7	5.76	–	37.09	5.68	1.44	–	13.65
1989	219	–	–	31.2	14.1	31.35	–	33.68	10.92	3.03	0.64	15.39
1990	217	–	29	36.26	9	30.2	–	33.51	6.61	1.87	0.6	23.27
1991	283	–	25	38.73	13.4	43.4	2.93	37.94	6.2	2.93	0.64	39.74
1992	295	–	47	38.20	21.6	105.5	3.61	57.45	7.2	3.02	0.64	48.8
1993	433	–	71	51.70	25.4	156.3	11.58	73.47	14.93	1.33	0.79	55.4
1994	530.4	–	96	54.61	25.86	190.47	16.43	93.3	15.04	4.58	4.64	95.29
1995	594.14	–	120	71.67	31.63	220.88	6.56	121.32	42.9	3.24	10.0	116.26

续表 17-1 单位：万元

年份	汽车养路费	手拖养路费	过渡费	航养费	车购费	客附费	水上运管所	陆上运管所	货港费	岸线费	停泊费	地方规费
1996	626.36	–	85	77.71	27.35	276.37	18.15	123.78	31.08	3.96	5.67	125.34
1997	615.33	–	181.35	49.83	32.62	302.37	18.67	140.80	31.34	2.58	13.3	134.47
1998	576.21	–	192.40	40.24	60.06	311.28	4.33	130.17	19.52	3.1	5.12	142.54
1999	540.72	–	205.0	23.96	91.78	289.11	4.08	157.66	13.86	0.93	1.28	167.13
2000	580.75	–	214.0	24.62	72.02	315.49	8.87	150.88	15.33	1.2	4.78	170.75
2001	577.48	–	220.2	24.23	5.62	316.25	7.9	158.73	2.29	0.09	1.33	175.2
2002	539.17	–	–	31.01	27.99	347.98	–	172.65	–	–	–	185.04

说明：航养费包括养河费、船检费、船港费。

2003—2008 年湘阴县交通规费征收完成情况一览表

表 17-2 单位：万元

年 份	合 计	其 中			
		运管所征收	征稽所征收	航务所征收	海事处征收
2003	118	46	–	72	–
2004	154	63	–	91	–
2005	1669	587	880	130	64
2006	1772	580	924	229	120
2007	2075	516	1015	460	84
2008	3198	639	1080	1126	350

说明：2008 年后取消交通规费征收项目

第二章 电 力

第一节 机 构

1978 年有湘阴县供电公司，隶属县水电局。1979 年 4 月改称湘阴供电所，移交岳阳电业局管辖。1983 年 10 月，湘阴电力局成立，隶属岳阳电业局。1999 年 9 月 28 日，电力局搬迁至 110 千伏洪家坡变电站院内办公。2007 年 5 月，湘阴电力局实行机构改革，机构设置为综合管理办、财务部、生产技术部、营销部、农电总站、明源电力建设有限责任公司、19 个班组、9 个供电所、12 个变电站。2009 年 3 月，实行竞聘上岗改革。2010 年，电力局下设综合办公室、生产技术部、营销服务部、农电总站及 1 个公司、7 个班组、8 个农村供电所。至 2015 年，在职干部职工 154 人，其中专业技师 66 人、副高级职称 1 人，中专学历 30 人，大学本科 29 人。

全县共设15个变电站，容量393000千伏安。其中110千伏变电站6个、35千伏变电站9个。2015年，启动杨林寨、岭北白沙两个35千伏变电站建设，2016年投入运行。全县输电线路共有35条335千米。其中110千伏线路11条163千米，35千伏线路14条172千米，共有配电线路90条总长2171千米，配电变压器3335台，文星镇用电38809户，农村公变台区3035个，专变台区898个。2015年12月全县日用电负荷高达19.5万千瓦，为历史最高月。

第二节　电网建设

1985年，湘阴县有110千伏变电站2座，35千伏变电站6座，高压线路1230千米，低压线路2300千米。全县集镇、乡村除青潭乡自行发电外，全部通电。农村用电户占总户数的96%。

20世纪80—90年代，由于工业发展快，用电量与日俱增，无法满足生产生活用电需求。1986年，投资120万元，新建城南35千伏变电站1座，容量3150千伏安。1995年，投资1800万元，新建洪家坡110千伏变电站1座，主变容量3150千伏安，输电线路14条，全长210千米。1997年，投资2200万元，在洞庭地区新建110千伏变电站1座，主变容量为3150千伏安，输电线路10条，全长150千米。

1998年，针对存在的主变容量小、变电站基础设施差，以及县城供电通道不合理，加快农电两改一同价工程（农村电网改造、农电管理体制改革和农民生活用电同网同价）等状况实行更新改造和建设。1998—2010年，全县完成35千伏及以上主电网建设项目33个，完成投资13151.77万元。新建220千伏变电站1座（袁家铺变），主变2台，容量300000千伏安，配套10千伏送出线路6条41千米。新建110千伏变电站1座（新泉变），主变1台，容量31500千伏，配套送出35千伏线路3条32千米；配套10千伏送出6条35千米。改造110千伏变电站2座（洪家坡变、湘阴变），新增主变2台，新增容量63000千伏安。新建35千伏变电站4座（樟树变、西林变、兴隆变、岭北变），容量32075千伏安；配套建设送出10千伏线路69千米。改造35千伏变电站6座（城南变、丁家山变、长仑变、南湖变、新西林变、樟树变），新增容量12900千伏安。新建110千伏线路6条，总长32千米。新建和改造35千伏线路13条，总长135.45千米。10千伏及以下农村配电网建设分三期进行。第一、二期（1998—2002年）农网改造10千伏及以下配电网共投资10064万元，共涉及改造行政村385个，建设工程量为：改造配电台区1042个；新建10千伏线路207.55千米；改造10千伏线路103.42千米；新增配变277台22345千伏安；更换配变225台23300千伏安；新建改造400伏及以下线路2870.8千米；完成户改84414户。涉及村改率86.51%，户改率51.4%。第三期（2006—2009年）农网改造，全县10千伏及以下配电网改造投资7501万元，共完成建设批次项目19个，建设工程量为：涉及改造229个村，1803个组，525个台区；新建改造10千伏线路159.5千米；新增更换10千伏配变363台41625千伏安；新建改造400伏线路566千米；新建改造220伏线路185.56千米。

2010年开始，新一轮农村电网改造升级工程，10千伏及以下配电网共投资8857万元，建设批次项目20个，涉及改造251个村，1857个组，606个台区。建设工程量为：新建改造10千伏线路174.65千米；新增更换10千伏配变515台71415千伏安；新建改造400伏线路956.9千米；新建改造220伏线路124.3千米。

2012—2015年，先后兴建界头铺110千伏变电站和周塘110千伏变电站竣工投运送电，其间全市只安排3个110千伏变电站建设，湘阴县就占有2个。同时争取省公司新增农网增补项目资金1524万元，完成77个行政村农网升级改造和8个行政村“为民办实事”配网改造，并对7256户低电压户进行了改造升级。全县农网改造村改率为95.28%，组改率为76.8%。

第三节 电力供应

一、电源

湘阴县电网电源点有 3 个：主供电源为 220 千伏袁家铺变电站；另一电源为汨罗市新市 220 千伏变电站；备用电源为长沙电网或益阳电网经乔口变供电。2010 年，全县有变电站 12 座，其中 110 千伏变电站 4 座，主变 6 台，容量 18900 千伏安；35 千伏变电站 8 座，主变 13 台，容量 69700 千伏安；10/0.4 千伏配电变压器 486 台，容量 112247 千伏安；110 千伏线路 8 条，长度为 128.14 千米；35 千伏线路 12 条，长度为 159.23 千米；10 千伏线路 24 条，长度为 177.7 千米；0.4 千伏低压线路 3683.064 千米（不含 220 伏）。

二、供电

1972—1985 年，累计供电 96982 万千瓦时，年平 6927 万千瓦时。1990—2004 年，累计完成供电 266937.2 万千瓦时，完成售电量 237359.5 万千瓦时。2010 年，全县城乡通电率 100%，最高负荷 14 万千瓦，年完成售电量 57202.9 万千瓦时，比上年增加 5876.9 万千瓦时，增幅为 11.45%。

2015 年，完成售电量 73638 千瓦时，比上年增加 11335 万千瓦时，增长 18.2%。其中居民生活用电 35150.76 万千瓦时，占 47.7%；非居民生活用电为 3196.13 万千瓦时，占 4.3%；商业用电 4455.34 万千瓦时，占 6%；非普工业用电 4658.81 万千瓦时，占 6.3%；农业生产用电 4117.65 万千瓦时，占 5.6%；大工业用电为 22059 万千瓦时，占 30%。

第四节 用电管理

一、安全管理

电力部门的安全范畴包括变电站值班操作、变电、线路设备维护、检修、扫障、整杆作业检查检修，表计安装检查及校验，电网调度及通信维护，机动车驾驶，现金物资保管和全县客户用电等。1996 年，湘阴电力局设立安全生产领导小组和考核小组，制定《岗位责任制》《安全奖惩实施细则》及其他有关规章和考核办法，对各自安全责任作出明确界定，并实行全员安全风险抵押制度，严格考核。针对安全行为中多种容易发生的违章违纪现象，经常开展反习惯性违章行动。湘阴电力局安全领导小组对各变电站、生产班组及供电所实行定期或不定期检查、抽查和监督。内容包括员工现场施工作业、线路巡视、设备运行状况、各类安全生产纪录、整改措施、劳动纪律及有可能危及安全的隐患等问题，依据个人承担安全责任的大小，对照有关考核办法，发现一起，处理一起。至 2015 年，全县未发生一起电力工程人员伤亡和重大安全责任事故，实现连续安全生产 4956 天。

二、电工培训

1999 年，全县有农电站 36 个，有农村乡镇、村电工 1700 人。2000 年，在农电“两改”中，撤销 36 个乡镇电管站，成立 15 个农村供电所，采取竞聘上岗、优化组合的用人机制，实行末位淘汰制，精减人员 1222 人，保留村电工 478 人。2003 年 3 月，按照国家电力公司规定，将 15 个供电所调整合并为 9 个供电所，取消村电工重新聘用供电所管理电工 84 人，招聘生产电工 394 人。

2010 年，县电力局加强对各类电工尤其是农电工的培训，着力提升员工业务技能，举办培训班 65 期，参加上级各类培训班 66 期，培训率 100%。是年 5 月，在城南供电所建立农电实训现场，对运行班班员进行全面轮训。6 月在参加市局农电系统技术比武中，湘阴电力局获得团体第三名，岭北供电所在全市各供电所竞赛中位列第三，洞庭供电所代表市局参加省公司技术比武也取得第七名。

2011年以后，县电力局加强企业内部员工业务素质的教育培训，至2015年，有32人参加上级公司专业技术培训，自行组织专业知识培训班19期，培训448人次，提升员工专业技术素质。

三、线路维护

1980—1985年，改造35千伏线路16.5千米，10千伏线路658.7千米。1986—1997年，县电力局实施按地域、按电压等级分类维修管理。35千伏及以上输电线路、县城高低压配电线路和供电设施归口县电力局直接维护管理，农村10千伏及以下配电线路和供电设施按各供电所所辖范围维护管理。县电力局投入480万元架设新市至湘阴11万伏变电站110千伏线路28千米。1998—2005年投入7520万元，改造10千伏线路248千米，400伏线路1364千米，220伏线路1671千米。2006—2010年投入2200万元改造乔口变110千伏线路30千米。投入486万元改造35千伏线路36千米（414湘仑线14千米，422湘南线10千米，406泉乔线12千米）。投资2.06亿元改造10千伏以下配网工程，新建改造10千伏线路850千米，400伏线路2000千米，200伏线路2200千米。至2015年，全县供电可靠率由原83%提升到99.99%。

四、客户服务

湘阴电力局相继建立以客户服务中心为纽带的供电服务系统，服务内容包括：24小时专人值守“电力110”并及时处理电力故障，受理客户需开户用电的勘察及装表接电工作，受理用电客户缴费手续，受理客户有关供电咨询等。2006年年底，全县建立客户服务中心、营业服务厅18处，并实行电脑网络化管理，以方便用电客户的缴费查询。

1995年，县电力局党总支被省委组织部评为“先进基层党组织”；1998年，县电力局被湖南省爱卫会评为“省级文明卫生单位”。1999年始，在县城开展实行“两电分离”和台区改造工程，解决居民用电由综合性总表计费到分户计费问题；在农村开展农网改造工程，解决农户用电由过去村场变压器台区综合性总表计费到“一户一表”计费的问题。

2007年，县电力局樟树供电所被国网公司评为“全国农村示范供电所”；2010年，为城镇低保户1510户减负电量144960千瓦时、电费8.524万元。县电力局被湖南省爱卫会评为“文明卫生单位”；被县政府评为“三个文明建设红旗单位”。

2011年以后，县电力局为湘阴县实行“三城同创”、冲刺全省经济强县服务，为人民群众用上电、用好电服务。合理安排电网抢修，最大限度避免长时间停电，快速办理招商引资企业用电手续，扎实做好特困企业、改制企业职工用电需求，完成改制企业分户改造用电1000余户，为全县城乡35500户低保户减免电费250万元，而且全力做好芙蓉大道湘阴段、京珠复线湘阴段杆线迁移，城区江东路、新世纪大道等十多条主干道提质改造，电力线路电缆入地，保证春节和高温等特殊时段保电服务。2014—2015年，县公司连续两年获市安全生产先进单位、先进集体、县综合绩效考评先进单位。

第三章 邮 政

第一节 机 构

1978年9月16日，经湖南省邮电局批准，湘阴县邮电局增设杨家山邮电所，同时撤销白泥湖、虞公庙邮电所。1980年，增设六塘铺、青山邮电所。1981年，县邮电局成立待业青年劳动服务站，对外经营通信器材、电讯修理等业务，为独立核算、自负盈亏的集体性质站点。1982年3月，县邮电局内部管理机构设立政工组、人教组、计财供应组、邮政业务组、电信业务组和办公室。1984年6月12日，撤销六塘铺邮电所，改设代办所。7月1日，开设集邮门市部，创办专项集邮业务。1986年8月8日，经市局批复同意，撤销关公潭邮电所，设立东河坝邮政代办所。1987年10月13日，县局管理机构调整为邮政股、电信股、计财供应股、人教股、政工股、办公室。1988年3月15日，成立县邮电局报刊零售集邮公司。9月16日，撤销政工股，成立中共湘阴县邮电局总支办公室。1989年12月10日，濠河口邮电支局开办邮政储蓄业务。

1990年1月20日，县邮电局成立中心邮政储蓄所（含汇兑业务）。撤销邮政营业班、邮件班，成立邮政营业邮件组。4月23日，成立湘阴县集邮协会。5月8日，撤销党总支办公室，设立政工股。8月3日，撤销报刊零售集邮公司，设立报刊零售集邮门市部。8月2日，内设机构调整为政工股、人保股、邮政股、储汇股、电信股、计财股、供应股、行政股、办公室。1991年9月4日，县局调整管理机构，撤销储汇股，储汇业务归口邮政股。行政股与供应股合并，改为后勤供应股。1992年3月14日，县局成立生产生活服务部，6月21日恢复储汇股。1993年，县局成立湘阴县邮电局先行实业总公司和多种经营办公室、后勤股。撤销三产业办公室、生活服务部、后勤供应股。是年5月20日成立通信建设安装公司，下设工程、装机、维修3个部，隶属电信股管理，同时撤销原电话发装公司。6月8日，成立县邮票公司和县集邮信托部。1994年1月22日，县邮电局成立计费中心、程控班、邮政营销部、电信营销部。2月6日，根据省、市局关于“撤股、并班，建部”的精神，县邮电局设置“一室六部三司”，即局长办公室、政工人教部、计划财务部、安全保卫部、邮政业务经营部、储汇经营部、电信业务经营部、报刊发行公司、集邮公司、先行实业总公司。1995年5月4日，县邮电局八甲街邮电所、江东路邮电所开业。8月30日，县局机关部室设置调整为政工宣传部、人事教育部、计划财务部、客户服务部、电信农话业务经营部、技术装备部、邮政业务部、安全保卫部、办公室。1996年2月，县邮电局增设后勤供应部、离退休人员办公室。1998年7月14日，湘阴邮、电分营，成立县邮政局和县电信局。县邮政局内设综合办公室、市场经营部、计划财务部、服务督察部、安全保卫部、储汇业务部、发投部、邮政营业中心、邮件处理中心和护卫队。下辖濠河口、杨林寨、白马寺、南湖洲、新泉寺、铁角嘴、樟树港、袁家铺、东塘9个邮政支局和河西、南阳、界头铺、瓦窑湾、石头塘5个城乡邮政所。

2015年，县邮政局内设综合办公室、市场经营部、计划财务部、服务督察部4个职能部室，另设发行业务部、函件业务部、电子信息中心，邮件处理中心。

第二节　网点设施

1978年，县邮电局投递范围为20条乡村投递线路，总长度1157千米。全县7个区、37个公社，除鹤龙、湘临公社及鹤龙湖渔场两个投递段从县局发班外，其余均由所在支局、所出班投递。1979年，为适应农村商品经济发展需要，扩大直投面。全县农村投递网路增至34条线路，总长度达1447千米。1985年，借鉴湖南澧县、安徽砀山经验，对全县邮路进行调整，改以长沙至湘阴自办邮运快线为主，组设湘阴至南湖洲、至新泉寺、至樟树港、至东塘、至杨家山5条委办汽车邮路。此外，湘阴至铁角咀、至青山轮船委办邮路邮运干线延伸到498千米。在全县37个乡、429个村建立村邮站。除湾河、杨林寨等4个乡、32个村作为委办、另外还有72个村未达到建站标准外，共建立“村邮站”325个，并确定捎转员325人，及时准确将邮件报刊投送到户。1995年年底，农村投递邮路43条，路线达1913千米。1998年，城乡网点除9个支局，6个邮政所外，设农村信报站497个、城乡信筒89处。2000年，以乡镇为区域调整邮路。城区设6条投递邮路，分块划片，合理组合实行委办。城关社区设邮政服务站28个，农村建立村邮捎转站360个。

2010—2015年，设自办营业网点17个、代办营业网点42个、农资配送站440个。全县城乡投递段道48条。投递单里程258千米。湘阴县邮政投递服务和物流配送网络遍布城乡。

邮政设备 1984年，配有保险柜、铁皮柜、磅秤、夹钳、包裹收寄机等邮政用具。1987年5月，各邮政所相继购置了计算器、计息器、点钞机和验钞机等用品用具。1992年12月，使用微机设备对外营业，实行账务全过程微机处理，成为全省第一个使用微机处理发行业务的县局。是年，添置信函过戳机2台、电子秤1台。邮件分拣、机要、汇检、报刊分发格笼及城投员排信排报桌椅全部更新。1999年，有邮资机3部、过戳机2台，计算机28部。

邮政车辆 1978年，增加三轮摩托车1台。1984年1月，购置北京吉普车1台。1993年10月，购置重庆五十铃邮运车2辆。1994年6月，省储汇局拨给重庆五十铃邮运车1辆。1995年，购置北京吉普车1辆。至此，县局共有邮运、储汇专用汽车6辆，邮政专用自行车55辆。1999年，有邮政汽车6辆。2008年，有邮政汽车5辆，摩托车64辆。

第三节 邮政业务

1978年始，城乡经济逐渐活跃，湘阴县邮政业务迅速恢复发展。业务种类有：函件、包件、汇兑、报刊、机要、集邮、邮政储蓄、特快专递等。1980年，邮政业务收入16.4万元。1985年邮政业务收入40.3万元。2001年，邮政业务收入651万元，比上年增加93万元；2002年，收入801.6万元，比上年增加150.6万元；2003年，业务收入889.91万元，比上年增加88.31万元；2004年，业务收入1024.73万元，比上年增加134.82万元；2005年，业务收入1218万元，比上年增加193.27万元；2006年，业务收入1551万元，比上年增加333万元；2007年，业务收入2000.9万元，比上年增加449.9万元，当年跻身湖南省邮政先进县（市）局行列。2008年，业务收入1921万元，比上年减少79.9万元。2009年，业务收入1482.6万元，比上年减少439万元。2010年，业务收入1749.5万元，邮储余额6.78亿元。2015年，邮政业务收入3170万元，比2010年增长80%；邮储余额14.5亿元，比2010年净增7.7亿元。

一、函件

函件包括信函、明信片、印刷品、邮政快件等。1979年5月，县邮电局扩大收寄台湾平、挂函件。1984年，免费收寄中国人民解放军义务兵从部队发出的平常函件。1990年，函件103.44万件，其中国际及港澳台函件8000件。1995年，国内函件367.47万件，国际函件1.26万件。

二、包件

1978年恢复开办国际包裹（包件），存局候领，代收货价和送包业务。1985年增办羽绒泡松包裹、纸质品包裹和大件包裹业务。1994年5月，全省邮政商包现场经验交流会在湘阴县召开，会上推介湘阴局揽收商品包裹的经验。

三、汇兑

1979年1月1日起开办南湖洲、白马寺、临资口、新泉寺、铁角嘴、樟树港、袁家铺7个邮电支局的非直通出口电汇业务。1988年5月1日起，在开办邮政快件地区增办快件汇款业务。1996年6月，省局将汇票最高限额放宽到1万元，促进了汇兑业务发展。是年，开发汇票5.7万张。1997年开发汇票5.8万张。1998年始，金融系统与邮政储蓄联网，全国大中城市开办通存通取业务，邮政汇兑业务相应减少。是年，减至4.4万张。1999年下降至2.8万张。2000年开发汇票2.47万张。2001—2010年开发140万张。2011—2015年开发190万张。

四、报刊发行

1978年中共十一届三中全会后，随着改革开放政策的实施，报刊种类逐渐增多，报刊期发数开始上升。1980年，报纸期发数2.4万份，杂志期发数3.3万份，分别比1977年增加0.85万份和1.41万份。1985年报纸期发数上升到8.1万份，杂志期发数上升到4.1万份，分别是1977年的5.16倍和2.17倍。发行期刊1937种，其中报纸352种，杂志1585种，报刊期发数12.2万份，全县平均每5人订有1份报刊。订阅《湖南科技报》高达4.55万份。村组订阅率100%。全县建有325个村级投递站。

1989年，报刊发行出现新情况：一是全县农村受洪涝、干旱灾害严重，二是报刊大幅度涨价，三是国家压缩行政开支，公私费订阅报刊经费紧缺，对报刊发行带来一定难度。县局通过扩大私人订阅争取报刊期发数。1990年，报纸期发数3.95万份，杂志期发数3.76万份，期刊流转额119.97万元。几种主要党报中，订阅《人民日报》927份，《湖南日报》4424份，《岳阳晚报》6160份。

1994年，县局购置微机设备，在全省第一个率先使用微机处理发行业务。省局在湘阴县召开全省报刊发行微机操作演示会。当年报纸期发11.4万份，杂志期发数7.97万份。

1978—2015年湘阴县邮电局报刊发行统计表

表17-3　单位：万份

年　度	报纸期发数	杂志期发数	年　度	报纸期发数	杂志期发数
1978	2.68	3.08	1997	122.46	56.6
1979	2.80	3.20	1998	105.90	59.80
1980	2.40	3.30	1999	188.00	40.00
1981	2.60	3.30	2000	125.00	44.00
1982	2.60	2.60	2001	180.00	45.00
1983	3.10	3.70	2002	340.50	46.00
1984	6.40	4.20	2003	350.70	47.00
1985	8.10	4.10	2004	361.20	48.00
1986	7.57	3.38	2005	372.00	49.00
1987	7.00	4.62	2006	383.10	52.00
1988	7.27	6.62	2007	394.60	52.00
1989	4.19	4.20	2008	426.72	54.00
1990	3.95	3.76	2009	439.53	56.00
1991	4.62	4.96	2010	452.76	68.00
1992	6.51	5.22	2011	466.27	59.73
1993	7.58	6.45	2012	480.27	61.52
1994	11.40	7.97	2013	519.36	66.53
1995	11.52	2.92	2014	520.92	66.73
1996	171.07	35.95	2015	521.96	66.86

五、机要通信

1978年，县局办理机要通话业务403件。1979—1990年，境内机要文件出口量稳定在500—600件之间。1994年，办理机要文件业务303件。是年，县局被省局授予机要通信先进单位称号。1998年接送机要文件减至167件。1999年59件。2000—2008年总共891件，6年获市局授予机要工作先进单位。2009年，接送机要件180件。2010年，接送机要文件220件。2015年，接送机要文件290件。

六、邮政储蓄

1987年5月10日，县邮电局恢复邮储业务，种类包括活期储蓄、整存整取、零存整取等。当年境内储户246户，收储10.2万元。1987年，邮储余额161.86万元。1988年，邮储余额207.9万元。1989年，邮储余额253万元。1990年，邮储余额934.36万元。1991年，邮储余额破千万元，达到1002万元。1992年，邮储余额1782.49万元。1993年，邮储余额2440.95万元。1994年，邮储余额5350.27万元。1995年，邮储余额4172.97万元。1998年6月，湖南省发行首次有奖有息邮政定期储蓄，湘阴县发行12500张，计25万元。年内储户达30114户，邮储业务收入125.06万元。1999年，储户28000户，年末余额突破1亿元大关，储蓄业务收入205.3万元。2007年，全县邮储网点20个，邮政储蓄总额达4.26亿元。2008年，全县邮政网点15个，收储余额5.19亿元。2009年，收储总额达6.14亿元。2010年，收储总额1.46亿元。2011年，收储总额1.34亿元。2012年，收储总额2.14亿元。2013年，收储总额1.64亿元。2014年，收储总额2.45亿元。2015年，收储总额0.83亿元。

2008年湘阴县邮政局邮政储蓄网点情况一览表

表17-4 单位：户，万元

名　称	开办时间	2008年年末	
		储　户	收储余额
北正街中心储蓄所	1986.10	1225	6058
新泉寺支局	1988.6.18	2680	812
南湖洲支局	1989.10.20	2820	460
袁家铺支局	1990.2.10	980	189
界头铺支局	1990.2.26	2785	613
杨林寨支局	1990.8.15	785	125.8
白马寺支局	1990.8.26	1256	84.8
濠河口支局	1991.1.25	1235	228
樟树港支局	1991.2.15	1165	359
东塘支局	1992.5.20	460	48.9
铁角嘴支局	1992.5.10	1722	282
南阳所	1993.3.10	1678	496
河西所	1994.1.18	148	35.4
瓦窑湾所	1994.6	126	45.8
兴湘支局	1996.5	368	286.5
合计网点15个			

七、集邮

1984年，湘阴县首办集邮业务，设专职集邮营业员1人。1985年3月，设报刊零售集邮班。1988年，集邮收入1.54万元。1990年，集邮销售额8.89万元。1992年，集邮销售额51.29万元。1993年6月成立县邮票公司和县集邮信托部，当年集邮收入138.08万元。1999年，销售邮票376万枚，收入上升到535.8万元。2000—2008年，全县销售邮票12万枚，销售总额达9.6万元。2009年，全县集邮78.16万枚，销售总额62.4万元。2010年，集邮90.32万枚，销售总额72万元。2015年，集邮9.5万枚，销售总额115万元。

八、特快专递

1992年10月1日，湘阴县邮政局开办特快专递业务，与国内245个城市办理收寄往来业务。1992年收寄特快专递230件。1994年出口国内特快专递上升到7635件。1999年，出口特快邮件16300件。2000年，上升达22506件，其中，国际特快专递4850件。2008年，特快专递达6.6万件。2009年，特快专递13.11万件。2010年，特快专递16.05万件。2015年特快专递22.5万件。

第四章　电　信

第一节　机　构

湘阴县电信局前身系湘阴县邮电局。1982年4月，县邮电局内设电信业务室、农话业务室。1984年3月机构改革改设电信业务组。1987年10月改设电信股。1993年5月县邮电局成立通信建设安装公司。1994年设电信业务经营部。1995年8月县邮电局内设机构调整，设电信农话业务经营部和技术装备部。1998年7月邮电分营，设县电信局。

2004年，县电信局改为中国电信股份有限公司湘阴分公司（简称“湘阴电信分公司”），是湘阴县内最主要的基础网络运营商和综合信息服务提供商。依托于中国电信的全程全网，湘阴电信分公司可向客户提供固定和移动电话业务、互联网接入及应用、数据设备、视讯服务、国际及港澳台通信等多种类综合信息服务。

2010—2015年，湘阴电信分公司内设5个管理部室，即综合管理部、市场部、运维建设部、财务部、工会办公室，下辖3个管理部室、7个生产中心、14个农村支局，服务网点遍布全县城乡。共有交换容量153292线，电话用户121679户，交换占用率为32.48%；有宽带端口36510线，宽带用户33970户，宽带实占率为60.91%。累计完成业务收入4565万元（国内口径），其中完成固网收入3352.58万元，完成移动收入744.42万元。

第二节　电信业务

一、电报业务

电报业务种类：1984年12月1日，国内电报业务由11种调整为8种，即天气、水情、公益、政务、新闻、普通、汇款电报与公电。国内电报特别业务调整为特急、加急和邮送3种。沿袭35年之久的军政电报改为政务电报，同时废除“事故电报”。凡涉及处理国家财产、人民生命安全的事故电报，均纳入公益电报。是年，县邮电局开办专递电报业务。1990年，根据现代人际交往需要，特设礼仪电报和真迹传真电报业务。

电报资费：1983 年 12 月 1 日起，国内电报资费每字 7 分，特急或加急加倍。国内新闻电报由每字 1 分调整为 2 分，加急加倍。汇款电报由每份 5 角调整为 1 元；电报挂号费由一年收 10 元调整为 30 元。1984 年 12 月 1 日起，专送电报按投程远近收取劳务费，每份 0.5 元 ~1.3 元。1990 年礼仪电报新业务除电报费外，每份收取特别业务费 2 元。1992 年 12 月 20 日起，公众电报资费调价：基础资费每字由 7 分调整为 1 角 3 分；新闻电报每字由 2 分调为 5 分；汇款电报每份由 1 元调为 2 元；电报挂号费由年费 30 元调整为 60 元。

电报业务：1978 年公众去报 3.2 万份。1979—1988 年公众去报持续增长，10 年共计 86 万份。其中 1988 年高达 9.44 万份。1989—1993 年稳定在 7 万 ~8 万份。此后，随着通信设备的不断更新，住宅电话增多，长途电话实现全国联网直拨以及资费调整等因素，使用电报的用户相对减少，业务量逐年下降。1993 年公众电报去报量为 7.08 万份，较 1988 年下降 12.3%。1994 年降至 5.43 万份。1995 年减少到 3.35 万份。

二、长话业务

长途电话（简称长话）分人工电话、半自动电话、自动电话三种。中共十一届三中全会后，长话业务逐年稳定增长。1978 年长话业务 5.95 万张。1979 年长话去话增至 7.3 万张。1980 年去话 8 万张。1983 年达到 10.1 万张。

1984 年 12 月 1 日起，国内长途电话种类调整为代号电话、特种电话、紧急调度电话、政务电话、普通电话、公务业务电话。1985 年始可与港澳地区及国际通话，长话去话上升至 12.24 万张。1989 年，北京至广州 1800 路中同轴电缆铺设竣工，开通至汨罗、岳阳载波电话。1990 年长话去话上升至 21.25 万张。1991 年 8 月 4 日起，湘阴县长话进入全国长途电话自动网，长途直拨有权用户 305 户，国内长途去话 40.14 万份。1993 年 12 月 19 日，湘阴县开通程控电话，住宅电话增多，长话业务 50.42 万份。1994 年，国内长途去话业务 107.5 万次。1995 年上升至 196.62 万次，比 1993 年增长 3.9 倍。国内长话收入 394.74 万元，比 1993 年增长 2.75 倍。是年国际、港澳台电话业务增长，国际电话 8007 次，3.24 万分钟；港澳台电话 2524 次，8959 分钟。国际及港澳台电话业务收入 81.78 万元。

1999 年移动从电信析出分营，长话业务稍有下降，去话 200.47 万次。2010 年长话去话 332.78 万次，其中港澳台 5991 次，国际长话 8320 次。

三、市话业务

1978 年 12 月，县邮电局市内电话（简称市话）由磁石交换设备改制为纵横制自动交换机，年末市话用户 352 户，其中计费 333 户。1980 年 4 月，省局划定湘阴市话基本营业区域，即城东以茶叶站、东湖路为界，城南以南门港为界，城西以湘江河为界，城北以县电池厂、县印刷厂、县商业局为界。1981 年 9 月，县局市话自动纵横交换机由 480 门扩容到 720 门，省局同意湘阴市话由四级局升为三级局。按三级局标准，市话月租每月 13 元，电话副机每月 4.5 元；中继线路每条每月收取交换费 39 元。1985 年市话用户 543 户，其中计费 506 户。市话收入 14.83 万元。1990 年市话 836 户，其中计费 784 户，市话收入 22.98 万元。1992 年，市话资费采取复式计次制方式计费，市话用户增至 1788 户（住宅电话 975 户），市话收入 58.29 万元。

1993 年 12 月 19 日，县局开通 5000 门数字程控电话，1994 年，市话用户 5980 户（其中住宅电话 4882 户，公用电话 126 部），市话业务收入 250.79 万元。1995 年，程控主机设备增容 1.5 万门，实际总容量 2 万门。市内计次制电话用户 8834 户（其中住宅电话 7684 户，公用电话 250 部），通话量为 1736.31 万次，市话业务收入 936.98 万元。

1996 年 4 月，县邮电局开发话费收缴微机系统。1998 年 10 月，县电信局先后开通信息咨询台、113、114、117、118 服务台与岳阳市联网，市话用户增加到 13625 户，1999 年 10 月参加全省百万电话用户大行动竞赛活动，市话用户 15826 户，其中住宅电话 14478 户，201 卡电话 513 户，公用电话 1938 部，市话收入 1194 万元。2000 年，市话用户 21679 户，其中住宅电话 19735 部。2010—2015 年，市话用户 121679 户，其中住宅电话 105638 户，业务收入 4565 万元。

四、无线寻呼业务

1992 年 7 月 28 日，县邮电局始建无线寻呼基站，建立无线寻呼台，安装无线寻呼发射机和操作终端机，开办无线寻呼业务。无线寻呼系统容量为 1.5 万户，覆盖半径为 25 千米范围。无线寻呼业务资费，每部寻呼机 700 元，开户费 100 元，服务费每月 30 元。是年开通“126”人工寻呼台，无线寻呼用户 151 户，无线寻呼业务收入 1.28 万元。

1993 年，无线寻呼用户增至 508 户。

1994 年开通“127”自动寻呼台，无线寻呼户发展到 2453 户，其中农村无线寻呼户 468 户。业务收入 650 万元。

1995 年 4 月 10 日，“128”汉字寻呼台开通使用。10 月，省局对无线寻呼覆盖面建设进行检查，确认湘阴覆盖面 100%，为全省 35 个全覆盖县、市、区之一。是年，无线寻呼户上升到 5604 户（其中农村 1800 户），比上年增长 1.28 倍，业务收入 67.43 万元。

1999 年，无线寻呼户 14285 户。

五、农话业务

1978 年，农话用户 189 户。1980 年，发展到 206 户。1982 年，农话用户 224 户，其中计费 189 户，通话张数 38.52 万张，农话业务收入 14.31 万元。1983 年，调整农话资费标准，计资通话费每次由 0.15 元调为 0.25 元。1985 年农话用户 240 户，其中计费 199 户，通话张数 34.45 万张，农话业务收入 23.61 万元。1988 年，农话用户 318 户，农话收入 51.37 万元。

1990 年，改革农村电话计费办法，年末农话用户 491 户，其中计费 439 户，通话张数 46.61 万张，农话业务收入 73.43 万元。1994 年年末，农话用户 2487 户，其中住宅电话 1466 户，公用电话 117 户，长途直拨用户 2406 户，计次通话量 134.14 万次，农话业务收入 167.29 万元。1995 年，全县各程控交换点新架至乡、镇、村电缆 130 杆程千米，农村计次制电话用户 4087 户，计次通话 174.77 万次，农话通话业务收入 307.93 万元。

1999 年 10 月，参加全省百万电话大行动竞赛活动，农村电话增至 18205 户。2010—2015 年，农村电话 65350 户，农话业务收入 2980 万元。

第三节　设施建设与维护

1978 年 12 月，初装纵横制自动电话 480 门，长途交换设备更换为共电式长途交换机 2 席，容量 100 门，磁石交换机被淘汰。

1981 年 9 月，市话纵横制自动电话交换机扩容到 720 门，用户通话单机 423 部。全县农话单路载波机 28 端，3 路载波机 6 端。是年，省局从邵东局调来晶体管 3 路载波终端机 1 端，长话增开湘阴至汨罗。

1982 年，电报设备增加五单位自动发报机 2 部。长话共电式长途交换机由 2 席 100 门更改为 3 席 90 门。县局农话台增至 5 席 250 门。

1985 年，长途传输设备由省五五〇二工程调入 12 路载波电话终端机 4 端，利用中同轴分支电缆增开湘阴至长沙、岳阳、益阳、宁乡、望城等。

1986年国营农话交换机16部，790门。其中县局5席250门。单路载波机减少到19端，3路载波机保持6端。

1990年，增加全电子电传机3部，增加JAH-401型真迹传真机1部。

1991年，市话交换机扩容至2000门。长途自动交换机容量为72路端，共电式长途交换机容量增至130门。电报设备更换天津JK系列翰林打字终端机2部，电传打字机淘汰。市话交换机扩容至2000门。长途自动交换机容量为72路端，共电式长途交换机容量增至130门。

1993年市内程控开通，长途程控交换机容量为180路端，共电式长途交换机容量减至80门。

1995年，全县程控交换机总容量5620门，接入用户电话4087部，磁石交换机全部淘汰。农话局用数字终端复用设备15600路，实占600路，出局用户线对6000对，实占4087对。原传输设备停止使用。长途传输设备两次扩容西门子公司交换机1.5万门。至此，市话程控交换机容量2万门，用户通话单机8834部，局用数字终端复用设备容量1680路，实占容量360路。境内长途传输设备全部被微波、光纤数字终端设备所代替。

2001—2010年，网络建设紧跟市场变化，加大"光进铜退"（用光纤取代铜缆）力度，全面启动农村复苏工程；加大C网建设力度，拾遗补阙，全力打造无缝C网；加大宽带网络，做好宽带扩容与宽带提速；加大主干光网络建设力度，持续完善传输网络能力。2010年，全县完成"光进铜退"点割接入网27个，完成东塘、城西、袁家铺、白马、新泉、南湖、岭北OLT设备的开通，建设DSL AM下移点14点，新入网C网基站4个。完成城区光交建设6个，新建主干光缆360芯、12皮长千米；应急光缆建设60皮长千米，开通光纤网吧和光网互联业务87个；完成佳境怡园等17个小区共计1836户城区小区通信能力建设工作，宽带扩容1152线。设备维护与网络建设及时到位，全面打造精品精带网络与移动网络。全年发生设备障碍和VIP客户障碍825起，均得到及时有效处理。

2011年以后，坚持确保网络安全和畅通为宗旨，加大机线整治和改造，提升设施安全质量，更换锈蚀钢胶线，至2015年已更换重点地区6.84千米，升高线缆跨路64处，更换拉线11条，杆线质量安全提升；开展OLT安全整治，完成全县所有中兴、华为OLT双上联、双主控、双电源改造工作，同时完成20套户外防雷插座安装；为优化全县传输网格，新建主干光缆1980纤芯千米，接入网光缆276纤芯千米，新建光交接箱19个，光网能力进一步加强；通过自筹自建和融资等办法，开通农村、县委机关、旅游景点FTTH项目53个，新建FTTH端口12500个，使光网能力大提升大发展。

第五章　移　动

第一节　机　构

1993年12月，县邮电局电信股开办移动通信业务。

1999年7月5日，湘阴县移动业务与县电信局分离，成立岳阳移动通信分公司湘阴营业处，为正科级企业单位。8月26日，内设综合办公室、市场经营部、多种经营部。综合办公室负责机关行政内务、人事、劳资、教育、保卫、政工、宣传、财务、工会、文书档案及离退休人员管理等具体事务工作。市场经营部负责营销、业务发展、网络规划建设、设备维护管理。多种经营部负责后勤供应、业务代办终端设备（主要是手机）销售等三产业管理工作。生产班组有营业中心、追欠中心、维护中心。2000年2

月20日，因精简机构撤销多种经营部，其业务分别并入市场经营部和综合办公室。3月10日，湘阴营业处更名为岳阳移动通信公司湘阴移动通信分公司。2001年3月，因业务发展，增设客户服务中心和代办管理站。2004年，湘阴移动分公司内设职能机构和生产班组为二部四中心，即综合部、市场经营部、营业中心、客户服务中心、代办中心、维护中心。2010年，根据岳阳移动通信公司机构设置要求，湘阴移动分公司内设综合部、市场部、网络部。市场部下设营业客服中心、大客户中心、集团客户中心、数据业务中心、城关营业部、界头铺营业部。机构设置延续至2015年。

第二节　移动业务

1994年，移动通信用户112户，业务收入61.06万元。1995年，先后两次扩容16个信道，移动通信用户751户，比上年增长5.7倍，业务收入360万元。

1999年，移动业务从县电信局剥离出来后，期末网上用户6840户，实现业务收入846.21万元，上缴地方税收31.54万元。2000年，期末上网用户11734户，实现业务收入1413.3万元，上缴地方税收82.15万元，完成建设投资2403.05万元。2001年，期末网上用户22178户，实现业务收入2289.27万元，上缴地方税收103.22万元，完成建设投资3326.88万元。2002年，期末网上用户33981户，实现业务收入3377.32万元，上缴地方税收128.55万元，完成建设投资2665.15万元。2003年，期末网上用户45226户，实现业务收入4502.35万元，上缴地方税收151.23万元，完成建设投资2924.12万元。2004年，期末网上用户58280户，实现业务收入5585.12万元，完成建设投资2652.14万元。2008年，湘阴移动分公司把握住一季度的“两节”和二季度“5·17”电信日两个业务发展黄金时段，加快业务发展，稳定存量市场，完成营运收入9858万元，期末用户数13万户。2009年，根据市公司关于渠道激励的指导意见，认真研究本地渠道的激励方案，分片区对全县代办渠道进行系统培训，强化代办渠道业务技能；提高“两节”期间促销活动参与率，期末网上用户数16万户，运营收入过亿元。“两节”促销活动在全市排名第一。2010年，湘阴移动分公司对7个代办网点进行装修改造，组织开展27场现场促销及演出活动，完成营运收入1.3亿元，期末用户数19万户，全面完成市公司下达的TD无线商话任务。2011年以后，县移动公司不断强化企业管理，创新思维，设施建设不断加强，运营业务不断扩大，至2015年，全公司完成运营收入1.48亿元，比2010年增长13.8%，期末客户24.6万户，比2010年增加5.6万户，向国家上缴税收800万元。

第三节　设施建设与维护

1998年，全县城乡仅有县城、白马寺、袁家铺3个模拟基站，东塘、樟树、新泉寺及县城4处GSM基站。1999年下半年，第六期扩容工程伊始，至2005年第十期扩容工程，连续6年先后新建GISM基站51处。至此全县共建GSM基站58处，信号覆盖面达99%以上，基本消灭了盲区，全县境内实现无缝覆盖。

2001年，信息产业部和无线电管理局收回中国移动通信集团公司使用的模拟移动网络。湘阴移动分公司模拟活动网络于2001年12月31日停止使用。

2008年，湘阴移动分公司顺利完成13B、14A工程中青湖基站、大冲基站、芷泉基站、花吴祠基站、香山基站、东闸基站、新洲基站、狮岭基站、花石基站、彭家基站、哑港基站、买马基站、湾河基站、罗塘基站建设，并对基站进行统一配置优化。基站运行正常，有效延伸了移动网络信号，提高了网络覆盖质量，更有力的提升了移动通信市场竞争力，促进了业务发展和业务收入的增加。是年12月底，湘阴移动分公司共有独立基站104个，逻辑载频1206个，完成13期、14期工程中基站传输线路铺设、成端工作，确保了基站正常开通。针对市公司年中网络组巡所发现的问题，对湘阴传输中心机房进行了一系列整改工作。根据湘阴本地网传输光缆现状，及时委托线路代维，促使传输处于良好运行状态，并消除了故障隐患。

2009年，湘阴分公司建成基站116个（其中华为站94个，MOTO站22个），直放站18个，覆盖范围达1500平方千米。配合市公司传输中心完成了湘阴、汨罗与湘阴长沙传输路由割接工程。对全县基站传输综合进行光缆加强芯接地检查，对存在问题的基站及时进行整改，并对综合柜进行加固工作。为了持续打造"卓越网络"，保持网络领先优势，有效推进城市深度覆盖以及对农村广度覆盖问题的解决，在全县范围内确定多个目标点，充分利用多种网络优化手段，全面提升各类重要场所的深度覆盖质量及数据业务承载能力。是年，以省公司、市公司组织的网络安全隐患整治活动为契机，湘阴移动分公司共计安排了中心机房、传输末端、大楼动力、基站防雷等6个项目的隐患整治活动，均成效显著。两节期间，根据市公司统一组织安排，结合湘阴移动分公司实际情况，对有扩容需求的基站进行扩容，并相继开通了夏家山（HV）、新汽车站（HW）、精密花园（MOTO）等三个基站，不仅减轻了原有基站的负荷量，更进一步优化了当地网络信号，减少了相应投诉。为了提高维护工作效率，分公司继续进行了湘阴网络基础管理提升活动，健全各项网络基础管理门类共37项。为保持各项工作的连续性，在充分征求各维护人员意见后，对37项基础管理资料加以充实和整合细化，各项规章制度、管理办法、流程更新后上墙，加强对代维实施"12345"的管理，并适度介入代维公司内管理，辅导和督导其明了"12345"管理原则的内核，共同提高运维水平。经过一年努力，湘阴移动分公司基础管理模式得到市公司的充分认可和高度评价。

2010年，GSM16期工程建设计划新建基站16个。其中城区新建租赁基站3个，农村新建基站13个。农村新建基站土建工程全部完毕，城区新建租赁基站全部开通。2010年，TD三期新建基站4个。为积极响应配合省、市公司IP城域网建设，湘阴移动分公司紧跟建设步伐，湘阴城区集团单位接入完成54个，开通全业务数据宽带网点54个。有多起重复投诉的接官亭、金三角、致富路、金湖社区及时建立了新的直放站，精密花园地区新建精密小区900M、1800M基站。湘阴二中因网络忙无法正常上网，对基站设备进行扩容，解决当地网络覆盖问题，投诉明显减少。同时对城乡话务量高的基站进行扩容，并增开第六小区；代维公司对城区和农村基站设备进行调测和网络优化；对城区进行多次DT、CQT测试，对发现的问题予以妥善解决。

是年，湘阴移动分公司共有传输设备104端，400多条电路可供使用，有效保证了网络正常运行。针对城区人口密集，话务量大，话务繁忙等问题，移动维护中心对城区及乡镇集会活动进行大量网络优化工作。按照市公司规定，湘阴维护中心每月按时按要求完成基站巡检工作，督促基站代维完成全县农村基站维护工作，遵循基站故障抢修流程，压缩基站退服率和退服时长，有效地确保了基站正常运行。

2011年以后，县移动公司宽带端口和基站建设不断扩展，由城镇向农村延伸，至2015年，建设驻地网小区46个，建设光宽带端口7470个，发展光宽带1666户；在农村建设无线宽带端口630个，发展无线宽带430户。4 G网络建设进一步加强，新建LTE4G基站230个，在网基站达到545个。基中GSM900M基站194个，1800M基站19个，TD基站103个，LTE基站230个，全县传输线路2820千米，投入建设资金1.2亿元。

第十八篇 商贸·旅游

第一章 商业网点和市场

第一节 商业网点

1978年，城乡商业体制改革，集体商业、个体商业迅速发展，商业网点不断增加。1980年，农村有网点382个，其中供销社网点95个，占24.8%；合作商店网点48个，占12.6%；代购代销店网点108个，占28.3%；农村小集镇办商业网点15个，占3.9%；公社、大队办商业网点46个，占12%；个体办网点70个，占18.4%。

1985年,农村商业网点发展到2595个,其中供销社网点122个,占4.7%;合作商店网点44个,占1.7%;乡、镇办171个，占6.6%；个体办2258个，占87%。县城国营、集体商业网点179个，其中大商场6个，三级批发22个，零售店66个，从业人员1953个。

1990年，全县城乡有商业网点5855个，从业人员17482人，其中全民网点290个，从业人员4551人；集体网点365人，从业人员5031人；个体有证网点5200个，从业人员7900人。

1996年，全县城乡商业网点10923个，其中批发网点1217个（国营208个，个体889个），零售网点9706个（国营66个，集体212个，个体9428个）。

2000年,全县城乡商业网点15285个,从业人员31293人,其中城镇网点5815个,从业人员11790人。

2005年，批发业60户，零售业8168户，餐饮住宿业434户，租赁和商务服务业47户。

2010年，批发零售业14390户，其中城镇11734户。

2015年，全县批发零售业15500户，其中城镇12734户。住宿餐饮业789户，其中城镇748户。

第二节 商品市场

2000年5月，成立湘阴县市场服务中心，为自收自支副科级事业单位，归口县人民政府财贸办公室管理，人员编制81名，全部从县工商局原有人员中分离。是年12月，更名为湘阴县市场建设管理中心（以下简称“市管中心”）。市管中心成立之初接收湘阴县工商局所属7个市场，其中城区市场2个：大操坪集贸市场、建新路农贸市场；农村市场5个：濠河集贸市场、白马寺集贸市场、樟树港集贸市场、铁角嘴集贸市场、杨林寨集贸市场。2001年3月，成立湘阴县市场建设管理中心党总支。市管中心负责管辖城区8个市场：大操坪集贸市场、建新路集贸市场、福鑫建材市场、通达市场、综合大市场、桥东市场、兴湘市场、湘阴商贸广场，并协调管理城区心连心超市、天恒超市、太平洋服饰超市、和田超市、广兴超市、步步高超市。2005年11月，市管中心单位经费性质由自收自支变更为财政全额拨款。至2015年，共有全额事业人员编制92人。

县市管中心成立后，城乡市场体系建设得到较快发展，形成了布局合理、规模适度、功能齐全、竞争有序的商品市场体系。2010年，全县有交易市场23个，其中综合市场5个，专业市场18个，形成了覆盖城乡的商业网络。2015年，全县有商贸企业43家，其中批发7家，零售21家，住宿4家，餐饮11家；商贸个体户50家，其中批发6家，零售25家，住宿2家，餐饮17家。实现零售额71.14亿元，其中城区的集贸市场成交总额6.2亿元。

一、综合性市场

大操坪市场 建于1985年，属市管中心自办市场，占地面积4300平方米，建筑面积4928平方米，市场构造为四合院式的封闭结构，共有营业门面140个、大棚8个。市场原定位为综合型集贸市场，一楼（大棚区）经营农副产品，二楼经营成衣。由于该市场位于老城区，位置比较偏僻，且设施陈旧、老化，2000—2001年，经营状况逐年下滑。2010年，市场二楼全部闲置，一楼主要经营塑料制品和干货、食杂。生鲜蔬菜、肉食、水产品等经营户都已搬迁至三井头十字街沿线的马路市场经营。2015年大操坪市场开发建设房地产和市场大楼，底层和二层为市场商铺，上23层为商住楼。

建新路市场 建于1987年，属市管中心的自办市场。2004年由于市政建设的需要，棚亭被拆除100多平方米，只有1个500多平方米的棚亭和建新路沿线27个门面、34个摊位。市管中心于2010年5月按照农贸市场创卫要求对市场基础设施进行全面维修改造，以蔬菜、肉食、食杂等农副产品的零售经营为主。

桥东市场 建于2001年。2004年由市管中心整体购买，并于2010年5月按照农贸市场创卫要求对市场基础设施进行全面维修改造，经营面积6000余平方米，商业门店300间，大棚摊位500个，商贸大厅4个，为县内主要农副产品批发、零售市场。市场有相对固定的供货基地和经营户，形成基地+市场+零售商的供销链，辐射面较广，经营户稳定，效益比较好。

通达市场 2002年由通达房地产开发公司投资建设，经营面积800余平方米，门面36个，摊位10个，主要经营蔬菜和肉食。2010年5月启动通达市场拆除重建工程，新建一个占地面积1800平方米、建筑面积3400平方米的农贸市场。

综合大市场 原大饭店市场，2004年由县商业总公司重建，更名湘阴综合大市场。经营面积近2800平方米，门面40个，摊位45个，以蔬菜、肉食、水产品等农副产品的零售经营为主。2005年4—5月，广兴超市及农贸市场先后开业。

二、专业市场

福鑫建材市场 1997年由县水利局东湖水管会投资兴建，位于县城南门港，水陆交通便捷，地理位置得天独厚。市场占地面积8000余平方米，拥有门面300个，分设陶瓷、油漆、水暖器材、板材、加工制作5个交易区，是一个集铝材、板材、石材、陶瓷、灯具、洁具、油漆、五金等各类建筑装饰材料为一体的批零兼售的专业市场。福鑫建材市场共有经营户168个，从事近万个品种的建筑装饰商品经营，年成交额约6000万元，全年上缴税费75万元，至2015年，福鑫建材市场管理规范严格，划行规市科学有序，经营状况日益红火，为搞活商品流通、壮大地方经济发挥着越来越重要的作用。

兴湘市场 由兴湘房地产公司开发建设，2001年年底动工，占地17公顷，一期、二期工程于2005年完成，建成商住楼23栋，经营面积20000余平方米，第三期工程2010年完成，经营面积14000余平方米，门面230个。兴湘市场位于芙蓉大道湘阴段和S308线交汇处，坐落在新汽车站旁，西接湘阴湘江大桥和漕溪港千吨级码头，南距省会长沙仅38千米，是湘阴县新城区最繁华地段，地理位置优越，水陆交通便捷。市场内交通、水电、排水、安全消防等设施齐备，配套功能完善，有利于商品大流通、大贸易。2010年定位为机动车、通信电子产品和农机专业市场。将城区原有摩托车、电动车经营户全部动员搬进兴湘市场经营，并引进9个汽车销售店（含1个二手车销售店）、2个机动车维修配件店、12个农机经营店进场经营，出租门面120余个，共计经营面积6000余平方米。

中设商贸城 由浙江中设集团开发建设，2003年动工兴建，占地8.8公顷，主营建筑装饰装潢材料，经营面积9000平方米，门面230个，利用率70%，是县内第二大建材专业市场。

第三节 农村集市

1978—1979年，实行开放搞活经济政策，县政府在樟树港、临资口、白马寺、铁角咀、濠河口、新泉寺、南湖洲、界头铺、袁家镇、茶湖潭等集镇墟场建立市场管理机构，开放自由市场。1979年，全县农村集市12个，上市品种180个，多年奇缺的云耳、木耳、闽笋、黄花、百合、花生、银耳在集市可见，成为农村集市的俏货，当年成交额1000万元。

1985年，农村集贸市场发展到42个，上市品种550种，日上市人数平均6万多人。

1986年，农村集市发展到47个，贸易成交额1517万元。

1991年，县政府对农村商业批发市场、重要工农业生产资料市场、医药市场进行整顿，物价上涨指数控制在3.1%以内，市场秩序良好。农村集贸市场成交额3256万元。

1993年，农村集贸市场发展到63个，贸易成交额13070万元。

2000年，农村集市批零贸易、餐饮业点3860个，从业人员8380人，贸易成交额4.8亿元。

2007年，湘阴县被商务部批准为全国“万村千乡市场工程”建设试点县。县政府成立了由分管副县长任组长、相关部门单位负责人为成员的“万村千乡市场工程”领导小组，颁发《关于加快现代商贸流通业和开展“万村千乡市场工程”的通知》，在审批手续、用地及水、电使用等方面出台了优惠扶持政策。市管中心被县政府确定为“万村千乡市场工程”承办单位。各相关职能部门通过积极引导、精心组织、协调服务，为农家店和配送中心的建设和发展营造良好环境。县地税局和县工商局在办理证照时，不但减收办证费用，还简化审批手续。县公路局于2007年为配送中心18台配送车辆统一办理“绿色通行证”，减免县内“两桥一路”三个收费站的通行费。

市管中心坚持按照“四统一”（统一店名标识，统一变更证照，统一店堂布局，统一组织培训）的标准建设农家店。2008—2015年，共计举办培训班45场次，参训1200余人次。

2007年9月，“万村千乡市场工程”新龙超市配送中心建立，占地面积8852平方米，仓储面积22477平方米，可配送日用消费品100多个大类5000余个单品，已与全县加盟农家店签订供货合同。2008年配送商品总额4800万元，2009年配送商品总额6500万元。

加盟农家店连锁经营。农家店过去进货基本上都是天天跑镇上、周周进县城，建立连锁经营后，只需打个电话给配送中心，货物就送到家里，既节省了人力、又降低了经营成本。标准化的农家店宽敞明亮，使用全开放式的购物货架和商品陈列布置，让农民能在舒适而宽敞的环境下随意挑选合意的商品。农民在家门口逛超市，许多大件商品不出村就可以买到，改变了农村过去“油盐酱醋在村里，日常用品去乡里，大件商品跑县里”的落后方式。

2010年，全县农家店450家，其中，市商务局、省商务局验收合格的395家。

2011—2015年，随着互联网技术发展，电商新模式在农村出现，湘阴成为全省“农村商贸综合服务体”五个试点县之一，主要通过互联网技术，建立以服务农村商贸流通为主的B2B电子商务平台，从流通信息化入手，将商家资源、超市资源、供应链金融资源、便民服务资源在商务平台有效聚合，使农村市场所需的工业品、生活日用品、农产品、农资、农机、种子采购等在“86077com”这一平台上一站式完成。而且这一平台还具有代交水电费、代买机票、车票、手机充值等16种便民业务。入驻平台户必具有合法经营资质的经营执照、生产许可证等。2014年湘阴县“农村商贸综合服务体”开始投入运营，服务终端客户超过5000家。2015年7月27日，湘阴县成功获评“湖南省农村电子商务示范县”，成功举办首届商企电商交流会，“湘阴县电子商务行业协会”成立，投资2亿元，征地6.7公顷的银佳电子商务城动工兴建，2015年线上交易额5000万元。农村商贸综合服务平台的建立和扩展，为繁荣湘阴城乡经济进一步增强了动力和活力。

第二章 商贸经营

第一节 生产资料经营

一、农业生产资料

1979年，县供销社农业生产资料公司（简称“生资公司”）主营农资商品的调拨供应，全县37个公社供销社中心门市和74个农村购销点，相继增设农资供销部或专柜，经营农业生产资料。1980年，生资公司在城区增设农资供销门市。1984年，农资市场逐步开放，化肥、农药销售出现多渠道经营。1985年，农资商品供销网点128个，从业568人。2004年，供销社生资公司破产改制后，职工置换身份228人。供销社系统先后扶持、建立农资配送站19个。至此，原县农业生产资料公司的经营职能，由供销部门农资配送站、农业部门和乡村级农资连锁配送点替代，形成“三块合一”的梯度经营模式覆盖全县农资商品市场。2008年，供销社系统先后扶持、建立农资配送供应站19个、乡村级农资连锁配送点86个，组织开展“三湘农资产品质量安全行”活动。

2010年，县农业局结合农业部种子执法年活动，联合工商、质监等部门，组成种子、农药、肥料三个行动小组，定期开展农资市场清理和农资打假活动，对全县306家生产经营单位进行全面调查摸底，将基本情况进行登记造册，督促建立健全诚信档案、销售档案和生产记录，对不符合资质等条件的，限期整改并重点监督。组织对全县2家复合肥生产企业、21家农资批发商和500余家零售店进行拉网式检查，重点抽查、打击生产经营假冒伪劣种子、禁限用农药和有效成分不足的肥料等违法行为，接待农民投诉16起，查处农资违法案件12起，案值15万多元，有力地净化了农资市场。

二、工业生产资料

金属材料 1980年，销售金属材料6072吨。1985年生产钢锭1486吨，销售金属材料（含钢锭）8034吨。1994年，销售黑色金属材料2892万元（其中批发1481万元，零售1411万元），有色金属材料65万元。

机电设备 1980年，电动机购进216台，1470千瓦，销售206台，1430千瓦；柴油机购进1492台，12703千瓦，销售1197台，9326千瓦；变压器购进6台，960千伏安，销售8台（原库存2台），1110千伏安；拖拉机购进29台，906马力，销售30台（含库存），936马力；汽车购进14台，销售14台；抽水机购进20台，销售20台。

1985年，电动机购进144台，1460千瓦，销售130台，1403千瓦；柴油机购进360台，1080千瓦，销售353台，1056千瓦；变压器购进3台，730千伏安，销售2台，1630千伏安；拖拉机购销各4台；汽车购进42台，销售34台；抽水机购销各10台。

1991年，县农机公司销售农机价值723万元，县农村动力公司销售农机价值282万元。

1994年，批发农机价值231万元，零售农机价值156万元。

1999—2000年，出口机电设备创汇6200万元。

2008年，个体制造业销售收入14305万元。

2010年，制造业产值13912万元，销售收入14283万元。

2011—2015年，县委、县政府强力推进招大引强选优和项目建设，打造先进制造和光伏电子信息新型产业集群，先进制造业蓬勃发展，2015年全县制造业总产值达到600亿元，销售收入突破500亿元。

建筑材料　1984年销售收入426万元。1985—1988年销售收入5957万元。1990年销售收入2249万元。1996年销售收入4984万元。

化工原料　1980—1985年，销售纯碱426.6吨，年均销售71.1吨；销售烧碱2022吨，年均销售337吨。

1994年，化工原料销售895万元（其中批发579万元，零售316万元）。1999年，出口化工原料创汇1260万元。2000年，出口化工原料创汇1280万元。2005—2007年，化工原料销售个体户435户，销售化工原料营业收入51917万元。

第二节　生活资料经营

一、纺织品、日用百货

1978年，县商业局百货纺织品公司有一栋上下两层700余平方米的百货大楼。为缓解顾客购物难，1981年，商业局在东湖路北端新建东方商场，上下两层经营面积达1700余平方米，安排上岗职工近100人。1985年，完成销售收入2145.5万元，同1978年收入1714.4万元相比增长25.14%。主要经营针织、棉布、文化用品、劳保用品及其他日用百货。1985年，有大型纺织品、百货商场2个，三级核算单位6个，零售网点13个，从业人员297人，担负县内纺织品和日用百货的采购、仓储、运输、批发供应和城关地区的零售业务。农村地区纺织品、日用百货零售业务由基层供销社承担。除少量地方产品外，其余商品全部由省二级站划拨供应。其中，钟表、缝纫机、自行车、肥皂、火柴、灯泡、圆钉等按计划供应，棉布凭布票供应，少数商品由业务主管负责人批条供应，供需矛盾十分突出。逢年过节，商场内顾客如潮，十分拥挤。

1985年，商贸经济改革逐步推进，流通领域出现国营、集体、个体多种经济成分并存的新局面。百货纺织品公司在购进方面实行“多渠道、少环节”，零售方面采取摆摊设贩和召开商品展销会、成立零售商场批发部等措施，使销售额上升至2145.5万元。1986—1989年，百货纺织品经营实行“外引内联”，即对县内有经营规模的零售单位提供商品铺底、月底结账、让利优惠；对外则建立起品优价廉的购货渠道，先后与22个省（市）、426个厂（库）建立联营业务关系，进货品种达8700余个。内部管理取消固定工资，实行联销联利计酬。1989年，公司销售2893万元，实现利润56.8万元，创历史最好水平。是年，全县针棉衣着类销售额5413万元，日用品销售额3037万元，文化娱乐用品销售额1223万元。

1990年，受全球金融危机和个体经营的冲击，百纺公司批发业务萎缩，零售商场出现经营亏损，银行负债。1994年，百货纺织品公司扩建装修百货大楼，总营业面积扩大到1200平方米，是当时商业系统中最大的一个商场。1997—1999年，为尽快扭转被动局面，公司从挖潜增效入手，将空闲的仓库和经营场地全部向外出租。2000年，商业系统全面启动以“两个置换”为主要内容的企业改革工作，百纺公司的置换在2003年展开，2005年8月完成。公司全面进入国有资产民营时期。2010年，纺织服装及日用品零售额8900万元，文化体育用品销售利润7170万元。2015年，纺织服装及日用品零售额上升至156000万元，文化体育用品类主营业务收入49000万元。

二、五金、交电、化工原材料

1979年，县商业局设五金交电化工原材料公司（简称“五交化公司”），原统属百纺公司经营的五金、交电业务划归五交化公司经营，至1985年，有大型商场2个，三级单位6个，零售网点10个，从业人员106人。随着国民经济的发展和人民生活水平的提高，单一的五金、交电经营变为五金、交电、家电、化工等多种经营。1989年，经营品种有元钉、铁丝、起子、扳手、收音机、录音机、扩音机、电唱机、音响组合、音箱、电视机、录音磁带、电子元件、电风扇、排气扇、单相空调器、电冰箱、冷饮水器、制冰柜、电磁灶、电烤箱、电饭煲、电热水杯、洗衣机、取暖电炉、电热毯、电热水器、摩托车、自行车等，共1500余种。

1984年，“韶峰”（14英寸）黑白电视机陆续上市。是年，全县城镇居民户电视机拥有量约占城镇居民户总数的40%，半导体收音机占40%，台扇占66%，录音机占20%，自行车占80%，洗衣机占2%；同期农村户电视机拥有量占农村居民户总数的11%，收音机占82%，台扇占11%，录音机占9%，自行车占93%，洗衣机为0。1985年，县五交化公司销售收入854.8万元，实现利润30.8万元，比1979年的345.6万元、13.8万元，分别增长147.3%、123.2%。

1985年后，流通渠道打破地域封锁和条块分割，商业网点可直接从外地进货，大部分商品由计划价格转向市场价格，买彩电、冰箱、自行车也从“批条子、走后门”变为陆续敞开供应。1988年，五交化公司将原单位旧平房门面拆除改建，兴建五交化大楼，营业面积600平方米，成为公司重要营业场所。当年销售收入908万元，实现利润33.7万元。

1993年，国务院颁布《全民所有制工业企业转换经营机制条例》，流通企业参照实行。五交化公司根据行业特点，采取一步到位、一司多制的办法，将亏损金额大、扭亏无望的五金、化工产品批发部实行国有民营，对零售门店改为职工自营。同时精简行管人员，充实一线经营力量，设法扭转企业亏损和经营滑坡。

1994年后，市场竞争愈趋激烈，国营商业所占份额日渐萎缩。城关地区逐渐形成10多家五交化商品专业市场，城区各大超市也专辟五金电器商品经营区，各种高、精五交化商品琳琅满目，市民购物应有尽有。2000年后，农村五交化市场迅速崛起。2003年，五交化公司“两个置换”开始，至2005年8月结束，国有五交化商业全部退出。

三、副食品

副食品经营 1978年，县商业局糖酒副食品公司与各基层供销社共同经营副食品业务。粮酒副食品公司在城区设副食一、二、三、四门市，主营批发零售食糖、卷烟、酒类、食物、南杂、干鲜果及其他副食等。货源除省糖酒副食品公司按计划调拨外，还从外省各地采购。其中糖果、糕点开办自产作坊，主产蛋糕、麻花、鸡杂、花片、胡椒饼、月饼、果酱饼、法饼等。是年，食糖货源紧缺，一律凭票供应。特殊情况如产妇、婴儿、病人，以及居民逢年过节用糖实行凭户口定量供应。笋干、粉丝、云耳等南杂食品是县内节日和红白喜事必备物品，凭主管部门批条供应。

1980年，成立县盐业专卖局，副食品公司除零售食盐外，不再经营食盐批发业务。1985年烟草从副食品公司析出，归口新成立的烟草专卖局，副食品公司不再从事卷烟批发。

1983年始，县内经济快速发展，副食品品种增多，货源增加，专营公司逐步开放供应。为占领农村市场，糖酒副食品公司在长仑、城南、白马、濠河设批发站，从业员工127人，经营品种300多个。

1985年，国家取消统、派购任务，副食品供应进一步放开，乡村集镇个体供应摊点日渐增多，全县销售总额达828.2万元。1993年国营副食品公司全面实行柜组承包经营。从1996年起，公司采取物业管理办法，对所有门店、柜组全面采取租赁经营，公司收取门店、柜组租金。门店、柜组出租以本企业职工为主，对外也同时放开。这一时期，天恒量版、万金山超市等相继出现。至2015年，副食品公司所属产权范围内的商场、网点经营年销售额突破2.1亿元。

副食品加工 1978年，县商业局糖酒副食品公司和县供销联社食杂果品公司分别开设副食品加工厂，年产销糖果80多吨，糕点340吨，产品畅销县内外；同时开办酱菜加工业务，制作榨菜、酱萝卜等品种投入市场。1981年，县副食品公司引进饼干生产线，生产香草饼干、奶油饼干、儿童饼干、动物饼干等品种，日产量达2吨以上，产值由1978年50多万元上升到150万元，实现利税达15万余元，彻底改变湘阴县副食糕点到外地调货历史，丰富了县内糖果糕点市场。

1986年始，个体私营业主进入糖果糕点生产行业，国营副食产销量逐渐萎缩。至1996年，城关地区出现一批现做现卖、前店后厂的糖果糕点生产作坊，制作新鲜，生意兴旺。2000年后，以维拉蛋糕、安提蛋糕为主体的个体糕点经营大户相继出现，生意兴旺。

食糖经营　1978年，城镇、农村人口用糖凭票定量供应。1985年，销售食糖（以白糖、红糖为主）2490吨，为历史最高纪录。1988年食糖市场逐步开放，不再由糖酒副食品公司专营。1992年，食糖改为副食品公司、蔬菜公司、供销社日用杂品公司三家经营。1995年后，国营商业企业体制转轨，食糖全部转向个体私营，品种增加。2003—2015年，食糖归入各大超市和农村商贸网点经营。

酒类产销　1978年，县酒厂产白酒500吨，由县糖酒副食品公司和基层供销社（站）经销。1979年酒类经营放开，销售渠道拓宽。1980—1989年，县内调入和自产白酒、啤酒、果露酒等12600吨。其中“湘阴大曲”“左宗棠酒”销往国内10多个省、市。白马寺、樟树港、杨林寨等乡镇农户酿造的谷酒、米酒销往长沙、株洲、湘潭、益阳等地。1990年后，外地调进的名酒销量增加。1995年后，“五粮液”“剑南春”“湘泉”白酒及青岛啤酒、“燕京”啤酒等出现总经销、总代理。2003年，县酒类产销管理办公室统一管理县内酒类产销经营。2009年6月，县商务局成立湘阴县酒类监督管理办公室，负责酒类流通备案登记，推进酒类随附单溯源制度、酒类打假等工作。至2015年年底，共为经销商核发酒类经营备案登记证62家，开展酒类市场专项整治28余次，下发责令改正通知书40份，查处无证经营案3起，查处无酒类流通随附单经营案6起，查处销售假冒酒类案21起，没收假冒酒类120余瓶，涉案金额6万余元。

四、肉食水产

1978—1984年，肉食水产品由县商业局肉食水产公司经营。下辖城南（设两个站）、长仑、濠河、岭北、新泉、南湖、洞庭8个肉食农村基层站，各区站下分乡设肉食品供应点，全县60多个点，归口肉食水产公司管理。1985年，取消生猪派购任务，猪肉逐步放开经营。1993年，肉食水产市场全面放开，各肉食站实行承包经营。公司仅让少数业务骨干与行管人员负责日常工作。至此，公司由商品经营转向资产经营。

生猪及猪肉购销　1978年后，私人养猪得到较大发展，县肉食公司采取“上门看猪，预约收购、返还猪油”，激励“自宰分食”，即打破计划模式，鼓励群众自养、自宰、自销、满足群众对肉食品需求，取消凭票供应，当年收购生猪17.57万头，出口3.5万头，冷藏3500头，上调7.8万头。1985年，取消生猪派购后收购15.85万头，人平鲜肉消费量由1980年的9.3千克增加到1985年的15.2千克。1988年，农村个体屠商进城贩肉者增多，生猪全面转向多渠道购销。三塘、东塘、城南等乡镇少数个体户从事生猪长途贩运至广州、深圳，然后转销港、澳地区。1992年，县内长途贩运生猪者300户。出栏肥猪47.5万头，其中销往县外2.06万头。1994年，公司及下属60多个站、店全部停止生猪收购和猪肉销售，实行租赁经营，部分职工转入承包经营或生猪长途贩运。1996年，城关地区实行生猪定点屠宰，集中检疫。原肉食水产公司屠宰场改为定点屠宰场。至2015年，共屠宰生猪235551头，屠宰牛1838头，实现税利1192.5万元。

2000—2015年，商务局（财办）、市管中心、工商、畜牧、商业等部门共同参与集中整治肉食市场750次，严防病死猪肉入市，使市民吃上放心肉。

肉类加工　1978年后，肉类加工主要依托商业局肉类联合加工厂。该厂是一个从事肉类联合加工的国有企业，厂区面积5.1万平方米，厂房面积3.28万平方米，冷藏容量2000吨，结冻能力200吨。肉联厂肩负着全县生猪收购、加工、冷冻和出口的任务。1986年，被评为湖南省商业系统先进企业，1988年，该厂生产的分割肉、白条肉均达到部优标准，阴牌小香肠荣获中国首届食品博览会金奖，阴牌瘦肉条获银奖，并获省部优产品称号。1989年，被评为湖南省设备管理先进单位。1976—1993年，累计上缴国家税利866万元，其中生产和销售形势最好的1987年产值2143万元，创税利207万元，累计为国家创外汇950万元。随着市场经济的转轨，生猪购销政策逐步调整，价格政策放开，肉类加工连年出现亏损，至20世纪90年代末，该厂停产歇业。

禽蛋 1978年后，商业部门创办鸡场，供应良种和饲料，实行收购奖励，当年收购家禽52.59万羽，鲜蛋1050吨。1985年，家禽发展到193万羽。随着市场开放，乡镇蛋品加工企业增多，国营商业收购家禽减少。是年，收购家禽2.98万羽，鲜蛋660吨，保证外贸出口，城镇居民消费由市场供应。1978年，肉食水产公司鲜鱼加工货棚改建县蛋品厂。该厂厂房占地面积10000余平方米，有加工库区2760平方米，高温库1034平方米，低温库240平方米，以蛋品加工为主。产品有鲜蛋、再制蛋、冰蛋，以及家禽、小水产类。其生产的“新湘松花皮蛋”和“西湖牌咸蛋”享誉国内外，产品一度出口到日本等东南亚国家，当年创税利35万元。随着市场经济的不断发展，行业竞争越来越激烈，1995年转换经营机制，以蛋品厂整体经营承包方式，对外实行承包，以收取承包费方式，增加企业收入，这一承包方式一直延至2002年。1995—2015年，国营食品公司停止禽蛋收购，禽蛋全面转向个体经营。集贸市场出现禽蛋专供区，各大超市开辟禽蛋销售货架，各类蛋制品品种繁多，任消费者自行选购。

水产品 1977年，湘阴县列为全国商品鱼生产基地县。1982年，精养面积扩大到3666.67公顷。随着经营渠道的增多，市场鱼源充足，国营商业收购保持在1000吨左右。其他虾、泥鳅、鳝鱼、甲鱼收购量较少，仅保证出口。1993年，市场全面开放，国营水产门市水产品收购量急骤下降。1994—2010年，食品公司及下属乡镇站（点）停止水产品经营，全面转向个体私营。市场品种丰富，货源充足，价格随行就市。2010年，全县水产品产量10.29万吨，连续15年来保持全省第一。白泥湖许家台村全村8个组220户，175户养才鱼，养殖面积21.3万公顷，产量1290吨，产值2070万元，纯利201万元，户平纯收入1.15万元。

五、蔬菜供应

1978年，县商业局蔬菜公司年购进鲜菜2752.9吨，销售鲜菜2424.5吨，蔬菜主要由城郊农业生产队专业种植，交由蔬菜公司销售。1983年开始，由地方给予补贴。随着市场开放，菜农在物价管理范围内随行就市，直接销售。1984年，城关地区蔬菜市场日供量人平稳定在0.45千克上下。1988年1月，县政府为加强蔬菜产、供、销管理，成立蔬菜管理办公室，主抓“菜篮子”工程建设。1989年，发展蔬菜大棚5000多个，无公害蔬菜基地扩大到6666.67公顷。至1991年，城区人口不断增多，蔬菜需求量增大，在县商业局支持帮助下，蔬菜公司把旧平房门面拆除改造新建湘北大楼，营业面积600平方米，是以经营蔬菜为主的综合性商场，年创利税15万元。蔬菜公司从长沙、益阳、岳阳等地适时调入各种时鲜蔬菜，调剂市场供需，县财政每年给蔬菜公司安排蔬菜补贴资金，平抑市场物价，保障市民需要。1992年5月，蔬菜办并入县政府财贸办公室。

1993年，商业局和供销社联手扩大蔬菜集贸市场规模，蔬菜公司停止集体经营，将公司门面、仓库全部融入中心集贸市场统一管理。1999年始，县政府把引进、兴建和发展专业市场，作为办实事的重点工程之一，首建桥东大市场，是县城主营肉食水产和蔬菜批发大型市场。2002年，由通达房地产开发公司投资新建通达市场，主营蔬菜和肉食。2005年，县商业总公司拆除原大饭店市场后重建综合大市场，以蔬菜、肉食、水产品等农副产品的零售经营为主。

2004 年，县成立蔬菜质量检测中心，查禁有害物超标蔬菜 30 多批次。

2010 年，县商业总公司投资 50 万元，分别对商业广场、市场、屠场进行装修和整修，消除商业广场安全隐患和建筑主体渗漏问题。在综合大市场引进全县首家无公害绿色蔬菜超市，使综合大市场成为湘阴县唯一一家通过省级验收的标准化蔬菜市场，为申报“农改超”做好了前期工作。

第三节　粮油购销

一、粮食购销

1978 年，粮食恢复议价收购。粮食收购任务 7110 万千克（其中征购 6250 万千克，超购 860 万千克），实际入库 6566.5 万千克。县商口粮人口 4.08 万人，供应口粮 833 万千克。

1979 年，粮食征购基数调整为 5664 万千克，“三超（超产、超购、超奖）粮”1665 万千克。

1980 年，征购 4178.5 千克，超购 3321.5 万千克，实际入库 9800 万千克（征购 4115 万千克，超购 3320.5 万千克，议价收购 2313.5 万千克，零星收购 50.5 万千克）。销售总量 5486 万千克。其中非农业销售 1439 万千克，农业销售 1818.5 万千克，议价出售 2228.5 万千克。

1981 年，实行“征购、超购一定三年”政策。征购基数 3902 万千克，比 1979 年减少 1762 万千克，超购 3892 万千克，是年国家在湘阴县收购粮食第一次过 5000 万千克。

1983 年，县粮油议购议销公司成立。当年议价收购粮食入库 6825 万千克。

1984 年，入库粮食 18620 万千克，比征购超购任务多 116%。

1985 年，国家粮食征购政策作重大改革，对稻谷、小麦、玉米实行“合同定购”，其他品种粮食实行市场议价购销。合同定购粮每 50 千克 15.59 元。全县 16 万农户，当年 3 月签订合同定购粮食 12561 万千克，实际入库 12250 万千克。销售总量 7283.5 万千克，其中非农业销售 1752.5 万千克，农业销售 1519.5 万千克，议价销售 4011.5 万千克。县商品粮人口 5.65 万人，供应粮食 1492 万千克。1988 年，湘阴县被评为全国百个售粮先进县之一。

1990 年，粮食销售总量 21167 吨，其中非农业销售（包括定量粮、食品用粮、副食酿造粮、工业用粮、饲料粮等）12963 吨，农业销售（包括菜农、农技农电、退耕还林人员口粮及饲料粮等）7583 吨。

1991 年，国务院调整粮油统销价格。5 月 1 日起，中等质量大米每千克价格提高 0.226 元，食油销售实行购销同价。非农业人口口粮、食油实行凭证、凭票定量供应。全年销售总量 24157 吨。

1992 年，学习天津经验，实行“平议分开”管理改革。粮食供应基本以市场为主，实行购销联动。全县各购销公司议价粮销售采取“内购内销、内购外销、外购外销、外购内销”方法，销售品种突破“米、面、油”老三种，按用户需求增加品种，开架售货，稻谷、大米、杂粮、生食、熟食、包装、散装兼销，微利薄利多销。全年销售粮食 38432 吨。

1993 年，城关、乌龙、洞庭、岭北、城南、长仑等购销公司在长沙市银盆岭、树木岭等地设立粮油销售窗口，全年销售粮食 540 吨。

1994 年，为安排好城镇粮食供应，平抑市场销售，市粮食局通知动用国务院调剂粮 140 万千克给湘阴县就地销售。非农业人口每人每月安排大米指标 10 千克，实行保量保价供应，凭户口、粮证到发证粮站领取米票，然后到粮店购米，当月有效，过期作废。1996 年，省政府通知粮食作价权限由省统一制定，销售价格由所在市规定。市政府规定，湘阴县城镇居民、水淹区移民、农村贫困短粮人口大米销售价格早籼标每千克 2.4 元，晚籼标每千克 2.6 元。原粮销售早稻每 50 千克 79 元，晚稻每 50 千克 86 元。对大中专院校在校学生、民政优抚对象、“两劳两所”人员，由各级政府实行定向补贴等。

1998年，实行“敞开收购，议价销售，封闭运行，企业内部改革”的粮食流通体制改革。

2000年，全县粮食销售18246万千克。粮食远销广东、福建、云南、贵州、北京、上海、天津、内蒙古等10多个省市、自治区。

2001—2004年，国家取消定购任务，粮食购销全面市场化，放开粮食收购，价格随行就市。2004年收购粮食8000万千克。

2007—2008年，县境内粮食市场价格高于国家最低收购价。2009年，国家启动临时性收储政策，实行每50千克90元价格收储。2010年，收购粮食4000吨完成县级储备规模。落实粮食应急加工指定企业3个，应急供应指定企业5个，2012年县粮食局根据省粮食局、省财政厅关于危仓老库维修改造项目建设部署和要求，制订维修方案，积极组织实施，连续3年投入680万元维修危仓老库，至2015年对27栋仓库、5.3万吨库容房屋及设施全面进行维修，保证粮食收购仓容和粮食仓储安全。2015年收购粮食16.7万吨，未发生粮食变质事故。

二、食油购销

1978年，食油销售7.21万千克。农村食油计划定量供应2.45万千克。

1979年，国家统购食油价格每50千克由85元调到106元，超交部分再按统购价加50%。当年入库38.74万千克。

1985年，实行合同定购56万千克，其中统购48.44万千克，入库57.3万千克，加价收购8.86万千克。销售53.28万千克。农村供应计划食油2.66万千克，议销18.9万千克。7月4日始，城乡停止按成本价供应食油。

1990—1992年，全县平价销售食油83.82万千克。

1993年，实行食油购销同价。全县议价食油销售70.34万千克。为保证居民食油不断档脱销，县粮食局每年从食油主产区杨林寨油厂或外地购进一定数量的议价油保证市场供应。

1995—2000年，食油收购放开价格，随行就市。收购议价菜油86.3万千克。

2002年，食油购销全面放开，各购销主体自行进入市场收购和销售。

1990—2001年湘阴县粮食企业议价食油销售统计表

表18—1 单位：万千克

年 份	销售总量
1990	62.83
1991	21.05
1992	40.74
1993	70.34
1994	42.84
1995	10.70
1996	13.64
1997	12.92
1998	22.62
1999	18.72
2000	15.38
2001	9.12

第四节　盐业专营

一、管理体制

机构: 1984年4月，湘阴县恢复组建盐业支公司，正科级单位建制，隶属湖南省盐业公司，实行产、供、销、人、财、物“六统一”管理体制。1991年7月，成立湘阴县盐务管理局，与县盐业支公司职能分设，合署办公。1998年，组建湖南盐业集团有限责任公司湘阴支公司。2002年，组建湖南省轻工盐业集团有限责任公司湘阴支公司。2010年，湘阴县盐业公司（盐务局）内设综合股、业务股、财务股、非盐股、盐政股。2015年，湘阴县盐业公司与县盐业局两块牌子一套人马合署办公，内设综合办公室、市场管理股、市场营销股、财务股、非盐股、盐政股，共有在岗干部职工22人。

职能：县盐业公司：实行盐业专营体制，负责全县人口的生活和工、农、牧、渔等生产用盐供应。县盐务局是县政府盐业主管部门，根据国务院《盐业管理条例》《食盐加碘消除碘缺乏危害管理条例》《食盐专营办法》、湖南省《盐业管理条例》等盐业法规，管理全县盐业市场，依法查处涉盐违法行为，维护盐业生产经营秩序。

二、经营状况

调进：1986年，调进各类盐5949吨，占年计划的115.51%；1991年，调进各类盐4272吨，占年计划的106.8%；1986—2010年，共调进各类盐110979吨，年均调进4439吨。2010年，调进各类盐7302吨，占年计划的104.32%。2011—2015年，调进食盐1.9万吨，完成计划100%。

供应：1986年，批发销售各类盐6747吨，占年计划的114.36%，比上年增长17.18%；1991年，批发销售各类盐5694吨，占年计划的116.2%，比上年增长 -1.03%；1986—2010年，共完成批发销售各类盐99774吨，年均批发销售3990吨。2010年，批发销售各类盐7514吨，占年计划的93.93%，比上年增长115.4%。2011—2015年，共销售各类盐3.6万吨，年平7100吨，完成年计划100%。

利税：1986年，完成利税26万元，其中利润11万元，分别比上年度减少30.43%、10.9%；1991年完成利税35万元，其中利润20万元，上缴税金15万元；1986—2010年，共创利税1238万元，年均50万元。2010年，完成利税186.6万元，其中利润112万元，上缴税金74.6万元。2011—2015年，共实现利税2845万元，其中完成国地两税600万元。

三、销售网络

1986年，湘阴盐业支公司分设3个批发网点：城关批发部，负责对城关、濠河、城南、长仑地区的批发供应工作；白马批发部，负责对洞庭、南湖地区的批发供应工作；新泉批发部，负责对新泉、岭北地区的批发供应工作。1988年，随着个体私营经济的发展，白马、新泉两个批发部予以撤销，对洞庭、新泉、岭北、南湖的部分经销盐的大户采取直达直拨业务，由他们发展三级经销商户，保障洞庭、新泉、岭北、南湖四个区食盐供应。

1991年，国家宏观调控阶段，私盐开始泛滥，盐业市场乱象丛生，盐业销售网络遭到破坏，消费者难以吃上合格的放心食盐。为了维护盐业市场的正常秩序和社会稳定，确保消费者吃上放心盐，7月，成立湘阴县盐务管理局，实行盐业专营，使湘阴盐业走上有法可依，有章可循，有专门部门管理的法治轨道。

2003年10月，根据国家发改委关于食盐现代流通领域终端网络建设改革方案，为方便顾客，提供优质服务，减少中间环节，在全县实行销售终端网络服务，全面推行食盐配送制。

2010—2015年，县盐业公司（县盐务局）加大盐业法规政策的宣传力度，依法打击涉盐违法案件，促使盐业市场规范化，共建盐业终端网络户 230 户。

四、全民推行普食碘盐

碘缺乏危害是指由于环境缺碘，公民摄碘不足引起的地方性甲状腺肿、地方性克汀病和对儿童智力发育的潜在性损伤。国家对消除碘缺乏病危害，采取长期供应加碘食盐为主的综合防治措施。1994 年 10 月 1 日，国务院发布《食盐加碘消除碘缺乏危害管理条例》。县盐业公司对所辖区域内全面推进食盐加碘工作，改食盐拆散堆放为加碘小包盐供应，再到后来的环保包装的纸塑小包装加碘盐供应。

1995 年，根据国务院总理李鹏向全世界作出在 2000 年消除碘缺乏病的庄严承诺，县盐业公司（县盐务局）利用各种形式进行普食碘盐的宣传活动，印发各种宣传资料，张贴在城乡各处。按省局规定的供应时间，提前 8 个月上市向全县供应碘盐 3200 吨。

1995—2010 年，每年的 5 月 15 日是国家法定防治碘缺乏病宣传日，县盐业公司（县盐务局）连续开展宣传日活动 16 届次，共散发资料 130000 多份，接受群众咨询、解答消费者疑问 4000 多人次，发表电视专题讲话 16 次，为全民普食碘盐营造良好社会氛围。

2011—2015 年，县盐业公司（县盐务局）在“3・15”消费者权益日和“5・15”消除碘缺乏病宣传日活动期间，在全县人口最集中的宗棠广场设立了宣传咨询点、假冒伪劣盐（包装）展示台和合格碘盐台。向前来咨询的广大消费者解惑释疑，散发宣传资料，宣传盐业法律法规政策，告知识别假冒伪劣小包盐的方法、普及食用合格碘盐是提高全民身体素质的需要，是政府行为；活动中设立展示牌，展示党和国家领导人推行碘盐的指示，展示近十年来各地法院对涉盐刑事犯罪的布告，展示缺碘的危害性和食用碘盐的方法。县盐业公司（县盐务局）还将活动延伸到农村，提高广大消费者的科学消费意识。

五、盐政执法

1991 年，县盐务管理局成立以来，在县政府和市局的领导下，在县公安、工商、质监、卫生等部门的大力支持配合下，对盐业市场的非法经营行为均给予了严厉打击。至 2010 年，共查获走私盐 4000 多吨，假冒伪劣“雪天”牌小包盐 522 多吨，涉盐违法案件 450 余起，罚没金额 52 万多元。

第五节 烟草专卖

1985 年 4 月，成立湘阴县烟草专卖局、湘阴县烟草公司，合署办公，政企合一，党务、行政归辖县财办，产、供、销、人、财、物归辖岳阳市烟草专卖局（公司）。负责全县烟草专卖管理和卷烟销售工作。2004 年 11 月，撤销岳阳市烟草公司湘阴公司，同时成立湖南省烟草公司岳阳市公司湘阴营销部；2007 年，重新挂牌为湘阴县烟草专卖局、岳阳市烟草公司湘阴县分公司。2010 年，县烟草专卖局（司）内设办公室、综合室、纪检室、专卖监督管理室、客户服务分部。2015 年，县烟草专卖局内设办公室、综合股、纪检监察与安全保卫股、专卖监督管理股（稽查大队）、市场服务分部及内部监督管理股。

一、专卖网络

1978 年，县局（司）在城关租用 4 处场地设批发部。1980—1990 年，以供销社为依托，在农村供销社建立 30 多个委批点。

1991 年，县烟草专卖局按照国家烟草总局关于深化流通体制改革，搞好农村卷烟销售网络建设要求，加大网络建设力度，全面推行网点户籍化管理，统一发放烟草零售许可证，坚持凭证供货、确保规范经营。对全县烟草经营户进行清理整顿，重新确定烟草经营许可证发放对象、范围，是年发放烟草专卖零售许可证 3695 户。

1993—1999 年，县烟草公司在全县先后增设总汇批发部、总汇零售部、名优烟专店、简家巷批发部、恒大实业公司、铁角嘴批发部、和平闸批发部、南湖镇批发部、界头铺镇批发部、南湖洲烟草专卖管理站。

2000年，成立网络建设领导小组，设置采购部、访销部、配供部，在全县建起146家长烟网点，以网促销。

2002年，按照“城网高标准、农网重实效”要求，拆掉总汇批发部，新设配送中心，配置10台送货车，安排三名骨干和全局70%的力量，开展户籍化管理和访销、送货上门工作。全县2558户零售网络户（城区791户、农村1767户），户户建立户籍卡、进货台账、经营手册、户籍档案。配送中心工作人员按照责任区域，坚持访销到户送货上门，实施差异化营销和个性化服务。打击无证经营和乱渠道进货，整顿规范烟草市场经济秩序，对卷烟零售点进行合理布局，取消违法违纪户的卷烟经营资格，对原有卷烟零售户进行严格筛选，保留零售户2100户。

2003年，进一步加强烟草专卖许可证管理，整合卷烟零售户，将酒店、宾馆、茶楼等特种经营场所纳入专卖管理范围，实施差异化服务管理，为特种经营场所共办理“卷烟许可证”27户。

2005年，取消县级卷烟仓库，并入岳阳物流分库；开展物流整合和两段式大配送工作，实施卷烟零售户籍化诚信管理，确定零售户诚信等级，签订守法经营“承诺书”。

2009年，全县扎实推进整顿烟草市场、维权护税保增长工作。

2010年，全县共有持证经营户2993户，正常在网卷烟经营户2829户。

2011年以后，烟草专卖市场经营向终端店建设发展，坚持“严格准入，合理布局，自愿协同，动态发展”原则，至2015年，发展终端功能店100家，星级店30家，新增零售店222家，停业整顿101家，强制注销138家，持证经营户2215家。

二、专卖法律法规宣传

1985年，印发《烟草专卖管理条例》《细则》各3000本，张贴《条例》《细则》《湘阴县人民政府关于依法加强烟草市场管理的布告》各400份；张贴《湘阴县人民政府关于整顿卷烟销售秩序的通知》1600份，县工商局、县供销社、县物价局《关于认真执行国家烟专卖有关政策法令的联合通告》5300份，并结合实际编写关于实行烟草专卖宣传提纲1套，绘制幻灯片6块，录制磁带一盒。

1990年3月18日和5月1日，局（司）部分领导带领专卖工作人员，先后两次在街头进行“烟草专卖政策咨询”“识别冒牌卷烟方法咨询”“卷烟养护技术咨询”和“名优卷烟购销情况咨询”活动，接待咨询者406人次，散发有关资料200余份。

1997年，县政府印发1000份《关于整顿全县卷烟市场秩序的通知》，专卖人员连续10天深入到各乡镇、村组宣传，向各经营户散发6000份法律法规知识，宣传覆盖面90%以上。“3·15”和“6·5”两次上街咨询接待咨询群众780多人次；发送《中华人民共和国烟草专卖法》《怎样识别假冒烟》700多份，当众烧毁假冒烟4950条。

2001年，《中华人民共和国烟草专卖法》颁布10周年，全年出动宣传车5台次，法律法规咨询2次，在县电视台播放《中华人民共和国烟草专卖法》知识6次，印发《烟草专卖知识问答》等宣传资料5000份，悬挂跨街横幅40条，办宣传栏2期，在全县范围内的交通要道两旁书写墙体标语40条。

2002—2015年，通过“3·15”活动和“5·22”烟草法制宣传活动，共发放《中华人民共和国烟草专卖法》《烟草专卖许可证管理办法》《辨别假冒卷烟的十种方法》等各类宣传资料40000多份，在配送车上粘贴宣传标语120条（次），在宣传现场讲解真假卷烟辨别办法，公开销毁假冒商标卷烟16500余条。

三、执法稽查

1988年，烟草专卖局（司）根据群众举报，抽出4名干部，配合当地工商部门，以濠河为重点，用时 13 天，白天上门，晚上查船，查获无证烟贩 9 户，没收黑运卷烟 255 条。1991 年，县烟草专卖局配合工商、公安等部门，抽调 28 名人员没收进口烟 332 包，查处从外地偷运回湘阴的高档名优烟 1550 条。1992 年，查处卷烟违法案件 168 起，罚没收入 29130.95 元，收购卷烟 15443 条。1994 年，查处卷烟违法案件 133 起，罚没收入 40452.70 元。1996 年，查处卷烟违法案件 74 起，罚没收入 125873.50 元。1999 年，查处各类违法案件 96 起，罚没款 22788 元，没收走私烟 10.3 条，没收假冒烟 4545 条。2001 年，共查办案 163 件，没收假冒烟 3650 条，走私烟 8 条，罚款 2.6 万元。2002 年，共查处违法案件 227 起，查获假冒走私烟 24 件，非法流入卷烟 4600 多条，罚没收入 8200 元。2003 年，共查处违法案件 84 起，查处违规经营户 84 户，治安留置违法经营者 2 人，查获假冒烟 817 条，走私卷烟 35 条，非法流入卷烟 820 余条。2005 年，共查处违法案件 43 起，查获假冒卷烟 4074 条，非法流入卷烟 756 条，非法生产烟丝 605 千克，查处违法违规卷烟经营户 41 户，其中被治安留置 2 人，被刑事拘留 2 人，罚没收入 11113.55 元。2008 年，共查处涉烟立案案件 71 起，其中涉假案件 45 起，查获各类违法卷烟 3621 条，其中假冒烟 2588 条，罚没收入 2 万余元。2009 年，查处各类涉烟违法案件 138 起，其中假冒烟案件 55 起，查获各类违法违规卷烟 11388 条，其中假冒卷烟 6961 条；查获省级标准的网络案一个，刑事拘留 4 人，其中判刑 2 人；查获市级标准网络案一个，刑事拘留 1 个。2010 年，共查获涉烟案件 142 起，其中非法渠道进货案件 62 起、假冒卷烟案件 75 起、无证运输案件 5 起；查处各类违法卷烟 134.46 件，其中真品烟 88.66 件，假烟 45.80 件，罚没收入 5.1 万元。案值 140 多万的“2010.12.07”国标假烟网络案一审成功宣判，3 人因犯销售伪劣产品罪而获实刑。2011—2015 年，烟草专卖市场监管坚持日常监管与涉烟线索收集和举报相结合，不留死角，共查处涉烟违法案件 590 件，其中假烟案 125 件，涉案金额 260.8 万元。2015 年 5 月，县烟草专卖局联合公安等职能部门，侦破李某、曾某假烟国际网络案，对 2 人实行刑事拘留。

四、卷烟销售

湘阴烟草公司在面对机遇与挑战、改革与发展时，冷静客观地分析形势，及时调整营销策略，举全员之力，赢得稳健的发展。2010 年，卷烟销量 2.99 万箱，销售金额 5.2 亿元，利润 5000 万元，交税 4000 万元，分别比 1985 年增长 0.93 倍、44 倍、916.8 倍和 458.8 倍。2015 年，完成卷烟销售 29974 箱，销售额 8.44 亿元，上缴税金 4500 万元。

1985—2015 年湘阴县卷烟销售情况一览表

表 18-2 单位：箱，万元

年 份	销 量	销售金额	利 润	缴 税
1985	15460	1197.38	12.53	8.70
1986	28983	2646.46	18.10	23.81
1987	43453	4457.99	40.10	48.23
1988	55245	6062.46	84.30	99.79
1989	50489	7379.80	106.04	95.88
1990	54610	8308.32	188.19	101.05
1991	56069	9095	212	127.4
1992	42000	8098	225	68
1993	53856	13000	289.3	87

续表 18-2 单位：箱，万元

年 份	销 量	销售金额	利 润	缴 税
1994	52617	11700	423	106.7
1995	46702	12553	451	155
1996	44782	14700	455.4	187
1997	34411	12893	400.1	130
1998	35096	15764	406	380
1999	28582	13728	135	212
2000	23900	14123	448	310
2001	22066	13927	901	350
2002	22752	14185	1004	641
2003	19288	13232	1151	667
2004	22000	18500	1950	1300
2005	23800	21000	2800	1700
2006	24600	24000	4800	2200
2007	25400	26000	5602	2420
2008	26900	31000	500	3051
2009	28600	37000	9488	3600
2010	29900	52000	11500	4000
2011	30200	60000	5100	4050
2012	30757	68600	5300	4100
2013	31026	72300	5450	4300
2014	30676	79000	5500	4400
2015	29974	84400	6100	4500

第六节 石油供应

一、石油供应机构

1978 年，县商业局设石油煤建公司。1980 年，湘阴县石油公司单设，负责全县石油供应，下辖漕溪油库、牛角湾加油站和黄金加油站。1985 年，更名为湖南省石油公司湘阴支公司，人、财、物由省公司垂直管理。2000 年 5 月，省石油公司改制重组，成立中国石油化工股份有限公司湖南湘阴县石油支公司，定编 20 人，下设油库、加油站、门市部等 9 个经营机构。2015 年，县石油公司有员工 62 人，加油站 13 座，水上加油船 1 艘，联营加油站 12 座。

二、管理

1981年，个体、集体机动车辆猛增，汽油、柴油供不应求。县石油公司除按计划调进油料凭票供应外，还从计划外调进批量石油，缓解市场供求矛盾。

1984年，国家经贸委、国家计委、公安部等六个委联合发文开展成品油市场大整顿。为此，县政府成立成品油市场整顿领导小组，严格控制加油站建设规模，凡新建站须报经省经委批准。

1991年，实行计划内平价和议价运行双轨制，以计划内平价油为主，议价油为辅。是年，购进各类成品油（汽油、柴油、煤油、润滑油）6000吨，其中计划外自采油3500吨；销售5960吨，其中计划外自采油销量2500吨；利税总额50万元。下辖漕溪油库，黄金加油站及9个简易加油点。同时新建漕溪加油站。

1992—1995年，随着石油市场的逐步放开，县石油公司强化自由经营，扩大外销渠道。1995年，调进各类成品油7000吨，销售6980吨，其中计划外自采油3000吨，比上年增长15%，同时新建高岭加油站。是年，进一步整顿石油市场，对19家经营站、店进行系统清理，重新规划和布局，关闭违规站，查处劣质油。

1996年始，国家对石油购销全面放开，全县国营、集体、个体经营户发展到28家，市场竞争激烈。1998年，县石油公司成功收购恒泰、湘运2家社会加油站，全面规范成品油市场经营秩序。是年，县石油公司成为省二级批发单位，进货渠道由厂家购进改向岳阳市公司购进，各零售站进货渠道统一归口县石油公司。

2000年，县石油公司完成重组改制，从此公司发展进入快车道。新建凤南水上加油站，收购并改建西林加油站。是年，购进各类成品油8186吨，销售8109吨，其中汽油3011吨，柴油5009吨，煤油15吨，润滑油74吨；完成销售额2000万元。是年，县石油公司基本掌控境内加油站的建设规模，并成功堵塞县外进货渠道，社会加油站从县公司进货量每年以20%的速度递增，成品油市场秩序进一步趋向稳定，非法建站、无照经营、违章操作和倒买倒卖等违法行为得到有效遏制。

2002年，新建江东加油站。由省石油公司设计，投资400万元，于6月开工，安装长空牌电脑加油机3台，采用钢棚结构，建成县内一流加油站。同时新建的还有界头铺加油站。江东、界头铺加油站相继于5月、8月投产。全年调进各类成品油12080吨，其中汽油5000吨，柴油7000吨，润滑油80吨；销售12100吨，其中汽油5050吨，柴油7000吨，润滑油50吨，完成销售额2700万元。

2005年，新建冬茅加油站，改建漕溪加油站，全年调进各类成品油15000吨，销售14980吨，完成销售额3000万元。

2009年，在漕溪油库码头新建漕溪水上加油站，投资300万元。同时关闭漕溪油库。全年销售各类成品油17080吨，其中零售15000吨，配送2080吨，销售汽油7900吨，柴油9100吨，润滑油80吨。

2010年，对原有老站进行改造，建成达标站8座，星级加油站2座。县石油公司水陆并举实现年销量32000吨，其中零售23000吨，批发900吨，分别比2000年增长300%、317%、128%。是年，全县共有加油站22家，其中，中石化系统10家（国有控股）；中石油系统8家（国营）；农机系统4家（个体私营）。2015年，湘阴石油分公司改称湘阴片区，新增标准加油站5家，总数为13家，年销售油料240440吨，其中路上销售21305吨，水上销售2739吨。总量比2010年减少1万余吨，主要原因是中海油、中石油在湘阴县设点供应所造成。

第三章　服务业

第一节　饮食业

一、概况

1985 年，全县有饮食业 475 家，从业人员 1079 人，其中个体私营饮食业 441 户，从业人员 8632 人，经营收入 1330.7 万元。2010 年，全县饮食业 832 家，从业人员 2657 人，经营收入 11298.5 万元，比 1985 年增长 7.49 倍。2015 年，全县饮食业 907 家，规模餐饮业 17 家。共有从业人员 3072 人，经营收入 38814 万元，比 1985 年增长 28 倍。

二、酒店、餐馆

20 世纪 80 年代，县内酒店、酒楼、宾馆餐饮经营，场地宽敞，设备完整，投资较大，装饰较好，能承办大型宴席。1985 年，全县国营餐馆、酒楼 10 家，集体 22 家。1990 年代，县城区有金川大酒店、醉仙楼、长城大酒店、食苑楼等大酒店（酒楼）。2000—2004 年，相继有明珠大酒店、朋轩大酒店、中凌大酒店、湘阴宾馆（新址）、朝阳大酒店、左宗棠大酒店等酒店、宾馆开业。其中湘阴宾馆、明珠大酒店、左宗棠大酒店，可分别一次性承办酒席 50 桌以上，容纳数百人同时就餐。由于酒店与住宿、茶饮、娱乐、休闲连成一体，生意兴隆，这三家酒店（宾馆）年营业收入在 400 万元以上。2005 年后，新建的旅游景点农庄、饭店、酒店发展最快，鹤龙湖一地就有餐饮业 30 余家。至 2010 年，城区共有酒店、酒楼、宾馆餐饮 150 家。每个农村集镇也有大小不等、档次不同的餐馆 5~8 家。随着饮食结构的变化和山珍海味的普及，酒席价格标准不断提升。春节团年酒席一桌最高达万元，最低也在 500 元以上。平常的婚宴酒席中、高档标准 500~1000 元之间，低档标准在 300 元以上。2015 年，城区酒店、酒楼、宾馆餐饮发展到 150 家。

除大中型酒店、宾馆餐饮外，其余由个体私营业主开办的小型餐馆、饭店，侧街小巷比比皆是。1985 年，个体饮食业 443 家。小餐馆一般 2~6 张餐桌，1~3 个包厢，经营米饭、炒菜、有不少兼营早餐，诸如面条、米粉、包子、馒头及各种汤、粥。2010 年，县城有个体餐饮企业 329 家，有土菜馆、炒码店、饺子店、脆皮老婆饼店、蛋糕店、鸭脖店、烤饼店、瓦罐煨汤店、蒸菜馆、海鲜城、重庆酸辣粉店、汤吧、麻辣烫店、火锅店、蛇店、虾蟹城、臭豆腐店、鸭霸王城、特色小吃店等。

三、夜市、快餐、小吃

夜市　1991 年始，繁华街道上夜市快速发展。摆摊者黄昏时上街，天亮前收摊，通宵经营。2000 年，县政府在城区步行街规划夜市一条街。其他侧街小巷经营夜宵烧烤的固定或流动摊点不少。每逢夏季形成冷饮夜市。人们一边喝冷饮、纳凉，一边欣赏广场歌舞音乐，有的还参加健身锻炼。上夜市者多为中、青年人和从事夜间工作的人员，并成为朋友相聚和休闲的重要方式。2010—2015 年，城区每晚夜宵、烧烤多时达 200~300 桌，夏季茶座每晚 100 桌以上，生意十分火爆。

快餐　特点是资本小、条件简陋。既有固定场所的，也有专用板车流动作业的，还有在家里经营的。主要经营饭菜，5~10 元一盒，快速便捷。有的用三轮车将盒饭推到人口稠密区销售，也有电话预约送上门。2010 年始，有些餐馆还经营外卖，送煲仔饭到宾馆、旅店或家庭住户，电话联系，随喊随到，非常方便。

小吃　湘阴县地方小吃，风味独特、花样繁多，深受市民喜爱。流传至今的传统小吃品种有春卷、油条、甜酒冲蛋、蒸饺、糯米团子、葱油饼、烤红薯、红薯饼、锅饺、肉包子、烧卖、炖肠子、心肺汤等30余个。2000年后，湘阴宾馆、明珠大酒店、朋轩大酒店餐饮部开设早餐，引进外来西点师傅，提升了城区小吃档次，除传统小吃品种外，增加许多新品种，搭配各种小碟特色菜，如泡菜系列、卤菜系列等，丰富了湘阴县小吃。加上服务规范，店堂整洁、舒适，生意十分红火。近几年，外地一些风味小吃相继登陆湘阴，如兰州拉面、山西削面、福建馄饨、沙县小吃等，为湘阴小吃增添色彩。2010—2015年，全县城乡经营小吃的店铺、摊点上千家，年营业收入数千万元。

四、冷饮

冷饮属季节性经营项目。一般每年5—10月是生产、经营冷饮的旺季，经营品种有冰棒、雪糕、冰淇淋、绿豆稀、绿豆雪糕、冰水、刨冰等20余种。1991年前，县饮食服务公司冰厂是全县冷饮经营的主体，其市场份额约占80%。1991年后，长沙市、岳阳市及周边县、市冷饮参与湘阴县市场竞争，国有冷饮开始走下坡路。至1998年，湘阴县冷饮市场完全被个体私营经销商取代。2010年，全县城乡从事冷饮生产兼批零的有25家，销售网点109个，从业人员587人。每逢夏季，城区、农村乡镇从事冷饮经营的摊点不下100个，为亲朋好友相聚、休闲、纳凉提供了场所。

第二节 住宿业

1981年，全县有招待所、旅社56家，从业人员187人。1995年前后，有机关、企事业单位、私营企业个体户开始改建和兴建宾馆。陆续建成的有湘阴大饭店、金川大酒店、明珠大酒店、朋轩大酒店、天成大酒店、皇冠大酒店、华泰大酒店、亚环大酒店、远浦星城等20多家宾馆相继开业。所有酒店、宾馆都兼营住宿业，配有卫生间、空调、彩电、大小会议室，并且与品茶、餐饮和娱乐配套。城区和农村乡镇还有不少私营小宾馆、小旅馆、小招待所。规模较小，价格便宜，服务热情。至2010年，全县共有合法经营证照手续的旅馆（含宾馆、旅社、招待所）198家，从业人员1780人。拥有高档、中档、低档床位5940张。每逢旺季（春节、严冬、盛夏），宾馆爆满，其他时候床位利用率则不足50%。

第三节 美容美发照相业

一、理发、美容美发

1985年，全县有理发店81家，从业人员180人，其中个体户71家132人。1995年后，理发业由单纯理发向美容美发延伸，不但理发，服务项目还有洗面、洗头、泡脚、保健按摩和染发、烫发、焗油、文眉、护肤、新娘化妆等。2010年，普通理发与美容护肤已经分开。全县有发廊、美发店232家，主要以理发、洗头、焗油、烫发、染发为主。有专业美容、护肤、保健按摩、洗脚、桑拿、洗浴等专店200家（私开个体店除外）。中青年妇女逐步成为美容护肤的消费主体。中青年男士成为洗脚、保健按摩的主要消费群体。城区规模较大、设施较好的专店有重庆家富富侨、汉子足浴、北京同仁堂等。此外，城区还出现盲人推拿按摩店6家。

二、照相业

1985年，全县城乡有照相业18家，从业人员36人，其中国营、集体5家11人，其余均为个体经营。1990年后，主要业务有彩照、黑白照、艺术照三大类。1995年后，私营照相馆蓬勃发展，并开始时兴婚纱照、美术照、快照。2010年，全县城乡共有照相馆68家、从业人员348人。城区规模较大、设备先进的有“台北新娘”“金夫人婚纱”“罗蒙婚纱”“金色童年”“蝴蝶树”等10家。照相馆还兼营照相器材并预约上门服务，同时还经营摄影、录像和承制光碟业务。随着家用照相机、摄像机的增加，给照相馆带来了不少相片冲洗、扩印业务。随着数码摄影设备与技术的推广，专业照相生意越来越兴旺。特别是年轻人花上千元乃至几千元照婚纱像的比比皆是。很多家庭每逢结婚、小孩生日、老人祝寿、外出旅游和亲朋好友相聚都摄影、摄像、制碟、以作留念。2011—2015年，县摄影家协会成立，县“四大家”活动及县级机关部门公务活动摄影，主要由县摄影家协会承担，并不定期进行图片展活动。

第四节　休闲、娱乐业

进入20世纪90年代，休闲、娱乐业开始盛行，且逐年增多。服务项目有茶座、酒吧、音乐厅、卡拉OK厅、简易舞厅、拉丁舞培训、游乐场、旱冰场、电子游戏室、桌球室、网吧、录像厅、浴池、钓鱼池（塘）麻将馆、休闲山庄等。全县城乡119家。其中尤以茶座、歌厅、网吧、电游室最多。2000年后，广场休闲、娱乐兴起，晚饭后，人们聚集在广场唱歌、跳舞、练太极拳、做健身操，进行各种健身活动。至2010年，全县有各种休闲娱乐场所251家。比较大的茶座有和天下、黄金海岸、颐园、新时空等，城区每天茶座营业收入30000元以上。规模较大，装饰华丽的卡拉OK歌厅有“金爵国际”“皇家会所”“星光大道”“同一首歌”“湘宾KTV”等，城区歌厅日营业收入在40000元以上。县城规模较大、综合服务功能配套的休闲山庄有鹤龙湖荷花公园、鹤龙湖农庄、靓地山庄，集住宿、餐饮、玩乐、游泳、果园、垂钓于一体。2014年，凯佳生态园、樟树兴源山庄获评湖南省5星级旅游休闲山庄、鹅形山、青山岛等风景区逐步成为人们旅游休闲圣地。这些风景点地处城郊，空气新鲜，远离城市噪音，公共交通便利，是人们休闲的好去处，每年接待休闲市民6万多人次。

第五节　修理业

1981年，全县从事修理业的门店（摊）18家，从业人员73人。2010年，全县城乡从事修理业的347家，从业人员1042人。

修理业分生产用具修理和生活用品修理两大类。生产用具修理主要项目是机具（车辆、农械），电具（电动机及各种电动工具）。2010年，有102家，从业人员300人。主要分布在县城、农村乡镇以及公路旁。特别是县城主要入口处，修理厂一家紧接一家，形成修理一条街。修理店以家庭店、师徒店为多，也有合伙经营的。一般突发性的零星故障是上门修理和随到随修，凡大修、二保、三保均进厂修理。生活用具修理主要项目有家用电器、高压锅、手机、煤气灶、服装、鞋、铝制品、钟表、单车、摩托车、雨伞、锁、配钥匙和小日用品等。2015年，全县城乡从事修理业的有450家，从业人员2050人。家用电器分保修、非保修两类。名牌家电厂家一般只在长沙、岳阳设保修点，在县城基本上委托当地维修点代修。修理手机的一般是以卖带修，以夫妻店为主。修摩托车、单车一般是以卖带修，供应各种配件，以师徒店为主。修理其他日常生活用具的多数集中在街头巷尾，早出晚归。修鞋的一般附带修锁、配钥匙、补雨伞和修理铝制器皿。还有一些沿街串巷叫卖修理的流动人员，上门维修。从事修理业的人员以原国有企业和集体企业下岗的工人、农村青年居多。

第六节　其他服务业

20世纪90年代后，随着改革开放的不断深入，经济迅速发展，多种服务项目应运而生。社会其他服务项目有广告装潢、打字复印、字画装裱、金银加工、家政服务（含搬家、钟点工、保姆、家教）、房屋租赁中介、疏通管道、干洗、擦鞋、急开锁、灌煤气、送藕煤、拍卖、典当、车辆出租、婚姻中介、婚庆策划、搬运、推销、代宰鸡鸭及烹调一条龙服务等20余种。

广告装潢 始于20世纪90年代初，至2015年，全县有广告装潢专店40多家，从业者78人。主要从事广告设计、制作（含包装）、喷绘、招牌制作（含霓虹灯和各种彩灯）和标识牌。主要集中在城区和乡镇墟场。

打字复印行业 始于20世纪80年代末，至2010年，全县城乡有打字复印店（社）50家，从业者140人。主要集中在城区单位密集处和乡镇所在地。城区规模较大的打字复印店还兼营少量书籍、小册子的打印装订和名片制作等相关业务。

家政服务 2000年，开始逐渐兴旺。家教、保姆、钟点工，房屋租售中介，代搬家很受城区中等收入以上家庭欢迎。2010年，县城有家政服务点14家。

擦鞋业 从事擦鞋业的多数是外来和本地农村妇女，一般集中在人员集中的繁华地段。

搬运 从事搬运的人员分别集中在各城区交叉路口、商店、家具店铺门口等候搬运业务，县城约100余人。

灌液化气、疏通管道 一般以家庭为主，电话联系，随喊随到。

送藕煤 一般集中在各煤炭加工厂，电话预约，送煤上门。

金银加工、典当、婚姻中介、干洗、字画装裱店铺等均有固定门店。车辆出租、急开锁、烹调一条龙服务通常都是电话联系。

第四章 对外贸易

1978年，县外贸局按国际市场需要和国家下达的出口商品计划收购出口产品。

1979年，全国实行外汇留成，按外汇留成分配比例。湘阴县地方出口和出口商品生产企业、基地、专厂等共获得留成外汇额度1215万美元。是年，三塘公社建起咸藠头加工厂三塘酱厂。

1986年出口活大猪23002头，活家禽27095羽，再制蛋（皮蛋、盐蛋）293.63万枚，活塘鱼（鲫、鳜、青、草、鲤、鳙鱼）93.36吨，藠头1559吨，猪肠衣6277付，淡水珍珠472.89千克。

1988年，湘阴县外贸与省、市外贸脱钩，自主经营，自负盈亏。

1994—2001年，五丰、振湘、旺湘三个出口藠头加工企业总资产达4000余万元，从业人员1000余人，出口甜酸、盐渍藠头9000多吨，创汇780多万美元。其中振湘酱厂成为现代化生产流程全国最大一家藠头加工企业，产品甜酸藠头形成自己品牌，远销中国香港、中国澳门、日本、韩国、新加坡、瑞典等10多个国家和地区，在日本市场独占鳌头。同时，拥有固定资产2500多万元，流动资金1000多万元，年可产甜酸藠头4000多吨，产值2000多万元，创汇100多万美元，实现利税200万元。

2001年，外贸总公司收购出口品种85个，其中属于粮油食品类的72个，轻工、工矿、工艺13个，出口额达49920万元（其中1992年前按中央计划价格统计的有23811.8万元），共为国家换取外汇32000多万元。

2003年，湘阴县外贸出口商品有78个品种，其中本县产品36个，占46%，外地产品42个，占54%。出口总值43382.92万元，其中本县产品40734.92万元，占93.9%，外地产品2648万元，占6.1%，出口商品有粮油食品、土畜产品、工艺、轻工、五金矿产、化工医药六大类，其中粮油食品类收购金额37407.33万元，占总值的86.23%，土畜产品类609.12万元，占1.4%，工艺产品类499.03万元，占1.15%，轻工类4035.44万元，占9.3%，五金矿产类659.41万元，占1.52%，化工医药类172.59万元，占0.4%。

2004年，新的《中华人民共和国对外贸易法》颁布实施，全面放开进出口经营权。外贸外经管理职能由商务局承接。

2004—2009年，湘阴县外贸出口商品有五大类，品种有甜酸藠头、茶叶、调味品、服装、柠檬酸钠、亚麻布、亚麻纱、鞋、板材、餐具、钢锭、烟花、电器13个，出口总额15856万美元。其中粮油食品类18037万美元，纺织服装鞋帽类8126万美元，工艺产品类1220万美元，矿产类2274万美元，烟花鞭炮类2399万美元。

2010年，完成进出口总值9522万美元，其中出口9167万美元，进口355万美元，完成加工贸易1050万美元。在全省20个试点县（市）中名列第六。

2015年，完成进出口总额1977万美元，其中进口314万美元，出口1663万美元，完成加工贸易780万美元，进出口总量排全市第一。

1986—2003年湘阴县出口商品收购总值一览表

表18-3　　单位：万元

年　份	粮油食品类	土畜产品类	轻工产品类	工艺产品类	五金矿产类	化工医药类	合　计
1986	517.35	106.82	214.30	133.86	1.27	4.00	977.6
1987	1134.43	97.93	382.51	57.92	3.98	5.27	1682.04
1988	1455.49	21.89	365.56	57.05	89.34	8.36	1997.69
1989	2362.37	1.08	97.77	49.30	4.80	8.60	2523.92
1990	937.33	2.16	250.39	58.38	52.01	13.98	1314.25
1991	1011.18	259.80	274.48	90.87	8.54	13.43	1658.3
1992	1236.72	15.68	739.55	51.65	159.58	83.46	2286.64
1993	2162.61	86.08	767.43	61.28	339.89	66.43	3483.72
1994	1629.72	119.43	452.26	38.60	—	35.68	2275.69
1995	1778.82	186.30	190.94	33.80	—	16.60	2206.46
1996	2221.95	138.45	53.46	51.00	—	45.60	2510.46
1997	2397.09	108.36	48.52	46.00	—	33.80	2633.77
1998	2451.43	116.38	58.95	38.00	—	28.38	2693.14
1999	2274.34	117.60	56.95	36.50	—	56.30	2541.69
2000	3241.92	168.00	82.37	26.68	—	63.00	3581.97
2001	3300.00	135.60	68.60	38.00	—	55.08	3597.28
2002	3520.00	88.00	58.00	45.00	—	56.80	3767.80
2003	3774.58	68.00	56.00	36.00	—	38.00	3972.58

第五章　旅　游

第一节　旅游资源

湘阴县是湖湘文化发源地之一，县内旅游资源丰富。人文旅游资源方面，全县有文化文物点122处，其中文化遗址55处，古窑址26处，古墓葬28处，古建筑群13处。湘阴地灵人杰，远有宋代名儒周式、历相五朝的明代户部尚书夏元吉、晚清“中兴名臣”左宗棠、首任中国驻外大使郭嵩焘等历史文化名人，近有工业先驱范旭东、红军早期将领陈毅安、抗日名将李鸿、抗洪英雄高建成等英雄豪杰，党和国家领导人华国锋曾担任第一任县委书记。自然旅游资源方面，有久负盛名的湘阴八景（二湖映月、双塔凌云、三峰耸翠、九埠垂青、五魁捧印、长桥卧虹、杜公垂钓、渔叟收筒）。湘阴地处幕阜山余脉，东据逶迤山地，西展坦荡湖乡，境内山川灵秀、河湖交汇、湘江南北穿境，资江东西横贯，横岭湖雄踞西北。东部丘陵区被誉为“天然氧吧”，西部水乡被誉为“负离子仓”。青山岛被列入省级湿地生态保护区；鹅形山高耸东南，2009年被评为省级森林公园；界头铺镇的青山，挺拔秀丽，山上一棵逾千年的银杏，被誉为“中国植物活化石”。燎原水库水面辽阔，是垂钓的好地方。县内拥有鹤龙湖、洋沙湖、东湖等大小湖泊200多处，水域面积65000多公顷，湿地面积近4万公顷。

2008年5月，湘阴县被湖南省委、省政府列入长株潭城市群“两型社会”建设综合配套改革实验区的滨湖示范区，发展机遇难得。湘阴县委、县政府审时度势，科学决策，提出了“敞开南大门，对接长株潭”的发展思路，制定了按照“省会后花园”的定位，将湘阴县建设为服务长株潭城市群的休闲旅游度假地的战略部署。2010年，伴随长沙芙蓉北路湘阴段、京港澳高速公路湘阴段的建设接通，湘阴旅游也进入高速发展的快车道。

2010年，县文物旅游局与宣传部门紧密合作，成功将左宗棠故居柳庄申报为湖南省第三批爱国主义教育基地；成功推动湘阴文庙顺利通过A级景区评审，使文庙成为湘阴首个AAA级景区。是年11月份，省湘江流域旅游发展专项规划调研组到湘阴县重点调研，将湘阴县旅游产业纳入全省统筹发展，拓展了湘阴县旅游资源的发展空间，全力打造成为长株潭城市群的休闲旅游服务基地和消费次中心。先后组织参展参赛参评活动，长康集团芝麻油系列获省首届旅游商品博览会铜奖；精心设计反映晚清名臣左宗棠洋务运动史实的龙舟，凭借独特的创意获得首届湘鄂“名楼名湖”民间龙舟展演二等奖；左宗棠大酒店选送的“左宗棠鸡”，鹤龙湖湖鲜酒舫选送的“大闸蟹”获省第五届湘菜美食节金奖；湘阴宾馆选送的“荷塘双秀”藕丸、虾仁丸入选“巴陵十二鲜”，充分展示湘阴县美食文化的水平和“鱼米之乡”的魅力。

附：旅游景点选介

湘阴文庙　湘阴文庙始建于宋庆历八年（1048），位于县城东湖西岸，现存清乾隆年间建筑，保存较为完整，其建筑风格属清中晚期既具有官式建筑的基本特点，又有南方民间工匠的地方特色，规模宏大、造型精美、工艺高超，1992年被评为省级文物保护单位。湘阴文庙屡遭兵火，多次修葺。原有19项建筑，总面积1.25万平方米。现存大成殿、状元桥、泮池、石牌坊等建筑。抗日战争时期，大成殿前左右之钟楼、鼓亭被日军飞机炸塌，殿后之仰高亭亦已在基建中拆除。1984年，县政府落架重修文庙，现文庙金碧辉煌，焕然一新。当代著名作家康濯为此撰有《重修文庙记》。状元桥位于文庙之前，横跨“泮池”。按科举时代规矩，高中状元者可打马过桥。状元桥两侧，南面为“肃然起敬”牌坊，北面为“太和元气”牌坊，古时文官在此必须下轿，武官到此必须下马。二牌楼均为石榫结构，全用花岗石块镂空雕刻而成，其造型奇特，制作精良，令人叹为观止。左宗棠、郭嵩焘曾在此就读并参加乡试。湘阴文庙作为中华民族传统文化和爱国主义教育基地，具有很高的旅游价值。

左文襄公祠　左文襄公祠位于文星镇八甲，又称相国祠、左公祠，是一处专门祭祀左宗棠的纪念建筑。光绪十一年（1885）左宗棠去世后，清廷恤典颇丰，予左身以极大哀荣外，还将左附祀京师贤良、昭忠两祠，并在左的出生地及立功省份建专祠以彰功绩，足见清廷对左的重视。光绪十三年（1887），湖南巡抚吴大征奉旨建此祠。祠前广植树木、花草，祠内宽敞明亮，正堂侧室，井然有序，走廊迂回，曲径通幽。门窗雕满花草、鸟兽图案，玲珑剔透，美观雅致，庭院栽满花草乔木，暗影浮动。整个祠堂建筑奇特，气势恢宏，造型优美，无不昭示着评价的尊贵地位和无上荣耀。左公祠内塑有左公遗像，另有其功业介绍和生前好友、部属的诗文挽联与诗赞。文化内涵挖掘以湘军的兴衰历史为主线，以“湘军军事纪念馆”的形式展示湘军的重要军事事件、人物、战争画面等，使游客能感受“湖湘子弟满天山”的壮观场面。

柳庄　柳庄是左宗棠故居所在，位于樟树镇柳家村。左宗棠于清道光二十三年（1843），在湘阴东乡柳家冲购置水田4.67公顷、山地5.33公顷，修建了一座庄园，并在宅门上方亲书“柳庄”二字。柳庄山清水秀，风景优美。左有流水（谓青龙），右有长廊（谓白虎），前有水塘（谓朱雀），后有丘陵（谓玄武），正合古代建筑风水学的选址原则。庄内明亮宽敞，东厢西塾对称协调；宅内布局精巧玄妙，庭院错落有致，雕梁画栋，气势恢弘，体现了极高的文化和艺术修养。左宗棠在36岁闻达之前，自号“湘上农人”，在柳庄耕陇田亩达8年之久，加上出仕以后回乡省亲、祭祖，先后在此居住18年。蛰居时的左宗棠，于“萧闲沉寂”之时，除了躬耕、义赈、兴办义学之外，潜心治学、著书，留下《朴存阁农书》等传世，同时，他系统研究天下山川地理，为日后入骆幕、建楚军、总督数省、收复新疆打下深厚的基础。

左太傅祠　太傅祠为左氏宗祠，位于界头铺镇左家塅，是左宗棠生前嘱咐其子左孝同在其家乡修建的一所义塾。清宣统三年（1911），左氏家庭修建家祠即太傅祠，作为左氏子弟读书和祭祖的一所义塾。祠为两进两厢，泥水贯标。前为太傅祠，撰有左宗棠生前自题联：“纵读数千卷奇书，无实行不为识字；欲守六百年家业，有善策还是耕田”。后进设孔子堂，前后进占地4000平方米。太傅祠在文革时期被毁，1983年政府拨款予以修缮。

远浦楼　远浦楼取名源于古潇湘八景之一的远浦归帆。远浦归帆描绘的是一幅充满诗情画意的水乡晚归图：夕阳西下，平湖似境，岸柳如烟，白帆片片，捕鱼满仓的渔民与外出的人们不约同归，他们的家人则在江边伫立，等待家人的平安归来，共同分享丰收和团聚的喜悦。远浦楼为仿古楼阁建筑，屹立于湘江东岸，占地面积214.88平方米，工程总投资380万元，2005年竣工。为三层四檐木构楼，前后顶层中间和门楼悬挂由华国锋亲笔题写的“远浦楼”和“远浦归帆”牌匾，前后底层两边的圆柱上挂着清代湛道心《湘阴》诗中开头两名句：五岳为衡麓，三湘独此清。独具匠心的远浦楼在人们面前展开了一幅仿古建筑艺术的壮丽画卷。

专记：岳州窑保护开发

岳州窑遗址于1997年6月因基建被发现，考古清理出一座较为完整的隋代龙窑，为保护这一历史文化遗产，县委、县政府于2003年投资310万元，在原址上兴建了岳州窑遗址博物馆，建筑面积1400多平方米，于2003年10月正式建成并对外开放。岳州窑是唐代六大名窑之一，其烧窑历史可追溯到东汉。岳州窑最早记载于唐代“茶圣”陆羽所著《茶经》。唐代湘阴隶属于岳州，陆羽将岳州窑列为六大名窑之四。《茶经》云："岳州窑皆青，青则益茶，茶作红白之色。"博物馆现存岳州窑出土的彩釉珍品多件，有杯、盘、碟、壶等器皿，质地优良，古朴美观，工艺精细，具有很高的文物鉴赏价值和考古价值，对于广大文物爱好者和考古爱好者来说，湘阴游的首选地必是岳州窑。

第二节 旅游开发

20世纪90年代，县委、县政府把开发旅游资源提到重要议事日程。1997年10月，中共湘阴县第八次代表大会提出要加强旅游业发展，充分发挥左宗棠故居、县城文庙、岳州窑、燎原水库、鹅形山等人文自然资源的效应，把湘阴建成以服务省会为主的游览基地，以旅游促商贸、促开放。至20世纪90年代末，县委、县政府先后投资300多万元，分期对文庙进行维修，对文庙—状元桥建筑群进行修缮。

2000年，提出抓紧岳州窑、左公襄公祠等旅游景点的保护、开发和利用。

2001年，建立县文物旅游局，提出因地制宜，发展特色旅游、文化旅游、生态旅游，形成品牌，形成规模，带动相关服务业的发展。重点对青山度假村、左宗棠故居、大成殿等一些重点旅游项目进行包装，高标准对外开放。

2002年，提出发挥湘阴靠近省会的区位优势、山青水秀的自然优势、千年古城的地理优势，人才辈出的人文优势，利用左（宗棠）郭（嵩焘）的名人效应，用活休闲旅游资源，为开放的湘阴绽放奇葩。

2003年，制定旅游开发近、远期规划，编印文物旅游招商项目书。

2004年，提出旅游开发着重抓好三件事：开通"湘阴一日游"；收集整理湘阴民间故事和山水传说，编印反映湘阴旅游特色的书刊；加快鹅形山自然风光度假村的项目包装和开发启动。

至2005年，先后投资3000多万元，建成了岳州窑遗址博物馆、远浦楼；完成了文庙、状元桥、太和元气牌坊的修缮、连接工程；完成了左宗棠故居——柳庄的重建复原和左文襄公祠、左太傅祠、文星塔建筑群等文物古迹的修缮、重修、扩建工程；启动了南泉寺工程，恢复了大雄宝殿等文物古迹及东边部分厢房，殿内重塑佛像，建成集佛教文化、殡葬文化、旅游休闲文化于一体的园林式寺院；完成望滨森林公园第一期工程建设，内设爱国主义教育基地，建有任时弼纪念塔、抗日阵亡将士纪念塔和陈毅安烈士纪念塔等；新建了湘阴湘江大桥桥东绿地、沿江风光带、岳州窑商业街和商业广场。靓地山庄、鹤龙湖及东湖垂钓度假村等民间垂钓休闲山庄遍地开花。

2008年5月，湘阴县被列为长株潭城市群"两型社会"建设综合配套改革实验区的滨湖示范区，县委、县政府制定了将湘阴打造为长株潭城市群休闲旅游度假服务基地的旅游发展战略，以此带动第三产业、推动县域经济快速发展。

2010年，成功引进香港明骏开发青山岛、顺天集团开发洋沙湖、金荣集团开发东湖，以及凯佳生态园、九洲建康城、左公水乡等一系列旅游建设项目。县文物旅游局合力提升旅游服务行业品质。鹤龙湖荷花公园、鹤龙湖农庄、瓦窑湾鹅店等18家"农家乐""渔家乐"被评为首批全省星级乡村旅游区（点）。

2011—2015年，县委、县政府根据湘阴人文山水资源优势，大力发展休闲旅游度假产业，着力打造长株潭市民休闲旅游度假基地，在加大对洋沙湖国际旅游度假区帮扶力度的同时，提出加快"一庄三园"建设（柳庄、东湖生态公园、凯佳科技生态园、左宗棠文化园）和"一岛三湖"开发（青山岛、洋沙湖、鹤龙湖、青龙湖），打造湘阴县精品景点、打响旅游品牌、让湘阴县的青山绿水成为流金淌银的金山银山。至2015年，东湖生态公园，左宗棠文化园，柳庄扩建先后竣工，凯佳生态科技园，樟树港兴源山庄评为五星级旅游山庄，鹤龙湖景区和螃蟹美食城打响了品牌，节假日车水马龙，游人如蚁。芙蓉北路湘阴段竣工通车，既成湘阴致富的黄金大道，更是一条旅游风景大道。2015年，有旅行社2家，旅行社服务网点 5 家，旅游景点 15 处。全县接待游客达到 342.4 万人，旅游人天数 9605 人 / 天，实现旅游总收入 15.8 亿元，比 2014 年增长 38%。

第三节　旅游管理

一、管理机构

2000 年，县委、县政府将旅游服务业提上了重要议事日程，科学制定湘阴滨湖示范区休闲旅游服务基地建设方案。2000 年，建立湘阴县文物旅游局，属二级机构。2001—2008 年，县政府多次就旅游产业发展召开县长办公会议，为旅游工作的顺利开展保驾护航。2009 年县委、县政府将县文物旅游局升格为正科级的行政支持类全额事业单位，局内设办公室、文管所、博物馆、旅游综合股等股所。执行全县文物保护和旅游管理双重职能。

二、资源整合

2009 年，县委、县政府将湘阴旅游发展方向定位为打造以长株潭城市群为主的都市人群休闲旅游基地，通过编制规划，进一步整合全县旅游资源，构建湘阴“一带三区”各具特色的旅游发展格局，即以柳庄、左文襄公祠、文庙、岳州窑等名胜古迹为主的名胜古迹旅游带；以青山岛、横岭湖、鹅形山为主的生态山水旅游区；以洋沙湖生态文化旅游生态休闲度假村、青龙湖、东湖、中兴健康城、凯佳生态农业、文泾港观光农业为主的娱乐度假旅游区；以鹤龙湖为中心，以省道 308 线为轴线的垂钓“农家乐”“渔家乐”户外休闲旅游区。

三、旅游线路

2004 年始，县文物旅游局先后开通湘阴一日游和湘阴二日游。

（一）湘阴一日游　线路一：山水风光游：鹅形山—燎原水库—洋沙湖

线路二：历史人文旅：柳庄—南泉寺—左宗棠文化园—湘阴文庙—岳州窑—远浦楼—鹤龙湖

线路三：湖区风光游：横岭湖湿地观鸟—青山岛休闲度假

（二）湘阴二日游　线路一：第一天：柳庄—左宗棠文化园—湘阴文庙—岳州窑—远浦楼—县城中餐—横岭湖—青山岛

第二天：游览青山岛

线路二：第一天：洋沙湖—南泉寺—远浦楼及滨江风景园区—左宗棠文化园—湘阴文庙—岳州窑—县城中餐—燎原水库

第二天：柳庄—鹅形山风景区

线路三：第一天：柳庄—燎原水库（中餐）—鹅形山（宿鹅形山）

第二天：南泉寺—洋沙湖—左宗棠文化园—湘阴文庙—岳州窑—远浦楼—县城中餐—青山岛

四、景点管理服务

县文物旅游局执行全县文物保护和旅游管理双重职能。旅游工作主要职责有以下几个方面：一是编制旅游发展中长期规划；二是对重点旅游建设项目实施指导和检查；三是负责旅游行业管理，指导县内旅游饭店星级评定工作，指导旅游景区质量等级评定工作；四是负责监督、检查全县旅游市场秩序和服务质量，受理旅游者投诉。

第十九篇　财政·税务·金融

第一章　财　政

第一节　机　构

一、县财政局

1983年，财政、税务分设，湘阴县财政局成立。内设机构有办公室、人事股、预算股、行财股、农财股、企财股，定编18人。1986年，增设监察股、综合计划股。全县有7个区财粮室，42个乡镇财政所，共有区、乡（镇）财政干部95人。1989年，设立农业税征收管理股。是年，全县录用（招聘）农业税干部20人，乡镇财政干部增至131人。1992年，增设会计管理股。1995年，湘阴县撤区并乡建镇，7个区财粮室撤销，湾河乡财政所和安静乡财政所合并为静河乡财政所，樟树乡财政所和樟树镇财政所合并为樟树镇财政所，沙田乡财政所和铁角嘴镇财政所合并为铁角嘴镇财政所，姑嫂树乡财政所和白马寺镇财政所合并为白马寺镇财政所，民新乡财政所和临资镇财政所合并为临资口镇财政所，赛头、胭脂、和平、南湖改设为管区财政办事处，隶属南湖洲镇财政所，合并后全县有36个乡镇财政所（办事处）。1996年，增设基本建设财务股。成立社会保障股，与行财股合署办公，1997年单列。2001年，成立财政监督局，同时撤销财政监察股。2002年，调整内设机构，人员竞聘上岗。新增鹤龙湖（管区）财政所。2003年，共有一局一室九股：财政监督局、办公室（税政法规股与办公室合署办公）、政工股、预算股、行财股、农业股、社会保障股、经济建设股、企业股、会计管理股（加挂会计委派中心的牌子）、行政股，共有在职干部职工76人。全县37个乡镇（管区）财政所在职干部职工277人。2007年，“湘阴县农业综合开发办公室”从县农办整体移交财政部门管理，作为财政部门副科级内设机构。2008年，成立“湘阴县国库集中支付局”，将工资统发中心、财源办并入，内设国库股、支付股和核算股。2009年，成立湘阴县农村综合改革办公室，具体负责取消农业税后农村综合改革事项。2010年，县财政局内设办公室、政工股、经济建设股、预算股、行财股、社保股、会计管理股、农业股、企业股、行政股、非税局、乡财局、国库集中支付局、财监局、公有资产监督管理局、农开办、采购办、基建评审中心、农村综合改革办。下属19个乡镇财政所。至2015年，内设机构增加教科文股、信息股、绩效管理股、监察室、重点工程建设财务管理办公室等股室。全县财政系统在职干部职工410人，其中：具有研究生学历的1人，大学本科23人，大专112人，中专154人，高中60人，初中3人；拥有专业技术职称人员中，高级会计师1人，造价工程师1人，注册会计师4人，会计师8人，助理会计师15人，会计员137人。

二、县财政局隶属（挂靠）机构

湘阴县国库券发行办公室：1987年成立，与综合计划股合署办公，1997年归属县收费管理局。

湘阴县政府采购中心：1999年成立，挂靠县财政局。

湘阴县国有资产管理办公室：1991年成立，隶属县财政局。2006年8月，升格为湘阴县公有资产监督管理局（正科级），行政支持类事业单位，定事业编制8名，挂靠县财政局。

湘阴县住房资金管理部：1994年成立，与综合计划股合署办公，1997年归属县收费管理局。

湘阴县行政事业性收费管理站：1994年4月成立，1997年4月撤站，设立“湘阴县收费管理局”，为副科级事业单位，定事业编8名，综合计划股划归收费管理局；2002年4月，更名为湘阴县非税管理局，定事业编9名。

湘阴县农业税征收管理局：2002年7月成立，原为农业税征收管理股，副科级事业单位，隶属财政局管理，定事业编10—15名。

湘阴县基本建设预决算审查中心：1999年8月成立，2003年更名为湘阴县基建评审办公室。

湘阴县财政工资统发中心：2000年5月成立，2008年，并入湘阴县国库集中支付局。

第二节 财政体制

一、对国家、省市财政体制

1985—1986年，湘阴县执行“定额上交、递增包干，超收全留，一定五年”的财政体制。上交省财政递增比例为7%。湘阴县财政包干收入2713万元，递增包干定额上解797万元，专项上解105万元（包括农业税价差超收上解94万元，农林特产税上解5万元，屠宰税上解省50%部分5万元，统计事业费上划基数上解1万元），上解支出902万元。

1987年4月1日起开征耕地占用税。耕地占用税收入按征收总额扣除5%的业务费以后，其余部分中央分成50%，省分成25%，县分成25%。是年，县分成收入2万元。

1989年始，征集能源交通基金。这项收入总额的10%用于农业投资，其余全部用于平衡预算。

1994年，进行分税制财政管理体制改革，岳阳市核定湘阴县1993年上划中央“两税”基数为2423万元，税收返还基数2371万元。是年，县本级财政收入实际完成4191万元，上划中央“两税”完成2424万元。

2002年1月1日，实施所得税收入分享改革。中央、省市和湘阴县的分享比例分别为50%、15%和35%；2003年分别为60%、12%、28%；2003年以后，年份分享比例根据调整后的中央与地方的分享比例再定。

2003年，全县地方一般预算收入完成11597万元，上划中央“两税”完成2411万元，上划所得税1147万元。岳阳市对湘阴县税收返还补助（两税）2368万元，所得税基数返还补助707万元，农村税费改革转移支付补助3246万元，其他补助11656万元。2010年以后，省财政厅对湘阴县财政局实施“省直管县”财政改革。

二、县内部财政体制

1986年，对国营工商企业收入按实征收所得税和调节税，征税后的利润全部留归企业，以增强企业活力；对燃料、农机、木材公司等企业继续实行“定额补贴，超亏不补，减亏全留，盈利四、六分成”；对行政事业单位经费继续采取“支出包干，结余留用，超支不补”；对乡镇财政继续采取“定收定支，收入上缴，支出下拨，超收分成，短收分担，节支全留，超支不补”的办法。

1988年始，在1987年实际上缴财政收入的基数上，分别以工业7%、商业7%、农机8%、药材6%的比例，递增包干上缴财政。对乡镇财政实行“定收定支，收入上缴，超收分成，短收分担；支出包干，按月下拨，超支不补，节余留用”的办法；超收按四、六分成，即乡镇财政分成60%，县分成40%（城关财政所不再执行固定分成，按全县乡镇分成办法执行）；短收三、七分担，即县分担70%，乡镇财政分担30%。

1992年始，对乡财政全面实行“核定收支基数，分级总额包干，上缴比例递增，补贴定额递减，拨款收支挂钩，时间一定四年”的财政预算包干体制。

1994年，实施分税制财政改革，完善乡镇财政体制，调动乡镇当家理财的积极性，挖掘乡镇财政潜力。是年乡镇财政收入完成3212万元，比上年增长57.1%。

1996年，对乡镇实行“核定收支基数，分级总额包干，定额上交（或定额补贴），收入全额上解，拨款收支挂钩，时间一定三年”的财政管理体制。

2000年1月1日起，湘阴县对乡镇财政全面实行“核定收支基数，收入逐年按比例递增，超收分成，短收分担，支出总额包干，拨款收支挂钩，时间一定三年”的财政管理体制。

2003年1月1日起，对乡镇财政全面实行“核定收支基数，收入逐年分区域按比例递增，超收全返，短收全额负担，支出总额包干，时间一定三年”的财政管理体制。是年，与1986年比较，湘阴县财政收入增长3.27倍。

2007年，按照“总体稳定、局部调整、部分完善、重点照顾”的基本原则，对上一轮县乡财政管理体制进行调整。新体制实行“划分收入范围，核定收支基数，超收分成，短收分担，支出下拨，超支不补，自求平衡”；重新划分收入范围，明确收入级次，实事求是地核定乡镇收入基数。2010年，县财政局以省财政厅对湘阴县财政局实施“省直管县”改革为契机，积极出台应对措施，致力打造真金白银的强势财政。

2011—2015年，县财政内部管理体制重点从三个方面改革创新，一是加快推进预算管理制度改革；二是不断创新和理顺县乡（镇）财政管理制度；三是实行村财务账由乡（镇）代管体制。

第三节 财政收入

1997年，根据《国务院关于加强预算外资金管理的决定》，设立“基金预算收支”科目，“预算收入”更名为“一般预算收入”。1986—2003年，地方一般预算收入总达109173万元，上划中央“两税”和上划中央所得税总计32261万元。2003年，财政总收入31912万元（含上划中央“两税”和上划所得税及上级补助收入），比1986年的3435万元增长8.29倍，年平均递增13.18%。2008年增加国有资产（资源）收益收入。2010年，完成财政总收入43010万元，占年计划的112%，同比增长26.5%。从征收部门看，国税系统完成11327万元，同比增长13%；地税系统完成18111万元，同比增长53.5%；财政系统完成13572万元，同比增长11.3%。从收入质量看，全县税收收入完成32879万元，占财政总收入的比重为76.9%，同比提高5个百分点。

一、企业收入

1978年，国营企业收入199万元，占财政收入的15.91%。1980年，国营企业收入为361万元，占财政收入的22.88%，比1978年增长162万元。1983年以后，实行利改税，企业上缴利润改为国营企业所得税。1986年，国营企业收入为387万元，占全年财政预算收入的14. 26%，到1993年降至210万元，占当年财政预算收入的3.43%。1996年，县属国营企业开始改制，至2003年全部改制为民营、股份、租赁制企业。企业收入共计8224万元，占财政总收入的7.46%。2004—2010年，企业收入1463万元，纳入县财政“税收收入”科目。

二、工商各税

1980年开征个人所得税。1983年开征建筑税，税收81.5万元；开征能源交通重点建设基金，当年征集基金301万元。1984年，工商税按纳税对象划分为产品税、增值税、盐税和营业税。1985年开征工资调节税、城市维护税。工商所得税改称集体企业所得税。是年，城市维护税税收41万元，集体企业所得税税收 1702.28 万元。

1986 年，湘阴县工商各税的税种有产品税、增值税、营业税、集体企业所得税、城乡个体工商业户所得税、个人收入调节税、城市维护建设税、车船使用税、房产税、屠宰税、印花税、建筑税及工商税收款滞纳金和补税罚款收入。1989 年，增加集体企业奖金税；当年收入 1 万元。1990 年，增加消费税、私营企业所得税、国有企业奖金税、国有企业工资调节税，当年共计收入 23 万元；1992 年，增加固定资产投资方向调节税和工商统一税，当年调节税收入 92 万元。1994 年，实行税制改革，取消产品税、工商统一税、国有企业奖金税，城乡个体工商业户所得税、个人收入调节税、国有企业工资调节税合并为个人所得税。是年，实行分税制财政体制后，消费税的 100%和增值税的 75%划为中央收入，由国家税务局征收，按比例直接划入中央国库，简称上划中央“两税”。

1986—2003 年，工商各税共计收入 46330 万元，占财政总收入的 42.44%。2004—2010 年，工商各税纳入县财政“税收收入”科目。

三、农业四税

财政部门征收的农业税、农业特产税、耕地占用税、契税合称农业四税。1986—2003 年，全县农业四税收入 24768 万元，占财政总收入的 22.69%。2004 年，中央出台扶持“三农”政策，当年全面取消除烟叶特产税之外的农业特产税，同时对农业正税降低 3 个百分点，附加同步降低 0.6 个百分点。

农业税　农业税的征收一直是沿用 1958 年颁布的《农业税条例》，农业税政策没有变化，农业税税额（实物）也基本没变。1979 年，全县征收农业税 385 万元，占全县财政收入的 22.76%。1985 年，征收农业税 417.86 万元，占财政总收入的 18.4%。1986—2003 年，征收农业税（含农业特产税、耕地占用税、契税）24768 万元。2005 年始，农业税全面取消。

农业特产税　农业特产税是对生产农业特产品的单位和个人征收的一种税。1986 年，湘阴县开始征收，征收的主要品种和税率是：果用瓜、农林特产品的副产品、加工产品，分别为 8%、6%、5%。随同征收应纳税款 10%的地方附加，1995 年取消。2002 年，农村税费改革后，农业特产税作了较大调整，猪皮免税，其余税率降低，其中，牛皮、羊皮、生姜、药材、黄花菜、经济林苗木等的税率为 5%：羊毛、兔毛的税率为 10%；其他如毛茶、水果、原木、原竹、水产品、花卉等的税率均为 8%。1986—2003 年，全县实际征收农业特产税正税 3360 万元。2004 年，除烟叶外的农业特产税取消。2005 年，农业特产税全面取消。

耕地占用税　耕地占用税是 1987 年开征的新税种，指占用耕地建房或从事其他非农业建设的单位和个人必须缴纳的一种税。根据 1987 年 4 月 1 日国务院发布的《耕地占用税暂行条例》，湘阴县人民政府发布了《关于开征耕地占用税的通告》，根据地区和耕地种类不同分别按每平方米 4 元到 8 元的标准征收，农民建房减半征收，学校、医院、幼儿园、敬老院、人畜饮水工程、良种繁殖生产建设用地等免征。1986—2003 年，全县共计征收耕地占用税 533 万元。2004—2010 年，全县征收耕地占用税 6569 万元。

契税　契税系不动产（土地、房屋）所有权发生转移变动时，就当事人所订契约按产价的一定比例向新业主征收的一次性税收。湘阴县 1986 年恢复征收。农村土地属集体所有，不能买卖。机关、团体、学校等单位免征。契税征收的对象只有私人房屋买卖，税率为买价的 6%。1997 年，国务院颁布了新的契税暂行条例，规定在中华人民共和国境内转移土地、房屋权属，承受的单位和个人为契税的纳税人。国有土地使用权出让和土地使用权转让（包括出售、赠予和交换），房屋的买卖、赠予和交换均为纳税对象，税率为 4%。城镇职工第一次购买公有住房免征契税。1986—2003 年，全县共计征收契税 190 万元。

四、其他收入

其他收入包括六项：一是专项收入，有排污费收入、城市教育费附加收入；二是国家预算调节基金；三是行政性收费收入，有公安、民政、劳动保障等部门的行政性收费收入；四是罚没收入，有公安、检察、法院、卫生、交通、质量技术监督等部门罚没收入；五是土地有偿使用收入；六是其他收入，如规费收入、事业收入、基本建设收入等。1986—2003 年，全县其他收入共计 32488 万元，占财政总收入的 27.30%。2004—2015 年，其他收入共计 84682 万元。

1986—2003 年湘阴县财政收入完成情况一览表

表 19-1 单位：万元，%

年度	财政收入	其中					各项收入比重					上级补助收入	上年结余收入	调入其他资金	全年合计
		工商税收	企业收入	农业税收	预算调节基金	其他收入	工商税收	企业收入	农业税收	预算调节基金	其他收入				
1986	2713	1785	387	478	—	63	65.79	14.26	17.62	—	2.33	703	19	—	3435
1987	3125	2017	474	506	—	128	64.54	15.17	16.19	—	4.10	805	30	1	3961
1988	3487	2388	510	423	—	166	68.48	14.63	12.13	—	4.76	1041	96	—	4624
1989	4077	2725	472	702	17	161	66.84	11.59	17.22	0.45	3.90	849	102	—	5028
1990	3819	2303	456	709	39	312	60.30	11.94	18.57	1.02	8.17	934	148	—	4901
1991	4274	2831	350	731	35	327	66.24	8.18	17.10	0.82	7.66	1122	-259	100	5237
1992	4202	2490	351	850	16	495	59.26	8.35	20.23	0.38	11.78	1464	-582	150	5234
1993	6117	4522	210	704	4	677	73.93	3.43	11.50	0.07	11.07	1472	-416	—	7173
1994	7758	4554	742	1617	9	836	58.70	9.56	20.84	0.12	10.78	3004	-222	78	10618
1995	8250	4403	926	1811	3	1107	53.37	11.22	21.95	0.04	13.42	4479	-287	—	12442
1996	9332	4172	1443	2134	—	1583	44.71	15.46	22.87	—	16.96	5660	50	—	15042
1997	10004	4200	1108	2349	—	2347	41.98	11.08	23.48	—	23.46	4440	695	—	15139
1998	10644	3892	927	1604	—	4221	36.57	8.70	15.07	—	39.66	6365	229	—	17238
1999	8009	2833	725	1576	—	2875	35.37	9.05	19.68	—	35.90	7514	744	—	16267
2000	8936	2967	752	1780	—	3437	33.20	8.42	19.92	—	38.46	6899	1085	—	16920
2001	8357	2749	702	1572	—	3334	32.90	8.40	18.81	—	39.89	11303	1047	—	20707
2002	9719	2991	186	3058	—	3484	30.78	1.91	31.46	—	35.85	17223	1587	—	28529
2003	11720	4008	151	3039	123	4399	34.20	1.30	25.92	1.05	37.53	17927	2388	—	32035
合计	124543	57830	10872	25643	246	29952	46.43	8.73	20.59	0.20	24.05	93204	6454	329	224530

2004—2015 年湘阴县财政总收入完成情况一览表

表 19-2 单位：万元

项 目	2004 年	2005 年	2006 年	2007 年	2008 年	2009 年	2010 年	2011 年	2012 年	2013 年	2014 年	2015 年
一、税收收入	9254	9377	8209	10052	13043	15360	18332	26938	42012	40191	42381	50108
1. 增值税	1077	1017	1108	1136	1610	2333	1901	2691	14193	3372	3863	4884
2. 营业税	4314	5960	4729	6018	6987	7517	6790	9863	11463	14607	16368	17707
3. 企业所得税	340	72	105	82	152	223	489	1103	1047	4778	3085	3369
4. 个人所得税	320	347	377	422	474	566	960	1035	818	710	855	908
5. 资源税	16	9	40	48	62	93	955	1315	2584	1599	533	441
6. 城市维护建设税	679	732	390	600	680	618	732	1213	1527	1753	1720	1939
7. 房产税	245	264	299	348	400	284	259	465	536	426	1576	1495
8. 城镇土地使用税	19	37	45	68	227	245	750	1083	1168	1152	892	1604
9. 农业税	1756	—	105	—	—	—	—	—	—	—	—	—
10. 耕地占用税	206	406	193	333	760	1435	3331	2113	2279	4032	5515	6872
11. 契税	164	373	626	726	1250	1570	932	3453	3727	4181	5246	6479
12. 其他税收	118	160	192	271	441	476	1233	2603	2670	3638	4451	4410
其中：印花税	85	103	128	157	226	192	188	330	375	426	440	893
土地增值税	3	2	3	12	80	158	925	1902	1923	2713	3374	2784
车船税	30	55	61	102	135	126	120	371	371	505	637	733
二、行政事业性收费收入	2172	5032	5882	3224	4015	2840	4487	3654	3818	8487	5144	8713
三、国有资源（资产）有偿使用收入	50	50	300	436	901	2115	1449	1902	2916	3995	24205	14071
四、罚没收入	1635	1676	2740	4047	4078	3415	2393	2531	6817	4967	3739	5215
五、其他收入	5225	5360	949	259	237	802	1135	2443	4019	3995	4035	5795
地方本级收入小计	16752	21632	18254	18182	22550	24977	28466	38178	61305	61635	79504	38902
上划中央增值税、消费税	3526	3377	3515	3537	4840	7006	7605	—	—	—	—	—
上划所得税	—	—	1239	1297	1610	2027	3724	—	—	—	—	—

续表 19-2 单位：万元

项 目	2004年	2005年	2006年	2007年	2008年	2009年	2010年	2011年	2012年	2013年	2014年	2015年
上划省级增值税	—	—	—	—	—	—	633	—	—	—	—	—
上划省级营业税	—	—	—	—	—	—	2263	—	—	—	—	—
上划省级资源税	—	—	—	—	—	—	319	—	—	—	—	—
财政总收入合计	20278	25009	23008	23016	29000	34101	43010	62107	82008	101008	112000	123200

说明：由于财政收入项目变化频繁，有的项目未列入表中。

五、非税收入

1986—2001 年，实行预算外资金管理。2002 年，更名为非税收入管理。预算外资金收入（非税收入）是政府财政收入的重要组成部分。主要包括行政性收费，事业性收费，政府性基金（附加），罚没收入，国有资产（资源）收益，其他非税收入。

1978—1979 年，对工商企业的更新改造资金和兴办“五小”工业的利润，实行财政与企业分成，分成部分集中纳入财政预算外管理，由县财政统一调剂安排。1985 年，县财政预算外收入的主要来源有工商所得税附加、农业所得税附加、公用事业费附加、渔业税及渔业建设附加、预算外企业上交收入、统管的事业收入等。是年，收入达 204.7 万元。

1986—1993 年，全县预算外资金收入有行政事业性收费、财政部门收入、国有企业收入。预算外资金收入 19462 万元，预内财政收入 31814 万元，预外资金收入为预内财政收入的 61.74%。

1994—1998 年，预算外资金收入有行政事业性收费和财政部门收入。预外资金收入 33874 万元，预内财政收入 45988 万元，预算外资金收入是预算内财政收入的 73.66%。

1999—2003 年，预算外资金收入（非税收入）只有行政事业性收费。预算外资金收入（非税收入）52413 万元，预内财政收入 46618 万元，预算外资金收入（非税收入）是预内财政收入的 112.43%。

2004—2010 年，非税收入包括行政事业性收费收入、罚没收入、政府性基金及专项收费收入、国有资产收益及其他非税收入。非税收入 214230 万元，预内财政收入 198848 万元，非税收入是预内财政收入的 107.74%。2011—2015 年，全县非税收入为 136765 万元，占预内财政收入 41%。

预算外资金支出、其他部门支出主要用于票证、管理和上缴主管部门的上解支出，财政部门支出主要有农业支出、能源基金支出、工业支出、商业支出、文教卫支出、城市维护费、行政事业支出、其他支出。其中 1986 年，湘阴县预算外资金收入 1100 万元，相当于预算内资金收入的 40.54%：预算外资金支出 1050 万元，相当于预算内资金支出的 41.94%；2001 年，预算外资金收入为 11204 万元，相当于预算内资金收入的 134.06%；预算外资金支出 10821 万元，相当于预算内支出的 62.31%。

第四节 财政支出

1986—2003 年，全县财政支出总计 172936 万元，其中 2003 年财政支出 27144 万元，较 1986 年的 2503 万元增长 9.84 倍，年平均递增 14.16%。2004—2010 年，财政支出总计 545304 万元，其中 2010 年财政支出 141261 万元，较 2004 年的 39255 万元增长 2.6 倍，年平均递增 43.3%。2011—2015 年，全县财政总支出为1382609万元，与2004—2010年财政总支出比较，后5年比前7年总支出增长1.5倍，而且，财政总支出中，用于民生福祉支出占70%。

经济建设费 经济建设费包括基本建设支出、企业挖潜改造资金、简易建筑费、科技三项费用、支援农业生产支出、农林水畜气象事业费等，1998年新增农业综合开发支出。1986—2003年，经济建设费共计支出25710万元，占财政总支出的14.87%。其中：基本建设支出1551万元，企业挖潜改造资金支出1085万元，简易建筑费支出409万元，科技三项费用190万元，支援农业生产支出10103万元，农林水畜气象事业费11102万元，农业综合开发支出1270万元。2004—2015年，经济建设费纳入一般预算支出。

教科文卫事业费 教科文卫事业费包括教育事业费、科学事业费、文化事业费、文物事业费、体育事业费、广播电视事业费、卫生事业费（包括行政事业单位公费医疗经费）、档案事业费、计划生育事业费、党政群干部训练事业费等。1986—2003年，教科文卫事业费共计支出54657万元，占财政总支出的31.61%。其中：教育事业费44323万元，科学事业费190万元，卫生事业费6160万元，计划生育事业费2341万元，文化体育广播事业费1547万元，其他文教事业费96万元。2004—2015年，教科文卫事业费纳入一般预算支出。

抚恤和社会福利救济费 抚恤和社会福利救济费包括抚恤和社会福利救济费、行政事业单位离退休经费和社会保障补助支出。1986—2003年，抚恤和社会福利救济费共计支出9405万元，占财政总支出的5.44%.其中：抚恤和社会救济费3105万元，行政离退休费678万元，社会保障支出2678万元、自然灾害救济费2944万元。2004—2015年，抚恤和社会福利救济费纳入一般预算支出。

行政管理费 行政管理费包括行政管理费和公检法司支出。1986—2003年，行政管理费共计支出29650万元，占财政总支出的17.15%。其中：行政管理费22911万元，公检法司支出6739万元。2004—2015年，行政管理费纳入一般预算支出。

其他支出 其他支出项目有工业、交通等部门的事业费、商业（流通）部门事业费、城市维护费、城镇青年就业经费、其他部门事业费（包括统计、财政、审计、工商、国有资产管理、城市维护建设、乡镇财政等部门事业费）、政策性（价格）补贴支出、支援不发达地区支出、专款支出（包括环境保护补助资金和其他支出）：1990年新增教育事业费附加支出，当年支出14万元；1992年新增民兵事业费，当年支出4万元。1986—2003年，其他支出总额53513万元，占财政总支出的30.94%。其中：其他部门事业费支出4851万元，占财政总支出的30.94%。城市维护费支出2808万元，教育事业费附加支出786万元，环境保护支出1468万元，政策性（价格）补贴3787万元，支援不发达地区支出5210万元，其他支出34603万元。2004—2010年，其他支出总额131758万元。2011—2015年，其他支出总额为28190万元，超前7年总和。全县公共财政支出总额逐年增加，2011年为18.7亿元，2015年增加到36.4亿元，净增长接近一倍。而且支出总额中六大项六连增，即教育、社保就业、医疗卫生、住房保障、城乡社区事务、交通运输支出连续六年成梯形上升，均属于民生事物支出。

1986—2003年湘阴县财政支出统计一览表

表19-3 单位：万元

年度	财政支出	其中					各项支出比重（%）					上解支出	年终结余(+-)	全年合计
		经济建设费	教科文卫事业费	抚恤和社救费	行政管理费	其他支出	经济建设费	教科文卫事业费	抚恤和社救费	行政管理费	其他支出			
1986	2503	472	1064	117	386	464	18.60	42.50	4.70	15.40	18.80	902	30	3435

续表 19-3 单位：万元

年度	财政支出	其中					各项支出比重（%）					上解支出	年终结余(+-)	全年合计
		经济建设费	教科文卫事业费	抚恤和社救费	行政管理费	其他支出	经济建设费	教科文卫事业费	抚恤和社救费	行政管理费	其他支出			
1987	3125	591	1137	140	426	831	18.90	36.40	4.50	13.60	26.60	805	31	3961
1988	3285	603	1316	211	478	677	18.36	40.06	6.42	14.55	20.61	1245	94	4624
1989	3538	532	1395	241	566	804	15.10	39.40	6.80	16.00	22.70	1407	83	5028
1990	3654	486	1567	197	647	757	13.30	42.88	5.39	17.71	20.72	1573	-326	4901
1991	3657	575	1639	156	651	636	15.72	44.82	4.27	17.80	17.39	1615	-478	4794
1992	4202	594	1802	226	592	988	14.14	42.88	5.38	14.09	23.51	1563	-416	5349
1993	6043	705	2054	229	1793	1262	11.67	33.99	3.79	29.67	20.88	1539	-409	7173
1994	6286	770	2751	270	1264	1231	12.25	43.76	4.30	20.11	19.58	1519	-754	7051
1995	8226	1463	3141	519	1707	1396	17.79	38.18	6.31	20.75	16.97	1854	-341	9739
1996	10998	2161	3085	895	2034	2823	19.65	28.05	8.14	18.49	25.67	1713	452	13163
1997	11073	2044	2846	518	1665	4000	18.46	25.70	4.68	15.04	36.12	1911	177	13161
1998	13080	3147	2818	756	2463	3896	24.06	21.54	5.78	18.83	29.79	1917	417	15414
1999	12607	1683	4009	755	2549	3611	13.35	31.80	5.99	20.22	28.64	1881	324	14812
2000	12513	1648	3965	530	3068	3302	13.17	31.69	4.24	24.52	26.38	2652	207	15372
2001	17366	1840	4681	755	3378	6712	10.60	26.95	4.35	19.45	38.65	2436	905	20707
2002	23635	2595	7498	1357	2735	9450	10.98	31.72	5.74	11.58	39.98	2827	2067	28529
2003	27144	3801	7889	1533	3248	10673	14.00	29.06	5.65	11.97	39.32	2902	1866	31912

2004—2006年湘阴县一般预算支出一览总表

表 19-4 单位：万元

预算科目	2004年	2005年	2006年
一、基本建设支出	1515	3030	328
二、企业挖潜改造资金	2066	2380	559
三、地质勘探费	—	—	—
四、科技三项费用	40	41	33
五、流动资金	—	—	—
六、农业支出	2734	2598	2125
七、林业支出	176	190	168

续表 19-4　　单位：万元

预算科目	2004 年	2005 年	2006 年
八、水利和气象支出	517	711	454
九、工业交通等部门的事业费	66	67	63
十、流通部门事业费	100	102	103
十一、文体广播事业费	675	776	809
十二、教育支出	7335	7665	7457
十三、科学支出	14	12	15
十四、医疗卫生支出	864	988	933
十五、其他部门的事业费	460	432	429
十六、抚恤和社会福利救济	1792	2326	2557
十七、行政事业单位离退休支出	1600	1800	2000
十八、社会保障补助支出	1833	2276	3226
十九、国防支出	—	—	—
二十、行政管理费	2727	2953	3473
二十一、外交外事支出	—	—	—
二十二、武装警察部队支出	—	—	—
二十三、公检法司支出	1010	1006	1189
二十四、城市维护费	267	357	399
二十五、政策性补贴支出	137	134	250
二十六、支援不发达地区支出	650	695	676
二十七、海域开发建设和场地使用费支出	1	1	—
二十八、车辆税费支出	—	—	1143
二十九、债务利息支出	—	—	—
三十、专项支出	247	273	232
三十一、其他支出	12429	16328	19402
本年支出合计	39255	47141	48023

2007—2009 年湘阴县一般预算支出一览总表

表 19-5　　单位：万元

预算科目	2007 年	2008 年	2009 年
一般公共服务	6731	8181	9649
外交	—	—	—

续表 19-5 单位：万元

预算科目	2007 年	2008 年	2009 年
国防	24	61	87
公共安全	1719	2710	4970
教育	12572	16201	24414
科学技术	132	171	199
文化体育与传媒	280	509	605
社会保障和就业	10384	15049	14658
医疗卫生	4457	8034	10713
环境保护	250	555	1472
城乡社区事务	739	1411	1598
农林水事务	6072	12558	11392
交通运输	3176	1620	1624
工业商业金融等事务	3552	4466	5173
其他支出	22960	20608	17888
本年支出合计	73048	92134	104442

2010 年湘阴县一般预算支出一览总表（新科目）

表 19-6 单位：万元

预算科目	2010 年
一般公共服务	10647
外交	—
国防	192
公共安全	6996
教育	23367
科学技术	364
文化体育与传媒	908
社会保障和就业	19420
医疗卫生	15368
技能环保	2372
城乡社区事务	2233
农林水事务	16256

续表 19-6　　单位：万元

预算科目	2010 年
交通运输	3313
资源勘探电力信息等事务	7559
商业服务业等事务	4040
金融监管等事务支出	326
地震灾后恢复重建支出	–
国土资源气象等事务	1813
住房保障支出	3623
粮油物资管理事务	321
储备事务支出	–
国债还本付息支出	–
其他支出	22143
本年支出合计	141261

2011—2015 年一般预算支出一览表

表 19-7　　单位：万元

预算支出项目	2011 年	2012 年	2013 年	2014 年	2015 年
一般公共服务	16773	23976	20929	22062	29352
国防	249	242	291	271	866
公共安全	9118	10994	27062	15433	16029
教育	33376	53030	44393	46236	51247
科技	484	527	478	596	516
文体及传媒	1571	1945	2106	2621	2704
社保及就 业	25377	35528	47030	53886	72915
医疗卫生	25046	25250	35995	43746	48495
环境保护	2697	4485	5211	4338	4487
城乡社区事务	4058	4786	5765	10131	10393
农林水	21041	41082	52975	64409	67646
交通运输	3772	4002	10631	16456	23968
商业服务	4508	7493	4661	3372	2306
其他支出	15817	2303	2703	2566	4898

续表 19-7　　单位：万元

预算支出项目	2011 年	2012 年	2013 年	2014 年	2015 年
资源勘测电力信息等	—	—	9959	9076	6033
金融监管事务	—	—	87	80	72
国土资源及气象	—	—	3347	1923	4140
住房保障	—	—	9825	14981	15321
粮油物资储备	—	—	1069	2677	2218
国债还本付息	—	—	—	260	498
合计公共财政支出	163887	231878	284317	315120	364104

第五节　财源建设

1987 年，根据中央指示精神，湘阴县人民政府发出《关于在全县广泛深入地开展增产节约增收节支运动的通知》，1996 年，发出《关于认真做好增收节支工作的通知》。1986—2010 年，全县增收节支、开源节流工作抓到实处，收到实效。

开源　1986 年始，县财政每年安排 500 万元以上，支工周转金，支持全县国营骨干企业，不断增强活力与后劲，鼓励企业增产增收。重点扶持 47 家乡镇企业，累计投放周转金 576.4 万元，实现产值 2967.3 万元，利润 242.5 万元，上缴税收 147.6 万元。当年湘阴县财政局被省财政厅、岳阳市人民政府分别授予“湖南省财税系统先进单位”“扶持乡镇企业先进单位”。1987 年，全县预内工业企业完成产值 8893 万元，比上年增长 13.2%；销售收入完成 9793 万元，增长 17.8%：实现利润 1059 万元，增长 11.7%；上缴财政收入 395 万元，增长 12.7%；还贷 280 万元，资金利税率提高 1.31%。县商业系统增加利润 35 万元。县物资系统全年销售收入完成 5762 万元，比上年增长 96.8%，实现利润 183.9 万元，增长 110%，上缴财政收入增长 27.8%。县供销系统销售总额、实现利润、上缴税金分别比上年增长 19.6%、124.9%和 10%。县教育局勤工俭学纯收入达 68.16 万元，自解资金缺口 40 万元，获得了湖南省财政厅、岳阳市财政局的通报表彰。在农业方面，充分利用全县的资源优势，以农产品增量、农民增收、乡镇集体经济实体增强、县乡财政收入增加为目标，以产业化、专业化、集约化为途径，以稳定粮食、主攻养殖、发展蔬菜、形成产业为重点，培植高效大农业财源体系，拓宽促产增收的路子。1992 年，全县行政事业单位共创办各种类型的经济实体 32 个，实现利润 120 万元，有效地减轻了财政压力。是年，开展财政、税收、物价大检查，查补各项财政收入 256 万元。同时，通过对农村各项税收，生产企业、单位预算外资金、土地隐形收入，各种集资收费、控购基金等专项清理，增加财政收入 130 多万元。

1995 年 2 月，县委工作会议提出大力培植财源，把生产要素倾斜配置到重点产业、重点企业、重点产品上；进一步强化征管，特别是对预外资金要纳入预内统筹安排，防止漏收乱支。严控支出，实行“一支笔批钱”。

1996 年 2 月，县委常委会确立全县财政收入要超亿元。乡镇财政实行收入全额上解，拨款收支挂钩。农村包税压费，开展对国（社）有、民营企业、个体商贩、个体专业承包户、私营企业、基建行业和基建包头、个体交通运输户应交税费和个人所得税、固定资产投资方向调节税、行政事业性收费的专项清理，减少和杜绝财政收入的跑、冒、滴、漏。是年，虽遭受特大洪涝灾害，仍新增税收 82 万元。

1997年，县委、县政府突出抓地方财源建设，稳固基础财源，优化主体财源，壮大支柱财源。重点培植县直工业、部门工业、乡镇工业、个体工业、建筑业、第三产业10个税收过千万元的骨干企业，力争5年内有2个乡财政收入过千万元，5个乡镇财政收入过500万元。是年，全县财政收入首次过亿元。

1998年，进一步扩大生财范围，形成财源结构多元化格局。大力发展和培育能对财政增收做出较大贡献的支柱产业、骨干产业、拳头产品、民营经济和第三产业，提高财源建设的质量和效益。全年扶植和发展年纳税1万元以上民营企业大户500户，年纳税5万元以上私营企业100户，年纳税10万元以上的企业50户。

2000年，全方位、多层次抓财政增收。重点是调整农业结构增税、盘活资产存量增税、改革流通体制增税、大力兴办市场增税、大力收缴欠税。

2004年，县财政对财税工作实行目标管理和预奖办法。37个乡镇（管区）全部超额完成全年目标任务，54家纳税大户中丰盛纸业、烟草公司、振湘实业等11家企业超额完成目标任务。

2005年，县政府提出以优化结构，培植财源，强化管理为重点，加快推进财源工程建设。建设多元、高效、强劲的梯形财源体系，围绕产业型财源、项目型财源、管理型财源建设，力争税收增幅20%以上。当年预内财政收入25009万元。

2008年，大力清理整顿城关地区个体工商税收，实行国地财联合定税，健全一体化征管和委托代征机制，完成一般预算收入2.23亿元，同比增长24%。房地产一体化税收比上年增加1700万元。

2010年，坚持“经济财政互动，总量质量同步，结构增速并重”的收入预算原则，完成总收入43010万元，同比增长26.5%。

2011—2015年，县委、县政府进一步调整产业结构，强力推进新型工业化，摆脱传统农业经济桎梏，坚定不移走工业强县、工业富县之路，大力发展先进制造和光伏电子信息产业，广辟财源，使财政收入一年一个台阶，2011年，财政收入增加至6.2亿元，比上年净增1.9亿元，2014年突破10亿元，达到11.2亿元，2015年增加至12.32亿元，比2010年增长2倍。

节流　1978—1985年，县政府鼓励企业降低消耗，提高经济效益。实行关于燃料、原材料、费用节约奖的规定和一次性质量奖励办法，促使企业把责任成本、目标成本的核算与管理工作落到实处。财政部门发挥职能作用，采取成立“定点支工服务队”、签订“扭亏增盈责任制”的形式，继续办好几个国营骨干企业的支、帮、促联系点。1986年始，对行政事业单位推行经费超支不补、支出与节支奖金挂钩，严格控制会议费、接待费。实行小车定点维修。严格控制社会集团购买力，减少一切非生产性开支。1987年预内国营工业企业节支增收200多万元，其中节电200多万千瓦时，节煤6500吨，节约油料25吨，节约钢材35吨，节约烧碱94吨。是年，岳阳市控购办下达湘阴县控购指标220万元，实际审批151.1万元，占市下达指标的70%，被市控办评为先进单位，同时参加全省控购片会介绍经验。积极推行政府采购制度，重点对教育系统、水利系统、行政单位等部门实行了集中采购。1992年，出台“凭证看病、定点医疗、定额包干、定率报销、定期审查”的公费医疗改革办法，全县公费医疗开支比上年下降22%，节减29.2万元。2000年，县政府狠抓节支到位，减人节支、关机节支、停车节支、压费节支、减负节支、避灾节支。工委、乡镇（管区）人员分流三分之一以上，关掉500台公费手机、停开50台机关小车、把民间集资利息降到银行标准利率，大力压缩招待费，发展减灾农业，年终财政结余905万元。2001年始，对行政事业单位县内接待费开征消费调节基金。2002年，通过清理人员编制，减少“吃空饷”人员44人，减少财政支出30多万元。是年，集中采购活动75次，实现采购规模717万元，实际合同资金620万元，合同节约率13.5%。2003年，清理核减死亡68人（在职和离退休人员），财政负担51人，核减抵扣工资3.6万元；核销到龄遗属和死亡遗属26人，减少遗属费3.4万元。

2004—2015年，按量入为出的原则安排财政支出，优化支出结构。坚持厉行节约，牢固树立过紧日子思想。大力推进节支控支，以降低行政成本和促进行政效率提高为目标，强化支出管理，推进节约型政府建设。继续清理财政吃空饷人员，加强行政事业单位临雇人员管理。从严控制一般性追加、临时性追加、专项性追加，压减会议费和招待费支出。从严控制小车购置。从严控制楼堂馆所建设。从严控制需财政投资的行政事业单位基本建设，尽力减少需财政投入的重大活动。严格执行县人大审议批准的部门预算经费标准，做到“项目不增、标准不提、追加不滥”。严格控制“三公”经费，推行“三公”经费网上公开，加强监督管理。强化政府债务管理。建立“权责利、借用还”相统一的举债和偿债机制，严格政府信用担保。

第六节 财政管理

一、预算管理

预算编制 细化编制内容，坚持“人员经费按标准、公用经费按定额、专项经费按财力”的原则，预算编制按类、款、项、目进行收支细化，将年度预算编制到具体项目。

建立零基预算编制方法。1996年始，严格按照“零基预算”原则进行编制，即不再考虑部门、单位原来的支出基数，而是根据预算年度方方面面因素，以及事项的轻重缓急逐项核实，全面考虑，打破过去“基数加增长”的旧的预算编制模式。同时，把预算内外资金有机地结合起来，实行预算内外收支统管，财力统筹，将单位预算内收入和预算外收入，经常性支出和专项支出，全部纳入单位年度预算收支计划，按照“统一标准、核定收支、零基预算、综合平衡”的办法进行统一核算。

2000年始，每年11月就部署、编制下一年度预算，比原先当年1月编制当年预算提前2个月时间。编制时，注重调查研究，分析测算，力求科学、准确，操作性强。

预算执行 改革预算批复环节。每年预算草案报县人民政府审核、经县人代会批准、正式下达各部门单位后，财政部门及时通知各部门单位，按批准的支出预算提出本部门单位的用款计划，上报县财政局进行审核，然后按目级科目予以批复执行。

改革资金划拨环节。根据年初批复的预算，经对口业务股室分正常经费和专项业务经费作出月度划拨计划，对照项目和标准进行严格审核后，按预算内、外划拨经费。对乡镇支出属专项资金的，按指标及时划拨；正常经费与收入完成情况挂钩，每月由专管员对入库税票进行核查，剔除非正常收入后核定当月收入，以此作为下月拨款多少的依据。

改革预算追加环节。预算一经确定，就不能随意调整和追加，除突发性事件造成必不可少的开支外，确需追加的，超过5万元需报经县人大批准；其他支出项目财政一律不予追加。

预算监管 2003年1月，县委、县政府相继出台《关于对2003年全县财税收入责任人实行目标管理和“预奖同罚”的通知》《关于对2003年度乡镇（管区）财税收入分块实行量化目标管理考核的通知》等文件，对全县财税收入任务分块划线，明确规定包乡镇（管区）、联企业的县级领导，县直单位主职和乡镇（管区）党政主要负责人是财税收入责任人，实行目标管理、预奖同罚、一票否决。要求财税部门发挥职能作用，勤征细管、分月考核、均衡入库，确保财政收入总任务全面完成。另外，县政府还规定，从2003年1月1日起，全县107项行政事业单位收费收入全部纳入预算管理，全额上缴财政。完善财政统发工资改革。坚持“编委核编、人事核标、财政核资相统一，控编、控人与控薪相结合”的原则，实行工资资金封闭运行和专户管理，从机制和管理上保障工资及时足额发放。是年，工资统发单位228个，9068人，月发放工资额749.9万元。全县社会保障低保工作于1999年开始，至2003年共有低保对象7570户，19451人，年发放低保金860万元。全县实施政府集中采购132次，实际合同金额1209万元，节约资金111万元，综合节约率为8.4%。

2005年，推行政府收支分类改革。2006年，按照“先行试点，逐步推开”的原则，大力推行部门预算工作。将部门单位的所有资金收入和资金支出编制出综合部门预算。至2009年，部门预算已经从人事局、国土局、物价局、文体局推行到全县所有县直行政事业单位，预算编制程序更加规范，预算编制内容更加细化。积极支持教育事业发展，全面实行“两免一补”（免学杂费、免教科书费、补贫困寄宿生生活费）政策，支持调整教育布局和改善农村中小学办学条件，加快农村现代远程教育工程和中小学寄宿制学校建设步伐。认真落实积极就业政策，加大对就业、再就业的扶持，落实小额贷款担保、税费减免等促进就业的财税政策。积极支持养老保险工作，提高企业离退休人员待遇。积极构建城乡一体的社会救助体系，实现城市低保应保尽保，农村五保、低保和特困户救助制度基本健全。建立计划生育利益导向机制。支持乡镇卫生院改扩建，完善疾病预防控制体系。全面铺开新型农村合作医疗制度，城市廉租房建设、湖区渔民上岸定居和解困工作稳步推进，“普九”（普及九年义务教育）债务化解全面完成，政法经费保障机制基本建立。

2010年，深化预算管理机制改革，健全公用经费定额管理标准体系，强化预算编制，执行与监督相互分离、相互衔接、相互制约的机制。

2011—2015年，县财政加快预算管理制度改革，与市财政同步启动全口径预算编制工作，在全市率先全面编制一般公共预算，政府性基金预算。国有资本经营预算和社保基金预算，逐步建立跨年度预算平衡机制，扩大部门预决算公开范围，全县所有县直部门单位全面实行预决算网上公开。

二、非税收入管理

1956—1985年，预算外资金收入3804.1万元，相当同期预内收入的10.58%。预算外资金收入由县财政局管理，专户储存，领导审批，专款专用。

1986—1994年3月，预算外资金收入由县财政局综合计划股管理，对行政单位预外资金实行专户储存、计划管理、财政审批、银行监督，保证资金专款专用。

1994年4月，成立湘阴县行政事业性收费管理站，1997年4月，设立湘阴县收费管理局，2002年4月，更名为湘阴县非税收入管理局。预算外资金收入先后由县行政事业性收费管理站、县收费管理局、县非税收入管理局征收和管理。

2002年4月始，取消非税收入过渡性账户，实行非税收入直缴财政专户。对适合于集中收取的行政性收费、事业性收费、国有土地有偿使用等非税收入，由县财务公开服务中心收取，直缴财政专户。对不适合集中征收的非税收入，由县非税收入管理局委托执收单位代征，由执收单位及时缴入财政专户。2002年，应纳入财政专户储存的68个单位全部实行专户储存，专户储存金额9802万元。罚没收入实行收缴分离制度，禁止执收单位当场收取现款，被罚人直接到财政部门指定的收款银行缴纳罚款。票据管理坚持使用由省政府财政部门统一印制的非税收入票据。非税收入资金纳入县财政统一管理。其中罚没收入、国有资产收益纳入一般预算管理；政府性基金（附加）纳入基金预算管理。对单位非税收入规模较大的下达政府统筹资金任务。对其他非税收入资金分别不同情况，按10%~20%比例征收政府统筹资金，由县非税收入管理局从财政专户划交国库。执收单位按有关政策应上缴上级主管部门的分成部分，由县非税收入管理部门定期划解、结算，不由执收单位直接缴付。国有土地有偿使用收入归政府所有，由财政部门统一征收管理，委托国土资源部门代征。建立和完善非税收入举报、稽查、违规处罚和责任追究等监督管理制度，加强对非税收入执收行为的监督检查，依法接受县人民代表大会及其常委会的监督。加强对非税收入征收或者收取汇缴、划解、管理的日常监督、专项督查，及时依法查处非税收入管理中的违法行为。2002年，全县取消收费项目43个，降低收费13项，完成非税收入10621万元。非税收入管理经验在全省推广。2005年，建立“单位开票、银行代收、财政统管、政府统筹”的非税收入管理模式。2007年始至2015年，实行非税收入信息化管理，不断完善政府采购制度。

三、国有资产管理

1991年，成立国有资产管理办公室。2006年8月，升格为湘阴县公有资产监督管理局，为正科级行政支持类事业单位，归口县财政局。2010年，县公有资产管理局内设办公室、金融与债务股、资产管理股，下设中小企业信用担保有限责任公司、国有资产经营有限责任公司。

1991年3月，国务院国有资产管理委员会、财政部、国家工商行政管理局下发《企业国有资产所有权界定的暂行规定》。1992年始，正式开展国有资产的产权界定、登记和国有资产年报。是年，对95户国营企业进行了产权登记，验证资本金1.88亿元，基本澄清了国营企业国有资产的家底。1993年，对97户企业进行了国有资产产权登记、年检、变更，对324个行政事业单位全面铺开财产清查，全部资产的清查核实数为14641.3万元，比清查前的账面数净增1793.6万元，其中，国有资产占86.7%。湘阴县原有国营工商企业38家，其中：国营工业企业11家，国营商业企业11家，供销、物资、农机等企业16家。1996年始，通过拍卖转让、股份合作、租赁经营、破产重组、“两个置换”等多种形式。至2003年，大部分完成体制改革。是年上半年，对县属37户国有独资企业开展产权登记年检工作。参与产权登记年检资产总额76495万元。注销产权登记单位共11户，均为依法破产的企业，注销资产总额26534万元，负债总额20147万元，所有者权益总额6399万元。其中：国家资本4368万元，国家资本应享有权益2019万元。

2007年始，县政府先后下发《湘阴县国有资产监督管理暂行办法》《关于进一步规范和加强我县国有资产管理工作的通知》《关于切实做好行政事业单位国有资产归集工作的通知》等文件，县公有资产监督管理局和县监察局联合下发《关于切实加强国有资产购置和处理监督管理的通知》，建立和完善国有资产监管政策框架，进一步规范国有资产处置行为，打造县国有资产经营公司和县中小企业信用担保公司两个融资平台，启动国有资产归集工作。

2009年，依法对三九饲料厂、工矿贸易公司、航运总公司、装卸运输公司、畜牧局饲料厂、液化气站、湘公饲料厂等改制企业的资产和行政事业单位的9辆公务用车进行处置。拍卖总收入5500多万元，实现国有资产增值1600多万元。行政事业单位经营性资产归集，第一批资产归集25宗，其土地和房屋产权已过户到县国有资产经营公司，其中，土地面积3.8万平方米、房屋面积5.7万平方米，资产总价值2亿元。

2010年，县国有资产监督管理局全面开展资产清查工作。主要是对改制企业剩余资产、国有集体企业抵社保的资产、未改制企业资产和乡镇、学校闲置资产进行了全面清查，摸清了家底，并对这些资产进行了登记，实行分类管理。对全县乡镇尚有闲置资产、初高中学校闲置资产、改制企业闲置资产等进行了全面的调查摸底和登记。并对改制企业剩余资产进行了依法处置，解决了一批企业职工社保等问题。同时，还协助县监察局对全县行政事业单位的公务用车进行清理，对违规车辆进行集中收缴处置。为推进国有资产管理科学化、精细化，按照“单位分布、国资部门集中管理”的模式，全面实施了国有资产管理信息化建设，将资产动态数据库分别部署在国资管理部门和各行政事业单位，实现了国有资产的动态管理。全县共有200个行政事业单位国有资产纳入资产管理信息系统。为壮大融资平台，服务县域经济发展，在2009年已归集25宗行政事业单位资产的基础上，启动第二批资产归集工作。全县已归集经营性和非经营性国有资产60多宗，其土地和房屋产权已全部过户到国资公司，土地面积约41.5万平方米，房屋面积约61.1万平方米，资产评估总价值5.2亿多元。以国资公司为平台，以部分国有经营性资产和土地作抵押，为远大可建低碳科技经济园湘阴基地征拆项目向长沙银行融资1亿元，以中小企业信用担保公司为平台，全年共为全县中小企业开展担保信贷业务60笔，担保总额达5150万元，其中工业、农业和商贸流通企业占80%以上，为县域经济发展发挥了重要作用。湘阴县国有资产管理工作在全省国有资产管理工作会议上作为典型经验进行推介。

四、乡镇财政管理

1986年以来，湘阴县人民政府先后印发了一系列文件，对乡镇财政的任务、收支范围、乡镇财政收支管理、乡镇财政预（决）算、财务报表、机构设置和岗位责任制作了详细的规定。县财政局制定了乡镇财政岗位责任制，明确了所长、副所长、总会计、专管员等岗位的职责。还推行了乡镇财政目标管理，制定了乡镇财政目标管理计分考核办法。

1988年，省财政厅印发《湖南省财政系统创建文明（先进）财政所活动办法》，规定每两年或三年举行评选文明（先进）财政所的活动一次。市级文明财政所评选活动同时进行。1992年10月和2002年10月，熊志根和任国康分别被湖南省财政厅、省人事厅授予先进工作者，任国康同时被省人民政府记二等功。

1990—2002年湘阴县文明（先进）财政所名单

表19-8

年　份	市　级	省　级
1990	石塘乡财政所、南湖洲镇财政所	—
1992	东港乡财政所	东塘镇财政所
1994	赛头乡财政所、玉华乡财政所、杨林寨乡财政所	三塘镇财政所
1996	文星镇财政所	六塘乡财政所
1998	长康镇财政所	—
2002	铁角咀镇财政所	长康镇财政所

2002年，县财政局制定《乡镇（管区）会计核算中心票据使用及管理办法》《乡镇（管区）会计核算中心工作人员岗位责任制》。对全县37个乡镇（管区）“七站八所”（即相关部门在乡镇、管区建立的基础站所）全面推行会计集中核算。湘阴县这一做法，得到国家财政部的肯定，《中国财经报》作了专题报道。

2003年，全县乡镇财政收入达到8009万元，比1986年的1596万元，增长4倍。完成财政支出8011万元，比1986年的支出1592万元增长了4.03倍。乡镇财政支出随着收入的水平有升有降，但基本保证了乡镇政权运转的需要。也有部分乡镇经济税源不充裕，乡镇税收成本高，预算管理不到位，减收增支情况严重；有的机构人员严重超编，刚性需求量大；有的财务管理不规范，人为增支口子多或者往来款项清理不及时，历史遗留问题难消化，债务负担较重。

2005—2010年，建立“税费划分明确，收入征管规范，分成比例合理，收入级次明晰，事权与财政关系理顺”的乡镇财政管理体制。稳步推进村帐乡代替，试点推行乡财县监管。乡镇财政收入总计34066万元，完成财政支出总计128957万元。2011—2015年，在稳步推进乡镇财政县管的同时，全县全面推行村账乡代管体制。

1995—2015年湘阴县乡镇财政（预算内）收支情况一览表

表19-9　　单位：万元

年份	收入	支出
1995	5488	5601
1996	5966	6316
1997	7182	7276
1998	7219	7583
1999	6478	7288
2000	6175	6980
2001	6864	7042
2002	7584	7584
2003	8009	8011
2004	5443	14565
2005	6639	21367
2006	5580	19042
2007	5201	26001
2008	6696	29805
2009	5259	32412
2010	4691	14895
2011	6437	14699
2012	4010	36600
2013	4585	21907
2014	5415	21314
2015	6623	36092

五、基建财务管理

1996年3月，县财政局基建财务管理股成立。是年，审批自筹基建项目17个。计划投资额986万元，存入财政基建专户资金538.3万元，占计划投资额54.6%；按有关程序先后拨付373.3万元，占存入专户金额69.4%；上级财政预内拨入基本建设投资503万元，已拨付到项目资金229万元，占总投资的40%。1998年，财政的投资评审职能，由中国建设银行代行，国务院办公厅下发了〔1998〕101号文件后，由财政部门收回评审职能。

1998—2003年，国家安排湘阴县平垸行洪、移民建镇国债资金34460.7万元，分四期工程进行，共移民20643户，移民69882人。为了加强国债资金管理，提高投资效益，成立湘阴县基建预决算审查中心。县财政部门严格国债资金管理制度，坚持按政策、按程序办事，实行专款专用、严格把住资金流向拨付关。加强财务管理，对水利专项投资、中小学学校建设和平垸行洪的财务，全面实行专资、专户、专人、专账，做到项目与计划对口，资金与项目对口，杜绝挤占挪用专项资金。经中央、省、市有关主管部门28次检查，全部符合上级规定。2003年，共受理基建评审项目32个。累计送审投资额2577万元，实际评审结论投资额2326万元，审减投资250.2万元，审减率9.7%。

2004年始，加强财政周转金清理回收，澄清底子，并收回部分财政周转金。全面取消乡镇财政手工记账，全部实行电脑记账。调整乡镇财政管理体制，进一步明确县乡财政收入范围和级次，按乡镇实际税负确定乡镇地税包干基数，取消国税包干基数，减轻乡镇收入压力。公务员工资改革全面启动，公务员津补贴和教师绩效工资制度全面到位，工资按时足额发放机制建立健全。全面开展“乡财县管乡用”改革，实行预算管理权、资金所有权、资金使用权、资金审批权、债权债务管理权、独立核算责任主体权“六权不变”和核算统一、账户统设、工资统发、采购统办、票据统管；村账乡代管、村干部补贴发放机制的建立和县乡信息化、乡镇债权债务台账建设、一事一议财政奖补等科学化精细管理措施有力，在保障运转、强化职能、规范管理、遏制债务等方面作用明显。行政事业单位非税收入信息化建设和土地储备制度改革全面启动，政府性基金得以规范管理。部门预算改革和国库集中支付制度改革推行到县直单位一级机构。公有资产监督管理日趋规范，国有资产经营公司和信用担保公司运作良好。政府采购规模和范围、财政投资评审规模和领域进一步扩大。

六、会计管理

会计从业人员资格认证：1987年，开始对全县会计人员进行从业资格认证，对会计人员进行考试考核，考试合格后发放会计证，会计人员必须执证上岗。1992年、2000年和2003年三次全面换发会计证，全县共计换发会计证2286人，2003年年底，全县会计人员全部做到了持证上岗。2004—2010年发放会计证600人。

会计专业技术职称评定：1986—1992年，全县共评定高级会计（经济）师2人，会计（经济）师56人，助理会计师260人，会计员265人。1993年以后，会计职称全部实行考试认定。1993—2003年，全县共计考试合格的高级会计（经济）师2人，会计（经济）师104人，助理会计师289人，会计员365人。2004—2010年评定高级会计师、高级经济师5人，会计师、经济师10人，助理会计师、助理经济师15人，会计员340人。2010年，全县在岗会计1100人，已获得会计专业技术职称的780人。其中，市级会计师8人，会计师125人，助理会计师355人，会计员312人。

珠算等级鉴定和会计电算化：1985年，《中华人民共和国会计法》颁布后，对会计从业人员计算技术提出了要求。会计人员珠算技术必须达到五级以上，湘阴县陆续进行了珠算等级鉴定。随着电子计算机的发展，对会计人员的计算技术要求转变了，从珠算变为会计电算化。1997年始，从会计技术鉴定为重点转向会计电算化鉴定为重点，至1999年，521人（初级）取得会计电算化证，1261人（五级以下209人，五级及五级以上1052人）取得珠算等级证书。

会计人员继续教育：1987年5月，湘阴县中华会计函授站成立，当年招收学员62人，1987—1999年，共计招收学员890人。其中1989年获得财政部中华会计函授学校颁发的“先进办学单位”称号，在进行会计人员学历教育的同时，每年还举办不同类型的学习班，更新会计人员的业务；1993年，全县有986人参加了新会计制度的培训。2000年，有1152人参加了继续教育培训，有149人参加了电算会计培训。

2000年，根据财政部《关于开展全国会计人员调查统计工作和建立会计人员信息数据库的通知》，进行全县会计人员调查统计（以1999年12月31日为调查时点），并建立会计人员信息数据库。全县范围内共有在岗会计人员2425人，已获得会计专业技术职称的1315人，其中高级会计师3人，会计师104人，助理会计师169人，会计员1039人。在岗会计人员具有大学本科学历的123人，大专的416人，中专的 1013 人。2010 年，在岗会计 1100 人，有本科学历的 280 人，大专学历的 458 人，中专学历的 362 人。

加强会计基础工作规范化：1988 年，财政部发布《会计工作达标升级试行办法》和《会计工作达标考核标准（试行）》，1996 年，湖南省财政厅等五家单位制定《湖南省会计基础工作规范化考核确认试行办法》。根据上级财政部门的布置，湘阴县开展了会计基础工作规范化工作，先后授予县水利局、建设局等 36 个单位为会计基础工作规范化合格单位。2004—2010 年，会计基础工作规范化合格单位 98 个。2010 年，会计基础工作规范化单位 68 个。

会计师事务所：1989 年 1 月，湖南省会计师事务所岳阳分所湘阴办事处成立。主要任务是秉着独立、公证、客观和实事求是的原则，坚持质量第一，服务第一，信誉第一的服务宗旨，承办会计公证和会计咨询业务。1991 年 8 月，更名为岳阳会计师事务所湘阴分所，1994 年 9 月，再次更名为湘阴会计师事务所，1999 年 12 月撤销。

会计核算管理中心：2002 年 3 月，县财政局制定《湘阴县会计核算中心财务核算及管理规则》等文件，对全县 37 个乡镇（管区）“七站八所”全面推行了会计集中核算。根据县政府关于对县直部分行政事业单位实行会计委派的规定，是年 5 月对县教育局、公安局、检察院、法院等单位实行了会计委派。是年 6 月 3 日，《中国财经报》专题报道了湘阴县对全县乡镇（管区）“七站八所”推行会计集中核算的成功经验。

第二章　税　务

第一节　机　构

1978 年，湘阴县税务局及下设各税务所恢复正常工作，负责工商各税征收管理。

1994 年 9 月，湘阴县国税、地税机构分设，成立湘阴县国家税务局和县地方税务局，机构、编制、经费、人事实行垂直管理（以下简称县国税局、县地税局）。

一、县国税局

县国税局于 1994 年 9 月分设并实行垂直管理，局机关搬迁至县城江东中路新址，内设办公室、税收管理股、征收管理股、计划财务股、人事教育股、监察股、税务稽查局；下设城关、乌龙、长仑、城南、濠河、岭北、新泉、洞庭、南湖 9 个税务所。1996 年 2 月，撤销 9 个税务所，改建 7 个征收分局，内设机构有办公室、监察室、稽查局、思想政治工作办公室。3 月，成立县国税局稽查委员会。2000 年 3 月，设立县局和文星征收分局两个办税服务厅，6 个农村基层办税服务室。2001 年 7 月，机构改革，机关内设 8 个科室，直属机构（稽查局）1 个，事业单位（计算机信息中心）1 个，撤销 7 个征收分局，设立袁家铺、石塘、新泉寺、白马寺 4 个农村税务所。2015 年，国税局内设办公室、税政法规科、征收管理科、收入核算科、纳税服务科、监察室、人事教育科、财务科、税源管理一科、二科，信息中心。下属机构有稽查局、袁家铺分局、白马分局。在编干部职工 121 人。

二、县地税局

1994 年 9 月，分设并实行垂直管理，内设办公室、人事教育股、计划会计股、征收管理股、监察管理股、税征管理股，下辖城关、城南、长仑、岭北、濠河、洞庭、新泉、南湖 8 个税务所。1998 年 3 月，撤销 8 个税务所，设第一、第二、第三、第四、第五、第六 6 个农村征收分局。1999 年 3 月，县局内设股室改为科室，有办公室、人事教育科、计划财务科、征收管理科、税政管理科和监察审计科。2010年，内设办公室、税政管理科、征收管理科、计划财务科、人事教育科、监察审计室，下设稽查局和5个征收分局。第一征收分局设文星镇负责文星镇地区税收；第二征收分局设高岭新城区，负责城南和长仑地区税收工作；第三征收分局设鹤龙湖镇，负责城西垸区和青潭镇税收工作；第四征收分局设新泉寺，负责新泉镇岭北镇税收工作；第五征收分局设白马寺，负责湘滨镇、南湖洲镇税收工作，全局在编干部职工84人。2015年调整为：一分局负责城区企事业单位税收征管；二分局负责纳税评估；三分局负责建安房地产税收征管；四分局负责农村各乡镇税收征管；五分局负责城区个体私营户税收征管。

第二节 税 制

一、税种

中央固定收入税种：包括关税、消费税，由海关代征的增值税，中央企业所得税，地方银行、外资银行及非银行金融企业所得税，铁道部门、各银行总行、各保险公司等集中交纳的收入（包括营业税、所得税和城市维护建设税），中央企业上缴利润等。

地方固定收入税种：包括营业税（不含铁道部门、各银行总行、各保险公司等总部集中交纳的营业税），地方企业所得税（不含地方银行、外资银行及非银行金融企业所得税），个人所得税、城镇土地使用税、城市维护建设税（不含铁道部门、各银行总行、各保险公司等总部集中交纳的部分），房产税、车船使用税、印花税、土地增值税等。

中央与地方共享收入税种：增值税中央分享75%，地方分享25%。资源税按不同的资源品种划分，大部分资源税作为地方收入，海洋、石油资源税作为中央收入。证券交易税由中央和地方各分享50%。

国税机构征管的税种：包括增值税、消费税、金融保险业营业税、中央企业所得税、地方金融企业所得税、储蓄存款利息个人所得税、出口产品退税管理、集资市场和个体工商户中缴纳增值税的纳税人的各项税收、中央税的滞补罚收入、按中央税和共享税附征的教育费附加、国家能源交通重点建设基金和国家预算调节基金。

地税机构征管的税（费）种：包括营业税、城市维护建设税、地方企业所得税、个人所得税、房产税、城市房地产税、城镇土地使用税、印花税、资源税、车船使用税、土地增值税、教育费附加、防洪保安资金、文化事业建设费、外商投资企业和私营企业社会保险费、工会经费等。

地税机构所征税款实行三级分配：地方企业所得税和个人所得税税款的60%为中央级收入。地方企业所得税、个人所得税税款的12%，金融保险企业及其他省属企业营业税的全部，资源税、城镇土地使用税、土地增值税税款的50%，文化事业建设费的全部为省级收入。地方企业所得税和个人所得税税款的28%，资源税、城镇土地使用税和土地增值税税款的50%，其他地方税税款全部为县级收入。

二、税率调整

分税制改革期间的调整：1994年实行的分税制改革包括以下内容：以推行规范化的增值税为核心，相应设置消费税和营业税，建立新的流转税制格局；内资企业执行统一的企业所得税（税率为33%），取消国有企业所得税、国有企业调节税、集体企业所得税和私营企业所得税，不再执行企业承包上缴所得税的办法；取消个人收入调节税和城乡个体工商户所得税，对个人、个体工商户的生产经营所得统一执行修改后的个人所得税法；调整、撤并和开征一些税种，工商税的税种由32个减至18个；严格控制政策性减免税，取消困难性、临时性的减免税，树立税法的权威；对增值税实行凭增值税专用发票抵扣税款的制度，建立自我约束减免税、控制偷漏税的机制。

分税制改革后的调整：2000 年 1 月 1 日始，暂停征收固定资产投资方向调节税。2002 年始，取消屠宰环节和收购环节征收的屠宰税。2003 年 1 月 1 日始，提高营业税起征点。按期纳税的，由月营业额 500 元提高到城镇 1500 元、农村 1000 元；按次纳税的，由日（次）营业额 50 元提高到 100 元。

农村税费调整：2002 年，取消农村教育费附加、屠宰税，农业税税率由 12.6% 降至 7%，农林特产税由两道环节征收改为一道环节征收。2004 年，省政府决定农业税税率再降 3 个百分点，免征农林特产税。2005 年，省政府决定全部免征农业税。

第三节　税款征收

一、流转税类

增值税和消费税：增值税和消费税亦称“中央两税”，实行价外计税和根据进货发票证明的税金进行税款抵扣的制度。增值税纳税人分为一般纳税人和小规模纳税人。对一般纳税人征税采用查账征收的办法，对小规模纳税人采用定税的办法。现行增值税的税率分三档，即 17% 的基本税率、13% 的低税率和零税率（报关出口的货物）。征税对象为：税制改革前缴纳增值税和产品税的工业产品，缴纳营业税的商业批发、零售，公用事业中的供水、供电、供热、供气和缴纳盐税的盐。税制改革前征收产品税的部分奢侈消费品改为征收消费税，包括烟、酒、化妆品、护肤护发品、贵重首饰、汽油、柴油、汽车轮胎、摩托车、小汽车、鞭炮焰火 11 个品种。增值税和消费税由国税机构征管。

营业税：税改前缴纳营业税的商业批发零售、公用事业中的水电热气和缴纳盐税的盐改为征收增值税后，营业税的征收范围缩小为交通运输业、建筑安装业、金融保险业、邮政电讯业、出版业、娱乐业和其他各种服务业。营业税的计税依据是纳税人按税法计算的应税收入额，即以其所经营的各项业务所取得的实际营业收入作为计税依据。现行营业税税率分为 3%、5%、10%、20% 四档。

营业税主要由地税机构征管。但从 1997 年 1 月 1 日起，金融保险业的税率由 5% 提高到 8%，所提高的 3 个百分点由国税机构征收。伴随第三产业的发展和城镇化的加速，县内的营业税增长较快。1994 年，营业税入库额 400.3 万元增至 2003 年的 2633.4 万元，增幅为 5.58 倍，到 2010 年，入库 9054 万元。

城市维护建设税和教育费附加：依据应税营业收入额计征。1994—2015 年，城市维护建设税年入库额由 33.2 万元增至 1939 万元。教育费附加年入库额由 25.4 万元增至 1700 万元。

二、收益税类

企业所得税：1994 年始，所有内资企业相继实行统一的企业所得税，税率为 33%。其中，对年应税所得额在 3 万元以下的，减按 18% 的税率征收；对年应税所得额在 3 万 ~10 万元之间的，减按 27% 的税率征收。

企业所得税主要由国税机构征收，包括中央企业所得税，金融、保险企业所得税，中央与地方所属企事业单位组成的联营企业和股份制企业所得税，从 2002 年 1 月 1 日起新办的国有、集体、私营、联营、股份制企业和各类事务所、各类有限责任公司的所得税。1995 年，国税征收入库 76.3 万元，2010 年达 974 万元。地税机构征管的范围仅为 2002 年前开办的地方企业。1994—2015 年，累计入库 21500 万元，年均 1020 万元。

个人所得税：1994 年 1 月 1 日开始，原于 1980 年、1986 年公布的个人所得税法、城乡个体工商户所得税暂行条例、个人收入调节暂行条例停止实行，施行修订后的《中华人民共和国个人所得税法》。征收范围包括工资薪金所得、生产经营所得、股息利息红利所得、特许权使用所得、财产出租和转让所得、偶然所得、其他所得等。2001 年 1 月 1 日始，对个人独资企业和合伙企业停止执行企业所得税法，统一征收个人所得税。

1994—1998年，缴纳增值税的个体工商户的个人所得税由国税机构征管，5年共计征收1016万元，年均203.2万元。1999年1月1日始，按照收入归属原则，划归地税机构征收，至2010年，累计入库13025.3万元，年均1085.4万元。

三、财产资源税类

房产税：房产税是以房屋为征税对象，依照房屋的余值或出租房屋的租金收入征收的一种财产税。只在城镇和工矿区域征收，且个人所有的非经营性用房免征。凡自有房屋用于经营的，按房产余值计征，年税率1.2%；凡出租房产的，以租金收入为计税依据，税率为12%。1994—2015年，累计征收7700万元，年均350万元。

城镇土地使用税：城镇土地使用税是国家在城镇和工矿区范围内，对使用土地的单位和个人，以其实际占用的土地面积为计税依据，按照规定税额计算征收的一种税。湘阴县将城区土地按地段划分为不同等级，按年计算，分季缴纳。1994—2015年，累计征收7500万元，年均340万元。

车船使用税：车船使用税是对行使于中国境内公共道路上的车辆和航行于国内河流的船舶，按其种类、吨位大小、乘人多少和使用性质实行定额征收的一种财产税。1994—2015年，累计征收4100万元，年均入库186万元。

资源税：资源税是对开发利用国家所有的矿产资源、水资源等进行商品生产的征税。由于矿产资源不丰富，且开发利用处于初始阶段，1994—2003年仅征收210万元，年均21万元。

地税机构分设后，还承担了为地方政府及有关部门代收非税经费的责任，如社会保险费、文化事业建设费、防洪保安资金和工会会费等。

1994—2003年湘阴县地方税收完成情况一览表

表19-10　　单位：万元

项　目	1994年	1995年	1996年	1997年	1998年	1999年	2000年	2001年	2002年	2003年
各项收入合计	1191.9	1958.5	2876.4	2617	2420.8	1930.4	2495.8	3204.5	3305.1	4261.1
一、税收收入合计	1166.5	1938.4	2841	2570.3	2377.4	1872.3	2458.3	3151	3271.7	4212.9
1. 营业税	400.3	865.4	1160.5	1039.8	884.6	868.6	1213	773.6	1725.4	2633.4
2. 个人所得税	81	103.5	219.7	300.2	311.6	203	409	720.8	791.5	750
3. 城建税	33.2	82.1	114.1	118.1	92.5	86.6	151.8	185.7	221.1	285
4. 企业所得税	340.3	364.1	660.8	453.8	526.6	368.2	266.3	720.2	252.4	254.2
5. 车船使用税	13.8	10.4	39.8	14	14.8	6.2	12.1	19.2	20.3	28.5
6. 房产税	58.8	106.3	137.9	143.5	116.7	80	104.1	95.6	108.3	142.6
7. 资源税	3.7	34.8	38.8	27.5	31	10.9	30.8	20.1	28	2.5
8. 土地使用税	27.4	45.3	36.2	37.6	45.6	41.8	48.2	53.2	56	35.2
9. 印花税	17.1	16.8	45.8	44.4	25.2	31.1	32.2	57.7	66.4	78.7
10. 土地增值税	0		10.7	6.1	5.2	0.9	1.4	1	2.3	2.8
11. 屠宰税	73.7	177.2	202	224.7	247.2	62.1	115.2	503.9	—	—

续表 19-10 单位：万元

项　目	1994 年	1995 年	1996 年	1997 年	1998 年	1999 年	2000 年	2001 年	2002 年	2003 年
12. 投资方向调节税	116.3	130	173.8	160.4	76.4	113.8	74.2	—	—	—
13. 其他	0.9	2.5	0.9	0.2	—	—	—	—	—	—
二、其他收入	25.4	20.1	35.4	46.7	43.4	58.1	37.5	53.5	33.4	48.2
1. 教育费附加	25.4	20.1	35.4	46.7	43.4	56	37.5	50.5	26.4	34.8
2. 文化事业建设费	—	—	—	—	—	2.1	—	3	3	4.4
3. 养老保险费	—	—	—	—	—	—	—	—	4	9
4. 防洪保安资金	—	—	—	—	—	—	—	—	—	—

2004—2015 年湘阴县地税收入分税种入库情况一览表

表 19-11 单位：万元

年　度	2004	2005	2006	2007	2008	2009	2010	2011—2015 年
营业税	3563	6206	5075	6478	7496	8144	9054	7008
土地使用税	39	75	89	136	453	490	750	5510
企业所得税	175	169	210	182	223	287	770	15410
个人所得税	829	915	875	967	1326	1848	3391	4450
城市维护建设税	379	732	390	600	680	618	732	9060
印花税	84	103	128	157	226	192	188	2330
土地增值税	5	4	6	24	160	316	925	15160
房产税	245	264	299	347	400	284	259	7570
车船使用税	30	55	60	102	135	126	120	3320
教育附加	40	65	147	163	274	432	612	1810
文化事业建设费	4	4	6	6	7	11	612	1520
资源税	32	18	80	96	122	185	1274	2320
契税	—	—	—	—	—	—	32	28230
耕地占用税	—	—	—	—	—	—	3	30390

1994—2015年湘阴县国税税收任务完成情况一览表

表19-12 单位：万元

年度	税种				累计入库
	增值税	消费税	企业所得税	其他	
1994	2427.9	2.6	—	—	2430.5
1995	3288.8	18.7	76.3	—	3383.8
1996	2560.0	6.2	25.9	—	2592.1
1997	2533.8	5.2	9.3	—	2548.3
1998	2554.0	—	199.0	—	2753.0
1999	2107.0	3.0	117.0	—	2227.0
2000	2233.0	—	26.0	—	2259.0
2001	2420.0	6.0	127.0	—	2553.0
2002	2652.0	33.0	280.0	—	2965.0
2003	3400.0	133.0	298.0	—	3831.0
2004	4433.0	325.0	1039.0	—	5797.0
2005	3941.01	326.40	89.22	336.11	4692.74
2006	3823.24	189.79	165.26	483.52	4661.81
2007	3488.81	127.32	116.74	586.55	4319.42
2008	6039.47	10.48	323.07	411.29	6784.31
2009	12259.52	7.56	507.54	463.42	13238.04
2010	11535	6	974	1121	13636
2011-2015	21750	15050	12460	22060	71320

在强化征管的同时，县税务部门积极实施“放水养鱼”，促产增收，培植税源。1996年，按照岳阳市地税系统“551”地方税源建设工程要求，县地税局选择10户经济效益稳定、发展潜力较大的企业，建立为企业排忧解难办实事的服务小分队。1998—2010年，地税机构共办理减免税纳税户249户，其中企业188户、个体工商户61户，共减免地方各税1184万元。减免税种主要是企业的房产税和城镇土地使用税困难减免、个体户的下岗职工再就业减免和非典传染期间停业减免。2002年，县国税局开展对免、折、退税企业经营及出口情况的日常检查和培训辅导，全年共实现免、折、调税金80万元。2003—2010年，落实增值税调高起征点的政策、再就业优惠政策、新办企业所得税减免等，共兑现各项税收优惠近1200万元。

第四节 税务管理

一、税务登记

1980年，全县有纳税户235户。

1985年年底，办理税务登记的纳税单位563户，纳税个体工商户1740户。

1995年11月，对全县纳税人税务登记证进行查验，共查验贴花3764户，补办税务登记证151户。

1996年，开展税务登记证换证。9月底换证工作全部结束，共换发税务登记证件3706户。

1999年12月，换发税务登记证工作全面拉开，所有纳税户包括已办理税务登记不到3年的纳税户更换新证。

2004年2月，县国税、地税部门执行统一登记代码，加强办证信息共享，积极做好联合办证各项准备工作。税务登记重新换发证，录入计算机，进行微机管理。

2005年，县国税、地税确定“城区联合办证，各区分散受理”，方便纳税人交税。

2009年，对新办户或改制企业提前介入，对当年新办纳税人进行企业所得税鉴定，防止税源流失。

2010年，县国税局税务登记户数3131户，其中个体工商户2723户，企业单位403户，代征单位10户，新办证68户，注销户数20户。县地税局建立重点税源户电子档案。

2015年，县地税局有自管户968户，共管户3188户，县国税局有效核查1025户纳税人信息，规范征收管理。

二、发票管理

1993年12月，国务院批准《发票管理办法》。县税务局认真组织全局干部学习并实施。

1994年，境内发票主要有增值税发票和普通发票。

1995年，在全县推行发票管理员持证上岗制度。发放发票管理员资格证书163本，严格发票管理。5月，县国税局由计财股牵头，人事教育股和监察股配合，对9个税务所进行票证检查，查获开少征多等问题，涉案金额32936元，处理7人次。8月1日起，实施《湖南省增值税专用发票管理规则》，依据纳税人销售额的大小实行三级审批制度。年销售额在200万元以下的增值税一般纳税人，发放万元版及其以下专用发票，由主管税务所长批准；年销售额在200万元以上，1500万元以下的，发放10万元版专用发票，由县局局长批准。专用发票实行限量发放、验归领新、盖章出门制度。是月起，凡是被盗、丢失专用发票的，统一在《中国税务报》刊登遗失声明。

1997年1月，正式使用统一防伪标志的普通发票。县国税局制定《发票管理办法》，规定用票单位和个人保管发票必须有严格的入库验收制度、台账报表制度、安全防护制度、定期盘存检查制度、岗位责任考核制度。

1998年1月1日起，全国作废1994年版专用发票。7月，县国税局、地税局实行《湖南省国家税务局专用发票代管暂行办法》。启用新版手写专用发票。

1999年4月，县国税局成立发票清理检查领导小组，清查纳入发票管理的各种收、付款凭证。

2000年1月，施行《湖南省国家税务局普通发票管理办法》。启用又一轮新版专用发票。纳入增值税专用发票防伪税控系统管理的企业一律使用新版电脑专用发票。

2002年，在全县推行服务行业定额发票。开展发票“刮刮奖”活动。发票一律纳入微机管理，货运发票由手工改成电脑发票。

三、税务稽查

税务稽查是正确贯彻税收政策，保证税款足额入库的重要手段。县税务部门在税收征管中，坚持依法治税，加强内外监控，严厉打击偷、抗、骗税行为。

1978 年 9—12 月，组织开展对国营工业、商业、基层供销社、二轻企业、城镇街道企业、交通运输等 150 个单位进行税收政策检查，共清查出漏欠税 57 万元，收缴入库 57 万元。1980 年，组织开展清理偷漏欠税行动，经过 4 个月的清理，在自查补报的基础上，税务部门组织清查 235 户，复查出漏欠税 44 万元，全额收缴入库。1982 年，结合全面办理税务登记，开展查漏清欠，共查 242 户，收回漏欠税 53.5 万元。1984 年，共查补偷漏欠税 59.99 万元，其中企业 193 户，查税补款 58.60 万元，个体户 456 户，查税补款 1.4 万元。1985 年 3 月下旬至 4 月中旬，结合所得税汇款清缴，开展税收政策检查，共检查 998 户，其中企业 390 户，个体户 608 户，查补偷漏欠税额 70 万元。

1993年1月，县公安局、税务局协商成立税务公安室。共追回税款107.3万元，起到震慑涉税犯罪行为，净化税收环境的作用。

1994 年，国税、地税局分设后，进一步加强税务稽查工作，是年 11 月，县地税局单设稽查局，属县地税局内设机构，主要职责是查处偷税、抗税、漏税等税务违法行为，办（受）理有关案件，稽核税务登记户数，加强纳税户的综合审计和专业审计，监督检查税务系统工作人员执法情况和企（事）业单位及个人依法纳税等情况。

1996年，根据新一轮税制改革征、管、查三分离的要求，县国税稽查局正式成立，负责开展全县专项、专案和日常稽查工作。是年，县国税稽查局共稽查立案 15 起，查补入库税款 123.60 万元。1997 年，县国税稽查局全面深化稽查力度，严打偷、漏行为，组织力量对全县 84 户企业，1096 户个体户中的重点户进行专项检查，查出有问题的企业 14 个、个体户 29 户，查补税款 128.50 万元，其中企业 48.50 万元，个体工商户 80 万元。

1998 年，县地税局充实稽查队伍，稽查人员由原 3 人增至 6 人，同时县公安局税侦大队分别派驻 2 名干部到县国税、地税稽查局办公，合力打击涉税犯罪行为。是年，国税、地税稽查部门对 14 个行业进行税收清理，入库税收 113 万余元。2001 年，按照“一级稽查、属地管理”的原则，县国税局进一步充实稽查力量，明确稽查职责，将一般纳税人企业、个体建账户、重点行业的稽查工作全部纳入县局稽查局的管理范围，稽查工作步入规范化、科学化轨道。2002 年，税务稽查体制按照总局要求逐步由收入型向执法型过渡，税侦大队与稽查局分开办公。同时，为优化经济环境，减少多头重复检查，开始实行计划检查制度。

2003 年 3 月，县国税局开展“税收征管质量街”活动，将文星地区四条街道和新泉寺镇、南湖洲镇、铁角嘴镇、袁家铺镇和东塘镇等农村集镇划为“征管质量示范街”。2004—2008 年，每年都组织骨干力量在全县范围内开展户籍清理、纳税评估、专项稽查工作。

2004 年，县地税局以个体税收为突破口，开展税收征管规范管理年活动，被省局评为规范管理年活动先进单位。2005 年 3 月，开展税务稽查“春雷行动”，重点整治房地产行业和建筑安装行业的税收征管秩序。是年 9 月，与各金融机构及 12 户企业签订电子缴税三方协议书，试行电子申报缴税。2006 年 4 月，县地税局在全市地税系统实行税官员制度取得成功，并向全市推广。是年 7 月，县政府设立建安房地产税收“一体化”办公室，实行“以证控税”的管理办法。2008 年 4 月，县地税局在全县范围内积极推广应用税控收款机和个人所得税机缴软件，全县 32 家企事业单位安装了机缴软件。2009 年，县国税局联合市局稽查局，对境内的河道砂石采挖业进行重点稽查，查补税款达 1235 万元，极大地促进了当年的税收增长；县地税局制定土地使用税、土地增值税、资源税、所得税规范管理、交纳税收“一条龙”管理的考核计分办法和社会综合治税工作实施方案，当年入库土地增值税316万元，被省地税局评为“先进单位”。2010年，县国税局联合公安、海事等部门，对造船行业进行税务稽查，查补税款459万元。对触犯税收法律法规的2人实施了逮捕，极大震慑了税收犯罪分子，规范了税收秩序。县地税坚持“实施阳光征收，全面公开税负”的原则，出台《湘阴县地方税务局“阳光征收行动”实施方案》予以公示，切实加强税收征管稽查。2011—2015年，全球经济处在下行阶段，在大气候影响下，湘阴县经济运行也出现了困难。2014—2015年，房地产价格居高不下，但进入消费低潮期，空置房产多，远大可建，建华管桩纳税工业大户出现减收，有些工业企业出现停产半停产状态，部分企业实行“营改增”，这些都给税收造成直接影响。在困难情况下，国地两税部门加大稽查、征管力度，严查偷税漏税，实行精细化核算和征管，保证税收逐年稳增。2011年国税年税收实现1.6亿元，地税实现3.3亿元，以后连年不减稳增，2015年国税实现税收2.34亿元，地税实现6.21亿元，分别比2011年增46%和89%。

第三章 金融

第一节 机构

中国人民银行湘阴支行 1990年6月组建，内设机构有办公室、政工股、计划股、金融机构管理股、会计国库股、稽核股、货币发行股、保卫股。是年7月1日正式开业。1994年5月28日设立支行国库股，独立行使国库资金的核算和缴拨工作。1997年9月设立农村合作金融管理股。2000年6月16日，湘阴县城市信用社（中国人民银行湘阴支行下设机构）归口农村信用联社管理。2001年6月撤销保卫股和货币发行股，内设人事政工股、会计国库股、金融机构管理股、货币信贷统计股。6月14日，根据上级行发行库撤并方案，中国人民银行湘阴支行发行库撤销，终止营业。辖内金融机构办理存取款业务，一律到中国人民银行汨罗支行办理。2003年12月，根据金融改革要求和部署，人民银行监管职能分离，成立相应的银行业监督管理委员会湘阴办事处（正科级事业单位），同时撤销中国人民银行湘阴支行金融机构管理股。是年，中国人民银行湘阴支行与湘阴银监办进行财产和人员划分。2004年6月24日，根据岳阳市人民银行文件精神，湘阴支行内设办公室、人事股、货币信贷统计股、会计国库股。2006—2015年，内设办公室、会计国库股、货币信贷统计股。

中国农业发展银行湘阴支行 成立于1996年12月，内设行长室、办公室、客户服务部、财务会计部（兼营业）。2015年，内设办公室、财务会计部、客户服务部。主要从事收储和信贷业务，重点支持粮食收储信贷业务。

中国工商银行湘阴支行 成立于1984年元月1日。县工商银行是以城市业务为主体的专业银行。实行独立核算、自主经营、自求平衡、自负盈亏的核算办法，负责城市国营、集体、个体工商企业、事业单位及机关、团体的存款、放款和结算业务，对其中的国营和集体单位进行现金和资金管理，促进其发展生产，搞活流通，大力开展城镇储蓄业务，广泛集聚建设资金。是年，中国工商银行湘阴支行下设办公室、人事股、信贷股、计划股、储蓄股、会计股、出纳股、工会办。1995年，下设2个分理处，8个储蓄所，即乌龙咀分理处、瓦窑湾分理处；城关储蓄所、乌龙咀储蓄所、瓦窑湾储蓄所、三井头储蓄所、先峰路储蓄所、北正街储蓄所、夏家桥储蓄所（1989年3月增设）和兴湘储蓄所（1995年9月增设）。1999年9月，中国工商银行湘阴支行更名为中国工商银行岳阳市分行湘阴分理处，隶属中国工商银行岳阳市分行管理，原县支行的债权债务由湘阴分理处承接。机构改革后仅保留一个会计出纳营业间和城关储蓄所对外营业。撤销两个分理处和8个储蓄所。内设股室由原来13个压缩为6个，即办公室、信贷股、会计股、储蓄股、出纳股、行政保卫股。2010年中国工商银行湘阴支行内设综合业务部、公司业务部，下设营业部和旭东分理处。2015年内设办公室、营销一部、营销二部，下设两个营业网点。

中国农业银行湘阴支行　1979年，恢复成立。1986年内设机构有办公室、储蓄股、农业信贷股、工商信贷股、人事股、计划股、会计股、稽核股、保卫股。1987年在城关成立益平储蓄所。1989年先后在城关成立茶亭储蓄所、大操坪储蓄所和接官亭储蓄所。是年，县支行工商信贷和农业信贷股合并为信贷股。1994年铁角咀储蓄所并入岭北营业所，在城关地区成立国际业务部，主要办理国际代理业务和人民币存贷款业务。机关会计股和计划股合并为会计计划股。1996年撤并城关镇渡口储蓄所，临资口营业所并入洞庭营业所。机关储蓄股更名资金组织部。办公室更名为综合办公室。会计计划股更名为会计计划部。信贷股更名信贷部。人事股更名为人事教育部。保卫股更名为保卫部。是年，信用社与中国农业银行湘阴支行脱钩。1997年，益平储蓄所、茶亭储蓄所、大操坪储蓄所、接官亭储蓄所、国际业务部并入支行营业部。在信贷管理上，设专项信贷部，管理由农业发展银行划转过来的粮棉附营业务。2001年7月，撤并金三角储蓄所、城南营业所和濠河营业所。2002年2月，综合办公室和人事教育部合并称综合管理部。会计计划部改名为业务管理部。资金组织部和信贷部合并称业务拓展部。保卫部更名为安全保卫部。4月，车站储蓄所升格为城北营业所。同时，先后撤并岭北营业所、新泉营业所和濠河营业所，撤销专业信贷部，成立风险资产经营部，主要经营不良资产。原专项贷款划入风险资产经营部。2004年4月，风险资产经营部划入市直属支行管理。2005年1月，业务拓展部分设个人客户部和法人客户部。2010—2015年，中国农业银行湘阴支行内设综合管理部、客户部、财会运营部。下设支行营业部、太傅分理处、城北分理处。

中国银行湘阴支行　1993年7月26日开业。内设业务管理科、业务发展科、人事保卫科。下设四个网点，即支行营业部、先锋路分理处、北正街分理处和江东路储蓄所。1993年7月至2001年6月租用江东路房产局二楼办公。2001年7月至2003年7月，租用人民银行附属楼办公。2003年7月，乔迁至江东路新址办公。2010—2015年，中国银行股份有限公司湘阴支行内设综合管理部和业务发展部，下设营业部、江东路分理处、先锋路分理处。

中国建设银行湘阴支行　1959年10月，建立中国建设银行湘阴办事处。1979年7月，正式成立中国人民建设银行湘阴支行。1996年，中国人民建设银行更名为中国建设银行。中国人民建设银行湘阴支行相应更名为中国建设银行湘阴支行。2010年，中国建设银行湘阴支行内设客户经理室，下设营业部。2015年，内设办公室、业务股、个金业务股和会计核算股，下辖一个营业网点和一个自助银行。

华融湘江银行湘阴支行（原岳阳市商业银行湘阴支行）　成立于2010年1月10日。10月12日，更名华融湘江银行股份有限公司湘阴支行，即华融湘江银行湘阴支行。华融湘江银行是由国家财政部全资公司中国华融资产管理股份有限公司与湖南省人民政府在原湘潭市商业银行、株洲市商业银行、岳阳市商业银行、衡阳市商业银行和邵阳市城市信用社的基础上联合组建的一家股份制区域性商业银行。华融湘江银行湘阴支行内设行长室、办公室、营销业务室、营业大厅。主要从事收储和信贷业务。2015年，内设综合部、运营部、营销部。

中国邮政储蓄银行湘阴支行　2008年4月22日成立，内设综合管理部、会计核算部、综合业务部、信贷部，公司业务部。下设南湖洲支行、江东路支行。有16个邮储代理网点。主要从事收储和信贷业务。中国邮政储蓄银行湘阴支行坚持服务“三农”、服务中小企业、服务社区的定位，走“普惠金融”的发展道路。2015年，内设综合经营部、三农经营部、公司业务部。下设旭东路支行、南湖洲支行。

湘阴县农村信用联社　1984年秋，遵照国务院105号文件精神，进行了以恢复“三性”为主要内容的改革，全县 39 个农村信用社召开社员代表大会，选举产生理、监事会，建立了县农村信用社联合社（简称县信用联社或县联社）。县联社主任由中国农业银行湘阴支行副行长兼任，内设劳动人事、纪检稽核、业务财务股室。1986 年 1 月，县联社成立营业部，对信用社资金服务。是年 6 月 20 日正式对外办理存、贷结算业务。9 月 20 日开通县辖通汇结算业务。12 月 10 日又开通同城结算业务。联社管理兼经营双重职能的启动，促进了信用社业务发展。

2004 年始，湘阴县农村信用社根据《国务院印发深化农村信用社改革试点方案的通知》及《国务院办公厅关于进一步深化农村信用社改革试点的意见》，着手进行体制改革。2007 年年底，争取了国家扶持资金 11526 万元，置换部分不良贷款和历史包袱，并以县为单位，将全县信用社统一为“一级法人”，成立湘阴县农村信用合作联社，下设 1 个营业部、18 个信用社、15 个分社、5 个储蓄所。2015 年，县农村信用联社内设办公室、人力资源部、计划信贷部、财务核算中心、会计管理部、业务拓展部、融资结算中心、资产保全部、内控部、安全保卫部、科技电脑部，下设营业部。基层设 18 个信用社、15 个分社、5 个储蓄所、40 个营业网点。全县安装自动取款服务机 6 台，安装 POS 机 35 台。2015 年，湘阴县农村信用合作联社实行改革，改建为农村商业银行，经过半年时间做好筹备工作，2016 年 1 月正式揭牌营业，其内设机构不变，经营范围和业务基本与原保持相同。年底各项存款余额 361000 万元，比年初净增 63000 万元，占全县金融市场份额 33.3%；各项贷款余额 185000 万元，净投放 32000 万元，占全县金融市场份额 25.3%。

20 世纪 80 年代存贷业务发展缓慢。1986 年，全县信用社各项存款余额 2235 万元，各项贷款余额 1141 万元。1993 年末，存款储蓄首次登上亿元台阶。1996 年年底，农村信用社与农业银行分家，成立独立的金融机构，年末存款储蓄余额 30120 万元，各项贷款余额 21568 万元。2007 年，县农村信用合作社体制改革和业务发展取得双丰收，年末各项存款余额 77211 万元（占全县金融机构存款总额的 30%），各项贷款余额 38382 万元（占全县金融机构贷款总额的 23.4%）。2010 年末，全县农村信用社各项存款余额 144426 万元，比年初增加 16483 万元；各项贷款余额 97317 万元，比年初增加 34060 万元，贷存比例为 67.38%；各项收入 7356 万元，支出 7220 万元，账面盈余 136 万元。年底经营等级达到 6B 级。2011 年以后县农村信用联社存货业务发展迅速，2015 年年底，存款余额为 361000 万元，比 2010 年净增 217000 万元，占全县金融机构市场份额 33%；各项贷款余额 185420 万元，比 2010 年净增 88100 万元，占全县各金融机构市场份额 25.3%，在全市排首位。

第二节　货币存贷

一、投放与回笼

1990—2009 年，县内银行部门为支持搞活商品流通，促进城乡经济和社会发展，使货币的投入与回笼保持较高速度稳步增长。据中国人民银行湘阴支行统计，投放数由 40681 万元上升到 1467938 万元，回笼数由 41779 万元上升到 1468693 万元，年均递增率分别为 175% 和 171%。2010 年，投放 121038 万元，回笼 151653 万元，净回笼 30615 万元。2011—2015 年，存货业务不断扩大，2015 年末，投放总额为 732102 万元，货款规模居全市第二位；各项存款余额 1086000 万元，比 2015 年年初增加 164000 万元，存货比为 67.4%，居全市第一，金融工作考核全市第一位。

二、存款

全县各金融机构的存款，分单位存款和城乡居民储蓄存款两类。单位存款又称公存款，包括企业存款、财政存款、机关团体存款和农业存款。城乡居民储蓄存款是大头。全县存款年末余额，1990 年为

18990万元，2010年达到504976万元，20年增长25.59倍。其中，城乡居民储蓄存款1990年为10395万元，2010年达到359777万元，20年增长33.61倍。2011年全县存款快步提升，年末存款余额为645000万元，比2010年净增140000万元；2015年增加至1086000万元，比2011年增441000万元。

1990—2015年湘阴县各专业银行及联社存款余额统计表

表19-13　单位：万元

年份	全县合计	其中		工行	农行	中行	建行	农发行	联社	邮储	华融湘江
		公存	储蓄								
1990	18990	8595	10395	6283	7458	—	636	—	4613	—	—
1991	23967	9525	14442	7577	9119	—	1191	—	6080	—	—
1992	28516	9561	18955	8445	9348	—	2293	—	8430	—	—
1993	36871	13538	23333	9480	12358	1128	2127	—	11778	—	—
1994	51960	18476	33484	10981	15650	1884	3049	1184	19212	—	—
1995	52632	10921	41711	11338	8259	2142	3863	616	26144	—	—
1996	61136	10135	51001	13112	9200	3003	5276	419	30116	—	—
1997	73212	11573	61639	11573	12795	4006	7607	378	36813	—	—
1998	80019	12941	67078	11965	15948	5655	7524	367	38560	—	—
1999	85744	15244	70500	12136	14729	7855	7665	300	42425	—	—
2000	107050	22264	84786	14256	16194	8494	9357	430	47761	—	—
2001	116478	15722	100756	15216	18207	12002	8195	188	47603	—	—
2002	137899	24780	113169	17471	22602	15085	11494	1114	53537	—	—
2003	156639	21732	134907	19647	26557	17671	10319	107	61379	20836	—
2004	162092	114413	47679	19898	29073	22616	12450	540	54208	23454	—
2005	183081	32234	150847	23080	32715	28125	15909	379	54918	23891	—
2006	216620	43527	173093	27223	35534	31827	20243	995	63558	35171	—
2007	259956	54135	205821	30376	38477	38936	27949	3079	77211	42612	—
2008	332604	72056	260548	41622	40903	41223	38122	2998	101475	51905	—
2009	413906	103054	310852	57437	45305	56367	42771	5150	127944	61392	—
2010	504976	145199	359777	61088	50871	63626	48666	106192	144426	14614	18849
2015	1086000	298000	788000	92600	86230	116200	125000	9541	361020	30200	62815

三、贷款

1990—2010年，全县各金融机构积极主动支持农业生产和县域经济发展，逐年扩大信贷规模，除1999年、2000年、2007年贷款总规模出现负增长外，其余各年都呈增长态势。2010年比上年增加113135万元，贷款规模增长43.7%。2015年，全县各项贷款余额达到750035亿元，比2010年净增378019万元，贷款规模增长9.21倍。

1990—2015年湘阴县各专业银行及联社贷款余额统计一览表

表19-14 单位：万元

年份	全县合计	工行	农行	中行	建行	农发行	联社	邮储	华融湘江
1990	40339	12778	22207	—	2201	—	3153	—	—
1991	50106	14603	28451	—	2344	—	4708	—	—
1992	58762	16977	33032	—	2336	—	6426	—	—
1993	68307	19141	37624	300	2435	—	8807	—	—
1994	81355	20290	21217	550	2456	24618	12224	—	—
1995	93720	21261	23503	570	2681	28271	17431	—	—
1996	107478	23057	25306	697	2892	33958	21568	—	—
1997	121685	21639	36527	583	1221	46183	25532	—	—
1998	126032	21927	34445	407	1229	41485	26539	—	—
1999	119789	10973	34487	906	1072	43019	29332	—	—
2000	114724	14390	17090	617	2315	50153	30159	—	—
2001	125129	11997	18031	425	3063	60484	31129	—	—
2002	134421	11722	17738	2271	2564	67857	32269	—	—
2003	138082	17101	17590	3638	2310	64930	32513	—	—
2004	143950	19228	8289	4885	2472	71222	37854	—	—
2005	160036	16739	21381	5282	3044	80400	33190	—	—
2006	166006	17508	21541	5940	3904	81117	36396	—	—
2007	163988	14723	21091	6848	3480	79974	38382	—	—
2008	174535	18026	5642	6817	3414	92541	48431	—	—
2009	258881	34483	11109	11574	6205	113813	63527	594	—
2010	372016	92815	19648	24812	20234	108242	97317	3176	5772
2015	750035	106421	105064	82600	85000	65623	185418	39377	80532

第三节 保险业

一、业务网点

中国人寿保险股份有限公司湘阴支公司 始建于1981年1月，前身为中国人民保险公司湘阴支公司。1996年由于业务发展需要，公司分为中国人寿保险公司湘阴支公司和中国人民财产保险公司湘阴支公司。2003年中国人寿在美国、中国香港上市，中国人寿湘阴支公司更名为中国人寿保险股份有限公司湘阴支公司，内设综合部、个险部、中介部、团险部。2010年内设综合部、团险部、个险部、银保部、B柜面。主要从事人寿保险业务。2015年，内设经理室、商业非车险部、出单分部、综合部、个代营销部、理赔分部、车商部、新泉营销服务部、农险三农服务部、车险综合拓展部。

中国人保财险湘阴支公司　1981年1月成立，1996年7月改组成立中保财产保险有限公司湘阴支公司。1999年1月继承人保品牌恢复为中国人民保险公司湘阴支公司。2003年11月更名中国人民财产保险股份有限公司湘阴支公司，简称“中国人保财险湘阴支公司”。2010年，公司内设经理室、综合部、出单室、理赔部、直销部、车商部、营销部、责意险部、农险科9个部室。2015年，内设经理室、商业非车险部、出单分部、综合部、个代营销部、理赔分部、车商部、新尔营业服务部、农险/三农服务部、车险综合拓展部。

中国人保寿险湘阴支公司　成立于2007年。公司内设经理室、综合部、客服部、个险部、银保部、团险部、互动部、理赔部八个部室。2007—2010年挤入全省十强，成为全市唯一晋级A类公司的县级保险机构。

中华保险湘阴支公司　成立于2005年12月18日，前身为中华联合财产保险公司湘阴支公司。公司内设经理室、综合部、客服科、农险科、业务部。

平安财产保险湘阴支公司　于2007年在湘阴县建立营销服务部，2009年升级为湘阴支公司。一直以来，秉承“聪明经营，健康超越”的经营理念，在同业首先推出“万元以下案件，24小时赔付”致力于为广大客户创造长期稳健的价值回报。

2000—2015年，中国平安人寿保险股份有限公司、新华人寿保险股份有限公司、中国太平洋财产保险股份有限公司、中国太平洋人寿保险股份有限公司、安邦财产保险股份有限公司、泰康人寿保险股份有限公司、幸福人寿保险股份有限公司，先后在湘阴县设立营销服务部。

二、险种

中国人寿保险股份有限公司湘阴支公司经营的保险种类有：简易人身险、子婚险、康宁定期、康宁终身、少儿英才、99鸿福、88鸿利、少儿一身幸福、鸿鑫分红、鸿泰分红、鸿丰分红、个人养老年金、人身意外伤害、全家福、学生平安保险、汽车乘客旅意险。

中国人保财险湘阴支公司经营的保险种类有：各类财产保险、责任保险、工程保险、货运保险、船舶保险、交强保险、信用保险、意外伤害保险、各类商业车险、短期健康保险、保证保险、政策性农业保险等人民币或外币保险业务。

中国人保寿险湘阴支公司经营的保险种类有：健康保险、医疗保险、养老保险、分红保险、人生平安保险、学平险、储蓄保险、分红保险等业务。

中华保险湘阴支公司经营的保险种类有：各类财产险、工程险、责任险、货运险、交强险、各类商业车险、个人及团体意外险、健康险及农业保险等。

平安财产保险湘阴支公司经营：企业财产损失保险、家庭财产损失保险、建筑工程保险、安装工程保险、货物运输保险、机动车辆保险、船舶保险等原保险、法定责任保险、一般责任保险、保证保险、信用保险、短期健康保险、意外伤害保险、种植保险、养殖保险，代理国内外保险机构检验、理赔、追偿及其委托的其他有关业务和经中国保监会批准的其他业务。

三、承保理赔

1996—2010年，中国人寿保险股份有限公司湘阴支公司承保48374万元，赔付24159.28万元，赔付率49.94%。

2000—2010年，人保财险湘阴支公司承保13562万元，赔付9488万元，赔付率69.96%。中国人保寿险湘阴支公司承保14300万元，赔付820万元，赔付率5.73%。中华保险湘阴支公司承保2779.78万元，赔付1907.35万元，赔付率68.62%。

1996—2003年中国人寿保险股份有限公司湘阴支公司承保理赔情况一览表

表19-15　　单位：万元，%

年　度	保　费	赔　款	赔付率	年　度	保　费	赔　款	赔付率
1996	387	174.15	45	2004	4056.6	1663.21	41
1997	643.2	270.14	42	2005	4326.6	1990.24	46
1998	754.5	384.80	41	2006	4962.8	4069.50	82
1999	921.06	442.11	48	2007	5424.8	2332.66	43
2000	1143	605.79	53	2008	5930.3	2502.59	42.2
2001	1111.04	488.86	44	2009	6380.1	2807.24	44
2002	2299.7	1241.84	54	2010	6889.3	3513.54	51
2003	3144	1672.61	53.2				

2000—2015年中国人保财险湘阴支公司承保理赔情况一览表

表19-16　　单位：万元

年　度	保费收入	赔付支出
2000	361	231
2001	484	278
2002	531	320
2003	514	369
2004	740	508
2005	776	576
2006	783	560
2007	1544	1210
2008	2354	1726
2009	2532	2071
2010	2943	1639
2015	6493	3305

2007—2015年中国人保寿险湘阴支公司承保理赔情况一览表

表19-17　　单位：万元

年　度	保费收入	赔付支出
2007	2800	52
2008	3200	118

续表 19-17　单位：万元

年　度	保费收入	赔付支出
2009	3800	290
2010	4500	360
2015	5033	289

第四节　金融监管

中国人民银行湘阴支行履行管理职能，对县内金融机构及其金融活动进行监管。

一、机构管理

1992年，全县130个金融机构全部换发新许可证，重新编印《金融机构花名册》，共办理3个储蓄所的搬迁与更名，增设2个信用社。1993年，共审查报批11个金融机构网点，其中设立7个、搬迁3个、撤销1个。1994年，共审查报批13个金融机构网点，其中设立8个、搬迁更名4个、筹建1个。1995年，本着“因地制宜、合理布局、安全方便、确保效益”的原则，共审查报批18个金融机构网点，设立1个、搬迁8个、筹建9个。1996年12月31日，同意成立中国人民银行湘阴代理处。1997年，办理机构设立1个、搬迁8个、撤并3个。至1997年3月底止，全县共有41个信用社(部门)，50个储蓄所分社、从业人员770人，各项存款储蓄余额32106万元，各项贷款余额22483万元。1997年，湘阴县金融系统辖内有4家国有商业银行、1家政策性银行、1家城市信用社和信用联社，共有银行网点136个，信用社网点94个，邮政储蓄机构网点21个。金融系统从业人员1450人，其中国家银行490人，信用社890人，邮储网点70人。1998年，共办理机构搬迁2个、设立1个、撤销5个，根据上级行的要求和安排对金融机构和贷款证进行了年审。2002年，对辖内的安静、湾河、南湖、赛头、和平、胭脂、关公潭、湘北储蓄所等8家农村信用社进行归并、更名、降格、搬迁。对业务发展较快的城东农村信用社城东储蓄所升格为分社，撤销白泥湖信用社三峰窑储蓄所、濠河信用社合龙分社，对辖内金融机构的金融业务的准入和退出也严格按要求管理。2003年，支行经请示市行批准办理了中国农业银行湘阴县支行樟树营业所和支行营业部的撤销及归并手续，办理了湘阴县邮政局牛角湾邮政储蓄所的搬迁，督促中国银行湘阴支行、中国农业发展银行湘阴支行在机构搬迁时完善搬迁手续，在加强机构管理的同时，为强化辖内国有商业银行金融业务准入和退出管理，结合机构年检核查了各金融机构外汇业务申报和核准手续以及中间业务申报管理。

2012年10月，县政府金融工作办公室成立，为直属县政府正科级事业单位，内设综合办公室，银行管理股、证券保险股、企业上市股、定编9人，管理全县银行、保险及社会投资公司等，主要职能是协调服务经济发展，推进银企对接，扶持企业上市，提升金融服务水平，加强金融市场监管，优化市场环境，严密防范和化解金融风险。

二、检查活动

1990年10月、12月，先后2次开展大型交叉和抽签形式检查。辖内5家竞赛单位在加强内部管理、改善服务态度、提高服务质量、执行储蓄政策等方面取得显著成效。

1991—1992年，没收假人民币6起360元，没收被涂改的国库券81起7120元，并在县广播电台发布“反假公告”。

1993年9月中旬，对辖区内各专业银行、保险公司、城乡信用社、邮政储蓄的42个金融机构网点进行了为期5天的检查，发现印章与挂牌不一致、未悬证营业、乱浮利率等违规现象并予以纠正。是年，共进行储蓄检查稽核3次，对房地产信贷业务和保险公司保险存款情况进行专题稽核，对违规吸收存款、公款私存、不遵守利率政策等问题，进行严肃查处，罚款71251元，并提出整改措施，对邮政汇款强制揽储问题进行清查，并制定了冻结存款扣发奖金和调离岗位的措施，使之得以制止。

1994年11月上旬，根据省、市分行的安排，对辖内149个金融机构基本情况、48个金融机构法人或主要负责人简历、44个金融机构资本金管理等内容进行认真核实、填写，使全县金融机构基础档案工作逐步走向正轨。

1995年2月9日，对城关地区的14个储蓄网点进行突击检查，发现有部分网点在柜上向储户按定期储蓄发放10%的手续费，对此给予一定的经济处罚，严肃金融秩序。3月6—28日，对辖内151个金融机构设置的合法性、执行政策的严肃性、经营的合规性进行了一次全面的综合检查。对违规行为按照中国人民银行总行《金融机构管理规定》分别作出责令书面检查、通报、罚款及摘除招牌等处理决定，加强了金融机构的规范管理。12月25—27日，组织两个检查组，对县工行、中行、建行、信用联社、城市信用社营业部等7个单位进行检查，共检查基本存款账户420个，专用存款账户200个，一般存款账户230个，对违规行为进行了处理。

1996年，进行5次结算纪律检查，其中两次对国有商业银行、信用社、邮政储汇机构开展全面检查，采用多种方式对压单、压票和邮政汇兑资金转储蓄进行重点检查，共查处违纪问题125个，违纪金额920万元，处罚款12971元，有效防止延压票据、截留他行资金现象，加速了资金周转。

1997年，每月对部分业务量大的金融网点进行重点检查。共查出公款私存、违规坐支、非基本存款账户取现、违反现金支付范围等问题26笔，涉及8个单位的16个营业部和储蓄所，先后作出了责令整改等处罚措施。是年，建立党组成员金融监管责任制，全年共开展稽查项目11个，稽查金融机构53个，稽查金额117597万元，查出违规金额9701万元，提出整改建议49条。

1998年，以制止高息揽存为金融监管工作重点，坚持每季度搞1次利率检查，共查处违规机构网点16个，违规业务191笔，金额1286万元，罚款1.2万元。

2000年4月20日至5月31日，中国人民银行湘阴支行共抽查营业机构16家、检查贷款3038笔，金额83976万元；检查报表39份，凭证账簿141本，查出违规问题15个。经查实，7家金融机构共计有3786万元不良贷款未在会计报表中反映，3家金融机构有971.8万元贷款未在贷款科目中反映核算。县人民银行向检查单位下发检查报告，提出整改意见32条。

2003年3月19日至4月2日，中国人民银行湘阴支行对辖内金融机构实施金融执法检查，对查实的违规问题分别提出整改意见，下发《整改通知书》。是年，共对辖内33家银行类金融机构网点进行年检，占网点总数的94%，对57个信用社、分社、储蓄所进行年检，年检面100%；对3名银行类金融机构高管人员进行年度考核，全部为合格。对34个信用社法人机构60名正副主任进行综合考核，全部为称职以上。同时还开展了利率、现金、结算、国库等检查17次，针对现场检查中发现的问题下发《整改通知书》7份，并督促辖内金融机构及时整改，确保按规操作、稳健经营。

2004年7月，中国人民银行湘阴支行等8个金融机构联合开展货币反假宣传，活动遍及全县。

2005—2009年，每年均组织对银行类金融机构账户管理、国库经收、金融统计等综合检查。2010年，进一步从完善制度、内控监督检查等方面强化措施，做到警钟长鸣。2011—2015年，人民银行湘阴支行在监督检查中突出重点，保持经常化，主要对章、押、证保管、内外对账、机要保密、干部职工参与民间投融资风险、水电气防范风险、重大节假日期安全等方面开展排查，排查方式有三种，即各股室自查、支行自查复查，接受市行专项检查。

三、行政处罚

1990 年 2 月，某储蓄所散发高息吸储广告，开展有奖酬宾活动。中国人民银行湘阴支行发现后，责成该储蓄所立即停止上述储蓄业务，收回宣传广告，写出书面检查，并处罚款 2000 元。3 月 25 日，查出某信用社违反利率政策，违规吸储 115260 元，罚款 500 元。

1991 年上半年，对违规吸储的县信用联社某储蓄所处以 1121.8 元罚款，并在全县金融机构中进行通报。12 月，查处某信用社的储蓄酬宾问题，罚款 2070.8 元，冻结存款 13.6 万元。是年，县支行相继对辖内金融机构利率政策执行情况进行检查，对违反利率政策的金融机构分别给予行政处罚，并处罚款共计 1531.8 元。

1993 年 6 月 5 日，某银行延压票据等，被罚款 2400 元。某银行公款私存、转移一般性存款被罚款 30000 元。

1994 年 6 月，对某金融机构营业部及 6 个储蓄所的储蓄合规性进行检查，发现存在公款转储余额 1200913.9 元，处以罚款 8000 元。是年，取缔 5 家无证无照户，对 2 家有证无照户予以罚款，对 2 家有照无证户予以查封。

1996 年 10 月，某营业所辖内的某协储站乱浮利率扰乱金融秩序，影响公平竞争、对某银行湘阴支行处以 500 元罚款，在全县金融系统通报批评。

1997 年，县支行开展稽查项目 11 个，稽查金融机构 53 个，稽查金额 17597 万元，查出违规金额 9701 万元，提出整改建议 49 条。

2000 年 6 月 19 日，县支行对某银行湘阴支行实施金融执法检查，经查实超限额范围为客户办理现金支取业务 4 笔，金额 37 万元，处以罚款 10000 元；为无贷款卡客户办理贷款业务 3 笔，罚款 5000 元。6 月 20 日，县支行对某银行湘阴支行实施金融执法检查。经查实：超限额范围为客户办理现金支取业务 3 笔，金额 32 万元，处以罚款 10000 元；为无贷款卡客户办理贷款业务 11 笔，降低贷款利率 1 笔，罚款 5000 元。6 月 22 日，县支行对某银行湘阴支行某分理处实施金融执法检查。经查实：超限额范围为客户办理现金支取业务 7 笔，金额 86 万元，处以罚款 10000 元；为无贷款卡客户办理贷款业务 5 笔，罚款 5000 元。

2001 年上半年，对 11 个金融机构开展两次利率检查，检查笔数 1301 笔，发现违规机构 4 个 28 笔。对某金融机构提高贷款利率的行为，依照规定没收违法所得，并处以违法所得 3 倍罚款共计 648 元。对某银行湘阴支行某分理处延压票据罚款 695.6 元，违规支现罚款 2000 元。9—10 月，根据个人存款实名制检查情况对相关金融机构违规进行了相应行政处罚并罚款。

2002 年，中国人民银行湘阴支行对各类现场检查中发现的问题依照相关法规进行了严肃处理。全年共对辖内金融机构金融违法违规行为进行 16300 元经济处罚。

2007 年，县支行经监测发现，某金融机构 2 月存款准备金透支四笔：2 月 8 日透支 5243207.85 元；2 月 9 日透支 2472046.59 元；2 月 10 透支 2472046.59 元；2 月 11 日透支 2472046.59 元，依据《中国人民银行关于加强存款准备金管理的通知》第四条第一款规定，处以罚款金额 7595.60 元。

2008 年，某金融机构某分社不设立"待报解预算收入户"划解税款，处罚款 1000 元；中国农业银行湘阴支行因税款划解不及时，处罚款 210 元。

2009—2015 年，支行对辖内各金融机构开展金融执法现场检查，某银行湘阴支行因"违反规定为存款人支付现金行为"等问题处罚款 5000 元。某银行因检查发现在征信管理、账户管理等方面问题较多，对行长和分管负责人进行了约谈。对某金融机构存款准备金出现透支问题，作出罚款 3.5 万元的处罚决定。

第二十篇　城乡建设·环境保护

1980年12月，湘阴县成立基本建设委员会，下设办公室、城建、建工两科。二级机构有建筑设计室、建筑施工管理站、房地产公司、自来水公司、城关建设管理站、环保办（内设环境监测站），县建筑工程公司。湘阴县基本建设委员会负责全县城乡建设和环境保护等工作。

1984年1月，撤销县基本建设委员会成立县城乡建设环境保护局。内设办公室和城建、建工、环保三股。

1987年3月，撤销县城乡建设环境保护局，组建湘阴县建设委员会和环境保护局。1993年4月撤销县建设委员会与环境保护局合并组成建设环保局。1994年2月，撤销建设环保局，组建建设局、环保局。城市监察大队、城关环境卫生管理所仍归口建设局管理。

2010年，县建设局内设办公室、人事教育股、财务股、计生股，下属机构有：县城乡规划局（副科级局）、县公用事业管理局（副科级局）、县环境卫生管理中心、县建筑施工管理安全监督站、县建设工程质量监督站、县建筑设计院、县城建档案馆、县燃气管理办公室、县城市公交客运管理中心、县城市管理监察大队、县自来水公司、县城市公交客运有限公司、建安总公司、建安二公司。全局共有机关干部职工1800余人，其中局机关33人。

2011年4月，县人民政府根据《中共中央国务院关于地方政府机构改革的意见》（中发〔2008〕12号）精神，省、市委的安排部署，制定《湘阴县人民政府机构改革方案实施意见》，对部分县级机构进行改革，其中取消原县建设管理局，与房地产管理局合并新组建县住房和城乡建设局。而后来实际结果两局并没有合并，县建设局改挂住房和城乡建设局牌子，县房产管理局保持原状各行其职，内设机构与原没有大的变动。

第一章　规　划

第一节　机　构

1978—1980年，湘阴县城市规划管理工作，由县计委基建办公室兼管。1981—1989年，改由县建委城建科负责。1990年1月，经县政府批准成立"湘阴县城市规划管理办公室"与建委城建科分开办公。其职责主要贯彻执行城市规划，编制城乡建设规划、规划设计、地形测绘、规划的实施和管理工作。2003年10月，县政府决定成立湘阴县城市规划管理局。2004年4月，正式挂牌办公（属副科级事业单位），内设办公室、法规室、管理室、村镇建设办公室、规划勘测设计院。人员由原成立时6人增到40人。

2010年，县城乡规划管理局隶属县建设局。内设办公室、规划管理室、规划监察室、规划勘测设计院、规划信息中心、总工办、财务室、工会、村镇办及长仑、南湖、新泉、城南、城西片区办，在职干部职工54人。

2011年，县委、县政府根据城乡规划工作的需要，将县城乡规划局由原隶属县建设局改为单列升格为正科级事业局，但仍属城乡建设系列。内设办公室、行政审批股、村镇办、总工办、管理股、法规股、信访监察室、工业园分局、档案室和规划勘测设计院，在职干部职工70人。

第二节　总体规划

1981年年底，县基本建设委员会根据国家建委《城市规划编制审批暂行办法》《城市规划定额指标暂行规定》的内容和要求，着手编制《湘阴县县城总体规划（1981—2000）》。1981—1983年，编制出《湘阴县县城总体规划说明书》《总体规划基础资料》，并绘制《现状图》《总体规划图》《道路规划图》《近期建设规划图》《管线综合建设规划图》。《湘阴县县城建设总体规划（1981—2000）》编制完成后，经县第八届人民代表大会常委会第十九次会议审议通过，报省人民政府于1983年6月批准实施。从正式形成规划文本到评审通过批复实施等合法手续来看，这个规划是中华人民共和国成立后第一部县城规范性发展纲要。

1981年，县城建成区面积2万平方千米，县城人口4.1万人。《湘阴县县城建设总体规划（1981—2000）》规划近期建设到1990年，规划建设用地4.51平方千米，城市总人口发展到5万人，新建道路4条3350米；远期建设到2000年，规划建设用地6.4平方千米，城市总人口发展到6.5万人，新建道路8条6450米。其他各项建设都作出相应布局。

第三节　规划修编与调整

1990年，湘阴县规划勘测设计院根据省、市建委对原总体规划进行修编的要求，修编《湘阴县县城总体规划（1991—2010）》。1992年3月，经岳阳市政府、市建委领导及市、省规划部门专家11人组成的湘阴县县城总体规划修编评审委员会评审通过，10月29日岳阳市人民政府批准实施。规划近期建设到2000年，规划建设用地5.4平方千米，城市总人口发展到9万人。远期到2010年，规划建设用地9.9平方千米，城市总人口发展到12万人。县城规划区范围包括城关镇农业办事处行政辖区22平方千米，并将石塘乡双桥村、城南乡将军村、白泥湖乡大冲村及鹤龙湖附近333.33公顷（5000亩）区域划入城市规划区，总面积达38平方千米。县城发展成以农副产品和食品加工及建筑业、水产业、轻化工业为主的湖乡综合性工商业城市。规划还对工业建设、居民住宅建设、商业用地、公共设施、仓储布局、对外交通、道路广场、园林绿化等进行详尽规划安排。

1996年，岳阳市规划勘测设计院、湘阴县规划设计院修编《湘阴县县城总体规划（1996—2015）》。该规划坚持“点”“轴”“面”统一发展模式，优化城镇产业结构空间布局，强化小城镇合理开发建设，坚持可持续发展战略。规划于1999年7月29日经市人民政府批复实施。规划近期到2000年，规划建设用地10.2平方千米，城市总人口为10万人。远期到2015年，规划建设用地15平方千米，城市总人口为15万人。县城规划区范围东到石塘乡双桥村和板桥村，南为城南乡将军村，西为鹤龙湖渔场，北至白泥湖乡大冲村，总面积为50平方千米。城市性质为县域政治、经济、文化和农、工、贸三位一体的经济发展中心，发展成为具有湖滨水乡特色的现代化小城市。城市用地发展方向为重点东扩，适度南延。城市空间形态为“一核、两翼、三带”。“一核”即中部（南到江东路、北至长岭路）生活居住、商贸金融中心，“两翼”即南北工业——居住组团，设置商贸服务副中心，“三带”即沿江多功能绿化风光带、漕溪港楔入绿化隔离带、东湖公园、白水河公共绿带。该规划还对居住用地、公共设施用地、对外交通、道路系统、基础设施、防灾系统、环境保护、绿化景观工程作了详尽规划。

2000—2001年，北京清华城市规划设计研究院调整1996年规划，编辑《湘阴县县城总体规划（2000

—2010）》，于2005年4月22日经市人民政府批复实施。规划近期建设到2005年，城市建设用地10平方千米，城市总人口13万人，城市化水平25%。远期建设到2020年，城市建设用地18.7平方千米，城市人口22万人，城市化水平45%。远景建设到2050年，城市建设用地28.5平方千米，城市总人口30万人，城镇化水平65%。城市性质拟定为湘阴县的政治、经济、文化、科技中心。本次规划调整文星镇城市布局结构充分体现水乡城市的特点，以保护生态环境，建立绿色城市为目标，以可持续发展为基本原则，重点保护好东湖城市公园以及南部山体，向东发展，向南延伸，其间，保留永久性生态绿地。规划确定城市形态与结构为"一心、两轴、六片"，以可持续发展作为基本原则，以生态环境的保护作为出发点，形成"水绕城、城依山"的山水园林城市格局。"一心"即东湖城市生态公园，城市之绿肺。"两轴"即湘江、白水河自然景观轴线。"六片"即城市六个功能分区。

2008—2013年，湖南省城市规划设计研究院修编《湘阴县县城总体规划（2008—2030）》，于2013年9月9日经市政府批复实施。2008年，县城建成区面积14.5平方千米，县城人口15.23万人。规划近期建设到2015年，城市建设用地规模20平方千米，县城人口规模20万人。中期建设到2020年，城市建设用地规模22.5平方千米，县城人口规模22.5万人。远期建设到2030年，城市建设用地规模30平方千米，县城人口规模30万人。县城规划区范围包括文星镇和袁家铺全部，静河乡的青湖、青云、共和、青麦，长康镇的仁山、中山、花石、白马、浸米，石塘乡的石塘、双桥、栽松、板桥、月湾、五仑、高山、突丰、寺坝、新农，白泥湖乡的大冲，六塘乡的兰岭、赵垅、清水村，总面积139.7平方千米，总人口18.35万人。总体布局结构采用"滨江拥湖、一城三组团"空间布局结构。"滨江拥湖"即城市围绕湘江、东湖、洋沙湖布置，规划滨水地区形成商贸旅游区、江湖生态区、滨水绿化核心区等多层次空间景观。"一城三组团"即北部中心组团（东湖公园以北区域）、南岸新城组团（东湖公园与洋沙湖及保留生态绿地带之间的区域）、工业园组团（南部湘阴工业园区域）。

第四节 区域规划

《湘阴县县域城镇体系规划》（1996—2015）与《湘阴县县城总体规划》（1996—2015）合并编制，一同批复实施。

一、城镇化（规划）水平

近期（2000年）县域城镇人口17万人，城镇化水平24%。

远期（2015年）县城城镇人口32万人，城镇化水平40%。

二、城镇体系等级规模

县城现状城镇等级分三级：小城市、建制镇、乡集镇。到远期2015年将形成15万人左右的小城市一个，1万~5万人中心镇三个，0.3万~1万人一般建制镇11个。

《湘阴县县域村镇体系规划》（2008—2030）与《湘阴县县城总体规划》（2008—2030）合并编制，一同批复实施。

（一）城镇化水平　近期（2015年）县域总人口75万人，城镇化水平43%，城镇人口32.3万人。

中期（2020年）县域总人口78万人，城镇化水平50%，城镇人口39万人。

过期（2030年）县域总人口82.5万人，城镇化水平65%，城镇人口53.6万人。

（二）村镇空间布局结构　湘阴村镇空间布局结构规划为"一区四镇，双轴双带"的空间格局。

一区：东部重点城镇发展区，即文星镇、界头铺、樟树等湘阴县城镇、产业化重点发展区域，总面积430平方千米。

四镇：规划确定岭北镇、新泉镇、南湖洲镇、东塘镇为片区中心镇。

双轴：指南北向重点发展轴和东西向综合发展轴。南北向重点发展轴以芙蓉大道、京珠西线为载体；东西向综合发展轴以S308线为载体。

双带：指湘江重点提升带和界（界头铺）樟（樟树）岭（岭北）优化发展带。

（三）村镇规模等级结构　县域村镇规划为六个等级：县城—中心镇—一般镇—集镇—中心村—基本村。

县城：规划期末人口规模将达到30万人左右，是湘阴县今后发展的核心和重点。

中心镇：包括重点中心镇和片区中心镇，规划界头铺和樟树为重点中心镇，城镇人口规模确定为5万～7万人；将新泉、岭北、南湖洲、东塘作为片区中心镇，其城镇人口规模分别达到2.6万、1.5万、1.4万和2.5万人以上。

一般镇：包括湘滨、城西、六塘，城镇人口规模分别为1.2万人、0.6万人、1.2万人，主要是强化城镇功能，就近吸纳农村剩余劳动力，使之成为城市与农村的纽带。

集镇：规划0.1万~0.7万人，积极发展农副产品生产与加工，实现集镇集聚发展。

中心村：中心村规模应发展到1000人以上，引导发展，搞好市政及环境基础设施建设。

基层村：规划对自然村进行合并调整，做到节约用地，保护良田。

长株潭城市群两型社会示范区湘阴县界头铺片区规划。

2010年，湘阴县人民政府委托中国城市规划设计研究院编制的《长株潭城市群两型社会示范区湘阴县界头镇片区规划》（2010—2030），于2012年10月30日编制完成。

规划范围：本次规划以界头铺镇和袁家铺镇及其紧邻地区为湘阴县界头铺片区规划范围，包括界头铺镇域、袁家铺镇域大部分和静河乡、玉华乡部分地区，面积为88平方千米。

规划期限：近期：2010—2015年；中期2016—2020年；远期：2021—2030年；远景：2030年以后。

规划原则：坚持资源节约、环境友好；坚持先行先试、改革创新；坚持城乡统筹、区域协调；坚持政府引导、市场推动；坚持因地制宜，体现特色；坚持远近结合、弹性发展。

战略定位：规划确定湘阴界头铺片区的战略目标为：构建示范全国的城乡统筹发展样板区，成为长株潭城市群乃至全国“两型社会”建设城乡统筹的创新阵地、示范基地、产业要地、休闲胜地、宜居佳地。

发展规模：规划到2015年、2020年、2030年湘阴县界头铺片区总人口分别为8万~9万人、11万~12万人、21万~23万人，其中城镇人口规模分别为5万~6万人、9万~10万人、20万人左右，农村人口分别为2.6万人、1.9万人、1.4万人左右，城乡建设用地总量分别控制为9.7平方千米、12.5平方千米、21.6平方千米，其中城镇建设用地分别达到6平方千米、10平方千米、19平方千米，农村居民点建设用地分别为3.7平方千米、2.5平方千米、1.7平方千米。

总体布局结构：城乡统筹区的发展建设将呈现“一轴两区四片田园乡村”的总体布局结构。

一轴：芙蓉北路发展轴。

两区：由界头铺镇、袁家铺镇形成集中发展的两个城镇空间区，成为未来湘阴县界头铺片区的经济增长极。

四片：界头铺镇由镇区和燎原水库风景游览区共同组成，镇区工业园区主要发展以机械装配电子、汽车零部件为主的先进制造业、高技术支撑的轻工业；燎原水库、鹅形山、生态科技农业园共同形成镇区东部内容丰富、景观多样的风景游览区，以生态体验和修养度假为特色的健康休闲业为主。袁家铺镇由镇区和洋沙湖风景游览区共同组成，镇区工业园主要发展高技术支撑的轻工业；洋沙湖结合湘江共同形成县城南侧的休闲旅游度假休闲基地。

田园乡村：城镇外利用低山林地、溪流湖泊、农田园地以及名胜古迹建立生态风景游览区、湖泊风景旅游区、名人文化休闲区、田园农业区、整合乡村居民点，建设居民新村，改善乡村道路，建立景观道路系统，形成乡村地区生产、生活、生态三位一体的田园生态空间。

城乡统筹区规划范围：主要包括湘阴县界头铺片区及周边关联地区，具体由湘阴县界头铺片区和樟树镇、静河乡和石塘乡的高峰等组成，面积约 210 平方千米。

城乡统筹区总体布局：总体布局为一环两带三极的田园网络结构。

一环串联：利用芙蓉北路，改造提升湘樟路，规划开辟袁樟路，形成一条交通干道环，中联三镇为一个功能有机的空间整体，并带领乡村地区发展。

两带延伸：由芙蓉北路城镇发展带和湘江风光带向外延伸沟通示范片功能区，形成开放的空间态势。

三极拓展：由界头铺镇、袁家铺镇、樟树镇形成集中发展的三极城镇空间，呈三足鼎立的拓展之势，成为未来示范片的经济增长极。

田园网络：利用保留的农田、林地共同构成城镇发展的景观基底，形成田园新区。

东部城乡综合发展区范围：包括界头铺镇、樟树镇、玉华乡、袁家铺镇、静河乡、文星镇、石塘乡、六塘乡、白泥湖乡和长康镇，面积约 433 平方千米。

东部城乡综合发展区空间发展设想：依据湘阴县界头铺片区的开放式空间，拓展城乡功能，加强与县城的联动发展，形成“两带两区四镇”的大城市区域空间结构。以湘阴县界头铺片区对外开放的湘江风光带和芙蓉北路城镇发展带为筋脉，连通文星城区和界头铺地区实现联动发展，促进袁家铺、樟树镇、玉华乡和静河乡 4 个乡镇的协调发展。

“两型”产业定位: 将湘阴县打造成为: 长株潭绿色食品供应和加工基地; 长株潭产业转移承接基地; 长株潭装备制造业配套基地；区域性航运物流基地；康体休闲旅游度假基地。

2011—2015 年，县规划局根据县委、县政府发展战略布局要求，先后完成县城控制性详细规划编制，完成 18 个乡镇规划编制，完成县城绿地系统规划旅游规划，县城给排水规划、县城公交规划、县城燃气规划、县城商业网点布局规划共 6 个专项规划编制，以“海绵城市”理念为指导，坚持城乡统筹，充分发挥科学规划的引领作用。

第二章　县城建设

第一节　机　构

1980 年 12 月，建立湘阴县基本建设委员会，职能包括县城建设。1984 年 1 月，成立县城乡建设环境保护局，内设城建、建工股。

2000 年，湘阴县城市建设投资有限责任公司成立，并成立新城区开发指挥部。2003 年 6 月，更名为湘阴县城市建设投资有限责任公司，属国有企业机构，注册资金 4000 万元。2004 年，定名为县城市建设投资有限责任公司和县城市建设投资管理中心，实行两块牌子，一套人马办公。2006 年，县编委下文明确为县城市建设投资管理中心，系正科级行政支持类事业单位，隶属县人民政府。公司主要职责是管理城市建设投资，授权城区土地经营，为县域经济发展融资，承担城市建设和开发，经营管理城市公共资源。公司下设办公室、征拆办、工程办、经营办、财务室 5 个股室，有干部职工 34 人。

第二节　城市交通

1985 年，县城共有街道 29 条（段），过境公路 2 条，全长 15.56 千米，道路面积 20.12 万平方米。1986 年，加大城市建设力度，特别是进入 21 世纪后新建多条主要交通干道和次道，构筑现代化小城市建设的新骨架。至 2015 年，县城主干道总长 40552 米，道路总面积 149.93 万平方米。

江东路　从滨江大道（湘江边）起东西向穿城而过，全长 4300 米，道路宽度为 20~45 米。除煤站至北正街 300 米路段于 1978 年建设外，其余工程分四期进行，一期工程从北正街至工业局，全长 300 米，宽 24 米，1986 年动工，当年建成沥青路面；二期工程工业局至县教师进修学校，全长 1740 米，宽 24~38 米，1987 年动工，1989 年完成混石路面；三期工程，进修学校至洪家坡电力宾馆，全长 880 米，宽 38 米，1991 年动工，当年拓通，1992 年完成江东路全线沥青路的敷设任务。2000 年全路段建成水泥路面，人行道铺筑彩色釉面砖；四期工程：电力宾馆至湘阴一中新校址，全长 1380 米，宽 45 米，2003 年动工，拆迁房屋 44 栋 13550 平方米，完成土方 20 万立方米，道路全部硬化，江东路建设周期 17 年，投入资金 3200 多万元，拆迁房屋 321 栋 28800 平方米，推平大小山头 20 个，填平一湖两塘，完成土方 35 万立方米，建涵洞一个，铺设下水道 7500 米，架设路灯 3818 盏。

太傅路　从江东路至新世纪大道，全长 3818 米，宽 26~45 米，分两期建设。一期工程，江东路至先锋路，全长 1187 米，宽 26 米，拆迁房屋 9 栋 1470 平方米，完成土方 12 万立方米，当年建成泥结石路面，1994 年对车行道全部硬化。2002 年对其非机动车路进行硬化，人行道板进行彩化，铺筑彩色釉面砖。二期工程，先锋路至新世纪大道，全长 271 米，宽 30 米；江东路至湖滨路，全长 280 米，宽 30 米；2003 年 10 月动工，12 月完成水泥面路，两侧铺设下水道，安装了双层高杆路灯。该工程投入资金 700 余万元，拆迁房屋 8 栋 1490 平方米，完成土方 4 万立方米。三期工程，新世纪大道至“远大”可建湘阴总部，全长 2080 米，宽 45 米，2012 年完工。

冬茅路　从湘江大桥至芙蓉大道全长 3857 米，投资 1450 万元，拆迁房屋 8 栋 13 户 3600 平方米，完成土方 6 万立方米。分期建设，冬茅西路 685 米，1986 年在原泥结石路面基础上拓宽至 16 米，当年铺设沥青路面，2003 年再次拓宽 24 米，完成水泥路面的构筑；中路（先锋路至旭东路）全长 1600 米，宽 28~38 米，1993 年开工，1996 年竣工，16~26 米宽车行路，全部筑成混凝土路面。2002 年人行道铺设彩色釉面砖。东路（先锋路至嵩焘路），全长 1252 米，宽 38 米，2002 年开工，拆迁房屋 47 栋 48 户 14100 平方米，2003 年完成混凝土路面，全路段架设高杆双层路灯；嵩焘路至芙蓉大道，全长 320 米，宽 36 米。2008 年开工建设。

先锋路　滨江路至东湖北路再至江东路高岭加油站，全长 3500 米，1956 年沿县城北古大道修建，宽 10 米，1986 年拓宽至 22~24 米，铺设沥青油路面，原为平益公路的过境段，2002 年，改造和建设了部分下水道，道路全部硬化，人行道铺设彩色釉面砖，安装五点梅花式路灯。

东湖路　先锋路（左宗棠中学）至八甲桥，全长 1700 米，路幅宽 18~26 米，原为省道 1805 线，湘阴终点路段，2000 年前系湘阴至长沙的主要交通线，是城区内南北相连的唯一交通干道，全路段由东湖北路、中路、南路组成。东湖南路：1960 年加修填高拓宽东湖堤（现东湖闸至八甲），长 800 米，并将文星桥南移 300 米，路宽 8 米，后继续加至 15 米，1999 年拓宽为 20 米，车行道进行硬化，修建了部分人行道。2004 年又拓宽 6 米，车行道至 14 米全部硬化（完善两侧人行道的建设）。东湖中路：1960 年废秀外街、半边街沿东湖北路修东湖中路，宽 8 米，1992 年拓宽到 26 米，9 月份完成沥青路面建设任务。1996 年路面改为混凝土路面，2004 年上半年对道路大修，对两侧人行道全部整修，铺设新彩色水泥板。东湖北路（从现一中旧址至县老招待所东湖商业广场段），于 1973 年修建，1983 年拓宽达 18 米，车行道 10 米，9 月敷设沥青油路面，1998 年改成水泥路面。

尚书路 江东路至冬茅路，全长 751 米，宽 20 米，1996 年开工，拆迁 11 栋房屋 4500 平方米，完成土方 5 万立方米，次年建成泥结石路面，1998 年完成道路硬化和人行道彩板的铺设。

弼时街 从东湖路至滨江大道(原轮船客运站),于1956年8月拆除文庙第二进,将秀峰巷(秀内街)、学宫街、衙横街、常太街连接扩宽建成，长 495 米，宽 20 米。原为沥青路面，2003 年拆迁房屋 4 栋 22 户 3200 平方米，铺设麻石路面，成为县城第一条步行街，并安装宫廷式路灯。

湘杨路 从湘江大桥至党校，长 2310 米，于 20 世纪 70 年代初期建成 7 米宽的泥结石路面。1987 年拓宽至 16 米，2003 年再次将道路拓宽达 24 米，拆迁房屋 25 栋 4500 平方米，行车道改筑混凝土路面，人行道铺设彩板，安装高杆路灯。

新世纪大道 位于县城北侧，东接 308 线，西连湘江大桥，是岳阳至益阳交通干道，全长 4881 米，路幅宽 60 米，人行道 9 米，非机动车道 6 米，行车道 23 米（双向 6 车道），行车道与非机动车道之间设 3.5 米宽的绿化带隔离带。于 2002 年动工到 2003 年 9 月全部完成水泥路面、绿化隔离带、下水道、路沿石及路灯的建设任务，总投资 5500 万元，拆迁房屋 86 栋 29000 平方米，完成土石方 30 万立方米，建桥涵 12 处。

旭东路 湖滨路至过新世纪大道，全长 3029 米，2010 年建成，2015 年路面白改黑。

嵩焘路 湖滨路至江东路，全长 620 米，2005 年建成，2015 年路面白改黑（江东路至新世纪大道未修通）。

芙蓉大道 位于新城区南起白水江大桥，北至双桥学校，原为湘阴大道，全长 3253 米，路幅 80 米，两侧人行道各 15.2 米，非机动车道 7 米，绿化带隔离带 6 米，车行道 23.6 米(双向六车道)。南段 680 米，于 2001 年建成；中段 520 米，于 2003 年建成；北段 876 米，于 2004 年 6 月建成。水泥路面，绿化隔离带、地下管线、路灯建设全面竣工。该工程投资 3500 万元，完成土方 12 万多立方米，2014 年改造为芙蓉大道。

滨江大道 南抵南门港，北至漕溪港，全长 2555 米，宽 24 米（行车道 12 米），畔湘江东岸，高程 38.4 米，系防洪、交通、观光、游览于一体的干道。该工程拆迁房屋 410 栋 609 户平方米，砌筑麻石挡土墙 16 万多平方米，填培土方 50 多万平方米，安装口径 1 米下水管 4500 米，水泥硬化路面 4 万多平方米，铺设彩色人行道板 38000 平方米，新建麻石护栏长 2400 米，架设了高杆双层路灯。总投资约 5000 万元，2002 年开工到 2003 年 9 月 28 日全线竣工通车。滨江路南接线，北起南门港，南至瓦窑湾，全长 2260 米，路幅宽 22 米。需建 75 米长桥梁一座，涵洞二个，2004 年 10 月动工建设。

洋沙湖大道 从洋沙湖至长湘路，全长 3400 米，宽 45 米，双向六车道，车行道与非机动车道设绿化隔离带，2004 年动工新建，当年 8 月完成全路段水泥路面、下水道建设、绿化和路灯的安装。

工业大道 洋沙湖工业园至长湘公路，长 2000 米，宽 45 米，双向六车道。机动车道与非机动车道设 1.5 米的绿化隔离带，2004 年动工。

老长湘路 从八甲文星桥至洋沙湖工业大道，全长 2490 米，于 20 世纪 60 年代中期修建 7 米宽泥结石路面，1987 年拓宽至 12 米，相继铺设沥青路面，2004 年拓宽至 24 米，车行道 12 米，全部硬化，修筑了两侧彩板人行道，并安装路灯 100 盏，铺设 ϕ0.8 下水道混凝土管 4980 米，总投资 800 万元。

南岭路 又名八洋路，黄金至纸板厂，长 1250 米，于 20 世纪 80 年代建成，7 米泥结石路面，90 年代初建油路面，2002 年拓宽到 18 米，铺筑混凝土路面。

2011 年 5 月 10 日，县委、县政府向全县发出“关于创建国家文明卫生县城的决定”，提出在县城提质改造、硬件设施建设方面，道路硬化率达到 95% 以上，用三年左右时间完成新世纪大道、江东路等城区主次干道“白改黑”，并搞好雨污分流、强弱电入地、燃气管网配套、人行道改造、绿化提质、夜景亮化、环卫设施配套、无害化垃圾处理场竣工投入使用。2012 年启动并拉通太傅北路、旭东北路、疏港路等新城区新干线建设；2013 年启动并完成远大路、城区人行道和路灯亮化、主干道绿化美化建设；2014 年启动并完成新世纪大道、江东路“白改黑”和管网改造、绿化美化亮化工程；2015 年，启动并完成滨江大道、滨湖路、太傅路、旭东路、尚书路、冬茅路等 11 条城区主干道“白改黑”和强弱电入地、雨污分流、管网配套更新建设并完成县城 256 处背街小巷提质改造，包括道路硬化、亮化、下水道和管网改造等；2016 年，县委、县政府再次启动城区剩余的先锋路、东湖路等 21 条主次干道“白改黑”及配套设施提质改造，至年底大部分主次干道完成提质改造，竣工通车。2010—2016 年，投入到县城以扩容和道路交通提质改造等基础设施建设资金达 32 亿元。

2015 年湘阴城区主道一览表

表 20-1　　单位：米，平方米

序号	街道名称			起点	终点	长度	宽度 红线	宽度 车行道	宽度 人行道	道路面	路面类型	建（扩）年份 路基	建（扩）年份 路面	白改黑时间
1	江东路			滨江大道	湘阴一中	4300	20~45	10~31	8~14	153760	混凝土	—	—	2014
		其中	东段	滨江大道	北正街	300	20	10	8	6000	混凝土	1978	2003	2014
		其中	东段	北正街	工业局	500	24	12	12	12000	混凝土	1986	1998	2014
		其中	中段	工业局	太傅路	690	24~30	12~18	12	19320	混凝土	1987	2000	2014
		其中	中段	太傅路	原进修学校	550	38	26	12	20900	混凝土	1988	2000	2014
		其中	西段	原进修学校	电力局	880	38	26	12	33440	混凝土	1991	2000	2014
		其中	西段	电力局	湘阴一中	1380	45	31	14	62100	混凝土	2003	2003	2014
2	太傅路			湖滨路	远大湘阴总部	3818	26~45	14~30	12~15	140992	混凝土			
		其中	南段	江东路	先锋路	1187	26	14	12	30862	混凝土	1991	1994	2015
		其中	北段	先锋路	新世纪大道	271	30	18	12	8130	混凝土	2003	2003	2015
		其中	南延线	江东路	湖滨路	280	30	18	12	8400	混凝土	2003	2003	2015
		其中	北延线	新世纪大道	远大湘阴总部	2080	45	30	15	93600	混凝土	2012	2012	2012
3	冬茅路			湘江大桥	芙蓉大道	3857	24~38	16~26	12~16	131536				2015
		其中	西段	湘江大桥	先锋路	685	24	12	12	16440	混凝土	1986	2002	2015
		其中	中段	先锋路	旭东路	1600	28~38	16~26	12	56000	混凝土	1994	1996	2015
		其中	东段	旭东路	嵩焘路	1252	38	26	12	47576	混凝土	2002	2003	2015

续表 20-1 单位：米，平方米

序号	街道名称		起　点	终　点	长　度	宽　度			道路面	路面类型	建（扩）年份		白改黑时间
						红　线	车行道	人行道			路基	路　面	
3	其中	东延线	嵩焘路	芙蓉大道	320	36	20	16	11520	混凝土	2008	2008	2015
4	先锋路		滨江路	江东路	3500	22~24	12~14	10	77800				
	其中	西段	滨江路	东湖路	400	24	14	10	9600	混凝土	1974	1996	
		东段	东湖路	江东路	3100	22	12	10	68200	混凝土	1956	2002	
5	东湖路		先锋路	文星大桥	1700	18~26	10~14	8~12	41000				
	其中	北路	先锋路	东湖商业中心	400	18	10	8	7200	混凝土	1973	1998	
		中路	东湖商业中心	福鑫市场	500	26	14	12	13000	混凝土	1960	1996	
		南路	福鑫市场	文星大桥	800	26	14	12	20800	混凝土	1960	1999	
6	尚书路		江东路	冬茅路	751	20	10	10	15020	混凝土	1997	2000	2015
7	滨江路		南门港	漕溪港	2555	24	14	10	61320	混凝土	2002	2003	2015
8	新世纪大道		湘江大桥	S308 线	4881	60	42	18	292860	混凝土	2002	2003	2016
9	芙蓉大道城区段		白水江大桥	湘营线	3253	80	50	30	260240	混凝土	2002	2013	2013
10	湘杨路		漕溪港	县党校	2310	24	12	10	55440	混凝土	1987	2003	
11	湖滨路		福鑫市场	御湖观邸	4683	26	18	8	121758	混凝土	2004	2004	2015
12	旭东路		湖滨路	过新世纪大道	3029	30	16	14	90870	混凝土	2005	2010	2015
	其中	旭东路	湖滨路	新世纪大道	2795	30	16	14	83850	混凝土	2005	2005	2015
		北延线	新世纪大道	暂北延一段	234	30	16	14	7020	混凝土	2010	2010	2010
13	嵩焘路		湖滨路	新世纪大道	920	40	26	14	36800	混凝土	2005	2005	2015
	其中	嵩焘南路	湖滨路	江东路	620	40	26	14	24800	混凝土	2005	2005	2015
		嵩焘中路	暂未修通		—	—	—	—	—		—	—	—
		嵩焘北路	冬茅路	新世纪大道	300	40	26	14	12000	混凝土	2005	2005	2015
14	弼时街		湖滨路	滨江路	495	20	12	8	9900	混凝土	1956	2003	2015
15	北正街		弼时街	先锋路	500	20	10	10	10000	混凝土	1969	2001	2015
合　计					40552				1499296				

第三节　市政建设

一、供水

1986年，自来水进入居民住宅，供水棚点拆除。1988年，投资152万元，在八甲黄金村谭塘湾征地0.67公顷新建二水厂，建成深井三口，1500立方米贮水池一个，日产水1万吨，1989年投产。1997年，在高岭村洪家坡征地1.33公顷，建深井1个，贮水池一个，日产水1.5万吨。随着县城扩容，不断新建和改造输水管2万多米，3个水厂的输水管互相连接，中心区形成环状管网、新建区为支状管网供水。至2004年，文星镇有3个水厂、深井12个，输水主管南抵洋沙湖工业园区，北至三峰窑，东到新城区。整个建成区内单位，居民用水普及率达98%。2005—2009年，延伸铺设供水管道10000多米，县城供水面积增至12平方千米，自来水普及率99%。至2010年，完成售水量600多万吨，新增自来水用户2000余户，新铺设供水管道4000余米。是年，对二水厂进行改造升级，供水质量得到改善。

2012年，完成二、三水厂电器设备的更新改造，完成芙蓉大道2400多米主管的铺设。2013年，铺设供水管道DN315以上7000余米，DN110~DN250管道16000余米，新增用水户1600余户。2014年，在二厂新增一口水源井，铺设供水管道DN630管道3000余米、DN 500管道2400余米、DN 400管道2200余米、DN 315管道2300余米、DN 250以下管道4700余米，新增用水户2494户。2015年，城区建有地下水厂3个（一水厂位于先锋路，二水厂位于八甲，三水厂位于栗塘社区）。日供水能力5万吨，有3个二级加压泵房，2个地表水取水泵站，12个地下水泵井（备用水源），DN100毫米以上输水管道约138千米，城区供水逐步形成管线覆盖全文星镇地区和部分周边乡镇的网状格局。城市公共供水户数达31867户，城市公共供水普及率达99%。

二、排水

湘阴县城原来主城区的排水基本上以先锋路为分水岭，南边的下水流向东湖经南门港排入湘江，北边的下水流向漕溪港排入湘江。

下水道　1981年，对南正街、十字街、三井头、西正街、丰厚街、北正街、简家巷等处原有砖砌沟、陶管等3000米下水道，进行全面整治安装工程口径660毫米的混凝土管。1985年在城区小街巷道路面硬化过程中，对上烟园、下烟园、南横街、东明巷、普田巷、冯家坪、遗爱山、王家巷等3000余米下水道进行改造，安装300~400毫米混凝土管。1986年后，随着城市的拓建，在新建道路的同时，认真作好下水道的规划并与街道建设同步进行。对江东路等14条主干道和次干道安装500~15000毫米混凝土管。1999—2002年，为减轻东湖污染，从通达湖起沿东湖的东北面，投资近1000万元修建一条排水通道，口径7平方米钢筋混凝土现浇而成的巨型涵管，总长2000米，将各条道路的排水出口连接起来，集中流入南门港机埠，排入湘江。2009年，西湖污水处理厂投产，县城生产，生活污水通过污水处理厂处理达标后，排入湘江。至2004年，城区新建改造下水道6.03万米。2015年，城区主道下水道达8.3万米，为解放初期的78.3倍。

排渍机埠　1972年，治理东湖后，相继拆除东门口、西门口、简家巷、蔡家巷四处排渍站。1999年，南门港围堤填培工程完成，兴建大型机埠，南门口排渍站同时拆除。投资1亿元的污水处理厂，于2009年，投入使用，与之相配套的县城区内排污管道等改造新增2.2万米，维修排污管道21处，更换和添加井盖210多个，炉桥430多套。

三、供气

1984年8月，县城市建设局拨款3.17万元，用户集资2.5万元，在城南乡将军村建成县石油液化气站，有10立方米储气罐1个。从岳阳石化总厂及长岭炼油厂购汽，供应500户县城机关干部。1986年，县石油液化气站扩建增容50立方米，增加供气用户1240户。1995年，成立瓶装石油液化气经营企业1家，至1994年，有用户22000户，供气308吨。1999年瓶装石油液化气经营网点14家，有用户56500户，供气761吨。2004年，经营网点15家，有用户108100户，供气1513吨。至2015年，经营企业18家，有用户163500户，供气2288吨。

2005年4月，成立长燃中阳燃气有限责任公司，2006年7月1日正式点火通气，建有天然气门站1座，城区中压供气管线30多千米，庭院管网进入城区60多个小区，是年用户300户，用气2.5万立方米。2015年，有民用户4300户，用气量78万立方米；工商用户54户，用气量2085立方米。

四、绿化

城市绿化系统包括城市绿地（公共绿地和生产防护绿地）、绿地率较高的专用绿地和生态绿地三大部分组成。20世纪60—70年代曾在东湖堤两旁种植树木。20世纪80年代，曾在新扩建城区街道两旁植树成荫道。至2004年，县城共有绿地面积15万余平方米，树木30余万株，其中行道树18000余株，人均公共绿地面积4.06平方米，有公园一处，休闲广场三个。2009年全县建成区绿化覆盖率为30.5%，人均公共绿地面积为4.3平方米，与2003年相比人均公共绿地面积提高了0.24平方米。至2015年，补植行道树14100多株，增加绿化面积6300多平方米，城区绿化面积达到4.4平方千米，覆盖率44%，人均有绿地面积7.1平方米，有省市级园林单位23家，城区山水景园相互衬托，面貌一新。

东湖生态公园 面积10余万平方米，绿地三处，3000余平方米，树木1万余株。

汽车站广场 占地0.48公顷，东西长120米，南北宽40米，2000年12月开工，2001年5月竣工，投资200万元，广场以绿化为主，东北角为一自然土堆形成的坡状，中间地段砌筑各种形态花坛，植有杜鹃红积木、金叶、女贞等各类花木，西侧是绿茵草地。东南角是一块600平方米的文化娱乐广场，用白色广场砖贴面。

滨江广场 占地0.48公顷，投资680万元，南北长800米，宽38米，2003年11月开工建设，2004年6月竣工。广场南北两头为绿地，植有20年以上大樟树108株，灌木200多株及1.5万平方米绿茵草地，东侧系一米多宽的长形花坛，植多种花木，成为绿化隔离带。西侧临江是5米多高的石砌挡土墙，安装麻石栏杆。

湘江广场 占地5公顷，投资800多万元，2003年11月动工建设，2004年8月竣工，南北两端为绿化用地，北段约3.33公顷，用泥土堆成若干自然小山丘和坡地，内建多个各种式样的花坛，植多种花草树木。畔江设置文化广场用地1200平方米。广场周围绿树相环。广场中段偏南建有远浦楼占地600多平方米，为三层近20米高的仿古建筑，楼旁树木相伴。

宗棠广场 宗棠广场北临江东西路，南望东湖生态公园，东靠水岸、东湖步行街，西距东湖商业中心，占地面积4.6公顷，绿化面积2.07公顷，是市民休闲、娱乐、聚会的中心广场。宗棠广场是湘阴城市规划和建设中的重要组成部分，具有改善城市生态环境、美化城市景观、为城市居民提供休息娱乐场所的作用。

五、亮化

1985年，随着县城建设不断扩展和道路硬化，县政府把县城的亮化工作摆在重要位置，在县城安装高压钠灯和高压汞灯228盏。2000年始，县政府加强县城主、次道路及背街小巷路灯建设和改造，提高城市亮化水平。2003年10月，路灯管理由电力局移交给建设局。2004年年底，共安装造型别致、形式多样的高杆灯、高杆双层灯、太阳灯、宫灯、高杆柱灯、广场柱灯、椰子灯、礼花灯、草皮灯等2186盏。2010年，新建社区背街小巷路灯120盏，维修路灯2900余盏，维修故障线路1311米，亮灯率达 99% 以上。

2012年，湘阴县成立城市路灯所，专职城区范围主次干道和背街小巷路灯的建设、改造、维护和抢修。城市专业亮化公司对东湖生态公园、滨江公园、湘江公园、左宗棠文化园及文星塔、远浦楼等景点景观道路进行全方位立体彩色亮化。入夜，县城灯火辉煌，公园、景点、景观道路灯火通明，五彩缤纷，灿若仙境。

2015 年，城市道路有各种类型路灯 4533 杆（其中钠灯 2657 杆、LED 灯 335 杆、太阳能灯 658 杆、节能灯 883 杆），11670 只灯头；变压器 56 台（其中箱式变压器 9 台、台式变压器 47 台）；控制箱 97 处，装灯总容量 1252.25 千瓦。

六、环卫管理

1978 年始，县、镇爱国卫生运动委员会负责城区环境卫生管理，开展清除垃圾，疏通沟渠，饮水消毒，药物灭蝇及全城性的除四害运动。城关镇环境卫生管理所主管城区卫生，清运垃圾粪便，扫除街道。实行清粪、清运、清扫三条线，按居委会划分责任区，分工负责，分段包干，保持洁净。随着经济的发展，城市不断扩展，清运工具由肩担、板车拖、手扶拖拉机到汽车装运，2004 年年底，环境卫生管理所升格为环境卫生管理中心，共有在编职工 126 人，招聘工人 90 人，分成清扫、清运、收费三条线。清扫面积由 1992 年 28 万平方米，增加到 112 万平方米，实行一日两扫，全天保洁，置有洒水车两台，垃圾运输车 9 台。日产垃圾 210 吨，做到日产日清，有垃圾处理场（掩埋）2 处，占地 3.4 公顷，有水冲式公厕 8 座，蹲位 150 个，按要求设置了垃圾转运站，垃圾围和果皮箱。

2005 年始，县政府加大市政建设投入，全面整治脏乱差，提升城市管理效率。至 2010 年，垃圾无害化处理场动工建设，2015 年竣工投入使用。新增压缩式垃圾车一台，封闭式垃圾运输车 2 台，侧翻式垃圾清运车一台，保洁车 20 台，新装配垃圾箱（桶）960 多个，新建地坑式垃圾站 61 个，安放吊挂式垃圾箱 19 个，安装果皮箱 480 多个。新建、改造公厕 55 座，新建取水泵站一座，水冲率 100%。

第四节　文明卫生县城创建

1982 年，城关镇成立“三整顿”指挥部，把环境卫生、街道市容、社会治安、交通秩序结合起来进行综合治理。建立周末义务劳动卫生的制度，年年春节前开展一次治脏、治乱，文明礼貌活动大检查。1984 年 3 月 15—4 月 15 日，全镇进行了 2 次统一灭鼠活动，共消灭老鼠 18 万余只、同时定期对蚊蝇孳生物进行药物喷杀，为保护群众健康起了一定的作用。4 月 26 日，城关镇爱国卫生运动委员会成立。7 月 15 日，县爱国卫生运动委员会、城关镇政府共同规划：在城关地区创建 100 个公园式单位，其标准是：造型美观、布局合理、院内有常青林木，有花台花草，有条件的单位可堆砌假山、修建喷泉、鱼池、实现常年皆绿，四季飘香，要求两年内完成。镇政府开展了经常性的清洁卫生竞赛活动。定期对城关地区各单位卫生进行检查评比，做到打扫清洁卫生制度化、经常化。是年，在全地区五县城关镇的文明卫生竞赛中，湘阴县城关镇夺得第一名。1985 年，由建委、公安、交通、卫生、工商和城关镇组成城市管理委员会，对市容市貌进行综合管理。同年 9 月 5 日，成立湘阴县城市管理监察大队，加强专业管理，实行门前“三包”，对以街为市的现象进行整治。湘阴县市容管理实施办法规定，城区建筑物和设施，须符合国家规定的城市容貌标准，经常保持建筑物的整治美观。临街建筑的阳台窗户不堆放、吊挂有碍市容的物品、户外广告、标语牌、画廊的设置，须经批准，符合要求，内容健康，外形美观，不准随意涂写、刻画、张挂、粘贴宣传等污秽市容的物品。

1986 年 加强市容市貌整顿，拆除有碍市容和交通的临街旧围墙 5000 米，搬迁棚、亭、摊、点 850

多个，清扫清运砖渣余土5000余吨。

1987年6月22日，县政府办发出《关于从临街单位抽调人员管理城市的通知》，决定从临街单位抽调一批人员，组成义务专职城管监察队伍，宣传城市管理法规，管好市容卫生和市政公用设施，维护治安秩序、交通秩序和经济秩序，保护风景林木，检查监督门前“三包”，创建文明城镇。是年，在北正街、弼时街、先锋路等主街道修理装潢门面、店堂58个，新植花卉、树木5000株（盆），新建临街楼房4栋，修饰、改造机关单位庭院31个，建假山6个、喷泉鱼池6个，花池花坛350个，整修下水道8000余米；同时，加强了城镇绿化、美化，年内共植各种树木12万多株，各项花卉3万多盆，城市植被覆盖率达到13.3%，同时还举办了县城首届花卉展评，共展出各种花卉126种、1600多盆，观众1.2万人次。

1989年，在文明竞赛活动中，全镇共评出“先进单位”25个、“五好家庭”257户、先进个人62人、文明居民198个。

1991年11月10日，县政府发出《关于开展创建卫生县活动的通知》，决定1991—1993年在全县广泛开展创建卫生县活动，力争一年打基础，两年见成效，三年达市标，并制定了《湘阴县创建卫生县规划》。

1993年，消灭城区卫生死角98处，拆除违章亭棚48个，清洗乱贴广告5000余张，拆除有碍市容的荫棚204处、不规格的招牌120块，出动扫障车120台次，处理违章摊点2080起，对7户以街为市的“钉子户”进行了严肃处理；对全城380个门前“三包”单位全面复查核实，确立门前三包人员380人，明确卫生责任区1.8万平方米，责任树3048株，印发门前三包书270份，每个三包单位交押金100元，全年共收押金3.8万元；对环卫所负责清扫清运的8万多平方米街道面积，采取分段包干负责，分段清运清扫，分段逐天查岗，实行严格检查、考核评比制度；完成东湖路新铺沥青路面900平方米，维修主街沥青路面1200平方米，维修人行道800平方米，新修下水道1500米，新修垃圾围2个，公厕1个。

1995年4月8日，县委、县政府决定成立创建省级文明卫生县城和治安模范县城（简称“两创”）指挥部。由熊伯群任顾问，范志文任政委，张振彬任指挥长。是年由城镇办牵头，发动群众集资、单位捐资、镇上助资的办法，共集资8.7万元，硬化了军干村、彭家巷、茅棚街、南门口、夏家巷、向家园等小街小巷6条，全长1830米、4350平方米。城东居委会投资20多万元，在简家巷新建小商品商业街。

2002年1月6日，县政府办发出《关于搞好县城亮化工作的通知》，要求临街单位搞好县城主道临街建筑物的灯光装饰，美化县城夜景，营造喜庆祥和的节日气氛。

2003年3月20日，全县创建文明卫生县城动员大会召开，县委书记毛七星，县长周友庚，副县长熊检华在会议上作动员讲话，文星镇、建设局、交警大队、教育局、工商局、江东社区等6个单位负责人在会上作表态发言。城区各单位、社区安排“门前四包”专业人员共100多人，还从城建、城管、城监、环卫等部门抽调精干力量，对县城实行全日制跟踪督查整治秩序，使城区“脏、乱、差”现象得到遏止，树立了洁净、优美、舒适的城市新形象。是年，按照县委的统一安排和部署，在全镇开展“创星活动”。全镇7个社区、3个农业村共评出星级文明户3910户。

2004年，文星镇评出星级文明户7728户，其中一星级文明户702户、二星级文明户6307户、三星级文明户719户。

2005年，文星镇投资2000多万元，硬化道路12.8万平方米，栽种绿化树木1.82万株，新增绿地面积1.85万平方米，架设路灯420盏，新增垃圾围15个，垃圾箱12个，改造公厕8座。完成了通达湖、佳缘小区等小街小巷硬化9条6280米。先后投入资金400万元，完成了三井头地区整治改造。

2006年7月11日，县委副书记周山连主持召开会议，就加强城市管理，落实“门前四包”责任制有关问题进行了研究，会议要求：要把创建省级文明县城作为落实“门前四包”责任制的精神动力；要把落实好保洁员作为建立“门前四包”的长效机制；要把动员群众参与，强化单位责任作为改变“门前四包”落后状况的重要途径；要把建立健全管理网络作为“门前四包”工作效果的有效办法。全镇新硬化崇文路、长峰路、排楼路、文昌路等小街小巷 12 条 8184 米，硬化道路 1.2 万平方米，栽种绿化树木 2200 株，新增绿地面积 4000 平方米，架设路灯 160 盏。

2008 年 3 月，县政府向省爱国卫生运动委员会提交湘阴县创建省级文明卫生县城的申请报告。县委、县政府多次召开常委扩大会、政府常务会、县长办公会、创卫协调会，专题研究和安排创卫工作，解决重点和难点问题。县四大家主要领导人现场检查督促，并多次参与县城卫生大扫除，将创卫工作的 100 多项具体工作细化、量化分解到单位，落实到人，建立县级领导、机关单位“门前四包”（包卫生、包秩序、包绿化、包公共设施完好无破损）责任制，县级机关干部职工每周星期五下午全力投入县城“卫生整洁日”大扫除，到大街小巷清扫搬运垃圾。县电视台开辟有《创卫专栏》，开设“创卫快讯”“创卫聚集”等专题新闻，每晚按时播报创卫动态、创卫成效、领导活动、表彰先进、曝光落后。县委宣传部、县文明办编印“知湘阴，爱湘阴，兴湘阴”和公民道德建设读本等资料发放到基层单位，供干部群众阅读。与创卫工作息息相关的县建设局、卫生局、交通局、商务局、工商局、县交警队、文星镇等单位，在县城主要路段和交通要道设立大型创卫宣传牌，以声、影、字、画多形式、全方位、多角度、深层次开展广泛深入的宣传发动，全县形成了领导带头，各级发动，单位联动，全社会推动的创卫氛围。文星镇投资 10 万元，新增垃圾围 22 个，垃圾桶 100 个，添置斗车 20 台以改善城区环卫设施。同时，对长峰路、原种路、甘妃巷等 6 条小街小巷进行了硬化，总长 5500 余米，栽种绿化树木 2200 株，新增绿地面积 4000 平方米，架设路灯 130 盏。

2009 年，文星镇每条小街小巷安排 1 名镇干部、1 名社区干部、1 名保洁员包干负责，挂牌上岗，明确责任，实行奖惩；各社区成立 1 支由 2—3 名专业队员组成的灭鼠队伍及时投送鼠药；狠抓健康教育工作，落实教育阵地、教育内容、教育培训等。县委、县政府授予文星镇“2009 年度三个文明建设红旗单位”。

2010 年，在城区开展文明劝导活动。向社会公开招聘 30 人，成立专业文明劝导队，由建设局负责组织管理。城管大队抽调 10—15 名工作人员，配合文明劝导队开展工作。文星镇及县直各单位确定 3—5 名卫生巡视员和监督员，每周一至四在本单位“门前四包”及卫生责任路段进行文明劝导；文星镇及县直单位每周五至少有 1/3 的人员在本单位“门前四包”及卫生责任路段进行文明劝导。

2011 年 1 月 12 日，省卫生县城考核领导小组宣布，湘阴创建省级卫生县城成功，并高分通过，两个月公示期后授牌。3 月 2 日，全市创建国家文明县城工作第九次汇报讲评（现场）会议在县城召开，湘阴县获评 2010 年度全市先进县。5 月 12 日，全县创建国家文明卫生县城和城乡环境卫生整洁行动动员大会在湘阴剧院召开，会议动员全县上下在成功创建省级卫生县城基础上，用 3 年左右时间创建国家文明县城和国家卫生县城。6 月 16 日，省爱卫会副主任郑卿向县长黎作凤颁授“省级卫生县城”牌匾。9 月 1 日，在全市城乡环境卫生整洁行动考核评估工作中，湘阴县城获评全市各县（市、区）县城卫生第一名。

2012 年 2 月 18 日，在全市县乡负责干部大会上，湘阴获评“市级文明县城”。2 月 27 日，湘阴“三城同创”动员大会召开。会议动员全县上下进一步统一思想，鼓足干劲，迅速掀起创建热潮，合力共创国家卫生县城、省级文明县城和省级园林县城（简称“三城同创”）。3 月 26 日，湘阴“‘三城同创’立于言、践于行万人签名活动”在左宗棠广场启动。6 月 20 日，湘阴“城乡携手同治、人人牵手平安”暨创建省级文明交通示范县城活动在左宗棠广场启动。是年，文星镇党委政府创新方式，开展系列有效的创建活动，不断提高民众的参与度、满意度和县城美誉度。将重点放在群众性精神文明创建活动上，先后开展了“文明社区”“文明经营”“文明家庭”“文明楼栋”“文明庭院”评选，推动社区人际和谐发展。开展了“我们的节日”（春节、清明、端午、中秋、五一、国庆）主题系列文化活动，传承民族优良传统。

2013 年 12 月 28 日，县政府制定《加强城区烟花爆竹燃放管理工作实施方案》。在公共场所发放控烟倡议书 2000 多份。进一步加强了城区烟花爆竹燃放管理，规范燃放行为。全年还开办健康教育知识培训 9 场，组织各类人群体检 5 场次，组织机关干部义务献血，在公共场所发放控烟倡议书 2000 多份，制作健康教育宣传 105 版。

2014 年 8 月 22 日，县政协原副主席、县创建指挥部副指挥长肖德意带领创建办，文星镇，工信局，环卫中心及文星镇各社区负责人来到金湖、三峰社区改制企业督查卫生创建工作，并对存在问题进行交办。是月，由创建办牵头，城市建设投资有限公司出资建设，文星镇协调配合高岭入城口影响观瞻的破旧房屋的“穿衣戴帽”工程全面完成。9 月 15 日，县城区江东路提质改造工程启动。9 月 24 日，全市创建全国文明城市“五创”提质第 34 次汇报讲评暨城乡环境整治工作现场会在湘阴县召开，湘阴县获评全市第一名。

2014 年，县城主城区建设“三城同创”主题文化墙 80 组，415 版，组织举办道德讲堂 15 场。按照“树立典型、打造样板、整体推进”的工作思路，率先在滨江社区、南泉村组织开展了文明家庭、小区、街巷、经营户评比活动，评选出“文明卫生户”76 户并挂牌。

2015 年 4 月，县城各社区以网格为单位，全面启动“文明卫生户（楼栋）”评选活动。全力推进城市主干道“白改黑”工程和背街小巷提质改造二期工程。投入 2600 多万元对 108 处破损路面进行硬化修复，改造下水道 74 处，重点改造 19 个社区的改制企业院落和无物业小区。完成自来水管道改造 3 万多米、安装路灯 1200 盏、维修路灯 400 盏；新建精品文化墙 110 处，500 余幅；继续开展环境卫生整洁行动，整治积存垃圾 208 处。组织开展芙蓉大道望滨段乱搭乱建和乱堆乱放整治、临街门店违章广告和夜宵摊点扰民整治行动。是年，湘阴县城顺利通过国家卫生县城、省级文明县城复检和省级园林县城创建验收。

第三章　村镇建设

第一节　集镇建设

1979 年，湘阴县有文星、樟树、白马寺、临资口四个建制镇，34 个乡集镇。1984 年，经省政府批准，增加新泉寺、南湖洲、濠河、铁角嘴四个建制镇，乡集镇 30 个。1995 年，撤区并乡建镇，新增袁家铺、界头铺、洞庭围和东塘四个建制镇，乡集镇 24 个。2003 年，增加南阳、长康、三塘三个建制镇。至 2005 年年底，全县共有建制镇 15 个，乡集镇 21 个。2010 年，全县有文星镇、东塘镇、三塘镇、袁家铺镇、长康镇 (2015 年年底乡镇体制改革，袁家铺镇、长康镇合并到文星镇、属文星镇下设 2 个片区，三塘镇与青山岛镇合并成三塘镇)、界头铺镇（2011 年更名为金龙镇）、樟树镇、城西镇（2011 年更名为鹤龙湖镇）、岭北镇、新泉镇、湘滨镇、南湖洲镇 12 个建制镇，乡集镇 24 个。2015 年，全县县属镇为 10 个。

党的十一届三中全会后，随着家庭联产承包责任制的建立，农村经济繁荣，加快了小城镇建设步伐。

1995年，撤区并乡建镇，实行镇领导村的体制，先后发展界头铺镇、袁家铺镇、东塘、南阳、洞庭围、长康、三塘等7个建制镇和茶湖潭等16个乡集镇，成为当地的政治、经济、科技、文化、教育中心，而其中樟树、新泉、南湖洲三镇则以其地理位置和经济发展情况，分别形成湘阴县东南部、中部和西部地区的中心城镇。

流通活镇　以南湖洲、新泉寺等镇较突出，南湖洲镇距益阳近，离县城远，是湘阴县西部边缘地区最大的商贸、物资集散中心。附近几个乡镇和益阳一些服装摊贩都来此进货，水产品如黄鳝、泥鳅、甲鱼交易量大，镇政府于1994年投资250万元，新建一座占地6000平方米的综合贸易城，服装批发和农副产品交易十分兴旺。新泉寺镇是湘阴县西南最大的粮食集散地，由于紧靠省道平益公路和黄金水道湘江，水陆交通方便，加之附近乡村和益阳边界农村的农副产品历来由此集散，集市贸易相当活跃，高峰期日赶集人次超过2.5万人。镇政府除完善街道、码头，加强交通建设外，于1993年投资200万元兴建4860平方米高标准综合型集贸市场一处，改善市场环境，繁荣镇区经济。

产业兴镇　最典型的是三塘镇出口盐渍藠头、甜酸藠头系列产品，远销日本、韩国、新加坡等国家和中国香港地区。该镇年生产销售藠头原料6000吨，出口盐渍、甜酸藠头3500吨。1999年，被省定为全省农产品20家龙头企业之一。六塘兰岭茶叶也载誉省内外，兰岭茶厂被茶叶界公认为湖南省第二大茶厂。

资源兴镇　界头铺镇立足自己资源优势，大力招商引资，该镇地处幕阜山脉西端，山清水秀，人杰地灵，有水面辽阔景色迷人的燎原水库和挺拔秀丽流传许多美丽传说的青山风景。镇政府选准青山——燎原水库风景带，作为招商引资的重点项目，以点带面，促进全镇旅游业的开发。2000年，该镇共引进外资8000万元用于集镇建设，先后有民政厅的退伍军人安置培训中心，长沙水泵厂等20多家单位落户界头铺。

2008年，湘阴县进入长株潭“两型社会”改革实验区滨湖示范区以后，界头铺成为核心示范区之一，是湘阴县对接长株潭的南大门。2011年4月，经省民政厅报经省人民政府批准，将界头铺镇更名为金龙镇。2012年，定为全市社会主义新农村建设城乡统筹发展试点镇，定位为湘阴县城南区工业小区、宜居新区，评为全国重点镇，获“最具民生幸福感乡镇”“全国文明村镇”等称号。芙蓉大道、岳望高速、武警长沙直升机场进场公路贯穿金龙镇、交通优势明显。2014年，县委、县政府在金龙镇建立金龙新区，投入12亿多元开发建设电子信息产业园，总面积39公顷。2015年，园区水电路等设施建设基本完善，金凤大道、安嘉路、文襄路等干道竣工通车，第一批安置房建成投入使用，入园企业有12家，总投资15亿元，有6家在建，5家投产，完成工业产值3亿元，金龙镇逐步成为湘阴县承接长株潭产业转移，推进新型工业化的桥头堡和新亮点。

区位兴镇　南湖洲、新泉寺、袁家铺、界头铺、东塘等镇，都有各自的区位优势。界头铺地处湘、汨、望两县一市交界处，依托市场潜力大，开发店铺240家，使集镇在两县一市农副产品交易市场中占据重要地位。

政策兴镇　以南湖洲镇做得较好，从1995年起出台一系列优惠政策，从政策上倾斜，手续上简化，资金上扶持，引导农民投资兴镇。1997—1998年，共吸引农民建镇投资600多万元，使基础设施建设步伐加快，水电线路得到较大改观。

第二节　新农村建设

2006年2月，县委常委召开扩大会议，学习落实《中共中央、国务院关于推进社会主义新农村建设若干意见》，成立县社会主义新农村建设领导小组。楠竹山村、王家寨村成为新农村建设省级授牌村。

2011—2015 年，湘阴县委、县政府加大了新农村建设人力物力财力投入，岭北镇柳江村成为市级新农村建设示范区，王家寨、兴隆、柳江村均列入省“为民办实事”示范村。2015 年，有 26 名县级领导联系 36 个示范村，108 个县直单位帮扶 108 个村开展新农村建设，全县市级示范村增加到 36 个。石塘乡、界头铺镇被评为全市新农村建设十大魅力乡镇。

制定规划 2006 年始，县委、县政府高度重视新农村建设，多次研究布置新农村建设工作。县委“三个文明”考核中新农村建设方面分值较上年增加 25 分，增幅超过一倍。县委、人大、政府、政协主职分别联系白泥湖乡白泥湖示范片、六塘乡周塘村、石塘乡黄泥村和樟树镇文泾村。是年 6 月，县委书记田自力连续 2 次在白泥湖示范片召开现场办公会，规划该片的产业发展和村庄治理等工作，其他联点县级领导也都通过现场办公会、座谈会等形式帮扶指导所联乡镇和示范片（村）的新农村建设。强化措施保障。出台粮食生产奖惩办法、“清洁家园”实施办法、休闲农业招商引资优惠办法等政策，制定减免农村规划设计费用、提高沼气池建设补偿标准等一系列措施；完善县乡村三级考核制度，实行定期督察与不定期检查、督查通报与工作讲评相结合的工作机制。全年共对全县示范片（村）的综合发展情况进行 2 次全面考核，同时将验收结果，按照末位淘汰的原则对示范村进行调整。科学规划镇村。按照工业小区、宜居新区和对接长沙桥头堡的定位，做好了界头铺镇中长期发展规划，制定了岭北、东塘、六塘、湘滨等中心集镇的发展规划，完成楠竹山，王家寨、柳江、兴隆等村的产业和村庄规划。全县共有 10 个乡镇和 200 多个村完成镇、村建设规划，初步构建以县城为龙头、集镇为节点、村庄为网络的新农村建设有序推进体系。

产业布局 在新农村建设中，坚持把促进农业持续增效、农民稳步增收放在首位，努力实现农业大县向农业强县的跨越发展。抓特色板块扩大规模。按照“突出区域特色、依托资源优势、打造产业板块”的思路，依托鹤龙湖、鹅公湖、来仪湖、横岭湖等丰富的水面、渔业资源，规划建设了百里特色湖鲜水产走廊；依托新泉、岭北、城西、湘滨和南湖等湖区乡镇的土壤和水利条件，规划建设 2 万公顷优质稻高产示范片，在白泥湖、东塘、三塘等东部乡镇建设 2000 公顷杂交稻高产示范片；推进“千区万户健康养殖示范工程”，建设了生猪健康养殖小区 14 个，引进广东温氏畜牧集团投资 2 亿元兴建标准化养殖场，可养殖生猪 30 万头。全县形成优质稻、油脂加工、茶叶、畜禽水产养殖等 8 大特色板块。2010 年，全县粮食总产 54.76 万吨，比上年增加 0.20 万吨；共发展生猪 150.2 万头，同比增加 6.1%，牛、羊、家禽等均较上年增长 3% 以上；水产品总产 10.29 万吨，实现产值 16.2 亿元，城西镇鹤龙湖出产的“湘鹤大闸蟹”获 2010 年中国中部国际农博会金奖。抓提质增效做大龙头。全县共发展农产品加工企业 330 家，其中省级龙头企业 8 家，市级龙头企业 20 家，居全省县级领先水平。全年农产品加工企业实现总产值 51.6 亿元，较上年增长 16.1%，长康实业、义丰祥实业、海日食品、兰岭茶叶、洞庭生物企业等一批农业产业化龙头企业持续发展壮大，在全县共联结基地 2.33 万公顷，带动农户 8.6 万户。湖南洞庭黄龙种养业有限公司已向天津股权交易所申请股权挂牌上市，成为湘阴县第一家上市的民营企业；开展品牌创建。全县共有 42 个农产品获得质量安全认证，“湘阴藠头”通过国家地理标志保护，全县拥有中国驰名商标 3 个、省名牌产品 12 个、省著名商标 14 个，是全省拥有知名品牌数量最多的县之一。抓资源优势深化对接。立足区位和山水人文资源优势，主动对接长株潭城市群，大力开发农产品供应和休闲观光两大潜力区。加快推进湘菜产业原料基地建设，突出沿 S308 线和长湘公路的三塘藠头、樟树港辣椒、石塘萝卜、六塘茶叶、南湖和杨林寨肉牛等传统种、养特色，规划建设了千公顷湘菜产业原料基地和净菜配送基地；完成以界头铺燎原水库、鹅形山景区为核心的东南山地生态农业观光旅游带和以鹤龙湖卫中心，S308 线为轴线的生态农业户外休闲带的产业发展规划。引进了投资过亿元的左公水乡、凯佳生态科技园、九洲农业科技园等农业休闲观光项目，打造休闲农业产业集群。全县有五星级休闲农庄1家，三星级的2家，有省星级乡村旅游点17个，鹤龙湖螃蟹美食店近30家，全县全年休闲农业营业收入突破1亿元。

基础建设　2007年始，加大实施规划建设，基础设施不断夯实。柳林江大桥及其与S308线接线全线通车，打通湘阴连接长沙的西线通道。总投资1.23亿元的S308线湘阴至西林段拓改工程2010年6月全线完成，湖区交通条件得到切实改善。2010年，全县共硬化通乡镇（村）公路230千米，硬化率达85%以上；水利设施建设全面扫尾，投入资金近1亿元，完成土石方1000万立方米、劳动工日1000万个，共清淤增容山塘271口，衬砌渠道3万多米，投资6060万元的燎原水库补水工程基本竣工。是年3月完成燎原水库、红旗水库等11处水库除险加固和34处重点堤防建设工程，为全县防汛抗灾工作取得全面胜利提供切实保障；农饮工程稳步推进，全年完成饮水工程14处，解决农村饮水不安全人口24200人，全县饮用洁净水的农户达90%以上。“清洁家园”行动效果明显。“清洁家园”行动和农村沼气建设都单独列入全县“三个文明”考核范畴。制定长湘公路湘阴段，S308线、湘营线、湘杨线四条乡村主干线和示范村的专题规划，确定了20个“清洁家园”示范点，组织开展了“清洁家园，巾帼建功”等系列主题活动，各乡镇和示范村也制定相关方案和制度。各乡镇财政投入平均在8万元以上，部分乡镇超过15万元，县政府设立了30万元奖励资金，于7月全额下拨，全县全年共投入“清洁家园”专项资金300多万元。2012年以后，全县结合创卫开展农村环境卫生整治行动，全县共新增垃圾围（池）2700多个，50%以上的村庄实施卫生保洁制度，实现垃圾集中管理清运；全县共新建沼气池6208个，累计完成沼气池建设41045个，仅沼气一项清洁能源就覆盖全县30%以上的农户。

共建帮扶　2010年，结合县级领导联点责任制，全县共安排108个县直单位联合组建108个驻村帮扶队到村帮扶。县财政安排了示范村建设专项资金，同时充分整合资源，将部门单位的项目、资金进行捆绑，支持示范村建设，形成“一名县级领导联点、一笔专项经费支持、一支驻村队伍主抓”的县乡村三级联动工作格局。深入开展百企联百村，共建新农村活动，有55家民营企业与50个村建立对口联系，共对接项目30个。海日食品公司在三塘镇投资20多万元开发267公顷藠头种植基地，统一向农户供应种苗、肥料等，同时实行保护价订单收购，所联农户每公顷增收12000多元；持续开展新农村建设志愿者行动，全年全县共发动寓外乡友投入新农村建设资金达440多万元。对生产发展、生活宽裕、乡风文明、村容整洁、管理民主、计生维稳六块考核内容进行细化和修订，明确各项指标的程度和评分标准，沼气池、垃圾池等卫生设施建设纳入硬性指标，卫生状况纳入“一票否决”范畴，关心下一代建设等民生工作纳入考核内容。是年，在多方的重视和努力下，示范村成效突出：实现农村人平纯收入7657元，超过全县平均水平近20%，所有的村都按照要求完善了垃圾收集处理长效机制，清洁能源使用、“三通”硬化和电网改造均在90%以上，安全饮水达100%。省级授牌村、新农村建设省委书记联系点、白泥湖乡楠竹山村2010年突出米业、物流等优势产业，推动经济快速增长，全村实现工农业总产值1.45亿元，人均纯收入突破1万元。投入资金200多万元，采取“以奖代投”的方式发动群众完成全村的“穿衣戴帽”工程。

社会事业　2010年，农村教育布局调整、“普九”教育化债全面铺开，完成20所农村学校的校安工程，农村九年制义务教育率达100%。全面完成农村改水改厕项目，新建改造乡镇卫生院7个，新建村级卫生室30个，新型农村合作医疗参合率达到95%以上。着力开展“阳光行动”，落实农村低保对象2.6万人，五保供养标准较上年提高200元。共新建村部17个，新建村敬老院、五保之家等11个，新建篮球场、农家书屋等农村文化体育活动阵地90多处。在全县广泛开展了“文明新村”“和谐家庭”等创建活动，加强村民自治宣传，发放各类资料1万余份，对全县村务公开工作进行专项检查，全县村务公开率达100%。组织开展文化下乡和农民体育竞技活动，丰富了群众文化生活，提高农民素质。经常性地开展普法教育，引导农民群众知法守法依法办事，农村社会大局保持和谐稳定。

文明小区建设 2002年，湘阴县的文明小区创建工作开始，首先是开展创星级农户活动，当年共评出“十星级农户”和“五星级农户”1500户。同时开展县城文明社区的创建，着重抓县烟草局绿叶小区、福鑫市场文明小区和文星镇社区的创建试点，评选文星镇东路、江东文明社区和绿叶文明小区。

2003年，县委、县政府制定“关于广泛开展创星级文明户、星级文明村、星级文明乡镇活动的实施意见”。组织评星工作以村（居委会）为单位，分自评、互评、总评三步进行。3月1日，创星活动全面铺开，分为宣传发动、深入创星、组织评星、挂牌授星四个步骤。星级文明村（社区、居委会）、星级文明乡镇的考评，以星级文明户考评情况为基础，80%以上的农户被评为星级文明户的村（社区、居委会）为星级文明村，80%以上的村（社区、居委会）被评为星级文明村（社区、居委会）的乡镇为星级文明乡镇。县委、县政府成立创星活动领导小组，下设办公室。是年，共评星级文明户8.3万户。创星活动中，关公潭乡王家寨村和白泥湖乡楠竹村群众自愿要求、自发组织进行文明小区建设，取得一定的工作成效，得到县委、县政府的肯定，为全县文明小区建设工作提供宝贵经验。

2004年，在开展经济农户评选活动的同时，按照“户户星级文明化、道路硬化、三边绿化、主干道两旁亮化”的要求，以村民小组或屋场的创建单位，在不增加乡村经济压力，不增加群众经济负担的原则下，引导群众创建文明小区，除陋习、树新风，加强法制教育、科技教育，提高文明程度。是年，全县新增星级文明户7.8万户，星级文明户总数达16.1万户，占全县总户数的85.6%。共吸纳民间资本8000多万元，硬化路面26万米，安装路灯6200盏，植树栽花1.1万株，修建户用沼气池5000个，创建了554个星级文明小区。文明小区创建活动蓬勃开展后，县委、县政府出台一系列优惠政策，积极引导条件较好，创建活动开展较好的村创建星级文明村，将文明创建活动进一步引向深入。全县创建50个星级文明村。是年，召开全县文明小区流动现场观摩会。5月31日，省委组织部、宣传部到湘阴县调研基层工作和星级文明小区创建工作。7月8日，湘阴为首个星级文明村——白马寺镇古塘村授牌。星级文明村建设，注重于以创建促文明，以文明促发展，把精神文明建设与生态环境建设结合起来，不仅移风易俗、淳化民风，而且进行生态文明建设的有益探索。通过引导群众改水、改厕、改厨、改圈，开发无公害生态农业，发展“三边”（渠边、路边、屋边）绿色经济，推广生态洁净能源，解除封建迷信、打牌赌博、人情风盛行等陈规陋习和粪土乱堆、垃圾乱倒、污水乱泼、禽畜乱跑的脏、乱、差状况，提升了农村品位。8月11日，省政协原主席王克英，到白泥湖乡楠竹村调研小康示范村建设。9月15日，白泥湖乡楠竹村正式确定为省长周伯华联系的小康示范村。9月中旬，省委外宣办组织的“走进湖南”全国电视异地采访活动报道组对湘阴县的文明创建和小康示范村建设进行专题采访，先后在中央电视台中文国际频道、甘肃卫视、湖南卫视进行报道。11月10—11日，召开全县星级文明村流动现场观摩会。11月29日，省政协副主席文选德到湘阴检查星级文明建设工作。同时为配合文明单位创建工作，在县直机关开展文明小区创建活动，有50个机关院落被评为文明小区。

2005年3月7—10日，省委宣传部副部长、省精神文明建设指导委员会办公室主任罗志丹、市委常委、市委宣传部部长白尊贤一行7人深入湘阴县白泥湖、石塘、新泉、城西、文星、长康等乡镇，调研基层宣传思想工作和精神文明建设情况。湘阴县以星级文明创建工程为载体推进农村三个文明协调发展的作法，得到省委、省政府的充分肯定。4月5—6日，在召开的全省精神文明建设表彰暨工作会议上，湘阴县作为全省唯一的县级单位代表，在会上介绍经验，省委常委、省委宣传部部长蒋建国要求，在全省大力推广湘阴县文明建设经验。

2006—2010年，全县星级文明创建工程按照“创建上提质、工作上提速、任务上扩面”的要求，加大创建力度，有了新发展。投入资金2.66亿元，其中群众自筹1.62亿元，乡友和部门捐资捐物1.02

亿元，共硬化道路905千米，架设路灯19700盏，植树种花360万株，建报栏429个，建沼气池1.75万座，改水改厕率90%，有线电视入村396个。全县共评选星级文明户17.38万户，星级文明小区943个，星级文明村（社区）209个，创建星级文明片16个，星级文明乡镇（办事处）12个。白泥湖乡楠竹村被评为创国家级文明村先进单位。

第四章　房地产管理

第一节　机　构

1980年3月，成立湘阴县房地产公司，有干部职工23人。1989年10月，房地产公司升格为县房地产管理局，为副科级事业单位，办公地址设东湖路夏家桥，有干部职工共58人。1996年10月，县房地产管理局升格为正科级事业单位。1995年10月，在农村11个建制镇各设1个房管所，负责农村建制镇房地产交易发证工作，2002年3月，成立长仑、城南、濠河、洞庭、南湖、新泉、岭北7个房管所，撤销原11个建制镇房管所。

2010年，县房地产管理局内设办公室、财务股、人事股、法制内保股、住房保障股、房政股、房改办。二级机构有：产权市场管理办公室、评估管理办公室、测绘中心、白蚁防治所、档案馆、开发办、拆迁办、公房所、租赁所、鸿翔拆迁公司、物业办、维修资金办、安鉴办、监察大队、装修装饰办及城南、长仑、岭北、湘滨、南湖、新泉等6个农村房管所。全局有干部职工236人。2011年，政府机构改革宣布与县建设局合并组建住房和城乡建设局，但实际未合，职能和内设机构基本与原不变。

第二节　住房制度改革

1991年10月，成立住房制度改革办公室，为政府办下属科室，副科级事业单位。1996年7月，组建县住房公积金管理中心，与房改办实行“二块牌子，一套人马，合署办公”。1991年11月，县委、县政府召开全县城镇住房制度改革会议，提出房改工作总的指导思想是：贯彻国家、集体和个人共同负担的原则，从合理调整现有公有住房租金入手，积极组织公有住房出售，鼓励职工、居民集资合资建房，加快住房建设，并相应对房改的财政体制、计划体制、金融管理等方面实行配套改革，建立各级住房基金，逐步实现住房商品化，实现住房建设资金的良性循环。2002年1月，政府机构改革，房改办被撤并，成立住房公积金管理中心。2003年3月，县住房公积金管理中心更名为岳阳市湘阴县住房公积金管理部，主要负责全县的住房公积金的管理和房改工作。

一、住房商品化

1992年10月，县政府出台《湘阴县住房制度改革第一步实施方案》，全县住房制度改革正式启动，从改革公有住房低租金入手，分步提高公房的租金，逐步实现住房商品化。改革的模式是分步提租，以息代租，新房新租，超标加租，优惠售房，集资建房，建立基金，建管统一。县委、县政府、县人大、县政协四大家带头进行房改。1993年，全县共有72个单位按标准价出售公房7368套，面积47.8万平方米。随着住房制度改革的不断深入，以标准价售房方案凸现出价格偏低，标准不一等弊病。后经国务院认定，湘阴县以标准价购买的公房确定个人拥有70%产权。1994年，国务院颁布《关于深化城镇住房制度改革的决定》，在稳步推进公房出售的前提下，全面推行住房公积金制度，大力发展经济适用住房建设。

在公房出售中，以成本价代替标准价，采取先评估后出售的原则，充分考虑房屋的地段、结构、层次、朝向及购房家庭的工龄、职称等因素，售房价格日趋合理。1995 年，经省住房制度改革领导小组批准，出台《湘阴县深化城镇住房制度改革实施方案》及 7 个相关的配套政策，全县房改工作进入全面实施阶段。经过 1995 年、1996 年、1997 年、1998 年四个房改方案的实施，至 1998 年 12 月 31 日停止福利分房止，全县共出售公有住房 13485 套 107.8 万平方米，原来出售的 70% 产权的房屋大部分也按相关方案，补足 100% 产权，全县干部职工居住水平也由人均 7.6 平方米增加到 23.5 平方米。全县出售公有住房共收回资金 1920.2 万元，全部由县住房资金管理中心进行专项管理，主要用于城市住房建设和产权单位的住房建设和维修，确保房改资金专款专用。1998 年 9 月，对城关所有行政、企事业单位进行全面的住房普查，并根据普查数据，确定全县货币化分房的补贴计划。是年 12 月，县委、县政府出台《湘阴县职工住房货币分配实施方案》，使全县住房制度改革向纵向发展。1999 年 2 月，纪检、监察、房改等部门对全县公有住房进行清理，清退多处占房 180 套，超面积建房 216 套，违规集资建房 42 套，私下交易公房 23 套，补交、补齐相关税费，进一步严肃房改纪律，纠正国有资产流失和住房分配不公的现象。

1995—1998 年湘阴县公有住房出售方案一览表

表 20-2　　单位：元，%

年度	钢混结构				砖混结构						工龄折扣	年折扣率	现有住房折扣率	一次性付款折扣率
	成本价		市场价		成本价			市场价						
	一级	二级	一级	二级	一级	二级	三级	一级	二级	三级				
1995	546	491			420	377		500	450		3.28	2	4	20
1996	603	543	715		464	441	418	550			3.52	2	3	18
1997	650	585	780	702	500	475	450	600	570	540	3.8	2	2	15
1998	676	608	810	730	520	494	468	624	592	561	3.95	2	1	10

1995—1998 年湘阴县住房货币化补贴标准一览表

表 20-3　　单位：元

补贴种类 \ 职称	厅级干部	处级干部	科级干部	一般干部
工龄补贴（每年）	3.95 × 110 = 434.5	3.95 × 85 = 335.75	3.95 × 75 = 296.25	3.96 × 65 = 257.4
住房补贴（每年）	6050	4675	4125	3575

二、住房公积金

1996 年 7 月，湘阴县建立住房公积金制度，按照“个人存储，单位资助，统一管理，专项使用”的原则，全县大部分行政、企事业单位实施住房公积金制度。至 2003 年，全县共有 244 个单位，12000 人缴存住房公积金，归集金额达 2202.26 万元，其中政策性返款 181.33 万元，发放个人住房公积金抵押贷款 656.81 万元。至 2005 年，1.46 万人缴存住房公积金归集金额 4600 万元，其中政策性返款 578 万元，发放个人住房公积金抵押货款 1574 万元。为广大中低收入家庭改善居住条件，体现“住房公积金，利国又利民”的政策。至 2010 年，全县共有 287 个单位、23000 人参缴住房公积金，归集总额达 1.71 亿元，归集余额 1.41 亿元，其中政策性支取公积金 3000 万元，发放个人住房公积金政策贷款 1950 户 9500 万元，收回住房公积金贷款 4400 万元，住房公积金贷款余额为 5100 万元。至 2015 年，全县共有 312 个单位、25530 人参缴住房公积金，归集总额增至 6.3 亿元，累计发放个人住房贷款总额 4.6 亿元，住房公积金归集余额 1.7 亿元。

第三节 住房建设

一、经济适用房建设

1994 年，湘阴县经济适用住房开发中心成立，属房改办内设机构，主要负责全县的经济适用住房开发及相关物业管理，1995—1998 年，中心共投资 880 万元，征地 1.67 公顷，开发建设"花园公寓""工会公寓"两个小区，兴建安居住宅 10 栋 148 套，为中低收入家庭提供造型合理、价格低廉的住宅，完善全县城镇住房建设体系。

2004 年，经济适用住房投资 1424 万元，销售 1936 万元，面积 41800 平方米。

2008 年 9 月，县政府出台《湘阴县经济适应住房管理办法》，明确具体的优惠和支持政策、准入和退出管理措施，采取政府领导协调、县房地产局组织实施的形式，促进经济适用住房建设。2009—2010 年，共建设经济适用房 72 套，建筑面积 5700 平方米。2011—2015 年，县房产局建有经济适用房 1108 套 88000 平方米。

二、廉租住房建设

2008 年 9 月，县政府出台《湘阴县廉租住房保障管理办法》，印发《关于加快建立住房保障体系解决城市低收入家庭住房困难的通知》，明确廉租住房的保障范围和任务、保障面积标准、保障方式、资金来源渠道、配套政策、工作机制以及各相关部门的具体职责，以新建、收购为主，大力推进廉租住房建设。2008—2011 年，共建廉租住房 1088 套，建筑面积 54400 平方米。2012—2015 年，建廉租住房 780 套 41000 平方米。

第四节 房产交易

1988 年 9 月 2 日，湘阴县房地产交易所成立，负责县内城镇房地产产业和房地产市场管理，包括房屋转让、房屋租赁、房地产抵押。1996 年 4 月 15 日，湘阴县房地产局和湘阴县物价局联合制定房地产交易市场指导价格。1997 年 11 月，湘阴县人民政府印发《湘阴县房屋租赁管理暂行办法》，进一步规范全县房屋租赁市场管理。1999 年 8 月，成立湘阴县房地产交易中心，与湘阴县房地产交易管理所合署办公。是年，房屋买卖 259 宗，面积 3.76 万平方米，金额 1436.71 万元；房地产评估 121 宗，面积 10.59 万平方米，评估价值 8903.29 万元。

2000 年 3 月，成立湘阴县房地产开发管理领导小组，下设办公室，在湘阴县房地产管理局办公，负责县内房地产市场的开发、建设、经营管理。包括对房地产开发企业进行市场准入、资质申报、资质审查，对商品房屋进行销（预）售管理，核发商品房预售许可证，组织各职能部门对商品房屋进行综合竣工验收，监督开发商向用户发放《商品住宅使用说明》和《商品住宅质量保证书》。是年，房屋买卖 309 宗，面积 4.74 万平方米，金额 1749.57 万元；房地产评估 119 宗，面积 13.75 万平方米，评估价值 8201.48 万元。

2001 年，房屋买卖 573 宗，面积 7.93 万平方米，金额 3050.93 万元；房地产评估 115 宗，面积 7.45 万平方米，评估价值 6049.47 万元。

2002年，房屋买卖938宗，面积8.59万平方米，金额3846.00万元；房地产评估166宗，面积31.00万平方米，评估价值15082.95万元。之后，县房地产开发持续发展，县房地产管理局进一步加强商品房预（销）售行为管理，规范房地产小区综合竣工验收，严格房地产开发企业资质管理，为房地产开发企业提供公平有序的开发环境。2010年，完成房地产开发投资10.2亿余元，比上年增长146.5%；报建面积804910平方米，比上年增长51%；工业开发面积84553平方米，公益行政事业建设面积62663平方米，私建房面积87613平方米，竣工面积320000平方米，比上年增长84.7%；实现商品房销售280000平方米，比上年增长92.1%；协收房地产税收1亿余元，比上年增长64.8%。投入资金近30万元，委托省咨询策划公司编制湘阴县房地产业发展近五年的详细规划和中长期规划，为全县房地产业的可持续发展奠定基础。

2011—2015年期内，国内房地产业出现销售放缓，空置待售房产增加，但房价仍然居高不下，湘阴房地产市场同样显现。县委、县政府加强调整措施，房地产部门在产业转型上求新发展，基本稳定了湘阴房地产市场。2015年，完成房地产开发投资5.2亿元，同比下降48%；商品房新开工面积40万平方米，同比下降9%；竣工面积67万平方米，同比上升2%；销售面积33.4万平方米，同比上升19.8%，比2010年增加5.4万平方米，实现房地产税收4.1亿元，同比增长27.5%，比2010年增长1倍。房地产投资和新开工面积虽然下降，但竣工面积和销售面积上升，湘阴县房地产市场趋于稳定向好。

第五节　产权管理

1983年3月，成立“三产”（房地产产业、产权、产籍）普查领导小组，下设办公室。开展除部队营房外的城镇房地产产业、产权、产籍普查、登记、换证工作。1985年5月，完成城镇4783户房屋普查，对24.968万平方米的私房发放房产登记证，收回漏管公房8幢，计3433平方米，补交租金和赔偿房款78225元。是年，在登记、发证过程中，根据有关政策，确定产权、处理边界纠纷115起，补办房屋买卖契税手续45项。1989年5月，对城郊、三峰、乌龙三处开展登记发证工作，登记房屋1300栋，建筑面积66000平方米，颁发权证1280本。1990年4月18日，召开湘阴城镇房屋产权登记发证工作会，城镇规划区内房屋（包括存量房屋、新建房屋）都要进行登记、发证。1992年11月，建设部授予湘阴县房地产管理局全国城镇房产产权登记发证先进单位。1994年7月，对县城郊结合部的东湖村、黄金村、高岭村进行大面积发证，共发放权证1576本。1996年1月，在全县农村11个集镇各设房管所，展开农村、集镇房屋权属的登记发证工作。1998年12月，县人民政府印发《关于启用全国统一房屋权证书的通知》，在全县范围内使用和换发全国统一印制的房屋权属证书。

2010年，房地产服务水平显著提升，房地产管理信息系统日趋完善。共投入资金120万元，在全市率先对房地产图文一体化信息管理系统和协税系统进行全面升级，并建立商品房预售资金监管系统和商品房销售合同网上备案系统，使协税更为规范严谨、商品房交易更为快捷方便，防范了房地产金融风险。城区房地产基础测绘工作全面完成。投入资金近100万元，完成城区15平方千米的基础测绘工作，形成房地产数字化图纸，实现了图档结合。投入资金15万元，完成近5万份房地产历史档案的电子扫描和录入，将全县房地产档案形成电子档案。投入资金近20万元，购买分析仪、采样器等设备，建立房屋装饰装修空气检测实验室，更好地为房屋装饰装修质量、环保、安全等提供检测服务。是年，在产权登记和市场管理工作中，严格收件审批，规范办事程序，加强产权登记和市场管理，完成新建商品房产权登记1434宗，二手房转移登记579件。在白蚁防治工作中，加大白蚁危害的宣传力度，采取主动上门的服务方式，实现白蚁防治面积580000平方米，确保全县新建房屋白蚁防治率达100%。全面开展全县在建房地产开发项目、住宅小区物业管理工作检查，督促8个房地产开发企业完善物管用房和物管设施，4个小区开展物业管理，引导成立2家物管公司，归集房屋维修资金700余万元。积极扶持成立5家装饰装修公司，查处并督促整改89例拆改房屋主体结构等违规装修行为，确保房屋装饰装修安全。

第六节　住房公积金管理

1996年7月，湘阴县实行住房公积金制度，按照“个人存储，单位资助，统一管理，专项使用”的原则，对住房公积金实行规范化、制度化、标准化管理。是年，县政府建立湘阴县住房公积金管理中心，负责全县范围内干部职工住房公积金的缴存、管理、运作等工作，为政府的常设职能机构。住房公积金管理中心建立后，深入开展“加强住房公积金管理，提高服务质量”为主题的宣传教育活动。每年5月，都组织全体工作人员上街宣传，使政策深入人心；以园区企业、改制企业、非公企业及乡镇卫生院为重点，主攻归集难点。通过政策带动，氛围促动，行动带动，服务互动，推进了住房公积金制度的建立。至2015年，全县缴纳住房公积金的人数累计25530人，归集住房公积金6.3亿元，归集余额1.7亿元。归集总量和归集余额在全市排第三名。

2010—2015年，严格按管理规章履行管理职责，依法依规定期公布信息，确保缴存人的知情权和监管权；利用房产局交易信息平台，在网上查询购房者的合同及备案登记，杜绝骗提骗贷行为；规范提取政策，完善操作流程，坚持严格把关和“人性化”管理相结合：严格按提取规定审批办理提取手续，安排专人逐一审核，堵塞违规套取漏洞；向弱势群体（中、低收入职工）倾斜，灵活掌握支取政策，有利职工购房，发挥住房公积金的互助作用。以支持中、低收入职工贷款购房，改善职工住房条件为出发点，重点抓好“强化贷款管理，严防资金风险”；加强与开发商的联系，与房地产公司建立业务合作关系。为预防信贷风险，确保资金安全，管理中心从具体信贷环节入手，严把贷前审核关，采取科学有效的催收模式对逾期贷款进行催收，对财政供养人员采取由财政工资统发中心统一代扣，确保贷款顺利回收。

第五章　建筑业

第一节　队伍与设施

一、施工队伍

1978年，组建鹤龙、凤南、湾河三个建筑队。1979年，组建东塘、白泥湖、三塘、南阳、古塘、湘临、南湖区、西林、和平、民新10个建筑队。1980年，组建赛头、胭脂建筑队。1981年，组建金龙建筑队。是年，县建筑工程队更名为湘阴县建筑工程公司，属大集体。是年，县建委对全县建筑企业进行资质审查，报岳阳地区建委批准，发给营业执照39个队，其中农建队35个，固定职工4000人。县建筑工程公司为三级建安企业。各建筑企业业务安排、施工管理、技术培训与质量监督均为县建委建工科管理，其行政人员为所在区、社、镇领导。1983—1987年，城关镇郊区、濠河区、长仑区、洞庭乡、岭北区、新泉区、东湖村建筑企业相继成立。1984年，县政府批准成立湘阴县第二建筑工程公司，为全民三级施工企业。1988年，全县建筑从业人员1700人，完成建安产值10355.55万元，成为全省年施工产值超亿元的五个县之一。湘阴建筑队伍在全国400多个工地安营扎寨，信誉很高，工地遍及长沙、岳阳、湖北、新疆、江西、福建、广东、天津、广西、深圳等省市自治区。是年8月31日，《湖广信息报》以《前进中的湖南省湘阴县建筑企业》为题，整版刊登县建筑工程公司第一、二公司，白马镇公司和六塘、白湖、安静、茶湖潭、关公潭、石塘、铁角嘴等建筑企业所建工程照片20多幅，特别是对古建筑和园林建筑施工质量大加赞赏。是年10月，经岳阳市建委资质审查，除原县建筑工程公司、二公司外，白马镇队、柳潭水塔专业队，茶湖潭队、安静队、铁角嘴队、石塘队、六塘队、白泥湖队升为三级建筑公司，城关镇等三个城镇队和34个农建队定为四级建筑企业，和平和姑嫂树队为等外级企业。1989年，城关镇、城郊、东湖3个建筑队合并组成罗城建筑公司。1992年，省二纸板厂组建天顺建筑。是年8月，县建筑工程公司、第二建筑公司合并组成“湘阴县建筑安装工程公司”（设一、二、三公司），经省建委审核批准为国家二级建安企业，属全民性质，为岳阳地区首家二级建安企业。是年，经县政府批准成立“湘阴县建筑集团总公司”。是年，全县共有建筑企业48个（隶属县1个，城镇5个，农建42个），共有固定职工18639人。其中二级企业1个，三级企业18个，四级企业21个，等外级8个。年建安产值1.5亿元，竣工面积62万平方米，实现利润900万元，工程优良率40%。东塘建筑公司承建的岳阳市小港粮库3500平方米的宿舍，获省样板工程。1993年始，相继成立市政公司、兴教建筑工程公司、公路桥梁基建有限责任公司、立业水利建筑安装有限责任公司，航运、邮电、建安3个混凝土预制构件专业公司等。1998年，粮食局、洞庭区、鹤龙湖渔场相继成立建筑队。各建筑企业在市场竞争中有发展与淘汰，有重组与合并，至2004，年全县共有各种施工企业25家，房屋建筑企业19家（其中二级企业3家），水利施工企业2家，公路、混凝土预制构件、土石方工程、劳务专业施工企业各1家。共有职工12350人，其中管理人员1886人，技术人员1359人，具有高级职称的10人，中级职称350人。固定资金19533万元，注册资金28774万元。25家施工企业中除湘阴县建筑安装总公司属集体性质外，其余均为股份制企业。至2015年，全县具有资质等级的建筑施工企业33家，从业人员16200人。

二、施工设备（设施）

20世纪60年代始，开始采用平板斗车、和灰机、洗灰机等简单施工机械。20世纪80年代，使用混凝土捣拌机、提升卷扬机、圆锯、带锯、木工平台机、打眼机，并引进金属脚手架。20世纪80年代末，随着钢筋混凝土工程增加，添置钢筋平直机、弯曲机、切割机、振动器、焊接机（有点、对焊、电弧焊机）、钢管脚手架及钢模设备、塔吊等。2000年，整个建筑施工中的木工制作、灰浆捣拌、水平运输、垂直运输、钢筋制作、钢筋混凝土构件生产、平台磨光、机械维修和焊接等工种工序，基本实现机械化生产，其机械设备能适应20层以下的工业民用建筑的施工需要。全县有施工机械设备7182台（件），总动力为38827马力，净值3824.76万元，拥有固定产值原值6301.86万元，净值5043.35万元。由于机械施工装备水平提高，原来只能承担一般低层建筑、单体建筑、民用建筑，后来转向承担宽跨、深基多高层民用建筑和功能齐全的群体建筑，以及跨度大的工业建筑的施工任务，并进入大中城市的竞争行列。至2010年，全县建筑施工企业有土方机械（推土机、挖掘机、铲运机、装载机等）、筑路机械（压路机、打夯机、沥青混凝土摊铺机、沥青洒油机等）、桩工机械（卷扬机、提升机、打桩机、振动器等）、起重机械（塔吊、龙门吊、起重机等）、混凝土工程机械（混凝土搅拌机、混凝土配料机等）五类大型施工设备5788台，总功率达59656千瓦。

第二节 勘测与设计

一、勘测

20世纪80年代初期，湘阴县无工程地质勘查专业人员和设备，建筑工程的基础设计，依靠放线开基槽。以后由设计、建工、质监部门工程技术人员共同进行现场目测。凭经验确定，进行修改，设计图纸。1984年，设计水运公司宿舍，因对基土的持力层埋藏深度不清，桩基施工深度不够，竣工后地基产生不均匀沉降，造成房屋墙身开裂，因及时灌浆处理才未造成更大损失。1986年，县供电公司挡土墙因对茎土的结构及允许承载力未经科学勘查、认证，建设方擅自在挡土墙上建房加载，基础下沉、滑动，造成整个建筑物破坏，直接经济损失10余万元。1987年起，县建筑设计室与岳阳市勘察设计院和核工业部长沙311勘查队挂钩，为建设单位进行施工勘查。1988年，从省地质矿产局水文地质工程地质二队引进专业技术人员，建立地质勘查队伍，设计室地质勘查工程与县建筑工程公司打桩队协作，添置SH30-2工程钻机1台。1988—2004年，先后为县城87个建设单位进行地质勘探，钻孔538个，钻孔工作量8850米，取土样250件，为建设单位查明工程地质背景，为建筑工程的基础设计提供科学依据。

二、设计

（一）设计机构　1981年3月，成立湘阴县建筑设计室，共9人，岳阳地区建委发给丙级证书，承担全县的建筑设计。通过引进送培、函大学习和技术讲座，进一步充实力量。1986年，设计室职工有12人，6月30日经省建委资质审查合格，按新标准发给湘阴建筑设计室丁级勘察设计证书。2004年，设计室职工29人，其中技术人员20人，建筑师5人，结构师3人。经省建设厅审查定为工程勘察建筑设计丙级单位，建筑设计室更名为湘阴县建筑设计院，共有计算机10台，绘图仪1台，打印机2台，制图机1台，勘探设备1套，实现办公现代化。2010年，县建设局内设县建筑设计院。

（二）设计成果　1981年，建筑设计室成立后，湘阴县建筑业才迈开向现代建筑进军的步伐，较大跨度的厂房、商场、多层高层住宅不断涌现，设计人员更新知识提高技术，承担难度较大的工程设计。是年，设计8层21米跨框架结构的东方商场。1982年，设计18米跨度的百花剧院及其7.5米挑楼座。1984—1987年，设计17米高框架结构炼钢车间，县物资局12.5米跨7层全高35米全框架综合大楼，以及18米跨顶应力钢筋混凝土屋架，15米跨度薄腹梁和65米高砖窗囱。2001年，设计高12层建筑面积12000多平方米全框架的县人民医院住院楼等，均达到经济、适用、安全、美观的要求。县交警大楼、烟草局办公楼、人民医院博爱楼等公共建筑评为省样板工程。

（三）建筑结构　适应抗震防灾的需要，由原砖木结构、砖混结构转向半框架和框架结构，实墙取代原空斗墙。在建筑层次上，向多层高层方向发展，由原2—3层改为5—7层，一些主要建筑在10层以上。在平面布置上，坚持合理、适用方便。

20世纪70年代，县城住宅多以一字形长廊或一室户或直进前后两室户，共厨房厕所，稍后发展为独厨独厕，有以中间作廊，南北两边作住房，以廊代厨，厕、水、卫不配套。20世纪80年代初，住宅设计改为单元式，层数为5层以下，各单元2~3户，住宅分一室二厅和少数三室一厅。均为独厨，独厕，各户建筑面积60~70平方米，客厅小、住房大。1982年始，全部按水厕设计，粪便通过化粪池排入下水道。照明线路预埋，水电分户装表。1993年，住房制度改革，采用集资建房和购买商品房，建筑面积一般为80~180平方米，实行大客厅、小住房，一般设二室二厅、三室二厅或四室二厅、一厨一厕或一厨两厕，照明线路、自来水管全部预埋，洗衣机的放置和洗刷设有专门场地，柜、晒衣钩、电视机、空调等所需预埋构件，配套齐全，用户方便。同时对采光、通风、给排水、防潮、隔音等环节进行精心设计，满足不同层次不同人群住户需要。

（四）外部造型　20世纪80年代前，县城的建筑物为一齐高，一个式样的“火柴盒”，高低无错落，式样没变化。20世纪90年代，临街的建筑在外部造型上追求新颖，风格不同各式各样的现代建筑体现新时代特色。

21世纪以来，高层建筑设计主楼高大挺拔，主裙楼布置相得益彰，立面为现代风格，简洁明快、线条流畅。住宅小区设计，立面多以黄色为主调，屋面采用深蓝色等坡屋面，在采光、隔音、隔热等方面精心设计。

（五）内外装饰　20世纪80年代，装饰由原单一粗砂灰发展为洗石、彩色干黏石、釉石砖、马赛克，内装饰由纸筋白灰粉面，发展为内墙涂料，墙布（纸）、瓷砖地面、塑板天棚、石膏纤维板、胶板、贴饰面材料，彩色地面胶水磨石和大理石地面。20世纪90年代中期，外墙装饰全部采用高级瓷片、抛光麻石片贴面或墙漆王刷面或玻璃幕墙。窗户采用铝合金或塑钢制作。内墙用904或墙漆王刷面。21世纪以来，地面采用镜面瓷砖或大理石、抛光麻石或纯木、胶木。内外装饰与总造价比，由20世纪70年代10%左右提高50%左右。仿古建筑采用明清建筑风格，突出仿古元素。

第三节　建筑技术

为适应建筑市场经济发展需要，不断增强职工队伍素质，提高技术水平，县建设主管部门狠抓职工队伍培训。1992年，县建委投资近100万元，新建800多平方米的建筑职工培训中心，定期举办水电工、木模工、质检员、安检员、材料员、架子工等短期培训班。1995年，被定为全省建设职业技能岗位培训与鉴定试点县。2003年，建筑业生产经营快速增长。全县四级及以上建筑企业在激烈的市场竞争中，努力开拓，全年完成建筑业总产值45765万元，按增加值计算全员劳动生产率为12524元／人，房屋建筑竣工面积为70万平方米，全县建筑业增加值34702万元，增长28.5%。2004年，全县23家建筑资质高级企业拥有从业人员13037人，完成建安产值65822万元，比上年增长43.8%。房屋建筑竣工面积114.3万平方米，实现利润4374万元，增长18.8%，全县完成社会建筑业增加值43627万元，增长16.8%。2004年，定为省级重点扶植建筑劳务基地县。县建设局采取措施与对口扶植建筑企业签订建筑劳务培训与输出协议书，在向北京、广州等地输出劳务5166人的同时，选派近百名职工到建筑专业学院（校）工民建专业脱产学习2—3年，选送500多名职工去省市举办的项目经理和五大员培训班学习。是年，累计培训和申报项目经理375人，持证355人，其中一级9人，二级98人，三级268人。累计培训和申报五大员689人，持证689人，其中施工员326人，预算员86人，质检员103人，安全员103人，材料员71人。累计培训与鉴定技能工1985人，发证1850人。全县共有各类建筑专业技术人员1359名，其中高级技术人员10名，工程师350名。

2005年，全县资质等级以上建安企业23家，拥有从业人员10952人，完成建安产值42819万元，建筑房屋竣工面积73.8万平方米，实现利润总额6710万元。

2006年，全县共有资质等级以上建安企业23家，拥有从业人员14034人，完成建安产值67159万元，比上年增长56.8%，建筑房屋竣工面积120.9万平方米，比上年增长63.8%，实现利润总额6032万元。

2007年，全县建筑业增加值4.96亿元，比上年增长27.5%。具有资质等级的建筑企业23家，拥有从业人员14800人，房屋建筑竣工面积193.8万平方米，增长60.3%。房地产开发增长较快，全县房地产开发投资达10507万元，增长72.3%，商品房销售面积达23586平方米。

2008年，全县建筑业增加值5.6亿元，比上年增长14.1%。具有资质等级的建筑企业24家，拥有从业人员11482人，房屋建筑竣工面积232.9万平方米，增长70.1%。房地产开发增长较快，全县房地产开发投资达22190万元，增长22.2%，商品房销售面积达9万平方米。

2009年，全年全社会建筑业实现增加值5.46亿元，比上年增长14.9%。全县具有资质等级的总承包和专业承包建筑业企业实现利润1.2亿元，增长50%。全年完成房屋建筑施工面积265万平方米，同比增长19.3%；房屋竣工面积265万平方米，同比增长26%。

2010年，建筑业稳定增长。全县具有资质等级的总承包和专业承包建筑业企业33家，全社会建筑业实现增加值6.5亿元，同比增长36.7%。实现利润1.7亿元，同比增长47%。全年完成房屋建筑面积289.7万平方米，同比增长9.4%。

2011—2015年，湘阴县建筑业在稳中求进，保持发展态势。2015年，完成建筑业总产值39.14亿元，比2010年增长7.1%；实现利润2.24亿元，比2010年增长7.6%。

第四节　建筑管理

一、招标管理

1996年4月12日，湘阴县建设工程招标投标工作启动，第一个招投标工程系教育局综合楼，建筑面积3250平方米，中标金额169万元。从这个标开始，招标办法基本参照省、市评标有关规定，并作5次大的修改而逐步完善。2000年12月，《中华人民共和国招标投标法》颁布实施后，全县建筑市场招标投标更加规范。招标方式有公开招标、邀请招标和议标三种。党政机关、群众团体发及国有企业、集体企业和公有制占主导地位投资建设的工程，都必须公开招标。其他工程实行邀请招标。

1996—2003年湘阴县招标情况统计表

表20-4

时　间	招标方式	工程个数	建筑面积（平方米）	中标产值（万元）
1996年	邀请招标	12	27075	1369.43
	议　标	3	8300	430
1997年	邀请招标	19	40937	2313.61
	议标	9	18560	991
1998年	邀请招标	14	31692	1660.43
	议标	17	23808	1334.3
1999年	公开招标	1	852	52.59
	邀请招标	8	23033	1062.83
	议标	4	8100	385
2000年	公开招标	1	1200	50.92
	邀请招标	12	43781	1906.9
2001年	公开招标	1	2474	160
	邀请招标	6	18000	960
2002年	公开招标	6	38157	1811.9
	邀请招标	8	45598	1912.69
2003年	公开招标	2	5340	324.32
	邀请招标	12	59543	3804.1

2010年，规范招标程序，严厉打击串标、围标行为，全年建设工程应招投标项目42个全部招投标，其中公开招投标21个，邀请招投标21个，招投标率100%。

二、质量监督

1980年8月，经县人民政府批准成立县建筑工程质量监督站，配备管理及工程技术人员设有建筑工程监理公司，建筑材料检测室，担负着全县建筑工程的质量监督和管理，对基础和预制楼板进行承重施压，对主要建筑材料进行检测，对各道施工程序进行严格监督，全县建筑工程质量得到有效保证，杜绝劣质工程。1985—2004年，县城共完成大小建筑工程114个，建筑面积150余万平方米，合格率达100%，创优良工程508个，优良率达50%，创省样板工程6个。2005年，全县49个重点项目验收合格率100%，1项工程获全省最高质量荣誉芙蓉奖，首开湘阴县先例。至2010年，建筑技术、建筑质量显著提升。通过实体质量控制和有效监管，湘阴县房屋建筑实现由砖混到框架、由预制到现浇、由现拌到预混、由多层到高层的转变。建筑节能从无到有，部分项目实现屋面保温、门窗保温、墙体保温应用，墙体材料实现由实心到多孔、由烧结砖向免烧砖发展，工程质量有效提高。

三、安全管理

2004年，县城所有施工队淘汰竹木脚手架，全部实现双排钢管架，配置安全网，在管理上除各工地配备专职安全员外，县建筑施工管理安全监督站，在县城规划区内的各个在建工程项目，派出安全生产督检员，分片包干负责，从而杜绝重大安全事故的发生。

2005—2015年，城建主管部门严格把好城区工程报建关和安全条件审查关，对建筑市场准入和安全生产方面采取动态管理，建筑安全和质量平稳发展。开展建筑施工安全隐患排查整治和重点防范，对临时用电、脚手架工程、起重升降设备等的安全保护技术，安全防护措施实现“两个到位”（安全设施投入到位，安全防护措施到位）。进一步健全质量保证体系，严格建筑施工图审查和备案制度，加强质量通病的专项整治，实行分户验收制度，对关键工序、重点部位严格实行见证监管，连续10年报建项目未发生重大安全事故，报建工程验收合格率100%。

第六章　环境保护

第一节　机　构

1979年6月，湘阴县成立环境保护办公室（简称“环保办”）。1982年4月，成立县环境监测站。1984年2月，县环保办与县建委合并成立县城乡建设环境保护局，内设管理股，下设监测站。1987年3月，恢复县环保办，为县政府科级事业单位。1989年12月，成立湘阴县环境保护委员会，由主管环保的副县长任委员会主任。1990年4月，县环保办改名为县环境保护局。1993年3月，县环境保护局与县建委再次合并，成立县城乡建设环境保护局。5月，成立环境监测站。1993年9月，恢复湘阴县环境保护局，内设办公室、管理股，下设监测站、监理站。1996年11月，设立长仑、岭北、新泉、洞庭、南湖、城南、濠河7个农村环境监理所。1998年3月，设立县环境执法大队。2002年3月，县环境保护局定为县政府工作局，内设办公室、管理股、财计股，下属事业单位有环境监理站、环境监测站、环境执法大队、长仑监理所、城南监理所、濠河新泉监理所。是年6月，县环境监理站更名为环境监察大队，长仑、城南、濠河新泉环境监理所分别更名为长仑环境监察中队、城南环境监察中队、濠河新泉环境监察中队，环境执法大队更名为文星环境监察中队。2009年，全局共有职工110人，其中高级工程师5人，工程师 6 人，占地面积 4282 平方米，固定资产 176 万元。

2015 年，县环境保护局内设机构有办公室、财计股、环境管理股、法制宣教股、行政审批股、人事股、监察室、总量股。下属机构有环境监察大队、环境监测站、文星环境监察中队（湘阴县禁炮大队）、城南环境监察中队、长仑环境监察中队、新泉濠河环境监察大队、横岭湖环境监察大队。除环境监测站外，其余下属机构均在各自区域行使环境监察权。全局共有干部职工 110 人。

第二节　环境状况

一、水环境状况

1972 年始，湘江流经城关地区段 7.5 千米，工业污染日趋严重。1985 年，沿岸 20 家生产企业（包括 4 家造纸厂、氮肥厂、酒厂），年排入湘江的工业废水及城区生活废水共 2164 万多吨，其中污染物达 18 种，水质污染以至从河里捕捞的鱼有煤油气味，漕溪港沿岸居民 5000 人得不到可饮用水。是年，工业废水总量达 1897 万吨，城关占有 1682 万吨，农村占有 215 万吨，其中悬浮物全县总量 4095 吨，城关 2635 吨，农村占有 1460 吨。城关地区 73.5% 的用户饮用的自来水多系地下水，其性状为 pH 值偏低，呈酸性，检出范围 5.15~6.60，未达到 6.5~8.5 标准，氟离子浓度最大值为 0.26 毫克 / 升，低于饮用水 0.5~1.0 标准。抽样检查农村洞庭、濠河、城南 3 个区的饮用水，色度 0~100，超标率 23.3%；浊度 0~160，超标率 63.3%；含铁浓度 0.07~59.10 毫克 / 升，超标率 43.3%；含锰浓度为 0~2.48 毫克 / 升，超标率 43%；pH 值浓度 5.4~8.3 毫克 / 升，超标率 40%；氟化物浓度 0.03~0.45 毫克 / 升。

1988 年，县内工业污水排放总量为 2831.3 万吨，按纳污的水域分，湘江和资江（两江）水域共纳 2815.5 万吨，占总量的 99.5%，其他水域受纳 15.5 万吨，占总量的 0.5%。两江水域中，湘江受纳 2758 万吨，占总量的 98%，资江受纳 57.5 万吨，占总量的 2%；湘江水域中，湘江城关段（洋沙湖至乌龙嘴）受纳 2697.3 万吨，占总量的 98%。县属以上企业、部门企业和事业单位共排 2669.5 万吨，占总量的 97%，乡镇企业共排 88.5 万吨，占总量的 3%。

乡镇企业污水是影响农村地区水质的两大类污染源之一（另一类为农药、化肥污染）。1988 年，县内乡镇企业污水排放量：食品制造业 13.30 万吨、造纸及纸品业 67.04 万吨、化学工业 0.47 万吨、黑金属冶炼加工业 0.10 万吨、金属制品业 7.59 万吨，机械工业 14 吨，合计 88.50 万吨。

1995 年，乡镇企业污水排放总量为 618.38 万吨，其中有砖瓦建材业 20.4 万吨，造纸及纸制品业 547.35 万吨，黑色金属冶炼及压延业 1.70 万吨，金属制品业 47.1 万吨，食品制造业 450 吨，钢压延加工业 1.74 万吨。镀锌行业污水中的六价铬毒性强、难降解，对局部水体环境造成危害。

2000 年，县内工业污水排放量降至 1230.1 万吨。2003 年，回升至 2004.8 万吨。2004—2010 年，废水产生量 4007.45 万吨，排放量 3998.56 万吨。废水主要污染物 COD 产生量 89446.82 吨，排放量 67152.22 吨；BOD 产生量 25474.4 吨，排放量 18280.15 吨；NH3-N 产生量 2613.54 吨，排放量 2474.73 吨。全县城市集中式饮用水源地下水水质达标率为 100%（三级标准），水质状况良好。需要注意的是湘阴县地下水储量逐年下降，开采量大于补给量。其中地下水抽取水井数由 2003 年 12 口井增加到现在的 20 口井。

2015 年，水环境质量持续改善，湘江湘阴段各断面水质各项指标均达到《地表水环境质量标准》（GB3838—2002) 中三类标准，水质合格率 100%；城市集中饮用水水源地（县自来水一厂）各项指标均达到《地下水环境质量标准》（GB/T14848—93）。水质合格率 100%。

二、空气环境状况

1985 年，排放工业废气 16327.5417 万标立方米，其中燃料燃烧废气 122748.53 万标立方米，占总量的 75.18%，生产工艺废气占 24.82%。工业废气总排放量中，城关镇占 54.14%，有害物中城关镇占 83.22%。

2004—2009 年，废气产生量 1061316 万立方米，排放量 1061316 万立方米；工业粉尘产生量 5737.34 吨，排放量 455.02 吨；二氧化硫产生量 13229.89 吨，排放量 13019.05 吨；烟尘产生量 16596.72 吨，排放量 3672.67 吨；氮氧化物产生量 1730.24 吨，排放量 1730.24 吨。2009 年，全县城区二氧化硫、二氧化氮、可吸入颗粒物（PM10）年日均值符合国家环境空气质量二级标准，主要污染物综合指数（API）年平均值为 90，城区环境空气质量总体较好。是年，湘阴县城区降尘量与上年相比略有上升，总体呈上升趋势。城区降水年均 pH 值为 5.00，酸雨检出频率为 43.9%，与 2004 年前相比降水 pH 值及酸雨频率有所下降，酸雨污染呈减轻趋势。

2010 年，二氧化硫年平均值为 0.028 毫克 / 立方米，二氧化氮 0.033 毫克 / 立方米，TSP0.082 毫克 / 立方米，PM10 为 0.063 毫克 / 立方米，均达到标准要求。

2015 年，有效监测天数为 357 天，优良天数为 283 天，优良率 79.27%，AQI 指数为 88.55，二氧化硫主要污染物排放量大幅减少。

三、声环境状况

1985 年，污染源主要来自设在居民区与校园附近的工厂，其柴油机发电、电锯声所致，声源强度大部分在 100~108 分贝之间。

1986—1996 年，县境声环境影响主要以工业噪声为主。1997 年，县境工业噪声强度呈下降趋势，但城区交通噪音上升。2004—2009 年，湘阴县城区声环境较为稳定，变化不大。2009 年县城区域环境噪声昼间平均值为 53.4 分贝（A），优于国家 GB3096-93《城市区域噪声标准》中 1 类区标准 55 分贝（A），交通干线昼间噪声平均值为 69.3 分贝（A），优于国家 4 类区标准。

四、固体废物污染源

（一）一般工业固废　1985 年，工业固体废弃物 47775 吨，除 1520 吨粉尘外，都得到处理和利用。

2004 年，工业固体废物 42157 吨，处理量 5461 吨，利用量 1981 吨，处置、利用率 95.3%。2006 年，工业固体废物 43326 吨，处理量 5168 吨，利用量 36404 吨，处置、利用率 95.95%。2008 年，工业固体废物 51060 吨，处理量 15346 吨，处置、利用量 35501 吨，处置、利用率 99.58%。

2010 年，工业固体废物产生量 61258 吨，处理量 25550 吨，利用量 35691 吨，处理、利用率 99.97%，排放率 0.03%。

2011—2015 年，湘阴县一般工业固体废物产生量基本维持上升势头，一方面是因为县域经济、社会快速发展，能源消耗量逐年上升，另一方面是因为 6 年来全县工业企业特别是较大污染企业均实施废水治理，废水处理导致污泥量增加。县委、县政府重视污染源治理，固体废物的处理、利用率逐年提高，排放率逐年减少。

（二）工业危险固废　湘阴县工业危险固体废物 2000 年后产生量有起有伏，但总体来看，工业危险固废都得到了有效的处置、利用，没有对外排放现象。

2004—2015 年湘阴县工业危险固体废物处置情况一览表

表 20-5　单位：吨

年　份	工业固废产生量	工业固废处置量	工业固废利用量	工业固废排放量	工业固废处置、利用率	工业固废排放率（%）
2004	549.2	17.1	532.1	0	100	0
2005	627.4	18.9	608.5	0	100	0
2006	675.6	22.3	653.3	0	100	0
2007	703.69	20.73	682.96	0	100	0
2008	324	35	289	0	100	0
2009	951	42	909	0	100	0
2010	22.4	22.4	0	0	100	0
2011	43.4	43.4	0	0	100	0
2012	31.4	31.4	0	0	100	0
2013	34.0	34	0	0	100	0
2014	32.2	32.2	0	0	100	0
2015	49.76	49.76	0	0	100	0

第三节　环境监测

一、空气质量监测

2003—2015 年，全县城区环境空气质量整体良好。二氧化硫平均最大值为 0.073 毫克 / 立方米（2003 年），最小值为 0.002 毫克 / 立方米（2009 年），所有监测点位日均值、年均值没有超标现象，总体稳定略呈上升趋势。二氧化氮年均浓度最大值为 0.067 毫克 / 立方米（2006 年），最小值为 0.006 毫克 / 立方米（2009 年），所有监测点位日均值没有超标现象，年际间呈缓步下降趋势，TSP 年均浓度最大值为 0.233 毫克 / 立方米（2003 年），最小值为 0.036 毫克 / 立方米（2009 年），所有监测点位日均值、年均值没有超标现象，年际间呈缓步下降趋势。县城区环境空气各污染物指标均达到二级标准。

2003—2015 年湘阴县城区环境空气监测统计表

表 20-6　单位：毫克 / 立方米，%

污染物 年度	SO_2					NO_2					TSP/PM10					AFY
	样本数	最大值	最小值	平均值	超标率	样本数	最大值	最小值	平均值	超标值	样本数	最大值	最小值	平均值	超标值	年均值
2003	60	0.073	0.004	0.019	0	60	0.063	0.009	0.036	0	60	0.233	0.056	0.136	0	90
2004	60	0.066	0.008	0.020	0	60	0.058	0.010	0.034	0	60	0.205	0.048	0.158	0	92
2005	60	0.057	0.009	0.021	0	60	0.053	0.016	0.033	0	60	0.197	0.059	0.125	0	89
2006	60	0.050	0.006	0.021	0	60	0.067	0.011	0.037	0	60	0.148	0.040	0.111	0	87
2007	60	0.034	0.015	0.024	0	60	0.045	0.018	0.029	0	60	0.141	0.084	0.109	0	85
2008	60	0.051	0.012	0.028	0	60	0.052	0.017	0.029	0	60	0.136	0.076	0.109	0	85
2009	60	0.041	0.002	0.023	0	60	0.060	0.006	0.021	0	60	0.19	0.036	0.087	0	75

续表 20-6 单位：毫克 / 立方米，%

污染物 年度	SO_2					NO_2					TSP/PM10					AFY
	样本数	最大值	最小值	平均值	超标率	样本数	最大值	最小值	平均值	超标值	样本数	最大值	最小值	平均值	超标值	年均值
2010	60	0.044	0.017	0.028	0	60	0.053	0.016	0.033	0	60	0.092	0.045	0.063	0	76
2011	60	0.081	0.020	0.038	0	60	0.078	0.023	0.037	0	60	0.128	0.048	0.085	0	82
2012	60	0.080	0.022	0.045	0	60	0.071	0.027	0.048	0	60	0.095	0.048	0.070	0	75
2013	60	0.084	0.016	0.042	0	60	0.087	0.017	0.046	0	60	0.116	0.046	0.075	0	85
2014	60	0.083	0.013	0.036	0	60	0.053	0.018	0.031	0	60	0.135	0.064	0.090	0	77
2015	60	—	—	0.023	0	60	—	—	0.019	0	60	—	—	0.079	0	64

二、降水监测

2003—2015 年，全县降水 pH 值年均在 5.2~6.41 之间，酸雨频率在 11% ~54%之间，属于酸雨轻度污染地区。

2003—2015 年湘阴县降水 pH 值及酸雨监测统计表

表 20-7 单位：品，%

年　份	降水样品数	最小值	最大值	加权均值	酸雨样品数	酸雨频率
2003	46	7.0	3.9	5.2	25	54
2004	43	6.5	4.1	5.3	21	46
2005	48	6.5	3.9	5.5	20	42
2006	48	6.5	4.0	5.58	19	40
2007	48	6.5	3.3	5.50	18	38
2008	54	6.9	4.0	5.51	20	37
2009	49	6.7	3.85	5.55	20	41
2010	60	4.2	6.8	5.57	23	38
2011	40	4.6	6.4	5.51	14	36.8
2012	60	4.45	8.05	6.16	16	27
2013	47	5.11	7.65	6.41	5	11
2014	72	5.22	7.20	5.91	22	30.5
2015	59	5.15	6.45	5.74	28	47.5

三、湘江湘阴段水质监测

2003—2015 年，湘江湘阴段水质状况总体较好，水质情况基本稳定，两断面基本达到《地表水环境质量标准》GB3838—2002 表中的Ⅱ类、Ⅲ类标准。

2003—2015 年湘江湘阴段水质监测结果一览表

表 20-8

断面＼项目	年　度	pH	CODmn	BOD5	DO	NH3-N	挥发酚
洋沙湖	2003	7.3	3.12	1.33	7.42	—	0.002L
	2004	7.3	3.06	1.27	7.16	—	0.002L
	2005	7.49	2.91	1.54	8.32	—	0.002L
	2006	7.78	2.36	1.46	8.78	—	0.002L
	2007	7.83	2.82	1.28	8.67	—	0.002L
	2008	7.61	3.30	1.66	8.36	0.438	0.002L
	2009	7.44	3.05	1.71	7.46	0.361	0.002L
	2010	7.12	2.84	2.34	7.29	0.672	0.002L
	标准	6—9	≤ 4	≤ 3	≥ 6	≤ 0.5	≤ 0.002 L
乌龙嘴	2003	7.4	3.29	1.45	7.11	—	≤ 0.002 L
	2004	7.3	3.49	1.41	6.77	—	≤ 0.002 L
	2005	7.52	2.84	1.73	8.15	—	≤ 0.002 L
	2006	7.81	2.52	1.51	8.72	—	≤ 0.002 L
	2007	7.75	3.26	1.60	8.44	0.525	≤ 0.002 L
	2008	7.56	3.32	1.56	8.42	0.407	≤ 0.002 L
	2009	7.44	4.03	2.79	7.28	0.433	≤ 0.002 L
	2010	7.18	3.46	2.79	7.56	0.696	≤ 0.002 L
	2011	7.24	3.43	2.25	8.32	0.536	≤ 0.002 L
	2012	7.30	2.73	2.23	8.50	0.632	≤ 0.002 L
	2013	6.85	3.10	1.80	7.21	0.485	≤ 0.002 L
	2014	7.26	2.25	2.47	7.45	0.528	≤ 0.002 L
	2015	7.28	2.14	2.38	7.68	0.458	≤ 0.002 L
	标准	6—9	≤ 6	≤ 4	≥ 5	≤ 1.0	≤ 0.005

四、饮用水源监测

2010 年湘阴县饮用水源地（自来水公司一水厂）水质监测结果一览表

表 20-9　　单位：毫克 / 升

监测项目	全年样品个数	最低值	最高值	平均值	超标率	执行标准
pH	12	6.65	7.34	6.98	0%	6.5—8.5
高锰酸盐指数	12	0.88	0.99	0.93	0%	≤ 3.0

续表 20-9 单位：毫克 / 升

监测项目	全年样品个数	最低值	最高值	平均值	超标率	执行标准
NH_3-N	12	0.025L	0.025L	0.025L	0%	≤ 0.2
六价铬	12	0.004L	0.004L	0.004L	0%	≤ 0.05
氰化物	12	0.004L	0.004L	0.004L	0%	≤ 0.05
挥发酚	12	0.002L	0.002L	0.002L	0%	≤ 0.002
铜	12	0.01L	0.02	0.01L	0%	≤ 1.0
锌	12	0.01L	0.02	0.01L	0%	≤ 1.0
铁	12	0.01L	0.060	0.022	0%	≤ 0.3
砷	12	0.0002L	0.0002L	0.0002L	0%	≤ 0.05
汞	12	0.00002L	0.00002L	0.00002L	0%	≤ 0.001
镉	12	0.0001L	0.0002	0.0001L	0%	≤ 0.01
铅	12	0.003L	0.003L	0.003L	0%	≤ 0.05
总硬度	12	58.56	106.61	88.25	0%	≤ 450
硫酸盐	12	8L	18.50	14.92	0%	≤ 250
溶解性固体	12	108	258	146	0%	≤ 1000
氟化物	12	0.15	0.27	0.18	0%	≤ 1.0
氯化物	12	9.00	13.20	11.77	0%	≤ 250
硝酸盐	12	0.28	0.52	0.41	0%	≤ 20
亚硝酸盐	12	0.003L	0.004	0.003L	0%	≤ 0.02
总大肠菌群	12	≤ 2.0	≤ 2.0	≤ 2.0	0%	≤ 3.0

五、声环境监测

2003—2015 年，湘阴县城区区域声环境质量较好（50—55 分贝为较好），区域声环境质量有所好转，但整体变化不大。城区交通噪声路段加权平均值 2003 年为 70.4 分贝，2015 年为 70 分贝，道路交通声环境质量有所下降，但仍属于道路交通噪声质量等级中“较好”等级（68.1—70 分贝较好）。

2003—2015 年湘阴城区道路交通噪声监测结果统计表

表 20-10

年　份	总路长（千米）	车流量（辆 / 小时）	超过 70 分贝		路段加权平均值
			路长（千米）	所占比例（%）	
2003	8.8	1599	2.5	18%	70.4
2004	8.8	1678	1.7	22%	69.9
2005	9.2	1880	0.9	20%	67.5
2006	9.2	2091	1.1	12%	66.6

续表 20-10

年　份	总路长（千米）	车流量（辆/小时）	超过 70 分贝		路段加权平均值
			路长（千米）	所占比例（%）	
2007	9.2	2114	1.1	12%	66.2
2008	22.7	2715	5.3	23%	66.7
2009	22.7	3102	7.7	34%	68.4
2010	22.7	3996	8.8	40	69.5
2015	30	5000	15	50	70

第四节　环境治理

一、污水治理

1982 年，8 家造纸厂初步进行黑液和白水中浆料的回收。1983 年，省二纸板厂投资 34.71 万元，建成日处理白水 8000 吨的回收工程。1985—1986 年，人民纸厂投资 20 万元，建成日处理白水 5000 吨回收工程。1986 年年初，投资 38 万元建成中段废水斜板沉淀，两级曝气处理工程，悬浮物和化学耗氧量去除率分别达到 44.2%、80.8%。是年，氮肥厂投资 30 万元，完成造气废水沉淀重复利用工程。酒厂、肉类联合加工厂建有废水沉淀池，利用沉淀物养鱼。2 家镀锌厂用电解净化器处理含重金属离子的混合废水。这些工程的投产使废水处理量由 750 万吨增加到 1160.7 万吨，占年工业废水排放量的 61.2%。但城关镇市区年生活废水 267.75 万吨，仍有 160.65 万吨直接排入湘江，107.1 万吨排入东湖。

1996 年 10 月 30 日和 12 月 2 日县人民政府发布《关于关、停严重污染环境的小企业的通知》，分两批关停城南地区粮站金鑫镀锌厂、鹤龙湖渔场湘阴县镀锌三厂、三塘乡三江镀锌厂、古塘乡湘江镀锌厂、新泉寺镇镀锌厂、关公潭乡镀锌厂、县乡镇企业局湘阴镀锌一厂、物资局铜管厂镀锌分厂和濠河口镇镀锌厂、湘供镀锌厂、湘临乡纸厂制浆车间、西林乡纸厂制浆车间、关公潭乡纸厂制浆车间。2003 年 7 月，县政府办发布《关于对静河乡拆船业进行综合整理的通知》，由环保局牵头，工商、公安两部门配合，对静河乡湘江沿岸的拆船业进行整顿。通过新建治理工程和整顿、关停重污染企业，全县工业污水年处理量增加到 2548.2 万吨，占工业污水排放量的 90%，其中县属和部门企业污水 2742.8 万吨，处理 2475.2 万吨，处理率 90.2%。乡镇企业污水 88.5 万吨。处理 73 万吨，处理率 82.5%，全县工业污水达标率由 1.3% 提高到 8.9%，从污水中回收纸浆、碱、循环使用白水，每年获效益 115 万元，但城关地区每年仍有 400 万吨的生活污水未经处理直排湘江。

2003—2010 年，全县建设废水处理设施 27 套，其中老企业新上治理设施 9 套，新企业配套建设废水设备 18 套，总投资 15850 万元，年处理污水 1384 万吨。

2011—2015 年，县委、县政府把环境治理和保护提到更高位置，在招商引资，发展经济方面严把准入关，决不以牺牲生态环境为代价换取经济利益，决不追求急功近利而损害子孙后代生存发展的长远利益，坚持“两型”发展不动摇。严查企业非法排污，加大节能减排技改投入，大力推广清洁能源，实施湘江流域水污染综合整治，对县内 30 家高排放、重污染、低效益的企业实行关停转，先后拒绝温州食品工业园共 40 家高排放重污染、环保不达标的企业进入湘阴；加大城乡环境整治力度，重点推广清洁能源、水污染治理，特别对农村畜禽养殖污染下大决心实施有效整治，历时 3 年时间，至 2015 年，退养拆除养殖场313家，其中沿湘江流域500米范围内的268家，畜禽养殖场全部拆除退养到位，500米以外禁养区内退养45家，拆除栏舍面积4.3万平方米，发放补偿费1100多万元；对176家规模大的畜禽养殖场，制订污染物减排治理方案，逐步治理到位，有效防治了污染源；2014年1月，县委、县政府决定将县污水处理厂进行扩建，将污水处理能力由日处理3万立方米增加到4万立方米，并在洋沙湖工业园新建一个日处理3万立方米污水处理厂，将两处污水处理项目纳入“三十工程”强力推进。

2004—2015年湘阴县环境治理主要项目一览表

表20-11　　　　单位：万元

项目名称	实施单位	总投资	实施年份	竣工年份	年实现环境目标
烟气脱硫	湖南士达纺织有限公司	385	2004	2005	减排 SO262 吨
	湖南建华管桩有限公司	35	2007	2007	减排 SO2142 吨
纺织废水治理	湖南士达纺织有限公司	260	2004	2005	减排 COD10 吨
食品制造废水治理	湖南洞庭柠檬化学公司	400	2004	2005	减排 COD3000 吨
	湘阴县博亿食品有限公司	58	2007	2008	减排 COD25 吨
	湖南海日食品有限公司	55.6	2007	2008	减排 COD75 吨
	湖南天湖食品有限公司	327	2007	2009	减排 COD27 吨
食品制造废水治理	湖南洞庭柠檬化学有限公司	600	2009	2009	减排 COD4000 吨
县城综合污水处理	湘阴县城综合污水处理	11538	2007	2009	减排 COD1400 吨
关停小纸厂	岳阳（湘阴）丰隆纸业有限公司		2007		减排 COD15000 吨
	湘阴县东升纸业		2007		减排 COD45 吨 SO250 吨
	湘阴县鑫盛纸业		2007		减排 COD90 吨 SO2100 吨
	湘阴县时鑫纸业		2007		减排 COD90 吨 SO2100 吨
	湘阴县湘杨纸业		2007		减排 COD45 吨 SO250 吨
关停水泥立窑生产线	湘阴县鸿发水泥有限公司		2007		减排 COD20 吨 SO2100 吨
关停广兴化工	湘阴县广兴化工有限公司		2008		减排 SO2160 吨
造纸废水治理	岳阳（湘阴）兴隆纸业有限公司	760	2007	2009	减排 COD240 吨
氮肥制造废水治理	湘阴县大地化工有限公司	180	2006	2007	减排 COD480 吨
食用油加工废水治理	湖南长康福海油脂有限公司	156	2008	2008	减排 COD33 吨

续表 20-11　单位：万元

项目名称	实施单位	总投资	实施年份	竣工年份	年实现环境目标
老企业废水治理	长江化肥（湖南）有限公司	468	2006	2007	减排 COD128 吨、氨氮 74 吨
	湖南义丰祥实业有限公司	158	2008	2009	减排 COD24 吨、氨氮 0.5 吨
	湖南长久食品有限公司	80	2006	2007	减排 COD16 吨、氨氮 1 吨
新上配套设备	湖南湖湘木业有限公司	60	2007	2008	减排 COD5 吨
	湖南菲菲毛巾	360	2008	2009	减排 COD83 吨、氨氮 0.6 吨
	岳阳岩下天之果食品公司	240	2008	2009	减排 COD60 吨、氨氮 0.5 吨
	湖南斯派克生物化工公司	78.5	2007	2008	减排 COD170 吨、氨氮 5 吨
	湘阴县污水处理厂	7000	2010	2011	减排 COD536 吨 SO21350 吨
沿江畜禽养殖场污染治理	拆除沿江 313 个畜禽养殖场	1200	2013	2015	年减少污染物 1400 吨
铅镉废渣污染治理	县冶炼厂	1000	2014	2015	年减排污染物 150 吨

二、烟尘废气治理

1986 年，县酒厂自制三级湿法喷淋装置对废气进行处理，年处理废气 2541 万标立方米。1987 年，省二纸板厂续建工程中安装锅炉麻石水膜除尘装置，年处理废气 15540 万标立方米。1988 年，县水泥厂完成粉除尘治理工程，年处理含尘废气 2169 万标立方米。1989 年，创建城关镇烟尘控制区 4 平方千米。是年 11 月，陶瓷公司投资 35 万元完成余热利用工程，年处理废气 5692 万标立方米。1990 年，县环保局叫停装饰板厂新上油毡污染项目。8 月，省二纸板厂投资 8 万元，对二号机切苇除尘系统进行改造，年处理粉尘 65 吨。9 月，樟树原纸油毡厂沥青烟气治理工程竣工，年处理废气 900 万标立方米。是年，城关地区 38 台锅炉（131.5 蒸吨），5 台窑炉全部治理，74839 万标立方米烟气经过净化处理。1991 年 4 月，县机械厂冶炼车间搬出城关烟控区。是年 9 月，县冶炼厂投资 70 万元，新上三台收尘器，年处理废气 7920 万标立方米，年回收氧化锌 100 吨。1992 年 1 月，县棉织厂投资 1.5 万元改造锅炉麻石水膜除尘器，年处理废气 1260 万标立方米。是年 7 月，县柠檬酸厂投资 5 万元改造锅炉麻石水膜除尘器，年处理废气 1360 万标立方米。1994 年，县造纸厂投资 10 万元建成切苇除尘系统，年处理废气 630 万标立方米。1995 年，烟控区面积扩大为 6 平方千米。2003 年，烟控区面积扩大为 9 平方千米。是年，经过治理和整顿，全县经消烟除尘的燃煤废气有 160943 万标立方米，占外排燃煤废气 184992 万标立方米的 87%，经净化处理的工业废气 4202 万标立方米，占外排工业废气 6003 万标立方米的 70%。

2003—2015 年，湘阴县共建设、改造废气处理设施 64 套，其中锅炉湿法除尘脱硫设施 54 套，专业脱硫设施 2 套，工业废气治理设施 8 套，总投资 659 万元，年处理废气总量 416304 万标立方米，其中锅炉燃烧废气 228804 万标立方米，工业废气 187500 万标立方米，年削减烟尘 2620 吨，削减二氧化硫 323.35 吨，削减粉尘 11632 吨；通过实施生物质替代原煤、城区小型锅炉煤改气工程，年节约原煤 6000 吨，年减排二氧化硫 154 吨。至 2015 年，全县较大型工业企业除砖瓦制造行业等能够实现自然达标排放的外，均建设了配套的废气处理设施，实现废气污染物稳定达标排放；小型企业、小锅炉通过实施能源替代工程，满足达标排放要求。

三、工业固体废物治理

县内工业固体废物85%为炉渣。1985年，工业固定废弃物47775吨，除1520吨工业粉尘外，都得到处理和利用。1986年，县内企业工业固体废物47750吨，其中煤渣40350吨，工业垃圾5280吨，工业粉尘1520吨，钢渣55吨，有色金属渣50吨，其他495吨。1989年12月，县氮肥厂投资13.4万元的炉渣砖生产线竣工，年产砖300万块，年利用炉渣14400吨，年产值13.15万元，年利润4万元。1990年，县内企业共产生固体废物33900吨，其中炉渣22500吨，粉煤灰9400吨，煤渣200吨，冶炼废渣900吨，其他900吨，除工业粉尘排放到环境外，其他固体废物用于铺路、填埋等。县冶炼厂电解铜车间从电解铜阳极泥中回收银、锡，每年可回收白银300千克，价值30万元。1992年，县柠檬酸厂投资25万元，利用洗塘废水和菌丝体废渣，日产沼气1200立方米。2003—2009年，全县年均产生工业固体废物51358吨，均实现有效利用和合理处理。其中年综合利用（主要是用作建筑材料、渔业饲料等）35691吨，综合利用率69.5%，年处理（主要为堆肥、填坑等）15667吨，处置率30.5%。2010—2015年，县环保局结合湘江流域综合整治工作，制定具体方案，对洞庭柠檬酸钠、大地化工、海日食品、博亿鸭业、天湖食品、士达纺织、义丰祥麻油等11家重点污染企业一家一个方案，督促污染治理。企业治理污染总投资12000万元，SO_2减排1600吨，COD减排总量1986吨。

四、乡镇企业固体废物治理

1988年，县内乡镇企业共产生固体废物1768.63吨，其中冶炼废渣368吨，炉渣848.63吨，化工废渣30吨，其他522吨，产渣量最大的行业是食品制造业，其次是造纸行业，产渣量分别为680吨和483.21吨，两个行业产渣量占总量的66%，固体废物分别进行了处理和利用，处理量为900.63吨，处置率为50.92%，利用量为868吨，利用率为49.08%，年创产值6020元。1995年，县内乡镇企业共产生固体废物30652吨，其中炉渣27090吨，冶炼废渣2312吨，化工废渣1250吨，产渣量最大的行业是建材砖瓦行业，其次是造纸行业，产渣分别是11406吨和5098吨，两个行业产渣量占总量的53.8%，固体废物分别进行综合利用和处置，其中综合利用18405吨，占总量的60%，处置12247吨，处置量占40%。

五、医疗废物治理

2003—2009年，全县产生医疗废物185吨，全部集中收集送岳阳固废中心集中处理。2010年，县人民医院、县中医院、县妇幼保健院、县血防医院、县康复医院共投入资金165万元进行医疗废物治理。

六、城镇生活垃圾治理

20世纪80年代，城镇生活垃圾2万吨左右，主要运往近郊乡村空坪隙地填埋处理。随着城区人口增多，生活垃圾量猛增。20世纪90年代，运往城郊村卫生填埋处理。2004年6月，投资160万元，在县城西南方向洋沙湖西侧征地6.67公顷新建县内第一个较规范的生活垃圾简易填埋场，设计填埋容量60万立方米，每年填埋生活垃圾65000立方米，城区及附近乡镇生活垃圾实现全部收集，全部填埋，较好解决县城区生活垃圾处置问题。2009年，开展生活垃圾无害化综合处理，选址于石塘乡秃峰村，设计处理规模300吨/天，其中焚烧处理100吨/天，卫生填埋200吨/天，设计服务年限20年，2015年投入使用。

七、噪声治理

1981—1985年，县工程机械厂、县木工厂建成隔音墙，有电锯的车间迁至城郊。

1989—1994年，城关地区区域环境噪声总体水平为53.2—60.7分贝，属轻度污染水平。1989年12

月，县印刷厂投资3000元治理柴油发电机噪声，增设消声地道，砌隔音墙和消声器。1995年5月11日，县政府发布《关于印发〈湘阴县城市管理暂行规定〉的通知》，2000年3月8日，县政府发布《关于整治市容环境的通告》，2002年9月18日，县综合整治领导小组发布《关于严禁燃放烟花鞭炮的通知》，均对城关地区禁放烟花鞭炮、整顿噪声污染作出了明确规定。

2004—2009年，全县城区声环境质量较为稳定，变化不大。2009年，县城区域环境噪声昼间平均值为53.4分贝（A），优于国家GB3096-93《城市区域环境噪声标准》中1类区标准55分贝（A），交通干线昼间噪声平均值为69.3分贝（A），优于国家标准中的4类区标准。与2004年前比较，区域环境噪声和交通干线噪声均有所下降。

2010—2015年，私家车大量增加，1类区标准值53.9分贝，交通干线昼间噪声平均值上升到70分贝，昼夜达标。

第五节　环保执法

岗位培训　1990年8月，成立以副县长为组长的学习《中华人民共和国环境保护法》和《中华人民共和国行政诉讼法》领导小组，组织对各乡镇和重点企业环保员进行"两法"培训，为期7天。1992年5月，举办电镀行业环保培训班，有9个电镀厂的负责人参加，为期4天，授课内容有《中华人民共和国环境保护法》《电镀含氰废水处理》《我国防护性电镀技术现况及发展动态》等。1992年8月和1995年8月，县环保局股级干部与局长分别参加省环保局举办的环保法制培训班，为期7天。2001年10月，县环境监理站站长参加第七期全国监理人员岗位培训班，为期7天。2002年6月，有9名厂长参加市环保局和市乡镇企业局举办的乡镇企业污染防治工作培训班，为期7天。至2003年10月，县环保局对全局执法人员进行环保法律法规知识测验，150人次参加。

专业执法　环境执法主要分为三种，一是对合法企事业单位的环境违法行为的查处；二是对非法企业的取缔、关停；三是因国家政策调整取缔相关企业。

1986—2002年，环保部门依法从356个排污单位征收排污费1344.4万元，其中651万元用于补助污染源治理。2002年6月12日，国家环保总局发布《关于批准第七批全国生态示范区建设试点及调整部分试点地区》的通知，批准湘阴县为第七批全国生态示范区建设试点地区。是年，环境违法案件立案36件。

2003 —2010年，县环保局认真贯彻环境保护法律法规，严厉打击环境违法行为。严格环境准入，实施规划环评和项目环评，成功阻止40多家高污染、高能耗、高物耗，不符合环保法律法规和产业要求的项目落户湘阴，从源头控制污染增量。对新上项目严格跟踪监管，督促污染、治理设施与主体工程同步实施。先后取缔21家小炼铅、6家炼粗钢、4家小炼矾、2家小炼锌、1家小水泥和4家小瓦窑等38家企业。

2011—2015年间，县委、县政府强调生态环境保护重要性，环保部门加大了监督检查和执法力度，铁拳治污，重拳打击违法，先后查处破坏环境案件135件，分别给予罚款、行政拘留、刑事拘留等处罚。2014年3月14日，接到群众举报，南湖洲镇泉水村村民非法转移排放严重有毒危险废物，造成不良后果，县环保、公安、检察、法院等单位联合执法，抓捕涉案人员6人，其中3人判处有期徒刑，对非法企业处罚金180万元，承担民事赔偿154万元，受到广大群众赞扬。对燃放烟花爆竹加强严管严查严罚，共查处违规燃放户490户，曝光490户，罚款98万元；立案查处环境违法企业210家，罚款240万元，有效防治了环境污染，推进美丽湘阴建设。

2004—2015 年湘阴县环境执法基本情况一览表

表 20-12 单位：个

年 度	立案数	其 中		结案数
		群众举报立案	现场监察立案	
2004	45	21	24	45
2005	41	16	25	41
2006	49	27	22	49
2007	36	17	19	36
2008	32	17	15	32
2009	26	14	12	26
2010	32	20	12	32
2011	25	1	24	25
2012	29	2	27	29
2013	36	2	34	36
2014	58	3	55	58
2015	39	5	34	39

第二十一篇　教　育

第一章　教育体制改革

1978 年 12 月，党的十一届三中全会召开，全党工作重点转移到以经济建设为中心的轨道上来。全国中小学执行部颁标准，使用全国统编教材，学校以教学为中心的正常教学秩序得到保障，教育的春天悄然降临。

1985 年 8 月，中共中央作出《关于教育体制改革的决定》，提出“改革的目的是提高民族素质，多出人才”“把发展基础教育的责任交给地方，有步骤地实行九年义务教育”，规定“基础教育由地方负责，分级管理”。县委、县政府相应作出规定，实行“三级办校”，即“县办高中、乡办初中、村办小学”。是年，全县有高中 9 所，在校学生 4623 人；初中 48 所，在校学生 20358 人；小学 433 所，在校学生 82191 人；职业学校 1 所，在校学生 668 人。

2004 年，撤销 7 个区垸教育工作站、36 个乡镇联校；精减教育行政干部 151 人，充实到中、小学教学一线。全县实行“高中联区垸，初中管小学”的管理模式，降低行政运行成本，提高行政运转效益。

2011 年，湘阴县确定为全省 8 个基础教育综合改革试点县之一，在评价机制、教育教学、教育研训、均衡资源、人事制度等 5 个方面进行综合改革，初步确定了试点学校和试点项目。

2012 年，举办基础教育综合改革现场会及综合改革试点校观摩活动，试点学校湘阴五中以特色促进发展进程，走一条学校内涵发展道路；以特色突破办学瓶颈，扩大发展空间；以特色构建教育平台，让学生在体验中快乐成长；以特色整合教育资源，坚持“精品 + 特色”“合格 + 特长”的育人目标；以“合格”为基础，在“特长”上下功夫。

2014 年，全县高中“阳光招生”全面启动，招生过程中将招生政策、计划、程序、方法、结果等全部晒在“阳光”下，自觉接受学生、家长及社会的监督。

2015 年，全县有各级各类学校 187 所（其中小学 139 所，初中 40 所，普高 5 所，职高 2 所，特校 1 所），各级各类幼儿园 90 所，共有在校学生（含幼儿）85262 人，在职教职工 5410 人。

第一节　学校布局调整

一、高中布局调整

1978 年开始调整，至 1980 年办高中 10 所。1983 年，改第二中学为农业职业中学。至 1985 年，全县普通高中 9 所，加上社会办学的群力高中班、航运高中班、园艺场高中和湘阴一中复读班共 13 个单位。

1991—1994 年，先后停办湘阴七中（校址城南区袁家铺）、湘阴八中（校址濠河区濠河口镇）、湘阴九中（校址岭北区铁角嘴镇）。湘阴五中（原湘江中学改名，校址城关）扩大初中招生。湘阴六中（校址长仑区范家坝）改为湘阴县第三职业高中。其余社会团体高中班全部停办。调整后的湘阴一中复读班改为罗城中学。湘阴十中（校址新泉区新泉寺镇）编为湘阴二中。湘阴七中归属袁家铺中学，湘阴八中归属濠河中学，湘阴九中归属铁角嘴中学。兴建湘阴县第一职业中专。

1996年，湘阴五中停止招收初中班，渐办成高级中学。湘阴六中恢复办高中。是年，湘阴县有高中6所。1999年，湘阴县第一职业中专经省验收为国家级重点职业学校。2000年5月，职业中学改为湘滨高级中学。2005年，湘阴一中整体搬迁高岭新教区，民办高中知源中学进入一中老校区。

2010年，湘阴一中在南临湖滨路划拨土地3.33公顷扩建湘阴一中。

2014年年初，县人民政府决定将民办体制的知源学校由原老一中校址迁出，在县工业园对面、芙蓉大道以东新建知源学校。校园占地16.4公顷，建筑总面积11.9万平方米，建17栋教学大楼、4栋综合大楼和艺术体育馆等设施，以高中为主、并开设初中、小学、可容纳学生6000人，2015年9月，正式开学，招收学生5000余人。2015年6月，县人民政府决定撤并湘阴五中、六中和罗城中学，整体搬迁至湘阴一中老校区，三校合一后定名为“左宗棠中学”，办36个教学班，招收高一新生700名，共有在校学生2700人。

2015年9月，投资3.5亿元的湘阴县知源学校正式竣工并交付使用，增加义务教育学位2600个。撤并湘阴五中、六中，通过对湘阴一中择扯新建后腾出的老校区进行改造，新组建了普通高级中学左宗棠中学。

二、初中布局调整

1978年开始调整，全县初中125所， 1980年调整至57所，1985年48所。1986年，县教育委员会根据1981年4月21日县政府关于调整中学教育“公社初中不办戴帽高中，小学不办戴帽初中”的指示，明确规定“凡所设初中分校与小学戴帽初中班，一律逐步停办”。

1986—1993年，先后有胭脂分校、凤南分校、濠河险堤分校、安静龙潭分校、宋甲及许家台分校和新太、祥原、新光、华光等戴帽初中班相继停办。全县只保留石狮、农大、拦河坝3所分校。

1995—1997年，随着撤区并乡的调整，先后有临资、白马、樟树三所镇属初中及航运、园艺场初中撤销，杨林寨乡增设寨北中学。

2000年，停办西湖中学与青潭中学。省第二纸板厂子弟学校（驻湘阴）归教育部门办学，改名为湘阴南郊中学，增设慧丽、城东、园艺场3所初中。2003年，初中学校为51所。

2008年，撤并农大中学、寨北中学、乌龙中学和城南中学。收购慧丽实验中学，重新组建全日制公办初级中学文星中学。

2009年，城南中学并入文星中学。

2014年，城南垸界头铺中学更名为金龙镇中学。新建铁角嘴柳江学校。

2015年，通过对原湘阴五中进行改造，新组建了九年一贯制学校湘江学校。

三、小学布局调整

20世纪80年代，根据1980年《中共中央、国务院关于普及小学教育若干问题的决定》和1981年湘阴县人民代表大会常务委员会《关于加强小学基础教育的决定》，全县小学由五年制恢复六年制，实行四、二分段。1983年，村办1—4年级，村与村联办5—6年级，乡办中心校。1989年，小学由1985年的491所调整为425所。进入20世纪90年代，根据县政府提出“总体规划，分步实施，因地制宜，坚持标准”的指示，按照“乡镇一万人口以上办一所初中，4000人口以上办一所联办小学，6000人口的村校予以撤并”的原则，撤掉分散的教学点，合并规模较小的学校。1999年，小学调减68所。樟树镇是试点乡镇，全镇原有小学22所，通过“一并、二撤、三设点”的办法，撤并8所小学，减少教学班31个，使班额学生人数由原来的27人增至42人。2000年9月，全县小学399所，其中民办1所，仍存在100人以下的小学78所。2003年，全县小学调整至286所，在校学生51905人。

2011年，新建滨湖学校，秋季招生。黄金学校评为全国示范性留守儿童学校。

2015年，全县小学调整至139所，在校学生38237人。

2009年湘阴县中小学校布局调整计划一览表

表21-1　　单位：所

单 位	撤并学校数	撤并学校名称	主 要 负责人	直接责任人
文星镇	1	南郊中学（初中）	朱建良	曹国强
城西镇	9	合龙中学、鹤龙湖中学、金星小学、顺风小学、南阳小学、湘华小学、保民小学、潭堤小学、龙西小学	杨革新 张 淼	徐小华 陈自文 李念先 周 智 刘国球 王正军
南湖洲镇	7	草湾小学、洋沙小学、焦潭小学、新港小学、长丰小学、赛马小学	刘志军 沈 军	侯思哲 吴一鸣 刘秋良 欧立敏
新泉镇	11	荆西小学、黄义小学、赛丰小学、资源小学、土地山小学、万紫小学、群建小学、关公潭小学、新堤小学、魏家小学、马家小学	周 勇 王 锐	罗光勇 卢立权 杨立辉 淳灿飞 李 艳
岭北镇	12	沙田中学、大龙小学、响铃小学、兴合小学、柏林小学、永兴小学、潭湖小学、芦花小学、仁义小学、杨柳小学、仁寿小学、大岭小学	戴佑文 易宇峰	刘 雄 王正需 王敬元 吴细祥 彭 凯
樟树镇	5	官塘小学、新谊小学、金台小学、周正小学、文泾小学	刘 勇	杨建京
界头铺镇	4	兴利小学、大兴小学、金凤小学	甘 政	张俊伟
袁家铺镇	3	明山小学、新南小学、将军小学	刘志伟	刘光辉
玉华乡	2	长湖小学、槐西小学	周学斌	李超光
静河乡	3	青云小学、共和小学、沙坪小学	李峰宋	蒋 斌
长康镇	4	金龙小学、金华小学、南阳小学、石板小学	邓 平	吴 双
石塘乡	3	彭家小学、月湾小学、新峰小学	杨 峰	陈泽慧
三塘镇	3	长坪小学、金塘小学、新兴小学	周 鹏	徐乐群
白泥湖乡	1	大冲小学	柳艳秋	黄永雄
东塘镇	4	丁头坝小学、曾家小学、番关小学、花吴祠小学	周献军 陈寿皇	李立仁
六塘乡	4	金岳小学、六塘小学、周塘小学	郑杏辉	熊跃飞
湘滨镇	5	栗塘小学、大山小学、高湖小学、古塘小学、荷塘小学	廖小虎 聂晏斌	钟长庚 王正坤 龚国君 彭云贵
杨林寨乡	1	寨北中学	刘伟良	周 旭 王正平
合 计	82			

2010年湘阴县中小学校布局调整计划一览表

表21-2 单位：所

单　位	撤并学校数	撤并学校名称	主　要 负责人	直接责任人
城西镇	1	红花小学	冯　为	王海军　徐小华
新泉镇	2	车马小学、东河小学	王　锐	李志荣　刘四明 杨立辉
岭北镇	3	铁角嘴中学老校区（小学）、竹山小学、 楠木小学	易宇峰	余朝阳　刘　雄 王正需
玉华乡	3	玉石小学、东平小学、前进小学	徐昌文	杨建京　李超光
袁家铺镇	1	袁杉小学	刘界雄	杨建京　向北平
白泥湖乡	1	白湖中心小学	焦洪桥	倪坤元　王正平
东塘镇	1	东塘小学	陈春泉	倪坤元　李立仁
六塘乡	1	茶木小学	熊　巍	倪坤元　曾　辉
湘滨镇	2	湘滨高中、柳潭中心小学	聂晏斌	彭汉军　杨　敏 彭云贵
合　计	15			

第二节　建立教育督导制度

机构：1991年3月，县教委成立教育督导室。1995年5月，正式挂牌为“湘阴县人民政府教育督导室”，在县教育局设办公室办公。当时设主任督学（兼）2人，专职副主任督学2人。“普九”期间乡镇也设有专职督导员。教育督导室在县人民政府的指导下，根据上级督导工作要求，积极开展工作，在教育管理中起着监督、检查、评估、指导的作用。2014年，按《中小学校责任督学挂牌督导办法》正式启动督学责任区责任督学工作。全县设9个督学责任区，配备27名专兼职人员开展工作，与教研、基教等股室联合开展督查工作。

督导：1991年1月，督导室根据县人民政府《关于基础教育改革与发展的决定》精神，遵循整体性和导向性的原则，以突出提高教育质量和办学水平为工作重点，以加快巩固“普九”，全面推进素质教育，加强教育行政管理，规范办学行为，优化教育队伍为目标，在总结各地经验和广泛征求意见的基础上，制订《湘阴县教育工作目标管理方案》（简称《方案》）。《方案》着眼教育发展的宏观问题，从政府加强教育投入和加强教育管理的角度提出要求，其指标体系由教育投入、办学条件、师资建设、教育管理、教育发展水平等构成，并制订评分细则。目标管理采用百分制。督导室每年年终组织目标管理评估团，下到各乡镇和各级各类学校，依据规程，对照目标进行评估打分，将评分结果报局务会议，局务会议依此作为各级各类学校划分等级、确定学校等级的升降、行政人员评优选好及任免的重要依据。督导室还根据实际需要，开展经常性的专项督查。在专项督查中，重点把握三大内容：一是教育经费督查，审查基层政府及各教育行政单位依法拨付和使用教育经费的情况，履行教育监督权；二是教学常规督导，对依法治教进行过程监控；三是控流保学督查，监督《中华人民共和国义务教育法》的落实执行。

2014年，完善督导室的内部管理及督学责任区工作，做到了“一事一小结”“一月一总结”，及时归档。

健全《湘阴县督学责任区制度实施方案》，制定和实施《湘阴县中小学督学责任区挂牌督导实施办法》。督学责任区工作领导小组围绕三个“五”，即：实行“五定”，强调“五统一”，实施“五制”，做实做好督学责任区工作这篇大文章。2015年，督学责任区建设经验做法被选入中国教育行政学院和教育干部网络学院课程资源库。是年，成功申报“国家级中小学校责任督学挂牌督导创新县”。湘阴县获评省督学责任区示范县。

第三节　推行素质教育

1987年，国家教委发出“推进中小学实施素质教育”的指示。湘阴县将素质教育贯穿于课堂教学中，强调“教为主导”与“学为主体”的和谐统一，想方设法将学生的“要我学”转向“我要学”上来，保证第一堂课，发展第二堂课是全县推进素质教育的开端，将课外活动看作课堂教学的延伸补充和发展。

1988年，城北学校全面建立课外活动小组，积极开展丰富多彩的第二课堂。教师组织“师生同乐”“美的想象”“向节日献礼”“故事会”“向边防军叔叔汇报”“快乐的星期天”等兴趣活动，以及体育、书画、摄影、演讲等竞赛活动，全校有学科小组、制作小组、文娱小组232个，扩大和加深了课堂教学的内容和范围，促进学生发展。是年，该校素质教育获县成果奖128人次，获市级成果奖39人次，获国家级成果奖15人次。

1999年，省计算机奥赛获奖总人数67人，其中湘阴一中获奖7人。在16届全国物理竞赛中，岳阳市获奖7人，湘阴县占有5人，素质教育成效显著。

2008年，“阳光体育”活动全面启动，成功举办教职工篮、排球赛和中学生篮球赛，中学生田径运动会。“幼师多元智能训练研究”等5个课题，获国家教师科研基金“十一五”课题一、二等奖。湘阴一中体操队获全省学生健美操比赛团体第四名，填补岳阳的空白。湘阴一中学生刘骏荣获全国青少年健美操男单第一名，成为湘阴县历史上第一个获得国家一级运动员的在籍中学生。

2010年，第五届中小学幼儿园艺术节、中学生篮排球赛、田径运动会等活动成功举办，“祖国万岁”歌咏活动获国家级优秀组织奖。“知湘阴、爱湘阴、兴湘阴”读书征文演讲、“青少年道德教育故事征文”、中小学生电脑制作、教师课件制作竞赛和教学论文评选活动顺利开展，学生电脑作品获市级一等奖3个，课件制作获省级一等奖10个，教学论文获省级以上奖励231篇。“教师科研创新队伍的培训”“教师校本培训研究”等重点课题获国家教师科研基金二等奖。湘阴一中被评为国家教师科研基金“十一五”重点项目教育科研先进单位、全省学校心理健康教育工作先进单位。湘阴五中通过市级语言文字示范校验收，“鹿鸣”文学社被评为湖南省校园文化建设优秀文学社团，教师王瑞雪获岳阳市教育系统首届全员读书月活动演讲赛第一名。城关中学教师任鲲鹏在湖南省2009年中学地理课堂教学竞赛活动中获一等奖。文星中学学生李天添获全国青少年声乐比赛金奖。城北学校学生耿孜玉在全国星星火炬少年艺术英才竞赛中获银奖，教师黎敏燕、周樱分别在湖南省小学教师新课改教学竞赛和湖南省首届应用课教学竞赛中获一等奖。

2011年，阳光体育冬季长跑活动获国家级优秀组织奖，湘阴一中健美操队获全省健美操比赛第一名，黄金小学被评为全国示范性留守儿童学校，城北学校、濠河中学联合代表队和袁家铺小学代表队在全国第五届青少年科技创新大赛中分别获得银奖、铜奖。

2012年，全县第26届中学生田径运动会在湘阴一中举行。文星代表队获第一名，东塘代表队获第二名，杨林寨代表队获第三名，凤南、城关、玉华、洞庭、南阳代表队分别获第4名、5名、6名、7名、8名。赛头、关公潭、樟树、长康、湘临、柳潭、三塘、茶湖潭代表队获道德风尚奖。“2012年湖南省大中学生健美操比赛”在长沙市第一中学落下帷幕。知源中学代表队在六人轻器械健美操比赛中获得第五名。2012 年，岳阳市中学生运动会在华容县一中拉开序幕，共有 37 支代表队 430 多人参加比赛。知源中学男子排球队捧回男排第一名的奖杯。

2013 年，湘阴一中获健美操联赛踏板操国家级第三名，健美操联赛双人操国家级第五名，女子排球赛省级第三名，大中学生女子排球赛省级第三名，高中组女排市级第一名；获男子排球省级第一名，大中学生男子排球赛省级第一名，中学生男子篮球赛市级第三名，高中组男排比赛市级第一名，高中武术比赛市级第二名。知源中学获男排省级第四名，大中学生男子排球赛省级第五名，中学生龙狮表演赛国家级第一名，高中男子排球市级第二名。县中学生代表队获初中组男排比赛市级第一名，初中组女排比赛市级第一名，初中组足球比赛市级第一名。

2014 年 9 月，在岳阳市中学生“三独（独唱、独奏、独舞）”比赛中，湘阴一中闵政渊、新泉中学胡笑宇分别获独唱一等奖，湘阴一中黄宇茜、司马乐、朱颜、吴汝洁，知源中学王雨悦、任美，文星中学郑逸玺、城关中学廖思思分别获二等奖，湘阴五中夏明珠、朱孟凡，文星中学张哲信、甘心怡，柳潭中学贺莫愁，濠河中学杨慧妹分别获三等奖。2014 年 10 月，在省“三独”比赛中，湘阴一中闵政渊获一等奖，吴汝洁、朱颜获二等奖，黄宇茜获三等奖。是月，在市田径比赛中，凤南中学获团体第六名。11 月，在市乒乓球比赛中，湘阴代表队获团体第一名。在市高中学生男子篮球赛中，湘阴代表队获第三名。在省中学生男子篮球赛中，湘阴代表队获第九名。湘阴一中男子排球队在省青少年排球赛中获男子组第一名。在省大中学生排球赛中，湘阴代表队男排 2 次获第一名，女排 2 次获第二名。在全国中学生排球联赛中，湘阴一中男排获第六名。11 月，在湖南省大中学生健美操比赛中，湘阴一中获团体第一名。

2015 年，县文明办、县中华传统文化艺术促进会在滨湖学校举办“家教”讲座。县中华传统文化艺术促进会会长张一湖对《弟子规》《郑氏规范》等经典进行了讲读，湘阴县知名作家曹阿棣从师者、母者的角度畅谈家教理念，县妇联主席陈丽分享传统文化对子女熏陶作用，呼吁广大母亲践行传统美德，在家庭教育和家庭管理中发挥更好的作用。是年，湘阴县入选“全国青少年校园足球试点县”。湘阴一中、县一职专、城关中学、南湖中学、滨湖学校入选“全国青少年校园足球特色学校”。

第二章 基础教育

第一节 学前教育

1979 年，县委、县政府贯彻《全国托幼工作会议纪要》精神，坚持两条腿走路发展方针，恢复、发展、整顿，提高各类托幼组织。县教育局与县妇联联合成立幼儿教育工作领导小组，各乡（镇）成人教育专干兼管幼教。1980 年，农村办幼儿班 241 个，入班幼儿 6921 名。是年，县委机关、县邮电局、县印刷厂、县变压器厂陆续开办幼儿园。1984 年 5 月，县政府发出《关于发展幼儿教育的通知》，退休老师张岭梅创办县内第一所家庭幼儿园。1985 年，全县办幼儿园（含学前班）181 所，入园幼儿 5233 名，教职员 282 名，其中农村幼儿园 150 所，幼儿 4320 名，幼师 151 名。县教育局常年配有幼教专干与具有教学经验的幼师各 1 名，在全县设 17 个培训点培训幼师，提高幼师资质。

1985 年，县教育局规定农村小学只招年满 6 岁儿童入幼儿大班（学前班）学习，学制一年，统一使用省编幼儿教材和教学计划。

1986 年 6 月，县教育局贯彻省颁发的《学前班管理条例（讨论稿）》，在濠河口镇金星学校召开全县幼儿学前教育现场会，确定该校学前班为全县农村学前教育示范点，印刷厂幼儿园为城镇示范点。是年，全县有幼儿园和学前班288个，在园幼儿7384个，其中农村学前班5656人，幼师300人，保育员77人。

1992年，农村学前班全面普及，小学附设学前班407个，幼儿11390人。

2000年，全县增建中心幼儿园6所。2001年12月，县委发出《关于加快基础教育改革与发展的决定》，明确指出“各乡镇要关爱儿童，重视儿童早期教育，积极发展学前三年教育，各乡镇要采取各种途径力争办好一所中心幼儿园，全县逐步实现一年制学前班向三年制幼儿园转轨”。湘阴县被评为岳阳市幼儿教育先进单位。是年，全县增建中心幼儿园8所。

2002年，全县增建中心幼儿园12所，岳阳市幼教工作现场会在湘阴召开。

2003年，全县增建中心幼儿园14所。省幼教工作调研团来湘阴考察，省市领导对湘阴县幼教工作予以充分肯定。

2004年11月，湘阴县教育局作为岳阳市的唯一代表参加教育部在杭州召开的全国幼教工作会议，并在大会上作典型发言。

2005年，全省幼教工作现场会在湘阴召开，副省长许云昭对湘阴县学前教育工作给予了高度评价。

2007年5月，省教育厅督导评估团评估湘阴教育工作时，认为幼教工作是湘阴教育的亮点，《湖南日报》《岳阳晚报》等媒体先后对湘阴县学前教育工作的成果和经验进行了报道。

2010年，全县共有各级各类幼儿园90所，其中市级示范性幼儿园2所，县级示范性幼儿园8所，乡镇幼儿园73所。全县3—5周岁幼儿21613人，在园幼儿16310人，入园率75.46%，学前三年教育普及率86%，基本上完成一年制学前班向三年制幼儿园的过渡。

2011年，全县共有86所幼儿园，创建省级合格幼儿园2所，市级示范幼儿园2所，市级合格幼儿园2所，县级示范幼儿园10所。湘阴县被评为湖南省学前三年教育先进县。

2012年，投资1484万元，对28所幼儿园进行了全面改建和维修，投入81万元添置玩教具和现代化新型技术设备。在园幼儿17225名，幼儿入园率达85.6%。近1000人次参加了国培、市培、县培，全面提升了园长和幼师的专业素养。教育局幼儿园汪妹华获省级竞赛二等奖，易晶获省级竞赛三等奖。教育局幼儿园徐雪晗、东湖幼儿园徐妙获市级竞赛一等奖，教育局幼儿园刘娟获市级竞赛二等奖。开展了全县幼师和保育员专业技能大赛，有50名选手分别获一、二、三等奖。

2013年，投入600多万元实施项目园建设。启动推进工程项目7个，完成闲置校舍改建项目32个，创建省级项目园2所，市级项目园6所。投入185万元添置玩教具和现代化信息技术设备。全县86所幼儿园中，市级示范幼儿园6所，县级示范幼儿园12所。幼儿园师资配备基本到位，167名幼师参加了县培，实现了全员培训；首次开展了保育员培训，67名保育员拿到了保育员证。

2014年，全县各级各类幼儿园89所，其中公办幼儿园66所，民办幼儿园23所（其中普惠幼儿园3所）。共创建省级合格园11所，市级合格园15所，市级示范幼儿园7所，县级示范幼儿园11所。教育局幼儿园通过了省级示范性家长学校的验收。全县共有幼师841名，其中公办幼师185人。学历合格率达67.5%。189名幼师参加了国培，223位幼师参加了省培和市培。60名幼师参加了转岗培训，130人参加了保育员资格认证培训并取得保育员证。

2015年，新增2所民办幼儿园，创建6所省级合格幼儿园和5所市级合格园。有91所幼儿园，在园幼儿14793名，入园率91.60%。投资3000万元在城郊接合部建一所高标准的公办幼儿园，共开设大、中、小班各6个。

办学经费与设备　1979年，县幼儿教育领导小组出台《全县幼儿教育经费筹措办法》，规定公办幼儿园经费由国家负担，企事业单位办园经费由承办单位负担，农村幼儿园经费由社队负担。当时，农村开始实行生产责任制，妇女要参加生产，幼儿无人照管，于是在大队小学内附设幼儿学前班，办学经费由大队负担。1984 年，县政府发出《关于发展幼儿教育的通知》，提出要继续贯彻“两条腿走路”方针，采取乡办、村办、个人办园多种形式发展幼儿教育。此后，仍实行谁办园谁负担经费。2011—2013 年，中央及省级学前教育机构投入 4000 万元，主要用于闲置校舍改建农村幼儿园和学前教育推进工程，添置玩教具、现代化新型技术设备，少部分用于民办幼儿园的扶持与奖励。2014—2015 年，中央及省级学前教育投入约 1700 万元，用于新建公办幼儿园。县级财政每年预算安排公办幼儿园人员工资及绩效工资约 240 万元，教育局每年安排公办幼儿园维修维护专项经费约 30 万元。

师资力量 1984 年，全县幼师 221 人，其中从专业学校分配 5 人，经过地（市）培训一年以上 18 人。县机关幼儿园的幼师大多学过幼教专业或经过地（市）培训一年以上。企事业单位一般从工人中选聘，以工代教。农村幼师一部分是在编民办教师，一部分选自回乡知识青年。1985 年，幼师具有初、高中文化者 259 名。县教育行政部门采取集中与分散相结合的培训办法，设立 17 个幼师培训点，有计划对幼师进行培训。至 1987 年，500 多名幼师参加了培训。1987 年始，县教委组织教师进行教材、教法过关考试，考试语文、计算、常识、音乐、体育、美术等科教学法，及格者颁发合格证书。

2010 年，全县幼师 781 人，其中公办幼师 181 人，民办幼师 600 人。全县幼师、保育员全员培训。

2012 年，开展全县幼师和保育员专业技能大赛，50 名选手分获 1—3 等奖。2013 年，全县幼师、保育员全员培训。2014 年全县幼师 841 名（其中公办 185 人），学历合格率 67.5%。

2015 年，县政府出台《湘阴县第二个学前教育三年行动计划》。104 名幼师参加国培，136 名保育员参加保育员任职资格培训并取得保育员证。48 位幼师参加了上海名师新课堂观摩。55 位园长参加儿童礼仪品格教育万里行大型公益活动。400 多名幼师参加了幼教专家的区域活动讲座。全县幼儿园由集体教学活动为主向区域活动为主转变。开展湘阴县幼儿园科学活动课例竞赛和首届“幼儿园教育能手”竞赛，共有 23 位选手获奖

保教工作 1978—1983 年，全县幼儿教育无统一教材。1984 年，31 所城镇幼儿园按教育部颁发的《幼儿园教育纲要》分大、中、小班施教，开设语音、计算、常识、音乐、美工、体育、游戏等课程。县机关幼儿园还自编补充教材，自制教具、玩具进行娱乐式教学。1986 年始，农村一年制学前班使用湖南省编幼儿教材，开设语音、计算、常识、音乐、美工、体育，每周 22 课时。2011 年，县政府出台了《湘阴县学前教育三年行动计划（2011 年 -2014 年）》，湘阴县被评为湖南省学前三年教育先进县。2012 年，召开了学前教育工作会议，编印了《湖南学前教育指导》《湘阴县幼儿园管理》《做快乐的人、建幸福的家》等一系列指导丛书。创建了省级合格幼儿园 2 所，市级合格幼儿园 3 所。13 所幼儿园参加湖南省委省政府第二轮“两项督导评估考核”验收评估，以优异的成绩成为此次评估的一大亮点。湘阴县被评为岳阳市学前教育先进单位。2013 年，教育局幼儿园易智慧获省级论文竞赛一等奖；教育局幼儿园徐雪晗、东湖幼儿园徐妙获省级课例竞赛一等奖；教育局幼儿园田浪、东湖幼儿园王娟获省级课例竞赛二等奖；教育局幼儿园徐雪晗、新苗幼儿园周颖获市级教学比武一等奖。举行了湘阴县“金鹗杯”幼儿教师教学竞赛，有 15 名选手获奖。2014 年，湘阴是湖南省《3-6 岁儿童学习与发展指南》实验县，全县开展《指南》实验，大力开展学前教育宣传月活动。教育局幼儿园、杨林寨中心幼儿园、南湖中心幼儿园、滨江幼儿园、小哈佛幼儿园、小天鹅幼儿园为实验基地园。全县保教水平大幅提升，小学化现象大有好转。2015 年，县政府出台《湘阴县第二个学前教育三年行动计划》。

第二节　小学教育

1980年，县政府贯彻《中共中央、国务院关于普及小学教育若干问题的决定》，召开县、区、社三级干部会，逐级制定普及小学教育规划。

1981年，县人大常委会作出《关于加强小学基础教育的决议》，动员群众集资办学，改善办学条件。1984年，全县小学实现“一无两有”（学校无危房，班班有教育，学生有课桌凳）。岳阳行署普及初等教育验收团验收认定湘阴为普及初等教育县，颁发合格证书。1985年，全县有小学433所，在校学生82191人。

1986年7月1日，《中华人民共和国义务教育法》颁布，湘阴兴起创办高级规范化学校热潮。1987年12月，经市教委验收，城北学校、白泥湖中心校、洞庭围中心校、王家寨小学率先被评为高级规范化学校。1988年12月，乐兴学校、中山学校、新洲学校被市教委评为高级规范化学校。1989年3月，创办基础教育示范乡，以关公潭乡为试点，总结经验，逐步推广。1993年6月，县委、县政府作出《关于加强普及九年义务教育的决定》。1995年，县政府下达《关于实现“两基”的通知》。1997年12月，经过全县上下努力，经省人民政府验收评估，批准发证，湘阴全面实现“两基”目标。是年，全县小学424所，其中中心校32所，联办完小175所，一般村小217所，学生入学率99.76%，毕业率97.94%。15周岁人口受完初等教育完成率98.9%，17周岁人口受完中等教育完成率86.84%，专任教师学历合格率96.3%，任职要求达标率100%。2000年，全面实行创新教育，以城北学校、包市学校为基点，总结经验，推动全局。

2005年，全县有小学228所，在校学生41710人，小学适龄儿童入学率100%，在校年度巩固率100%，小学毕业升入初中的比例99.96%。是年8月，教育局制定《湘阴县中小学教学工作常规》和《湘阴县普通中学教育质量测评办法》。2006年，全县有小学218所，在校学生41111人。2007年，有小学206所，在校学生43567人。2008年，有小学186所，在校学生45933人。2009年，有小学149所，在校学生46615人。2010年，有小学146所，在校学生47756人。2015年，全县办有小学的学校154所（其中九年一贯制小学15所），班级1074个，在校学生38237人。

学制　1978—1980年，全县全日制小学五年制。1981年始，由五年制逐步向六年制过渡。到1987年，全县小学均由五年制改为六年制。至2015年，全县小学统一为六年制。

教学工作　课程设置结构多次调整和改革。2004—2015年，小学开设思想品德、语文、数学、自然常识、卫生常识、法律常识、信息技术、历史、地理、音乐、美术、体育、劳动课程。

1981年，县教育局组织对全县小学教育质量抽查，发现教学方法上存在多而杂、注入式、死记呆背等多种弊病。针对这种情况，县局向全县教师提出“要大力开展教研活动，积极改进教学方法”。全县小学教育注重加强基础，培养能力，发展智力，同时大力推广电脑教学，利用现代教学方法提高教学质量。1983年，县仪电站为全县39所中心小学配备电化教学设备。城北小学自制语文课《捞铁牛》的幻灯片参加了全国小学语文自制幻灯片研讨会。是年，全县小学以全面减负为目标，课堂教学全面贯彻“掌握知识，发展智能，陶冶情操”的三维教学目标，让学生“认知过程、情感过程、意志过程”有机结合，相得益彰。

2014年，运用全国学籍系统，顺利完成了2014级小一新生注册建档，实现了中小学学籍全国统一管理的工作目标。对文星镇幼升小招生秩序进行规范整顿，对外来人员和进城务工人员学龄儿童妥善安置入学。参与“童心向党歌咏比赛”和“中华经典诵读比赛”。东湖学校代表队，在岳阳市统一举行的

“中华经典诵读竞赛”中，凭借良好的风貌，娴熟的技巧，获得二等奖。包市学校凭借《小卓玛》和《红星闪闪》征服了现场观众获得“童心向党歌咏比赛”三等奖。

2015 年，根据省市相关文件精神，积极扎实开展一年一次的少先队评优选好活动。通过层层筛选，全县有 1 人获市“十佳少先队员”，10 人获市“优秀少先队员”；1 位教师获市“十佳少先队辅导员”，10 位教师获“优秀少先队辅导员”；5 位校长获“支持少先队优秀校长”；5 所学校被评为“优秀少先队先进集体”。

第三节　中学教育

1978 年，各公社高中停止招生。1979 年，将长仑、城南、濠河、岭北、新泉高中班分别改为湘阴县第六、七、八、九、十中学。湘江中学改为湘阴县第五中学。1982 年，调整中学布局，全县 10 所高中调为 9 所，恢复杨林赛高中班。初中由 153 所（含小学戴帽初中班 96 个）调整为 58 所，达到一区一所高中，一社（乡）一所初中。1983 年湘阴二中改为第一农业职业中学。1987 年，全县 10 所高中，2 所职中，乡镇初中 47 所，厂场企业中学 5 所（其中高中 6 个班）。

1986 年 10 月，全县中学生普遍建立“学籍卡”，归县教委普教组统一管理，后初、高中毕业证书由省教委颁发，初中毕业证书经县教委鉴印。

1987 年 7 月，县一中高 174 班学生刘雄在古巴举行的国际第 28 届中学生奥林匹克数学竞赛中获金奖，打破湖南此项比赛“零”的纪录，省委、省政府、省教委负责人接见了刘雄；8 月 10 日，市教委为刘雄就读学校新月小学、濠河中学、湘阴一中的老师颁发嘉奖令、奖金、奖品；1987 年，湘阴一中 184 班学生杨水华，参加全国中学生物理力学竞赛，获湖南赛区特等奖，随后在上海参赛，获中学生力学竞赛二等奖。1988 年始，初中高中毕业实行会考制度，高中毕业废止筛考，会考合格直接参加高考。

1994 年，6 所高中和 54 所初中都装备物理实验室、化学实验室和生物实验室。南湖中学校园布局规范，率先成为湘阴县初级中学省标一级学校。1997 年，湘阴县成功承办湖南省青少年信息学奥林匹克竞赛活动，开创县办省级奥赛先例。是年 5 月 10—12 日，湖南省信息学（计算机）奥林匹克竞赛在湘阴一中和实验中学举行。参赛选手是来自全省 8 个地市 20 所中学的 111 名学生，其中湘阴一中参赛选手 10 人。省信息奥赛委员会为湘阴颁发组织奖。

1998 年，为纪念抗洪英雄高建成，胭脂乡将胭脂中学改名为高建成中学。

1999 年 6 月，湖南省青少年计算机奥赛，全省 67 人获奖，湘阴一中获奖 7 人。在第 16 届全国物理竞赛中，岳阳市获奖 7 人，湘阴县占有 5 人。是年，全县高考 1248 名考生有 686 人上线，上线率 55.1%。其中应届生上线率为全市六县之首。语文、物理、化学平均成绩为全市第一，政治、英语全市第二。湘阴一中考生 432 人，上本科线 210 人。

2002 年，湘阴县被确定为国家级创新教育基地县。

2005 年，湘阴一中进入湖南省示范性高级中学行列，湘阴三中、四中、五中达省标二级规范化标准。

2006 年，县教育局出台《中学校长治校办学实绩督导评估方案》和《中学校长治校办学实绩督导评估细则》，切实加强对校长的管理。

2007 年，全县高考二本以上上线 942 人，录取北大、清华 3 人，占全市北大、清华录取总人数的 1/4。

2008 年，初中 42 所，在校学生 21574 人，毕业生 9301 人，高中 9 所，在校学生 12168 人，毕业生 4018 人。全县高考二本以上上线 1138 人，首次突破“千人大关”。

2009年，全县高考6人录取北大、清华，1人考取飞行员。在全市举办的“金鹗杯”高中教师14项教学比武中，湘阴县8科获一等奖，地理、英语两科获特等奖。

2010年，有初中38所，在校学生20869人，毕业6837人，有高中7所，在校学生9962人，毕业3392人。全县高考二本以上突破1500人，其中600分以上88人，录取清华3人，录取人大、浙大、复旦、同济、中央美院等名牌大学14人。

2011年，有初中38所，在校学生20908人，毕业生7068人；高中7所，在校学生9737人，毕业生3249人。全县高考二本以上上线人数超过1500人，600分以上人数113人，录取清华3人、飞行员2人，综合排名全市第二。

2013年，有初中40所（含九年一贯制学校14所）、普高6所。全县高考二本上线1103人，录取北大3人、飞行员2人，二本上线率和理科总平均分全市排名第三。

2015年，有初中41所。知源中学被评为岳阳市2014—2015学年度教育教学质量先进单位，湘阴一中、湘阴五中、白马中学被评为岳阳市2014—2015学年度教育教学质量优胜单位。普高5所，全县高考600分以上56人，二本以上上线人数1165人；录取飞行员2人；十科全合格率比上年上升5.26%；十科全优秀率上升5.6%。

学制 初中学制1978年为2年制，春季始业。1979年改为3年制，秋季始业，直至2015年。高中学制1978年为2年制，春季始业。1979年仍为2年制，秋季始业。1982年改为3年制，直至2015年。

教学工作 1978年，各中学使用全国新编教材，开设政治、语文、教学、英语、物理、化学、历史、地理、生物、植物学、动物学、农业基础知识、生理卫生、体育、美术、音乐。1982年始，各中学一律使用人民出版社出版的6年制中学课本。1993年9月，各初中学校执行国家教委颁发的《九年义务教育全日制初级中学课程计划》，增开劳动技术、信息技术课和活动课。高中毕业生参加全国统一高考。文史类考政治、语文、数学、历史、地理、外语。理工农医类考政治、语文、数学、物理、化学、生物、外语。

1978年始，加强学生思想品德教育，引导学生创三好（学习好、身体好、品德好）。中学开展勤工俭学。是年，省委调查组调查湘阴四中提高教育质量的情况后，在《湖南日报》发表题为《农村中学的一朵鲜花》的报道。10月，全市语文教学现场会在湘阴县召开。1981年，各中学把“五讲四美三热爱”活动和贯彻学生守则结合起来，培养学生成为“四有”（有理想、有道德、有文化、有纪律）新人。1983年，全县中学评出三好学生1000人，其中评为地区三好学生128人。1984年，在全县各中学开展建设社会主义精神文明十项活动。1987年，各中学以省编法制教材和《中华人民共和国宪法》为主要教材，加强学校法制教育。是年，全县各中学共举办法制教育报告会256场。1987—2015年，全面推行素质教育。全县中学教育实现由传统教师讲授型向学生自学实践型转变，由单一的课堂讲授向生动的直观教学转变，由注入式、满堂灌教学向启发式教学转变。全县中学全面落实《中共中央、国务院关于进一步加强和改进未成年人思想道德建设的若干意见》精神，以教书为立足点，以育人为终极目标，全方位、多角度强化学生成长体验，塑造学生优秀健康精神品格，先后在学生中开展“美德少年”评选、学雷锋、清明扫墓、校园文化周、墨香书法竞赛、纪念抗日战争胜利七十周年征文竞赛等活动，突出德育首要地位，培养合格人才。

附：学校选介

湘阴县第一中学 湘阴县第一中学创办于1905年，已有100多年办学历史。1961年，被湖南省教育厅确定为省属重点中学。2003年，县委、县政府作出“大力实施教育强基工程”的决定，决定整体搬迁湘阴一中。当年投资近亿元，在新城区征地20公顷，建成8000平方米学生公寓，6000平方米学生食堂及其他必备设施设备。后来又投入4000万元开展二期工程建设。2005年，正式挂牌为省级示范性普通高中。2015年，全校61个教学班，共有学生3508人，学校在职教职工301人，其中，特级教师1人，高级教师81人，一级教师122人，硕士研究生12人，在读研究生4人，国家级骨干教师1人，省级骨干教师4人，省、市级以上学科带头人10人。

湘阴一中全体师生秉承“公诚勤勇”的校训，把“办三湘名校，争国内一流”作为目标，与时俱进，锐意进取，办学成绩显著，办学特色明显。进入21世纪，学校在信息学奥赛中获得省级以上奖励120人次。学校学生篮、排球队和健美操队代表岳阳市参加全省大中学生运动会获得优异成绩。2006—2010年，学校业余武术队参加全省青少年武术大赛180余人次获奖。2007—2010年，湘阴一中学生健美操队称雄省内外，并获省教育厅颁发的“优秀运动队”称号，有7名学生获国家一级运动员称号。学校研发的校本教材《论语解读》《捧读先秦》和《知心堂》由湖南人民出版社出版。2006—2010年有四个课题获得国家级、省级奖励。在全市“金鹗杯”教学比武中，湘阴一中有四位老师获得金奖。学校教育教学质量一年上一个台阶。2008—2010年，有12名同学录入清华、北大，高考总分600分以上和一本二本上线人数逐年攀升。2009年，获全国励志教育示范基地、全国青少年五好小公民主题教育光辉的旗帜、读书征文活动示范学校、全国名优学校等；湖南省学校心理教育先进单位、省教育系统工会模范教职工之家、心理教育百校工程科研基地、湖南省排球培训基地；岳阳市高中教学质量先进单位、芙蓉杯标兵岗；湘阴县创优争先活动、“双联”工作、文明劝导工作、“三个文明”建设等先进单位；获教育系统教育工作目标管理、教育工会工作、关心下一代工作等先进单位。2010年，湘阴一中是湖南省示范性普通高级中学、中国创造学会实验基地、清华大学教育研究所实验基地、北京大学学生社会实践活动基地、全国青少年信息学奥赛优秀参赛学校、湖南省现代教育技术实验学校、湖南省青少年科技活动示范基地、湖南省文明卫生单位、全国作文教学先进单位、全国语言文字规范化示范校，是湖南大学、湖南师范大学、长沙理工大学、湖南科技大学等高校的优质生源基地。2013年，1053人参加高考，本一上线231人，本二上线649人，清华、北大4人上线，范锐聪、汤文郡、张洁瑜3人录取北大，其中张洁瑜获湖南省文科第六名，市第一名；刘倩获岳阳市文科第二名；范锐聪获岳阳市理科第二名。高二学考全科合格率95. 5%。获岳阳市教学质量提升奖。在高中生物学奥林匹克竞赛中，伍玮寻同学获全国二等奖，学校被评为“湖南省高中生物竞赛活动先进单位”。在全国第十四届中小学生电脑制作活动中，汤凌云同学获高中组电脑动画（二维）类全国二等奖。社团活动颇有亮点，“星晴文学社”会员余桢旎所著《晨曦梦录》丛书由中国文联出版社出版。陈文革老师撰写的长篇历史纪实小说《智慧人生左宗棠》由文化艺术出版社（北京）出版发行。湘阴一中男子排球队参加湖南省青少年排球锦标赛获男子排球队冠军、湖南省大中学生排球锦标赛获男子排球队冠军。2014年，湘阴一中男子排球队代表岳阳市参加省第十二届运动会，代表湖南省参加全国超级联赛。2014年，湘水·芙蓉杯省排球锦标赛在一中举行。2015年，学校文化建设上，《远浦》在全市校园刊物评奖活动中获一等奖并在全市作经验介绍。陈宇老师的书法作品入展“全国第十一届书法篆刻展”，作品在中国美术馆展出。校长蔡健清、林和平老师被评为“特级教师”。李和、田伟老师被评为“岳阳市名师”。校友彭新华获得由中华全国妇女联合会、中国科学技术协会、中国联合国教科文组织全国委员会及欧莱雅中国共同举办的第十二届“中国青年女科学家奖”，为母校争得荣誉。

表 21-3

2005—2015 年湘阴一中高考二本以上录取人数统计表

年 度	录取人数
2005	540
2006	665
2007	679
2008	618
2009	773
2010	922
2011	583
2012	472
2013	602
2014	656
2015	717

湘阴县知源中学 湘阴县知源中学创办于 2005 年 6 月。2015 年，有校园面积 22.27 公顷，建筑面积 11.9 万平方米，总投资 3.6 亿元；现有职工 462 人，专职教师 298 人，其中高级职称 64 人，中级职称 140 人；学校设高中部和小学初中部，共开设 95 个教学班，其中高中 57 个，3363 人，初中 20 个，998 人，小学 18 个，663 人，全校学生 5024 人。

学校地处湘阴政治、经济、文化的中心文星镇，学校办学条件优良，环境优雅。设立了校园网站、校园广播站、文学社、文化墙报，成立了文艺表演团体和多项体育运动队。“绿色校园，人文校园”已成为知源中学校园的特色。

学校拥有一支高素质的教师队伍。专职教师 132 人，其中中学高级教师 43 人，中学一级教师 58 人，获得省、市、县名优教师称号的 42 人。

“亲情化管理，后靠式教学”是知源中学个性鲜明的办学模式。学校遵循“以人为本、育人为先”的办学宗旨，以“尊重人格、规范人为、塑就人品、培养人才”为育人准则，形成了一整套学校规章制度，真正实现了校务管理规范化，教学管理精细化，学生管理亲情化。教育质量逐年提升。2008 年高考，一本录取 38 人，二本录取 176 人；2009 年高考，一本录取 78 人，二本录取 315 人，其中刘晶荣获全省文科第五名，岳阳市文科第一名，徐彦昭荣获全县理科第一名，双双录取清华大学；2010 年高考，一本录取 84 人，二本以上 402 人，其中熊泽琛获全市理科状元，录取清华大学。学校连续四年被评为岳阳市高中教学质量先进单位、岳阳市民办教育示范学校。2008 年获“全国先进民办学校”称号。2010 年被评为全国民办教育先进集体。

知源中学在高考中创造佳绩的同时，学生的全面发展和综合素质的提高也成绩斐然。2007 年，在岳阳市中学生排球赛中知源中学男女队双双夺冠，至此男排四次蝉联市赛冠军。2008 年，男子排球队在湖南省青少年排球赛中获得第六名。2009 年，武术队在湖南省青少年武术赛中获得第六名。2010 年，男排以岳阳市排球队的名义赴全省第十一届运动会参赛荣获第三名。 2013 年，学校获湘阴县教育局目标管理先进单位。2015 年，知源新校区正式开学，副校长周琨获评“潇湘英才创业青年”，受到省领导接见。14 位老师参加县“金鹦杯”复赛，其中 6 位老师（物理伍玉永、化学漆建华、生物肖青青、政治陈品、地理王建军、体育邓灿）获县特等奖（第一名），高中部汤大军、吴阳春、刘威、杨建光申报岳阳市民办教育先进个人奖。2011 年，本科上线 721 人，其中 600 分以上 24 人，重点本科 86 人，二本以上 468 人；陈依、易金宇两同学过空军飞行学院录取线；2012 年，600 分以上 26 人，重本上线 152 人；二本上线 476 人；本科上线 735 人。600 分上线人数居全县第一，文科二本以上上线人数、上线率均居全县第一。瞿湘玉同学文科 660 分、熊泽惠同学理科 643 分，双双摘取全县文、理科状元桂冠；瞿湘玉同学排名全省文科第 13 名，上清华北大录取线。刘琼上清华大学飞行班录取线，刘政上空军飞行学院录取线。2013 年，600 分以上 7 人，重本上线 89 人，二本上线 471 人，本科上线 746 人。蔡屹东同学上空军飞行学院录取线。2014 年，一本上线 78 人，二本上线 386 人，3 名学生上空军飞行学院录取线。2015 年，一本上线 68 入，二本上线 383 人，本科上线 746 人。

在 2013 年全国“雪汇杯”龙狮赛中获得铜牌，在 2014 年第六届全国大中学生舞龙舞狮锦标赛上获得第一名。2014 年，被确定为湖南省骨干民办学校；获评全国民办教育先进集体。

第四节　特殊教育

残疾儿童少年的特殊教育，是普及九年义务教育中的重要部分。随着人民生活水平的提高和教育的普及和发展，残少儿童接受教育的程度越来越高，大部分残少儿童在普及九年义务教育中，采取随班就读的方式接受义务教育。1986—2003 年，全县 4004 名残少儿童有 3415 名受到义务教育，入学率达 85.29%。

1996 年 9 月，残疾青年杨慧丽创办第一所民办特殊教育学校即湘阴县慧丽特殊教育学校，开办时设 1—6 年级 6 个班。2002 年，增设初中 1—3 年级 3 个班。有专业教师、医务人员、康复技师和保育教师 16 人。学校开设语文、数学、政治、思想品德、手语、服装、美术、理发、编织等课程，既保证学生学习文化知识，又让他们掌握了基本的就业技能。2003 年，杨慧丽出席中国残联第四次全国代表大会，受到党和国家领导人胡锦涛、温家宝、吴邦国、邓朴方的接见。至 2013 年年底，共招收三残儿童 368 人（其中聋哑 256 人，弱智 112 人）接受九年义务教育。学校坚持“一切为了残疾孩子，为了残疾孩子的一切”的办学宗旨，实行分部（语训部、聋教部、启智部、职教部）管理模式，学生文化成绩合格率和就业率分别在 90% 以上。不少学生在全国和省、市各项比赛中获奖。1999 年，在全省特校学生康复比赛中获集体三等奖；语训部学生在岳阳市第二届康复明星大赛中取得团体第一名；学校选送的双人舞“两棵树”和群舞“洞庭鱼米乡”在全省残疾人艺术节会演中分别获银奖和铜奖。2011 年，刘义阶、谢金枝同学的美术作品在全国飞天杯美术大赛中获得金奖；梁浩、李赞同学在湖南省第一届、第二届语言康复大赛中分获得一等奖、二等奖。教师们多次获得省级各种论文奖、岳阳市教学比武奖等。校长杨慧丽多次获得岳阳市“道德模范奖”、湖南省民办教育先进代表、全国残疾人自强模范、全国特殊教育先进个人等称号。该校多次被省特教协会、县教育局评为先进单位。2010 年，县教育局在县城创办公立特殊教育学校，对残疾学生实行免费入学。杨慧丽所办的私立特殊学校逐步退出。2014 年，县特殊教育学校获评县平安校园，年度目标考核管理工作被评为县教育局先进单位。

1986—2015年湘阴县残疾儿童教育情况一览表

表21-4

年 度	残疾少儿人数	入学人数	入学率（%）
1986	240	190	79.17
1987	240	190	79.17
1988	235	192	81.70
1989	235	192	81.70
1990	229	182	79.48
1991	229	182	79.48
1992	228	180	78.95
1993	228	180	78.95
1994	228	180	78.95
1995	229	181	79.04
1996	229	181	79.04
1997	230	184	80.00
1998	230	184	80.00
1999	230	187	81.30
2000	230	190	82.61
2001	230	195	84.78
2002	230	199	86.52
2003	274	247	90.15
2004	343	300	87.46
2005	344	304	88.37
2006	344	279	81.10
2007	324	279	86.11
2008	324	279	86.11
2009	（7~15周岁）235	206	87.65
2010	324	313	96.60
2011	278	240	86.33
2012	240	214	89.17
2013	228	189	82.89
2014	190	168	88.42
2015	189	167	88.36

第三章 职业技术教育

第一节 普通职业技术教育

1983年，湘阴县职业教育起步。根据国务院关于改革中等教育结构，为农业现代化培养初等技术人员的指示，县政府将原二中改为农业职业中学，一年后改为职业中专。

是年，县委批准恢复湘阴卫校，更名为湘阴县卫生进修学校，归属县卫生局管理。1984年，湖南省卫生厅发文，承认湘阴卫校1968届毕业的40名医士为中专学历，补发了毕业证。同年，县卫生局投资22万元，在城关镇东湖村曹家山征地0.33公顷新建教学楼和宿舍楼。开设护理、医士、药剂、助产4个专业。这年下期办短期中医函授班两期，1987年招收学员69人，办护理班1个，学制1年。

1985年，石塘乡政府投资1.2万元，为原农民文化学校新建一栋校舍，更名石塘乡农民技术学校。学校有价值2万多元的教学仪器，有300多册图书资料，设备齐全。1986年，该校撰写的函授教育论文在省教育厅《农民教育专辑》刊载。1987年年底，经省、市验收，该校达到合格乡农校标准。

1989年，全县办四年制普通职业技术教育初中试点。定为试点的学校有玉华中学、民新中学、古塘中学、躲风亭中学和南湖中学。学制四年“3+1”形式，即前三年学习初中文化知识，第四年加学一门实用技术。学生毕业后可以报考普通中专学校。

1994年，全县有中等职业学校5所，四年制初等职业学校5所，中等职业学校中教育部门办3所，工业战线办1所，财贸战线办1所。当时已形成教育部门办学为主体，其他部门办学为辅的格局。

2005年，湘阴县被湖南省人民政府授予“湖南省职业教育先进县”

2008年，县政府作出《关于加强县职业教育中心建设的决定》。5月，县职教中心成立。

2009年9月，县职教中心顺利通过省示范性职教中心项目评审，成功入围省职业教育“十一五”省级重点建设项目。将全县经有关部门正式批准的5所职业高中整合为3所，19所乡镇成人文化学校，418所村成人文化学校纳入县职教中心管理，实施《湘阴县职业教育发展规划》和《湘阴县劳动职业素质提升规划》，对全县职业教育统筹和管理，协调并落实县政府和相关部门关于发展职业教育的政策措施。

2011年，全县有职业学校4所，共有教职员工301人，在校学生7825人。湘阴县职教中心培训人数4218人，各乡镇成人文化学校培训人数10396人，村成人文化学校培训人数52368人。2014年，职业中专学校老师为县安监局举办三期特种作业人员培训班，培训385人；为县民政局培训退伍军人123人；为县电力局培训农电员263人；为四个新建宾馆培训员工168人；为省库区培训移民80人、培训移民干部60人。2014年，派教师到各乡镇农校讲课80人次，开展讲座235次。职教中心参与转移培训人数2362人，乡镇村成人文化学校培训39522人，还举办了驾校培训、计算机等各类职业技术培训1675人。

2014年，全县有职业学校3所，教职员工262人，在校学生3855人。

2015年，全县有职业学校3所，其中教育部门办2所，民办1所，开设旅游服务与管理、计算机应用、服装设计与工艺、学前教育、电子电器应用与维修、建筑工程施工、机械加工技术等15个专业。

第二节　中等职业技术教育

1986—2015 年度湘阴县职业高中办学情况统计表

表 21-5

内容 年度	学校数（个）	班数（个）	在校学生（人）	招生数（人）	毕业数（人）	教职员工数（人）					占地面积（公顷）
						合计	行政人员	专职教师	教辅人员	工友	
1986	1	4	240	240		26	3	18	5		6.93
1987	1	10	510	300		37	3	29	5		6.93
1988	1	13	660	300	185	42	3	33	6		6.93
1989	3	13	678	400	213	65	6	51	8		8.27
1990	3	15	733	420	210	67	6	53	8		8.27
1991	3	15	705	415	220	68	6	53	9		8.27
1992	3	16	801	421	205	68	7	52	9		9.20
1993	3	16	813	428	255	71	7	55	9		9.20
1994	5	45	2060	1162	386	144	11	122	11		12.40
1995	4	40	1821	736	715	142	11	120	11		12.40
1996	4	39	1486	681	322	143	11	121	11		10.13
1997	3	37	1420	972	246	179	11	158	10		10.13
1998	3	40	1600	866	423	174	13	136	25		10.13
1999	2	42	2064	1136	368	245	16	188	41		8.80
2000	3	45	2124	1002	334	223	17	174	32		9.47
2001	3	45	2235	1133	218	224	18	174	32		9.47
2002	3	69	3461	1596	417	228	19	177	32		9.47
2003	3	78	3800	2162	408	233	20	181	32		9.47
2004	3	49	2370	1436	345	224	16	171	27	10	9.07
2005	4	55	2661	1438	393	243	23	182	29	9	9.40
2006	4	58	2801	1312	534	246	20	189	29	6	9.40
2007	5	110	5282	2579	544	305	18	234	36	17	10.07
2008	5	107	5168	2567	986	309	27	235	39	8	10.07
2009	5	116	5591	2639	799	304	29	225	38	12	10.07
2010	5	133	6422	2598	1238	282	31	214	30	7	11.33
2011	4	53	2789	1479	704	246	13	191	40	2	20
2012	4	56	3406	1766	808	238	13	183	40	2	20
2013	3	58	3107	1841	805	256	13	199	42	2	20
2014	3	64	3548	2092	917	257	15	197	43	2	20
2015	3	69	3657	2203	988	353	15	291	45	2	20

附：职业中专例介

湘阴县第一职业中专 湘阴县第一职业中专创办于1985年。2010年有教职员工278人，学生5177人。学校占地15.87公顷，建筑面积11万平方米。建有教学楼、科技楼、实训楼、实习工厂，配备车工、焊工、钳工、电子电工、电力拖动、制冷制热、PLC等70多个实训室。建立远大可建、驿通电子、鹤龙湖渔场等32个校外实训基地，实验实习设施完善。2011年投资1200万元建成实训大楼，新购350万元实训设备，学校实训条件再次优化。

湘阴县第一职业中专始终坚持立足优势抢机遇，创新思路谋发展，确立"以人为本、贴近岗位、对接产业、服务地方"的办学理念。

学校专业建设对接县域支柱产业，开办淡水养殖、机械加工技术、电子电器应用与维修、旅游管理与服务、服装设计与工艺五大主体专业。学校被确定为湖南省移民局移民培训基地、湖南省农业厅现代农业科技人员培训基地、农村劳动力转移培训基地。构建企业员工培训、下岗职工再就业培训、从业人员职业资格培训、农村实用技术培训等社会培训体系。办学28年，累计培养合格毕业生26348人。2008—2009年开办社会培训班57期，累计培训合格学员17561人次，为县域经济社会发展提供了强大的人力支撑。

2010—2013年，共向社会输送合格毕业生4892人，其中829人升入湖南师大等高等学府，3726名学生被推荐到格力电器等大中型企业。2013年，经过省级专家组的评估，一职专获评"省级示范性职校"，成为湘阴继一中后又一所省级示范校。

学校不断深化校企合作，与中联重科、远大集团、长康集团等50多家大中型企业，8个种植养殖基地，16个农业专业合作协会，53家农户建立了稳定的合作关系。通过冠名办班、教材开发、技术推广、顶岗实习等方面的合作共同培养学生，实现"校企一体"。

学校不断深化教学改革，形成了"三岗、三边"（识岗、协岗、顶岗；边学习、边实践、边上岗）教学模式。学生进车间、下田头，在学中做、做中学，专业技能明显提高，毕业生对口就业率98%以上，用人单位满意率100%。

学校"双师型"教师比例占专业教师的66%，有省市级专业带头人20名，是一个以省级专业带头人为引领，"能力复合型"教师为主体的专业教师团队。学校出版《电工基础》《车工工艺学》等15本教材，近三年发表国家级论文45篇，省级论文78篇。参与国家级课题"职业素养内涵与训练的研究与实验"的研究工作，主持"中等职业学校班级文化建设的实践研究"等3个省级课题的研究工作。2008—2010年，教师参加全市中职学校教学比武获团体总分第一名，学生参加省市技能竞赛，共获得省级一等奖2个、省级二、三等奖9个，市级一等奖23个、市级二、三等奖86个。工艺美术专业学生余超、计算机应用专业学生蔡旺获省级一等奖。种植专业毕业生周翼成为全国粮食生产大户标兵，受到温家宝总理接见。机械专业毕业生周宇创办铭励科技烟台公司和昆山公司两家企业。电子电器专业毕业生胡雄参加韩国三星技能奥林匹克竞赛获银奖。

学校2000年被教育部确认为国家级重点职业学校。2003年进入全省职业学校前50强。2004年进入全省职业学校十强。此后先后获得湖南省教育教学管理优秀学校、湖南省职业教育与成人教育先进单位、湖南省示范性职业学校建设先进单位、湖南省教学工作优秀学校、湖南省德育工作先进单位、湖南省教学管理先进单位、湖南省园林式单位和湖南省安全文明校园等。

第四章　继续教育

第一节　扫盲教育

1979 年，全县校外青少年 11.85 万人中，有文盲、半文盲 11240 人（其中女性 6524 人），37 个公社 415 个大队办民校 501 所，组织文盲、半文盲入学 6521 人。经动员夜校学习，送字上门，包教保会使 7808 人脱盲，青少年无盲率由 90.5% 提高到 97%。1980 年，省人民政府给湘阴县颁发“青少年基本无文盲县”奖状。

1981 年，扫盲教育以巩固提高和扫除基层干部中的半文盲为主。全县有业余小学 87 所，文化补习班 2 个，入学者 2134 人。部分工农转入业余中等文化技术学校学习。

1990 年，扫盲教育以扫除青壮文盲为中心。各乡镇办起农民文化夜校。中小学教师包村、包组、包户，加大教学和辅导力度。是年，文化户口普查，全县青壮年 273896 人，半文盲 9640 人，非盲率 96.48%。1993 年，进行文化户口普查，全县青壮年 298497 人中剩余文盲只有 3671 人，非盲率 98.77%。按照省教育厅关于开展“两基”评估验收的指示精神，湘阴县要在 1997 年达标，基本扫除青壮文盲是一项重要内容。1995 年始，县政府把这项工作列入重要议事日程，大力开展扫盲教育。全县共办农民文化技术学校 32 所，开班 64 个，参加学习者有 3405 人。学校主要利用夜学和农闲学形式，有的还送学上户。1996 年冬，文化户口普查时，全县青壮年 314823 人，剩余文盲 2944 人，非盲率 99.06%。

1997 年始，全县通过办乡镇、村农民技术学校对农民进行职业技术培训，同时抓剩余文盲脱盲和脱盲对象的巩固提高。1997—2010 年乡镇办农民技术学校 34 所，累计培训农民 44.7 万人次；村办农校 414 所，累计培训农民 200.19 万人次。至 2015 年，剩余文盲培训率 100%，全部脱盲。脱盲巩固提高培训率 100%，新增文盲和复盲率为零。

第二节　高等教育自学考试

1984 年，湘阴县开始组织高等教育自学考试，为县域经济建设和社会发展提供人才资源。至 2010 年，全县有 54667 人次参加高等教育自学考试，累计 5792 人毕业，其中本科 1228 人，专科 4564 人。

1986—2015 年湘阴县自考考生情况统计表

表 21-6　单位：人

年度 \ 人数 \ 类别	报名人数	毕业人数		
		合　计	其　中	
			本　科	专　科
1986	989	25	—	25
1987	1581	19	—	19
1988	1310	34	—	34
1989	1748	25	—	25

续表 21-6 单位：人

年度	报名人数	毕业人数		
		合计	其中	
			本科	专科
1990	2410	26	—	26
1991	2440	21	—	21
1992	2012	33	—	33
1993	1472	50	7	43
1994	1808	78	6	72
1995	1877	50	3	47
1996	1699	39	15	24
1997	1999	45	13	32
1998	2529	76	26	50
1999	3763	117	28	89
2000	5480	158	50	108
2001	3554	333	155	178
2002	3742	370	181	189
2003	2471	141	82	59
2004	1587	829	147	682
2005	1484	840	161	679
2006	1345	670	125	545
2007	1013	509	75	434
2008	1007	519	60	459
2009	1316	536	52	484
2010	502	249	42	207
2011	596	87	82	5
2012	809	104	98	6
2013	869	59	56	3
2014	1087	159	156	3
2015	1218	80	79	1

第三节　广播电视教育

1979年，湘阴广播电视大学成立。是年，县文教局租用县工人俱乐部活动室作校舍开办第一个电大教学班。1982年，县政府决定正式开办全科脱产班，开设中文、机械、电子专业。1982年4月，县政府决定，将县城三井头十字街一栋约500平方米的公产旧房，划归电大做校舍，定名为湘阴县广播电视大学。1984—1985年，县委为了适应改革需要，改变干部文化结构，决定在电大开办党政干部专修班。1991年，在尚书路征地3280平方米，新建教学楼1260平方米，宿舍楼760平方米，湘阴电大结束租借场地办学的历史，并增设多媒体网络机房、大屏幕投影教室、运动场、阅览室等配套设施。1994年，设立电大附属职业中专部，在全省电大系统首批进入中等职业教育的领域。2000年，发展现代远程教育，新建远程教学楼。先后招收远程教育本科学员600余人，并与北师大、湖南大学、湖南科技大学、中国政法大学联合办学，创建一所多层次、多项目、多专业的综合学校。2003年，经省、市有关部门批准，电大附属职业中专部正式命名为湘阴县第二职业技术学校。2004年，湘阴县被确定为湖南省“一村一名大学生计划”25个试点县之一。2005年春季，开始招收一村一大第一批学员，首批一村一大学员注册人数为129人，创下同批次招生人数全省第一，开设农村行政管理、乡镇企业管理、畜牧兽医等专业。是年，经县委、县政府协调有关部门，支持湘阴电大扩大规模，用租赁的形式，将原经委职校划作湘阴电大江东校区，扩大办学规模，设置本部和江东两个校区，形成“一校两址”的办学规模。2007年，县委、县政府、县教育局大力支持湘阴电大职高部创建岳阳市示范性中等职业学校。2008年4月，学校被岳阳市教育局评为岳阳市示范性中等职业学校。是年11月，学校成为湖南省首批示范性县级电大，省电大校长杜纯梓出席湘阴电大省级示范性县级电大的授牌仪式并授牌。2010年，由县长黎作凤担任领导小组组长，成立“创建全国示范性基层电大”领导小组，高规格开展创建工作。是年9月，被评为全国示范性基层电大。湘阴电大校长张宇光赴浙江宁波参加全国示范性基层电大授牌仪式。经湘阴县编委同意挂牌成立湘阴县社区大学。此后，在省委书记周强新农村建设示范点楠竹山村成立湖南省首个农村社区学校。实现电大、二职与社区大学“一校三牌”的办学模式，实现开放教育本科、专科、职业高中等多层次多专业办学，实现了教育资源利用效率的最大化。是年，湘阴电大拥有教职员工51人，开放教育本、专科学生2100多人，是岳阳市唯一的独立县级电大。

2015年，湘阴县广播电视大学职高部（湘阴县第二职业技术学校）有在职教师28人，其中高级职称教师7人，研究生学历2人，3人获学士学位，6人拥有教师资格证的同时，还拥有其他职业资格从业证书。在校职高学生441人，教学班级8个班。

一村一大工作　“一村一大”作为教育部推出的一个新的教育项目，是运用广播电视大学系统业已实施多年的现代远程开放教育这一途经和形式，为广大农村的每个行政村培养一名到几名乡土大学生。2005年2月，湘阴县人民政府下发文件，并召开专题会议布置落实试点工作。决定连续五年完成1000名培训计划，确定每年200人的招生计划，任务分配到各乡镇，并明确乡镇一名副职专抓。2006年2月，湘阴县“一村一名大学生计划”工作领导小组下发湘阴县继续实施“一村一名大学生计划”的通知，进一步推动试点工作。是年8月，中共湘阴县委组织部、县财政局、县教育局联合下发文件，进一步落实和推动“一村一大”试点工作。至2010年，累计招收“一村一大”学员2200多名，名列全省第一，基本实现了“一村三名大学生计划”的目标。学校充分融合电大和职高的办学资源，在“一村一大”教育中结合职业教育，在职业教育中渗透电大开放教育，以此强化各层次学生专业技能学习。这样，电大与职高形成良性循环，既构成学历教育的合理梯次，又保证职业教育的良性渗透，确保电大教育品牌。

2012年，湖南电大党委书记教授陈建民到湘阴县考察“一村一大”工作，认为湘阴电大在全省率先拓展建设新型农民大学生培养工程，在“一村一大”工作方面积累了成功经验，省电大把湘阴县定为湖南新型农民大学生培养模式研究与实践试点县。湘阴电大春、秋两季招收一村一大学员200多人，创下了同批次招生人数全省第一。争取了湖南电大美国福特基金会资助项目，在湘阴县免费培训畜牧兽医专业农民大学生，由美国福特基金会提供资助，湘阴电大联系广东温氏养殖集团湘阴公司联合办学，服务企业。聘请湖南农大、湖南生物机电职院教授送教上门，为温氏集团员工和农村畜牧养殖户免费培训，教授畜牧兽医专业课程，创造了一条校企合作，送教上门，让农民在家门口接受高等教育的新路径。联合县农业局、畜牧局多次送教下乡，为楠竹山社区学院传授香菇的栽培技术，为三塘镇吴公村传授农作物如何选择优良品种的知识等。

社区教育工作 湘阴县地处洞庭湖畔，农业大县是湘阴县的本色。改革开放以来，湘阴县经济社会发生了翻天覆地的变化，学校依照本土特色和经济发展的新形势，建立以社区大学为龙头，以居民社区学校为骨干，以社区活动小组为枢纽的三级社区教育教学模式。积极创建“学习型农村”“学习型企业”“学习型机关”“学习型家庭”等学习型单位，全面实现学习意识普遍化，学习行为终身化，学习体系社会化的教育工作目标。2014年，学校在省级新农村建设示范村、省委书记联系点白泥湖乡楠竹山村成立湖南省第一个农村社区学校，湖南电大校长杜纯梓、副校长周宇、岳阳市教育局副局长徐载满、岳阳电大校长黄湖滨、湘阴县人民政府副县长甘文伟等领导参加揭牌仪式，并作讲话。学校建立办公室、社区大讲堂、村民图书阅览室、计算机房、妇女活动广场等基地；添置课桌、书籍、电脑、投影仪等现代化设施设备。根据当地的产业和不同群体要求，制定适宜的教育方案和教学计划，聘请专家教授为他们进行实用种植养殖技术讲座，开展居民喜闻乐见的文娱文化活动。湘阴电大、湘阴社区大学还在社会主义新农村建设县级示范点白马镇月塘村成立月塘社区学校。

多层次培训工作 1994—2010年，湘阴县农村劳动力转移阳光工程培训基地、湘阴县下岗困难职工再就业培训基地、湘阴县移民工程培训基地、湘阴县中小学教师培训基地、湘阴县人事局干部职工岗前培训基地先后在湘阴电大挂牌。教育培训获岳阳市劳动和社会保障局就业技能培训基地授权、英特尔未来教师教育培训基地永久性授权。省、市妇联把湘阴县女性就业培训暨现场招聘会定在湘阴电大举行，学校精心安排培训和推荐就业，400多名妇女接受培训后走上了新的工作岗位。共青团湖南省委确定湘阴电大为“湖南省青年农民培训示范基地”，共青团省委副书记颜海林亲自授牌。此外还和部门联合，利用教育资源为社会进行短期专业培训，对下岗困难职工实行免费培训。湘阴电大始终把社会责任作为第一责任，把社会贡献作为最高贡献，实现良好的社会效应。湘阴电大（湘阴社区大学）校长张宇光被省人才领导小组批准为湖南省新世纪121人才工程正式人选，成为岳阳市县市区中唯一的一个121工程成员。2006年后，累计招生3000多人，居全省第一。2015年，农民大学生招生近300人。是年，湘阴县被省电大批准为湖南新型农民大学生培养计划试点县。

1994—2015年湘阴电大开设专业科目及人数一览表

表21-7　　单位：人

年度＼人数＼专业	财会	汉语言文学	行政管理	英语（专）科	英语（本）科	电算会计（专科）	电算会计（本科）	计算机及应用	法律（专科）	法律（本科）	计算机（本科）	中文（本科）	计算机应用（本科）	合计
1994	178	35	35	35	—	—	—	—	—	35	—	—	—	318

续表 21-7 单位：人

专业 人数 年度	财会	汉语言文学	行政管理	英语（专科）	英语（本科）	电算会计（专科）	电算会计（本科）	计算机及应用	法律（专科）	法律（本科）	计算机（本科）	中文（本科）	计算机应用（本科）	合计
1995	96	45	25	40	—	—	—	—	—	31	—	—	—	237
1996	34	60	45	40	—	—	—	—	—	47	—	—	—	226
1997	—	78	35	39	—	75	—	65	—	45	—	—	—	337
1998	—	13	25	35	—	60	—	20	—	35	—	—	—	188
1999	—	22	30	60	—	39	—	19	—	20	—	—	—	190
2000	—	252	50	25	—	46	—	35	—	32	36	—	—	476
2001	—	100	29	37	31	45	—	—	—	35	31	60	76	444
2002	—	85	35	55	80	85	—	—	—	45	85	310	76	856
2003	—	110	50	30	80	65	—	—	—	55	85	350	200	1025
2004	32	26	76	10	—	12	8	12	21	9	—	—	—	206
2005	18	—	189	2	—	6	24	—	24	15	—	—	—	278
2006	16	18	250	4	—	16	2	24	10	18	—	—	—	358
2007	12	32	86	15	—	8	13	—	25	14	—	—	—	205
2008	22	35	116	6	—	27	—	92	18	5	—	—	—	321
2009	23	56	263	16	—	58	32	115	35	38	—	—	—	636
2010	10	16	411	18	—	26	12	38	23	14	—	—	—	568
2011	15	10	22	7	5	7	13	7	14	7	8	6	11	132
2012	11	9	20	3	4	8	30	—	23	17	8	5	14	152
2013	9	7	6	—	3	18	11	—	4	20	7	9	17	111
2014	8	5	4	2	—	7	27	—	17	21	6	3	20	120
2015	6	8	6	6	—	7	19	—	11	18	4	7	13	105

第四节 函授教育

1986—1993 年，在小学教师中进行中师函授培训，3092 名小学教师获得中师学历。

1990 年，县教师进修学校开展函授教育培训工作。是年，共毕业 363 人，其中高函毕业 167 人（本科 45 人，专科 122 人），中师毕业 168 人，幼师中函毕业 28 人。1992 年，组织到大专院校脱产培训和函授学习的学员达 433 人。1993 年，高函录取新生 120 人。

1994 年，函授教育一部分改为自考、函授、卫星电视“三沟通”教育培训形式，一部分由岳阳市函授站管理，一部分属于远程教育，由县教师进修学校主办管理。

1995—1999年，县委党校每年办函授业务大专班1期，共培训学员283人。中央党校函授本科班1期，培训学员11人。

2000—2010年，县委党校每年办省函大专班1期，共培训学员888人。中央党校函授本科班1期，培训学员580人。

2011–2015年，县委党校共办省函大专班5期，培训学员864人。

第五章　教师队伍

第一节　数量与素质

1981年有中、小学教师5529人。通过考核，不合格教师占教师总数的42.6%。当年精简602名不合格民办老师，调整265名初中教师充实小学，从高中教师中返回32人充实初中。

1982年始，应参加专业考试的1642名中小学教师进行教材过关考试，高中教师合格率为97%，初中教师合格率为91.5%，小学教师合格率为88.5%。

1983年，中小学教师5640人。教师队伍基本稳定。

1985年，全县中小学教师5593人。其中，中学教师1884人，小学3709人，公立3022人，民办2571人，胜任和基本胜任的3625人。

1986年，全县中小学教师5815人。其中民办教师2204人。专任教师5097人中本科毕业的78人，专科毕业的418人，中师毕业的1289人，高中毕业的2223人，初中毕业的1089人。

1990年，有教职工6801人，其中在编在职的6162人，公立教师3873人，民办教师2289人。高中教师中有本科及本科以上学历的84人，占17.6%；专科学历257人，占53.8%；有中教高级职称32人，占6.7%；有中教一级职称109人，占22.9%。初中教师中有本科及以上学历34人，占2.1%；有专科学历的463人，占28.9%；有中专学历的686人，占42.8%；有中教高级职称的3人，占1.9%；有中教一级职称的274人，占17.1%。小学教师中有小教一级职称的1165人，占34.5%；有小教二级职称的1399人，占41.4%。在职教职工中，30岁以下的1866人，占30.3%；31~35岁的1017人，占16.5%；35~40岁的854人，占13.9%；41~45岁的708人，占11.5%；46~50岁的586人，占9.5%；50岁及以上的328人，占5.3%。

2000年，全县中小学教师在编在岗的6691人。高中教师中有本科及以上学历的228人，占52.7%；有中教高级职称的89人，占20.5%；有中级职称的162人，占37.4%；初中教师中有专科学历的1628人，占85.4%；有中教高级职称教师13人，占0.68%；有中级职称的667人，占35%；小学教师中有中专及以上学历的3272人，占96.52%；有中教高级职称的2人，有小教高级职称的1325人，占39%。在职教职工中，35岁以下的1387人，占20.1%；50岁以及以上的896人，占13%。

2010年，湘阴县高中（含职高）教师1037人，其中50岁以上163人、占15.7%，35~50岁的544人、占52.5%，35岁以下330人、占31.8%；有本科以上学历的515人、有中教高级职称的131人、中级职称243人。初中教师2428人、其中50岁以上422人、占17.4%，35~50岁1012人、占41.7%，35岁以下994人、占41%；有专科学历的2285人、有中教高级职称的91人、中级职称1243人。小学教师2125人、其中50岁以上958人、占45.1%，35~50岁806人、占37.9%，35岁以下361人，占17%。

有中专及以上学历 2125 人，中教高级职称 29 人，小教高级职称 1718 人。

2015 年，全县有在编教职工 4964 人。高中（含职高）教师 954 人，高中教师中级及以上职称比例 71.6%；初中教师 2021 人，初中教师中级及以上职称比例 62.3%；小学教师 1802 人，小学教师中级及以上职称比例 76.7%，其中 50 岁以上 753 人，占 41.8%; 35 岁以下 400 人，占 22.2%；公办幼儿园教师 37 人。全县中小学（幼儿园）专任教师学历合格率均 100%。

第二节 资格任用

20 世纪 70 年代末至 90 年代中期，教育系统师资来源，一是人事部门分配来的大、中专院校毕业生，这一部分是公立教师；二是吸收部分家庭出身成分好、政治思想表现好的初、高中毕业生，弥补公立教师的不足，这部分是民办教师。

1978 年，教师队伍中，60% 的小学教师是民办教师，且大部分是“文化大革命”中的初、高中毕业生，不能胜任教学的占民办教师总数的 43.2%。1981 年，县教育局对民办教师进行考核与整顿，精简 602 名不胜任的民办教师。

1983 年，从大、中专院校分来毕业生 622 人，安排转业军人 11 人充实教师队伍，民办教师的任用，本看“任人唯贤，德才兼备”的原则，由学校、公社、生产大队提名，区教育组择优推荐，县教育局审查批准，发给任用证书，稳定民办教师队伍。

1987 年 2 月，县教委根据择优录用的原则，为 192 名民办教师办理转为正办教师录用手续。在公立教师中进行首批职称评定工作，评出高级职称 58 人，中级职称 784 人，助工级职务 1350 人，初级职称 907 人。

1988 年，对民办教师实行职务任命制。

1989 年，全县实行教师聘任制。

1991 年，民办教师转公办教师 1976 人。

1996 年，实施《湖南省教师资格过渡实施办法》，启动教师资格过渡认定。幼师通过统编新教材考核，过关后定员发证，建立档案。

1998 年，全县民办教师全部收编为公办教师。

2000 年 3 月，县政府颁布《关于加快全县教育人事制度改革的决定》，全县中小学教职工推行全员聘任制。学校按需设岗，按岗制定工作职责。教职工按竞聘条件实行双向选择，竞争上岗。校长与受聘教职工签订聘任协议，并颁发聘书。1~3 年为一个聘期。全县中小学实行校长竞聘制。校长公开招聘，民主选举，组织考察，任命产生，按干部管理权限，报教育行政主管部门或组织部门审批，任期 1—3 年（中学校长 1 年，联校校长 3 年），实行目标管理，定期述职、考核。校长拥有对教职工的聘任权、奖惩权。

2004—2010 年，实施教师资格认定。教师资格认定条件：1. 拥护党的基本路线，全面贯彻党的教育方针，自觉遵守《中华人民共和国教师法》等法律法规，恪守教师职业道德，热爱教育事业，热爱学生，为人师表；2. 具备《中华人民共和国教师法》规定的相应学历；3. 非师范教育类专业毕业的申请人应当接受规定的教育教学能力培训，参加相关考试、测试，并达到相应要求。

2011 年—2015 年，县委、县政府实施创建教育强县，编制出《湘阴县教育改革“十二五”发展规划》，加速教育体制改革，制订《教师调配管理办法》，严格教师资格认定标准。一是对教师资格和晋职晋级强调学历、专业证书、计算机、普通话等要求，为 6000 名教师办理了资格证书并完成岗位设置，其学历合格率 98%，计算机、普通话合格率分别达到 98% 和 95%；二是按教师资格标准，面向社会，阳光操作，公开公正，择优取录，招聘教师，分三批次招聘优秀教师92名，其中研究生7名，英语专职教师5名；三是定向培养206名免费师范生分配到农村任教；四是严格教师编制核查，核销教师编制86个，清退代课教师60个。

第三节 师资培训

1978年，逐步恢复文化大革命中停办的高函。1980年，县教师进修学校采取“长短期培训结合、脱产与函授并举、文化业务兼顾”的办法，建立县、区、乡三级教师培训网。1981—1983年共办半年制脱产班13个，培训初中语文、化学、外语及小学语文教师370人；办暑假培训班5期，培训689人。1984年，县财政拨款新建教师进修学校于江东路，占地0.19公顷，建筑面积4502平方米，调集教学人员20名，经省、市教委验收，批准为合格的中等专业学校。1985年，在校学员108人。是年，为解决美术教师缺乏问题，县教育局聘请教师巢善宝在局机关内开办罗城美术专科学校，学习一年，培训美术教师48人。是年，配备2名专职人员，分设48个辅导点，聘请专业教师讲课。是年，全国开始高等教育自学考试，96名教师应试，71名获合格成绩，分别占这年县自考人数的44%和55%，以后自学成才人数增多。

至1986年，师资培训隶属教育局人事股，进行教材教法过关考试，负责学历提高培训，培训人数3500人。是年，设立专门机构师训股，下辖教师进修学校，负责各区垸培训网点建设。

1987—1989年，专业合格证书改试“三沟通”过渡考试，合格者取得专科学历，合格人数1980人。

1990—1995年，学历提高培训，中小学教师“三字一话（画）”（钢笔字、毛笔字、粉笔字、普通话、图画）基本功训练。其中学历提高本科人数210人，专科人数840人，中专1100人。全县投入资金250万元进行“三字一话（画）”活动，各乡镇联校成立领导机构，创建“练功房”，给教师配备练功设备及资料。全县共举行比武活动30多场，涌现先进单位20多个，先进个人50多名。

1996—2000年，进行学历培训（其中分函授、脱产、自学考试），普通话培训、测试，计算机培训，中小学教师继续教育。参加培训人数6700人次。

2001年，进行学历提高培训本科380人，专科38人，中专230人；中小学教师普通话、计算机培训，其中计算机培训进入信息技术高级培训，在培训中有一大批教师学会制作多媒体教学的课件；中小学骨干老师培训，办班2个，培训骨干120名；新教师上岗培训，转正定级培训，参培人数460名；中小学教师新课程培训，培训率100%。

2003年，制定《湘阴县十一五教师培训规划》，校本培训率100%，校本培训成常规，教、训、研融为一体，每年都有先进典型，如湘阴一中的青蓝工程，城北、南阳等学校的校本培训成绩显著。每年的师训专项经费80万元。全县中小学新课程培训教师5600人次，全部完成义务教育阶段新课程改革培训任务。

2006年，邀请湖南一些名师对全县中小学校长、教导主任进行新课程通识培训；请深圳市西乡完小校长张元英介绍实施新课改的经验，从而为进行新课改打下坚实的思想基础。2006年10月还邀请省级教学能手来湘阴县进行新课程示范观摩教学和研讨。

2007年，县教育局办培训班5期，共培训师资535人。其中教师岗前培训40人、普通话培训280人，小学校长培训45人，高级信息技术培训120人，继续教育培训50人。

2008年，办培训班7个，共培训师资776人，其中教师岗前培训41人，普通话培训300人，高级信息技术培训120人，历史地理骨干教师培训87人，继续教育培训55人，教育行政干部培训123人，小学校长培训50人。

2009年，办培训班7期，培训师资1154人。其中教师岗前培训44人，普通话培训350人，继续教育培训253人，高级信息技术培训124人，骨干教师培训130人，班主任培训167人，教育行政干部培训86人，省级远程培训300人。

2010年，办培训班7期，共培训师资718人。其中教师岗前培训51人，普通话培训100人，小学英语培训42人，继续教育培训205人，中小学心理健康培训138人，中小学安全教育培训104人，高级信息技术培训78人。省级春秋两季远程培训130人。

2011年，举办各类培训班15期，培训教师2000人次，向省、市送培骨干教师300人次，选送5名优秀教师远赴英国参加了培训。

2012年，举办各类培训班15期，培训教师2000多人次，向省、市送培骨干教师300人次；组织幼儿园园长、幼师和保育员600多人，参加由多名幼教专家主讲的学前教育师资培训会。教师进修学校上半年就开办近10个培训班，聘请30多位省市县专家现场授课。

2013年，举办各级各类培训班18期，培训中小学教师2860人次。其中：国培项目培训797人；省培项目1066人；市培项目55人。12月举办143人参加的普通话水平提高培训和等级测试。

2014年，县教育局举办各级各类县级集中培训班12期，培训中小学教师1478人次。其中：师训专干业务培训54人；行政干部培训54人；总务主任培训62人；中小学班主任培训84人；中小学心理健康培训86人；英特尔未来教育培训50人；新教师入职培训41人；中小学教师课件制作培训文理科共计119人；国培第一次集中培训380人；国培第二次集中培训380人；小学语数骨干教师培训90人；理化生实验员培训45人；普通话培训及测试33人。举办了有全县高中、初中、小学教师1007人参加的省级远程培训，参训教师全部合格。

2015年，举办国培、省培、市培、网培等各类培训，培训教师近6000人次，组织2600多名小学教师举行业务考试。

第四节 教师待遇

一、福利待遇

1979年11月，实行公办教师班主任津贴（中学每月5—7元，小学每月4—6元）。至1980年中学民办教师每月补助17元，小学教师补助13.5元。1980年1月份，民办教师班主任津贴（中学每月5—7元，小学每月4—6元）。1981年7月，湘阴县人民政府发出关于解决民办教师报酬的通知，规定对家庭无劳力的民办教师不应分责任田，不给他们摊派与教学无关的义务劳动。民办教师的法定假、寒暑假和病（产）假及脱产进修假期间，国家补助、集体报酬照发。是年始，发放年终奖金。1984年6月，改为以乡（镇）统筹民办教师工资。工资标准参照同级公办教师工资确定，年终奖金、病（产）假代课金、进修培训及福利费，一般按工资总额的15%提留。并逐步将部分民办教师转为公办，至1985年分批转公办249人。1985年，工资改革后，实行教龄津贴，每人每月3—10元。一般教师除基本工资外，每月可增加上述补贴费25—30元。1986年，湘阴县教委成立“民办教师福利基金会”，设立民办教师福利基金，以解决民办教师退休、安葬、抚恤等费用。1987年2月，县教委办好192名民办教师转公办教师的录取手续。1998年，全县民办教师全面收编为公办教师。2014年，义务教育阶段教职工绩效工资在2013年人平每年15000元的基础上增加到人均22000元，财政增加投入4280万元；普职高中教职工绩效工资按义务教育阶段人平的50%纳入预算，财政此项增加投入1220万元。2014年，县财政在人员经费上共计净增投入6133万元。

二、其他待遇

公办教师除工资外，享受其他福利待遇。1987 年 1 月始，对各级各类学校教师，已评定职称的，按技术职称发工资，有公费医疗、洗理费、保暖费、降温费、书报费、粮差补贴、年老退休费、死亡安葬费、遗属抚恤、家庭困难补助等，在与国家干部同样享受工龄津贴的同时还享受教师津贴。年满 60 周岁的男教师和年满 55 周岁的女教师可以退休，按原工资一定比例发给退休工资，退休时教龄达到 30 年的教师，退休工资 100%，对其不满 16 周岁的子女和 50 岁以上伴侣及所赡养的父母，按月发给生活补助费。2000 年，教师工资由县财政统一按月从银行打卡发放。县政府严格按国家有关规定认真落实教师配套改革，确保教师待遇逐年增长，教师医疗保险、养老保险等各项补助经费全部纳入财政预算。教师工资与党政干部一视同仁，各项政策待遇也切实得到落实。2008 年，在全县公务员津补贴未到位的情况下，落实义务教育和退休教师误餐费、生活费和生活补贴 2000 多万元。妥善解决全县 534 名幼师的社保问题。2014 年，教育系统全体教职工医保县财政全额预算到位，新增医保金预算 567 万元；血吸虫病治疗全部纳入工伤保险，由县财政统一纳入预算，此项财政投入 66 万元。

三、政治待遇

在改善教师物质待遇的同时，逐步提高教师政治待遇。1985 年年底，教师中当选为县以上人民代表 249 人，担任县、市政协委员 75 人，选为县党代表 97 人，评选出席县先进代表会 3864 人（次），评选地（市）级优秀教师 176 人，省、全国优秀教师 63 人。1985 年，县委、县政府对 517 名工龄 30 年以上的老教师和 124 名在湘阴县工作 20 年以上的中级知识分子（加上其他部门 251 人）颁发荣誉证书。至 1985 年，教职工中有共产党员 1738 人，共青团员 1402 人，工会会员 3310 人。1986—2003 年教育部门有 61 人当选为县人大代表，有 64 人当选为县政协委员。1991—2003 年有陈琢煌、钟六梅、姚学初评为国家级劳动模范，有李味甘、郭白光、杨炳悌等 16 人评为省级劳动模范，共奖励名校长 67 人，名班主任 184 人，名教师 2687 人。

2004 年，全县评选县优秀教师 130 人，县优秀校长 10 人，县优秀班主任 30 人，岳阳市学科带头人 5 人。

2005 年，评选县优秀教师 100 人，县优秀班主任 30 人，县优秀校长 10 人，岳阳市十佳师德标兵 1 人，岳阳市十佳班主任 1 人，岳阳市十佳校长 1 人，岳阳市学科带头人 4 人。

2006 年，评选县优秀乡村教师 25 人，县双师型教师 4 人，县优秀校长 15 人，县师德标兵 10 人，县教研教改明星 23 人，县高考特别贡献奖 1 人，岳阳市优秀教师 4 人，岳阳市双师型教师 1 人，岳阳市师德标兵 1 人，岳阳市十佳教改明星 2 人。

2008 年，评委县优秀教师 100 人，县优秀班主任 40 人，县师德标兵 11 人，县优秀校长 11 人，县安边乐教先进个人 20 人。

2009 年，评选县优秀教师 100 人，县优秀班主任 30 人，县师德标兵 10 人，县优秀校长 10 人，县安边乐教先进个人 30 人，县特殊贡献奖 10 人。

2010 年，评选县优秀教师 100 人，县优秀班主任 40 人，县师德标兵 10 人，县优秀校长 10 人，县安边乐教先进个人 30 人。

2011 年，评选县级优秀校长、优秀班主任、师德标兵和安边乐教先进个人 215 人，推荐 12 名教师参加市级优秀教师评选。2012 年，评选县级优秀校长、优秀班主任、师德标兵、安边乐教教师、优秀教师和优秀幼师 210 人，推荐 12 人参加市级优秀校长和优秀教师评选。2013 年，评选“最美班主任”、优秀校长、师德标兵和安边乐教教师 210 名，推荐 10 名优秀教师参加省市级优秀教师评选。2014 年，推荐湘阴一中教师李和参加全国优秀教师评选，并获得了奖励；推荐县知源中学参加全国优秀教育基层单位评选，已在全市作为 2 个对象之一推荐到省；推荐县湾河中学物理教师黄佩参加了全省教师节优秀教师座谈会，其先进事迹先后在《湖南日报》《湖南教育报》《岳阳日报》等报纸杂志上进行了报道；推荐县车马中学汤霓、湾河中学易秋骛、三塘中学吴花云等3名教师参加市级最美乡村教师评选，并全部获奖；推荐文星中学王承先等17人参加市级优秀校长、优秀班主任、师德标兵、优秀教师评选，13人获奖。同时评选优秀教育工作者21人、优秀班主任30人、优秀教师53人、安边乐教教师20人。深圳市岳阳商会副会长刘竞成和夫人刘忠美将100万元现金捐赠给湘阴县教师奖励基金会，用于奖励优秀教师和贫困学生。从2009年到2015年，他们夫妇共捐助家乡公益事业，资金近200万元。2015年，市教师奖励基金会与县教育局组织表彰国家、省、市、县优秀教师、优秀教育工作者、优秀班主任和安边乐教教师158人，共救助特困教师167人、慰问名老教师56人、资助贫困中小学生15人、援助农村薄弱学校2所。

第六章 教研教改

第一节 教学改革

一、概况

电化教学 20世纪70年代始，湘阴一中、玉华中学、城北学校、飞跃小学开展电化教学试点。20世纪80年代初，电化教学已在10所高中，46所初中、40所中心小学普及，部分初小亦已起步。至1985年，已有价值94万余元的仪电设备。仪电组（站）从点到面组织电化教学实验活动，引导教师结合教材绘制灯片，增强教学直观性，培养学生的学习兴趣。2012年，投入500多万元，为城区各学校建立了“班班通”，农村中学基本实现了“校校通”。投资近300万元，添置课桌椅1.6万余套，学生自带课桌椅现象基本得到消除。2014年，为10所合格学校和6所薄弱学校装备了4个理化生实验室、6个计算机室（计算机324台）、2个多媒体教室、2个科学探究室、14台移动一体机、25台一体机，共计资金1444899元；为6个薄弱学校装备仪电器材40万元，添置录音机400台（1.6万元）；全县各级各类学校配备教学仪器40余万元；全县各级各类学校配置床铺635张，课桌椅14000套，共计2086700元。

实验教学 20世纪80年代，教研室以新颁各科教学大纲教材武装教师，全面提高了教学质量。1981年，岳阳地区举行小学数学竞赛，湘阴县获团体总分第二名，学生刘雄获地区第一名。1983年，全地区小学作文比赛，湘阴县获第一名。1984年，全省小学五年级语、数会考，湘阴县学生合格率为91%，居全省第一。这年，九江、咸宁、岳阳3地区在湘阴县召开小学自然实验教学现场研讨会，湘阴县被誉为“自然教学之乡”。1985年，全省开展小学生作文竞赛，湘阴县8人获奖，获奖人数与等级居全省县级获奖单位之首。至1985年，县内小学生的书画作品获国际奖的先后有伏亮、蒋焕思，获国家级奖的有周勇、黄伟、陈开、曹丹丹等。教师在省以上报刊发表教学改革论文93篇。2011年，县城北学校、濠河中学联合代表队和袁家铺小学代表队在全国第五届青少年科技创新大赛中分别获得银奖、铜奖。

二、活动

1986年12月，濠河金星学校出席湖北省教委和华中师大联合召开的小学“整体改革”实验座谈会，并作了经验介绍。是年，扩大到全国26省市1000多个实验班，全省初中“数学自学辅导”教学现场会开在湘阴。中科院心理研究所卢仲衡教授专程到湘阴县作辅导报告，认定湘阴县为“初中数学自学辅导教学研究推广基地”，并向7位老师颁发了聘书。卢仲衡考察全国四个定点实验学校之一的湘阴一中，对高中的数理化自学辅导教学作了指导。湘阴一中、湘阴二中在全国第四次自辅教学研究会上被评为实验教学先进单位。

1997 年，中央教科所主办的《教学研究》第二期，全面推介了湘阴县自学辅导教学实验。1998 年，湖南省“自学辅导”教学实验现场会在湘阴县召开，卢仲衡教授再次作学术报告。是年，湘阴县“自辅”教学实验获岳阳市一等奖、湖南省二等奖，陈光强老师获省“自辅”教学实验一等奖，朱华炬老师获中科院“优秀教研员”称号。

2002 年，中科院授予湘阴县“自学辅导”实验教学先进县。2004 年，全县共建网络教室 80 个，多媒体教室 54 个，有现代远程教育站点 349 个，初小以上学校全部实现校校通。2006 年，湘阴课程改革进入第五个年头。新理念、新课程为每个教育工作者提供了创新、发展的舞台。教研室几位老师被聘为湖南省教育科学“十五”计划重点课题“小学科学新课程实施研究”实验基地指导教师，并主持研究“科学探究学习理论探讨与实践研究”课题，获省级科研课题实验成果一等奖。在“科学探究学习理论探讨与实践研究”课题鉴定结论中，省教科院、省继教中心的专家、学者们认为课题着重于理论研究并初步建立了小学科学探究学习的理论体系，对小学科学新课程的实施起到有效的指导作用，具有良好的推广价值。

2007 年秋，湘阴县普通高中起始年级学生进入新课程实施，出台《湘阴县普通高中新课程实施指导意见》。2008 年，下发《湘阴县教育科研工作考核评估方案》。2009 年，教育局制定《湘阴县基础教育新课程教学改革实施方案》，每年从财政经费中安排 15 万元作为教改专项经费。2010 年，依托远程教育站点，建立县乡村三级社区终身教育网络。

2012 年，湘阴一中全年送培国家级培训 7 人次、省级培训 12 人次、市级培训 16 人次，组织完成了全市生物骨干教师第二期培训。配合县教育局开展送教下乡活动，共送课 12 科次。在岳阳市“金鹗杯”高中教师教学竞赛活动中，该校刘海波、田伟捧得“金鹗杯”。田伟老师代表湖南省参加全国历史科教学竞赛获一等奖。左雄老师代表岳阳市参加全省物理科教学竞赛获一等奖。该校数学组国家级课题《在新课程评价理念下数学考试题型评析与研究》获一等奖，心理学市级重点课题《提高农村高中学生心理健康教育有效性的策略研究》获一等奖，并推荐参加湖南省第三届教育教学成果奖。信息技术组的省级课题《中学仿真实验室的建设》的研究按计划进行。该校参与县教研室的省级课题《网络环境下德育模式与方法的研究》顺利进行。学校成功申报并顺利通过了“国家级规范汉字书写教育特色学校”的评定。湘阴县教育局在全县分别开展保育员和幼儿园专职教师专业技能竞赛。首届保育员技能大赛获奖 8 人，首届幼儿园教师技能大赛获奖 41 人。

2013 年，岳阳市高三生物学科培训活动在湘阴一中举办，市教育局副局长程跃华，市副主任督学、教科院院长葛天普，市教科院培训中心主任郝乐兴，市教科院生物教研员闵领科参加。县教育局局长倪立祥介绍了湘阴县的教师培训情况，并要求全体参培老师虚心学习兄弟县市的宝贵经验，加强教育交流合作。2014 年，县教育局在全县中小学举办“一师一优课、一课一名师”活动。全县有 2000 余名中小学教师报名参与。

推广电化教学 1986 年湘阴县仪电站成立。1990 年全县评选 18 篇电教教案，有 4 篇获省优秀奖，其中李自力、彭星煌两老师教案选送中央电教馆参加全国电教评选，彭星煌的教案获全国三等奖。

计算机教学 1990 年，湘阴一中建设实验楼，除装备理化生实验室外还开辟语音教室，接着各高中学校相继建设了实验楼和科教楼。1994 年，初中、小学电教、实验装备已通过省实验普及县验收。1996 年，全县装备电教器材价值 92 万元。1997 年，全县有 10 所学校装备了计算机 460 多台。1997 年 5 月 10 日—12 日，湘阴县成功承办“湖南省信息学（计算机）奥林匹克竞赛”活动，开创县办省级奥赛活动先例。

第二节 教研成果

1980—1985年，组织教师学习部颁教学大纲与统编教材。教研室先后举办中、小学教师短训班28期，到区、乡组织教材教法专题讲座30场（次），在此同时，就减轻学生负担、发展思维能力，提高教学质量进行研究。其间：1981年，在城北学校设教学方法改革实验班，5年小学跟踪试验，该班有47名学生毕业时以优异成绩升入初中；1983年始，进一步健全全县高中、初中、小学、幼儿四级教研网；1985年，以教研组为单位开展"五个一"活动（每个教师每学期内写1篇教学论文、写1份优秀教案，交1篇学生优秀习作、教1堂公开课、参与学生1次智力竞赛），是年全县评出优秀教案27份、优秀习作和论文33篇，最佳课26堂、教学能手11名。

1986年，市教委确认的全市29个教研课题中，湘阴县占有重要的课题内容，即初中"数学自学辅导教学"实验，小学"整体改"实验，小学"自然常识教学"实验，小学"三算"（笔算、口算、珠算）和"注音识字、提前读写"实验等，其中"注音识字、提前读写"发展到7所学校12个教学班，学生560人；"三算"发展到130个班，学生6000多人。

1988年，"注音识字，提前读写"研究课题获岳阳市教研成果一等奖、湖南省教研成果二等奖；"三算"实验课题获岳阳市教研成果一等奖。

1996年，全县征集454篇教研论文，经评议获一等奖99篇、二等奖166篇、三等奖189篇。是年，城北学校和实验中学被湖南省教科所定为"湖南省创新教育推广基地"。

2000年，全面实施"创新教育"，以湘阴五中、城南中学、濠河中学、城北学校、包市学校为基点，构成高中、初中、小学三级教学模式，总结经验，推动全局。"创新教育"研究课题获省优秀课题一等奖。12月，湖南省实验教学现场会在湘阴县召开，省教育厅对湘阴县教育予以高度评价。

至2003年，全县教师中撰写的教研论文评审出获奖论文1200篇。其中在国家级刊物上登载41篇，在省级刊物上登载474篇，出版教育专著4本。其间，1999年全市在获省级33个课题奖中，湘阴县占有7个，其中教育局课题组获一等奖，湘阴一中和车马乡教育组获二等奖，城南中学、城北学校、城西学校、唐羊套学校获三等奖。2003年，全县有课题研究105个，其中国家级1个、省级3个、市级23个、县级78个。湘阴县有6名教师参加了全国实验教材编写。

2004—2010年，湘阴县承担国家级课题6个、省级课题13个、市级课题20个和县级课题45个。其中城关中学负责的《教师课堂管理技能研究》，湘阴一中负责的《教师科技创新队伍的培训》、湘阴五中的《社会学校家庭三结合德育创新研究》、城北学校的《教师校本培训研究》等四个课题经过三年的试点研究，顺利结题、推广，并均获国家二等奖；2009年，教研室主持的课题顺利通过结题，并获市级二等奖；白湖中心校，城东中学，机关幼儿园也承担了国家级课题研究。

2014年，全县结题的省级课题3个，市级课题2个，县级课题15个；立项的县级课题16个，市级课题2个，省级课题1个。全县在研课题60多个，参与各级课题研究的学校40个，研究人员覆盖到了城镇乡村各级各类学校。全县各中小学教师发表国家级获奖论文30多篇，省级获奖50多篇，市级获奖论文100多篇，县级获奖论文300多篇。

第七章　学校建设

第一节　基础设施建设

一、校舍修建

20世纪80年代，县属中学基建维修全由国家拨款；厂、场、企业所办学校由办学单位负责；乡办中学由国家投资与社会集资相结合；小学由当地群众自筹资金，国家给予适当补助。随着教育事业的不断发展，特别是“两基”验收达标后，全县教育设施设备投入不断增加，设施设备逐步完善。

校舍维修　1982—1987年，校舍维修面积2241305平方米（其中小学1474564平方米；中学728771平方米；职中37970平方米），总投资2082万元（其中国家投资760万元，地方集资1322万元）。

1990年，全县校园总面积2206035平方米；校舍总面积463128平方米，其中教室面积214746平方米，生均2.1平方米；教师住房总面积139812平方米，人均20.5平方米；学生宿舍13262平方米，图书室（馆）2330平方米，其他用房119503平方米。

1998年特大洪水，全县106所学校受淹，倒塌校舍23栋，计14450平方米。全县投入资金780万元修复水毁学校，新建改建校舍26栋，计23100平方米。

2003年，全县校园总面积为2209059.67平方米，比1990年增加3024.67平方米，其中教室面积369716平方米，生均3.4平方米，比1990年增加1.3平方米；教师住房275000平方米，人均44.3平方米，为1990年的2倍多；学生宿舍50198平方米为1990年的3.8倍；图书室（馆）19150平方米，为1990年的8.2倍，其他用房51531平方米。

2006年，全县共投入资金900多万元，改造危房项目60个，面积3万多平方米，被评为中小学危房改造工作先进单位。2007年改造工作危房1.6万平方米。2008年，全县共投入资金860多万元，改造危房项目90个，面积近2.4万多平方米。

2009年，投入近400万元启动铁角嘴中学、玉华中学、古塘中学等15所农村合格学校建设，会同发改、安监、建设等相关部门和乡镇政府，对全县所有中小学的校舍进行了全面排查鉴定；投入近200万元，对濠河中学、杨林寨中学、城关中学3所学校实行农村初中工程改造。投入80万元，为文星中学新征土地0.9公顷，并对校园进出口通道进行硬化。投入36万元，新征土地0.19公顷，撤除民房2栋，对高岭学校进行扩建，解决文星镇小学学位不足的矛盾。

2010年，争取中西部农村初中校舍改造工程资金320万元，对濠河中学、杨林寨中学、城关中学进行了重点改造。争取上级资金4000多万元，启动了全县校舍安全工程建设，改造项目426个，面积43915平方米，全县D级危房全面消除。

2011年，争取各类建设项目48个，资金8000万元。其中危改项目98个、资金800万元；校安工程建设项目14个、资金2260万元；合格学校建设项目6个、资金60万元；初中寄宿制学校建设项目14个、资金1700万元；农村幼儿园建设项目14个、资金2000万元。投入资金2600多万元，完成2010年校安工程建设项目25个。2012年，实际完成投资2000万元，完成改造面积17379平方米，进展情况全市第一。合格学校建设计划投资960万元，实际完成投资400万元，超过全市平均水平。投资1000万元，启动县职教中心实验实训大楼的建设工程。投资680万元，新建特殊教育学校。争取资金1600多万元，对29所中心幼儿园进行新建和改扩建。投资1000万元，完成城关中学田径场建设和高岭学校征地、拆迁等前期工作，启动城关中学学生宿舍建设和长岭、黄金学校改扩建工程。2013年，先后争取资金8000万元，实施城区教育“三年行动计划”项目4个、危改项目277个，创建省级合格学校16所，改造幼儿园71所、薄弱学校25所。争取中央、省、市专项资金581万元，对112所学校、256个项目进行维修改造。投入资金2700多万元，全面启动学前教育推进工程和农村幼儿园改扩建工程建设，完成73所幼儿园（小学附属幼儿园）的改扩建任务。争取专项资金399万元，对19所学校的食堂进行改扩建。投入资金2250万元，完成了城北学校、文星中学项目的扫尾工程，城关中学学生宿舍、教学楼扩建等工程全面竣工。2015年，全县规划创建合格校（园）49所，总投资4911万元，全面启动左宗棠中学和湘江中学维修工程。

新建学校　2002—2005年，湘阴县投入资金1.2亿元，整体搬迁湘阴一中。湘阴二中、湘阴五中新建学生食堂。湘阴三中对校园道路进行了改造。湘阴四中改造教学楼，新建700平方米的教室。湘阴六中和湘滨高中新建礼堂；罗城中学对食堂、围墙、厕所进行维修改造，共投入建设资金620万元。2005年，投资1300多万元，整体搬迁了县武装部，为城北学校扩充校园面积0.73公顷。2006年又投资400万元，为城北学校兴建了面积3600平方米的青少年活动中心。2008年，投入资金870万元，新建城关中学教学楼、田径场，白马中学学生公寓，濠河中学、东塘中学、杨林寨中学、袁家铺中学、新泉中学食堂。2008年，县财政优先安排教育经费10117万元，比上年增长5.2%，安排义务教育保障机制配套经费404万元，危改配套经费220万元。剥离一中建设负债的4000多万元由县政府偿还，全县教育债务6196万元按比例化解，减轻了学校的经济压力。是年，财政补发义务教育阶段教师和退休教师的误餐费及生活补贴2000多万元，解决534名幼师的待遇问题。

2010年7月，县委、县政府为减轻老城区学生入学难、城北学校学生严重超员压力，研究制订“城区教育三年行动计划”，采取动员捐资办学等办法，共投入资金5000万元，在江东路中段的滨湖路旁新建滨湖学校。历时10个月竣工。滨湖学校首期开30个班，接纳学生1500多名，有效缓解了老城区入学压力，又方便新城区学生入学。

品牌学校建设：2007年，成立县职业教育中心，县长黎作凤兼任职教中心主任，副县长甘文伟为副主任，职教中心办公室主任由一职专校长廖树清（副处级）兼任。2008年6月，湘阴一职专通过省示范性职校中心评估团验收，正式列入“十一五”建设项目。湘阴五中投入100多万元，征地0.27公顷，扩充校园，顺利通过市级验收，成为岳阳市示范性普通高中。县广播电视大学顺利通过省级评估验收，跻身全省6所示范性县级电大行列，并被省教育厅、省电视大学选推为全国示范性县级电视大学参评单位。全县投入1000多万元，创建省级义务教育合格学校7所，完成新农村卫生新校园建设项目9个。还注入资金800多万元，改造危房2.4万平方米。

2014年，知源学校第一期建设工程占地14.9公顷，建筑面积9万平方米、总投资3.26亿元。2015年6月底全面完工。设置规模为幼儿园16个班、小学36个班、初中24个班、高中54个班，可容纳6000名学生就读。2015年交付使用，为湘阴县增加义务教育学位2600个。

二、教学设备

为了适应教育事业的不断发展，湘阴县用于教学设备的投入不断增加，设备不断完善。

实验设备　1986年，湘阴县仪电站成立。1986—2003年，全县仪器电教设备装备总投入为2272余万元。全县中小学有仪器室304间、实验室215间、计算机网络教室67间、多媒体教室31间、计算机3457台、大屏幕彩电125台、风琴935台。全县实验教学、常规电教手段基本普及。随着计算机装备的改善、现代远程教育的开展，湘阴正朝着教育信息化稳步迈进。2014年，投入资金1444899元。为10所合格学校和6所薄弱学校建好理化生实验室4个，计算机室6个（计算机324台）、多媒体教室2

个、科学探究室2个、移动一体机14台、一体机25台。为6个薄弱学校装备仪电器材40万元，添置录音机400台（1.6万元），为全县各级各类学校配备教学仪器40余万元。2015年，争取资金2000万元，完成“三通两平台”建设工作。

图书室（馆） 1986年，全县教育系统的图书室（馆）、阅览室分别只有11个、13个，各类图书78.3万册。至2003年图书室（馆）、阅览室分别发展到83个、65个，各类图书154.6万册，总价值达180万余元。全县7所高中（职专）都有图书室（馆）、阅览室，初中有图书室40个、阅览室32个，中心小学和完小都有图书室和阅览室。2015年，全县高中（职高）都有图书室（馆）、阅览室；初中学校有图书室42个、阅览室42个；中心小学和完小均有图书室和阅览室。

1986—2015年湘阴县学校仪器电教设备装备情况统计表

表21-8

年度	总金额（元）	仪 器（件）	仪器金额（元）	电子音箱教材金额（元）	风 琴（台）	计算机金额（元）	彩 电 台数/金额（元）
1986	153200	10210	153200		18		316/1674800
1987	163216	10881	163216		20		
1988	198396	13226	198396		31		
1989	231006	15400	231006		20		
1990	268729.46	17915	268729.46		40		
1991	296078.48	19528	292928.48	3150	30	25000	
1992	247167.17	16261	243917.17	3250	28		
1993	775300.03	42080	623035.58	152264.45	40		
1994	1573173.88	95236	1428551.72	144622.16	25		
1995	1298819	15839657	526419	750000	70		
1996	1257678	16954832	543278	700000	45		
1997	1262243	17204536	552643	700000	20		
1998	1273012	17051428	563412	700000	20		
1999	1234058	16998716	574698	650000	18		
2000	1495429	18291247	586729	700000	15	20000	
2001	1596345	17547213	578945	750000	30	250000	
2001	1601699.95	17548627	594499.95	720000	62	250000	
2003	2439680.35	23125174	632080.35	720000	96	1030000	
2004	3429080	46898	671180	13260	28/1736	368/105248	
2005	745900	38246	459450	16450	20/1260	90/257400	
2006	781400	39415	484940	12160	20/1260	95/271700	
2007	1025200	41230	510070	13230	26/1950	180/482400	

续表 21-8

年度	总金额（元）	仪 器（件）	仪器金额（元）	电子音箱教材金额（元）	风 琴（台）	计算机金额（元）	彩 电台数 / 金额（元）
2008	1036705	43460	533125	16830	25/1875	180/468000	
2009	1090400	40123	598080	15080	28/21840	180/455400	
2010	1449600	43216	609140	23460	30/23400	320/793600	
2011	1957533	46012	644168	25365	35	1260000	
2012	2301397	46515	651210	26587	52	1582000	
2013	2672096	47203	660842	30254	70	1925000	
2014	3179769	50236	703304	40365	92	2362500	
2015	3760164	54564	763896	46968	121	2852500	

三、体育场地设施

1986—2015 年湘阴县学校体育场地、器材情况一览表

表 21-9

年度	总面积（平方米）	田径场（个）	篮球场（个）	排球场（个）	足球场（个）	体育器材经费投入（万元）	全县体育器材总值（万元）
1986	23150	1	32	15	—	12	18.2
1987	23780	1	33	16	—	12.3	18.6
1988	23780	1	33	16	—	12.08	19.8
1989	31460	2	36	18	1	13.5	23.5
1990	31460	2	36	22	1	16.5	26.5
1991	33140	2	40	23	1	16.8	41.5
1992	33770	2	41	23	1	18.2	45.6
1993	33770	2	41	23	1	19.5	47.5
1994	33770	2	41	23	1	26	49.8
1995	58920	5	46	28	3	29.6	59.5
1996	59340	5	46	30	3	32	78.6
1997	379440	48	266	52	46	32.5	126.5
1998	439180	56	268	62	56	32	129.8
1999	439180	56	268	62	56	35	139.6
2000	440440	56	268	68	56	39	146.4
2001	453240	58	269	72	57	39	159.5

续表 21-9

年度	总面积（平方米）	田径场（个）	篮球场（个）	排球场（个）	足球场（个）	体育器材经费投入（万元）	全县体育器材总值（万元）
2002	453240	58	269	72	57	41	178.8
2003	453870	58	269	75	57	35	189.6
2004	263118	41	110	24	10	51	471
2005	265227	45	115	28	12	55	485
2006	267834	50	120	31	14	60	500
2007	269824	56	129	33	16	65	505
2008	274606	64	138	40	20	73	520
2009	290367	73	146	45	27	99	540
2010	310422	81	155	49	35	104	560
2011	320420	82	158	64	38	187	625
2012	336520	86	159	80	40	246	690
2013	354200	90	161	94	45	356	768
2014	374600	95	165	100	48	430	850
2015	393200	100	169	107	57	542	920

第二节 勤工俭学

1979年，继续贯彻“教育与生产劳动相结合”的方针，四中师生围垦湖田1.07公顷，产粮65000千克，利用废堤开荒0.8公顷，种植瓜果蔬菜，养猪93头；湾河中学办农场、建鱼池、办墨水厂，制肥皂、勤工俭学收入31534元，添置课桌215张，新建校舍1栋，减免学生学费5796元。1984年，县教育局设勤工俭学办公室，配专职干部。1985年有58所中学、412所小学，124名教职工，73984名学生参加勤工俭学，办5个厂，经营学农基地157.67公顷，总产值45.77万元，纯收入25.71万元。1986年始，进一步加强对勤工俭学的领导，坚持年初下任务，年终总结评比。469所中小学校，130名教师，73984名学生参加厂场劳动，收入68.16万元。

2006年4月6日，根据岳阳市教育局勤工俭学工作会议精神，县教育局召开全县中小学勤工俭学工作会议。拟订勤工俭学“十一五”规划，制定本年度勤工俭学工作计划，加强对全县中小学勤工俭学工作的计划管理：中小学勤工俭学纯收入按7%的速度递增；中小学勤工俭学开展面从小学三年级起100%，95%以上学校分别开设劳动课和劳动技术课，90%以上的校办产业和95%以上的种养基地作为素质教育基地接受学生进行劳动实践和劳动技能训练；切实加强劳动实践场所建设，全县培育两个以上劳动实践基地，各垸区培育一个劳动实践基地，各乡镇中学有劳动实践示范点；进一步健全校方责任保险体系。县教育局牵头成立湘阴教育服装厂。县第一职业中专利用该厂设备和技术人员开设了服装设计与制作专业，毕业后就业市场十分走俏，被评为省级勤工俭学先进单位。湘阴一中形成以服务师生、提高学生劳动素养和劳动技能的勤工俭学网络体系，即三堂（大食堂、小食堂、接待餐厅）、三店（商店、洗衣店、公话超市）、三场（农场、猪场、临时商场）、一厂（教育印刷厂），勤工俭学总产值 900 多万元，实际创收 200 万元。文星中学、界头铺中学、濠河中学、凤南中学、东塘中学、玉华中心校、柳潭中心校、白泥湖中心校、湘临振湘小学等 9 所学校，通过了湖南省教育厅、财政厅、农办“新农村卫生所校园建设工程”验收。湘滨高中迅速落实勤工俭学“十一五”规划，2007 年，投入 25.1 万元，将一栋 800 平方米的旧房改造为可日加工大米 6 吨的大米加工厂，新建了一栋 200 平方米的猪舍，维修改造了学校商店、食堂、饮食店，开垦整理了猪饲料生产地 0.4 公顷，加固了 0.5 公顷鱼塘的堤基。

第二十二篇　科技·卫生

第一章　科　技

第一节　机构与队伍

一、科技机构

（一）科技管理机构　1978年2月，湘阴县科学技术委员会恢复建立。1993年，随着机构改革不断深入，湘阴县科学技术委员会更名湘阴县科学技术局，撤销二级机构科技服务部。2007年，湘阴县科学技术局加挂湘阴县知识产权局牌子。2010年，内设办公室、科技管理股、科技示范股等职能股室。下设县地震办、县知识产权办公室和县科技情报所。2015年增设高新技术发展与产业化股、农村和社会发展科技股、湘阴县生产力促进中心。

湘阴县于1997年、2001年、2008年、2011年4次获得全国科技工作先进县称号。

（二）科技推广机构

湘阴县水产科学研究所　1968年恢复。是原东湖渔场改制后成立的财政全额拔款事业单位，主要负责全县鱼类良种苗种繁育，名、特、优水产品研究开发及水产高新技术推广。1980年，研究草鱼人工免疫成功。1980—1985年成功防治草鱼烂腮、出血病。至2015年拥有国内较为先进的苗种恒温孵化设施一套和高标准的室外常温孵化设备。固定资产投资近300万元，曾是国家“863”项目——湘云鲫（鲤）研制、试验、繁育基地，是湖南省外国专家局“鱼类改良与健康养殖”重要推介基地。率先对国外引进品种“美国斑点叉尾鮰”苗种繁育实验，获得成功，被列入国家外专局“美国斑点叉尾鮰苗种繁育基地”专家组项目。同时对乌鳢、黄鳝鱼苗种的人工繁殖的科研，取得初步成功。现有生产水面3.33公顷，年产各类优质苗种1.5亿尾，除供应本县及周边县市养殖户需求外，还远销全国各地。全所在编在职科技人员15人，其中高级职称工程师1人，中级职称工程师6人，初级职称助理工程师4人，高级技工2名，技术力量雄厚。

湘阴县水产工作站　湘阴县水产工作站于2005年成立，与湘阴县水生动物防疫监督站合署办公，是全省最大的基层水产技术推广单位。有水产高级工程师3人，工程师7人，助理工程师10人，技术员8人。设有鱼病化验、产品检疫、水质分析等九个实验室。2008—2010年，工作站承担“湘阴县鱼鳖池塘混养健康养殖技术推广项目”，通过省农业厅科学技术成果审查监定并获“农牧渔业丰收计划二等奖”；负责完成湖南省“鱼鳖池塘混养健康养殖技术规范”“湖泊鱼、蟹混养健康养殖技术规程”“青鱼池塘健康养殖技术规程”等地方标准的制定和编写；开展水产健康养殖、水产品质量安全等方面的技术培训，完成对1600个鱼样品、1000个饲料、药物样品、2000个水质样品的检测；完成无公害产品认证品种46个，位居岳阳市前列。至2010年，湘阴县作为全省鱼病测报、鱼情信息统计试点县，成功获批国家级渔业健康养殖小区1个，省级健康养殖小区21个，市级健康养殖小区45个，健康养殖小区养殖面积4800公顷。

县动物卫生监督检验所　县动物卫生监督检验所前身为湘阴县家畜疫病防疫检疫站，成立于1981

年4月7日。1999年6月，报经县编委批准，更名为湘阴县动物防疫检疫监督站。2012年4月24日，县编委根据国务院及省政府有关文件精神，将湘阴县动物防疫监督站更名为“湘阴县动物卫生监督检验所”，同时加挂“湘阴县动物疫病预防控制中心”牌子，实行两块牌子，一套人马，合署办公。下设办公室、财务室、防疫室、检疫室、执法大队、兽医实验室等。有干部职工28人。1987年，县家畜疫病防疫检疫站研究推广的“牲畜五号病综合防治技术”获市科学技术进步二等奖、省科学技术进步四等奖。1988年、1989年、1994年、1999年先后研究推广的“猪瘟免疫程序研究”“新药‘禽病灵’的研制和应用”“仔猪腹泻疫苗推广”“鸡瘟、禽霍乱综合防疫”分别获县科技进步二等、三等奖。

县林业科学研究所　1973年1月成立，占地42公顷，其中，常规育苗圃地10公顷，主要繁育意杨、江南桤木、池杉、水衫等常规造林用苗；珍贵花卉苗木示范园一个，面积1.67公顷，以培植红桤木、金叶女贞、桂花、杜鹃、酒金柏、茶花等20余种珍贵花卉苗木为主；另有常规绿化大苗移植基地2个（山地），30.33公顷，主要培植大叶樟、广玉兰、杜英、雪松等。全所干部职工56人，其中技术人员3人，助工2人，工程师1人，从20世纪80年代“中汉”系列杨树的成功引种和大量繁殖，到2003年最新引种的“四季常绿树”，从培育适应湖区造林用苗的池杉、水杉，到培育适应丘岗山地造林的江南木、国外松等，湘阴县林业科学研究所为湘阴的林业发展和园林绿化做出了应有的贡献。

湘阴县农业机械技术推广站　湘阴县农业机械技术推广站1974年建立，为公益类事业单位，隶属县农机局，有工作人员5名，其中专业技术人员4名。主要负责制定实施农机新机具、新技术推广计划，培训农机技术人员和科技示范户、普及农机科技知识、组织技术和学术交流，负责有关农机进行实验、示范和评价，提供农机推广服务和农机新技术咨询等。1977—1985年与县农业机械学校合作，培训农机手18044人。至2009年，农业机械技术推广站推广先进的适合湘阴县耕地的耕整机6万台、收割机2588台、插秧机26台、其他农业机械8800台套（件），湘阴县农业机械化综合水平由2005年的50%提高到75%。

湘阴县气象局（站）　湘阴县气象站1959年成立，位于长仑区石塘公社。1960年迁往城关东湖大队第5生产队，下设防雷所。1984年5月湘阴气象站改为湘阴气象局（局站合一）。2006年7月由国家气象观测一般站改为国家气象一级站。2010年湘阴气象局内设办公室、测报部、防雷办。全县建成25个区域自动气象站，5个要素气象站。县气象局在1998年湘阴县特大水灾、2008年湘阴特大冰灾时为准确发布灾害性天气警报发挥应有的作用。

湘阴县农业科学研究所　1970年冬建立，有实验基地30公顷，配专业技术干部6人，其中农艺师1人，助理农艺师1人。1971—1985年培训农业技术人员和社队骨干3740人；为全县提供杂交晚稻和晚粮“余赤”稻种133万千克。20世纪80年代，蜘蛛治虫专家陈伯刚在县农业科学研究所试验田研究并在全县推广稻田蜘蛛治虫项目。1989年，国际粮农组织主持的水稻综防工作会议在湘阴农业科学研究所召开，蜘蛛治虫得到了世界各国专家、学者的高度称赞。2002年县政府投资200万元兴建现代农业科技园，科技园同时承担良种繁育、农作物有害生物预警、品比、测配、生防、无公害栽培、反季节栽培等10多个科研实验项目。2008年，县农业科学研究所承担国家科技支撑项目——沿洞庭湖地区双季稻田减污高产型生产技术示范课题的试验，80公顷试验田被定为国家科技支撑项目核心示范区，项目的实施对改善洞庭湖地区农村水体质量、降低农业生产成本、减少环境污染，形成示范效用做出了成绩。2010年，总面积101公顷，干部职工及技术人员515人，重点从事农业科技试验示范，推广新农药、新种子、新肥料、新技术，开展技术咨询、技术服务与技术培训。

湘阴县植保植检站　湘阴县植保植检站前身为湘阴县农作物病虫测报站，始建于1964年，属农业局二级机构。1980年更名为湘阴县植保植检站。1998年迁入县农业局机关办公楼，归属农业局内设专业站室统一管理。2005年列入全国农业有害生物预警与控制区域站，国家投资350万元，建立和完善了各种基础建设和现代办公设施。植检站有专业技术人员8人，其中推广研究员1人，高级农艺师2名，农艺师5人。曾获国家科技进步奖、国家科委、经委、农业站奖项等7项；省人民政府、省科委、省农业厅奖项等8项。

湘阴县地震办公室（台） 1973年，湘阴县地震办公室成立。1984年，更名为湘阴县地震中心测报站，1987年，改为湘阴县地震观测台，地理位置北纬28° 41′，东径112° 52′，海拔高度为43.2米。2006年，改为湘阴县地震办公室，有工作人员4人，其中地震高级工程师1人，办公地点设在行政大院5楼。湘阴县地震观测台是湘北地区一个重要的变前兆观测台站。

福湘水性涂料研发中心 2009年1月，福湘木业与湖南大学产学研合作成立了福湘水性涂料研发中心，由湖南福湘木业有限公司及其子公司——湖南福湘涂料化工科技有限公司组建，属民办科研机构。拥有科技人员45人，具有高级职称的5人，专职人员25人，主要从事水性环保型涂料的开发与研究。

（三）科技队伍 1978年年末，县内科技人员830人。1985年，全县科技人员增至4448人，其中大专院校毕业生743人，中等专业学校毕业1693人，工程师45人，助理工程师234人，技术员601人。

1998年，19家县级单位及厂矿有科技人员12190人，其中高级职称140人，中级职称3002人。30家民营科技企业有科技人员16785人。

2002年，19家县级单位及厂矿科研机构有科技人员12521人，其中高级职称201人，中级职称3450人。事业单位有各类科技人员8282人。38家民营科技企业有各类科技人员21850人。

2003年，19家县级单位及厂矿科研机构有科技人员8317人，其中高级技术职称218人，中级技术职称4610人，初级技术职称3489人。

2010年，全县有各类专业技术人员30168人，其中高级职称797人，中级职称7921人，初级职称18797人，享受国务院特殊津贴的专家4人。

第二节 科技普及

一、科普宣传

1978年，县科委、科协合办《湘阴科技小报》。1982年，改《湘阴科技小报》为《湘阴科技情报》。1982年，县科委、团县委与科协等联合成立青少年科技活动辅导委员会。1985年，在中小学中建立青少年科技活动小组99个。

1982年，鹤龙湖侯菊芳开发的“甲鱼人工养殖”技术，由潇湘电影厂制作成科教片在全国发行放映。1983—1995年，专业技术培训普及班每年轮训10个月1200人，提高班每年轮训200人。1996年始，县科协联合县电台，开办“科学技术知识讲座”栏目，各学会、协会编印“种养加”“医药卫生、计划生育技术资料”，每年10万份，有针对性的送到农户手中。在各乡镇村办宣传橱窗，科普员有针对性地更换科技信息和技术知识资料。县科协制作了120张大型流动展板，每年下乡巡回展出。2003年始，每年全国科普日活动期间，根据年度科普活动主题，县科协组织各学会、协会共同参与科普专业知识宣传，送科技知识下乡、开展科普广场等一系列活动。2006年，县科协在中国科协的支持下，在县电视台开办“科普大篷车”栏目，每晚黄金时段播出。

1986年始，县科技局、县科协利用每年“3·15”消费者权益保护日、“4·26”世界知识产权保护日、“5·12”防震减灾日、“5·17—5·22”科技活动周等活动开展科普、知识产权保护、防震减灾等科技宣传活动，并在县电视台开辟科技宣传园地，组织具有工程师以上职称的科技人员，根据农事季节，群众生产生活需要，进行春耕春播，种植、养殖、加工业的科技推广宣讲。1996年、1998年全县遭受特大洪涝灾害，结合生产自救，县科协自制“抗洪救灾知识”“科技生产自救”“科技示范户之星”“科技下乡”等4个专题录像带，在城乡放映328场。2000年3月15日，县科技局、县科协在东塘镇新联村开展科技下乡活动，《湖南日报》在B版头条作“新联涌动科技潮”的报道。开展反邪教“法轮功”宣传，展示图板130张计100米，在文星镇街头、学校、乡村巡展25场，群众争相观展。《岳阳晚报》2000年3月21日摄像刊载。2001年，县科技局、县科协获湖南省科协宣传工作先进集体。

2006年始，县科协会同中国科协声像中心、县电视台开办“科普大蓬车”科普电视栏目，从10月1日起开播，每周一期，全年为52期，每期15分钟。2009年始，同县委宣传部《湘阴周刊》报联合开办“科普园地”栏目，每周一期，宣传推介各类科学技术知识。各乡镇科协均开设科普宣传窗（栏）。开展广播讲座，并及时印发各种技术资料，广泛宣传普及各种农业实用技术，指导农民按技术要求组织生产。2012—2015年，科技局紧紧围绕“创新、科普、惠民”为主题，牵头组织相关单位开展科技工作进校园、进社区、进基地、进乡村“四进”活动中，制作宣传展板400余块，发放科普资料6000多份，使科普工作深入千家万户。

二、技术培训

1976—1985年，共印发科技报305期、科技资料110万份，举办科普讲座（含广播讲座）1760场（次），办宣传窗438个，办各种科技培训班1060期，培训5.34万人次。至1985年，县科委、科协与各专业学会协同乡（镇）共培养农村科技示范户户主2129人。其中省级示范户2户，市级8户，县乡级2119户。

1988年始，县科技局开展农村致富技术函授大学（简称“农函大”）培训，面向基层干部和科技示范户，地点设乡、村，采取实用、实效、自学和面授教学。1997年5月，农函大授予县科协“中国农函大先进分校”。进行适用电器维修培训，在城关大饭店、罗城市场开设两个班，学制一年，学员经全省统一考试合格，颁发中国科协家电维修资格证书。2001年始，县科协实施《全民科学素质行动计划纲要》，以农民、未成年人、城镇劳动人口、领导干部和公务员及社区五大人群为科技培训的重点对象。联合各学会、协会送科技下乡，联合县远程教育中心开展基层干部、党员、科技示范户科技培训，联合县农函大开展农业实用技术培训等形式共培训各类人员90多万人次。至2004年，共培训农函大学员4043人。通过培训，使受训学员掌握1~2项实用技术，逐步形成一支有文化、懂技术、会经营的新型农民骨干队伍和一批农村种养加工能手、农村经纪人、自主创业带头人和科技致富带头人。2009年9月，组织乡镇、县直单位党政主要负责人及乡镇分管科技、县直单位分管党群的副职、全县各学会秘书长，参加由省科协党组书记邹志强主讲的科普知识讲座，提高广大领导干部对科学发展的认识和运用水平，提升领导干部的整体科学素质和执政能力。2015年县科技局为提升全县农村农业信息化水平，利用党员干部远教中心的场地、设备和网络，推进农业信息化服务，首批在新泉、岭北等8个乡镇建立农业网基层信息服务站、点、配备一批本科以上文化水平信息员，6月10日在湘阴宾馆举办信息员培训班。

三、科技咨询

1986年始，县科技局牵线搭桥，先后促成10多家企业与省内外高校建立产学研合作。开通“12396”农业科技免费服务热线，为广大科技示范户开展科技咨询服务。每年编印《科技经济信息》资料120期、24000份，介绍新种子（种苗）、农药、化肥、农产品加工、销售、市场信息，不定期邮寄给示范户、专业技术协会、示范基地以及各乡镇。

2005—2010年，县科协各专业学会、协会根据良种良法，在推广水稻新品种、病虫防治、软盘抛秧、收割机、瘦肉型猪等技术上，印发技术资料56000份。乡镇科协在交通路口设《科技动态》墙报36处，介绍农村新技术。县科技局和县科协每年组织送科技下乡3~4次，人数不等。农业科技人员深入山头田间池边猪圈禽舍，进行技术解难1280项（个）。医卫人员送医送药开展义诊，血吸虫病防治，以村集中化验治疗3206人（次）。

第三节 科研成果

一、科研项目

1986年始，全县科技人员积极发挥自己的才智，为科技兴县作出重大贡献，取得一批好的科技成果，有力地促进全县经济建设和社会发展。1986—2003年全县获得奖励的科技项目有75项，其中8项获国家科技进步奖，29项获省科技进步奖，38项获市科技进步奖。至2009年，全县被列入国家、省市的科研及成果推广项目236项，其中列入国家级科技项目24项，列入省级科技项目99项，列入市科技项目113项。湘阴县曾被评为“湖南省科技成果转化与推广工作先进单位”。2011—2015年，全县申报各类科技项目85个，其中国家级20个，争取国家投入1580万元。

湘云鲫（鲤）研究 原名鲫鲤杂交研究。1990年省里将“湘鲫”更名为“湘云鲫”，湘阴东湖渔场冠名为中国“863”高科技项目——湘云鲫（鲤）湘阴繁育基地。“湘云鲫（鲤）”列入国家“863”计划以后，建立世界上最大的、能直接应用于生产的四倍体基因库，在湘阴县东湖渔场建立了湘云鲫（鲤）苗种工厂化繁育及成鱼集约化养殖高新技术产业。2003年湘阴县先后投资200万元，将湘云鲫（鲤）繁育能力提高到1亿尾，年产值达1000多万元，年利润350万元，全县推广湘云鲫（鲤）养殖面积7333.33公顷，年产值15亿多元。

有机无公害茶叶综合技术 “七五”规划以来，湖南省兰岭茶厂重视科技，聘请生防专家陈伯刚在该厂所辖茶园开展“保蛛治虫”生物防治，整个茶园益害平衡进入良性循环自然状态，茶叶产量逐年增长，质量显著提高。在生产加工上聘请了省农业大学教授朱先明来厂指导，加工质量显著提高。1992年总产值过了1000万元大关。1998年生产茶叶2200吨，创产值4000万元，企业成为了湖南省名星企业、湖南省科技示范企业；产品被评为湖南省名牌产品，并通过了AA级绿色食品认证，国家环保总局和德国BCS有机食品认证。兰岭茶厂生产的兰岭毛尖在五届亚太地区国际博览会获金奖。2002年，兰岭茶厂“有机无公害茶叶综合技术”项目通过省级科技成果鉴定。2003年获岳阳市科技进步二等奖。

特种水产综合技术开发 项目总投资250万元，1987年立项实施，1989年顺利完成，并通过了湖南省“星火计划”验收。1991年获得国家“星火计划奖”二等奖。该项目充分利用湘阴本地自然资源条件所掌握的先进技术，对甲鱼、河蟹、珍珠、河蚌、鳜鱼、鳝鱼、鲶鱼等特种水产进行综合技术开发，以形成湘阴特种水产产业。在实施项目过程中，承担单位鹤龙湖渔场和东湖渔场，甲鱼养殖面积从2公顷扩大到28.67公顷；河蚌幼蚌系列能力5000万只以上；珍珠插播200公顷；河蟹放养面积6666.67公顷；鳜鱼混养面积1333.33公顷，鳝鱼、鲶鱼的养殖也有长足的发展。该项目完成后，增产甲鱼20吨，产值320多万元；河蚌5000万只，产值1000万元；河蟹15吨，产值150万元；鳜鱼30吨，产值60万元；其他特种水产品产量300吨，产值500万元以上，共计年增产值2000万元以上，利税1000万元，取得良好的社会效益和经济效益。

水稻病虫害生物综合防治技术 水稻病虫害生物综合防治技术是一种生态效益极高的农田环境保护项目，它主要是通过保护系列水稻病虫害的天敌，达到防治水稻病虫害的目的。项目的实施，大大降低了谷物有害农药残留量，杜绝了有毒禁用农药的施放量，水稻病虫害生物综合防治的重点地区的谷物可达到绿色食品的标准。同时每公顷单季可节约农药费用75元以上，双季稻节约农药费用150元以上，降低了谷物的单位成本。该项目每年在湘阴县推广双季稻田33333.33公顷，直接经济效益500万元，湘阴县成为联合国水稻病虫害综合防治技术的试验示范基地。联合国的农业专家，不定期地到湘阴指导和探索湘阴县生物综防技术的研究和发展。该项目达到了国际领先水平，取得巨大的社会经济环境效益，1988年获得国家科技成果二等奖。

甜酸藠头精制技术的研制开发 1983年在省、市科委的大力支持下，该厂在全国领先研制甜酸藠头精制技术，经过两年不懈的攻关，于1985年完成项目的科研指标，并通过省科委组织的鉴定，1993年转为省科技成果推广计划。这项国内领先的藠头精制技术，解决藠头综合利用和产品开发两个难题。依靠这项技术，三塘酱厂的产量由1985年的100吨提高到1995年的2000吨，增长20倍，产值从20万元增加到1500万元，利税从1万元增加到200万元，当地群众每年增收800万元以上。1986年后，三塘酱厂依靠科技抓发展，成为湘阴藠头产业的龙头企业和出口创汇的重点企业。通过推广，1994年，湖南省湘阴振湘实业有限公司创建，1999年湖南湘阴华鑫实业有限公司在原楠竹山食品厂的基础上改造重组成立，形成湘阴县以三塘、振湘、华鑫为主的3个大型食品加工企业，年加工能力3.5万吨。2003年全县藠头加工总量4万吨，约占全国产量60%以上，总产值3亿元，出口创汇3000万美元。该项目1987年获岳阳市科技进步二等奖，2003年湖南省湘阴振湘实业有限公司多菌种低盐发酵工艺技术通过湖南省科技厅组织的省成果鉴定。

优良小水果综合技术开发 县科技局和县科协根据湘阴东部丘岗地区开发的状况，1985—1986年，先在石塘乡以优良落叶水果品种进行高产栽培模式试验示范，示范面积66.67公顷，取得种植经验后，在全县普遍推广。1987年评为省级科技成果推广项目。优良品种包括桃1333.33公顷，奈李666.67公顷，梅200公顷，梨133.33公顷，平头李66.67公顷。项目实施给当地农民致富开辟了一条新的途径。石塘乡双桥村平均每户小水果年收入3000元以上。自1989年进入挂果期后，全县平均每年可为市场提供优质水果2万~3万吨，年产值6000万元，取得良好的社会效益与经济效益。该项目1987年由岳阳市科委主持通过省级成果推广验收，获岳阳市科技进步一等奖，湖南省科技成果三等奖。

甲鱼集约化养殖综合技术开发 1993年始，实施国家星火计划“甲鱼集约化养殖综合技术开发”。实施的目的是通过种苗人工繁育的实验示范，扩大甲鱼的养殖面积，形成区域性的养殖群体，进行产、供、销、技术一条龙服务。项目实施期在湘阴形成国营渔场、集体渔场和个体养殖户3个互为补充的层次，真正形成集约化的规模养殖。项目实施的3年中，以县东湖渔场恒温养殖场为实验示范点，在它的带动下，全县1994年发展甲鱼养殖面积100公顷，孵化稚甲20万只，产商品甲鱼50吨，创产值3260万元。到1995年甲鱼养殖更加火热，养殖面积扩展到253.33公顷，产稚甲50万只，商品甲鱼100吨，创总产值6600万元，利税3200万元。项目实施后，带动其他名特优水产品的发展，促进优质水产品产业的形成，取得良好的经济和社会效益。

河蟹人工放流综合技术开发 1987—1995年，县东湖渔场承担了省下达的“河蟹人工放流综合技术开发项目”。项目实施后，全县河蟹人工养殖面积逐年扩大，面积由1987年的533.33公顷，扩大到1995年的8000公顷，产量从最初的5吨，提高到1995年的1500吨，利税从最初的10万元上升到1800万元。该项目曾列入省星火计划和省成果推广计划，获岳阳市科技进步二等奖。

水禽综合技术开发 湘阴县地处湘资两水尾闾，洞庭湖滨，河堤湖坝江滩湖洲水草资源十分丰富，发展水禽养殖得天独厚。1988年湘阴承担国家科委下达的“鹅业综合技术开发”科技项目，1990年又承担了省级水禽养殖综合技术推广项目。到1995年年底，全县共养殖水禽300万羽，其中鹅25万羽，年产鲜蛋2500吨，产值2.2亿元。实施项目8年，主要是依靠科技进步，大力推广良种水禽，良种覆盖率由项目实施前的25%提高到70%以上。其次是散养改为圈养，合理搭配饲料，既提高了产蛋率又降低了成本。圈养总量由项目实施前的不到20万羽，提高到1995年的160万羽，增长了8倍。水禽的死亡率由原来的5%控制在2%以下，产蛋耗料由原来的3.5 ：1降到2.8 ：1，肉禽的育肥期大大缩短，禽蛋产量大幅度上升，年羽平均产蛋由不足7千克上升到10千克，年羽平均纯利由10元上升到20元。项目的实施，促进了水禽生产的腾飞。全县水禽以每年增加50万羽的速度递增，成为湘阴经济发展的支柱产业之一。该项目先后获市科技进步三等奖，二次获省丰收计划项目二等奖、县科技进步奖等。

畜禽浓缩饲料系列产品开发 1987—1995年，畜禽浓缩饲料系列产品实施新产品开发项目。县粮食局饲料公司所属的饲料一厂、金威饲料厂、三九饲料厂及县浓缩饲料厂，抓住开发浓缩饲料有广阔市场前景的契机，采取先进的科学配方和制作工艺，先后成功开发了“403”蛋鸭浓缩饲料、“1511”浓缩饲料、“三九牌浓缩饲料”和“金威”牌浓缩饲料系列产品，深受用户欢迎。项目实施后，湘阴县饲料工业以前所未有的速度发展，饲料产量从1987年的5000吨，增长到1995年的33万吨，增长66倍。1995年创产值7亿元，创利税3600万元。以每33千克浓缩饲料养肥一头猪计算，年可养肥猪1000万头，每头猪按获利120元计算，经济效益可达12亿元。“403”蛋鸭浓缩饲料、“金威”高蛋白猪用浓料、“三九”猪用浓缩饲料，都通过省科委组织的科技成果鉴定。“403”蛋鸭浓缩饲料、“金威”高蛋白猪用浓缩料获岳阳市科技进步二等奖。饲料一厂、金威饲料厂、三九饲料厂获全国饲料百强企业称号，县浓缩饲料厂获湖南省饲料十强企业称号。

节能变压器系列产品开发 1986—1992年，节能变压器系列产品是由县变压器厂作为新产品开发的。从1986年起全面地将老旧产品S6、SL6改成S7、SL7系列节能产品，新产品比老旧产品节能20%~30%。在此基础上，又开发出比S7、SL7更加节能的新产品系列，如S8、S9系列产品和特种变压器系列节能产品等，此类产品在S7、SL7系列产品节能的基础上又可节能20%左右。按国际电工标准组织的要求，以该厂年产50万千伏安变压容量计算，年节电9000万千瓦时。社会经济效益3000万元。节能产品的开发为该厂赢得广阔的产品市场，促进了生产发展。1987—1992年共生产节能变压器系列产品300多万千伏安，累计产品值1.6亿元，创利税1500万元，年平均产值3200万元，利税300万元，成为湘阴的骨干企业。该厂生产的S7、SL7、S8、SL8等系列节能变压器和干式变压器都通过了省级科技鉴定，并获岳阳市科技进步二等奖。其中干式变压器获湖南省科技进步三等奖。

三倍体鱼技术研究和应用 1990—1996年，由东湖渔场承担的省级重点科技项目并列入国家“863”攻关项目。三倍体鱼即工程鲫、工程鲤，是在湘鲫研究的基础上，应用细胞生物工程技术，利用湘鲫研究中储存的世界最大的四倍体鱼基因库，与经过纯化的二倍体白鲫和鲤鱼杂交而成的新一代三倍体鱼种，三倍体鱼最大的特点就是不育。因此，它可以将用于生育的营养转化为增重的所需营养，加速了鱼的生长速度，经试验比较，生长速度比湘鲫快30%以上。另外，此鱼具有食性杂、味道鲜美、运输成活率高等特点，投放市场后，深受用户欢迎，引起科技界的高度重视。该鱼池塘投入产出比为1 ：8.10，是一种值得大力推广的经济社会效益俱佳的鱼类新品种。项目投入300万元，1990—1996年7月共投放鱼种6000万尾，创产值3亿元，利税1.8亿元。该项目2001年获岳阳市科技进步一等奖，2002年获省科技进步一等奖，2003年获国家科技进步二等奖。

二、成果推广与应用

1978—1985年，湘阴列入省、地、县三级管理的科研成果推广项目90项，其中稻田蜘蛛治虫利用研究、鲫鲤杂交研究达到国内先进水平。2002—2006年，科研成果推广102项。

2007—2009年，县农业技术推广中心承担和参与《低海拔有机茶关键技术的研制开发》《湘阴县标准良田建设》《水稻病虫害生物综合防治技术》《绿色仪器藠头标准化技术推广》等20多个项目，产生经济效益200多万元。

2010年，福湘木业与湖南大学合作研发新型环保型木塑复合材料。海日食品与长沙理工大学合作开展代盐乳酸自然发酵技术研究。义丰祥与湖南农业大学和春云科技合作开展植物油加工新技术研究。洞庭柠檬酸化学有限公司与湖南环保学院合作开展节能减排综合技术研究与开发。

县科技局在新材料、新工艺、先进装备制造、节能减排、高新技术改造置换产业等领域培育高新技术企业，发展高新技术项目。组织“破解难题促发展，服务民生促和谐”为主题的岳阳市科技特派员服务行动和科技下乡活动，组织专家20余人，设置4个专题咨询台，展出100余块展板，发放《农村科普手册》《水稻种植新方法》《油菜实用技术》《水产养殖新技术》《常见鱼病防治》《大棚蔬菜的种植技术》等科技读物5000多册，科普宣传资料2万多份，接受科技咨询4000多人次。县科技局为驿通电子的“Ni—Zn软磁性材料研究及产业化”项目申报省高新技术重点项目，争取省科技厅的政策和资金支持;县成立知识产权试点工作领导小组,帮助福湘木业和长康集团成为省知识产权示范、试点企业。

2011—2015年，石塘高峰台村的“藠头”脱产连种实验、水产健康养殖及深加工科技示范基地、温氏畜牧有限公司“生猪健康养殖与疾病防控技术开发”、利天旭日公司“种养一体化农业循环经济技术示范与推广”、金为型材有限公司生产的“钢制幕墙”、县水产技术推广站的“全雄黄颡鱼高效健康养殖”等科技项目得到推广生效。湖湘木业有限公司的“节能降耗低排放生产技术集成与创新”项目获省科技进步奖；温氏畜牧有限公司生猪健康养殖技术项目进入国家星火计划；金为型材防水腐“新型锌钢”列入国家中小企业创新项目。全县成功申报进入高新技术企业40家，开发高新技术产品146个，实现增加值121.44亿元，占GDP比重26%，列全市第一。共申报的专利671件，授权631件，成为全省专利大县之一。

第四节　科技管理

县科技局把科技管理作为主要职能。1986年始,全县科技管理工作进一步加强,设立计划股、成果股、知识产权办公室、科技情报所、技术市场管理办公室。还安排专人抓基层科技工作，并配合县农办、教育局抓好乡镇农科中心。37个乡镇配备兼职科技专干，一个上下贯通，城乡配合的科技网络基本形成。

一、计划管理

科技计划是一项服务经济，争取财源的重要工作，县科技局始终把它放在首位，围绕全县经济发展的需要，重点抓好科技三项计划：即科学研究项目（包括软科学）、新产品开发项目（包括新产品试制和中间试验）、新技术推广项目。进入“十一五”规划以来，县科技局每年要和县计划局下达一批科技计划项目，一般是30—40项之间。2008—2015年全县实施各类科技项目211项，其中国家级科技项目35项，省级科技项目106项，市级科技项目70项，还有结合本县工农业生产和医药卫生产业的发展，设立和实施一些县级科技项目，这些项目的开展，促进全县科技和经济的发展。

二、成果管理

搞好科技成果管理和推广，是县级科技工作的重中之重。科技局确定专人负责，组织对科技成果的登记、鉴定、上报、评审奖励和建档等工作。20世纪80—90年代，县成立了科学技术进步奖评审委员会，制订《湘阴县科技成果评审奖励办法》，每三年进行一次评奖，对执行和完成科技计划好推广科技成果效益好的项目进行奖励，每次评奖项目40项左右。县科技局还先后举办科技成果展四次，参观展览人数达25万多人次。科技成果转化为生产力的速度不断加快，促进了全县经济的发展。

三、专利管理

知识产权管理是科技管理的重要部分。2004年，县科技局成立知识产权办公室，配备了专职人员，负责对知识产权的管理工作。是年，申请专利15项，实施10项。2005年，申请专利10项，实施7项。

2007年，湘阴县知识产权局建立后，加大对《专利法》及相关法律法规的宣传力度。是年，申请专利16项，实施16项。2008年，举办“湘阴县自主创新暨知识产权培训班”，推动全县企业自主创新和知识产权战略的实施。是年，申请专利70项，授权58项。福湘木业和长康集团先后列入省知识产权优势企业培育工程和省知识产权中小企业试点。2009年，申请专利76项，授权59项。湘阴县获批湖南省知识产权试点县。2010年，专利申报呈节节攀升态势，金为彩钢一家企业就申报专利70件，全县当年申报专利140件。至2015年年底，全县共申报专利2051件，居全省县级申报专利前列。

四、科技情报管理

1986年，成立县科技情报所，确定专人负责科技情报资料的收集整理、分类归档，并直接为科研、生产单位无偿提供科技信息服务。县科技局抓住湘阴距离省会长沙近，交通便利这一优势，主动寻找和接收科技信息辐射，先后与国防科大、湖南师大、省农科院等10多所高等院校和科研单位，100多名专家教授和周边县市建立了互通信息的网络。2003年，县科技局投资50多万元，在兴湘市场购置和装修160多平方米的房子，购置电脑31台、数码摄像机、快速印刷一体机、多功能一体机、扫描仪等高科技设备，成立“湘阴科技网站”，有电子信箱20个，为全县企业和广大农民搭起一座科技信息致富的“金桥”。

五、技术市场管理

1988年，建立技术市场管理办公室，归口县科委，由一名副主任兼办公室主任。技术市场工作坚持“放开、搞活、扶植、引导”的方针，鼓励多种形式的技贸活动，使技术市场在加速湘阴科技成果转化，推动科技进步，促进经济发展方面，发挥了应有的作用。1998年，抓技术市场有关法律、法规的宣传普及，重点宣传《中华人民共和国技术合同法》《中华人民共和国科技进步法》《中华人民共和国专利法》《湖南省技术市场管理条例》等法律法规，范围覆盖全县，听众观众100万人次以上。由县科技局牵头，征求财政、税务、物价、工商等部门的意见，经县政府审核，制订了《湘阴县技术市场管理办法》，使技术市场管理有章可循。成立县乡村三级技术服务组织，实行技物结合，技贸结合、技术入股、技术分成、技工贸一体化等多种方式服务体系。铁角嘴镇的“农业植保技术公司”、关公潭乡的“育秧公司”、县水产工作站的“水产技术服务公司”，成为湘阴从事技术市场活动的主体和生力军。抓好技术市场的主渠道作用，促进全县科技成果转化。东湖、鹤龙湖渔场4000公顷湘云鲫（鲤）示范基地、六塘镇666.67公顷绿色高效茶园、三塘乡1066.67公顷优质藠头基地等，通过技术市场推介，转化为县级以上重点科技项目35个，全年新增经济效益4亿多元，新增利税5000万元以上。

六、科技示范乡（镇）及基地管理

1989年，县委、县政府提出科技兴县富民的战略方针，批转县科委《关于科技活动年实施计划的报告》，各区、乡、镇建立农技推广站，培养科技示范乡镇。1991年，县委、县政府在全县开展农业“科技杯”竞赛活动。县乡镇企业局向各乡镇转发《湖南省乡镇企业局关于开展科技示范企业活动的意见》，促进全县创建科技示范乡镇活动。是年，县委、县政府表彰了11个科技兴县先进单位，其中有5个乡镇。

2001—2010年，全县先后培养和建立9个科技示范乡（镇），即三塘镇、白泥湖乡、长康镇、新泉镇、南湖洲镇、白马镇、濠河口镇、铁角嘴镇、六塘乡。同时建立29个科技含量高的优质农产品基地，即鹤龙湖管区和东湖渔场的优质水产品基地；六塘乡的优质茶叶生产基地；西林乡的优质水禽养殖基地；白泥湖乡的无公害优质大米基地；三塘镇的优质藠头基地；石塘乡的优质小水果生产基地；南湖洲镇的甲鱼养殖基地。县政府精选全县科技骨干力量，分产品组建科研课题小组，抓好品种改革、新品种开发、培植品牌农产品。各产业组与高等院校、科研院所联姻，解决生态栽培、产后处理等技术难题，并研制了藠头高效肥和木（豫）薯专用肥料。县科技局开通湘阴科技网站，无偿发放科技信息资料。县科协组织1085名基层干部、农村党员和种养示范户参加农函大培训。通过科技示范乡镇和基地建设，推进科技进村入户，优化农产品品质结构。

七、民营科技企业管理

2010年，全县有民营科技型企业87家，资产总额16.5亿元。其中产值在500万元的19家，1000万元以上的26家，3000万元以上的23家，1亿元以上的22家。长康实业有限公司是湖南省民营企业、岳阳市民营企业理事会副理事长单位。这些民营科技企业科技含量高、新产品开发档次高。全县科技型企业有28家高新技术企业、民营科技型企业。2008—2010年，全县民营科技企业先后开发新产品228个，有60个达到国内先进水平，市场前景广阔，其中长康麻油获全国星火计划成果展览会优质奖；义丰祥麻油获全国新技术产品展览会金奖。其次是员工科技素质高。全县民营科技企业有从业人员4200人，其中科技人员470人，有高级技术职称的145人，中级技术职称的309人，并聘用有关专家教授81人。再者是经济效益显著。2010年，全县民营科技企业完成产值8.2亿元。县科技局对民营科技企业做到“五帮”，即：帮他们提供科技信息；帮他们推荐新技术、新产品；帮他们上报科技项目；帮他们争取科技项目经费；帮他们组织科技项目鉴定，进一步提高知名度。

八、科技示范户管理

1985年，全县有6万农民掌握1~2项科技技能，各类技术人员1242名，其中授予技术职务的856名。县政府出台政策，鼓励科技人员领办、创办实体进行专业承包、技术承包，涌现科技示范户728户。

1990年，全县有科技示范户920户，这些科技示范户在乡村起到很好的科技致富的宣传、示范、引路作用。1991—1998年，县科委、县科协与各专业学会为乡镇培训各类科技示范户4600户，其中达省、市标准授牌的80户。2003年，全县有科技示范户5900户，其中省市科技示范户150户，县级科技示范户1200户，乡（镇）级科技示范户4550户。

随着改革的深入，湘阴科技管理不断深化，效果也十分显著。2001年获岳阳市科技工作优胜单位。2002年获岳阳市科技工作目标管理达标单位。2003年获岳阳市科技工作目标管理先进单位。2009年获2007—2008年度全国科技进步考核先进县、湖南省知识产权工作试点县、岳阳市科技工作、知识产权工作先进单位。2010年获湖南省防震抗灾工作先进单位、岳阳市科技工作和知识产权工作先进单位。

专记：创建全国科技进步先进县

湘阴县委、县政府高度重视“全国科技进步先进县”创建工作，坚持以科技创新为统领，大力发展种植业、渔业、食品加工、电子信息、装饰材料等产业，以推进湘阴经济突飞猛进的发展。2007年，成立了由县委书记任组长、县长任常务副组长、县人大、县政府、县政协分管科技工作的领导任副组长，相关职能部门为成员单位的科技工作领导小组，统筹协调全县的科技工作。县委常委会、县政府常务会每年都专题研究科技工作两次以上。县委、县政府每年都要召开一次科技工作会议，研究解决科技工作中的重大问题。对重大科技项目引进、重要技术推广等，都要由县主要领导或分管领导主持召开专题会研究落实。

为了促进湘阴科技创新和加强创新型人才培育和发展，县委、县政府先后制定和出台了《关于科技支撑“两型社会”滨湖示范区建设的意见》《关于促进产学研结合增强自主创新能力的意见》《关于进一步做好人才工作的意见》《湘阴县知识产权战略实施方案》《湘阴县规模企业专利扫零工程实施方案》《湘阴县科技成果转化奖励办法》《湘阴县科学技术奖励办法》等一系列促进科技进步的政策性措施。尤其是对科技进步奖项获得者给予5000—50000元不等的奖励政策的颁布，极大地鼓舞科技工作人员的信心。县科技局全体干职工将“全国科技进步先进县”创建工作作为全局的奋斗目标。局领导组织干部职工深入农村和企业最基层了解情况，多次召开专门会议研究湘阴县科技崛起之路。为了能更好地做好全县科技工作，干部职工下农田，进车间，主动上门找农民和企业领导沟通服务。为了增强自身业务能力和服务水平，利用节假日和晚上集体补习科技知识。

坚持以科技项目为抓手　2007—2010年，县科技局、财政局安排中小企业技术创新引导资金项目40个，安排资金3200多万元；并支持和培育企业申报国家和省科技项目，包括发改、工信、农业等部门，共争取科技项目30个，争取资金3500多万元。共支持企业和科技平台50家，累计攻克技术瓶颈30项，研发出新产品56个，规模以上企业申请专利160件，新增产值28亿元，利税5亿多元，企业自主创新能力明显增强。科技部门和其他职能部门还促进了一批企业的技术攻关、工艺改造和产品升级，形成了先进制造、装饰建材、电子信息、食品加工、纺织服装等七大科技型支柱产业，成为县域经济的重要增长点。

创新产学研科技体系　县委、县政府在产学研方面下发文件，出台产学研奖励激励措施，鼓励和引导县内七大产业龙头企业与省内外高校、科研院所进行产学研合作，进行关键技术攻关，先进技术引进转化，构建县域特色创新体系。2007—2008年，即通过科技部门牵线搭桥，完成了“1235”产学研金工程，实现湘阴与20个高校或科研院所建立校县科技合作或战略联盟，建立企业与院系的产学研合作协议200项，引进转化和创新开发了300项科技成果，达成5个投融资合作协议的工作目标，初步构建了以政府为引导、企业为主体、市场为导向、产学研相结合的技术创新体系和政产学研用结合模式。

科技助力园区发展　以湘阴工业园、中国（湖南）轻工产业园、远大低碳科技园、金龙新区4个高科技工业园区为载体，大力发展高新技术企业，促进发展方式的转变。实施高新技术企业培育工程。对落户园区的高新技术企业，从用地、财政、科技等方面大力扶持，对成功申报国家高新技术企业的，给予5万元资金奖励；对园区8家企业进行创新型企业试点挂牌支持。至2010年获批国家高新技术企业14家，高新技术产品48个。高标准规划园区发展。2007—2010年园区引进的60个项目，90%以上都是三高两低的高新技术企业和项目。2010年4月中国（湖南）轻工产业园落户湘阴，规划总面积15.3平方千米，引进轻工企业300家，总投资260亿元，是全国轻工业调整和振兴的第一个创新示范性产业园，主要定位为轻工机械、环保设备、食品加工设备、照明器具、生物工程等高新技术产业。大力引进战略性新兴产业。在园区内重点引进一批先进制造、电子信息、新材料、节能减排等战略性新兴产业，在县域产业结构中比重提高。2010年6月，湖南远大集团投资100亿的远大低碳可持续低碳科技园落户湘阴，项目全面投产后可实现年产值300亿元，年创税10亿元，是前景很好的战略性新兴产业。2011年一期工程完成投入生产，上缴税收3000万元，2015年上缴税收1.5亿元。

大力推进科技兴农　坚持把依靠科技发展壮大农业特色产业作为科技工作的着力点。2007—2010年，实施了35个国家和省市县各类农业科技项目，多方投入资金1.5亿元，引进、转化、示范、推广农业新技术180多项，培育了优质水稻、绿色食品藠头、有机茶叶、名特优水产、优质畜禽、优质生猪、无公害蔬菜等七大农业科技示范基地。一是通过实施国家科技富民强县项目提升了藠头产业。国家科技富民强县项目——“绿色食品藠头”标准化生产示范与产业化开发在湘阴立项实施后，湘阴县建立了666.67公顷的核心示范区，成立了15个藠头专业合作社，开展藠头脱毒种苗繁育实验并取得成功，带动了藠头产业的优化和升级，藠农年人均增收600元。二是通过国家科技支撑计划促进农业可持续发展。2008—2010年，湘阴被定为国家科技支撑计划——环洞庭湖农业面源污染消纳减排实验示范项目的核心示范区，3年时间，建立核心试验区、技术示范区、辐射推广3600公顷，推广减氮控磷、生物消纳、秸秆利用、畜禽排泄物综合利用等技术8项，农田氮磷使用量减少20%，每公顷平均增收节支3000元以上，实现效益与环保“双丰收”。2010年7月4日，湘阴作为湖南唯一现场，高质量通过了国家的评议验收。三是通过部门联动实施促进农业技术推广。科技部门与农业局合作实施了超级杂交稻配优质晚稻“种三产四”丰产示范工程等，与县水产局合作进行了水产健康养殖技术研究与示范，与县畜牧局、县质量技术监督局合作加强了农产品质量安全检测，形成了科技部门与相关部门联动抓农业科技推广的局面。还实施了节能减排、湘江流域综合治理、血吸虫病防治等社会发展领域科技项目，促进了湘阴的两型社会和新农村建设。四是通过科技服务平台解决农业生产中的实际问题。2007—2010年，全县共下派科技特派员506名，建立科技和农业技术推广服务机构132个，农民专业合作社108个，开展科技下乡20次，科技培训10万人次。省下派的湖南师大科技特派员张轩杰创办了湘阴博海渔业，进行了雌核发育抗病草鱼关键技术研究，年孵化的抗病草鱼苗突破3亿尾，获利300多万元，产品获国家绿色食品认证，畅销10多个省市。2009年，湘阴获评2007—2008年度全国科技进步考核先进县。

第二章　卫　生

第一节　卫生体制改革

1978年，县卫生局启动乡镇卫生院管理体制改革。1984年，全县45个医疗卫生单位推行院、站、所长负责制，从内部管理方面实行领导任期目标制、干部聘任制、工人合同制、经营技术经济承包责任制，实行工资奖金与业务技术、服务态度和经济指标挂钩。1986年，全县39个乡镇卫生院除城关镇卫生院外，全部由县卫生局移交给乡镇人民政府主管。思想政治工作、领导班子建设、党团建设、设备配备与房屋建设以乡镇政府为主，县卫生局集中精力加强业务领导与技术培训。1992年，县卫生局下发《关于加强宏观控制的几项规定》，对各医疗卫生单位督促完成目标管理，对年度计划、经济管理方案等方面作出明确规定，加强宏观调控。1993年，全县420个行政村有321个村建立卫生室，208个村建立防保基金制，274个村落实乡村医生防保报酬。1998年，县政府成立乡镇卫生院建设整顿领导小组，县政府办公室下发“关于加强乡镇卫生院管理的通知”，要求乡镇人民政府加强乡镇卫生院的领导，每年至少专题讨论卫生工作2~3次，使卫生院在硬件上有较大的改善；完善卫生院长负责制；扩大经营自主权，加强财务管理；在业务工作上继续加强对卫生防疫、妇幼保健的目标考核管理，使乡镇卫生院积极履行职能，担当起卫生、医疗、预防、保健的任务。

2003年，全县420个村有358个村建立卫生室，有乡村医生358人，村保健员410人；村设医疗点431个，其中乡卫生院设点140个。工业及其他部门设卫生事业机构11个，有卫生技术人员38人。

2011—2015年，县乡村医疗机构实行基本药物零利润改革，虽然阻力大、难度大，但坚持稳步推进，全面实施。至2015年县乡村医疗机构基本药物实现零利润销售，县乡村在网上采购药品1420个品种，1800万元，售后直接让利给群众3000余万元。湘阴县代表湖南省接受国务院医改办、国家发改委、国家卫计委医改工作检查，各项工作获得很高评价，以“湘阴模式”向全国推广。

第二节 机构与设施

一、卫生机构

卫生行政管理机构 县卫生局是全县卫生系统的行政主管部门。1986 年，县卫生局下辖湘阴县爱国卫生运动委员会办公室（简称“县爱卫办”）、县药政药检所、县食品卫生监督检验所、濠河区卫生所、城关镇卫生所。1996 年，县食品卫生监督检验所更名为湘阴县公共卫生监督管理所，濠河区卫生所更名为濠河卫生所，城关镇卫生所更名为文星镇卫生所。撤销湘阴县药政药检所，设立湘阴县药品检验所。2003 年 12 月，湘阴县卫生局下辖县爱卫办、县公共卫生监督检验所、文星镇卫生所和濠河卫生所。2010 年，县卫生局内设股室有办公室、法监股、爱卫办、医政股、红十字会、基妇股（基层妇幼）、人事股、财计股、科教股、医改办、工会、乡财核算股，共辖县级医疗卫生机构 8 个，建制乡镇卫生院 19 个，血防站 5 个，村卫生室 433 家，民营医院 2 家。2015 年，县委、县政府实施机构改革，将原县卫生局和县人口和计生局合并，组建成县卫生和计划生育局（简称“县卫计局”），11 月 9 日正式挂牌成立合并办公。局机关内设办公室、信访室、人事股、财计股、计生专项经费管理办公室，社保股、政策法规监督股，医改股、基层卫生股，妇幼健康股、疾病预防控制股、药政股、计划生育家庭发展股、科技宣传教育股、中医药管理股、计划生育基层指导中心，社会治安综治办、工会、纪检、监察、爱卫创卫办、计生协会等机构，共有干部、职工 103 人。下辖二级机构有县人民医院、中医院等 6 个单位、17 家建制乡镇卫生院。

卫生防疫保健机构 卫生防疫保健机构有县卫生防疫站和县妇幼保健院。县卫生防疫站 1981 年设门诊，主要提供狂犬疫苗与消毒、杀虫、灭鼠等药物。1987 年设预防综合门诊，开展预防接种与狂犬咬伤处理。1989 年卫生防疫工作目标管理获全市第一名。2003 年内设学卫科、计免科、疾控科、结防科、门诊部、食品卫生监督科、综合办公室、检验科、财务科和 2 个稽查队。非典肆虐之后，县卫生防疫站分为县疾病预防控制中心与卫生监督所。县妇幼保健院 1984 年称县妇幼保健所，开展临床诊疗业务，以门诊为主。2004 年更名县妇幼保健院。

医疗机构 1986 年，全县有医疗机构 83 个，即湘阴县人民医院、县中医院、6 个中心卫生院、39 个乡镇卫生院、7 个血吸虫防治站（所）、29 个工业及其他部门医疗机构。此外，有村卫生室 354 个。全县初步形成县、乡、区、村四级医疗卫生机构网络。2000 年，省卫生厅下发《关于医疗机构分类管理工作的通知》，核定湘阴县人民医院等 18 家医疗单位为第一批非营利性医疗机构。2003 年，第二批核定 35 家卫生院及 140 家分院，358 家村卫生室，11 家工业及其他部门医疗机构，35 家计划生育服务所为非营利性医疗机构。营利性的个体行医户 290 家。2010 年，湘阴县有县直医疗机构 8 个，乡镇卫生院 25 个（含沙田、茶湖潭、西林、凤南、民新、古塘 6 个集体经营单位），血防站 5 个，村卫生室 433 个。全县公立医疗卫生机构固定资产总值 11 亿余元，开设病床 1200 张。2015 年，全县共有医疗机构 33 个，其中县级医疗卫生机构 8 个，乡镇卫生院 25 个（其中办事处卫生院 6 个，中心卫生院 8 个，民营医院 2 个）。全县共有村级卫生室 419 个，有个体诊所 126 个。

二、设施

1980 年，装备医疗器械 1380 台（件），总价值 14.4 万元。1985 年年底，县内各医疗卫生单位装备医疗器械 2356 台（件），价值 102.8 万元。2003 年 12 月，全县价值万元以上医疗器械 107 台（件），价值 1545.74 万元。其中，县人民医院 16 台，价值 668.7 万元；县中医院 15 台，价值 316.8 万元；县妇幼保健院 7 台（件），价值 39.1 万元；县卫生防疫站 6 台（件），价值 34.3 万元；中心卫生院 9 台

(件)，价值67.74万元；乡镇卫生院9台(件)，价值30.4万元；村卫生室及企事业医疗单位34台(件)，价值386.7万元。2015年，全县共有万元以上设备355台(件)，价值近亿元。

第三节　医生与病人

医生　1978年，湘阴卫生系统共有卫生技术人员(包括中医师、西医师、高级医师、护师、中药师、西药师、检验师、护士、助产士、检验士、护理员及其他初级技术人员)302人，县内各医疗单位无1名高级职称技术人员。1985年，全县有卫生技术人员1216人，其中卫生部门870人，血防部门113人，工业及其他部门98人，个体行医者135人。2003年，全县卫生技术人员1553人，其中卫生部门1158人，血防部门131人，其他部门74人，个体行医190人。2010年，全县卫生系统共有医疗技术人员1219人，其中有高级职称3人，副高级职称38人，中级职称377人。本科学历124人，大专学历454人，中专及以下学历641人。2015年医疗技术人员1322人。其中高级职称4人、副高40人、中级388人。大学本科149人，大专501人。

1981—2015年湘阴县卫生技术人员人数一览表

表22-1　单位：人

年　度	卫生技术人员数	年　度	卫生技术人员数
1981	1055	1999	1598
1982	1044	2000	1596
1983	1087	2001	1576
1984	1143	2002	1530
1985	1216	2003	1513
1986	1269	2004	1856
1987	1284	2005	1187
1988	1313	2006	1485
1989	1324	2007	2275
1990	1576	2008	2492
1991	1308	2009	1247
1992	1318	2010	1219
1993	1328	2011	1227
1994	1376	2012	1278
1995	1438	2013	1284
1996	1712	2014	1226
1997	1685	2015	1308
1998	1598		

病人 1986—1990年，门诊2921691人次，住院97712人次，住院治愈62136人次，治愈率年均63.59%；1991—2000年，门诊4205626人次，住院181662人次，住院治愈125237人次，治愈率年均68.94%；2001—2015年，门诊3104522人次，住院221656人次，住院治愈161767人次，治愈率年均72.98%；

1986年—2015年湘阴县县内医院治病情况一览表

表22-2 单位：人次、%

年度	门诊人次	住院		
		住院人次	治愈人次	治愈率
1986	631921	16974	11372	67.0
1987	669560	19188	12472	65.0
1988	677252	20145	10833	53.8
1989	546092	18829	11862	60.3
1990	396866	22603	15596	61.9
1991	555864	21238	13210	62.2
1992	520667	21136	13062	61.8
1993	470046	19547	13252	67.8
1994	438040	17150	11062	64.5
1995	536105	17943	11663	65.0
1996	509647	19730	12943	65.6
1997	304390	13732	9544	69.5
1998	308250	14066	13784	69.8
1999	325190	18323	13302	72.6
2000	237427	18797	13415	71.37
2001	228976	18617	13311	71.5
2002	239767	19367	14041	72.5
2003	267468	16048	11651	72.6
2004	283066	20098	14430	71.8
2005	303677	24294	17783	73.2
2006	314065	18215	13389	73.5
2007	336468	25572	18642	72.9
2008	356039	23143	17033	73.6

续表 22-2

年　度	门诊人次	住　院		
		住院人次	治愈人次	治愈率
2009	379841	24690	18221	73.8
2010	395155	31612	23266	73.6
2011	427806	34224	25257	73.8
2012	501805	40144	29666	73.9
2013	659721	52778	39161	74.2
2014	663219	53057	39421	74.3
2015	679126	54330	40530	74.6

医患关系　1980年，县卫生局设立医政股，负责医疗医政管理。1986年，开展创文明医院，抓优质服务。新泉中心卫生院与和平乡卫生院被岳阳市卫生局命名为文明医院。全县医患关系良好。1990年开始，实行分级管理，狠抓医疗设施建设和医疗服务质量。一方面抓医院硬件建设，增加服务项目，改善病患就医条件；另一方面抓执业道德教育，在医务人员中开展学雷锋、学白求恩活动，树立全心全意为病人服务的思想，医患关系密切。2000年开始，开展以提高医疗质量为中心，加强医疗管理为重点的改革，建立健全各项医护制度，防范医疗差错，规范"六室"（治疗室、手术室、抢救室、供应室、分娩室、病室）建设和管理，开通"120"急救电话，24小时出诊。医患关系正常，一般的医患纠纷都通过双方协商解决。2005年—2009年，医患纠纷呈现易发性、高发性趋势，"医闹"现象时有发生，稍有不慎就引发群体性医患对抗和打砸医院事件。2009年7月，县政府成立医患纠纷人民调解委员会，建立医疗纠纷调解中心，聘请7名医学专家和法学界人士担任专（兼）职调解员，妥善办结了一批历史积案，新发生的医疗纠纷处置率100%。2010年，湘阴县医疗纠纷调解工作得到省综治委充分肯定。同时获得岳阳市医疗纠纷调处机制创新特别奖。2015年，全县共发生31起医疗纠纷，均通过医患纠纷调解委员会调解结案，调解成功率100%，医患关系日趋和谐。

第四节　医疗技术

一、中医

1978年始，湘阴县进一步重视中医事业的发展和中医人才的培养。至2010年，先后有220多名受过高等教育的中医药人才充实到各级医疗机构。县中医院成为全县中医的科研、教学、临床中心。各乡镇卫生院设置了中医门诊、中药房和中医病床。全县中医医务人员在国家、省级刊物上发表中医学术论文400余篇，出席国家、省级专业学术交流会380人次。县中医院先后获得省文明卫生单位、市文明单位、市中医药文化建设先进单位等称号。2010年，全县有中医病床360张，其中县中医院200张，县人民医院50张，乡镇卫生院110张。县中医院副主任医师7人、主治医师60人、中医师40人、中医士15人。广大中医工作者运用传统的望、闻、问、切和现代诊疗手段提高临床诊断率和治愈率。人们对中医中药认知率普遍提高，就诊中医病人明显增多。全县中医病床使用率80%以上。县中医院中医副主任医师任志翔擅长运用中西药诊治外科、肛肠病，自创中药保留灌肠治疗慢性结肠炎具有独特疗效；中医副主任医师陈建勇运用中医药治疗中风偏瘫、面瘫、脑外伤及其他神经性疾病、高脂血症、颈椎病取得显著疗效。2011 年，按照农村中医工作先进县的建设标准，采取切实措施不断完善软件与硬件的建设，成功创建全省中医药工作先进县。

二、西医

1986 年始，湘阴县西医进入快速发展时期。西医临床医疗科室有内科、外科、骨科、妇产科、儿科、五官科、口腔科，还有功能科、放射科、检验科等。

内科：县级医院及岭北、新泉、南湖、湘滨、鹤龙湖、文星、界头铺、东塘 8 家中心医院内科医疗技术都很高。1986—2010 年，县人民医院先后派出 200 余人次去中南大学湘雅医院等上级医院专修内科，不断引进医疗技术和设备，成为湘雅医院定点指导医院、教学实习基地和会诊单位。医院设立 CCU 病房，解决很多危重病人抢救治疗问题。

外科：临床外科分外一科、外二科，设普腹、肝胆、泌尿、胸腔、颅脑等专业，能开展食道下段癌切除，肺叶切除、复杂的肝胆胰手术、前列腺电切、钬激光碎石及腹腔镜、胆囊镜、膀胱镜、输尿管镜等内镜检查和治疗，能开展颅内血肿清除、颅内肿瘤摘除及各种大型复杂疑难手术。

骨科：1981 年 6 月，成功完成第一台人工股骨头置换。1989 年 9 月，首次成功应用哈氏棒后路复位固定治疗脊柱骨折，并陆续开展人工全髋关节置换、关节融合术、椎间盘摘除、脊柱结核病灶清除等一系列三、四类手术。1999 年 5 月，赵尚仕、柳志南、易晓文等以“人工全髋关节置换”获县科技进步一等奖。2000 年，柳志南、易晓文等以“手术治疗罕见巨大椎管内脊膜瘤”获岳阳市科技进步三等奖。

妇产科：对各类危重病人抢救经验丰富，成功率高，可开展胎心监护，无痛人流、无痛分娩、难产接生、剖宫产及各类妇产科一、二、三类手术。妇产科疾病的治疗手段进入多元化，除传统“开腹”手术外，成功开展腹腔镜、宫腔镜等一系列微创手术。设有妇科、产科病房、产房、隔离产房、待产室、妇科门诊。

儿科：有住院治疗床位 50 张，新生儿无陪床位 20 张，单独传染病床 10 张。科室配备有无创呼吸机、保温辐射抢救台、小儿心电监护仪、温箱、篮光治疗仪、经皮测疸仪、微量元素检测仪、新生儿听力筛查仪、经皮肺炎肠炎治疗、高压氧舱、微量输液泵等高、精、尖设备。

五官科：1986 年，开展上颌窦囊肿切除术、耳外伤或感染清创缝合术。1988 年，开展单纯白内障囊外摘除术、眼球摘除术、抗青光眼手术、上颌窦根治术。1999 年，新开展鼻窦内窥镜检查与手术、耳鼻喉疾患的微波治疗，引进电测听检查。2001 年，引进白内障超声乳化 + 人工晶体植入。2002 年，开展喉癌切除术、食道镜检食道异物取出术、鼻中隔矫正术、茎突截短术、腺样体刮除术、鼻内镜下鼻腔止血术、鼻内镜下视神经减压术、支撑喉镜下巨大声带息肉摘除术、气管切开术、颈外动脉结扎术、改良乳突根治术。2005 年，开展鼻内镜下全组鼻窦开放术、鼻内镜下鼻腔泪道吻合术、鼻侧切开术、鼻内镜下脑脊液鼻漏修补术、喉裂开术、腮裂漏切除术、义眼座植入术。2007 年，开展白内障超声乳化 + 人工晶体植入术及小梁切除术、复杂斜视手术、舌癌根治术、巨大腮腺肿瘤切除术，并引进美国进口等离子，行扁桃体、下鼻甲等离子消融术。2008 年，引进欧林巴斯纤维喉镜，开展喉镜检查和声带小结及息肉手术，并添置二台耳鼻喉镜诊疗台。2009 年，引进非接触式眼压计，开展眶内肿瘤摘除、耳内镜下中耳探查及成型术、鼓膜切开置管 + 修补术、鼻内镜下鼻腔良性肿瘤摘除术、颈部肿瘤切除术等。

口腔科：配备有光固化机、洁牙机、综合治疗机，能进行拔牙术、镶牙及口腔和颌面部多种手术治疗。

功能科：1992 年，添置纤维肠镜。1998 年，添置彩色超声诊断仪。B 超室开展心脏彩色多普勒超声。1999 年，理疗科合并到功能科，先后添置颈椎和腰椎牵引床、六合治疗仪、薰蒸床等。2002 年，购置彩色经颅多普勒（TCD）和电子肠镜。2003 年，购置 24 小时动态心电图机。2005 年，开展阴道超声检查，避免患者留尿困难问题，且能更容易找到微小病灶，提高诊断的准确率。开展无痛胃镜检查。2008 年，增置日本进口的电子胃镜。2009 年，增置飞利浦 HD11 彩色超声诊断仪。2010 年 8 月，新高压氧舱投入使用。

放射科：1987 年、1990 年，先后购置 1 台西南 500 毫安 X 光机，1 台万东 500 毫安 X 光机。1996 年，购置 GE8800 二手 CT。2003 年，购置 GE 螺旋双排 CT。2009 年，购置飞利浦 DR、爱克发 CR 各 1 台，同时启动 PACS/RIS 项目。放射科从传统放射学和部分现代影像学的联合应用，转入到以现代影像学为主导的新时期。至 2010 年，共有 21 名工作人员，高级职称 1 人，中级职称 6 人。

检验科：1996 年，购入 1 台日本进口血球仪，后经几次更新，有日本希松美康五分类血球仪 1 台，迈瑞三分类血球仪 1 台，从手工血常规到现代仪器化多分类。1998 年，购置当时先进的美国贝克曼 CX-7 全自动生化分析仪，酶标仪。生化检验由过去的手工和半自动化进入全自动检测，检验项目由过去 10 多项增加到 20 多项。2003 年，购置天地人微生物鉴定系统。2005 年，添置半自动化学发光仪。2008 年，购置进口日立 7180 全自动生化分析仪，测试速度达到每小时 800 个测试。添置尿沉渣仪一台，建立 HIV 初筛实验室和 PCR 实验室。2010 年添置日本东曹全自动化学发光仪。电解质分析仪多次更新换代。

三、中西结合

20 世纪 60 年代中期，县内出现中西医相互学习的势头，提倡中西医结合。20 世纪 70 年代，湘阴多次派人参加岳阳地区和湖南医学院举办的西医离职学习中医班，同时有计划地挑选部分中医人员去湖南医学院本科学习西医。20 世纪 80 年代后，中西医结合势头逐步增强，全县约半数中医兼用西药，同样也有半数西医偶尔开中药，但后者停留在一病一方的低级水平。21 世纪以来，随着形势的发展，青年医务人员特别是大专或本科毕业的青年医生，中西医结合的比率较高。2001—2010 年，县内医务人员先后在《实用中西医结合杂志》《中医杂志》《实用新医学》发表中西医结合论文 60 余篇。

四、康复治疗

1964 年开始康复治疗。县中医院设立针灸室，当时只有一名医师，后陆续添置红外线灯及感应电针，医师增至 2 名。2006 年，改名为康复科，由毕业于湖南中医学院针灸推拿科专业的大学生担任主任，安排 7 名医师、1 名护士。设置床位 10 张。投资 30 万元添置治疗仪、中药熏蒸床、多功能牵引床等设备，开设针灸、推拿、牵引理疗、中药熏蒸、小针刀、穴位敷贴、神经阻滞等治疗项目。2009 年 4 月，康复科定位省级重点专科。2010 年 9 月，增设病床 20 张。康复科在治疗腰椎间盘突出、中风后遗症、颈椎病、面神经等方面有独到的疗效。在湘北地区享有较高的声誉。2011—2015 年，年均接诊门诊病人 4600 多人次，住院 490 多人次。

第五节　疾病控制

霍乱　1984—1985 年传入 28 例。县政府指示县卫生部门成立二号病 (副霍乱代号) 防治指挥部，组织机动队赴病家，隔离抢救，并及时处理传染源，杜绝二号病的传染。1984 年 11 月，岳阳地区防疫站在湘阴召开二号病防治工作表彰大会，湘阴县卫生防疫站评为先进集体。1989 年，县水运公司职工在安徽省铜陵县境内发病被确认为霍乱，为输入性病例，回县隔离抢救治愈。1999 年 8 月，南湖洲镇谷贻村 12 组报告 2 例霍乱疑似病例，经县防疫站检验室培养发现霍乱弧菌，系小川血清型，均经居家隔离治疗痊愈。1999 年，县防疫站配备霍乱快速诊断试剂，在许家台、临资口、濠河口、樟树港、三叉河、文星镇的轮船码头、汽渡码头设点开展外环境监测。外环境采样 235 个，内环境采样 205 个，经检验全部为阴性。2003 年，县卫生局印发《2003 年湘阴县霍乱防治预案》，补充防疫站机动队物资装备，培训医技人员，举行现场演习，提高机动队处理霍乱及其他卫生突发事件的能力。

疟疾 1986 年始，坚持“因地制宜、分类指导、突出重点”的防治原则，控制疟疾发病。1986 年全县患者下降到 11 人，达到卫生部基本消灭疟疾的指标。1989—2001 年无新发患者。2001 年湘阴县通过国家无疟县验收。

麻风 中华人民共和国成立后，免费收治患者。发病地区在城西（今鹤龙湖）、杨林寨、南湖、静河、湘滨、长康几个乡镇，年龄大者 77 岁，小者 17 岁，主要以家庭传染为主。1985—2009 年，麻风发病 11 人。2010 年以后，湘阴县无麻风病现症病人。

脊髓灰质炎 1978—1986 年，采用减毒脊髓灰质炎活疫苗进行防治，防治收效好，但都留有不同程度的后遗症。1986 年治愈最后一例脊髓灰质炎，之后无新发病者。

非典 2003 年春，非典疫情发生。疾控部门处于抗击非典第一线，发挥三级防疫网络的作用，开展防非典健康教育大行动，认真落实各项防控措施，实现将非典拒之于湘阴县门外的目标，全县未发生一例非典病例和疑似病例。

甲型流感 2009 年 4 月 30 日，卫生部将原称人感染猪流感的甲型 H1N1 流感纳入乙类法定传染病管理。是年，城北学校流感样病例暴发中曾确诊一例甲流，治愈。

手足口病 2008 年 4 月 30 日，湖南省儿童医院报告湘阴县有记录的第一例手足口病病例。自此，湘阴开始县、乡、村三级网络对手足口病实行防控。当年手足口病发病 239 例。县疾控中心对县、乡、村三级医疗机构医生进行手足口病医疗救治与防控培训，积极防治手足口病。湘阴各医疗卫生单位成立以主要负责人为组长的手足口病防控小组，实行主要负责人负责制。要求学校、托幼机构开展晨午检，早期隔离传染源；对散居儿童进行督导、访视，指导患儿用药、消毒、隔离，降低重症风险。

计划免疫 1997 年始，县卫生局认真落实国家免费免疫规划政策，强化免疫规划管理，规范预防接种服务。每年开展 6 次冷链运转，做好常规免疫接种，维持高水平接种率，有效控制传染病的发生和流行。2008 年规范和指导各地科学实施国家扩大免费免疫规划，有效防控相关传染病，制订《湘阴县扩大儿童免疫规划实施方案》，10 月 1 日起正式实施，将甲肝疫苗、流脑疫苗（A 群和 A+C）、乙脑疫苗、麻腮风疫苗（含麻风、麻腮）、无细胞百白破疫苗、白破二联疫苗纳入国家免疫规划，对适龄儿童实施预防接种。保持脊灰疫苗常规免疫接种率达到 95% 以上，坚持同步实施强化疫苗和持续检测。2010—2015 年每年在全县范围内对 4 岁以下儿童开展 4 轮强化免疫，累计强化免疫 15 万人次。

第六节　卫生保健

一、妇女保健

婚前检查：1991 年开始婚前检查。各乡镇卫生院承担婚前检查任务，主要是一般体格检查和血、尿、白带化验。1991—1994 年，婚检率为 92%，检出各类疾病人数 1524 人，其中传染病 609 例，遗传病 65 例。通过对 1524 名患者的分类指导和及时治疗，使他们都拥有一个健康身体和幸福家庭。1994 年，县政府下发《关于进一步做好婚前检查工作的通知》，进一步规范婚前检查内容和具体要求。1995 年，县妇幼保健所设置专用的男、女婚检室，添置了婚检仪器。2003 年，县政府将婚检工作纳入政府督察考核内容。

孕产期保健：1986 年，全县分娩总人数 6426 人，建卡 5887 人，产前检查 6069 人，产检率 94.4%；系统管理 4167 人，管理率 64.8%；住院分娩 1776 人，住院分娩率 27.6%；新法接生 6374 人，新法接生率 99.2%。县妇幼保健院大力提倡住院分娩。每年对下级保健人员进行产期保健知识培训，组织专业人员走村串户，免费为孕妇进行产前检查。1986—1991 年，全县办 28 个产期保健试点乡，试点乡保健工作走在全市前列。全县分娩总数 56792 人，系统管理建卡 47432 人，接受产检总次数 173402 人次，住院分娩 1699 人，新法接生 53881 人，高危孕产妇 3051 人，高危妊娠管理安全分娩 2788 人，产后访视 48474 人。1992—2003 年，产妇总数 80783 人，建卡 74441 人，产检 75663 人，新法接生 78747 人，住院分娩 45082 人，高危产妇 3825 人，高危管理安全分娩 3821 人，产后访视 74931 人。2004—2010 年，产妇总数 57870 人，建卡 53892 人，产检 54215 人，系统管理 50235 人，新法接生 58172 人，住院分娩 58157 人，高危产妇 7464 人，高危管理安全分娩 7455 人，产后访视 55854 人。

妇科病查治：1978 年县妇幼保健站组织区、社保健人员对妇女子宫脱垂、生殖器官炎症、生殖器肿瘤等疾病进行普查普治，查已婚妇女 19254 人，染病 11234 人，治疗 10859 人，治愈 2445 人，好转 4156 人。1986—2003 年，检查妇女 424177 人，查出妇科病人 166303 人，治愈 106044 人。2004—2010 年，检查妇女 375775 人，查出妇科病人 103582 人。

二、儿童保健

儿童健康检查：1986 年，县卫生局组织儿童健康检查组对躲风亭乡、凤南乡、三塘乡 4624 名 7 岁以下儿童测量身高、体重、头围、胸围，检查眼、耳、鼻、口腔，摸肝脾，听心肺，化验血、尿、大便。91% 的儿童身高、体重达标。患各种疾病人数 1665 人，其中缺铁性贫血 1018 人，占 61.1%；重度营养不良 416 人，占 25%；佝偻病 210 例，占 12.6%；智力低下 15 人，占 0.1%；先天性心脏病 6 人，占 0.04%。检查组医师边查边治，患儿得到适当治疗。1988—1995 年，县妇幼保健所每年派出检查组深入城关地区和 21 个乡镇，295 个村，为 3 万多名儿童进行健康检查。1997 年，县卫生局在全县设立儿保门诊 43 个，办儿保试点 69 个，为 27394 名儿童进行了健康检查。2001 年开始对新生儿进行出生监测。2002 年县妇幼保健院开始进行新生儿疾病筛查。2003 年县人民医院对在院分娩的 544 名新生儿建卡，并进行健康监测。2009 年，新生儿访视 7925 人，占新生儿 99.96%；7 岁以下儿童保健 35473 人，占 7 岁以下儿童 65.64%；3 岁以下儿童系统管理 19708 人，占 3 岁以下儿童 78.14%。2010 年，新生儿访视 8383 人，7 岁以下儿童保健 53552 人，3 岁以下儿童系统管理 24748 人，均达到 100%。

儿童预防接种：1989 年，县妇幼保健所对县、区、乡妇幼保健人员进行卡介苗接种技术培训，培训后各接生单位妇产科医生或护士承担本院内所有新生儿的卡介苗接种。1989—2014 年，全县各接生单位妇产科医护人员共为 58972 名新生儿卡介苗接种。

创建爱婴医院：1996 年，县卫生局成立县创建爱婴医院领导小组。县妇幼保健院最先开展创建工作，先后派员赴省、市参加创建爱婴医院培训班，到省妇幼保健院等 5 家保健医院参观学习，分别对各科室医务人员进行关于母乳喂养政策、标准进行严格培训，对全县各乡镇妇幼人员进行强化训练，在院分娩的 216 名新生儿全部纯母乳喂养。年底，县妇幼保健院、县人民医院、县中医院经省、市专家评估验收，创建工作一举达标。三家县级医疗保健机构被省卫生厅授予“爱婴医院”称号并挂牌。

1997 年，创建工作在全县展开。长仑、洞庭、南湖、新泉、岭北 5 所中心卫生院按《关于促进母乳喂养成功的十点措施》和县妇幼保健院制定的《母乳喂养政策标准》，完善院内管理，加强培训，建章健制，在 5 所中心卫生院分娩的 786 名新生儿全部得到纯母乳喂养。1998 年，5 所中心卫生院接受省级评估，被批准为爱婴卫生院并挂牌。1999 年，县卫生局对 8 家爱婴医院进行复查，母乳喂养率 96.5%。

三、老年保健

1991 年，全县实施初级卫生保健，卫生部门切实加强防治心脑血管疾病和其他老年病的宣传教育工作。县疾控中心、县级医院、乡镇中心医院每年老年节都组织医务人员在县城和农村集镇开展防治老年心脑血管疾病和其他老年病的宣传和咨询。

1995 年，县建立老干部活动中心，内设舞厅、歌厅、书画室、健身房等老年人活动场所。此后，相继建立老年门球队、老年诗书画协会、老年科技协会、老年钓鱼协会、南山松自行车队、京剧票友会、舞剑队、太极拳队、健身操队、扇子舞队等老年健身团体。

1998 年，县卫生部门组织医技人员在江东路繁华地段设点宣传老年心脑血管疾病的预防、治疗和急救知识，发放宣传小册子 1 万本，接受群众咨询 200 多人次。

1999 年始，县人民医院、县中医院、县血防医院（县第三人民医院）、文星中心卫生院和乡镇中心卫生院相继设立老年病房，配备空调、电话、电视、热水器等设备，安排护理人员实施整体护理。每年对老年人进行健康检查。县级医院建立老年人健康档案 15000 多个。

21 世纪以来，卫生部门更加重视老年人身体保健工作，切实加强老年病防治的宣传工作。县老干局每年组织处级干部体检，各机关单位、部分学校、企事业单位经常组织老年人健康检查。县建立老年保健协会，县直单位、农村乡镇建立老年保健分会，组织多种形式的老年保健活动。县老年保健协会每年请省级医院知名教授来湘阴讲授老年心脑血管疾病和其他老年病的防治知识。县老年科技协会在乡镇建立医疗联系点，创办 6 个中心示范医院，指导老同志自我保健，开展老年病的治疗。

第七节　爱国卫生

一、公共环境卫生

1980 年，县政府制定城关镇卫生管理规定和农贸市场卫生管理规定，并在城镇推行“单位门前四包管理责任制”（即包卫生责任区保持清洁、包绿化、包管好街道路面、包秩序）。1984 年 5 月，县爱卫会制订《湘阴县各行各业文明卫生标准（试行）》。农村订立乡规民约，并在凤南乡荷花村进行文明卫生村试点。1985 年，在全省文明卫生竞赛活动中，湘阴县名列第五名，县公安局、财政局、电力局等 18 个单位被省、地命名为文明卫生单位。1991—1993 年，县委、县政府决定在全县开展创建卫生县城活动。突出抓好街巷、厕所、车站、码头、集贸市场、医院、招待所、商店、影剧院等窗口单位和行业卫生管理；抓好废水、垃圾、粪便、烟尘的处理；抓好街道绿化、美化，做到路平沟通，环境优美，内外整洁。大操坪市场被评为全国先进集贸市场。

2001 年，县电视台开办“创建省级文明卫生县城”专题栏目，宣传开展文明卫生县城的部署、进程和先进典型。加大城区道路建设，狠抓亮化、硬化、绿化工程。继续强化门前“四包”管理；维修改造停车场 2 个；新添垃圾桶、果皮箱 46 个；增加路灯线 15000 多米；植树 9000 多棵；修通下水道 12000 多米。县经委、县电信局、县房地产局、县五中、县移民局创省级文明卫生单位。

2007 年，县政府先后关停有污染的鑫盛纸业、时鑫造纸厂等 4 家小造纸企业，取缔非法炼矾企业 4 家，粗铟生产企业 6 家，非法炼铅企业 7 家，小镀锌企业 4 家，小塑料厂 5 家。

2011—2015 年，县委、县政府在强力推进新型工业化过程中，把优化生态环境作为一条底线，坚持“两型”发展，对内淘汰高耗低产重污染的造纸、化工、冶炼等 30 家企业，对外招商引进坚持招大引强选优，拒绝温州食品工业园等 40 家高排放重污染企业进入湘阴。

二、改水改厕

1985 年，湘阴县列入全省重点改水县。凤南乡魏家村打手压式机井 87 口，实现人人饮上清洁水。建无烟灶台 178 个，占农户总数 62.2%，改厕 147 户，占 51.4%，经地区验收达到文明卫生村标准。1986 年，全县建无烟灶 8310 个，改厕 2103 户，新打手压式水井 246 口。1996—2000 年，农村改水投入 1444.8

万元，兴建各类供水工程52193处，其中自来水厂（站）2042个，受益人口231612人；压把井4.8万台，受益人口233442人；园口井2151口，受益人口53822人。全县农村饮用清洁水的人口占农村总人口的90.14%。全县改建卫生厕所106554个，无害化厕所60885个。2002年，湘阴县被评为全国改水改厕工作先进县。2005年，实施中央补助地方农村改水改厕项目，在建改厕4400户座。2006年，农村改水改厕1800户座。2007年，开展大规模的农村改厕项目，建成9750户座，被评为全省改水改厕先进县。2008—2010年，全县新改建无害化厕所23500座，受益人口53200人；改水受益人口10.92万人。

2011—2015年，县委、县政府大力开展"三城同创"（省级文明、园林县城和国家卫生县城），同时加大农村环境卫生整治力度，投入整治经费2000多万元，开展城乡同治、清洁家园行动，重点整治"三乱"即整治乱倒垃圾、乱泼污水、乱丢污物；清除"三杂"即清除杂草、拆除杂屋、清除杂物；推行"三改"即改厕、改厨、改圈；实现"三化"即大搞绿化、硬化、净化。全县19个乡镇和行政村都建立了爱卫协会，配有专职保洁员5351人，全面推广清洁能源，发展沼气池和太阳能热水器，全县农村农户90%使用清洁能源，95%饮用洁净水。2014年湘阴获评全省城乡环境卫生整治"十佳"县。

三、除四害

1984年3月15日—4月15日，县城灭鼠18万只。

1985年，全县城乡开展两次群众性灭鼠活动，参加灭鼠人数15.22万人，挖洞堵洞15万多个，使用灭鼠器械9.48万件，用敌鼠纳盐30千克，磷化锌2千克，其他灭鼠剂20千克，配毒饵16200千克，室外投放12253公顷，室内投放65600户，全县灭鼠148.75万只。1988年秋季灭鼠，使用市统一配制的"速效灭鼠优"敌鼠钠盐毒饵1200千克，室内投放1.33万户，灭鼠效果53.64%~99.68%。1990年，开展全民灭蟑螂运动，蟑螂阳性率下降到10.5%。1993年，发放灭蟑灵4万块，动员机关各户购买灭害灵347瓶，配制灭鼠毒饵4000千克，经监测，鼠密度下降了91%。2008年始，县爱卫办聘请省市灭鼠专家现场授课，指导全县集中灭鼠。建常年灭鼠站17000个。城区建立一支20人的常年专业药杀灭鼠队伍，配合各单位集中灭鼠活动。2008—2010年，全县用于除四害的敌鼠钠盐、溴敌隆、杀鼠灵等30余吨，灭蟑灵10万块，各单位购灭害灵10万瓶。文星镇投入灭鼠毒饵450千克，喷洒灭蟑、灭蚊蝇药物凯素灵470包，拜灰土940支。2010—2015年，在创建省级和国家卫生县城中，加大除"四害"力度，先后获省级灭鼠先进县、灭蟑先进县。

第八节　卫生行政

1980年，县药品检验所在城关地区查出假中药62.5千克，1985年县药政药检所在全县查出伪劣西药60多万瓶，伪劣中药材1200多千克，均按药品管理法予以处理。

1998年，全县各中心医院成立了以院长为队长的医药市场整顿稽查队，打击无证行医带药28起，取缔无证行医药店6家，立案审查4家。

1999年，县卫生局执法股对全县个体医药店、村卫生室和乡卫生院下设医疗点进行全面检查、整顿。2001年对83家不合格医疗机构进行限期整改，对7家违规从事诊疗活动的药店、18家超范围执业的医疗机构立案查处，取缔14家无证诊所和4家不合格性病专科。

2000年，实施国务院《医疗器械监督管理条例》，成立湘阴县药品监督管理局。2006年，成立县卫生监督所。职能部门依法对全县医疗器械市场、药品市场，对行政企事业单位、学校、公共场所生活饮用水及食品安全等行使卫生监督职能。2006—2010年，县卫生监督所集中开展16次督查行动，查出不合格药品价值100余万元，收缴不合格医疗器械46件，价值200余万元。全县药品行政许可、市场准入、药品采购、经营、使用、管理日臻规范。2013年，县成立食品药品监督管理局，药品行政许可、市场推入、产、加、销、药品质量和医疗器械等归口食品药品监督管理局。2015年该局合并进入市场监督管理局，药品监管职能随同并入，继续行使监管职权。

第九节　新型农村合作医疗

2002年10月19日，中共中央、国务院颁布《关于进一步加强农村卫生工作的决定》，明确指出要逐步建立以大病统筹为主的新型农村合作医疗制度。2006年11月，湘阴县启动新型农村合作医疗制度，实行个人缴费、集体扶持和政府资助相结合的筹资机制。2007年，农民个人缴费10元，各级政府补助共计40元，当年累计筹集农合资金2074.23万元，农民参合率71%，受益度27.28%。当时的补偿方案是乡镇卫生院住院治疗100元，保内补偿60%，县级医院住院治疗200元，保内补偿45%，市、省级医院住院治疗1000元，保内补偿30%。2008年，在农民个人缴费金额不变的基础上，全县参合率提高到92%，全年农合资金达4013.76万元，受益面和受益度也相应提高到了12.11%和33.78%。进一步提高住院补偿比例，乡镇卫生院住院治疗100元，保内补70%；县级医院住院治疗300元，保内补偿60%；市级医院住院治疗500元，保内补偿50%；省级医院住院治疗700元，保内补偿45%。2009年，农民个人缴费金额提高到20元，相应将各级政府的补助提高到每人80元，农合总资金5000.3万元，参合率89%，受益度提高到37.5%。2010年，新农合得到进一步推广，参合率98%，农合基金8199.17万元，各级政府的补助再次提高，达到每人120元，农民的受益度也提高到46.1%，农合基金使用也更加合理化，当年使用率92.58%。是年，进一步优化补偿方案，乡镇卫生院住院治疗100元，保内补72%；县级医院住院治疗300元，保内补偿62%；市级医院住院治疗700元，保内补偿50%；省级医院住院治疗1000元，保内补偿45%。至2015年，全县农民参合人数达到595403人，参合率提升到99%，而且住院费用平均补偿率在65%以上，同时实行大病救助制。新型农村合作医疗制度真正从最大程度上解决农民因病致贫、因病返贫的现象。

附：县直医院选介

县人民医院　创建于1937年7月，时称湘阴县卫生院。1956年9月，扩建为县人民医院，总建筑面积1000平方米，职工38人，其中技术人员27人，病床30张，设内、外、妇产科和中医、检验及中西药房，分门诊、住院区。1965年，门诊增设五官、肠道、检验、放射和急诊室，住院部包括内儿科、妇产科和外科，病床增加到80张。1978年，职工增加到145人，其中卫技人员110人，病床增加至200张。1983年，人民医院列为全省重点县医院建设，至1985年基建投资118.7万元，建住院大楼、医技大楼、主治医师宿舍楼，共计面积达7803.8平方米，添置100~300毫安X光机3台、B超机2台。1986年有在岗人员285人，其中卫生技术人员212人。1996年投资260万元拆旧门诊楼新建一栋4层4200平方米的门诊楼。1997年经卫生部批准为“二级甲等医院”，成为全县医疗、教学、科研、急救和计划生育指导中心。2003年，投资1800万元兴建13680平方米住院大楼。医院科室设置有职能科室（包括办公室、医务科、护理部、人事科、财计科、后勤科、质控科、院感科、科技科、预防保健科等）、医技科室（放射科、检验科、B超室、心电图室、脑电图及多普勒图检查室、胃纤维镜检查室、乳部红外线扫描室、碎石治疗室等）、临床科室（内科、外一科、外二科、骨科、妇产科、小儿科、五官科、口腔科、皮肤科等）、药剂科和门诊部（含20多个临床科室，“非典”期间还设立发热专科门诊）。2004年，兴建一座1900平方米的4层传染病房。至2010年，医院占地2.13公顷，拥有职工580人，其中专技人员高级职称31人，中级职称208人，病床400张，医疗用房面积25235平方米，生活用房面积15370平方米。开设26个临床医技科室，年创收7000多万元。

2013年，县人民医院开始搬迁工程，2016年10月竣工投入使用。新的人民医院主体工程83175平方米，总投资5.6亿元，含住院大楼、门诊大楼、医技大楼、后勤及办公楼、传染病楼、地下室，成为现代化综合医院。

县中医院　1953年，在城关联合诊所的基础上建立。1986年由集体转为全民事业单位，并提升为副科级事业单位。1988年首创岳阳市第一所"省文明医院"。2003年，全院在岗人数205人，医技人员181人。2010年，发展成为一所集医疗、急救、预防保健、教学、康复于一体的具有中医特色的综合性二级甲等医院，是医保、工伤、生育、商业保险和新农合定点医疗机构，中南大学湘雅医院远程医疗中心开展远程教学和会诊单位，湖南省中医附一定点指导医院和教学实习基地。医院建筑面积1.44万平方米，有职工218人，其中高级专业技术人员10人，中级专业技术人员70人，编制床位200张。设有急诊科、妇产科、外科、内科、康复科、肿瘤科、肛肠科、皮肤科、儿科、口腔科、肾病科、五官科等15个临床住院科室，其中康复科为国家级重点科室，肿瘤科为市级重点科室。另有检验科、病理科、放射影像科、胃镜室、肠镜室、B超室、高压氧等10个医技科室。医院拥有先进的16排螺旋CT机等万元以上先进医疗设备40余台（件），设有中心供氧、自动呼叫、老干病房等先进医疗设施。

第三章　血吸虫病防治

湘阴县属湖沼型血吸虫病流行区，疫区与钉螺分布一致。中华人民共和国成立后，在历届县委、县政府的高度重视与大力支持下，在全体血防工作人员的不懈努力下，血吸虫病防治取得明显成效。2010年，全县除玉华乡和界头铺镇外，另17个乡镇属血吸虫病疫区。其中有144个疫区村达到血吸虫病传播阻断标准，33个疫区村达到传播控制标准，225个疫区村达到疫情控制标准。

第一节　机　构

湘阴县血吸虫病防治机构由县血防领导小组、县血防领导小组办公室及基层血防站院三级机构组成。

县血防领导小组　1978—1993年，县血防领导小组负责全县的血吸虫病防治工作。由一名副县长任县血防领导小组组长，县委、县政府两办、县人大教科文卫委员会及县卫生局、水利局、财政局、民政局、教育局、农业局、农机局、林业局、畜牧局、交通局、公安局、广电局、发改局、科技局、能源办等有关部门分管负责人为成员。1994—2008年，由县委副书记兼任县血防领导小组组长。2009年始，由县长担任县血防领导小组组长，县人大、县政府、县政协分管副职任副组长，县血防领导小组成员均是相关部门的主要负责人。县血防领导小组下设办公室，负责贯彻落实上级主管部门和县委、县政府有关血防工作的方针、政策和决议、决定，协调相关部门，具体组织实施各项防治工作。

县血防领导小组办公室　县血防领导小组下设的专职办公室（简称"血防办"），属常设办事机构。下辖县血防医院（湘阴县第三人民医院）和濠河、洞庭、新泉、南湖、城南5个基层站。1990年9月以前，血防办属副科级事业单位，无内设股室。1990年9月，升格为正科级事业单位，属政府管理的一级机构。内设人秘、业务、财务3个股室，下设8个基层血防站，共有行政、医务人员160人，其中专业技术人员147人。1996年，血防办进行内部改革并开始对基层防治机构进行布局调整。血防办增设健教股。

1998年，撤销青山血防站和长仑血防站，两站工作人员和防治任务分别合并到濠河血防站和县血防站，血防办撤人秘股，设办公室和人事股，共有5个股室。2004年，健教股并入业务股，并增设法监股，同时股室干部全部免除，重新竞聘上岗；是年，县委办、县政府办印发《湘阴县血防机构改革方案》，将血防工作纳入“大卫生”管理，血防办与卫生局合并，对外为县卫生局内设正科级事业单位，对内仍为县血防工作领导小组办公室，卫生局党委副书记、副局长兼血防办主任，人、财、物仍独立管理核算。2009年，县血防办内设办公室、业务股、人事股、财计股、法监股5个股室，下属副科级单位有县第三人民医院和濠河、洞庭、南湖、新泉、城南5个股级血防站。

基层血防站院 1990年9月，设县血防站、濠河、洞庭、新泉、南湖、城南、长仑、青山8个基层血防站。1998年，撤销青山血防站和长仑血防站，两站工作人员和防治任务分别合并到濠河血防站和县血防站。2002年3月，湘阴县血防站更名为湘阴县血防医院。12月，升级为副科级事业单位。2005年，湘阴县血防医院加挂湘阴县第三人民医院牌子，机构及级别不变，并实行防治分家，将有偿服务与无偿服务分开管理。

第二节 疫 情

1985年，全县45个乡镇均有血吸虫病患者，其中有钉螺又有病人的正型疫区乡镇29个，只有病人的输入型乡镇16个，累计病人7.96万人，占总人口13%，其中急性患者3096人。

1992年，全县有一、二类血吸虫病疫区乡、镇、场25个，174个村，人口近25万，病畜（牛、猪）近2万头，共有钉螺面积15063.6万平方米，其中垸内286.4万平方米，垸外14777.2万平方米。在对26个乡镇按疫情分层抽样查病中，共查110617人，查出病人5734人，阳性率5.18%，其中新感染619人，占病人数10.8%。

1996年，在23个乡镇中按疫情轻重查病，查病人数103353人，其中粪检2137人，血检101216人，查出血吸虫病人4495人，感染率4.35%，其中新病人205人，占病人数4.56%。

2004年，全县37个乡（镇、办事处）中，仍有35个乡（镇、办事处）402个村为血吸虫病未控制区，其中一类疫区村88个，二类疫区村113个，三类疫区村37个，四类疫区村164个，疫区人口668173人，尚有201个村未达到疫情控制标准。钉螺面积16646.5万平方米，其中垸内164万平方米，垸外16482.5万平方米。垸外钉螺面积中属易感地带的有6728.9万平方米。垸外阳性钉螺平均密度为0.00129只/0.11平方米，全县居民血吸虫病平均感染率为2.66%，耕牛平均感染率为3.89%。急性血吸虫病发病人数为6人。

2010年，全县19个乡镇有17个乡镇属血吸虫病疫区，其中三类疫区村258个，四类疫区村144个，再无一、二类疫区村，疫区人口689626人，居民血吸虫病感染率1.07%，家畜血吸虫病感染率2.18%，在册晚期血吸虫病人357人，钉螺总面积为16547.1万平方米，垸外钉螺面积16482.5万平方米，垸内钉螺面积64.6万平方米。

第三节 预 防

一、查螺灭螺

1986—1990年，结合水利和农田基本建设，采用填旧渠开新渠、开挖鱼池、堤身护坡、矮围及铲草药杀灭螺等方法，共灭螺1606.4万平方米，消灭垸内有螺面积56.9万平方米，有效地破坏钉螺孳生的环境，使疫区人群血吸虫病新发病人数迅速下降。

1991—1995年，每年的3—6月和9—11月份，组织人员对垸内外可疑的有螺地带进行查螺，查螺方法采用系统抽样结合环境抽样的方法，设框设线，每框的大小为一平方市尺，即垸内一般5米×10米，垸外20米×20米设框设线。累计查螺10312.5万平方米，查出有螺面积1366.3万平方米。垸外共查7249.9万平方米，查出有螺面积6154.3万平方米。在灭螺工作中，采用综合灭螺的方法，共灭螺6233.5万平方米，消灭垸内有螺面积128.6万平方米。

1996—2000年，坚持采用多种灭螺方法相结合的办法，共灭螺7190.1万平方米，其中药杀灭螺5066.7万平方米，沟渠水泥硬化灭螺达43.2千米，开新填旧灭螺28.4万平方米，开挖鱼池灭螺65.3万平方米，兴林抑螺800万平方米，改造进螺函闸4座，共消灭垸内有螺面积213.5万平方米。

2001—2003年，药杀灭螺1661.8万平方米，其中垸内322.7万平方米，垸外易感地带灭蚴663.5万平方米，兴林抑螺1967万平方米，改造进螺函闸3座；垸内沟渠水泥硬化长度为544.9千米，硬化灭螺面积264万平方米，清淤灭螺623.5万平方米，开挖鱼池灭螺216.7万平方米，消灭垸内有螺面积44.3万平方米。

2004—2010年，重点实行综合治理灭螺。经过多年的防治工作，疫情明显下降，大兵团作战不适应了，高围灭螺有背自然规律而行不通了，大量的药杀灭螺也不利优化环境。县委、县政府因势利导，及时调整策略，加大综合治理灭螺力度。7年时间，水泥硬化垸内有螺沟渠143.2千米，开挖精养鱼池灭螺132万平方米，开新填旧灭螺48.4万平方米，兴林抑螺5466.6万平方米，外堤护坡与平台治理灭螺220.3万平方米，改造进螺涵闸4座，疫区改水改厕21000多户，垸内查螺12326.9万平方米，查出有螺面积616.9万平方米；垸外查螺24543万平方米，查出有螺面积22172.5万平方米。药物灭螺5214.1万平方米，其中消灭垸内钉螺105.8万平方米。

2010年，累计调查钉螺面积85338.4万平方米，其中垸内查螺面积35696万平方米，查出有螺面积3067.2万平方米；垸外查螺面积49642.3万平方米，查出有螺面积44111.9万平方米。累计处理钉螺面积21880.6万平方米次，其中消灭垸内钉螺549万平方米。2010年年底尚有钉螺面积16547.1万平方米，其中垸内6.46万平方米，无感染性钉螺，分布于5个乡镇的12个村；垸外16482.5万平方米，活螺平均密度和感染性钉螺密度均显著下降，对居民和家畜的威胁大大降低，血吸虫病新发病人数降至1%以下。

1986—2015年湘阴县查灭钉螺统计表

表22-3　　单位：万平方米

年　度	发现钉螺面积		累计钉螺面积	反复处理面积	当年消灭面积		年底尚有钉螺面积	
	垸　内	垸　外			垸　内	垸　外	垸　内	垸　外
1986	130.14	14256.47	14386.61	320	15.94	0	114.2	14256.47
1987	114.2	14256.47	14370.67	320	28.54	0	85.66	14256.47
1988	85.66	14256.47	14342.13	324	12.42	0	73.24	14256.47
1989	302.1	22162.3	22464.4	324	0	0	302.1	22162.3
1990	302.1	22162.3	22464.4	318.4	0	0	302.1	22162.3
1991	302.1	22162.3	22464.4	1240	0	0	302.1	22162.3
1992	302.1	22162.3	22464.4	1240	0	0	302.1	22162.3

续表 22-3 单位：万平方米

年度	发现钉螺面积		累计钉螺面积	反复处理面积	当年消灭面积		年底尚有钉螺面积	
	垸内	垸外			垸内	垸外	垸内	垸外
1993	302.1	22162.3	22464.4	1238	0	0	302.1	22162.3
1994	302.1	22165.9	22468	1246	15.2	0	286.2	22165.9
1995	286.9	22165.9	22452.8	1269.5	113.4	0	173.5	22165.9
1996	286.9	22165.9	22452.8	1430	21.2	0	265.7	22165.9
1997	265.7	15004.77	15270.47	1438	33.4	0	232.3	15004.77
1998	232.3	15004.77	15237.07	1430	17	0	215.3	15004.77
1999	215.3	15004.77	15220.07	1430	29.2	0	186.1	15004.77
2000	207.41	15004.77	15212.18	1462.1	112.7	0	207.3	15004.77
2001	94.71	15004.77	15099.48	547.78	17.34	0	94.71	15004.77
2002	77.37	15004.77	15082.14	513.02	20.01	0	77.37	15004.77
2003	57.36	15004.77	15062.13	601	6.95	0	50.41	15004.77
2004	164	16482.52	16646.52	695.28	50.62	0	113.38	16482.52
2005	130.94	16482.52	16613.46	630	17.56	0	62.79	16482.52
2006	92.79	16482.52	16575.31	630	20.62	0	72.17	16482.52
2007	65.82	16482.52	16548.34	627.5	17	0	48.82	16482.52
2008	44.82	16482.52	16527.34	861	0	0	48.82	16482.52
2009	64.62	16482.52	16547.14	867.61	0	0	64.62	16482.52
2010	64.62	16482.52	16547.14	902.71	0	0	64.62	16482.52
2011	64.62	16482.52	16547.14	902.71	1.5	0	63.12	16482.52
2012	63.12	16482.52	16545.64	1638	0	0	63.12	16482.52
2013	63.12	16482.52	16545.64	1677	0	0	63.12	16482.52
2014	63.12	16482.52	16545.64	1020	0	0	63.12	16482.52
2015	63.12	16482.52	16545.64	1380	0	0	63.12	16482.52

二、宣教与防护

党和政府对血吸虫病的防治工作高度重视，1989 年 12 月 1 日，中共中央总书记江泽民给湖区五省血防工作会议写信，是年 12 月 10 日，国务院总理李鹏给血防工作题词。1990 年 3 月 23 日，国务院签发《国务院关于加强血吸虫防治工作的通知》。1987 年 1 月 1 日，省人大制定的《湖南省血吸虫病防治管理条例》公布实施。2006 年 5 月 1 日，国务院《血吸虫病防治条例》颁布实施。2008 年 2 月 1 日，湖南省新的《血吸虫病防治条例》颁布实施。遵循上级政策精神，湘阴形成“政府领导、部门配合、社会参与、群防群控”

的防控格局；明确血防各成员单位的任务、职责，全县建立并形成党政主要负责人亲自抓、负总责的血防工作领导机制。把血防健康教育摆在突出的位置，在疫区深入开展血防知识进学校、进社区、进村组的宣传教育活动，确保每学期血防知识课不少于4个课时。2010—2015年，每年进行血防宣传一条街活动2~3次，出动宣传车在疫区乡村巡回广播宣传不少于10天，制作发放血防知识讲座光盘600多个，悬挂血防宣传横幅200多条，书写大型血防固定宣传标语1000余条，印发血防宣传资料和图片25000份，《告家长书》29000份、《血防知识乡土教材》8000本、《龙舟队员须知》5000份，书写固定标语1600条。每年春夏季，在沿江各地段设立警示标牌，劝告群众不要下河游泳，以防血吸虫感染。通过一系列健康教育与防护工作，沿江、沿湖居民随意入江湖砍草、捞浮渣、洗衣物、季节性捕鱼、游泳戏水等行为大量减少。人群重复感染、新感染和急性发病呈逐年下降趋势。是年，县血防办对疫区乡镇村干部、村民、学生三类人群的血防知识教育情况进行抽样检测，血防知识知晓率均在95%以上。

第四节　治　疗

1986年，在全县疫区乡村，按疫情轻重分层开展普查、普治。应查50700人，实查57581人，占任务113.6%。查出血吸虫病人3212人，阳性率5.58%，其中新病人1492人，占病人数46.45%。当年治疗血吸虫病人3170人，其中急性6人。晚期病人55人。治疗血吸虫病人数是上年累计病人数的87.7%。同时对近期接触疫水的人群用吡喹酮作预防性化疗服药3166人。

1987年始，在全省统一布置下，连续10年，在每年的9月份进行一次血吸虫病人畜同步化疗大行动，每次均由一名副县长任指挥长，有公安、渔政、航运、畜牧、血防等部门参与，对保护易感人群，控制传染源取得了积极的作用。

1990年始，全县各血防站分小组进村入户进行查病，查出病人就近设点治疗，方便群众，方便血吸虫病患者。

2004年始，下乡查病以间接血凝检查为主，一律免费查病，同时免费提供杀虫药吡喹酮。减轻群众查治病的负担。

2007年始，县政府把农民血吸虫病治疗纳入“农村合作医疗”补助，并且逐年增加，是年每人补助150元。2008年每人补助180元。2009年每人补助210元。2010年每人补助240元。同时，每年安排6000~10000个治病指标。全县晚期血吸虫病患者治疗每人每年可以享受3000~7500元的补助，进一步减轻群众负担，查治工作更加顺利。1986—2015年，累计查病2300570人次，查出血吸虫病人177060人次，累计化疗人数1495269人次，救治晚血病人4969人。

1985年，全国血防现场会在湘阴县召开。国务院授予湘阴县“除害灭病先进县”称号。2000年，湘阴县被评为全省血防工作先进单位、湘鄂两省血防联防工作先进单位、全国血防工作先进单位。2015年，《湘阴县洞庭湖生态经济区血防综合治理“3+2”行动计划》经省验收通过；经国家卫计委专家组考核验收，湘阴县达到血吸虫病传播控制标准。

1986—2015年湘阴县血吸虫病查病、治病统计表

表22-4 单位：人

年度	查病				治病						化疗人数
	查病人数	查出病人	其中新病人	累计病人数	人数	其中			死亡病人	年底未治病人	
						急性	晚期	切脾			
1986	57581	3212	1492	3615	3170	6	55		6	439	3166
1987	45750	3623	816	4062	3685	13	46	6	4	377	2546
1988	46230	3834	924	4211	2850	21	39	5	3	1361	2635
1989	45737	4076	759	5437	4467	61	37	32	1	979	4674
1990	51364	8059	1686	9038	6220	98	384		5	3197	5748
1991	40082	5185	1207	8382	6199	37	88		10	2261	4020
1992	110617	5734	619	7996	5239	15	66		3	2819	81403
1993	123568	7021	959	9840	6880	44	15		1	2374	105584
1994	92030	6603	706	8977	6688	28	24		3	2313	59106
1995	133355	6766	1180	9079	5676	42	51		2	3454	51342
1996	103353	4495	205	7949	4134	45	114		1	3929	70361
1997	114165	5607	436	9536	5806	75	235	1	2	3965	50967
1998	112453	7201	378	11166	5460	23	52		1	5758	68330
1999	112244	5661	270	11419	10830	22	267	1	2	856	51090
2000	112351	4674	272	5532	4781	5	205		1	956	46900
2001	53641	5281	242	6237	4705	8	164			1696	51590
2002	42085	6476	287	8172	5628	7	153			2697	30790
2003	60104	8047	240	10744	7245	14	128			3627	32760
2004	35853	5000	256	8672	5841	6	106			2892	30852
2005	48282	9024	64	11905	5717	5	85	1	7	6296	63395
2006	48424	5787	43	12928	12614	1	210			524	50594
2007	58328	7676	33	8200	6528		178		6	1844	56097
2008	49998	5525	6	7369	5702		170			1837	61674
2009	58088	7125	0	8962	7244		288			1845	62839
2010	95411	7576	18	9421	7004		376			2793	67704
2011	102921	6141	0	8492	8399		302			371	66523
2012	84558	4106	0	4477	3684		119			891	81405
2013	91960	5984	0	6875	6542		338			671	75227
2014	94756	5867	0	6538	6286		337		1	588	78413
2015	95281	5694	0	6282	6038	0	337			581	77534

第二十三篇　文化·体育

第一章　文　化

第一节　机　构

一、行政机构

1981 年 4 月，设湘阴县文化局，专管全县文化工作。1984 年 4 月，机构改革后体育工作由县政府办分管。1993 年 1 月，县文化局与县体委合并为县文化体育局，管理全县文化体育工作。1996 年 6 月，县文学艺术界联合会（简称“县文联”）成立，由县文化体育局局长兼任县文联主席。1998 年 12 月，县文化局加挂新闻出版局和版权局两块牌子。2001 年 3 月，成立旅游局（挂靠文化体育局），由文化体育局兼管湘阴旅游工作。2004 年 6 月，县文联单列。2008 年 10 月，县文物旅游局单列。县文化体育局履行全县文化、体育、新闻出版等管理职能。

2010 年，湘阴县文化体育局（简称“县文体局”），内设办公室、财计股、群众文化股、人事股、体育彩票办、文化稽查大队。下属机构：湘阴县业余体育学校、文化馆、图书馆、电影公司、湘阴剧院，共有干职工 173 名。其中局机关在岗干职工 36 人。主要负责全县文化体育事业规划，文艺创作和演出，加强文化市场监管和体育设施建设，培训体育人才，推动群众文化体育事业发展。

2011 年，县政府实行机构改革，将原县文体局、县广播电视局及新闻出版、县版权局机构和职能合并，新组建县文体广电新闻出版局（简称“县文体广新局”），内设办公室、财计、群众文化、群众体育、人事股、体育彩票办、文化稽查大队。

二、业务机构

县文化馆　1978 年 1 月恢复县文化馆。1979 年 5 月，省文化厅、县财政局合计拨款 8.9 万元，对原馆进行维修。是年 11 月，文化馆恢复原貌，地址粥时街。1983 年始，文化馆设群众文化、创作、文物 3 个组，分别负责文物普查、文物古迹保护、文艺创作辅导及作者作品推荐、创办文艺刊物、辅导乡镇文化站（文化中心）和农村俱乐部。1995 年 6 月，投资 6000 元，添置桌椅，同时创办新苗美校，成为湘阴县第一所业余艺校。1999 年 12 月，投资 1 万元翻修第二栋办公楼，添置会议桌椅。2009 年 11 月，投资 30 万元，改造维修馆内设施。2010 年，完成对活动室及办公房的维修改造，文化馆的面貌焕然一新。

乡镇文化站　1978 年，恢复文化站活动，重建乡镇文化站 37 个，1979 年增至 42 个，1982 年合并为 25 个，每站每年补助 600 元。为贯彻中央文件精神和县委相关通知，开展建立以影剧院、图书馆、游艺室、电视室、业余剧团、电影放影队为骨干项目的文化中心。1982—1985 年，在城关、新泉等地建文化中心 20 个。各乡镇文化站由以往社办公助转为公办，文化辅导员转为国家干部。1995 年，撤区并乡，“四权”下放，各乡镇实行干部划线定岗、干部分流，文化工作瘫痪。1996—1997 年，根据国务院“乡乡有文化站”要求和省委、省政府文件精神，县委、县政府要求各区乡镇加强乡镇文化站建设，全县经乡镇党委会议讨论，区工委审查，文化部门考察，新建文化站 18 个，配文化专干 18 人。2005 年，编制 36 个乡镇文化站。2008 年，启动南湖洲镇等 9 个乡镇文化站建设。2009 年，启动杨林寨等 6 个乡镇文化站建设。2010年，各乡镇文化站基础设施建设基本完成。

村组文化室(农村俱乐部) 1978年，全县有农村俱乐部230个。1990年，县举办“十年改革成果展览”和“文化年”活动，在和平乡办“村组文化室”试点推广，先后办起成果展览室45个，拍摄照片5600张，组织版面900平方米；投资30万元恢复电影队42个，放映3850场次，观众18万人次；建万册图书室3个、5000册图书室4个、2000册图书室15个、1000册图书室35个；建村级文化室440个，组文化室2500个，个体文化户265户。1995年，撤区并乡，村组文化室亟待重组。1996—1997年，随着各乡镇文化站的恢复重建，村组文化室得以加强。2005年，结合农村文化设施“项目年”，编制农村书屋100个，2008年建成27个，2009年建成40个，其余33个于2010年全部完成。

三、演出团体

1978年，保留下的职业演出团体4个，其中剧团2个、皮影队和杂技团各1个，即农村文艺轻骑队、湘阴花鼓戏剧团、湘阴县东塘皮影队和南湖杂技团；半职业团队12个，活跃在全县农村各地。1979年新组建的南湖区、临资镇2个花鼓剧团在境外各地演出。1979—1984年演出5000多场次。进入20世纪，县文化管理部门按照“自由组团，自娱自乐、自主经营、自我发展”的原则，相继指导成立京剧票友会，大家乐文艺队、心连心民乐队、广场交谊舞队等文艺团队40多支。2008年，实行“以奖代扶”的文艺政策，充分调动文艺团队的积极性，广泛开展送文化下乡活动，使之成为湘阴文艺生力军。

农村文艺轻骑队 1965年成立，有队员13人。1977年，自编自演的花鼓戏《春水长流》参加省地专业文艺调演，省电视台现场转播，省广播台、中央广播台录音播放。1978年，自编湘剧《夺湘莲》《洞庭柳》和花鼓戏《山妹》参加岳阳地区调演，获得好评。后改为湘阴文艺工作队。

湘阴花鼓戏剧团 原名湘阴文艺工作队。1979年10月更名为湘阴花鼓戏剧团。1982年，招录新学员15名，共有演职人员42人，推出6台大戏，其中《寻儿记》除在本县演出外，还在湖南、湖北两省10多个县市演出370多场。后因剧团经济困难，演职人员流出，1986年县政府决定解散剧团。

湘阴东塘皮影队 1979年全县皮影戏班得以恢复，县文化馆重点培植东塘公社福胜班，以戴伯胜为队长，定名为东塘皮影队，在全县演出。1980年，代表湘阴县参加岳阳地区皮影戏会演，自创节目《双打虎》《牧猪猴》获创作和演出奖。2014年，该队以家庭传承、接演模式出现。在2015年湘阴春节晚会上参演受到好评。

南湖杂技团 1978年，因各种原因，演演停停。1979年恢复正常演出。1984年更名为湘阴杂技团，有演职人员24人，保留节目56个，其中优秀节目12个。至1985年先后在10个省200多个市县演出2100多场次，观众162万人次，经济收入45万元。当年赴云南边防为3万多官兵慰问演出30多场次，受到部队首长接见和战士的欢迎。

湘阴县百佳乐花鼓戏剧团 成立于1996年，后以法人体制进行重组，由股东参与管理。有演职员工30人，演出舞台车1台，演出服装、灯光、音响、布景、电脑及显示屏各1套。剧团在长沙、益阳、岳阳等地区的乡镇进行巡回演出，主要是花鼓戏，年均演出300多场次，演出剧目120个。2013—2015年，以《鹊桥拜会》《四郎探母》《金玉满堂》《三请樊梨花》《清风亭》等剧目活跃在县内各乡镇及汨罗、益阳、宁乡、望城等市、县、区。

湘阴县楠竹山花鼓戏剧团 于2007年10月20日经县民政局、文体广新局批准正式成立，证件手续齐全。吴新民任剧团团长（法人代表），有32名演职人员。主要演员有吴细红、汤清和、罗冬梅、田凤等，演出剧目有《秦香莲》《双凤冤》《包工赔情》等。剧团以大型历史传统花鼓戏、现代戏等表演剧目巡演于县内各乡镇，以及汨罗、岳阳、益阳等城市。在湘阴县花鼓戏曲演艺教研协会的指导下，艺技和能力得到进一步提高，社会各界反响良好。2013年7月在南湖洲镇演出20场，观众12000余人。

2014 年 10 月，在湘阴剧院演出 10 场，观众 1 万余人。2015 年 4 月赴湖北省公安县演出 20 场次，观众 24000 余人，演出的剧目《紫金锤》《三子贵》《泪洒相思地》等深受观众喜爱，当地新闻媒体进行了重点宣传报道。

湘阴县京剧票友协会　前身是 2008 年成立的京剧戏迷俱乐部，音响、文武场乐器均添置齐全，后由于队伍不断壮大，于 2010 年改成立湘阴县京剧票友协会，兰玉希任会长。京剧行当有老生、花脸、老旦、青衣、花旦等，除了清唱，还能表演折子戏，如《智斗》《自己的队伍来到面前》《探阴山》《三娘教子》等。协会平时的活动时间和地点都是固定的，活动形式多样化。至 2010 年，到汨罗、平江、岳阳市、长沙市等地学习交流 10 多次，请长沙等地的票友来湘阴传经送宝 10 多次。多次参加县里的大型活动，为弘扬国粹，普及京剧，丰富群众文化生活，促进社会和谐做出了一定贡献。

第二节　群众文化

一、文化设施

县城文化设施建设　2003 年 6 月，县委、县政府为了使湘阴文庙得到更好地保护，为申报国家级文物保护单位创造良好的条件，耗资 250 万元，耗时 3 个月，对湘阴文庙进行维修整合，基本还原了湘阴文庙原有风貌。2004 年，县政府投资 90 多万元，维修改造了湘阴剧院，使之成为了全省硬件设施较为完善的剧院之一。2005 年、2007 年，同乐宫和新星两家电影院屋面、门面维修，耗资 10 多万元。

乡镇文化设施建设　1979 年，全县乡镇相继建立了 39 个文化站，在 2004 年乡镇机构改革中，撤并为 19 个，乡镇文化专干大多成为减编对象，乡镇文化站陷入名存实亡的尴尬境地。2005 年，乡镇文化站建设被纳入国家投资计划，县内乡镇文化站逐步得到建设和恢复。2006 年，全县相继争取了 36 个乡镇文化站、100 个农家书屋、县图书文化中心等文化设施项目在省、市的立项。2008 年，正式启动了 24 个农家书屋、9 个乡镇文化站等建设项目。2009 年，投资 300 多万元，相继建成了白泥湖乡、界头铺镇、城西镇、南湖洲镇、岭北镇、青潭乡、新泉镇、石塘乡、湘滨镇 9 个乡镇文化站；投资 48 万元，创建了 24 家农家书屋，每个书屋都配齐了书桌、书柜等阅读设备，配送各类图书 1660 册，报纸、杂志 15 种，全县共配送书柜 72 个、阅读桌椅 24 套、图书 4 万余册。这些农家书屋全面投入使用之后，坚持每周开放 2—3 天，成为名副其实的小型图书馆，深受群众欢迎。建成 343 个文化信息资源共享工程村级站点，并配备计算机 319 台，移动播放器 16 套，投影仪 8 台，ADSLMoen180 个。2010 年，完成 6 个乡镇文化站新建任务，完善 9 个已建文化站配套设施，配送文化信息共享设备 15 套、电脑 90 台；全县已建成乡镇文化站 19 个，共完成投资 400 多万元，该项目在岳阳市年度检查验收中排名第一。完成 40 个农家书屋新建任务，共配送书柜等阅读设备 40 套，图书 66500 册。

电影设施建设　1985 年，在城关北门先锋路投资 8 万元，新建新星电影院，设翻版座位 810 个。1991 年投资 12 万元新建新星录像厅。1991 年 4 月，公司全体干部职工在电影市场大幅度滑坡的困境中求生存、图发展，投资 40 万元，兴建县内第一家豪华型文化综合大楼——同乐宫。

剧院设施建设　1986 年 11 月，岳阳地区地震办和县政府拨款 3 万元，对湘阴剧院进行防震加固，同时利用第一层 6 间工作用房，改为门面对外经营。1995 年 6 月，投资 2 万元，办起剧院招待所。7 月，投入 12 万元，创办剧院卡拉 0K 厅，另外购置设备 8 万元，使其成为集戏剧、歌舞、录像、卡拉 0K、旅社于一体的经营格局。

图书馆设施建设　1998 年 10 月，图书馆购置电脑设备 1 套，开始对馆藏图书实施计算机自动化管理。

文化馆设施建设　1995 年 6 月，开支 6000 元添置桌椅凳。创办新苗美校，成为湘阴第一所业余艺校。1999年12月，耗资10000多元，翻修第二栋办公楼，并添置会议桌椅、书桌等设施。2009年11月，投资30万元，对活动楼，办公楼维修改造，文化馆焕然一新。

博物馆设施建设 1983—1986年，对博物馆内湘阴文庙进行第一期维修。1991—1993年，进行第二期维修，耗资54万元。1997—1998年，进行第三期维修。

二、文化活动

1978年，全县文化活动随着庆贺中共十一届三中全会胜利召开而活跃起来。群众文化活动丰富多彩，广场文化群芳争艳。1979年农历岁首，县城游行队伍蔚为壮观，展出形态各异的彩灯800盏，扎故事台、龙、狮、虾、蚌、船及地花鼓100多台套。城乡100多个群众文艺团队和文体活动爱好者在城乡以广场、屋场、操坪等为阵地自娱自乐，异彩纷呈。

1983年，县文化馆举办为期一周的迎春灯会和连续16天的迎春交谊舞会，参加者5000余人次。

1984—1989年，县委宣传部、县文体局、县教育局组织“送文化、送戏、送图书下乡”300多场次；开展各类读书、图片、摄影艺术展览活动40多次。

1990年，县文化馆举办湘阴马年春联大奖赛。

1991—2015年，围绕党的中心工作，以重大节庆日、纪念日为主题，采取政府主办、部门合办、企业协办等多种形式，举办歌咏比赛4届，春节文艺晚会暨团拜会23届以及纪念毛泽东诞辰100周年、喜迎香港回归、庆祝中华人民共和国成立50周年、建党80周年等大型群文活动40余次；各部门、各乡镇、各企业开展各类规模不等的群众文化活动数以千计，各类会、展、赛80多项；为庆祝中国共产党成立80周年，由县文体局举办大型歌咏比赛，参赛歌手450余人。

1986—2015年湘阴县重大文艺活动一览表

表23-1 单位：人次

时间	地点	名称	参加人数	影响
1986年10月	文化馆	全国书法大赛	400	
1987年1月	湘阴剧院	湘阴县首届民歌、通俗歌曲演唱大奖赛	800	
1987年	湘阴剧院	全县歌手大奖赛	1000	
1989年	县文化馆	庆国庆40周年诗、书、画、影展览	2000	观众2万多人
1992年	县文化馆	今日湘阴	100000	
1994年7月	同乐宫	革命歌曲卡拉OK演唱会	500	
1995年12月	县文化馆	湘阴县首届元宵花灯展览	1000	观众5万多人
1997年6月	西林乡政府	庆香港回归文艺联欢会	1500	观众5000余人
1998年2月	县文化馆	迎春节画展	300	观众5000余人
1998年10月	湘阴剧院	抗洪英雄故乡情，98湘阴赈灾文艺晚会		观众1500人
1998年10月	湘阴宾馆	抗洪救灾摄像展		观众3000人
2001年7月	县博物馆	建党80周年书画展	2000	为期7天，作品200多幅，20000多人参观
2001年7月	湘阴剧院	庆祝中国共产党成立80周年歌咏比赛	1200	观众15000人

续表 23-1　　单位：人次

时　间	地　点	名　称	参加人数	影　响
2001 年 12 月	湘阴剧院	《走进新时代》春节晚会	1000	
2002 年 5 月	各重点企业	湘阴县总工会“五一”赴重点工程（企业）慰问演出	1000	观众 5 万余人
2003 年 10 月	心连心超市前	首届“心连心”杯 K 歌歌王争霸赛（广场文化）	5000	观众 2 万余人
2003 年 10 月	湘阴剧院	2003 年湘阴首届“公安杯”民族器乐大赛	300	
2004 年 9 月	滨江广场	全县文艺调演	5000	观众 5 万人次
2005 年 6 月	绿茵阁	第六届“三湘蒲公英”湘阴区选拔赛	1200	16 名优秀选手参加市复决赛
2006 年 3 月	县文化馆	“八荣八耻”为主题的少儿书法展览	500	展出 360 件作品，参观人数 3000 多人次
2006 年 4 月	滨江广场	“新世纪”老年业余文艺演出	100	观众 2 万多人
2006 年 10 月	杨林寨乡（移民乡）	“心连心·移动情”文艺演出	600	观众 1 万多人次。融化移民情结，沟通政府与群众感情
2007 年 1 月	湘阴一中艺体馆	“皇朝之夜”费翔演唱会		观众 2000 多人
2007 年 2 月	湘阴剧院	春节联欢晚会	100	观众 2000 多人
2007 年 5 月	滨江广场	“和谐颂”广场文化活动	800	观众 2 万多人
2007 年 6 月	江东社区	“心连心·移动情”送文化进社区	300	观众 1 万多人
2007 年 9 月	滨江广场	广场文化宣传队文艺汇演	500	观众 2 万多人
2007 年 9 月至 10 月	全县 19 个乡镇 30 个村组	“心连心·移动情”送文化下乡	6000	巡回演出 180 场次，观众 18 多万人
2007 年 10 月至 11 月	江东社区漕溪社区长岭社区	“欢乐送万家”广场文化进社区	500	观众 5000 人
2008 年 4 月	湘阴剧院	CCTV3《星光大道》栏目组综艺晚会	100	湘剧院座无虚席
2008 年 7 月	东湖商业广场	第八届“三湘蒲公英”湘阴区选拔赛	1000	评选 18 名优秀选手参加复决赛
2008 年 10 月	白泥湖乡六塘乡南湖洲镇	戏曲、歌曲大联唱	1000	观众 5 万多人
2008 年 10 月	滨江广场	“九九重阳”第一届中老年曲艺大赛	1000	观众数万人
2009 年 10 月	城北学校	湘阴县书法美术摄影作品展	5000	展出 2000 多幅精品，观众 2 万多人
2009 年 10 月	滨江广场	“九九重阳”第二届“东湖房产杯”中老年戏曲大赛	500	全县 12 支文艺团体同台竞技，观众 2 万多人
2009 年 10 月	湘阴剧院	庆祝中华人民共和国成立 60 周年“祖国颂·唱响湘阴”会演	1000	来自各战线 19 支队伍，观众 2000 多人
2009 年 10 月	全县各乡镇村组	“心连心·移动情”送戏下乡	400	68 场次，观众 30 多万人

续表 23-1 单位：人次

时间	地点	名称	参加人数	影响
2010 年 6 月	左宗棠广场	湘阴县少儿艺术大赛	200	参观人数 3 万多人
2012 年 7 月	湘阴剧院	左宗棠公演活动	800	
2012 年 9 月	湘阴剧院	九九重阳乡镇文艺展演活动	1000 人	全县 19 支文艺团队参加展演，受到群众欢迎
2013 年 9 月	各乡镇	免费送戏下乡暨《左宗棠》戏剧巡演活动	200 人	观众 3 万多人，使之了解左宗棠其人其事
2014 年 8 月	岳阳、长沙	“欢乐潇湘·幸福岳阳”，活力湘阴群众文艺会演	1000 人	有 30 个团队参加演出，观众 3 万多人，受到群众欢迎
2015 年 5 月	宗棠广场	首届全民广场舞大赛	300	观众 2000 多人，使全县广场舞全面推广

三、文化赛事

1979 年，岳阳市皮影戏调演，李全安整理改编的《双打虎》《牧猪猴》获创作、操作奖。

1990 年，县文化馆巢善宝创作的书画作品获湖南省老干部书画赛金奖、获全国第七届书画教育评奖活动金奖。

2001—2003 年，县文化馆在省文化厅举办的第一、二、三届三湘蒲公英少儿美术、书法、音乐、器乐大赛中选送 22 名声乐、器乐选手参赛，获奖率 100%。其中获省级金奖 9 人、市特等奖 9 人、市一等奖 12 人。

2002—2010 年，县内文艺选手在全国、省、市各类文化赛事中斩金夺银。第七届全国少儿小艺术家美术大赛中获 16 个金奖、16 个银奖、18 个铜奖、7 个优秀奖。湖南省第三届、第四届“芙蓉杯”体育舞蹈大赛中获 5 个金奖、3 个银奖、4 个铜奖。中华人民共和国“中加国际和平”杯美术大赛中获得 8 个金奖、4 个银奖、1 个铜奖。“第三届星星火炬”中国青少年艺术英才湖南区推选活动中获 8 个金奖、4 个银奖、1 个铜奖，全国总决赛获铜奖。

2014 年，湘阴组织 30 个群众文艺团队，参加“欢乐潇湘·幸福岳阳·活力湘阴”群众文艺汇演比赛，湘阴县获 8 个奖项，是全市获奖最多的县。其中歌曲《情满潇湘》获优秀节目一等奖。

1986—2015 年湘阴县参加省级以上赛事获奖情况一览表

表 23-2

名称	作者	表演者	获奖情况	时间
第四届全国屈原杯诗歌大赛	成明进		三等奖	1988 年
湖南省老干部书画展览	巢善宝		金奖	1990 年 1 月
全国书画评定委员会	巢善宝		优秀组织人	1990 年 5 月
“湖南文学”第一届文学新秀选拔赛	成明进		新苗奖	
全国学雷锋书画大赛	王大勇		中年硬笔书法金奖	1990 年 6 月

续表 23-2

名　称	作　者	表演者	获奖情况	时　间
全国诗歌大奖赛	成明进		新星奖	1990 年 12 月
第七届全国书法教育评奖活动	巢善宝		组织特别金奖	1990 年
全国第七届书画教育评奖活动	巢善宝		金奖	1990 年 12 月
“映山红”民间戏剧活动	牟忠林		育花奖	1991 年 12 月
“爱我祖国，爱我家乡”诗词大赛	邓志龙		一等奖	1992 年 1 月
首届中华诗词大赛	邓志龙		佳作奖	1992 年 12 月
“今日农村”新闻摄影比赛	周祥云		二等奖	1992 年 12 月
1994 年湖南省少儿书画大赛	何轩		二等奖	1994 年 5 月
	王妍 张博		一等奖	1994 年 5 月
省文化厅、中共零陵地委“红豆杯”大赛	易卫红		三等奖	1994 年
全国“烟草杯”摄影大赛	何子延		三等奖	1994 年 6 月
北京《新星杯》海内外第一届青少年书法大赛	王妍、何轩等 8 人		获奖	1994 年 10 月
“新税杯”诗词楹联大奖赛	邓志龙		三等奖	1994 年 12 月
全省首届梅山文化研讨会	成明进		一等奖	1995 年 9 月
《昌盛杯》全国书画大赛	巢善宝		最高荣誉奖	1995 年 10 月
	吴漭		少儿三等奖	1995 年 10 月
1986 年度优秀广播电视节目评选	肖光幸、黄自洪		创作一等奖	1997 年 2 月
第十一届“双龙杯”全国少年儿童书画大赛	孟晓羲		钻石杯奖	1998 年 6 月
	张骄等 14 人		银奖	1998 年 6 月
	巢善宝		三等园丁奖	1998 年 6 月
	鲁日等 3 人		金杯奖	1998 年 6 月
	廖巍等 17 人		铜杯奖	1998 年 6 月
1998 年全国中小学生优秀美术书画邀请赛	吴　潋、 倪小龙		一等奖	1998 年 6 月
	胡微丽等 7 人		二等奖	1998 年 6 月
	夏龙等 11 人		三等奖	1998 年 6 月
第十二届“双龙杯”全国少年儿童书画大赛	张骄等 2 位		金奖	1999 年 6 月
	巢善宝		三等园丁奖	1999 年 6 月

续表 23-2

名　称	作　者	表演者	获奖情况	时　间
1999 年全国中小学生优秀美术书画邀请赛	鲁日等 14 位		金奖	1999 年 9 月
	孟小曦等 20 位		银奖	1999 年 9 月
全国书坛小状元大赛	张骄等 5 位		一等奖	1999 年
	廖巍等 10 人		二等奖	1999 年
全国民间工艺美术书法大展	巢善宝	精英奖，并被命名为“海峡两岸德艺双馨艺术家”		1999 年 9 月
“中国书坛小状元作品展”活动	巢善宝		99 中国青少年书法教育成果奖一等奖	1999 年 10 月
上海亚洲音乐节“希贵杯”新人歌手大赛湖南赛区选拔赛		潘　番	新人歌手奖	2000 年 5 月
湖南省首届“洞庭杯”民族器乐大赛		陈昱吟 谭　旦	二等奖	2000 年 7 月
		周扬	三等奖	2000 年 7 月
		余志兵	园丁奖	2000 年 7 月
湖南省“三湘蒲公英奖”少儿音乐大赛		黄想想	铜奖	2001 年 5 月
		程扬	铜奖	2001 年 5 月
第五届“希望杯”全国书画大展赛	左昊明		二等奖	2001 年 9 月
湖南省“蔡伦杯”歌手大赛		何晋	铜奖	2001 年 10 月
迎香港回归中外华人“七星杯”全国作品评比	邓志龙		散文类三等奖	2002 年 4 月
湖南省第二届“三湘蒲公英奖”音乐舞蹈大赛		许丹、徐幸、吴倩	铜奖	2002 年 7 月
2002 年湖南少儿文艺理论征文	李惠颖		铜奖	2002 年 8 月
湖南省第三届“三湘蒲公英”奖评选活动		许舟	金奖	2003 年 8 月
		胡珍	银奖	2003 年 8 月
湖南省“敦煌杯”二胡独奏比赛		程扬	儿童一组一等奖	2003 年 8 月
中南五省首届“乐海杯”扬琴邀请赛		何紫薇	儿童 B 组一等奖	2003 年 10 月
湖南省第三届“三湘群星奖”	陈宏伟		银奖	2003 年 10 月
中国青少年“金鹰之星”总决赛			舞蹈单人组金奖	2006 年 6 月
			舞蹈主持组银奖	2006 年 6 月

续表 23-2

名　　称	作　者	表演者	获奖情况	时　　间
“第三届星星火炬”中国青少年艺术英才推选活动湖南区		杨璐	舞蹈单人组金奖	2006 年 7 月
		蒋鹏	舞蹈专业组银奖	2006 年 7 月
		廖程哲	表演专业组银奖	2006 年 7 月
		甘晓文	表演专业组铜奖	2006 年 7 月
		谭佳佳 赖洁丽	铜奖	2006 年 9 月
湖南省首届幼儿艺术大赛	舞蹈《快乐的小天鹅》		特等奖	2007 年 4 月
湖南省第三届“芙蓉杯”体育舞蹈大赛		刘嘉文	少儿女子单人组金奖	2008 年 7 月
		任甜	少儿女子单人组金奖	2008 年 7 月
		熊汝玄	少儿女子单人组金奖	2008 年 7 月
		柳玄	银奖	2008 年 7 月
		曹隽	银奖	2008 年 7 月
		钱晓萱	铜奖	2008 年 7 月
		左嘉玉	铜奖	2008 年 7 月
		谢晟	铜奖	2008 年 7 月
第九届千禧龙杯全国青少年书画大赛	徐威		金奖	2008 年 8 月
	蒋启超		特金奖	2008 年 8 月
湖南省第八届“蒲公英奖”		朱圆圆 任佳丽	舞蹈铜奖	2008 年 8 月
湖南省教育电视台《夺麦艺先锋》栏目举办的《艺善双星》大赛	双人舞《那时格桑花开》 三人舞《小伙伴》 《我的祖国》		一等奖	2008 年 10 月
	集体舞《阿拉伯之夜》		快乐宝贝奖和优秀演员奖	2008 年 10 月
“新世纪”杯中华青少年美术书法摄影大奖赛	胡芸		美术类特金奖	2009 年 1 月
	焦鹏		美术类特金奖	2009 年 1 月
中华人民共和国“中加国际和平”杯美术大赛	杨伊诺		金奖	2009 年 5 月
	高源		金奖	2009 年 5 月
	俞柏翰		银奖	2009 年 5 月
	徐泽宇		银奖	2009 年 5 月
	李宗帅		银奖	2009 年 5 月

续表 23-2

名　　称	作　者	表演者	获奖情况	时　　间
湖南环洞庭地区民间艺术展演活动	群舞《脱节龙》		最佳表演奖	2009 年 9 月
湖南省第四届“芙蓉杯”体育舞蹈大赛		吴鸿雷	金奖	2009 年
		徐雅靓	金奖	2009 年
		王博文	银奖	2009 年
		梁爽	铜奖	2009 年
第七届全国少儿小艺术家美术大赛	湘阴少儿组		团体银奖	2009 年 12 月
	夏睿		金奖	2009 年 12 月
	易浩		银奖	2009 年 12 月
	田佳豪		铜奖	2009 年 12 月
第五届湖南省艺术节三湘群星奖评选活动	楠竹山花鼓戏剧团创作排演的《文明之家》剧目		三湘群星奖银奖	2014 年
《五言抗战长诗》获吉尼斯世界纪录	王顶		吉尼斯世界纪录，国家图书馆收藏	2015 年
湖南省“欢乐潇湘”群众美术书法摄影活动决赛	高治波	三等奖		2015 年

第三节　文艺创作

1981 年，县文化馆创办不定期《湘阴文艺》专刊。

1985 年，业余创作小组发展到 40 个，业余作者 216 人，创作文学作品 6369 篇，在省和全国性报刊发表 176 篇。

1990—2003 年，全县各类文艺作品在省内外、国内外参展、参赛、发表 300 余件。其中成明进的诗歌《我的歌》获“天马杯”全国诗歌大赛新星奖；诗歌理论《意味诗说》由赤道风出版社出版；《诗歌大破译—感性诗学》由国际文化出版社出版；诗评《诗人金筑与诗的思维程》发台湾《葡萄园诗刊》137 期；1996 年 5 月份出席在武汉大学举办的有法国、新加坡等 10 个国家和地区 100 余名学者、专家参加的华文诗歌国际学术研讨会，宣读论文。吴果迟编的花鼓戏《左公柳》由《剧海》刊发；电影文学剧本《一箭仇》收入《芙蓉》；电影文学剧本《三归台遗恨》登《电影电视文学》；周祥云摄影作品《金秋渔汛》参加省第二届洞庭之春艺术节摄影艺术展览，《丝丝甜意聚心头》，入编《中国摄影家作品精华》；肖光幸音乐作品《荷塘情话》获湖南省首届文化馆、站干部文艺调演创作二等奖；杨莉《关于农村群众文艺创作衰落的思考》论文参加省群众文化理论研讨会及第三届理论评奖获二等奖；周勇的油画《1998 年的 8 月》入选 1998 年岳阳国际龙舟节摄影作品展，参加湖南省 1999 美术作品大展；巢善宝获中国首届少年书法大赛精英奖，并获中国文联等单位颁发的海峡两岸德艺双馨艺术家称号；2002 年陈宏伟创作的歌曲《湘阴，我热恋的家乡》是县内第一首广为传唱的本土音乐作品；2003 年创作的歌曲《梦中的天堂》参加湖南省举办的“三湘群星奖”获银奖，实现了湘阴县在政府举办的同类赛事中奖牌零的突破。

1986—2015 年湘阴县发表于省级以上报刊或出版主要作品目录一览表

表 23-3

种　类	作品名称	何处发表或出版	发表时间	作　者
音乐	《哎呀呀，你呀你》	省刊《时代歌声》	1986 年	杨中民
	《我有一片彩色的爱》	省刊《湘江歌声》	1986 年	杨中民
	《春水长流》曲谱	湖南人民出版社	1990 年	肖光幸
诗歌	《江南的梅雨》	《河北作家》杂志	1986 年	张利人
	《盼您来尝幸福茶》	湖南人民出版社	1987 年	张利人
	《意味诗说》	新加坡赤道风出版社出版	1991 年	成明进
	《诗歌大破译》	国际文化出版公司	1998 年	成明进
油画	《三月的风》	湖南省第三届油画美术作品展览	1989 年 8 月	周勇
摄影	《金秋渔汛》	湖南省第二届洞庭之秋艺术摄影节中艺术展览中入选	1989 年 10 月	周祥云
	《奋战城西垸》	《湖南日报》	1999 年 1 月	周祥云
	《丝丝甜意汇心头》	《中国摄影家作品精华》	2000 年 12 月	周祥云
戏曲	《谜惑》	《剧海拾贝》	1990 年	章特立
诗集	《望了昨天一眼》	《淮风诗丛》	1990 年	成明进
书画	《面壁图》	《金秋书画集》	1994 年	巢善宝
	《巢蔚翁书画选》	国际文化出版公司	2000 年	巢善宝
散文	《情系龙船》	《中国体育报》	1991 年 6 月 20 日	何文俊
	《扁担春秋》	《中国体育报》	1991 年 9 月 17 日	何文俊
	《鞭炮声声》	《经济日报》	1991 年 10 月 6 日	何文俊
	《大草坪祭》	《中国体育报》	1991 年 12 月 31 日	何文俊
	《吉利龙灯》	《中国体育报》	1992 年 2 月 18 日	何文俊
	《呢喃燕子》	《中国体育报》	1992 年 3 月 26 日	何文俊
	《夕阳老人》	《中国体育报》	1992 年 6 月 11 日	何文俊
	《故乡茶道》	《湖南日报》	1992 年 7 月 22 日	何文俊
	《乡膳》	《湖南日报》	1992 年 9 月 30 日	何文俊
	《走进春天》	《湖南日报》	1993 年 4 月 15 日	何文俊
	《饭里人生》	《中国体育报》	1993 年 4 月 25 日	何文俊
	《菜园里》	《散文》杂志	1993 年 5 月	何文俊
	《盛情》	《湖南日报》	1993 年 10 月 9 日	何文俊

续表 23-3

种　类	作品名称	何处发表或出版	发表时间	作　者
散文	《有座如此》	《湖南日报》	1994 年 4 月 2 日	何文俊
	《花树》	《中国体育报》	1994 年 5 月 8 日	何文俊
	《勿忘花鼓》	《湖南日报》	1994 年 6 月 18 日	何文俊
	《甩是一方风景》	《中国体育报》	1994 年 7 月 31 日	何文俊
	《居楼偶得》	《湖南日报》	1994 年 10 月 29 日	何文俊
	《观象棋》	《中国体育报》	1994 年 12 月 11 日	何文俊
	《换鞋进房》	《湖南日报》	1994 年 12 月 17 日	何文俊
	《读鳖》	《湖南日报》	1995 年 1 月 7 日	何文俊
	《买猪肚》	《湖南日报》	1995 年 2 月 25 日	何文俊
	《一段忧愁》	《湖南日报》	1995 年 5 月 27 日	何文俊
	《束装而行》	《湖南日报》	1995 年 10 月 27 日	何文俊
	《逗乐》	《湖南日报》	1996 年 4 月 5 日	何文俊
	《拜访柳庄》	《芳草》杂志	2001 年 12 月	张利人
	《滚石上山》	广东花城出版社	2003 年 9 月	李清明
	《梦起洞庭》	广东花城出版社	2003 年 9 月	李清明
	《微雨独行》	广东东方出版中心	2006 年 4 月 1 日	李清明
	《寥廓江天》	广东花城出版社	2009 年 1 月 1 日	李清明
小说	《夏元吉传》	岳麓书社出版	1995 年	夏云阶
	《扯谎》	延边人民出版社	1998 年	曹阿棣
	《背着书包舞蹈》	新疆青少年出版社	2000 年	曹阿棣
	《姐姐的花书包》	远方出版社	2000 年	曹阿棣
	《好爸爸、坏爸爸》	人民日报出版社	2001 年	曹阿棣
	《学苑内外》	光明日报出版社	2004 年	曹阿棣
	《穷人的孩子》	延边大学出版社	2006 年	曹阿棣
	《出走的孩子》	延边大学出版社	2006 年	曹阿棣
	《背不起的书包》	延边大学出版社	2006 年	曹阿棣
长篇历史小说	《左宗棠》	香港天地图书公司出版	1995 年	吴果迟
	《李鸿章》	湖南文艺出版社出版	1998 年	吴果迟
	《晚清风云》	北京东方出版社出版系列	1994 年	吴果迟
	《武则天》	北京文化艺术出版社出版	2006 年	吴果迟
	《1644——帝星升沉》	河南文艺出版社出版	2007 年	吴果迟
	《民族之魂——林则徐》	河南文艺出版社出版	2010 年	吴果迟

续表 23-3

种　类	作品名称	何处发表或出版	发表时间	作　者
新闻	《新闻导语艺术》	河南国际新闻出版中心	1995 年	冯根良
	《新闻标题艺术》	南方出版社	1997 年	冯根良
	《新闻语言艺术》	中国文联出版社	2000 年	冯根良
	《新闻标题荟萃》	人民日报出版社	2001 年	冯根良
	《新闻背景艺术》	中国文联出版社	2003 年	冯根良
	《新闻撷美》	华龄出版社	2005 年	冯根良
长篇小说	《小镇上的女人》	台湾出版社	1999 年	曹阿棣
	《不是因为爱情》	湖南文艺出版社	2002 年	曹阿棣
报告文学	《李启荣剪影》	人民日报出版社	2000 年 8 月	张利人
	《湘江飞虹》	光明日报出版社	2004 年 8 月	何文俊
散文集	《大红印心》	人民日报出版社	2001 年 9 月	何文俊
编译集	《元曲三百首》	喀什维吾尔文出版社	2001 年 12 月	何文俊
新诗集	《心迹》	远方出版社	2002 年 8 月	何文俊
歌曲	《梦中的天堂》	湖南省第三届“三湘群星奖”银奖作品	2003 年 10 月	乃东
短篇历史故事集	《断案精华》	福建海峡出版社出版	2005 年	吴果迟
诗词评论	《漫步南园》	中国青年报出版社	2006 年 8 月	何文俊
	《南园理会》	华人论坛	2010 年	何文俊
电影文学剧本	《妈妈》	《电影文学》	2006 年 12 期	熊威
	《宽背》	《电影文学》	2007 年 6 期	熊威
	《国魂》	《电影文学》	2008 年 3 期	熊威
	《走出寒冬》	《电影文学》	2009 年 11 期	熊威
	《总统竞选战斗曲》	《艺海》	1999 年 3 期	熊威
	《红茶杯》	《艺海》	2013 年 5 期	熊威
金融与投资	《股海无边》	广东东方出版中心	2008 年 1 月 1 日	李清明

第四节　图　书

一、发行

新华书店湘阴县分公司（简称“县新华书店”），内设综合业务部、图书业务部、教材业务部、财务部，下设营业部，共有干职工32人。主要组织和向全县销售各类书刊和学校教材。

1986，图书发行全面转向市场经济，农村图书发行网点靠自身流动摆摊设点。书店中心门市部图书销售及全县中小学课本发行，销售金额158万元，比上年增长30%。

1990年，全店员工同心协力，顽强拼搏，图书发行数量开始回升，图书品种增加到3800种，全年销售额248.7万元。

1994年，随着经济建设的不断深入和发展，农民讲究科学种田，学生求知愿望不断增强，各类书籍销售数量增多，当年图书净销售460万元，比1986年增长3.3倍。

1996年，为满足广大读者对图书的需求，中心门市部在1995年改造扩容的基础上进行了全面维修，书业面积达400多平方米，店堂通明透亮，环境优美，给读者带来舒适感。图书品种达到13000种，全部实行开架售书，让读者自由选购，当年销售额1390万元，实现建店以来最高销售记录，比1994年的460万元增长3.02倍。

2003年，书店中心门市部新型图书超市建成开业后，开展“创优质服务柜”，争当“新华服务之星”活动，规范营业员行为，实行统一着装、挂牌上岗，以便让读者监督营业员做好本职工作。门市部营业时间由原来的上午8时至下午5时改为上午8时至下午9时，延长4小时。将门市部两班制改为三班制。图书品类增加到15800种，其中文化教育10711种，文学艺术1810种；农、工、卫生、自然科学1430种；社会科学1005种；少儿读物841种；马克思、列宁、毛泽东著作3种，是年实现销售金额1800万元，比1996年增长1.29倍。

2004年，积极响应中共中央提出的服务“三农”的政策，成立服务“三农”领导班子，组织科技兴农各类书籍，联系科技示范户，开展流动送书上门。

2010年，书店以新的经营理念，推动企业新发展，切实做好“内强素质、外树形象”基础管理工作，各项工作稳步推进。全年完成销售1200多万元；全年各类税收上缴40万元。

2011年以后，图书市场竞争激烈，一般图书销售被多渠道分割。新华书店采取多种措施扩营销，至2015年总销售额6000万元，年平均1200万元。其中2015年为1280万元。

教材教辅　县新华书店自始至终把教材教辅征订发行工作放在重中之重，开展工作，理顺关系，确保教材教辅征订发行工作的顺利进行。秋季，在教辅征订上改变以往全县统一召开征订会的传统模式，采取和教育局勤管站一起下到每个垸区，加强协调沟通，以垸区为单位征订报数，并向学校发放《中小学教辅资料自愿订购单》。2010年，教辅资料的发行与2009年同期比增长近400万元。2015年县新华书店坚持强化服务意识，提高服务水平，优化服务质量，全心全意为学校师生服务，积极参与免费送书下乡。全年发行教材教辅4000万元，免费教材金额800万元，新华书店免费送书下乡24万元。

一般图书　2010年，省集团公司年初的业务工作会议指出，把一般图书的销售增长确立为全年的工作重点，湘阴中心门市部确立为必须完成星级达标门店之一。12月3日，集团连锁门店经营管理中心检查组，严格按照《门店标准化管理工作手册》中三星级门店要求，对中心门店进行硬件、软件和现场管理等方面的评审，充分肯定了在“三星级”门店建设中所做出的努力和成绩，成功通过初捡，达到“三星级”标准。秋季开学以后，到全县所有高中，采取上门推销、自愿征订、集中发行的形式，在全县高二年级发行了《语文报分类作文》、高三《高中生》。深入党政机关，推销重点图书。配合县委宣传部在全县开展党员干部读书活动，选定学习用书 17 个品种，并向全县各乡镇、县直各单位发放了《党员干部学习用书推荐目录》供其征订，此次读书活动共发行图书 13000 册，销售 15 万元。全年销售一般图书 194 万元，其中图书音像制品 109 万元；文化用品、电子产品 85 万元。销售任务与 2009 年同比增长 26%。

2015 年新华书店创新销售理念，突出重点图书销售，带动一般图书销售，适应幼儿教育和读书活动需要，保证重点图书销售和一般图书销售同步增长。全年幼儿教材销售 110 万元，读书活动销售 163 万元，政治书和电子类产品销售 250 万元，比 2010 年都有大幅度增长。

二、馆藏与利用

1978 年，启动县图书馆建设。1982 年 11 月 20 日正式落成对外开放，总建筑面积为 1170 平方米，馆内设有外借室、报刊室、咨询室、采编室、书库等多功能服务项目。图书馆立足社会，面向读者，广泛开展读书活动，充分发挥文化传播阵地的作用。

藏书　1986 年，县图书馆购书费为 2000 元，新购藏书 900 册左右，总藏量为 5.6 万册。1986—1987 年，购书经费一直未增加，藏书微量递增。1995 年始，图书馆的购书经费纳入县财政的专项支出。1998 年，购书费增为 1 万元，新购藏书 500 册，总藏量 7 万册。其中古今重要文史工具书 299 种，688 册；外文工具书 44 种，52 册；线装古籍 268 种，1856 册；报刊杂志（历年）1.5 万册；其他综合类书 5.3 万册。2002—2009 年，图书馆对重要史书、类书、丛书、韵书、诗书集及中外词典等工具书都有较为系统的采集，共收藏古今重要文史工具书 299 种 688 册，外文工具书 44 种 52 册，线装古籍 268 种 1856 册，总藏书量由 2002 年的 5.6 万册递增到 2009 年的 8.61 万册。2015 年共有藏书 9.56 万册。

借书与阅览　图书馆本着“一切为了读者”的原则，每年向读者开放近 2000 小时，图书流通量 28143 册次，年解答咨询 500 人次，少儿读者万余人次，建立农村图书室 3 个。

1986—2015 年湘阴县图书馆借书情况一览表

表 23-4　　单位：人，册

时间（年）	借书人数				借书册数			
	外借室	报刊室	少儿室	咨询室	外借室	报刊室	少儿室	咨询室
1986	15000	4000	20000	500	20000	10000	28000	520
1987	13000	3500	18000	400	18000	8000	23000	460
1988	12000	3200	15000	300	15000	5000	18000	350
1989	11000	2300	13000	250	14000	4000	15000	300
1990	10000	2000	12000	200	13000	3600	14000	250
1991	10000	1800	11300	180	12000	3000	13000	200
1992	6000	6000	10000	200	10000	10000	12000	220
1993	6000	5000	11000	200	11000	9000	13000	210
1994	5000	4000	8000	190	8000	8000	9000	200
1995	5000	5000	10000	300	10000	7000	12000	400
1996	6000	4000	11000	300	8000	5000	12000	350

续表 23-4 单位：人，册

时间（年）	借书人数				借书册数			
	外借室	报刊室	少儿室	咨询室	外借室	报刊室	少儿室	咨询室
1997	6000	4000	10000	300	8000	5000	11000	350
1998	10000	5000	6000	280	12000	5000	7000	280
1999	8000	3000	5000	260	9000	3500	6000	270
2000	5000	3000	6000	250	6000	3800	7000	260
2001	5200	2800	7000	240	6000	3000	8000	260
2002	5500	3000	12000	260	7000	3500	14000	300
2003	4000	2000	12000	240	6000	25000	13000	250
2004	4500	2800	13000	240	5800	28000	18000	250
2005	5000	3000	15000	250	6000	30000	15000	260
2006	5500	3500	18000	280	6800	40000	20000	300
2007	6000	4000	25000	300	7000	38000	25000	320
2008	6500	4200	28000	310	7200	40000	28000	330
2009	7000	4300	30000	320	7600	50000	30000	350
2010	4000	3200	4000	400	3800	5000	40000	400
2011	4200	3000	4500	280	4300	5100	36000	390
2012	4600	3100	5000	320	4800	6000	28000	350
2013	4100	4200	5100	310	5100	7200	41000	410
2014	5000	3900	6000	400	3900	9000	51000	380
2015	5200	3300	7200	290	4800	8100	59000	430

读书活动 1991年，开展“学雷锋、学赖宁”演讲活动；1992年开展“小记者”编报活动；1993年“纪念毛泽东诞辰100周年”征文活动；1996年，“纪念红军长征胜利60周年”青少年征文竞赛以及1997年的“迎香港回归书画大赛”、2000年，湖南省“科普小制作小发明”竞赛活动等，全县有10余万人次中小学生参加，每次活动都进行评优奖励，同时编有读书心得选，发到全县中小学生的手中，提高孩子们的读书兴趣，陶冶了他们的情操。2005年的湖南省少年儿童“不朽的丰碑——纪念抗日战争胜利六十周年及红军长征胜利七十周年”读书知识竞赛活动，县内有一名选手获一等奖，两位教师获得优秀辅导员奖；是年，在岳阳市“知我岳阳、爱我岳阳”文明家庭亲子读书乐活动中，有1个家庭获得一等奖；2008年7月，白泥湖乡开展“知我岳阳、爱我岳阳”读书征文活动，3000多人参加；2009年8月，组织开展“读书宣传周”活动，2000多名学生和读书爱好者参加了签名活动。至2010年，图书馆组织中小学生4万余人次参加了省、市举办的各类读书活动，其中：县内选手刘进获得一等奖，胡珂和余迪获二等奖，杨帅和阳瑶获三等奖，盛佳、杨稳、陈双获优秀奖，县图书馆获先进集体奖。

1986—2003 年重大读书活动一览表

表 23-5

时　间	活动名称	纪　　要
1986 年	“点燃理想之火”读书征文（省）	县图书馆被评为全省“读书读报”优胜单位
1987 年	“理想、信念、攀登”读书征文	图书馆被评为全省“读书读报”优胜单位
1991 年	“学雷锋、学赖宁”演讲活动	
1992 年	“小记者”编报活动	
1993 年	“纪念毛主席诞辰 100 周年”征文活动	6000 人参加
1993 年	“纪念抗日战争胜利 50 周年”演讲比赛	
1996 年	“纪念红军长征胜利 60 周年”青少年征文竞赛	
1997 年	“迎香港回归”书画大赛	
1999 年	全省少年儿童“祖国颂、社会主义颂、改革开放颂”读书征文竞赛	县图书馆获组织奖、唐娟获纪念奖
1999 年	全省少年儿童“庆祝国庆五十周年暨迎澳门回归”征文竞赛活动	城北学校获组织奖、陈辉云获指导老师奖、李赞获二等奖
2000 年	湖南省少年儿童“做新世纪的小主人”科普小制作小发明竞赛	县图书馆获组织奖、李婷等获三等奖、甘磊等获优胜奖
2002 年	全省少年儿童“争做绿色小卫士”读书征文活动	县图书馆获先进集体奖。袁家铺中学刘进获一等级，城东中学胡珂、茶湖潭乡中学余迪获二等奖，城北学校杨帅、袁家铺中学阳瑶获三等奖，茶湖潭中心学校盛佳、湘临中学杨稳、仁义中心学校陈双获优秀奖
2003 年	湖南省少年儿童“传承中华美德”读书征文竞赛活动	县图书馆获先进集体奖。城郊学校游西莹获一等奖，城北学校湛常昊获二等奖，茶湖学校彭必雄、茶湖潭中心校张鹏、刘芬获优秀奖，城北学校甘振华、周格获优秀指导老师奖

第五节　广播·电视·报刊

一、广播

1978 年，湘阴县设广播事业管理局，下设办公室、广播站、外线队，人员编制 12 人。1984 年 1 月，更名为湘阴县广播电视局，下设办公室、广播站、事业技术股和广播电视服务部，人员编制 44 人。1985 年 6 月，增设音像管理站。1988 年 4 月，广播电视服务部更名为广播电视服务公司。1989 年 3 月，湘阴县广播站更名为湘阴人民广播电台。1990 年 5 月，增设有线电视管理站。至 1991 年 7 月，人员编制 66 人。2010 年，县广播电视局内设办公室、工会、财基股、人事股、事业股、督查室；下属机构有湘阴电视台、数字电视网络公司，共有工作人员256人。主要负责对全县新闻采访编播宣传，广播电视村村通，推介湘阴经济社会发展信息。2011年，县广播电视局合并入县文体广新局，成立县广播电视台，县广播电视局自然消失。

1978年，湘阴县有广播专线5585千米，入户喇叭44437个，入户率59.4%。1979年，因地埋广播线维修量大、费用高，影响播音正常进行，停止使用，湖区中断县站播放节目，入户喇叭降到25086只。1980—1982年，全县21个公社筹集资金84万元，完成县、社、大队、生产队2456千米水泥杆专用线的建设。县广播局投资6000元，在茶湖潭公社兴建标准化机房、控播室、演播厅，自行设计、试制具有自动开机、调压和警告功能的广播控制台，播音质量大为提高。

1983年3月，县政府拨款5万元，安装50瓦调频机1台，省广播电视厅分配调频发射率106.2Mc，11月10日向全县转送县站信号，公社放大站各调频收转机接受信号。

1984年1月，广播站的播音时间增加到5小时以上，来稿2500多篇，用稿1500多篇，开办《全县新闻》《学习节目》和《民主生活》等自办节目，并利用广播讲课辅导干部群众学习马列主义和毛主席著作。加强经济建设题材的宣传报道，加强科学文化知识的宣传普及，注重新闻的指导性、真实性和时效性。1984年7月，广播宣传播音每天增至6小时，来稿超万篇，用稿5000篇左右，先后开办《湘阴新闻》《午间十分钟》《全县联播》《农村生活》《为您服务》和《罗城风貌》等自办节目，其中《罗城风貌》以多种形式，反映了湘阴人民的勤劳和智慧，介绍湘阴悠久的历史、秀美的风光、丰富的物产，谱写新时代风流人物的篇章。

1985年，县局按部颁标准装饰883.5平方米广播技术用房，有语播室、演播厅、播控室、制作室和机房。为稳定乡镇广播队伍，根据省厅有关文件，录用43名乡镇广播机线员为全民职工，实行目标管理，规范乡自办节目，其经验材料在全省乡镇广播自办节目经验交流会上印发，共有10个乡跨入省厅验收达标一级乡行列，胭脂乡广播站被评为全省先进广播站。是年，乡村放大站124个，扩大机333台，输出功率56300瓦，其中乡站70台，通播率100%，乡至村专用线818千米，通播率90.6%，入户喇叭29035只，入户率25.8%。

1991年，湘阴县广播电台主创的广播专题节目《天山儿子湘江妈》，获湖南省广播优秀节目评比一等奖，全国地方专题节目评比三等奖。

1993年，湘阴县广播电视台成立，县广播电台与县电视台合署办公，自办节目通过电视和广播同时播出。广播队伍向有线电视转移。

二、电视

设施建设 1982年8月，湘阴电视差转台设立。城关地区10个单位集资6.4万元，从鞍山广播器材设备厂购进CST–01–1型彩色电视差转台一台，接受中央台节目信号，定6频道发出。1983年5月1日安装完毕，正式开播。1984年10月，县广播电视局投资1万元，在10米高的办公楼架设一座高15米的直立钢筋发射塔。1988年，在万家山建起一座地面卫星接收站，并组成共用天线安装队，安装50个单位2000多户居民的有线电视。1990年5月，县政府批准县广播电视局成立"有线电视管理站"，负责全县有线电视的安装工作。是年，安装5000多户。1992年5月，湘阴县有线电视台成立。县广播电视局投资115万元，在江东路兴建1000瓦电视转播台，建起高76米的广播电视发射塔。其后购置6套卫星地面接收装置，新增30多台（件）高中档广播电视采编播放设备和新闻采访车，基本形成以县广播电视台为中心，有线与无线相结合，城镇与乡镇相联通的广播电视网。1996年7月，成立湘阴县农村有线电视发展管理站，隶属县局管理，先后开通8个乡镇有线电视，发展用户1200户，有线电视逐步向农村延伸。1998年，县局根据发展需要，投入80余万元，对城区有线网络进行升格改造，改铜轴电缆传输为光缆传输，架设34.8千米光缆干线，传输带宽由300兆扩大至500兆，增加光发射机3台，新开通光接点15个，城区和部分乡镇的有线电视传输节目由24套增加到36套。

2001年始，对城区网络进行全面升级改造，先投入120万元，新架设光缆干线20千米，增加光接点32个，增设4台光发射机，同时对有线机房所有设备进行全面更新，实现有线电视机房由专业级上升为广播级的历史性转变。为改变电视台原有模拟型设备落后状况，投入60万元对其进行了数字化设备更新换代。2003年年底，先后在全县传输的36套节目中，开通中央新闻频道、少儿频道和中国教育频道三套节目。为了推进城乡一体化进程，县广电局在发展城区有线电视的同时，先后成立2个农村有线网改工程队，购置两台价值10万余元的工程专用车辆，新架设光缆110千米，建立11个卫星接收地面站，1个中心机房。2004年初，投入16万余元，增设6套加密台电视节目，实施有偿服务。至此，累计投入资金700多万元，实现电视台设备专业级数字化，开通了微机收费系统、加密电视频道和宽带增值业务。

2005年，全县有线电视用户2.8万户，光缆干线320千米，光接点189个，传输电视节目36套，无线发射功率1千瓦，全局经营创收600多万元。县局先后获省、市“全面工作先进单位”“宣传工作先进单位”“事业建设先进单位”等多项荣誉。

2006年，县广电局为扩大有线电视在农村的覆盖面，投资100多万元，新架有线电视光纤干线120多千米，联通了南至界头铺镇，北至白泥湖乡，西往南湖洲镇等10多个乡镇，覆盖农户5万余户，实现城乡有线电视互联互通。同时，针对边远农村收看不到有线电视的问题，与深圳美路华公司合作，启动MMDS多路微波建设工程，总投资600多万元，传输节目24套，到年底共发展MMDS无线数字微波用户600多户。

2008年7月，成立湘阴县数字电视网络公司，按照国务院规定的数字电视过渡时间表要求，投资4000多万元启动数字电视整体平移工作，改造升级数字播控机房，配置高档次数字监控系统，安装UPS不间断电源，并按照“二级平台、三级管理”的模式与省市局成功实现光纤联网，由市局机房统一提供数字电视信号，共享用户服务管理系统。2008年年底，全县3万户有线电视用户全部转换为数字电视用户。与此同时，投资100多万元，完成了电视台播控机房的升级改造，新增转播中央电视台1套和7套大功率发射机两台，对天馈系统和发射铁塔进行维护和更新，对采编播设备进行部分添置，在检查评比中被省局定为县级台样板机房。2009年，为提高电视新闻现场快速反应能力，投资50多万元，添置了数字移动直播车1台；投入500多万元启动单载波无线数字电视建设，传输数字电视节目50套，实现边远农村由收看电视难到收看多套数字电视节目的跨越。年底发展农村数字电视用户2.8万户，全县数字电视用户保有量达到6.8万户，网络建设和数字电视发展处于全市领先地位。

2011—2015年，湘阴县电视事业投入进一步加大，质量提高。先后投入500多万元，增加先进高清数字现场直播车一台，大型高清摄像机5台，高清播出系统设备一套，并对机房设施进一步改造升级，湘阴的采编播设备数字化水平和播出质量处于县级一流水准。全台网络和固定资产总额近3亿元，是周边县市单位的5至10倍，综合体量位居全省各县市第一位。实施农村广播“村村响”工程，共投入1300多元，实现湘阴县域广播声音全覆盖。

电视宣传　围绕县委、县政府各个时期的工作重心，坚持用正确的舆论引导人，用优秀的作品鼓舞人。2006年，推出以民生类新闻题材为主的《社会纵横》栏目，受到社会各界的好评，全年电视用稿850余篇，上送省市台新闻稿件40多条，其中《湘阴劳务输出招聘到田头》《探索·发现　左宗棠故里》等6篇稿件获奖。2008年，电视用稿2500多篇，上市电视台68条，有8篇稿件获奖，其中《湘阴：融城对接，顺势发力》在湖南经视台播发后，还分别被《湖南红网》《洞庭之声》等媒体转载，较好地宣传推介湘阴。2009年，电视用稿3000多篇，《湘阴新闻》播出时长增长到15分钟以上，上送省市台稿件80多篇，开辟《法制在线》《创卫聚焦》等10多个专题栏目，为加快湘阴经济社会发展营造了良好的舆论环境，特别是获省“广播电视奖”一等奖的《我县种粮大户周翼做客中南海》新闻稿，还被中央电视台采用播出，实现了湘阴县新闻稿在中央电视台播出零的突破。

2010年，推出《创卫聚焦》《局长谈创卫》《楼市周刊》《百日冲刺》等栏目，特别是在创建省级文明卫生城市的宣传报道中，敢于亮剑，对正反典型进行了公开点评和曝光，为创建活动提供了强大的舆论支持。先后在省、市台发送新闻稿件80多条，其中《招商“选”资助推县域经济更好更快发展》《远程教育搭“金桥”》《特色养殖入佳境》等被省卫视、经视采用播出后，又分别被《湖南红网》《岳阳晚报》等媒体转载刊发，取得了较好的宣传效果。新闻宣传创优跻身省级先进行列。在全省广电系统新闻宣传创优评比中，有两件分别获得“湖南广播电视奖”一、二等奖，其中获一等奖的《我县种粮大户周翼做客中南海》作为全省县级台中唯一的社教类优稿被推荐参加全国新闻奖评比。

2011—2015年，县广播电视宣传围绕县委、县政府的工作重心，服务全县经济社会发展大局，坚持“正面宣传，团结稳定”为主的方针，大力宣传县委、县政府的重大工作举措，重大活动安排，重点工程建设，社会新风尚，新面貌，正能量，推介先进人物，营造和谐、秀美、奋进新湘阴氛围，共播报电视新闻1.5万余条，市台上稿1000余篇、省台上稿150篇，在全市各类新闻宣传中排名第一，获市一等奖2个，二等奖3个、三等奖3个。

农村无线数字电视 2009年启动农村无线数字电视建设后，2010年，加大发展入户力度，年初制定的3万户入户目标任务，在春节前超额完成，全县数字电视网络用户达到8.5万户，数字电视综合覆盖率由20%迅速提升到45%，呈现出有线与无线电视覆盖相互补充，城区与农村发展齐头并进的网络格局，标志着湘阴已迈入全省数字电视大县的行列。

“村村通”工作全面完成，有效地解决全县近3万户边远农村群众听广播看电视难的问题。

2011—2015年，全县城乡数字电视用户年平增加1万户，2015年全县发展到17万多户，入户率75%以上，遥遥领先全市其他县市，排名全省各县之首。

三、报刊

1978—2010年，湘阴县共有8200余篇稿件在市以上媒体发表，其中，《人民日报》采用21篇，中央电视台采用46篇；县委宣传部副部长冯根良等人采写的新闻稿《湘阴万千蜘蛛“织”出生态农业网》发表在1999年6月23日《湖南日报》头版头条位置，获当年中国新闻奖三等奖，成为岳阳市获中国新闻奖的第一人。

《湘阴报》 中共湘阴县委机关报。“文化大革命”初期停办。1970年县委、县革委会主办《湘阴通迅》取而代之，每年出刊80期左右，发至当时的县级一、二级机构和生产大队，每期3000份。1981年县委、县政府分设后停办。2001年经省新闻出版局批准，复刊《湘阴报》每周2期。2003年12月，根据中央、省、市报刊整治工作精神要求，《湘阴报》正式停刊。

《湘阴周刊》 中共湘阴县委机关刊。经省新闻出版局批准创办，刊号为FB-039。该刊传承着原《湘阴报》的使命，创办于2009年9月1日。工作人员以县委新闻中心和县网管办工作人员为主，并从县直单位借调或返聘，共有工作人员12人，由县委宣传部副部长张湘华兼任主编。该刊以弘扬时代主旋律、传达党政声音、表达社情民意、推介典型经验、展示地域特色和培养本土作者为宗旨，开设了时政、经济、社会、文化、民生和副刊等版，重点报道并深度解读湘阴本土的即时新闻。《湘阴周刊》一般情况是每周一期，每期四版至八版，全彩印刷，每期印刷8000份，面向全县免费赠阅。至2015年年底，共出版366期。

第六节　电影·戏剧

一、电影

放映活动　1979年在东湖路新建露天电影场，可容纳观众3400人。1980年，各乡镇新建影剧院。1982年经地、县验收合格定级影剧院18个，座位15524个。1983—1985年，发展村办、个体办电影队89个，放映点424个，每年全县人平能看到26场电影。1987年，在全国农村科技电影汇映月活动中，郭枚生、周刚生、喻建勋获得农业部、林业部、广播影视部、文化部、国家科委、中国科协表彰。1997年，VCD家庭影院兴起，加上盗版影碟冲击文化市场，电影跌入低谷，公司采取开拓农村电影市场、出台“湘阴县农村电影工作管理暂行办法”；组建“爱教电影队”，在全县城乡学校巡回放映。2006年，从省文化厅争取100场电影放映资金，为农村电影放映工程注入新的活力。2007年，开展“一村一月一场电影”活动，全年放映电影300场次；是年，国家取消爱教电影放映资金的收取。2008年7月，启动公益电影放映工程，县委、县政府成立了以分管副县长任组长的专门工作班子，组建“湘阴县农村电影放映工程领导小组办公室”和12个电影放映队，实行“包村、包场、包任务”的“三包”责任制，逐村逐月放映公益电影，当年放映2240场，观看人数达44.8万人次；至2015年，累计放映122500场，观看人数达210万余人次。争取国家项目投入配置农村流动数字放映机14台。

发行工作　1980年，县电影站更名县电影发行公司，新建了区站。1985年，在城镇电影院观众上座率下降的情况下，农村发行收入超出计划54177元。1987年3月，全县建立8个发行站，管理本区域发行放映工作，并制定“湘阴县农村发行管理规定”。

1988—1990年，为杜绝发行收入流失，湘阴电影公司先后与益阳、望城、屈原农场、望城等签订“关于边界放映网管理的暂行规定”。同时，实施减员增效和对农村站院实行大承包等改革措施，激发职工积极性。1991年，购买一台双排座汽车加速片源周转，当年收入18万元。1992年上升到24万元。是年，全县52个农村电影放映单位全部以16毫米的放映设备替代8.75毫米设备。

2006年，同乐宫影院改为舞厅出租，年租金4万元；新星影院坚持自主经营，经营项目扩展为电影、歌舞、商品展销等，年收入5万元。至2010年，惠民工程扎实有效，农村公益电影放映遍地开花。按照“每村每月放映一场公益电影”的要求，建立健全“包村、包场、包任务”的“三包”责任制，由12支电影放映队逐村逐月放映公益电影，如期如质完成4500场农村公益电影放映任务。

二、戏剧

20世纪80年代后期，因歌舞、电视、卡拉OK等姐妹艺术的冲击，戏剧演出市场滑坡。在票房收入每况愈下的情况下，外地专业剧团纷纷解散。1986年1月，县政府决定将县花鼓剧团解散，剧团工作人员安排其他工作。

20世纪90年代以来，剧院在突出社会效益的前提下，立足市场，热情接待各类艺术表演团体，各类演出活动长盛不衰。1992年，被评为省级“文明剧院”；1994年被省文化厅定为全省六大演出基地之一；1997年，再次被评为省级“文明剧院”。与此同时不断改善经营环境，长期为县委、县政府以及各部门的会议、演出活动提供优质服务，使剧院在维护文化窗口形象的同时也成为本县政务活动场地。2004年，湘阴剧院争取县财政支持，投资90万元，进行全面维修，成为位列全市前茅的现代剧院。除承接县委、县政府的指令性活动外，每年承接文艺演出近100场次，创收近80万元。

2007年7月，应广大花鼓戏爱好者和社会各界的要求，湘阴花鼓戏剧团恢复成立，填补了湘阴县22年没有剧团的历史空白。剧团走民间办团、社会办团的新路子，实行股份制经营模式，逐步建立了既有竞争激励又有责任约束的艺术生产经营机制、分配机制、用人机制和领导机制，切实增强了剧团管理的规范性和凝聚力。剧团年排演优秀剧目20多个，在县内外演出300多场，创收60多万元；2008年5月，参加岳阳市举办的专业剧团戏曲乐队演奏大赛，获二等奖。湘阴县花鼓戏剧团全新的经营管理模式，在岳阳市独树一帜，赢得了市委领导及社会各界的一致首肯，市委宣传部把它作为全市的先进典型向全市推介，并在《岳阳晚报》头版头条重点报道。2009年，采取“政府买单、社会赞助、群众看戏”的办法运作，政府投资5万元、社会赞助10多万元，自筹资金10万元，以县花鼓戏剧团为主，精心编排了12个优秀剧目，到乡镇巡回演出，完成68场送戏下乡目标任务。

1986—2015年湘阴剧院大型演出活动一览表

表23-6

时　间	演出单位或个人
1988年4月	北京明星演出团到院演出，其中有唐国强、周里京
1989年8月	著名歌唱家蒋大为到院演出
1990年10月	中央民族乐团、当红歌手陈汝佳到院演出
1991年5月	浏阳花鼓戏剧团到院演出
1991年9月	影星刘晓庆到剧院演出两场
1992年10月	“美猴王”孙悟空的扮演者、著名戏剧表演艺术家六小龄童在舞台上再现“孙大圣”形象
1993年9月	喜剧表演艺术家游本昌、武松的扮演者祝延平到院演出
1994年	明星庞敏、边玉宽到院演出
1995年	朱晓林、梁义到院演出
1998年9月	县委、县政府为抗洪英雄高建成举办“抗洪英雄故乡情——98湘阴赈灾文艺晚会”
1998年11月	著名笑星潘长江到院演出
2000年	本省本土笑星杨五六、周卫星搞笑剧
2001年	老一辈著名歌唱家王洁石到院演唱“在那乡村的小路上”
2002年	歌星金学峰到院演出
2003年	本省本土笑星何晶晶到院演出
2006年5月	县总工会举办“五一”文艺晚会，团县委举办“五四”青年联欢会
2007年2月17日	县委宣传部、县文体局联合举办春节联欢会
2007年4月23日晚	CCTV3《星光大道》栏目组部分周冠军、月冠军联袂演出
2008年10月—11月	南县等兄弟县市花鼓戏剧团到剧院演出近100场次
2009年10月	庆祝新中国成立60周年举办“祖国颂·唱响湘阴”文艺演出，来自全县各战线的19支代表队共2000多名干职工参加演出
2009年10月	人民政协成立六十周年文艺晚会
2010年2月	县委宣传部、县文体局联合举办春节联欢会
2012年7月	县文体广播局组织开展“湘阴县花鼓戏《左宗棠》公演活动”
2014年9月	县文体广新局组织举办大型群众文艺会演活动，30个团队2000人参加
2015年10月	县京剧票友协会组织的湘阴、修水、长沙票友大联唱活动

第七节　文　物

一、文物管理机构

1986年以湘阴文庙为馆址，成立湘阴县博物馆。1996年成立湘阴县文物管理所，与博物馆合署办公。2000年，县长办公会议决定，在县博物馆挂牌成立湘阴县文物旅游局，挂靠县文化体育局，为副科级机构，负责全县文物保护和旅游开发工作。2009年，县文物旅游局从县文化体育局分列出来，升格为正科级事业单位，独立行使全县文物主管部门的工作职能。2015年，有干职工26人，其中本科学历7人，专科学历19人，副高职称1人，中级职称4人。

二、文物资源

湘阴县是全省文物大县之一，文物工作起步较早，迄今为止，已发现文物点122处，其中全国重点文物保护单位有湘阴文庙、左文襄公祠2处，省级重点文物保护单位的有郭嵩焘故居、岳州窑、青竹寺窑、白梅窑、文星塔—状元塔5处。1996年编辑的《中国文物地图集·湖南卷》中，湘阴县文物点有100处入卷。有市、县级重点文物保护单位近百处。

三、文物普查

2007年始，根据第三次全国文物普查要求，县文物旅游局按照国家文物局的统一部署以及全省规定的进度有条不紊完成普查工作。至2015年，全县通过普查，新发现文物点114处。

四、文物保护

2000年始，县文物旅游局十分重视文物保护法的宣传工作，加大宣传力度，每年利用“文化遗产日”和“博物馆日”进行文物知识、文物法规政策的宣传，通过活动宣传，使得文物保护法深入人心，增加人们的文物保护意识，效果好。

县文物旅游局对文物库房进行整改，改造电源线路，增设排气扇等设施。文物库房的硬件基本符合要求，更注重安全责任制的落实，在几处文物点都落实专人负责，保证每天24小时都有人值班，建立应急防御机制，确保文物的绝对安全。建章整制，明确职责，加强督查，使文物安全落在实处。

2005年始，湘阴县共投入4400余万元，对湘阴文庙进行抢救性大修，对石牌坊、状元桥等石构建筑进行加固维修，形成文庙群体建筑整体；在隋代龙窑的上方修建岳州窑遗址博物馆，使唐代六大名窑之一的岳州窑得到完善的保护；复建左宗棠故居柳庄，拉通通往柳庄的道路；落架大修纪念左宗棠的左文襄公祠，基本恢复左文襄公祠原貌。

2000—2010年，湘阴县十分注重对“三建”工地文物保护的力度，时刻注重掌握县内“三建”工程动态，坚持做到切实搞好文物保护的前提下，尽最大可能地为县域经济建设服好务，尽可能地提供方便。健全各项审批制度，完善审批程序，由于扎实工作，使县内“三建”工地的文物保护工作得到有效落实，进入法制化管理的良性循环。

2011年，县委、县政府为纪念左宗棠诞辰200周年，决定修造左宗棠文化园，分两期进行。第一期工程投入1.5亿元，在左公祠修建3.5万平方米左宗棠文化园，并投资2.5亿元扩建柳庄，2012年举行了有来自左氏后裔和全国各地共5000多人参加的纪念活动。

五、申报国家重点文物保护单位工作

申报国家重点文物保护单位工作以来，县文物旅游局，在没有充足的专项资金支持下，做了大量扎实的基础性、程序性工作。2009年11月，湘阴文庙和左文襄公祠两处文物单位经过省文物局专家组现场评审，一次性顺利通过确定为全省第七批全国重点文物保护单位申报对象。同时按国家文物局要求

制作完整申报文本送达至省申报国家重点文物保护单位办公室，并报送国务院第七批申报国家重点文物保护单位办公室。2010 年，统筹协调发展全县文博事业。在第三次全国文物普查野外调查工作的基础上开展了资料整理工作，摸清了全县作为“文献之邦”的文物家底，并于 5 月份通过了省文物局的检查验收；完成了湘阴文庙和左文襄公祠申报全国重点文物保护单位的工作，通过国家文物局的审批，并上报国务院等待向全国范围内公示；做好了左太傅祠、文星塔、状元塔申报省级重点文物保护单位的后期工作；改扩建岳州窑遗址博物馆，扩大展厅面积，丰富展览内容，提升博物馆形象。以左宗棠诞辰 200 周年为契机，着手开展有关左宗棠文物的征集、收集工作，积极与左公后人联系，取得信任和支持，成功接受其后裔左焕琛捐赠有关左宗棠的珍贵文物四件，填补了湘阴博物馆收藏左宗棠遗物及有关文物的空白。

2012 年，湘阴县纪念左宗棠诞辰 200 周年工作筹委会文史组通过多方努力，广泛征集左宗棠字画、实物等重要文物，先后征集有左公狐皮袍子、部份对联真迹、“天地正气”宗棠字画、光绪十六年（1890）刻印的《左文襄公全集》、左宗棠当年抗击外寇用的后膛框架式大炮、枪枝复制件等重要文物资料。

第八节 文化管理

湘阴县地处长沙、益阳、岳阳三市交界处，文化市场管理难度大，线长面广。1979 年，对影院采取影片分类、按类计租、售票承包、增收优惠、普及定场、超场给奖的办法与放映队建立承包责任制。1986 年，成立湘阴县社会文化管理委员会。1991 年，湘阴县社文站成立。1992 年，为加强行政力度，成立由文化、公安、工商、城关镇人民政府等职能部门共同参与的“扫黄打非”领导小组。

1995 年，杨慧丽办起湘阴县第一家私人书店。1996 年始，经公安部门同意，全县农村文化专干全部着装，把本地文化市场纳入正规管理。同时，陆续制定《电子游戏经营管理规定》等系列规章，确保全县文化市场管理规范化。采取“小打扫”与“大清查整治”相结合、全面管理与分级管理相结合、专管与兼管相结合的措施严肃执法，先后办理案件 60 多起，处理违法经营单位 180 多家，没收非法录像带、光盘 5000 多本（张）和非法印刷品 7 万多册，有效净化了文化市场。1997 年，县内办起第一家电脑游戏店。2000 年，第一家网吧“超人”，有电游机 10 台。12 月，湘阴县社文站更名为文化市场稽查队。

2003 年，全县文化经营户有舞厅 2 家，卡拉 OK 厅 15 家，录像放映单位 2 个，音像制品销售单位 23 个，电子游戏厅 14 个，电脑打字 28 家，印刷厂 11 家，书摊、店 10 个，报刊亭 5 个，滑冰场 1 个，桌球 10 家，网吧 67 家，从业人员 2000 余人。

2005 年始，网络市场的管理以控制总量、提高质量为目标，停止对网吧的新设立审批，鼓励网吧并购、重组，同时严格执行已有网吧审批程序、审批流程；网吧日常管理全面试行“网吧百分制”挂牌管理，对网吧经营情况进行登记打分，并根据全年经营状况实行奖惩。

2006 年始，采取日常监管与集中整治相结合、联合执法与社会监督相结合的形式，坚持百分制管理网吧、办案式管理出版物、高压式扫黄打非、规范化管理娱乐市场，逐步改变防守式管理和救火式查处的被动状态，彻底转变“以收代罚”“以罚代法”的市场管理模式，规范了文化市场的管理。

2010 年，全县有网吧 158 家、歌舞厅 22 家、音像制品店 8 家、电子游戏厅 23 家、电脑打字店 24 家、印刷厂 2 家，从业人员逾万人。2006—2015 年，处理网吧、娱乐、新闻出版等市场的违法违规经营行为 720 起，罚款金额 210 多万元。

第二章　体　育

第一节　体育设施

1986年，根据国家体委对县级体育设施的要求，县政府决定体育场迁至新城区太傅路旁，划拨土地3.33公顷，修建湘阴县体育中心。1997年，投资40万元，修建体育中心围墙和下水道。1998年，投资130万元，修建一个符合国家标准的室外游泳池（50米×21米，八条泳道）。体育中心内400米田径场、体育馆、篮球场用地都已规划，有待开发与建设。

2003年始，县内兴建几大全民健身活动场地：滨江广场、沿江大道、站前广场、湘江公园，成为广大群众晨练、晚练的理想去处。与此同时，各社区和单位建成5条带健身器械的全民健身路径。是年，总投资为1500万元的湘阴艺体馆、400米标准田径运动场（带看台、室内标准跑道）正式落成，填补县内有史以来无室内体育场馆的空白。

2004年，全国第五次体育场地普查数据统计，全县共有体育场地173个。2005年共有体育场地365个。其中标准田径场1个，标准游泳池1个，带固定看台灯光球场4个，小型田径运动场62个，篮球场103个，排球场10个，门球场10个，健身房1个，旱冰场5个。

2008年，第19次县长办公会议和县第十五届人大常委会第六次会议就县体育场开发建设进行重点研究。鉴于县体育场原址规模较小，不适宜作体育场地，决定依法对原体育场用地进行调规，其拍卖收入专款用于新体育中心建设。2009年7月，县政府在县行政大楼前重新规划7.2公顷土地用于建设市民文体广场。市民文体广场作为全县的重点工程之一，遵循边拆边建、拆建并重的原则。2010年，已拿出高标准的设计方案并完成征地拆迁。

至2010年，界头铺镇集镇、天井村，樟树镇亲爱村、文泾村、樟树村，静河乡青麦村，玉华乡文桥村、前进村，石塘乡黄泥村、宋甲村、农大村、石塘村、高山村，东塘镇李公塘村、新桥村，城西镇南山村、王家坝村、东垸村、湘资村，新泉镇集镇、黄义村、兴林村、土地山村、义成村、新合村、资江村，岭北镇沙田村、竹山村、双合村、兴合村、新民村、夹洲村、柳江村，湘滨镇酬塘村、栗塘村、洞庭村、石碑村、双塘村、姑嫂村、新坪村，南湖洲镇大淋村、中心村、新太村、光明村、杨家坝村、洋沙村、建民村，白泥湖乡港口村、钟家台村，青潭乡上山村，文星镇乌龙社区61个村级标准篮球场相继建成。共完成投资300多万元。湘阴乡镇村群众体育设施建设工程得到省、市体育局领导的高度肯定，2010年作为样板工程代表湖南省参加国家级验收。

第二节　传统体育

武术　湘阴武术源远流长。1983年9月，县体委组成一支由苏亚生、陈永健等8人（男5人、女3人）组成的湘阴武术代表队，参加岳阳地区首届运动会武术表演，湘阴队获武术表演优胜奖。1984年，开展武术挖掘查实，全县武术活动有南北少林拳派及岳家拳、黑虎拳等。是年，杨林寨乡苏亚生在全国武术挖掘整理工作中，积极响应国家号召，把珍藏数十年的武术古书献给国家，国家体委授予苏亚生全国武术挖掘工作“先进工作者”，并获“雄狮奖章”。

随着群众体育活动的普及，武术深受青少年喜爱。1992年，湘阴武术协会成立，会员200多人，遍布湘阴各地，有一级拳师杨鹤群、刘汉平、黎文君、唐志光、彭建南，有一级武术裁判员黎文君、唐志光，他们是湘阴城乡青少年习武的带头人。1996 年，湘阴县东塘乡一塘村冯特选（县武协会员），自筹经费办起县武术协会青少年培训基地，常年习武青少年 60 多人，他们既学文化又练武功，为社会培养了一批武术人才，深受当地群众好评。2000 年，冯特选被省体委授予“优秀社会体育指导员”。县武术协会青少年培训基地更名为“湖南省体校东塘武术人才培训基地”。

龙舟赛 湘阴县人民纪念屈原，开展龙舟竞渡活动成为民间传统体育项目之一。每年端午节期间，文星镇、临资口镇、南湖洲镇、铁角嘴镇等地群众大多自发举行龙舟竞渡，扬旗击鼓，破浪争先，两岸观众如潮，呐喊助威。1981 年县政府在城关镇、临资口镇举行全县龙舟竞渡，观众达数十万人，盛况空前，1987 年、1993 年、1995 年、1996 年、1998 年、1999 年、2000 年县文体局先后组织多支龙舟代表队参加岳阳市、湖南省举行的龙舟大赛。首届世界龙舟赛在岳阳市举行，湘阴县派出民间小龙舟参与表演。2011—2015 年，县内龙舟赛成为有组织有纪律规范性赛事，县城河西外河洲建有较规范的水上赛场，每年进行有组织赛事，临资口成为每年端午节赛场，加强组织领导，未发生斗殴和安全事故。

舞龙舞狮 每年春节正月初一至正月十五元宵节舞龙舞狮，也是湘阴县人民的传统项目之一。一到这个时候，各乡镇组织舞龙舞狮活动。每条龙狮都配有民间乐队、旗手和灯笼，舞龙舞狮者统一着装，腰系红巾带表演，沿户沿街沿村落舞龙舞狮，观众人山人海，热闹非凡。进入 2000 年以后，县城玩龙舞狮活动逐步消失。

第三节 学校体育

2000 年，全县各中小学严格执行《学校体育工作条例》，积极推行全民健身计划，把增强学生体质放在首位，注重培养学生体育锻炼意识、技能、习惯；体育职能部门精心指导学校，开展各类适合青少年的课外体育活动，狠抓两课两操两活动，督促学校开设每周每班两节体育课，举办每年一届高标准的中小学生运动会，充分活跃了青少年体育活动，使适龄学生体育锻炼达标率达到了 95% 以上，湘阴一中、城北学校曾因此多次被评为岳阳市实施《国家体育标准》先进单位。

2005—2010 年，在国民体质监测中，全县青少年身体机能各项指标都有很大提高，其体育竞技水平也有大幅提升。其中 2007 年 5—9 月，“罗城杯”湖南省青少年武术锦标赛在湘阴一中举行，有来自全省的 19 支代表队 322 名运动员参赛，湘阴县 32 名选手参加并拿到了名次；2008 年 5 月，参加岳阳市“银沙杯”青少年乒乓球赛，县内选手获第二名；2009 年 3 月的湖南省青少年武术比赛中，县内共 25 名选手获得名次，其中甲一组冯彤彤获女子南拳第二名、刘芳婷获女子枪术第二名、李泽思获男子南刀第二名、兰兮获男子枪术第三名、危巍获男子南拳第三名、潘昊成获男子南棍第三名，甲二组舒常晋获男子太极拳第二名、莫天怡获女子南棍第三名、黄崇柱获男子太极拳第三名、张琳玉获女子自选拳第三名、杨秋获男子南刀第三名、蒋旋获女子南棍第三名；2015 年全县有高中、初中、小学等各类学校 220 所，体育设施达标率 95%，其中县一中艺体馆是一座高标准的现代化体育馆，有 1800 个座位，可供全县开展各类大型的体育活动。是年，县文体局、县教育局组织举办中学生篮、排球赛、田径运动会等体育活动。知源中学男子排球队夺得全省第十一届运动会第三名，所有队员被评为国家二级运动员，获得大学保送资格。在岳阳市中学生运动会上，湘阴学生代表队分获乒乓球比赛团体总分第一名，排球比赛初中男子组第一名。在全省航模大赛中，城关中学杨泽宇同学获特等奖，实现了湘阴此项目零的突破。城北学校四驱车模比赛获国家、省、市级奖。2015 年县知源中学由原老一中校址搬迁新校，新校址位于高岭新区南侧芙蓉大道东部，总投资 3.5 亿元，占地面积 15.3 公顷，建有标准化篮球、排球、田径等场地，成为继湘阴一中后体育设施最齐全的学校。2011—2015 年，学校体育先后参加湖南省青少年排球赛、中小学生跆拳道锦标赛、全国中学生男排联赛等赛事，分别获男排第一名，女排第三名、全国中学生男排比赛获第八名，跆拳道比赛获 3 金、2 银 1 铜的成绩。

两课两操两活动　1978 年始，全县各中小学认真贯彻落实《学校体育工作条例》和《中学生体育合格标准》，狠抓"两课（体育课、文娱活动课）两操（眼保健操、课间操）两活动（每周两节课后活动）"，促进学校体育工作正常开展。各校均按教育部规定每周每班两节体育课，统一列入课程表，体育教师按教学大纲规定制订全年、学期、单元、课时计划，按统一《体育教材》备好每一堂课，上好每一堂课，做到每一节体育课在欢乐之中传授体育基础知识和基本技能，在运动之中进行德行教育和增强身体素质。"两课两操两活动"已成为学校体育工作主要内容之一。

达标测验　1978 年始，全县中小学推行《国家体育锻炼标准》，部分学校开展"三小球"（小足球、小篮球、小排球）体育课教学活动。以《国家体育锻炼标准》为主要内容的体育教学与学生课外活动的开展，增进学生的身心健康，各中小学达标实施面 100%，达标率 91%，优秀率 20% 以上。湘阴一中、城北学校曾多次被评为岳阳市实施《国家体育标准》先进单位。1995 年始，全县初中生升学加试体育，1998 年按 30 分体育成绩计人升学总分，进一步促进学校体育工作。

全县学生运动会　全县各乡镇、各学校经常举行小型多样的学生运动会，促进全县各级学校体育活动的开展。1986—2015 年，全县初、高中学校共举办篮球赛和排球赛 34 次，其中高中 20 次，初中 14 次；县中小学生田径运动会举办 23 届。通过比赛，学生的运动技能与专项水平得到大幅提高，具有体育潜质的苗子脱颖而出，为省专业运动队、体育院校输送一大批体育人才。

体育教学与教师　至 2010 年，全县共有专职体育教师 88 人，都是大专以上文化水平，兼职体育教师 402 人，均是师范学校或经体育教师培训班毕业的。在全县体育教师中有高级职称的 10 人，中级职称的 58 人。多年来，随着体育教师队伍的扩大，体育教学得到加强。

1992 年湘阴一中体育教师邹超被评为"全国千名优秀体育教师"。1999 年、2000 年，县第一职业中专体育教师任福祥、城南中学体育教师邹红先后在全省体育教学比武中获三等奖。

第四节　群众体育

1978 年，职工体育、农民体育、老年人体育齐头并进，群众体育内容日益丰富。1985 年 10 月举办了第一届老年人运动会，200 余人参赛。1989 年 11 月，县举办首届新时期篮球赛。1989 年 9 月举办了县第一届老年人门球赛。

1993—2005 年，体育主管部门以各类体育健身协会为依托，全力推广全民健身计划，开展丰富多彩的群众体育活动，采取企业冠名、赞助等方式组织举办门球、乒乓球、篮球及棋类比赛 50 多次。其中影响较大的有 2002、2003 年的"移动杯""电信杯"县直机关篮球赛；2004 年、2005 年参加全省柔力球赛、省大众运动会、市第四届老年人运动会均获较好成绩。2006 年的第二届"湘园杯"门球赛和"电信杯"中美国际男子篮球赛。2007 年举办首届"楠竹山"篮球俱乐部联赛和"东湖房产杯"中美国际男子篮球赛。2008 年参加市老年人健身项目系列展示赛，湘阴县代表队获健身秧歌、健身腰鼓两项金奖，2009 年举办"三八"妇女节拔河赛、全国首个"全民健身日"健身项目系列展示赛和县直机关篮球赛。湘阴代表队参加岳阳市首届体育舞蹈锦标赛获成年人拉丁舞、成人交谊舞、团体拉丁舞等项目金奖；是年 11 月参加湖南省首届太极拳运动会，蔡建辉分别获"四十二式太极拳男子 C 组"和"其他器械男子 B 组"第四名。至 2010 年，县内有门球、太极健身、武术、广场舞、龙舟、乒乓球、棋类等体育协会

10多个，长年参加活动人数达万人。是年，全民健身迅速推广。县体育主管部门以“全国第二个全民健身日”为契机，在宗棠广场等地经常性地组织开展全民健身、娱乐系列展演活动，参与体育健身、娱乐的群众与日俱增，广大群众体育健身意识普遍增强。湘阴县在“全国第二个全民健身日”活动中被评为全省先进单位。群体活动形式多样，组织举办县直机关篮球赛、俱乐部篮球赛、乒乓球友谊赛、老年人门球赛等全县性的体育比赛，承办岳阳市排球选拔赛等省市体育赛事，充分活跃了群众体育生活。国民体质监测任务圆满完成。精心组建湘阴县国民体质监测队，深入城乡12个单位，抽样对936名幼儿、青少年、成年、老人四种对象进行了全面的体质监测，优质优量完成了第三次国民体质监测任务。积极引导社会力量办体育，发展乡镇、社区等社会体育指导员80个，建立健全体育协会14个，营造良好的体育环境。

随着湘阴县体育知名度的提高，湘阴县争得了2008年全国女篮联赛决赛，2009年湖南省青少年武术锦标赛及跆拳道比赛和第三届湘、鄂、赣、皖四省三十县市区乒乓球协作赛的举办权，并获得成功。与此同时，全县群体工作者得到迅速成长。2006年，县业余体校校长潘文平参加湖南省龙舟裁判员培训班，获得国家一级裁判员资格证书，并在当年5月任汨罗江国际龙舟节裁判员。

一、职工体育

1978年始，职工体育逐步普及。在县体委的组织与指导下，篮球、乒乓球运动在县直机关和各企事业单位中广泛开展起来。20世纪80年代以来，县直机关篮球赛一直未间断。2000年、2002年、2003年“移动杯”“电信杯”县直机关篮球赛发动广泛、参加人数多、效果好、影响深远。县直单位和企业也经常组织本单位干部职工开展各种体育活动，如“三八”“五一”“五四”及节假日，组织开展篮球、乒乓球、拔河、棋牌类、趣味体育活动和比赛。

职工体育指导员、裁判员健康成长。1984年，李牧、徐宏达、邹超被湖南省体委授予“体育之家”光荣称号；1988年，杨卫星被省体委授予“健康文明公民”，任福祥获湖南省体委群体工作先进个人；2000年，刘胜被湖南省体委授予“优秀社会体育指导员”；2003年，许建国、杨卫星、李凤宜、王乐天获湖南省群众体育工作先进个人，县检察院、县电信局获湖南省群众体育工作先进单位。至2010年，全县有等级裁判员259人，其中国家一级篮球裁判员有任行功、李军、任福祥、黄定祥、刘义，国家一级田径裁判员有吴先炳，国家一级乒乓球裁判员有仇燕飞。

二、农民体育

20世纪80年代，各乡镇建立文化工作站，配备一名专职（或兼职）文体专干，利用农闲时节和节假日因陋就简，经常性地开展小型多样的体育活动，如篮球比赛、棋类比赛、武术表演、舞龙舞狮、自行车、龙舟竞渡等。1985年、1991年县农委、县体委联合举办两届“丰收杯”乡镇篮球赛，洞庭区、濠河区分别获冠军。杨林寨乡凡40岁以上年龄的人都会几套拳术，有60多位老拳师经常传授武艺，村村举办武训班，有4000多人次参加武术培训，全乡习武蔚然成风。1989年，被省体委授予“农村体育工作先进乡镇”。1999年，杨林寨乡、铁角嘴镇获岳阳市“农村体育工作先进乡镇”。

三、老年人体育

老年人体育备受县委、县政府的重视，得到了县直各单位的大力支持，老年人体育活动开展经常。1985年2月，县老年人体育协会成立，体委有一名专干负责老年人体育工作。开展的项目有门球、乒乓球、棋牌类、钓鱼、太极拳、太极剑、太极扇、舞蹈、健身操、武术等。城区有东湖公园、车站广场、总工会、县一中四个固定活动点。练习者众多，健身已成为老年人健康长寿不可缺少的生活方式。1988年，湘阴第一支门球队建立。1992年郑国栋代表岳阳市参加全省老年人运动会，获象棋比赛第二名。1993年、1997年、2001年，县内组建老年人体育代表团参加岳阳市第一、二、三届老年人运动会门球、象棋、围棋、乒乓球、健身操、钓鱼、太极拳等项目的比赛，在三届老年人运动会上都获得较好成绩，2001 年第三届经运会获市政府颁发的“优秀组织奖”的奖杯。2004 年 5 月，县内柔力球代表队（新兴老年人体育项目）代表岳阳市参加省全运会比赛获得二等奖。2004 年 10 月，县老年健身秧歌代表队参加湖南省第二届大众体育运动会，获得第八名。

四、伤残人体育

1999 年 9 月，县内伤残运动员何剑雄、刘建新代表岳阳市参加全省第五届残运会，分别获得乒乓球和举重银牌。2003 年，何建雄和刘建新代表岳阳市参加全省第六届残疾人运动会，刘建新获 65 千克级男子举重金牌，何建雄获乒乓球男子单打银牌。2003 年 10 月，何建雄代表湖南省参加全国伤残人运动会乒乓球比赛，获得第六名。

2004—2015 年湘阴县群众体育活动参赛情况一览表

表 23-7

参赛时间	举办单位	赛事名称	参赛团体或个人	参赛成绩
2004 年 8 月	岳阳市体育局	岳阳市第一届大众体育运动会秧歌比赛	湘阴民族舞蹈协会	团体第一名
2004 年 8 月	岳阳市体育局	岳阳市第一届大众体育运动会	蔡建辉	2 金
2005 年 6 月	岳阳市老年人体育协会	岳阳市第四届老年运动会围棋赛	苏振华	55 岁组第一名
2005 年 9 月	岳阳市体育局	岳阳市太极拳运动会	湘阴代表队	团体二等奖
2006 年 5 月	深圳市体育局	深圳市太极拳运动会	李细清	二项二等奖
2006 年 8 月	岳阳市体育局	岳阳市第二届大众体育运动会	湘阴代表团	团体二等奖
2008 年	湖南省体育局	全省秧歌比赛	湘阴民族舞蹈协会	团体二等奖
2009 年 8 月	河南省体育局	湖北武当山国际太极拳比赛	叶艳霞、张石花、李细清	4 金 1 银 2 铜
2010 年 11 月	湖南太极拳运动协会	湖南太极拳运动会	黄友良、宋代群、郑爱辉、许长春、韩金芝	团体第三名，个人 3 金 2 银 1 铜
2010 年	岳阳市体育局	岳阳市第五届老年运动会广场舞、健身球	湘阴民族舞蹈协会	团体一等奖
2010 年	岳阳市体育局	岳阳市体育舞蹈锦标赛广场舞	湘阴民族舞蹈协会	团体第一名
2011 年 3 月	岳阳市棋类协会	岳阳市“东方树人杯”围棋赛	张宏辉、洪宗甫	第一、二名
2011 年 4 月	香港国际武术节组委会	香港国际武术节	张石花	2 金 1 银
2011 年 6 月	岳阳市老年人体育协会	岳阳市第五届老年运动会围棋赛	湘阴县体育代表团	团体第二名
2011 年 6 月	岳阳市老年人体育协会	岳阳市第五届老年运动会象棋赛	蔡腊云	第六名
2011 年 6 月	岳阳市体育局	岳阳市象棋公开赛	蔡腊云	第十六名
2011 年 11 月	中国湖南武术节组委会	第一届中国湖南武术节	张石花	1 金 2 银 2 铜
			刘跃群	1 铜
			戴红霞	1 铜

续表 23-7

参赛时间	举办单位	赛事名称	参赛团体或个人	参赛成绩
2012 年 4 月	第四届华夏武术大赛组委会	第四届华夏武状元争霸赛	张石花	5 金
			叶艳霞	1 金
			李雪清	1 银 2 铜
2012 年 5 月	武当表演大会组委会	首届武当表演大会	张石花	2 金 1 银，名师名家金杯奖
2012 年 5 月	澳门中华民族传统体育协会	澳门首届国际武术节	蔡建辉	1 金 1 银
2012 年 11 月	湖南太极拳运动协会	湖南太极拳运动会	宋代群	2 金
			马小玲	1 金 1 银
			王珂珂、易建安、江新文、夏建红	各 1 银
			许长春、谢慧、许立君、余利	各 1 铜
2012 年 12 月	湖南省体育局	湖南省太极拳锦标赛	湘阴县太极拳培训中心	团体第三名
			张石花	1 金 1 银，优秀教练员奖
2013 年	全国排舞运动推广中心	舞动中国排舞联赛湖南分站社会组串烧曲目	湘阴民族舞蹈协会	一等奖
2013 年	和谐中国首届原创广场舞大会演组委会	全国首届原创广场舞大会演	湘阴民族舞蹈协会	三等奖
2013 年	国家体育总局体操运动管理中心	舞动中国排舞联赛总决赛	湘阴民族舞蹈协会	二等奖
2013 年 8 月	湖南省棋类协会	湖南省县级围棋团体联赛	湘阴围棋代表团	团体第十名
2013 年 10 月	岳阳市体育协会	岳阳市中老年人养生操赛	东湖社区友谊健身队	团体第一名
2014 年	岳阳市老年人体育协会	岳阳市老年象棋赛	湘阴代表团	团体第六名
2014 年	岳阳市总工会	岳阳市总工会中国梦劳动美职工排舞比赛	湘阴民族舞蹈协会	二等奖
2014 年 9 月	深圳市体育局	广东深圳金鹰赛	李细清	1 金
2014 年 11 月	岳阳市体协	岳阳市新编广场舞赛	东湖社区友谊健身队	团体一等奖
2015 年 3 月	岳阳市棋类协会	岳阳市围棋公开赛	湘阴代表团	团体第二名
2015 年 5 月	湖南太极拳运动协会	湖南太极拳运动协会金鹰赛	蔡建辉	2 银
2015 年 6 月	岳阳市体育局	岳阳市老年太极拳运动会	湘阴代表团	集体优胜奖

续表 23-7

参赛时间	举办单位	赛事名称	参赛团体或个人	参赛成绩
2015 年 6 月	岳阳市老年人体育协会	岳阳市第六届老年运动会围棋赛	湘阴代表团	团体第五名
			蒋振华	个人第三名
2015 年 6 月	岳阳市老年人体育协会	岳阳市第六届老年运动会象棋赛	湘阴代表团	团体第六名
			蔡腊云	个人第三名
2015 年 6 月	岳阳市老年人体育协会	岳阳市第六届老年运动会象棋赛	何冬初	个人第七名
			蔡建辉	女子组第五名
2015 年	岳阳市体育局	岳阳市第六届老年运动会广场舞比赛	湘阴民族舞蹈协会	一等奖

第五节　竞技体育

岳阳市市运会　1989 年、1994 年、1998 年组建湘阴县体育代表团，参加岳阳市第一届、第二届、第三届运动会，共派出运动员、教练员 500 多人，参加田径、体操、游泳、篮球、排球、足球、举重、摔跤、皮划艇、赛艇、射击等项目的比赛，通过紧张激烈的比赛。湘阴运动健儿在第一届、第二届、第三届市运会上分别夺得金牌 33 块、26 块、13 块，银牌 27 块、24 块、17 块，铜牌 12 块、9 块、12 块，团体总分（全市六县三区排名）分别名列第 3 名、第 3 名、第 6 名。为湘阴县人民争得荣誉，受到县人民政府的嘉奖。

湖南省青运会　1988、1992 年县内运动员通过市选拔，共有 48 名运动员参加湖南省第一届、第二届青运会的田径、射击、赛艇项目的比赛。在两届青运会上，分别夺得金牌 2 块、5 块，银牌 7 块、6 块，铜牌 3 块、3 块。特别是在省首届青运会上，实现湘阴县业余运动员在省级综合性运动会上夺取金牌“零”的突破。

湖南省省运会　1990 年、1996 年、2002 年通过市运会选拔，共有 44 名运动员代表岳阳市参加湖南省第七届、第八届、第九届省运会的田径、射击、皮划艇、赛艇项目的比赛。在三届省运会上，分别夺得金牌 11 块、3 块、3 块，银牌 6 块、4 块、1 块，铜牌 5 块、2 块、2 块，为湘阴人民争了光，为岳阳市体育事业跨入全省先进行列做出了突出贡献。

其他运动会　2002 年，通过市运会选拔，县内共有 15 名运动员代表岳阳市参加湖南省第九届省运会的田径、射击、皮划艇、赛艇项目的比赛，获得金牌 3 块、银牌 1 块、铜牌 2 块；2004 年，参加岳阳市首届大众运动会 10 个项目的比赛，获得 7 金 4 银 5 铜；2005 年参加岳阳市第四届运动会，湘阴县名列第五；2007 年 4 月，参加第一届湘、鄂、赣三省十七县市区乒乓球协作赛，湘阴县获男子团体第五名、选手涂定建获男子单打第六名；2008 年 3 月，参加第二届湘、鄂、赣、皖四省业余乒乓球比赛，湘阴县选手获冠军；2009 年 3 月，“悦来温泉杯”第三届湘、鄂、赣三省乒乓球邀请赛，湘阴县男子单打项目获第六名；2009 年 10 月，岳阳市首届篮球冠军杯赛上，湘阴县名列第二。

体育培训　1973 年 1 月，湘阴青少年业余体育学校建立。县体育、教育部门密切配合，相互支持，建立以体校为龙头、全县各学校为基础的业余训练网络，坚持“从小培养、打好基础、系统训练、积极提高”的业训指导思想，利用业余时间对青少年进行专项运动技术训练，为基层培养了大批体育骨干，为省体工队输送了一批优秀体育专业人才。

体育培训成绩显著。1986年，培训的体育骨干蒋建新输送到省摩托艇队，后成为国家运动健将，1986年、1989年两次打破女子摩托艇单项全国纪录并获全国冠军；1989年10月选入国家队参加世锦赛获团体亚军。1988年李文输送到省赛艇队，1991年夺得全国城运会冠军。1992年徐星输送到省射击队，1997年夺得第八届全运会金牌。1994年刘志勇输送到省皮划艇队，1996年夺得全国青年锦标赛冠军。1994年胡博输送到省皮划艇队，1998年夺得全国锦标赛冠军、亚洲锦标赛冠军。至2010年，有102人达到国家二级运动员标准，有13人达到国家一级运动员标准，有2个国家运动健将，有76个夺得市运会比赛金牌，有11人夺得省运会比赛金牌，向省体工队输送优秀专业运动员23人，考入体育院校196人，他们刻苦训练，顽强拼博、奋勇争先，在体育赛场上为湘阴人民争得了荣誉。

业余训练 2006年，为了普及推广新的体育项目，引资成立2家跆拳道馆和1家乒乓球馆，并以此为基础创办业余体校，以乒乓球、跆拳道为主攻方向，开展新一轮业余训练周期，为省市体校及迎战奥运选拔和培育体育人才；至2010年，共培训乒乓球、跆拳道选手500人，使全县青少年竞技体育水平有很大提高。2009年10月，体育部门争取市体育局的支持，以东湖水域作为全市赛艇项目的基地，以文星中学为水上训练学校，按基地与学校共建模式，成功创办湘阴县赛艇训练基地及专业赛艇队，为重振湘阴水上竞技体育项目雄风打下了基础；基地拥有一支11名运动员和1名专业教练员的赛艇队伍及一批训练用体育器材和设施，开展了经常性训练并初显成效；是年12月，选送了一名优秀的运动员苗子到省水上训练中心参加集训。2010年竞技体育崭露头角。以县业余体校为平台，积极为省市体校输送体育后备人才，湘阴选手在省内外体育竞技舞台上取得较好成绩，向省内外展示湘阴良好的竞技水平和形象。为省市体校及迎奥运培育体育后备人才。2011—2015年，先后向省市选拔优秀运动员苗子19名，分别进入省市集训中心，其中省3名、市16名，游泳培训中心16名，皮划艇培训中心3名。

1978—2015年湘阴县参加市级以上体育竞赛获奖情况一览表

表23-8

时　间	竞赛名称	参赛团体或个人	项　目	名　次
1978年	岳阳地区少年乒乓球赛	男子组：张开元、刘辉、涂定建、方红 女子组：罗玲文、游平、司马沙利、饶红艳	乒乓球	男子组第一名女子组第二名
1978年8月	五省七地市乒乓球协作区赛	刘辉、方红、涂定建	乒乓球	少年男子组第二名
1978年	岳阳地区少年乒乓球赛	男子组：刘辉、方红、涂定建 女子组：罗玲文	少年男子单打 少年女子单打	男子组第一、二、三名， 女子组第一名
1978年8月	湖南省业余体校篮球赛	湘阴代表队	男篮	第二名
1979年5月	岳阳地区中学生篮球选拔赛	湘阴代表队	男篮、女篮	第二名、第三名
1979年5月	湖南省儿童乒乓球选拔赛	高文、周彤、谭永刚	乒乓球	男子组第一名

续表 23-8

时　间	竞赛名称	参赛团体或个人	项　目	名　次
1979 年 8 月	湖南省中学生篮球运动会	湘阴县中学生男子篮球代表队	篮球	男篮第三名
		湘阴县代表队	男篮	第三名
1979 年 8 月	湖南省射击运动会	杨天乐、刘建金、张乐平、郭青	男子小口径步枪 9+30	第三名
1979 年 9 月	岳阳地区中学生乒乓球赛	男子：涂定建、方红、张开元 女子：罗玲文、司马沙利、游平	乒乓球	男子组第一名 女子组第三名
1980 年	湖南省业余体校乒乓球赛	周彤、高文、游平	乒乓球	儿童男子组第三名，儿童女子组第四名
1980 年 6 月	岳阳地区业余体校乒乓球单打赛	高文、周彤、游平	儿童男子、女子单打	男子第一名 女子第一名
1980 年 7 月	湖南首届少年“三好杯”篮球运动会	湘阴县中学生男子篮球代表队	篮球	男篮第二名
		湘阴县代表队	男篮	第二名
1980 年 8 月	湖南省射击运动会	周明华	女子小口径步枪 9+30	第二名
1981 年	湖南省业余体校乒乓球赛	周彤、高文、游平	乒乓球	儿童男子组第四名，少年女子组第六名
1981 年 8 月	湖南省射击运动会	尚凤良	女子小口径步枪 9+30	第一名
1982 年	湖南省第五届运动会	柳云龙、刘辉、张开元	乒乓球	第五名
1982 年	岳阳地区学生乒乓球单打比赛	湘阴县中学生乒乓球代表队	乒乓球	男、女单打第一名
1983 年 7 月	全国业余体校湖南省射击代表队选拔赛	城关西湖学校张玲	女子气手枪 40 发	第一名
1984 年 2 月	湖南省优秀射手赛	张玲	女子标准手枪 30 发	第一名
1985 年 2 月	全国优秀射手赛	张玲	女子汽手枪 40 发	第三名
1985 年	岳阳地区第二届全运会	柳云龙、刘辉、方红、涂定建、罗文玲、游平、高萍、邹军华、李伟、姚浪、谢建云、冯伟斌、赵明、钟艳辉、贺燕	乒乓球	成年男子组第一名成年女子组第三名少年男子组第一名 少年女子组第三名

续表 23-8

时　间	竞赛名称	参赛团体或个人	项　目	名　次
1985 年 5 月	岳阳地区第二届运动会	周娟	铅球（4 千克）	第三名
		伏威	铅球（5 千克）	第一名
		周金红	400 米	第三名
		张资辉	铁饼（1 千克）	第三名
		张资辉	铅球（4 千克）	第三名
		李忠红	铅球（4 千克）	第二名
1985 年 5 月	岳阳地区第二届全运会少年篮球赛	湘阴县少年篮球代表队	男篮 女篮	第二名 第一名
1983 年 7 月	全国业余体校湖南省代表队选拔赛	张玲	女子汽手枪 40 发	第一名
1985 年 8 月	全国青少年射击比赛	张玲	女子标准手枪 5+30	第二名
1985 年 8 月	岳阳地区第二届运动会	邹永红	男子小口径步枪 10+30	第一名
		张乐平	男子小口径步枪 3×10	第三名
		谭永刚	男子小口径手枪 10+30	第一名
		刘伏猛	男子小口径手枪 10+30	第二名
		程勇	男子小口径手枪 10+30	第三名
1985 年 8 月	岳阳地区第二届运动会	谭永刚	男子汽手枪 40 发	第一名
		刘伏猛	男子汽手枪 40 发	第三名
		张乐平	男子汽手枪 40 发	第二名
		周明华	女子小口径步枪 30 发	第一名
		向霞	女子小口径步枪 30 发	第四名
		唐小红	女子小口径步枪 30 发	第六名
		周明华	女子小口径步枪 3×10	第一名
		张玲	女子汽手枪 10+40	第一名
		龙燕辉	女子汽手枪 10+40	第二名
		张玲	女子小口径手枪 5+30	第一名
		张玲、龙燕辉、向霞、刘伏猛	男、女射击团体	第一名

续表 23-8

时　间	竞赛名称	参赛团体或个人	项　目	名　次
1985 年 9 月	岳阳地区第二届全运会成年篮球赛	湘阴县代表队	男篮	第二名
2000 年	全国青少年皮划艇激流回旋锦标赛	王赛	男子双划	第一名
	全国皮划艇冠军赛	胡博	男子双人划艇	第二名
		胡博	男子双划 200 米	第二名
2000 年	全国皮划艇锦标赛	胡博	男子双划 500 米	第二名
		胡博	男子双划 1000 米	第二名
2000 年	全国赛艇锦标赛	朱堂勇	男子轻量级双人	第二名
2000 年	亚洲激流回旋锦标赛	王赛	团体	第一名
2001 年	湖南省青少年赛艇比赛	熊涛	男乙轻量级 1500 米 ×1	第二名
		熊涛	男乙轻量级 1500 米 ×2	第三名
2009 年	湖南省青少年儿童射击比赛	刘汝璇	运动步枪跪射女甲组	第一名
		刘汝璇	运动步枪 3×20 女甲组	第三名
2009 年	湖南省青少年儿童射击比赛	刘汝璇	运动步枪卧射 60 发女甲组	第三名
		刘汝璇、倪旺	运动手枪 3×20（队赛）女甲组	第二名
		刘汝璇、倪旺	运动步枪卧射 60 发女甲组	第三名
		陈思遥	标准手枪速射 8.6 秒（30+30）男甲组	第二名
		王占坚	飞碟多向 50 靶男甲组	第二名
		王占坚	飞碟混合双多向男甲组	第三名
		王占坚	飞碟多向 50 靶（队赛）男甲组	第二名

续表 23-8

时 间	竞赛名称	参赛团体或个人	项 目	名 次
2010 年	湖南省第十一届运动会	陈思遥	男子甲组 10 米气手枪 60 发队赛	第二名
		倪旺	女子甲组运动步枪 3×20 发个人	第三名
		刘汝璇、倪旺	女子甲组气步枪 40 发队赛	第三名
		潘杰	飞碟组双向男子 50 靶队赛	第三名
		王占坚	飞碟组多向男子 50 靶队赛	第三名
2010 年	国际射击飞碟世界杯墨西哥站	杨唤	女子多向飞碟	第一名
2011 年	湖南省青少年儿童皮划赛艇锦标赛	刘嘉欣	身体形态	第一名
2011 年	湖南省青少年儿童射击锦标赛	刘汝璇	步枪 60 发卧射	第一名
2012 年	湖南省青少年儿童射击锦标赛	倪旺	10 米气步枪 40 发个人	第一名
2012 年	湖南省常年锦标赛（赛艇、皮艇）	刘嘉欣	2000 米 K1	第二名
2013 年	全省常年锦标赛（排球）	湘阴一中代表队	排球	第一名
2014 年	湖南省第十二届运动会	湘阴一中代表队	男排	第一名
		湘阴一中代表队	女排	第三名
		李寒芝	单人皮艇 1000 米、2000 米	第二名 第三名

专记：湘阴籍运动员杨焕夺得世界杯女子飞碟冠军

1984 年 6 月，杨焕出生于湘阴县城一个文体之家。杨焕到岳阳市业余体校，由市体校射击队教练邱海洋训练，从事射击运动。在市业余体校学习训练一月左右，被输送到省业余体校学习训练。2002 年进入省射击队，正式踏上射击竞技战场，代表湖南射击运动多次在全国射击比赛中夺得荣誉。2003 年在河南举行的全国“通信杯”射击锦标赛上，杨焕与全国射击名将刘英姿同场竞技，勇夺团体银牌；2008 年 2 月，正式进入国家队；2009 年 11 月在山东参加全国运动会，以 85 中成绩获第 6 名。杨焕从市、省到进入国家队，档次在提高，成绩在进步，但她始终没有满足，冲击世界级射击比赛夺魁成为她心底的梦想和决心，学习更加认真，训练更加刻苦。2010 年 3 月上旬，飞碟射击世界杯比赛首站在墨西哥阿卡甫尔科举行，杨焕第一次走上世界射击竞技战场，面对世界级强手的挑战， 25 靶命中 20，以 92 中力压北京奥运会铜牌得主、美国射手科格德尔和第四届世锦赛冠军意大利射手杰莉西奥，夺得冠军。3 月 5 日，市委市政府致电国家射击队，对国家射击队和杨焕表示热烈祝贺；3 月 8 日，县长黎作凤和县级领导刘长泉、甘文伟等到杨焕家中，向其父母表示热烈祝贺，称赞杨焕父母为国家培育了体育人才，为祖国争得荣誉，为湘阴县人民争光。

第二十四篇　社会生活

第一章　居民生活

第一节　居民收入

一、农村居民收入

湘阴县是一个农业大县，家庭经营是农村居民收入的主要来源。1978—1999 年，家庭经营收入占居民总收入的 85% 以上。2000 年始，随着乡镇企业等非农业的发展以及农村劳动力外出务工收入的增加，家庭经营之外的工资劳务、财产性、转移性收入占居民总收入的份额越来越大。2010 年，家庭经营收入占居民总收入的比重降至 20%。

1978—1980 年，农村居民人均年纯收入由 102 元增至 152 元。1990 年农村居民人均年纯收入增加到 710 元，10 年增长 3.67 倍。1991—1999 年，除 1996 年和 1998 年特大洪水导致农村居民收入因灾减少外，其余各年居民收入稳步增长。2000 年农村居民人均年纯收入达 2318 元，比 1990 年增加 1608 元，是 1990 年的 3.26 倍。随着国家要求切实减轻农民负担，增加农民收入的政策出台，县内相继制定一系列惠农政策，大力进行农业产业结构调整，促进农村经济全面发展。2001—2009 年，农产品产量增加，收购价格不断提高，农民收入增长加快，年均增幅达到 10.1%。2010 年农村居民人均年纯收入达 6341 元，比 2000 年增加 4023 元，是 2000 年的 2.74 倍；2015 年，农民人平可支配收入为 14560 元，比 2010 年增加 8219 元，增 1.28 倍。

1980—2015 年湘阴县农村居民人年均纯收入统计表

表 24-1　　单位：元

年　度	纯收入	年　度	纯收入
1980	152	1990	710
1981	148	1991	743
1982	254	1992	880
1983	296	1993	1010
1984	345	1994	1386
1985	403	1995	1680
1986	477	1996	1958
1987	470	1997	2122
1988	610	1998	2130
1989	600	1999	2148

续表 24-1

单位：元

年　度	纯收入	年　度	纯收入
2000	2318	2008	5166
2001	2506	2009	5729
2002	2712	2010	6341
2003	3033	2011	7912
2004	3558	2012	9267
2005	3862	2013	11482
2006	4175	2014	13080
2007	4496	2015	14560

二、城镇居民收入

2006 年 11 月，成立湘阴县城市调查队，专门跟踪调查城市居民收入和消费支出。调查显示：改革开放后，城市居民的收入与消费水平均在同步发生变化。尤其是经过 1985 年第三次工资改革、1993 年第四次工资改革、2006 年第五次工资改革、2007 年工资调整后，城市居民收入增加幅度更大。1995 年城市居民可支配收入 2710 元，2005 年城市居民可支配收入 6865 元，10 年增加 4155 元。2006—2009 年，城市居民人均可支配收入由 7762 元增加到 11866 元，年均递增 23.6%。2010 年城市居民人均可支配收入 13832 元，比上年增长 16.6%；其中人均工薪收入 9903 元，增长 26%；经营净收入 1872 元，增 15.0%；财产性收入 433.6 元，增长 85.0%；转移性收入 12213.6 元，增长 17.0%。2015 年全县城镇居民人均可支配收入为 24437 元，比 2010 年净增 10605 元，增长 70%。

1995—2015 年湘阴县城市居民可支配收入情况统计表

表 24-2

单位：元

年　度	可支配收入	年　度	可支配收入
1995	2710	2006	7762
1996	3400	2007	8714
1997	3871	2008	10099
1998	4317	2009	11866
1999	4632	2010	13832
2000	5054	2011	17027
2001	5327	2012	19945
2002	5906	2013	20286
2003	6519	2014	22386
2004	6816	2015	24437
2005	6865		

第二节　居民消费

1985—2015年，全县城乡居民对衣、食、住、行、用五类物资需求发生很大变化。衣着支出逐年增加，额度较大，相比之下食品支出占总支出的比重逐年下降，住房支出逐年攀升，交通通信支出增势强劲，用品支出保持稳定。

1985年，城镇居民消费分类比重排列依次是食品、用品、衣着、住房、交通通信，占生活消费支出的比重分别为42.14%、30.86%、11.09%、9.14%、6.77%。2015年，依次是食品、衣着、交通通信、住房、用品，占生活消费支出的比重分别为38.8%、18.85%、15.8%、13.3%、13.25%，其中交通通信消费额增幅最大。

1985年，农村居民消费分类比重大小排列依次是食品、用品、住房、衣着、交通，占生活消费支出的比重分别为5.6%、15.6%、11.7%、10.4%、3.7%。2015年，依次是食品、住房、交通通信、衣着、用品，占生活消费支出的比重分别为41.96%、19.7%、18.3%、10.61%、9.43%。另一个显著特点是城乡居民文化教育娱乐形成现代消费主流倾向之一，2015年文教娱乐服务消费支出占家庭消费总支出的比重，由2010年的9%提升到16.1%。

一、衣

1985—2015年，城乡居民收入的增加，促进了居民消费水平提高，衣着消费有很大转变。城乡居民衣着由布料加工向购买成衣转变；由经济实惠向注重色彩、款式转变。随着市场化改革的逐步深入和人们消费观念的转变，促使大量国际国内品牌服饰涌入县内市场，服饰品牌、款式已成为城镇居民衣着消费的首选。城镇居民人均衣着消费额度一般占生活消费支出的10%~12%；农村居民人均衣着消费额度一直维持在生活消费的6%~8%。

1985—2015年湘阴县农村居民人年均衣着消费额统计表

表24-3　单位：元

年　度	金　额	年　度	金　额
1985	38	1996	124
1986	43	1997	105
1987	41	1998	91
1988	46	1999	89
1989	40	2000	83
1990	38	2001	82
1991	52	2002	89
1992	54	2003	104
1993	65	2004	128
1994	87	2005	124
1995	108	2006	139

续表 24-3 单位：元

年　度	金　额	年　度	金　额
2007	164	2012	350
2008	174	2013	385
2009	181	2014	414
2010	218	2015	450
2011	295		

二、食

城镇居民：生活水平的提高，居民对食品质量要求更高，更加注重食品的营养搭配，饮食结构趋向合理。食品构成中水产品、肉禽、蛋、蔬菜、鲜果等消费比重逐年上升。高蛋白、低热量、低脂肪成为人们追求健康的饮食时尚。同时，随着工作、生活节奏加快，为追求轻松方便，居民外出就餐支出增长较快，来客接待大多在餐馆。1985—2010 年，城镇居民食品消费占生活消费支出的比重由 42.14% 降至 38.8%。

农村居民：居民食品自产自给为主。1985 年，居民人均食品消费 214.4 元，现金消费仅占食品消费总额的 42.3%。随着农村居民收入的增长，食品购买量逐年增加，食品构成越来越丰富。水产、肉类等主要食品和在外饮食次数的增多带动居民食品消费额增加。2010 年，农村居民人均食品消费 1680 元，现金消费占食品消费总额的比例升至 32%。1985—2010 年，农村居民食品消费占生活消费支出的比重由 58.6% 降至 41.96%。

1985—2015 年湘阴县农村居民人均食品消费额统计表

表 24-4 单位：元

年　度	金　额	年　度	金　额
1985	214	1998	1181
1986	235	1999	1076
1987	259	2000	1095
1988	300	2001	1186
1989	332	2002	1168
1990	412	2003	1239
1991	491	2004	1034
1992	507	2005	1497
1993	586	2006	1438
1994	782	2007	1676
1995	953	2008	1382
1996	1122	2009	1610
1997	1126	2010	1872

续表 24-4

年　度	金额	年　度	金　额
2011	3220	2014	4266
2012	3545	2015	4560
2013	3850		

三、住

城镇居民：1985 年，城镇居民人年均住房消费额为 25 元，平均每户居住面积 28.3 平方米，人均住房使用面积 8 平方米，住房价值每平方米 65 元。随着居民收入提高，购买力增强，城镇商品房发展加快，1998 年 12 月 31 日，全县城镇停止住房实物分配，不再允许公建住房后，各种安居工程、住宅小区、花园等商品房迅速建成，极大地改善了城镇居民的居住条件和环境。2010 年，城镇居民人均住房消费额增至 1816 元，人均住房使用面积 26.1 平方米，住房价值达到每平方米 1180 元。2015 年人均住房消费增至 2656 元，人均住房面积提升到 30 平方米，住房消费增加与房地产和装修价值居高不下有关。

农村居民：1985—2015 年，农村居民收入增加，人们把住房投资作为改善生活环境的一项重要内容，加大住房投资力度，红砖瓦房、楼房已遍及乡村。居民人年均住房消费额由 1985 年的 43 元增至 2010 年的 816 元，但农村住房造价每平方米要低于城镇，只占 50.8%。期间，少数农村居民建起带院落的乡村小别墅，居住条件正赶上甚至超过城镇居民。同时，由于城市工业发展，环境污染加剧，有些城镇居民向往农村居住环境，转而在农村买地建房居住。至 2015 年，农村居民住房建设消费人均支出为 3156 元。低于城镇居民消费支出的原因，除地价以外，农村居民以自建为主，不买商品房，但其装修花费不低于城镇，且 98% 以上农村居民都拥有自己的楼房。

1985—2015 年湘阴县农村居民人均居住消费投资额统计表

表 24-5　单位：元

年　度	金　额	年　度	金　额
1985	43	1997	369
1986	42	2000	253
1987	57	2001	389
1988	95	2002	561
1989	98	1998	195
1990	74	1999	203
1991	116	2003	320
1992	165	2004	389
1993	254	2005	315
1994	244	2006	283
1995	329	2007	911
1996	363	2008	698

续表 24-5　　单位：元

年　度	金　额	年　度	金　额
2009	675	2013	2950
2010	816	2014	3156
2011	2760	2015	3200
2012	2800		

四、行

城镇居民：1985—2015 年，全县交通通信事业发展迅速。县乡公路四通八达，公交车遍及城乡，县城的士穿行，固定电话、移动电话普及，给人们外出务工、探访亲友、旅游带来极大方便。从少数富裕家庭购置小轿车始，县直机关、事业单位、乡镇场、大型企业干部职工和外出务工人员大部分添置小轿车，有的家庭多达数台，购车讲究名牌，档次越来越高。交通通信消费成为居民第三大消费。1985 年，城镇居民人均交通通信费用支出 5.9 元，占生活消费的 6.77%。2010 年，增至 1200 元，2015 年增至 2340 元。占生活消费的比重上升到 15.8%，城镇每百户居民拥有移动电话 168 台、固定电话 90 台。

农村居民：1985 年，农村居民人均交通通信费用支出 2.7 元，占生活消费的 3.7%。1986—1999 年，农村交通通信支出增长缓慢，一直在几十元之间徘徊。1999 年后，随着乡村公路建设步伐加快，固定电话、移动电话的普及，农村居民交通通信费用激增，2003 年达到人均 251.7 元，彻底结束农村交通不畅，信息闭塞的局面。其间，为求外出务工、经商、访友的方便，大部分农村家庭购置摩托车，有的购买中巴车、轿车。有的外出务工人员家庭拥有数台车。2010 年，农村居民人均交通通信费用达到 800.8 元，占生活消费的 18.3%。2015 年增至 1050 元，比 2010 年增长 200 元。

1985—2015 年湘阴县农村居民人均交通通信费统计表

表 24-6　　单位：元

年　度	金　额	年　度	金　额
1985	2.7	1997	60.7
1986	3.5	1998	38
1987	3.9	1999	40
1988	4	2000	101.4
1989	4.2	2001	93.2
1990	4.5	2002	134.3
1991	4.7	2003	251.7
1992	12.2	2004	204.8
1993	28.5	2005	397.8
1994	20.7	2006	410.8
1995	43.3	2007	467.2
1996	60.6	2008	513.6

续表 24-6　单位：元

年　度	金　额	年　度	金　额
2009	649.2	2013	910
2010	800.8	2014	959
2011	835	2015	1050
2012	880		

五、用

城镇居民：1985—2015 年，经济快速发展，社会物资供应越来越充足，日用消费品数量、品种繁多，居民对用品的选择空间越来越大。电视机、电冰箱、洗衣机已成为居民家庭必备商品，取而代之的高档商品有电脑、高档液晶电视等。同时，由于所有耐用日用品使用期较长，居民对日用品消费持理性态度，只在需要时才购买，造成居民日用品消费在消费结构中所占比例迅速下降。1985 年，城镇居民日用品消费占生活费支出的 30.86%，2010 年降至 13.25%。

农村居民：1985—2010 年，满足居民家庭基本使用的日用品趋于饱和，耐用日用品更新换代周期较长，农村居民日用品消费相对平稳。1985 年，农村居民人均日用品消费 37 元，占生活费支出的 10.1%。1991 年，农村居民人均日用品消费 120.8 元，占生活费支出的 11.57%。2010 年，人均日用品消费 304 元，仅占生活费支出的 9.43%，日用品已不是居民消费的主要方面。

1985—2015 年湘阴县农村居民人年均家庭设备、用品消费支出统计表

表 24-7　单位：元

年　度	金　额	年　度	金　额
1985	37	1999	156
1986	53	2000	161
1987	70	2001	167
1988	86	2002	172
1989	102	2003	176
1990	115	2004	182
1991	120.8	2005	188
1992	123.6	2006	193
1993	128.5	2007	198.5
1994	130.2	2008	248
1995	135	2009	278
1996	141	2010	304
1997	145	2011	775
1998	151	2012	790
2013	810	2015	872
2014	838		

六、医疗、文化、教育、娱乐及其他

1985—2015年，因生活水平提高，物价上涨，投资理念的变化，居民医疗健康、文化教育、娱乐及其他消费增长幅度较大。农村居民生活条件改善后，对教育投资越来越重视，加上1996年开始，部分初中、高中教育收取集资费，中专、大专收取委培费，1999年，初中以上教育收取择校费等，拉动了教育投资费用的大幅增长。1985年，教育投资占生活消费支出的8%，至2015年已达到24.3%，教育投资已成为农村居民消费的一个重要方面。随着新型农村合作医疗制度的建立，98%的农村居民参加了新农合。

2010年，城镇居民医疗保健人均消费332.6元，教育文化娱乐人均消费1276.2元，其他消费人均274元，共占生活消费支出的22.59%。2015年人均医疗保健消费提升到1200元，比2010年增加828元；文教娱乐人均消费增加到1826元，比2010年增加556元。

1985—2015年湘阴县农村人年均医疗、文教娱乐及其他消费统计表

表24-8 单位：元

年 度	金 额	年 度	金 额
1985	13.6	2001	517.8
1986	15.8	2002	633.9
1987	20.4	2003	758.8
1988	31.2	2004	816.6
1989	48.6	2005	927.7
1990	52.3	2006	1063.3
1991	59.7	2007	1157.9
1992	63.5	2008	1255
1993	70.6	2009	1389
1994	78.2	2010	1500
1995	89.1	2011	2580
1996	105.8	2012	2800
1997	159.2	2013	3010
1998	209.3	2014	3215
1999	315.4	2015	3415
2000	422.6		

第二章　婚姻与家庭

第一节　婚　姻

改革开放后，随着社会变革和社会主义市场经济的建立，全县婚姻状况显现出新的特点。旧的婚姻观念和习俗逐渐淡化；"父母之命"彻底革除；"媒妁之言"仅有牵线搭桥作用；"寡年不结婚""合八字"等陋习在年轻人中已无市场；晚婚率提高；结婚率和离婚率均呈上升趋势。

2003 年 11 月—2015 年湘阴县婚姻登记情况表

表 24-9　单位：对

年　度	结　婚	离　婚	备　注
2003	512	44	11—12 月登记数
2004	3306	311	
2005	3697	398	
2006	4214	404	
2007	4750	434	
2008	5938	733	
2009	6033	835	
2010	6066	939	
2011	6817	1147	
2012	6961	1316	
2013	7089	1531	
2014	7100	1610	
2015	5835	1660	

第二节　家　庭

改革开放后，尊老爱幼、男女平等、夫妻恩爱、勤俭持家、邻里和睦等传统美德正在形成。随着外出进城务工人员的增加和离婚率的上升，空巢家庭和单身家庭日渐增加。留守儿童和单亲儿童一般由祖辈照管，虽吃、穿、安全方面基本得到保障，但培养教育成为家庭、学校和社会的难点问题。生育观念获得根本性转变，无序生育状况得到根本改善，独生子女家庭逐渐增多，家庭规模随之缩小。

1978—2015年湘阴县家庭户均人口统计表

表24-10　　单位：户、人

年　度	总户数	户均人口	年　度	总户数	户均人口
1978	125376	4.51	1997	208506	3.26
1979	126302	4.49	1998	199948	3.41
1980	125986	4.58	1999	194726	3.51
1981	130168	4.44	2000	192249	3.57
1982	129762	4.50	2001	195144	3.53
1983	130321	4.34	2002	196906	3.51
1984	135866	4.28	2003	210336	3.29
1985	143262	4.14	2004	215453	3.21
1986	152350	4.15	2005	226166	3.07
1987	162690	3.69	2006	231275	3.04
1988	176276	3.49	2007	236946	3.03
1989	186898	3.51	2008	243275	3.03
1990	194881	3.29	2009	241296	3.12
1991	205796	3.15	2010	237120	3.19
1992	205100	3.19	2011	248023	3.08
1993	206089	3.20	2012	240710	3.19
1994	204768	3.24	2013	233166	3.31
1995	206468	3.24	2014	236495	3.28
1996	207542	3.25	2015	236495	3.29

第三章　民　俗

第一节　生产习俗

一、农业生产方面

湘阴县农民历来精耕细作，十分重视备耕、春插、“双抢”等农事活动。备耕讲究“三犁三耙”：犁冬田（翻板坯）一犁一耙，整田一犁一耙，耖田一犁一耙。随着农业机械的推广应用，人畜组合的犁耙耖滚逐渐为水田耕整机替代，一次完成犁耙作业。20世纪80年代前，农户家家门前一个粪凼，家家田里一坵草籽（绿肥）。有“草籽种3年，坏田变好田”的俗语。随着氮、磷、钾各种成分化学肥料的普遍使用，已没有农户再积农家肥和种绿肥。浸种育秧一般由有经验的农民操作。对秧田极为重视，有

"会作田的作一垢，不会作田的作一洲"之谚。20世纪80年代出现育秧公司，有的农户开始掏钱买秧。插田要经过扯秧、洗秧、系秧、运秧、抛秧多道工序。20世纪90年代始推广抛秧，把育好的秧直接均匀抛到大田。收早稻插晚稻俗称"双抢"（抢收抢插），是一年农事最忙的时候。季节催人，有"春插日，夏播时"的俗语。全家男女老少全部劳力出动，外出务工人员一般都回乡赶忙。20世纪80年代踩打稻机脱粒。20世纪90年代始单户或联户购买收割机收割。以后出现从事收割机收割的专业户，外出劳力再不必远道返乡抢收。

2000年以后农村实现农业机械化，耕田机、插秧机、收割机逐步推广。2010年以后农业生产责任制进一步深化，农村经济体制改革不断更新生产习俗，土地流转加快，农村各类合作组织兴起，出现大批种粮和畜牧养殖大户，机械化程度进一步提高，耕田、收割有专门私营公司或合作组织，除机插外，撒播较多，传统的手工农活被淘汰，农业劳动负担减轻。

二、渔业生产方面

旧时习俗甚多。新造渔船要"关头""亮墩"；渔船下水要"喊礼""退煞"；渔船上供奉白龙将军神位避邪。这些浓厚迷信色彩的归俗已荡然无存。开船忌妇女坐船头，禁说"猫、鬼、翻、沉"等禁忌也逐渐淡化。四季渔汛中，原以秋汛为旺季，夏汛为淡季，现在也不讲究淡季旺季。渔民中有"涨水三天不下河，退水三天安排箩""风小布挂钩，流水打行钩，对水打撒网，高水下卡钓，低水挂麻毫"等俗语。

湘阴渔业生产随着农村经济体制改革的深化，由过去的江河捕捞转化为池塘精养为主，由国有渔场转化为集体和合作组织养殖为主。精养渔池全部实现机械投料，年放年收。2015年，全县建有规模化标准化基地渔场78个，渔业经济合作组织50家，养殖示范基地13600公顷，其中名特优水产品养殖基地面积10500公顷，水产品总量连续20年居全省第一，2015年总产达到13.5万吨，超历史水平，成为全省8个创建全国渔业健康养殖示范县之一。机械化、科学化养殖淘汰了"人放天养"传统的养殖方法。

三、家庭养殖业方面

从20世纪80年代始，专业户发展迅速。牛、羊、猪等牲畜和鸡、鸭、鹅等家禽逐步由散户喂养发展到大户、专业户和专业公司养殖，提高商品率，专业户和专业公司讲究规模生产，不断引进新品种，提高畜禽产品质量。不论散户还是专业户，在春节期间，都会在牛棚、猪栏、羊厩和禽舍贴上"财源滚滚""六畜兴旺"之类的红笺以祈求吉祥。

2000年以后，家户养殖习惯大有改变，户上养鸡鸭鹅在延续，主要用于自食，养猪大大减少。到2015年，农村养猪大户和集体猪场大量增加，大到上万头，小到几百头，农户吃肉都到肉店买。另外，有的乡镇农户利用外河洲和渠港草地发展养肉牛和羊，养牛合作社随之出现，一头肉牛价值多达万元，一头羊上千元，肉牛年出栏上市量达3.5万头，羊3.1万头，价格比猪肉高出了3倍以上，成为农户致富的一大收入。

第二节　生活习俗

一、饮食

日常用餐一日三餐。年轻人有吃夜宵的习惯。稻米为湘阴县人主食，早餐多以面食米粉为主。多数城乡居民喜食鱼虾，有"无鱼不成席"的说法。吃鱼讲究"春鲇夏鲤秋鲫冬鳊"，即不同季节食用不同品种的鱼。蔬菜讲究新鲜。菜肴颇具特色。干鱼腊肉为席上佳肴。蒸菜（蒸鱼、蒸肉、蒸鸡、蒸玉米等）、炒菜（炒鳝鱼、炒牛肚、炒蘑菇、炒龙虾、炒螃蟹等）、火锅、腌菜、酱菜、凉菜，品种丰富。

烹调喜用葱、蒜、辣椒、豆豉、姜、胡椒、糖、醋等佐料。20 世纪 80 年代始，曲酒、啤酒、乳汁、果汁成为餐桌上常有的饮料。有的居民习惯饮本地作坊或自家用草本药子酿制的谷酒。有的居民自制葡萄酒作为养生食品。酒席以鱼肉为主，有荤有素有汤。20 世纪 80 年代至 90 年代时兴八大碗、十大碗，餐桌上常有用煮熟的糯米加红枣、柿饼、花生仁、橘饼等配料捣制的酥丸坨子和蒸制的果饭。部分青年人喜嚼槟榔。

逢年过节，饮食很有讲究。春节年夜饭早早准备，十分丰盛。糍粑、年糕、甜酒、土鸡蛋是春节常备食品。正月十五吃元宵坨。三月初三吃地菜（荠菜）煮鸡蛋。立夏吃鸡蛋和糯米坨，有“立夏吃个蛋，石头鼓（卵石）都踩得烂。立夏吃个坨，双脚跳得过河”的说法。端午节吃粽子、盐鸭蛋，喝雄黄酒的习俗逐渐革除。三伏天逢伏吃生姜炒仔鸡。中秋吃月饼，赏月谈心的习俗尚存。

湘阴县人重饮茶。待客以姜盐豆子芝麻（花生米）茶或泡茶。县城多设茶楼、茶艺厅，除供应本地绿茶外，还供应外地铁观音、普洱茶、菊花茶、茉莉花茶等。

二、居住

20 世纪 70 年代至 80 年代初，农村住房大多是茅草屋、木架砖瓦结构房和筑墙屋。20 世纪 80 年代中期始，湖区的竹篱茅舍依规划成线建起砖木结构、钢筋水泥结构的住房，红瓦、水泥瓦替代稻草、茅柴。20 世纪 90 年代后，城乡居民建房讲究造型美观适用，通风透光，几室几厅几厕，厨厕配套。农村居民建房坐北朝南为主，向阳通风，前坪宽敞，周围种植常绿树、果木树或丛竹斑竹，屋旁有菜园，有的还有杂屋放农具、养鸡鸭、养猪。建房择吉日动工。上梁挂红布于梁上，祈求人丁兴旺财源广进。住室以中堂（堂屋）为尊，堂屋设神龛，供奉祖先牌位。城镇居民建房流行厅室结构，平顶楼房居多。21 世纪，房地产迅速发展，高楼大厦林立，城镇居民和进城农村居民多购商品房。高档别墅成为时尚。居室内家具，80 年代流行高低床、西式床、三门柜、食品柜、鞋柜、沙发等，摆设有缝纫机、黑白或彩色电视机、洗衣机、电风扇、录音机及各种灯具、字画屏、石英钟等。20 世纪 90 年代流行席梦思和塑料贴面的组合家具，室内设施有组合音响、彩电、冰箱、空调。21 世纪，红木高档家具和西式木器进入居民家庭，室内家用电器经常更新换代，电脑不断普及，网上购物成为时尚。

三、服饰

20 世纪 80 年代，城乡居民喜爱化纤衣料衣服，流行西服，着装色彩纷呈，款式千姿百态。呢大衣、羊毛衫、健美裤、喇叭裤、牛仔裤、超短裙、露胸衫各取所爱。老年人大都着中山装、国防服，也有穿西服的。鞋料以真皮、好革为主，有高跟、平跟、尖头、平头，款式新颖，品种繁多。20 世纪 90 年代城乡服饰爱好已无差异。穿戴要求色调艳丽、质地华贵，讲究品牌和时尚。21 世纪始，国内外各类服饰流入湘阴城乡，穿着多姿多彩。殷实家庭的妇女穿金戴银。金银钏、金银耳环耳坠、金银钻石戒指、金银或镶宝石项链流行。年轻美女夏秋着低胸短裙配超短裙以展示身段，冬春穿皮衣马靴以显示尊贵。衣服很少手洗，大多用全自动洗衣机。高档毛料服饰干洗。衣服洗涤由洗衣粉更新为洗衣液。

四、出行

20 世纪 80 年代，飞鸽牌、永久牌、凤凰牌等自行车逐步普及城乡，出行以单车代步。20 世纪 90 年代始，摩托车成为城乡居民主要交通运载工具。2000 年后，公路逐步通乡通镇通村，并硬化亮化绿化，城乡居民出行，搭乘公共汽车十分方便舒适。县城有 5 条公交车线路环城载客，出行比农村更为方便。家用轿车兴起，富裕家庭一家几辆，出行既便捷，又很惬意。

第三节　岁时习俗

春节　湘阴县人重春节，每到年终，外出的人都回家团圆。家家贴春联、福字、张灯结彩、燃放鞭炮。关上大门（俗称关财门）吃团年饭，酒菜特别丰盛，合家开怀畅饮。讲究“三十夜里的火、元宵晚上的灯”。长辈给晚辈发压岁钱，晚辈给长辈拜年、祝福。除夕夜看春节文娱晚会，享受文化大餐。从初六开始，城乡开始玩龙戏虾、踩高跷、彩莲船，直到十五日元宵节。元宵夜各家各户灯火辉煌。改革开放后，迷信活动渐被革除。

清明　家家重视踏青扫墓，祭祀先人。21 世纪始，清明节放假，扫墓更被重视，挂山的彩球、灯笼档次越来越高。学校、机关单位常组织学生、机关工作人员祭扫革命先烈陵园。

端午　户户门前挂菖蒲艾叶辟邪。城乡龙舟竞渡延续至今，现已纳入政府有组织的季节性体育活动。大人饮雄黄酒、儿童搽雄黄的习俗已革除。

中元　俗称“七月半”。中午或晚上设宴、摆茶果祭品祭祀先人。农历七月十一至十四下午或晚上焚烧纸钱（俗称烧包）怀念先人。烧包有“十一金钱、十二银钱、十三铜钱、十四纸钱”的说法，十一日烧包的居多。传统烧包是烧串钱、板钱、衣物。21 世纪始，除烧串钱、纸钱、衣物外，还烧面额少则五十元、多则几十亿元的冥纸币、纸金锭、纸银锭等。

中秋　互送月饼庆贺佳节。家庭摆酒设宴团聚，赏月聊天的习俗尚存。

重阳　机关团体、企事业单位多组织老人聚会、游览、登高揽胜。晚辈多看望老辈。

国家规定的“三八”妇女节、“五一”劳动节、“七一”建党节、“八一”建军节、“十一”国庆节，大多由政府或机关企事业单位组织活动。21 世纪始，西方的圣诞节、情人节、母亲节、父亲节等引入湘阴人生活领域。圣诞节平安夜年轻人聚会一起狂欢。情人节这天，情人间送玫瑰或约会。母亲节、父亲节，子女向父母问候。

第四节　社交习俗

村民热情好客，见面相互招呼、握手、问候或点头微笑。客人进屋，主人热情款待，香烟、水果、饮料，更少不了香喷喷的芝麻豆子姜盐茶。饭时留客吃饭。同姓朋友称“家门”。同族攀宗亲。同年生的结“老庚”。春节期间邻里互相拜年，有“初一崽，初二郎，初三初四拜团坊”的习俗。亲戚邻里间相互请客吃饭，称为“接春客”。干部、职工由所在单位提前组织团拜。政府和民政部门领导向烈军属、五保户拜年，送慰问品。学校、社区、工会、共青团、妇联等单位部门组织志愿者到敬老院、困难户、五保户、残疾人家庭搞卫生、送温暖。不少寓外乡友春节期间探望、慰问敬老院老人。教师节，学生和家长给老师送花、送礼品。六一儿童节，家长为小朋友添置新衣服，到学校、幼儿园观看小朋友的文艺表演，组织学生参观革命纪念地和游览风景名胜地。

21 世纪始，社会交往方式逐渐增多，除了传统的书信、走访串门、电话联络外，还有聚会、聚餐、歌厅唱歌、舞厅跳舞、短信、微信、打牌、打门球等。社会交往范围由亲戚、同事、朋友扩充到同乡、同学、战友、邻里、工商客户，有的还成立同乡会、同学会、战友会等，并筹措一定资金，定期举行各种活动，社会交往的地点也发生了变化。商业洽谈、招待活动大多在歌厅、茶座、宾馆、酒楼、城乡休闲农庄等场所进行。

第五节　礼仪习俗

一、嫁娶

结婚，男方叫“娶”“收亲”，女方叫“嫁”“出阁”。改革开放后，旧时“发八字”、择吉日“报日”、结婚“启媒”“过礼”“添箱”等旧俗已逐渐革除。20世纪80年代中期始，女方向男方索要“彩礼”（财物）的风气开始盛行。乡邻互相攀比，讲究排场。20世纪90年代后，自由恋爱普遍，一度结婚礼节从简。大多举办新式婚礼。外出旅游结婚开始流行。独生子女恋爱结婚，男到女家“入赘”的多起来。近亲结婚被禁止。无血缘关系的同姓男女恋爱结婚的已不鲜见。结婚当天上午，男方扎彩车，准备好开门包封去女方家接亲。接亲用成双数的轿车，花车走在最前，有伴娘随车接亲。车到女方家，女方立即关闭大门，男方即在大门前撒开门红包，红包给足后，女方开门发亲，以显尊贵和喜庆。新婚之夜，亲友、同事、邻居闹新房，“三天不分大小”，与新郎新娘逗乐，常玩至深夜。在结婚酒席间，亲朋好友为增加婚礼热闹氛围，嘻闹中称新郎的父亲为“烧火老倌”，强行将其脸抹黑，挂上“烧火老倌”等牌子，背火杈，戴高帽等在席间游走。甚至还有押着“烧火老倌”陪新娘在街上游街的。随着人们文明素质的提高，旧时一些低级趣味的嘻闹方式逐渐革除。21世纪以来，讲排场的习俗愈盛，接亲车辆越来越多，档次越来越豪华。农村婚宴扎彩门、悬彩球、搭红棚、燃放鞭炮、播放喜庆音乐，热闹非凡，喜气洋洋。县城多在酒楼宾馆操办婚宴，举行结婚仪式，有专业婚庆公司主持，规格越来越高，程序愈来愈时尚。

二、生辰

妇女生了小孩，女婿带着酒礼鞭炮到岳父家报喜，一进门就摆红蛋、放鞭炮、敬祖先，接着逐一告知小孩出生时辰、性别及母婴情况。小孩出生后第三天，女婿家办“三朝饭”，小孩外婆家送鸡、鸡蛋、红糖、面条、红枣、荔枝等食物和婴儿衣物、摇篮到女婿家庆贺。此俗农村尚存。小孩出生一个月，称“满月”，产妇可以出门走亲友，叫“出窝”。小孩一周岁，外婆给母子（母女）送衣料和金银首饰，其他亲朋好友也送礼“做周岁”。以后一些年，每年生日，父母都为小孩买生日蛋糕，爷爷奶奶等长辈、小孩相好的小朋友一起分享生日蛋糕，唱《祝你生日快乐》歌祝贺。

20世纪80年代后，青年中时兴男过三十六岁、女过三十岁生日。人到60岁，开始做寿。年龄整十的生日叫“亘生”。60岁以上的亘生，亲友均来庆贺。庆贺70岁以上老人寿诞，有送寿匾表示敬重和祝愿健康长寿的习俗。

三、丧葬

病人弥留之际，亲人到场送终。刚一断气就要烧纸串钱或纸板钱，叫烧“倒头钱”。点上清油灯、香烛，燃放鞭炮，为亡人洗浴，换上寿衣、寿帽、寿靴。发出讣告，设置灵堂“开吊”（办丧事）。请道士做三、五、七日道场，念经超度。改革开放后，丧葬不断改革。旧时的“择期”“相地”下葬虽仍有部分人所因袭，但“念经拜忏”“超度亡灵”已逐渐不为人们所采用。农村多为土葬。要请人挖“金井”（墓穴）。出殡上路由孝子持孝杖、捧灵位，举孝幡先行，“车夫”们抬灵柩紧随其后，接着是其他孝子和举花圈、打锣鼓、放鞭炮的亲友乡邻尾随。有的在出殡中途歇息（称打祭），由亡人晚辈、亲属向车夫挨个叩头，分发香烟、水果之类物品（称路祭）后起棺继续走，孝子随棺起停跪拜。安葬完毕，孝子和送葬队伍从另一条路线返回，安置灵位，俗称“安灵”。接着烧灵屋，逢七烧包，七七而止。县殡仪馆建立后，城镇居民和部分村民都在县殡仪馆操办丧事。城乡推行殡葬改革后，追悼会或告别仪式代替了旧的道场。亲友邻里轮流通宵守候亡灵，俗称“坐夜”。火化前或出殡前一天晚上请戏班唱戏或歌舞表演。

1985年，县委、县政府推行火葬，规定国家工作人员一律不得土葬。城镇居民死后也实行火葬。火葬在城乡逐步普及。

四、祭祀

家祭于各户中堂祖先牌位前祭祀。有的晨昏叩首，终年香火不断。有的逢春节、清明节、中元节、中秋节上供品茶酒，点香烛祭祀。

丧家办理丧事后第一个春节不出门拜年。一般在大门上贴上“守我堂前服，任他门外春”等蓝纸白字对联以示悼念。亡者亲友在正月初一、初二到亡者坟前或灵位前拜年，俗称“拜哑巴年”。

清明节期间要到亡故的亲人或祖先坟墓祭扫（俗称挂山），在坟上插上有纸钱和彩带结成的彩球，点燃香烛，摆放贡品，烧纸钱，燃放鞭炮，跪拜叩头，以示纪念。

中元节（农历七月初七）俗称烧包节。一般在中堂灵位前供奉贡品、敬香。大多于十一日烧包，有的还烧一箱箱的纸质衣物、金元宝等。十五晚上放河灯。

少数地方在农历二月初二的“龙抬头”、农历四月初八的“佛祖节”、农历六月初六的杨泗节举行祭奠仪式。

20世纪80年代后，祭祀活动越来越受人们重视。富裕起来的家庭，择良辰吉日重新修整先人坟墓，豪华墓葬到处可见。

公祭大都由政府、学校等组织。县城公祭在望滨烈士陵园举行。

第四章　方　言

第一节　语　法

一、调整法

动物性别标志　普通话是将性别加在前面的（如：公牛、母牛），湘阴方言大都是后附的；有些前附的则不直呼公、母，例如：

普通话：公狗、母狗、公羊、母羊、公马、母马……

湘阴话：狗公、狗婆、羊公、羊婆、马公、马婆……

另如，母猪叫草猪；种母猪叫猪婆；公猪叫豮猪；种公猪叫郎猪或脚猪；去势公黄牛叫黄牯，去势的公水牛叫水牯。

人的性别标志　用于人的性别标志，也有后附的，如：媒婆、恩（n）婆、丈人婆、害肚婆、接生婆、丈人公、单身公、斋公、艄公；“婆”字无性别标志，如：虱婆、插夹婆（蟑螂）、蛆婆；“婆”字作词缀，如沙婆（沙子）　针婆（针）。

名词词尾　头、头古、头古里。石头、石头古、石头古里；拳头、拳头古、拳头古里；膝（se）头、膝头古、膝头古里。这里的“古”字，除语法作用外，有表圆形的作用

词尾“头”的词　有些与普通话不同，名词词根加“头”尾构成名词：鼻头（鼻涕）、阶头（客厅）、档头（物件之一端）；动词加“头”尾成名词：来头（背景势力）、包头（包工头）、开头（开船）、行头（演出之服装）；形容词加“头”尾构成名词：弯头（角落）、热头（太阳）。

词尾“里”　相当于“们”，但只限于人称代词而不能加于指人名词之后，如：我里（我们）、n里（你们）、他里（他们），但无“工人里”“同志里”的说法。

加在后面略含贬义。如：大婆里（妻）、小婆里（妾）、私崽里（私生子）、干崽里（无血缘关系的儿子）。

加在后面含有“小义”。如：末脚里（最小最后的）、屑里（垃圾）、针抵里（顶针）、泡里（水泡子）、蠢辣里（软体昆虫）。

加在单音象声词和形容词之后，相当于普通话的“地”如：（蜜蜂）嗡嗡“里”叫、（鞭子）啪啪“里”响、（戏场）哄哄“里”闹。

词尾“则”（tse̊）

作名词词尾，有小称和爱称的语感，如：伢则（男孩）、妹则（女孩）、牛则（可爱的牛）。

用在表动作时间短暂的“下”字后面，有劝勉语感，如：走下、走下则；看下、看下则；想下、想下则。

与量词词尾“把”字组成双词尾，词尾“把”字约数加“则”字连用，就兼有小称的语感，如：斤把（一斤左右）、斤把则（不重、只是一斤左右）；回把、回把则；（踢得）脚把、脚把则；打（得）拳把、拳把则。

与形容词词尾“扼”字组成双词尾，相当于普通话的“点点”。如：轻扼（轻点）、轻扼则（轻点点）；慢扼、慢扼则；大扼、大扼则；细扼、细扼则；马虎扼、马虎扼则；老实扼、老实扼则。

作单音动词重迭后的词尾，含“将就”“凑合”之意，如：唱唱则（不要求唱好）、读读则（不要求读出成绩）、试试则（不要求试成功）。

词头“老”的运用 称谓名词前加“老”有亲切感，如：老弟（弟弟）、老妹（妹妹）、老兄（哥哥），另名：老庚（同年同月同日生）、老华（名字相同者）、老表（姑表、姨表总称）、老伙计（共事甚久者）。

表进行体的“到” 作为动词词尾，有普通话“着”的含义，如：放到、坐到、捆到、站到等，都不带宾语。

表进行体的“起咯” 其语法功能有普通话“着”的含义，带宾语，如：皱起咯眉毛（皱着眉头）、鼓起咯眼睛（瞪着眼），翘起咯屁股（翘起臀部），跷起咯二毛腿（跷着二郎腿）。

一“得”三含义 “得”te 为呼唤叹词“得”咯就是文星塔；“得”te λ 为代词，如“得”里（这样）；得的五声 te 和“干”字合成时态助词“了”，如：走干得（走了）、看干得、跑干得。

一“咯”三义 咯 ko² 作主语为代词“那”，如咯就是文星塔；用在状语和谓语之间为助词“地”，如：他不要命咯搞；咯 ko² 为“的”，如：书是我咯。

n 的五声三义 n 的一、五声为应声词；n 的二、四声为否定副词“不”，如“我 n 趜”；n 的三声为代词“你”，如“n 贵姓”。

变换元音指远近 如：ke 里（这里）、koᵓ 里（那里）；ké 个（这个）、kó 个（那个）、ke 边（这边）、koᵓ 边（那边）。

单音动词重迭式中的“住” 表动作进行体。如：他看住看住瞌睡来得（他看着看着瞌睡来了）；他讲住讲住哭起来得；他跳住跳住唱得起来。

“紧关”用于动词前，相当于普通话“正在” 如：他“紧关”吃饭（他正在吃饭），他‘紧关’睡觉，他‘紧关’说话。

量词“只”（tsa）字的使用频率极高，范围广 凡普通话的量词：头、匹、条、座、棵、张、艘、个、尾等都可以用“只”。

二、词汇比较

湘阴话与普通话比较，词汇方面有形同义别和义同形别的差异（湘阴话—普通话）：

形同义别　下述的同词异义现象包括词义扩大，词义缩小、词义转移等几种情况。如踞 ku：兼指蹲和在；路：兼指途径和工作；吃 tɛiə：兼指吃饭、烟、茶等；刀路：兼指用刀方法和办事程序；河路：兼指江河航道和交接手腕；巴结：兼指逢迎权贵和苦涩；检场：兼指开始和收拾；面：单指小麦面条；健旺——健康；统共—总共；做声—出声；告诵—告诉；贴本—亏本。

义同形别　湘阴话的同义异词情况，有如下几种表现形式（湘阴话—普通话）：

词素相同、次序颠倒。如：人客—客人；劳慰—慰劳；该应—应该。

词素部分相同的。如：叫鸡—公鸡；炙火—烤火；怄气—憋气；发火—生火。

附加成分的有无及附加成分不同的。如：鸭婆—鸭子；老妹—妹妹；沙婆—沙子；裙—裙子。

造词原料和修辞方式的不同：瓴甲—翅膀；精肉—瘦肉；答白—应声；夜火虫—萤火虫；堂客—妻

保留了部分古汉语词。如：

普通话　　湘阴话

都　　咸古音为匣母侵部开二，明清时读为 xa 湘阴县读 xa[ɔ]。

去　　tie《说文》去也，《楚词》“车既驾兮竭而归”。

溢　　鬻 pu《说文》“炊釜溢也”。

冷　　瀞 tɛiə[N]《说文》“楚人谓冷曰瀞。”

抱　　挟 xie 古声母本为匣母演变成的 x，现代变为 ɛ，《齐语》注：“在掖曰挟”。

父亲　　爷爷《木兰诗》“兵书十二卷，卷卷有爷名”。

抛　　拌 pa[rɔ]《扬子方言》：“楚人凡挥弃物谓之拌”

站　　踦：tɕi[2]《公羊传》“相与踦闾而语”。

按　　掺 tse[2]《集韵》“逼也相排迫也”。

句法

数词“一”的省略：湘阴方言的陈述句，句子前头出现指示代词时，“一”字常省，如：咯（一）顶帽子漂亮；咯（一）间房子好大；咯（一）只鸡婆肥实。

词序的倒置：有些从普通话角度来看，其语法结构恰巧倒置，如：“大路上过粮子”是普通话主谓结构“粮子（经）过”倒置成动宾结构；“她是个巧说婆”，其实是动补结构，“说得巧的婆”倒置成偏正结构；“妹子长得爱人”实则是“妹子长得使人爱”。

双宾句有指物在前的现象，如：“n 把书我，我就把钱 n”。

一个特殊的语义组合：湘阴话的“伢则”是“男孩”“妹则”是“女孩”，但在一定场合中，对“女孩”称“伢则”比依义称她为“妹则”会使人感到亲切；另方面，特别是独生男孩，其亲属不仅不依义呼其为“伢则”，而且要在叫他“妹则”时，冠以“贱妹则”，按“贱”谐“健”音、有祈其“长寿”之意。

部份词语考释

悻子：ɕiə[2]tsl 意为凭感情用事、不可理喻的人。《集韵》“下耿切、悻悻，很怒也。”“悻子”：任性的人，又方言“发悻”意为：一时感情冲动。

保崽：与“悻子”意相近。保：呆也，《集海》呆，同保，而呆的今义为獃，是取古音今义。

踑子：paitsl《说文》通作狈，《集韵》：行不正也，与“跛”意同音异。

搒：pɔ́ŋ《正韵》笞掠也。笞掠，按《正韵》：“笞，抽之切，捶击也，”而“捶击”，是有规定内容的，按《前汉刑法志》：“捶，长五尺，其本大一寸，其竹之末，薄半寸，皆平其节”。所以，换句话说：搒，就是“杖击”。方言持棍杖打鸡狗，谓捞，是有根据的。

弆：《广韵》藏也，《集韵》“通作去”。方言：“去”，读 tɕie, 变齐齿“ie”为开口“a”，读“弆”为 tɕia 符合方言音变规律。

跨：本属古溪母字，较之《长沙晚报》×× 先生所取之“𡰪”，要更为接近语言实际些，按：“𡰪”，也属古溪母字，《说文》：“𡰪”，跨步也，若瓦切”。按古音为 koai，属溪母歌部字，歌部合二发展到隋唐变为 ua，至今不变，应读为 kua，“跨”属苦化切。是古鱼部合二之字，和“𡰪”字殊途同归，均应读为 kua。溪母 k’读成见母 k’，是可以理解的音变，因为二者发音部位相同，仅有送气与不送气之别，“𡰪”“跨”之音既然相同，而“𡰪”又是“跨步”，何不舍“𡰪”而用“跨”来得通俗些。

跨：ka²《说文》渡也，《玉篇》越也，《史记司马相如传》：“跨野马”，索隐日，跨，乘之也。又《集韵》“吴人云坐曰跨”。这些完全符合我方言的“跨沟”，“跨月口”以及“跨马”“跨单车”之“跨”。

揜：iə²《集韵》殷去声，平量也。我方言扩展到量深浅。

踦：tɕi² 按：《公羊传成二年》“相与踦闾而语”，所谓“踦闾”就是一个站在门外，一个站在门内。

誂：təu《说文》“相呼诱也”。《广雅》“戏也”。《玉篇》“弄也”，《战国策》“楚人有两妻”，人誂其长者，长者詈之；誂其少者，少者许之。”

解：kai²《说文》“判也，从刀，判牛角。”庖丁解牛，宰夫解鼋，都有锯的动词含义。

缔：t‘ia《说文》“结不解也。”《史记秦始皇本纪》“合从缔交。”注：“缔，结也。”

拶：tse²《韵会》“子未切，逼也，相排迫也。”

喀：ka《类篇》：“喀，本作㾡，喉病也。”《玉篇》“物阻咽中也。”《集韵》：喀，“嗽也。”

挟：xie 古匣母盍韵字，原读 viap，明清读 xie，现代普通话读 ɛie，湘阴本明清音。

咸：꜀xia 古音是匣母侵部开二的字，自明清以来，就读“咸”为 xian，湘阴方言丢了收尾的鼻韵母，读꜁xia，是方言利用的古文言词。

筛茶：原来的茶壶，嘴之内壁有七孔，起筛去茶叶之作用，故湘阴方言谓“斟茶”为“筛茶”。

掸头：tʷa头，湘阴谓“抬头”为“掸头”或“掸脑壳”，《说文》：探也。

摩诃：来源于梵文Mahʷa，原意为“大”，相传唐代汉僧“大乘和尚”（又称摩诃衍）在德宗时入藏讲经，一时，藏地僧人风靡相从，后来西藏赤松德赞派人从尼泊尔引进印度教法，从而出现了2个教派的斗争，摩诃衍失败返回内地。这段史实，久而久之就给“摩诃”带来了一点贬义，即：大而笨。湘阴人至今在说某人“摩诃”时，还常戏呼一句：“菩萨，摩诃萨、摩诃菩萨。”

泼拉：是“泼啦”的变读，“泼”高丽方言为“足”，“泼啦”即“足了”“够了”。

第二节 词 汇

方言词汇主要选录那些书写形式与普通话不同和书写形式相同、但含义大小不同或有差异的词条。词汇用字一般写本字或本地方言中流行的用字，有的是经考证的古词语用字；有义无字的用本地同音字代替，下加浪线；没有同音字的以方框（◇）表示。

自然、时令类词汇表

表 24−11

方 言	语 音	普通话	例 句
日头	ȵie^{2} $_{c}$tei	太阳	晒～刨芋头三岁伢则打筋头
五穷	^{c}u $_{c}$t$_{L}$ sə^{w}	正月初五	
天光	$_{c}$tie$_{c}$kɔŋ^{w}	天明	
粉亮	^{c}fə^{w}lioŋ^{2}	天微明	
日里	ȵie^{2}li	白天	
断黑	to^{2} xe^{ɔ}	傍晚	天光出门～进屋
咯阵	ko^{2} t$_{L}$sə^{2}	现在	
扯闪	^{c}t$_{L}$śa ^{c}$_{L}$se^{w}	闪电	
旧年	tɛ$_{L}$iəu^{2} n$_{L}$ie^{w}	去年	
滂田	pɔŋ^{ɔ}$_{c}$tie^{w}	很深的田	
甩亩	^{c}$_{L}$suai ^{c}mei	湖滩无水利保障之田	
暴脚	pau^{2} t$_{L}$sio^{ɔ}	雷阵雨	
麻喷子	$_{c}$mafə^{wɔ} tsl	小雨	
狗牙凌	^{c}kei $_{c}$ŋa liə^{w2}	地面形如犬牙交错之冰	
晏后日	ŋa^{w2} xei^{2} n$_{L}$ie^{ɔ}	大后天	

动、植物类词汇表

表 24−12

方 言	语 音	普 通 话	例 句
管	^{c}ʻko^{w}	稻草	
千千束	^{c}tɛ$_{L}$ie^{w}	草的把数三～为一捆	
豮猪	$_{c}$fe^{w} $_{c}$t$_{L}$sy	公猪	

续表 24-12

方　言	语　　音	普　通　话	例　　句
草猪	^{c}tsau $_{c}$t$_{L}$sy	母猪	
脚猪	ct$_{L}$sio $_{c}$t$_{L}$sy	种公猪	
江猪	$_{c}$tɛiɔŋ $_{c}$t$_{L}$sy	江豚	
吊牯	tiau^{2}ku	公牛	
牸牛	ctsl^{2} $_{c}$n$_{L}$iəu		
黄牯	$_{c}$ɔŋ　ku	去势公黄牛	
水牯	^{c}$_{L}$sy　ku	去势公水牛	
沙子	$_{c}$sa　tsl	未产子之母水牛	
线鸡	c$_{L}$ie^{2} $_{c}$tɛi	已阉之公鸡	
尿脬	^{c}n$_{c}$ɛian　pau	膀胱	～公打恋，表表情
老虫	^{c}lau $_{c}$t$_{L}$sə^{w}	老虎	怕得～，喂不得猪
臭鳝	t$_{L}$səu^{2} $_{L}$se^{2}	蚯蚓	
虾蟆	$_{c}$ka $_{c}$mia	蛙	
翎甲	$_{c}$lia^{N} ka^{ɔ}	翅膀	你～毛冒长齐，就想飞
翼擦	i^{2},tsa^{2}	翅膀	
二刀肉	e^{2} $_{c}$tau n$_{L}$iəu^{2}	猪颈项部位之肉	
萎子	iau^{2} tsl	稻草扭成之草绳	
劁子猪	$_{c}$tɛau tsl $_{c}$t$_{L}$sy	阉了的母猪	
河团鱼	$_{c}$xo $_{c}$to $_{c}$y	河豚	舍命吃～
鸡凰则	$_{c}$tɛi xɔŋ^{2} tse	雌雏鸡	
禾老虫	$_{c}$o^{c}lau $_{c}$t$_{L}$sə	螳螂	
秜秜婆	$_{c}$n$_{L}$ia $_{c}$n$_{L}$ia $_{c}$po	蜒蚰	～不闹人，恶心
插夹婆	,tsa^{2} ka^{2} $_{c}$po	蟑螂	
黄记洞	$_{c}$ɔŋ tɛi^{2} tə^{w2}	黄鼠狼	
凹秕子	ie^{2} pi^{2} tsl	不成熟之谷子	
羊咪咪	$_{c}$iɔŋ $_{c}$mi $_{c}$mi	蜻蜓	
土狗则	^{c}təu ^{c}kei tse	蝼蛄	

续表 24-12

方　言	语　　音	普 通 话	例　　句
𧕿辣里	xo^{2}la^{2}li	栖树上触人肤痒痛之虫	
禾跳跳	$_{\underline{c}}$otiau^{ɔ}tiau^{ɔ}	蝗虫	
簷坝老鼠	$_{\underline{c}}$ie^{w}pa^{ɔc}lau^{c}$_{L}$sy	蝙蝠	
绿头虻子	lau^{ɔ}$_{\underline{c}}$tei$_{c}$mə^{w}tsl	苍蝇	
癞头旮蟆	lai^{2}$_{\underline{c}}$tei$_{\underline{c}}$ka$_{c}$ma	蟾蜍	

人品、称谓类词汇表

表 24-13

方　言	语　音	普通话	例　句
崽	^{c}tsai	儿子	咯支笔是～
郎	$_{\underline{c}}$lɔŋ	女婿	～笔放在桌上
◇	^{c}ṇ	你	
我	^{c}ŋo	我	
我里	^{c}ŋo li	我们	
◇里	^{c}ṇ li	你们	
他里	$_{c}$tá li	他们	
我咯	（句尾）ŋyo ko^{2}	我的	咯支笔是～
我咯	（句中）^{c}ŋo ko^{2}	我的	～笔放在桌上
◇婆	ṇ^{2}$_{c}$po	母亲	
爷爷	$_{c}$ia$_{\underline{c}}$ia	父亲	
爹爹	$_{c}$tia$_{c}$tia	祖父	
娭毑	ŋai tcia	祖母	
伯◇婆	pa^{ɔ}ṇ^{2}$_{\underline{c}}$po	伯母	
堂客	$_{\underline{c}}$tɔŋḱe^{ɔ}	妻	
男人	$_{\underline{c}}$la$_{\underline{c}}$nɛiə	丈夫	
南格	la ke^{2}	老人家（用于人称代词尾）	ṇ^{2}～；他～
姝妈	to^{wL}$_{c}$ma	母之姐	

续表 24-13

方 言	语 音	普通话	例 句
鬼崽里	ᶜkuei‘ᶜtsai li	（泛指）小鬼	
烟蔸里	꜀ie꜀tei li	冤家对头	他两家是十几年咯～
亲家母	tɛiə ka mo	夫妻双方母亲之间的互称	
洋判	꜀iɔŋ po	对时新事物无经验而要硬充内行的人	对用钱不当者，讥呼为“洋判大爷”
寄崽里	tɛi tsai li	妇女改嫁所带儿女	
悻崽	ɛiə tsai	笨蛋（头脑发热者）	
坯货	꜀pei xo	（头脑，行为迟钝）笨蛋	
保崽	ᶜpau ᶜtsai	与悻崽同，贬义略轻	
朽崽	ᶜɛiəu ᶜtsai	狂妄轻浮的人	
票客	piau ke	善言词而轻浮不实之人	
吃粮	tɛia liɔŋ	旧社会当兵	
搭脚	ta tɛio	续房中一方所带之子女	
酸百页	sopo ie	过于拘谨有礼之人	他是个～，尽讲礼性
四眼人	si ŋa ȵiə	孕妇	
长告化	tsŋ kau fa	背长袋跑江湖之乞丐，讥不修边幅之人	
乭巴子	t so pa tsl	骗子	
醮朋友	tɛiau pə iəu	穷光蛋	
犟脑壳	tɛiau lauko	倨傲不恭之人	
豆子鬼	tei tsl‘kuei	（贬）小孩	
干崽里	katsai li	拜认之儿子	另有干妹里干妈干爷等
红漆马桶	xə tɛi ma tə	虚有其表之人	
红花妹里	xə fa mai li	未出嫁之处女	
都管	təu ko	操办丧事喜事之总指挥	

指代、方位、量词类词汇表

表 24-14

方 言	语 音	普通话	例 句
么里	m li	什么东西	他是拿个～

续表 24-14

方　言	语　音	普通话	例　句
何里	$_{c}$o li	什么原因	他～没有去？
得里	$_{c}$te li	这样	是～搞就没有错
格里	ke^{ɔ} li	这里	
咯里	ko^{ɔ} li	那里	
格号	ke^{ɔ} xau^{2}	这种	
咯号	ko^{ɔ} xau^{ɔ}	那种	
何里呐	$_{c}$o li la^{ɔ}	怎么样呀	我不去，n^{2}要～
何里咧	o li li^{2}	怎么样呢？	他不走近路走远路，咯是～
里头	$_{c}$li tei	内面	
口前	^{c}kéi $_{c}$tɛie^{w}	外方边	东西就放在～屉子里
头前	$_{c}$tei $_{c}$tɛie^{w}	前面	他在～走，我在后面跟
头	$_{c}$tei	先	我走～，他走后
一头	i^{ɔ} $_{c}$tei	这边	
咯头	ko^{2} $_{c}$tei	那边	
一个	i^{ɔ} ko^{ɔ}	这个	n 婆何里咯？
咯个	ko^{ɔ} ko^{ɔ}	那个	
侧边	tse^{ɔ} $_{c}$pie^{w}	旁边	
几时	^{c}tɛi sl^{ɔ}	什么时候？没有的事	他～走的？～罗，你说他不会，他自己还说会哩
一身	i^{ɔ} $_{L}$sə^{w}	一套	他穿～西装
近面前	tɛiə^{ɔ} mie^{2} tɛie^{w}	附近	
脚下	t$_{L}$so^{ɔ} xa^{2}	底下	鞋子放在床～
◇下	təu^{2} xa^{2}	底下	碗～巴了饭
脑头前	^{c}lau $_{c}$tei $_{c}$tɛie	床上睡枕之处	

续表 24-14

方言	语音	普通话	例句
葡	꜁pu	1. 把乱草； 2. 批（坏人）	
绺	liəu^{2}	小条状	一～布，撕～纸
一庹	i꜄ ꜂pai	两臂平伸之长	
一扢	i꜄ ka^{2}	姆指与中指之长	
挡头	tɔŋ^{2} ꜁tei	物件一端	米缸放在床～
一滴扼	i^{2} tia꜄ ŋa꜄	一点点	

日常活动类词汇表

表 24-15

方言	语音	普通话	例句
系	tɛi꜄	打结	鞋带子地下拖，快～个它
搛	꜁tɕiē	（用筷子等）夹（菜等）	莫客气，～菜吃
缘	ye^{2}	缝边	新买的蒲扇～下边好用些
絎	꜁xɔŋ	针脚疏缝	把被子～一下
欳	꜀tsl	以手指抓人	猴子～人
待	tai^{2}	在	
挽	꜂ua	舀	
尥	꜀liau	走不正，做事不踏实	他走路～～咯，他～咯，靠不住
搉	ḱo꜄	屈指扣人	～n 两个丁公
瞄	miau꜄	略视	～一下，看他还在吗？
步	pu^{2}	窥伺，推断	要～得他在家去找他
圆	꜁ye	完	工夫做～得，小说看～得
榜	꜀pɔ́ŋ	持杖追击	～得鸡飞狗跳墙
拌	pa^{w2}	抛	死老鼠～远点
搁	꜂ke	藏匿物件	把我咯书～得何块得？
奔	꜀tɛie	躲藏	躲躲～，寻到妈妈

续表 24-15

方 言	语 音	普通话	例 句
秾	꜀ȵia	沾物	撕烂得～起来
梭	꜂tsə^{w}	推向前	
溂	꜁tɛiə	凉（人）	咯水好～水
踞	꜁ku	1. 蹲；2. 住	1. 他～得地下要泥巴， 2. 难怪很久不见，他～得乡下得
拐	꜁ye	折断	柴不～断进不得灶
鬻	꜁pu	沸水溢出	炉子上的稀饭～出来得
跨※	ka^{2}	越；骑	沟不宽，～就过得来；～马
嚼	tɛiau^{2}	咀嚼	牙齿不行了，豆子茶～ 不动了
撬	tɛiau^{2}	用杠杆移到另一端	
喝	o꜄	开水，火烫伤	开水来得，不让开，会～得
护	fu^{2}	帮	小孩顽皮，你不要～
陈	tʂə꜄	铺装	个猪楼房
企※	tɛi^{2}	站	
撩	liau꜄	扔，丢，甩	走路莫伴墙根走，防有撩砖瓦人
绊	pa^{w2}	骤然跌倒	他～得一个它
揞	꜂mie^{2}	扯物使伸展	
杜	꜂to^{w}	阻拦	
倩	꜀tɛiau	邀	他～几个人同去
誂※	꜀təu	戏弄人	莫～细伢子哭
煨	꜀uə^{w}	以灰掩物	猫狸屙屎自家～
摧	꜀tsei	双手平行持人或物	要替伢则～屎屎
栳	꜀lau	拿	莫～，～得会烂手
奞	꜀sai	振奋	鸟～毛，狗～牙
解※	kai꜄	锯	

续表 24-15

方 言	语 音	普通话	例 句
挏	tə²	落后	作客莫～后
缔	tia°	以绳束物（或人）	～个死结它
拶	tse^w°	往下按	水缸里～茄子
点	ᶜku	势力迫人奈何不得	他老实？～住他
搣	mie°	揭起	吃橘子要～皮
袳	꜀sa	袒露	～开衣，实在不文明
欠	tɛie°	挂念	儿在前线，为娘何得不～
煨	꜀uei	在火灰或其他物覆盖下加热	感冒得，蒙头蒙脑～下会好
舿	ᶜuai	向两侧摇动	坐划子过江，莫～
啌	k‘a^N2	咳嗽	
滗	pi°	去掉余水	煮饭放多了水，快～干些
日	lɔŋ²	风干	
该	꜀kai	欠	我～他的钱，由我还
扶起	꜀fu ᶜtɛi	动辄	对小孩，不要～就打
镦	tə°	将平底物竖立	茶瓶～得茶几上
◇起	ᶜtə^wᶜci	以手举物	～衣服，踩水过河
扯泡	ᶜt‘꜀sa p‘au²	说谎	～精，黄蜂叮
开头	꜀k‘ai ꜁tei	开船，开始	船，明日～，～你不说，现在又有意见
涸口	ku^2c k‘ei	漱口	
哽得	ᶜka^Nc te	噎了	慢些吃，莫～
灸火	tsa^2c xo	烤火	
村人	꜀tsə^w cniə	以粗言待人	
失格	꜀se² ke²	丢人	读了十年长学，连这个都不懂，真～
谑泡	n꜀ia² pe²	说谎	

续表 24-15

方　言	语　音	普通话	例　句
压锚	nLiaɔ cmau	了不起	
斜攀	tcLia pa2	搞不正当关系	
搞斜攀	ckau tcLia pawɔ	吵架	
抛毛	cpau cmau	弃去余数	乘下咯一扼则，就～算了
洒牛	csai cnLiəu	使牛	他穿白竹布褂子～，好把式
信估	ɛiə2c ‘ku	妄猜	
估堆	cku ctei	估大数	搞统计工作，不能～
塌场	ta2 tcLsoŋ	不留心	咯地方下作，～就丢失东西？
拐得场	ckuai tsoŋ	失事	他咯回出车，～差点车毁人亡
告诵	təu2 sə2	告诉	
排阵	cpai səw2	开始（作准备）	
谈玄	ctaw ccLsyew	谈话	大人～，细伢子莫插嘴
晞	c′tLsl	理睬	小孩哭闹，有时是要挟莫～
答白	ta2 pe2	应声	他喊我，我冒～
默神	me2 ccLsew	思考	你～罗！这个答案对吗？
拢它	clə cto	聚会拢来	
昌风	t′′Lsoŋ cxə	迎风	莫打起伞～
招拂	ctsau fu2	照顾，提防	我去有事，请～下他
调摆	ctiau pai2	调度	
扳俏	pawtɛiau2	有意不献出自己才能或紧销物资	
相反	cɛioŋ cfaw	相骂	～冒好玄，打架冒好拳
筛茶	csai ctsa	斟茶	
打漂泅	ctacpau ctɛiəu	游泳	

续表 24-15

方　言	语　音	普通话	例　句
肚子膻	təu꜄ tsɿ ꜁tsau	饿	~得，有饭吃吗？
余瞌水	꜀tso ko꜄꜃ ꜀sy	昏昏欲睡	你冒听说，~去得
咬不噎	ŋa꜄ pu꜄ n꜀ie꜄	咬不烂，无法了解	肉冒煮得烂~；他~
喊应	꜀xaʷ iəʷ	提醒	~你，你要守规距点
打涌堂	꜂ta ꜂iəʷ ꜁təŋ	人多拥挤	年关近了，家家商店~
搞信货	꜂kau ɛiə꜄ xo꜄	所作所为无计划	
做挖周	tsəu꜄ ꜀ua ꜀t꜀səu	为满周岁之小孩作生日	
打背躬	꜂ta pe꜄ ꜀kə	因经济拮据而受逼	
九九归圆	꜂tɛiəu ꜂tɛiəu ꜀kuei ꜁ye	最后还原	说了半天~还是那么回事

说明事理类词汇表

表 24-16

方　言	语　音	普通话	例　句
来头	꜁lai ꜁tei	人事背景	
河路	꜁xo ləu꜄	交接面	他会交际，~宽
手位	c꜀səu uei꜅	事物经办者所掌握的程序	这个事，我有我的~，别人不要动手
宜工	꜁n꜀ie ꜀kəʷ	时间	我事多，冒~去
窕货	꜁tiəu xo꜄	上等品	
蓑皮	꜀so ꜀pi	次品	
团转	꜁to t꜀sye꜅	四周	
廊场	ləŋ꜁ t꜀s	处所，地方	衣放得何~晒？
号	xau꜅	种	咯~人，惹不得咯
屑里	cɛie li	垃圾	
阶头	꜀kai ꜀tei	客厅	
茅司	꜁mau ꜀sɿ	厕所	

续表 24-17

方 言	语 音	普通话	例 句
势主	꜀sL² t꜀su²	贸易上的固定主顾	
开山子	kai ꜀sa tsl	斧头	
里褂子	ᶜli kua° tsl	内衣	
抹坼缝	ma° tsa° xə	裂缝	
白路帖子	pa° ləu° tie° tsl	匿名攻击某人之字帖	

形容比喻类词汇表

表 24-17

方 言	语 音	普通话	例 句
勢	꜀yəu	强	
蛮	꜀ma	很	
猋	꜀piau	跑得快	他一～，就过去了
抻	t꜀sə	平整无皱纹	衣服烫得～
戗	tɕiɔŋ°	不正 不平	柜放得～得，开关不灵
醲	꜀ȵie²	稠；浓	稀饭煮得巴～，泡碗～茶
朊	ᶜfu	厌倦	开屠坊肉吃～得，咯工种做～得
◇	꜀liə	偷偷地	他～得背后，打一～它子
聊别	꜀liau pie°	不纠缠；利索	他咯号人爱～；他答复问题
严合	ŋa xo²	正好	这双鞋子我穿～一脚
邪话	ɛie° ua°	没关系	小孩哭，那～
穿筒	t꜀sye tə	企图掩盖之事被识破	再秘密的事，冒得不～咯
吃铜	tɕia° ꜀tə	贪污	
摩诃 ※	꜀mo ꜀xo	笨（行动不便）	年老了，人也～了
泼拉 ※	po² la°	足够	茶中咯多豆子芝麻，吃一碗～得
糊浸	꜀fu tɕiə°	糊涂	两元当两角，真～
勢实	Yəu sz°	健康（偏重于老人）	
落壳	lo° ko°	坏了	

续表 24-17

方　言	语　音	普通话	例　句
犟生	tɕia^{ɔ} $_{c}$sa^{w}	性格孤傲	他咯号人好～
罄空	$_{c}$tɕiə^{ɔ} $_{c}$kə^{w}	极空，没剩	咯碗菜味道好，被他吃得～
㝗 康	$_{\underline{c}}$lɔŋ $_{\underline{c}}$kɔŋ		
凌光	$_{c}$liə^{w} $_{c}$kɔŋ	物品无殖存	日本军一进村，鸡鸭抢个～
镏尖	liəu^{2} tɕie^{w}	极锐利	钉子～咯
蜡软	la^{ɔ} ^{c}ye^{w}	软极	
甸重	tia^{wɔ} t$_{L}$sə$^{w\underline{ɔ}}$	极重	
绷硬	$_{c}$pə ŋa^{wɔ}	极硬	
放势	xɔŋ^{ɔ} sL^{ɔ}	努力，发挥本领，随便	能够发挥所长，他还有么不～搞的?
沮湿	tɕie sL^{ɔ}	极湿	
嘎粗	ka$^{\underline{2}}$ tsəu	极粗	
阴瀙	$_{c}$iə^{w} tɕiə^{2}	阴凉	
下作	ɕia$^{\underline{2}}$ tso^{ɔ}	不道德，不检点	人家吃剩的，你也去吃，真～
下家	ɕia^{2} tɕia	（贬指）人	咯号～，惹不得
打长	^{c}ta t$_{L}$sɔŋ	经常	早上，他～去东湖走一圈
糜溶	$_{c}$mi $_{\underline{c}}$iə^{w}	（肉类煮）烂了	
死（得）火	^{c}si ^{c}xo	极合适，妥当	他咯一下搞～；我和他讲～，明天去
滚壮	^{c}kuə^{w} tsɔŋ^{ɔ}	极壮	栏里喂了两只～的猪
菲嫩	$_{c}$fei lə^{w2}	极嫩	萝卜芽子菜～咯
烧热	ɕsau $_{c}$ȵie^{2}	极热	他感冒了，你看他的手～咯
喷臭	$_{c}$pə^{w} t$_{L}$səu^{ɔ}	极臭	莫嫌屎～，屎臭三分香咧
喷香	$_{c}$pə^{wɔ} ɕiɔŋ	极香	这种桂花～的
浸酸	tɕiə^{2} $_{L}$so^{w}	极酸	梅子比李子～
滑苦	ua^{2} $_{c}$ku$^{'}$	极苦涩	
沁甜	$_{c}$tɕiə $_{\underline{c}}$tie	极甜	
津咸	tɕiə^{w} $_{c}$xa^{w}	极咸	

续表 24-17

方　言	语　音	普通话	例　句
漂淡	ᶜp′ia taʷᵓ	极淡	
怪绿	kuaiᵓ ləuᵓ	极绿	
通红	꜀t′əʷ ꜀xəʷ	极红	
棱黄	꜀ləʷ ꜀ɔŋ	很黄	
嫩白	ləʷᵓpeʷᵓ	极白	
打野	ᶜta ᶜia	不专心	专心读书，莫～
圆范	cyeʷ fə²	圆满，周到	话都讲不～
才正	꜀tsai tʟsə²	刚才	～还在，何里就不见得
红黑	꜀xə xe²	执意，反正	随何里说，他～要去；去不去～一样
横直	꜀xəʷ tʟsl²	反正	
特为	t′ieᵓ uei²	有意地	我是～到湘阴来的
流水	꜀liəu ᶜtʟsy	经常，赶快	他来惯得～来；他在等你～走
归圆	꜀kuei ꜀yeʷ	完了	那本小说，昨天才看～
走绛	‘tsei tɛiɔŋᵓ	机遇好	
怪气	kuaiᵓ tɛiᵓ	聪明	他是个～人，说就懂
哑懂	cya ꜀puŋ	不明事理	他是个～婆
发梦天	faᵓ mə² tieʷ	梦呓，梦想	你想得～，有文化想当工程师
不压锚	puᵓ ꜀ŋiaᵓ mau	不中用	咯容易都不晓得，真～
摸罗拐	꜀mo ꜀lo ᶜkuai	逢迎吹拍	冒得真本事，只会～
包孪台	꜀pau ꜀loʷ ꜀tai	包办一项工作的各个环节	他技术全面，是车间～的能手
一络锅	iᵓ loᵓ ꜀ko	无余的	还剩下几斤，他～拿去了
扯麻纱	ᶜtʟsa ꜀ma ꜀sa	经济上到处拉扯	
扯眉眼	ᶜtʟsa ꜀mei ᶜŋaʷ	男女传情	
把水口	ᶜpa ᶜʟsy k′eiᵓ	（贬）强妄者	

续表 24－17

方　言	语　音	普通话	例　句
烂稍缸	la sau kɔŋ	贪多能吃之人	
划反水桡子	fa fa sy ȵiau tsi	唱反调	大家同意了的事，你莫～
猪头目瞪	tsy tei mo t sə	表情冷淡	他～好像借了他的谷，还他的糠一样
风发火起	xə fa xo tɛi	大事临头的繁忙状，火灾	一有么里事，他就～闹开了
吃蕻子菜	tɛia xə tsI tsai	奉承	他只爱～
死样落气	si iɔŋ la tɛi	没精打采	只跑了一天路就变得～的样子
流腔海白	liəu tɛIɔŋ xai pe	语言不正派	他～就行，正经的一点没有
猫弹鬼跳	mau ta kuei tiau	举止不稳重	他～，能成什么大事？
老懵癫懂	lau mə tie tə	老糊涂	
四季乱谈	si tɛi lo ta	无节制地随意谈	他在那里扯～
对手拨皮	tei sau po pi	面对面交涉	买卖双方，～搞熨贴
对水作坝	tei sy tso pa	顶着不利条件去强求	人家正在气头上莫～去问他
结筋绊筋	tɛie tɛiə pa tɛiə	纠缠不清	事不由我管，你和我～不顶用
殄袴凌光 ※	tiau kua liə kɔŋ	赤身露体	
墨漆洞黑	mei tɛi tə xei	极黑暗	院子里～
蛇蛇鼠鼠	sa sa sy sy	言行模棱两可	答复干脆点，莫～
躏泥打滚	lie n ie ta kuə	倒地撒赖	你那位“小皇帝”～要跟去
眼泪巴腮	ya li pa sai	泪流满面	
冷火秋烟	la xo tɛiəu ie	寂寞冷落	戏院子里散了戏～
乱麻鸡窠	lo ma tɛi ko	零乱无头绪	床上堆满了脏物～
扬趾舞蹈	icŋ t səu tau	轻浮不严肃	小家伙在大人面前莫～
海式聊天	xai zl liau tie	说话夸张无度	他那～的话，信不得
以失胡来	i sz fu lai	不讲究整洁	这个人，～不修边幅
听鼓下桡	tiə ku xa niau	随大流	

续表 24-17

方　言	语　音	普通话	例　句
无期冒事	u teie mau si	无缘无故	~电灯一下灭了
弯头犄角	ua tei tɛi ka	角落	要把~打扫干净
扬雾楼尘	icŋ u iəu t sə	言行无状，不正派	莫~，规距点
鬼五魅七 ※	kuei u sz tɛi	花样多，莫测其高深	晓得他搞些么里~
披离派癞	pi li pai la	物件零乱	他屋里~
稀施巴烂	ɛi sz pa la	物品败坏不堪	
空脚凉手	kə tso ləŋ səu	没备礼物访人	对不起，我~来看你
毛焦火燎	mau tɛiau xo lai	焦躁不安	你~搞么里?
趁人头缝	tsə nɛiə tei xə	凑热闹	
屙尿睏干床	o nɛiau kuə ka tsŋ	置身事外	祸是你闯的，你倒~
东扯葫芦西扯叶	tə tsa fu ləu ɛi tsa ie	瞎扯	你~的讲些么里?

第三节　谣　谚

一、民间歌谣

月亮走，我也走

月亮走，我也走，我跟月亮背巴篓，一背背到园门口，打开园门看石榴。
窝头一盏油，三个大姐会梳头，大姐梳个盘龙髻，二姐梳个插花头。
只有三姐不会梳，左一梳，右一梳，梳个猴子滚绣球。
大姐回来戴金钗，二姐回来戴银钗，三姐回来冒得戴，戴根豆芽菜。
大姐回来杀头猪，二姐回来杀只羊，只有三姐冒得杀，杀只麻雀冒尾巴。
汤冒喝，肉冒尝，各人背起包袱跑他个娘。

跷呀跷

跷呀跷，跷得细仔子捡柴烧，一日捡一担，二日捡一挑，又有卖，又有烧，又有金子银子进荷包。

麻雀生蛋粒粒滚

麻雀生蛋粒粒滚，又说哥哥冒买粉。买得粉来不会搽，又说哥哥冒买麻。
买得麻来不会绩，又说哥哥冒买笔。买得笔来不会写，又说哥哥冒买马。
买得马来不会骑，又说哥哥冒买梨。买得梨来不会削，又说哥哥冒买刀。

买得刀来不会磨，又说哥哥冒买鹅。买得鹅来不会杀，又说哥哥冒买鸭。
买得鸭来不会钳，又说哥哥冒买田。买得田来不会作，又说哥哥冒洗脚。
洗了脚，把田作。作了田，把鸭钳。钳了鸭，把鹅杀。杀了鹅，把刀磨。
磨了刀，把皮削。削了皮，把马骑。骑了马，把笔写。写了笔，把麻绩。
绩了麻，把粉搽。搽了粉，麻雀子生蛋粒粒滚。

十绣荷包

一绣荷包一点青，荷包装着姐的心。白天绣来堂上公婆骂，夜里绣来姑嫂多，何得我荷包绣好送情哥。

二绣荷包二面花，劝郎佩哒扯衣遮，走到上边学堂哥哥认得姐的字，走到下边绣房嫂嫂认得姐的花，免得姑嫂结冤家。

三绣荷包送郎前，再三交待莫乱言，碰哒三朋四友莫把我姐来讲，坐在左邻右舍莫把我姐来夸，后生哥哥嘴巴要稳些。

四绣荷包四四方，四个角上按了香，情哥佩了莫朝别个姐的上风头上走，别个闻了她心慌，就怕别个爱上你少年郎。

五绣荷包五条龙，绣起五龙齐光明。绣起龙来龙奋爪，绣起凤来凤翻身，绣一个童子拜观音。

六绣荷包绣得好，绣起乌云遮田头。绣起日头云脚下走，绣起月亮伴山坡，绣起我娇莲姐姐伴情哥。

七绣荷包七月七，绣起天边马一匹。绣起虎来奔崖岩，绣起娇莲把郎缠。

八绣荷包红纸包，捧起红包走一遭。心将荷包郎腰佩，张开双手抱郎腰。

九绣荷包九条龙，九龙戏水在江中，九龙兴风又作浪，冲落我的情哥在江中。

十绣荷包绣完工，绣一只船儿在江中，绣起风篷绳索平桅杆，绣起篙子毛镰把舵沿，绣起江来江无底，绣起海来海无边，绣一只码头我的郎弯船。

十二个月想郎

正月想郎正月正，姣莲见郎来出迎，手端板凳等郎坐，二人共凳笑盈盈，好比何仙姑调戏吕洞宾。

二月想郎是花朝，二人起意把情交，我的哥呃，姐是千百担盐船靠郎来掌舵，情哥无妻坐姐怀，好比梁山伯思想祝英台。

三月想郎是清明，清明时节雨纷纷，三月四月冒见情郎哥哥面，五月六月冒见情郎哥哥上花台，好比赵五娘思想蔡伯喈。

四月想郎插田忙，姐屋里人多早扯秧，朝插田，晚扯秧，好比孟姜女思想范杞良。

五月想郎是端阳，龙船鼓响闹长江，郎划船，姐心慌，好比刘志远思想李三娘。

六月想郎月茫茫，手端板凳去乘凉，乘凉单独一人坐，深更半夜懒进房，好比郗必正思想陈妙常。

七月想郎七月中，姐想郎，好伤心，恨不得哭个肝肠断，恨不得哭个泪沾巾，好比杨宗保思想穆桂英。

八月想郎是中秋，月亮弯弯照九州，手端板凳南门坐，两手空空眼朝天，好比吕布想的是貂婵。

九月想郎是重阳，想郎想到大天光，恨不得要把花台上，恨不得一把抱郎腰，好比耶利德机想凤姣。

十月想郎十个月，想起哥哥睡不得，好比罗冈打死天罗吕，要学李元霸手举铜它八百斤，好比七姐下凡配董永。

十一月想郎雪子稀，雪子稀喷湿郎的衣，寒天冷冻为的姐，双手抱郎泪不干，好比樊梨花思想薛丁山。

十二月想郎又一年，几多话语讲不完，我的哥呃，没想关公荆州虎，孔明用计取西川，梅良玉得配陈杏元。

二、民间谚语

事理类

一行服一行，茄子服米汤。

上不得松树上栗树，打不得野鸡捉团鱼。

虾子生来冒得血，死了却是一身红。

不顶千重浪，哪来万斤鱼。

涉浅水者得鱼虾，涉深水者得蛟龙。

稳当驾得万年船。

一嘴不说二话，一脚不踩两船。

不怕巨浪高，就怕桨不齐。

浪再高在船底，山再高在脚底。

吃饭一屋，主事一人。

不到被窝里钻，不晓得被窝有好宽。

聪明齐颈，要人提醒。

前头乌龟爬坏路，后头乌龟照路爬。

人多好做事，水大好行船。

一根竹篙容易弯，三根麻纱扯断难。

大河有水小河流，大河无水小河干。

有风必有浪，无风水不荡。

泥鳅服捧，细仔服哄。

师公多了会乱法，艄公多了会翻船。

清油炒韭菜，各人媳妇各人爱。

最亲莫如母子，最爱莫如夫妻。

满堂儿女，当不得半路夫妻。

娘疼女，长流水；女疼娘，扁担长。

山中树木有长短，荷花出水有高低。

生活类

行要好伴，住要好邻。

三十夜里的火，元宵夜里的灯。

睡前洗脚，胜过补药。

鱼吃跳，猪吃叫（讲新鲜）。

六月苋，当鸡蛋。

要得青菜甜，炒熟再放盐。

不刮风，冷也得；不欠账，穷也得。

当家怕五口，行船怕夜走。

七十不留宿，八十不留餐。

吃药不对方，哪怕用船装。

伤寒易诊，咳嗽难医。

愁能催人老，躁易催人衰。

萝卜菜上了街，药铺里取招牌。

酒是穿肠毒药，色是刮骨钢刀。

财是下山猛虎，气是惹祸根苗。

生产类

七（月）金八银九铜十铁（犁冬田）。

九豌十麦（豌豆麦子播种期）。

养母猪，种湖田，发财只要两三年。

养鱼冒得巧，不吃露水草。

人冷穿袄，鱼冷放草。

谷雨是鱼汛，一刻值千斤（金）。

十冬腊月不修塘，五荒六月喊爹娘。

要想虫子少，除掉园中草。

苗多欺草，草多欺苗。

蚕无夜食不长，马无夜草不肥。

鱼长三伏猪长秋。

春禁一捧（鱼）籽，秋后一湖鱼（禁湖）。

鸡鸡鸡，二十一；鸭鸭鸭，二十八（指孵期）。

涨水的鱼，退水的虾，沙滩上面捉王八（甲鱼）。

洞庭湖里行船看大伴。

撒网要撒迎头网，开船要开顺风船。

行船走上风，一日得安宁；行船走倒风，寸步都难行。

行船看风色，买卖看行情。

掌舵的不慌，乘船的稳当；船离舵，必有祸。

洞庭渔民本事高，指甲剖鱼不用刀。

一男一女一枝花，多儿多女是冤家。

自然类

春寒致雨，夏寒天晴。

春雾狂风夏雾热，秋雾太阳冬雾雪。

未曾惊蛰鸣雷，四十五日阴雨。

清明断雪，谷雨断霜。

洞庭湖里无六月。

一阵秋风一阵凉，一场秋露一场霜。

清明鱼产卵，谷雨鸟孵儿。

春土如雪（疏松），冬土如铁（坚实）。

月亮起毛，屋檐沟里装壕（捕鱼的东西）。

春雨不烂路，冬雨不湿衣。

二月十八滴一滴，洞庭湖里干开坼。

二月二十（农历），凌断树枝。

三月三，九月九，无事莫到江边走。

五月十三，关公磨刀；六月初六，龙王晒袍。

不怕六月初六雨，只怕七月初七风。

七月半，看牛伢子傍堤塌。

过了八月中，只有梳头洗脸工。

九月重阳，蚊子到浏阳。

立冬无雨一冬晴。

冬雾晴，春雾雨。

燕子飞得低，快些拿蓑衣。

南风送九九，干死荷叶气死藕。

北风送九九，船舶停在后门口。

雷公先唱歌，有雨也不多。

闪电扯得高，有雨在明朝；

闪电扯得低，有雨在夜里

东杠（彩虹）太阳西杠雨，南杠北杠涨大水。

云行东，雨成空；云行西，雨凄凄；

云行南，雨成团；云行北，雨冒得。

天上起了炮台云，不过三日有雨淋；

天上起了鲤鱼斑，明日晒谷不用翻。

江猪子过河，大雨滂沱。

塘里鱼跳，必有雨到。

蚯蚓满地爬，门前雨哗哗。

天上起了鲤鱼鳞，洞庭湖里淹死人。

小暑南风十八朝，日里砍柴夜里烧。

穿秋漏伏（立秋下雨），锅里焙谷。

第二十五篇　乡镇概况

第一节　文星镇

文星镇位于湘江东支东岸，北与白泥湖乡、石塘乡毗连，东南与长康镇、袁家铺镇接壤，西抵湘江东支与鹤龙湖镇隔江相望。镇政府驻地江东居委会，距省会长沙市中心城区44千米。2015年，辖江东、金湖、乌龙、先锋、长岭、望滨、高岭、东湖、三井头、瓦窑湾、白沙、滨江、栗塘、杨家山、宗棠、旭东、三峰、东山、南泉19个社区。人口121418人，面积30.85平方千米。

文星镇原名城关镇。1951年8月，城关镇直隶县人民政府。1958年9月，建八一人民公社（后改称城关公社），辖3个农业生产大队、37个生产队。1961年，恢复镇建制，辖城区的8个居民委员会和郊区11个农业生产大队。1981年11月于城郊区建乡级农业办事处，辖郊区7个农业生产大队。1984年恢复乡村建制，辖城区的城北、城西、城东、城南、先锋、西湖、澧溪、乌龙、三峰9个居委会和郊区的城郊、东湖、高岭、望滨、长岭、黄金、渔业等7个村。1995年改称文星镇。2015年年底，县委、县政府启动撤乡并镇改革，将文星镇周边的袁家铺镇、长康镇、石塘乡、白泥湖乡改为4个片区，并入文星镇，至此，文星镇下辖4个片区、65个村、19个社区，总面积206.01平方千米，总人口21.33万人。

农业以种植水稻、蔬菜，饲养生猪、家禽为主。蔬菜品种主要有辣椒、韭菜、大葱、包菜、芽白、莴笋、萝卜、豆角、丝瓜、苦瓜、南瓜等。1985年农林牧渔总产值285.32万元。2000年产粮1931吨，饲养生猪31625头，家禽36900羽，产蛋58吨，农民人均可支配收入2799元，居全县各乡镇之首。2005年农林牧渔总产值6980万元。2010年产粮2518.2吨，出栏生猪12667头，水产品产量940吨，农村经济总收入16636万元，农民人均可支配收入7780元，居全县各乡镇之首。2015年，全镇农村经济总收入增加到21223万元，农村居民人均可支配收入24837元，完成财政收入7941万元。

工业以化工、铸造、机械加工、塑料制品、建筑材料为主。1990年，全部工业总产值3018万元，其中郊区乡镇企业2218万元，镇属工业800万元。2015年，全镇拥有民营企业6家，职工1744人，年产值21.4亿元，年税收入427.1万元。

有商贸网点5568个，职工13558人。社会商品零售总额12.8亿元。城乡集贸市场11个，主要产品有食品、服装、柠檬酸，销往日本、东南亚、欧美及中东。

1978年始，县委、县政府加快县城建设速度。2008年，为主动融入长沙经济圈，将县城定位为山水之城、人文之城、宜居之城，致力于县城环境改善和文化品位提升，加快城镇建设。

道路建设：1985年，县城共有街道29条（段），过境公路2条，全长15.56千米，道路面积29万平方米。2004年年底，县城有道路总长42.54千米，道路面积142.8万平方米。2015年，县城有主道40.55千米，主道面积150万平方米。主道有：江东路，从滨江大道湘江边起西向穿城而过，全长4300米，宽20~45米；太傅路，从江东路至新世纪大道，全长3818米，宽26~45米；冬茅路，从湘江大桥至湘阴大道，长3857米；先锋路，滨江路至江东路高岭加油站，长3500米，宽22~24米；东湖路，左宗棠中学至文星桥，长1700米，路幅宽18~26米，原为省道1805线；尚书路，江东路至冬茅路，长751米，宽20米；弼时街，从东湖路至滨江大道，长495米，宽20米；湘杨路，从湘江大桥至党校，长2310米，宽24米；新世纪湘阴大道，滨江路至双桥学校，是岳阳至益阳交通干道的一段，长4881米，宽60米；滨江大道，南门港至漕溪港，长2555米，宽24米；旭东路、湖滨路至新世纪大道向北，长3029米，宽30米，嵩焘路、湖滨路至新世纪大道（部分未修通），已修通长920米，宽40米。

2008年，县委、县政府启动创建省级文明卫生县城，2010年实现创建省级卫生县城目标。接着实施“三城同创”，2015年创建国家卫生县城和省级文明县城成功。期间加大城区扩容提质和道路改造，2012年拉通太傅北路和旭东北路、疏港路（远大路）三条新城区主干道，并进行亮化绿化；2013年实行城区人行道改造、道路亮化绿化美化升级，改造城区的背街小巷；2014年完成新世纪大道、江东路、滨湖路“白改黑”工程；2015年完成滨湖大道、尚书路、太傅路、旭东路、嵩涛路、东茅路、弼时街“白改黑”工程，同时完成265处背街小巷改造和亮化，2008—2015年投入城区提质改造资金29亿元。

市内交通：2003年，县交通运输管理所（简称县运管所）登记的市内个体营运三轮摩托（俗称“叭叭车”）637台（其中残疾人营运车37台）。2005年，建立城市公交客运公司，开通市内公交客运。至2010年，共有5条公交客运线路，营运路线长62千米，有公交客运车辆52辆，年客运量600万人次。出租车（的士）200台，年客运量900万人次。2015年，增开鹤龙湖荷花公园至县汽车站营运线路，营运路线总长82千米，共有公交客运车辆56辆，客运量910万人次。出租车（的士）200台，客运量1000万人次。

市场建设：1978年前农贸交易主要集中在三井头，生猪交易在东门口南门港。1980年在东湖闸堤下兴建生猪交易市场。1985年在乌龙嘴、三峰窑新建2个集贸市场。1987年建大操坪大型贸易市场，建筑面积4928平方米，其中经商门面124个，大棚结构场地1147平方米，安排北正街、丰厚街、弼时街、东湖路沿街摊点棚亭进入市场，并将沿街破旧平房改建成32个小型门面。1992年新建先锋路、罗城、瓦窑湾等市场。1997年对南门港裁弯切直，兴建启闭式闸门排渍机埠，培填南门港，利用培填4公顷沙地建福鑫市场。2003年11月，引进鹏辰房地产开发有限公司，投资2300万元买断县工程机械厂，开发新建桥东商业广场，建筑面积3500平方米，商业大厅6个，大棚摊位500多个，商铺300间，有大宗肉禽水产蔬菜批发、农机汽车、摩托车、名优家电、家具及农资商品六大经营项目。是年咸宁房地产公司投资300万元建通达市场，建筑面积3470平方米，主营副食、蔬菜、水产、肉类等。是年湘潭通和房地产公司投资2000万元建成三井头商贸城，100个门面，主营成衣，鞋类、日用品等。还投资1.2亿元建成兴湘市场，建筑面积13万平方米，设农副、工业、糖果烟酒三个专业市场。另外，招商引资与建设市场相结合，由浙江中设集团投资建商贸城，建筑面积15万余平方米。2005年，长沙市新希望开发有限公司投资600万元，购买县政府大院，建岳州窑商业街，建筑面积15520平方米，商用建筑9910平方米。2008年，东湖商业街落成，建有门面286间。至2015年，经过连续6年建设，高岭新城区功能齐全，建有大型集贸市场，将城区摩托车、电动车业主全部集中到高岭机动电动车市场经营，同时建成广兴、东湖商贸中心。

城市绿化：滨江广场，2004年6月竣工，占地3公顷，绿化面积2.6公顷。湘江公园，2004年8月竣工，占地10.6公顷，绿化面积9.3公顷。左宗棠广场，2007年竣工，占地4.6公顷，绿化面积2.07公顷。2004—2007年，县城种植树木30余万株，其中行道树1.8万余株。绿地面积15万余平方米。至2010年，新增绿化面积1.85万平方米。

2014年县委、县政府提出“三城同创”目标，在创建省级园林县城中提出建设“长沙北部后花园”和“卫星城”，把县城建成城在绿中，路在林中，楼在树中，大力开展绿廊、绿园、绿路、绿景、绿环建设，采取破硬建绿，见缝插绿，精心护绿，大搞植树造林、栽花种草，至2015年，县城先后建成湘江公园、滨江公园、东湖生态公园北岸风光带、左宗棠文化园、滨江风光带等绿地绿园绿景绿廊，芙蓉大道湘阴段、城区各主干道都达到林荫路标准，推广率 96.8%；城市绿化普及率 97.9%；城区建设绿地总面积 461.5 万平方米，绿地率 31.6%，绿化覆盖率 35.5%；公园绿地面积人均 7.02 平方米，县城逐步实现绿地布局合理，功能设施齐全，风格特色鲜明，2015 年获评岳阳市最美县城称号。

公共建筑：中共十一届三中全会后，县城向东北、东南方向拓展，城市建设速度加快。1981—1992 年，建筑项目 732 个、面积 744777 平方米，总投资 1.5 亿元，其中公共用房 104891 平方米，办公用房 117608 平方米。1993—2004 年，建筑项目 412 个，687821 平方米，总投资 3 亿元，其中公共建筑 74592 平方米。

住宅建设：20 世纪 80 年代中期起，农民涌入县城，江东路、冬茅路、太傅路、尚书路相继建设延伸，沿线居民住宅区开发建设，先后建设剑坡里、二里墩、接官亭、夏家桥、通达湖、夏家菜园、八甲、旺商街、冬茅路、东湖等 20 多处私房住宅区。2002 年始，引进资金对旧城改造建设。鹏辰房地产开发公司出资买断玻璃厂，投资 1000 多万元，建 4 栋 120—160 平方米的高标准住宅，总建筑面积 2.9 万平方米。2003 年，通和房地产业买断原市政公司和县建筑安装公司预制场房屋和设施，在太傅路南端，新建占地 3000 多平方米，建筑面积 3470 多平方米的通达市场，在冬茅西路建设 9 栋 16588 平方米的佳缘高楼住宅区。2004 年，投资近 2000 万元，在原电力局旧址上，用地 13303 平方米，建成滨江茗园商住花园。2004 年年底文星镇共有私房 6542 栋，建筑面积 992.223 万平方米，居民住宅总面积约 170 万平方米，人均 20 平方米。2010 年，新建住宅 2596037 平方米。在加快城镇建设的同时，重视加强对城镇的管理。2009 年，获县创建省级文明卫生县城先进单位、省文明卫生单位称号。2010 年，获县创建省级文明卫生县城先进单位和创建省级卫生县城工作特殊贡献单位称号。

历届镇党委、镇政府重视招商引资。2000—2015 年，引进科龙新型材料有限公司、武汉华新混凝土公司等 6 个项目，协议投资 3.2 亿元，到位 9800 万元。配合县委、县政府引进全县 20 个重点项目落户文星镇；配合县属工程做好协调工作，及时处理建华管桩二期、洋沙湖休闲度假中心、旭东路北延线开发、漕溪港物流园、安邦华城、宗棠步行街、芙蓉大道北拓、远大可建低碳科技园、东湖生态公园等重点项目工程建设中出现的各种问题，提供优质服务。

文化、教育、卫生、计划生育等各项社会事业稳步推进。2015 年，全镇有文化站 1 处，村（居）委会文化活动中心 16 处，各类文化专业户 118 户。各类图书室 18 个，藏书 20 余万册。音乐、美术、书法、摄影及文学业余创作队伍 236 人。有省、市文物保护单位 8 处。有高中 3 所，在校学生 7513 人；初中 4 所，在校学生 7133 人；小学 7 所，在校学生 9815 人；幼儿园 21 所，在园幼儿 3872 人。有学校体育场 11 个。各类医疗卫生机构 11 个，社区卫生室 18 个，专业卫生人员 628 人，其中执业医师和执业助理医师 517 人，注册护士 322 人。6 个村村民新型农村合作医疗参保率 100%。享受低保人数 5525 人。医疗救助 2675 人次。民政部门资助参加合作医疗 8615 人次。国家抚恤、补助各类优抚对象 1040 人。敬老院 1 家，入住老人 40 人。社区服务设施 19 个。邮政局 1 处，代办所 3 处。电信企业 3 家，服务网点 34 个。在计划生育工作中，加强流动人口管理，确保三查、四项手术和社会抚养费征收工作到位。2004 年，文星镇被国务院授予全国重点镇称号，并进入全省百强镇。2010 年投入 90 万元，聘请各级指导员、普查员 800 多人，完成 15 万人的登记造册、编码、装箱工作。全镇普查工作受到县政府表彰并推介申报国家先进单位。计划生育工作荣膺岳阳市模范乡镇和湖南省计划生育先进镇。

文星镇曾多次获得县政协工作、统战工作、社会治安综合治理、纪检监察工作、史志工作、档案工作、妇女工作、老干工作、远程教育工作、武装和民兵工作先进单位；县“三个文明”建设红旗单位；服务型残联创建工作文明乡镇；被评为岳阳市工会工作“六好”乡镇、反邪教工作先进单位。

第二节 新泉镇

新泉镇以境内有古新泉寺得名。新泉镇滨湘江西支南岸，东南西与益阳交界。东隔湘江与南阳乡相望，与东港乡、茶湖潭乡相连。镇机关驻地新泉寺集镇，距县城18千米。2015年，新泉镇辖新泉、先锋、荆苏、黄金潭、黄义、光华、荆西、胡家、上滩湖、大仑、车马、同庆、义成、新柳、牌头、光辉、鲜鱼塘、月中、团柱、资江、东亚、资源、新胜、新联、新合、赛丰、高丰、山头岭、秀池、关公潭、土地山、群建、万紫、中易、王家寨、东河、新开、长虹、新堤、马家、魏家、新洲、杨红、南湘、兴林、三湾、学园、荷花、凤南和农科站50个村民委员会，新泉寺社区和鹅公湖渔场、来仪湖渔场。人口85974人；面积103.18平方千米，其中耕地面积6019.8公顷。2010年全镇农村经济总收入6.4亿元，农林牧渔业总产值5.11亿元，农民人均可支配收入6440元。

明洪武年间属怀西乡25都。清康熙四十五年（1701）在此建一寺，寺内掘清泉水井一口，因有此名。光绪年间属白马、临资二局25都西半里。民国时期属第六区白马、临资二乡。解放初属十一区。1956年撤区并乡为新泉乡。1958年为跃进人民公社。1961年设新泉区，下辖新泉、凤南、车马、西林、关公潭5个公社。1984年5月，新泉公社改新泉镇，其余4个公社改乡。1995年10月，撤销新泉区，设立中国共产党湘阴县湘资垸水利工作委员会和县委、县政府驻湘资垸督查协调领导小组。1996年5月，撤销中国共产党湘阴县湘资垸水利工作委员会和县委、县政府驻湘资垸督查领导小组，设立新泉工作委员会。2001年1月撤销新泉工作委员会。2005年1月建立新泉镇。

新泉寺地处洞庭湖盆地，是典型的滨湖平原。气候温和，四季分明，热量丰富、雨量集中。农业以种植水稻、蔬菜为主，是湖南省新农村建设示范镇和水稻集中育秧示范镇，出产绿色环保农产品大米。1980年全区粮食产量5293.95万千克，人均产粮392.5千克，交售国家粮食1712.75万千克，人平254.5千克，社员平均用粮水平407.5千克。产粮、交粮、用粮数均为全县第一。经济作物以蔬菜为主，主要品种有辣椒、大葱、韭菜、包菜、芽白、莴笋、豆角、丝瓜、黄瓜、苦瓜、南瓜等。畜牧业以饲养猪、牛、羊和家禽为主，渔业以养殖青、草、鲢、鳙、鲫、鲤等鱼种为主。2006年成立湖南小北湖农业开发有限公司，吸收当地300多名农村剩余劳动力就业，发展原种猪场、土鸡养殖、立体生态养殖等生态农业，成为以集约化、立体化的绿色生态农业为基础产业的省级农业产业化龙头企业。引进湖南洞庭黄龙原生态水产股份有限公司。至2009年，有鹅公湖渔场、胜利渔场、凤南渔场等5个水产专业合作社，水产养殖总面积达1200公顷，带动周边600多户农民致富，并在天津股权交易所成功挂牌交易。2010年，启动2400公顷商品粮基地建设，加大农业开发项目投入，与湖南农业大学、县农业局合作，新增优质稻面积3300多公顷，粮食产量每公顷单产13500千克。2015年新建粮食生产专业合作社6个，共计21个；新增种粮大户50户，共263户；6家专业化病虫治理组织全程承包和代治耕地8667公顷。

工业以制造、加工业为主，有兴农机械、凤南船厂、金霞米业等11家工业企业。湘阴县兴农机械有限公司生产的“兴农牌”水稻联合收割机畅销省内外。2006年被评为岳阳市名牌产品。2010年，引资新建新洲木业、红旗桥米厂、先锋电子厂、腾飞家具厂等，投资3000多万元启动工程建设。

2015年，新泉镇有商业网点800多个，城乡集贸市场5个，个体工商从业者2000多人，社会商品零售额5000万元。

2015年，全镇有县级文物保护单位3处。初中9所，小学6所。幼儿园12所，在园幼儿2039人。50个村全部建立远程教育站点。有医疗机构6个，门诊部8个。文化站1个，村级文化活动中心50处。学校体育场16个。有线电视分台1个。自来水厂1个，邮政所1处，农电站5个。通乡公路13条，总长 87 千米。镇驻地绿化面积 2400 平方米。2010 年，依托省级社会主义示范村王家寨村，在全镇积极发展文明示范村、示范区建设，在二届三次镇人大会议上通过《关于清洁家园、绿化乡村“工程建设”》议案，先后在新泉商业街、王家寨村、红旗桥、西林港修建大型垃圾处理站 3 个，垃圾回收箱 42 个，安排垃圾车 5 台，专职清洁人员 8 名，规范垃圾集中处理。为绿化环境，节约资源，在示范村、示范区建设沼气池 150 口，节能灶 100 口，绿化树木 12000 株，亮化路灯 520 盏，使新农村面貌焕然一新。新泉镇被评为湖南新农村建设示范镇和市粮食生产先进乡镇。

第三节　岭北镇

岭北镇位于湘江尾闾，南洞庭湖南缘，东隔湘江与樟树镇、静河乡以及长沙市望城区东城镇相望，南隔来仪湖撇洪河与长沙市望城区乔口镇毗邻，西隔柳林江、镜明河、新河与益阳市赫山区牌口镇和本县新泉区相连，北隔湘江西支与城西镇相依。岭北镇因镇政府机关驻地在樟湖岭之北而得名。岭北镇距长沙湘江大桥水路 50 千米，距湘阴县城 20.3 千米，省道 1809 线（平益线）在镇西侧经过，水陆交通便利。2015 年，辖铁南、茶湖潭、桥头 3 个社区和响铃、大龙、莲荷、窑头、樟湖、大荆、沙田、竹山、柳江、双合、楠木、长湖、围坚、新塘、兴合、农科、陈托湖、新河、荆干、仁义、新民、芦花、五星、潭湖、羊谷、武洲、合兴、伏家、合同、永兴、东昌、大友、白菱、白沙、老港、双湖、上仑、仁寿、青岭、金沙、大岭、青泥、文洲、高湖、双华、夹洲、德兴、杨柳 48 个村民委员会。总面积 114.76 平方千米，总人口 82731 人。2015 年全镇农村经济总收入 109583.1 万元，农林牧渔业总产值 30151 万元，农民人均可支配收入 15239 元。

岭北镇明洪武年间属怀西乡 25 都，清光绪年间属文洲局西 25 都。民国时期属第六区文洲乡，解放初期属文忠区。1950 年 9 月属第九区。1951 年 8 月属第十五区，1956 年撤区并乡为岭北、沙田二乡。1958 年 9 月合作化时，合并为上游人民公社。是年 12 月更名为岭北人民公社。1961 年 3 月岭北区分为岭北、沙田两个公社，10 月设立岭北区，下辖沙田，铁窑、躲风亭、东港、茶湖潭 5 个公社。1984 年 5 月，下辖的 5 个公社分别改乡。1995 年，沙田乡、铁窑乡合并为铁角嘴镇。1995 年 10 月，撤销岭北区，设立中国共产党湘阴县岭北水利工作委员会和县委、县政府驻岭北督查协调领导小组。1996 年 5 月，撤销中国共产党湘阴县岭北水利工作委员会和县委、县政府驻岭北督查协调领导小组，设立岭北工作委员会。2001 年 1 月撤销岭北工作委员会。2005 年 1 月撤乡建立岭北镇，下辖乡镇改为办事处。2007 年撤办事处由镇直管。

岭北镇由岭北垸和沙田垸组成，有近 400 年历史。垸内高程一般有 26.0~31.5 米。垸内地势大都为沿大堤附近高，中间低。西侧樟湖岭最高，地面高程达 38 米左右。以鼻湖为最低，为 25 米。岭北垸内原有间堤在 20 世纪 60 年代田园化建设中废除，修建纵干渠、南干渠、撇洪渠、湘益渠等干渠和与之配套的支渠。

域内窑头村有定姓回族居民集居，为湘阴县唯一一个有少数民族居住的村庄。镇域内有铁角嘴、茶湖潭、东港等小集镇。铁角嘴为湘江西岸延伸河中的一岸嘴，千百年来任凭江水冲刷仍屹立于江边，故称“铁角嘴”。铁角嘴是古老的水乡集镇，是湘江航道进入湘阴县的第一个客货运码头，聚散镇域内及益阳牌口、望城乔口等区域的人流物流，是岭北镇政治、经济、文化的中心。茶湖潭集镇位处镜明河畔，河中有一深潭，集镇因此得名。明崇祯时为饮茶集市，常有长沙、益阳、常德往来商船停泊在此，商人船员上岸饮茶，生意人逐渐云集，形成集镇。清末已形成石路街，篾业、铁业兴盛，街旁靠镜明河有全为竹木结构的吊脚楼，河旁有古老的玉潭庵，风韵独特。20 世纪 90 年代末，平垸行洪整体搬迁至铁新公路两侧。2000 年更名为茶湖潭集镇新区管理委员会。

域内大部为滨湖平原，四面环水，呈蟠龙之势。气候属亚热带冷暖气团交汇地，受季风环境和地貌条件的综合影响，形成大陆性特色较浓的中亚热带季风湿润气候区。气候温暖，四季分明，热量丰富，雨水集中，严寒期短，暑热期长。农业以种植水稻和蔬菜为主。蔬菜除传统品种外，引进西红柿、韭菜黄、大青椒、平头包、大黄芽白等新品种。畜牧业以饲养猪、牛、黑山羊和家禽鹅、鸭、鸡为主。渔业养殖以青、草、鲢、鳙、鲫、鲤为主，特种水产以养殖甲鱼为主，是远近闻名的“甲鱼之乡”。2004 年，岭北成立月湖特种水产养殖专业合作社，成为湖南三个特种水产专业养殖基地之一。2009 年出售甲鱼青鱼 2 万吨，实现利税 68.9 万元。2010 年，夹洲生猪饲养小区出栏肥猪近千头。东港甲鱼养殖基地养殖水面 40 公顷，每公顷创收 10.5 万元。2015 年，产粮 5.8 万吨，特种水产甲鱼养殖面积 97 公顷，产甲鱼 134.5 吨。

镇域工业以制造、加工、包装制品、建筑材料为主。制造业历史悠久。唐代有岳州窑生产基地。清代茶湖潭生产的竹制品和铁制品闻名省内外。新中国成立后，先后成为湘阴县水泥生产基地和出口包装箱生产基地，瓦楞纸箱销往日本、东南亚等地，1989 年被湖南省包装行业认定为省优产品。20 世纪 60 年代中期起，相继有岭北船厂、湘南船厂、岳州船厂建成开业。20 世纪 90 年代始，成为湖南省船舶制造基地。湖南船舶修造厂和湘北造船厂是湖南省最大船舶制造企业之一，拥有 5000 吨级海船生产能力，是湖南制造散货船舶的领头羊。2010 年，湖南船舶厂、岭北造船厂、大龙服装厂、天天旺熟食加工厂等 8 个企业产值 1.2 亿元。

域内有商业网点 372 个，城乡集贸市场 5 个。镇文化站 1 个，村级文化活动中心 38 处。域内有初中 5 所，在校学生 1734 人；小学 11 所，在校学生 3727 人；幼儿园 7 所，在园幼儿 1422 人。医疗卫生机构 5 个，门诊部 5 个，村民全部参加新型农村合作医疗。有 1 个有线电视台，1 个自来水厂，1 个变电站（1964 年建），5 个农电站，1 个邮政分局，2 家电信企业，16 个服务网站点。通乡公路 9 条、114.8 千米，客运站 1 个。日发客运汽车 12 班次。镇驻地绿化面积 1580 平方米。

镇域内有县级文物保护单位 3 处。窑头山“岳州窑遗址”于 1984 年评定为省重点文物保护单位。郑家花园（逸园）为最早的兴中会、同盟会会员郑照熙的故居。园中曾建有假山、凉亭、荷池、石碑、坟墓等。在躲风亭有 800 多年的古樟两棵，至今枝繁叶茂，生机勃勃，县林业局挂牌保护。镇域内古云台山关帝庙是湘阴第一任中共地下党支部书记刘绍樵烈士的故里。清水矶是著名书法家陈曼若的故里。新河村是抗日烈士钟铭的故里。

岭北镇是岳阳市级文明乡镇、市级安全生产示范乡镇、省诗词之乡。

第四节　湘滨镇

湘滨镇位于洞庭湖滨资水河畔，东面与杨林寨乡相连，南面隔资江支流与新泉镇为邻，西面与南湖洲镇毗邻，北面隔洞庭湖与沅江市相望。镇机关驻地白马寺集镇，距县城 20.8 千米。1700 年前白马寺地为金鸡港。1600 年前名白马潭，境内有一庙名为马庙。据《楚南水道考》载，屈原流放时乘白骥渡口到此，后人立寺，杜甫游洞庭经此，曾作《白马寺》诗。白马寺旧时为渔民湾船晒网、停泊修船的沙洲，后有鱼米交易集市出现，早期居民多来自江西的傅柳，浙江的洪戴诸姓人氏，明代即有白马市之称。镇上建有万寿宫、洞庭庙。2015 年，湘滨镇辖白马、和平闸两个社区和洞庭、乔山、伏家山、酬塘、买马、庄家、红菱、栗塘、甘口、姑嫂树、古塘、干塘、荷塘、清河、紫山、云集、石牌、吉祥、莲花塘、三合岭、复兴、杨公、双塘、回龙、陈仕、飞凤、余长、大鄱、大山、柳潭、新坪、月塘、镇郊 33 个村民委员会，427 个村民小组和 5 个居民小组。总面积 183.24 平方千米，人口 62505 人。2015

年农村经济总收入33559万元，农民人均可支配收入13294元。

湘滨镇境域称洞庭围。北宋时期属怀西乡，为洞庭湖区。明洪武年间有先民来此垦种，至万历年间围垸10个，隶属第25都。清朝属白马、临资二局。民国时期属第六区白马、临资二乡。解放初期为河西办事处所辖。1950年为11区。1951年8月属第17区。1955年属白临区。1956年境内建有全省第一个高级农业生产合作社——洞庭围合作社。1958年名为洞庭围人民公社。1961年3月成立洞庭围区，辖民新、洞庭围、鼎新、柳潭、姑嫂树5个公社。1970年撤销鼎新公社。1984年5月，下辖5个公社分别改乡。1995年10月，撤销洞庭围区，设立中国共产党湘阴县湘滨垸水利工作委员会和县委、县政府驻湘滨垸督查协调领导小组。1996年5月撤销中国共产党湘阴县湘滨垸水利工作委员会和县委、县政府驻湘滨垸督查协调领导小组，设立洞庭工作委员会。2001年1月，撤销洞庭工作委员会。2005年1月建立湘滨镇。

域内临资口集镇同白马寺集镇一样，是旧时期湘阴县最重要的商贸中心，有千年商贸历史。临资镇位于湘、资两水交汇处，面积24.61平方千米。解放前属白马乡。解放后属河西办事处辖临资乡。1953年临资镇为区属镇。1956年镇域为民新乡。1958年属洞庭围人民公社。1961年镇域为民新公社，临资口镇为县属镇。1984年公社改乡。1996年临资口镇与民新乡合并组成临资口镇。1999年平垸行洪时建成移民街，建成区0.5平方千米。

湘滨镇属滨湖平原，地势平坦。气候属中亚热带向北亚热带过渡的大陆性季风湿润气候区。农业以种植水稻、蔬菜为主。蔬菜品种有韭菜、大葱、辣椒、包菜、芽白、莴笋、黄瓜、苦瓜、丝瓜、南瓜等。畜牧业以饲养猪、牛、羊、家禽为主。2010年，争资240万元建大山村、紫山村、红菱村、庄家村4个商品粮基地。引资建下坝湖渔场、弓管子渔场。2015年粮食总产63223吨。

工业以食品加工、铸造、机械加工、建筑材料和服装加工为主。湖南玉田米业有限公司是湘阴最大的大米加工生产基地，是全国放心粮油示范企业。

2015年，镇域有商业网点886个，城乡集贸市场4个。文化站1处。村级文化活动中心33处。县级文物保护单位6处。有初中4所，在校学生1879人；小学12所，在校学生4171人；幼儿园5所，在园幼儿1477人。有医疗卫生机构5个，门诊部7个。有学校体育场14个，自来水厂1个，农电站4个，供电所1所，镇电视台1个。乡级公路9条。总长78千米。客运站1个，日发车12班次。镇驻地绿化面积2600平方米。是年，改善教育布局和办学条件；加快村级公路建设，新增道路硬化里程31.7千米；新建机埠3处，改造机埠3处；新建沼气池600多口，在临资片的吉祥村、莲花塘村、石碑村、云集村设垃圾箱650个，垃圾池4个，形成创卫文明片。新建的京新敬老院是县示范敬老院，建筑面积1.9万平方米。争取投资120万元修建老人垂钓中心。先后组织2次大规模重点疫区灭螺行动，控制了急性血吸虫病的暴发流行。

湘滨镇曾获省诗词之乡、市平安乡镇和市先进党组织乡镇称号。

第五节　南湖洲镇

南湖洲镇位于县西境，资水尾闾，距县城27.9千米。东与湘滨镇相接，南隔资水与新泉镇、益阳市赫山区八字哨镇为邻，西隔资江与益阳市资阳区沙头镇相望，北隔资江与益阳市资阳区茈湖口镇相通。镇政府驻地南湖社区。2015年，南湖洲镇辖南边、民兴、中心、杨柳、长丰、长福、联盟、芷泉、间堤、新太、南湖、杨家坝、赛马、燎原、大淋、光明、新塘口、永成、乐兴、新坪、莲塘、白竹、洋沙、泉水、草湾、黄口潭、大湾、东兴、毛角、焦潭、绥乐、谷贻、大兴、胭脂、新港、湘坪、建民、东仓38个村委会和南湖洲社区，474个村民小组。镇域面积150.09平方千米，人口62704人。2015年，农村经济总收入35661.6万元，农民人均可支配收入14457元。

南湖洲镇解放前属沅江县民乐、东兴、胭脂等乡。解放初属沅江县第三、四区。1954年11月划属湘阴县，隶十八区。1956年5月撤区并乡为南湖、赛头两乡。1958年9月为卫星人民公社。1960年划为南湖、赛头两个公社。1961年9月恢复区建制，为南湖区，辖南湖、脂胭、赛头、和平4个公社。1984年5月实行乡、村建制，下辖4个公社，除南湖公社改南湖洲镇外，其余3个公社分别改乡。1995年10月，撤销南湖区，设立中国共产党湘阴县南湖垸水利工作委员会和县委、县政府驻南湖垸督查协调领导小组。1996年5月，撤销中国共产党湘阴县南湖垸水利工作委员会和县委、县政府驻南湖垸督查领导小组。南湖洲镇及胭脂、赛头、和平三乡并为南湖洲镇，下辖南湖、赛头、和平、胭脂4个责任区。1996年3月撤销责任区，建立南湖、赛头、和平、胭脂4个管区。2005年1月，撤销管区，除南湖管区为镇本级外，另设赛头、和平、胭脂3个办事处。2008年2月撤销办事处，实行镇村直管。

南湖洲集镇是湘阴县西部农副产品集散和商业集市贸易最繁荣的边陲集镇。镇区周围原为洞庭湖渔民晒网落宿的湖洲，明末时形成小集镇，为周围20平方千米物资集散地。1982年建成区0.2平方千米，有街道408.5米，房屋建筑面积1.343万平方米，企业9个，商业网点40余处。1995年撤区建镇后，发展速度更快，2004年建成区1平方千米，常住人口1486户4320人，吸引农民进镇，投资1600万元，建设商品房25栋、2.4万多平方米。新建2个农贸市场，建筑面积2500平方米，新建宽15米道路2条，长2500米，硬化道路1.86万平方米，新修下水道2400米，新建自来水厂1座，日供水能力1500吨。改造高压线路2100米。有商业贸易户200余家。2005年7月成立南湖社区。连续5年被评为岳阳市党建工作先进单位。2005年和2008年，南湖洲社区两次获评岳阳市优秀社区。2014年，集镇面积拓展到2平方千米，为16个镇属部门和企业事业单位驻地，常住人口1.4万多人，商业门面2800多个，形成服装、建材、家具、零售、娱乐休闲和综合商贸“六街一中心”的城镇规模，是湘阴农村主要农副产品、日用工业品的集散地。

南湖洲镇地处洞庭湖盆地，是典型的滨湖平原，地势平坦。气候属中亚热带向北亚热带过渡的大陆性季风湿润气候区，受洞庭湖湖泊效应影响，四季分明，阳光充足，雨水较多，适应农作物栽培。粮食作物以水稻为主，主要经济作物有红[illegible]、苎麻、油菜、蔬菜、柑橘等。畜牧业以猪、牛、羊及家禽为主。绿色环保产品有大米、土菜、泡菜、茶叶。特色生产项目有麻类。1980年产红麻75万千克，苎麻100多万千克。1998年产粮47146吨，棉花9吨，油菜籽431吨，水果922吨，农业总产值11830万元。2010年产粮60631吨，农业总产值达到15172万元，是省级重要的商品粮生产基地。畜牧业发展迅速。1996年专业户养牛500头。2004年成立南洲牛业有限公司。2010年，南湖洲镇投入130万元创建健康示范渔场。全镇产鲜鱼8557吨。胭脂渔场被农业部认定为国家水产品健康养殖示范基地。是年，投入78万元，对沿河19处机埠和堤闸全面检修，完成黄口潭机埠、洋沙湖机埠改造，毛角口切嘴移堤和6300米排渠疏浚扫尾工程；启动7个村商品粮基地建设；完成赛头至黄口潭护坡工程和何家台3000立方米压浸处险工程。南湖洲牛业有限公司被农业部定为农产品种养加一体化示范基地。

工业以加工、建筑材料为主。有大米加工厂、干菜辣味食品厂、酱板鸭食品加工厂、预制板厂、家具厂、机制红砖厂等企业。南湖机制红砖厂生产历史悠久，是湘阴最大的机制红砖生产基地。南湖酱板鸭加工厂年加工能力50万羽以上，年产值1000万元以上。七祥米业、白玉山茶叶、博忆鸭业、南湖牛业、南湖土菜等加工企业产销两旺。2010年，赛头口缸套厂投资200万元新增一条汽车变速箱生产线，扩大了生产规模。

镇内有文化站1处。村级文化活动中心38处。有南湖洲诗联学会、南湖洲文化艺术学会和南湖洲杂技团（1984 年更名为湘阴杂技团）。省诗联协会为该镇授牌诗词之乡。有县级文物保护单位 5 处，文艺表演队伍 42 支。小学 10 所，在校学生 4122 人。幼儿园 6 所，在园幼儿 2119 人。有医疗机构 2 个，门诊部 2 个。学校体育场 17 个，经常参加体育活动的人员占常住人口的 32%。乡民自古尚武，是民间杨家拳的传承地。镇域有有线电视台 1 个，自来水厂 1 个，变电站 1 处，农电所 4 处，电信企业 2 家，邮电所 1 所。通乡公路 7 条，总长 42 千米。境域三面为资江环绕，水运便捷，是常德、益阳至岳阳、长沙的必经水道。驻地绿化面积 3000 平方米。2010 年，硬化乡村公路 27 千米。38 个村农网依次进行改造升级，兴建镇国土大楼，延伸集镇至南湖中学自来水管 3300 米，投资近 3000 万元新建快乐佳购物广场。

南湖洲镇是抗洪英雄高建成的故乡，是全国文化艺术之乡、省诗词之乡、省安全示范乡镇、市粮食生产优秀乡镇。

第六节　鹤龙湖镇

鹤龙湖镇位于湘阴县城之西。镇域四面环水，东隔湘江与白泥湖乡、文星镇、静河乡相望，南隔湘江与岭北镇相邻，西隔湘江与新泉镇、湘滨镇和杨林寨乡相依，北为浩淼的横岭湖。镇政府驻地鹤龙村，东距县城仅 2 千米。2015 年，鹤龙湖镇辖濠河、鹤龙、沿江 3 个社区和濠河、菱角拐、顺风、新月、老闸口、包市、清明、仁西、南阳、南洲、南山、险堤、蔡华、白乌、保合、东方红、贺家、黄花岭、金星、刘家坝、普安垸、五星、湘庆、湘资、熊家棚、中和、湘临、裕民、保民、东垸、河潭、鹤龙、三汊河、新村、兴洲、兴安、兴隆、王家坝、七龙、龙须、江洲、潭堤、古塘 43 个村委会。总面积 140.49 平方千米，人口 73221 人。2015 年农村经济收入 95413.4 万元，农民人均可支配收入 14321 元。

鹤龙湖镇在明洪武年间属怀西乡 25 都。清光绪年间属仁和局西 25 都。民国时期属第六区临资、仁和、和丰和第二区武穆四乡。解放初期属第十区。1955 年 6 月改濠河区。1958 年 9 月为湘江人民公社。1961 年 3 月复名濠河区，下辖湘临、鹤龙、古塘、湾河、濠河、南阳、青潭 7 个公社。1984 年 5 月，下辖 7 个公社分别改乡。1995 年 10 月，撤销濠河区，设立中国共产党湘阴县城西垸水利工作委员会和县委、县政府驻城西垸督查协调领导小组。1995 年 12 月，析出青潭乡和湾河乡。1996 年 5 月，撤销中国共产党湘阴县城西垸水利工作委员会和县委、县政府驻城西垸督查协调领导小组，设立濠河工作委员会。2005 年 1 月，撤乡并镇成立城西镇。2011 年，城西镇更名鹤龙湖镇。2014 年被国家住房和城乡建设部评为全国重点镇。

域内属滨湖平原，地势平坦。气候属亚热带大陆性季风气候区。其特点是气候温暖，四季分明，热量丰富，雨水集中，严寒期短，暑热期长，农业以种植水稻为主。主要经济作物为油菜和蔬菜。蔬菜品种有辣椒、大葱、包菜、芽白、莴笋、萝卜、丝瓜、黄瓜、南瓜等。畜牧业以饲养猪、牛、家禽为主。城西镇水面 667 公顷，水质优良，水草丰富，渔业以养殖为主。主要鱼种有青、草、鲢、鳙、鲫、鲤等。1987 年水产品总量 3474 吨，居全县各乡镇之首。城西镇是全国螃蟹养殖基地、全国莲藕种植基地。2005 年产粮 55786 吨，出栏生猪 109311 头，出笼家禽 114140 羽，产蛋 336 吨，水产品产量 11048 吨，农林牧渔总产值 59225 万元。鹤龙湖“湘鹤”牌大闸蟹全省闻名。2006 年正式注册商标。2010 年投放 100 万只扣蟹和 120 万只仔蟹，生产淡水蟹 100 吨，产值 2000 万元。是年 10 月，中国中部（湖南）国际农博会上，鹤龙湖大湖生态开发公司选送的“湘鹤大闸蟹”获金奖。绿色环保农产品有“兴隆”牌大米。是年，鹤龙湖镇加快农业板块建设，以省道 308 线为轴心的万亩绿色无公害生态稻示范基地为依托，全面推广优质稻，实现一乡一品，建立以湘江沿线合龙、三叉河、保合、保民村为中心的百万吨蔬菜种植基地；以白鸟、包市为中心的年出栏 5000 头生猪养殖基地；以鹤龙湖养殖为中心的万吨水产品养殖基地；以兴科米业、湘临米业为龙头的万吨生态稻加工基地。

工业以铸造、加工为主。拥有工业企业 4 家，其中湘阴县兴隆米业有限公司是湘阴县重要的大米加工生产基地。2000 年工业总产值 30905 万元，其中鹤龙湖纸厂总产值 1773 万元。2010 年，引进招商项目湘阴万顺船舶制造有限公司，占地 2 万平方米，投资 1500 万元，当年产值 4000 万元，解决 600 多名返乡农民工再就业问题。

2010 年，域内有商业网点 458 个，城乡集贸市场 3 个。有镇文化站 1 处，村级文化活动中心 42 处。各类图书馆 44 个，音乐、美术、书法、摄影及文学业余创作队伍 120 人。有初中 4 所，在校学生 949 人；幼儿园 10 所，在园幼儿 2010 人。小学 19 所，在校学生 4836 人；有各级医疗机构 4 个，门诊部 4 个。有学校体育场 6 个。有敬老院 2 家。有湘临、鹤龙、古塘、湾河、南阳 5 个农电站。邮政代办所 1 处。电信服务网点 16 个。境内有省道 308 线横穿全境。有通乡公路 11 条，全长 48 千米。镇驻地有绿化面积 870 平方米。年内，投入 3000 多万元用于鹤龙湖小城镇开发建设。聘请专业规划设计院编制鹤龙湖镇城镇区中、长期（2010—2030）综合开发规划。报省、市国土部门审批同意，在鹤龙湖集镇开发建设鹤龙湖螃蟹交易站。镇党委、镇政府抓住环洞庭湖基本农田综合整治契机，改善镇内 14 个村农业生产基础设施条件。加大省道 308 沿线清洁家园力度，投入 12 万元新建垃圾箱 180 个，对城西渠垃圾进行全面清理。沿线各村均聘请保洁员，签订《卫生分段承包保洁合同书》，垃圾清运采用政府、村组、住户共同承担的筹资方式，构建一条清洁家园示范带。

鹤龙湖镇曾获市级秀美乡镇、省安全生产示范镇、省平安农机示范乡镇、省诗词之乡。

第七节 樟树镇

樟树镇位于县城西南 15 千米处，滨湘江东岸。镇域东邻界头铺镇，西隔湘江与岭北镇躲风亭相望，南与望城区接壤，北与静河乡相联。镇政府驻地樟树港集镇，距县城 14 千米。2015 年，樟树镇辖友谊、亲爱、白梅、铁炉、金台、周正、兴源、金山、新荷、祥源、塘华、白毛、官塘、巡山、飞龙、汤家、文泾、樟树、荻新、白羊、新华、镇郊 22 个村和樟树社区。下辖 284 个村民小组。面积 55.19 平方千米。人口 26922 人。2015 年农村经济总收入 15626.4 万元，农民人均可支配收入 14557 元。

民国时期属忠义乡。中华人民共和国建立初隶九区。1956 年为樟树乡。1958 年为火箭人民公社。1961 年划为樟树公社及樟树镇（县属镇）。樟树港因植有多人方可合围的古樟，又滨临湘江而得名。三国吴时大将程普在此建尉城，系千年古镇。历来是县城以南与东、西乡农副产品集散互通有无的重要码头。车舟往返，络绎不绝。旧时集镇街 3~4 米宽，全部麻石铺筑，房屋多青砖墙，木板楼，商铺百数，人口流量大。近代誉为“小南京”。至解放初，有居民 5000 多人，商业、手工业门面 218 个，可与城关镇媲美。1980 年镇区 1 平方千米，4 个居委会。县立三中设此。1984 年，镇区面积 1.4 平方千米，建有 5~9 米宽街道 3 条，长 0.75 千米。房屋建筑面积 6.83 万平方米。1995 年樟树镇与樟树乡合并为樟树镇，镇政府驻樟树港集镇，集镇区 1.6 平方千米，常住人口 4000 人。

农业以种植水稻为主。2005 年产粮 14415 吨。主要经济作物为蔬菜，有韭菜、大葱、辣椒、包菜、芽白、莴笋等。樟树港辣椒有数百年种植历史，具有香、脆、甜等特征，味道鲜美，是国家地理标志证明商标，省名特优产品。镇成立樟树港辣椒种植加工专业合作社，负责产品种植、推广、销售。2015 年，辣椒种植面积 300 多公顷，产量 500 多万千克。2005 年畜牧业以饲养猪、牛、羊、家禽为主。水产养殖面积为 83.33 公顷。出栏生猪 16571 头，出笼家禽 38600 羽，产蛋 47 吨，水产品产量 1121 吨。2014

年水产品总产量2万余吨。

工业以化工、铸造、机械加工、建筑材料为主。2015年有工业企业7家，职工325人。樟树港集镇是个有千年历史的商业贸易中心。商业网点338个，从业人员近千人。

镇区有文化站1处，村级文化活动中心20处，各类文化专业户15户，各类图书馆22个。音乐、美术、书法、摄影及文学业余创作队伍62人。有市、县级文物保护单位6处，自号“湘上农人”左宗棠故居柳庄即在域内。有初中1所，在校学生510人；有小学5所，在校学生1906人。有幼儿园4所，在园幼儿610人。有医疗卫生机构2个，门诊所2个，村卫生室22个。村民全部参加新型农村合作医疗。有学校体育场5个。1998年12月建成樟树镇有线电视台，有线电视用户1520户。41户五保户老人进驻敬老院安享晚年。2010年发放低保金40万元、临时救济金4.5万元。

镇内有乡级公路4条，日发客运汽车8班次。邮政所1所，代办所1处。电信企业2家，服务网点7个，互联网用户1345户。有自来水厂1个，农电站1个，园林绿化面积3000平方米。镇域名胜古迹有法华古寺、左宗棠旧居柳庄。

第八节　金龙镇

金龙镇位于湘阴县、汨罗市、望城区交界处，是湘阴对接长沙的桥头堡，距县城19千米，离省会长沙24千米。南邻望城区茶亭镇，西接樟树镇，东北靠玉华乡，北联袁家铺镇。镇政府驻地界头铺集镇，距县城20千米。2015年，辖金凤、新光、望东、新塘、狮岭、大星、香山、荆杉、文星、青山、联兴、天井、金华、兴利14个村委会和金龙社区。人口1.8万人。面积44.48平方千米，耕地面积1000公顷。2015年实现农村经济总收入9.3亿元，农民人均可支配收入15000元。

镇域界头铺旧时为长沙通湘阴驿道进入县境第一铺，故名界头铺。明代即有界头市之称。镇域民国时期属文家、忠义二乡。中华人民共和国成立后由金龙、金凤等五乡并为金龙乡，乡名以境内金山寺与十龙山各取一字。1958年属火箭人民公社。1961年缩小为金龙公社。1984年社改乡。1995年撤区并乡，因驻地界头铺更名为界头铺镇。2011年更名金龙镇。2014年被住房和城乡建设部评为全国重点镇。

农业以种植水稻、油菜、茶叶、水果、蔬菜为主，饲养生猪、家禽、牛、羊和鲜鱼等。2000年产粮9275吨，油菜籽50吨，茶叶36吨，水果35吨，出栏生猪33300头，出笼家禽45600羽，产蛋5吨，鲜鱼产量45吨。2005年产粮12054吨，农林牧渔总产值8980万元，农民人均纯收入3774元。2015年，全镇水产品总量500余吨，畜牧水产总产值200余万元。东境峰峦重叠，有林地1660公顷，为湘阴县林业生产重要基地之一。

工业以铸造、麻石精加工、农副产品加工、灯饰和木材业为主导。1998年投资120万元兴建白沙食品加工厂，年产值500万元。2000年，引进湘安陵园公司、同达水泵厂、省民政厅退伍军人安置基地、振湘木料削片厂、宏耀灯饰公司、福湘木业有限公司等。“福湘”板材拥有中国名牌产品和中国驰名商标称号。由香港大利分行投资2000多万元，利用青山、燎原水库的自然资源，建立青山度假村，建成游泳钓鱼基地、情侣宫、门楼、打猎场地、网球场等40个项目。境内有燎原水库、左氏宗祠、青山庵仙人采石、千年百果树、陈毅安烈士纪念馆等旅游资源。2010年，投资2000万元的中兴健康城一期工程竣工；宏耀灯饰投资1000万元完成二期工程并投产；“龙凤缘”住宅小区首期投入10亿元；金明山庄农村休闲项目在建。金龙新区成立后，先后有地生工业设备全自动智能立体车库生产、西姆西焊接材料、铂固标准件生产、科必高环保设备、奥莎富士电梯、众钧科技工程机械制造、奇思环保、卓达工业地产等项目签约入园，已生产或在建。

2015年，境内有水库10座，容量为1320万平方米，其中燎原水库180万平方米。长湘公路穿镇而过，界樟公路与樟树镇相连，素有湘阴南大门和小城关之称。镇内建有2000平方米农贸市场1个。设有界头铺中学，4所小学、3所幼儿园。有1家医院和13个医疗点。有自来水厂、水电站、供电站、供销社、信用社、水管会、粮库、邮电所和有线电视台。绿地面积680平方米。

金龙镇与袁家铺镇域大部分，和静河乡、玉华乡部分地区，已作为“长株潭城市群”两型社会示范区金龙片区。镇委、镇政府正在全力把界头铺片区打造成全国城乡统筹的样板区、长株潭乃至全国“两型社会的创新阵地示范基地”、以及城乡接合部的产业要地、休闲圣地、宜居佳地。

金龙镇是晚清爱国名将左宗棠和共和国第九烈士、红军将领陈毅安的故乡。曾获省安全示范乡镇和市十大魅力乡镇之一称号。

第九节　袁家铺镇

袁家铺镇位于湘阴县城之南，是1995年10月年湘阴乡镇机构改革中由城南乡改名建立的镇。北与文星镇接壤，东与长康镇、玉华乡毗邻，南接界头铺镇，西连静河乡、樟树镇。镇政府驻地袁家铺社区，距县城8千米。2015年，辖袁家铺居委会和城南、袁家、名山、新南、沙湖、建滨、金和、周吉、罗塘、将军、紫花、友爱、明胜、新华14个行政村，189个村民小组。总面积38.27平方千米，耕地1140公顷，其余多为山地丘陵。总人口23809人。2015年农村经济总收入77825.9万元，农民人均可支配收入15938元。

集镇地畔长湘公路，旧时是长沙经驿道入湘阴第二铺。多袁姓居住，故称袁家铺。相传清代开始形成集镇。后发展为北起“百步二搭桥”，南至杨林桥约1千米的路边镇。古建筑有关帝庙，古时每年庙内唱戏达数月；庙后有望坪楼，为小镇至高点，登之可望见湘阴古城楼。镇区是南入湘阴县城必经之道。旧时袁家铺有“三炉一坡”之说，即南北两个大炉，东边一个小炉，专炼硝盐，供人食用，在抗日战争时期发挥了巨大作用；一坡指石竹坡，生产石竹远近闻名。手工业较为发达，镇上业主张彩和有一家染坊，所染制的青、兰市布，以经久耐用、不褪色而闻名大半个中国。湖南、湖北、贵州、广州等地商人都争相购买有“张彩和”商标的布。另有两处陶瓷厂以生产瓦水壶而闻名，至今窑址犹存。集镇小生意经营非常活跃，方圆数里的农副产品均在此集散。至日军侵犯前达到旧时的鼎盛时期。中华人民共和国成立后，袁家铺集镇得到更快发展。

镇域属东乡丘陵地区，矿产资源有独居石和陶土，独居石品位高达68%。域内遍布江河湖汊。气候属亚热带季风区中的大陆性气候，四季分明，湿润多雨，年均无霜期272天。农业主产水稻，特产有“名山”牌绿茶，1992年，被评为国优产品。部分村组种植茉莉花茶。传统农作物种植有油菜、花生、蚕豆、红薯。植被保护良好，山青水秀，空气新鲜，生态环境好。畜牧业以猪、牛、羊、家禽为主。1986年农业总产值682万元，农民人均可支配收入424元。2000年产粮7623吨，农业总产值1834万元，农民人均可支配收入1654元。2005年产粮12221吨，出栏生猪25000头，出笼家禽72000羽，产蛋120吨，水产品总量855吨，农林牧渔总产值9950万元，农民人均可支配收入3290元。

城南区公所、区工委先后驻袁家铺集镇。区级部门有银行、税务、供销、粮食、公安、法庭、邮电、学校等。高中有湘阴县第七中学。小镇成为城南地区政治、经济文化中心。2002年撤区并镇后，袁家铺集镇相继建成镇中心医院、邮电支局、电信分公司、自来水厂、农电站。集镇面积1.2平方千米。

独特的地理条件和区位优势，使袁家铺镇得到千载难逢的发展机遇。2001年，县工业园落户袁家铺镇，工业产值14588万元。2009年，中国（湖南）轻工业园落户袁家铺镇的新南、城南、金和3个村；相继有湘泰科技、百姓重型钢购、金为彩钢、元享科技等10余家企业进驻。市级重点项目洋沙湖文化旅游生态度假村落户周吉、紫花村，项目投资50亿元。到2010年，先后有42个工业项目在镇区落户，征地160公顷，项目投资达192亿元。袁家铺镇成为湘阴工业项目的重要聚焦地和项目建设的主战场，成为了全县经济发展的引擎之一。

袁家铺镇有九年义务教育学校2所，小学5所、教学点5个、在校学生1562人。有敬老院1所、合格幼儿园3所。农村有线电视入户率达到50%以上。14个行政村建立现代远程教育站点。有医疗卫生机构2个。2015年，镇卫生院下乡义诊治病500多人。长湘公路建成后，袁家铺中心区东移。镇区公路成三纵四横格局。长湘公路侧卧南北，工业园大道、顺天大道北靠东西，京珠复线纵深腹地，芙蓉路北拓（湘阴段）延伸镇内，镇中心地带距长沙北站29千米，距黄花国际机场48千米，距湘阴漕溪港千吨级码头仅4千米，水陆交通四通八达。2015年年底改为袁家铺片区，并入文星镇，拟设洋沙湖街道办事处。

第十节　长康镇

长康镇位于湘阴县境东南部，东与汨罗市川山坪镇接壤，西与文星镇、袁家铺镇毗邻，南接玉华乡，北抵石塘乡。镇政府驻地长康里，位于镇域中心偏北地段，距县城9千米。2015年，辖长康里社区和长康、花石、浸米、中山、仁山、金龙、和平、金甫、南阳、石板、石狮、大中、思岩、联合、中塅、白马、金华17个行政村，250个村民小组。面积51.28平方千米，耕地面积1386公顷，山林142公顷，水面106公顷。人口26706人。2015年实现农村经济总收入51698.5万元，农民人均可支配收入14065元。

民国时期境内属道南乡。中华人民共和国成立初期隶城关区。1950年属二区。1956年为长康乡。1958年属红旗公社。1961年为长康公社，1984年社改乡。2003年建镇，名长康镇。2015年年底改为长康片区，并入文星镇拟设洋沙湖街道办事处。

长康镇曾是军事重地，唐天复元年（901），浪宕军首领黄浩战死于金鸡山。宋代岳飞征讨杨幺屯兵于境内勒马山。抗日战争时期，中国军民于浸米塘伏击日军。这里有湘阴县最古老的道观黄花观，建于唐咸通13年（873）；有最早的墓葬群之一——仁山村战国墓葬群。

镇域大部分属岗地地貌，土层较厚，呈酸性，宜种茶、薯、芝麻、水稻等作物及松、杉、竹等耐酸树种。东部为低山地貌，属望湘岩山，海拔550米。特殊的地貌特性构成长康东部的麻石，中部的油料作物，西部的水产品三大特色产业。长康镇是湘阴县古树最多的镇，有百年以上古树5种25株。王思岩上有700多年树龄的马尾松。

农业传统种植有水稻、玉米、花生、芝麻、水果、蔬菜、树木等。畜牧业以养殖猪、牛、羊、家禽为主。1986年产粮13351吨，油菜籽111吨，茶叶255吨，农业总产值845万元，农民人均收入429元。2000年产粮12614吨，油菜籽107吨，苎麻106吨，茶叶140吨，出栏生猪26800头，出笼家禽100200羽，产蛋194吨，养牛675头，农业总产值2897万元，农民人均可支配收入2897元。2005年农林牧渔总产值9500万元，农民人均可支配收入3860元。长康镇名特优农产品有香麻油、酱油。绿色环保产品有绿茶。顺天生猪养殖场是湘阴重要的种猪繁殖基地。2010年，湖南鼎好农牧业发展公司以多种天然植物配制的新型饲料喂养家禽，年出售成品鸡24万羽。2015年产粮16824.77吨。

工业以食品加工、化工、建筑材料为主，有湖南义丰祥实业有限公司、湖南长康实业集团有限公司、湖南金顶实业有限公司、湘阴浏阳河油业有限公司、湖南亚威化工有限公司、湖南金为型材有限公司等。湖南长康实业集团有限公司和湖南义丰祥实业有限公司是全国重要的食品油加工生产基地，拥有中国驰名商标3个，省优产品4个。长康芝麻油1996年8月参加第二届亚太地区国际食品博览会被评为国际名牌食品。2006—2010年连续五年获省级名牌产品称号。2014年工业总产值2.1亿元。

镇域有商业网点150多个。初中1所，小学5所，卫生院1所。自来水厂1个，供电站1个，移动发射台1座，电信服务网点2个。篮球场6个，足球场1个。长康镇交通四通八达，湘川公路横穿境南，石沙公路横穿境北，南北两路贯通。随着芙蓉大道北拓和京珠复线的贯通，其区位优势更加突出。

2008年12月，长康镇被岳阳市科协评为科普惠农兴村先进单位。

第十一节　玉华镇

玉华乡以境内古迹玉石桥和华光庙各取一字而得名。玉华乡东以山岭分界，与汨罗市高家坊镇毗连交错，南与界头铺镇接踵并肩，西邻袁家铺镇，北抵长康镇。政府驻地玉石村，距县城12.8千米。2010年，玉华乡辖玉石、华中、东坪、槐溪、来龙、文桥、凤形、团山、鹅形、长湖、开福、前进、华光、同心14个村委会，184个村民小组。总面积45.91平方千米。总人口21828人。2015年实现农村经济总收入10115万元，农民人均可支配收入13502元。

玉华乡在明洪武年间属归政乡3都。清光绪年间属文家局。民国时期属第一区道南乡和文家乡。中华人民共和国成立初期属第一区。1956年5月设立玉华乡。1958年9月属红旗人民公社。1961年3月成立玉华人民公社，隶属城南区。1984年5月更名为玉华乡。1995年10月，撤销区级机构，玉华乡属县直管。2016年撤乡建镇改名为玉华镇。

域内大部分为丘岗，地势东南高，西北低。属亚热带季风区中的大陆性气候，四季分明，湿润多雨，具有春温变幅大，初夏雨水多，伏秋天热易旱，冬季严寒不多的特点。

境内矿产资源主要为花岗岩和重砂。其中花岗岩地质储量丰富，集中分布在东南部低华岭、猫弓尖、文家山、鹅形山、夏家山、胡公山等低山地区，属火成岩，为"望湘花岩石矿"，其天然颗粒细，硬度理想，质地良好，是优质的建筑装饰材料；重砂集中分布在槐溪村徐家塅一带，主要有独居石、金红石、钛铁、石磺石、铣磺石等，因矿藏深，目前尚未开采。

玉华镇山峦起伏，有鹅形山、夏家山、张家山、邵家山等，其中以鹅形山最为著名。全乡有山地面积11.2平方千米，林地1973公顷，是湘阴县木材、楠竹主要产地之一。

玉华镇自然灾害主要有风灾、虫灾和山洪。风灾一年四季均有发生，最严重的一次发生在1983年4月27日，突发龙卷风造成境内1000余间房屋倒塌，死5人，伤100余人，6.67公顷秧田受损。虫灾最严重的一次发生在1981年，松杉林白蚁为害，开福林场森林167公顷，其中65%面积受损。山洪灾害时有发生，最严重的一次发生在2010年4—5月，连续降雨28天，全乡发生地质灾害84处，其中27处山体滑坡，冲毁公路8处，损坏水稻67公顷。面对灾害，乡党委，乡政府统一部署，科学调度，日夜奋战，组织抗灾救灾。2010年，在农田、水利、道路、房屋等多处遭受严重毁损的情况下，出动抢险突击队近千人次，昼夜查险抢险处险，并对全乡40户重灾户发放救济金2.48万元。同时积极争资立项，得到省、市领导和专家的高度重视。县委、县政府2次组织相关县级职能部门召开关于玉华镇山洪地质灾害应急处险暨治理有关问题的现场办公会，形成会议纪要，首次投入150余万元，确保近期治理和中长期治理这一系统工程的统筹协调和有序有效推进。

农业以种植小麦、玉米、蔬菜为主。畜牧业以饲养猪、牛、羊、家禽为主。名优特农产品有香麻油、酱油。绿色环保农产品有绿茶。1985年产粮10786吨，油菜籽48.8吨，黄红麻1.65吨，绿茶127.45吨，出栏生猪9882头，水产品产量1.5吨。2005年产粮11000吨，油菜籽150吨，绿茶176吨，出栏生猪13800头，出笼家禽15600羽，养牛920头，水产品产量27吨，农林牧渔总产值8810万元，农民人均可支配收入3650元。2010年为确保粮食生产总量，遏制水稻“双改单”，增加双季稻面积40公顷，产粮11879吨，农民人均可支配收入6152元。2015年产粮15355吨。

工业以铸造、食品加工、建筑材料为主。拥有工业企业9家。其中，湖南华康食品有限责任公司创建于1998年，是一家集科研、生产、营销于一体的现代化食品民营企业。生产芝麻香油、花生油、蚝油、剁辣椒、红辣椒油、风味豆豉、腐乳、辣酱八大系列60多个品种，销售网络遍布全国各省、市、自治区（州），远销日本、韩国。公司连年被评为省级重合同守信用企业、省计量确认合格企业等，是省私营企业十大行业500强之一。公司产品获省名牌产品和国家农业部食品博览会金奖。玉龙实业公司（原玉华文具厂）有50多年生产各种书写、绘画工艺用笔的历史。2005年创产值500多万元，是省民政厅认定的福利生产企业。该公司在传统制作工艺上引进加工工艺新技术，开发七紫三羊、五紫五羊、九紫一羊等具有杂扎特色的湘笔品种1600多种，其锋刚柔相济、宜书行、草、隶、楷多种书体，可着墨山水，备受文人墨客青睐。产品畅销日本、美国、法国、马来西亚、新加坡等30多个国家和地区。

2015年，玉华镇有商业网点78个，有开发区、玉石桥、藤形岭、华中4个农村集贸市场。有镇文化站1个，村级文化活动中心14处。有县级文物保护单位4处。有初中1所，在校学生795人；小学5所，在校学生1302人；幼儿园3所，在园幼儿594人。有医疗卫生机构1个，门诊部1个。村民全部参加新型农村合作医疗。有学校体育场9个，邮政代办所1处，电信服务网点6个，自来水厂1个，供电站1个。省道长湘公路穿境而过，距离长沙44千米。有乡村公路4条。是年，投资375万元硬化乡村道路，新增硬化道路13.7千米。2015年乡镇主干道绿化硬化。投资150万元完成来龙、华中、前进、团结、鹅形山5个村农电网改造。投资100多万元改善中学办学条件、扩大办学规模。投资2万元，搭建敬老院凉棚，绿化院内环境。玉华乡是县林改工作示范重点。是年完成14个村的林改勘界确权，植树17万株。

玉华镇是全国文明乡镇和岳阳市安全生产示范乡镇。

第十二节　静河镇

静河乡由安静乡、湾河乡合并而成，两个乡各取一字得名。静河乡位于县城之南。东邻袁家铺镇和金龙镇，南依樟树镇，西隔湘江与岭北镇相望，北与鹤龙湖镇隔湘江东支毗邻。乡政府驻地牛路口，距县城8千米。2010年，静河乡辖齐贤、麦子、爱民、沙坪、湾河、金鸡、板塘、长征、地坡、共和、共兴、合兴、龙潭、梅花、青湖、青云、青山、青麦、 水山19个村委会，246个村民小组。面积60.92平方千米。人口31655人。2015年实现农村经济总收入58054万元，农民人均可支配收入14350元。

静河乡在北宋时期属归政乡。元、明时期属第三都。清属文家、樟树、仁和3个局所辖。民国时期属第一区忠义乡、文家乡和第六区仁和乡所辖。解放初期属第一区和第九区。1956年5月，撤区并乡为安静乡和湾河乡。1958年9月，安静乡属火箭人民公社，湾河乡属湘江人民公社。安静公社属城南区，湾河公社属濠河区。1984年5月，分别更名为安静乡和湾河乡。1995年12月，安静乡和湾河乡合并为静河乡。2016年撤乡建镇更名为静河镇。

静河乡大部为丘陵，地势南高北低。属暖温带季风区中的大陆性气候。主要自然灾害有洪灾、旱灾、风灾。1983年4月27日突发龙卷风，造成境内800余间房屋倒塌，伤80余人，6公顷秧田受损。

静河乡农业以种植水稻为主。粮食作物除水稻还有小麦、玉米。主要经济作物为蔬菜，品种有韭菜、大葱、辣椒、包菜、芽白、莴笋等。畜牧业以饲养猪、羊、家禽为主。渔业养殖面积307公顷。绿色环保农产品有绿茶。2010年，静河乡早晚稻面积2548公顷。乡党委乡政府引导发展双季稻，其中优质稻156公顷，产粮18010吨，人均580千克。充分利用近城优势，发展无公害蔬菜面积66.7公顷。培育生猪养殖大户100户，出栏生猪2.1万头。利用湾河片淡水资源，发展特种水产养殖，新增名贵鱼养殖面积55.3公顷，每公顷产值34.5万元。

工业以化工、建筑材料为主。有工业企业3家。2010年，引进顺天集团在静河乡内办企业，征地100公倾，完成征地、拆迁、青苗补偿等项工作。

2010年，域内有商业网点163个，集贸市场2个。元代著名集市“魁楼市”在其境内。有镇文化站1处，村级文化活动中心17处。业余创作队伍56人。有市、县级文物保护单位5处。有初中2所，在校学生679人；小学9所，在校学生1687人；幼儿园3所，在园幼儿604人。有医疗卫生机构12个，门诊部（所）24个。村民全部参加新型农村合作医疗。有学校体育场9个，敬老院1家。有自来水厂1个，乡供电站1个，邮政代办所2处，电信服务网点6个。境内有通乡公路5条，总长47千米。乡政府驻地绿化面积860平方米。

静河镇是省安全生产示范乡镇。

第十三节　石塘乡

石塘乡以乡政府驻地石头塘得名。石塘乡东与六塘乡和汨罗市白水镇交界，南与长康镇相接，西南与文星镇相连，西与白泥湖乡相依，北与三塘镇、东塘镇相靠。乡政府驻地石头塘，距县城5.5千米。2010年，石塘乡辖石塘、寺坝、高峰台、黄泥、宋甲、七里、齐心、秃峰、彭家、高山、龙大、五仑、新农、月湾、板桥、栽松、双桥、九洲18个村委会，1个林场，1个茶场，257个村民小组。面积48.28平方千米，有水田933.3公顷。人口24033人。2015年实现农村经济总收入45856.6万元，农民人均可支配收入15282元。

石塘乡素为湘阴红薯、茶叶、生猪主要产地。1985年出栏生猪1.9万头（户均4.14头），牧业收入231.88万元，有农业机械动力13692千瓦，皆居全县乡镇一、二位。产茶204.3吨，名列全县乡镇第二。2006年调整种植业结构，建立267公顷藠头基地，334公顷玉米基地，134公顷萝卜基地。早晚稻种植面积均在800公顷以上，优质稻面积667公顷，粮食总产量达8500吨。转移劳力近5000人，增加劳务收入800多万元。实现GDP2.8亿元，农业总产值5793万元，完成税收170万元，农民人均可支配收入3800元。2007年，引进6个企业落户，初步建成藠头、玉米、萝卜基地。湖南鑫源农业开发有限公司建立葡萄基地。是年，遭受近50年来最严重的旱灾，126公顷晚稻无法下插，已插晚稻200公顷受灾严重，旱土作物受灾面积600公顷。乡党委、乡政府组织劳力7000人次，疏通渠道8000米，积极组织抗旱，开展生产自救。大灾之年粮食总产量达到8500吨。转移劳动力5000人，增加劳务收入800多万元。计划生育被评为全县先进单位。2008年引进广源有色回收加工有限公司、金海有色金属回收加工有限公司、湖南伟华生态农业有限公司，到位资金800万元。全乡深入开展“清洁家园绿色家园”活动，葡萄、萝卜、藠头、玉米等基地初具规模。2009年，引进联威制衣厂、清大兴农生物质气化炉厂、祥麟物流中心、“九洲城”生态农业乐园等项目，到位资金3500万元。全乡实现GDP3.8亿元，农民人均可支配收入5800元。2010年，石塘乡大力发展特色农业、生态农业、休闲农业，壮大水果蔬菜种植基地，扩大生猪养殖规模，打造板块，提升特色。组建黄泥村生猪养殖专业合作社和九洲村葡萄种植专业合作社；以石塘建筑公司劳务需求为突破口，转移农村劳动力4000多人；面向城区发展商贸物流、运输、餐饮、休闲垂钓、家政服务等第三产业，拉伸农业产业链条。2015年粮食总产18502.12吨。

石塘乡有中学1所，小学5所，乡文化站1个，田径场1个，6个村级农民体育健身工程。有乡卫生院1所，各村都建立了卫生室。

在新农村建设中，2007 年建沼气池 400 口，并全面启动高山村清洁工程示范村建设和石牛垸、新农、月湾的改厕项目。全乡固定资产投资近千万元硬化了村组公路 110 余千米，建成齐心—黄泥—高峰农村文明示范片。乡村组植树 32 万株。新建 2 个村级活动室，改造 2 所小学。黄泥、农大等 5 个村建起文体活动中心。创建星级文明村 15 个，文明小区 50 个。石塘乡被县评为星级文明乡。2008 年，投入资金 1000 多万元，硬化 13 千米村组公路，建成乡敬老院、文化站，完成全乡低压线路降损改造项目。2009 年，投入 150 万元硬化村组公路 5 千米。投资 70 万元完成乡卫生院二期工程。投入 30 万元新建沼气池 420 口。投入 210 万元改造机埠 13 座、疏洗主干渠。清洁家园活动继续深入，推动“一池三改”390 户，新建垃圾场 200 个，107 个村民小组完成清除“三杂”工作。全乡 18 个村全部达到星级文明村标准，其中黄泥村被评为省级巾帼创业示范村。3 个村被评为市级新农村建设示范村。创建文明小区 56 个。评出五好家庭 20 户，道德标兵 20 人。2010 年 9 月，石塘乡在岳阳市社会主义新农村建设成就系列宣传活动之“乡村新韵谱风流”评选活动中被评为全市“十大魅力”乡镇之一。2015 年年底改为石塘片区，并入文星镇，拟设漕溪港街道办事处。

第十四节　东塘镇

东塘镇位于县城东北部，距县城 14 千米，距京广线 10 千米、107 国道 18 千米。镇域东与汨罗市汨罗镇相接，南与六塘乡和石塘乡相通，西与三塘镇相依，北与汨罗市黄金乡相连。镇政府驻地东塘集镇，距县城 14.7 千米。2010 年，东塘镇辖东塘居委员会和石涧、花吴祠、高栗、翻关、曾家、李公塘、新桥、白水、一塘、葛家、丁头坝、三塘桥、苏家、小桥、白雁、青竹桥、伍家墩、湖湾、东塘、枫林湖 20 个村委会，1 个茶场，5 个居民小组和 263 个村民小组。总面积 43.09 平方千米。人口 31448 人。2015 年实现农村经济总收入 35104.4 万元，农民人均可支配收入 15379 元。

东塘镇明洪武年间属长乐乡 18 都。清光绪年间属石子局 18 都。民国时期属显庆乡。解放初期属第八区。1950 年为番关、石涧、小桥、曾家、五塘等乡。1956 年为东塘、黄甲二乡。1958 年分属前进、先锋人民公社。1961 年缩小为东塘、黄甲公社。1968 年撤销黄甲公社（除来龙、星星二大队外），其余并入东塘公社。1984 年改社为乡。1995 年撤销东塘乡，建立东塘镇。

东塘镇解放前就是小集镇，有多家油榨坊、杂货店、茶亭等，是河市、营田陆路通往县城的必经之地。湘阴至营田过境公路通车，集镇中心向西南方移 1 千米至东塘坪。

域内大部为山前平原，地势平坦。自然灾害主要有旱灾、风灾。1984 年 4 月 3 日，雷雨大风，阵风 10 级，刮倒刮坏房屋 2764 间，伤 8 人。

东塘镇农业以种植水稻为主，主要经济作物有红薯、蔬菜。蔬菜品种有大葱、辣椒、包菜、莴笋、芽白、萝卜、丝瓜、黄瓜、南瓜等。畜牧业以饲养猪、牛、家禽为主。1985 年农业总产值 893.76 万元，农民人均可支配收入 403 元。2000 年产粮 14233 吨，棉花 8 吨，茶叶 71 吨，水果 115 吨，出栏生猪 66760 头，出笼家禽 73850 羽，产蛋 10 吨，养牛 350 头，水产品产量 198 吨，农业总产值 4653 万元，农民人均可支配收入 1761 元。2005 年农林牧渔总产值 12510 万元，农民人均可支配收入 3780 元。2015 年粮食总产 24808 吨，水产品总量 1092 吨。

工业以食品加工、建筑材料为主。拥有工业企业 7 家，是全省有名的桐油加工生产基地。2010 年引进湖南大学校长钟志华投资 1400 多万元建成基特公司，二期工程投产，为镇财政创收 26 万元，当地农民新增劳务收入 300 多万元。2015 年有工业企业 7 家，从业人员 400 多人。

2015 年，域内有商业网点 158 个。有镇文化站 1 个，村级文化活动中心 19 处。有初中 2 所，在校学生675人；小学8所，在校学生1990人；幼儿园4所，在园幼儿625人。有医疗卫生机构1个，门诊部1个，村医疗点21个。有学校体育场1个。有线电视台1个，邮政代办所1处，自来水厂1个，供电站1个。境内通乡主干道4条，全长32千米。另有村级公路146千米。有汽车站、停车场、每日发往县城和周边地区的班车50多次。2010年，争取上级投资400多万元搞赛美水库渠道配套设施建设，新修渠道3500米，疏通渠道8200米。投入40万元为13个村加固水利工程和渠道清淤。在湘杨线、湘营线和东汨公路沿线新增垃圾池460个，植树8000株。修通通村公路8千米，到组公路14千米。投资28万元，在政府驻地东塘坪集镇新建垃圾箱218个，健全垃圾处理系统，植树600株。镇驻地建花坛4个，绿化面积2260平方米。

东塘镇是湖南省环境优美镇和岳阳市农村党风廉政建设十佳镇。

第十五节　三塘镇

三塘镇以三塘桥而得名，位于县城东北部，湘江之尾。东邻东塘镇，南接白泥湖乡、石塘乡，北靠屈原行政区，西滨横岭湖。镇政府驻地拦河坝，距县城14.6千米。2015年，辖拦河坝、蒙古包2个社区和岳云、白雪、军民、新兴、金塘、苏仑、高仑、来龙、谢坪、千秋、合华、长坪、吴公、蒙古14个行政村面积40.53平方千米。人口23868人。2015年实现农村经济总收入11195.5万元，农民人均可支配收入15336元。

民国时期三塘镇属武穆乡。中华人民共和国成立初期隶第八区。1958年划入屈原农场，为乌塘、三塘两个大队。1961年年底从农场划回湘阴，建三塘公社。1984年社改乡。2001年改名三塘镇。

镇政府所在地拦河坝，曾为洞庭湖水域。1964年冬治理三汊河时，筑有拦河坝。拦河坝集镇人口600余人，建成1千米长混凝土路面街道。2010年有各类商店100家，常住人口1300人。

镇域人文景观负有盛名。西北角军民村有黄陵庙，《史记》载黄帝登临湘山，则为此处。二妃墓以纪念舜帝两个妃子娥皇、女英寻舜到此地，投水以殉夫。二妃成为湘江之神，亦称湘妃，并建有湘妃庙。汉末刘表，唐杜甫、韩愈皆有诗文凭吊。军民村滨湘江之旁岭，为南北朝宋元徽二年湘阴县县治。宋代岳飞征杨幺曾在军民村处屯兵，留下军民塅地名，改为军民村。

农业以种植水稻为主。主要经济作物为蔬菜，主要品种有藠头、韭菜、大葱、辣椒、包菜、芽白、莴笋等。畜牧业以养殖猪、牛、羊、家禽为主。工业以建筑材料、食品加工为主。三塘镇是全国著名的藠头之乡。全镇藠头种植面积667公顷。1979年创办乡镇企业三塘酱厂，地处拦河坝集镇中心位置，为省级龙头企业，是以生产出口盐渍藠头、甜酸藠头为主的自营出口创汇企业。后更名湖南三塘食品有限公司，是全国最大的藠头加工生产及出口基地，拥有固定资产2500万元，无形资产（湘三商标）地方标志评估达1800万元。从业人口1200余人，年消化本地特产藠头6000多吨，年产值2000万元，产品畅销日本、马来西亚、新加坡、韩国、欧美等国家。2010年，高效农业实现标准化、规模化生产。标准化生产铸造三塘藠头业的“金字招牌”，通过标准化生产、产业化经营，以市场需求为导向，提高生产组织化程度，增强抵御市场风险的能力。全镇生产加工藠头1.8万吨，年总产值5400万元。高仑、苏仑、新兴、金塘建立年产2万头以上良种生猪养殖基地，实现规模化养殖，并创新生态环保养猪法，达到养猪无污染。乡镇鱼场总体发包，与香港投资商达成协议承包南北两湖333.3公顷水面，前期投入4000万元，返聘渔场职工68人，实行生态养殖，产鱼30万千克，比整体发包前的产量翻了一倍。全年引进项目10个，引进总资产1亿元，固定资产投资1.5亿元。其中，广东温氏集团、江南燃料油脂有限公司、香港黎子堃家族企业三大企业共投资9000余万元，解决地方剩余劳力1100人。农民人均可支配收入 7648 元。2015 年粮食总产 21227.3 吨，出栏生猪 75640 头，水产品总量 12979 吨。

三塘镇有商业网点 128 个，城乡集贸市场 1 个，镇文化站 1 个，村级文化活动中心 13 处，各类文化专业户 5 户，各类图书室 14 个。有市、县文物保护单位 3 处。初中 1 所，在校学生 421 人；小学 4 所，在校学生 1151 人；幼儿园 2 所，在园幼儿 527 人。医疗卫生机构 1 个，门诊部 2 个。农电站 1 个，自来水厂 1 个，邮政代办所 1 个，绿化面积 3000 平方米。村民全部参加新型农村合作医疗。有学校体育场 4 个，有线电视台 1 个，低保户 112 户。敬老院 1 家，收养农村五保老人 46 人。

2015 年年底，青山岛镇改为横岭湖湿地保护区并入三塘镇。

第十六节　六塘乡

六塘乡地处湘阴县东北部，东南与汨罗市白水镇接壤，西与石塘乡相依，北靠东塘镇，是湘阴县的东大门。乡政府驻地六塘铺，距县城 8 千米。2015 年，六塘乡辖五塘、佘家、六塘、金岳、永胜、赵垅、兰岭、清水、道洲、周塘、茶木 11 个村委会和 1 个集镇社区。151 个村民小组。面积 36.12 平方千米，人口 16403 人。2015 年全乡创农村经济总收入 62962.3 万元，农民人均可支配收入 15340 元。

六塘乡在北宋时期属长乐乡。元、明时期属 18 都。清属石子局。民国时期属第一区云静乡和第二区显庆乡。中华人民共和国成立初期属第八区。1956 年撤区并乡时划归石塘乡。1958 年 9 月公社化时属前进人民公社。1961 年 3 月设立六塘人民公社。1984 年 5 月更名为六塘乡。

域内大部为山前平原，地势起伏不大。属亚热带季风区中的大陆性气候，四季分明，湿润多雨。农业以种植水稻为主。经济作物有茶叶和蔬菜。六塘乡是全国生态茶叶生产及加工基地。茶叶种植面积 733 公顷，其中良种茶面积 467 公顷，是湘阴县茶叶主产地。湖南省兰岭茶叶有限公司是集茶叶生产、收购、加工、销售、科研于一体，内外贸并举的省级规模农产品加工龙头企业，拥有 3 个分公司、5 个茶场、6 个省级办事处，被授予全国乡镇企业创名牌重点企业等称号。蔬菜品种有大葱、辣椒、包菜、莴笋、芽白、萝卜、丝瓜、黄瓜、南瓜等。畜牧业以饲养猪、牛、羊、家禽为主。渔业养殖主要有青、草、鲢、鳙、鲫、鲤等鱼种。2010 年，六塘乡扩大优质稻面积 1600 公顷，发展玉米 866.7 公顷，种植油菜 400 公顷，藠头 213 公顷，发展种植产业大户 83 户，成立藠头种植专业合作社。畜牧业加大动物防疫和品改工作力度，对全乡动物家禽进行一次全面彻底防疫，注射率和卡耳率均达 100%，确保了肉类品的安全。全乡以兴湘种猪场为龙头，加速生猪品改，发展 100 头以上规模的养殖大户 54 户，出栏生猪 2.2 万头。引进广东温氏集团生猪养殖加工一条龙项目，推进了生猪养殖加工规模发展。2015 年粮食总产 17415.77 吨，出栏生猪 29191 头，水产品总量 1226.7 吨。

域内有商业网点 88 个，农村集贸市场 1 个。有镇文化站 1 个，村级文化活动中心 12 处。有初中 1 所，在校学生 282 人；小学 4 所，在校学生 925 人；幼儿园 6 所，在园幼儿 257 人。有卫生医疗机构 12 个，门诊部（所）24 个。有学校体育场 5 个。有乡电视台 1 个，自来水厂 1 个，供电站 1 个。电信服务网点 4 个。省道 308 线穿境而过，境内通乡公路 5 条，全长 42 千米。乡政府驻地绿化面积 1200 平方米。2010 年，投入 700 万元硬化村组公路 36 千米。投入 120 万元完成省道 308 线集镇段路面铺油工程，投入 35 万元实施六塘铺集镇、茶木村、佘家村农电网改。投入 40 万元新建六塘文化站，修缮了六塘中学和政府机关大楼。投入 30 万元巩固六塘水库、周塘水库建设，新增自来水用户 352 户。投入 45 万元改厨改厕 260 户、开发沼气池 82 口，新增太阳能用户 32 户，新增路灯 32 盏，改善小城镇功能和面貌。

第十七节　白泥湖乡

白泥湖乡以境内白泥湖得名。白泥湖乡位于湘江与洞庭湖交汇处，东与石塘乡交界，南与文星镇相连，西隔湘江与鹤龙湖镇相望，北与三塘镇相接。乡政府驻地许家台，距县城10千米。2015年，白泥湖乡辖长湖、许家台、夹河、钟家台、哑港、杨家山、横潭、港口、楠竹、里湖、马头山、唐杨套、箭毛嘴、大冲14个村委会，下辖136个村民小组。面积37.33平方千米。人口17363人。2015年农村经济总收入28459.2万元，农民人均可支配收入15304元。

白泥湖乡在明洪武年间属大义乡十七都。清光绪年间属三峰局十七都。民国初期属一区云静乡。中华人民共和国成立初期属城关区。1965年围垦白泥湖后设立白泥湖人民公社，隶属长仑区。1984年5月改为白泥湖乡。2001年撤区后，白泥湖乡为县直管乡。

域内大部为滨湖平原，地势平坦。农业以种植水稻为主。主要经济作物为藠头和蔬菜。蔬菜品种有辣椒、大葱、香芋、萝卜、黄瓜、丝瓜、茄子、莴笋、刀豆等。畜牧业以饲养猪、牛、家禽为主。渔业养殖水面340公顷，主要鱼种有青、草、鲢、鳙、鲤、鲫等。绿色环保农产品有蔬菜罐头、甜酸藠头。2000年产粮5622吨，水产品产量561吨。农业总产值2951万元，农民人均可支配收入2512元。2005年产粮12617吨，水产品产量621吨，农林牧渔总产值10500万元，农民人均可支配收入3900元。2015年，产粮2363.32吨，水产品总量1393.5吨。

工业以食品加工、建筑材料为主。有湖南楠竹山华鑫农副产品公司和湘阴至友米业等工业企业7家。楠竹山华鑫农副产品开发公司生产的“楠竹山”牌系列产品畅销全国。

域内有商业网点46个，乡文化站1处，村级文化活动中心14处。有初中1所，在校学生304人；小学2所，在校学生896人；幼儿园4所，在园幼儿455人。有医疗卫生机构1个，门诊部1个。村民全部参加新型农村合作医疗。2008年接通县有线电视。境内有县道1条，乡道4条，乡农电站1个。乡驻地绿化面积580平方米。

白泥湖乡是全省新农村建设示范乡和省委书记示范点。2010年，乡党委、乡政府实施“穿衣戴帽”工程，推进楠竹山村新农村建设，投资300多万元，对楠竹山农民街道维修改造，将农民街门楼店铺、居民房屋整修一新；路面平整，路旁绿化、亮化、美化，设施一应俱全，一个“生态、环保、绿色”的新农村建设样板村轮廓渐显。白泥湖乡着力优化环境，确保重点工程建设。大冲村被纳入县重点工程“芙蓉路北拓”“远大可持续发展项目建设”征地拆迁村项目，乡成立专门班子，发展环境得到进一步优化。对以许家台机埠、杨家山机埠、朝阳机埠为重点的5处排渍抗旱机埠进行改扩建，完成楠竹山，杨家山、横潭3个村的国土整理项目，改造低产田80多公顷，硬化衬砌渠3000米。完善哑港、港口两个村的农田水利基础设施建设，新修排水渠道1800米，疏浚渠系1.5万米，新建沼气池80口。乡、村两级投资近70多万元开展“清洁家园”行动，新建集中垃圾点6个，垃圾池85个，铺设自来水管1.4万米，安装排污管道2300米，人居环境大为改善。2015年年底改为白泥湖片区，并入文星镇，拟设漕溪港街道办事处。

第十八节　杨林寨乡

杨林寨乡以南宋农民起义领袖杨幺曾立寨于境内得名。位于南洞庭湖滨，是1969—1970年初因修建柘溪水库从新化县21个乡镇中移民1.5万人到湘阴组建的一个移民乡。乡政府驻地黄太港，距县城15千米。2015年，杨林寨乡辖集镇社区和黄太港、沅潭、周家台、宗师潭、沙河碇、白洋湖、牧羊港、王家河、蒋家渡、莲子口、合湖、太合围、杨林寨、东合港14个村，1个渔场、1个居委会。面积30.23平方千米，其中平原20.39平方千米，水面8.61平方千米，水田1617.3公顷，旱土766.7公顷。人口26685人。2015年农村经济总收入20733.3万元，农民人均可支配收入9042元。

杨林寨属滨湖平原，地势平坦，气候温暖。粮、棉、油系主要农产品，是湖南省棉花、油菜籽生产基地之一。1985年产粮5965吨，棉花1079吨，油菜籽929.1吨，黄红蔴212吨，水产品280吨。其中，产棉量占全县96.8%，油菜籽产量列全县各乡镇场榜首。植物油脂厂生产的“杨林寨”牌纯正菜籽油畅销全省。蘑菇、火焙鱼、葡萄、柑橘、梨子、甘蔗、玉米、花生、芝麻、大棚蔬菜，畅销省内外。牛、猪、鸡、鸭、鱼有专业养殖。6辆客、货车分别跑新化、岳阳、益阳、长沙、广东。机瓦厂红砖畅销全国。榨油厂菜油质量名闻省内外。每年所打捞洞庭湖中的野蒿成为县城、长沙、武汉的抢手货。2000年，实现工农业总产值9156万元，人均可支配收入2100元。财政税收居全县第一。水利建设投入300万元，获县千分制量化目标管理红旗单位和实践“三个代表”重要思想转变干部作风先进单位。2015年产粮28501吨，水产品总量18826吨。

1978年后，杨林寨乡诗联学会、杨林寨乡楹联学会、白杨诗社相继问世。1990年创办《夕阳红》《霜叶红于二月花》等刊物。1998年创办以农民诗人为主的白洋湖文化长廊。2006年举办杨林寨文化长廊、周家台诗词联墙活动，参加写作投稿人员达300余人。有县、市、省诗联学会会员32人，作品登载率达60%。15人参加全国诗联大赛，5人分获一、二、三等奖及优秀奖。2006年，省诗联学会授予杨林寨乡诗词之乡、楹联之乡称号。

移民依存梅山文化，讲正义，勤劳动，行俭朴，好客人，练武术，有主见。杨林寨乡是湖南省体育先进乡镇。

第十九节 青山岛镇

青山岛镇因境内有青山岛得名。青山岛镇位于湘阴县最北端，南洞庭湖中。东与屈原行政区隔湘江为邻，西与沅江市茶盘洲镇依资水相望，南临横岭湖，北靠荷叶湖。乡政府驻地青山岛上山村，距县城21千米。2015年青潭乡辖上山、中山、下山3个行政村和1个渔场，20个村民小组。面积26.96平方千米。人口1732人。2015年，全乡实现农村社会生产总值4017.6万元，农民人均收入13418元。

青山岛镇在明洪武时期属大义乡25都。民国时期属第二区武穆乡。中华人民共和国成立初期属第八区。1951年10月属第十八区。1954年属第十二区。1956年5月青山乡与三潭乡合并为青潭乡。1958年9月，并入杨林寨农场为洞滨人民公社。1962年青山从杨林寨农场析出，与芦林潭、阳雀潭、三眼潭合建青潭乡人民公社。1984年撤社建乡成立青潭乡。2012年9月，青潭乡更名为青山岛乡。2013年更名为青山岛镇。

青山岛是洞庭湖中四面环水之岛。青潭乡四周湖洲坦荡，水面积4.2平方千米，是洞庭湖平原最原始的天然渔场和季节性天然牧场，属横岭湖国家级湿地保护区。野生鱼类、珍稀鸟类、生物种群、天然植被丰富。青山岛水草丰茂，绿树成荫，栖息有鸟类207种，其中有东方白鹳、黑鹳、白鹤等国家一级保护鸟类7种。青山岛是国际候鸟迁徙的重要中转站，位于世界三大鸟类飞行线节点之处。2003年，省政府确定以青山为核心的横岭湖为省级自然保护区。青山岛镇是以渔业生产为主的渔业之乡，有精养渔池256公顷，是湖南省3个专业渔业乡之一。1986年被列为国家商品鱼生产基地。是年，水产品产量1800吨，其中特种水产品720吨。1986—1992年，年均为国家提供商品鱼40吨。1995年水产品养殖和捕捞量达 5000 吨，居全市首位。1998 年初，投资 120 万元修建 200 公顷低坝高栏养殖灭螺渔场，当年收益。1998—2003 年共产鲜鱼 2910 吨，产值达 237.72 万元。平垸行洪、移民建镇后，大力发展传统产业，鼓励渔民向外湖捕捞。2005 年全乡发展捕捞渔船 120 艘 348 吨位。当年水产品养殖量 2165 吨、捕捞量 2100 吨。2010 年以下山村为主，上山村为辅，以股东组合形式栏网养殖螃蟹、龙虾、甲鱼等特种水产，北头湖、双龙湖、杨家湖、河乐湖、谢有湖、大龙湖、九龙湖渔民人均可支配收入 10 万元。2015 年，水产品总产量 25065 吨。

域内盛产粮食、藠头、油菜、西瓜，岛上有名贵中药材蔓荆子远近闻名。1986 年产粮 394 吨。2003 年，藠头产量 680 吨，油菜 120 吨，西瓜 150 吨。2005 年产粮 708 吨，农林牧渔总产值 6810 万元。2015 年，粮食总产 1392 吨。

青山岛镇的工业以食品加工为主，主要有火培鱼加工厂、龙虾加工厂、藠头加工厂、枸杞香菜加工厂、芦笋加工厂、红薯粉加工厂等。2010 年生产总值 108 万元。

1989 年，开通青潭至湘阴县城客轮，通航总里程 38.5 千米，载客座位 88 个。2003 年，实现运输总量 6850 吨；全乡实行间日通邮，邮电业务收入 1.42 万元，是 1985 年的 5 倍；全乡固定电话装机 159 部，移动电话 148 部。1999 年，成立青潭联校。2000 年国家投资 100 万元，新建教学楼 1 栋、教师住宿楼 1 栋，增设实验室、图书室。至 2003 年，在校教师 21 人（其中有省级优秀教师 2 人），学生 146 人，全乡就学率达 100%。1986—2003 年，全乡共有 140 多名学子升入大中专学校。全乡有 1 所卫生院和 3 个村级医疗室。1997 年建起血防站，有 1 个专门防治血吸虫病的医疗队。1986—2003 年，共为 2.2 万人次治疗血吸虫病。其间 1988 年低坝高栏养鱼灭螺工程获卫生部科学技术进步三等奖。

青山岛镇蕴藏着十分丰富的历史、生态、文化旅游资源。2005 年，大连振邦集团有限公司与青潭乡政府签定合作开发青山湿地生态公园的协议，投入资金进行前期规划、基础设施和景点建设。2006 年 5 月，香港明骏国际实业公司与县政府签订开发协议，因投入不足，经协商解约。2010 年 4 月，县政府与北京全知行公司签订 5 年投入 10 亿元对青山岛进行整体开发的协议。2015 年并入三塘镇，并在原青山岛镇范围内成立省级横岭湖（青山岛）湿地保护区（正科级单位）。

人 物

一、人物传记

（以卒年为序）

左希宾

左希宾（1918—1983），祖籍湘阴县金龙镇新光村，湖南省花鼓戏剧院首批创作员，著名地方戏曲音乐家。

中华人民共和国成立初期，左希宾作为省文工团艺术骨干，被委以重任抽调参与创建湖南省花鼓戏剧团，并任首届作曲兼乐队队长、艺委会委员。尔后，除文化大革命期间（1969 年至 1973 年）随剧团集体下放江华农村以外，一直在省花鼓戏剧院从事戏曲音乐创作。几十年，左希宾坚持研究探索，深入生活，推陈出新，刻苦创作，为花鼓戏《中秋之夜》《十五贯》《祥林嫂》《刘海戏金蟾》《三里湾》《生死牌》《团圆之后》《我的一家》《柯山红日》《荷珠配》《谢瑶环》《年轻一代》《牛多喜坐轿》《野鸭洲》等一大批剧目作曲。为 60 多个花鼓戏剧目创作了 200 多首脍炙人口，流传沿用的新腔曲调。他作曲的《牛多喜坐轿》《再婚记》《三里湾》《野鸭洲》《我的一家》《生死牌》等剧目多次获奖，深受广大观众喜爱，或拍成戏曲电影，或出版发行，或载入《中国戏剧志》。左希宾为湖南花鼓戏的迅速发展、繁荣，使之成为全国有重要地位的地方戏曲剧种作出了贡献。

左景鉴

左景鉴（1909—1991），生于 1909 年 9 月，祖籍湘阴县金龙镇新光村，系左宗棠第四代孙，中国著名的外科专家、教授。

1937 年毕业于原国立上海医学院，获医学博士学位，毕业后曾在原国立上海医学院附属医院任外科医师、主治医师、讲师、副教授、教授兼华山医院、中山医院副院长。后任中华医学会外科学会上海分会主任委员等职。历任第三届全国人大代表，第五、六届全国政协委员，原中国农工民主党重庆市委副主席、主委、顾问，四川省中国农工民主党第六届顾问。

多年从事普外科学研究，尤其对腹部外科、肛直肠外科研究造诣颇深。曾在国内著名刊物及欧洲医学期刊上发表大量专业论文，并参与中国外科学奠基人沈克非主编的《外科学》的编写。1991 年 10 月起享受国务院特殊津贴。

日本发动侵华战争时，他参加了中国红十字协会救护大队，任第 38 医疗队队长，在上海、南京、南昌等地开展战场救护工作。中华人民共和国成立初期，参加抗美援朝，积极从事志愿军中心血库筹建工作，不仅为救护伤员作出了贡献，也为国内各地医院创建血库提供了经验。1957 年 4 月，响应祖国支援内地建设的号召，建设大西南，首批赴重庆。在较短时间内，圆满完成了筹建重庆医学院及附属医院的工作，是该校建校初期仅有的七名著名教授之一。

张玉清

张玉清（1913—1993），女，祖籍江西省兴国县良村乡。1929 年 12 月，任良村、廖溪等乡妇联主任。1930 年在江西永丰县加入中国新民主主义青年团。1931 年 11 月在江西瑞金参加第一次全国工农兵大会。1931 年底由朱德介绍加入中国共产党。1933 年在江西荇田石码区创建中国工农红军娘子军独立连，由朱德担任娘子军总教官。1936 年娘子军连在江西分宜县游田乡和国民党第 11 师遭遇，浴血奋战几天，娘子军独立连只剩下 4 人，张玉清由于身负重伤，俘虏后押送到江西省吉安市监狱。后由吉安市国民党保安团成员吴云辉（湘阴三峰窑人，原名吴成恩）保释出狱。出狱后与吴云辉成婚。

解放后，张玉清与丈夫回湘阴老家三峰窑定居。文革期间张玉清身受迫害，1979 年政策落实后认定为苏区老红军干部。1993 年 5 月 1 日逝世，葬于三峰窑笔架山。

李贵清

李贵清（1911—1998），1911 年 9 月出生于沅陵县城关镇。1930 年 6 月参加中国工农红军，任红八军六师八团机枪连勤务兵。1931 年 2 月加入共产主义青年团。1931 年 5 月，调任第三团兵站医院任勤务员。1931 年 11 月加入中国共产党。1932 年 9 月，任模范第六师第十六团第一营营部司号员。1933 年 12 月。任红四军第十团团部司号长。1934 年 12 月，在整编红四师十大队后随军长征，任司号长。1935 年 12 月到达陕北。1937 年 7 月调六八五团团部任司号长。1937 年 12 月，任第十八集团军总指挥部司号长。1942 年 9 月，分配到供给部粮秣科任粮秣员。1943 年 11 月至 1944 年 9 月在抗大第七分校第六队学习。1944 年 9 月，任西北军区卫生部第五野战医院保管员。1949 年 9 月调长沙专区医院总务科任保管员。

1950 年 9 月至 1955 年 10 月任湘阴县粮食局城关粮食局城关粮站副主任、主任。1955 年 10 月至 1964 年任县粮食局工会副主席兼保卫科长。1972 年 8 月退休。1978 年 6 月改退休为离休。1985 年 3 月，中共岳阳地区审批其享受县级干部待遇。1998 年 5 月逝世。

高建成

高建成（1965—1998），出生于湘阴县南湖洲镇湘坪村一个农民家庭。1984 年 9 月入伍，不久即加入中国共产党。

1972 年 9 月，高建成入湘坪小学，1978 年以优秀的成绩升入胭脂中学读初中。1981 年 9 月，考入湘阴县第四中学读高中。1984 年 5 月，他招飞体检合格，以优异的成绩考入了航空预备学校。由于完成战备训练任务出色，多次受到上级嘉奖，经组织决定转入桂林高炮学院学习。1989 年 9 月，毕业分配到高炮某团二二五营三连担任指挥排长。1992 年 12 月调任该营二连任助理工程师，1994 年 1 月改任副政治指导员。1996 年 6 月，到长期处于后进的团气象站担任指导员。1997 年 11 月，任二二五营一连指导员。1998 年 7 月中旬，长江中下游地区遭受历史罕见的特大洪涝灾害，高建成奉命随部队赶赴湖北嘉鱼县簰洲湾参加抗洪抢险。在大堤崩决的生死关头，他在洪水中先后抢救出 8 名群众和战士，最终因体力不支，被洪水卷走，夺去了他年仅 33 岁的生命。

高建成被批准为革命烈士，授予“抗洪英雄”称号，中央军委颁发有“一级英雄”奖章。

刘 琼

刘琼（1913—2002），原名刘伯瑶，祖籍湘阴，中国著名表演艺术家、著名电影演员、导演。

1934年肄业于上海法学院。同年，进联华影业公司任演员。相继在《大路》《小天使》《迷途的羔羊》《狼山喋血记》《联华交响曲·陌生人》《自由天地》《艺海风光·电影城》等影片中担任重要角色。

1937年"八一三"事变后，曾演过《文天祥》等话剧。1938—1941年间，在"新华""华新""华成"三家影业公司拍摄了《离恨天》《金银世界》《杜十娘》《乱世佳人》《生死离别》等十多部影片。在《金银世界》一片中扮演的张伯南，为他奠定了影坛小生的重要地位。其后拍摄的《生死离别》更使他走红影坛。随后，又主演了朱石麟编导的《文素臣》《家》《洞房花烛夜》等片。1942年在中华联合制片股份有限公司主演《蝴蝶夫人》等影片。1943年参加上海剧艺社，后转入天风等剧社，主演话剧《长恨歌》《蔡松坡》《海国英雄——郑成功》等话剧。抗日战争胜利后，在"中电二厂""文华"等几家公司主演了《忠义之家》《大地回春》《不了情》等几部影片。

1948年，到香港与永华影片公司拍摄了《国魂》和《大凉山恩仇记》。后来，他先后加入"长城""龙马"等影业公司，拍摄了《火凤凰》《神鬼人》。这段时间他开始尝试作导演，导演影片有《豪门孽债》《青春颂》《方帽子》《青春之歌》。

1952年，因参加爱国活动被香港当局驱逐出境，回到上海，任上海电影制片厂演员。曾在《海魂》《女篮5号》《牧马人》《死神与少女》《梦非梦》等影片中饰演主角或重要角色。1956年后兼任导演，他执导的影片中《阿诗玛》是一部优秀的少数民族题材影片，在1982年西班牙主办的第三届国际音乐舞蹈电影周上荣获最佳舞蹈片奖。他执导的《李慧娘》获得1981年文化部优秀影片奖。他先后参加了《青春之歌》《大路》《死神与少女》等55部影片的表演。1988年因在影片《死神与少女》中表演及从影半个世纪的艺术成就，获中国电影金鸡奖表演特别奖。

刘琼曾任上影创作室主任，是中国影协第三、四届理事。2002年4月病逝于上海。

黄 鹤

黄鹤（1897—2003），字咢楼，又名鹤楼。青潭乡中山村人。黄埔一期，国民党军中将，曾任国民党第二十集团军中将政治部主任等职。

黄鹤出身农民家庭。1924年，与陈仁明等考入广州陆军讲武堂，11月并入黄埔军校第一期第六队。1925年3月毕业后，历任国民党军排长、营长、团长、师政治部主任等职。1937年抗战爆发后，蒋介石在南昌召见黄鹤，委任其第二十集团军总司令部政治部中将、主任。1939年任桂林行营政治部秘书长，旋任第一补充师师长。1941年回湘，任第九战区政治部督导专员。抗战胜利后，蒋介石以精简军队为名，将非嫡系和不信任者一律编余，编余军官达18万多人，其中将级军官800余人，集中到南京、重庆、西安三处中央军官训练团。黄鹤亦被编余，进入南京中央军官训练团。1947年7月6日，黄鹤率领600多名国民党高级将领前往中山陵哭陵，以抗议蒋介石的倒行逆施。南京哭陵表明蒋介石众叛亲离，轰动全国，影响极大。黄鹤作为南京哭陵总指挥，成为当时新闻人物，遭到蒋介石当局密令缉拿，在友人帮助下逃离虎口。

1949年回湖南，任国民党第一兵团高参，8月在长沙随程潜、陈明仁起义。9月分配去湖南军政大学学习。1951年6月受到错误处理，开始了长达24年的铁窗生涯。1975年释放。1976年出席中央在北京召开的起义人员座谈会。1983 年湖南省高级人民法院正式宣布撤销当年错误判决。同年，被推荐安排为省政协委员、省人民政府参事室参事。

2003 年逝世。归葬于青潭乡中山村双龙组父母墓旁。

杨慎初

杨慎初（1927—2003），湘阴县人，中共早期地下党支部书记，建筑学教授，中国著名古建筑学专家。他开辟了中国书院研究的全新领域，在中国建筑学术界享有崇高威望。1959 年被特邀出席全国群英会，1998 年被授予湖南荣誉社会科学专家称号，享受国务院特殊津贴。

1947 年，杨慎初就读于湖南省立克强学院建筑系。长沙和平解放后，进入湖南大学土木系建筑组学习。1951 年毕业留校任教。先后在南京工学院、同济大学进修中国建筑史、欧洲城建史等。历任助教、讲师、副教授、教授，曾兼任党支部书记、教研室主任、系副主任、研究所长等职。先后任中国建筑学会第四、五、六届理事，湖南省土木建筑学会副理事长、顾问，湖南省美学会副理事长、顾问，湖南省书院研究会副理事长、顾问，《华中建筑》杂志荣誉编委，《古建筑园林技术》杂志编委，《中国书院》编委，湖南省文物建筑修缮管理专家组顾问，长沙市历史文化名城推动委员会委员，长沙市城市规划委员会顾问等。

杨慎初长期从事建筑历史及理论的教学研究和仿古建筑设计工作，并注重研究社会科学与工程技术科学的结合。20 世纪五六十年代参加过全国建筑史的编写，并开展湖南传统建筑的调查研究。几十年来，他与人合著有《中国近代建筑史》《岳麓书院史略》。1991 年特约主编了《建筑与文化论集》。1992 年担任《教育大辞典・中国古代教育史卷》副主编和《湖南传统建筑》主编。1996 年担任《中国书院辞典》副主编。1999 年担任《中国民族建筑 / 湖南分卷》和《中国建筑艺术全集 / 书院建筑分卷》主编。1995—2001 年与日本鹿儿岛大学建筑学科合作研究，共同编著出版了《中国湖南省的汉族与少数民族民居》。他的著作和他主编的文集大部分荣获国家和省级各种奖项。此外，还集 20 年修复岳麓书院经验与成果之大成，主编了学术专著《岳麓书院建筑与文化》，为中国书院文化的学术研究作出了重大贡献。

他还主持过长沙麓山寺、南岳大庙、湖大图书馆等省内重要建筑的规划和设计。1979 年受命主持岳麓书院的全面修复工作。1986 年岳麓书院主体建筑修复完成，随即成立了岳麓书院文化研究所，他担任第一任所长。先后出版了数十部学术研究专著和大量高质量的研究论文，在国内外产生了很大的影响。杨慎初先后赴美、日进行学术交流和合作研究。1986 年主持湖南大学图书馆设计获省优秀设计二等奖、国家教委表扬奖。1989 年岳麓书院修复工程获湖南省优秀设计一等奖、国家建设部三等奖，被评为长沙市 1949—1990 年十佳建筑。他所倡导和开创的书院文化研究，成为了湖南省学术研究的一个独特而又重要的领域，在国内外学术界享有很高的地位。

左景伊

左景伊（1918—2005），祖籍湘阴金龙镇新光村，系左宗棠第四代孙，中国著名的腐蚀与防护学专家。

曾任北京化工大学教授，浙江大学、北京科技大学兼职教授，全国政协第六、七届委员，中国腐蚀与防护学会副理事长，国家科委腐蚀学科组成员兼三分组组长等职。

他先在重工业部化工局、沈阳化工研究院、兰州化工机械研究院从事化工及防腐蚀的科研工作，后在北京化工学院，除继续从事腐蚀及防护学科的研究工作外，还带出了10多名研究生。1953年编译出版了中国第一部腐蚀科学著作《耐腐蚀的化工材料》。1954年在沈阳化工研究院领导创建了中国第一个防腐蚀研究室。1955年主持召开了全国第一次防腐蚀会议。1958年编写出版了中国第一部防腐蚀科普读物《金属的疾病》，为宣传防腐蚀工作的重要性和在中国建立腐蚀学科起了很大推动作用。从20世纪70年代末开始研究应力腐蚀破裂机理，取得了一系列突破性进展，在国际上颇有影响。他在中外刊物发表论文百余篇，专著数种，享誉海内外。其专著《腐蚀破裂》被国际腐蚀界权威布拜教授誉为“最受欢迎的杰作”。该书及多篇论文曾获国家教委科技进步一等奖。1982年他编写出版了中国第一部《腐蚀数据手册》，是工矿企业的必备书，为国际同类最完备的手册，已收入《中国优秀科技图书要览》。1991年起享受国务院特殊津贴。

陈伯刚

陈伯刚（1927—2013），出生于长沙县白沙乡。国内外知名的蜘蛛治虫研究专家。1948年9月参加工作，当过教师、中心校长，后选调湖南师范学院生物系深造，1955年毕业分配至湘阴一中任教，此后一直生活、工作在湘阴。

1960年，撰写的生物科学论文在全省生物学年会上宣读。1973年他结合农业课的教学，开始了对稻田蜘蛛治虫的探索。后来，组织上调他到县植保站，让他集中精力主持研究蜘蛛治虫。1976年春，在县委党校农场建“蛛控试验田”1.57公顷，助迁蛛源，用蛛灯配套保蛛，控制使用农药，使粮食农残合格率达100%。这一年，他撰写的《田间蜘蛛的利用及人工养殖初探》一文在全国“以虫治虫”会议上作学术交流。此后，撰写的《稻田资源的发掘及应用》又在中国蛛形学第一次学术讨论会上交流，这两篇“蛛控”应用论文，引起了国内外相关学者的高度关注。

陈伯刚蜘蛛治虫的成果，得到了广泛的应用和推广。1982年湘阴在全县大面积推广了这项研究成果，湘阴成为全省停止使用甲六粉最早、降农药最快的县。《人民日报》以《蛛网千层，五谷丰登》为题作了报道后，中国新闻社特稿部以《稻田卫士——蜘蛛》向国内外作了推介报道。新华社、《农民日报》《中国环境报》《湖南日报》等20多家媒体作了报道。国务院还把湘阴蜘蛛治虫编入《防治环境污染，促进经济发展100例》一书中。这项成果还获得了农业部技术改进奖和国家科技进步奖，并被拍摄成科教电影3部，其中《稻田蜘蛛》在国际农业电影节获奖。1989年9月，以国际粮农组织高级官员肯摩（美籍）为首的“水稻病虫综合防治项目”专家组的26名各国代表以及参会的72名国内专家教授，现场考察了湘阴白泥湖蜘蛛治虫基地。专家们称湘阴为“蜘蛛之乡”，并认为“中国对稻田蜘蛛的研究和保护利用在国际上遥遥领先”。2008—2010年，全国先后有4000多人次的植保专家、科技人员和泰国、澳大利亚、韩国等10多个国家的专家慕名前来考察。陈伯刚也因此多次被邀请参加全国性的生物防治学术研讨会，被选为中国环境科学学会会员，中国蛛形学专业委员会委员，省人大代表、党代表，市党代表，县人大常委会兼副主任。

退休后，仍研究蜘蛛治虫。1990年10月，撰写的《稻田狡蛛对中华稻蝗的捕食作用观察》在中国蛛形学学术研讨会上发表，并应邀到湖北大学作学术报告。1991年，他观察绘制的“狡蛛捕稻蝗图象”作为《植物保护》封面刊出，并被在罗马出版的国际期刊的《农艺技巧》转载。此后，他把稻田蜘蛛治虫转向茶叶、蔬菜的治虫，使湘阴兰岭茶获国际有机认证，打入欧美、日本等国际市场。1993年应农业部邀请，代表中国专家在“国际粮农IPM项目国家级培训员师资班”作专题报告。2003年，他撰写的《蜘蛛对茶园害虫控制作用的研究》在《蛛形学报》上发表。陈伯刚的事迹载入了《共和国专家成就博览》。他先后获国家科技进步奖2项，省部级成果奖3项，国家专利1项。他还荣获国务院授予的“全国农业技术突出贡献奖”，获中国老科技工作者协会颁发的全国优秀老科技工作者“金马奖”，并荣获“中国科协会全国农村科普先进工作者”称号。他还是享受国务院特殊津贴的研究员和省级劳模。2013年病逝。

刘恪山

刘恪山（1931—2013），祖籍湘阴县玉石桥（今玉华乡凤形村）。著名美术家、书法家，中国少先队队徽设计者。

少年时因抗日战争爆发返回湘阴老家居住，并在长沙等地完成中小学学业。1951年秋，毕业于东北鲁迅文艺学院美术部，分配到东北团委工作，任东北青年出版社美术助理编辑。1954年调任团中央《辅导员》杂志美术编辑、摄影记者。1957年划为右派。1960年摘右派帽。1961年调山西省临猗县文化馆工作。1964年调任晋南区社会主义教育运动展览馆美术总设计，后任临汾地区展览馆副馆长。1979年平反，落实政策，调回团中央工作，任《辅导员》杂志美术组长、编委。1980年设计了中国少年先锋队队徽。1989年获编审职称。

刘恪山是中国美术家协会会员、中国书法家协会会员、 中国工艺美术学会会员、中国社会名人工作委员会常务理事，中国工艺美术学院民间工艺美术委员会副主任。擅长水彩写生画雕漆画和民间美术研究。在美术、书法、篆刻、摄影、写作、出版诸多领域都有很深造诣，其美术作品和有关民间工艺美术评论的文章多在《人民日报》《经济日报》等报刊发表，并在中央电视台推介。代表作有《漓江春雨》《吕梁秋色》《黄河积石》《湘西凤凰民居》《桂林花桥》等等。大型雕漆画《黄河瀑布》《黄河的夜》人选北京民族文化宫和中国美术馆展出，评为精品，选入《中国工艺美术》大画册，成为彩色纪录电影片《中国工艺美术》的重点介绍作品。

他花费近20年心血收集、研究、整理的《晋南民间刺绣图案》100幅，成为中国优秀传统艺术稀世珍品。中央电视台对他进行专访，《人民日报》高度评价其在民间工艺美术上的巨大成就。他的书法、篆刻作品有300多件作为珍贵礼品由历次中国青年访日代表团赠送日本朝野著名人士。

自1951年以来，他专心拍摄以中国少先队为主题的照片，留下了大量反映少先队活动的珍贵历史文献资料照片，其中在中外各类报刊发表的就多达1000多幅。他还刻苦研究美术理论，撰写美术评论和理论文章达20多万字，在《人民日报》等报刊发表。

刘恪山因其杰出艺术成就被《中国美术家人名辞典》《中国书法家人名辞典》《中国出版人名辞典》《中国文艺家传集》《世界名人录》等十多种辞典列条目收录。1997年被评为中国科学技术协会先进工作者，享受国务院特殊津贴。

左焕琮

左焕琮（1945—2017），祖籍湘阴金龙镇新光村，系左宗棠第五代孙、外科专家左景鉴之子，中国著名的脑外科专家。历任重庆医科大学附一医院医师、北京中日友好医院副院长、清华大学医院教授、清华大学第二附属医院院长等职。他医术精湛，曾先后4次获得卫生部、科技部颁发的成果大奖。曾当选中国共产党第十四届全国代表大会代表、中国共产党第十五届全国代表大会代表及主席团成员。

二、人物名录

（排名不分先后）

（一）湘阴县南下干部名录

表1

南下建制或派出单位	姓　名	性别	籍　贯	政治面貌	南下时拟定的职务或任职	到湘阴任职
晋中一大队五中队	华国锋	男	山西省交城县	中共党员	地委宣传部部长	地委委员、县委书记
晋中一大队五中队	王一平	男	河北省刑台市	中共党员	县委书记	县委副书记
晋中一大队五中队	戴　彦	男	上海市	中共党员	地委组织部副部长	县委副书记
晋中一大队五中队	苑文兴	男	河北省徐水县	中共党员	县委组织部部长	县委组织部部长
晋中一大队五中队	牛福保	男	山西省和顺县	中共党员	县委组织部副部长	县委组织部副部长
晋中一大队五中队	李保荣	男	山西省昔阳县	中共党员	县委宣传部部长	县委宣传部部长
晋中一大队五中队	张国权	男	山西省定襄县	中共党员	县长	县长
晋中一大队五中队	郑维亮	男	山西省盂县	中共党员	县公安局局长	县公安局局长
晋中一大队五中队	刘培先	男	山西省蒲县	中共党员	县武装部部长	县武装部部长
晋中一大队五中队	巩富忠	男	山西省寿阳县	中共党员	县委组织部干事	县委组织部干事
晋中一大队五中队	孙国庆	男	山西省太原市	中共党员	县委宣传部干事	县委宣传部干事
晋中一大队五中队	侯国志	男	山西省盂县	中共党员	区群联	县委会干事
晋中一大队五中队	李青田	男	山西省盂县	中共党员	县政府秘书	县委办公室主任
晋中一大队五中队	郭兆章	男	山西省盂县	中共党员	区群联	县财政科科员
晋中一大队五中队	高　峰	男	山西省临县	中共党员	县委宣传部干事	县人民银行副经理
晋中一大队五中队	张建邦	男	山西省左权县	中共党员	县政府科长	县民政科科长
晋中一大队五中队	高臣唐	男	山西省左权县	中共党员	县委秘书	县委秘书

续表 1

南下建制或派出单位	姓　名	性别	籍　贯	政治面貌	南下时拟定的职务或任职	到湘阴任职
晋中一大队五中队	裴新源	男	山西省崞县	中共党员	县政府秘书	县政府秘书
晋中一大队五中队	刘秉谦	男	山西省榆社县	中共党员	县财政科科长	县财政科科长
晋中一大队五中队	樊川庭	男	山西省崞县	中共党员	县财政科副科长	县财政科副科长
晋中一大队五中队	赵玉书	男	山西省盂县		县财政科科员	汨罗办事处仓库主任
晋中一大队五中队	王克诚	男	山西省寿阳县		县财政科科员	川山坪办事处仓库主任
晋中一大队五中队	韩文秀	男	山西省榆次县	中共党员	县财政科会计	县财政科会计
晋中一大队五中队	李　玉	男	山西省和顺县	中共党员	区长	县税务局事局长
晋中一大队五中队	赵庆成	男	河北省藁城县	中共党员	县银行经理	县银行经理
晋中一大队五中队	李子英	男	山西省盂县	中共党员	县武装部股长	县武装部后勤秘书
晋中一大队五中队	王三明	男	山西省榆社县	中共党员	县武装部股长	县武装部股长
晋中一大队五中队	李庆发	男	山西省阳泉市	中共党员	县武装部股长	县武装部股长
晋中一大队五中队	尹元均	男	山西省阳曲县	中共党员	县公安局股长	县公安局执行股股长
晋中一大队五中队	杨孔珍	男	山西省五台县	中共党员	县公安局股长	县公安局侦查股股长
晋中一大队五中队	潘守业	男	山西省寿阳县	中共党员	县公安局股长	城关派出所所长
晋中一大队五中队	杨芝发	男	山西省寿阳县	中共党员	区助理员	县公安局警卫队队长
晋中一大队五中队	郑存荣	男	山西省寿阳县	中共党员	县群联干部	县农协副主席
晋中一大队五中队	李　青	男	山西省和顺县	中共党员	区委书记	城关区区委书记
晋中一大队五中队	张志远	男	山西省五台县	中共党员	区委书记	城关区委组织委员
晋中一大队五中队	李仲喜	男	山西省定襄县	中共党员	区委宣传委员	城关区委宣传委员
晋中一大队五中队	张卯秀	男	山西省五台县	中共党员	区委委员	区委组织委员

续表1

南下建制或派出单位	姓　名	性别	籍　贯	政治面貌	南下时拟定的职务或任职	到湘阴任职
晋中一大队五中队	李养龄	男	山西省盂县	中共党员	区长	城关区区长
晋中一大队五中队	张　广	男	陕西省延安市	中共党员	区助理员	城关镇副镇长
晋中一大队五中队	王一芝	男	山西省建平县	中共党员	区助理员	城关区财粮股股长
晋中一大队五中队	韩志荣	男	山西省盂县	中共党员	区武委会主任	城关区武装股股长
晋中一大队五中队	越庆祥	男	山西省左权县	中共党员	区委组织委员	城关派出所所长
晋中一大队五中队	李永康	男	山西省高平县	中共党员	区委书记	汨罗办事处副主任
晋中一大队五中队	李怀芝	男	山西省高平县	中共党员	区助理员	县税务局科员
晋中一大队五中队	梁连芳	男	山西省榆社县	中共党员	区委组织委员	县委宣传部干事
晋中一大队五中队	王宫英	男	山西省五台县	中共党员	区长	川山坪办事处武装股股长
晋中一大队五中队	王石金	男	山西省平定县	中共党员	区助理员	河西办事处仓库主任
晋中一大队五中队	弓葆祥	男	山西省寿阳县	中共党员	区武装大队长	接管卫生院代表
晋中一大队五中队	赵千柱	男	山西省五台县	中共党员	区助理员	川山坪区武装干事
晋中一大队五中队	李良秀	男	山西省盂县	中共党员	区委书记	河西办事处主任
晋中一大队五中队	陈　生	男	山西省盂县	中共党员	区委组织委员	河西办事处组织委员
晋中一大队五中队	赵如桐	男	山西省寿阳县	中共党员	区组织委员	汨罗办事处宣传股股长
晋中一大队五中队	李树发	男	山西省寿阳县	中共党员	区长	河西办事处民政股股长
晋中一大队五中队	弓栓瑞	男	山西省寿阳县	中共党员	通讯员	汨罗粮站干部
晋中一大队五中队	陈欢迎	男	山西省寿阳县	中共党员	区武装部	河西办事处武装股股长
晋中一大队五中队	巩华旺	男	山西省寿阳县	中共党员	区群联干部	区群联干部
晋中一大队五中队	张兴玉	男	山西省五台县	中共党员	区委书记	锡安办事处主任

续表 1

南下建制或派出单位	姓　名	性别	籍　贯	政治面貌	南下时拟定的职务或任职	到湘阴任职
晋中一大队五中队	陈秉芝	男	山西省阳曲县	中共党员	区委宣传委员	河西办事处宣传股股长
晋中一大队五中队	王广胜	男	山西省寿阳县	中共党员	区武装部	川山坪区武装部干事
晋中一大队五中队	席清堂	男	山西省定襄县	中共党员	区武装部	河西区武装部干事
晋中一大队五中队	苏克忠	男	山西省寿阳县	中共党员	区委副书记	汨罗办事处副主任
晋中一大队五中队	李富根	男	山西省寿阳县	中共党员	区助理员	河西办事处组织委员
晋中一大队五中队	刘世印	男	山西省寿阳县	中共党员	区长	锡安办事处副主任
晋中一大队五中队	刘永忠	男	山西省寿阳县	中共党员	区助理员	县民政科科员
晋中一大队五中队	苗玉寿	男	河北省邢台县		区助理员	河西办事处助理员
晋中一大队五中队	阎玉寿	男	山西省寿阳县	中共党员	区武装部主任	区武装股股长
晋中一大队五中队	韩　明	男	山西省盂县	中共党员	区助理员	汨罗办事处群联干部
晋中一大队五中队	邢苏兴	男	山西省崞县	中共党员	区委书记	汨罗办事处主任
晋中一大队五中队	杜建华	男	山西省兴县	中共党员	区委组织委员	锡安办事处宣传股股长
晋中一大队五中队	张子光	男	山西省阳曲县	中共党员	区长	汨罗办事处财粮股股长
晋中一大队五中队	王子英	男	山西省阳曲县	中共党员	区助理员	城关粮站仓库主任
晋中一大队五中队	张俊明	男	山西省寿阳县	中共党员	区助理员	川山坪武装干事
晋中一大队五中队	陈桂槐	男	山西省定襄县	中共党员	区武装部	锡安办事处武装股股长
晋中一大队五中队	李忠泉	男	山西省定襄县	中共党员	区委书记	川山坪办事处主任
晋中一大队五中队	张兰映	男	山西省寿阳县	中共党员	区委宣传委员	川山坪办事处组织股股长
晋中一大队五中队	陆俊生	男	山西省榆社县	中共党员	区助理员	区助理员
晋中一大队五中队	武印楼	男	山西省五台县	中共党员	区长	川山坪办事处财粮股股长

续表1

南下建制或派出单位	姓 名	性别	籍 贯	政治面貌	南下时拟定的职务或任职	到湘阴任职
晋中一大队五中队	张忠藻	男	山西省寿阳县		区助理员	河西办事处财粮员
晋中一大队五中队	葛君贵	男	山西省寿阳县	中共党员	区武装部	县支前指挥部股股长
晋中一大队五中队	岳生厚	男	山西省寿阳县	中共党员	区助理员	川山坪办事处武装干事
晋中一大队五中队	刘增寿	男	山西省盂县	中共党员	区群联干部	河西办事处群联干部
晋中一大队五中队	张福茂	男	山西省阳曲县	中共党员	区长	河西办事处财粮股股长
晋中一大队五中队	孙效忠（孙和义）	男	山西省寿阳县	中共党员	区助理员	县政府管理员
晋中一大队五中队	韩芝俊	女	山西省五台县	中共党员	收发员	县委会收发员
晋中一大队五中队	崔源英	女	河北省徐水县	中共党员	区妇联主任	城关办事处群联干部
晋中一大队五中队	张改叶	女	山西省定襄县	中共党员	区妇联干部	县妇联主任
晋中一大队五中队	张五全	女	山西省阳曲县	中共党员	区群联干部	区妇联干事
晋中一大队五中队	张惠英	女	山西省和顺县	中共党员	区妇联主任	城关区委组织委员
晋中一大队五中队	陈佩珍	女	山西省寿阳县	中共党员	区群联干部	川山坪办事处群联干部
晋中一大队五中队	王明珍	女	山西省昔阳县	团员	县财政科科员	县财政科科员
晋中一大队五中队	郭玉英	女	山西省榆次县	中共党员	区群联干员	接管县卫生院
晋中一大队五中队	郭树枫	男	山西省崞县	中共党员	专署工商科科员	团县委书记
晋中一大队五中队	张三奇	男	山西省五台县	中共党员	通信员	县委会通讯员
晋中一大队五中队	张 煜	男	山西省寿阳县	中共党员	通信员	县委会管理员
晋中一大队五中队	王二友	男	山西省寿阳县		通信员	县委会通信员
晋中一大队五中队	黄 斌	男	山西省忻县		通信员	县政府通信员
晋中一大队五中队	王富恒	男	山西省寿阳县	中共党员	机动干部	

续表1

南下建制或派出单位	姓　名	性别	籍　贯	政治面貌	南下时拟定的职务或任职	到湘阴任职
晋中一大队五中队	张庭杰	男	山西省寿阳县		炊事员	县委会炊事员
晋中一大队五中队	康立旺	男	山西省寿阳县		炊事员	县委会管理员
晋中一大队五中队	孙　萱	男	山西省寿阳县	中共党员	炊事员	县委会炊事员
晋中一大队五中队	潘玉才	男	山西省寿阳县		炊事员	县委会炊事员
晋中一大队五中队	武玉英	女	山西省寿阳县	中共党员	区群联	汨罗办事处群联干部
晋中一大队五中队	李杰贵	男	山西省寿阳县		县委会炊事员	县委会炊事员
晋中一大队五中队	潘栓成	男	山西省寿阳县		通信员	县公安局通信员
晋中一大队五中队	赵金昌	男	山西省寿阳县		通信员	县公安局通信员
晋中一大队五中队	敦三毛	男	山西省寿阳县		通信员	县公安局通信员
晋中一大队五中队	李二毛	男	山西省寿阳县		通信员	县委会交通员
晋中一大队五中队	聂三毛	男	山西省寿阳县		通信员	县委会交通员
晋中一大队五中队	邢五货	男	山西省寿阳县		通信员	县委会交通员
晋中一大队五中队	史三妹	男	山西省寿阳县		县政府炊事员	县政府炊事员
晋中一大队五中队	张一生	女	河南省修武县	中共党员	县妇联干部	县妇联主任
晋中一大队五中队	裴鸿鸣	男	山西省崞县		通信员	县委会交通员
晋中一大队五中队	张　斌	男	山西省阳曲县		区助理员	城关办事处助理员
晋中一大队五中队	巩瑞林	男	山西省寿阳县		区助理员	川山坪办事处助理员
晋中一大队五中队	张秀英	女	山西省寿阳县			县武装部收发员
晋中一大队五中队	弓二货	男	山西省寿阳县	中共党员	区武装部干部	区武装部干部
晋中一大队五中队	张奋清	女	山西省榆社县		区妇联干部	县财政科出纳员

续表 1

南下建制或派出单位	姓 名	性别	籍 贯	政治面貌	南下时拟定的职务或任职	到湘阴任职
晋中一大队五中队	王东山	男	河北省邢台市		警卫员	县委会通讯员
中原大学	贾扶托	男	河南省镇平县		学员	南大市税务所长
中原大学	高明来	男	山东省临朐县		学员	南大市税务所税务员
中原大学	孙凌云	男	河南县鄢陵县		学员	县税务局干部
中原大学	赵根奎	男	山东省黄县			县邮政局局长
中原大学	白俊英	女	山西省盂县		妇女干部	县委会收发员
中原大学	马莲英	女	山西省榆社县			县公安局干部
中国人民解放军	张福昌	女	陕西省澄城县		军需	县粮食局仓库主任
中国人民解放军	刘 鑫	男	辽宁省岫岩县		电台报务员	县邮电局通讯班班长
中国人民解放军	王 齐	男	河南省南城县			县公安局
中国人民解放军	卜 云	男	河北省赤城县			区武装部干事
中国人民解放军	高仕民	男	河北省宝坻县			区武装部副部长
中国人民解放军	张文学	男	河北省定县			县武装部干事
中国人民解放军	刘 生	男	河北省承德市			区武装部部长
中国人民解放军	梁 喜	男	察哈尔省定源县			区武装部部长
中国人民解放军	许 鄂	女	江苏省武进县			
中国人民解放军	张连云	女	热河省大阁		159 师干部	
中国人民解放军	白云清	男	河北省唐山市		159 师干部	区武装部部长
中国人民解放军	于双喜	男	河北省阜平县		159 师干部	区武装部部长
中国人民解放军	王五小	男	绥远省林河市		159 师干部	区武装部干事
中国人民解放军	张电汝	男	热河省闽景县		159 师干部	县公安分队队长

续表 1

南下建制或派出单位	姓　名	性别	籍　贯	政治面貌	南下时拟定的职务或任职	到湘阴任职
中国人民解放军	闫巨保	男	察哈尔陇关县		159 师战士	县公安分队队员
中国人民解放军	李正杭	男	察哈尔察礼县		159 师战士	县公安分队队员
中国人民解放军	徐坤存	男	察哈尔保札县		159 师战士	县分安分队班长
中国人民解放军	张　金	男	河北省赤城县		159 师战士	县分安分队班长
中国人民解放军	李　贵	男	热河省新龙县		159 师战士	县分安分队班长
中国人民解放军	莫文兵	男	贵州省独山县		159 师战士	县分安分队班长
中国人民解放军	郝正明	男	山西省		159 师战士	县分安分队班长
中国人民解放军	瞿春林	男	山东省		159 师战士	县公安局炊事员
中国人民解放军	冯来金	男	山西省盂县		159 师干部	县十三粮库主任
中国人民解放军	梁秀兰	女	内蒙古		159 师干部	县委会收发员
中国人民解放军	范永在	男	山西省定襄县		159 师干部	县委会收发员
中国人民解放军	岳振宜	男	河北省		159 师干部	白临区武装中队队长
中国人民解放军	马献玉	男	河北省丰宁县		159 师干部	白临区武装中队副指导员
中国人民解放军	张保魁	男	察哈尔		159 师战士	白临区武装中队三班班长
中国人民解放军	黄华万	男	四川省重庆市		159 师战士	白临区武装中队三班副班长
中国人民解放军	张云庭	男	热河省		159 师战士	白临区武装中队一班班长
中国人民解放军	王则永	男	山东省		159 师战士	白临区武装中队一班副班长
中国人民解放军	刘　宽	男	察哈尔省		159 师战士	白临区武装中队班长
中国人民解放军	赵　恒	男	察哈尔省		159 师战士	白临区武装中队战士
中国人民解放军	顾志祥	男	安徽省郎溪县		18 师排长	县公安局公安队队长

（二）湘阴县部分英烈名录

表 2

姓 名	性别	生卒年月	籍 贯	简 介
周新明	男	1934.5—1951	湘阴县	中国人民解放军 42 军 125 师战士。1951 年在抗美援朝作战中失踪。湘阴县人民政府 1991 年 9 月 2 日追认其为烈士。葬湖南南泉福地烈士陵园
巢连生	男	1920.10—1952.12	湘阴县	中国人民解放军某部 334 团 1 营通讯员。1952 年 12 月 8 日在抗美援朝战争铁源山 394 号高地守备战中牺牲。葬湘阴南泉福地烈士陵园
肖三皇	男	1935.6—1953.1	湘阴县	中国人民解放军 47 军 139 师 416 团 8 连战士。1953 年 1 月 30 日在抗美援朝上甘岭战斗中牺牲。中华人民共和国中央人民政府 1953 年 8 月 13 日评烈。葬湘阴南泉福地烈士陵园
任瑞芳	男	1909—1953.5	湘阴县	长沙市公安局岳麓分局电话员。1953 年 5 月在长沙市公安局岳麓分局执行任务中牺牲。葬湘阴南泉福地烈士陵园
甘明生	男	1928.2—1953.10	湘阴县	1953 年 10 月 17 日在福建莆田县战斗中牺牲。葬湘阴南泉福地烈士陵园
龙彬生	男	1929—1973.7	湘阴县	中国人民解放军陆军第 207 师炮兵团后勤助理员。1973 年 7 月在执行任务时牺牲。葬湘阴南泉福地烈士陵园
刘文林	男	1941—1974.7	湘阴县	中国人民解放军 7006 部队副股长，1974 年 7 月因公牺牲。葬湘阴南泉福地烈士陵园
谭校林	男	1957—1979.2	湘阴县	中国人民解放军 53253 部队 4 连战士。1979 年 2 月 19 日在中越边境自卫还击战中牺牲。1979 年 4 月追认为烈士。葬广西龙州县烈士陵园
陈跃辉	男	1960.11—1979.2	湘阴县	1979 年 2 月在对越自卫还击战中牺牲。葬广西那坡县烈士公墓
胡志辉	男	1959.5—1980.12	湘阴县 文星镇	中国人民解放军 53209 部队 /125 师 375 团特务连战士。1980 年 12 月 23 日在广西龙州县中越边境执行战斗任务中牺牲。中国人民解放军总政治部 1981 年 2 月 10 日评烈。葬广西龙州县烈士陵园
李合林	男	1949.7—1986.8	湘阴县 湘滨镇 柳潭村	中国人民解放军海军南海舰队。38291 部队政治部副营级干事。1986 年 8 月 20 日在前线执行空中运输任务时牺牲。中国人民解放军总政治部 1986 年 9 月 1 日评烈。葬湘阴南泉福地烈士陵园
吴访云	男	1949.11—1991.9	湘阴县 杨林寨乡 沙河碇村	1991 年 9 月 6 日在本村棉花地遇见犯罪分子对他人行凶，见义勇为，制止犯罪的过程中被犯罪分子刺死。湖南省人民政府 1993 年 4 月 1 日评烈。葬杨林寨沙河碇村
曹建武	男	1965.8—1992.4	湘阴县	空军航空兵第 35 师 104 团一大队正连职中尉飞行员。1992 年 4 月 23 日在广州汕头执行战备飞行训练中牺牲。广州军区空军政治部 1992 年 4 月 28 日评烈。葬湘阴南泉福地烈士陵园
周述槐	男	1954.6—1998.7	湘阴县 南湖洲镇	南湖洲镇中民村电排机手。1998 年 7 月 6 日在湘阴南湖洲镇抗洪抢险中牺牲。湖南省人民政府 1998 年 12 月 11 日评烈。葬南湖洲镇中心村 7 组

续表 2

姓　名	性别	生卒年月	籍　贯	简　介
高建成	男	1965.10—1998.8	湘阴县南湖洲镇湘坪村	武汉高空基地高射炮兵第5团225营1连指导员。1998年8月1日在湖北嘉鱼县抗洪救险中为抢救8名群众和战友牺牲。中国人民解放军总政治部1998年8月16日评烈。葬湘阴南泉福地烈士陵园
戴和熙	男	1962.7—2003.11	湘阴县	1981年10月入伍。先后任衡阳市消防支队警训科参谋、轮训队副队长、南麓区消防大队教导员、城南区及郊区消防大队大队长。衡阳市消防支队办公室副主任。武警中校警衔。2003年11月3日在衡阳市珠晖区宣昆村扑灭商住楼火灾中牺牲。中华人民共和国公安部政治部2003年11月6日评烈。葬湘阴南泉福地烈士陵园
向再科	男	1981.3—2008.3	湘阴县	中国人民解放军75230部队（陆军第42集团军炮1师25团1营2连）连长。2008年3月7日在营区进行手榴弹投掷训练中为保护战友牺牲。中国人民解放军总政治部2008年3月13日评烈。葬湘阴南泉福地烈士陵园
王凤娇	女	1969.4—2009.3	湘阴县新泉镇新洲村	2009年3月30日在省道308线湘阴新泉镇新洲路段舍己救人牺牲。湖南省人民政府2010年7月5日评烈。葬湘阴县新泉镇新洲村

（三）湘阴县省级劳模、先进工作者等名录

表 3

姓　名	性　别	授奖时间	授奖时工作单位	荣誉称号	命名单位
周玉兰	女	1958	岭北镇窑头村	先进工作者	省人民政府
汤玉林	男	1959	县质监局	劳动模范	省人民政府
陈伯刚	男	1978	县农业局	科技工作重大贡献奖	省人民政府
		1979	县农业局	农业学大赛先进个人	省人民政府
陈伯刚	男	1980	县农业局	先进工作者	省人民政府
		1982	县农业局	劳动模范	省人民政府
		1992	县农业局	优秀农业科技工作者	省人民政府
		1992	县农业局	农业技术突出贡献奖	省人民政府
胡德华	男	1979	县氮肥厂	增产节约能手	省总工会
王树聪	男	1986	县财办	先进统计工作者	省人民政府
易自玄	女	1988	县人民医院	优秀护士	省卫生厅
张莉莉	女	1989	南湖洲镇乐兴村	优秀党员	湖南省委

续表3

姓 名	性 别	授奖时间	授奖时工作单位	荣誉称号	命名单位
李味甘	男	1991	石塘乡教育组	优秀教师	省人民政府
李舜耕	男	1995	姑嫂乡教育组	优秀教师	省人民政府
周学林	男	1995	新泉区文办	优秀教师	省人民政府
张水云	男	1998	县水电局	抗洪救灾先进个人	省防汛抗旱指挥部 省人事厅
汤青山	男	1998	六塘中学	优秀教师	省人民政府
黄咏梅	女	1998	城北学校	优秀教师	省人民政府
汤建高	男	1998	新泉中学	优秀教师	省人民政府
郭伯光	男	1998	湘阴一中	优秀教师	省人民政府
陈泽明	男	1998	南阳包市学校	优秀教师	省人民政府
杨昔合	男	1999	县公路管理局	抗洪救灾功臣	省人民政府
		2002	县公路管理局	抗洪救灾一等功	省人民政府
杨炳悌	男	2001	湘阴电大	优秀教育工作者	省人民政府
杨慧丽	女	2001	慧丽学校	优秀教育工作者	省人民政府
杨鹤群		2001	湘阴一中	优秀教师	省人民政府
戴定波	男	2001	城东实验中学	优秀教师	省人民政府
田国均	男	2001	三塘小学	优秀教师	省人民政府
苏铁锚	男	2004	县水利局	抗洪功臣	省人民政府
陈友庚	男	2004		劳动模范	省人民政府
王忠帅	男	2006	新泉镇荷花村	湖南十大杰出青年创业奖	团省委、省青年联合会、湖南青年科技创新奖评委会
		2008		湖南省五四青年奖章	团省委、省青年联合会
		2008		“波隆杯”第五届湖南青年企业家鲲鹏奖	团省委、省青年联合会
		2010		劳动模范	省人民政府
李立华	女	2014	湖南鸿达建筑公司	五一劳动奖章	省人民政府
		2015		省劳动模范	省人民政府
李 浪	男	2015	湘阴县袁家铺镇	省劳动模范	省人民政府
张宇光	男	2008	湘阴电大	“一村一名大学生计划”优秀管理工作者	省委组织部

（四）湘阴县全国优秀教师、特级教师名录

表 4

姓　名	性别	出生年月	政治面貌	工作单位	所教学科或研究方向	荣誉称号	授予荣誉称号时间
张淑芳	女	1956.12	中共党员	南湖洲焦湾学校	语文	全国优秀教师	1989 年 9 月
钟六梅	女	1952.8	中共党员	三塘小学校长	语文	全国优秀教师	1995 年
姚学初	男	1947.11	中共党员	县教研室	化学	全国优秀教师	1995 年
周小年	女	1962.12	非党	湘阴一中	语文	全国优秀教师	2009 年
郭白光	男	1955.9	中共党员	湘阴一中	信息技术	特级教师	2002 年 4 月
李水平	男	1962.5	中共党员	白泥湖学校	教学	特级教师	2005 年 4 月
张念军	男	1962.11	中共党员	湘阴一职专	电子	特级教师	2008 年 8 月
戴定波	男	1963.5	中共党员	城东实验学校	教学	特级教师	2008 年 8 月
甘振华	女	1963.12	非党	城北学校	语文	特级教师	2008 年 8 月
周时和	男	1936.1	中共党员	县教研室	教学	特级教师	1996 年 3 月
陈佩璜	男	1939.6	中共党员	县教研室	语文	特级教师	1996 年 12 月
缪绳祖	男	1929.11	中共党员	湘阴一中	化学	特级教师	1980 年 3 月
刘金福	女	1952.6	中共党员	玉华中学	语文	特级教师	2002 年 12 月
郭春英	女	1947.3	中共党员	城北学校	语文	特级教师	1996 年 12 月
余建平	男	1942.9	中共党员	城北学校	语文	特级教师	1996 年 3 月
向小敏	女	1957.12	非党	城北学校	数学	特级教师	2006 年 3 月
蔡健清	男	1967.3	中共党员	湘阴一中	语文	特级教师	2015 年 3 月
林和平	男	1964.10	中共党员	湘阴一中	音乐	特级教师	2015 年 3 月
汤大军	男	1965.4	中共党员	知源学校	英语	特级教师	2015 年 3 月

（五）湘阴县全民事业单位高级专业技术人员名录

（1997—2015）

1997 年：

中教高级：郭白光，李　军，陈振帮，秦本开，张惠勇，周志仁，苏为谷，宋雪梅，文星朗，陈友根，杨督华

副主任医师：熊云辉

高级工程师：张铁山

1998 年：

中教高级：陈光祥，彭国斌，刘莲芳，余文华，单立基，钟祥林，刘湘林，姚学初，张迪平，汤新德，任知文，邓曙光，左应章，杨九龄，郑学群，王　德，张念军，徐谋祥，徐金莲，朱映娥

高级农艺师：李概明

高级教练：许建国

1999 年：

中教高级：王盛国，余建平，罗兆人，张志祥，汤迪武，姚建平，谭移洲，周新科，邵国光，何惠文，黄验军，董纯英，徐　鹤，楚明汉

副主任医师：任志翔，姜志满，文臻凯

2000 年：

中教高级：蒋立宏，胡小年，彭正泉，蒋楚辉，杨光亮，陶兰芳，欧阳建平，何小书，彭茂兰，闵雅君，杨权明，沈　雁，曾彩霞，傅国君，杨光春，彭惠贤，李味纯，谭定邦，胡新民，罗政权，杨崇礼，徐建平，胡宝成，李爱群，徐焕武，刘永池

高级工程师：朱桂华

文创二级：成明进

高级讲师：苏爱莲

高级工程师：孙光华，张雪梅

高级农艺师：喻永华

2001 年：

中教高级：任福祥，刘芝良，戴胜军，杨民辉，王金娥，李佑文，黄忠应，范　伟，侯佑民，杨　杨，陶仲元，汤大军，余令安，李朝霞，向　东，宋曙辉，陈觉民，汤立军，陈定国，戴笃平，易雪君，黄文志，许岳良，潘亚西，熊燕子，戴定波，周道舫，王荣华，刘国良，沈秋珍，胡显榜，龙汉波

2002 年：

中教高级：李太球，李学辉，李应端，刘子万，司马旺华，陈建军，陈德先，胡志祥，王凤娥，杨罗松，王正祥，邓　烨，刘爱清，张正清，戴正哲，杨盖平，黄碧姿，张立志，周晓年，任春来，杨克尤，成菊香，鄢建平，张新桂，湛　岳，王先佑，汪再梅，王蓉芳，吴梦男，任学军，徐双飞，余佩兰，闵爱国，朱华炬，熊　玲

副主任医师：张　书

高级会计师：陈立山

副主任医师：颜国良，许德红，陈国玺，张正清

高级经济师：张浩果

2003 年：

中教高级：李新光，李铁良，邹　毅，王承先，陈罗秀，尚金罗，秦国才，杨兵华，施正文，陈光辉，田佳良，肖　华，张海滨，陈雄俊，钟少安，冯贡华，程德祥，黄　灵，余新建，谭光辉，石　沉，刘梦梅，周爱吾，甘应培，张建伟，杨光谱，田立志，熊佳硕，夏应中，余纯霞

副主任医师：易晓文，许　亮，蒋厚安

2004 年：

中教高级：唐建成，王美丽，闵静辉，张玉香，张雪梅，邹　红，王　燕，程友根，刘建南，徐乐群，胡长工，郑　洁，彭阳春，易春楠，冯春平，易优良，刘斌全，殷正坤，李　军，左必庄，胡建魁，

吴凤英，廖淑婷，孙世青，周再平，陈云湘，陈三术，陈炳悌，李国希，冯世良，彭立新，李建伟，熊明乔，湛进安，胡立中，盛明月，刘大群，唐平辉，李细初，卢奇灿，任育山，姚国军，戴春华，蒋建武，兰　剑，林和平，廖剑辉，黄黛琼，易自群

副主任医师：刘润球，蒋建良

高级林业师：王月兰

2006 年：

中教高级：江友初，李以庄，肖子光，刘四明，李全章，盛丽君，范冀湘，倪坤元，熊跃飞，熊建军，刘慧兰，张运良，徐　烨，任和平，陶云章，贺友良，张建平，曹国强，罗孟春，汪伯华，蒋益平，杨　波，王海军，王运良，王尚能，叶端珍，陈进良，侯思哲，陈　平，吴一鸣，胡占春，孙书长，刘　雄，甘振华，姚正佳，田世交，夏百川，杨卫星，汤泳舟，刘　学，陈　伟，甘楚雄，彭宪章，李志荣，刘　曦，刘凯云，熊汉光，李　艳，汤建高，张　忠，刘　萍，王鹏飞，蔡健清，张乐义，汤光辉，刘恒志，李　和，余爱莲，杨益明，刘瑞东，刘　宏，叶　鑫，杨　慧，温志良，江颖君

副主任医师：殷晓敏，徐乐香

高级工程师：张　瑞，陈赛武，徐卫亚，张小兵，林红光，秦卫平

2007 年：

中教高级：周尚泉，陶荣辉，张振昭，陈罗湘，石年珍，陈平安，殷成英，程艳晖，陶少华，吴迪英，杨超人，姜雪英，韩创新，皮金辉，龚国军，程碧煌，宋长川，任明阳，陈旭，付建坤，陈胜林，胡果平，刘　德，何良医，颜晓文，肖作群，谭飞跃，冯灿辉，刘锡康，吴艳叶，夏罗灿，蒋芳儒，周素珍，周志平，刘克义，李立仁，胡建飞，李书贤，姜孟罗，王星升，刘　义，李志明，江景云，王匀华，吴　刚，蒋春华，葛泽平，蒋　畅，王素夫，杨　志，任晓春，余新辉，周新梅，刘国球，周亚西，吴瑞奇，文超华，王竹章，卢运金，卢有鸿

2008 年：

中教高级：张培建，吴秋林，杨建湘，周　霞，吴文举，杨道明，龙正庚，余爱国，刘新泉，谭剑璋，胡　静，吴细祥，田快军，邓孟先，胡正国，戴曙光，周国万，彭效兵，卢艳勋，汤细英，杨依新，刘武能，彭瑞清，李水平，胡智光，杨秋平，周新建，李念先，王二槐，周　旭，钱应奇，刘光辉，刘志炳，邹科强，易军彪，苏定恒，易颂平，易胜文，胡建新，胡冬层，张美秀，周　政，任金辉，周　李，王丽红，湛凯旋，卢立权，冯　军，曾铸康，周丝雨，陈闪念，易孟祥，吴　渊，易　卓，姚卫文，刘一中，刘冬修，李劲松，杨建光，刘六华，左　卓，吴晓云，李小满，黄　文，刘胜良，彭云贵，张　颜，许配珍，苏红平，刘国祥，田亮英，徐志军，钟星辉，夏振兴

副主任医师：易洪章，钱　军，聂定坤，任　霞

高级工程师：汪凯炎，刘乐书

高级农艺师：张宇泽，江建仁，胡国松，余建军，倪四良

2009 年：

中教高级：胡孟良，李长林，顾　宇，秦洪浪，丰学问，黎卫国，向志成，陈凤姣，朱传东，杨新建，江　平，周　智，刘令平，郑红旗，钟岳林，黎冬明，陈泽明，周宏湘，江佩娥，钟茂春，危　志，张惠文，张晓国，陈胜昔，罗雪辉，李灿辉，黄秋华，周怡涛，左瑾仪，周正军，黄伟平，李国清，汤新年，刘芳清，彭汉军，周卧龙，王正平，任乐平，瞿电波，陈香莲，钟秋兰，杨　华，陈　宇，刘　华，陈武能，姚　娜，胡利辉，李国群，陈春燕，向北平，熊观琰，许保民

高级经济师：苏铁锚

高级农艺师：殷日佳，汪大明，李建新，谭远奎，陈一鸣，李明章

高级工程师：苏正军，黄怡谷，黎　治，汪德明，王明亮，黄　宏，杨　志，王　放，麦友华，黄建文，周文亮

副主任医师：钟雄飞，刘　勇，吴　睢，刘正兰，杨　伟，邵纯英，鲁国庆，刘脱颖，易晓文，吕亚玲，余雪辉，胡冬梅，郭小亮，湛军辉

2010 年：

高级工程师：彭晓明，周俊杰

高级农艺师：蒋新健，罗金华

副主任护师：罗东辉，殷梦球，李冬华

副主任医师：熊　鹰

2011 年：

中教高级：袁铁华，易佑左，孔灿芬，易伯约，徐咏玲，黄卫政，周世华，徐运球，李正良，苏冬秀，李清良，刘擎洲，余鹤鸣，蒋　君，陶金光，曾　辉，胡文辉，杨立文，李开科，彭建良，徐　水，陈再英，孙哲学，王志娟，潘丽平，杨政文，符雪琼，刘俊高，胡春华，王深根，左光耀，金小华，肖　虹，彭彦兰，夏　畅，陈灿红，甘利红，李超光，姚佳泉，蒋玉召，杨建京，李建华，陈君山

2012 年：

主任护师：殷晓敏

副主任护师：黎　伟，张利霞，邵　琳

西医副主任医师：李艺纯，赵　林，曾　晖，王　静，李欣欣

2013 年：

高级农艺师：瞿芳霞，王国安

西医副主任医师：桂新红

中医副主任医师：谢震波

副主任医师：焦庆华，徐专红，费燕子

中教高级：汪月娥，夏　健，吴建珊，黄五云，张　炬，郑德明，汤太平，刘坦之，王宏辉，傅旭坤，王胜国，朱应平，侯伏元，彭业勤，瞿政权，蒋朝辉，谭树林，钟长根，樊克祥，钟　伟，蒋学如，余　彪，秦可人，田文科，李立新，符平桃，刘铁牛，曾新辉，张柏林，苏建国，戴佑长，李群雄，易　帆，文　彬，黄　震，胡文兵，陈珍珍，蒋启荣，吴高平，杨建华

2014 年：

高级农艺师：周秋林，蔡宁波

副主任药师：冯兰英

副主任医师：李　颖，鲁晓明，汤爱民，王赛斌，周治国，李建强，张水军，刘若祥

主 任 医 师：易洪章

副主任护师：黄亮琴，黄艳红

中 教 高 级：王正坤，余朝阳，焦学文，汤正国，戴志波，姚　羽，罗新秋，余碧耀，刘丽云，汤海波，杨明湘，彭美平，张旭光，杨立辉，周海亮，郝光辉，王宗明，蒋小平，易喜良，袁建仁，王凤连，阳建冬，刘秋良，吴花云，杨建新，何素兰，杨　文，刘竟波，吴平发，姚正君，张跃进，黄艳艳，邓锦龙，汤建明，杨　琪，任　娟，吴文斌，涂　艳，陈进平，谭桂辉，叶　燕，黎亮清，易念军，刘赛娜，蒋月光，周立平，姚桂华，陈　木，张宏贵，刘　伟，盛新宇，杜勇军，张孟如，夏绍兰，颜润琼，赵　杰，夏建平，夏三文，

钟小平，湛小标，吴曙祥，姚　斌，王正军，陈晓年，王菊红，田　伟，陈　卫，吴沙利，许建华

2015年：

中教高级：田艾祥，汪朝夕，刘　敏，黄汉林，肖　勇，刘姣娥，蒋群英，唐涌波，郑益龙，余卓根，黄　勇，石中良，周　俭，宋佶芳，刘新湘，田　灿，刘　刚，刘　旭，胡　波，刘　献，周正伟，梁光安，陈正年，吴阳春

高级农艺师：任双春，高绵福，黄志宽

副主任医师：罗　烨，卢丽君，吴振球，言庆庆，刘红艳

三、湘阴县寓外乡友名录

湖南省

姓　名	工作单位	职务或职称	原籍乡镇村
蒋作斌	湖南省人大常委会	副主任	静河乡麦子村
刘泗元	湖南省人大常委会、岳阳市人大常委会	省人大常委、市人大主任	新泉镇群建村
蒋怀章	湖南省商务厅	巡视员	鹤龙湖镇
吴新民	湖南省农业厅	巡视员	长康镇大中村
张云英	湖南省地税局	局长	新泉镇南湖村
周伟华	财政部驻湘监督专员办	专员	
李定坤	中共湖南省委	督办专员	新泉镇新泉村
龙德发	中共湖南省委	督办专员	岭北镇水产村
王建军	湖南省审计厅	巡视员	南湖洲镇白竹村
夏国佳	湖南省司法厅	厅长	东塘镇李公塘村
苏佑良	中共湖南省委	督办专员	岭北镇兴合村
胡德良	湖南省公安厅	巡视员	鹤龙湖镇中和村
陈福康	湖南省港务局	局长	新泉镇东河村
刘碧瑞	湖南省盐务局	书记	长康镇中塅村
张国骥	中共湖南省委党校	常务副校长	东塘镇
徐　浩	中共湖南省纪委办公室	主任	
程纪龙	中共湖南省纪委	常委	
吴亚中	省公共资源交易中心	主任	
杨治平	湖南省科技厅	副厅长	
王新国	湖南省财政厅	副厅长	

续表

姓 名	工作单位	职务或职称	原籍乡镇村
易迪武	中共湖南省纪委执法监察室	主任	
杨琪军	湖南省公安厅	副厅长	鹤龙湖镇蔡华村
王腊生	湖南省科技厅	副厅长	
钟世明	湖南省地税局	副局长	
徐新楚	岳阳市政协	主席	
钟再群	湖南省水利厅	副厅长	东塘镇
钟小汨	湖南省总工会	副主席	
姚惠兰	湖南省老干局	副局长	岭北镇高湖村
张振全	湖南省水利厅设计院	院长	
周恩桃	湖南省六办	副主任	青山岛镇上山村
徐战胜	国家审计署长沙办	副厅级	石塘乡七星村
王舜良	湖南省旅游局	副巡视员	新泉镇王家寨村
胡杰湘	中共湖南省委农村工作部	副巡视员	
左平权	湖南省农业厅	副巡视员	
杨淑元	湖南省高速公路管理局	纪检书记	
夏 池	湖南省医保局	工会主席	
江学恭	湖南省文联	副书记	
吴汉鼎	湖南省经济信息厅	副厅长	长康镇中墩村
郑应平	湖南省新农村建设委员会	秘书长	
刘岳辉	湖南省政府办公厅	副主任	
冯湘保	湖南省人大内司委	副主任	
姚 伟	湖南省人大常委会	副厅级	
黎光明	湖南省检察院	副检察长	
王东贵	湖南省公安厅	副厅长	岭北镇德兴村
罗松桂	湖南省司法厅	纪检书记	
杨玉华	湖南省公安厅机关党委	副书记	
李国恩	中共湖南省委宣传部	副厅级	湘滨镇甘塘村
胡德明	岳阳市人大	副主任	鹤龙湖镇 王家坝村

续表

姓　名	工作单位	职务或职称	原籍乡镇村
彭先政	岳阳市人大、市总工会	人大副主任、工会主席	岭北镇合兴村
胡罗涛	岳阳市人大	副主任	东塘镇东塘村
李正南	岳阳市人大	副主任	长康镇联合村
郭健康	岳阳市人大	副主任	南湖洲镇赛马村
葛送培	岳阳市政府	副市长	东塘镇新桥村
汪德辉	岳阳市政府	副巡视员	南湖洲镇新坪村
朱茂松	岳阳市政协	副主席	金龙镇大星村
司马德坤	岳阳市政协	副主席	文星镇长岭村
戴新果	岳阳市政协	副主席	六塘乡
张振彬	岳阳市政协	副主席	鹤龙湖镇七仑村
吴湘成	岳阳市电影电视艺术家协会	主席	南湖洲镇杨柳村
程纪龙	益阳市委	常委	岭北镇
汤向荣	常德市政府	副巡视员	新泉镇光辉村
胡　颖	岳阳市政府	副市长	
朱水平	中共张家界市委	市委常委、组织部部长	鹤龙湖镇余家村
汤培德	湖南国防科技工业办检察室	主任	新泉镇王家寨村
易显奇	湖南省人事厅纪委	书记	
刘银秀	湖南省盐业公司	副经理	岭北镇仁寿村
刘建祥	长沙市交通局	纪委书记	
杨冬初	湖南省人大	处长	
程文亮	湖南省委督查室	主任	
戴志光	湖南省委办公厅总值班室	主任	
周　文	长沙市芙蓉区开发区	书记	
曾启尚	湖南省劳教局	副局长	
曹壮波	湖南省残联组联部	部长	
方　照	长沙市航天工业部	处级	新泉镇南湘村
杨正文	长沙市设计院	副院长	新镇新柳村
胡安邦	湖南省政府办公厅一处	处长	南湖洲镇南湖村

续表

姓 名	工作单位	职务或职称	原籍乡镇村
方 明	湖南省民政厅扶贫处	处长	新泉镇东河村
黄建光	湖南省公安厅刑侦一处	处长	新泉镇东河村
吴跃进	湖南省民政厅救灾处	处长	
王跃明	湖南省交通厅法规处	处长	
余瑞林	湖南省交通厅质监总站	站长	
熊世剑	湖南省发改委办公室	主任	
朱正田	湖南省财政厅后勤服务中心	主任	
谭 斌	湖南省财政厅农开办	处长	
戴祥云	湖南省财政厅工会	副主席	
姚正昌	湖南省农业厅机关党委	副书记	鹤龙湖镇七仑村
刘金龙	湖南省农业厅农开办	主任	
胡卫兵	湖南省地质矿产勘查局	处长	新泉镇胡家村
潘跃光	湖南省审计厅	处长	文星镇
谢 文	湖南省国土厅地灾处	处长	南湖洲镇湘坪村
张 德	湖南省财政厅	处长	南湖洲镇东兴村
熊 伟	湖南省农业厅信息处	处长	南湖洲镇绥乐村
陈 宏	湖南省商业厅	处长	长康镇浸米村
宋奇志	长沙市开福区城管局	局长	长康镇金龙村
宋建新	长沙市公安局	处长	长康镇金龙村
葛国华	湖南省水利厅	主任	
刘伏英	湖南省水利厅农水处	处长	岭北镇窑头村
郭世民	湖南省水利厅建管处	处长	
潘永红	湖南省水利厅办公室党组	副书记	
陈建军	国家统计局湖南调查总队	总队长助理	
杨文伟	湖南省药监局信息中心	主任	
余伯聪	湖南省人社局综合处	处长	
龙星辰	湖南省国家安全厅	处级	新泉镇同庆村
宋万军	长沙市外管办党委	副书记	长康镇金龙村

续表

姓　名	工作单位	职务或职称	原籍乡镇村
戴新煌	长沙市经开区国土局	局长	
汪　淼	长沙市监狱管理局	局长	新泉镇群建村
徐放良	长沙市国税局天心分局	处级	新泉镇资江村
甘世书	国家林业局中南五省林业处	处长	鹤龙湖镇五星村
李进田	长沙市工商局消保处	处长	新泉镇关公潭村
周淑兰	湖南省煤炭局	处级	岭北镇莲荷村
甘自强	湖南省农业产业发展中心	主任	
范超光	湖南省发改厅	处级	岭北镇文洲村
易亮如	湖南省政协办公厅政研室	主任	岭北镇茶湖潭
蒋建文	湖南省人社厅就业局	纪检组长	
刘艳林	湖南省就业局综合处	处长	岭北镇莲荷村
涂淑层	湖南省水利厅水资源处	处长	新泉镇土地山村
李进良	长沙市公安局	处长	新泉镇新洲村
徐德均	长沙市雨花区委	调研员	
钟以富	湖南省农办人事处	处长	岭北镇仁寿村
姚芳根	湖南省检察院计财处	处长	
易正根	湖南省教育厅语音办	处长	
左新良	湖南省委统战部省台办	副巡视员	
甘应龙	湖南省工商局企业处	调研员	
吴世玲	湖南省民政厅福彩发行部	部长	长康镇石板村
杨正来	湖南省建筑协会	会长	
甘跃华	湖南省质监局	副局长	
秦晓林	湖南省工商局商标协会	秘书长	
汤天保	岳阳市纪委	副书记	新泉镇同庆村
甘鑫镇	岳阳市委政法委	副书记	文星镇冯家坪
杨帮其	岳阳市纪委常委、监察局	副局长	
方志平	长沙市地税局	局长	新泉镇新开村
兰建中	岳阳市安全局	局长	

续表

姓 名	工作单位	职务或职称	原籍乡镇村
刘腊干	岳阳市委组织部	副部长	
蒋跃进	岳阳市技术监督局	局长	
蒋仁凯	岳阳市委政法委	副书记	袁家铺镇城南村
蒋志涛	岳阳市人大联络工委	主任	
王双凡	岳阳市人大联工委	主任	六塘乡五塘村
刘志祥	岳阳市人大接待处	处长	南湖洲镇联盟村
刘建贵	岳阳市烟草局	局长	
李建群	岳阳市统战部	副部长	
钟继仁	中共岳阳市国税局党委会	书记	
周湘涛	岳阳市审计局	局长	
刘利民	岳阳市委机关事务中心	主任	
吴桂芝	岳阳市地税局	总会计师	
郭吉祥	岳阳市中级法院	调研员	
杨含军	岳阳市政府办	调研员	
陈定宝	岳阳市行政事业单位资产管理处	处长	南湖洲镇草湾村
吴鹏杨	岳阳市交通局	总工程师	
李正国	岳阳市知识产权局	局长	新泉镇群建村
李建军	岳阳市国税局	总会计师	南湖洲镇中心村
陶深根	岳阳市残联	调研员	长康镇石狮村
樊 群	岳阳市检察院渎侦局	政委	
刘勇强	洞庭湖大桥管理局	局长	
汤志文	岳阳市开发区管委会	主任	新泉镇同庆村
谭璜润	岳阳市政府接待处	调研员	新泉镇江塘村
刘德成	岳阳市畜牧水产局	局长	
朱成放	岳阳市农业经营管理局	局长	
李培层	岳阳市地税征稽局	局长	
黄定军	岳阳市纪委纪检监察一室	主任	
陈文龙	岳阳市巴陵设计院	院长	
吴湘成	岳阳市电影电视艺术家协会	主席	南湖洲镇杨柳村

续表

姓　名	工作单位	职务或职称	原籍乡镇村
杨志建	岳阳市开发区物价局	局长	南湖洲镇湘坪村
刘润生	岳阳市财政局农税局	局长	新泉镇同庆村
田光辉	岳阳市中级法院	工会主席	三塘镇千秋村
熊国昌	岳阳市检察院	检察员	鹤龙湖镇熊家棚
杨子建	岳阳市政府法制办	主任	新泉镇车马村
余曙初	岳阳市民主同盟会	秘书长	
汪德辉	岳阳市诗词协会	会长	南湖洲镇新坪村
蒋益祥	岳阳市社会科学界联合会	调研员	袁家铺镇沙湖村
石文华	岳阳市国土资源局	处级	青山岛镇中山村
杨建军	岳阳市财政局注册会计师协会	会长	
张红专	岳阳市中级法院审管办	主任	
任年丰	汨罗市人大常委会	主任	岭北镇围坚村
汪　涛	中共平江县委	书记	南湖洲镇新坪村
田文静	中共岳阳市岳阳县委	书记	新泉镇荷花村
范迪文	汨罗市人大常委会	主任	鹤龙湖镇湘临村
杨陵俐	会同县委、县人民政府	副书记、县长	岭北镇双合村
刘硕科	湘潭高新科技开发区管委会	主任	
李建章	长沙县人大常委会	主任	
蒋　伟	中共城步苗族自治县委	书记	
谢树勋	郴州地区矿务局	局长	新泉镇魏家村
刘庆根	益阳市老干局	调研员	新泉镇资江村
刘凤明	岳阳市电业局	局长	岭北镇莲荷村
吴奇良	岳阳市地震局	局长	南湖洲镇杨柳村
杨泽民	株洲市规划局	局长	新泉镇月中村
黄建光	湖南省公安厅刑侦一处	处长	新泉镇东河村
司马河宴	湖南省物资厅	处长	石塘乡新农村
张新国	审计署长沙特派办	处长	青山岛镇上山村
夏启文	长江防汛指挥处	处级	

续表

姓　名	工作单位	职务或职称	原籍乡镇村
刘湘辉	铁道部中南五处	处级	
甘力琛	湖南省委组织部组织处	副处长	
何伟文	湖南省财政厅农开办	副主任	
邵胜强	湖南省政府办秘书处	副处长	
姚利群	湖南省交通厅科教处	副处长	新泉镇赛丰村
徐　颖	湖南省发改委办公室	副主任	
蒋　琦	湖南省发改委办公室	副处长	
戴祥云	湖南省财政厅国库处	副主席	
柳　翼	湖南省财政厅后勤处	副处长	三塘镇
张　德	湖南省财政厅后勤处	副处长	
廖正坤	湖南省农业厅经作处	副处长	岭北镇上仑村
杨立社	湖南省水利厅后勤服务中心	副主任	
左宪光	湖南省水利厅后勤服务中心	副主任	
陈光荣	湖南省水利厅规划计划处	助理调研员	
黄良辉	湖南省政府物业局	副局长	
李敏义	湖南省慈善办	副主任	
贺中英	湖南省经协办综合处	副处长	
胡德云	长沙市环保局纪委	书记	新泉镇群建村
洪　健	长沙市雨花区政府办	主任	
谢浪涛	省质监局办公室	党委秘书	
余雪元	湖南省人防办秘书处	副处长	樟树镇铁炉村
杨洪冰	长沙铁路局	副局长	长康镇金辅村
邵应平	长沙市邮政局	副局长	
楚　齐	湖南省政府办公厅	副处级	
胡卫兵	湖南省水库移民开发管理局	党组成员	
黄建光	湖南省公安厅	副处级	
李甫云	湖南省公安厅刑侦总队	副处级	
罗志强	湖南省计生委流动人口处	副处长	

续表

姓　名	工作单位	职务或职称	原籍乡镇村
王炳泉	湖南省电信劳资局	副处长	
王　勇	湖南省供销社机关党委	副书记	
黄　波	长沙市雨花区洞井镇党委	书记、副处级	
聂　勇	长沙市文化局	副局长	
向　阳	长沙市国土局土地开发中心	书记	
李建豪	长沙市纪委	书记	新泉镇魏家村
曾鸽旗	湖南省农业厅科教处	副处长	
王友明	郴州市国资委	副处级	
刘铁民	郴州市工商联	党组书记、副主席	南湖洲镇
钟红剑	岳麓区人大常委会	副主任	
周卫兵	湖南省教育厅法规处	副处长	
熊　伟	湖南省农业厅信息中心	副主任	
周建宏	湖南省林业厅人教处	副处长	
蒋胜锋	湖南省林业厅科技推广站	副处、站长	
吴　卫	湖南省工商局消费者权益保护处	副处长	
周德安	湖南省工商局法规处	副调研员	
彭　岳	湖南省工商局法规处	副调研员	
刘　丹	湖南省监狱局	副局长	
吴逊伟	湖南省公安厅治安总队	副总队长	
杨妙华	怀化市工业园	副主任	
秦方进	衡东县委	副书记	南湖洲镇白竹村
刘铁平	郴州市环保局	副局长	岭北镇大岭村
姚友余	益阳市民政局	副局长	新泉镇鲜鱼塘
张国保	益阳市交通局	副局长	新泉镇
江国进	益阳市公安局	副局长	新泉镇马家村
王刚强	益阳市委组织部	副部长	岭北镇德兴村
蔡建军	湘潭市财办工会	主席	
王扩平	长沙市委督查室	副主任	

续表

姓　名	工作单位	职务或职称	原籍乡镇村
林霞辉	岳阳市政府办	副秘书长	新泉镇资源村
郭介川	岳阳市政协文教卫体委	副主任	南湖洲镇胭脂村
胡荣华	岳阳市人大常委会	副秘书长	新泉镇大仑村
王亚丹	岳阳市工商联	副会长	
夏先炎	岳阳市工商局	副局长	
宋受军	岳阳市规划局	副局长	
焦铎辉	岳阳市统计局	副局长	
江丽萍	岳阳市人事局	纪检书记	
张逢胜	岳阳市地税局	副调研员	
周芝颜	岳阳市旅游局	副调研员	岭北镇兴合村
刘志祥	岳阳市人大办公室	副主任	
陈文善	岳阳市公安局治安支队	支队长	
杨雪珍	岳阳市人事局	副局长	
宋振权	岳阳市口岸办	副主任	
李星吾	岳阳市审计局	副局长	
田长庚	岳阳市环保局	副书记	
吴正光	岳阳市环保局	副局长	新泉镇兴林村
曾荣军	岳阳市水利局	副局长	
汤凯五	岳阳市房产局	副局长	
徐　勇	岳阳市畜牧局	总畜牧师	
田光辉	岳阳市中级法院	党组成员、副院长	三塘镇千秋村
蒋梓沧	岳阳市中级法院	审判员	樟树镇三居民
许　杰	岳阳市水务局	副局长	
余国祥	岳阳市发改委	副主任	岭北镇窑头村
吴建平	岳阳市水务局	纪检组长	南湖洲镇杨柳村
张云仙	岳阳市统计局	纪检组长	
戴长明	岳阳市委史志办	副主任	
何艾素	岳阳市人社局	副局长	

续表

姓　名	工作单位	职务或职称	原籍乡镇村
李立平	岳阳市科技局	副局长	南湖洲镇赛马村
钟　辉	岳阳楼区委、统战部	常委、部长	岭北镇仁寿村
宋可权	屈原区纪委	书记	
易华成	岳阳市农业局	副调研员	
钟爱国	岳阳市地方海事局	副局长	
陈定乾	岳阳市城管局	副局长	南湖洲镇草湾村
陈细超	岳阳市招商局	副局长	新泉镇新胜村
蒋文胜	岳阳市畜牧水产局	副局长	
张　恒	岳阳市委组织部	副处级组织员	
汤治军	岳阳市林业局	副局长	新泉镇三湾村
夏安民	岳阳市发改委	纪检组长	
叶新付	岳阳市粮食局	纪检书记	南湖洲镇泉水村
李昭铭	岳阳市劳动局社保处	副处长	南湖洲镇南湖村
湛徐军	岳阳市检察院举报中心	副主任	长康镇长康村
何四军	岳阳市信访局	副主任	
甘定辉	岳阳市纪委纠风室	副主任	
谭勇波	岳阳市房地产管理局	副局长	新泉镇凤南村
陈凯贤	岳阳市规划局	副局长	新泉镇先锋村
甘怀若	岳阳市电业局农电办	副主任	岭北镇白沙村
刘树仁	岳阳市经济和信息化委员会	副处级	新泉镇魏家村
余以俊	岳阳市人民防空办	副调研员	樟树镇铁炉村
李建赛	岳阳市质监局	副局长	新泉镇学园村
张建明	岳阳市公路局	纪检书记	岭北镇长湖村
王智勇	岳阳市委政研室	副主任	
王经文	岳阳市广电局	副局长	石塘乡板桥村
张思科	岳阳市人大办退休人员管理办	主任	南湖洲镇谷贻村
胡顺超	岳阳市粮食局	副局长	新泉镇光华村
彭高要	岳阳市公安局巡警大队	副处级	石塘乡九洲村

续表

姓　名	工作单位	职务或职称	原籍乡镇村
刘雪梅	岳阳市规划局	副局长	南湖洲镇联盟村
许正军	岳阳市农业局	副局长	南湖洲镇黄口潭村
秦乐辉	岳阳市地方海事局	副局长	南湖洲镇永成村
叶新华	岳阳市城陵矶粮食储备处	主任	南湖洲镇泉水村
张力功	湖南省花鼓剧院	院长	
陶四高	湖南省广播影视集团审计处	处长	
钟月英	湖南电视台政治部	主任	湘滨镇
甘大智	湖南教育电视台	副台长	鹤龙湖镇
蒋子云	湖南经济台党委办	主任	湘滨镇
蒋方才	湖南省委《学习导报》	副总编	湘滨镇
刘力强	湖南日报社农村版	总编	新泉镇荆苏村
徐亚平	湖南日报岳阳记者站	站长	东塘镇花屋祠村
汤　万	湖南省政协《湘声报》	主任	新泉镇牌头村
刘永平	湖南经济广播电台	总监	长康镇长康村
李义光	湖南经济电视台广告部	总监	
陈志刚	湘潭晚报社	总编	鹤龙湖镇
姜年胜	岳阳晚报社	副总编	
刘正甫	岳阳晚报社	副总编	
周月升	湖南省电业局	高级工程师	
韦郁凡	湖南省国防科技工业办	总工程师	
杨海平	湖南省高速公路管理局	高级工程师	南湖洲镇湘坪村
张立华	湖南交通科学研究院	高级工程师	新泉镇荆苏村
阳建平	湖南省水利水电勘测研究院	高级工程师	长康镇长康村
谈子林	湖南省建工集团	高级工程师	长康镇金龙村
杨正才	湖南省人民银行	副行长	长康镇金辅村

续表

姓　名	工作单位	职务或职称	原籍乡镇村
郑子述	湖南省工商银行	副行长	岭北镇双湖村
廖建设	湖南省交通银行	副行长	岭北镇响铃村
李爱国	湖南省招商银行	副行长	新泉镇关公潭村
陈运其	湖南省中国银行	副行长	岭北镇兴合村
湛友根	省人寿保险公司	副总经理	
张宏亮	中国光大银行长沙分行	副行长	岭北镇
秦国祥	湖南省人民银行	处长	新泉镇大仑村
甘政兵	湖南省工商银行	处长	
甘建军	湖南省工商银行	处长	
刘　斌	湖南省人民银行	处级	岭北镇柳江村
邹建义	湖南省信用联社	纪检书记	
陈干清	湖南省农业银行	财务总监	南湖洲镇大淋村
胡雪文	省人寿保险公司营业部	总经理	
杨立田	湖南省保险公司三农处	处长	新泉镇赛丰村
何轩宗	光大银行长沙分行营业部	总经理	
兰铁军	华融湘江银行长沙分行	副行长	
张宗祥	湖南省工商银行	处级	
曹建云	中国人民银行岳阳市支行	副行长	新泉镇魏家村
刘丙根	岳阳市建设银行	副行长	
李克拉	岳阳市交通银行	副行长	长康镇联合村
曹运光	中国人民银行邵阳市分行	行长	新泉镇魏家村
黄明干	岳阳市财产保险公司	副经理	
李应瑞	中国银行岳阳市支行	处级	新泉镇资江村
汤爱英	益阳市工商银行	工会主席	新泉镇牌头村
郑荣聪	中国银行湘潭市城西支行	行长	
任建军	省工商银行信贷管理处	副处长	
肖　檄	省人保寿险综合部	副处级	
冯一栗	湖南省大众传媒学院	院长	

续表

姓　名	工作单位	职务或职称	原籍乡镇村
柳思维	湖南省政府参事、省商学院首席教授	参事、教授	
李　峻	长沙大学	校长	
黄正泉	农大人文学院	院长	
周在林	长沙理工大学外国语学院	党委书记	
徐合奎	农大食品科技学院	党委书记	
马罗生	湖南省轻工业设计院	副院长	
秦立春	中南林业科技大学	副校长	
黄立宏	湖南女子大学	副校长	鹤龙湖镇金星村
周松涛	湖南女子大学	副校长	
蒋国良	湖南理工大学	副校长	岭北镇永兴村
张建仁	湖南理工大学	副校长	鹤龙湖镇
钟　声	长沙市设计院	副院长	
余孟辉	湖南涉外经济学院	副院长	岭北镇樟树村
陶果霞	中南工业大学党委宣传部	部长	六塘乡五塘村
冯和平	湖南商务职业学院	纪检书记	青山岛镇下山村
沈玉祥	中共湖南省委党校	处长	南湖洲镇 新塘口村
颜鲜明	长沙理工大学党委	组织部部长	
罗晓滨	湖南省有色地质勘查院	研究员、处长	
夏云超	湖南大学后勤处	处长	
吴景波	中南林业大学党委	组织部部长	青山岛镇下山村
程政红	湖南农科院研究所	所长	新泉镇团柱村
夏湘远	长沙大学学生处	处长	新泉镇月中村
熊卫平	湖南省商学院	处长	
杨里平	湖南中华职教社	主任	
陈　收	湖南大学规划办	主任	

续表

姓　名	工作单位	职务或职称	原籍乡镇村
杨福保	湖南民族职业学院	处长	新泉镇义成村
谭海青	岳阳市职业学院党委	副书记	
吴丽文	岳阳市职业学院	副院长	
张一先	岳阳市职业学院	副院长	
胡振东	岳阳市职业学院	副院长	
汤邵东	岳阳曙光职业学院	院长	
汤雪军	岳阳长城职业学院	校长	新泉镇牌头村
张国强	长沙理工大学	副处级	新泉镇南湘村
吴必兰	湖南大学	教授	长康镇南阳村
王汉武	湖南大学	博士	
吴振球	湖南大学	教授	南湖洲镇新塘口村
蔡立红	湖南大学	教授	
吴会英	湖南大学	教授	
李志宏	湖南财经大学	教授	长康镇南阳村
汤继凡	中国石油大学长沙分校	教授	新泉镇金山村
陈新年	湖南理工大学	教授	新泉镇中易村
甘四清	长沙铁道学院	博士后	岭北镇高湖村
胡应兰	湖南师大	教授	新泉镇光华村
王水莲	中南大学	博导	新泉镇月中村
杨友才	湖南农大	教授	
戴思慧	湖南农大	博士	
范卫平	长沙工商学院	博士	岭北镇大岭村
刘贡求	中南工大铁道学院	教授	新泉镇荷花村
张胜先	长沙大学	教授	青潭乡上山村
邹新军	湖南大学	副教授	南湖洲镇胭脂村

续表

姓　名	工作单位	职务或职称	原籍乡镇村
蒋　雷	岳阳职业学院	副教授	
危　静	株洲市职业大学	副教授	岭北镇双华村
刘志醇	湖南荣军医院	院长	岭北镇柳江村
杨利凯	湖南财贸医院	院长	新泉镇王家寨村
胡建忠	湘雅医院	副院长	
王珍亮	湖南武警总队医院	副院长	青山岛镇下山村
张福林	湖南财贸医院	副院长	新泉镇关公潭村
汤爱国	湘雅附一医院工会	工会主席	新泉镇牌头村
罗　昶	长沙市医保中心主任	处级	新泉镇凤南村
胡建国	湘雅医院附二院	主任教授	新泉镇杨红村
何爱咏	湘雅医院附二院骨科	教授	
许宏伟	湘雅医院附一院内科	教授	新泉镇牌头村
刘克醇	湖南中医研究院	教授	岭北镇柳江村
杨建安	163 医院	主任医师	新泉镇资源村
吴俊辉	湘雅医院附三院心外科	教授	
姜志满	湖南荣军医院	教授	青山岛镇中山村
杨深根	湖南民族职业学院	教授	长康镇白马村
王电军	湘雅医院附三院	副教授	青山岛镇中山村
陈善安	湘雅医院附二院放射科	副教授	新泉镇关公潭村
张学明	岳阳市职业病防治中心	主任医师	新泉镇新联村
李一锋	岳阳市红十字会	常务副会长	
钟利民	岳阳市中医院	工会主席	
谭卡莉	岳阳爱康医院	副主任护师	文星镇江东社区
彭德伟	湖南军银科技投资有限公司	董事长	南湖洲镇芷泉村
李向荣	湖南省石油公司	副厅级、副总	

续表

姓　名	工作单位	职务或职称	原籍乡镇村
伍建根	湖南省移动公司	总经理	文星镇
皮伟兵	湖南省政府办房地产开发公司	总经理	南湖洲镇 新塘口村
石文瑞	湖南瑞华能源发展有限公司	董事长	南湖洲镇湘坪村
易国文	湖南省水利厅河湖疏浚公司	副总经理	静河乡
曾浩波	长沙国新外文文化传播公司	执行董事	南湖洲镇胭脂村
蒋国良	长沙理工后勤集团	副总经理	
伍继延	湖南企业融资投资商会	会长	
廖建湘	湖南省谭家山煤矿	矿长、党委书记	
吴浩仁	湖南省茶叶总公司	副总经理	南湖洲镇杨柳村
郭光峰	湖南文锋投资有限公司	董事长	南湖洲镇赛马村
吴燕谋	湖南民昌实业有限公司	总经理	长康镇联合村
李　铮	岳阳市城建投资公司	副总经理	南湖洲镇芷泉村
王科良	株洲市石化公司	董事长	新泉镇金山村
危金华	株洲电力厂	副厂长	新泉镇新联村
任子英	株洲化工厂党委	组织部长	岭北镇大龙村
黄朝晖	株洲冶炼硬纸板厂	厂长	岭北镇大岭村
蒋纯英	株洲硬质合金厂技工学校	副教授	岭北镇
杨　琪	株洲市玻璃厂	副厂长	岭北镇武洲村
侯利波	株洲市冶炼厂	党委书记	岭北镇东昌村
王应祥	株洲光明窑业有限公司	总经理	长康镇大中村
肖飞飞	湘潭钢铁厂	处长	新泉镇荆苏村
夏学端	湘潭江麓机械厂	处级	新泉镇东亚村
蔡国祥	湘潭市烟草公司	经理	岭北镇东昌村
皮定国	涟源钢铁厂	处长	南湖洲镇 新塘口村
刘学军	长炼建安公司	副总经理	南湖洲镇乐兴村
刘建贵	岳阳市烟草公司	经理	南湖洲镇大淋村
向志民	岳阳市 6906 厂	厂长	南湖洲镇芷泉村
李志强	长炼设备研究所	所长	南湖洲镇绥乐利

续表

姓　名	工作单位	职务或职称	原籍乡镇村
杨庆年	岳阳市银河动力	总经理	南湖洲镇芷泉村
欧再华	岳阳市种子公司	总经理	南湖洲镇新港村
秦国香	岳阳市沙石公司	党组书记	南湖洲镇光明村
刘飞香	中铁轨道系统集团有限公司	董事长	岭北镇
张世明	长沙力元新材料股份有限公司	董事长	
周东城	岳阳市石油公司	原经理	岭北镇双合村
陈健美	岳阳市沙田建筑公司	总经理	岭北镇兴合村
吴浩人	省茶叶公司	副董事长	南湖洲镇杨柳村
刘胜辉	湖南省铁路投资集团有限公司	总经理	
许汉辉	省物资产业集团公司	副总经理	
胡东福	湖南省机场管理集团公司	副总经理	
王建民	湖南省华龙湘安建筑集团	董事长	新泉镇王家寨村
王建飞	湖南省健铭富力达实业有限公司	董事长	
傅立新	长沙远大元亨空调	总经理	新泉镇东亚村
阮克敏	长沙市移动公司	经理	
李光耀	长沙鑫羿科技有限公司	总经理	
徐仁怀	湘江涂料集团	董事长	新泉镇凤南村
潘新明	省机电进出口总公司	总经理	
甘　剑	湖南兴嘉置业发展有限公司	董事长	
郭飞波	长沙铁路总公司党委办	主任	
杨宏球	湖南湘诚建筑工程有限公司	董事长	岭北镇楠木村
吴　炜	湖南红钻投资有限公司	董事长	
郭一鸣	中国新型建筑材料有限公司	经理	南湖洲镇焦潭村
杨庆年	湖南江南红箭股份有限公司	总经理	南湖洲镇芷泉村
胡军华	湖南中和制药有限公司	经理	
胡细祥	湖南省委直属建安公司	经理	新泉镇黄金村
胡云辉	湖南省建筑六公司中南分公司	副总经理	新泉镇光华村

续表

姓　名	工作单位	职务或职称	原籍乡镇村
蒋孝金	长沙市大理石装修公司	总经理	
刘习宜	湖南振湘航运	董事长	
刘　飞	长沙汽车配件公司	总经理	
刘　黎	文艺生活杂志社	主编	
刘建国	湖南百树山生态农业发展有限公司	董事长	南湖洲镇乐兴村
杨建良	长沙建筑安装总公司	副处级	长康镇金辅村
郭光锋	湖南文锋投资有限公司	董事长	南湖洲镇赛马村
张少舜	湖南文锋投资有限公司	总经理	南湖洲镇乐兴村
田国光	长沙赛尔机泵有限公司	总经理	青山岛镇中山村
胡红平	长沙外贸出口公司	经理	
陈志凯	湖南外贸集团总公司	董事长	
易应军	湖南利展图实业公司	董事长	
吴新干	湖南国际旅行社	总经理	
吴贝清	湖南省石油公司	副经理	
朱建红	湖南省石油公司物流处	副处长	
闽德明	湖南省石油公司安检处	处长	
袁国立	湖南省纸业集团党委	副书记	
张剑波	湖南路桥公司	总经理	新泉镇群建村
姜　文	湖南长沙药材公司	总经理	新泉镇王家寨村
蔡伯凡	湖南鑫宇建筑公司	总经理	新泉镇黄义村
陈伏林	长沙外贸烟花公司	总经理	
陈　新	湖南雄距实业公司	董事长	
陈丽英	长沙塑光门厂	总经理	
陈孟红	长沙橡胶制品公司	董事长	
陈泽辉	长沙天心饲料厂	总经理	
高星安	长沙金沙酒店	总经理	
贺铁兵	长沙纸业公司	经理	
周伟翔	中国石化湖南分公司经营管理处	处长	岭北镇双合村

续表

姓 名	工作单位	职务或职称	原籍乡镇村
谈子林	湖南省建筑总公司华东工程总局	副局长	长康镇金龙村
梁文祥	湖南亚威化工有限公司	董事长	长康镇金龙村
刘文光	湖南三湘和投资公司	董事长	岭北镇沙田村
刘跃习	长沙市湘通机电公司	总经理	
刘中朝	湖南朝辉长沙分公司	董事长	
刘光辉	中奥房地产公司	董事长	岭北镇柳江村
张 旭	长沙通程控股董事、通程商业公司	总经理	
陆镇杭	湖南星沙房地产公司	经理	
秦 卓	湖南意达进出口贸易公司	总经理	新泉镇大仑村
谭炳坤	长沙星沙浩润公司	总经理	
汤迪凡	长沙建安公司	总经理	
王 辉	长沙电力公司	项目经理	
王 建	省农机公司	总经理	
王洛夫	长沙电力公司	项目经理	
王明亮	长沙市水塔建筑	总经理	
王祖胜	新阳光铝业公司	总经理	
吴润根	神农大酒店	总经理	
肖伏光	湖南省金天石建筑设计有限公司	总经理	
徐国华	湖南徐记餐饮公司	董事长	
易国玉	湖南盛仕达钢铁	董事长	
薛 峰	郴州市宝山矿业集团	董事长	南湖洲镇
杨 柳	湖南省六建公司	经理	
杨迪飞	长沙锰矿厂	副厂长	
杨湘伟	湖南正茂置业公司	总经理	
丰建文	长沙丰收办公用品公司	总经理	长康镇石狮村
廖朝晖	长沙市民政局社会事务处	处长	岭北镇上仑村
蔡正祥	长沙祥发再生资源有限公司	董事长	岭北镇合同村
刘铁罗	长沙市阿波罗装修公司	总经理	新泉镇黄金村

续表

姓　名	工作单位	职务或职称	原籍乡镇村
胡干卓	长沙市同卓教练托管公司	总经理	新泉镇荆苏村
周勇柱	长沙恒鑫置业	总经理	
周运五	国恒钢铁	总经理	
刘跃辉	长沙湘江药业	经理	
张建平	长沙凯发再生资源有限公司	董事长	岭北镇合同村
钟建雄	恒源公司	董事长	
蔡立波	长沙兴迈通信建设公司	总经理	南湖洲镇绥乐村
刘喜明	长沙地铁公司	副总经理	
杨泽良	株洲市发改局	副局长	
肖伏光	岳阳市设计院	院长	
王志勇	岳阳市楼区统战部	部长	
姜国平	岳阳市君山区政协	副主席	
田国光	长沙赛尔水泵公司	总经理	
肖再高	岳阳市华安消防设备公司	董事长	
冯和平	湖南商务职业技术学院	正处级	
张建平	益阳鑫泰机电有限公司	董事长	
张　良	金元证券公司	经理	
邵云辉	长沙市610办办公室	主任	
钟　波	长沙市雨花区区委办	副主任	
邵庆丰	长沙市人防办办公室	主任	
周和平	岳阳楼区文广新局	局长	
朱水平	常德市政府	常委、副市长	
朱德超	岳阳市德龙房地产	总经理	
伍新辉	岳阳市新辉房地产	总经理	
兰铁军	长沙南粤银行	总经理	
邵海东	长沙南粤银行办公室	主任	
戴新皇	长沙市国土资源局办公室	主任	
周建雄	省林业厅人事处	处长	

续表

姓 名	工作单位	职务或职称	原籍乡镇村
李守耕	长沙华融湘江银行	行长	
肖广众	省交通银行	干部	
张 德	省财政厅	副处长	
秦方进	衡阳市城建投	总经理	
杨林兵	岳阳市农委	副主任	
罗 鹏	岳阳市市委政研室	副主任	
石美良	湘潭市园林处	书记	
龙术剑	巴陵精细化工公司	干部	
蒋 伟	中共邵阳县委	书记	
易国文	长江疏浚公司	总经理	
蒋俊文	省华融湘江银行	行长	
蒋梓剪	岳阳市民间资金等级服务公司	董事长	
张佑祥	岳阳市电视台	副台长	
胡 伟	中共平江县委	常委、宣传部部长	
陈凯贤	岳阳市经开区规划局	局长	
胡革辉	省建六公司	副总经理	
戴美棋	中南林业科技大学	副院长	
李建章	长沙县人大常委会	主任	
钟艳红	省水利厅河道管理处	处长	
汪 森	长沙第一监狱	监狱长	
姚正昌	省农业厅	正厅级	
谭 舒	岳阳市人社局	副局长	
蒋胜祥	娄底市药材公司	经理	
颜鲜明	长沙理工大学民族学院	院长	
熊 伟	省农业厅信息联络处	正处级	
张恩科	岳阳市人大离退休办	副主任	
陈定保	岳阳市财政局非税局	副处级	
王玉成	省水利厅	副处级	

续表

姓　名	工作单位	职务或职称	原籍乡镇村
刘志强	岳阳市人大财经工委	正处级	
李　钟	岳阳市国资委	正处级	
金秋南	汨罗恒信铝业公司	董事长	
汪立龙	岳阳市物价局	干部	
田培建	岳阳市城建规划局	干部	
向志明	岳阳市6906军工厂	党委书记、厂长	
胡安邦	省政府办公厅秘书一处	正处级	
郭世明	省水利厅水文局	局长	
郭运波	岳阳市房产局	副处级	
陈干清	省农业银行	副行长	
杨礼平	省教育厅	副处级	
吴　闯	汨罗市电业局	副局长	
钟建华	岳阳市中级人民法院	副处级	
陶景霞	湖南工业大学	正处级	
李志军	岳阳市地税局	副处级	
冯　为	岳阳市纪委办公室	主任	
戴敏波	屈原行政区检察院	检察长	
徐立泉	岳阳市检察院政治部	主任	
单伏军	岳阳市纪委	主任	
易鹏辉	屈原区法院	院长	
王绍文	岳阳楼区地税局	局长	
姜国强	岳阳市林业局	副局长	
吴　忠	正虹饲料	总经理	
吴　灿	岳阳市商务粮食局	副局长	
刘正仁	岳阳市商务粮食局	局长	
刘万辉	巴陵石化	片区经理	
留用祥	岳阳市交通局	副局长	
杨　峰	汨罗市委政法委	常委、书记	

续表

姓 名	工作单位	职务或职称	原籍乡镇村
张胜培	岳阳市电视台办公室	主任	
吕 乐	临湘市政府	副市长	
甘德礼	省商务厅	处长	
陈仁芝	湖南仁旺茶叶公司	总经理	
甘跃华	娄底市人民政府	副市长	
张爱国	郴州市人大常委会	副主任、（正厅）	
吴世林	湖南省民政厅彩票发行部	主任	
吴建辉	省电力局	正处级	
文汉平	省公安厅人事处	处长	
徐 麟	岳阳市科技局办公室	主任	
刘 勇	岳阳市城陵矶开发办	主任	
夏云超	湖南大学后勤处	处长	
朱 平	市委史志办	副主任	
周 鹏	中共岳阳县委	常委、组织部部长	
张扩军	岳阳市人大常委会联工委	副主任	
单 勇	南车集团	副总经济师	
宋 为	屈原区委	常委、宣传部部长	
冯元满	岳阳市委宣传部	副处级	
钟勇波	岳阳市委宣传部	副处级	
李 棵	长沙地质勘测设计院技术部	主任	
王理文	长沙医药公司	总经理	
王立新	岳阳二建筑公司	总经理	
蒋建伟	岳阳梦洁家具厂	总经理	
邓有根	岳阳市委统战部	副部长	
李灿文	岳阳市电力局	董事长	
甘武希	岳阳市地税局	副局长	
孙建秋	岳阳市接待处	副处长	
刘新伟	省公路局路政总队	副总队长	
邹建光	省农商行稽核部	部长	

续表

姓　名	工作单位	职务或职称	原籍乡镇村
蒋鹏建	省路桥公司	董事长	
姜鹏飞	省水运建设投资公司	总经理	
彭　峰	省教育厅普教部	处长	
谭应兵	岳阳市民政局	副局长	
徐正辉	湘潭市国资委	处长	
刘胜辉	三湘铁路投资公司	董事长	
刘　林	岳阳市创卫办	副主任	
徐　浩	省发改委后勤处	处长	
杨奇军	省公安厅	副厅长	
张立军	岳阳市广电局	副局长	
张正泉	省水利厅	工程师	
张建仁	长沙理工大学	副院长	
周　杰	岳阳市林业局	副局长	
甘亚平	岳阳市路桥公司	书记	
甘大志	省教育电视台	副台长	
左新军	省路桥公司	副处级	
宋新泉	牧士达集团	董事长	

北　京　市

姓　名	工作单位	职务或职称	原籍乡镇村
刘继贤	军事科学院	全国政协常委、副院长	岭北镇铁角嘴
甘　霖	国家工商总局	全国政协常委、副局长	鹤龙湖镇五星村
杨　新	故宫博物院	副院长	玉华乡华光村
温仲尤	中国农业科学院农业资源与农业区划研究所	副所长	新泉镇资江村
吴尚之	国家新闻出版广电总局	副局长	南湖洲镇燎原村
钟志华	同济大学	中国工程院党组成员、秘书长、校长	东塘镇
冯楚建	科技部监察室	副主任	文星镇
陈四清	中国银行总行	行长	新泉镇新洲村
许罗德	国家海关总署	纪检组长	
刘飞鹏	航空航天部108研究室	主任	文星镇东湖社区

续表

姓 名	工作单位	职务或职称	原籍乡镇村
方明英	能源部经济协调司	司长	新泉镇南湖村
张应之	中国工商银行	副行长	
熊展旗	外交部原驻摩洛哥王国大使馆	大使	新泉镇南湘村
欧阳建峰	国家安全部	副厅级	
梅英明	国家烟草总公司保卫处	处长	
杨鹤松	农业部渔船检验局	局长	
甘国再	北京市民政局	调研员	
童四见	北京国土资源局石景山分局	调研员	
左　宣	中组部干部一局地方干部司	副司长	新泉镇群建村
余干祥	国家技术监督局	处长	
赵新良	北京市经济开发区	处长	
宋云民	国家林业局	处长	
赖清平	国家电网	处长	
戴水兵	北京市交通管理局	主任	
瞿向阳	北京市朝阳区劳动和社会保障局	副局长	
吴剑疆	国家水利部水规总院	高级工程师	南湖洲镇新塘口村
袁登科	中国电子商务信用研究中心	副主任	岭北镇仁义村
陈国良	央视网	总监	
杨武强	中国书法家网、中国美术家网	社长、总编	湘滨镇飞凤村
王志煌	中国汽车工业专家委员会委员	总经理	长康镇思岩村
蔡世平	中华诗词研究院	副院长	石塘乡高丰村
郑博文	中共中央党校	教授	
张振威	中国青少年发展服务中心	副主任	
刘阅春	中央民族大学法学院	副教授	岭北镇柳江村
曾浩波	北京《当代中国》画报记者部	主任	南湖洲镇胭脂村
刘应根	湖南驻京办事处招商处	处长	
邵伏军	中国人民银行办公厅	主任	
刘粤平	教育部自考办自考综合处	处长	

续表

姓　名	工作单位	职务或职称	原籍乡镇村
黄飞奇	北京中国 IPM 公司	总经理	
冯秋良	新华社机要发行处	处长	青山岛镇上山村
王　干	北京宣武区团委	书记	新泉镇中易村
汪　泽	中宣部文艺局艺术处	副处长	新泉镇黄义村
周方正	《健康报》编辑部	副总编	六塘乡金岳村
邵建武	《人民日报》编辑部	高级记者	
谭俞雄	中华工商时报	主任	
何　汉	中国妇联大地之爱办公室	主任	
汤海波	北京航空航天大学材料学院	博士生导师	新泉镇新开村
杨庆环	北京航空航天大学	教授	长康镇金辅村
刘健敏	中国未来研究会教育分会	主任	
释延藏	中国佛学院	法师	
杨　珺	中央美术学院	教授	
杨黎明	北京信息科技大学	教授	
余干书	北京卫星科技院	研究员	
熊　伟	北京航空航天大学	副教授	
谭国文	清华大学	工程师	
刘超培	中国科学院研究生院	研究生	南湖洲镇新塘村
涂登彪	中国科学院	博士	新泉镇荆苏村
李雄佳	清华大学	研究员	新泉镇新泉村
左焕宗	清华大学玉泉医院	院长、教授	
常　勇	中国人民保险公司	总裁	
张佑林	中国工业机械部	总经理	新泉镇东河村
尹正伟	北京市海运公司	船长	新泉镇大仑村
廖有明	中国银监会纪委	副书记	
甘　煜	中国银监会	正处级	鹤龙湖镇南阳村
殷德良	中国家和人寿保险公司	副总监	
刘惠斌	中国建设银行朝阳支行	副行长	
蒋　勇	北京村镇银行	秘书长	静河乡爱民村

续表

姓 名	工作单位	职务或职称	原籍乡镇村
刘加星	中国医药进出口公司	总经理	
张晃鹏	中国新兴集团公司地产公司	总经理	
吴新成	北京国际投资公司	总经理	
郭一鸣	中国新型建材集团公司	副总经理	
张佑林	北京均友科技公司	总经理	
李朝晖	中国装卸设备进出口公司	总裁助理	
王国平	国家电力公司大唐审计部	主任	
万 钧	中国国际汽车博览中心	处长	
金治军	国内贸易局五文化公司	财务总监	
肖 健	中国华能集团资产管理公司	副总经理	
蒋干泉	北京中通软件公司	董事长	静河乡
秦普刚	中国水利建设集团	财务总监	
何松尧	航源机电设备有限公司	董事长	
张 激	麒麟宝文化发展有限公司	董事长	
余斯文	中科院灵智科技发展公司	副总经理	鹤龙湖镇蔡华村
胡 伟	东润房地产开发公司	副总经理	
徐自勇	北京市真空仪表厂	厂长	青山岛镇中山村
冯楚军	北京楚政咨询有限公司	总经理	
任余林	华北光学仪表厂武装部	部长	
刘志宏	北京同升鞋业总公司	经理	新泉镇中易村
余 立	北京合力金桥系统集成公司	经理	
胡卫舟	瑞典医科大公司北京代理处	经理	
蔡硕果	北京特希达交通勘察设计院	副总经理	
伍继延	北京湖南企业融资商会	会长	文星镇
王 伟	天泰东方新能源科技公司	总经理	
符 丹	北京市春岚大厦	总经理	
黄建国	北京中天捷讯有限公司	副总经理	
曾爱华	北京京岭酒店	总经理	
许小平	中国网通公司	经理	青山岛镇上山村

续表

姓　名	工作单位	职务或职称	原籍乡镇村
赵新平	北京四通房地产公司	副经理	
周　军	北京京宝德贸易公司	经理	
刘　佳	中国航天科技集团第五研究院	博士	岭北镇
赵新良	北京海淀区区委	书记	
兰元良	北京核电研究所	教授	
徐吉民	中石油天然气集团公司	纪检组长	
黄文豪	海关总署	副处长	
张　卓	中国歌剧舞剧院	国家一级演员	
王建新	中纪委宣传部	副部长 正厅级	
徐永胜	审计署财政司	副司长	
胡华峰	北京市高级人民法院行政审判庭	副庭长	
张宇贤	国家发改委信息中心	主任	
肖　剑	中国对外合作公司	副总经理	

上　海　市

姓　名	工作单位	职务或职称	原籍乡镇村
左焕琛	上海市政协	副主席	
胡辉宏	上海市公安局	副局长	
刘习宜	上海市湖南商会、上海振湘航运	会长、董事长	岭北镇
雷志术	上海市闵行区科协	副主席	
廖见伏	上海虹桥机场航站区管理部	党委书记	鹤龙湖镇东方红村
肖国光	南京扬子集团	总经理	
苏维新	上海市湖南商会	常务理事	
符纯初	上海新裕展览服务有限公司	总经理	
涂建安	上海芜湖电力局	处长	
余　双	中共上海市长宁区虹桥街道工作委员会	副书记	
雷志术	上海市闵行区新庄镇	镇长	岭北镇双湖村
徐光宇	建信人寿保险公司团体业务部	总经理	新泉镇新胜村
吴　宁	上海广发银行静安支行	副行长	

续表

姓　名	工作单位	职务或职称	原籍乡镇村
陈敬良	上海理工大学	副校长	
曾　勇	复旦大学上海医学院	助理研究员	新泉镇新胜村
王志龙	上海交通大学药学院	博士	长康镇思岩村
杨　帅	上海音乐学院	博士	岭北镇楠木村
刘　琼	上海电影制片厂	一级导演	文星镇
钟之颖	上海交通大学能源工程系	副教授	东塘镇同仁村
周　虎	复旦大学校长办公室	主任	
蔡　雄	上海同济大学	研究生	
何代华	上海同济大学	博士后	
李　义	浦东新区动物疫病预防控制中心	主任医师	新泉镇南湘村
李　颖	上海医科大学医学院	教授	
许浩然	上海市金属材料公司	总经理	
吴肇汉	复旦大学中山医院外科研究室	主任	
马　毅	中国图书进出口上海分公司	副经理	新泉镇西林渔场
刘　勇	上海图腾投资管理有限公司	经理	
刘建安	宁波天安集团股份公司上海分公司	销售经理	
王　龙	上海云罡同汇视觉艺术设计有限公司	总经理	
王志辉	上海大众汽车技术部	部长	
左焕琨	上海市舞台技术研究所	顾问、高级舞台设计师	
陈　辉	上海豪曼公司	经理	新泉镇资源村
易　波	上海德广企业发展有限公司	总经理	
余定方	参数技术 (PTC) 公司	经理	新泉镇赛丰村
胡　敏	上海羿富建筑安装公司	经理	新泉镇

重　庆　市

姓　名	工作单位	职务或职称	原籍乡镇村
王　猛	重庆市公安局	副局长	
单跃安	重庆第六军区医大学	医学博士	南湖洲镇永成村

续表

湖 北 省

姓　名	工作单位	职务或职称	原籍乡镇村
左雄中	湖北省人大常委会	常务委员	
刘　伟	湖北省政府办机关党委	书记	
易发明	中共湖北省委督查室	副主任	
彭仕林	洪山开发区	书记	
秦介辉	湖北省交通管理局	副局长	
罗宏新	湖北省水利厅	副处级	
易广义	武汉铁路局	副局长	
盛建龙	武汉交通职业学院	院长	
陈银娥	中南财大经济学院	副院长	岭北区莲荷村
焦建国	湖北国资委投资公司	总经理	长康镇中塅村
胡惠文	722 研究所	副处级	
刘凯于	武汉华中师范大学	博士后	岭北镇沙田村
刘　建	中科院岩石力学研究所	教授	
谢松光	中科院武汉水生研究所	教授	
杨梦罗	武汉大学	教授	
李银平	中科院岩石力学研究所	教授	
肖九如	湖北经济学院后勤部	总经理	
王立勇	铁四院交通轨道设计院	副总工程师	
宋泽宇	722 研究所国船电气部	副总经理	
熊旭东	瑞安王朝酒店瑞格堡 KTV	董事	
兰　懿	湖南六建湖北公司	项目经理	
宋放军	高速公路建设公司	高管	
杨建华	美西木香居	中国总代理	
刘柳青	东易日盛（武汉）	主任设计师	
李铁红	湖北新农垦建设公司	经理	
陈建伟	武汉光谷创业投资公司	总经理	
文卫清	武汉和丰医疗器械	总经理	
万国良	湖北石堰市二汽质检处	处长	鹤龙湖镇五星村

续表

姓 名	工作单位	职务或职称	原籍乡镇村
陈文明	津门石油化工总厂	副处级	
丁建根	湖北京山 建筑公司	总经理	
曾优良	湖北通达房产公司	董事长	
冯达兵	武汉钢铁厂	副处级	青山岛镇上山村
冯正雷	武汉钢铁厂	副处级	青山岛镇上山村
李铁红	武汉建筑工程公司	董事长	新泉镇土地山村
刘梦贤	武汉市华中网通	处级	
刘克成	武汉造纸厂	教授	新泉镇学园村

广 东 省

姓 名	工作单位	职务或职称	原籍乡镇村
周楚良	东莞市人大、东莞建行	人大副主任、副行长	
曾德良	广东省核工业地质局	副局长	
刘国兴	广州市司法局	党组书记	南湖洲镇新坪村
刘桂斌	核工业广东矿冶局	局长	岭北镇青泥村
晏拥军	广州市荔湾区	区长	
周国安	广东省电视台办公室	主任	
易 戬	广东东莞市交通局	局长	
张濠河	广东文化厅机关服务中心	主任	
戴成祥	广东省水利厅办公室	主任	
黄舍和	广东省政府广州办事处	处长	
陈建新	广东省人社局军转办	主任	岭北镇沙田村
蔡映池	广东省农业厅	处长	
李让骏	广东荔湾区水务和农业局	局长	
刘维新	广东矿业局行政处	处长	
张觉时	广州白云区条溪街办事处	正处级	
朱国煌	广州铁路机保段	书记	
廖国强	广东省韶关市	处级	新泉镇东亚村
胡伏云	中国证监广东局	局长	新泉镇先锋村
姚碧莲	清远市科协	部长	

续表

姓　名	工作单位	职务或职称	原籍乡镇村
曹正球	广东四会市人民法院	院长	
刘　娟	广州市国土房管局	经理	
王瑞祥	广州市东山区劳动局	局长	长康镇中山村
柳国新	中共河源市纪委	正处级	青山岛镇上山村
邹五平	英德市农机总站	站长	
黄文波	广州市国土房管局	副局长	
王　伟	广州市荔湾区委办	主任	
秦定芳	广州市公安局审计处	副处长	
李清波	广东省地矿厅审计处	副处长	
陈　光	广州市计委农交处	副调研员	
郭定芳	广东省公安局审计处	副处长	
彭德才	广东韶关市农业局	副局长	南湖洲镇长福村
陈创业	东莞市城管局	副局长	南湖洲镇 黄口潭村
王国根	广州市电业局	副局长	新泉镇王家寨村
吴细文	广东边防总队运输处	副处长	
彭　旭	广东省国资委	副处长	
钟秋良	广东省国土资源厅	副处长	
李虎啸	广东省东莞市边防检查站	参谋	岭北镇新河村
钟菊生	广州市建委宣传处	副处长	
秦芝凡	广州市东站管委会	副主任	
徐　逸	东莞公安局东城分局	副处级	
任腾芳	广铁集团怀化办	副主任	新泉镇义成村
邓　彦	东莞市公安局	副局长	岭北镇合同村
杨　博	佛山市卫生局	副调研员	
李克立	惠州市环保局	副局长	新泉镇土地山村
王　进	广州荔湾区检察院	副检察长	
李让军	广州芳村区水务和农业局	副局长	
陈艳平	惠州市公安局	副处长	

续表

姓 名	工作单位	职务或职称	原籍乡镇村
王培根	广州市第一劳教所	副所长	新泉镇三湾村
张有馀	广东韶关市城乡规划局	副调研员	南湖洲镇 杨家坝组
周新宇	广州市科技报社	社长	新泉镇新月村
王 远	南方电视台南方卫视	编导	
王万军	广东网易亚运	主编	
张宇林	《清远广播电视报》	副主编	
张光宇	广东工大经济管理学院	院长	
黎学玲	中山大学法学院	教师	
陈志良	广州市南方医院	博导	新泉镇月中村
夏北城	中山大学	博士后	新泉镇金山村
刘 毅	中山大学	博士	岭北镇青泥村
何国荣	珠江医院核医学科	主任	
陈佳春	南方医院院务部	主任	新泉镇兴林村
姚乐山	南方医科大学	正处级	
夏志峰	南方医科大学总务处	主任	
朱经阳	广东科技职业学院	主任	
谭尧之	中山大学力学系	副主任	
胡清泉	南方医科大南方医院	正处级	
苏爱民	南方医科大南方学院	正处级	
严 冬	南方医科大纪委	副书记	
汤国安	南方医院银行动力部	主任	新泉镇同义村
符 聪	广东东方医院	主任	
王莉茹	广州海军医院	主任医师	
许志新	南方医院	教授	
廖金罗	广州中山大学	教授	岭北镇双华村
杨伯舫	华南理工大学	教授	
邓群芳	广州大学外国语学院	教授	岭北镇 茶湖潭集镇
钟敦和	中国民生银行广州分行	副行长	

续表

姓　名	工作单位	职务或职称	原籍乡镇村
王自后	广州证券有限责任公司	总经理助理	
夏赛军	广州市建行盘福支行	副行长	
黄铁军	深圳证券公司交易所	副所长	岭北镇青泥村
顾正平	中国银行业监管会深圳监管局办公室	副主任	长康镇金华村
彭霞林	深圳市直机关工委	副主任	
李振湘	中央电台深圳记者站	站长	
罗学怡	深圳市罗湖区文化局	局长	新泉镇南湘村
宋乐群	深圳电影制片厂	厂长	南湖洲镇新太村
蔡子云	深圳市国税局	副局长	
卢本应	深圳市宝安区公安分局	副局长	新泉镇杨柳村
刘中术	深圳福田区建设局	局长	新泉镇义成村
罗吉权	深圳市机关事务管理局	处长	
柳向飞	深圳市安监局	处长	
杨建光	深圳市罗湖区法院	庭长	新泉镇新泉村
王富贵	深圳恒富集团	董事长	新泉镇土地山村
胡　海	深圳深爱通讯设备有限公司	总经理	
巢民强	深圳市庄合热泵空调有限公司	董事长	
宋罗军	深圳深中洗有限公司	总经理	
冯　超	深圳市富源机电设备有限公司	总经理	
李映辉	深圳华运船舶物资供应有限公司	董事长	
陈志坚	深圳桥梁建筑公司财务处	处长	
何小林	深圳市房地产公司	高级工程师	
侯狮平	蕊欣服装厂	总经理	
黎　军	深圳金龙胜对外贸易公司	总经理	
黎文杰	深圳久盛电子有限公司	总经理	
李　志	深圳市辉达半导体有限公司	高级工程师	新泉镇新泉村
李朝辉	深圳市电子公司	总经理	新泉镇中易村
李四清	豪威科技有限公司	常务副总裁	
刘德安	深圳金冠城机电有限公司等	董事长	南湖洲镇光明村

续表

姓 名	工作单位	职务或职称	原籍乡镇村
罗鹏飞	三湘人家实业有限公司	总经理	新泉镇南湘村
邵红普	深圳市对外贸进口公司	副主任	
唐 伟	深圳华为技术有限公司	项目经理	
周伍权	深圳美泰物流股份有限公司	董事长	
王天贵	市基建公司	总经理	新泉镇土地山村
夏渤夫	深圳市莱茵达集团	总经理	
熊晴川	深圳市有色金属交易所	经理	新泉镇凤南村
晏 辉	深圳市万达物流公司	总经理	
杨秀兰	深圳广告公司	总经理	岭北镇柳江村
易武龙	深圳市沙井镇中华制漆厂	业务经理	
殷明亮	深圳木材公司	副经理	
尹 红	深圳市电子公司	总经理	新泉镇大仑村
宋梅先	深圳市宝安区保安服务公司	副总经理	长康镇金华村
徐文辉	深圳市众森机电设备公司	董事长	长康镇和平村
冯灿辉	深圳市富源机电设备有限公司	总经理	
张细锄	深圳市大族激光科技有限公司	经理	
章卫红	深圳三友通科技有限公司	总经理	
尹 波	深圳市电子公司	经理	新泉镇大仑村
李时平	广东省广告股份有限公司	党委书记	袁家铺镇
傅 宪	广州市荔湾区广船国际	总监	南湖洲镇大兴村
邓建华	广州铁路局	总调度	长康镇南阳村
刘柏林	广州市铁路集团公司	副指挥长	南湖洲镇民兴村
胡定峰	广州舜华律师事务所	主任	新泉镇 新泉居委会
周国良	广州凯信机电有限公司	总经理	
许剑平	正德（香港）医疗投资管理集团	董事	
许满军	广东博雅教育集团	董事长	
邓建华	广州东方医疗集团	总裁	
陈胜南	五叶神集团	董事长	

续表

姓　名	工作单位	职务或职称	原籍乡镇村
周孟尝	广州珠江实业集团	董事长	岭北镇
周正年	松园宾馆	总经理	
李清明	广东省广州市军颐集团	董事长	
张卫国	中人集团配件公司	总经理	南湖洲
单吉明	广东保丰实业投资有限公司	董事长	
陈　伟	广州市湘龙广告公司	总经理	岭北镇新民村
邓怀宇	中山法宇灯饰有限公司	总经理	
刘建国	星汇国际	总经理	
陈胜光	广东省外贸开发公司	副总经理	鹤龙湖镇黄花村
张　苏	天彩园林绿化工程公司	董事长	
童修竹	清远连南县盘古文化园	董事长	
张建勋	韶关丰华实业发展公司	总经理	
廖德平	省机械施工公司	总经理	
吴南桂	中人集团设计公司	董事长	
周立雄	广州奥科公司	总经理	
虢红杰	广东韶关冶金公司	处级	岭北镇新圹村
汤秀松	广州市大可科技有限公司	经理	新泉镇光辉村
禹泽南	中人科技发展公司	总经理	
彭志明	广州市长湘贸易有限公司	总经理	
胡建军	广州市东莞熟食品公司	总经理	新泉镇中易村
石建设	广州汇风有限公司	总经理	青山岛镇中山村
王　应	广州南海有限公司	总经理	新泉镇光华村
徐志雄	广东省广陵石油联营公司	总经理	
杨胜芝	广州市深圳建筑公司	总经理	
杨汉权	新好景大酒店董事	总经理	
刘西芳	广州山翁生物科技有限公司	总经理	
殷建平	广东新海俊发展公司	副总经理	
黄光辉	广州市建筑机械施工有限公司	高级工程师	
左铨才	广州元铨集团	总工程师	

续表

姓 名	工作单位	职务或职称	原籍乡镇村
王正国	广州市石井基建公司	总经理	新泉镇中易村
汤寿泉	广州市供电局	经理	新泉镇牌头村
何灿辉	广深铁路股份公司	副总经济师	
吴加升	广发房地产公司	副经理	
房 生	东莞乐声公司	经理	
秦国先	广州科利尔珠宝化学有限公司	经理	
祝建清	广州市禾田实业公司	经理	
黄德初	广州市金城宾馆	经理	
彭 玲	南海鲜果批发公司	经理	
熊均良	清远广告公司	经理	
危 东	重庆联盛建设项目管理有限公司广州分公司	副总经理	
卢立武	广州中外贸易公司	副经理	新泉镇新柳村
宋乐平	南航珠海直升公司修配厂	厂长	南湖洲镇新太村
高伟奇	番禺市高红林业厂	厂长	新泉镇马家村
刘鹏飞	广州军区装备部沙河楼招待所	经理	
汤寿泉	广州市供电局	经理	新泉镇牌口村
汤秀清	广州市永大可塑胶有限公司	经理	新泉镇光辉村
余 超	广东中人集团	高级工程师	
陈飞林	广晟公司	总经理	
陈乐田	广州禾田实业	董事长	
郭若尧	广州军颐集团	副总经理	
胡志兵	东莞市北太平洋厂	副总经理	
黄治国	美的集团文化培训中心	主任	
李 林	广东保丰实业投资有限公司	总经理	
徐志明	广陵石油公司	总经理	
刘良成	广州先一数码公司	总经理	
马黎明	广州市峰之会装饰设计工程有限公司	董事长	
彭 威	广东日立电梯（中国）有限公司	项目经理	
唐海峰	东莞锦华塑胶电子有限公司	副总经理	
王辉军	东莞市凌云电子	经理	

续表

姓　名	工作单位	职务或职称	原籍乡镇村
杨建国	中山市宏达家具厂	总经理	新泉镇新洲村
王　建	广州海印布艺公司	经理	
易艳红	广州立信集团	经理	
袁文斌	广州市海森置业有限公司	总经理	
曾　云	广州开发区天翔旅游有限公司	总经理	
湛　伟	清远西门子家电公司	经理	
张新龙	广东保利地产物业工程公司	总监	
张岳华	广州友利照明科技有限公司	经理	
彭云华	中山五金机电商贸城市场部	经理	
刘德安	东莞市湘华五金科技公司	董事长	南湖洲镇光明村
吕建荣	广东金盛联合纸业有限公司	总经理	
王治国	国威服饰有限公司	董事长	
侯岳文	“俏皮狗”服饰、月亮船制衣有限公司	总经理	
王志国	广东省佛山市国威制衣厂	总经理	
李克平	广东省佛山市化工厂	总经理	
李　宏	广东省佛山市环球木工厂	厂长	
陈海燕	佛山华新发展股份公司	总经理	
侯岳怀	阳光天使制衣厂	经理	
李　旺	佛山市顺德凯得爱依交通制品公司	总经理助理	
钟陆文	佛山大学	教授	
戴雄辉	中山市圣德贸易公司	总经理	
付　梓	中国建筑第八工程局佛山公司	总经理	
甘国清	佛山平州三阳纸品厂	董事长	
侯忠平	维多利亚服饰（佛山）	总经理	
李新平	南海九江华辉家具有限公司	总经理	
李新文	佛山市平州镇好又多鞋业公司	经理	
刘海阳	广东佛山海阳彩贸纸业公司	总经理	
彭四化	佛山市南海奥轩家具厂	经理	
任建山	佛山市灵童王子童服	总经理	

续表

姓　名	工作单位	职务或职称	原籍乡镇村
任　卫	佛山市南海骏健鞋业公司	总经理	
苏　耿	佛山市双红装饰工程有限公司	总经理	
谭群连	南海九江华辉家具有限公司	总经理助理	
姚俊卿	佛山平州镇俊卿胶水公司	经理	
易建平	佛山市南海易昌家具厂	总经理	
余跃红	南海平洲宏达盛生厂	总经理	
曾陆斌	佛山市南海铭浩盛鞋业有限公司	董事长	
湛　宇	佛山平州宇翔鞋业公司	总经理	
钟以良	佛山市顺德区恋家家具有限公司	总经理	
王小红	广东省惠州市志弘弹簧制品有限公司	总经理	
周泽华	广东惠州市恒益投资发展有限公司	董事长	
张首先	惠州市海兴精密五金制品厂	总经理	
任泽良	海兴精密五金制品厂	副总经理	
任霞辉	惠州市平安保险公司	经理	
李　斌	惠州市澳宝化妆品有限公司	经理	
李建文	惠州市惠城区宏大建筑装饰工程公司	经理	
李克强	惠州市鑫康达印刷有限公司	经理	
姚国光	惠州市湘广酒业公司	总经理	
张　敏	惠州市华恒润滑油公司	经理	
周其勇	惠州市永泽电镀制品公司	总经理	
朱德军	广州市花都区发改委	副主任	
李文兵	江门集装箱厂	经理	
朱正辉	广州市人大办接待处	正处级	
丰俊香	佛山市天安塑料有限公司	总经理	
金昔跃	深圳市宏耐建材有限公司	总经理	
蒋健康	深圳市环保局	干部	
宋云蛟	广州市花都区跃辉护理品公司	总经理	
唐艳辉	深圳市天子娇公司	总经理	
张卫国	广州市中隆集团	总经理	

续表

姓　名	工作单位	职务或职称	原籍乡镇村
彭文辉	深圳市湘华建筑公司	总经理	
柳国新	广东省河源市发改委	党组成员	
邵　力	珠海市火宫殿	董事长	
刘竞成	深圳市森鑫宝投资公司	董事长	
刘竞普	深圳市森鑫宝投资公司	董事	
李雄辉	深圳市福田区纪委	书记	
王东阳	广州海关	副关长	

广西壮族自治区

姓名	工作单位	职务或职称	原籍乡镇村
黄金文	柳洲市铁路建设办公室	主任	白泥湖乡 唐杨套村
何伯文	柳州市交警支队	政委	杨林寨乡元潭村
汤立平	柳州市旅游局	副局长	西林乡赛丰村
刘胜宽	柳州市政法委维稳办	副主任	界头铺镇
赵正孝	柳州市中医院	医学博士	岭北镇竹山村
杨迪晔	柳州市肖防支队	支队长	
姚良才	广西南宁市司法局	副局长	新泉镇鲜鱼塘
陈水军	广西柳州市海关	副处长	长康镇浸米村
周　口	柳州市铁路一中	党委书记	
袁　俊	桂林市供电局服务中心	书记	岭北镇水产村
王旭日	广西通讯工程有限公司	总经理	新泉镇王家寨村
邓金鹏	十一冶集团有限公司	总工程师	鹤龙湖保合村
陈国保	桂林市汉兴投资等公司	董事长	南湖洲镇谷贻村
邓　浏	十一冶集团爆破公司	总经理	鹤龙湖镇保合村
吴国平	广西省安监局	正处级	
罗业凤	广西省路桥公司	副总经理	文星镇高岭社区

云　南　省

姓　名	工作单位	职务或职称	原籍乡镇村
赵　锋	云南省国家安全厅	处级	青山岛镇中山村
胡应钦	云南冶金研究院	书记	新泉镇光华村

续表

徐志勇	云南省公安厅国保总队	副处长	
侯宏波	昆明市铁路中建五局	党组书记	
邵意平	云南建筑公司	总经理	
谭建军	云南省公安厅人事处	处长	

新疆维吾尔自治区

姓　名	工作单位	职务或职称	原籍乡镇村
焦赞庭	新疆哈密市检察院	副检察长	长康镇中塅村
侯志鹏	新疆哈密市伊吾县委	副书记	新泉镇光华村
彭建新	新疆石油公司	处长	南湖洲镇大湾村
陈自立	新疆青海路桥公司	总经理	新泉镇秀池村

海　南　省

姓　名	工作单位	职务或职称	原籍乡镇村
周克定	中共海南省委	巡视员	
彭正强	中国热带农业科学院	研究员	南湖洲镇谷贻村
吴志祥	中国热带农业科学院	硕士生导师	长康镇
柯光华	三亚市总工会	主席	
周胜球	海南省政协	主席秘书	
刘志清	海南省审计厅	处长	南湖洲镇联盟村
范超光	海南省发改厅	处级	岭北镇文洲村
易胜国	中共海南省三亚市委	处长	新泉镇学园村
谈迪武	海南航空美兰机场	大队长	长康镇金龙村
余光泉	海南金泉投资有限公司	董事长	
吴重菊	海口锦风摄影图片有限公司	总经理	
杨国良	海南大学	硕士生导师	湘滨镇
湛友根	海南人寿保险公司	总经理	

浙　江　省

姓　名	工作单位	职务或职称	原籍乡镇村
杨正平	宁波市招商局	局长	
曾楚强	杭州市建设局	副局长	

续表

姓　名	工作单位	职务或职称	原籍乡镇村
郑敬云	温州市半岛工程指挥部	副处长	
聂伟良	宁波方太厨具有限公司	经理	
欧阳新良	舟山长水工航运总公司	总支书记	

江　苏　省

姓　名	工作单位	职务或职称	原籍乡镇村
黄玉松	江苏昆山市三一重机	高级工程师	文星镇乌龙社区
肖国光	南京市凯丰化工公司	经理	
肖国奇	南京市石油公司	副经理	
左金华	江苏昆山时代电脑	总经理	
杨国仁	江苏省政府办公厅	副主任	
柳海鹰	南京观翰文化公司	董事长	

陕　西　省

姓　名	工作单位	职务或职称	原籍乡镇村
朱新和	西安市政府	巡视员	
易俊杰	陕西省烟草专卖局办公室	秘书	

辽　宁　省

姓名	工作单位	职务或职称	原籍乡镇村
周建良	大连明辰产业	董事长	

河　北

姓　名	工作单位	职务或职称	原籍乡镇村
甘上泉	国际和平医院党委组织部	组织部部长 兼政治处处长	

四　川　省

姓　名	工作单位	职务或职称	原籍乡镇村
周　晃	四川乌山国土局	副局长	

青　海　省

姓　名	工作单位	职务或职称	原籍乡镇村
龙拥红	中共青海省委组织部	副部长	

续表

宁夏回族自治区

姓　名	工作单位	职务或职称	原籍乡镇村
张觉吾	宁夏省轻工业厅	副厅长	新泉镇魏家村

甘　肃　省

姓　名	工作单位	职务或职称	原籍乡镇村
刘寿国	甘肃省兰州市电信公司	总经理	
左崇高	甘肃省湘商会	会长	

福　建　省

姓　名	工作单位	职务或职称	原籍乡镇村
陈其昌	福建省烟草局人事处	处长	新泉镇团柱村

山　东　省

姓　名	工作单位	职务或职称	原籍乡镇村
何　宏	烟台市房地产开发公司	董事长	

贵　州　省

姓　名	工作单位	职务或职称	原籍乡镇村
白芳芹	贵州省委宣传部	副部长	

中国人民解放军

姓　名	工作单位	职务或职称	原籍乡镇村
黄林异	中国人民解放军军事法院	副院长、少将	湘滨镇栗塘村
王定放	火箭军政治部	副主任、少将	南湖洲镇 杨家坝村
龙义和	广西壮族自治区常委、广西军区司令员	少将	岭北镇水产村
张军祥	火箭军	参谋长	
陈正烈	火箭军 54 基地	总工程师、专业技术少将	
殷辉奇	火箭军工程部	总工程师	
邓玉恩	西部战区	参谋长助理、少将	南湖洲镇建民村
刘光华	北京军区总医院 306 医院	大校	
袁　平	中国人民解放军总后勤部	政委	新泉镇义成村
姚罗灿	中国人民解放军军事法院	庭长	新泉镇凤南村
钟太良	中国人民解放军总参三部六局	副师	鹤龙湖镇五星村
余　辉	总装备部技术管理中心	团职	石塘乡高峰村

续表

姓　名	工作单位	职务或职称	原籍乡镇村
孙志坚	总装备部技术管理中心	团职	
甘俊先	北空后勤部	团职	
蒋长新	总装备部后勤处	处长	
黎　力	北京卫戍区军务处	处长	
蒋银良	海军 92304 部队	处长	鹤龙湖镇河潭村
石径科	北空修理厂	团职	
杨　铁	中国人民解放军 301 总医院	团职	新泉镇义成村
肖　宵	北京卫戍部队	团职	新泉镇新泉村
杨子华	军事科学院医学研究院	团职	新泉镇义成村
刘志平	北京总参后勤处	处长	南湖洲镇谷贻村
李正南	中国人民解放军兰州空军	上校	南湖洲镇谷贻村
杨　新	上海高炮旅	参谋长	
杨大公	中国人民解放军 96548 部队	上校	岭北镇双合村
肖建斌	空军航空兵第 42 师	大校	南湖洲镇中心村
唐晓云	天津蓟县 52891 部队	司令员	白泥湖乡楠竹村
胡法明	新疆某部独立师	正师职	鹤龙湖镇
徐腊初	新疆武警总队	副参谋长	南湖洲镇大湾村
陈吉辉	湖南岳阳市军分区	司令员	南湖洲镇草湾村
彭德伟	国防科大	副师	
王洪浪	湖南郴州市军分区	政委	南湖洲镇白竹村
刘运喜	湖南省军区预备役师政治部	副主任	南湖洲镇
杨志军	武警长沙支队	参谋长	岭北镇双合村
刘立如	湖南省军区秘书处	副处长	
易仕和	国防科大航天动力中心	主任	
曾竞成	国防科大	教授	
杨芝春	国防科大	副团职	
黎新才	国防科大军事体育学院	政委	
吴湘波	永州军分区政治部	主任	
邵云辉	株洲市消防支队	团职	

续表

姓 名	工作单位	职务或职称	原籍乡镇村
秦国昌	沅江市武装部	政委	南湖洲镇胭脂村
王国强	国防科大	上校	南湖洲镇永成村
曾劲成	国防科大	教授	南湖洲镇泉水村
伏建辉	娄底军分区	团职	
龙 文	东安县武装部	部长	岭北镇仁寿村
陈 立	桃江县武装部	部长	
潘绍山	广州军区总医院	专业技术三级	岭北镇荆干村
余玉泉	广州阳江军分区	司令员	
刘建军	广州军区炮兵旅	政委	三塘乡
李中民	广州军区机要处	副师级	南湖洲镇乐兴村
张振军	广州军区南海企管局	局长	
吴科云	广州军区勤联部 21 分部	副部长	
李中明	广州军区司令部	处长	
任立文	广州军区物资采购中心	处长	
黄胜华	广州军区 21 分部	部长	鹤龙湖镇湘资村
戴慎湘	75211 部队	副部队长	
任征宇	广州军区 42 军 372 团	团长	岭北镇文洲村
李涌波	海军 91630 部队二中队	中队长	
戴光明	广东海军航空部队	副团长	
黄 勇	花都 75797 部队农场	主任	青山岛镇上山村
蒋卫国	海军 91592 部队	船长	
杨卫权	海军 91592 部队南运 836 船	船长	
杨 帅	海军广州保障基地防检所	所长	
陈海波	广东省交警总队办公室	副主任	
王国邦	花都坦顺团训练处	副处长	
符仁和	广空后勤部干休所	所长	
刘建华	广州天河区武装部	政委	
朱德军	武警 8734 部队	团长	鹤龙湖镇新月村
杨国平	武警 8731 部队	政委	

续表

姓　名	工作单位	职务或职称	原籍乡镇村
易志平	武警 8731 部队	参谋长	
韩定平	武警部队 126 师 373 团	副政委	
王景卫	广州武警总队宣传处	副处长	长康镇大中村
蒋雄师	广州三水武装部	副部长	
刘进科	广东湛江市吴川武装部	部长	南湖洲镇杨柳村
刘定康	广西柳州军分区	司令员	
刘定强	柳州市柳南区武装部	副部长	石塘乡高山村
于　辉	湖北团风县武装部	部长	湘滨镇资源村
王卫强	41 军审计处	处长	岭北镇杨柳村
符建国	湖北黄冈军分区	政委、大校	长康镇花石村
谭应兵	海军海南潜艇基地	大校	鹤龙湖镇五星村
程友根	海南省海口市 92830 部队	大校	岭北镇白沙村
余利辉	南航 91911 部队政治处	主任	
焦衍芳	南海舰队	处长	
周名贵	海军青岛潜艇学院	政委、少将	鹤龙湖镇河潭村
甘德华	深圳市边防六支队	政委	鹤龙湖镇新月村
殷国旗	泸洲飞行大队教官	副师级	
宋热权	成都军区后勤部房改办	副主任	
刘洪光	云南文山市武警支队	副团级	
刘继贤	军事科学院	副院长、中将	
谭清泉	火箭军 55 基地	总工程师、专业技术少将	
王珍亮	武警湖南总队医院	副院长	
刘革明	湖南省军区	正师级	
林灿煌	荆州市武警支队	支队长	
蒋志辉	广州军区	正团级	
杨　勇	四川绵阳二炮基地	参谋长	
李　杏	北部战区 27 军独立旅	政委、大校	
钟建辉	佛山军分区	副政委	
戴细强	浙江宁波海军陆战旅	旅长、大校	

续表

姓　名	工作单位	职务或职称	原籍乡镇村
戴国兵	益阳市武警支队	支队长、上校	
张　建	南部战区政治部	副主任	
左立书	南海舰队	正团职	
殷三奇	江苏昆山市武装部	部长	
柳志光	湖南省军分区	正处级	
尚伟山	云南武警总队	参谋长	王家坝村
焦白平	海军武汉工程大学	专业技术三级	
马望星	国防科技大学政治部	教授、副主任、少将	
杨　炯	中国空气动力研究与发展中心	主任、少将	

海　外

姓　名	工作单位	职务或职称	原籍乡镇村
刘身健	定居美国		新泉镇先锋村
张　卓	留学英国		新泉镇先锋村
晏建国	移民新西兰		新泉镇资源村
张　跃	牛津大学	博士后	新泉镇新合村
马卫东	定居美国	教授	新泉镇秀池村
陈帅华	定居美国	博士	新泉镇凤南村
汤伏强	美国国家防预防疾病控制中心	博士	新泉镇王家寨村
王细华	澳大利亚墨尔本	医师	新泉镇荆西村
杨云波	加拿大	博士	长康镇金辅村
刘　强	加拿大	留学生	南湖洲镇赛马村
陈雄辉	新加坡半导体设备公司	技术经理	南湖洲镇草湾村
王志强	备国博士大连力士乐控制公司	总经理	长康镇思岩村
龙弘筠	加拿大多伦多上市跨国公司	金融管理	岭北镇水产村
吴建宏	加拿大 YORK 大学	教授	文星镇

附 录

一、人物补遗

甘 镛

甘镛，约出生于元代至正中叶，卒年无考。石塘乡宋甲村人。系明成祖宠妃甘妃二哥，乡贡出身，历经建文、永乐两朝，官至监察御史。甘镛为官清廉、体察民情。时常有沿海官吏舞弊盐漕、浮收厘金，贪污受贿。他布衣小帽，微服私访，调查核实，奏请朝廷严惩。凡遇冤案，也要查清底细，力争昭雪。受到百官敬仰，百姓爱戴。胞妹甘妃去世后，他曾亲临墓地凭吊，作有“哭胞妹”祭文，刊于甘妃墓石留表记上。甘镛葬于湘阴县城南五垅山。

甘 妃

甘妃（1395—1415），明洪武（朱元璋）廿八年（1395）出生于湘阴县石雷塘宋甲（今石塘乡宋甲村）。排行在满，俗称满姑娘，系明朝监察御吏甘镛之妹、明成祖（朱棣）之妃。

甘妃自幼聪明伶俐，温存俊俏，惹人喜爱。其大哥甘霖以教书为业，甘妃受大哥教辅。时户部尚书湘阴人夏原吉知甘满姑娘才貌双全，于永乐十年（1412）向宫中推荐，旋经选入宫，时年17岁。入宫后，与任监察御史的二哥甘镛聚首，甘镛教其宫中礼仪，她一一学练领会。其言行举止落落大方，进去往来彬彬有礼，加之能文善写、靓丽动人，深得皇亲权贵赞许，成为成祖宠妃。

1415年，湘、赣两省遭灾，夏原吉收朋友信得知两省百姓苦不堪言，于心不安，奏请成祖南巡湘、赣，自荐随行，想途中寻机说服成祖降旨减免两省百姓课税。甘妃为之出主意：在成祖南巡必经的湘、赣交界处的大山坡上，暗中差人事先用蜜糖写上“湖南免渔课，江西免山税”十个大字，以糖引来蚂蚁粘于糖上，形成蚁字。成祖从劝南巡，甘妃陪侍，夏原吉随行，至两省交界处，成祖远望十个大字，十分惊讶，看字时顺口念出“湖南免渔课，江西免山税。”夏原吉心知肚明，即率随臣齐跪山呼：“万岁！谢主龙恩。”成祖以为是天意，且金口已开，即是圣旨，于是湖南、江西免了课税。

此后，成祖南巡取水道至岳阳游君山，泛舟洞庭，不幸甘妃晕船呕吐不止，不能进食，卒于舟中，成祖痛惜。船抵湘阴青山岛，成祖遣夏原吉护送爱妃遗体，回湘阴礼葬。清光绪《湘阴县图志》载：甘妃葬于湘阴县城北大明山（今文星镇甘妃巷）。

吴俊升

吴俊升，字宅三，号芷泉（1735—？），南湖洲镇杨柳村人。1771年敕封翰林院庶吉士加一级，授散馆编修，善诗文，著有诗作《芷泉遗集》，《四库全书》中有其专集。

吴俊升7岁入私塾便能过目成诵，文思敏捷，时有神童之誉。15岁应童子试，太守雷畅对其文赞叹不已，预言“此乃京华殿中人”，遂留读府中，与其子雷仲宵共事研究。太守授业，使其学习突飞猛进。乾隆三十年（1765）入选贡生，乾隆三十三年（1768）中举人，乾隆三十六年（1771）恩科得中进士。入朝为官后，更是求知若渴，凡经史子集、古体歌词无不淹贯博洽，教人以和蔼为德，读书以穷理为本，故远近前来求学者踵接。所作诗词歌赋，在当地争相传诵，其《奇石赋》《湘灵鼓瑟》《桃源赋》等篇至今脍炙人口。后因得罪权贵卒于京师，死后移葬湘阴县南湖洲镇永成村狮子坪。

黄 庆

黄庆（？—1861），字云举，湘阴人。1854年从鲍超水师与太平军作战。1857年随军进攻安徽小池口，中炮受伤，保总兵，援泸州协副将。后转战丰城、宁国、青阳等地，晋记名提督。旋病死于宁国军中。

张冬阳

张冬阳（？—1865），字子晋，湘阴人，清咸丰五年（1854）入彭玉麟水师，旋改隶杨岳斌军，保副将，加总兵衔。

周保和

周保和（？—1867），湘阴人。清咸丰年间投湘军，在湖北、安徽等地与太平军作战，保千总。1862年赴陕西作战升都司，解凤翔府之围，迁参将。1864年攻占甘肃平凉府，迁副将。旋攻占张家川、龙山镇，升总兵。

王衍庆

王衍庆（？—1896），字孟虎，祖籍新泉镇王家寨村。幼年家境贫寒，裁缝出身。自幼从军，随湘军中最具战斗力的霆军，曾攻打小池口、黄土岗、太湖诸要隘，每役立功。积功八年，升至都司。咸丰十一年（1861），王衍庆带兵日夜环攻太平军，生擒太平军第一悍将刘琳，升为副将。后并入曾国藩麾下，转战安徽、江西，功绩超人，深得曾国藩喜爱，保举他升至武阶正一品提督，神名建威将军。

光绪二十年（1894）二月，王衍庆任湖南军工。他跟随过曾国藩、左宗棠、李鸿章等名将，指挥军队十几万人，所向披靡。同年朝廷调他到江南，任苏松镇总兵，日理军机。光绪二十二年（1896）病逝于上海崇明县。葬于长沙县榔梨镇。

陈笛斓

陈笛斓（约1840—1910），又名迪南，学名彤辅。祖籍湖北监利县。幼年丧父，家贫，随母到湖南游学，1858年约18岁时落户湘阴樟树镇姚家坡。

陈笛斓对晚清爱国名将左宗棠十分景仰。1876年3月，正值左宗棠挥师西征新疆之时，陈笛斓来到甘肃肃州城西征军左宗棠的行辕，以一把题有“能花春在我，耐冻雪无权”的自画梅花纸扇谒左公，其才情骨气让左公垂青，被左公召入幕。其时，西征军全面发动进剿阿古柏。西征军的许多讨敌檄文、安民告示等文稿多为陈笛斓完成。1876 年 9 月，陈笛斓仅用了约一个时辰起草好了劝喻阿古柏投降的通牒，左宗棠读到“虎帅挥师，何异牛刀宰雉；龙旗指路，正如鹤焰焚茅”后拍案叫：“好文！奇才也！”遂赞其为“铁笔师爷”。陈笛娴著有诗词《片羽集》。

1881 年，陈笛斓回乡在湘阴樟树乡姚家坡定居。陈酷爱梅花并植梅树百株，此地改名“百梅村”，建有“百梅书屋”。三年后再度应召回新疆，任新疆奇台县知县，后升为迪化府（省会府，今乌鲁木齐）知府。

清光绪二十三年（1897）清庭发出圣旨，封陈笛斓为三品通奉大夫。其妻获封诰命夫人，其父母、祖父母同时获诰封。1910 年殁，葬百梅村。

钟骏德

钟骏德（1876—1924），湘阴县樟树港南塘（今樟树镇）人。参加辛亥革命，率部响应武昌起义，攻克南京。民国初，任江、浙、粤联军策济部部长兼收抚旗民清理处总办。曾任北伐联军及讨袁军总司令部参谋长，参加讨伐袁世凯的斗争。后回湘任省署高等顾问。晚年解甲归田，负责和丰垸（今城西垸）围垦工程。为“十大股东”之一。

柳　潜

柳潜（1855—1929），字钧湄，号厚希，笔名涤庵，湘阴县三塘乡军民村人。是毛泽东在长沙求学时的国文教师。

柳潜读书有很好的禀赋，其父以重金聘请名师在家设馆授书，柳全心学习经世济国之学。他纯朴敦厚，沉默少言，孝顺双亲，尊敬长辈，友爱兄长，诚信朋友。他学识渊博，通经史子集，善诗文，授徒舌耕笔耕不倦，曾任教于长沙几所学校。他在省立高等中学校（现长沙市一中前身）读书时，担任毛泽东的国文教师，在阅毛泽东命题作文《商鞅徙木立信论》（413 字）时批曰：“自是伟大之器”“吾不知其所至”，对毛泽东的发展前途作了无限估量；“力能扛鼎，积理宏富”，对毛泽东的文章力量与理辩作了高度评价；“实切社会立论，目光如炬”，对毛泽东的社会洞察力作了形象描写。柳对毛泽东的作文尾批 65 字，眉批五处 76 字。可见柳亦为仁人志士，先知先觉。柳对毛泽东此文评点达 141 字，篇首大书“传观”二字，亦可见柳涤庵忧国伤时，高瞻远瞩，有培养精英之胸怀，非一般庸儒可比。

聂次荫

聂次荫（1900—1931），湘阴智峰（今汨罗）人，1924 年加入中国共产党，系中共地下党湘阴县第一任县委书记。

1923 年他考入设在长沙的湘阴师范，1926 年师范毕业，回乡组织农民协会，并担任贞吉乡农民协会委员长。“马日事变”后，他潜伏在平江县岑川苏家屋小学教书。1927 年，他化名何融霍，受组织派遣回家乡做地下工作，同岳阳地下党员戴云樵一起在蓝家洞发展 9 名党员，建立党支部，并任支部书记。1929 年 2 月，他参与领导在湘阴的武装暴动。同年 3 月，县革命委员会成立，任主任。同时建立苏维埃政权，进行土地改革。1930 年 10 月，他改任中共湘阴县委书记，为保卫苏区，将敢死队扩建为湘阴县游击大队。1931 年 1 月，国民党重兵夹击苏区，因兵力悬殊，湘阴苏区被国民党军占领，他在转移途中被捕。入狱后，惨遭严刑拷打，但威武不屈，县“铲共法院”的刽子手们将一张铁床置炭火中烤红，威逼他在自首书上签名，聂次蔚怒将自首书扔入火中。刽子手将他抛上火床，活活烤死，且碎尸抛入湘江。

刘家驹

刘家驹（1892—1969），别名子信，湘阴县临资口（今湘滨镇）人。1910年去法国勤工俭学，毕业于巴黎大学土木工程系。1922年回国后任燕京、辅仁、河南、亚东等大学教授。1931年兼任黄河堤务总局校正，负责拟定了“治理黄河工程规划”。具体抓“中牟紧急工程 ”。在任交通部总工程师时负责设计，修建了包宁铁路。1949年任首钢副总工程师，石景山钢铁厂副总工程师。1951年调任北京水道卫生工程局总工程师。1958年他利用废旧材料，自行设计，在北京建成了一个生产卫生用纸的纸厂。著有《图算力学》《水利学》《材料耐用学》等书。1969年在北京逝世。

二、部分湘阴籍人士简介

（一）

左焕琛

左焕琛，1940年9月生，祖籍湘阴金龙镇新光村。左宗棠第五代孙。中国外科专家左景鉴之女。曾任上海第一医科大学解剖室副主任、上海医科大学基础医学院副院长、院长、基础医学研究所所长、上海市卫生局副局长、上海市副市长、中国市长协会女市长分会会长、中国农工民主党第十三届中央委员会副主席，第十届全国政协常委，第十届上海市政协副主席，农工党上海市第十届委员会主委，上海市计划生育协会会长等职。

1962年7月，从上海医科大学医学系毕业后留校，长期从事基础医学教学和科研工作。1979年8月赴西藏教学，曾多次获得国家级和市级自然科学基金。1989年获国家教委、劳动部、人事部颁发的全国优秀教师称号。1982年、1990年两次公派到美国斯坦福大学进修，并进行教学，她的学术水平受到斯坦福大学教师和学生好评。1991年起享受国务院特殊津贴。她先后培养硕士研究生9名、博士研究生6名、博士后1名。她潜心科研，先后发表论文五十余篇，曾多次获得国家卫生部、教育部等部门颁发的大奖。1995年12月，任上海市卫生局副局长。1996年2月当选为上海市人民政府副市长。1996—2002年，曾被世界卫生组织聘为卫生科技政策委员会顾问和神户健康发展中心专家委员会委员。

甘　霖

甘霖，1963年10月出生于湘阴县鹤龙湖镇。1985年毕业于湖南农业大学农林果树专业。1993年获华中农业大学农学博士学位，她所从事的细胞工程研究为当时的国际尖端学科。所发表的《桃原生质体培养再生植株》论文获得1994年全国优秀论文一等奖，撰写的《柑桔原生质体融合及体细胞杂种的抗性研究》被农业部评为优秀博士论文。她运用原生质体融合进行猕猴桃品种改良的研究成果荣获国际科学基金会颁发的“重大科技成果奖”。1994年12月任湖南农大园艺植物研究所所长时，当选为省妇联常委。1995年9月参加世界妇女大会。1996年5月晋升为教授，同年7月，被授予“跨世纪人才中青年专家”称号。因在英国、加拿大从事过博士后研究，1997—1999年被英国皇家学会和加拿大农业部联合邀请，以高级访问学者身份到国外工作三年。2000年任湖南省农业厅副厅长，致公党中央委员、湖南省主委，第十届全国人大代表。2003年1月任硕士研究生。湖南省副省长。2011年任国家工商行政管理总局副局长。2013年3月当选为政协第十二届全国委员会常务委员。

吴尚之

吴尚之，1957年8月出生于南湖洲镇燎原村。

1976年11月任南湖区赛头公社文化站站长。1978年9月调赛头中学任教。1980年8月考入武汉大学哲学系并任系团支部副书记。1984年7月毕业分配到中国大百科全书出版社任编辑。1985年8月调中央赴河南省商丘地区讲师团任教员。1986年7月至1996年2月先后任中国大百科全书出版社编辑、党支部书记、国情编辑部副主任、党委委员、知识出版社社长、《百科知识》杂志社社长、总编辑。1996年3月任新闻出版署图书管理司挂职司长助理。1997年7月任新闻出版署图书管理司副司长（其间2000年8月至2002年3月主持工作）。2002年3月任新闻出版总署音像电子和网络出版管理司副司长。2004年12月任新闻出版总署图书管理司司长、党支部书记，总署直属机关党委委员、常委。任职期间，于2002年3月至2002年12月参加中央党校一年制中青班学习；于2006—2007年5月调南水北调工程挂职，任中线工程管理局副局长兼穿黄工程建设管理部副部长。2014年7月任国家新闻出版广电总局副局长。

陈四清

陈四清，1960年生于湘阴县新泉镇新洲村。高级经济师、注册会计师，中国银行党委委员、副行长，执行委员会委员，公司金融委员会主席，兼任中国国际商会副会长。中国文化产业基金管理公司董事长。中银航空租赁公司董事长。

1982年毕业于湖北财经学院（现中南财经政法大学），先后在中国银行湖南省分行、香港中南银行、中国银行福建省分行工作。1999年获得澳大利亚莫道克大学（Murdoch University）工商管理硕士学位。2002年1月至2005年9月任总行风险管理部总经理。2005年9月至2008年5月担任广东省分行行长。2008年4月起任中国银行党委委员，6月起任中国银行副行长。2014年2月出任中国银行行长。

钟志华

钟志华，1962年7月出生于湘阴县东塘镇三塘桥村。《计算力学学报》编委会委员，湖南省第七届科协常务委员会委员，中国工程机械学会常务理事，《中国机械工程》编委会委员等职。第九届全国人大代表，第十一届全国政协委员。湖南大学校长、重庆市科委主任、重庆市科技工作委员会副书记、重庆两江新区管委副主任（兼）、重庆市科协主席（兼）。2014年10月调任中国工程院党组成员、秘书长。2016年任同济大学校长。

1978年毕业于湖南大学机械工程系。1984年赴瑞典留学。1987年2月获瑞典律勒欧大学工学副博士学位。1988年5月获瑞典林雪平大学工学博士学位，并在瑞典林雪平大学机械工程系做博士后研究。1992年7月被聘为瑞典林雪平大学机械工程系终身副教授，并被聘为湖南大学机械工程系教授。1999年担任教育部科学技术委员会工学一部和二部委员。2001年担任国家863计划“先进制造与自动化领域”专家委员会委员，成为该领域最年轻的委员。2004年任湖南大学副校长，2005年7月任湖南大学校长。2005年12月当选为中国工程院机械与运载工程学部院士。

他从1984年起便一直从事汽车设计制造方面的理论和技术研究，主要研究方向为汽车碰撞安全技术和车身冲压成型技术。在冲压成型工艺与模具技术方面，提出了多项基于CAE技术的冲压工艺分析理论和方法。指导硕士生39名、博士生27名，发表论文120多篇，著作3部，申请国家发明专利9项、国防专利2项，其中3项已授权。获国家科技进步一等奖和二等奖各1项，省部级科技进步一等奖2项、二等奖2项，部级技术发明和自然科学二等奖各1项。同时获光华工程科技奖（青年奖）、GM中国科技成就2000年度一等奖、湖南省最高科技成就奖——光召科技奖等十几项奖励。有关成果应用到上汽通用五菱、长丰汽车集团、湖南同心实业、奇瑞汽车和上汽集团等企业，取得了显著的经济效益和社会效益。

蒋作斌

蒋作斌，1952年10月出生。湘阴静河乡人。湖南师范学院政史系政教专业毕业。管理学硕士。1969年2月参加工作，1970年4月加入中国共产党。

曾任中国人民解放军6013部队战士、通讯员、班长，湖南省教育厅政治处干事、办公室秘书，湖南省津市市阳由乡党委副书记、书记，津市市委常委、常务副市长，湖南省教委职业技术教育处副处长、处长。1993年7月任湖南省教委副主任、党组成员；2000年4月任湖南省教育厅厅长、党组书记，中共湖南省委高校工委书记；2003年6月任中共益阳市委书记；2008年3月任湖南省发展和改革委员会主任、党组书记；2009年3月任湖南省人民政府党组成员，湖南省发展和改革委员会主任、党组书记，湖南省长株潭领导协调委员会办公室主任。2010年9月29日，当选为湖南省第十一届人大常委会副主任。

许罗德

许罗德，1962年出生，湘阴人。1982年6月加入中国共产党。1983年毕业于湖南财经学院。经济学学士，高级会计师。1983年8月至1996年10月，历任中国印钞造币总公司财务处副处长、总公司办公室主任。1996年10月至1999年3月，任中国人民银行办公厅秘书处处长。1999年3月至2003年10月，任中国人民银行办公厅副主任。2003年10月至2007年8月，任中国人民银行支付结算司司长。2007年8月起任中国银联党委书记、总裁。2007年12月当选上海市第十三届人大代表。2013年1月当选第十二届全国人大代表。

熊展旗

熊展旗，1941年7月出生于新泉镇南湘村。1961年考入外交学院。1964年在全年级第一个被提前调入外交部，派往中国驻阿尔及利亚使馆实习，成为当时使馆最年轻的正式工作人员。1964年年底至

1967年初在阿尔及利亚筹备了亚非会议。1968年回国。1973年被派驻多哥和喀麦隆使馆，任大使翻译和初级外交官。在非洲6年时间，经受了艰苦考验，加入了中国共产党。1983年调外交部机关党委工作，先后任科员、宣传处副处长、办公室主任、宣传处处长、机关党委副书记。1995—1998年任中国驻法使馆政务参赞。

1998—2000年任外交部机关党委常务副书记。2000年8月至2003年4月任中国驻摩洛哥王国特命全权大使，积极推动摩洛哥国王首次成功访华。为争取摩洛哥投票支持北京申办奥运会、上海申办世博会做了颇有成效的工作。

张国骥

张国骥，1959年出生于东塘镇。1983年毕业于湘潭大学。1986年南开大学研究生毕业。曾赴美国加州大学和英国牛津大学学习。2000年任湖南省教育厅副厅长。2004年11月任湖南师范大学党委书记。已出版《现代公共关系》《元史诸王表笺记》等著作和译著4部。2014年8月28日调任省委党校常务副校长。

龙德发

龙德发，1945年11月出生于岭北镇水产村。高级经济师。曾任株洲汽车齿轮厂厂长兼党委书记，株洲市副市长、娄底地区常务副专员，湖南省商业厅厅长等，现为中共湖南省委督办委员，中国人像摄影学会副会长，湖南省摄影家协会理事。

1964年于湘阴一中毕业，考入北京航空航天大学飞机整体设计专业。大学毕业后到解放军0634部队当农垦战士。1971年年底分配到株洲化工厂当钳工。1980年被中共湖南省委任命为株洲汽车齿轮厂厂长兼党委书记。1984年组织科研改革，激发株洲电子所开发出“微型电脑”与香港金山公司结成合作关系，开启了中国科研改革的先河。

1985年动员35家大中型企业组建了全省第一家大型商业上市企业“株洲庆云股份有限公司”，解冻了“商业企业上市难”的冰封局面。主持制定株洲市“七五”计划，采用“系统工程”“数据库”和“数学模式”的科学方法，获得湖南省科学技术进步奖。1991年调任省商业厅厅长。主编出版了《湖南商贸改革纪程》。1997年亚洲金融风波中，在全国第一个提出组建正厅级“地方金融证券办”构想获得采纳，引发国内其他省纷纷仿效。退居二线后从事摄影技术创作，在全国性大赛中先后获得金奖、银奖、铜奖和优秀奖。出版有《江山无限》艺术风光摄影作品集。

李定坤

李定坤，1946年10月出生于新泉镇新泉村。大学文化。曾任湖南省民政厅厅长、中共湖南省委政法委员会副书记。1997年荣获中华人民共和国民政部、劳动部、全国总工会、共青团中央、全国妇联、中国老龄协会颁发的获奖证书，荣获“全国重视老龄工作功勋奖”荣誉。2002年荣获国家人事部、民政部授予的全国劳动模范光荣称号。

夏国佳

夏国佳，1952 年 5 月出生于东塘镇李公塘村。研究生文化。1971 年 11 月入党。1971 年 2 月至 1975 年 10 月在中共湘阴县委办工作。1975 年 10 月至 1977 年 11 月任湘阴县茶湖潭公社党委书记。1977 年 11 月至 1980 年 9 月任湘阴县团县委副书记、书记。1980 年 9 月至 1985 年 8 月任团地委副书记。1985 年 8 月至 1988 年 7 月任中共汨罗市委副书记。1988 年 7 月至 1989 年 3 月任湖南省高级人民法院人事处副处长。1989 年 3 月至 1993 年 3 月任湖南省高级人民法院政治部第一副主任。1993 年 3 月至 1995 年 9 月任湖南省高级人民法院纪检组长、政治部主任、党组成员。1995 年 9 月至 1996 年 4 月任湖南省高级人民法院副院长、政治部主任、党组成员。1996 年 4 月至 1998 年 3 月任湖南省高级人民法院副院长、党组成员。1998 年 3 月任湖南省高级人民法院副院长、党组副书记（正厅级）。现任湖南省司法厅厅长。

冯湘保

冯湘保，1949 年 1 月生于东塘镇一塘村。大学本科文化，1971 年 8 月参加工作。1971 年 3 月加入中国共产党。历任湘阴县城南区妇联主任、区委委员，岳阳地区妇联干事、秘书，岳阳地区妇联副主任，岳阳地区（市）妇联副主任，岳阳市妇联主席，湖南省妇联副主席、党组副书记，湖南省妇联主席、党组书记。2009 年 3 月兼任省人大内司委副主任委员。

刘桂斌

刘桂斌，1943 年 12 月出生于岭北镇青泥村。1969 年 9 月分配到第二机械工业部七四一矿任技术员。1972 年 2 月随单位“工改兵”成为基建工程兵 203 师 267 团现役军人，历任参谋、代理连长、副营长、营长。1984 年 2 月随部“兵改工”集体转业到核工业部七四一矿任生产技术处副处长、处长。1984 年 8 月至 1985 年 12 月任核工业七四一矿副矿长。1986 年 1 月任核工业部七四一矿总工程师兼副矿长。1987 年 11 月兼任核工业部七四一矿工程技术系列中级职务评审委员会主任。1990 年 7 月兼任核工业部广东矿冶局高级工程师职务评审委员会委员。1990 年 10 月至 1993 年 3 月任核工业部七四一矿代理矿长、矿长。1993 年 4 月至 2000 年 8 月任核工业部七四一矿矿长兼党委书记。其间，获“有突出贡献中青年专家”称号并颁发证书，享受国务院政府特殊津贴并颁发证书。2000 年 9 月至 2005 年 3 月任核工业部广东矿冶局（正厅级管理机关）局长、局党组书记。

王爱山

王爱山，1939 年 1 月出生于岭北镇青岭村，高级经济师。1959 年 12 月应征到山东诸城 3571 部队当兵，1960 年 8 月加入中国共产党。1965 年 3 月复员到新疆喀什地区供销社任业务员。1973 年调喀什地委机关党委任干事。1980 年 12 月调喀什地区水泥厂任党委副书记、书记。1985 年 5 月调喀什地区疏附县委任副书记、书记。1988 年 11 月调喀什地委任副书记。1995 年 4 月调新疆维吾尔族自治区供销社任党委书记、主任等职。2003 年 3 月退休。现为新疆诗词学会会长、新疆农村经济学会副会长、新疆书法家协会会员等。著有《市场经济调控艺术》《王爱山诗词书法选》等，由新疆人民出版社出版发行。

刘泗元

刘泗元，1944年出生于湘阴县关公潭乡（今新泉镇）群建村。1964年8月至1965年7月在关公潭乡任小学教师。1965年8月至1966年参加社教工作队，同年8月加入中国共产党。1966年8月至1970年9月任湘阴县委组织部干事。1970年9月至1971年3月任中共湘阴县委常委、群众工作组组长。1971年4月至1983年3月任中共岳阳地委常委、地区群众工作组组长、地委委员、地区妇联主任，其中1978年6月至1979年1月中央党校学员，1982年3月至1983年1月湖南省委党校培训班学员。1983年3月至1985年1月离职在湖南师范大学文史专业学习毕业。1985年2月至1986年3月任中共岳阳地委委员、地区妇联主任。1986年3月至1988年4月任中共岳阳市委常委、市妇联主任。1988年1月至1995年8月任岳阳市人大常委会副主任、党组副书记。1995年8月至1996年2月任岳阳市人大常委会党组书记、代主任。1996年3月至2003年1月任岳阳市人大常委会主任、党组书记。2003年2月至2008年2月选任为湖南省第十届人民代表大会常务委员会委员，其间，先后当选为湖南省第八、九、十届人大代表，中共湖南省第七、八次党代表大会代表，第九届全国人民代表大会代表。

葛送培

葛送培，1945年7月出生于东塘镇新桥村。1968年9月湖南财经学院毕业。先后在岳阳县三合乡、新墙公社、县革委生产指挥组工作。1971年调岳阳地委组织部，任干部科干事、副科长；岳阳市委组织部副部长。1984年12月任中共岳阳县委副书记、县长。1988年5月任岳阳市工商局局长。1992年1月任中共汨罗市委书记。1995年9月任岳阳市人民政府助理巡视员兼任汨罗市委书记。1998年1月任岳阳市政府党组副书记、副市长。后任巡视员至退休。1996年被国家科委授予“全国科教兴市先进个人”。

吴亚中

吴亚中，1957年1月出生于湘阴三塘镇。1982年5月加入中国共产党。研究生，理学硕士。1982年8月毕业于重庆建筑工程学院港口及航道土建工程专业。历任湖南省交通科研所助理研究员、副研究员、研究员、研究室主任、办公室主任、副所长、所长、高速公路公司总监代表。1998年8月任来宜高速公路公司总经理。1999年12月任省交通厅党组成员、总工程师。2001年6月在新加坡南洋理工大学学习，2002年9月获管理经济学硕士学位。2003年6月至2005年7月兼任湖南交通职业技术学院党委书记。2006年5月兼任省高速公路管理局局长、党委副书记。2007年9月任省交通厅厅长、党组成员，兼省高速公路管理局局长、党委副书记。2008年3月任省交通厅厅长、党组成员。2008年5月任省交通厅厅长、党组副书记。2009年7月任省交通运输厅厅长、党组副书记。2010年11月任省发改委党组成员、副主任（正厅）。

吴新民

吴新民，1950年11月出生于长康镇大中村曾家塘。中共党员。大学本科学历。湖南省农业厅巡视员。

1970 年 12 月加入中国共产党。1971 年当选为长康公社党委委员，大中大队党支部书记。1973 年入湖南农学院农学系学习。1976 年毕业分配到湖南省农业厅农场局工作。1978 年任农场局副科长。1983 年任农场管理局副局长，其间，被派到桑植县挂职任桑植县副县长。1990 年任湖南省审计厅驻农业厅审计处处长。1994 年 2 月任湖南省农业厅农机局党组书记、局长。1998 年兼任湖南亚华种业股份有限公司董事长和总经理。2001 年任农业厅党组成员、副厅长。2009 年 5 月任湖南省农业厅巡视员。

王建军

王建军，1954 年 1 月出生于南湖洲镇白竹村。大学本科学历，文学学士学位。1970 年 12 月至 1977 年 3 月在北京 88709 部队服役。1982 年 8 月至 1985 年 6 月任湖南省地质中学教师。1985 年 6 月至 2012 年 1 月，先后任湖南省委工交财贸政治部宣传干事，中共湖南省委组织部干事、副主任科员、主任科员、副处长、正处级组织员、处长，湖南省审计厅副厅长、党组成员。2012 年 2 月任湖南省审计厅巡视员。

张云英

张云英，1957 年 11 月出生于湘阴新泉镇。研究生。1976 年 4 月加入中国共产党。1980 年 9 月任岳阳师专附中党支部书记；1983 年 9 月任岳阳地委委员、团地委书记（副厅级）；1986 年 9 月任岳阳市南区区委副书记；1990 年 12 月任岳阳市委组织部副部长；1993 年 4 月任岳阳市委组织部部长兼编办主任（市委常委）；2000 年 4 月任湖南省地方税务局党组副书记、副局长；2003 年 4 月任湖南省地方税务局党组副书记、副局长（正厅级）；2013 年 4 月任湖南省地方税务局党组书记、局长。

张爱国

张爱国，1962 年 3 月出生于南湖洲镇新塘口村。中共党员。大学文化。1979 年 9 月考入湘潭大学中文系汉语言文学专业学习，毕业留校工作，任校团委干事。1984 年 12 月任湘潭大学团委副书记。1988 年 7 月任湘潭大学团委书记、学生工作部副部长。1989 年 7 月任湘潭大学党委宣传部副部长。1992 年 12 月任湘潭大学党委宣传部部长。1995 年 2 月任中共桂阳县委副书记。1997 年 2 月任中共安仁县委副书记、安仁县人民政府县长。1999 年 12 月任中共江永县委副书记、江永县人民政府县长。2000 年 10 月任中共江永县委书记。2005 年 12 月任永州市委统战部部长。2006 年 2 月任永州市政协副主席、统战部部长。2006 年 12 月任郴州市政协副主席、党组副书记。2010 年 1 月任中共郴州市委常委、市政协党组副书记、市委统战部部长。2012 年 1 月至今任中共郴州市委常委、郴州市人民政府副市长。2016 年任郴州市人大常委会副主任。

周伟华

周伟华，1954 年 2 月出生于湘阴岭北镇永兴村。中共党员，大学文化，高级会计师。1977—1991 年先后任湖南省财政厅行财处科员、副科级干部、正科级干部、副处长。1991 年任湖南省财政厅监察室副主任。1992 至 1995 年任湖南省财政厅中企处副处长。1995—2000 年任财政部驻湖南省财政监察专员办事处专员助理。2000—2007年任财政部驻湖南省财政监察专员办事处副监察专员。2008年1月至2013年任财政部驻湖南省财政监察专员办事处党组副书记。

郑子术

郑子术，1962年4月出生于岭北镇双湖村。经济学硕士，高级经济师。1981年考入湖南财经学院金融系。1985年考入陕西财经学院货币银行学专业，获经济学硕士学位。1988年分配到中国工商银行湖南省分行金融研究所工作，先后任所长助理、副所长。1992年调中国工商银行湖南省分行国际部任副总经理。1994年任省委驻隆回社教工作组组长，荣立三等功。1995年调中国工商银行湖南娄底地区中心支行任党组书记、行长。1996年调中国工商银行湖南省分行房地产信贷部主任。1999年调中国工商银行湖北孝感分行任党委书记、行长。2000年调中国工商银行湖北省分行，先后任行长助理、党委委员、副行长。其间作为高级访问学者，被总行派往美国名校宾夕法尼亚大学学习，并在美国纽约银行短期工作。2004年调中国工商银行湖南省分行任党委委员、副行长。

李振湘

李振湘，汉族，1946年9月出生于湖南省湘阴县南洲村一名普通农民家庭，1964年参加工作，1972年加入中国共产党，大专文化。1972年由县文教组调湘阴县委宣传部任新闻干事。1980年调中央人民广播电台、中国国际广播电台工作，先后任湖南、海南、深圳记者站站长（厅级），高级记者。2007年退休。1989年李振湘及时采写了杂交水稻之父袁隆平的稿件，中央台在《新闻和报纸摘要》《全国新闻联播》王牌栏目播报后，受到世界粮农组织的高度重视和嘉奖。在海南、深圳工作中，采写的《国门卫士的心愿》《解决洋浦农民问题迫在眉睫》等《内参》稿件，问题得到妥善解决。著有个人文集《足迹》，纪实文学《伟大与平凡》《水乡漫记》《湖南水乡纪实》、游记散文《世界遗产中国行》等。撰写的散文《新闻官司之我见》《读新闻真实性》等被载入新世纪文献一书。其事迹载入《中国当代著名编辑、记者传集》《中国世纪专家》和《当代湖南人》重要文献书籍。

易亮如

易亮如，1946年3月出生于湘阴金龙镇。1968年毕业于中国人民大学历史档案系。1968年12月至1970年3月在中国人民解放军第47军军垦农场锻炼。1978年入党。1970年4月至1979年12月先后担任南湖公社团委书记、党委秘书。1980年调岳阳地委档案局。1981年2月至12月借调中央档案馆工作。1982年评定为馆员。1981—1985年发表文秘档案方面的文章20多篇，其中《对农业科技档案工作为广大农户服务的一些看法和设想》分别获中国档案协会和湖南省档案协会一等奖。1985年调湖南图书情报学校任文秘档案学科主任。1989年调湖南省政协。1989—1990年任《湖南政协报》副总编。1990—1992年任省政协秘书处处长。1993—1995年任省政协政研室主任。1996—2000年任省政协文史委办公室主任兼《湖南文史》杂志总编。2000年12月至2006年12月任省政协委员、省政协文史学习委副主任。任职期间，参加全国政协编纂的《文史资料存稿选编》系列丛书的编辑工作，担任《军政人物》主编和《晚清·北洋》副主编；担任省政协《崛起的新兴产业》副主编。

钟小汨

钟小汨，1957 年 12 月出生于湘阴。大专文化。1974 年 2 月参加工作。1976 年 9 月加入中国共产党。1978 年 5 月至 1978 年 12 月任湘阴县三分之一工作队队员。1979 年 1 月至 1980 年 10 月，任湘阴鹤龙公社秘书。1980 年 11 月至 1981 年 10 月，任共青团湘阴县委副书记。1983 年 4 月至 1985 年 9 月，任茶湖潭乡党委书记。1985 年 10 月至 1988 年 2 月，任共青团湘阴县委书记。1988 年 3 月至 1990 年 3 月任湘阴县委宣传部副部长。1990 年 4 月至 1991 年 2 月，任湘阴县委组织部副部长。1991 年 4 月至 1994 年 3 月任湘阴城南区党委书记。1994 年 4 月至 1996 年 2 月，任湘阴县副县长。1996 年 3 月至 1997 年 11 月任湘阴县委常委、副县长。1997 年 11 月至 1998 年 11 月任湘阴县委副书记。1998 年 11 月至 2006 年 4 月，任屈原管理区党委书记。后任岳阳楼区区委书记，湖南省总工会党组副书记、副主席。

周恩桃

周恩桃，1945 年 8 月出生于青山岛镇上山村。大学文化。中共党员。1968—1985 年先后在湘阴二中、县教委、县民政局、县经委工作。1986—1998 年任湖南省怡盛进出口集团公司总经理、党委书记。1998 年任湖南省对外经济贸易委员会副巡视员。1999—2003 年任泰阳证券有限责任公司常务副董事长，同时担任湖南省政府六办副主任。

陈其昌

陈其昌，1951 年 7 月生于新泉镇团柱村。1969 年 2 月入伍，服役于江西省军区警卫团。历任二营四连连部文书、班长，二营五连排长，三营七连副政治指导员；江西省军区警卫营二连政治指导员；江西省军区司令部政治处干事；福州军区政治部干部调配处正营职干事、科技干部处副处长；南京军区福州总医院政治部副主任（正团职），上校军衔。1994 年 10 月转业到福建省烟草局、福建省烟草公司先后任科技教育处副处长兼教育培训中心副主任、人事劳资处处长、副巡视员（副厅级）兼人事劳资处处长、思想政治工作处处长、机关党委副书记、机关工会主席；2006 年 8 月任福建省烟草专卖局、福建省烟草公司副巡视员（副厅级）。

李正南

李正南，1931 年 9 月出生于长康镇联合村石灰冲。中共党员。湖南省第七届人大代表，曾任岳阳市人大常委会副主任、党组副书记等职。1949 年 9 月参加革命工作。1950 年 2 月加入新民主主义青年团，并担任湘阴县城北区武装部副部长。1952 年参加整修南洞庭湖，任湘阴总队七大队大队长并立功二次。1953 年 3 月由武装部转地方工作，任湘阴县白临区副区长、区长。1954 年加入中国共产党。1955 年开始担任湘阴县人民政府教育科科长、西林乡党委书记、湘阴县工交科科长、工业局局长。1959 年 9 月调湘潭地委工改办任副主任、地区农具所所长。1960 年任湘潭专署行政科科长。1962 年任湘潭行署工业局副局长。1964 年任岳阳地区工业局副局长，兼任地区氮肥厂厂长、党组书记和地区磷肥厂革委会主任、书记。1975 年任岳阳地区计委副主任，地区经委主任、党组书记。中共岳阳地委委员。1988 年任岳阳市人大常委会副主任、党组副书记。湖南省第七届人大代表。1994 年离休。

胡罗涛

胡罗涛，1946 年 8 月出生于湘阴东塘镇东塘村。大专学历。1964 年 12 月参加工作，1966 年 3 月加入中国共产党。1965 年 3 月至 1979 年 5 月在军队服役，先后任通讯员、文书、班长、连长、团军务股副股长、师军务科参谋、营长、团副参谋长、参谋长、副团长。1979 年 9 月至 1990 年 8 月先后任平江县人武部副部长、岳阳军分区司令员、党委副书记。1990 年 9 月至 1995 年 8 月任岳阳市委常委、岳阳军分区司令员。1995 年 9 月起先后任岳阳市人民政府副市长、岳阳市人大常委副主任。

朱茂松

朱茂松，1931 年出生于望城区茶亭镇朱家冲，1936 年为避日军定居界头铺（今金龙镇）大星村。现为民主促进会岳阳市委名誉主委、岳阳市诗词学会及岳阳市楹联学会名誉会长。

1950 年参加教育工作，先后在湘阴县二区的大中、华中、玉华等乡小学和三十四完、二完、十完任教。1956 年考入湖南师院。1958 年在湘阴三中任教。1959 年下半年在湘阴二中任教。“文化大革命”中被划为右派。1969 年年底被送回原籍界头铺大星村劳动改造。1978 年 3 月在汨罗一中任代课教师。同年 6 月平反复职。1980 年调入岳阳师范任语文教研组组长兼岳阳地区语文教研会副会长，后任岳阳师院副校长（分管教学）。1986 年调岳阳市政协，先后任副秘书长、文史委主任、专职副主席。

朱茂松 1982 年加入中国民主促进会，先后任民主促进会岳阳市第一届副主委、第二、三届主委。曾任湖南省政协第六、七届委员，岳阳市人大第一届常委，岳阳市政协第一、二、三届常委。1992 年 12 月任民主促进会第九届中央委员。出版了《后调集·朱茂松诗词联文选》和《续集》。主编《楹联天地》被中国楹联学会批准为中楹联会刊。

郭健康

郭健康，1949 年 10 月出生南湖洲镇赛马村。湖南师范大学法学院函授政治专业毕业。1971 年 2 月参加工作。1971 年 6 月加入中国共产党。历任湘阴二中教师、湘阴县教育局干事，湘阴县杨林寨公社党委秘书、副书记、民新公社党委书记；洞庭区委副书记、区长、区委书记，湘阴县农委主任兼党组书记，湘阴县委常委、县政府副县长、县委副书记。1997 年 1 月任华容县委副书记、华容县政府代县长、县长。1997 年 10 月至 2001 年 2 月，任中共华容县委书记。2001 年 3 月任岳阳市人大常委会副主任。2003 年 1 月任岳阳市人大常委会副主任，党组副书记。

司马德坤

司马德坤，1949 年 2 月出生于文星镇长岭村。大学文化。1970 年 4 月加入中国共产党。1971 年 4 月至 1973 年 10 月任湘阴县电信局党组成员、团总支书记。1973 年 10 月至 1981 年 1 月任湘阴县白泥湖公社革委副主任、党委副书记、管委会主任兼武装部部长。1981 年 1 月至 1982 年 2 月在岳阳地区干训班学习。1982 年 2 月至 1984 年 9 月任湘阴县六塘公社党委书记。1984 年 9 月至 1987 年 5 月任中共濠河区委书记。1987年5月至1988年9月，任中共湘阴县委常委、县委办公室主任。1988年10月至1993年10月，任国营屈原农场党委副书记、场长。1993年10月至1998年5月，任云溪区区长、区委书记。1998年5月至2000年3月，任岳阳市委农村工作部部长兼岳阳市政府农村工作办公室主任。2000年3月至2002年2月，任岳阳市人民政府助理巡视员。2002年2月至2008年1月，任岳阳市政协副主席。

戴新果

戴新果，1954年8月出生于湘阴六塘乡。函授本科。1979年12月加入中国共产党。1977年任湘阴县六塘公社理论辅导员。1978—1980年任湘阴长仑区文教办干部。1981年1月任湘阴县教育局计财股干事。1983年3月任湘阴县教育局办公室主任。1984年1月任湘阴县教育局副局长。1984年9月任湘阴县委办公室调研科科长。1985年9月任湘阴县委办公室副主任。1986年9月入湘潭大学中文秘书专业学习，1988年7月毕业。1989年5月任湘阴县司法局局长、党组书记。1991年7月任中共湘阴县委组织部副部长。1992年任中共湘阴县委常委、宣传部部长。1994年12月任市委党校第一副校长（主持工作）。1996年7月任市委党校校长。其间1994年8月至1996年12月，在中央党校经济管理专业本科函授学习并毕业。1996年3月至1998年6月，中山大学岭南学院财政金融业研究生课程班结业。2001年12月任中共岳阳市委副秘书长、市五届人大常委。2003年3月任岳阳市教育局长、党组书记。2005年4月任君山区委书记。2008年1月任岳阳市政协副主席。

张振彬

张振彬，1954年12月出生于湘阴县。1978年12月参加工作。1973年1月加入中国共产党。湖南大学工民建专业毕业。1978年12月至1987年2月任湘阴建筑设计室设计员、主任。1987年3月至1990年12月任湘阴县建委副主任、建委副主任兼县环保局党组书记、局长。1990年12月至1992年12月任湘阴县建委主任、党委书记。1993年1月至1996年9月任湘阴县副县长。1996年9月至2008年1月，任岳阳市建委副主任、工委委员；市建委主任、工委书记；市建设局党组书记、局长。2008—2012年12月任岳阳市政协副主席、党组成员。

彭先政

彭先政，1962年9月出生于岭北镇合兴村。湖南农学院植物保护专业毕业。1984年加入中国共产党。1985年作为湖南省委组织部选调干部到平江县三市乡任副乡长。1987年选拔前往浙江省奉化市方桥镇挂职锻炼，任镇长助理。1988年8月任平江县爽口乡党委书记。1992年1月任平江县政府办党委委员、办公室副主任。1993年1月任平江县委委员、县委农村工作部部长、农经委主任、农办主任、党委书记。1996年6月任中共平江县委常委、组织部部长。2001年4月，任平江县委副书记兼县委党校校长。2004年12月任中共平江县委副书记、县人民政府县长。2006年12月任平江县委书记。2013年1月岳阳市人大常委副主任、岳阳市总工会主席。

汪德辉

汪德辉，1940年9月出生于湘阴南湖洲镇新坪村。大专文化。1958年6月参加工作。先后任湘阴县供销社人事科干事、县委组织部干事、中共汨罗县委委员、共青团汨罗县委书记、汨罗县革委会政工组副组长，中共华容县委常委兼县委办主任、县革委会副主任、县委副书记、中共华容县委副书记、县政府县长。1984年元月任中共岳阳地委农村工作部副部长。1986年7月任中共岳阳市郊区区委书记兼人武部第一书记。1989年11月任中共岳阳县委书记兼县人武部第一书记。1993年6月任岳阳市政府助理巡视员。

汤建新

汤建新，曾名汤连科，1921年11月出生于新泉镇月中村。1938年参加远征军部队赴印度、缅甸、中国云南等地抗击日军。1945年抗日战争结束后，随部队转编入中国人民解放军，服役晋察冀三纵队七旅补充团任文书。1948年任中国人民解放军补训兵团参谋兼教员。1949年任华北军政大学二总队军事干事。1950年任中国人民解放军绥远军政干部学习团参谋处参谋。1951—1964年中国人民解放军济南军区洛阳步兵学校任主任教员，少校军衔。1956年荣获国防部授予的解放勋章。1964年9月转业湘潭地区行署体委，任党组书记、副主任等职。1982年在原湘潭地区体委离休，享受副厅级待遇。1998年4月病逝。

（二）

刘继贤

刘继贤，1948年10月出生于岭北镇铁南居委会。现任中国人民解放军军事科学院副院长，中将，高级研究员，博士生导师，国家有突出贡献的中青年科学技术管理专家。

1965年5月参加工作，1968年2月应征入伍。1969年2月加入中国共产党。入伍以后，历任海军南海舰队护卫艇水兵、副班长、班长、枪炮长、副艇长，大队、水警区、基地、舰队机关的作战参谋、政治干事、党委秘书、副科长，军事科学院办公室秘书，科研指导部综合计划部副部长（副师职上校），部长（正师职大校），科研指导部副部长（副军职少将），军事百科研究部部长（正军职少将），军事科学院副院长等职，还兼任过总参谋部专家组成员，总装备部科学技术委员会委员，中国军事科学学会常务理事、军制分会会长，中国军事法学研究会常务副会长，军事科学院学位委员会秘书长，《中国军事百科全书》编审室主任，《中国军事志》指导小组办公室主任，全军哲学社会科学规划办公室主任。2008年7月晋升为中将军衔。2013年3月当选为政协第十二届全国委员会常务委员。

他先后就读并毕业于海军舰艇学院、陆军参谋学院、军事学院、国防大学。他先后到印度、泰国、孟加拉、新加坡、日本、韩国对其军队进行考察，多次接待美国、英国、俄罗斯、朝鲜、越南、巴基斯坦等国来访的军事代表团，共同研讨军队建设和作战问题。

多次参加并完成海军舰艇编队远航训练和海上联合演习，以及保卫海上安全巡逻警戒和抢险救灾等任务；多次主持或参与国防和军队重大问题的对策研究、规划计划的论证和条令条例的编写，以及军事科学体系的设计、《军事百科》和《军事志》的编纂。主编及合作撰写军事著作20余部；主持或参加起草研究报告30余份，组织或参与编写条令条例10余部；撰写出版《论毛泽东军事思想》《军事科学与未来国防》《军事理论与未来作战》《军事科学研究与管理》《论军事百科》《军事科学研究教程》《军事科研管理教程》等著作7部，发表学术论文170余篇。其成果多次获"国家图书奖"，中宣部"五个一工程"奖，军委总部及军事科学院科研成果奖、图书奖和教材奖。他曾荣立三等功2次，获嘉奖多次。他还组织编写了55本军事学研究生系列教材，培养了20余名硕士研究生和博士。

多次具体组织召开全军军事科研工作会议、全军军事百科工作会议和全军军事志工作会议，以及"毛泽东军事思想研讨会""邓小平军事理论研讨会""江泽民国防和军队建设思想研讨会""军队现代化建设与改革研讨会"。还经常参加国家和军队组织的学术活动，发表了许多重要的理论观点。他是中央党校、国防大学等院校的兼职教授，为学员讲授国家安全与军事战略问题。

龙义和

龙义和，1954年11月出生于岭北镇水产村，军事学教授，少将军衔，曾任湖北省人大十一届常务委员会委员、中国共产党广州军区第九次代表大会代表、中国人民解放军湖北省军区参谋长、省军区党委常委、省军区司令部党委书记、省国防动员委员会秘书长、省征兵领导小组副组长兼征兵办公室主任等职。现任广西壮族自治区常委、广西军区司令员。

1972年12月参加中国人民解放军。1974年6月加入中国共产党。历任广东省肇庆军分区警通连战士、收发员，广州军区步兵学校训练部兵种教研室教员，桂林陆军学院训练部电教处参谋、教员，教务处参谋，函授处处长，教务处处长。1992年起历任桂林陆军学院教务部副教务长（副师职）、教务长、学院副院长（正师职）兼教授、院长兼教授、广州军区综合训练基地司令员。2007年调任中国人民解放军湖北省军区参谋长（副军职）。2008年8月被授予少将军衔。2011年3月至2011年11月任广西军区司令员、党委副书记。2011年起任广西壮族自治区党委常委、广西军区司令员、党委副书记。为第十二届全国人民代表大会代表。

先后在军内外报刊杂志上发表文章50余篇，出版著作3部，获全军科技进步奖4次，优秀训练改革成果奖10次，先后牵头组织完成4项总部、广州军区重点课题。创建的"科技练兵四会教学的组织与实施"在广州军区推广，并参加了全军科技练兵成果展；"渡海登岛400米障碍"有效解决了内陆部队陆上模拟抗眩晕训练的难题，获三项国家专利和全军科技进步二等奖，并被列入总部新《军事训练与考核大纲》在全军推广；提出的构建"三种培训模式"、建设"四种培训基地"、形成"三个训练中心"的办学思路，受到广州军区机关业务部门和有关专家的认可；主编的《连队军事训练指南》得到了部队的好评；撰写的《新世纪新阶段我军创新的治军思想》被评为全军首届优秀政治理论成果评选二等奖。

王定放

王定放，1957年8月出生于南湖洲镇杨家坝村。大学文化。中共党员。1976年应征入伍，历任战士、班长、排长、副指导员、指导员、政治教导员、政治部主任，第二炮兵第96旅政委、第二炮兵政治部干部部部长。2009年任第二炮兵55基地政治部主任。2010年任第二炮兵22基地政治委员，7月晋升为少将军衔。2012年任第二炮兵56基地政治委员。

陈正烈

陈正烈，1958年5月出生于湘阴，是红军高级将领陈毅安烈士的孙子。硕士研究生。1976年2月入伍。1978年3月加入中国共产党。19762月第二炮兵通信总站战士。1978年3月至1982年3月在第二炮兵技术学院（全日制本科）就读。1982年3月任第二炮兵驻200厂军事代表室军事代表。1987年7月至1997年8月，先后任第二炮兵司令部参谋、工训处副处长、正团职参谋、处长。2000年3月任第二炮兵装备部处长。2001年11月任第二炮兵96819部队高级顾问（副师职）。2002年9月至2005年8月在哈尔滨工业大学（全日制硕研）就读。2005年6月任第二炮兵装备部某部副总工程师。2008年10月任第二炮兵96819部队副部队长。2013年2月任第二炮兵96251部队副总工程师（副军职），2014年7月晋升少将军衔。

黄林异

黄林异，1943年9月出生于湘滨镇栗塘村。解放军军事法院副院长，军事法学研究会会长，兼任中国法学会刑法学研究干事。中国人民解放军少将。1961年7月入伍，1962年8月加人中国共产党。历任空军飞行学员、保卫干事、法院审判员，解放军法院审判员、副庭长、庭长等职。长期从事军队政法工作和军事刑法的研究工作。组织参加了《刑法》分则中《危害国防利益罪》《军人违反职务罪》两章的起草工作。参与撰写《中国新刑法学》等多部著作。

陈志良

陈志良，1950年出生于新泉镇月中村。现任广州南方医科大学（原第一军医大学）附属南方医院药学部主任、教授、主任药师、博士生导师。兼任广东省药学会医院药学会主任委员、广东省药学会副理事长、解放军药学会副主任委员、中国药学会军事药学会副主任委员、国家新药和自然科学基金评委、广东科技进步及科技成果评审专家、广东省医疗等级事故鉴定专家组专家等，享受国务院特殊津贴，是国内外知名的药学专家。

他1970年应征入伍，后被选派到第二军医大学药学院深造。1979年毕业后回南方医院药学部工作，参与“三九胃泰”“壮骨关节丸”“正天丸”“生胃宁”“尿毒症”等新药研究。1993年作为课题负责人主持超声造影研究。第一代超声造影剂“东冠注射剂”的研究。1994年研制的“尿毒清”新药，获国家新药基金资助。1997年获全军科技进步二等奖。2001年获国家二类生物制品新药证书和生产批文并成功转让，获第一军属大学123万元重奖。2002年，他主持研究的“5%的血白蛋白造影剂”，获国家生物制剂二类新药证书，并进入生产投放市场。他主持的国家重点攻关项目FCT—188白蛋白微球研究，为广东省高科技重点资助项目并获国家新药基金、自然科学基金资助。获国家一类新药证书。2004年，他主持研究的“用于制造超声诊断造影剂的制备液及其制备造影剂方法”，获中国优秀专利奖，填补了中国心脏B超造影的一项空白。30多年来，他先后获得广东省丁颖科技奖、国家科技进步二等奖、广东省科技进步一等奖、国家科委和中国药学会医院优秀管理奖、首届中国药学发展基金提名奖、首届中国药师周杰出新秀奖、世界医坛首脑才华奖，3次获全军科技进步二等奖，荣立三等功3次、二等功1次。他曾先后发表论文100余篇，主编、主审专著5部，其中2003年主编出版的《军事药学》是全国第一本用于军事方面的药学书籍。

潘绍山

潘绍山，女，1949 年 6 月出生，岭北镇荆干村人。现任广州总医院护理研究中心主任、全国护理伦理学会副主任委员、全军护理专业委员会副主任委员、广东省护理学会副理事长等职。历任广州总医院学员、护士、护士长、护理部主任等职。

1969—1971 年，前往广东和湖南等省的山区参加乡村医疗队。1986—1990 年，在广东医学院承担了中国华南地区第一个全脱产的护理大专班的教学与管理工作，培养了大批高级护理人才。1991 年，走上了广州总医院护理部主任岗位。1994 年授予专业技术四级军衔。2001 年，主持创办了华南地区第一个现代护理研究中心。

她从事护理工作 40 多年来，在护理临床、教育、科研、管理等领域做出了突出贡献。先后 10 多次被军区评为"五好护士"、两次立三等功、一次立二等功。获科技进步奖 18 项、发表论文 60 多篇。主编的 84 万字的专著《现代护理管理学》，被中华护理学会特别推荐为全国现代护理培训系列教材之一。1998 年被评为"全军模范护士"。1999 年获广东省丁颖科技奖，这是广东省对科技工作者的最高奖项，是至今该奖设立 20 多年来护理领域唯一获奖的人士。2001 年被授予"全国优秀科技工作者"称号，2005 年授予专业技术三级军衔。

邓玉恩

邓玉恩，1963 年 9 月出生于南湖洲镇建民村。中共党员。硕士学位。少将军衔。1980 年 9 月考入中国人民解放军第二炮兵工程大学自动控制专业并入伍。1984 年 7 月本科学业后分配到第二炮兵某基地，历任排长、连长。1986 年 10 月加入中国共产党。1991 年 12 月调入军级机关工作，历任参谋、副处长、处长、副部长、部长、副司令员（正师）、西部战区参谋长助理。任职期间，多次接受任职培训，参加过第二炮兵指挥学院中级指挥培训、战役指挥培训、国防大学装备指挥培训、联合战役指挥员培训。2003 年 3 月获二炮工程大学航天工程专业硕士学位。多次参加重大军事行动和 2005—2007 年反"台独"应急作战准备行动，10 多次组织参加了导弹试验实弹发射和作战训练实弹发射，8 项科研成果获军队科技进步奖，3 次荣立三等功，多次受到嘉奖和通报表彰。

谭清泉

谭清泉，1956 年出生于湘阴县南湖洲镇谷贻村。高级工程师。第二炮兵某导弹旅导弹专家。2015 年晋升专业技术少将。

1976 年应征入伍，此后 38 年坚守在大山深处，带领测试分队官兵，反复修改操作规程，规范程序，探索实施并行作业、交叉作业、内容合并、减员操作等模式，使导弹测试时间大大缩短。期间 8 年中，带领官兵完成数个发射阵地、上千台件设备整修任务，确保阵地个个能用，设备件件优秀。

2014 年 4 月 15 日央视军事频道"军旅人生"栏目，4 月 18 日新华社、《光明日报》《解放军报》，4 月 20 日《人民日报》分别以《即使明天倒下，也要埋在导弹旁》《"铁肩"担起"大国长剑"》《导弹发射场的"定海神针"》《导弹阵地绝无儿戏》等为题对谭清泉扎根深山、攻克多项技术难题做了突出报道。

陈吉辉

陈吉辉，1958 年 10 月出生于南湖洲草湾村。中共党员。本科学历，大校军衔。1976 年 12 月应征入伍，历任广州军区炮兵第一师二十五团战士、排长、副连长、连长、参谋、副营长、营长等职。1995 年 5 月调四十二集团军炮兵第一师，历任教导队队长、侦查科科长、二十七团团长、师参谋长、副师长等职。2005 年 3 月代理第二炮兵靖宇合同战术训练基地副司令员。2008 年 8 月，任湖南省吉首军分区司令员。2010 年 6 月，任湖南省岳阳军分区司令员、中共岳阳市委常委。

在部队期间，参加了对越自卫还击作战、法卡山战役、靠茅山炮战、全军炮兵“快反”训练改革、科技练兵和炮兵数字化试验建设。1998 年 8 月参加长沙抗洪抢险。1999 年 7 月参加“广宇 997”演习。2000 年 8 月参加北京“砺剑 2000”科技练兵成果交流活动。2008 年 1 月参加韶关地区抗冰救灾；多次参加总部、广州军区、集团军组织的“广宇”“神鹿”“运筹”“战神”系列演习。一次荣立二等功，五次荣立三等功，多次受到上级通报表彰，所带部队连年被评为先进。担任军分区司令员以来，深入基层开展调研 80 余次，40 余篇调研文章被刊载和转发。

刘定康

刘定康，1957 年 11 月出生于石塘乡高山村。1978 年加入中国共产党。研究生学历。1976 年 12 月入伍。历任排长、团作训参谋、连长、副营长、营长。1987 年到 1989 年在宣化炮兵指挥学院学习，1988 年授予少校军衔，1990 年 9 月任 4l 集团军炮兵旅副参谋长、同年晋升中校军衔。1993 年在南京陆军指挥学院参加合同战术培训，1995 年 6 月任 41 集团军 123 师炮兵团团长、同年晋升上校军衔。2000 年 8 月任 41 集团军炮兵旅旅长、同年晋升大校军衔。2002 年参加了军事科学院硕士生函授班学习并结业。2003 年 10 月在第二炮兵指挥学院参加交叉培训。2004 年 11 月随中国人民解放军军事代表团赴泰国和马来西亚考察访问。2006 年 12 月国防科技大学学习高科技知识。2008 年 3 月任广西贵港军分区司令员，2009 年 5 月任贵港市市委常委，2009 年 9 月任柳州军分区司令员。刘定康先后撰写了 30 余篇学术论文，多篇文章获得全军军事学术一、二、三等奖。入伍后 11 次荣立三等功，其中有 4 次战功，被广州军区评为“优秀团长”、管理工作先进个人、装备管理先进个人、人防工作先进个人、文明标兵家庭，被评为全军“优秀指挥员”。

易仕和

易仕和，1965 年 5 月出生，湘阴静河乡人。现任中国人民解放军国防科技大学航天空气动力研究中心主任、教授、博士生导师，中国力学学会激波专业委员会委员，中国空气动力学学会流动显示专业委员会委员，中国空气动力学学会低、跨超声速专业委员会委员。

1984 年考入哈尔滨工业大学航天学院。1988 年毕业并获得学士学位，同年考入哈尔滨工业大学攻读硕士研究生，研究方向为新型相干激光雷达及其应用。1991 年研究生毕业并获得硕士学位，到国防科技大学航天技术系任教。1992 年被派到中国西昌卫星发射中心进行为期一年的锻炼和工作，在此期间参加了“亚洲一号”通信卫星的发射工作。1997 年考上中国科学院俞鸿儒院士和国防科技大学王承尧教授联合培养的博士研究生。2001 年获得国防科技大学博士学位。易仕和的博士学位论文《超声速自由旋涡气动窗口及其光学质量》被评为湖南省优秀博士学位论文，并获得了一笔丰厚的奖金。博士毕业后在国防科技大学留校从事科研、教学和管理工作。从1991年开始先后担任国防科技大学航天与材料工程学院助教、讲师、副研究员、空气动力研究实验室主任、教授、博士生导师等，为“全军优秀青年科学家”，中国航天科技动力研究的学科带头人。指导硕士研究生17人，指导博士研究生4名，负责了五届“军队高级干部（军级干部）高科技知识培训班”的部分实验教学工作，参与了包括中国第一位航天员杨利伟在内的国家航天员的部分训练计划的制定。作为课题主要人员参加了中国宇宙飞船“神州号”返回舱气动外形研制、战术导弹的研制和高超声速飞行器的相关研究。在相关基础理论研究方面，先后得到了国家自然科学基金、“973”国家安全领域重大基础研究项目、国防科学技术预先研究基金、“863”国家高新技术等项目的重要资助。相关的研究成果已在国内外学术界具有较大的影响。已出版学术专著《超声速自由旋涡气动窗口及其光学质量》和《实验空气动力学》；有3项科研成果获得了部级科技进步一等奖，3项科研成果获得军队科技进步二等奖，1项科研成果获得军队科技进步三等奖；1项发明专利获得国家保护。在国内外公开发表学术论文58篇。

周哲平

周哲平，1982年出生于三塘镇谢坪村。武警广东边防总队深圳特检站后勤处运输中队中队长。2012年12月20日，在深圳市罗湖区服役时，成功救下了一名情绪失控、从10多米高的人行天桥上纵身跳下的年轻女子。女子安然无恙，而他左臂脱臼、背部肌肉严重拉伤。先后被评为“2012年度感动广东十大人物”“湘阴县杰出青年卫士”。2013年1月被共青团湖南省委授予“湖南青年五四奖章”。2013年5月，在中央文明办主办的“我推荐、我评议身边好人”活动中荣登“中国好人榜”。2013年7月，确定为岳阳市第四届道德模范候选人。

（三）

王干梅

王干梅，1946年3月出生于湘阴县文星镇三峰窑。1965年9月考入北京大学经济系。1992年晋升为研究员，并获国家级有突出贡献专家称号，享受国务院特殊津贴。

1970年大学毕业后，由国家统一分配至贵州省岑巩县，先后在县商业局、县委宣传部任职。1979年考入贵州省社会科学院研究生院，攻读经济专业研究生课程。1981年毕业后留院从事经济研究，先后担任经济研究所助理研究员、副研究员、副所长、所长等职。期间，在中国生态经济学、发展经济学领域崭露头角，成为国内生态经济学科的学术带头人。

1994年6月调入广东省深圳市，先后任市政府国有资产管理办公室政策法规处处长，深圳市投资管理公司助理总裁、总经济师。2000年6月任深圳市高新技术投资担保有限公司（高新投）董事长、总经理，广东省高级技术职称评审委员会委员、中国国际高新技术成果交易会项目评审委员等职。在他的领导下，深圳市高新技术投资担保有限公司发展成为拥有10亿元资产、业绩突出、信誉卓著的优秀企业。“高新投”已成为全国投资担保行业的知名品牌，王干梅本人荣获“深圳市十大高级职业经理人”称号。

王明辉

王明辉，1931年出生，湘阴人。中共党员。湖南省中医研究院教授，著名中医学专家。原在湖南省人民医院内科工作，1958年参加第一届西医离职学习中医班，于1961年西学中班毕业，获中央卫生部一等奖，并留任湖南中医学院中医经典典籍《内经》的授课教师。王明辉调湖南省中医研究院后，从事医学文献、门诊、业务管理、临床、中药和中医基础理论及中医研究生教学等工作。先后主持并参与7项中医药科研课题，分别获国际、省部级科学大会成果奖；出版有关专著15本，其中5本已出外文版、海外版并获奖；先后在中央级、省级专业期刊发表医学论文150余篇，获优秀奖的近50篇；在海内外发表或电台播发医学科普作品450余篇；还完成了中医硕士研究生使用的有关《内经》教材上、下册。作品共计约600万字。

王历任省中医药研究院临床室主任、顾问，1984年晋升副研究员，1988年晋升研究员。先后被聘为湖南中医学院、河北中西医结合学院、江西南方性学研究所名誉教授、顾问，享受国务院特殊津贴。

王新强

王新强，1964年3月出生于湘阴青山岛镇，中共党员。湖南省水上运动管理中心教练，国家健将级运动员。1984年6月，王新强被选为湖南省划船队运动员。成为中国皮划艇最优秀的运动员，先后代表国家六次参加世界锦标赛、世界杯赛、亚运会、亚洲锦标赛。在国内外大赛中共获金牌13枚、银牌3枚。特别是在1990年第十一届亚运会上，技压群雄，勇夺金牌。

由于他贡献突出，国家曾给予通报表彰。湖南省人民政府曾为他记一等功，共青团湖南省委授予他“新长征突击手”“模范共青团员”的光荣称号。

左　禹

左禹，1952年8月出生，祖籍湘阴金龙镇新光村。北京化工大学教授、副校长、博士生导师。系左宗棠第五代孙，著名金属腐蚀与防护学专家左景伊之长子。先后任中国腐蚀与防护学会副理事长、国家自然科学基金第七、八届学科评审组成员，金属腐蚀与防护国家重点实验室学术委员会委员兼客座研究员，教育部环境断裂重点实验室学术委员会委员，《中国腐蚀与防护学报》编委，《材料保护》编委，中国科协第六届全国委员会委员，教育部第五届科技委员会委员等学术职务。

左禹高中毕业后，插过队，当过工人。1978年3月在甘肃工业大学金属材料专业学习，获工学学士学位。1982年在北京钢铁学院攻读理化系研究生，获工学硕士学位。1994年在北京科技大学表面科学与腐蚀工程系获博士学位，1989—1991年赴美国麻省理工学院材料科学与工程系作访问研究。回国后在北京化工大学任教，担任副校长，分管科研、学科建设、产业和大学科技园等工作。主要从事材料环境失效机理与检测技术及材料表面保护技术等方面的研究。近年来负责或参加了数十项各类科研项目，其中负责5项国家自然科学基金项目及多项部委项目。他先后在国内外学术刊物上发表论文140篇，主编或参编《材料耐蚀性及腐蚀数据》《化工机械工程手册》等出版物5部，获部级科技进步奖3项。1993年享受国务院特殊津贴，1997年入选国家百千万人才工程第一、二层次。2003年获中组部、人事部、科技部、教育部等六部委联合颁发的“留学回国人员成就奖”。

左 然

左然，1955 年出生，祖籍湘阴金龙镇新光村，江苏大学能源与动力工程学院教授、博士生导师。系左宗棠第四代孙左景伊（著名金属腐蚀与防护学专家）之次子。1973 年高中毕业后，先后在甘肃农村插过队，也当过工人。1982 年毕业于甘肃工业大学流体传动与控制专业，同年浙江大学同专业读研，主修电液控制系统与机械。1984 年 8 月硕士毕业后，赴美自费留学。在美国东北大学攻读热流体科学，先后获该专业机械工程师职称和博士学位。主要从事太阳能吸收式制冷系统试验和硅烷化学气相沉积薄膜制备的理论分析与数值模拟研究。1993 年回国后，进入清华大学工程热物理博士后流动站，从事熔体中晶体生长的对流与溶质分凝等研究。

1995 年调燕山大学从事教学与科研工作，先后任副教授、教授。1999 年 2 月至 2000 年 8 月在中科院物理所做高访学者，承担 863 项目航天飞机搭载桶热设计以及微重力气相输运闭管外延的理论分析和数值模拟。

2000 年 10 月赴加拿大访问回国后，调江苏大学任教，从事化学气相沉积生长过程中的传热传质分析、太阳能采暖装置、微电子器件液冷散热等研究，同时承担传热学、燃烧学、新能源等本科生课程教学，为江苏省能源研究会理事。先后发表 20 多篇论文。曾参与或主持国家自然基金项目“微重力环境材料液固、气固转变机理及相关输运过程”和“利用电晕放电控制化学气相沉积输运过程的探索”等。申请了太阳能热利用方面的两项发明专利。

左焕琪

左焕琪，1939 年 8 月出生。祖籍湘阴金龙镇新光村。华东师范大学教授。系左宗棠第五代孙。1961 年毕业于华东师范大学外语系英语专业后留校任教，从事外语教学与语言研究工作。历任华东师范大学外语系主任、国家考试中心主任兼主考、上海市英语高考改革研究小组组长等职。1980 年赴美国乔治城大学进修，获语言学硕士学位和博士学位。1988 年起在乔治城大学等几所大学任教并从事语言研究工作。主要著作和论文有《全国中学英语教学调查与分析》《外语教育展望》《上海市英语高考改革分析与修改方案》《大学英语口语》《外语测试的发展和改革》《进入 21 世纪的外语教育学科》等。1985—1987 年任国家教委一司与中学司联合主持的博士点科研基金项目——“十五省市英语教学调查”领导小组组长，其成果获国家科委重大科研成果奖。

左焕琨

左焕琨，1944 年 11 月出生，祖籍湘阴金龙镇新光村，左宗棠第五代孙。上海舞台技术研究所顾问，高级舞台设计师，国内资深舞台设计专家。

1967 年毕业于上海戏剧学院舞台美术系舞台设计专业。1971 年进入上海青年话剧团（现上海话剧艺术中心）担任舞美设计。1990 年进入上海舞台技术研究所担任舞台设计师，先后担任过上海东方艺术中心舞台设计工程的业主顾问、上海音乐厅移位工程舞台专业设备主持设计、上海科技馆二期项目工程《机器人剧场》艺术总监和《梦幻剧场》视觉艺术总设计。此后先后参与了上海、海南、福州、大连、东莞、武汉、大庆、合肥、绍兴、日照等省市 10 多个重要舞台工程项目的评审工作，如上海展览中心友谊会堂舞台设备改造工程、海南博鳌亚洲论坛会展中心工程、武汉大剧院舞台工程等。此外，还撰写了大量论文，其中《美琪大戏院改建工程舞台灯光和观众厅的综合设计》获上海市文化广播影视管理局科技论文三等奖。

石敦林

石敦林，1934年出生于南湖洲镇湘坪村。中共党员，中医主治医师。1954年参加南湖联合诊所工作。1957年任南湖联合诊所主任。1960年任胭脂乡卫生院党支部书记兼院长长达30年。1960年创办全国闻名的“三八卫生班”，中央人民广播电台、《人民日报》和《湖南日报》等媒体进行了宣传报道。石敦林在55年从医生涯中积累了许多宝贵诊疗经验，其奇方妙药救治了成千上万患者。1969年代表湖南卫生系统光荣出席了北京“十一”国庆观礼。

伏嘉谟

伏嘉谟，1912年4月出生于湘阴县武昌乡（今汨罗市黄柏乡）。1937年毕业于湖南大学政治系，后在第九战区长官司令部任少校秘书。1944年回湖南，任长沙《市民日报》社长。1947年任湖南地方行政训练团秘书长。1948年任国民党湘阴县党部书记长兼参议员。1950年4月去香港，同年8月去台湾。去台后，历任国民党公路部总干事，《大道》半月刊社长，“参选部”主任秘书，参事兼发言人，高等考试典试委员等职。1997年6月在台湾逝世，享年86岁。他在台文史界颇具影响，享有“湖南才子”“当代联圣”的美誉。著有《大道论文集》《清代科举与文官考试》《儒家思想与中国文化》等著作。

孙春台

孙春台，1958年1月出生于湖南湘阴。中共党员。湘阴县政协委员和岳阳市政协委员。1977年分配到湘阴青山林场工作。在林场，他发现许多杉树被白蚁伤害枯死，从此潜心研究防治白蚁的方法。从挖蚁洞治蚁到压烟灭蚁，不断摸索出了治蚁的有效办法，成为治蚁能手20世纪80年代以后，他又投身杨树天牛防治的研究，担任县林业局森防站测报员。他无偿传授防治白蚁和天牛的技术，培养了20多名专业灭蚁员和50多名森林测控技术员。他总结了防治森毛虫几种常见森林虫害最有效的方法，保护了20多万株杉木林，防治了5333公顷云斑天牛成灾林，保护了666.67公顷竹林和13333公顷四旁风景林。他的事迹曾在《湖南日报》《光明日报》等媒体报道。多次被评为湖南省和岳阳市林业系统先进个人、岳阳市劳动模范，还获得了共青团中央授予的“新长征突击手”称号。

刘　雄

刘雄，1969年出生于城西镇新月村，国际中学生奥林匹克数学竞赛金牌获得者。

1976—1987年先后就读于濠河新月小学、濠河中学、湘阴一中。1981年获岳阳市小学数学竞赛一等奖；1987年获第28届国际中学生数学奥林匹克赛金牌，使湖南在这个国际项目的竞赛中实现了零的突破。1987—1994年，在南开大学攻读学士、硕士；1994年6月，赴美国宾夕法尼亚大学就读；1999年获宾州大学计算机硕士学位，数学博士；现供职全美第二大银行美国北卡州夏洛特市一家银行，从事软件开发和编程等工作。

刘飞香

刘飞香，岭北镇人。中国铁建重工集团董事长，创业开发多项高端技术，主要产品盾构机在各大城市地铁建设中广泛运用。2007 年从武汉中国铁建系统调到湖南筹建集团公司。2010 年度荣获“中国工业经济先锋人物”称号。2013 年被湖南省企业家协会评为省优秀企业家。

刘克醇

刘克醇，名宜述，号景苏，别号惕庵，1927 年出生于岭北镇柳江村。湖南省中医药研究院副研究员，著名书法家、诗人和楹联学家，现为长沙嘤鸣诗社、岳麓诗社、长沙市诗词学会顾问，长沙市楹联学会常务理事，湖南省诗词协会理事等。

刘克醇先生幼读经史、笃好文艺，建国前夕，折而学医，从事临床、科研、教学等工作 50 余年，其事迹已载入《中国中医名人大辞典》。其诗文作品分别刊载广州《当代诗词》《长沙诗词》《嘤鸣集》《岳麓诗声》《湖南诗词》等。出版有《古今名联选评》《当代诗词点评》《中国对联宝典》《十家楹联选评》（合著）。其医案分别载在《湖南中医杂志》和湖南科技出版社出版的《奇效验案》中。其书法作品，有的刻于岳麓书院，有的刻于益阳裴公亭，有的刻于南岳大庙。又中国历史上第一个民办碑林——中国翰国碑林有碑刻二。湘阴文庙、河北汤阴岳武穆庙、湖南师范大学、湖南省图书馆、长沙市图书馆、湖南大学等，都有刘老的诗、联、题楹、条幅。

1988 年退休后，仍间常从事文艺工作，作品多次获奖。1990 年应广东省楹联家学会、羊城晚报晚会组合办马年春节威达杯征联获一等奖，该联为“梅柳渡江、乾坤增色，骅骝开道、岁月更新”。1990 年中央电视台春节联欢晚会上，高悬这幅春联。2008 年 8 月，湖南省诗词协会、湖南岳麓诗社和刘少奇故里管理局为隆重纪念刘少奇同志诞辰 110 周年联合举办全国诗词大奖赛活动，刘老作品获二等奖。

刘志醇

刘志醇，1941 年 12 月出生于岭北镇柳江村。中医主任医师，曾任湖南省荣誉军人医院党委书记兼院长。

1961 年 8 月录入湖南省中医学院（现更名为湖南中医药大学）。1966 年 8 月分配至湖南省荣誉军人医院工作，从医 40 余年。长期来一直身处临床工作第一线，专业理论根基深厚，临床经验丰富，深受患者欢迎，多次获得省、市卫生行政部门的嘉奖。

在几十年的医疗实践中，始终注重理论联系实际，凡属于中医内科、妇科、儿科等方面的疾病都刻苦钻研，勤于探索，特别对于原发性血小板减少性紫癜、再生障碍性贫血、风湿、类风湿性关节炎、心脑血管疾病以及小儿高热、胃肠道疾患等都有不少独到见解并取得了独特的疗效。曾发表《逍遥散的临床妙用》《治病必求于本浅议》《为中医现代化而奋斗》等相关专业文章数篇。

朱桂华

朱桂华，1941年出生于上海青浦县。1966年从上海水产大学毕业后，一直在湘阴水产局工作。40多年来，他潜心于淡水养殖事业。1984年6月调任县东湖渔场副场长。他还担任多种社会兼职，历任湘阴县政协第一、二、三届政协委员和县科协兼职副主席，湘阴县工程系列职称评委主任和岳阳市科协委员等职。湖南省优秀中青年专家。

1979年及之后的10年，他攻克了河蟹人工放流难关，荣获省农业厅科技进步三等奖。从1980年起，花费了9年时间研究填补了河蚌人工繁殖领域的空白，被授予湖南省科技进步四等奖。从1984—1988年，参与并主持全省鲫鲤杂交研究小组工作，在省内外推广养殖杂交湘鲫。之后，又主持名特优水产养殖开发，攻破了一个个养殖难关。特别是1984年以来，他与中国工程院院士、湖南师大刘筠教授等科研人员合作，研制创建世界上唯一能应用于生产，并能自然繁殖且遗传性状稳定的鱼类四倍体基因库。应用四倍体鱼与优良的二倍体鲫鱼和鲤鱼杂交繁育了不育三倍体鱼——湘云鲫（鲤），实现了世界上育种家们梦寐以求的愿望。该项目被列入国家“863”计划项目予以推广。其“三倍体鲫（鲤）的生产方法及设备”和“四倍体鲫的培育方法”两项技术已获国家专利，产品已注册“师湘”牌商标，拥有完全的自主知识产权。经专家鉴定认定该成果居国际领先水平，有重大的理论、应用和经济价值，获得省、市科技进步一等奖和国家科技二等奖。从1993年起，享受国务院特殊津贴，先后荣获“湖南省优秀中青年专家”“岳阳市专业技术拔尖人才”“湘阴县十佳优秀科技人员”等称号，并获得“岳阳市科技兴市奖”。1989年被聘为水产高级工程师。2000年成为全市唯一获得水产研究员级的高级工程师。退休后负责老干科协在望坪设立的科技示范点工作，专门从事草鱼抗病的研究和开发。

陈　宇

陈宇，男，1976年12月出生于湘阴县新泉镇秀池湖，中共党员，中学语文高级教师。现为中国书法家协会会员，中国人民大学胡抗美导师工作室成员，湖南省青年书法家协会副秘书长，岳阳市书法家协会创作委员会成员，湘阴县书法家协会副主席。书法作品先后在“全国第十一届书法篆刻作品展览”、首届“王冠杯”全国书法名家作品展、湖南省第五届艺术节美术书法摄影精品展、首届“容庚奖”全国书法大展、“墨韵湖湘”湖南省第二届教师书法作品展、首届“兰桂吉首”书法作品展、湖南省首届中青年书法大展等展览中获奖或入展。其撰写的《积健为雄大道宽》一文发表在《艺术中国》杂志上。是湘阴县文学艺术界以县本籍获入国展第一人，作品在中国美术馆展出。

杨　焕

杨焕，女，1984年6月出生于文星镇。2000年被岳阳市业余体校作为射击苗子选入并送湖南省体校培训。2002年顺利进入省射击队，多次代表湖南队在全国射击比赛中获得荣誉。2003年在河南举行的“通信杯”全国射击锦标赛上与全国射击名将刘英姿同场竞技夺得团体银牌。2008年2月进入国家队。2009年11月在山东参加全国运动会获得第6名。2010年3月4日，在墨西哥阿卡普尔科举行的世界杯飞碟多向靶射击比赛中夺得冠军。

杨　新

杨新，1940年出生于湘阴玉华乡华光村。著名美术史论家，书画鉴定家，故宫博物院研究员、副院长。国家文物鉴定委员会委员、中国文物学会副会长、中国美术家协会会员、中国书法家协会会员。

杨幼年好绘画，常以木炭涂于墙壁作人物花草树木，栩栩如生。1953年进入湘阴一中学习。1956年考入中南美专附中。1960年毕业后考人中央美术学院美术史论系。1965年调故宫博物院，从事古书画的陈列展览和研究，师从徐邦达、启功先生学习书画鉴定。1984年作为卢斯基金会访问学者，在美国柏克莱加州大学艺术史系讲学和研究中国美术史。1985年回国后提拔为故宫博物院陈列部副主任。1986年破格被国家文物局评定为研究员。首批享受国务院特殊津贴，并聘为国家文化局高级职称评审委员。1987年作为“中苏文化协会”专家出访前苏联。同年八月被文化部任命为故宫博物院副院长，主管全院业务工作。2001年退休后返聘。

杨新在美术史、书画和文物研究领域里耕耘不止，著作颇丰。主要著作有《杨新美术论文集》《扬州八怪》《中国画家丛书·项圣谟》《中国画家丛书·程正揆》《中国传统线画人物画》《中国绘画史话》《龙的艺术》《国宝荟萃》《中国绘画三千年》《故宫藏书文物珍品全集》等。此外还先后在美国、英国、日本、香港、台北、澳门、上海等地的学术研讨会上作学术报告并发表了大量论文，如《清代雍、乾时代宫廷绘画》《晚明政治对中国画坛的影响》《故宫博物院新人藏文物评价》《八大山人名号之谜及艺术特色》等。

杨　霞

杨霞，1965年2月出生于湘阴文星镇。舞蹈家。现任湖南省歌舞剧院副院长，省政协委员，国家一级演员。曾荣获湖南省新剧节目调演“优秀表演奖”、全国第五届中国戏剧节“优秀主角表演奖”、文化部第六届“文华表演奖”、全国第十五届戏剧“梅花奖”等。同时被评为文化部“优秀专家”、湖南省“优秀妇女”“当代湖南青年女杰”等。

1984年毕业于湖南省艺术学校舞蹈科，后分配至湖南省歌剧院工作。她排演的大小节目达百余个，演出1600多场次，观众达百万人次以上。20多年的舞台生涯，她塑造了许多艺术形象，如大型交响乐舞《长岛人歌》中的杨开慧、大型舞剧《边城》中的翠翠、大型歌舞《三湘杜鹃红》中的女战士、《长征颂》中的“英嫂”等等。1995年自编自演的双人舞《千万次的问》获省单、双、三舞蹈大赛专业组一等奖。1996年因工作突出，省政府给她记一等功。1996年因在大型舞剧《边城》中成功地扮演了女主角“翠翠”，获得文化部颁发的第六届“文华表演奖”。继而在1997年获得了第五届中国戏剧节“优秀主角表演奖”。特别是1998年获得全国第十五届“梅花奖”，此奖填补了湖南省舞剧界“梅花奖”的空白，为繁荣湖南舞蹈艺术事业做出了重大的贡献。2005年9月，获中宣部、人社部和中国文联授予的全国中青年德艺双馨文艺工作者荣誉称号。

杨慧丽

杨慧丽，1964年出生于南湖洲镇芷泉村。先后获得岳阳市“三八”红旗手、岳阳市“首届道德模范”、湖南省“民办教育先进代表”“全国残疾人自强模范”“全国特殊教育先进个人”等荣誉称号。杨慧丽从小患小儿麻痹症，落下高位截瘫，四肢只有左手能活动。1983年独自来到湘阴县城，用仅有的50元钱在县城大饭店（今广兴超市）左侧摆书摊。1990 年创办湘阴县第一家个体书店——友谊书店。1994 年创办湘阴县第一所民办幼儿园。2003 年 9 月出席中国残联第四次全国代表大会。2006 年申请新建湖南省大方广残疾人就业服务有限公司正式批准立项。

杨德森

杨德森，1929 年出生，湘阴县文星镇人，世界知名精神卫生专家，我国精神医学界著名学者、教授，行为医学创建人。1954 年 3 月于湘雅医学院六年制本科毕业。1959 年 9 月于本校精神病学硕士研究生毕业。后在衡阳医学院任教三年。1962 年后，历任湖南医科大学（现中南大学）讲师、副教授、教授、博士生导师、副校长、精神卫生研究所所长、世界卫生组织精神卫生专家顾问组成员、中国心理社会因素、成瘾行为与健康协作科研中心主任、国务院学位委员学科评议组成员、中华精神科学学会副主任委员、《中国神经精神病》杂志主编等职务。

杨德森是中国从事社会、心理因素与健康研究的开拓者，在湖南医科大学创立中国第一个行为医学科，使中国行为医学的临床和研究与国外处于同步水平。他坚持参与全国性戒毒、戒烟、戒酒活动，参与迷信心理研究，参与监狱罪犯社会心理因素的调查研究，为探索我国进入小康社会后面临的身心健康问题开拓道路。

1987—1989 年，受中华神经精神科学学会重托，主持制定了《中国精神疾病诊断标准》，结束了中国精神疾病诊断无统一标准、诊断任意性大和科学性不强的局面，获得国家卫生部奖励。在实现心理治疗本土化中，建立了中国道家认知治疗，对神经及精神应激障碍具有较好疗效。

他发起成立中国精神医学著作出版基金会，创建了湖南医科大学精神卫生系，培养出一大批高级医学人才。主编并出版的主要学术著作有：《中国精神疾病诊断与案例》《基础精神医学》《行为医学》《现代精神医学》《人格形成与人格障碍》等，共计 350 多万字。他撰写并发表学术论文 160 多篇，达 100 多万字。

吴 广

吴广，号再云轩主。1969 年 11 月生于新泉镇学园村。中国美术家协会会员、中国书法家协会会员、中华诗词学会会员、中国楹联学会会员、中国散文诗学会会员、中国诗歌学会会员、中国华文意味诗学会会员、广东省作家协会会员、中国书画艺术研究院深圳创作中心副主任兼市场部主任。1991 年年底服役于罗浮山某部，任放映员；1994 年考入解放军艺术学院文化工作美术系，后修中国语言文学、法学专业，研究生学历。1997 年任花都某部俱乐部主任；2000 年调驻香港部队，先后任文化干事兼俱乐部主任、指导员、文化干事、宣传股长。主要从事诗书画印创作，旁涉小说、散文、现代诗、戏剧、摄影创作等。

十余年来，先后创作各类文艺作品近万件（篇），在《人民日报》《美术报》《解放军文艺》《解放军报》《读者》十余家报刊杂志发表作品 800 余件；50 余件作品获省、军区、全军、全国书画展；4 次举办书画联展；其传略收入 8 部辞书；《96 中国人物年鉴》美术卷撰稿；有作品被国家文化部、故宫、军事博物馆、台湾、香港及新加坡、马来西亚等文化机构收藏。曾 1 次荣立二等功，7 次荣立三等功，4 次评为先进个人，还被广州军区评为“百佳十杰”青年军人。

吴志立

吴志立，1969 年 1 月出生于湘阴县鹤龙湖镇鹤龙村，中共党员，本科学历，主任编辑。曾任湖南省新闻美术学会副会长，系中国美术家协会会员、湖南省美术家协会理事、湖南省工笔画学会理事、湖南省青年书法家协会副主席，现任长沙晚报美术编辑。

1992 年湖南师范大学美术学院毕业分配到长沙晚报从事美术编辑工作，长期担任《视觉艺术》专版的责任编辑。有中国画作品《不朽之年》《长沙抢米风潮》参加全国展览。2012 年，大型历史画《长沙抢米风潮》入选“湖南百年”美术创作工程获银奖并被湖南省人民政府永久收藏。巨型中国画《好一群湖南人》在北京参加“湖南重大历史题材美术创作工程”并获银奖，作品被湖南省文联收藏并永久陈列于湖南省美术馆。

吴启煌

吴启煌，1944 年 9 月生，湘阴县文星镇人。高级工程师，三峡大学兼职教授。1962 年高中毕业，成为湘阴一中第一个考入清华大学的学生，就读于水利系河川枢纽及水电站建筑专业。1965 年毕业，先后在湖北通城水电局、咸宁地区水利局、湖北清江水电开发有限责任公司工作。曾任清江水电开发有限责任公司副总工程师，负责该公司建设技术与技术管理等工作。2004 年主编了《清江高坝洲水电站工程建设技术文集》，并著《高坝洲工程建设若干技术问题的处理与思考》。

吴建宏

吴建宏，1964 年出生于湘阴县文星镇，世界知名数学家。1978 年考入湘阴一中，读一年高中后考入湖南大学数学系。1982 年，提前毕业。同年考上研究生，两年后获硕士学位，接着考上博士研究生，1987 年毕业。成为中国最年轻的博士之一。2010 年任加拿大 York 大学教授。他曾在美国、加拿大、德国、捷克、奥地利、斯洛伐克等国家的 60 多个国际会议上作学术报告。2002 年在北京举行的第 24 届国际数学家大会上作学术报告，受到高度赞扬。1987—1988 年作为访问副教授，应邀赴美国田纳西州孟菲斯大学访问。1989 年以来先后在加拿大阿尔伯达大学及约克大学讲学并从事数学模型研究。曾获德国洪堡奖励基金、匈牙利科学院 P・Erdos 奖。他曾任加拿大应用数学协会第 14 届大会主席，主持加拿大国立研究所“数学生态”会议；曾参与组织在希腊举办的“国际非线性分析家大会”。是在中国举办的“国际生物数学会议”的组委会成员。先后在中国、美国、苏联、英国、日本、加拿大、波兰等十多个国家的国际杂志上发表了 170 多篇论文。研究专著 5 部。编辑会议论文集 6 种。近 5 年有 40 多篇论文被 SCL 检索。

吴建宏是加拿大应用数学资深研究主席、大西洋数学科学研究协会会员，NSERC 评选委员会成员，加拿大数学协会研究委员会委员，加拿大和应用工业协会董事会成员，加拿大应用与工业数学研究奖励委员会主席，德国洪堡研究员，匈牙利国际动力系统及在生物与医学中应用学术委员会成员，法国 PAU 大学博士、教授论文答辩委员会成员，加拿大约克大学数学与统计系教授、研究生部主任，中国湖南大学教授，是多家世界级数学杂志的编委。吴建宏第一个获得加拿大工业应用数学研究奖。现在他领导着传染病动力学、数据挖掘、无穷维动力系统和群生态方向上 4 个研究组。

沈 伟

沈伟，1968 年出生于文星镇。1977 年被湖南省艺术学校破格录取。1985 年分配到省湘剧院演武生。1989 年报考广州战士歌舞团，成为广东现代舞团首批团员。1994 年荣获中国现代舞比赛编舞及舞蹈表演第一名。之后，获得“尼可斯 / 刘易斯舞蹈实验室”奖学金赴美习舞。在美国五年，曾获尼金斯基国际大奖、国际舞蹈之星大奖。2000 年沈伟成立了舞蹈团。2008 年担任北京奥运会开幕式导演组策划和编导，创作了开幕式出场第一个节目现代舞《画卷》。同年，获美国迈克阿瑟“天才”大奖，并得到 50 万美元的奖金，成为国际舞坛名气响亮的舞蹈家。

何寿山

何寿山，笔名河山，1942 年出生于文星镇。世界知名画家。1959 年考入北京中央工艺美术学院。1964 年毕业于该院壁画专业，后在敦煌文物研究所从事装饰绘画的研究和制作。1975 年调中国美术家协会甘肃分会从事专业美术创作。1979 年为首都国际机场创作的大型丙烯壁画《黄河之水天上来》在《中国大百科年鉴》《人民日报》和日本的《朝日新闻》等报刊上发表。1981 年调湖南美术出版社，曾主持美术刊物《画家》的编辑出版及艺术创作与评论。1984 年人民美术出版社出版了其工笔画《鱼鸟》，在《中国壁画年鉴》上刊登了《楚魂》。1990 年赴美举办个人画展并讲学。以后又赴欧洲举办个人画展，并参观访问法国、意大利、比利时、卢森堡、荷兰等国的各大博物馆与美术馆以及古代文化遗址，从东西方艺术比较研究中提升和完善自己的艺术创作。出版的专著有《西域文化与敦煌艺术》《中国外装饰画集》《舞蹈·音乐·花神》《河山作品选集》等，其作品除多次在国内外展出外，有的还被博物馆及私人收藏。其名列入《中国新文艺大系》《世界名人录》等。

陈晃明

陈晃明，1931 年 3 月生，湘阴县金龙镇新塘村人。红军高级将领陈毅安烈士之子，著名光电工程专家、教授。

1949 年解放后，随母亲李志强到北京继续学业。1953 年加入中国共产党。1955 年从北京理工大学光电工程系毕业后，留校任教。历任北京理工大学光电工程系教授、中国北方工业公司高级工程师、中南机电产业集团高级技术顾问等职，为第四届全国高校光学学术委员会委员、美国 SPIE 光电工程学会会员。陈晃明在光学和光电工程领域的科研、教学成就卓越。尤其在广角航空照相和摄影测量物镜、球慕鱼眼物镜、高倍显微物镜、全息光学系统方面有精深研究，其中“光学自动设计应用程序”等多项科研成果获得国家奖励。代表性专业著作有《全息光学设计》《机械工程手册》（光学部分）、《英汉兵工词典》（光学部分）；俄文译著有《光学系统外形尺寸计算》《技术光学》；英文译著有《对称光学系统的象差》。此外还主编了《光学仪器设计手册》，发表学术论文 40 余篇，其中在美国发表 3 篇。

李清明

李清明，1965 年 4 月清明节生于湘阴湘滨镇买马村。暨南大学新闻系毕业。高级工程师、注册建造师、国家建设部一级项目经理。国家一级作家。中国报告文学学会会员，中国散文学会会员，中国作家协会会员、财经专栏作家。先后在广州军区部队和机关服役20年，历任部队文书、班长、新闻干事、政治指导员、党委秘书、《理论与宣传》主编、工程处长等职。后经商，曾任广州军区中人集团建设分公司总经理、第一军医大学中人分校董事长。2010年任广州军颐集团公司董事长、湖南清和源房地产开发有限公司董事长。

从1983年开始，在《花城》《美文》《读者》《作品》《广州文艺》《散文选刊》《散文海外版》《黄河文学》等报刊杂志发表各类作品200多万字。出版的作品集有《滚石上山》《梦起洞庭》《微雨独行》《股海无边》《寥廓江天》《清明复清明》等。有多篇作品获军队优秀文学作品奖、冰心散文奖、孙犁散文奖、“长江颂”散文奖、“我心中的澳门”散文奖等奖项，作品连续六年被选入《中国散文年选》《中国精短美文精选》《中国散文排行榜》《中国散文100篇》等各种选本。多篇散文被选入大学和中学语文阅读教材。水乡童谣《八哥与牛》获2014年湖南省优秀童谣一等奖。2014年7月，全国知名散文文学期刊《散文选刊》第6期在“实力散文家”栏目中，以15个版面的篇幅推出“李清明散文特辑”中《钓水鱼》《牧鸭》《金眼鸬鹚》等8篇散文作品。他的散文作品《牛铃叮当》入选浙江省语文高考试题现代文阅读部分，分值20分。

张　卓

张卓，1980年出生于文星镇。西南大学音乐学院毕业。2002年考入中国歌剧舞剧院后，成为一名青年女中音歌唱家。先后在北京、港澳、日本等地参加《阿依达》《拉美莫尔的落契亚》《花木兰》《瑶姬传奇》《杨贵妃》《罗密欧和朱丽叶》等歌舞剧目演出，参加了纪念邓小平诞生100周年文艺晚会、中央电视台文艺晚会、全国政协团拜会文艺晚会的演出。在芬兰YLE电视台夏季艺术节节目中是中国内地唯一登台的女歌唱家。她曾获全国“步步高杯”青年歌手大赛重庆赛区一等奖、西安“好猫杯”中国西部民歌大赛专业组银奖、中国音乐家“金钟奖”优秀奖、全国“推新人”大赛重庆赛区“十佳新人”称号、第十届全国青年歌手大奖赛“重视传媒杯”重庆赛区专业组一等奖等。

汪　鹏

汪鹏，1969年10月出生于湘阴县新泉镇荆苏村，中共党员，高级摄影师，一级武术师，国家武术专业六段。现为中国摄影家协会会员，中国武术协会会员，湖南省武术协会常委，岳阳市摄影家协会理事，湘阴县摄影家协会主席，地方志职业编辑。摄影作品《绿洲》获湖南省摄影大赛金奖、《大众摄影》二级佳作奖，《芦荡晨韵》获《中国摄影报》“美丽洞庭·生态湿地”影友擂台赛铜奖，另有100余幅作品在各类摄影比赛中获奖或入展，其全部获奖和发表的作品都取景于湘阴县境内。自幼随祖习武，2015年获全省武术先进个人。2016年获得湖南省第四届武术运动会成年组拳术金牌。2007年协编《新泉镇志》后，先后主编出版了《岭北镇志》《长康镇志》《南湖洲镇志》《玉华乡志》《三塘镇志》等5本乡镇志，其事迹被《湖南日报》以《有“志”者汪鹏》进行了报道。

周　勃

周勃，1932年1月出生于文星镇南横街。著名文艺理论家、湖北大学教授、系主任。1952年8月，周勃考取了武汉大学中文系。1956 年毕业后，分配到中国作协创委会工作，后又调到武汉作协任《长江文艺》编辑。1956 年 8 月发表的《略谈形象思维》一文对文学创作的特征作了探索和强调，是中国从理论上提出文学创作形象思维的第一人。

1972 年周勃被列为“文艺黑线人物”下放武汉文艺干校，后分配到武汉文艺部门工作。粉碎江青反革命集团后，周勃被调到湖北大学执教，任教授、系主任等职，并兼任湖北省文艺理论研究会理事长、文学学会副会长、社联委员、学术委员、社科院兼职研究员、硕士生导师、省作协理事、中国作协会员等。

柳思维

柳思维，1942 年 2 月出生，湘阴人，教授，博士生导师，知名经济学家。中国民主同盟会会员，湖南省政协委员，湖南省政府经济学顾问，享受国务院特殊津贴。

1970 年 7 月毕业于中国人民大学贸易经济专业后，分配到湘西自治州民族贸易局工作。1978 年 9 月至 1994 年 7 月先后调湘西自治州商业学校、湖南商业管理干部学院任教。1994 年 7 月调湖南商业学院任教。1992 年 6 月晋升教授。先后任湖南商业学院科研处处长、经济管理研究所所长、国家社科基金会评委、全国高等院校商业经济教学研究会副会长、湖南省社科联副主席等多种学术职务，系湖南省级重点学科企业管理学科首席教授、湖南市场营销专业学科带头人、湖南省现代流通理论基地首席专家、湖南商业学院首席责任教授。1998 年以来先后兼任湖南财经学院、湘潭大学硕士生导师，中南大学商学院博士生导师。

柳思维 30 多年来一直致力于我国市场经济、市场理论、商品流通及经济管理等问题的研究，先后在《经济学动态》《光明日报》等国家级和省级公开刊物上发表论文 280 多篇，出版《中国市场经济发展研究》《市场营销学》《企业无形资本》等著作 30 多部，主持和参与《环洞庭湖地带农村小城镇市场结构研究》等课题 20 余项，共获各类科研成果奖 30 多次。

1981 年，成为湖南唯一代表参加了全国商业经济理论研究会。1984 年被吸收为中国民主同盟会会员。提出的经济落后地区党政机构在岗人员比重过高的问题及建议，由省政府加按语转发全省，并上报国务院《送阅件》。

1996 年在省政协七届四次会议上作的题为《面向 21 世纪，实现“名牌强省”战略》的发言得到省委书记杨正午的当场批示。20 世纪 90 年代他就提出《关于建设湘北环洞庭湖经济带的几个问题》，证明了他的经济发展思路的前瞻性和独创性。柳思维撰写的《关于中部崛起的政策建议》得到了省委、省政府领导的高度评价。

胡　博

胡博，1977 年 10 月生于六塘乡茶木村。1993 年进入湖南省水上运动基地皮划艇运动队。1996 年参加第八届全运会男子 500 米单人划艇赛获第四名。1997 年进入国家队，参加全国锦标赛男子 500 米单人划艇赛获冠军。1998 年参加全国锦标赛男子 1000 米单人划艇比赛获冠军。1999 年参加亚锦赛男子 1000 米双人划艇赛获冠军。2000 年参加第九届全运会男子 1000 米双人划艇赛获第六名。2000 年进入武汉体院，2004 年退役，在湘阴县人民法院工作。

胡建国

胡建国，1950 年 9 月出生于新泉镇三合围。中共党员。外科学教授，博士生导师。湖南省心血管病研究所所长、湖南省心血管外科副主任委员、中华医学灌注学会委员、心血管外科研究室主任、中南大学湘雅二医院胸心外科主任、中南六省胸心外科学会委员。

1973 年毕业于湖南医学院。1974 年分配到湘雅附二医院外科工作。1981 年考入湖南医学院硕士研究生班，1984 年毕业获硕士学位。1986 年在北京中国医科院心血管病研究所进修一年。1987 年在美国杜克大学进修访问半年，在德国柏林心脏中心访问三个月，专修心脏移植和新生儿心脏外科。1991 年晋升为主治医师、讲师，1995 年晋升副主任医师，又破格晋升为教授、主任医师。1994 年开始享受国务院特殊津贴。

他长期工作在临床第一线，积累了丰富的临床经验。率先在国内开展了 Benttall 手术同时经主动脉口进行二尖瓣置换，房腔交界成形术治疗布加氏综合症。率先在省内开展新项目、新技术研究 40 余项，在省内首先开展冠脉搭桥术获成功，并使之成为常规手术；开展了急性主动脉夹层剥离升主动脉替换、全主动脉弓移植、肺动脉闭锁行心外导管手术、Senning 手术治疗完全性大动脉转位、主动脉瓣环增宽形成主动脉瓣置换、乳内动脉搭桥、保留全部瓣叶及腱索进行二尖瓣置换、自体心包三尖瓣再造成形治疗三尖瓣低位、右后外侧切口进行二尖瓣再次置换、预激综合症外科治疗、全隆突切除成形。他主持的食管异物致主动脉破裂大出血手术抢救获得成功。他还开展了非中断心肌供血进行心内直视手术，包括进行四联症根治、二尖瓣置换和全腔肺动脉连接等复杂手术，与传统阻断主动脉方法比较，术后低心排综合症明显减少，死亡率减低。采取综合措施减少手术用血量，体外循环手术围术期不输血者达 80%，减少了输血带来的一系列并发症，并能降低费用和缓解血源紧张问题。

1993 年主持胸心外科以来，使体外循环手术量由 1992 年的 269 台次 / 年升至近 2000 台次 / 年，死亡率由原来的 9.6%降至现在的 2%以下。

他主刀完成 1 例心脏原位移植手术（患者术后生活质量优并回到工作岗位）。他还完成了 I 例心肺联合移植手术（患者生活质量优），该手术病人成为全国此类手术病人成活时间最长者之一。他参加多项国家自然科学基金资助项目及深低温体外循环研究，并获国家科技进步二等奖、多项省部级成果奖，连续十余年获医院新技术一等奖，发表优秀论文 40 余篇。

郭道晖

郭道晖，1928 年 8 月出生，湖南湘阴文星镇人。著名法理学家、法治思想家，系中国推动“人权入宪”的第一人，是中国法学家中引领时代潮流的人物之一。他出身名门。伯曾祖父郭嵩焘是中国职业外交家的鼻祖，是中国第一个睁眼看世界的人。曾祖父郭嵛焘“其性耿直，博学多通”。曾祖父郭仑焘、伯曾祖父郭嵩焘、郭昆焘并称“湘阴郭氏三杰”。父亲郭德垂是早期北京大学工科毕业的老化学教员，在长沙很有名气。

1947 年考入清华大学电机系，投身反内战、争民主的学生运动，1948 年加入中国共产党，为清华大学电机系地下党组织负责人之一。中华人民共和国成立初期，他任中共清华大学党委常委兼宣传部部长。1957 年被错划为“右派”。1979 年平反后，调全国人大常委会法制委员会，从事立法实务法学理论研究，曾任法工委理论组长、研究室副主任。8 年后，调任中国法学会研究部主任。离休后，返聘为《中国法学》杂志社总编辑、编审、法学教授。他主编的《中国法学》被国家新闻出版署评选为全国六大优秀社科理论期刊之一。

75岁时，被聘为湖南大学教授兼《岳麓法学评论》主编，并担任中国法学会法理学研究会顾问、最高人民检察院专家咨询委员会委员、北京大学宪法行政法博士生导师组成员和公法研究中心客座研究员。他主编和撰写出版法学著作20余本。其中180万字的专著“法的时代三书”——《法的时代精神》《法的时代呼唤》《法的时代挑战》，被法学界认为是中国改革开放时期法学与法治启蒙的重要著作。

郭道晖教授还是国际法哲学社会哲学协会IVR会员，曾任该协会中国分会副会长，多次率团参加在德国、意大利、日本、韩国和香港的世界或亚洲法学大会并发表演讲。其著作被译为英、德、日、韩等国文字，在国外著名学术刊物上发表，颇受好评。

黄立宏

黄立宏，1963年出生于湘阴鹤龙湖镇金星村，博士生导师，享受国务院特殊津贴。湖南大学数学与计量经济学院院长、湖南数学家协会副理事长、中国农工民主党湖南省委员会委员。曾赴加拿大York大学访问。他一直坚守在教学、科研第一线，在国内外知名刊物上发表论文80多篇，有26篇被《SCL》和《EI》收录。在常微分方程、差分方程一、泛函微分方程定性理论及神经网络动力系统等领域的研究颇有成就。他先后获得机械工业部科技进步一等奖、二等奖和教育部科技进步三等奖，先后荣获机械电子工业部“青年教师教书育人工作特等奖”和“湖南省优秀教师”称号。有2项教研成果获“湖南省高等教育教学成果二等奖”。2003年获“第三届湖南省高校教育软件大奖赛三等奖”。还荣获教育部第四届高校优秀青年教师奖。2004年10月，获“第三届湖南省青年科技奖”。以后主持和参与了国家自然科学基金研究项目7项，省部级基金研究项目多项。主持承担国家自然科学基金研究项目1个，教育部优秀青年教师资助计划研究项目1个，教育部科学技术研究重点项目1个，高等学校博士学科点专项基金研究项目1个。筹备了第七届国际差分方程及其应用学术会议，并担任组委会主席和学术委员会委员。2010年主持承担的国家自然科学基金项目有具非光滑信号传输神经网络模型动力学研究以及神经网络非线性动力行为研究等。

黄金莲

黄金莲，1949年2月出生于新泉镇荆苏村。1969年任荆苏村大队妇女主任兼民主营长。1970年加入中国共产党。黄金莲多次带领女民兵突击队，历酷暑，冒严寒，和男同志一起战斗在“双抢”、冬修一线，成为闻名全省的“红旗手”和劳动标兵。荆苏大队妇女工作在她的带领下成为当时全地区、全省的典型。

1974年，年仅26岁的黄金莲当选为第四届全国人民代表大会代表。1975年1月14日，她在第四届全国人大会议湖南代表团讨论会上作了“胸怀朝阳干革命，妇女顶起半边天”的发言。此后，她到湘阴县工商局城关工商所工作。现已退休在家安度晚年。

龚谷音

龚谷音，1939 年出生，湘阴文星镇人。中共党员。国家一级演员。1954 年毕业于华中高级艺术学校后调任湖南省湘潭地区建设文工团湘阴分团、湖南省歌剧团、湖南省花鼓戏剧院演员，先后任艺术室副主任、演出团团长、艺委会副主任，并享受国务院特殊津贴。是全国第四次、第五次妇代会代表，湖南省妇联执委，湖南省第六次党代会主席团成员，省戏曲声腔委员会会长，全国戏曲声腔研究会会员，中国戏剧家协会会员，湖南省戏剧家协会理事，湖南省文化厅三胞联谊会副会长。1986 年她被评为湖南省优秀中年演员。1983 年随剧院赴美国华盛顿、纽约等地演出。

龚谷音曾饰花鼓戏《十五贯》中的苏戎娟，《谢瑶环》中的谢瑶环，《小姑贤》中的嫂嫂，《访友》中的祝英台，《包公误》中的皇后，《刘海砍樵》中的刘母，《刘三姐告状》中的费氏，《三里湾》中的玉梅，《向秀丽》中的向秀丽，《野鸭洲》中的李大妈等。还在电影《马铁腿外传》《葫芦晃悠悠》，电视剧《林中人》《回娘家》等影视剧中扮演主要角色和其他角色。

1992 年获全国戏曲小品比赛优秀表演奖。龚谷音在花鼓戏演唱方面，既继承了传统又吸收了各地方剧种演唱之所长，形成了自己独特的演唱风格。很多戏和唱段分别在中国唱片社及中央、省市广播电台灌制成唱片和录音带。

巢善宝

剿善宝（1925—2008），字蔚翁，出生湘阴。中共党员。地方文化名人，著名书法家、美术家、诗人、篆刻家。副研究员。历任湘阴一中美术教师、湘阴县文化馆馆长、罗城美术专科学校校长、中国书画函授大学岳阳分校副校长、湖南省书画电视中专校长、新苗美术实验学校校长、罗湘诗书画研究院院长、湘阴县人大代表，县政协常委。中华诗词学会、中国书法家协会理事，湖南诗协、书协第一届理事，湘阴县诗联学会名誉会长，湖南美术家协会会员、中原书画研究院艺术顾问、全国青少年书画评委湖南分会名誉会长、东方书画家协会常务理事等。擅长中国画写意、人物、花鸟、山水和书法行草隶篆，尤以草篆书及大写意人物见长，著有《甲骨文诗词选集》《长寿诗书画印选集》《巢蔚翁书画选》《蔚翁题画诗稿》《湖湘三百家》等。有作品为《中国当代著名书画家名作博览》收入和中国革命军事博物馆收藏。

蒋化龙

蒋化龙，1932 年出生于袁家铺镇沙湖村。著名骨科专家、教授、主任医师。1957 年湖南医学院医学系毕业。1965 年北京医学院研究生毕业。1981 至 1982 年留学德国。曾任北京大学人民医院骨科主任，研究生导师兼任国际截瘫医学会（IMSOP）、华裔骨科学会（CSOS）、欧美同学会（WRSA）、中华医学会及中国科协北京科普创作协会会员，中国康复医学会脊髓损伤专业委员会委员，《中国脊柱脊髓杂志》常务编委，《中国矫形外科杂志》编委，国家自然科学基金委员会（生命科学）评议专家、中国科学技术咨询服务中心专业委员会专家。

他擅长诊治各种骨科疑难病症，尤其对腰腿痛、腰椎间盘突出症、脊椎结核、骨肿瘤、先天性髋脱位、髋臼发育不良、复发性肩髌脱位、股骨头缺血性坏死、类风湿性关节炎及血友病骨科并发症等有独特的治疗方法，获得良好远期疗效；尤其擅长高难度骨科手术，如脊柱矫形矫正术、腰椎间盘突出症治疗、人工关节置换术、骨外固定与骨延长、骨肿瘤保肢及脑瘫手术治疗等；首创颈椎弓根脊柱侧凸体外矫正术。他曾总结110例颈椎弓根柱固定术的临床应用经验，发表学术文章，应邀参加并在匈牙利布达佩斯举行的第二届东西方联合骨科学术会议上作报告。协助国内17省市、自治区的110余家医院施行骨科新技术；参与骨病骨肿瘤的基础研究并取得新成果；创造设计云纹图诊断仪等多项医疗器械与设备，获部、省市级科技成果奖与专利7项。投影仪云纹图诊断仪为青少年脊柱侧弯普查提供了一项便捷工具，填补了国内一项技术空白。他多次参加国际学术会议交流。有专业与科普译著18本，发表论文70余篇。享受国务院特殊津贴。

蒋建新

蒋建新，1967年生于湘阴县文星镇蔡家巷。水上摩托艇运动健将。1986年9月，蒋建新在武汉举行的全国摩托艇女子B组OA级5千米环圈赛中，成绩86.730千米／小时，破全国纪录并获冠军。1989年9月在湘潭举行的全国摩托艇锦标赛中，她获女B-OA5千米单项第一名，获女B-OA10千米单项第二名。1991年参加在日本举行的摩托艇世界锦标赛中荣获亚军。

彭圣师

彭圣师，名鹄，号靖寰，另字慎思。1930年8月出生于玉华乡团山村彭家岭。旅美华侨，著名教育学博士、商人、著名侨务活动家。

彭圣师曾就读于团山小学、文家乡中心小学、长沙荣湾市小学。1942年毕业于衡阳仁信乡中心小学。1944年考入湘阴县立中学初五班。抗战胜利后，湘阴县中复校，转入师三班就读。后考入黄埔军校24期。毕业后历任排、连、营长、参谋、教官、科长、处长，并先后毕业于步校、参谋大学、军官外语学校及美国国防语文学院，并获得台湾师范大学文学士学位。先后在台湾中文化学院（中国文化大学）、东吴大学、国防医学院及铭传商学院（铭传大学）等大专院校任副教授。1969年上校官阶的他申请退役赴美深造。先后获得密苏里大学特殊教育硕士与哲学博士学位，应聘担任伊州大学副教授，后荣获联邦教育奖学金。在工作期间，又先后获得纽约市立大学中英双语教育硕士及西东大学教育博士学位。在美国期间，他先后从事经营零售、餐饮、速食、超市、国贸、旅馆、汽车、房地产投资开发等。首创“旅美湖南同乡总会”，出任副会长、会长。后创建“美东梅园总会”“美国中华文化促进会”，均出任创会会长。再创建“美国共和党亚裔总党部”，出任创党副主席。先后当选“美国华侨进出口商会”理事长，《纽约东方新闻报》社长及其他10余社团会长、理事长等职。每年至少率领两个“经贸投资访问团”回国，促进中美两国贸易与投资。同时，还多次邀请国内工商界组团访问美国，对祖国的经济繁荣作出了较大贡献。重视文化与教育，曾先后为43位国内留美学生作经济担保。1994年亲自率团出席北京人民大会堂《二十四史今注本》开笔典礼，并捐助人民币10万元。

谢炳煌

谢炳煌，1945年12月出生于湘阴县静河乡。计算机软件设计专家，美国纽约工业公司董事长。

1964年毕业于湘阴县一中后，考入哈尔滨军事工程学院，1969年毕业后分配到航天部卫星研究院，从事卫星整体设计工作16年，主要负责卫星研制、发射的计算机程序软件研究，先后参与过6颗人造卫星的研制、发射工作。

1986年，被航天部公派到美国纽约州立大学石溪分校（杨振宁母校）作访问学者，获博士学位。此后，他留在美国继续从事计算机软件研究，负责中美进出口贸易业务和为国家在外寻找融资合作伙伴的工作。他出资设立了“湘阴一中老教师奖励基金”。

葛辉群

葛辉群，1956年9月出生于青山岛镇上山村。大专文化。中共党员。1975年参加工作，先后担任过8年小学校长和民新乡、樟树镇妇联主任，樟树镇党委委员、党委副书记；白泥湖乡党委副书记、乡长；县粮食局党委委员、副局长；县档案局党组书记、局长。

1995年获全国妇联嘉奖令和湖南省妇联嘉奖。是年9月28日，葛辉群作为全省唯一的农村妇女代表参加了在北京怀柔举行的第四次世界妇女大会。

熊　郁

熊郁，女，1932年出生于湘阴县，中国人口学创始人之一。1947年毕业于湘阴县立中学。20世纪50年代初，考入中国人民大学计统系。1958年毕业后，长期从事国民经济计划统计工作。参加了中国社会科学院人口研究中心和中国人口学会的创建工作，为首任中国科学院人口研究中心人口社会室主任和首任中国人口学会秘书。20世纪80年代初，率先从事少数民族人口的研究，先后在国内外学术刊物上发表有较大影响的论著20余篇，其中《少数民族人口的发展》和《中国少数民族人口研究》等文章，在中外学术刊物上发表并转载。《我国少数民族人口死亡率分析》被国际知名的美国伊利诺斯州阿尔贡国家研究所《Population Index》转载。特别是她还承担并完成了1990年普查数据分析课题：《中国少数民族人口政策与人口发展》。

熊郁参与了“七五”国家重点课题《中国老年人口调查和老年社会保障改革研究》和《中国人口迁移与城市化研究》的组织领导工作。她主编的《老年人口与社会》获社会科学院优秀学术著作奖。其所著的《我国人口的差别迁移》也以中英文分别在国内外发表。由于在人口迁移变动研究方面取得的成果，曾被聘为马尼拉《亚太研究》中国地区编审。

熊郁还参与并主持了中国社科院“八五”重点项目“当代中国妇女地位研究”课题，该课题是联合国人口基金援华第三周期的一个项目，与美国东西方中心人口研究所合作进行。她主编的《面向21世纪的选择——当代妇女研究最新理论概览》专著，被学术界所推崇。她被推选为中国人口学会少数民族学术委员会委员、中国都市人类学会理事，并被聘为中华全国总工会女职工委员会委员。

熊　剑

熊剑，1961年3月出生于石塘乡七龙村，副教授。1980年7月参加工作。历任湖南省公安厅科员、副科长、科长、副处长、处长，《当代警察》杂志社副社长兼总编辑，湖南省公安文学艺术协会副主席、湖南省期刊协会副秘书长。2010年为湖南大学公共安全研究中心主任，专职副研究员，湖南大学《廉政研究》杂志执行主编，中国作协会员，中国法制文学会理事，湖南省书法家协会会员。

熊剑先后出版《悲壮橄榄情》《苦乐便衣警》《官场谋杀》《洞庭湖水文化研究》《老子行政思想新解》

等著作。《洞庭湖水文化研究》获省社科著作三等奖，《湖南省道路交通安全法制建设调查报告》获公安部好评。正在完成的课题有《城市基层社区社会不稳定因素及其治理研究》《老子廉政思想研究》。讲授《公共关系》《行政务实与案例》《演讲与口才》《房地产项目策划》等本科生和研究生课程。

蔡世平

蔡世平，湘阴石塘乡高峰村人。国家一级作家、著名词人，曾任《中华诗词》编委，湖南理工学院中国当代诗词研究所所长，中国当代诗词主编。现供职于国务院参事室、中央文史研究馆，任中华诗词研究院副院长。1980年开始文学创作，已出版散文集《大漠兵谣》《蔡世平散文》、词集《蔡世平词选》《南园词》，诗集《回忆战争》等。作品获国家和省级多种文学奖项。作品收入成人教育大学教材和中学生自读课本。2002年以来进行《当代归体词》创作。“蔡词”被誉为“词体复活的标本”“中华诗词延续与发展的一个可能性方向”。

蔡健清

蔡健清，1967年3月出生于南湖洲镇湘坪村。本科学历，中学高级教师，特级教师。1989年7月参加工作。先后在南湖中学、湘阴六中、四中、一中任教，担任教导主任、校长、党支部书记，2005年7月任湘阴一中党委副书记兼校长。系湖南省优秀教育工作者、和谐中国首届全国中小学校园文化建设百佳优秀校长、全国优秀校长等，曾被湖南省人民政府荣记一等功。

黎孝先

黎孝先，1928年出生于湘阴县六塘乡清水村。

1950年考入东北商业专科学校国际贸易系。1952年被选派到中国人民大学国际贸易专业读研。毕业后留校任教。1959年参与中央外贸部《我国外贸工作经验总结》一书的撰写工作。1960年评为讲师。1979年参加中国同联合国亚太综合会先后在上海、广州举办的“中国对外贸易经营管理座谈会”并作专题报告。

1980年应邀到美国加州大学洛杉矶管理学院（UCLA）给美国工商华界人士讲学并研讨发展中美贸易问题。同年秋任北京外贸学院国际贸易系副主任、党总支书记、系主任、校党委委员、校学术委员会委员和校学位委员会委员，先后被评为副教授、教授。由学校派遣或应外单位邀请为全国20多个省、市、自治区和国内20多所院校以及港、澳的一些机构讲学。先后在中央电视台、中央人民广播电台、中国教育电视台进行数十次电视和播音讲座，培养了大批外经贸干部和研究生。

他在国内外发表各类著作（含合作）近50部。其中《我国对外经济贸易的理论与实践》获1988年全国优秀图书奖，1989年与人合编的《对外贸易运输》一书被评为全国贸易行业优秀教材，并获外经贸部颁发的三等奖。1994年主编的《国际贸易实务》于1995年被评为全国高等学校优秀教材。

1981年6月被聘为海商法起草委员会委员。1983年中日共同编写《中日经济法律辞典》，黎被指定为中方编委并任经济贸易编写组副组长。1989年起被聘为中国国际经济贸易仲裁委员会仲裁员，后又被聘为仲裁员资格审查委员会委员。1990年以来一直任北京人才资源开发协会顾问。黎还先后担任北京国际贸易学会常务理事和副会长、北京对外经贸教育中心咨询指导委员会委员、北京市进出口企业协会顾问、北京市商贸学院高级专业技术职务评审委员会委员和北京市高评委等职。

（四）

王建民

王建民，男，1955年3月出生，汉族，湘阴新泉镇王家寨人。现任湖南华龙集团董事长。1970年，王建民高中毕业后，先后从事养殖、种植、建筑等行业。经过近20年的打拼，积累一定的资金他，毅然决定把多年在外打拼赚到的钱带回家乡进行新农村建设，他先后筹措近3000万元，拓宽硬化村级道路1.9万米、完成电网改造2.3万米、植树2万多株、修衬砌渠道5000多米、安装路灯200多盏、新建小学、敬老院各1所，大型文体活动中心1个，实行土地流转20公顷，农民群众行路难、农副产品运输不便、孩子上学、老人养老的问题先后得到解决，当地村民文化体育生活也得到丰富。同时还先后帮助200多名困难户脱贫致富。王建民的先进事迹得到干部群众的肯定，曾出席湘阴县第七、八届党代表、第十一届县人大代表，岳阳市第四届人大代表，湖南省第十二届人大代表，连续10年评为县、市优秀共产党员。2010年获评湖南省和住房与城乡建设部新农村建设先进个人、岳阳市新农村建设带头人等称号，2015年获评全国劳动模范，受到习近平总书记等党和国家领导人的亲切接见。通过多年的努力，王家寨村已成为国家宜居村庄和湖南省新农村建设示范村，该村如今道路宽敞、路灯明亮、树木葱茏、环境优雅，成为村民宜居、宜耕、宜游的好地方。他也成为当地干部群众艰苦创业、勤劳致富、无私奉献的好榜样。

王忠帅

王忠帅，1968年7月出生于新泉镇荷花村。1986年高中毕业。1996年起任湘阴县白马建筑工程有限责任公司经理。2005年、2006年连续两年获岳阳市“十佳经济新闻人物”、岳阳市“十大青年新闻人物”。2006年获“湖南十大杰出青年创业奖”、岳阳市“优秀青年企业家”称号。2007年获湖南省青年企业家“鲲鹏”奖。2008年获湖南省“五四”青年奖章。2009年评为岳阳市劳动模范。2010年、2013年获评“湖南省免费禁毒公益行为爱心个人”。多次评为湘阴县青年创业致富带头人、英才助学先进个人。

近年来，他多次为新农村建设、英才助学和慈善活动捐款800多万元，捐建乡村公路12条、敬老院6所，扶持特困五保户27户，赞助寒门学子36人。

刘习宜

刘习宜，1954年出生于岭北镇青泥村，大学文化。1971年参加工作。1979年任长沙港务局装卸队队长兼党支部书记。1990年任湖南省湘航航运总公司南京分公司经理。1998年任湘航航运总公司经理，党委书记兼上海湘航航运有限公司董事长。2007年当选为上海市湖南商会会长。2009年任湖南省八达物流有限公司董事长、湘潭顺通散货装御有限公司董事长、湖南振湘航运有限公司董事长。2010年2月被县委、县政府授予湘阴县首届杰出经济风云人物称号。

刘三明

刘三明，1946 年 11 月出生于岭北镇双合村。高级工程师，副师职退休。

1963 年 12 月应征入伍，在总后工建二零二团二营，先后任通信员、测量员、测量班长。1971 年 7 月任副连职技术员。1971 年 9 月保送到重庆后勤工程学院学习，获大专文凭。1974 年 6 月回团司令部任技术员。1979—1990 年调武汉军区总医院任副营职助理员、正营级助理员、副团职工程师、高级工程师。1991 年 9 月明确副师职待遇。1993 年 9 月退休。退休后到总参装备部保利集团华中公司房地产公司、湖北香喜土石方有限公司 (日本)、凯恩斯房地产开发公司 (香港) 搅拌站、湖北禾田建材有限公司任总经理。2005 年 6 月创建湖北大唐建材有限公司和武汉高力助剂有限公司，并任湖北大唐建材有限公司总经理，武汉市高力助剂有限公司董事长，武汉商品混凝土协会会员。

刘建新

刘建新，湘阴县人，1959 年 12 月出生，汉族，大学文化，1978 年参军，在对越南自卫反击战中荣立二等功。后转业到湘阴县房产局任副局长。1993 年下海创办湖南福湘木业有限责任公司任董事长兼总经理。2003 年岳阳市政府授予其"优秀民营企业家"称号；2004 年湖南省林业厅授予其"优秀森工企业家"称号；当年被当选为湘阴县政协委员、常委；2005 年 3 月被省政府授予"省劳动模范"；2008 年当选为省第十一届人大代表；2010 年 2 月获湘阴县首届杰出经济风云人物特别奖。

刘德安

刘德安，男，1968 年 8 月 16 日出生于南湖区赛头公社光明大队 (现南湖洲镇光明村)。大学文化，硕士学位。现任广东省东莞市湘华五金科技有限公司、东莞英伍电子有限公司、深圳市金冠诚机电有限公司、中科源科技有限公司董事长。

1989 年于湘阴县第四中学毕业后，开始学习电脑软件的开发与设计，并自修财务管理的相关课程。1992 年获得大专文凭，任日本西铁城公司中国区财务经理。2009 年于中国人民大学深圳研究院研究生毕业，同年取得英国威尔士大学 (Wales of University) 的 MBA(工商管理硕士) 学位。2001 年开始自主创业，注册成立了深圳市轶华五金制品厂。开业之初，公司员工仅 20 人，年营业额约为 300 万元。2005 年轶华五金制品厂更名为深圳市金冠诚机电有限公司，拥有员工 200 多人，年营业额达 8000 万元。由于公司业务的需要，于香港注册成立香港德安科技有限公司，负责国外业务的开发与拓展。同年注册成立深圳市中科源科技有限公司，拥有员工 500 多人，年营业额达 1.5 亿元。2011 年公司再次扩大规模，成立注册了东莞市湘华五金科技有限公司和东莞市英伍电子科技有限公司，厂房占地面积达 8 万平方米，员工人数超过 1000 人 (其中 30% 为湘阴籍人员)。2012 年营业额突破 4 亿元。2012 年，东莞市湘华五金科技有限公司被评为东莞市先进民营企业，成为东莞市清溪镇纳税十强民营企业。

杨坤全

杨坤全，1942 年 10 月出生于长康镇金辅村。1960 年大专毕业。1983 年在湘阴创办义丰祥实业有限公司，任董事长。第四届岳阳市人大代表，连续三届当选湘阴县政协常委和岳阳市工商联执委常委。1999 年被评为市级劳动模范。2010 年 2 月获湘阴县首届杰出经济风云人物特别奖。

杨坤全大学毕业后分配到新疆支边。1964 年回村任生产队长。1983 年注册办起义丰祥麻油厂并担任厂长。经过 20 多年艰苦创业，企业逐年壮大，2010 年公司拥有厂房面积 4 万多平方米，固定资产 8000 多万元，年生产能力 10 万吨，成为全省生产芝麻油、食用调和油、酱油等七大系列 100 多个品种的省级农业产业化龙头企业，产品畅销全国并出口印尼、日本等多个国家。公司先后荣获农业部创名牌重点企业、省重合同守信用企业、省百强民营企业、省质量管理奖单位。义丰祥产品连续多年评为“国家免检产品”。2008 年，义丰祥商标被国家工商总局评定为中国驰名商标。2009 年 6 月，义丰祥实业有限公司被湖南省政府授予“食品千亿产业突出贡献企业”，同年 11 月第七届中国食品安全年会评为食品安全示范单位，公司年上缴税费已达 300 万元。2013 年总资产 2 亿元，年生产能力 15 万吨。

杨坤全热心慈善事业和公益事业。从 20 世纪 80 年代起，先后资助 30 多名贫困学生圆了读书梦，安排 100 多名地方剩余劳动力和 10 多个特困户人员入厂就业。多年为修路建桥、水利设施建设捐资出力，为地方经济发展和公益事业做出了杰出贡献。

杨涌波

杨涌波，1970 年 8 月 21 日出生于长康镇金辅村三门杨，中共党员，大专学历，经济师职称，著名民营企业家。岳阳市人大代表，岳阳市工商联执委常委，湘阴县科协副主席。现任湖南省义丰祥实业有限公司董事、总经理。

1984 年入江西省轻工业专科学校学习。1986 年毕业后在湘阴县人民纸厂工作，曾担任车间技术员和车间副主任职务。1988 年入湖南省干部经济管理学院深造。1993 年开始到湖南省义丰祥实业有限公司工作，任公司董事，企业法人代表兼总经理。

在义丰祥实业有限公司工作期间，于 2001 年被湖南省人民政府授予“湖南省乡镇企业家”称号；2003 年荣获共青团中央、农业部“全国农村青年创业致富带头人”称号；2005 年被湖南省委组织部、省人事厅、省科技厅等评为“湖南省优秀农村实用人才”称号。

杨特鸿

杨特鸿，1950 年 10 月出生于长康镇金铺村三门杨。中共党员、高中文化。1998 年担任华康食品有限公司董事长。长期从事农副产品种植、加工、开发和推广工作，多次被评为县劳动模范，县、市十佳企业先进个人，农村致富示范户，并出任省辣椒协会副会长、岳阳市人大代表。2010 年 2 月被县委、县政府授予湘阴县首届杰出经济风云人物称号。

1998 年杨特鸿开创华康食品企业。生产出的香辣食品和调和油深受消费者青睐，畅销全国 20 多个省市，并打入日本、韩国等国际市场。2010 年企业占地 3．4 万平方米，有 4 条生产线，并在长湘公路边新征土地 5 公顷进一步拓展。公司评为省级重合同守信用企业、省消费者信得过单位、湖南 500 强企业、湖南省农业产业化龙头企业。产品和企业分别通过 IS09001 国际体系质量认证和绿色食品企业认证。其“华康”牌商标获省著名商标，产品获省名牌产品称号，获国家农业部食品博览会金奖。2015 年实现销售收入 9000 多万元。完成国家税收 200 万元。

杨特鸿先后捐款为 4 所学校改建危房，资助 6 名特困学生上学，为特困户捐款送物，为公司所在地乡村改造承担了很大的公益经费，为新农村建设做出了重要贡献。

陈友庚

陈友庚，1952年出生于湘阴白泥湖乡。1982年担任楠竹村党支部书记，为解决村民藠头销路困难，大胆试办藠头加工厂，头两年便获利20多万元。1996年，他将藠头厂扩大为楠竹山食品厂，两年内便获利30万元，企业也逐步扩大。1998年，他和从农校毕业的儿子自费到山东、浙江、广东等地考查，大开眼界，决心办一个全县农村一流的企业。1999年，引进资金500万元兴办华鑫实业发展有限公司并任总经理。公司主要加工藠头、刀豆、辣椒、萝卜、蔬菜等农副产品，年加工能力3000吨，安排农村劳动力500个，以楠竹村为中心，在全乡建立600多公顷出口创汇蔬菜基地，并与农户签订收购合同，提供种子和技术服务，村民纯收入人平达到9200元。他致力于社会主义新农村建设，投资近5000万元硬化、绿化、亮化村级道路11.6千米，兴办村企业8个，年创利税1200万元。陈友庚用于支持修路、抗灾、扶助困难户、五保户等公益事业的钱有70多万元。

2004年，楠竹村被评为湖南省农村全面小康示范村，确定为省长联系点。陈友庚多次被评为县优秀党员、市“十佳党支部书记”、优秀农民企业家、省科技示范户，全国“百家改革模范新闻人物”，全国乡镇企业家，被选为省市党代表。2005年被评为全国劳动模范。2010年2月被县委、县政府授予湘阴县首届经济风云人物称号。

陈胜南

陈胜南（曾用名陈胜难），祖籍湘阴县樟树镇，1963年12月出生，中山大学二〇〇五级EMBA，曾任广东五叶神集团总裁，现任广东知名大型企业大百汇集团董事副总裁、广东鼎燊云厨科技股份有限公司董事长。其社会任职有：深圳市盐田区总商会（工商联）副会长、深圳市烹饪协会副会长、深圳市湘阴商会总顾问。

陈胜南原在岳阳市政府机关工作，1993年辞去公职，赴深圳从商，是著名卷烟品牌“五叶神”的创始人之一。“五叶神”自1999年上市至2016年，累计为国家贡献税收逾300亿人民币。其中应用的具有企业自主知识产权的卷烟降害技术于2003年获国家科技进步奖。在“五叶神”品牌发展中，陈胜南创立的品牌球形营销理论，在业界具有深远影响，并多次成为大型专业论坛的演讲嘉宾。陈胜南同时也是书法家，先后师从刘炳森、刘文华、黄开稼等著名书法家。1993年之前在湖南工作期间，是湖南省青年书法家协会和岳阳市书法家协会的创始人之一，曾分别担任副主席和常务副主席。陈胜南也是中国书法家协会临贴展的重要策展人，并于2013年全额资助了首届全国临帖书法作品展，为推动中国书法艺术传承与创新做出了重要贡献。现为中国书法家协会会员、深圳市盐田区书法院院长。

陈德文

陈德文，1964年出生湘阴县。大学文化。国家一级注册建造师，高级工程师，全国优秀农民企业家。曾任县工商联合会副会长，县建筑协会副会长，县房地产协会理事长，县技术监督局理事，县信用联社理事，岳阳市人大代表，岳阳市建筑协会理事、质量协会理事、工程造价协会理事，湖南石塘建筑工程有限责任公司、湖南文泰房地产开发有限公司董事长兼总经理。2005年被评为“湖南省优秀项目经理”。

2006年被建设部授予农民企业家称号。2008年被县委、县政府评为慈善工作先进个人。2010年2月被县委、县政府授予湘阴县首届杰出经济风云人物称号。

至2010年止，施工现场未发生重大安全事故，在县内和省内打造出一批又一批精品工程，且与省交通职业技术学校合作，先后培训农民工1600多人，打造出一批较高素质的建筑队伍，促进农村剩余劳力向城市转移。公司的年产值也逐年上升，2006年提升至8000万元，2009年产值超3亿元，年创税收过2000万元。石塘建筑工程有限责任公司连续10年评为"建安杯"先进企业。陈德文先后为建设新农村、扶贫助教等捐资160余万元，多次评为英才助教先进个人和慈善先进个人。2013年陈德文被市评为最具社会责任感十佳企业家。石塘建筑公司和文泰房地产公司同获"学雷锋爱心100企业"。

汪凯炎

汪凯炎，1962年8月出生于湘滨镇余长村。1999年承包界头铺镇33.3公顷荒山野岭作为开发种养基地以来，坚持走"立体种养，综合开发"之路，栽种优质果苗6万株，开挖渔池8.7公顷，建年出栏3000头良种猪的养猪场一个，开发生态农业科技种植园20公顷，养殖园5.3公顷，天然氧吧林果浴场4.7公顷，生态休闲娱乐场3.3公顷，共创产值1790余万元，为当地提供就业岗位445个，带动附近农民增收200余万元。过去界头铺狮岭村没有栽种提子、樱桃等果树历史，汪凯炎艰苦创业为该村开拓了一条致富之路。当地乡镇每逢召开种养生产技术研讨会，他都参加并作种养生产技术的经验介绍，平时一有时间就主动帮助其他种养专业户，把自己多年积累的生产技术毫无保留地传授给他们，还自己掏钱复印资料无偿送给专业户。在他的带领下，该村133.3公顷荒山已全部种上了果树、药材等经济作物，收到了很好的社会、经济及生态效益。2008—2010年，汪凯炎先后赞助35万元拓宽村级道路，新建小学和敬老院。帮助村里40多户困难户脱贫致富，并无偿提供种苗、技术和场地，使每户年增加收入达1万元以上。资助湘滨镇邓叶等五名特困学生从高中到大学的费用近10万元。2014年实行"公司+基地+农户与科技、产供销一条龙"的经营模式，成为长株潭城市群高水平现代化果蔬园艺产业集聚区，优质绿色食品配送基地和特色农业旅游集聚区。

周建良

周建良，1962年出生于鹤龙湖镇潭堤村。大连振邦氟涂料股份有限公司董事长。

1979年超出高考录取分数线60多分被桂林陆军学校录取。从军后又进人中山大学法律系学习，毕业后在军事法院工作一段时间后，他又被部队派往海南等地从事企业经营管理工作。

1997年，周建良在大连创办了大连振邦氟涂料股份有限公司，使中国结束了氟涂料依赖进口的历史，也使涂料之王质优价廉成为现实。产品被国家科技部确定为国家级火炬计划重点项目，国家重点新产品。2000年以后，公司投入2000多万元的科研经费，建立了国内同行业最具实力的研发中心，申报了国家发明专利23项，还建起了博士后科研工作站。2004年4月8日，投资2亿元的年产万吨氟涂料的产业化基地正式投入生产，销售收入突破15亿元，利税3亿元，成为亚洲最大、全球第三的氟涂料生产企业。公司还拥有下属全资子公司或控股公司8家，分别设在大连、北京、湖南和广东，总资产已达3．88亿元。特别是2005年在北京奥运会体育场馆油漆涂料工程竞标中一举中标。周建良连续3年出资成功地举办了"振邦杯"2002—2004年中国十大科技进展新闻和世界十大科技进展的新闻评选，由500多位两院院士投票选举，此举在科技界引起了轰动效应。在发展民族工业的同时，他还筹办足球学院，为培养中国的足球人才做贡献。

钟光耀

钟光耀，1970年出生于三塘镇高仓村。1988年考取湖南师范大学美术系，专攻工艺美术。1992年大学毕业，先后到广州、长沙、株洲等地打工。10年打拼，积累了丰富的灯具设计、生产、营销等方面的经验。

2004年，钟光耀创立宏耀灯饰公司。总投资5000万元，2005年竣工投产，引进德国1400吨双机联动数控折弯机，斜剪生产线，全自动焊接机等先进设备。生产产品包括水晶灯、云石灯、客房灯、格栅灯、路灯、庭院灯等。

2010年，生产路灯40万盏，完成了工业产值1.2亿元，安排就业人员200多人，职工平均收入2万多元，先后为三塘镇、白泥湖乡、六塘镇、凤南乡、新泉镇、界头铺镇等乡镇和城关办事处捐出路灯500多盏（连同电缆线、线管），并包安装，总价值近400万元。扶助5名贫困学子去湖南师大学读书4年的学习生活费20万元。2012年获省城市照明行业协会工作模范单位。钟光耀历任省、市政协委员，县政协委员，县工商联副会长。曾多次被评为省、市、县优秀政协委员。

谭迪高

谭迪高，湖南省长康实业有限责任公司董事长，高级经济师，湖南省优秀民营企业家。先后当选为湘阴县第十二、十三届人大代表，岳阳市第四、五届政协委员，湘阴县第七、八届政协常委。湖南省政法监督专员，岳阳市工商联执委，湘阴县工商联副会长。

1985年8月创办湖南省长康芝麻油厂，任厂长、法人代表。1996年，企业完成公司股份制改造，成立湖南省长康实业有限责任公司，任公司董事长，法人代表。2003年创建岳阳长康福海油脂有限公司，2007年收购湖南兰岭茶叶有限公司，创建湖南兰岭绿态茶业有限公司。2009年，斥资在县工业园建设中南地区最大的调味生产基地。至2010年，公司资产总规模扩充到3.98亿元，产品由建厂之初的单一芝麻油扩展到食用植物油、酱油、醋、鸡精、料酒、茶叶等系列品种，畅销国内市场（含港澳地区），出口东南亚、欧、美等国际市场。2016年生产80个品种160种规格的产品。有机绿色食品认证数32个。兰岭绿茶进入全国名特优新产品目录。

公司先后获得“中华人民共和国进出口企业”“全国农产品加工业示范企业”“中国质量万里行荣誉企业”“湖南省金融诚信文明单位”“湖南省银行业协会重合同守信誉企业”“湖南省科技示范企业”等各类荣誉、奖项100多项。“长康”牌芝麻油、食用植物油、酿造食醋连续六年被国家质量监督检验检疫总局评定为国家免检产品，“长康”注册商标自1997年起连续五届获评“湖南省著名商标”，2006年9月被认定为“中国驰名商标”，成为岳阳市食品行业的第一家。

谭光辉

谭光辉，1975年11月出生，大学本科文化，中共党员， 经济师。1997年从湖南商学院毕业后，立志从商办企业，加入长康集团，经13年打拼，创造一系列名牌产品，打入国际市场。谭光辉注重社会效益、生态效益，实施“公司+农户”“企业+基地”的战略。2009年仅芝麻、油菜等经济作物种植一项，10万农户增收6000万元。他关爱民生，无私奉献，累计为地方交通设施建设、学校维修、慰问孤寡老人和特困户、支持希望工程等达到600余万元。2007年，谈光辉决心再创佳绩，整体收购兰岭茶叶有限公司；2009年又投入1.9亿元扩大再生产。2015年投入2000万元完成老厂酿造基地花椒油改扩建，鸡精车间、芝麻油车间、陈醋车间改扩建四大项目，填平“短板”。公司先后被评为全国农产品加工示范企业、全国食品行业质量效益型先进企业，中华人民共和国先进出口企业等。谭光辉成为全国质量管理优秀领导者、湖南省十大杰出青年企业家、省公共关系协会常务理事、省质量协会副会长、省商标协会副会长、省农业产业化协会副会长、省油脂工业协会副会长、省调味品协会副会长、省茶叶协会副会长、省消委委员、岳阳市人大代表。2010年2月获湘阴县首届经济风云人物特别奖。2013年5月被省总工会授予湖南省五一劳动奖状。

三、文献辑存

（一）党政文件

中共岳阳地委组织部
关于批复湘阴县县级党政群机关
机构设置方案的通知

岳地编〔1983〕08号

中共湘阴县委、县人民政府：

一九八三年十一月十七日《关于湘阴县县直机关机构设置和人员编制的报告》收悉。根据省委（1983）56号文件精神，经地委研究，原则同意所报机构设置方案。现通知如下：

一、县委工作部门设：办公室、组织部、宣传部、统战部、政法委员会。

二、政府工作部门设：办公室、计划委员会、经济委员会、农业委员会、科学技术委员会、公安局、司法局、民政局、统计局、劳动人事局、审计局、城乡建设环境保护局、交通局、农业局、林业局、水利电力局、畜牧水产局、社队企业局、财政局、税务局、商业局、粮食局、工商行政管理局、文化局、教育局、卫生局、广播电视局、体育运动委员会、计划生育委员会。

同意设立县人民政府调查研究室。

三、县纪律检查委员会、人大常委会、政协、人民检察院、人民法院及团县委、县妇联会、县总工会和县直机关党委等组织结构，按照党章、宪法和有关规定设置。

根据省委通知，同意将县委临时的贯彻执行中央《紧急通知》领导小组办公室改为常设机构，由县纪委代管。人员从县党政群机关现有人员中调整配备。

由上级业务主管部门与地方双重领导，并以上级业务主管部门领导为主的邮电、银行等机构的设置，按有关规定办理。

四、同意物资局改为物资管理站；农机局改为农业机械管理站；供销合作社改为供销合作联社；外贸局并入外贸公司；并根据省政府办公厅通知，设立手工业联社；同意设立湖洲管理局。这些单位均相当政府所属的局级事业或企业管理机构。

同意保留档案科，实行科、馆合一。

五、人员编制。在省委、省人民政府核定我区各县的编制总额之前，县级党政群机关可暂按现实有人数（不含公安、检察、法院、司法行政机关人数）精减百分之二十五左右（党群可按百分之二十，政府（包括县辖区）按百分之三十），作为编制控制数落实到单位，实行定编不定人。改为企业或事业单位的，其人员从基数中随同划出，不计算在党政群机关人员精减基数内；这些单位可参照上述原则进行精减。

今后要加强对机构编制的管理，严格防止以各种借口增加或变相增加人员编制和增设机构。

中共岳阳地委组织部

岳阳地区编制委员会

一九八三年十一月三十日

中共湘阴县委
湘阴县人民政府
关于进一步深化工商企业改革的决定

湘发〔1988〕9号

县直各有关单位：

为了进一步深化工商企业改革，县委、县政府研究决定：

一、领导体制改革下放“两权”。一是下放厂级领导班子组阁权。工商企业实行厂长（经理）负责制，副厂长（副经理）要向厂长（经理）负责。今后，县委、县政府对县属骨干工商企业的领导成员只管一名厂长（经理），副厂长（副经理）和中层骨干均由厂长（经理）组阁。由厂长（经理）颁发聘任或免职书。其任免人选不再报县委、县政府审批。只报主管战线备案。截止组阁之日，原任副职在本岗位连续工作时间满了三年的，可享受原职级待遇；未满三年的，安排在什么岗位，就享受什么待遇。二是下放企业内部机构设置权。根据省委五届五次全体（扩大）会议精神，除工会和共青团组织不能撤销外，其他机构的设置，全部由企业根据本身的实际情况决定，任何单位和个人都不得干涉，都不要强求对口。

二、用工制度改革要大胆进行。总的原则是只要有利于调动职工的积极性和提高经济效益，该怎么改就怎么改，怎么改好就怎么改。提倡和鼓励打破干部、职工（包括合同工）的界限。只要条件具备，合同工也可以当厂长（经理）、副厂长（副经理）。是国家干部，如果不适宜搞管理工作，也只能安排到生产第一线顶岗劳动。在改革面前，人人平等。

三、分配制度改革要在坚持按劳分配的前提下，允许多种分配形式存在。县政府对企业的分配制度主要抓承包经营责任制、上交利税与工资总额挂钩这两条。企业可以根据本身的实际情况，同时采取按股分红、按资分配和按劳分配等多种分配办法。

一九八八年二月十日

湖南省民政厅
关于同意湘阴、南县、株洲、衡山、宁乡五县列为
革命老根据地县的批复

湘民促字〔1989〕第 1 号

湘阴县人民政府：

您们县关于请求批准为革命老根据地县的报告收悉、经湖南省人民政府领导研究，同意湘阴、南县、株洲、衡山、宁乡五县为革命老根据地县。特此批复。

湖南省民政厅

一九八九年元月二十七日

中共湘阴县委　湘阴县人民政府
关于县直党政机构设置调整的
通　知

湘发〔1995〕03 号

各区、乡、镇党委，各区公所、乡镇人民政府，县直各单位：

根据中共中央、国务院中发（1993）7 号和省委、省政府湘发（1994）12 号文件，及市委、市政府岳发（1994）25 号文件《关于岳阳市县级党政机构改革的实施意见》的精神，结合我县实际，县委、县政府对 1993 年改革后的县直党政机构进行了调整，调整方案经中共岳阳市委、岳阳市人民政府岳发（1994）30 号文件审核批准。现将调整后的机构设置通知如下：

一、调整后的党政机构设置

县委工作部门 6 个：县委办公室、县委组织部、县委宣传部、县委统战部、县委政法委员会（社会治安综合治理办公室与政法委合署办公，两块牌子，一套人马）、县委机构编制委员会办公室。

纪律检查委员会机关与县监察局合署办公，一个机构，两块牌子。

政府工作部门 3 1 个：县政府办公室、县工业局、县计划物价局、县建设局、县公安局、县司法局、县民政局、县财政局、县人事局、县劳动局、县交通局、县农业局、县林业局、县水利水电局、县文化体育局、县卫生局、县计划生育局、县监察局、县审计局（以上 21 个办、局为政府组成单位）、县人

民政府农村工作办公室、县乡镇企业局、县统计局、县工商行政管理局、县国土局、县地方税务局、县粮食局、县人民政府财贸工作办公室、县环境保护局、县技术监督局（以上10个办、局为政府直属单位）。

县信访办公室作县委、政府协调议事机构的常设办事机构，归口县政府办公室。

以上党、政机构均为正科级机构。

二、改为事业单位的机构

设立县广播电视局，为正科级事业单位，归口县委宣传部。

设立县档案局，为馆、局合一的正科级事业单位，归口县委办公室。

设立县房地产管理局，为副科级事业单位，归口县政府办公室。

设立县农机管理局，为正科级事业单位，归口县人民政府农村工作办公室。

设立县畜牧局，为正科级事业单位，归口县人民政府农村工作办公室。

设立县水产局，为正科级事业单位，归口县人民政府农村工作办公室。

设立县老干部工作局，为正科级事业单位，归口县委组织部。

县史志办公室为正科级事业单位，归口县委办公室。

三、撤并的机构

撤销县委督查室、县建设环保局、县国土房产局、县计划统计局、县工商物价局、县广播电视新闻中心、县林业工作站、县劳动服务总公司、县标准计量质量监督所。

县劳动服务总公司撤销后，保留县劳动服务公司，为副科级事业单位，归口县劳动局。

县标准计量质量监督所撤销后，仍保留计量测试所、产品质量检验所两个股级事业单位，归口县技术监督局。

县机要保密室并入县委办公室，对外保留县保密局的牌子。

县老龄委员会办公室并入县政府办公室，为政府办内设的股级机构。

原县蔬菜办公室撤销后，工作职能划归县人民政府财贸工作办公室，对外保留县政府蔬菜办的牌子。

对外经济工作划归县人民政府财贸工作办公室，对外加挂县对外经济工作办公室的牌子。

原县直机关党委并入县委组织部后，对外保留县直机关党委的牌子。

对台湾工作办公室并入县委统战部后，对外保留县台湾事务办公室的牌子。

原侨务办公室并入县政府办公室，为政府办的内设股级机构。

成教办、职教办并入县教育局。

撤销目前尚存在的非常设机构，其职能交有关部门承担。

四、职能及归口的调整

县农村经营管理站仍为科级事业单位，归口县人民政府农村工作办公室。

县农业广播学校、农村能源服务站仍为股级事业单位，归口县人民政府农村工作办公室。

原食品工业办公室撤销后，其职能划归县工业局。

原体改委、经研室、法制办撤销后，其职能划归县政府办公室。

原安全办并入县劳动局，为其内设机构。

县爱国卫生办公室并入县卫生局。

县物价检查所、物价信息所归口县计划物价局。

县矿产办归口县计划物价局。

县环境保护局、技术监督局归口县政府办。

县农业局、林业局、水利水电局由县人民政府农村工作办公室综合协调。

县粮食局、财政局、地方税务局、外贸总公司、商业总公司、医药总公司、供销社、湖洲总公司由县人民政府财贸工作办公室综合协调。

县委督查室撤销后，工作职能划归县委办公室。

五、按章设置机构和群团组织

县人大常务委员会、县政协委员会、县人民检察院、县人民法院、县总工会、县妇女联合会、团县委、县科学技术协会、县残疾人联合会、县工商联合会的设置按原来的不变。其中县残疾人联合会仍归口县民政局，工商联合会归口县委统战部。

县人民武装部的设置不变。

六、转体的机构

1993年机构改革时已转体为企业的商业总公司、物资集团公司、外贸总公司、湖洲总公司、医药总公司、县供销社仍为企业不变。其中医药总公司对外加挂医药管理局的牌子，但企业性质不变。

七、内设机构

各部、委、办、局的内设机构在名称上一律称室、股、组。级别一律为股级。单位人数在10人之内的不设内设机构，新组建的办、局的内设机构报县委机构编制委员会审批。

1995年2月10日

中共湘阴县委　湘阴县人民政府
关于进一步深化乡镇体制改革、搞好简政放权工作的
通　　知

湘发〔1995〕32号

各乡、镇党委，各乡、镇人民政府，县直各单位：

今年3月，省委、省政府就以全省农村撤区并乡建镇和简政放权为重要内容的乡镇体制改革工作作出了部署。按照省、市的要求，我县在11月上旬已圆满完成了撤区并乡建镇的工作任务。为进一步深化乡镇体制改革，搞好简政放权工作，现提出如下意见：

一、进一步统一思想认识

简政放权工作是农村乡镇体制改革的大动作，是适应当前形势发展需要和促进农村两个文明建设的重要举措，同时也是加强乡镇职能建设，保证改革取得成功的关键。我们现行的乡镇体制，是在计划经济体制的条件下形成的，随着农村改革的深入和经济的发展，已越来越显得不相适应。突出的弊端，一是乡镇政权职能不全，责权利不统一，责大权小，无法对本区域内的政治经济社会发展全面负责；二是随着农村市场经济的发展，人民群众要求提供多方面的服务，乡镇政府因功能不全而无法满足人民群众的要求，阻碍了经济发展。因此，我们各级各部门的领导，一定要将思想统一到省委省政府6号文件的精神上来，用社会主义市场经济的新观念，去认识简政放权工作的重大意义和作用。搞好简政放权工作，有利于完善乡镇政权职能，提高行政效率，增强对农村社会经济事务的管理调控能力；有利于乡镇集中人力、财力、物力，加快基础设施建设，加速区域经济的发展；有利于社会事业的发展，促进精神

文明建设，保持农村社会的长治久安；有利于为基层服务，为群众服务。我们各级各部门的领导，要站在加强基层政权建设、促进农村两个文明建设的高度，下大力气抓好这一工作。

二、明确简政放权工作的指导思想和原则

指导思想：遵照省、市关于机构改革的指示精神，以建立适应社会主义市场经济的农村政权体制为目标，从实际出发，强化乡镇政权职能，逐步建立起责权利相统一的、灵活高效的乡镇管理体制，更好地为基层、为农民群众服务，促进农村社会主义市场经济和各项事业的繁荣。

原则：既要坚决贯彻省市的指示精神，又要结合我县的具体实际，因地制宜。对能撤销的原以区的建制设立的机构，坚决撤销，暂时不必撤销的，可以保留机构，更换名称，重新明确职能；对人、财、物、事“四权”能一次放到乡镇的坚决放到位，暂不宜一次放到位的分别情况对待，过去已经放到了位的进一步完善；对仍按经济区域或以地区、垸设置的机构，党团关系一律由单位所在地的乡镇党委、团委管理，以乡镇设立的机构的党团关系，一律由乡镇管理。

三、具体方案

1. 撤销所有的区财政办事处和区地税所，分别以乡镇建立财政所和地税所，两块牌子，合署办公，人事权实行县乡双重领导，以县主管部门管理为主。

2. 以乡镇建立民政所、文化站、广播电视站、农技站（撤销所有的区农技站）、畜牧兽医站、经营管理站、计划生育所，人、财、物、事“四权”由乡镇管理。

3. 撤销所有的区文教办，以乡镇建立文教办，人、财、物、事以县主管部门管理为主；原区文办撤销后，由县教育局向各地区或垸（南湖除外）派驻一个“两基工作组”，负责“两基”的迎检验收工作。

4. 撤销所有的区国土管理所，以乡镇建立国土管理所，人、财、物、事以县主管部门管理为主。

5. 以乡镇建立司法所，人、财、物、事以县主管部门管理为主。

6. 保留原以区域经济区域设置的法庭、国税所、工商所、邮电支局、农行营业所等机构，以垸或地区更名（南湖除外，南湖分别以南湖洲镇建立以上机构）。另外，在临资口镇增设一个工商所。以上这些单位的人、财、物、事以县主管部门管理为主。

7. 保留原各区的公安派出所和文星镇所辖的 4 个公安派出所不变，将原各区派出所更名为区或垸派出所（南湖洲镇以镇建立派出所）。另外，在今年底和明年上半年，分别在铁角嘴、樟树（撤销樟树水上派出所）、临资口、西林、杨林寨、白马寺、静河、濠河口、东塘、三塘、袁家铺等 11 个乡镇建立派出所。公安派出所的人、财、物、事以上级主管部门管理为主。

8. 原以区设立的林业站、交管站、农机站仍以地区或垸设置（南湖建立南湖洲镇农机站），以地区或垸设置的机构的人、财、物、事以县主管部门管理为主；以乡镇建立农机站，人、财、物、事由乡镇管理。

9. 以乡镇建立农电站，人、财、物、事县乡共管，以县主管部门管理为主。

10. 保留原以区建立的中心卫生院，以地区或垸更名（南湖以南湖洲镇建立中心卫生院），以地区或垸更名的中心卫生院的人、财、物、事以县主管部门管理为主；以乡镇建立卫生院，人、财、物、事县乡共管，以县主管部门管理为主。

11. 将原各区的供销合作社更名为地区或垸供销合作社（南湖建立南湖洲镇供销合作社），地区或垸设置的供销合作社作企业对待，以县主管部门管理为主；以乡镇建立供销合作社，作企业对待，政策上、法律上接受乡镇的监督和领导。

12. 将原各区的粮食管理站更名为地区或垸中心粮食管理站（南湖建立南湖洲镇粮食管理站），地区或垸设置的中心粮食管理站作企业对待，以县主管部门管理为主；以乡镇建立粮食管理站，作企业对待，政策上、法律上接受乡镇的监督和领导。

13. 以乡镇建立信用社，人、财、物、事以上级主管部门管理为主。

14. 建立城西垸、湘滨垸、湘资垸、南湖洲镇、青潭乡5个水产工作站，人、财、物、事以上级主管部门管理为主。

一九九五年十二月五日

中共湘阴县委
湘阴县人民政府
关于推进乡镇机构改革的实施意见

湘发〔2005〕01号

为认真贯彻中共中央、国务院中发［2004］1号文件精神，全面巩固农村税费改革成果，根据中央、省、市关于乡镇机构改革的要求，结合我县实际，特制定乡镇机构改革的实施意见。

一、乡镇机构改革的意义和原则

1. 乡镇机构改革的意义。我县是一个湖区农业大县，进行乡镇机构改革是适应社会主义市场经济发展的必然要求，有利于降低行政成本，减轻财政压力，消减乡镇债务，减轻农民负担；有利于理顺乡镇管理运行机制，转换乡镇政府职能，提高办事效率，促进“三农”问题的解决；有利于加强水利建设，调解水系纠纷，搞好防汛抗灾；有利于加快小城镇建设，集中人力、物力、财力建设区块中心镇，实现农村经济多元化、农业集约经营化、农民就地城镇化。

2. 改革的基本原则。一是坚持以科学发展观总揽改革全局，推动乡镇区域经济发展，切实解决农业农村居民问题；二是坚持从实际出发，因地制宜，科学规划，合理布局；三是坚持市场取向，按照精简、统一、效能的要求促进政府职能转变；四是坚持思想疏导，依法、依规、有序推进，确保稳定。

二、乡镇机构改革的主要任务

（一）乡镇设置

全县乡镇由原来32个减至19个，考虑到东部丘岗区各乡镇经济发展、人口规模、区划面积、地域状况等，保留文星镇、石塘乡、六塘乡、东塘镇、三塘镇、白泥湖乡、袁家铺镇、长康镇、玉华乡、界头铺镇、静河乡、樟树镇等12个乡镇原有建制不变，同时实行乡镇内部机构改革。西部湖区除杨林寨乡、青潭乡外，其余实行一垸一镇。

城西垸5个乡镇（管区）合并为一个镇，镇名为城西镇，镇址设鹤龙湖东闸，撤销鹤龙湖、古塘、湘临、濠河、南阳5个乡镇（管区），暂设古塘、湘临、濠河口、南阳4个办事处。

湘滨垸的4个乡镇合并为一个镇，镇名为湘滨镇，镇址设和平闸，撤销临资口、白马寺、柳潭、洞庭围4个乡镇，暂设临资口、白马寺、柳潭3个办事处。

湘资垸5个乡镇合并为一个镇，镇名为新泉镇，镇址设新泉寺，撤销西林、关公潭、车马、凤南、新泉寺镇5个乡镇，暂设车马、西林、凤南、关公潭4个办事处。

岭北垸4个乡镇合并为一个镇，镇名为岭北镇，镇址设铁角嘴，撤销躲风亭、东港、茶湖潭、铁角嘴4个乡镇，暂设躲风亭、东港、茶湖潭3个办事处。

撤销南湖洲镇原南湖、赛头、和平、胭脂4个管区，暂设赛头、和平、胭脂3个办事处，镇名仍为南湖洲镇，镇址设南湖洲。

（二）乡镇内设机构、事业单位设置及其主要职能

根据上级关于乡镇机关内设机构设置总数不得超过5个和乡镇事业单位限额设置要求，我县乡镇内部机构设置“四办三所”，地域较小或人口较少的乡镇要在此基础上再行精简合并。

内设机构设置“四办”

1. 党政综合办公室（加挂“综治办”牌子）。负责党委交办的党的思想、政治、组织、作风和制度建设；负责党委政府交办的政务服务工作；负责党群、武装、纪检、组织、统战、民宗工作；负责乡镇人大主席团交办的人大工作及政协工作组交办的政协工作；负责综合协调机关内部事务处理及其他日常工作等。归口协调和管理民政司法所、派出所、法庭等。

2. 经济发展办公室。负责制定乡镇经济建设的近、中、长远规划并组织实施；负责协调经济发展和经济职能部门的工作；治理经济环境；负责抓好经济工作，区域内各项经济计划的制定和落实，上级各项经济任务的执行，组织完成各项工作任务，为乡镇经济发展提供优质服务。归口协调和管理乡镇城建国土所、财经管理所、水利、农业、林业、畜牧等服务机构和工商、国税、地税、质监等部门。

3. 宣教文卫办公室。负责党的路线、方针、政策在本乡镇内的贯彻落实，做好宣传、教育、文化、体育、广电、卫生及精神文明建设等相关工作；负责抓好文化市场管理，扶持文化产业发展；负责加强对义务教育、职业教育、农民培训和党员培训等方面的协调和指导。归口协调和管理文化、教育、血防等经营和服务性部门。

4. 人口与计划生育办公室。负责贯彻执行国家、省人口与计划生育工作方针、政策和法律、法规；负责辖区内计划生育工作的管理和协调，负责本乡镇人口与计划生育工作的综合治理；负责计划生育优质服务，控制人口数量，提高人口质量，改善人口结构。归口和协调管理计生服务所。

乡镇人民武装部接受同级党委和上级军事部门的双重领导，设武装部长一名，武装干事一名，部长进同级党委班子。

乡镇群团组织按有关规章设置，使用机关行政编制。

事业单位设置“三所”

1. 民政司法所。实行县乡共管，以乡镇管理为主。协助镇党委、政府抓好基层民主法制建设；负责抓民政和社会保障工作；负责抓好农村合作经济组织建设的指导、协调；负责搞好法律宣传、法律咨询和法律援助；负责本辖区内纠纷排查、人民调解工作，建立健全人民调解网络机制，维护大局稳定。

2. 城建国土所。为县国土资源局、建设局的派出机构，实行县乡共管，以县管理为主。主要职能是贯彻落实《国土法》《规划法》《招投标法》等相关法律法规，切实做好国土管理和城镇建设，协助财税部门做好土地税费的征收管理工作。

3. 财经管理所。实行县乡共管，日常工作以乡（镇）管理为主。负责编制制定本乡镇财政预算草案并组织预算执行；负责协助乡镇财政税收的征收与入库；负责乡镇财务、经营管理工作；负责本乡镇农村土地承包、耕地使用权流转、承包合同管理等工作；负责农民负担的监督和村务财务监管、政务村务公开工作等。

保留水利管理委员会、林业站、动物防疫站、环境监察中队、派出所、法庭等具有行政执法职能的部门，新设镇后只变更其名称。

卫生院、农技服务推广站等经营服务性机构根据发展需要进行设置调整。

省以下垂直管理的工商、国税、地税、质量技术监督、药品监督管理等机构设置不变。其党组织关系原则上属地管理。

（三）乡镇机关及事业单位的人员编制

机关行政编制

根据中编办〔1993〕17号文件精神，按人口、面积和财政收入将全县乡镇分为四类，原则上确定一类乡镇37名、二类乡镇28名、三类乡镇21名、四类乡镇15名。主要用于：乡镇党委正副书记、组织委员、宣传统战委员、纪检书记（干事）、武装部长（干事）、人大正副主席、乡镇人民政府正副乡镇长、民政助理、秘书、妇联主任、团委书记、计划统计员、计划生育专干、司法员、财政工作人员以及镇下属办事处正副书记、正副主任等，退线的行政干部不占用行政编制。

乡镇领导职数的配备，一类乡镇中大镇不超过13名，其余一类乡镇不超过11名，二、三类乡镇不超过9名，四类乡镇不超过7名。用于乡镇党委正副书记、人大正副主席、正副乡镇长以及纪委书记、武装部长、组织委员、宣传统战委员等，在法律和有关政策规定允许的范围内提倡兼职。

事业单位人员编制

乡镇城建国土所、畜牧兽医站、水利管理委员会、林业站、环境监察中队等事业单位人员属于事业编制，乡镇财经管理所中财政人员使用行政编制，其余使用事业编制。乡镇司法员属于专项编制。

一般乡镇机关另核定事业编制（后勤服务编制）1名，用于乡镇机关炊事员，大镇根据办事处的设置数量等额核定事业编制。（各乡镇核定编制见附表）

上述人员经费来源按原渠道不变。

（四）乡镇人员分流

1. 分流原则：先并机构，后减人员，缓分稳分，逐步推进。

2. 分流办法：

（1）*鼓励分流*：鼓励在编在职人员自谋职业，务工经商，从事民营经济。3年内保留其个人身份和档案关系，养老保险金、医疗保险金和住房公积金集体缴纳部分由单位负责，个人部分自己负担。3年期满后，原则上要求与单位解除人事关系，并办理好相关手续，其养老保险金、医疗保险金、住房公积金归个人缴纳。对经批准辞去公职的，2000年7月1日以前在职人员和2000年7月1日以后进入单位的政策性安置人员、县委管理的领导干部以及调入时具有副高以上专业技术职务人员等，可一次性发给不超过5年基本工资的辞职金，具体金额单位可根据实际情况自行确定，其经费按来源渠道列支。今后被事业单位重新聘用的，工龄连续计算，原辞职金全额退还原单位，辞去公职人员的档案可由政府人才市场代理，其养老保险、医疗保险金和住房公积金按相关标准由个人支付。

（2）*轮岗*：自收自支单位和财政差额拨款单位实行轮岗制，要求轮岗40%，轮岗期为2年。轮岗期间，本人身份不变，工龄连续计算，正常调资晋档，并按不低于岳阳市最低工资保底线发放基本生活费（全市月平均360元），但不享受其他福利待遇。其养老保险金、医疗保险金和住房公积金按在岗人员政策对待。轮岗人员轮岗期满后不愿回原单位上岗的，原则上要求与单位解除人事关系，保留其原有身份和个人档案，但取消基本生活费。养老保险金、医疗保险金和住房公积金由个人全额负担。其轮岗细则由乡镇党委、政府制定，并按要求组织实施。

（3）*招商引资*：鼓励全额拨款单位的在编在职人员招商引资。由乡镇年初确定招商引资目标任务，本人可全年脱产，离岗不离职，凡完成乡镇招商引资目标任务的，可享受在岗人员同等工资福利待遇，年内未完成年初所定目标和任务的，视为轮岗对待。

（4）到村或企业任职：鼓励在编在职人员到村或企业任职，凡经依法依规选举当选为村支两委干部的，视为上岗。在上岗期间，享受上岗人员的一切待遇，但不再享受村干部待遇，其经费按来源渠道不变。到企业任职3年期满后，本人不愿回原单位上岗的，保留其原有身份和档案，取消基本生活费。养老保险金、医疗保险金和住房公积金由个人全额承担。愿意回原单位工作，属财政全额拨款的，可回原单位按原身份对待；属财政差额拨款或自收自支的，按照轮岗方案对待。

（5）离岗学习：鼓励在编在职人员参加学历提升教育和专业技术培训。凡经所在单位同意参加学习的，学习期间连续计算工龄，正常调资计入本人档案，取得本科以上正式文凭和技师以上职称人员，其养老保险金、医疗保险金和住房公积金与在岗人员同等对待，学习期间享受基本工资待遇，其学习费用由所在单位依据有关政策规定给予适当补贴，学习结束后可回单位参与轮岗竞聘，也可另谋出路。

（6）领办实体：①乡镇及站所干部职工领办从事销售、养殖和加工的企业，所办企业可按招商引资享受的有关优惠政策对待。属财政全额拨款的，领办企业2年内享受本人在岗时的基本工资，其养老保险金、医疗保险金、住房公积金与在岗人员同等对待；属差额拨款或自收自支的，2年内按岳阳市最低工资保底线发放基本生活费。其养老保险金、医疗保险金和住房公积金比照轮岗人员对待。②干职工凭个人特长和技能在农村组建专业协会或经济组织，对通过依规选举成为专业协会或经济组织负责人的，并产生了一定税收和安排了一定数量劳动力就业的，2年内可享受在岗时的正常基本工资和在岗人员养老保险金、医疗保险金、住房公积金待遇。2年后不愿回原单位的，保留其在原单位的个人身份和工资关系，其养老保险金和住房公积金全部由个人负担。2年后愿意回原单位的，属财政全额拨款的，可回原单位按原身份对待；属财政差额拨款或自收自支的，自觉参与单位轮岗。

对本次机构改革以前的分流人员，按县委、县政府原政策规定执行，本次及本次以后的分流人员，分流政策按本方案执行。

三、乡镇机构改革的组织领导及工作要求和措施

1. 组织领导

县里成立乡镇机构改革领导小组，由毛七星任组长，周友庚、周山连、赵岳平、单斗才、李立峰任副组长。领导小组下设办公室，周山连兼任办公室主任，易国光、金利华、胡春田、周伏军、李峥嵘、徐再新任副主任。县委办、县政府办、纪委、组织部、财政局、人事局、民政局、编办、农办为成员单位。

改革期间，除新镇所在地以外的其他乡镇撤并以后暂设办事处，原乡镇党政主职留1人，财政所3人，其中所长1人，国土所1人，计生专干1人、司法所1人留办事处，归口镇管理，实行人员统管制、工作责任制。

2. 办事处工作职责

办事处的主要工作职责是协助镇党委、政府抓好本辖区内以下几个方面工作：①理顺原乡镇（管区）债权债务关系，抓好消赤减债和财税工作；②抓好人口与计划生育工作；③抓好社会稳定工作；④抓好基层组织建设和文明创建工作；⑤抓好防汛抗灾等各项中心工作。

3. 工作措施

（1）强化领导责任。联地区的县委常委、联乡镇和办事处的县级领导和县直部门，按照分工主要负责该地区的经济社会事业发展和乡镇体制改革工作，确保改革的顺利推进和改革任务的全面完成。县直单位在乡镇设有站所等服务机构的单位，要在镇党委、政府的统一领导下，按照改革方案要求，切实履行职责，并要成立工作组，共同抓好改革措施的落实。

（2）加大扶持力度。县财政每年在预算中安排5万—10万元对新设立的湖区大镇给予支持，一定五年不变，对全县新设立的8个区块中心镇每年适当安排一定的经费用于改善办公条件。

（3）明确纪律要求。严格执行县委、县政府《关于严肃乡镇机构改革纪律的通知》的规定，严肃政治纪律、工作纪律、组织纪律、财经纪律，确保政令畅通。对趁改革之机，进行违法的要严肃查处；对情节严重、影响恶劣的要移交司法部门处理，确保各项措施落到实处。

乡镇机关及事业单位编制核定一览表

表 1

乡镇名称	乡镇类别	行政编制	领导职数	机关事业	计划生育	城建国土	农业	卫生院	财经所			血防	畜牧
									财政	农税	经管		
文星镇	一	40	13	2	8	6	5	144	11	12	3	18	6
城西镇	一	80	13	5	17	22	16	76	11	12	3	10	18
岭北镇	一	70	13	4	17	22	14	80	11	12	3	11	18
新泉镇	一	80	13	5	20	26	15	81	10	11	3	11	20
湘滨镇	一	65	13	4	13	18	12	68	9	10	3	8	18
南湖洲镇	一	65	13	4	14	9	8	67	9	10	3	8	14
石塘乡	二	23	9	1	6	8	5	23	5	6	1	3	6
东塘镇	二	24	9	1	6	8	5	33	5	6	1	3	8
三塘镇	二	23	9	1	6	7	4	25	5	6	1	3	6
樟树镇	二	24	9	1	5	8	5	29	5	6	1	4	7
静河乡	二	24	9	1	7	7	5	33	5	6	1	4	8
界头铺镇	二	22	9	1	4	5	3	18	5	6	1		6
袁家铺镇	二	23	9	1	6	7	3	24	5	6	1	3	6
长康镇	二	24	9	1	5	6	4	27	5	6	1	3	6
玉华乡	二	22	9	1	6	6	3	22	5	6	1		5
杨林寨乡	二	22	9	1	5	5	5	28	5	6	1	3	6
六塘乡	三	19	9	1	5	4	3	17	4	5	1	2	5
白泥湖乡	三	19	9	1	5	4	3	17	4	5	1	2	5
青潭乡	四	8	7	1	2	2	2	2	2	3	1	1	2
合计		677	193	37	157	180	120	814	121	140	31	97	170

中共岳阳市委
党史市志办公室
关于同意《湘阴县志》公开出版的通知

湘阴县人民政府：

《湘阴县志（1978—2015）》已经省地方志编纂委员会审查验收，同意公开出版发行。

中共岳阳市委党史市志办公室

2018 年 5 月 8 日

（二）报刊文章

1. 柳潜：发现毛泽东“伟大之器”第一人

程文亮　牛威威

编者按：柳潜，笔名涤庵，湘阴县三塘镇人，是毛泽东在省立高等中学求学时的国文教师。柳潜在阅毛泽东命题作文《商鞅徙木立信论》时，眉批 5 处 76 字，尾批 65 字，其中批曰“自是伟大之器”，对毛泽东的发展前途作了无限估量，可见柳潜高瞻远瞩，培养精英之胸怀。此文发表于《湖南日报》2007 年 6 月 22 日头版头条。

最近，随着电视剧《恰同学少年》的热播，青年毛泽东和老师之间那种教学相长、水乳交融的真挚感情再次让世人感动，同时也让大家更加了解了毛泽东在湖南省第一师范学校读书期间的老师杨昌济、徐特立。其实，在青年毛泽东的早期求学生涯中，还有一位不为世人所熟知，但对毛泽东“帮助很大”，并最先发现毛泽东“伟大之器”的老师——柳潜。

柳潜（1878—1930），字钧涓，号涤庵，湖南省湘阴县三塘乡岳云村人，是清朝末年的一名秀才。他早年酷爱读书，学识渊博，颇有才华；青壮年以后目睹官场腐败，遂放弃仕途，以教书为业，被湖南全省公立高等中学校（后改名省立第一中学）首任校长符定一聘请为国文教师。直到 1924 年，《校志》中仍有柳潜的名字。后来柳潜因生活困顿，曾先后在福建和长沙等地做过几年幕僚，后又返回学校从事教师职业，但终因积劳成疾，贫病交加，于 1930 年在长沙去世，终年 52 岁。

柳潜与毛泽东的师生之缘源于 1912 年春，时年 19 岁的毛泽东以“名列榜首”的优异成绩，考入刚成立的湖南全省公立高等中学校普通科一班，柳潜任毛泽东的国文教师兼班主任。十分爱才的柳潜，对毛泽东非常器重，除在课堂上对毛泽东严格要求、细心辅导外，还利用课余时间向毛泽东传授国文、写作等方面的知识，讲析历代文章大家的代表之作，使他得到了系统的古汉语言文字的训练。在柳潜的精心培养下，毛泽东在写作方面的特长得到了迅速发展，他在学校一直保持着“文章魁首”的地位。

1912年6月间学校准备举行一次作文比赛，柳潜把这次作文比赛看成是对毛泽东的一次难得的锻炼机会，对他进行了充分的赛前辅导，指导和督促毛泽东全力进行论说文写作强化训练。在参赛前的一个时期内，毛泽东几乎每天都要完成一篇文章，然后交给柳潜批阅。这样高强度、大难度的训练方法，使毛泽东的写作水平，特别是论说文的写作水平，在原有的基础上又有了很大的长进。毛泽东后来能写出一篇篇震古烁今的政论文，应该说与这段时期严格而刻苦的训练是分不开的。在这次作文比赛中，毛泽东撰写的《商鞅徙木立信论》一文，力克群英，一举夺得了比赛的第一名。

商鞅"徙木立信"的典故，见于《史记·商君列传》，记述的是公元前359年，战国时期秦国的大政治家商鞅取信于民、推行改革的故事。这个故事，历来知道的人很多。毛泽东别开生面，联系当时的社会现实，借古讽今，大发忧国忧民的感怀，直抒"利国福民"的改革抱负，抨击当时执政者袁世凯之流：

"吾读史至商鞅徙木立信一事，而叹吾国国民之愚也，而叹执政者之煞费苦心也，而叹数千年来民智之不开，国几蹈于沦亡之惨也。谓予不信，请罄其说。

法令者，代谋幸福之具也。法令而善，其幸福吾民也必多，吾民方恐其不布此法令，或布而恐其不生效力，必竭全力以保障之，维持之，务使达到完善之目的而止。政府国民互相倚系，安有不信之理？法令而不善，则不惟无幸福之可言，且有危害之足惧，吾民又必竭全力以阻止此法令。虽欲吾信，又安有信之之理？乃若商鞅之与秦民，适成此比例之反对，抑又何哉？

商鞅之法，良法也。今试一披吾国四千余年之纪载，而求其利国福民伟大之政治家，商鞅不首屈一指乎？鞅当孝公之世，中原最鼎沸，战事正殷，举国疲劳，不堪言状。于是而欲战胜诸国，统一中原，不綦难哉？于是而变法之令出，其法惩奸宄以保人民之权利，务耕织以增进国民之富力，尚军功以树国威，孥贫怠以绝消耗。此诚我国从来未有之大政策，民何惮而不信，乃必徙木以立信者？吾于是知执政者之具费苦心也，吾于是知吾国国民之愚也，吾于是知数千年来民智黑闇，国几蹈于沦亡之惨境有由来也。

虽然，非常之原，黎民惧焉。民是此民矣，法是彼法矣，吾之何怪焉？吾特恐此徙木立信一事，若令彼东西各国文明民闻之，当必捧腹而笑，嗷舌而讥矣。乌乎！吾欲无言。"

这是青年毛泽东早期求学生涯中留下的第一篇完整的文章，现保存于中央档案馆。柳潜对毛泽东的这篇文章极为赏识，在文题上方写下"传观"两字，并破例给该文记了100分，柳潜除了通篇多处打圈外，还写了六条眉批和篇末总评，共计141字；他称此文"实切社会立论，目光如炬，落墨大方……"说作者"有法律知识，具哲理思想，借题发挥，纯以唱叹之笔出之，是为压题法，至推论商君之法为从来未有之大政策，言之凿凿，绝无浮烟涨墨绕其笔端，是有功于社会文字。""历观生作，练成一色文字，自是伟大之器，再加功候，吾不知其所至！"文章论述部分的空白处，也留有多条红笔批注，如："精理名言，得未曾有。逆折而入，笔力挺拔"；"力能扛鼎，积理宏富"等等。

柳潜对毛泽东的批语，既深刻分析了毛泽东文章的精彩之处，又由文及人，点评了毛泽东的远大志向和发展潜力，更重要的是柳潜对毛泽东"练成一色文，自是伟大之器"的诚挚鼓励和殷切希望，后来在毛泽东的人生轨迹中一一得到了应验，这充分证明了柳潜是一位杰出的、成功的教育家，他敏锐地发现了学生毛泽东的个性和特长，并加以正确鼓励和引导，从而在青年毛泽东身上产生巨大的导向作用，柳潜不愧是发现毛泽东"伟大之器"的第一人。

毛泽东对他的这位给予自已莫大鼓励和栽培的老师，一直都非常感激。1936年，毛泽东在延安同美国记者埃德加·斯诺谈话中，回忆在该校读书时的情况说："我的下一个尝试上学的地方是省立第一中学。我花一块钱报了名，参加了入学考试，发榜时名列第一。这个学校很大，有很多学生，毕业生也不少。那里的一个国文教员对我帮助很大，他因为我有文学爱好而很愿意接近我。这位教员借给我一部

《御批历代通鉴辑览》，里面有乾隆皇帝的上谕和御批。”1949年10月，毛泽东邀请他的好同学周世钊，到北京中南海家中作客时，又问到柳潜，再一次强调说：“柳先生对我帮助和鼓励很大”，“是位教育家”，并请周世钊回湖南后，帮助打听他这位阔别30多年的先生，并代他进行慰问。还说，如果柳先生不在人世，请周世钊打听柳先生的夫人及其后人，如有生活困难，代他进行帮助。这也是中华民族“滴水之恩，当涌泉相报”的美德，在毛泽东身上的集中体现。

毛泽东与柳潜的这段师生交往的时间并不是很长，1912年7月，毛泽东就从湖南全省公立高等中学校退学，进行他认为的“极有价值”的自修生活，但在这半年的时间里，柳潜对毛泽东的悉心培养和诚挚鼓励，为毛泽东走向更广阔的天地提供了坚实基础和强大动力，让毛泽东受益终身。如果说，柳潜称赞毛泽东“目光如炬”，“自是伟大之器”，是非常中肯的话，那么，发现毛泽东的“目光如炬”“自是伟大之器”的柳潜，自身也是一个“目光如炬”的伯乐。

柳潜年仅52岁就因病去世了。2005年6月，长沙市一中经过多方查寻，在柳潜的故乡湘阴县三塘乡岳云村发现了柳潜的墓碑。柳潜的一生，怀才不遇，境遇坎坷，但柳潜以其识才的慧眼、爱才的胸怀发现和培养了毛泽东的“伟大之器”，在自已的人生中留下了光辉的一笔。

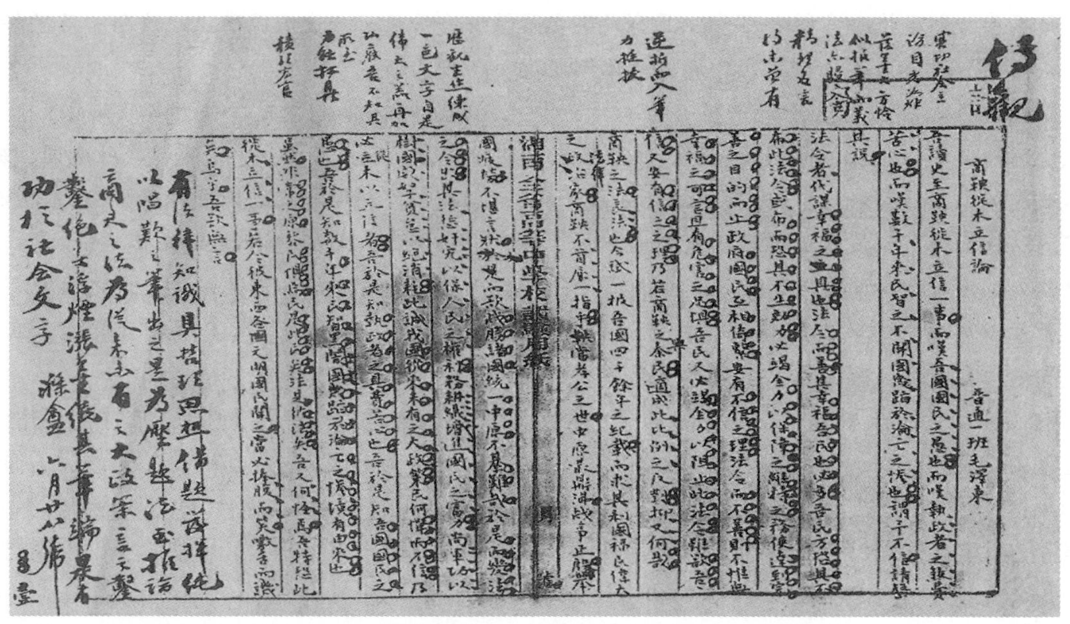

商鞅徙木立信论

普通一班 毛泽东

注：柳潜对毛泽东《商鞅徙木立信论》一文评语缩影

2. 加工跟着市场走　种养围绕加工转

“湘阴模式”驱动农业产业化巨轮

本报讯　1月中旬，湘阴县被国家农业部正式评定为“全国农业产业化先进县”。这个县目前农产品加工企业达172家，共加工转化140多种农产品，年加工量50万吨，占全县农产品产量的70%多。其探索出的“加工跟着市场走，种养围着加工转”的“湘阴模式”，为加快我省农业产业化进程提供了经验。

湘阴农业产业化的勃兴，始于地处丘陵区的三塘乡农民。他们了解到甜、酸、咸藠头备受日本人青睐的信息，率先办起了名为“三塘酱厂”的藠头加工厂。冬去春来，该厂已形成年销售额近 1 亿元、利税 1300 多万元的“龙头”，带动了全乡九成以上农民种植藠头和从事藠头加工，年人均纯收入迅速赶超湖区乡镇达到 2700 元。“三塘现象”开启了该县决策者发展经济的新思路：大力发展农产品加工业，并形成与之对应的种养基地。柠檬酸市场行情近年来一直看好，而湘阴人又有种植其主要原材料豫薯、木薯的传统。1999 年，县里引进柠檬酸加工行业全省规模最大的湖南银海集团，兼并原有的县柠檬酸钠厂，同时与农民签订“保价包销”合同。如今，工厂周围冒出了一个万余亩的木薯种植基地。该县鲜鱼产量一直雄踞全省首位，只因无加工而产生过“鱼贱伤农”的阵痛。去年 2 月，经多方努力建起了“洞庭鱼制品厂”，现以日加工 7000 多公斤的实力，谱写着“鱼贵农乐”的新篇章。

农产品加工业的崛起，促进了农业结构的优化，全县 100 万亩耕地实现了与加工业的“对口调整”，种养效益大为提高。它同时在提高工业化水平、增加财政收入和开辟就业领域等方面也发挥出了巨大的效应：全县农产品加工企业去年实现转化产值 35 亿元，占工业总产值的 70%；上交税金和农业特产税占地方财政收入一半以上；172 家加工企业共吸纳城乡劳动力近 3 万人，年发放工资 2 亿多元。

（记者李光华　王晴　通讯员　冯根良　原载 2002 年 2 月 16 日《湖南日报》A1 版头条）

3. 湖南湘阴县10万农户种上“标准田”

新华社长沙 1 月 29 日电“如果没有标准化生产，我们的藠头不可能卖到日本去。”湘阴县农民袁小雄对记者说。据了解，湘阴县目前已有 10 万农民按照标准化规程进行生产，仅一个小小的藠头就有 80 多项细化的种植标准。

湘阴县是湖南省农业大县，藠头又是湘阴极具特色的传统农业种植项目，自上世纪七十年代湘阴藠头就成了日本家庭的佐餐佳品。然而，传统的种植方法产量低、农药残留量高、质量参差不齐，导致收购价格低，农民收益少，尤其是国外进口技术门槛不断提高，“走不出去”成了湘阴数万藠农最大的“心病”。

近年来，湘阴县以农业标准化生产为突破口，根据本地优势产业生产要求，收集了国家、行业和地方已建立的 15 项标准，同时结合实际，把一些先进的科技成果和生产经验综合在一起，制定了《绿色食品藠头栽培技术要求》《藠头栽培技术规程》等 3 项湖南省地方标准。其中，最具地方特色的《藠头栽培技术规程》不仅遵循了绿色食品产地环境质量标准、农药使用准则、肥料使用准则等国家和行业标准要求，还与主要进口国日本的标准保持了一致。

湘阴县农业部门还结合实际制定了《藠头栽培简易操作卡》，从土壤准备、品种选择、整地作畦、播种、田间管理到病虫害防治、采收、运输及副产品处理都作了详细规定，具有很强的指导性和可操作性。在制定技术标准的同时，湘阴县还采取专家讲座、干部下乡入村传授等方式，让广大农户尽快掌握这些标准要求，以科学的种植方式取代传统的耕作方法。政府通过建立示范片和典型引路的方法，引导农民逐步接受标准化生产。

根据优势产业区域布局和加工企业生产能力，湘阴县建起了 2000 公顷藠头标准化生产基地、6666.7 公顷水稻标准化生产基地和 4 个核心示范区、1333.3 公顷茶叶标准化生产基地。在核心示范区已分户建立田间档案 12600 份，示范区生产技术标准人户率达 80% 以上。为应对日益苛刻的国际贸易绿色壁垒，湘阴县将农产品质量安全“控制关口前移”，在全县设立了 5 个省级农产品质量安全定位监测点，以定期或不定期方式抽取蔬菜、水果、茶叶等样品，对农药残留量、重金属等有害物质储量进行检测。湘阴藠头的市场主要是东南亚、日本和韩国等地，而日本藠头农药残留限量表就有 291 项。湘阴县藠头种植专家刘晖拿着日本在中国投资、唯一认可的检验机构出具的报告自豪地说，农药残留量全部都是“ND”（未检出）。这就是农业标准化的威力。

标准化的生产流程和质量检测提升了农产品质量，更赢得广泛的市场。据了解，目前湘阴县已形成了甜酸藠头、兰岭茶叶、长康植物油等十多个农产品优势品牌，2007年，以水稻、藠头、茶叶为主的农业总产值达22.6亿元，比上年增长5.7%，农民人均纯收入4500元，同比增长7.8%，出口创汇3000万美元。（记者 谭剑 通讯员 易和平 原载2008年1月30日新华社）

四、奇闻轶事

臭干子之源

臭干子（臭豆腐）是中国南方的传统名菜之一，湖南、湖北、江西、浙江等省市臭干子各有特色，尤以湖南长沙火宫殿的臭干子闻名遐迩。它用黄豆为原料的水豆腐经专用卤水浸泡半月，再以茶油经文火炸焦，浇上麻油辣酱，佐以葱花酱菜制作，外面黑黑的脆脆的，里面白白的嫩嫩的，所有辣椒汁等调料都藏在里面，具有“黑如墨，香如醇，嫩如酥，软如绒”的特点，好吃得不得了。毛泽东对臭干子的描述是“闻起来臭，吃起来香”。

据《长沙饮食志》载，长沙臭豆腐源自左文襄公老家湘阴县。清同治年间，湘阴县城一家姜姓豆腐店创油炸臭豆腐。姜姓制作豆腐原料精挑细捡，黄豆粒粒新鲜饱满，卤水配料用料讲究，香菇、冬笋等材料均采用上好质量的，豆豉一直用正宗浏阳豆豉，需要吊酒时选用上好白酒，如精品湘泉，甚至茅台酒。炸过后新鲜细嫩，芳香松脆。

清光绪时，姜家把臭豆腐搬进长沙，由挑担叫卖、摆卖经营到在火宫殿经营。火宫殿的臭豆腐声名远播。

民国14年（1925）11月28日，长沙《大公报》载：“省城油炸豆腐业系湘阴人之专利。”

翰林门第

翰林门第位于南湖洲镇杨柳村白玉山，系清朝乾隆年间进士吴俊升之故居。当时吴氏一家，皇封三代，七世文风，乃当地名门。宅第前的“吊马石”“洗马塘”至今留名。更有“白玉山”之称的六柱瓦屋，因门庭若市，逐渐形成街坊。借盖天之树掩映，筑成三里余长的石彻通道，名叫“长矛洞”。

“翰林第”因吴俊升官拜翰林院编修而得名。当时吴氏一家盛世豪门，父亲吴启昆，清邑庠生，母亲谯氏系清岁贡生谯裕之女。吴俊升在长，四个弟弟均为禀生、庠生，尤其四弟吴俊异文武双全，乾隆庚子武试，考授武英金阶，御赐“铜弓状元箭”。吴俊升之子吴良拔、吴良甸均为清邑禀生。

吴俊升七岁入私塾便能过目成诵，六经尔雅，数岁能详，文思敏捷，时有神童之誉。15岁应童子试，太守雷畅对其文赞叹不已，预言“此乃京华殿中人”，遂留读府中，与其子雷仲宵共事研究。太守授业，使其学业突飞猛进。乾隆三十六年（1771）恩科中进士点翰林入朝为官，凡经史子集、古体歌词无不淹贯博洽，前来求学者踵接。其在庶常馆，每遇馆课千言，同馆者无不诧异。外藩高丽（朝鲜）馆贡使赵某，偶一接见即相谛好，临归以本国书籍数车相赠。

关于吴翰林的死，一说，乾隆三十七（1772）年，卒于京都常德会馆。另说，遭奸臣和坤陷害，激怒皇上被腰斩。民间传说吴翰林祖父吴长仑逝世下葬时，由于得罪风水先生，使得看好的风水宝地没有莽好，以至造成吴翰林的悲剧。

据史料记载，吴俊升死后，其弟吴俊异写有哭兄绝句二十首，其中有“十年一第浑抛却，得意难偿失意愁。”“秋来风雨日凄凄，草绿王孙归路迷。”“墨淡数行书未竟，可堪迸泪血淋时。”“故里常期衣锦游，归心空折大刀头”等诗句。另，吴俊升乾隆三十六年中进士点翰林，时年36岁，第二年便卒于京都常德会馆，这样实属不正常。由此可认为遭奸臣和坤陷害，激怒皇上被斩比较真实。

吴翰林死后，乾隆皇帝为安抚吴氏一门，连颁两道圣旨：敕封吴翰林祖父、父亲为“儒林郎”，封其祖母为“太安人”、母亲为“安人”；钦命在狮子山（今光明村狮子坪）圈地百余亩，修建吴氏宗祠及杨太安人节孝坊，世代落冢，荫庇子孙。吴氏后裔吸取前车之鉴，均不为官，耕读传家。将御赐龙袍、螺杯、朝珠和吴翰林的《芷泉集》等遗物视为传家之宝。由于时代变迁，龙袍、朝珠、宅第、牌坊均已毁败，今仅存螺杯两只、狮子一对，杨太安人节孝坊于2000年由族人捐资重建。三卷《芷泉集》年久散失所存无几，其中部分被选载于沅江县志、常德府志、湖广通志。吴氏后人仅收集其遗文7篇，诗29首。选录一首如下：

圆 明 园

西来爽气绕㩉欄，一道飞泉万仞山。
瑶草琪花移海上，琼楼玉宇落人间。
龙池水暖思鱼跃，虎圈风清舞兽环。
游豫正逢全盛日，四方忧乐早相关。

刘氏百岁坊

刘氏百岁坊原坐落在南湖洲大淋港，为清朝沅江县令李开邺奉旨专为刘氏十三派祖刘知文而建。

刘祖知文公，生于清雍正七年（1729），103岁去世。在生“五世同堂，躬阅七代，一堂孝友，雍睦仁风”。一生扶困济贫、乐善好施，博得乡里称誉。特别是在大淋港捐田置设义渡，善行远播。知文公高寿、善施之事蒙乡里申详，县府题奏，终沐皇恩。道光皇帝钦赐“升平人瑞”匾额，封为四品寿官，并命建坊，以资褒奖。遂于道光年间建“百岁坊”于大淋港义渡处。时游人瞻仰者络绎不绝。民国七年，大淋港发生大火，集市尽毁，百岁坊也因火灾受损严重。后日寇侵华将其捣毁，由于时势变迁，其石料也被搬运一空。2003年，刘氏族人捐资重建百岁坊于南湖洲镇乐兴村大宗头刘氏宗祠东南侧。

毛泽东在新屋刘家写春联

过乱世新年，何分贵贱；
问苍茫大地，谁主沉浮。

这首对联是毛泽东1927年在老同学刘能师家过春节时所撰写的春联。

刘能师又名裕挚，号景荣，生于1889年，逝于1941年，逝世时年仅52岁。1927年，毛泽东为了考察湖南农民运动，到沅江县新成乡（今湘阴县南湖洲镇）新屋刘能师家里，为考察洞庭湖区农民运动作调查。

刘能师与毛泽东是湖南省立第一师范二十八班同学，交情甚好。受毛泽东的影响，刘能师思想进步，同情劳苦大众，憎恨当时的黑暗社会。在经常闹饥荒那样的年代，有的贫苦农民活不下去，他就瞒着父母派人担些谷米送给他们，在乡党一直传为美谈。后来在刘能师担任国民党36军中校军需处长时，曾把国民党特务抓到的我党地下联络员谭震林同志偷偷地放了。解放后，谭还关照过刘能师先生的后人。如今刘老的儿子居住在上海，现已退休，至今还珍藏着他父亲和毛泽东在长沙读书时的照片。

毛泽东要组织发动秋收起义，需要掌握和了解当时的农民运动情况，特别是湖南各地农运的情况。正是那一年寒冬腊月的时候，他来到刘能师家，老同学相见格外亲切，他们住在一个房里，睡在一张床上，白天搞些调查，晚上在一起讨论，一起写文章。毛泽东走到哪里，刘能师就陪到那里。他们一起访贫问苦，调查研究，一住就是十多天，眼看就要过农历新年了，刘能师的母亲真心实意留毛泽东在他们家过春节，毛泽东也觉得在老同学家这么久像在自己家过年。俗话说："过年过节，和和气气，有吃冒吃，红纸上壁。"贴春联是农村的风俗习惯，当时，刘妈妈请毛泽东为他们家写副过年对子，毛泽东很高兴地挥毫为她写下了刚开头所讲的那副春联。

在此之前的1925年，毛泽东曾写过一首《沁园春·长沙》，词中有"怅寥廓，问苍茫大地，谁主沉浮"的绝世之句。他把词中的"问苍茫大地，谁主沉浮"九个字作上联，再把"过乱世新年，何分贵贱"这两句合为一联，深刻地反映了毛泽东对社会现实的看法和自己伟大的理想抱负。

过了春节，天气晴和，刘能师为毛泽东筹集了一百个大洋作盘缠，亲自驾船把毛泽东送到对河祝家湾李月初同学那里去了。新中国成立以后，毛泽东曾三次派人到刘能师家探问刘家的情况。

歇马亭的来历

相传明朝正德年间，武宗皇帝朱厚照带了几个随身文武大臣，驾舸一艘，逆长江，进洞庭湖，来到常德府武陵郡沅江县地界，在沅江地界的"遇仙亭"附近停留一晚，次日改乘坐骑，经泚水大堤，临资江，过渡口，来到了三汊河口处的黄口潭。正德皇帝立马大堤上，极目远眺，湖汊滩上莲荷碧绿，鲜艳的荷花随风招展，散发出沁人的清香，远远望去，民舍和村落隐没在墨绿的山林之中，正在欣赏江南水乡美景之时，忽然听见一牧鸭人吆喝鸭子"禾啰、禾啰"的叫，众人回头一看，只见七只鸭子从江边对岸游了回来，一会嬉戏追逐，一会列队，"嘎、嘎、嘎"地歌唱前行，妙趣横生。正德皇帝触景生情，不禁联兴大发，脱口说出一上联，叫随臣对答，联曰："牧鸭人吆鸭，七鸭过江，数，数，数，三双一只"，随臣们一时无以对答。正德皇帝只好策马前行，来到一个"赏游亭"的驿站，时值晌午，蓝天白云，阳光灿烂，间有飘浮的云团，突然飘浮的白云团间下起雨来，正德皇帝随即吟出一副上联："日升天中，忽见白云化雨"，要随臣们对下联，随臣们一时又对不出来。这时，只见一位在湖边的钓鱼人答曰："月落湖岸，可观绿水闪光"。正德皇帝琢磨，对得不错。雨还在下，但钓鱼人仍弓身伏足，全神贯注地只望着自己的浮标，雨淋湿了他的背身都全然不顾。正德皇帝又随口吟出一上联，让随臣对答："半边雨淋，点点滴滴，化为长江巨浪，东至京，西至京，南至京，北至京，站凉亭而览五大名峰，观山、观水、观日月，大明江山一统；"跟随正德皇帝的文武随臣都被这一上联难住了好一阵子，竟没人对出下联。就在正德皇帝对他的随臣表示不满意时，坐在湖边钓鱼的人，头也不抬，两眼依然盯着浮标却脱口说出了下联："一介寒儒，磊磊落落，裁成锦绣文章，乡试魁，庠试魁，会试魁，殿试魁，步金阶以入十八学士，安国、安民、安社稷，今朝忠臣难行。"皇帝听了赞不绝口，"对得好，对得妙。"叫随臣们快把钓鱼人请来谈谈。随臣把钓鱼人请到了正德皇帝面前，钓鱼人对皇上说："原来是皇上，小人不知。"忙跪地谢罪。皇上说："起来吧，无罪无罪。"钓鱼人说："磕头了，谢恩谢恩。"皇上对钓鱼人说："微服江南访"。钓鱼人马上答道："歇马亭内闲"。原来钓鱼人就是当年因战事而未进殿面君的张状元。

皇上见到了要找的状元公，心里非常高兴，对状元公说："状元公呐状元公，真的找到你了。"状元说："皇老爷啊皇老爷，不是只为我吧。"皇上说，对呀，不是只为找你张状元，而是"巡视江南家国事"；状元对答曰："开创明朝盛世天"。正德皇帝同张状元谈得非常投机，不知不觉晌午已过，正德皇帝对状元公说："朕感觉，饥相公与肚相公在打架"，状元答道："奴搬至，菜将军和饭将军来扯间"。两人相视而笑，皇上说，那就拿饭菜来充饥吧。随臣们拿来饭菜，摆在亭内吃将起来，席间，正德皇帝对张状元说，上午我见景生情，出了一联，要随臣对答，没有答出来，不知状元公能否对得出来。上联是："牧鸭人吆鸭，七鸭过江，数，数，数，三双一只；"状元公对皇上说："我正有一联与您的联意相合，上午有个玩蛇的在我旁边的山坑上呼蛇，呼出一条大乌蛇，有丈余长，自作其联'玩蛇佬呼蛇，丈蛇出洞，量，量，量，九尺十寸。'"不正合皇上的对联吗！皇上拍掌称赞，并说"这奇巧矣"。状元随答道："那自然兮"。皇上与状元公边喝边对联，一直延时到晚上，悠悠南风，把酷暑热浪吹赶走了，感到十分凉爽，但是，蚊子来讨吃的来了。正德皇帝对状元说：蚊子来了有办法吗？我出一联给你对，对上了，没有办法也不怪你，联是："暑热消除风送爽；"状元公随口答曰："蚊蝇驱赶夜来香。"于是找来"夜来香"的花草数盆，放置于亭子的上风头，蚊子就没有了。正德皇帝酒足饭饱，就在凉爽无蚊咬的亭子里过了一夜，一清早就带状元公和随臣们走了。放置在亭子里的夜来香没有带走。第二晚，老百姓来亭子乘凉，感觉没有蚊子咬，就把亭子吹神了，说是皇帝住过的亭子无蚊子咬人。皇帝走后，当地百姓把皇帝与状元的对话："微服江南访，歇马亭内闲"的句子写成对联，贴在亭子的柱子上，并把亭子命名为"歇马亭"，把钓鱼人钓鱼的那个湖叫"月落湖"。

根据史料记载，歇马亭实名"赏游亭"，古为沅邑乔江河岸之水路驿站，现属南湖洲镇燎原村，其亭毁于清朝末期，2006 年重修。张状元名张建勋，字季端，沅江县马公铺人，父早丧，随母改嫁于广西临桂县。清光绪十五年（1889）己丑科一甲第一名进士，钦点状元，授翰林院修撰，光绪二十四年（1898）曾回沅江扫墓，并为"琼湖书院"题写院名。故明朝正德皇帝朱厚照不可能与清朝光绪时期的状元张建勋对对联。"歇马亭"这个富有文化色彩的故事，充分证明南湖洲镇域自古便是文化厚重之地。

百树山的故事

百树山位于南湖洲镇乐兴村，其名源自一个美丽的传说。百多年前，乐兴村张家湾张氏有一淑女，名巧儿，聪明伶俐，十六岁那年，父母做主许给赛头口对河一望族人家做媳妇。未满十八岁，因暴病猝死于娘家，葬于百树山由七姑塘通往赛头口的路边。不几年，巧儿未过门的婆家逐渐兴旺起来，这时，远近有几个好事的"风水先生"来到他们那里寻找"风水宝地"，从这家祖宗几代葬坟处和屋基地都没有发现"龙脉"所在，问及是否漏掉了祖宗坟场和至亲葬坟处时，族中一位长者说早几年对河张家湾巧儿姑娘有红贴庚书放在祖宗的神龛上，未过门就死了，不知葬于何处。风水先生得知这个消息来到百树山仔细察访了一遍后，告知族中长者，在七姑塘有一小洲，酷似"美女羞处"。经暗访，张巧儿果然葬于那块所谓美女晒羞之地。于是每逢清明佳节，族人就隔河拜祭。后来此拜祭的人越来越多而引起张家人注意，有好事者究其原因，许家守口如瓶。有一年清明节，问一小孩时，他脱口说道："我的小祖母巧娭毑葬在对面的一块'美女晒羞'宝地，所以，我们族人每年清明节要来这里拜祭巧娭毑"。张家湾人认为宝地属于自己的祖山，于是开始阻挠对河的人来遥祭，这样一来，对河那边的人干脆扬言那块宝地是他们祖宗遗留下来的，种了很多古枫，已有几百年了，这样便引起了一场诉讼，官司打到了沅江县衙。对河的人很有心机，事先请邻族人石老爹利用走亲的机会，清点了张家湾百树山的古枫数目，这样在公堂之上就有理由说明是他们的祖基之地了。县官开庭那天，张家湾说百树山是其祖先元吉、元上二公于明永乐年间，由苏迁湘，定居于此已历五百个春秋，从无到有，艰苦经营培植的古枫至今刚好剩下一百棵，枝繁叶茂，将一个荒山变成绿林，故名百树山。对河旺族被诉人中一个貌不惊人的绅士派头的老者站起来，不慌不忙地说道："县太爷，这场官司很好打理，他们叫百树山，但是我们的祖先在这里植古枫五百多棵，几百年来风雨飘零，损失严重，现在只剩下九十九棵，不能叫九十九树山，四舍五入的老规矩，叫做百树山。"县太爷决定第二天到百树山实地清点后再判结果。

张家湾的人从沅江连夜赶回，对百树山到底有多少树，心里也不踏实，于是派人在山中清点树数，结果是不多不少99棵，眼看官司要输了，如何对得起祖宗呢？正在一筹莫展之际，族中庭老爹说，秦家岭宗祠西边有一棵古枫与我们的树龄相近，何不连夜挖来凑满百棵哩？但明理人知道，新栽的肯定容易露出端倪，不予采纳，但也没有其他办法了，只能碰碰运气，也许祖宗显灵，寒冬腊月一场大雪就遮丑了。这时，到秦家岭求护助的人回来说道，秦家亲戚很支持我们这样做，还派了许多亲朋好友帮忙凑合，于是，组织一百多人把秦家岭的那棵枫树连夜移栽到湾里的古枫亭西边，直到快天亮的时候才把古枫移栽好。"东风赐与周郎便"，第二天早上，大雪纷飞，百树山前银装素裹，分外壮观，县太爷也言而有信，天快近午的时候就到了张家湾，在湾里酒足饭饱之后，派几个衙役和二姓几十个人清点树数，结果不多不少一百棵，县官判张家湾赢。从此以后，张家湾的人真的也慢慢地发达起来了，尤以今天更盛。

可惜后来古枫陆续遭到砍伐，如今仅存四棵，树龄605年，已列入国家重点保护对象，并悬牌告众，2008年在百树山建"古枫亭"以示纪念。

樟树港的传说

以前，樟树港有一棵大樟树，树杆要几十个人手牵手才能围抱住。树一大，根自然就深。据说这樟树的根，穿过湘江、资江，直伸到益阳的汤头围去了。

有一天，汤头围一家人家挖屋场台子，挖出一根粗大的樟树根。当晚，主家作了一个梦，梦见一个白胡子老倌走来对他说："你不该挖了我的脚，如果不赶紧停止，我叫你家不得安宁。"

主家醒来见是一个梦，心想：我怎么挖了老人的脚呢？天明仔细一琢磨，只有这根樟树根。于是，他把它埋起来，又换一处地方打屋场台子。到夜晚，刚睡着，那胡子老倌又来了。这回笑嘻嘻地对他说："你如果砌屋少了木，可到后面园中的水井里去拖。"这回主人比上回聪明，忙问老人住在哪里，老人说："我家住湘阴城南三十里。"

第二天，主家有些不信，忙去后园水井里看，果然井里竖着一根木头。但他想只有一根木头不解决问题啊。他叫来儿子，父子俩用力把那根木扯上来，刚放下，只见井中又竖着一根。父子二人，一根接一根地拖，拖出四五十根。说也怪，刚拖到够做一幢屋的木头，井中便不再出现木头了。

后来，主家访到湘阴城南门外三十里的河边，果然见着一棵大樟树。他知道，那许多木头都是樟树神赐他的。于是，他买了三牲来树下祭奠樟树神。于是，这地方就以樟树命名了。

青山岛奇树

宝岛青山的中山村有一棵不知名的古树，树冠如伞如盖，约有50平方米。多年以来，因其带有很浓的传奇色彩，所以被人称为奇树，在县内外遐迩闻名。

生于斯、长于斯的黄埔一期生黄鹤将军的双亲就安葬在这棵奇树旁。1997年，时年101岁的孝子黄鹤为其双亲修墓时撰诗一首，记于墓碑之上，其诗曰："银杏开花叶换边，青红相映艳如烟。游人络绎观奇树，更羡旁眠二睡仙。”

黄鹤将这棵树称之为“银杏”，其实它几乎没有银杏树的特征。关于此树，当地人有种种传说，颇具传奇色彩。20 世纪 40 年代初，日本鬼子在青山兽性毕露时，一日本兵抽出马刀随手砍断一根树枝，几天以后，这家伙就暴死在青山。黄鹤将军那年为其父母修墓时，有人不小心用锄头弄断了一枝小树根，发现树根里流出来的全是一滴一滴殷红色的血浆。当地许多人都见证了此事。此事后不久，附近一村民不信邪，飞刀砍断一根树枝，结果大病了一场，险些丧命。如果说上面说的还带一点点传闻的话，那么这棵树落叶时一边一边地落下，确是真真切切的事，因此黄鹤将军的诗句里有“叶换边”之说。如果你再仔细瞧瞧还会发现，这棵树的树皮纹路是横向的，宛如一个竖立着的压缩弹簧。

这树不是银杏，又不是一般常见的树，那么它究竟是一棵什么样的树呢？2001 年 11 月，北京大学生物学博士闻听有这么棵奇树后，专程从北京赶赴青山欲解奇树之谜。林业部的博士也来到青山看这棵奇树，取样、测算、分析后，没有什么结果。

时任青潭乡党委书记的冯正良和副书记刘宇文，2002 年先后两次到屈原农场看望黄鹤，并打听关于这棵树的由来。时年已是 105 岁高龄的黄鹤，仍清晰地记得：他几岁的时候就知道有这么一棵树，那时候树还很小，可能是父辈栽下的吧，老人估且叫它银杏树，由于不晓得树种来自何方，黄鹤老人还把这棵树称为“飞来树”“长寿树”。那么，按这个说法，这棵树的树龄至少在 100 年以上。至今，没人能解开奇树之谜。

胭脂湖的由来

东兴垸与胭脂湖仅一堤之隔，在东兴垸内有一个叫焦潭湾的地方。传说中，在焦潭湾的深潭里，住着一位漂亮的水仙姑娘，水仙姑娘心地善良，乐于助人，常化变为美丽的姑娘，对附近人民的疾苦，施以援手，救人急难。因此，东兴垸一带居民对她敬爱有加，称之为水仙娘娘。因水仙娘娘屡行善举，人们在资江北岸建了个小庙，赢得了不少香火。传说中这里的深潭之处还有一只甲鱼精，是一个居无定所的流浪汉。一次，甲鱼精对水仙娘娘精美的住所起了侵夺之心。水仙娘娘不肯相让，有一天争斗终于爆发了，在争斗中水仙娘娘得到人们的帮助，甲鱼精被打得落花流水，这样水仙娘娘才保住了自己的住所。

一年夏天，资水暴涨，甲鱼精觉得报复的机会到了，便从洞庭湖引大水注入东兴垸堤外的一个湖里，要把东兴垸淹为泽国，使垸民成为鱼鳖之食。甲鱼精这一行为又惊动了水仙娘娘。情况万分危急，眼看洪水在有些地段已漫上了堤面，冲入垸内。情急之下，水仙娘娘摇身一变，变成一条十多里长的大蛇，俯卧在堤面上，一边用身体护堤，一边作法逼退洪水，洪水开始下退了。甲鱼精见自己的图谋又未得逞，趁着水仙娘娘作法退水之际，扑上前来，一口咬住水仙娘娘，撕破了她的衣裙，咬坏了她的身体，血流如注。甲鱼精得意忘形，水仙娘娘却不动声色，一边忍痛护堤，作法退水，一边悄悄卷起罗裙，冷不防向甲鱼精甩过去，只见甲鱼精脑袋被击碎，死在下游几里外的资江河边，其尸体后来在那里形成了一片洲土，就是今天的南湖洲小镇。洪水退去，东兴垸得以保全。水仙娘娘被撕破的衣裙散落在湖面，变成一片片莲叶，鲜血染红的湖水，开出了一朵朵艳丽的荷花。千百年来长开不败。荷花出水泛胭脂，从此人们便把这个湖叫做胭脂湖。

浸米塘伏击战

1941 年，日军第三次进攻长沙，湘阴县沦陷，侵略者铁蹄所至，到处是残垣断壁、血迹尸骸，一片凄惨景象，在途径金辅村苏家冲和荷塘傅时，纵火焚烧房屋，住苏家冲的丰吉川烈士家的九间房子被烧得仅剩一间破亭。为阻止日军过溪江，三门杨群众将江上的土地桥摧毁，除杨庆云一家被烧外，其余幸免。侵略者进驻湘阴后，除在金鸡山东侧龚家函设有据点外，还在长康浸米塘陈家大屋驻扎部队200余人，当地群众深受其害。

1945年4月，湖南人民抗日救国军第六支队进驻湘阴，开辟抗日根据地，支队司令员杨宗胜在地下党的帮助下，策反了日伪县长左钦彝及其所属的保安队共同抗日。7月份的一天，左钦彝得知日军的一个运输队从湘阴县城运盐、粮到金鸡山据点去，随即通过地下党侦察员丰吉川报告了杨宗胜，杨宗胜接到情报后，精选了两个排的兵力埋伏在日军必经的长康里附近的浸米塘、万善山地带，并提前通知当地群众不要在此地经过，以免误伤。中午时分，14个日军在塘脚刘吃完午饭后押着40多个肩挑物资的民夫进入伏击圈内。信号枪一响，民伕闻讯逃跑，日军慌忙应战。六支队向日军猛烈射击，击毙日兵12人，获枪12支，子弹2万余发，白布20多匹和大量食盐、粮食等，另两名日军躲在草丛中被当地群众发现后逃窜，第二天仍被捕捉处死。此次战役大获全胜。

玉潭庵传说

从车马江顺水东流至新河口，再往东便不叫车马江而称镜明河，镜明河因此河之水清明如镜而得名。新河口往东不到一千米的镜明河北岸，有一古老的水乡集市名曰茶湖潭。在茶湖潭集市之西有一古寺庙，由于此庙为尼姑念经之所，且临茶湖深潭，深潭之水碧透如玉而命名“玉潭庵”。

据庙中石碑记载，此庙建于清朝光绪己卯年（1879），由当地信士出资修建。庙宇占地400余平方米，为三进一坍墀结构，内设戏楼，可供几百人观赏戏曲，庙内除佛像外，主要信奉关圣大帝。另相传有风水先生经过茶湖潭时曾说此地脉为“烟包地”，每五十年将有火灾出现，或许是偶合，民国25年（1936）9月街道居民周小洋家熏鱼失火，全街损失惨重；1991年10月，剧院曹文榜家失火，因救火及时未造成整街受灾。有老人讲，早在清光绪十二年（1886）也曾发过火灾，奇怪的是三次火灾相隔时间都在五十年左右，且玉潭庵在三次火灾中都未受损。

玉潭庵从光绪己卯年修建至今，在民国30年（1941）曾大规模维修过一次，1958年“破四旧”运动中拆庙改建小学，2002年由周德知为首在原庙址上重建。现庙内原物仅存石碑三块、石狮一对、石马一匹、石马夫一座、石香炉一尊，庙外残留断墙一段。

关于石马夫像当地有一趣闻，相传当时修建玉潭庵时，有一石匠正为关公打制石马和马夫，石马快完工时有一外地船商上岸观其石马，石匠问船商上岸干什么，答曰“来看马”，石匠便将石马夫像刻成船商面像，后来船商年老病殁，死前告诉后人，他将到茶湖潭玉潭庵里看马去。据说民国年间船商后人来到玉潭庵，确认马夫像确似其祖。石马在1958年拆庙时被深埋在庙中戏坪几米深的泥土中，2002年，由周德知为首将石马挖出，挖马时有上百人围观，马坑内贡烟围绕，后将其与石马夫供奉于庙内。

时至今日，大火之中庙不毁之因应是玉潭庵为青砖釉瓦结构，且风火墙高可挡外来之火；马坑生“贡烟”实为马坑周边垃圾长年埋在低深潮湿的泥土中，故出土时湿气溢出之故；而马夫之说为故事，敬马能治病均为巧合附会，今编史修志故为详记之。

金沙台拾趣

金沙台古属文洲围，现属岭北镇金沙村，是古洞庭湖中的一个小沙洲，相传很久以前便有渔民在此小沙洲上搭棚食宿，且利用此高洲晒鱼网，故称晒网洲。随着时间的推移，晒网洲在洞庭湖水的冲刷下，其地形地貌也随之改变，渔民们打鱼归来时，站在船头观其沙洲酷似一条“鲩鱼”，且小沙洲受洞庭湖泥沙的堆积也不断升高，故又称“鲩鱼岭”。同时，在鲩鱼岭前面被沙堆积成一个小山包，其形状象“香炉”，便称此小山包为“香炉山”。

清朝乾隆九年（1744），文洲围围垸成功，原以打鱼为业的渔民开始以耕种为业，围垸后的地形高低不平，先民们就择高地植树建房，平地开垦种田，低洼之处围湖养鱼，开始过上安定的田园生活。说来也怪，同时开始劳作，而没几年香炉山的居民便比鲩鱼岭的居民富裕多了，鲩鱼岭的居民便开始怀疑香炉山的地脉阻止了鲩鱼岭的发展，由于“鲩鱼”喜吃牛屎，而前面却是香炉山，鲩鱼没东西吃会饿死，刚好在鲩鱼岭和香炉山之间有一圆形低洼地，鲩鱼岭的居民便将此地围成一小湖，形似“牛屎”，将其命名为“牛屎湖”，一来鲩鱼有牛屎吃，二来臭死香炉山。可香炉山的人不服气，就请来了一位叫王春堂的风水先生，王春堂站到香炉山顶一看，见鲩鱼岭后面有一个大湖，西边有一口塘，就把后面的湖命名为“鹭鸶湖”，西边的塘命名为“老哇塘”，意欲以鹭鸶和老哇来咬死这条鲩鱼。鲩鱼岭的居民知道后也从外地请来了一位风水先生，这位风水先生了解情况后为了不使两地再争执下去，便弯腰抓了地上的沙子看了看，见沙子象金子一样，且地势又高，就将鲩鱼岭改名为“金沙台”。从此两地和好如初，后又因香炉山多次闹鬼，因为香炉山旁有不吉之地名，曰“杀人塘”和“浮头坝”，相传为明朝朱元璋血洗湖南时的刑场。金沙台居民为招吉利示友好，便在金沙台最高处建一寺庙，庙门正对香炉山，起名“金沙台庙”以佛降魅。此庙于 1970 年文化大革命中因建金沙学校而拆除。

神秘的窑头山

从铁角嘴沿江而下约两千米便是窑头山（现今为岭北镇窑头村），这里不仅有“有人开得窑头山，金银财宝用箩担”的说法，同时流传着一个窑神显灵的故事。

相传在很久远的时候，有一只金凤凰，它若落在哪个地方，哪个地方的人就能得到幸福。一天，金凤凰飞到了樟湖岭一带，她先在对河金台山上打了个筋斗，又到金凤山上歇了一阵就飞过河来，在躲风亭躲了一阵大风，她看到窑头山附近的人们勤劳勇敢，就决定在窑头山落下来，她一头扎进窑头山那青翠欲滴的树林中不见了。从此窑头山一带年年五谷丰登，但是人们却再也没有见过那金凤凰了，因为她已把她的身子溶进了窑头山肥沃的土地。自从金凤化身于此，人们就在这里建窑烧器，烧制的器具声名传四海，窑头山的名称就这样传了下来。窑头山一带原来树木成林，青枝绿叶与湛蓝的湘水相互映照，风景十分美丽。在树林深处，有一个幽深的洞，洞口被一石板门封住，里面黑洞洞的，从来没有人敢下到洞里面去，据说这洞是窑神的洞府。古时烧窑，庄重而神秘，一窑的好坏关系到窑工们的衣食，因此，窑工们信奉窑神。又不知过了多少年多少月，这里的窑业渐渐衰落，最后都不作窑了，但窑神却没有走，他还住在洞里，帮助着窑工的后裔们。

神话的传说更增加窑头山的神秘，新中国成立后，文物工作者先后在这里进行过多次考查，证明这里是唐代晚期至五代的青瓷窑址，也就是岳州窑遗址。1972 年被列为省级重点文物保护单位。

青泥望趣谈

古湘江洪道北岸之窑头山和驿马嘴堤段，有一古老的地名曰“青泥望”，今属岭北镇青泥村，青泥村之名也正是沿于青泥望。提起青泥望，上了年纪的岭北人可谓无人不晓，但对其名的由来却知之不多。

据当地老人口传，“青泥望”旧时叫“青年望”，因为当时此地为“不毛之地”，又临江边，洪灾频发，故贫穷落后，自古留下“三望”之说。所谓“三望”便是一望涨水捞柴烧，因此地上游为铁角嘴，下游为驿马嘴，发洪水时此处为回流处，上游漂流而下的烂柴在此汇集，便将其打捞上岸烧火做饭；二望翻船拾财物，因此地上游和下游为伸入江心之岸嘴外，此河段更是湘阴县河道最宽之所，且河心为一深潭，曰“驿马潭”，一旦大水之时，此处便形成一巨大的漩涡，为行船险段，常有过往船只在此翻船；三望枯水把鱼捕，因此处河宽潭深，一到枯水季节，成群鱼虾落入潭中，开潭捕鱼便成为每年的希望。做此“三望”之事均为青年人所为，故得“青年望”之名，后因发现此地土质多为青夹泥，是不利农作物生长的主要原因，便改称“青泥望”了。为了有利于农作物的生长，也为阻挡洪水的侵入，人们开始一层层将肥土填高田土和堤塍。1978 年国家进行土壤普查时，得出此地地表以上为人工填筑土，地表以下至 20.5 米之间为粘土，深灰色、黄褐色，似网状结构，含少量铁锰质，呈可塑至硬塑状态，中密，这便是农村习称的“青夹泥”。

如今的青泥望已变成堤塍高大，田土肥沃，高楼林立，车船通达之处所，“三望”已成为历史，留下的只是一段耐人寻味的故事。

许氏宗族轶闻

许氏先祖许公平仲，讳均，生于唐僖宗乾符二年（875），系后梁开平年间进士，官至洪洲豫章太守，逝于后周显德三年（956），享年 82 岁。许氏一脉繁衍至今，主要集居于湘阴、汨罗、平江、岳阳、长沙等地，今根据后人提供的资料，择其轶闻二则以述之。

一、邓婆桥

今仅存其名，桥之中心在原东湖渔场之西闸口。创建于北宋咸平年间（998—1003 年）。许公之长子许可崇时任白乌潭县（湘阴县前名）大理评事（摄县令），其母许邓氏领全家作大堤，以二木桥跨湖水，行人感邓母之功，名为“邓婆桥”；南宋德祐年末（1276），桥毁官复之，名“恩波桥”；元至元年间（1335—1340 年）州人黄惟德兄弟以私钱万贯及众捐 2.5 万贯重修为石桥，左右为墟场，中可行大车，下可通万斛舟，命名“镇湖桥”；清康熙四年春（1665），“桥圮其半”，知县唐懋淳于当年 10 月为修桥，“捐资 50 金以为士民倡”。康熙五年，桥成，西接城墙东城门，桥东“增亭以荫往来”，并恢复原名邓婆桥。（按：旧志常以唐知县修邓婆桥成于康熙四年（1665）。据考证唐懋淳《邓婆桥记》，应是康熙五年）。

二、恩荣第

许公二十六代孙培秀公之妻刘氏，生于清康熙十二年（1673）六月十二日辰时，卒于乾隆二十七年（1688）四月初四日辰时，葬合夫墓。家有粮仓、当铺。乾隆五年庚申年间，因南方干旱颗粒无收，灾民遍地，刘氏为救济灾民，大开粮仓，变卖典当，家徒壁立。刘济民之善举广传于世。后乾隆视察南方发现此举，对刘济民之德非常赞赏，便访寻培秀公之家，特赐御匾《恩荣第》以示赏赐。

御匾恩荣第

关公潭传说

沿资江的出口处——临资口溯水而上约十千米处有个地方叫做关公潭，传说在很久之前，关公潭处的资江河里有一处水深莫测、险象环生的水域，是一条作恶多端的孽龙的藏身之地。从前这个地方不叫关公潭，人们称之为孽龙潭。每年六七月间，资江河里涨水，孽龙便乘着水势频繁而出，殃及百姓。每当孽龙出没的时候，天空便是乌云黑暗，阴风怒号，暴雨倾盆，资江河里浊浪排空，江水猛涨，资江两岸水漫金山，当地黎民家毁人亡。乡吏只是愚昧的乞求孽龙不再复出，每年都要征收老百姓喂着的猪、牛、羊、鸡、鸭、鹅和大米等投向深潭。年复一年，时间长了孽龙剔出的牛角顺水而下，流入湘江，便变成了下游的牛角湾（今湘阴县城郊）；吃剩的雄鸡头从距关公潭三千米孽龙的出气洞里排出，堆成了今天的老鸣瞪。尽管每年猪婆塘的猪、羊谷脑的羊、鹅公湖的鹅、鸭湖的鸭全提完了，但还是无济于事，两岸百姓每年仍然遭受孽龙的祸害，两岸百姓，只得背井离乡，流离失所，苦不堪言。

210年，刘备收复了荆襄地区及临近九郡的全部地盘，始得真正有了属于自己安身立命的土地和营盘。刘备便派义弟——中国古代十大圣人之一的武将关羽镇守荆襄。

一日，天黑如墨，狂风大作，飞沙走石，关羽紧锁卧蚕眉，瞪着丹凤眼跳将起来，横握青龙偃月刀跨上泊在洞庭湖边的战船，指挥将士们顺着青龙偃月刀所指的方向疾驶而去。说也神，洞庭湖波涌连天，而战船所到之处却风平浪静，如脱弦之箭，很快就到了临资口，关羽跨上战马飞奔孽龙潭，只见关羽舞着青龙偃月刀猛地向下一扎，大地轰的一声，扎成了今天的王家塘。此时，孽龙被斩断脊骨，浮出水面，顺着江水往下流。关羽又张弓搭箭向孽龙射去，只见孽龙头一低，尾巴摆也几摆，挣扎几下，顿失往日威风，咽气了。尸体顺水而下，龙骨堆集便形成了现在的青潭，当时的老百姓，男男女女、老老少少一齐拜倒在地上齐呼："关公菩萨、关公菩萨"。

老百姓为了纪念这位英雄便称孽龙潭为关公潭，并在此建庙立像，每日香火不断。从此，两岸的老百姓过上了平静的生活。

1956年为服从国家建设的需要，国家粮食部门在关公古庙庙址上拆庙新建粮食仓库。他的雕像不翼而飞，有的说他被老和尚背走了，有的说关公菩萨上天了，这都是传说。

关于关公潭另有一说，据清光绪《湘阴县图志》和《湘阴县民政志》记载。关公潭其名源于三国时关云长取长沙，其水军从义阳（即今益阳）出发，沿资江而下，至此扎营歇甲，检点校阅。事后，当地人为纪念这一史实，在此建造一关公庙，因临资水有一深潭，故名关公潭。

古寺生辉

古寺重修佛光普照腾腾紫气绕神殿虔诚烧香新泉好去处。

清香复燃圣驾威临阵阵钟声虔安康有心求神古寺仍佛地。

相传在1606年间，有一高僧在湘江西岸的一个小集镇上建一座寺庙，据传说是为了纪念农民起义领袖杨幺。在建寺施工中，偶然在建庙的地方发现了一眼清清的泉水，待庙殿完工后，泉水被修成一口饮用水井，后来人们便把这口新修的泉水井叫做新泉，而新建的寺庙也就叫做新泉寺，也就是相传至今的新泉古寺，地址坐落在如今的湘阴县新泉镇政府机关的斜对面，原新泉水闸管理所与新泉粮站的宅基上。新泉古寺原名杨泗将军庙，始建于万历年间（1606），迄今已有400年之历史。该庙上从乔口，下至芦林潭，辖及古塘、荆塘、三合围、西林等十垸，共同筹措而建成，俗称"十甲庙宇"。原庙位于大堤内原新泉粮站仓库和新泉水管所宅址。其庙宇是一联三栋，一栋三间，面积宽广，气势雄壮，飞阁流丹，令人钦仰。其庙是七柱五穿木枋构架，周围青砖墙壁，固若金城。内设坍池天井，空气流通，屹立辉煌，共长天一色。

古庙前栋神像关圣帝君、鲁班仙师，乾元大帝。中栋有杨泗将军、刘一、刘二、刘三大夫等神。后栋有文昌帝君、观音菩萨和如来佛祖等神。设有左钟右鼓，响彻悠鸣，庙貌常新，香烟缭绕，灵通天地，默佑安宁，坐镇一方。直至解放初期，1953年，国家为了消除水患，造福于民，开展了治理洞庭湖的大型水利工程。在新泉古寺旁边兴建大型水闸。为服从国家水利建设的需要，该庙被拆除，神像、佛像同时被毁。

1995年，本地居士李南桥等人提出了重修新泉古寺的倡议，这一倡议表达了本地居士和信佛念佛群众的共同心声，也得到了当地政府有关部门的认可。在社会各界人士的共同努力下，于1999年古历九月初八在原基地上破土动工兴建，历尽艰辛，耗时6年，耗资30余万元，终于在2005年初具规模，建成了进门牌楼一座，杨泗将军、关公等神殿一栋，观音殿和南岳圣帝等佛像一栋，居士住宿楼一栋，斋房、洗面、洗手间一栋，学习室、办公室、厕所一应俱全，另外老庙遗留幸存的碑文、界碑、治病的药笺以及财签正在收集整理。还有大雄宝殿、雄伟宝塔、花草树木正在规划建设之中。

2006年农历十月十八日举行了极为隆重的开光庆典，2007年农历六月初十经湘阴佛教会批准，聘请释圣源大师住持该寺。

五、古寺辑录

法华寺

法华寺位于洞庭之南，湘水之滨的樟树镇，距县城15千米，是镶嵌在湘江风光带与环洞庭湖生态圈之间的一颗璀璨明珠。

法华寺于唐武德九年（626）始建。明太祖五年（1372）和清康熙元年（1662）先后大规模重修。嘉庆十八年（1814），邑人危屏南又捐银倡修。嘉庆《湘阴县志》载："法华寺与佛教名山浙江普陀山、山西五台山、安徽九华山、四川峨眉山、耒阳观音岩、长沙麓山寺、湘阴玉华山地脉相连，佛源同根，故有'法界蒙薰，湖泽锺灵藏古佛；华寺弘威，江山回环绕普陀'的庙联"。寺院依山傍水，桐林环抱，松篁幽邃，烟霞际会，实为不可多得的风水宝地。寺旁建有一座七层宝塔，湖畔古樟达七人合抱，优美的风光吸引了无数墨客骚人吟诗作对，留下"云气来衡岳，江声下洞庭"（城隍庙联）等著名对联。法华古寺鼎盛时期暮鼓晨钟，梵音缭绕，朝拜的香客络绎不绝。

同治七年（1868），18岁的湘潭后生黄续山来法华寺投东林长老（晚清高僧）剃度出家，东林长老赐其法号释敬安，字寄禅。寄禅从法华寺出发，跋山涉水遍访名山寺院参禅，在湘阴神鼎山久住，与清朝驻英公使郭嵩焘等社会名流有密切交往，写下了大量爱国爱教的著名诗篇，著有《嚼梅吟》《诗集》《八指头陀文集》等。最后竟因保护法华寺庙产心脏病发作圆寂。

民国时期，法华寺建筑大部分被利用于开办忠义乡小学。新中国建立后"极左"路线盛行年代，因扩建学校需要建材和地基，逐步将寺院拆毁殆尽，仅存寺前一棵两人合抱的枫树。

中共十一届三中全会后，中国共产党的宗教政策逐步落实。20世纪90年代，在当地政府大力支持和居士信众资助下，法华古寺易地重建，在离旧址不到两千米的阳雀湖边，将古寺大雄宝殿和樟树港城隍庙、关圣殿 合建于一处。

1999年，濠河乡易国光皈依法华寺大慧法师出家，佛名释早国，又名智广和尚。早国法师通游四川峨眉山万年寺、金顶华藏寺、雷音寺和乐山乌龙寺诸刹，拜授报国寺老方丈为师并求授三壇大戒。2000年朝拜峨眉山九老洞仙峰禅林寺苦心精修道法。同年9月于麓山寺出席观音法会拜谒圣辉方丈。大和尚开示守住法华古寺，建好古刹。明道法师开示建好八指头陀道场。同年11月，县民宗办和县佛协聘请早国法师为法华古寺住持。早国法师四处参学，虚心求教，广结善缘，多方募化。2002 年，县委、县政府划拨青山水面 12 公顷用于法华寺扩建寺院。2003 年 10 月 23 日，法华寺举行大雄宝殿扩建奠基法会。2004 年新建应供堂（斋堂、寮房）、哀亭，新建祖师殿。2005 年，市民宗局批复同意法华寺扩建水上佛国、万佛城。2006 年，举行纪念八指头陀诞辰 155 周年、《白梅诗集》出版 100 周年、法华寺建寺 1380 周年法会。同时为八指头陀纪念墓塔奠基，种植白梅，举行《释敬安与湖南》首发仪式，成立八指头陀研究会、中国禅诗研究会。2011 年，法华寺装修了应供堂和居士楼，添置了被褥、竹席等新卧具，配有洗手间；广场新建升旗台，花岗石装修基座。2013 年，法华寺被评为省创建和谐寺观教堂先进集体。2014 年，八指头陀纪念馆落成。寺内扩建广场，并新建住持楼、祈福楼。隆重举行八指头陀纪念馆开馆仪式及天台祖师像开光法会。

法华古寺雄伟壮观，清净庄严。寺周古樟枝繁叶茂，遮天盖日。身临其境，在松篁幽邃之中看水波荡漾，烟霞际会之中听晨钟暮鼓，闻梵音法语，令人肃然起敬，身心净化。住持释早国道心坚固，佛学精湛，德行高洁。他连续四次参加北京举办的华侨华人与社会各界知名人士座谈会，多次参加普陀山、峨眉山、南岳等全国著名寺庙的佛学研讨会，与一诚长老、圣辉大和尚、怀梵大和尚等佛教界领袖共同探讨佛教与社会主义社会相适应的道路。他组织佛教团体和广大信众积极参加社会公益活动，先后为修路、救灾、资助孤寡老人和贫困学生等捐资近百万元。多次被评为优秀县政协委员。2014 年应邀去北京参加纪念赵朴初先生诞辰 107 周年暨中华佛教百名弘法之星颁奖庆典，被授予中华佛教百名弘法之星。

2015 年，法华古寺举办祈福楼开光法会。钟楼高 38.9 米，是当时国内佛教界最高的一座钟楼。

南泉寺

南泉寺座落在湘阴县城南郊，北距县城不到三千米。南泉寺自唐建寺，当时名双林寺，为湘北一座极有影响的寺院。宋绍兴（1150）年间，普庵禅师云游憩此。普庵禅师是一位开悟高僧，禅学精通，神通广大，通晓音律，熟知梵文。他见此地山水幽奇，林峦耸秀，遂广扩双林寺，并于寺南凿井得泉，泉水清冽。普庵禅师改寺名为南泉禅寺。古寺扩建后，香火旺盛。

宋代，南泉禅寺名闻天下。宋以后几度兴废。

明嘉靖辛亥（1551）年间，殿舍倾颓，有黄庭铠主持募捐，得当时显达赞助，将寺殿僧堂修缮一新。后遭兵燹，寺庙荡为灰烬。清康熙甲戌年（1694），有大龙主崇山德鼎禅师筹划重建，得到县令唐际帮助修建，创立重门宝殿，香火不绝。

新中国成立初期，南泉寺为庭院式三进寺院，进山门后依次而建的是天王殿、大雄宝殿、讲经殿，两侧设有钟鼓楼、观音楼、弥陀殿、药师殿、祖师殿。大雄宝殿居寺院正中，上供三尊佛菩萨，佛像金光灿烂，慈眉善目，神态安详。二十四诸天，四十八罗汉分列两侧，姿态栩栩如生。1952 年因修中学拆除大殿，古刹终成废墟，仅存潭洲南泉山双林禅寺中兴记石碑。

2003 年，湘阴县委、县政府无偿划地 20 公顷给佛教团体重建寺院。2006 年，省政协委员、省佛教协会副会长、岳阳市佛教协会会长怀梵大和尚担起南泉寺的恢复重建工作和担任南泉寺方丈。2014 年，南泉寺获评国家 AAA 级景区。

索 引

说 明

一、本志仅就目与子目、人物、表格、图照制索引，序言、凡例、目录、概述、附录、后记没有制索引。人物索引仅收录人物中的传主。名表、名录，以人名命名的地名、单位、纪念场所、帝王纪年、照片说明词和引文中出现的人名均未收录。

二、目与子目索引、表格索引、图照索引均采用分析索引法，按索引条目第一汉字拼音（同音字按声调）顺序排列，第一字相同，按第二字音排列，依次类推；人物索引按姓氏笔画排列。

三、标引词后的阿拉伯数字表示内容所在页；图照索引中彩照的标引词在阿拉伯数字前加“彩”字，如彩页第八页为“彩 8”。

目与子目索引

人物索引

表格索引

图照索引

后 记

《湘阴县志（1978—2015）》是湘阴县第十一部县志。

2010年年初，县委常委会议和县政府常务会议专题研究史志工作，决定启动中华人民共和国成立后湘阴县第二轮县志编纂工作，成立县志编纂委员会，确定修志时限为1978至2010年，篇幅约150万字，并解决当年修志经费10.5万元。3月，县政府下发《关于湘阴县志和湘阴年鉴资料收集工作的通知》，要求县直各单位、各乡镇收集整理本单位重要历史资料，立卷归档，写出志稿，归口县委史志办统一整理；并将此项工作列入年终绩效考核考评。5月，组建了编纂队伍。编纂委员会研究修志的基本框架，拟定篇章节目方案送市委史志办审定。8月，市委史志办审定后，撰稿工作紧锣密鼓全面展开。2011年5月，县委史志办召开全县史志工作会议，县直各单位分管史志工作的副职、乡镇分管党务工作的党委委员280人出席会议，县委副书记尹家辉、县党史联络组组长聂宗儒到会讲话，县委办副主任兼史志办主任欧立强作工作报告，对高质量编好县志提出要求。会后，138个县直单位和乡镇先后建立由分管负责人和办公室主任为正、副组长的史志联络队伍。县志编辑部先后发出收集人物资料和补充资料的信函2985件。2012年，从各单位报送的1100万字的资料中梳理筛选编辑出160万字的初稿，并将初稿送县党政领导和市史志办审查。2013—2014年，编辑部根据审稿意见广征博采，补充史料，精心修改，于2014年年底完成送审稿。2015年年初，县委史志办将送审稿分别送县历任和在职县级党政领导、省市史志部门领导和专家以及全市各县（市、区）史志同行审稿。4月28日至29日，召开《湘阴县志（1978—2010）》评审会，收集了省、市、县（市、区）三级领导和专家评审意见1400多条。评审中，县委主要领导指示志稿时间下限延至2015年，重大事项下延至2016年。据此，编辑部认真梳理评审意见，增加调整56节，修改篇目，全面查漏补缺，制定《湘阴县志（1978—2010）送审稿修改方案》，报送省地方志编纂委员会市县志指导处和市委史志办，经省、市史志部门领导认可后，7月27日，县志编纂委员会向县直各单位、各乡镇发出《关于收集县志补充资料的通知》，要求各单位按所附补充资料提纲，通过查找档案，召开老同志座谈会等途径完善补充史料。编纂人员深入各单位深度挖掘、完善史料，对史实、数据的准确性，文字表述的规范性进行核实、修改，精心打磨，填充图表照片，2017 年 8 月形成修改稿。本志时间跨度 38 年，其间，有的机构多次分合撤并，人员调动频繁，档案资料不甚齐全，个别记述难免遗漏，恳请见谅，并热忱欢迎广大读者批评指正，以待续修补遗。

《湘阴县志（1978—2015）》四次调整篇目，六易其稿，依靠众手成书。各部门、各单位编修人员报送的志稿是基础。县档案局提供了大量需要查阅的档案。县统计局提供了需要核对的统计数据。不少资料采撷自《中国共产党湘阴历史》《湘阴周刊》《走进湘阴》和已出版的 10 多部部门志、乡镇志。方志出版社、省编委市县志指导处、市委史志办的领导专家给予评审验收，县委、县政府领导给予悉心指导，本市各县、市、区史志办同行提出宝贵意见，县直各单位和乡镇负责人密切配合，县内各界人士和湘阴籍寓外乡友给予大力支持，县委史志办和县志编辑部全体人员任劳任怨、无私奉献，在此一并表示深深的感谢！

编者

2017 年 9 月